IT- und Computerrecht

dtv

Schnellübersicht

IT- und Computerrecht

Textausgabe mit ausführlichem Sachverzeichnis
und einer umfassenden systematischen Einführung

von Rechtsanwalt
Professor Dr. Jochen Schneider

14., aktualisierte und ergänzte Auflage

Stand: 1. Oktober 2019

Zu diesem Zeitpunkt bereits beschlossene und verkündete Gesetze,
die später in Kraft treten, sind in *kursiver Schrift* in die Texte eingearbeitet.

dtv

www.dtv.de

www.beck.de

Sonderausgabe
dtv Verlagsgesellschaft GmbH & Co. KG,
Tumblingerstraße 21, 80337 München

Gesamtherstellung: Druckerei C. H. Beck, Nördlingen
(Adresse der Druckerei: Wilhelmstraße 9, 80801 München)
Umschlagtypographie auf der Grundlage
der Gestaltung von Celestino Piatti
ISBN 978-3-423-53013-2 (dtv)
ISBN 978-3-406-74749-6 (C. H. Beck)

9 783406 747496

Inhaltsverzeichnis

Zweiter Teil. Elektronischer Geschäftsverkehr

Dritter Teil. Urheberrecht und gewerblicher Rechtsschutz

Vierter Teil. Datenschutz und Arbeitsschutz

Fünfter Teil. Sonstiges

Abkürzungsverzeichnis

ABl.	Amtsblatt
Abs.	Absatz
a. F.	alte Fassung
AGB	Allgemeine Geschäftsbedingungen
Anm.	Anmerkung
ArbEG	Gesetz über Arbeitnehmererfindungen
Art.	Artikel
AVO	Ausführungsverordnung
BAnz.	Bundesanzeiger
BDSG	Bundesdatenschutzgesetz
BGB	Bürgerliches Gesetzbuch
BGBl.	Bundesgesetzblatt
BGH	Bundesgerichtshof
BVB	Besondere Vertragsbedingungen
CR	Computer und Recht
DuD	Datenschutz und Datensicherheit
EG	Europäische Gemeinschaft
EVB	Ergänzende Vertragsbedingungen
FAG	Gesetz über Fernmeldeanlagen
gem.	gemäß
GRUR	Gewerblicher Rechtschutz und Urheberrecht
GVBl.	Gesetz- und Verordnungsblatt
GVO	Grundverordnung/Gruppenfreistellungsverordnung
GWB	Gesetz gegen Wettbewerbsbeschränkungen
HGB	Handelsgesetzbuch
Hrsg.	Herausgeber
i. d. F.	in der Fassung
ITRB	IT-Rechts-Berater
LG	Landgericht
LM	Lindenmaier/Möhring, Nachschlagewerk des Bundesgerichtshofs
MMR	MultiMedia und Recht
NJW	Neue Juristische Wochenschrift
Nr.	Nummer
OLG	Oberlandesgericht

Abkürzungsverzeichnis

PatG	Patentgesetz
ProdHaftG	Produkthaftungsgesetz
RBÜ	Revidierte Berner Übereinkunft
RDV	Recht der Datenverarbeitung
RGBl.	Reichsgesetzblatt
S	Seite
StGB	Strafgesetzbuch
TK	Telekommunikation
UrhG	Urheberrechtsgesetz
UWG	Gesetz gegen den unlauteren Wettbewerb
V	Verordnung
v.	vom
VerbKrG	Verbraucherkreditgesetz
vgl.	vergleiche
WUA	Welturheberrechtsabkommen
WZG	Warenzeichengesetz

Einführung in das IT-Recht

von Prof. Dr. Jochen Schneider
Rechtsanwalt in München

Übersicht

I. Entwicklung des Computerrechts

Der Begriff des **„Computerrechts“** ist einerseits alt (wie auch „Computerstrafrecht“) und bewährt, passt andererseits aber bei wörtlicher Interpretation nicht (mehr) so recht – ebenso wie **„EDV-Recht“.** Jedoch verwenden die alten Begriffe viele Autoren und Produkte, etwa die Zeitschrift **„Computer und Recht“.** Das Computerrecht deckt nahezu den gleichen Bereich ab wie das EDV-Recht[1], das inzwischen **IT-Recht** genannt wird[2]. Dem entspricht die Fachanwaltschaft „Informationstechnologierecht“.[3] Abgrenzungsschwierigkeiten entstehen und bestehen weniger gegenüber dem vom Computerrecht weitgehend mitumfassten Bereich des „Internet-Rechts“[4] und

---

[1] S. zB *Koch,* Computerrecht, 7. Aufl. 2009; *Kilian/Heussen* (Hrsg.), Computerrecht, LBl.; J. *Schneider,* Handbuch EDV-Recht, 5. Aufl. 2017; sowie die Zeitschrift CR – Computer und Recht, Verlag Otto Schmidt, Köln.

[2] S. etwa *Redeker,* IT-Recht, 6. Aufl. 2017. S. zur Entwicklung *Specht,* Die Entwicklung des IT-Rechts im Jahr 2018, NJW 2018, 3686 mit Verweis auf vorhergehende Beiträge.

[3] S. *Lehmann/Meents* (Hrsg.), Handbuch des Fachanwalts Informationstechnologierecht, 2. Aufl. 2011; *Leupold/Glossner* (Hrsg.), IT-Recht, 2008; *Auer-Reinsdorff/Conrad* (Hrsg.), IT-Recht, 3. Aufl. 2019; zum Wandel des Rechtsgebiets „IT-Recht“ s. *Schneider* MMR 2019, 485.

[4] S. *Härting,* Internetrecht, 6. Aufl. 2017; Heckmann (Hrsg.), juris PraxisKommentar Internetrecht; zur Entwicklung bis Ende 2018 *Hoffmann* NJW 2019, 481; *Mantz* NJW 2019, 2441, bis Mitte 2019.

Multimediarechts[1] bzw. dem Recht der Tele- und Mediendienste[2], als vielmehr gegenüber dem Bereich des **Telekommunikationsrechts.**[3] Dieses wächst weiter mit dem Bereich der (Tele-)Medien, aber auch des IT-Rechts zusammen (über W-LAN, Intranets, Outsourcing), sog. ITK-Recht.

1. Computervertragsrecht

In der Praxis – va der Anwälte – wird das **„Computerrecht"**[4] weitgehend gleichgesetzt mit Computervertragsrecht[5]. Zum Kern dieses Vertragsrechts gehören – losgelöst vom Computer – im Hinblick auf die neuen Dienste der E-Commerce und das Vertragsrecht der Tele- und Mediendienste. Im EDV-Vertragsrecht wird manchmal das Verhältnis zum Nutzer stärker betont, zB §§ 43 ff., 66 ff. TKG (Nr. 55). Ein andermal liegt der Schwerpunkt auf dem Verhältnis der verschiedenen, an der Gestaltung des Geschäftsprozesses Beteiligten, so etwa bei Host-Provider- und Zugangsvermittlungsvertrag. Während der Access-Provider-Vertrag vom BGH als Dienstvertrag qualifiziert wurde[6], nahm er hinsichtlich des Internet-System-Vertrags an, dass es sich dabei insgesamt um einen Werkvertrag handelt[7]. Bei der Softwareüberlassung im Rahmen eines ASP-Vertrags handelt es sich wiederum um einen Mietvertrag[8], da die „(…) Gewährung der Onlinenutzung von Software für eine begrenzte Zeit im Mittelpunkt der vertraglichen Pflichten [steht]".[9]

Eine weitere Säule des Computerrechts ist der **Rechtsschutz für spezielle digitale Güter wie Software, Datenbanken,** der eng mit dem Bereich der Tele- und Mediendienste (TMG, Nr. 21) über Domainrecht und Haftungsthemen zusammenhängt. Ua geht es um die Nutzung von urheberrechtlich geschützten Werken generell und speziell im Internet und deren Abrechnung. Dabei ist zu unterscheiden, ob das Internet bzw. die Online-Verfügbarkeit zur unkörperlichen Übermittlung (Download) dient[10], womit auch Erschöpfung eintreten kann, oder als Weg zur Online-Nutzung. Bis zu EuGH v. 3.7.2012[11]

---

[1] S. Zeitschrift MMR – Zeitschrift für IT-Recht und Recht der Digitalisierung, Verlag C. H. Beck, München; *Spindler/Schuster,* Recht der elektronischen Medien, 4. Aufl. 2019; *Roßnagel,* Recht der Multimedia-Dienste, 2000 ff.; *Hoeren/Sieber/Holznagel,* Handbuch Multimedia-Recht. Rechtsfragen des elektronischen Geschäftsverkehrs, 48. Lief. 2019.

[2] S. etwa *Spindler,* Vertragsrecht der Internet-Provider, 2. Aufl. 2004; *Kosmides,* Providing-Verträge, 2010; *Spindler/Schuster* (Hrsg.), Recht der elektronischen Medien, 4. Aufl. 2019, und mit Nähe zum nächsten Thema *Spindler,* Vertragsrecht der Telekommunikations-Anbieter, 2000; *Härting,* Internetrecht, 6. Aufl. 2017.

[3] S. va *Scheurle/Mayen,* TKG, Kommentar, 3. Aufl. 2018; *Hoeren,* Internet- und Kommunikations-Recht. Praxis-Lehrbuch, 2. Aufl. 2012; zum Europ. TK-Recht s. *Ladeur* K&R 2012, 317.

[4] S. zum Überblick regelmäßig NJW, „Die Entwicklung des IT-Rechts", zuletzt Specht NJW 2019, 3686 für das Jahr 2018.

[5] S. dazu *Koch,* Computervertragsrecht, 7. Aufl. 2009; *Zahrnt,* Computervertragsrecht, Loseblatt.

[6] BGH CR 2005, 816 mAnm *Schuppert.*

[7] BGH CR 2010, 327 – mit Übersicht und Vergleich diverser Providerverträge mit klassischen IT-Verträgen.

[8] Zu Application Service Providing BGH CR 2007, 75.

[9] Zu Internetverträgen: *Cichon,* Internetverträge, 2. Aufl. 2005; *Härting,* Internetrecht, 6. Aufl. 2017; *Spindler,* Vertragsrecht der Internet-Provider, 2. Aufl. 2004; *Kosmides,* Providing-Verträge, 2010; *Moritz/Dreier,* Rechts-Handbuch E-Commerce, 2. Aufl. 2005; *A. Schneider,* Verträge über Internet-Access, 2001; *Spindler/Wiebe* (Hrsg.), Internet-Auktionen und Elektronische Marktplätze, 2. Aufl. 2005; *Borges*/Meents (Hrsg.), Cloud Computing 2016; *Bräutigam* (Hrsg.), IT-Outsourcing und Cloud-Computing, 4. Aufl. 2019.

[10] S. schon BGH CR 1990, 24.

[11] C-128/11, MMR 2012, 586; dazu II. 2.); zur hM s. *Spindler* CR 2008, 69; *Haberstumpf* CR 2009, 345; *Grützmacher* CR 2010, 141; *Leistner* CR 2011, 209 (zu „Gebrauchtsoftware").

wurde die sog. Online-Erschöpfung von der hM abgelehnt und Download mit Nutzung „online“[1] gleich gesetzt. Die Urteile zum **„Gebrauchtsoftwarehandel“** stellten bis EuGH[2] überwiegend auf die Datenträgerbasierung ab.[3] Urteile zu Master-CD betrafen nicht unmittelbar das Problem der Erschöpfung bei Download, gingen aber schon in die Richtung der EuGH-Entscheidung[4]. Das LG Düsseldorf[5] ließ den *„handelbaren Datenstrom“* als gleichwertig für umfassende Erschöpfung ausreichen, wurde aber aufgehoben.[6] Für die Handhabung von Software als handelbares Gut ergaben sich für Vertrags- und AGB-Gestaltung durch die Entscheidungen des EuGH[7] und des BGH[8] zur Online-Erschöpfung neue Perspektiven.[9] Einige spektakuläre Entscheidungen zu Folgethemen, etwa zu Volumenlizenzverträgen[10], erweiterten die Wirkung der EuGH-Entscheidung tendenziell noch oder setzten sie zumindest konsequent um[11]. Im Bereich anderer digitaler Güter ist bislang dieser Wandel nicht eingetreten,[12] s. a. unten III.

Sowohl als Problem- als auch als Beschäftigungsfeld ist in der jüngeren Vergangenheit der **Datenschutz** besonders rasant gewachsen. Er bekam starke Impulse durch neue technische Möglichkeiten – ua Big Data[13] –, Skandale in Unternehmen, Datenschutz-Grundverordnung[14], das wachsende Potenzial von Cyberangriffen[15] und die tatsächliche Totalausspähung durch US- und

---

[1] Etwa per asp: BGH CR 2007, 75; zu DRM s. *Bechtold,* Vom Urheber- zum Informationsrecht, 2002, und *Arlt,* Digital Rights Management Systeme, 2006; zu Click-wrap-Verträgen s. *Karger* ITRB 2004, 110; s. a. *Lutz,* Softwarelizenzen und die Natur der Sache, 2009; *Heydn* CR 2010, 765; zur Einbeziehung von AGB per „click wrap“ s. a. EuGH MMR 2015 215; zu Kopierschutzmechanismen s. II.2.a.

[2] EuGH MMR 2012, 586.

[3] S. LG München I CR 2007, 356 und OLG München CR 2008, 551 mAnm *Bräutigam;* BGH CR 2011, 223 – Oracle/UsedSoft I; s. aber schon Kantonsgericht Zug CR 2011, 781 zur Bejahung der „Online-Erschöpfung. Zur Entwicklung ab EuGH s. *Hoeren/Försterling* MMR 2012, 642; *Ulmer/Hoppen* ITRB 2012, 232; *Scholz* ITRB 2013, 17; *Malevanny* CR 2013, 422; *Schneider/Spindler* CR 2012, 489; *Weisser/Färber* MMR 2014, 364; *Schneider* ITRB 2014, 120; BGH CR 2014, 168 (UsedSoft II), dazu *Marly* CR 2014, 145, und *Schneider/Spindler* CR 2014, 213.

[4] S. LG Hamburg MMR 2006, 827, und OLG Hamburg v. CR 2007, 355; s. a. unten II. 2.

[5] LG Düsseldorf CR 2009, 221 mAnm *Witte.*

[6] OLG Düsseldorf CR 2009, 566; s. a. OLG Karlsruhe CR 2011, 641 – bestätigt LG Mannheim CR 2010, 159.

[7] MMR 2012, 586 – Oracle/UsedSoft.

[8] MMR 2014, 232 –UsedSoft II; MMR 2015, 530 UsedSoft III.

[9] S. a. *Marly* CR 2014, 145; *Schneider/Spindler* CR 2014, 213, und unten II.2 u. III.

[10] S. OLG Frankfurt CR 2013, 148 und BGH CR 2015, 429 – UsedSoft III zum unwirksamen Aufspaltungsverbot/Weitergabeverbot bei Volumenlizenzen entgegen OLG Karlsruhe MMR 2011, 727 und *Heydn* K&R 2011, 707. Zur Rechtekette *Kubach/Hunzinger* CR 2016, 213; *Buss* CR 2018, 78, in Verbindung mit Asset-Deal bei M&A.

[11] OLG Hamm CR 2013, 214 – zu Eigentum an Software (im Kontext Leasing besonders relevant).

[12] S. OLG Hamm K&R 2014, 534 mAnm *Telle* ablehnend zur Erschöpfung bei Hörbüchern; Revision anhängig beim BGH I ZR 120/14; s. a. OLG Hamburg CR 2015, 534; zur Debatte zB *Peter* ZUM 2019, 490, in Europa und USA *Determann/Specht* GRUR Int. 2018, 731; s. a. II.2.

[13] S. zB *Roßnagel* ZD 2013, 562; *Paal/Hennemann* NJW 2017, 1697; *Werkmeister/Brandt* CR 2016, 233;

Caldarola/Schrey, Big Data und Recht 2019; *Kolany-Raiser/Orwat/Heil/Hoeren* (Hrsg.), Big Data. Gesellschaftliche Herausforderungen und rechtliche Lösungen, 2019.

[14] Seit Januar 2012 stark diskutiert, s. Nr. 54, zu DS-GVO v. 27.4.2016 und unten II.7 und III.

[15] S. zu Cybersicherheit zB *Klett/Ammann* CR 2014, 93; Richtlinie über Dienste der Netz- und Informationssicherheit (NIS-Richtlinie) Politische Einigung am 21.12.2015 http://europa.eu/rapid/press-release_IP-15-6270_de.htm; s. BSIG Nr. 8. Nun stärkt die VO (EU) 2019/881 (v.

UK-Geheimdienste.[1] Da sich andererseits der **Datenschutz** immer mehr zum Informationsrecht entwickelt[2] bzw. sich zusammen mit InformationsfreiheitsG (s. Nr. 5) unter einem Dach, auch behördlich etwa beim Bundesbeauftragten für Datenschutz und Informationsfreiheit, findet, ist ungeachtet der teilweise sehr unterschiedlichen dogmatischen Einordnung eine starke Konvergenz der genannten Rechtsgebiete festzustellen.[3]

Das **Vertragsrecht** stellt nach wie vor einen Kernbereich des Computer- oder EDV-Rechts für die tägliche Praxis in Wirtschaft und damit auch der Anwaltschaft dar. Dazu kann man auch die immer wichtiger werdenden Verträge zu Datenschutzverträgen (Art. 28 DS-GVO)[4] oder Joint Control (Art. 26) und Prüfungen der IT-Compliance einschließlich Whistleblowing rechnen.

Die **Entwicklung** dieses Kernbereichs verlief in Verbindung mit dem Rechtsschutz in groben Zügen wie folgt[5]:

- In den sechziger Jahren war kaum vom Computerrecht die Rede. Soweit Publikationen erschienen, befassten sie sich mit „Computerprogrammen" bzw. mit „Computern", zum Teil mit „Datenverarbeitung" und zwar Datenverarbeitungsanlagen und Datenverarbeitungsprogrammen. Darunter fanden sich bereits wichtige Beiträge zum Thema Patentschutz[6].
- In den siebziger Jahren kamen **EDV-Systeme** als Vertragsgegenstand ins Blickfeld mit eindeutigem Schwerpunkt bei der Hardware[7].
- In den achtziger Jahren rückte der PC die **Software** als Vertragsgegenstand in den Mittelpunkt, insbesondere die Standardsoftware. Es erfolgte eine Ablösung und Verselbständigung der Software vom Computer. Der Meilenstein in der Entscheidungskette des BGH dürfte das Urteil v. 4.11.1987 sein[8]. Ebenfalls wegweisend war die Entscheidung v. 18.10.1989, die klarstellte, dass es hinsichtlich der Sach-Eigenschaft und der „Ablieferung" nicht auf den Umstand der unkörperlichen Übertragung ankommt.[9] Dies wurde lange Zeit bei der urhr. Diskussion um Onlineerschöpfung nicht berücksichtigt, sodass überwiegend auf die Verkörperung abgestellt wurde.[10]

17.4.2019 = ABl. 2019 L 151, 15) die Europäischen Agentur für Cybersicherheit ENISA und regelt ein freiwilliges dreistufiges Cyber-Zertifikat für die Digitale Produktsicherheit.

[1] Sog. Snowden – Enthüllungen, zu PRISM, TEMPORA uÄ (im Kontext Verwertbarkeit der Erkenntnisse ausländischer Nachrichtendienste), s. *Gercke* CR 2013, 749; zu Völker-, unions- und verfassungsrechtlichen Aspekten des NSA-Datenskandals s. *Ewer/Thienel* NJW 2014, 30; zu Lehren für die DS-GVO (E) s. *Forgó* ZD 2014, 57.

[2] S. *Klöpfer,* Informationsrecht, 2002; *Zech* CR 2015, 137; *Wiebe/Ahnefeld* CR 2015, 127.

[3] Das gilt auch für Compliance; s. zB *Ströbel* ua CCZ 2018, 14; *Stück* CCZ 2018, 88; *Jung* ZD 2018, 14.

[4] S. zB *Eckhardt/Kramer* DuD 2014, 147; *Moos* (Hrsg.), Datennutzungs- und Datenschutzverträge, 2. Aufl. 2018.

[5] Zur Evolution der IT-Vertragsgegenstände vgl. *Kosmides,* Providing-Verträge, S. 163 ff.; für Software *Heydn* CR 2010, 765.

[6] Zum Überblick s. zB *Kolle* GRUR 1977, 58; *van Raden* GRUR 1995, 451; s. a. II.1.

[7] S. noch BGH CR 1986, 799 und CR 1987, 358.

[8] BGH CR 1988, 124 – Compiler-Interpreter –; in der Folge dann: BGH CR 1990, 707 – Geräteverwaltung; BGH CR 1993, 422 – Dachdeckerbetrieb –, wichtig im Hinblick auf die Anwendung des § 377 HGB ebenso wie: BGH CR 1993, 681 – Verkaufsabrechnung – [wonach Standardsoftware als bewegliche Sache anzusehen ist]; BGH CR 2000, 207 – Lohnprogramm.

[9] BGH CR 1990, 24 – Lohnabrechnung; iVm Miete BGH CR 2007, 15 – ASP.

[10] S. noch BGH MMR 2014, 232 – Oracle/UsedSoft I, und im Übrigen unten II. 2 a.

- Die neunziger Jahre verlagerten das Augenmerk von der Standardsoftware auf das Interesse an der Abänderung von Software und der Hinwendung mehr zur **Information.** Zunächst wurde die EG-Richtlinie über den Rechtsschutz von Computerprogrammen v. 14.5.1991[1] in deutsches Recht umgesetzt und zwar im Wesentlichen durch Block-Implementation in das UrhG (s. Nr. 30). 1997 wurde mit dem IuKDG der Rechtsschutz für Datenbankwerke, va in Umsetzung der Richtlinie über den Rechtsschutz von Datenbanken v. 11.3.1996, kodifiziert. Gleichzeitig wurde erstmals ein Haftungskonzept mit einer starken Privilegierung der Provider im IuKDG und gleichzeitig im MDStV angelegt (inzwischen novelliert). Aus Verbraucher- und Datenschutz ergeben sich zahlreiche **Informationspflichten** für die Anbieter, die auch der Sicherheit des Rechtsverkehrs allgemein dienen (s. im Einzelnen auch zum E-Commerce noch unten, II.6).
- Einen wichtigen Schritt stellte die **Schuldrechtsmodernisierung** zum 1.1.2002 dar, deren Auswirkungen für die IT sich erst allmählich in BGH-Entscheidungen zeigten. Wichtige Neuerungen, die erst allmählich von der Rspr. konkret aufgearbeitet wurden, gab es mit der „Nacherfüllung" und der Erweiterung des Mangelbegriffs.[2] Negiert wurde die Neuregelung bei § 651 BGB[3]. Weitere Problembereiche bei Softwareerstellung betreffen va das Recht der Sach- und Rechtsmängel iVm „Pflichtenprogramm" und „Pflichtverletzung" (§ 280 BGB) und zahlreiche Details bei der Handhabung des neuen Schuldrechts[4]. Besonders stark hat die Diskussion um die Anwendbarkeit des § 651 BGB aF auf Softwareerstellung die Diskussion um die **Sachqualität** der Software beeinflusst[5]. Diese ist durch EuGH und BGH im Zusammenhang mit „Gebrauchtsoftware" zugunsten der Bejahung der Sachqualität entschieden.
- Die letzte Dekade war geprägt durch neue Entwicklungen der urheberrechtlichen Beurteilung des Softwarehandels (zu Gebrauchtsoftware s. II.2 u. III.) und die konkrete Durchsetzung der Konvergenz der Medien mit zahlreichen gesetzgeberischen Aktivitäten zu TK- und TM-Recht (s. a. II.6)[6]. Die Wirkungen der Virtualisierung, konkret zB **Cloud**[7] und nun va **Big Data,** sind wohl in Gänze noch kaum absehbar, in einigen Gebieten noch umstritten, so etwa die Beurteilung der Online-Anbindung von Computerspielen, zB mittels Keys und Accounts,[8] bei (Nicht-)Erschöpfung

---

[1] ABl. L 122 v. 17.5.1991, 42.

[2] BGH NJW 2016, 2874 s. a. II.8. Zu Mangel-Thema: BGH NJW 2017, 2817 Rn. 16; BGH NJW 2019, 1937 zur „nach dem Vertrag vorausgesetzten Verwendung".

[3] Dazu va BGH CR 2009, 637. S. II.8.

[4] S. zB *Bartsch* CR 2001, 649; *Bartsch* NJW 2002, 1526; *Diedrich* CR 2002, 473; *Goldmann/Redecke* MMR 2002, 3; *Koch* CR 2001, 569; *Thewalt* CR 2002, 1; *Westerholt-Berger* CR 2002, 81; *Schneider* CR 2005, 695; *Thewalt,* Der Softwareerstellungsvertrag nach der Schuldrechtsreform, 2004; *Warnke,* Rechtsmangelhafte Software und Nacherfüllungsanspruch aus § 439 BGB, 2005; zur Diskussion um die Anwendung des § 651 BGB s. II. 8 c.

[5] S. zB *Schweinoch* CR 2010, 1; *Maume/Wilser* CR 2010, 209; *Bartsch* CR 2010, 553; *Heydn* CR 2010, 765 (III.2); *Schneider* CR 2011, 626; grundlegend zur Rechtsnatur *Redeker* CR 2011, 634.

[6] Zum Überblick über Rspr. IT-Recht s. jeweils *Taeger* NJW 2015, 3759, und (2016) NJW 2016, 3764; *Spindler/Schuster* (Hrsg.), Recht der elektronischen Medien, 3. Aufl. 2015; zu Fernabsatzrecht *Buchmann* K&R 2019, 622; *Härting,* Internetrecht, 5. Aufl. 2014.

[7] S. zB *Giedke,* Cloud Computing (va urheberr.), 2013; zum Datenschutz als Bremse *Kühling/Biendl* CR 2014, 150; Vertragsrecht: *Borges/Meents* (Hrsg.), Cloud Computing, 2016.

[8] S. *Hilgert* CR 2014, 354; *Kühling/Biendl* CR 2014, 150.

(anders als für Software s. a. II.2) und Einschränkungen der Nutzerrechte[1]. In nahezu ständiger Entwicklung begriffen ist der Bereich des E-Business einschließlich Verbraucherrechten[2].

- Nun bahnen sich zT technisch bedingt, teils durch die IT-Konzerne und deren Entwicklungsimpulse neue Konglomerate von Problemstellungen auf Basis neuer Techniken an, etwa HANA bei SAP mit Rückverlagerung der Software in den Arbeitsspeicher („hauptspeicherresidente Datenbanken").[3] Abschottungsversuche zur Gewährleistung des Datenschutzes dürften bei Big Data scheitern,[4] die Frage des Personenbezugs[5] und als Alternative die Anonymität werden zukünftig kein Thema mehr sein, weil praktisch alle Daten personenbeziehbar geworden sind.[6]

2. E-Government, E-Justice

Planung, Errichtung und Betrieb informationstechnischer Systeme sowie die Festlegung dafür notwendiger Standards und Sicherheitsanforderungen haben sogar explizit Einzug ins GG gefunden (Art. 91c GG)[7].

Zudem wurden Maßnahmen des E-Government, der E-Justice (s. a. kurzer Hinweis in III.) mit Elektronischem Rechtsverkehr[8] vorangetrieben. Man versteht darunter – auch in Abgrenzung gegenüber E-Justice – gemäß einer sog. Speyerer Erklärung „die Abwicklung geschäftlicher Prozesse im Zusammenhang mit Regieren und Verwalten (Government) mit Hilfe von Informations- und Kommunikationstechniken über elektronische Medien".[9] „Es umfasst alle Aspekte des Regierens und Verwaltens (zB öffentliche Willensbildung, Entscheidungsfindung, Leistungserstellung und -erbringung, Partizipation usw.), solange und soweit sie durch IuK-Technologien unterstützt werden können."[10]

Mit dem EGovG und zahlreichen Anpassungen im VwVfG[11] hat die Förderung der elektronischen Verwaltung auch gesetzliche Grundlagen erhalten. Wichtige Ziele sind dabei ua, einen elektronischen Zugang zur Verwaltung zu gewährleisten (§ 2 EGovG), Informationen zu Behörden und ihren Verfahren

---

[1] BGH MMR 2010, 771 – Half-Life 2 mAnm v. *Heydn;* BGH CR 2017, 161 World of Warcraft I; zur Entwicklung des Urheberrechts im Jahr 2016 –ZUM 2017, 325, 361. Zu hybriden Werken s. BGH MMR 2013, 671 und EuGH MMR 2014, 401 – Nintendo –.

[2] Zur Umsetzung Verbraucherrechte-RL s. II.6.

[3] Neue Lizenzfragen entstehen dadurch, s. zum Übbl. *Söbbing* ITRB 2014, 92; *ders.* ITRB 2018, 161.

[4] AM, zu den Möglichkeiten der „Bestimmbarkeit" zu entgehen, *Brisch/Pieper* CR 2015, 724.

[5] *Koch* ITRB 2015, 30; s. im Kontext IP-Adressen *Nink/Pohle* MMR 2015, 563; *Maamar* CR 2018, 820 zu „Verbraucher-Scores zwischen Big Data und Big Brother"; zu erweiterter Anwendbarkeit der DS-GVO *Brauneck* EuZW 2019, 680.

[6] Über Metadaten/Vorwissen als Hintergrund reichen ganz wenige, für sich „anonyme" Daten, um sie auf eine Person zu beziehen; s. a. *Schneider/Härting* CR 2014, 306 im Kontext der GVO; zum Beispiel e-Call s. *Pohle/Zoch* CR 2014, 409; zum Personenbezug bei IP-Adressen EuGH NJW 2016, 3579 – Breyer/Deutschland und BGH MMR 2017, 605 *Brauneck* EuZW 2019, 680.

[7] S. *Schallbruch/Städtler* CR 2009, 619 zu Neuregelung Bund-Länder-Zusammenarbeit bei der IT durch Art. 91c GG; s. a. *Heckmann* K&R 2010, 1. S. speziell zu den Auswirkungen der IT-Zentralisierung auf die Justiz *„Welches Maß an IT-Zentralisierung verträgt die Dritte Gewalt?"*, Positionspapier der Bund-Länder-Kommission für Datenverarbeitung und Rationalisierung in der Justiz, Beil. CR 8/2009.

[8] S. umfassend *Bernhardt/Leeb* in: Heckmann, jurisPK-Internetrecht, 6. Aufl. 2019, Kap. 6.

[9] *Heckmann* in: jurisPK-Internetrecht, 6. Aufl. 2019, Kap. 5, Rn. 1.

[10] *Heckmann* in: jurisPK-Internetrecht, 6. Aufl. 2019, Kap. 5, Rn. 1.

[11] *Beckermann* NVwZ 2017, 745.

in öffentlich zugänglichen Netzen zur Verfügung zu stellen (§ 3 EGovG), elektronische Bezahlmöglichkeiten im Rahmen von Verwaltungsverfahren einzurichten (§ 4 EGovG), eine elektronische Dokumentenverwaltung zu ermöglichen und zu implementieren (§§ 5–8 EGovG) und eine Optimierung von Verfahrensabläufen zu erreichen (§ 9 EGovG).[1]

In diesem Zusammenhang kommt auch der **Informationsfreiheit** (s. unten 3.) und dem Informationszugang stetig wachsende Bedeutung zu.[2] Gemäß § 1 Abs. 1 Satz 1 IFG hat jedermann gegenüber Bundesbehörden einen gesetzlichen „Anspruch auf Zugang zu amtlichen Informationen".

Der Anspruch auf Informationszugang „**besteht nicht**, [...] wenn und solange [...] die Beratungen von Behörden beeinträchtigt werden".[3]

Beachtenswert ist zudem das Ziel einer verbesserten **Barrierefreiheit,** etwa der IT generell,[4] sodann speziell der elektronischen Verwaltungsdienste. Für den elektronischen Rechtsverkehr sieht § 130a Abs. 4 ZPO nF verschiedene Varianten vor: die absenderbestätigte DE-Mail (Nr. 1), das besondere elektronische Anwaltspostfach (Nr. 2)[5], das Behördenpostfach (Nr. 3) sowie weitere sichere Verfahren, die zukünftig durch Rechtsverordnung ergänzend zugelassen werden können (Nr. 4). Weitere Initiativen, etwa die „Digitale Agenda"[6] werden, teils im Widerspruch zum Datenschutz, vorangetrieben. Auch das Thema der *Netzneutralität*[7] bleibt ein wichtiges Feld der sog. „Netzpolitik", ebenso wie die IT- bzw. Netzsicherheit und Netzsperren[8] sowie neuerdings das konträr wirkende Netzwerkdurchsetzungsgesetz (s. Nr. 11), das sog. „Facebook-Gesetz" gegen „Hate Speech".[9]

Es gab Grundgesetzänderungen und gesetzliche Regelungen, die auch die Informationstechnik der öffentlichen Verwaltung betreffen, die *Schallbruch*[10] in Themenbereiche aufteilt:

---

[1] S. grundlegend zu Digitalisierung als Politikziel *Bull* CR 2019, 478 (I.), 547 (II.).

[2] *Wiebe/Ahnefeld* CR 2015, 127 zum Zugang zu Informationen und 2015, 199 zu Weiterverwendung von Informationen, „Open Government" und Open Data. Zur Entwicklung s. „Update" Informationsfreiheits- und Transparenzrecht 2018/2019 *Schmittmann* K&R 2019, 542.

[3] BVerwG v. 9.5.2019 – 7 C 34.17 – Vertraulichkeitsschutz für Beratungen von Behörden.

[4] BITV 2.0 v. 12.9.2011 – Barrierefreie Informationstechnik-Verordnung, Nr. 72, in der Vorauflage.

[5] § 2 ERVV: elektronische Dokumente sind an Gerichte in druckbarer, kopierbarer und, soweit technisch möglich, in durchsuchbarer Form zu übermitteln; ein strukturierter maschinenlesbarer Datensatz soll im Dateiformat XML beigefügt werden; zu Frage des Dienstsiegels dabei s. OVG Saarlouis NJW 2019, 2636; speziell zu beA *Leuering*, Das beA und bestimmende Schriftsätze, NJW 2019, 2739.

[6] http://ec.europa.eu/priorities/digital-single-market/index_de. htm.

[7] *Werkmeister/Post/Becker* CR international 2014, 108; *Koenig/Meyer* CR 2013, 643; zum Entwurf einer Netzneutralitätsverordnung *Wimmer/Löw* K&R 2013, 636; zur EU-Initiative *Huber* MMR 2014, 221; Verordnung (EU) 2015/2120 DES EUROPÄISCHEN PARLAMENTS UND DES RATES v. 25. November 2015 über Maßnahmen zum Zugang zum offenen Internet und zur Änderung der Richtlinie 2002/22/EG über den Universaldienst und Nutzerrechte bei elektronischen Kommunikationsnetzen und -diensten sowie der Verordnung (EU) Nr. 531/2012 über das Roaming in öffentlichen Mobilfunknetzen in der Union, Amtsblatt der Europäischen Union v. 26.11. L 310/1. Ferner *Brüggemann* CR 2015, 361 und *Werkmeister/Hermstrüwer* CR 2015, 570, zur Entwicklung auch in Europa und USA.

[8] Im Kontext der Störerhaftung für Zugangsprovider s. *Brinkel/Osthaus* CR 2014, 642; nun nach Änd. des TMG das dem Rechteinhaber zustehende Mittel (statt Störerhaftung) im TMG, s. zu Nr. 16.unten II. 3. Zu einem persönlichkeitsrechtsverletzenden Filmbericht eines Dritten bei YouTube und Facebook s. BGH K&R 2019, 498 zur Fortwirkung durch die Gefahr der Weiterverbreitung im Internet durch Verlinkung oder Upload.

[9] Zur Umsetzung s. *Löber/Roßnagel* MMR 2019, 71.

[10] CR 2017, 648, CR 2017, 798, CR 2018, 215.

- Online-Dienstleistungen und Portalverbund:
  Durch eine Ergänzung von Art. 91c GG und das auf dieser Basis erlassene Online-Zugangsgesetz werden Bund und Länder verpflichtet, ihre Verwaltungsleistungen binnen 5 Jahren online über Portale anzubieten und zu einem Portalverbund mit einheitlichem Nutzerkonto zu verbinden. Der Bund kann durch Rechtsverordnung die zu verwendende Technik sowie Interoperabilitäts- und Sicherheitsstandards festzulegen.
- Steuerverwaltung:
  Durch Ergänzung von Art. 108 GG und durch das KONSENS-Gesetz wird für die Steuerverwaltung ein neues System gemeinsamer Entwicklung und gemeinsamen Einsatzes von Informationstechnik errichtet, bei dem eine kleine Gruppe von Ländern gemeinsam mit dem Bund Verantwortung übernimmt und alle anderen Länder diese Lösungen übernehmen (müssen).

Im Finanzbereich wird das Thema „Ordnungsmäßigkeit" immer wieder neu gefasst, um der technischen Entwicklung zu entsprechen.[1] Die Grundsätze zur ordnungsmäßigen Führung und Aufbewahrung von Büchern, Aufzeichnungen und Unterlagen in elektronischer Form sowie zum Datenzugriff (GoBD) sollten eine neue Fassung (11.7.2019) erhalten, die aber zurückgezogen wurde.[2]

3. Datenschutz und Informationsrecht

Seit Anfang der siebziger Jahre hat sich das Datenschutzrecht entwickelt, ua mit dem Beitrag von *Simitis.*[3] Der Schutz des Einzelnen vor den Bedrohungen durch die Verarbeitung seiner Daten wird „*Datenschutz*". Dies hatte sich im hessischen Datenschutzgesetz und im BDSG 1976 (s. nF Nr. 56) niedergeschlagen und ist bis heute so geblieben. Ob der Begriff „Datenschutz", der zunächst als Schlagwort sehr erfolgreich war, letztlich klug war, muss insofern bezweifelt werden, als das eigentliche Schutzgut gerade nicht die Daten sein sollen und sind.[4]

Diese Ungenauigkeit ist auch in die Charta der EU (Art. 8) gelangt, ebenso wie in die EU-Datenschutz-Grundverordnung (DS-GVO, s. Nr. 54; zur Entwicklung s. unten II.7.). Unabhängig von dieser Begrifflichkeit gibt es ein sehr großes Rechtsgebiet, das sich um den Datenschutz im weiteren Sinne gebildet hat bzw. zu diesem gehört. In seinen Außengrenzen ragt es weit in das Feld der Informationspflichten der Anbieter hinein. Denn die Anbieter haben sowohl die Informationspflichten im Sinne der Medien- bzw. Teledienstgesetze, nun TMG (Nr. 21), und des E-Commerce als auch des Datenschutzes, dort auch im Hinblick auf eine wirksame Einwilligung, zu

[1] S. *Roth* GWR 2017, 218 zum G. zum Schutz vor Manipulationen an digitalen Grundaufzeichnungen.

[2] BMF-Schreiben v. 11.7.2019 IV A 4 – S 0316/19/10003, zuvor BMF-Schreiben v. 14.11. 2014 – IV A 4 – 0316/13/1309678; zu diesem "Update" krit. *Henn* DB 2019, 1816 (GoBD s. Nr. 25).

[3] NJW 1973, 611.

[4] S. *Veil* NVwZ 2018, 686, 690 zum fehlenden Schutzgut. S. a. Disk. https://www.cr-online.de/blog/2019/02/06/die-schutzgutmisere-des-datenschutzrechts-teil-i/; https://www.cr-online.de/blog/author/kbock/.

beachten[1]. **„Internetrecht"** fasst ua die Bereiche elektronisch (online) geschlossener Verträge, Nutzung der Onlinedienste, das Providervertrags- und Haftungsrecht, das Online-Werberecht und den Fernabsatz unter einem „Dach" zusammen – ein Rechtsgebiet als Konglomerat verschiedenster Regelungen (ua TMG, BGB, UWG, BDSG).[2]

Ein Gegenstück zum Datenschutz ist die *Informationsfreiheit.* Zum 1.1.2006 trat das Informationsfreiheitsgesetz des Bundes (IFG) in Kraft[3]. Trotz der Gegensätzlichkeit in der Intention wurde den Beauftragten für den Datenschutz des Bundes und einzelner Länder auch die Kompetenz des Beauftragten für die Informationsfreiheit zugeordnet.[4]

Zu erwähnen ist noch das *Informationsweiterverwendungsgesetz*[5], das auch als ein Schritt in Richtung Informationsfreiheit, hier vom öffentlichen Sektor zur Wirtschaft, gesehen werden kann.[6] Es begründet aber keinen eigenständigen Anspruch auf Zugang.[7]

Wieder eher problematisch, weil im Konflikt mit dem Datenschutz, ist die Verarbeitung von *Geodaten*[8]. Die Kombination an sich anonymisierter Daten mit anderen Informationen/Daten, kann zu mehr Transparenz des Einzelnen führen. Allerdings gibt es ohnehin einschlägige, wenn auch umstrittene Dienste, etwa Google Streetview[9], E-Call für Autos[10], Connected Cars[11] uÄ oder bei Wearables[12]. Informationsrecht bzw. Informationszugang und Datenschutz kollidieren auch und gerade bei angestrebter Transparenz: Keine Online-Veröffentlichung von EU-Agrarsubventionsempfängern[13].

---

[1] S. zum Überblick *Ernst* ITRB 2002, 265; BGH MMR 2006, 812 zu Untersagung bei unvollständiger Anbieterkennzeichnung; BGH MMR 2007, 40; BGH CR 2013, 797 – (Werbe-E-Mails); dazu Fortführung BGH GRUR 2017, 748 und zu einer Einwilligung für mehrere Werbekanäle BGH CR 2018, 247; s. a. BGH MMR 2014, 704: Kein Anspruch auf Herausgabe von Nutzerdaten bei Persönlichkeitsrechtsverletzung, und zur „Doppeltür" für Übermittlung von Daten und zugleich zu deren Abfrage: VGH München v. 20.8.2019 – 12 ZB 19.333.

[2] Zur Entwicklung des Internetrechts bis Ende 2014 s. *Hoffmann* NJW 2015, 2470, bis Mitte 2015 *ders.* NJW 2015, 2470; im Jahr 2016: *Hoeren/Thiesen* (Hrsg.), MMR-Beil 5/2017; zum Inhalt: *Härting,* Internetrecht, 5. Aufl. 2014.

[3] Nr. 6; es gibt vergleichbare Gesetze einzelner Bundesländer. Zum Überblick s. *Kugelmann* NJW 2005, 3609; *Sokol* CR 2005, 835; zum evtl. Konflikt mit dem Datenschutz s. *Rossnagel* MMR 2007, 16 und *Schaar* RDV 2006, 1; zum Trend beim Datenbankschutz zur Informationsfreiheit s. *Wiebe* CR 2005, 169; zur Gefahr der Ausforschung durch Wettbewerber s. *Sieberg/Ploeckl* DB 2005, 2062.

[4] Es gibt einige Gerichtsentscheidungen, von denen manche echte Fortschritte des Freiheitsansatzes zeigen, etwa BVerwG NJW 2015, 3258 (Bundestag muss Arbeit der Wissenschaftlichen Dienste herausgeben), Nr. 6; s. a. zu Beschränkungen, hier zum Spannungsverhältnis zwischen Informationsfreiheit und Urheberrecht *Bullinger/Stanley* GRUR-Prax 2015, 395.

[5] Nr. 7. S. a. *Maisch* K&R 2007, 9; nach Novellierung *Wiebe/Ahnefeld* CR 2015, 127.

[6] Zur Weiterverwendung von Informationen im Kontext von Open Government und Open Data s. *Wiebe/Ahnefeld* CR 2015, 199.

[7] OVG Münster v. 15.4.2014 – 8 A 1129/11.

[8] Geregelt im Gesetz über den Zugang zu digitalen Geodaten, GeoZG v. 10.2.2009.

[9] S. etwa *Hoffmann* CR 2010, 514; *Spiecker* genannt *Döhmann* CR 2010, 311; zulässig: *Forgó/Krügel/Müllenbach* CR 2010, 616.

[10] S. zB *Pohle/Zoch* zur Gefahr des „gläsernen Fahrers" CR 2014, 409; zu „Big Data im Auto" s. *Mielchen* ITRB 2014, 110.

[11] *Weisser/Färber* MMR 2015, 506; *Kütük-Markendorf/Essers* MMR 2016, 22;

[12] S. zB *Weichert* NZA 2017, 565.

[13] EuGH CR 2011, 271.

Zu Information als Rechtsgut *Redeker*[1] *und Zech*[2]; zu den Risiken der Vernetzung in Kombination mit der Virtualisierung *Gaycken/Karger*[3]; zu Auswirkungen auf Lizenzformen *Grützmacher*[4] (s. a. III).

Zur Entwicklung des Datenschutzrechts s. II.7.

4. Recht und Technik, Digitalisierung

Unter „Recht und Technik" wurden längere Zeit die Verbindungen aufgezeigt, etwa Entwicklungen im E-Commerce. Dann wurde die Konvergenz von IT, TK und TM immer massiver. Inzwischen ist die Digitalisierung voll „im Recht" angekommen, ua charakterisiert durch den Zusatz 4.0 oÄ.[5]

In Umsetzung der E-Commerce-Richtlinie (Nr. 17, II.6) ist der Anbieter nach § 312i Abs. 1 Nr. 1 BGB verpflichtet, dem Kunden angemessene, wirksame und zugängliche technische Mittel zur Verfügung zu stellen, mit deren Hilfe der Kunde Eingabefehler vor Abgabe seiner Bestellung erkennen und berichtigen kann. Dies ist technisch gesehen keineswegs trivial (zum Problem des Irrtums des Anbieters[6]). Vertragsrechtlich relevant ist neben den Informationspflichten die Erfüllung der Voraussetzungen wirksamer Einbeziehung von AGB[7] und dabei der Aspekt, dass nach § 312i Abs. 1 Satz 1 Nr. 4 BGB dem Kunden die Möglichkeit zu verschaffen ist, die Vertragsbestimmungen einschließlich der AGB bei Vertragsschluss abrufbar und in wiedergabefähiger Form zu speichern, des Weiteren, die Bestellung elektronisch zu bestätigen (§ 312i Abs. 1 Nr. 3). Bemerkenswert ist, dass der eigentliche Vertragsschluss per *Mouseclick* nicht speziell geregelt ist.[8] Die Probleme liegen nicht bei der Anerkennung der elektronischen Willenserklärung als solcher[9], sondern bei der Identifizierung des Erklärenden bzw. der Verifizierung der Angaben einschließlich Passwort und der Zurechnung[10], bei Irrtumsfragen,[11] in Zukunft bei der Frage, wie Robots als Agenten verantwort-

---

[1] CR 2011, 634; zur Virtualisierung als Wandel vom Eigentum zur Verfügbarkeit s. *Kloos/Wagner* CR 2002, 865.

[2] *Zech,* Information als Schutzgegenstand, 2012; *ders.* CR 2015, 137 zu Daten als Wirtschaftsgut; s. a. *Fezer* MMR 2017, 3; *Wandtke* MMR 2017, 6, *Bisges* MMR 2017, 301. *Hoppen* CR 2015, 802 zu technischer Sicherung des „Dateneigentums"; *Conrad/Grützmacher* (Hrsg.), Recht der Daten und Datenbanken im Unternehmen, 2016; *Raue,* Die Rechte des Sacheigentümers bei der Erhebung von Daten, NJW 2019, 2425.

[3] MMR 2011, 3.

[4] ITRB 2011, 193; *ders.* CR 2011, 697.

[5] S. zB Frenz (Hrsg.), Recht und Technik: Handbuch Industrie 4.0, 2019; *Arnold/Günther,* Arbeitsrecht 4.0, 2018.

[6] S. BGH CR 2005, 355.

[7] BGH MMR 2006, 737 zu gut sichtbarem Hyperlink als ausreichender Möglichkeit der Kenntnisverschaffung; EuGH MMR 2015, 515, zu Einbeziehung von AGB durch „*click wrapping*".

[8] Vereinzelt ist für bestimmte Handlungen gesetzlich Textform vorgeschrieben, § 126b BGB, was auch vertraglich vereinbart werden kann, § 127 BGB.

[9] S. nur BGH NJW 2002, 363; BGH CR 2015, 106 zur Wirksamkeit bei eBay auch bei grobem Missverhältnis; zu vorzeitigem Abbruch (und AGB dazu) BGH CR 2015, 189; s. a. zur vorzeitigen Beendigung *Stieper* MMR 2015, 627; *Petershagen* CR 2015, 589.

[10] S. *Wenzel* NJW 2002, 1550; LG Bonn CR 2002, 293; AG Erfurt MMR 2002, 127; LG Konstanz CR 2002, 609; LG Berlin NJW 2002, 2569; OLG Köln CR 2003, 55, bestätigt LG Bonn; OLG Köln CR 2006, 489 – Beweislast für Identität des Höchstbietenden.

[11] Zur Anfechtung wg. Inhaltsirrtums BGH CR 2017, 523 – eBay; zum Zurverfügungstellen unmittelbar bevor der Verbraucher seine Bestellung abgibt iSv § 312j Abs. 2 BGB s. OLG München MMR 2019, 249; zum sog. Shill Bidding (unwirksame (Schein-)Gebote des Verkäufers) und Schadensersatzanspruch nach Preismanipulation des Verkäufers bei eBay-Auktion BGH CR 2017, 247

lich Verträge schließen können[1]. Hintergrund ist ua., dass bislang die **elektronische Signatur** trotz Regelung in RL und Gesetz (Nr. 24)[2] in der Praxis ein „Flop" ist. Zu den Querverbindungen kann auch die „0190"-Dialer-Problematik gezählt werden[3], die weitgehend durch das „Gesetz zur Bekämpfung des Missbrauchs von Mehrwertdienstrufnummern" gelöst wurde. Dieses Gesetz wurde durch die Novellierung des TKG v. 22.6.2004, § 152,[4] aufgehoben.

Auch methodisch und dogmatisch ergeben sich viele Überschneidungen. So stellt sich zB der Vertrag zur Softwareerstellung als eine Art Grundvertrag dar, zu dem Besonderheiten hinzukommen, wenn es um die Erstellung einer Website geht. Beim Outsourcing[5] verbinden sich zudem die technischen Bedingungen der Telekommunikation und der IT mit Vertrags-, Gesellschafts- und Arbeitsrecht. Der „klassische" Rechenzentrums-Service-Vertrag wurde zunehmend vom sogenannten ASP (Application Service Providing) abgelöst[6], dieser wiederum von Cloud-basierten Leistungsvarianten (SaaS, PaaS, IaaS[7]). Dessen Folgeprobleme im Bereich des Arbeitsrechts, des Datenschutzes[8], aber auch des Rechtsschutzes ähneln weitgehend denen bei Auslagerung auf Service-RZ[9].

a) Urheberrecht. Die Digitalisierung wird zur großen Herausforderung für das Urheberrecht (Nr. 30, s. II.2). Die technischen Ausgestaltungen der Lizenzen sind in ihren konkreten Erscheinungsformen und Wirkungen den Vertragstypen nur schwer zuzuordnen, ua durch die Kombination von technisch orientierten Vergütungssystemen und Beschränkungen.[10]

Grundsätzlich würde Mangelfreiheit erfordern, dass technische Vorkehrungen die Benutzbarkeit der Software ggf. durch Dritte nicht einschränken dürfen[11]. Ansonsten würde ein (schwerer) Mangel vorliegen, evtl. zusätzlich eine Pflichtverletzung. Dem steht aber entgegen, dass gem. Art. 246 Abs. 1 S. 1 Nr. 7 EGBGB über evtl. Schutzmaßnahmen zu informieren ist. Das impliziert, dass es sich nicht generell um einen Mangel handelt. Bei Vertrieb/Weitergabe ist die Frage, wie Nutzungsrechtseinräumung und -be-

---

und OLG München v. 26.9.2018 – 20 U 749/18; zum Käufer als „Abbruchjäger s. KG v. 11.6.2019 – 21 U 93/18.

[1] *Müller-Hengstenberg/Kirn* MMR 2014, 307 zur „Verselbstständigung" technischer Systeme.

[2] S. zu anwendbaren Regeln *Roßnagel* MMR 2015, 359 (auch zu Verordnung (EU) Nr. 910/2014 eIDAS).

[3] S. BGH NJW 2002, 361; CR 2003, 338; MMR 2004, 308 und dazu *Grabe* CR 2004, 262; s. a. BGH v. 28.7.2005 – III ZR 3/05, MMR 2005, 597 mAnm *Ditscheid,* zur Eigenschaft des Verbindungsnetzbetreibers als Erfüllungsgehilfe.

[4] BGBl. I S. 1190, s. a. Nr. 55; zum Entwurf s. *Knauth/Krüger* K&R Beilage 1/2004, 3.

[5] S. va *Bräutigam,* IT-Outsourcing, Berlin 4. Aufl. 2019.

[6] S. zB *Sedlmayer/Koch* MMR 2002, 75; *Grützmacher* ITRB 2001, 59; *Intveen/Lohmann* ITRB 2002, 210; *Czychowski/Bröcker* MMR 2002, 81; BGH CR 2007, 75 – ASP; CR 2010, 327, 328 – Internet-System-Vertrag; LG Essen CR 2017, 427 (Werkvertrag).

[7] Zu Unified Communications as a Service („UCaaS") s. *Lutz/Weigl* CR 2014, 85.

[8] S. zB *Kühling/Biendl* CR 2014, 150, zu rechtlichen Hemmnissen durch Datenschutz.

[9] Zu § 613a BGB s. zB *Gennen* ITRB 2002, 291; zu Cloud-Computing s. zB *Pohle/Amann* CR 2009, 273 und unter II. 7); *Roßnagel,* Rechtsregeln für einen sicheren elektronischen Rechtsverkehr, CR 2011, 23; zu Datenschutz und Cloud Computing zB *Boos/Kroschwald/Wicker* ZD 2013, 25; *Borges* DuD 2014, 165; *Göpel* RDV 2013, 292; *Kühling/Biendl* CR 2014, 150; zu urheberrechtlichen Fragestellungen etwa *Lehmann/Giedke* CR 2013, 681.

[10] S. zB BGH NJW 2015, 3576 – Green-IT; BGH CR 2017, 161 – World of Warcraft I.

[11] Anders aber BGH CR 2010, 565 – Half-Life 2; CR 2017, 154 – World of Warcraft II.

schränkungen seitens des Herstellers in der Vertriebskette wirksam begründet und übertragen werden[1].

Manche der streitigen oder ungeklärten Handlungen wurden durch die *Harmonisierungsrichtlinie* (s. Nr. 35) geklärt, so etwa das Öffentlich-Verfügbar-Machen bzw. das Bereitstellen der Software zum Download (zum Problem der Erschöpfung s. unten II.2.). Technische **Sperren** bzw. technische Schutzvorkehrungen werden durch die Umsetzung der Harmonisierungsrichtlinie mit den §§ 95a bis c UrhG besonders geschützt.[2] Allerdings ist unklar, ob und inwieweit dieser Schutz auch für Software gilt. Software ist vom Geltungsbereich der §§ 95a ff. UrhG ausgenommen (§ 69b Abs. 5, s. Nr. 30). Die Realisierung von Schutzmechanismen als Software dürfte vom Schutz erfasst werden. Bei Online-Nutzung von Software liegt anders als bei der Onlinebeschaffung Öffentlich-Zugänglich-Machen vor[3], das keine Erschöpfung bewirkt. Derjenige, der Software öffentlich zugänglich macht, muss beweisen, dass er speziell über dieses Recht verfügt.[4]

b) Patentschutz. Eine weitere Querverbindung ergibt sich über den Patentschutz. Es deutete sich zumindest eine Zeit lang eine Tendenz dahin gehend an, dass auch Geschäftsprozesse als softwarebezogene Erfindungen bzw. als softwaregestützte Verfahren patentierbar seien. Dieser Trend ist etwas gebremst worden. Der Vorschlag für eine Richtlinie über **computerimplementierte Erfindungen** fand keine Zustimmung im Europäischen Parlament und ist somit, zumindest zunächst, gescheitert (6.7.2005). Dennoch wird dieser Bereich weiter Aufschwung erhalten.[5]

Somit würden viele Verfahren, die telekommunikativ genutzt werden, speziell auch Download und dort wiederum Geschäfts-Abwicklungsmodelle, auf der Basis von urheberrechtlich geschützter und evtl. sogar patentierter Software ablaufen (zur Patentierbarkeit von Geschäftsprozessen und Software s. unten II.1).

c) Datenschutz. Im Rahmen telekommunikativer E-Commerce-Prozesse fällt eine Fülle von Daten an, die zugleich datenschutzrechtlich relevant sein können, weil es sich um Nutzer- bzw. Bestands- und/oder Verbindungsdaten handelt. Diese können als Datenbank (im Data Warehouse) dem Rechtsschutz nach §§ 87a ff. (s. II.2b) zugunsten des Providers oder – eher – des Auftraggebers (als „Hersteller“) unterliegen. Für Outsourcing ist dies bei Umstieg auf andere Provider oder Retransition zum Auftraggeber zu beachten. Wem was bei Beendigung zusteht bzw. „gehört“ und wem was herauszugeben ist, kann sich nach BGB, Datenschutz und Rechtsschutz unterschiedlich beurteilen. Der Datenschutz kann die Weitergabe der Daten an Dritte eher behindern, während unter Rechtsschutzaspekten die Daten vielleicht dem Dritten „gehören“. Diese Problemlage war bei der Entscheidung des OLG München v.

---

[1] S. schon *Moritz* MMR 2001, 94; *Baus* MMR 2002, 14. *Faust* K&R 2002, 583; *Runte* CR 2001, 657; unproblematisch: *Hilty* MMR 2003, 3; s. im Einzelnen zu „Gebrauchtsoftware II.2.a.

[2] Zur Abwägungspflicht s. aber EuGH MMR 2014, 401 – Nintendo ua, und dazu Anm. etwa von *Schultz* K&R 2014, 183; *Bodemann* MMR 2014, 246; *Brunn/Nordmeyer* CR 2014, 226; *Oehler* MMR 2014, 403; *Conroths* CR 2018, 170.

[3] S. a. Öffentliches Zugänglichmachen von Software durch Bereithalten zum Download BGH MMR 2019, 675 – Testversion, von Fotos in der Schule BGH v. 10.1.2019 – I ZR 267/15 MMR 2019, 522, dazu *Wenn* jurisPR-ITR 16/2019 Anm. 2.

[4] BGH CR 2009, 642 – CAD-Software.

[5] S. *Pesch* MMR 2019, 14 zu Überblick über die einschlägige Entscheidungspraxis des BGH und EPA.

22.4.1999[1] gegeben[2], wurde jedoch nicht unter den vorstehenden dogmatischen Kategorien behandelt[3].

Des Weiteren können Datenschutz und urheberrechtlicher Schutz dann in Konflikt geraten, wenn es um den Auskunftsanspruch des Urheberrechtsinhabers gegen den Internetprovider bei Urheberrechtsverstößen geht[4].

d) Erweiterter Datenschutz. Schließlich gibt es die Verknüpfungen des erweiterten Datenschutzes, hier des Persönlichkeitsrechts, zu den anderen Aktivitäten. Insbesondere der Bereich **„unverlangter Werbung"** verquickt sich mit dem Datenschutz. Dies hatte schon begonnen mit der *Fernabsatzrichtlinie,* sich fortgesetzt in der *E-Commerce-Richtlinie* (Nr. 17), die insoweit noch neutral war, und hatte seinen vorläufigen Schlusspunkt in der *Richtlinie über den Datenschutz bei der elektronischen Kommunikation* (Nr. 57) gefunden. Dort spricht sich die EU im Prinzip gegen die unverlangte Werbung aus. Allerdings erweitert die EU den Bereich, in dem unverlangte Werbung nicht verboten ist (nämlich im Rahmen einer bereits bestehenden Beziehung, die nicht so eng auszulegen ist, wie dies aufgrund der EuGH-Rechtsprechung anzunehmen war). Nicht nur, dass die Richtlinie selbst diese Verbindung zwischen Datenschutz und unverlangter Werbung herstellt, vielmehr bildet die unverlangte Werbung bis zu einem gewissen Grade das Rückgrat einer Reihe von Einrichtungen im Bereich der elektronischen Geschäftsmodelle, die damit einen Regelungsrahmen erhalten, der letztlich nicht nur vertragliche Regelungen ermöglicht, sondern va eine Reihe von Ausnahmen (Art. 13 Abs. 3 der RL). Die Umsetzung erfolgte durch Novellierung des UWG als **„unzumutbare Belästigung"**[5]. Neuerungen und Erweiterungen dazu werden sich aus der ePrivacy-VO ergeben, wozu ein Entwurf am 10.1.2017 bekannt wurde.[6] Damit soll in einer Art Ergänzung der DS-GVO die Datenschutzrichtlinie für elektronische Kommunikation („ePrivacy-RL", RL 2002/58/EG in der Fassung durch RL 2009/136/EG, s. Nr. 57) wesentlich ausgebaut und konkretisiert werden, s. a. II. 7.

II. Einzelne Teilgebiete

1. Patentschutz für Software (computerimplementierte Erfindungen[7])

a) Patent- und Urheberrechtsschutz im Vergleich. Beim Patentschutz für Software besteht bislang hinsichtlich der Relation der Praxis zur gesetzli-

[1] CR 1999, 484.

[2] Daten-Herausgabeanspruch bei laufendem RZ-Betrieb; s. a. *Grützmacher* ITRB 2004, 282; *Schneider,* in: Schneider, Handbuch EDV-Recht, 5. Aufl. 2017, M. Rn. 994 ff.; *Schuster/Hunzinger* CR 2015, 277 (280).

[3] S. aber dann KG CR 2000, 812, betreffend den Datenbankschutz.

[4] S. etwa OLG Hamburg CR 2011, 126; CR 2010, 363; LG Hamburg CR 2011, 448; BGH NJW 2012, 2958 – Alles kann besser werden (zu § 101 UrhG) und BGH – CR 2018, 193 Benutzerkennung (kein Beweisverwertungsverbot).

[5] § 7, s. Nr. 38; *Köhler* in Köhler/Bornkamm/Feddersen, UWG § 7, 37. Aufl. 2019, Rn. 19 ff.

[6] *Pohle,* EU-Datenschutz: Entwurf einer ePrivacy-VO, ZD-Aktuell 2017, 05452; nach Kompromissvorschlag revidierter Text des Rats v. 4.10.2019 – 12633/19.

[7] Schwarz/Kruspig, Computerimplementierte Erfindungen – Patentschutz von Software?, 2. Aufl. 2018.

chen Regelung ein merkwürdiges Missverhältnis im Vergleich mit dem Urheberrechtsschutz[1]:

aa) Urheberrechtsschutz. Der Urheberrechtsschutz ist seit der EU-Richtlinie und deren Umsetzung in deutsches Recht 1993 der eigentliche Sitz des Rechtsschutzes für Software. Die Zahl der – veröffentlichten – Rechtsprechung zum Urheberrechtsschutz für Software, ob und inwieweit dieser besteht, ist allerdings relativ gering. Gründe könnten Beweisschwierigkeiten und Unklarheiten der Normen sein, was sich aber allmählich wesentlich verbessert hat.[2] Der Urheberrechtsschutz für Software ist durch einige Leitentscheidungen des BGH so ausgestaltet, dass auch die „kleine Münze" des Softwareerstellens geschützt ist.[3]

bb) Patentschutz. Beim Patentschutz ist es gerade umgekehrt. Für Software als solche darf es per Gesetz keinen Patentschutz geben (§ 1 Abs. 2 Nr. 2 PatG schließt Computerprogramme „als solche" aus). Entsprechendes gilt auch für das EPÜ (Art. 52 Abs. 3).

Dennoch ist seit einiger Zeit die Spruchpraxis va des EPA, aber auch des BPatG und des BGH tendenziell patent-freundlich gegenüber Software. Fast schien es sogar, als ob auch die „kleine Münze" des Softwareschaffens patentierbar sei[4].

Vorausgegangen war eine lange Reihe von BGH-Entscheidungen, die im Ergebnis als eher restriktiv gegenüber der Patentierbarkeit von Software bzw. von softwarebezogenen Erfindungen qualifiziert werden können. „Positiv" für den Patentschutz waren einige sehr beachtete Entscheidungen.[5]

Der BGH ist nach den bereits zitierten beiden Entscheidungen *Logikverifikation* und *Sprachanalyseeinrichtung,* die das Tor zum Patentschutz weit aufzumachen schienen[6], wieder eher restriktiv geworden[7].

Diese restriktive Entwicklung wurde (wieder) aktuell, nachdem die geplante EU-Richtlinie über die Patentierbarkeit computerimplementierter Erfindungen gescheitert ist (zum Vorschlag s. 1.c).

Die Erweiterung des Patentschutzes für Software sorgte va im Zusammenhang mit der Frage der Patentierbarkeit von Geschäftsprozessen bzw. Geschäftsmethoden, inzwischen auch bei GUI[8] für Diskussionen. Die Entschei-

---

[1] Zum Vergleich von Patent-und Urheberrecht bei Software s. *Kamlah* CR 2010, 485; zum Vergleich Software-Patentrecht mit USA s. *Lejeune/Sieckmann* MMR 2010, 741; zum Überblick: *Schwarz/Kruspig,* Computerimplementierte Erfindungen – Patentschutz von Software?, 2011.

[2] Zum prozessualen Problem der Beweisnot und deren Lösung über den Besichtigungsanspruch s. BGH CR 2002, 791 – Faxkarte – mit kritischer Anmerkung *Grützmacher;* zum Besichtigungsanspruch s. a. OLG Frankfurt CR 2007, 145, und dazu *Junker* juris PR-ITR 10/2006; *Kühnen* GRUR 2005, 185 und *Auer-Reinsdorff* ITRB 2006, 82; OLG Köln CR 2009, 289 zum Dringlichkeitserfordernis. Zum Besichtigungsanspruch *Frank/Nicolai* CR 2007, 481, *Hoppen* CR 2009, 407. BGH MMR 2013, 526 – UniBasic-IDOS.

[3] S. BGH CR 2005, 854, und OLG Frankfurt CR 2015, 715, zur tatsächlichen Vermutung für hinreichende Individualität bei komplexen Programmen.

[4] BGH, CR 2000, 360 – Logikverifikation – mAnm *Schöniger;* BGH CR 2000, 500 – Sprachanalyseeinrichtung – mAnm *Esslinger.*

[5] Vor allem: BGH GRUR 1980, 849 – ABS; CR 1991, 658 – Seitenpuffer – im Gegensatz zu BGH CR 1991, 662 – chinesische Schriftzeichen – und CR 1992, 600 – Tauchcomputer –.

[6] *Schöniger* CR 2000, 361 (Anm.).

[7] Eher wieder neutral: BGH CR 2005, 619 – Aufzeichnungsträger; vgl. auch BGH CR 2011, 494 – Webseitenanzeige: „Kein Patentschutz für Verfahren zum Wiederauffinden zuvor besuchter Internetseiten".

[8] Graphic User Interfaces, *Karl/Dumlich/Freialdenhoven/Kossak/Sakowski*: Study Question 2017 – Protection of graphical user interfaces, GRUR Int. 2017, 724, ua zu BGH GRUR 2013, 275, 278 – Routenplanung.

dung zur *Sprachanalyseeinrichtung*[1] wurde insbesondere in diesem Zusammenhang als Meilenstein gesehen bzw. kritisiert[2].

Es geht einmal um den patentrechtlich-immanenten Teil der Anforderungen an die Schutzfähigkeit. Danach muss die Erfindung **„technischen Charakter“** haben.[3] Bei der Entscheidung – *Seitenpuffer* – wurde zB vom BGH anerkannt, dass die angemeldete Software ein Verfahren hinsichtlich der Funktionsfähigkeit der Datenverarbeitungsanlage als solche betraf. Denn sie enthielt Anweisungen, wie die Elemente einer Datenverarbeitungsanlage beim Betrieb unmittelbar auf bestimmte Art und Weise zu benutzen sind, und dies sei eine *„Lehre zum technischen Handeln“*[4].

Bei der Entscheidung – *Chinesische Schriftzeichen* – war noch das Vorliegen einer Lehre zum technischen Handeln verneint worden.[5] In der Entscheidung – *Logikverifikation* – hat der BGH dagegen auf das Vorliegen des unmittelbaren Ein-satzes von beherrschbaren Naturkräften verzichtet, wenn der Lösungsvorschlag anderweitige auf technischen Überlegungen beruhende Erkenntnisse enthält[6].

Man nahm an, dass der BGH mit dieser Entscheidung weitgehend mit der inzwischen erfolgten Spruchpraxis der Beschwerdekammer des Europäischen Patentamts gleichzog[7]. Die Besonderheiten in der Entscheidung – *Sprachanalyseeinrichtung* – lagen ua darin, dass es hinsichtlich des technischen Charakters (einer Vorrichtung) nicht darauf ankam, ob mit der Vorrichtung ein (weiterer) technischer Effekt erzielt wird (LS 2) und dass es dem technischen Charakter der Vorrichtung nicht entgegensteht, *„dass ein Eingreifen des Menschen in den Ablauf des auf den Rechner durchzuführenden Programms in Betracht kommt“*[8].

Als „klärende“ Entscheidung wird BGH – *Suche fehlerhafter Zeichenketten* – verstanden[9]. Ihre Bedeutung liegt darin, dass eine Annäherung an die Spruchpraxis der EPA-Beschwerdekammer erfolgte, wonach ein technischer Beitrag der Erfindung unabdingbare Voraussetzung für die erfinderische Tätigkeit ist.

Der BGH hat sich in dieser Entscheidung nicht ausdrücklich von der Entscheidung – *Logikverifikation* – distanziert. Vielmehr hat er die Entscheidung in der Sache an das BPatG zurückverwiesen.[10] In einer Art schrittweisem Verfahren sind die Voraussetzungen für eine Patentierbarkeit durch den BGH umschrieben und weiter ausgeführt worden:

„... führt dazu, dass Ansprüche, die zur Lösung eines Problems, das auf den herkömmlichen Gebieten der Technik, also der Ingenieurwissenschaften, der Physik, der Chemie oder der Biologie besteht, die Abarbeitung bestimmter Verfahrensschritte durch einen Computer vorschlagen, grundsätzlich patentierbar sind. Ansonsten...“[11].

---

[1] CR 2000, 500.
[2] S. etwa *Nack* GRUR-Int. 2000, 853 zu BGH v. 11.5.2000.
[3] Zu den schwierigen dogmatischen Fragen bei Software-Patentierung s. *Schwarz* GRUR 2014, 224.
[4] BGH CR 1991, 658 – Seitenpuffer.
[5] BGH CR 1991, 662 – Chinesische Schriftzeichen.
[6] BGH CR 2000, 281 – Logikverifikation.
[7] *Schöniger* CR 2000, 361.
[8] BGH CR 2000, 500 – Sprachanalyseeinrichtung.
[9] BGH CR 2002, 88 – Suche fehlerhafter Zeichenketten.
[10] BGH CR 2002, 88 – Suche fehlerhafter Zeichenketten.
[11] BGH CR 2002, 88, 90 – Suche fehlerhafter Zeichenketten.

Einführung

Die BGH-Entscheidungen[1] werden vom BPatG[2] wie folgt zusammengefasst: „*Auch bei der vorrichtungsmäßigen Einkleidung einer Lehre, die sich der elektronischen Datenverarbeitung bedient, ist deren Patentfähigkeit nur dann zu bejahen, sofern hierbei die Lösung eines konkreten technischen Problems mit Mitteln gelehrt wird, die neu sind, auf einer erfinderischen Tätigkeit beruhen und gewerblich anwendbar sind.*"

BGH – Patentierbarkeit eines Computerverfahrens für sichere Transaktionen im elektronischen Zahlungsverkehr –[3] findet sich wieder in BGH – Verarbeitungsverfahren für vorausbezahlte Telefongespräche –[4]: „*Das Streitpatent betrifft ... das technische Problem, im Voraus bezahlte Telefonanrufe zu ermöglichen, ohne dass dazu öffentliche Fernsprechapparate notwendig wären, die mit Kartenlesern ausgestattet sein müssen. Damit enthält das Streitpatent jedenfalls auch Anweisungen, denen ein konkretes technisches Problem zugrunde liegt, das mit technischen Mitteln gelöst werden soll.*"[5]

BGH – Steuerungseinrichtung für Untersuchungsmodalitäten –[6] betraf eine Kombination technischer und nichttechnischer Elemente. Maßgebend für die Patentierbarkeit ist danach nicht die Gewichtung dieser Elemente, *sondern „ob die Lehre bei der gebotenen Gesamtbetrachtung der Lösung eines über die Datenverarbeitung hinausgehenden technischen Problems dient*".

BGH – Patentfähigkeit der Windows-Dateiverwaltung –[7] bejaht die Patentfähigkeit, wobei der Gegenstand des Patentanspruchs als *neu* erachtet wurde und sich für den Fachmann nicht in naheliegender Weise aus dem Stand der Technik ergibt.

Weiterer Aufschwung für Patentierbarkeit schien von BGH v. 22.4.2010[8] auszugehen: „*Das Zusammenwirken der Elemente eines Datenverarbeitungssystems ist stets technischer Natur.*"

Dies relativierte der BGH jedoch wieder[9]: *Außerhalb der Technik liegende Anweisungen ... sind nur dann von Bedeutung, wenn sie auf die Lösung des technischen Problems mit technischen Mitteln Einfluss nehmen,* mit Verweis auf ua BGH v. 22.4.2010.[10]

BGH – Wiedergabe topographischer Informationen[11]: es genügt, wenn „zumindest ein Teilaspekt der im Patentanspruch unter Schutz gestellten Lehre ein technisches Problem bewältigt". Davon weichen wieder ab:

EPA – One-Click-System von Amazon zur Abwicklung eines Bestellvorgangs – wurde mangels erfinderischer Tätigkeit zurückgewiesen.[12]

BGH: Kein Patentschutz für Programm zum Wiederfinden einer besuchten Homepage – „Webseitenanzeige".[13]

---

[1] BGH CR 2005, 93 – Anbieten interaktiver Hilfe – und CR 2005, 95 – Rentabilitätsvermutung.
[2] CR 2007, 216, 217.
[3] CR 2004, 648 – Elektronischer Zahlungsverkehr.
[4] CR 2006, 579, Rn. 17.
[5] BGH CR 2004, 648 – Elektronischer Zahlungsverkehr.
[6] BGH CR 2009, 288, (LS, S. 2).
[7] BGH MMR 2010, 553.
[8] CR 2010, 493 – Dynamische Dokumentengenerierung.
[9] BGH CR 2011, 144, Rn. 30 – Verfahren zur visuellen Darstellung eines Teils einer topografischen Karte sowie eine Einrichtung zur Ausführung eines solchen Verfahrens.
[10] CR 2010, 493 – Dynamische Dokumentengenerierung.
[11] BGH CR 2011, 144, aus LS 1; S. a. *Hössle* CR 2011, 148 , „erfreuliche rechtssystematisch stringente Handhabung der Prüfabfolge mit niedriger Technizitätshürde".
[12] EPA v. 27.1.2011 – T 1244/07.
[13] BGH K&R 2011, 598.

BGH: Kein Patent für E-Mail-Versand nach SMS-Standard.[1)]

BGH – Web-to-Print – Für ein Verfahren zur computergestützten Druckvorlagenerstellung für hochauflösende Darstellungen über ein Datennetz wurde der Patentschutz abgelehnt.[2)]

BGH: Eine Videobilder repräsentierende Folge von Videobilddaten kann als unmittelbares Ergebnis eines Herstellungsverfahrens anzusehen sein und als solches Erzeugnisschutz genießen.[3)]

BGH: Kein Patentschutz für Navigations-System mit Audiowiedergabe von Straßennamen.[4)]

Zu dem Problemkreis softwarebezogener (computerimplementierter) Erfindungen5) kommt allmählich der der internetbasierten Erfindungen.6) Eine Besonderheit ist das Zusammentreffen „virtueller“7) und realer „Welt“, eine weitere der Umstand, dass sich die Verwirklichung in Teilschritten und dabei zu nehmend in der privaten Sphäre vollzieht.8) Eine besondere Herausforderung sind die Möglichkeiten, die **3D-Drucker** bieten, die den Verbraucher zum Hersteller befähigen, weshalb schon – neben den urheberrechtlichen Problemen – auch unter patentrechtlichen Aspekten eine Kopierabgabe diskutiert wird.9)

Eine Entscheidung des Supreme Court of the United States[10)] zeigt, dass in USA auch restriktive Entscheidungen möglich sind: – „*...presenting the issue of whether certain claims about a computer-implemented, electronic escrow service for facilitating financial transactions concern abstract ideas ineligible for patent protection. The patents were held to be invalid because the claims were drawn to an abstract idea, and that implementing those claims on a computer was not enough to transform that idea to a patentable invention.* “[11)]

Die Diskussion um den zu erlangenden Patentschutz wird nun neu befeuert durch die Algorithmen bzw. Verfahren im Zusammenhang mit AI/KI. [12)] Algorithmen als Rechenregeln?[13)] Dazu aus USA: Kein patentrechtlicher Schutz einer fortschrittlichen, jedoch rein mathematischen Idee[14)]

[1)] BGH K&R 2012, 216 – E-Mail via SMS.

[2)] BGH CR 2012, 768, – Web-to-Print, LS.

[3)] BGH GRUR 2012, 1230 – MPEG-2-Videosignalcodierung, LS 1.

[4)] BGH GRUR 2013, 909 – Fahrzeugnavigationssystem.

[5)] Zum Überblick über die einschlägige Entscheidungspraxis des BGH und EPA *Pesch* MMR 2019, 14.

[6)] *Haedicke/Zech* GRUR-Beilage 1/2014 (zu Heft 4/2014), 52 ff.

[7)] Vergleichbar mit Bitstrom als Werkstück, das der Erschöpfung unterliegt, bei Software.

[8)] *Haedicke/Zech* GRUR-Beilage 1/2014 (zu Heft 4/2014), 52, 53.

[9)] *Haedicke/Zech* GRUR-Beilage 1/2014 (zu Heft 4/2014), 52, 55; *Buchalik* ITRB 2014, 158; *Mengden* MMR 2014, 79.

[10)] V. 19.6.2014 – No. 13–298.

[11)] http://en.wikipedia.org/wiki/Alice_Corp._v._CLS_Bank_International (23.7.2014).

[12)] Zu rechtlichen Herausforderungen beim Schutz von Algorithmen des Genetic Breeding Models s. *Papastefanou* CR 2019, 209.

[13)] *von Hellfeld*, Sind Algorithmen schutzfähig? GRUR 1989, 471; *Schwarz* GRUR 2014, 224, 226; *Hohn-Hein/Barth:* Immaterialgüterrechte in der Welt von Blockchain und Smart Contract GRUR 2018, 1089.

[14)] U. S. Court of Appeals for the Federal Circuit v. 15.5.2018 – SAP v. InvestPic, GRUR Int. 2018, 9.

b) Entscheidungen des BPatG. Überwiegend ergeben Entscheidungen des BPatG, dass der „technische Charakter" bei computerimplementierten Erfindungen nach wie vor eng gesehen wird[1]:

- BPatG[2] – *Technizität eines computerimplementierten Verfahrens zur Herstellung eines Kabelbaums* – Unter Bezugnahme auf die Rechtsprechung des BGH – *Logikverifikation* – wurde seitens des Anmelders zum technischen Charakter vorgetragen. Das BPatG sah im Rahmen des Beschwerdeverfahrens den Gegenstand des (nunmehr geltend gemachten) Patentanspruchs als patentierbar und patentfähig an. Unter Bezugnahme auf die BGH-Entscheidung – *Logikverifikation* – wurde ausgeführt, dass es einer insoweit vollständigen Lehre zum technischen Handeln und der Patentierbarkeit nicht entgegenstehe, wenn die Software lediglich ein – computerimplementiertes – Verfahren zur Anfertigung von Vorlagebrettzeichnungen und damit einen Zwischenschritt enthalte. Der Lehre des Patentanspruchs stehe auch technischer Charakter zu. Auch das Schutzhindernis für Computerprogramme iSv § 1 Abs. 2 Nr. 3 BPatG greift hier nicht ein, weil *„die prägenden Anweisungen der beanspruchten Lehre der Lösung eines konkreten technischen Problems dienen"*. Das Gericht verweist dabei auf die BGH-Entscheidung zur *Suche fehlerhafter Zeichenketten*. Diese Entscheidung wird *„insoweit"* als *„abschließend"* angesehen.
- BPatG – Suche fehlerhafter Zeichenketten/Tippfehler – Die Entscheidung wurde im Rahmen der Zurückverweisung seitens des BGH getroffen. Das BPatG bezieht sich insoweit auf die Gründe des BGH, wonach „bei der Bestimmung, was als Programm für Datenverarbeitungsanlagen v. Patentschutz ausgenommen sei, …, nicht allein auf das Verständnis von Computerfachleuten zurückgegriffen werden könne".[3] Es hat sich dabei anhand der Kriterien, die der BGH aufgestellt hatte, nochmals konkret mit der Anmeldung befasst. Im Ergebnis kam es wesentlich darauf an, dass – wie auch schon der BGH ausgeführt hatte – eine beanspruchte Lehre nicht schon deshalb als patentierbar angesehen werden könne, „weil sie bestimmungsgemäß den Einsatz eines Computers erfordert". Es kommt im konkreten Fall nun darauf an, *„dass die auf Datenverarbeitung mittels eines geeigneten Computers gerichtete Lehre sich gerade durch eine Eigenheit auszeichnet, die unter Berücksichtigung der Zielsetzung patentrechtlichen Schutzes eine Patentierbarkeit rechtfertigt"*. (Zitat auch aus der BGH-Entscheidung). Demnach ergibt sich folgendes Bild: Grundsätzlich ist die Patentierbarkeit (auch dann) gegeben, wenn es um Ansprüche geht, *„die zur Lösung eines Problems, das auf den herkömmlichen Gebieten der Technik, also den Ingenieurwissenschaften, der Physik, der Chemie oder der Biologie besteht, die Abarbeitung bestimmter Verfahrensschritte durch einen Computer vorschlagen"*. Konkret muss jedoch, wenn es sich hierbei nicht um eine technische Leistung handelt, die oben zitierte Voraussetzung gegeben sein, nämlich dass sich die Eigenheit ermitteln lässt, die die Anweisung auszeichnet. Dies wurde für den konkreten Fall der Suche fehlerhafter Zeichenketten abgelehnt.

---

[1] Zum Überblick über die Entwicklung beim BPatG für 2011 s. *Engels/Morawek* GRUR 2012, 551, zuletzt GRUR 2014, 409 (für 2013), BPatG im Jahr 2016 *Kopacek/Morawek*, Aus der Rechtsprechung des BPatG im Jahr 2016, GRUR 2017, 545.

[2] BPatG CR 2003, 18.

[3] BPatG CR 2002, 796; BGH CR 2002, 88.

- BPatG – Geschäftliche Tätigkeit –[1]: „Verfahren und Vorrichtung zur Steuerung von Prozessen unter Verwendung einer Technologie zur maschinellen Sprachverarbeitung" – „Ein Verfahren zur Steuerung eines Geschäftsprozesses mit Hilfe eines Computersystems." Das BPatG hat die Patentfähigkeit abgelehnt und die Beschwerde zurückgewiesen. Das Gericht hat ua darauf abgestellt, dass der vorliegende Anspruch zwar im Zusammenhang mit der Steuerung individueller Herstellungsprozesse benutzt werden könne. Dem Wortlaut nach sei es jedoch ein Verfahren zur Steuerung von Geschäftsprozessen. Aber auch der Fassung, die auf industrielle Prozesse gerichtet ist, wäre wohl kaum das Patent gewährt worden: „Denn die Auswertung von Dokumenten durch maschinelle Sprachverarbeitung bzw. durch automatisches Extrahieren dürfte – in der beanspruchten pauschalen Form – für den Fachmann jedenfalls naheliegend gewesen sein."
- BPatG – Cyber-Cash-Verfahren –[2]: Das BPatG hat die Patentfähigkeit abgelehnt und die Beschwerde zurückgewiesen. Hier wurde zwar der technische Charakter bejaht, jedoch im Rahmen einer Gesamtbetrachtung die erfinderische Tätigkeit verneint. Diese Entscheidung erscheint besonders wichtig für Patente mit Bezug zu Geschäftsmethoden: Wenn sich die erfinderische Tätigkeit nur auf das Gebiet der Geschäftsmethode erstreckt, ohne dass der Bezug zur Technik besteht, wird der Patentschutz nicht gewährt[3]. Damit würde eine Annäherung an die Verhältnisse in den USA erreicht[4].
- BPatG: Keine Patentierbarkeit der ergonomischen Gestaltung einer Bedienoberfläche.[5]
- BPatG[6] zu den Anforderungen an die Patentierbarkeit technischer Verfahren, hier Auswertung diskreter Messwerte. Das Verfahren bezieht sich auf die *„Ermittlung messbarer Eigenschaften physikalischer Systeme unter Einsatz einer Messeinrichtung, beinhaltet somit einen kausal übersehbaren Erfolg unter planmäßigem Einsatz beherrschbarer Naturkräfte und hat daher technischen Charakter."*
- BPatG[7] – Verfahren zur Verwaltung von Plattenspeicher-Arrays in Großrechenanlagen: Maßnahmen des Strukturierens von Computerprogrammen und der Festlegung von Reihenfolgen von Unterprogrammaufrufen sind keine technischen Mittel, die darauf gerichtet sind, bestimmte Teilschritte zusammen zu fassen.
- BPatG[8] – Nichtigkeit des Patents auf Entsperrung von iPhone bzw. iPad durch Durchführung von Gesten –.

---

[1] BPatG CR 2002, 716 mAnm *Sedelmaier.*

[2] BPatG CR 2002, 559.

[3] So die Konsequenzen des Urteils gem. *Günther* ITRB 2002, 228; s. a. Notiz in CR 1999, 733 mwN; *Müller* CR Int. 2000, 17; zu USA s. *Milbradt* K&R 2002, 522.

[4] Zur Problematik der US-Patente s. zB *Hoffmann/Gabel,* US-Patente verengen die Datenautobahn, K&R 1999, 453; Anm. *Esslinger* zu State Street Bank Signature Financial Group, Inc., CR Int. 2000, 19; *Ohly* CR 2001, 809; *Milbradt* K&R 2002, 522; zum Patentschutz im Internet s. *Esslinger/Betten* CR 2000, 18; als weitere Entscheidung s. BPatG CR 2005, 554: Strukturierungsprogramm für DVA nicht patentfähig.

[5] BPatG CR 2007, 216, s. Zusammenfassung bei BGH CR 2006, 579 – Verarbeitungsverfahren für vorausbezahlte Telefongespräche und dort wiederum zu BGH CR 2004, 648 – Patentierbarkeit eines Computerverfahrens für sichere Transaktionen im elektronischen Zahlungsverkehr.

[6] BPatG GRUR 2007, 133.

[7] BPatG v. 15.9.2011 – 17 W (pat) 114/07.

[8] BPatG CR 2014, 78.

- BPatG[1] – Kein Patentanspruch für Vorrichtung einer computergestützten Anlage mit graphischer Benutzerschnittstelle und Datenträger.
- BPatG[2] – *Patent auf einen Multikern-Mikroprozessor, bei dem die Wahrscheinlichkeit eines Fehlers in einer atomaren Transaktion bestimmt wurde. „Der Senat berücksichtigte dieses Merkmal bei der Prüfung auf erfinderische Tätigkeit, da die Berechnung der Fehlerwahrscheinlichkeit der Fehlererkennung diente und auf Grundlage von Messwerten und damit auch von Naturgrößen erfolgte und damit ohne Frage einen technischen Zweck verfolgte.“*[3]
- BPatG,[4] – *Auftrittsmöglichkeit oder Nichtauftrittsmöglichkeit einer Kollision zwischen Objekten bestimmt werden, die sich im zwei- oder dreidimensionalen Raum bewegen, betraf einen Computer mit üblichen Komponenten und wurde nicht alsBeitrag zur Lösung eines technischen Problems mit technischen Mitteln angesehen.*
- BPatG[5] *Eine Simulationsvorrichtung zur Durchführung der Simulation eines Roboters, die sich auf eine reine Software-Lösung beschränkt, ist dem Patentschutz nicht zugänglich.*[6]

c) Vorschlag für eine Richtlinie des Europäischen Parlaments und des Rates über die Patentierbarkeit computerimplementierter Erfindungen v. 2.2.2002 (COM (2002) 92 endgültig; Stand 8.11.2002, 14 017/02. Der Vorschlag ist zwar *gescheitert,* die Problematik besteht weiter. Evtl. wird sie nochmal aufgegriffen. Die Begründung dieses Vorschlags für eine Richtlinie stellte bis zu einem gewissen Grad den Abschluss einer über längere Zeit geführten Diskussion dar. Hauptansatzpunkt war, dass die Rechtslage hinsichtlich des Patentschutzes für computerimplementierte Erfindungen „diffus“ erscheint. Damit ist Rechtsunsicherheit verbunden. Diese entsteht dadurch, dass Computerprogramme „als solche“ nicht patentierbar sind, andererseits aber laufend und evtl. sogar zunehmend Patente für computerimplementierte Erfindungen erteilt werden.

Ab 1999 setzte die öffentliche Diskussion ein. In gewissem Sinne kam es zu einem ideologischen Kampf zwischen Patentierbarkeit im Sinne von Monopolisierung und Open Source. Diese Bewegung produzierte eine Reihe von Gegen-Stellungnahmen zur Patentierbarkeit. Die EU hatte diesen Problembereich und Open Source in der Stellungnahme berücksichtigt. Das besonders Interessante an der Begründung des Richtlinienvorschlags war, dass sich Patent- und Urheberrechtsschutz **ergänzen** (sollten) (Begründung zum Entwurf mit Stand 20.2.2002). Dies ist möglicherweise auch das Ergebnis der BGH-Entscheidungen – *Wetterführungspläne I und II.*[7]

Die Präsidentschaft des Rates der EU legte einen „Kompromissvorschlag“ vor, der die vom Parlament geforderten Änderungen[8] weitgehend außer Acht ließ[9]. Die Problematik, was Software tatsächlich im Einzelnen patentfähig werden lässt, wurde in dem Vorschlag dadurch gelöst, dass von einer „compu-

---

[1] BPatG v. 19.5.2015 – 17 W (pat) 15/12.
[2] BPatG v. 18.12.2015 – 18 W (pat) 68/14 mit Verweis auf BGH, GRUR 2015, 983 – Flugzeugzustand.
[3] *Kopacek/Morawek* GRUR 2017, 545.
[4] BPatG v. 13.9.2016 – 17 W (pat) 20/14.
[5] BPatG v. 29.11.2017 – 18 W (pat) 11/15.
[6] Zur Patentierung von künstlicher Intelligenz *Claessen* IPRB 2019,201).
[7] CR 2001, 223 sowie CR 2002, 249.
[8] Dazu s. *Pearson* CRi 2004, 41.
[9] Stand 24.5.2004, 9713/04 PI 46 CODEC 752.

terimplementierten Erfindung" ausgegangen wird. Art. 2 des Richtlinienvorschlags definierte diesen Begriff: „Computerimplementierte Erfindung" ist jede Erfindung, zu deren Ausführung ein Computer, ein Computernetz oder eine sonstige programmierbare Vorrichtung eingesetzt wird und die mindestens ein Merkmal aufweist, das ganz oder teilweise mit mehreren Computerprogrammen realisiert wird[1].

Als eine Absage an die Patentierbarkeit von Geschäftsmethoden war der in die Version vom 8.11.2002 aufgenommene Art. 4a) mit den Ausnahmen von der Patentierbarkeit zu sehen. Dadurch wurde klargestellt, dass in jedem Falle auch eine technische Wirkung erforderlich ist. Forderungen des Parlaments sowie die teils massive Kritik[2] führten schließlich zum **Scheitern der Richtlinie** im EU-Parlament (6.7.2005). Es bleibt also bei der Gestaltung durch BGH bzw. BPatG und EPA[3].

d) Patent- und Urheberrechtsschutz im Arbeitsrecht. Im Hinblick auf die Patentierbarkeit sollten nicht nur Verträge mit Mitarbeitern, sondern auch mit Auftragnehmern bzw. Auftraggebern die Rechtseinräumungen im Hinblick auf die patentrechtlichen Ansprüche klarstellen.

Hier stehen sich, was angestellte Mitarbeiter betrifft, im Grunde zwei Vergütungskonzepte gegenüber. Im Bereich des Patentschutzes greift das Arbeitnehmererfindungsrecht (ANErfG, Nr. 44). Hinsichtlich des Urheberrechts gibt es für angestellte Programmierer, soweit sie nach Weisung programmieren bzw. im Rahmen der Wahrnehmung ihrer Aufgabe bleiben, eine Art automatische Rechtseinräumung an den Arbeitgeber. Trotz der scheinbaren Parallelität der beiden Rechtsschutz-Bereiche tritt zu Gunsten des Mitarbeiters in der Regel kein solches Nebeneinander bzw. keine Kumulation auf. Vielmehr wird § 69b UrhG dahingehend interpretiert, dass – mangels anderweitiger Vereinbarungen – dem Arbeitgeber das uneingeschränkte Nutzungsrecht ohne Vergütung nach dem ANErfG zusteht. Dies hängt damit zusammen, dass diese *„automatische Rechtseinräumung"* des § 69b UrhG nicht mit einer Gegenleistung des Arbeitgebers verbunden ist. Daraus ist der Schluss zu ziehen, *„dass der von der Regelung betroffene Arbeitnehmer eine solche Vergütung jedenfalls grundsätzlich nicht beanspruchen kann"*[4]. Die daraus resultierende Ungleichbehandlung von Arbeitnehmererfindern und Autoren von Software im Angestelltenverhältnis ist also hinzunehmen[5].

Mit dieser Entscheidung ist allerdings noch nichts darüber gesagt, welche Ansprüche seitens des Angestellten bestehen, wenn der automatische Rechtsübergang nicht erfolgt, weil etwa die Software in der Freizeit geschrieben wurde oder weil er sie in die Firma „mitgebracht" hat uÄ. Das Problem des Rechtsschutzes im Mitarbeiterverhältnis stellt sich also – negativ formuliert –, wenn § 69b UrhG nicht greift[6].

---

[1] Zur Situation bei Gegenständen mit zugleich technischem und nicht-technischem Charakter s. *Anders* GRUR 2004, 461.

[2] S. etwa *Müller/Gerlach* CR 2004, 389, Informationen unter www. ifrosss.de und www.heise.de sowie www.EFF.org.

[3] Zur Kombination von Aufzeichnungsträger und Vorrichtung oder Verfahren zur Erzeugung der Informationsstruktur s. BGH CR 2005, 619.

[4] BGH CR 2002, 2549 – Wetterführungspläne II bzw. CR 2001, 223 mAnm *Brandi-Dohrn* CR 2001, 285 = Wetterführungspläne I mwN.

[5] Zum Spannungsverhältnis ANErfG und Urhebervertragsrecht s. *Czychowski* FS Nordemann 2004, 157.

[6] Zu §§ 32, 32a UrhG als zusätzlichem Problem s. *Karger* ITRB 2006, 255.

2. Urheberrechtsschutz

Klett/Mikyska[1]; *von Ungern-Sternberg.*[2]

a) Urheberrechtsschutz für Software. 1985 wurden „Programme für die Datenverarbeitung" in den Katalog der gemäß § 2 Abs. 1 Nr. 1 UrhG geschützten Werke aufgenommen. Zwei Entscheidungen des BGH schraubten allerdings zunächst die Anforderungen an die eigene schöpferische Leistung so hoch, dass in der Praxis die wenigsten Programme diese Anforderungen erfüllten[3].

Die *EG-Richtlinie über den Rechtsschutz von Computerprogrammen* (91/250/EWG) wurde in Deutschland 1993 „als Block" in das UrhG implementiert (§§ 69a ff. UrhG; seit 25.5.2009 als RL über den Rechtsschutz von Computerprogrammen 2009/24/EG). Das UrhG erhielt zugleich einen „achten Abschnitt" mit den Spezialvorschriften für Software. Es war allgemein erwartet worden, dass damit der BGH sein strenges Anforderungsprofil absenken werde. Zunächst schien dies – trotz anders lautender Bekundungen in den Urteilen – weniger oder gar nicht der Fall zu sein[4].

Der eigentliche Fortschritt lag in der Klarstellung der Entscheidung v. 20.1.1994, dass die Installation eines Programms auf dem Zielcomputer eine urheberrechtlich relevante Vervielfältigungshandlung ist[5]. Da der BGH in einer anderen Entscheidung, bei der es nicht um den urheberrechtlichen Schutz ging, zudem festgestellt hatte, dass es auf die Frage der unkörperlichen Übertragung auf diese Zielmaschine für die Beurteilung der Software als Sache nicht ankomme, waren wichtige Eckdaten auch für das Computervertragsrecht bereits vorher geschaffen worden[6].

Die *„Harmonisierungs-Richtlinie"* v. 22.5.2001 (RL 2001/29/EG, Richtlinie zur Harmonisierung bestimmter Aspekte des Urheberrechts und der verwandten Schutzrechte in der Informationsgesellschaft, Nr. 35) ist wichtig va für Online-Übertragung und -Abruf (öffentliches Zugänglichmachen), dazu *Koch*[7], technische Vorkehrungen gegen unberechtigtes Kopieren; zur IT-relevanten Umsetzung s. *Lehmann*[8], zur Urheberrechtsabgabe auf Anlagen, Geräte und Medien zur digitalen Vervielfältigung[9]; zu den Urheberrechtsabgaben und den Auswirkungen der Kammerbeschlüsse des BVerfG zu den BGH-Entscheidungen[10].

Wichtig für die Interpretation des „Vervielfältigens" – evtl. auch bei Software – ist eine Entscheidung des EuGH zu Streaming: *„…Art. 5 der Richtlinie 2001/29/EG … ist dahin auszulegen, dass die von einem Endnutzer bei der Be-*

---

[1] Die Entwicklung des Urheberrechts seit Mitte 2018, K&R 2019, 441.

[2] Rechtsprechung des EuGH und des BGH zum Urheberrecht 2018, GRUR 2019, 1.

[3] BGH CR 1985, 22 – Inkassoprogramm und, mit geringfügig abgesenkten bzw. präzisierten Anforderungen BGH CR 1991, 80 – Betriebssysteme.

[4] BGH CR 1993, 752 – Buchhaltungsprogramm und BGH CR 1994, 275 – Holzhandelsprogramm.

[5] BGH CR 1994, 275 – Holzhandelsprogramm.

[6] BGH CR 1990, 24 – Lohnabrechnung.

[7] ITRB 2004, 131; sehr weit (Testzugang): OLG Frankfurt CR 2015, 715; ablehnend bei Download: BGH CR 2014, 168 – UsedSoft II.

[8] CR 2003, 553.

[9] EuGH CR 2011, 6.

[10] *Niemann,* (zu BGH-Entscheidungen zu den Abgaben auf Drucker, PCs und Kopierstationen) CR 2011, 69; nun BGH CR 2011, 713 – Drucker und Plotter als vergütungspflichtige Geräte – Drucker und Plotter III; s. a. unten II.2c).

trachtung einer Internetseite erstellten Kopien auf dem Bildschirm seines Computers und im „Cache" der Festplatte dieses Computers den Voraussetzungen, wonach diese Kopien vorübergehend, flüchtig oder begleitend und ein integraler und wesentlicher Teil eines technischen Verfahrens sein müssen, sowie den Voraussetzungen des Art. 5 Abs. 5 dieser Richtlinie genügen und daher ohne die Zustimmung der Urheberrechtsinhaber erstellt werden können."[1], wonach also *Streaming* legal ist.

Sehr weitgehend erscheint, ein öff. zugänglich Machen bzw. eine öff. Wiedergabe bereits in dem **Verkauf von Mediaplayern** zu sehen.[2] die dem Nutzer einen einfachen Zugang zu **illegalen** Streamingangeboten ermöglichen. Die Entscheidung stellt darauf ab, dass der streamende Nutzer die Illegalität der Inhalte kennt.[3]

Das „*Gesetz zur Regelung des Urheberrechts in der Informationsgesellschaft*" sieht entsprechend der Richtlinie in den §§ 95a bis 95c UrhG den Schutz technischer Maßnahmen bzw. den Schutz der zur Rechtewahrnehmung erforderlichen Informationen vor.[4] Die §§ 95a bis c UrhG gelten aber nicht für Software, § 69a UrhG. Ob dies wirklich auch für solche Software gelten soll, aus der gerade die Schutzmaßnahme besteht, ist zu bezweifeln.

Zumindest seit 1993 ist die „kleine Münze" des Softwareschaffens geschützt. Die Problematik, die urheberrechtliche Schöpfungshöhe in Prozessen nachzuweisen, spielte bei den Eingangsgerichten kaum mehr eine Rolle[5]. Vorsorglich wird von den Parteien noch ein Minimum an Ausführungen auszutragen sein (*zur tatsächlichen Vermutung urheberrechtlichen Schutzes bei komplexen Computerprogrammen*[6]). Die höheren Anforderungen, va Gestaltung und Kreativität, die das LG München I gestellt hatte, dürften die Mindermeinung darstellen[7]. Die Berufungsinstanz sagte unmissverständlich, dass Software, die nicht ganz trivial und nicht abgekupfert ist, urheberrechtlich als „kleine Münze" geschützt ist[8]. Dennoch hat das OLG Hamburg einer CT-Klassenbibliothek den Urheberrechtsschutz sowohl als Software als auch als Datenbank abgesprochen[9] Demgegenüber kann nach LG Düsseldorf der Schutz auch Teile des Javascripts (Code-Snippets) umfassen. Allerdings dürfen diese Teile nicht „normalen" bzw. Routine-Charakter aufweisen[10]. Evtl. gehen zusätzlich von Entscheidungen zu Gebrauchskunst weitere Impulse zur Absenkung der Anforderungen aus.[11] Der Rechtsschutz bei der Kreation von Software ist also

---

[1] EuGH CR 2014, 594 – PRCA/NLA.

[2] EuGH ZUM 2017, 587 – Stichting Brein/Wullem; dazu *Specht*, Der Verkauf technischer Gerätschaften zur Ermöglichung des Streamings – Eine Urheberrechtsverletzung? ZUM 2017, 582.

[3] Zu Illegalität einer Plattform mit strafbarem Betrieb von Video-Streaming s. BGH GRUR 2017, 273 – kino(x).to.

[4] Zum Verbot der Umgehungsmaßnahmen s. *Ernst* CR 2004, 39; *Strömer/Gaspers* K&R 2004, 14. Zur Kennzeichnungspflicht von Kopierschutz-Maßnahmen s. *Diesbach* K&R 2004, 81; zu § 95c s. *Mittenzwei*, Informationen zur Rechtewahrnehmung im Urheberrecht, 2006.

[5] S. va *Lehmann* NJW 1993, 1822; aM LG Berlin CR 2012, 152; LG München I CR 1998, 655; s. aber BGH CR 2000, 656 – Programmfehlerbeseitigung –; BGH CR 2000, 651 – OEMVersion.

[6] S. BGH GRUR 2005, 860.

[7] LG München CR 1998, 655.

[8] OLG München CR 1999, 688.

[9] CR 2002, 485.

[10] LG Düsseldorf v. 31.5.2011 – 12 O 254/11. S. a. zu XML-Datei LG Frankfurt CR 2013, 286. S. aber OLG Frankfurt MMR 2005, 705; EuGH CR 2012, 428 zur Verneinung für Dateiformate uÄ, und EuGH CR 2011, 221 – "BSA/Kulturministerium" – Ablehnung für Benutzeroberflächen, dazu auch sogleich.

[11] BGH CR 2014 161 mAnm *Vonau* – Geburtstagszug.

relativ unproblematisch gegeben[1]. Die Ausgestaltung dieses Rechtsschutzes ist problematischer bzw. strittig. Dies betrifft den **Umfang des Schutzes**[2], Probleme bei **modernen Programmiermethoden**,[3] und insbesondere die **Benutzeroberfläche**[4]. Für neue Verarbeitungsformen benötigt deren Provider evtl. spezielle Rechteinräumungen, etwa bei Software in der Cloud (SaaS).

Für Herausgabe und Besichtigungsansprüche wichtig: *„Einem Anspruch auf Herausgabe des Quellcodes eines Computerprogramms nach § 809 BGB zum Zwecke des Nachweises einer Urheberrechtsverletzung steht nicht entgegen, dass unstreitig nicht das gesamte Computerprogramm übernommen wurde, sondern lediglich einzelne Komponenten und es deswegen nicht von vornherein ausgeschlossen werden kann, dass gerade die übernommenen Komponenten nicht auf einem individuellen Programmierschaffen desjenigen beruhen, von dem der Kläger seine Ansprüche ableitet."*[5]

Wichtig ist, dass die **Ausdrucksform, nicht** die **Funktionalität** geschützt bzw. schützbar ist.[6] Die Parametereinstellung/-Konfiguration als Ergebnis des sog. Customizing kann ihrerseits geschützt sein.[7]

Die eigentlichen Probleme liegen aber zwischenzeitlich anderswo. So wurde die grundsätzliche Entscheidung, **ob** Software urheberrechtlich geschützt ist, einer generellen Regelung zugeführt, während die Frage des **Schutzumfangs**[8], etwa hinsichtlich der Benutzeroberfläche, offen ist. Schon ältere US-amerikanische Urteile deuteten darauf hin, dass Funktionalität der Software, ausgedrückt in der **Oberfläche der Software, nicht geschützt wäre**[9]. In Deutschland wurden die Entscheidungen LG Mannheim/OLG Karlsruhe bekannt[10]. Das LG Mannheim lässt sich so verstehen, dass eine Art Rückschluss von Gleichheit der Oberfläche auf Gleichheit der Software möglich ist, was entschieden zu weitgehend wäre. Das OLG Karlsruhe hatte – im gleichen Verfahren zur einstweiligen Verfügung – eine andere Begründung gewählt und den Bildschirmmasken selbst nach neuem Recht als kleine Münze Urheberrechtsschutz auf unterem Niveau zugesprochen, später verneint[11].

---

[1] S. ua BGH CR 2000, 656 – Programmfehlerbeseitigung; BGH MMR 2000, 749 – OEM und BGH MMR 2005, 845 – fash 2000: tatsächliche Vermutung für hinreichende Individualität bei komplexen Programmen; s. aber EuGH MMR 2012, 468 – SAS-Institute ablehnend zu Dateiformaten und Funktionalität (keine Ausdrucksform).

[2] *Karl,* Der urheberrechtliche Schutzbereich von Computerprogrammen, 2009.

[3] *Nebel/Stiemerling* CR 2016, 61; *Antoine* CR 2019, 1.

[4] S. etwa OLG Karlsruhe CR 1994, 607; OLG Düsseldorf MMR 1999, 729; OLG Frankfurt MMR 2005, 705, und LG Köln CR 2010, 59, restriktiv zur Website-Gestaltung; LG Frankfurt CR 2007, 424 Schutz einer Oberfläche verneint; so auch EuGH v. 22.12.2010 – C-393/09, CR 2011,221 – dazu kritisch *Barnitzke* ua, CR 2011, 277; zum Problem s. a. *Koch* GRUR 1995, 459; *Schneider,* Handbuch des EDV-Rechts, 5. Aufl. 2017, G. Rn. 61 f., 236 ff.; Wandtke/Bullinger/*Grützmacher,* Urheberrecht, 5. Aufl. 2019, Rz. 14; s. a. zum öff. zugänglich machen BGH GRUR 2019, 950 – Testversion (Öffentliches Zugänglichmachen von Software durch Bereithalten zum Download).

[5] BGH CR 2013, 284 – UniBasic-IDOS.

[6] EuGH K&R 2012, 412.

[7] So *Huppertz* in Conrad/Grützmacher (Hrsg.), Recht der Daten und Datenbanken im Unternehmen, 2014, S. 143 ff.

[8] S. grundlegend *Karl,* Der urheberrechtliche Schutzbereich von Computerprogrammen, 2009; OLG Frankfurt CR 2015, 715 (auch Darstellung im Objektcode).

[9] *Lotus v. Borland,* s. dazu *Günther* CR 1995, 641; EuGH CR 2011, 221 – BSA.

[10] OLG Karlsruhe CR 1994, 607 mAnm *Günther.*

[11] OLG Karlsruhe MMR 2010, 622: Kein Urheberrechtsschutz als Software, aber Schutz nach § 2 I Nr. 7 UrhG, wenn grafische Gestaltung im Vordergrund steht.

Evtl. wird die Frage des Schutzes für **Entwurfsmaterial** besonders bei Entwicklung von KI-/AI – Lösungen virulent,[1] va, wenn der Urheberrechtsschutz für die Ergebnisse verneint würde.[2] Andererseits ist weitgehendes Fehlen des Entwurfsmaterials bei Agilen Methoden typisch.[3]

Klarstellend erschien insoweit OLG Düsseldorf[4]: Der Schutz von Computerprogrammen umfasst vor allem den Programmcode sowie die innere Struktur und Organisation des Programms, nicht jedoch das durch das Programm hervorgebrachte und auf dem Bildschirm sichtbar gemachte Arbeitsergebnis. Die HTML-Dateien stellen nach Auffassung des OLG Frankfurt kein Computerprogramm i. S. des Urheberrechts dar, was praktisch Verneinung urheberrechtlichen Schutzes für Websites bedeutet[5]. Das ist wohl zu pauschal, wenn die Websites „*Flash* (LG Frankfurt a. M. JurPC Web-Dok. 8/2007; LG Köln ZUM-RD 2010, 426 (427)), Java-Applets, Java-Script oder PHP enthalten, denn hierbei handelt es sich um ablauffähige bzw. interpretierbare Steuerbefehle…“.[6]

Der **EuGH**[7] hat klargestellt, dass weder die Programmiersprache noch die **Funktionalitäten** oder das Dateiformat eines Computerprogramms eine Ausdrucksform des Programms sind und daher nicht unter den durch die RL 91/250/EWG gewährten Urheberrechtsschutz an Computerprogrammen fallen.[8]

Des Weiteren stellt sich die Frage, inwieweit das **Laden** und der Ablauf der Software ihrerseits urheberrechtlich relevante Vervielfältigungshandlungen bzw. zustimmungsbedürftige Handlungen sind. Aufgrund der Entscheidung des BGH v. 4.10.1990[9] ist weitgehend herrschende Meinung, dass das *Ablaufen lassen* keine urheberrechtlich relevante Vervielfältigungshandlung ist. Strittig war im Wesentlichen die Qualifikation des *Ladens*[10]. Der BGH sieht das Laden *„der Software in den Arbeitsspeicher weiterer Arbeitsplatzrechner“ als* Vervielfältigung an.[11] Der Ablauf dagegen ist als *Werkgenuss* frei, auch das Untersuchen zwecks Reverse Engineering,[12] wobei § 69d Abs. 3 UrhG nur für Software, nicht das Computerspiel (das aber auch Software enthält), gilt.[13] Für die vertragliche Einräumung von Nutzungsrechten ist von Bedeutung (ua für die Aufspaltbarkeit des Nutzungsrechts, die Anwendbarkeit der Zweckübertra-

---

1) *Antoine* CR 2019, 1, .

2) Zur Beurteilung von Strukturelementen und Entwicklungsphasen s. *Ehinger/Stiemerling* CR 2018, 761.

3) S. jeweils mwN *Sarre* CR 2018, 198, und *Antoine* CR 2019, 1.

4) CR 2000, 184.

5) MMR 2005, 705; zum Problem s. a. *Heutz* MMR 2005, 567; s. aber oben LG Düsseldorf BeckRS 2012, 11151; s. a. zu EuGH CR 2011, 221 *Barnitzke ua,* CR 2011, 277 zur Schutzfähigkeit von Oberflächen iSd RL 19/250/EWG.

6) Wandtke/Bullinger/*Grützmacher*, Urheberrecht, 5. Aufl. 2019, Rz. 19 mwN.

7) K&R 2012, 412.

8) Zum Schutzbereich bei Software s. a.: *Karl,* Der urheberrechtliche Schutzbereich von Computerprogrammen, Diss. München 2009.

9) CR 1991, 80 – Betriebssystem.

10) Zum Problem s. a. *Hoeren/Schumacher* CR 2000, 137; *Schumacher* CR 2000, 641; *Baus* MMR 2002, 1 zur Zurückhaltung von Nutzungsrechten; *Koch* ITRB 2002, 43 und *Runte* CR 2001, 657 zur Aktivierungspflicht; zum Herunterladen als dem Rechtsinhaber vorbehaltene, genehmigungspflichtige Handlung LG München I CR 2007, 356.

11) BGH CR 2011, 223 Rn. 17.

12) BGH CR 2017, 161 – World of Warcraft I im Anschluss an EuGH MMR 2012, 468 – SAS Institute/WPL).

13) BGH CR 2017,161 – World of Warcraft I.

gungsregel des § 31 Abs. 5 UrhG und das Schriftformbedürfnis gem. § 31a UrhG), ob der jeweils in Betracht kommende IT-Dienst als selbständige Nutzungsart iSv § 31 Abs. 1 bzw. § 31a UrhG einzustufen[1].

Weitere Probleme bereiten Einordnung und Behandlung von vertraglichen und **technischen Nutzungsbeschränkungen** (zur inhaltlichen Beschränkung des Nutzungsrechts an Software auf vertraglicher Basis)[2]. Zwar hatte der BGH bereits in einer älteren Entscheidung deutlich gemacht, dass der Urheberrechtsschutz dazu berechtigen kann, einen gewissen technischen Schutz, hier in Form von Programmsperren, einzubauen[3]. Allerdings darf die Programmsperre nicht als Druckmittel zur Erzwingung eines dem Anbieter genehmen Vertrages eingesetzt werden[4]. Andererseits ist die Online-Personalisierung durch einen Benutzer-Account, der das Computerspiel praktisch nicht mehr weitergabefähig macht, keine widerrechtliche Beschränkung.[5]

Vertraglich vorgesehene **Beschränkungen/Sperren** könnten deshalb unwirksam sein, weil sie nicht transparent iSv § 307 BGB gestaltet sind bzw. nicht klar ist, worauf sich die Einschränkung bezieht. Dies gilt insbesondere, wenn nicht eindeutig ist, wann genau und mit welchen Konsequenzen die Sperre nach Änderung zB der Hardware einsetzt[6]. Die Anforderungen an **Transparenz** dürfen allerdings nicht überspitzt werden[7]. Neue Impulse für die **Rechtmäßigkeit von Sperren** ergeben sich aus EuGH Oracle/UsedSoft[8]. Den Sperren verwandt sind sog. CPU- und Upgrade-Klauseln als Hardware-bezogene Verwendungsbeschränkungen[9]. Die CPU-Klausel bindet die Nutzungsrechtseinräumung an eine bestimmte Maschine (CPU des Rechners). Im Rahmen eines Mietvertrages lässt sich diese Beschränkung auch in AGB wirksam gestalten, während sie als AGB im Rahmen eines Kaufvertrages unwirksam ist[10]. Die Upgrade-Klausel verbietet weder die Verbringung der Software auf eine andere CPU noch die auf eine größere (leistungsfähigere) generell. Jedoch knüpft sie an den Einsatz auf einer leistungsstärkeren CPU die Folge einer (weiteren) Vergütung. Diese Klausel ist als AGB im Rahmen eines Mietvertrages – ausreichende Transparenz vorausgesetzt – wirksam[11], aber auch für kaufrechtliche Überlassung gestaltbar, indem die Obergrenze der Einsatzmöglichkeiten festgelegt wird[12].

Weiterhin beschäftigte die Gerichte die Kombination von Vertriebsformen mit *Nutzungsbeschränkungen*. Nach Ansicht des OLG Frankfurt[13] war es für auf Hardware aufgespielte Software urheberrechtlich bindend, wenn die Software

---

[1] S. zB BGH CR 2009, 233, 235 – Klingeltöne für Mobiltelefone I; BGH MMR 2010, 769 – Klingeltöne für Mobiltelefone II.

[2] S. *Osterloh* GRUR 2009, 311.

[3] BGH NJW 1981, 2684 – Programmsperre I –.

[4] BGH CR 1987, 358 – Programmsperre II –.

[5] BGH CR 2010, 565 – Half-Life 2; CR 2017, 161 – World of Warcraft I und va zu Verträgen BGH CR 2017, 154 – World of Warcraft II.

[6] Etwa analog BGH NJW 2001, 751; s. aber im Ergebnis die Sperre gerechtfertigt: BGH CR 2010, 565 – Half-Life 2.

[7] S. BGH CR 2003, 323 mAnm *Wiebe/Neubauer.*

[8] GRUR 2012, 904, Rn. 87, s. a. unten II.2 und III.

[9] S. *Scholz/Haines* CR 2003, 393.

[10] BGH MMR 2000, 749 – OEM.

[11] BGH CR 2002, 323.

[12] S. kritisch hierzu *Marly,* Praxishandbuch Softwarerecht, 7. Aufl. 2018, Rn. 1671.

[13] CR 2000, 581 – OEM-Software (Bundle); ähnlich, keine Erschöpfung bei unkörperlichem Aufspielen: OLG Düsseldorf CR 2009, 566.

nur an eine Hardware gekoppelt vertrieben wird und nicht von dieser gelöst werden darf. Dies gilt in erster Linie dann, wenn diese Software als *Bundle* in den Geltungsbereich der EU eingeführt wurde. Insofern besteht evtl. nur ein scheinbarer Gegensatz zur OEM-Entscheidung[1]), wonach ein bereits im Geltungsbereich der EU legal in Verkehr gebrachtes Vervielfältigungsstück der Software nicht wirksam an eine konkrete Hardware gebunden bzw. nur mit dieser zusammen verkauft werden kann[2]). Aber: Beschränkung der Rechtseinräumung nur zum Privatgebrauch soll dingliche Wirkung als eigene Nutzungsart (bei Computerspiel) entfalten.[3]) Durch die EU-Richtlinie 2004/48/EG v. 29.4.2004 zur Durchsetzung der Rechte des geistigen Eigentums[4]) erfolgte eine Aufwertung der Beschränkungen. Seit 1.8.2009 ist das *„Gesetz zur Verbesserung der Durchsetzung von Rechten des geistigen Eigentums"* in Kraft. Besonders bekannt ist die Problematik des Auskunftsanspruches des § 101 UrhG[5]). § 101 UrhG steht zudem im Spannungsfeld mit dem Datenschutzrecht, insbes. dem Grundsatz des Verbots der Datenbevorratung[6]). Eingeführt wurde auch § 97a UrhG, womit für einfach gelagerte Fälle mit einer nur unerheblichen Rechtsverletzung außerhalb des geschäftlichen Verkehrs die Abmahnkosten auf 100 Euro begrenzt wurden. Diese Regelung wurde per 9.10.2013 novelliert. Nun werden konkrete inhaltliche Anforderungen an eine Abmahnung aufgestellt.[7])

Urheberrechtlich scheinen Software-**Besichtigung**[8]) und **Auditklauseln**[9]) zwecks Prüfung der Einhaltung der Rechtseinräumung und deren Grenzen durch UrhR gedeckt[10]), evtl. speziell über die Beweislast des Ersterwerbers bei Weitergabe, die der BGH sehr anspannt[11]); allerdings besteht das Problem, ob solche Klauseln in AGB wirksam sind,[12]) insbesondere ohne konkrete Ver-

---

[1]) BGH CR 2000, 651 – OEM-Version.

[2]) Zum bundling s. a. *Witte* CR 1999, 65; *Moritz* MMR 2001, 94; zu kartellrechtlichen Aspekten s. *Polley/Graf* in Schneider, Handbuch EDV-Recht, 5. Aufl. 2017, L. ; *Baus* MMR 2002, 14; *ders.*, Verwendungsbeschränkungen bei Software-Überlassungs-Verträgen, 2004; zum Gebrauchthandel *Schuppert/Greissinger* CR 2005, 81; *Bröckers,* Software-Gebrauchthandel: Der Teufel steckt im Detail. Technische Besonderheiten und gesetzlicher Änderungsbedarf, MMR 2011, 18, s. a. Leitlinien zur Vertikal-GVO, Nr. 39 b.

[3]) BGH CR 2017, 161 – World of Warcraft I, Rn. 46; kritisch *Czychowski* GRUR 2017, 362.

[4]) ABl. v. 2.6.2004, L 195/16, Enforcement-R; s. zB *Koch* ITRB 2006, 40.

[5]) Zur Rspr. s. *Klein* JurPC 131/2011; *Czychowski/Nordemann* NJW 2012, 732; BGH v. 19.4.2012 – I ZB 80/11; zur Notwendigkeit der Beweissicherheit der Ermittlungssoftware s. OLG Köln v. 20.1.2012 – 6 W 242/11, CR 2012, 600; zum Kostenansatz s. OLG Karlsruhe MMR 2012, 251; zum Nachweis der Rechtsverletzung über den Anschluss des Abgemahnten und zu den Mindestanforderungen an eine Abmahnung s. *Heidrich* K&R 2012, 118; zu OLG Düsseldorf K&R 2012, 116. Zu Auskunft über Verkehrsdaten, wenn Netzbetreiber und Endkundenanbieter auseinanderfallen, BGH MMR 2018, 313.

[6]) S. aber EuGH MMR 2009, 40 zum Auskunftsanspruch gegen Provider im Zusammenhang mit der Data-Retention-Richtlinie 2006/24/E. S. nun EuGH v. 8.4.2014 in den verbundenen Rechtssachen Digital Rights Ireland und Seitlinger ua, K&R 2014, 405 mAnm *Westphal* zum besonders schwerwiegenden Eingriff der Richtlinie in die Grundrechte auf Achtung des Privatlebens und auf Schutz personenbezogener Daten. Hierzu *Roßnagel* MMR 2014, 372.

[7]) § 97a Abs. 2 Satz 1 UrhG, s. a. *Witte* ITRB 2014, 56 f. zur Auswirkung auf Filesharing-Fälle.

[8]) Über § 809 BGB, s. etwa BGH, MMR 2013, 526 – UniBasic-IDOS.

[9]) Zum Verfahren *Hoppen* CR 2009, 407.

[10]) Zur außerordentlichen Kündigung des Lizenzvertrages nach Feststellung des Vertragsbruchs im Lizenzaudit s. LG Köln CR 2012, 77. Zur Abrechnung auf Basis marktgerechter Bewertung der tatsächlich vorgenommenen Nutzung (bei Stadtplänen) OLG München GRUR 2019, 828.

[11]) BGH CR 2014, 169, Rn. 63 ff.

[12]) Grunds. bejahend: *Moos* CR 2006, 797; ablehnend *Hoeren* CR 2008, 410, zu den Problemen s. *Bierekoven* ITRB 2008, 84.

dachtsmomente. Beim Lizenzaudit entsteht ein Spannungsverhältnis gegenüber dem Datenschutz durch die Notwendigkeit der Kenntnis der Userdaten (je nach Lizenzmodell).[1] Dieser Konflikt verstärkt sich noch bei Nutzung privater Devices der Mitarbeiter für die Arbeitgeber-Systeme[2].

Unabhängig von der Umsetzung gab es Ansätze zur Verhinderung der **Weitergabe** über die Art der Lizenzierung, va ohne Datenträger[3]. Dies hat der EuGH[4] anders entschieden: auch beim Onlinedownload iVm einem Kaufvertrag für diese Software tritt **„Erschöpfung“** ein, sodass die Weitergabe der Software (bei Löschung des gespeicherten Exemplars der Kopie) erlaubt ist und nicht untersagt werden kann. Diese Erschöpfung umfasst auch die Updates, etwa aus dem Pflegevertrag. Mit der EuGH-Entscheidung ist die Auffassung hinfällig, bei vom Lieferanten vorgenommener Vor-Installation der Software trete Erschöpfung nur hinsichtlich der mitverkauften Hardware ein[5], was bei Austausch der Hardware wegen Mängeln oder Veraltung dazu führen würde, dass der Kunde Rechtsverletzungen begeht[6]. Man konnte den EuGH so verstehen, dass nicht benötigte Lizenzen aus Volumenlizenzen nicht herausgetrennt und isoliert weitergegeben werden dürfen[7]. Damit war aber noch nicht zwingend über nachgekaufte „Pakete“ und selbständige Lizenzen (nicht Client/Server-Lizenzen) entschieden. Zunächst ist der BGH dem EuGH bezüglich des Oracle-Lizenzmodells (Client/Server) gefolgt.[8] In Ausdifferenzierung der Lizenzmodelle hat der BGH dann aber hinsichtlich der Zulässigkeit der Aufspaltung diese für *selbständige Lizenzen* bejaht.[9]

Eine – unter Aufgabe der Parallelität mit der zivilrechtlichen Beurteilung – systemwidrige[10] Entscheidung traf der BGH mit „Green-IT“.[11] Einerseits wird die bisherige Linie bei UsedSoft bestätigt (Weitergaberechte des Erwerbers), andererseits Erschöpfung auch bei fehlender echter Veräußerung angenommen: Es genügt, wenn dem *„Erwerber einer Programmkopie das Recht zur Nutzung für die gesamte Zeit der Funktionsfähigkeit des Computerprogramms“* eingeräumt wird, konkret ein Jahr. Da das Programm dann per Routine unbrauchbar wird, liegt keine dauerhafte Überlassung, kein Kauf bzw. keine „Veräußerung“ vor. Der BGH belässt insoweit einen Widerspruch zwischen UrhR und BGB-Vertragsrecht. Zusätzlicher Schutz ergibt sich über Marke und Kombination mit Zertifikaten bzw. Seriennummern: Der Vertrieb echter Software-Seriennummern von sog. Box-Produkten als Lizenzen, womit sich der Erwerber die Software online beschaffen kann, ist rechtswidrig[12], ebenso der Vertrieb (unter Verstoß gegen Volumenlizenzvertrag) selbst gebrannter

---

[1] Der Arbeitnehmerdatenschutz könnte entgegenstehen, § 26 BDSG.

[2] „ByoD“, s. *Conrad/Schneider* ZD 2011, 153; *Herrnleben* MMR 2012, 205.

[3] Erschöpfungswirkung nur bei körperlichen Werkstücken: LG München I CR 2007, 356; OLG München CR 2008, 551; BGH CR 2011, 223 – Oracle/UsedSoft I.

[4] MMR 2012, 586 – Oracle/UsedSoft.

[5] So OLG Düsseldorf CR 2009, 567.

[6] S. a. zu untragbaren Ergebnissen *Schneider* CR 2009, 553; s. noch zu *„Gebrauchtsoftware“*, Online/Download, Erschöpfung OLG Frankfurt CR 2009, 423 mAnm *Hilber/Rabus*.

[7] MMR 2012, 586 – Oracle/UsedSoft. S. zuvor zu Aufspaltungsverbot in AGB: OLG Karlsruhe CR 2011, 641; OLG Frankfurt/M. CR 2009, 423.

[8] BGH MMR 2014, 232 – UsedSoft II.

[9] BGH MMR 2015, 530 – UsedSoft III zu OLG Frankfurt/M. CR 2009, 423; dazu *J. Schneider* CR 2015, 413.

[10] S. a. *Stieper/Henke* NJW 2015, 3548.

[11] BGH NJW 2015, 3576.

[12] LG Frankfurt CR 2011, 566.

Datenträger nebst selbst erstellten Lizenzurkunden und Notartestaten[1]. *„Bringt ein Wiederverkäufer mit der Marke des Softwareherstellers versehene Sicherungs-CDs eines Computerprogramms in den Verkehr, die er mit Echtheitszertifikaten des Herstellers versehen hat, die zuvor nicht auf den CDs, sondern auf Computern angebracht waren, kann sich der Softwarehersteller dem Vertrieb der Datenträger aus berechtigten Gründen iSv § 24 Abs. 2 MarkenG widersetzen.“*[2]

Bei „**Hybrid“-Systemen** (Software und zugleich anderer digitaler Gegenstand/andere Werkart wie Computerspiel[3]) stellt sich die Frage, welche Regelungen Anwendung finden, wenn es um Erschöpfung[4], Sperren, Online-Anbindung geht. Im Vorlagebeschluss zum EuGH führt der BGH aus, dass „es (…) nicht gerechtfertigt [erscheint], technische Schutzmaßnahmen, die auch dem Schutz anderer Werke und urheberrechtlich geschützter Schutzgegenstände dienen, nur deshalb dem weiterreichenden Schutz des Art. 6 der Richtlinie 2001/29/EG zu entziehen und allein dem Schutz des Art. 7 Abs. 1 Buchst. c der Richtlinie 2009/24/EG zu unterstellen, weil sie zugleich dem Schutz von Computerprogrammen dienen (…)“.[5] Keine Anwendung der Software-spezifischen Regeln: „Im Download erworbene Audiodateien wie zB Hörbücher dürfen so verkauft werden, dass dem Käufer das Kopieren und Weiterveräußern der erworbenen Computerdatei untersagt wird.“[6]

Diese digitalen Güter unterliegen besonderen Bedrohungen bzw. (vermeintlichen) Aushöhlungen der Rechte durch Drittprogramme bzw. Werkzeuge, va etwa Cheat-Software[7], oder durch Vertrieb abgespaltener Produktschlüssel[8]. Der Handel mit ***Produktschlüsseln*** für Computerprogramme bzw. die Übermittlung eines Produktschlüssels und eines Links zum Herunterladen eines Computerprogramms an einen Erwerber stellt eine *Verbreitung* eines Computerprogramms iSv §§ 69c Nr. 3 S. 1, 106 Abs. 1 UrhG dar. Ist keine Erschöpfung des Verbreitungsrechts gegeben, so ist diese „unkörperliche“ Verbreitung grundsätzlich strafbar gem. § 106 Abs. 1 UrhG.[9]

---

[1] Zum Unterlassungs- und Schadensersatzanspruch des Lizenzgebers: LG Frankfurt/M. CR 2011, 428; s. a. Anm. *Haager/Kreitz* MMR 2011, 619. LG München I GRUR-RR 2017, 188: EuGH werden Fragen zur Vereinbarkeit des urheberrechtlichen Schadenersatzanspruchs bei Filesharing (sekundäre Beweislast) mit EU-Recht vorgelegt.

[2] BGH CR 2012, 295 – Echtheitszertifikat.

[3] Zum urheberrechtlichen Schutz von Computer- und Videospielen de lege lata als „Gesamtwerk“ s. *Brüggemann* CR 2015, 697; keine Anwendung Software-Spezialregeln auf Computerspiel, BGH CR 2017, 161 – World of Warcraft I.

[4] *Peter*, Urheberrechtliche Erschöpfung bei digitalen Gütern, ZUM 2019, 490.

[5] BGH MMR 2013, 671, Rn. 24 – Videospiel-Konsolen.

[6] OLG Hamm K&R 2014, 534; s. zu LG Bielefeld (Vorinstanz) *Redeker* CR 2014, 73,76. S. a. District Court for the Southern District of New York v. 30.3.2013 – No. 12 Civ 95 Capitol Records, LLC v. ReDigi Inc.CRi 2013, 81.

[7] S. zB Unzulässigkeit des Vertriebs von Automatisierungssoftware (Bots) für Mehrspieler-Online-Rollenspiele LG Hamburg CR 2013, 120 – Diablo III; Unlauterer Wettbewerb: Betrieb eines Internetforums mit Gelegenheit zum Handeltreiben mit virtuellen Gegenständen, Spieler-Accounts und Bot-Programmen für ein Online-Rollenspiel s. OLG Hamburg MMR 2013, 453 – Runes of Magic; Anbieten und Verbreiten von Cheatbots s. LG Hamburg MMR 2013, 725 und OLG Hamburg MMR 2015, 313 sowie BGH CR 2017, 154 – World of Warcraft II; zu Urheberrechtsverletzung durch die Entwicklung von Bots OLG Dresden MMR 2015, 402, und BGH CR 2017, 161 World of Warcaft I.

[8] LG Berlin CR 2014, 291; BGH NJW 2015, 3576 – Green-IT; OLG München v. 22.9.2016 – 29 U 3449/15 (Anbieten, Feilhalten und Inverkehrbringen von Product Keys ist aber nicht unmittelbar eine Urheberrechtsverletzung).

[9] BGH MMR 2019, 444.

Einführung

Reifen Progressiv[1] wurde „im Schatten" der Gebrauchtsoftware-Diskussion wenig beachtet. Das Urt. bedeutet aber für die Praxis der Lizensierung, insbes. auch im Fall der **Insolvenz**, einen beachtlichen Meilenstein, da einfache Nutzungsrechte, die sich aus einem ausschließlichen Nutzungsrecht ableiten, nicht erlöschen, *„wenn das ausschließliche Nutzungsrecht aufgrund eines wirksamen Rückrufs wegen Nichtausübung … erlischt"*, wobei (auch) das einfache Nutzungsrecht *„dinglichen Charakter" hat* (Rn. 22). Fraglich war, ob sich das Urteil, das zu § 41 UrhG ergangen ist, auch auf andere Fälle der Beendigung übertragen lässt und Lizenzen in der Vertriebskette insolvenzfest macht.[2]. Zwei Entscheidungen des BGH beantworten diese Frage nach Reifen Progressiv für Unterlizenzen positiv:[3] Demnach sind die Tochterrechte, die als Kauf ausgestaltet sind, insolvenzfest.[4]

Andere digitale Gegenstände (als Software): keine Erschöpfung bei Download von Hörbüchern (e-Books)[5]; für Hybrids (Computerspiele) scheint die Rechtslage unklar, wie weit der Spezialurheberrechtsschutz §§ 69a ff. UrhG dabei reicht.[6]

Zum **Filesharing:** Die Anordnung an Provider zur Filterung und Sperrung von Filesharing-Dateien ist europarechtswidrig[7]. Aber: Den File-Hosting-Dienst-Provider treffen umfassende Prüfungspflichten, wenn er selbst durch sein konkretes Geschäftsmodell Urheberrechtsverletzungen in erheblichem Umfang Vorschub leistet: dann „ist ihm eine umfassende regelmäßige Kontrolle der Linksammlungen zuzumuten, die auf seinen Dienst verweisen".[8] Bei Bereithaltung geschützter Werke sind Filesharing-Plattformen für Urheberrechtsverletzungen verantwortlich.[9] Öffentliches Zugänglichmachen von Software kann durch Bereithalten zum Download bei Eröffnung neuen Publikums erfolgen. Der BGH hat die Rechtsprechung des EuGH zur öffentlichen Wiedergabe und Zugänglichkeit für neues Publikum auch auf Software angewandt.[10]

---

[1] BGH CR 2009, 767.

[2] Zur Interpretation s. *Dieselhorst* CR 2010, 69; zum Fortbestehen einer Unterlizenz, hier an einem Musikwerk, bei Erlöschen des Mutterrechts im Anschluss an BGH s. OLG München BeckRS 2012, 05500.

[3] BGH CR 2012, 575 – take five; BGH CR 2012, 572 – M2Trade.

[4] Zu Lizenzen bei Insolvenz des Lizenzgebers s. *Berger* GRUR 2013, 321; *Seegel* CR 2013, 205; *Seegel/Remmertz/Kast,* ZinsO 2015, 1993; s. a. zur insolvenzfesten Gestaltung bei Escrow *Rath* CR 2013, 78; ohne Bezug zu Escrow behandelt das Thema der Doppeltreuhand *Weitbrecht* NZI 2017, 553.

[5] OLG Stuttgart CR 2012, 299; OLG Hamm CR 2014, 498; OLG Hamburg CR 2015, 534 und (va zu Weitergabeverboten in AGB) *Ganzhorn* CR 2015, 525. S. aber Gleichstellung des Verleihs von e.-Books mit herkömmlichem Buchverleih: EuGH CR 2017, 14.

[6] *Grützmacher* ITRB 2015, 120.

[7] EuGH K&R 2012, 35 – Scarlet/SABAM –. S. a. BGH CR 2015, 718 zum Verbot, dem Provider die Vorfilterung aufzuerlegen.

[8] BGH MMR 2013, 733 – rapidshare (Fortführung von BGH MMR 2013, 185 Rn. 39 – Alone in the Dark).

[9] S. EuGH MMR 2017, 518 – Stichting Brein/Ziggo ua [The Pirate Bay] und dazu *Leistner*, Die „The Pirate Bay"-Entscheidung des EuGH: ein Gerichtshof als Ersatzgesetzgeber, GRUR 2017, 755; s. a. schon zuvor zur Schadensersatzhaftung gefahrgeneigter Hostprovider wegen nicht verhinderter „gleichartiger" Inhalte. *Holznagel* CR 2017, 463. Seperates Hochladen einer Fotografie in Referat auf Website einer Schule als „öffentliche Wiedergabe" EuGH v. 7.8.2018 – C-161/17 MMR 2018, 658 – Cordoba (Land Nordrhein-Westfalen/Dirk Renckhoff).

[10] BGH GRUR 2019, 950 – Testversion, und dazu *Stögmüller* GRUR-Prax 2019, 389, mit Verweis auf EuGH GRUR 2014, 360 – Svensson/Retriever Sverige GRUR 2014, 1196 – BestWater International/Mebes und Potsch GRUR 2016, 1152 – GS Media BV/Sanoma ua und EuGH GRUR 2018, 911 – Land Nordrhein-Westfalen/Renckhoff.

„Apps“: Die Ermittlung der vertraglichen Grundlagen, ob der Bezug und die Nutzung rechtmäßig erfolgen, stellt eine Herausforderung an Urheberrecht (Wem stehen welche Rechte zu?); Hat der Store überhaupt die Möglichkeit, Rechte einzuräumen?), Kartellrecht[1] und Vertragsgestaltung[2]: Für das Unternehmen und dessen Compliance stellt sich das Problem der dienstlichen Nutzung privater Devices (BYOD), auch wegen der dabei verwendeten bzw. eingeschleusten Apps als Bedrohung der IT-Sicherheit[3]. Bei *Uber* wurden Verbote der Smartphone-Apps zur gewerblichen Vermittlung von Personenbeförderung ausgesprochen.[4]

Open Source[5] bereitet urheber-, vertrags- und haftungsrechtlich besondere Probleme in der juristischen Beurteilung[6]. Konnte man zunächst annehmen, dass GPL (und entsprechende (derivative) Lizenzen) nicht durchsetzbar ist, so lässt sich dies nicht mehr halten, auch wenn die Entscheidungen noch nicht die Grundfragen, unter anderem die Frage der Verwendung als AGB, zum Gegenstand hatten[7].

Dadurch, dass das Softwareprogramm in ein anderes Programm eingefügt und nicht wieder entfernt wurde, wird die LGPL bereits verletzt[8].

Bei Zusammenführung einer Software unter GPLv2 mit anderer Software zu einem **Sammelwerk** iSd § 4 Abs. 1 UrhG gilt für dieses Sammelwerk die GPL insgesamt[9]. Besonders problematisch ist die Einbeziehung von Open Source-Komponenten in kommerzielle Software.[10] Fehlende Offenlegung des Quellcodes wird von Wettbewerbern verfolgt.[11] Eine Urheberrechtsverletzung durch Verbreitung von Software unter Verstoß gegen die GPL lässt zwar Ansprüche auf Unterlassung und Erstattung von Abmahnkosten erwachsen. Es

---

[1] *Kremer/Hoppe/Kamm* CR 2015, 18.

[2] Zu Entwicklung und Vertrieb unter Einbeziehung des Betreibers, va auch zur Unwirksamkeit der Nutzer-/Lizenz-AGB s. *Kremer* CR 2011, 771; zu unwirksamen AGB des Apple Store KG Berlin generell zu Apps *Solmecke/Taeger/Feldmann,* Mobile Apps, 2013, und *Baumgartner/Ewald,* Apps und Recht, 2. Aufl. 2016; *Klein/Datta*, Vertragsstrukturen beim Erwerb kostenloser Apps, CR 2016, 587.

[3] Zu Privaten Endgeräten im betrieblichen Einsatz s. *Seel* MDR 2014, 69; zur App-Sicherheit *Heider* DuD 2014, 15.

[4] S. zB OVG Berlin-Brandenburg CR 2015, 376 (unzulässiges Umgehungsgeschäft).

[5] *Grützmacher* in Wandtke/Bullinger, Urheberrecht, 5. Aufl. 2019, § 69c UrhG, Rn. 107 ff.; *Wiebe* in Spindler/Schuster, Recht der elektronischen Medien, 4. Aufl. 2019, § 69c UrhG, Rn. 48 ff.

[6] S. a. *Gerlach* CR 2006, 649; *Jaeger/Kreutzer,* Open Source Software, 3. Aufl. 2011; *Kreutzer* CR 2012, 146; Schöttle, K&R 2019, 630.

[7] LG München I CR 2004, 774; LG Berlin CR 2006, 735; LG Frankfurt/M. CR 2006, 729 mAnm *Grützmacher* CR 2006, 733; LG Leipzig MMR 2016, 417 zum rechtswidrigen Anbieten von Software ohne Hinweis auf die GPL2 sowie ohne Beifügung des Lizenztextes und des Quellcodes. S. a. unter www.ifross.de; allg. zu open source s. *Spindler* (Hrsg.), Rechtsfragen bei open source, 2004; zu Verträgen über Open Source Software s. *Marly,* Praxishandbuch Softwarerecht, 7. Aufl. 2018, 908 ff.; zum Open Source-Vertrieb s. *Spindler/Wiebe* CR 2003, 873.Zum Wechsel auf GPL 3 s. *Koch* ITRB 2007, 261; *Koglin* CR 2008, 137; *Hoppen/Thalhofer* CR 2010, 275; zu Miturheberschaft und Aktivlegitimation s. *Meyer* CR 2011, 560; zu Haftung und Gewährleistung s. *Sobola* ITRB 2011, 168. Darlegung der Urheberschaft bei OS-Komponenten: LG Hamburg CR 2017, 365. Auflösende Bedingung, hier bei „Creative Commons“, ist wirksam: LG Berlin CR 2012, 134.

[8] LG Bochum CR 2011, 289. Zu Schadensersatz über Verstoß gegen GNU – General Public License gemäß Lizenzanalogie bemisst das OLG Hamm (MMR 2017, 767 diesen mit „O“.

[9] LG Berlin CR 2012, 152. Zu den Folgen für das Verhältnis von Firmware, UrhR und OS-Lizenzen (GPL) *Kreutzer* CR 2012, 146.

[10] *Hoppen/Thalhofer* CR 2010, 275 (s. für Projekte: *Hengstler/Pfitzer,* Das wettbewerbsrechtliche Dilemma bei hybriden Softwareprojekten K&R 2012, 169).

[11] LG Hamburg CR 2013, 640: Verstoß gegen § 3 GPLv2 führt gem. § 4 GPLv2 zum Verlust der Nutzungsrechte an der Software.

soll aber kein Anspruch auf Feststellung eines Schadensersatzanspruchs bzw. Zahlung eines Lizenzschadens bestehen.[1]

Hilfreich ist insofern, weil offener und praxisnäher OLG Düsseldorf[2]: Eine unter der GPL lizenzierte Software darf modifiziert und unter dem markenrechtlich geschützten Namen weiter vertrieben werden, solange dem Kunden klar ist, dass es sich um die fremde, modifizierte Software handelt. Problematisch wäre demnach, die Open Source Software so zu verändern, dass eine neue „eigene" Software entsteht. Die Verwendung dieser modifizierten Software in Hardware, in die sie eingebaut wird, ist erlaubt und dafür kann Vergütung verlangt werden: „… *Die GPLv2 verbietet lediglich, für die Nutzung des Programms ein Entgelt zu verlangen. Der Verwendung in einer Hardware, die ihrerseits nur entgeltlich vertrieben wird, steht sie gerade nicht entgegen.* "[3]

Immer noch unklar sind die Grundfragen bei OS, insbesondere GPL, also Vertragstyp, AGB-rechtliche Beurteilung va der Totalausschlüsse bei Mängeln und Schadensersatz.[4]

Thumbnails/Vorschaubilder[5] bzw. **Snippets** sind unter dem Aspekt der Providerhaftung zu behandeln (s. 6.), stellen aber auch ein generelles urheberrechtliches Problem dar. Dieses Problem evtl. fehlender Einwilligung hat der BGH aber mit „konkludenter Einwilligung" weitgehend gelöst,[6]

– Auch sachlich gehaltene Nachrichtentexte sind grundsätzlich urheberrechtlich schutzfähig[7], weshalb dann auch ***Snippets*** das Urheberrecht verletzen können[8].
– **Autocomplete** Funktion: die Suchwortergänzungsvorschläge „Scientology" und „Betrug" bei Eingabe des Vor- und Zunamens … in die Internet-Suchmaschine …(stellen) eine Beeinträchtigung des Persönlichkeitsrechts der Kläger (dar), da ihnen ein **verletzender Aussagegehalt** innewohnt.[9]
– **Betrachtung** im Internet: Wer geschützte Werke im Web nur „betrachtet" (incl. Streaming, RAM, Caching), also nicht ausdruckt oder herunterlädt, verstößt nicht gegen das Urheberrecht.[10]

Demnach besteht keine Pflicht, die Zustimmung der Urheberrechtsinhaber für die Betrachtung von Internetseiten einzuholen, die die Erstellung von

---

[1] So OLG Hamm MMR 2017, 767.

[2] CR 2012, 434.

[3] OLG Düsseldorf CR 2012, 434.

[4] Zu Prüfungspflichten bei Beschaffung, s. *Witzel* ITRB 2017, 147.

[5] Zum Leistungsschutzrecht für Presseverleger im Lichte der BGH-Rechtsprechung zu Vorschaubildern s. *Kreutzer* MMR 2014, 512.

[6] BGH CR 2010, 463, und in Erweiterung der konkludenten Einwilligung auf von Dritten ins Internet gestellte Werke BGH MMR 2012, 383 – Vorschaubilder II mAnm *Spindler* (wegen der ubiquitären Wirkung „Paukenschlag"); BGH CR 2018, 316 – Vorschaubilder III – trotz öff. Wiedergabe: keine Urheberrechtsverletzung bei Bildersuche durch Suchmaschinen.

[7] OLG Karlsruhe MMR 2012, 42.

[8] S. *Krieg* jurisPR-ITR 5/2012 Anm. 6; zur Haftung eines Internet-Suchmaschinenbetreibers für Inhalt sog. Snippets Kammergericht MMR 2012, 129.

[9] BGH CR 2013, 459; s. a. OLG Köln CR 2014, 385. Zu BGH s. *Gounalakis* NJW 2013, 2321; *Härting* CR 2013, 443; *Körber/Jochheim* WRP 2013, 1018. S. a. OLG Köln CR 2014, 385; zur Haftung des Suchmaschinenbetreibers für Ehrverletzungen in Snippets OLG Hamburg CR 2011, 667.

[10] EuGH MMR 2014, 541 – PRCA/NLA. Zur Entwicklung/Bewertung vor EuGH s. etwa *Ensthaler* NJW 2014, 1553; s. aber EuGH MMR 2017, 518 zu Verkauf von Geräten zwecks Streaming (Stichting Brein).

Kopien dieser Seiten auf dem Bildschirm des Computers des Nutzers und im Internetcache der Festplatte dieses Computers voraussetzt.[1]

Evtl. kommt es bei urheberrechtlichen Verletzungen zu Strafbarkeit nicht nur nach Strafregelungen des UrhG (§ 106ff.), sondern auch nach §§ 303a, 303b.[2]

b) Urheberrechtsschutz von Datenbanken.[3] Über längere Zeit hin wurden Datenbanken mangels eigenen spezifischen Schutzes von der Rechtsprechung nur im Rahmen des wettbewerbsrechtlichen Schutzes beurteilt. Bekannt geworden sind die Entscheidungen im Zusammenhang mit D-Info, also Telefon-„Büchern“ in verschiedenen Versionen. Unter dem 11.3.1996 ist die Richtlinie 96/9/EG des Europäischen Parlaments und des Rates über den rechtlichen Schutz von Datenbanken verabschiedet worden (ABl. Nr. L 77 v. 27.3.1996). Der deutsche Gesetzgeber hat die Richtlinie im Rahmen des IuKDG, dort Art. 7, 1997 umgesetzt. Somit findet auch der Rechtsschutz für Datenbanken und nicht nur für Datenbankwerke seinen Sitz im Urheberrecht selbst. Die EG-Richtlinie enthält ein Kapitel zum Urheberrechtsschutz für Datenbanken (II.), den Schutz sui generis, Kap. 3.

Damit ist auch für einfache Datenbanken, die selbst keine eigene Schöpfung ihres Urhebers darstellen (Art. 3 Abs. 1 der Richtlinie), der etwas geschmälerte Schutz gegeben. Eine entscheidende Voraussetzung ist (lediglich), dass eine **wesentliche Investition** vorliegt mit der Besonderheit, dass diese nicht seitens eines Autors erfolgen muss. Datenbankhersteller ist vielmehr derjenige, der die Investition im Sinne von § 87a Abs. 1 UrhG vorgenommen hat.

Erforderlich ist, dass diese Investition „bei der Beschaffung, Überprüfung oder Darstellung der Datenbankelemente als nach Art oder Umfang wesentliche Investition erfolgt“. Diese Vorgänge, insbesondere Beschaffung, umfassen aber **nicht** *„die Mittel, die eingesetzt werden, um die Elemente zu erzeugen, aus denen der Inhalt einer Datenbank besteht“*[4].

Mit dieser Regelung kann vielen Anbietern von Internet-Leistungen, denen eine Datenbank zugrunde liegt, aber auch den Vertreibern von Contents geholfen werden, klarzustellen und zu sichern, wem welche Rechte an einer solchen Datenbank zustehen. Allerdings wird häufig in Verträgen übersehen, diesen Punkt zu regeln, der noch dazu im Widerspruch zu den Rechten der Betroffenen im Hinblick auf den Datenschutz stehen kann. Kundendaten, Interessentendaten, Nutzerdaten uÄ können solche Datenbanken bilden. Man darf davon ausgehen, dass keineswegs die Zahl der Datensätze (Einträge, Elemente) derjenigen Zahl entsprechen muss, die bei den Telefon-Bücher-Entscheidungen des BGH[5] vorlagen, sondern dass schon bei viel geringeren Zahlen von Elementen eine „wesentliche Investition“ akzeptiert wird.[6] Der Schutz des Datenbankher-

---

[1] EuGH MMR 2014, 541 – PRCA/NLA.

[2] S. BGH MMR 2017, 237 zu §§ 303a, b StGB und § 106 UrhG: Für die Verwirklichung des objektiven Tatbestands des § 303b Abs. 1 StGB ist es unerheblich, ob der betroffene Datenverarbeitungsvorgang rechtmäßigen oder rechtswidrigen Zwecken dient.

[3] *Conrad/Grützmacher* (Hrsg.), Recht der Daten und Datenbanken im Unternehmen, 2014; zur Entwicklung des Datenbankschutzes *Wiebe* CR 2014, 1.

[4] EuGH CR 2005, 10 – BHB-Pferdewetten; s. a. EuGH GRUR 2005, 252 – Fixtures – Fußballspielpläne I; zur Wende in Richtung Informationsfreiheit s. *Wiebe* CR 2005, 169.

[5] BGH CR 1999, 496 – Tele-Info-CD.

[6] Zu Datenbankverträgen s. *Cichon,* Internetverträge 2000; *Monfang* in: Festgabe für Gerhard Schricker, 1995, S. 571; zu Content-Verträgen *Schuppert* in Spindler [Hrsg.], Vertragsrecht der Internetprovider, 2000, VII.

stellers vor Entnahme[1] bzw. Vervielfältigung **wesentlicher Teile** erstreckt sich auch auf eine andere Art der Zusammenfassung oder Anordnung beim Entnehmer[2]. Aufgrund der vorzitierten EuGH-Entscheidung ist jedoch vorgreiflich zu prüfen, ob die Schutz-Voraussetzungen gegeben sind, nicht etwa der Aufwand/die Investition nur die Erzeugung der Inhalte betrifft[3]. Die Frage zum Wert des „**informativen Inhalts** von Einzelelementen" der Datenbank und der Ermittlung, ob eine „Sammlung von unabhängigen Elementen" bei Landkarten des Bundeslandes Bayern vorliegt, hat der BGH dem EuGH vorgelegt.[4] Der EuGH entschied, dass bei „geografischen Daten, die von einem Dritten aus einer topografischen Landkarte herausgelöst werden, um eine andere Landkarte herzustellen und zu vermarkten, nach ihrer Herauslösung ein hinreichender Informationswert bleibt, um als „unabhängige Elemente" einer „Datenbank" im Sinne dieser Bestimmung angesehen werden zu können.[5]

Für über das Internet zugängliche Datenbanken ist grundsätzlich ein Schutz vor direkter Verlinkung nicht über § 87b UrhG gegeben: **Deep Links** von einer Suchmaschine in die Websites von Zeitungen/Zeitschriften verstoßen weder gegen Urheber- noch Wettbewerbsrecht[6]. Anders verhält es sich mit **Metatags** (s. unten 5.). **Framing** als Einbettung eines auf einer Website öffentlich zugänglichen geschützten Werkes in eine andere Website mittels eines Links allein stellt keine öffentliche Wiedergabe dar „soweit das betreffende Werk **weder für ein neues Publikum** noch nach einem speziellen technischen Verfahren wiedergegeben wird, das sich von demjenigen der ursprünglichen Wiedergabe unterscheidet."[7] Evtl. ist dies anders zu beurteilen, wenn die Wiedergabe unter Umgehung von Schutzmaßnahmen gegen Framing erfolgt, die der Rechtsinhaber getroffen oder veranlasst hat.[8]

Die Entscheidungen des EuGH schienen eher restriktiv gegenüber dem Schutz von Datenbanken. Jedoch sind Entscheidungen deutscher Gerichte davon unterschiedlich stark beeinflusst[9]. Das LG Berlin[10] sprach für Bewertungs- und Angebotsdatenbanken von Onlineauktionshäusern den Datenbankschutz zu. Kein amtliches Werk, aber eine Datenbank stellt die

---

[1] Zu Begriff und Zeitpunkt der Beurteilung s. EuGH CR 2009, 725; zu „wesentlicher Entnahme" BGH CR 2009, 735 – Elektronischer Zolltarif; zur Relevanz der einzelnen Handlungen (evtl. vieler Nutzer) und nicht der Summe des Nutzerverhaltens s. OLG Hamburg CR 2009, 526.

[2] BGH MMR 2005, 754; zu konkreter Relation s. OLG Köln CR 2014, 569 Orientierungssatz 2: Die Übernahme von 1/5 der Datensätze einer Moduldatenbank kann als Übernahme eines wesentlichen Teils der Datenbank angesehen werden. Dafür spricht, dass auch 1/5 der Investitionen in die Datenerfassung immer noch als „wesentliche" Investition angesehen werden können (Rn. 28).

[3] EuGH CR 2005, 10.

[4] BGH CR 2014, 772 – TK 50 (Freistaat Bayern/Verlag Esterbauer GmbH).

[5] EuGH GRUR 2015, 1187; zustimmend *Leistner* GRUR 2016, 42; s. entspr. BGH MMR 2016, 689 – Freistaat Bayern/Verlag Esterbauer GmbH.

[6] BGH CR 2003, 920 – paperboy.de; s. dazu zB *Hoeren* GRUR 2004, 1; *Heydn* NJW 2004, 1361.

[7] EuGH CR 2014, 732 – Best Water/Mebes ua und BGH MMR 2016, 190 – Die Realität II; Öffentliche Wiedergabe auf Filesharing-Plattform: EuGH MMR 2017, 518 – Stichting Brein vs. Ziggo; zur Weiterleitung von Rundfunksignalen *Leistner* CR 2017, 818.

[8] BGH MMR 2019, 436 – DDB.

[9] OLG Köln CR 2007, 802 – Wetterdaten für Flugzeugführer.

[10] CR 2006, 516 unter Verweis auf BGH CR 2005, 849, Anm. *Grützmacher* CR 2006, 14; EuGH GRUR 2005, 252 Rn. 24 – Fixtures-Fußballspielpläne; EuGH VT 2005, 10, Ls. 1 – British Horseracing.

Sammlung der Bodenrichtwerte dar[1]. Der Erstverkauf der Datenbank führt zur Erschöpfung des Verbreitungsrechts, erschöpft aber nicht das Recht, die Entnahme und Weiterverwendung des Inhalts der Datenbank zu unterbinden[2].

RICHTLINIE (EU) 2019/790 DES EUROPÄISCHEN PARLAMENTS UND DES RATES vom 17. April 2019 über das Urheberrecht und die verwandten Schutzrechte im digitalen Binnenmarkt und zur Änderung der Richtlinien 96/9/EG und 2001/29/EG war stark umstritten. Ua wurde befürchtet, Filterung mache das Internet „kaputt".[3]

Schutzfähigkeit: Die Schutzfähigkeit als Datenbankwerk ist nicht schon deshalb zu verneinen, weil keine individuelle eigenschöpferische Auswahlentscheidung hinsichtlich der Daten vorliegt[4]. Bei der Bestimmung des Schutzumfangs eines *Sammelwerks* ist zu beachten, dass der Schutzgrund des § 4 Abs. 1 UrhG in der eigenschöpferischen Auswahl oder Anordnung der Elemente liegt.[5] Der Investitionsschutz für die Datenbank gilt auch für den Aufwand zur Beschaffung der Software zur Erfassung und Darstellung von Datenbank-Daten durch Dritte.[6] Problematisch sind scheinbar unsortierte „Datenhaufen"[7], die als Ausgangsmaterial maximaler Fülle für Big Data Analysen dienen und so erst strukturiert werden.[8]

Durch ***Vervielfältigung*** auch unwesentlicher Teile durch mehrere Nutzer in einer Weise, die *„in ihrer Gesamtheit einen nach Art und Umfang wesentlichen Teil der Datenbank"* bildet, liegt ein Eingriff in das ausschließliche Recht des Datenbankherstellers (bewusstes und gewolltes Zusammenwirken vorausgesetzt).[9] Aber für die ***Vervielfältigung*** selbst gilt: Das ***Durchsuchen*** ist kein widerrechtlicher Eingriff, wenn es wiederholte und systematische Vervielfältigung nach Art und Umfang unwesentlicher Teile darstellt, vorausgesetzt dies geschieht nicht, um durch die kumulative Wirkung die Datenbank praktisch wieder herzustellen.[10]

Der EuGH hat die Anforderungen an die Voraussetzungen des Datenbank-Schutzes stark angehoben: der Schutz besteht, wenn *„Auswahl und Anordnung der in der Datenbank enthaltenen Daten einen eigenständigen Ausdruck der schöpferischen Freiheit des Urhebers darstellt"*[11]; **unerheblich** sind *„die geistigen Anstrengungen und die Sachkenntnis"*.[12] Bedeutender Sachaufwand und bedeutende Sachkenntnis allein reichen nicht, wenn keine **Originalität** bei der Auswahl und Anordnung zu Tage tritt. Unterschiede gibt es zwischen BGH und EuGH bezüglich *Weiter-*

---

[1] BGH GRUR 2007, 137 – Bodenrichtwertsammlung.

[2] BGH CR 2006, 51 – Marktstudien; BGH CR 2009, 735 – Elektronischer Zolltarif; EuGH CR 2009, 724 – Apies-Hristovich EOOD vs. Lakorda AD.

[3] Zum Risiko täterschaftlicher Haftung von Plattformbetreibern nach Art. 17 der Richtlinie über das Urheberrecht im digitalen Binnenmarkt *Schonhofen*, DSRI Herbstakademie 2019; *Weidert/Uhlenhut/von Lintig*, Kampf gegen Upload-Filter, GRUR-Prax 2019, 269: „4,7 Millionen Unterschriften gegen Upload-Filter"". Zur kritischen Würdigung der RL insgesamt: *Schaper/Verweyen* K&R 2019, 433.

[4] BGH CR 2011, 36 – Markenheftchen (LS 2 sinng.), s. aber sogleich EuGH MMR 2012, 828.

[5] BGH GRUR 2013, 1213 – SUMO; Bestätigung von BGH CR 2010, 190, Gedichttitelleiste.

[6] BGH CR 2011, 498 – Zweite Zahnarztmeinung II.

[7] Dazu *Wiebe* CR 2014, 1.

[8] Zum Problem des Datenbankherstellerschutzes für „Rohdaten": *Schmidt/Zech* CR 2017, 417: Big Data-Anwendungen können die Tatbestandsvoraussetzungen der §§ 87a ff. UrhG erfüllen.

[9] BGH CR 2011, 757 – Automobil-Onlinebörse –.

[10] BGH CR 2011, 757 – Automobil-Onlinebörse – LS 2 sinngem.

[11] EuGH MMR 2012, 828 – Football Dataco – (aus LS 1 zitiert).

[12] EuGH MMR 2012, 828 – Football Dataco.

verwendung wesentlicher Teile einer Datenbank: „Weiterverwendung“ wäre lt. EuGH weit auszulegen.[1] Das hatte der BGH nicht so gesehen.[2]

c) Urheberrechtsabgabe auf PC und andere Geräte. Per 3.7.2014 ist die strittige Frage wohl weitgehend entschieden, deshalb nur in Stichworten die Vorgeschichte:

BGH v. 2.10.2008[3], dazu BVerfG v. 21.12.2010[4] – Entzug des gesetzlichen Richters; keine Urheberrechtsabgabe auf Kopierstationen BGH v. 17.7.2008[5], Verfassungsbeschwerde dagegen nicht angenommen: BVerfG v. 21.12.2010[6]; Vorlagebeschluss v. 21.7.2011[7]; s. aber zu Kopierläden: BGH v. 20.11.2008[8], Drucker und Plotter: zu BGH[9] (Zurückweisungsbeschluss) s. BVerfG[10]: Verletzung des Grundrechts auf Eigentum bei Urheberrechtsabgabe auf Drucker und Plotter, Vorlage durch BGH an den EuGH[11]. Dieser entschied: *„Der Ausdruck ‚Vervielfältigungen mittels beliebiger fotomechanischer Verfahren oder anderer Verfahren mit ähnlicher Wirkung‘ im Sinne von Art. 5 Abs. 2 Buchst. a der Richtlinie 2001/29 ist dahin auszulegen, dass er Vervielfältigungen mittels eines Druckers und eines PCs umfasst, wenn diese Geräte miteinander verbunden sind. …“*[12]

Am 3.7.2014 hat der BGH seine Entscheidung über die **Vergütungspflicht für PCs und Drucker** getroffen (für 2001 bis 2007).[13] Die Entscheidung über die Höhe der Abgabe steht noch aus.[14] Zur Vergütungspflicht von Herstellern für Speichermedien hat der BGH die Sicherungskopie nicht von der Abgabe ausgenommen,[15] dazu Ls 3: „Das Anfertigen von **Sicherungskopien** stellt eine nach § 54 Abs. 1, § 54b Abs. 1 UrhG vergütungspflichtige Vervielfältigung dar. Die Vergütung für das Anfertigen von Sicherungskopien ist geringer zu bemessen als die Vergütung für das Anfertigen von Kopien, die der Nutzung des Werkes dienen.“

d) Leistungsschutzrecht. Im Jahr 2013 wurde das Leistungsschutzrecht für Presseverleger in das deutsche Urheberrecht integriert. Damit soll eine gesetzliche Grundlage insb. für den Umgang mit Online-Journalismus und den urheberrechtlichen Schutz von Textausschnitten (sog. *Snippets*) vorliegen. Hier wurde, gerade vor dem Hintergrund, dass Internet-Suchmaschinen

---

[1] EuGH CR 2014, 156 mAnm *Rammos.* zu einer „spezialisierten Metasuchmaschine", va Rn. 41 mit deren Gefahrenpotenzial bei Einnahmenverlust; s. a. *Schapiro/ Żdanowiecki* MMR 2015, 497 .

[2] BGH CR 2011, 757 Rn. 55, wie *Rammos* CR 2014, 161 in der Anm. zu EuGH aufweist.

[3] CR 2009, 9 – PC I.

[4] CR 2011, 85.

[5] CR 2008, 696.

[6] CR 2011, 88.

[7] GRUR 2011, 1012 – PC II.

[8] GRUR 2009, 480 – Kopierläden II.

[9] V. 14.8.2008 – I ZR 208/07.

[10] CR 2011, 86.

[11] Beschluss CR 2011, 713 – Drucker und Plotter II.

[12] EuGH CR 2013, 557.

[13] BGH MMR 2014, 760 – Drucker und Plotter III im Anschluss an die BGH-Vorlagen GRUR 2011, 1012 mAnm *Pfeifer* und CR 2011, 713; Parallelentscheidung zu PC dem Grunde nach: BGH GRUR 2014, 984 – PC III).

[14] Zur Höhe der angem. Vergütung *Koch/Druschel* GRUR 2015, 957; zur Kritik s. a. Bitkom PM http://www.bitkom.org/de/presse/8477_79761.aspx (25.7.2014).

[15] BGH CR 2017, 778 – externe Festplatten, ZUM-RD 2017, 374.

einzelne Textausschnitte von fremden Quellen nutzen und selbst wiedergeben, gesetzlicher Handlungsbedarf festgestellt. Ob dieser Bedarf tatsächlich bestand und ob ihn die Regelung abdeckt, ist strittig.[1] Trotz der Änderung gegenüber dem Entwurf überwiegt bislang (Verabschiedung war am 1.3.2013) die Kritik.[2] Dies betrifft ua den Befund, dass „kleinste Textausschnitte" auch auf Snippets der Nachrichtenübersichtsdienste zutrifft.[3] Das LG Berlin[4] hat dem EuGH im Verfahren gegen Google wegen Leistungsschutzrechten Fragen zur (nicht erfolgten) Notifizierung und Auslegung der §§ 87f – h UrhG vorgelegt.
Die Urheberrechts-Richtlinie der EU war insbesondere hinsichtlich der „Upload-Filter" in der politischen Diskussion.[5] Sie bringt aber mit Art. 3 und Art. 4 Urh-RL auch „eine generelle Schranke zugunsten des Text- und Datamining", wichtig für Big Data und Künstliche Intelligenz.[6]

3. Wettbewerbsrechtlicher Schutz

Ad-Blocker ua zulässig: Der Vertrieb von Werbeblocker-Software[7] mit einer kostenpflichtigen Whitelist-Funktion verstößt nicht gegen §§ 3, 4 Nr. 1, Nr. 10 UWG: LG Hamburg v. 21.4.2015 (LS Verf.), GRUR-Prax 2015, 357, u. 3.12.2015 – 308 O 357/15; LG München v. 27.5.2015 – CR 2015, 738; LG Stuttgart v. 10.12.2015 – 11 O 238/15; OLG Köln v. 24.6.2016 – 6 U 149/15 keine Wettbewerbsbehinderung durch Browser-Plugin, und BGH v. 19.4.2018 – I ZR 154/16 – Werbeblocker II, Zulässigkeit von Werbeblockern; Verfassungsbeschwerde vom BVerfG nicht angenommen (v. 22.8.2019 – 1 BvR 921/19). A.M., Ad-Blocking stellt eine gezielte Behinderung iSd § 4 Nr. 10 UWG dar: LG Frankfurt a.M. v. 26.11.2015 – 3–06 O 105/15. Es gibt auch gegenüber „Malvertising" die Funktion wirksamer Abwehr durch Werbeblocker. „Schutz gegen die durch das Malvertising in Umlauf gebrachte Schadsoftware kann der gleichzeitige Einsatz von Anti-Viren-Programmen, Script-Blockern, Firewalls und Ad-Blockern bieten. Insbesondere die Ad-Blocker verhindern, dass bestimmte Werbung überhaupt auf einer Website angezeigt wird, denn einem Website-Betreiber ist es häufig nicht möglich, Werbeeinblendungen auf seiner Seite im Vorfeld zu überprüfen."[8]

Hinsichtlich des urheberrechtlichen Schutzes für Software und auch andere Gegenstände[9] werden tendenziell keine besonders hohen, eher geringe Anforderungen gestellt[10]. Allerdings kann es schwierig sein, ggf. hinreichende Individualität darlegen zu können.[11] Es gibt weitere Gründe, das Wettbe-

---

[1] *Wimmers* CR 2012, 663, spricht zB (zum Entwurf) von „Leerlauf".

[2] ZB *Kühne* CR 2013, 169 mwN zur Kritik, auch am Entwurf.

[3] *Kühne* CR 2013, 169.

[4] Beschluss GRUR Int. 2017, 534.

[5] *Gerpott* MMR 2019, 420, zu Art. 17 UrhR RL; *Weidert/Uhlenhut/von Lintig* GRUR-Prax 2019, 269; *Schaper/Verweyen* K&R 2019, 433.

[6] S. *Spindler* CR 2019, 277.

[7] Zu den Geschäftsmodellen *Nink* CR 2017, 103.

[8] *Constanze Kurz*, netzpolitik.org, 29.6.2017, https://netzpolitik.org/2017/werbeblocker-als-schutz-vor-schadsoftware/ (besucht 5.7.2017).

[9] Wie LG München I CR 1998, 655; s.a. OLG Hamburg CR 2002, 485.

[10] So schon OLG München CR 1999, 688; BGH CR 2005, 854 – Fash 2000; BGH CR 2014, 161 – Geburtstagszug.

[11] *Hoeren/Wehkamp* CR 2018, 1; *Straker/Wehkamp* CR 2018, 699.

werbsrecht als traditionelle Schutzmöglichkeit ins Spiel zu bringen[1]. Dies gilt etwa für die Übernahme von (Benutzer-)Oberflächen[2]. Listen mit Kunden bzw. Kundendaten können ein Geschäftsgeheimnis iSd § 17 UWG sein[3]. Die Problematik der Gebrauchtsoftware wurde teilweise über UWG behandelt (keine irreführende Werbung, wenn auf die str. Rechtssituation hingewiesen wird[4]). Das Einbetten fremden Inhalts in eine andere Website mittels eines Links unter Verwendung der Framing-Technik ist grundsätzlich keine öffentliche Wiedergabe.[5] Durch das GeschGehG wurde der Geheimnisschutz einerseits erweitert, andererseits an höhere Anforderungen, va angemessene Schutzmaßnahmen, geknüpft.[6]

Screen Scraping[7] – Strittig war, ob das Abgreifen fremder Websites, ohne dass der Nutzer diese besucht, durch die virtuelle Hausordnung verboten werden kann.[8] Der Vertrieb einer Software, „die es ermöglicht, … in sehr kurzen Zeitabständen Suchanfragen bei mehreren Online-Automobilbörsen gleichzeitig durchzuführen, und die dort Daten über die gefundenen Fahrzeuge entnimmt und dem Nutzer anzeigt, so dass dieser nicht mehr die Internetseite der Online-Automobilbörse aufsuchen muss, verletzt nicht das Datenbankherstellerrecht" und stellt keine Behinderung nach § 4 Nr. 10 UWG, insbesondere keine gezielte Behinderung dar, sondern ist nur eine indirekte Folge des Vertriebs der Software, wenn es durch ihren Einsatz zu einem erhöhten Datenverkehr kommt und damit die technische Funktionsfähigkeit der Online-Automobilbörse beeinträchtigt werden kann.[9] (s. a. zum Datenbankschutz 2.b).

Eine unlautere Behinderung liegt in der automatischen Einblendung einer elektronischen Preisvergleichsfunktion (unmittelbar auf dem geöffneten Browserfenster).[10] Daneben sind auch kartellrechtliche Aspekte im IT-Bereich immer wieder von hoher Relevanz wie etwa die langjährigen Auseinanderset-

---

[1] S. dazu zB *Jersch,* Ergänzender Leistungsschutz von Computersoftware, 1993; *Wiebe,* Know-how-Schutz von Computersoftware, 1993; OLG Frankfurt MMR 2003, 45.

[2] Zu deren Schutz gem. Harmonisierungs-RL. S. EuGH CR 2011, 221 – BSA/Kultusministerium.

[3] BGH MMR 2006, 815 – Kundendatenprogramm; dazu *Westermann* GRUR 2007, 116. Zur neuen EU-RL zum Schutz von Know-How und Geschäftsgeheimnissen s. *Lejeune* CR 2016, 330; nun zu beurteilen nach GeschGehG.

[4] OLG Hamburg CR 2013, 700; s. a. OLG Hamburg K&R 2007, 213; OLG Hamburg MMR 2013, 453, Online-Game Runes of Magic; s. a. LG Hamburg CR 2013, 604 zum Vertrieb von Cheatbot-Software; OLG Hamburg v. 6.11.2014 – 3 U 86/13 und BGH CR 2017,154 – World of Warcraft II; zum Schutz gegen Cheatbots: *Hecht/Kockenstiedt* CR 2009, 719, s. a. LG Hamburg CR 2009, 756 zur Rufausbeutung.

[5] BGH MMR 2016, 190 – Die Realität II.

[6] Zur Anwendbarkeit *Trebeck/Schulte-Wissermann* NZA 2018, 1175; zu den unterschätzten Auswirkungen des GeschGehG s. *Ziegelmayer* CR 2018, 693; zu praktischer Gestaltung und Handhabung *Schreiber-Ehle* CR 2019, 485. Zur Umsetzung der Richtlinie (EU) 2016/943 des Europäischen Parlaments und des Rates vom 8. Juni 2016 über den Schutz vertraulichen Know-hows und vertraulicher Geschäftsinformationen (Geschäftsgeheimnisse) vor rechtswidrigem Erwerb sowie rechtswidriger Nutzung und Offenlegung (ABl. L 157 vom 15.6.2016, S. 1) s. § 17 UWG Nr. 38.

[7] *Micklitz/Schirmbacher* in Spindler/Schuster, Recht der elektronischen Medien, 4. Aufl. 2019, § 4 UWG, Rn. 110 ff.

[8] OLG Hamburg CR 2009, 609; s. zur Zulässigkeit BGH GRUR 2014, 785; wieder eingeschränkt („Fortführung"): BGH CR 2017, 154 – World of Warcraft II.

[9] OLG Hamburg CR 2009, 526 – AUTOBINGOO; zu wirksamer Beschränkung des Herstellers einer nicht geschützten Datenbank gegenüber Screen Scraping s. EuGH CR 2015, 185 – Ryan Air/PR Aviation – und dazu *U. Elteste* CR 2015, 447. S. a. zu Screen Scraping „in Zeiten von Big Data" *Schapiro/Żdanowiecki* MMR 2015, 497.

[10] LG Hamburg CR 2015, 464.

zungen zwischen Google und Microsoft einerseits und der Europäischen Kommission andererseits zeigen.[1] Verfestigung und Missbrauch von marktbeherrschenden Stellungen soll durch kartellrechtliche Maßnahmen, etwa durch Fusionskontrolle entgegengewirkt werden.[2] Das GWB, die Fusionskontrollverordnung und die einzelnen Gruppenfreistellungsverordnungen (insb. TT-GVO) sowie die De-Minimis-Bekanntmachung enthalten in diesem Zusammenhang wichtige Vorschriften. Sowohl für die Kanalisierung der Vertriebswege bei Software[3] als auch für Verbote des Vertriebs auf Internetplattformen[4] kann sich die Kartellrechtswidrigkeit ergeben[5].

OLG Düsseldorf GRUR-Prax 2017, 293 – bestätigt Kartellamt: Unternehmen dürfen Händlern Nutzung von Preissuchmaschinen nicht generell verbieten; *Moritz*, Das Verbot von Drittplattformen im Selektivvertrieb – Ergänzung zu *Rohrßen* ZVertriebsR 2016, 278 („Coty Germany"[6]) –, ZVertriebsR 2017, 31; s.a. ÖOGH Beschluss vom 20.12.2016 – 4 Ob 45/16w zur Internationalen Zuständigkeit in Domainnamensstreitfällen – stubhub, MMR 2017, 468; *Rohrßen*, Plattformverbote im Selektivvertrieb – der EuGH-Vorlagebeschluss des OLG Frankfurt vom 19.4.2016, ZVertriebsR 2016, 278; *Spenner/Kiani*, Selektive Vertriebssysteme und Internetvertrieb, NZKart 2016, 208; EuGH v. 13.10.2011 – C-439/09, EuZW 2012, 28: Verbot des Internetvertriebs von Produkten ohne Angabe von Gründen unwirksam.

Web Scraping-Verfahren können soziale Netzwerke, etwa zu Forschungszwecken auswerten. Das erzeugt in den verschiedensten Rechtsgebieten Probleme auf vertragsrechtlicher, urheberrechtlicher und datenschutzrechtlicher Ebene.[7]

4. Titelschutz

Hoene, Aktuelle Entwicklungen des Titelschutzrechtes, K&R 2016, 16; *Hupertz/Fritzsche,* Titelschutz für Software. Überblick, wettbewerbsrechtliche Aspekte, Vergleich zur Marke, ITRB 2011, 86. *Bullinger* in Wandtke/Bullinger, Urheberrecht 5. Auflage 2019, § 2 UrhG, Rn. 65 – 67; *Müller* in Spindler/Schuster, Recht der elektronischen Medien, 4. Auflage 2019, § 5 MarkenG, Rn. 13–15.

Eine wenig diskutierte, aber **erfolgreiche Schutzart für Software und Computerspiele,** inzwischen aber va für Domain Names, ist der (Werk)Titelschutz nach § 5 Abs. 3 MarkenG, früher § 16 UWG, an den relativ geringe Anforderungen[8] gestellt werden, wie die folgenden Entscheidungen bestätigen: BGH – Power Point[9]; BGH – WINCAD[1]; BGH – Tagesschau[2];

---

[1] Zu Kartellrecht als Hebel für die Durchsetzung des Datenschutzrechts s. *Louven* CR 2019, 352.

[2] Dabei wird der Datenschutz-rechtliche Aspekt bislang wenig beachtet, s. *Beisenherz* DuD 2015, 600.

[3] Mit Relevanz der (neuen) TT-GVO (seit 1.5.2014 in Kraft), dazu *Frank* CR 2014, 329, oder der Vertikal-GVO, s. etwa *Pichler/Hertfelder* NZKart 2014, 47 zu Kammergericht K&R 2013, 792.

[4] S. zB *Grave/Goncalves* DB 2014, 1668 zu OLG Schleswig GRUR-Prax 2014, 364.

[5] S. a. KG MMR 2013, 774 (ebay-Vertrieb gegenüber selektivem Vertriebssystem).

[6] EuGH MMR 2015, 614 – Coty (Germany) Internationale Zuständigkeit bei Markenverletzung durch mehrere Beteiligte.

[7] Zu Web Scraping in sozialen Netzwerken zu Forschungszwecken *Golla/Schönfeld* K&R 2019, 15.

[8] Mindestmaß von Individualität: OLG Hamburg GRUR-RR 2002, 393 – motorradmarkt.de.

[9] BGH CR 1998, 5 = GRUR 1998, 155 mit sehr kritischer Anmerkung *Betten*.

BGH – Buchtitelgruppe[3]; BGH Tagesreport (Titelschutzanzeige ist noch keine Benutzung);[4] s. aber BGH Smartphone-App wetter.de hat keinen Werktitelschutz[5]. Der Schutz kann grundsätzlich erst einsetzen, wenn das über den Domainnamen erreichbare titelschutzfähige Werk weitgehend fertiggestellt ist[6] Wird der Name eines Computerspieles[7] aus einer Bezeichnung (Luxor) gebildet und genutzt, ist dies auch Nutzung iSd § 5 Abs. 3 MarkenG[8]; ähnlich: Keine Markenverletzung durch Bezeichnung für Betriebssystem[9]. Das Werktitelrecht ist einheitlich für Print- und Online-Angebote zu beurteilen.[10]

5. Markenschutz

a) Allgemeines. Der Markenschutz ist ein in starker Entwicklung befindliches Rechtsgebiet. Software spielt dabei weniger eine Rolle. Jedoch kann der Markenschutz den Schutz für Software wirksam ergänzen.[11] Gegenüber erstmaliger Kennzeichnung der Sicherungs-CD eines Computerprogramms mit dem Echtheitszertifikat des Markeninhabers durch den Wiederverkäufer kann sich der Softwarehersteller dem Vertrieb der Datenträger aus berechtigten Gründen (§ 24 Abs. 2 MarkenG) widersetzen.[12]

Besonders tangiert wird das Markenrecht durch diverse **neue Werbeformen,** etwa

– **Suchmaschinen-Adwords[13]:** EuGH v. 12.7.2011[14]: Verantwortlichkeit des Betreibers des Marktplatzes bei Adword-Werbung (nutzergenerierte Markenrechtsverletzungen). Fremde Marke als Adword: EuGH v. 22.9.2011[15] zu den Voraussetzungen eines Verbots (Beeinträchtigung der Funktionen der Marke); BGH: zur Verantwortlichkeit des Betreibers eines Online-Marktplatzes als

---

1) BGH CR 1998, 457 (Ingebrauchnahme oder unmittelbar vorausgegangene Ankündigung liegen nicht vor, wenn mit anderen Titeln versehene englischsprachige Versionen vertrieben bzw. beworben werden, auch wenn auf nachfolgende deutsche Versionen verwiesen wird).

2) BGH NJW 2002, 372 – Werktitelschutz auch bei Fehlen der Unterscheidungskraft möglich.

3) BGH NJW 2000, 3355 – Buchtitelgruppe.

4) BGH GRUR 2001, 1054 – Tagesreport.

5) BGH MMR 2016, 684 – wetter.de.

6) BGH CR 2009, 801 mAnm *Hackbarth* – airdsl – und *Eichelberger* K&R 2009, 778 zum Werktitelschutz für Domainnamen; zum Titelschutz s. a. BGH K&R 2010, 401 – WM-Marken Ferrero; KG GRUR-RR 2011, 468 – Die Benutzung des Titels „Moulin Rouge Story" zur Kennzeichnung und Bewerbung eines Musicals stellt keine markenmäßige Verwendung der Wortmarke/Gemeinschaftsmarke „Moulin Rouge" dar. OLG Köln WRP 2012, 592 – eurodata/europdata.

7) Zu den reduzierten Anforderungen bei Computerspielen s. OLG Köln, GRUR-RR 2015, 239 – Farming-Simulator; zu Werktitelschutz für Apps OLG Köln GRUR 2014, 1111.

8) OLG Hamburg GRUR-RR 2012, 154.

9) OLG Düsseldorf CR 2012, 434 – Enigma.

10) BGH GRUR 2016, 1300 – Kinderstube.

11) S. zB Antrag in BGH Beschluss MMR 2011, 305 – UsedSoft I; LG München I ZUM 2016, 463: Urheber- und Markenrechtsverletzung durch das unberechtigte Angebot und die Verbreitung von Aktivierungsschlüsseln für Computerprogramme; LG Frankfurt/M. v. 12.12.2016 – 5/12 KLs – 7430 Js 244607/14 (5/16) zu strafbaren Verstößen gegen das Markenrecht beim Handel mit als „gebraucht" angebotenen Computer Betriebssystemen; OLG Frankfurt MMR 2017, 425, LS 3 Echtheitszertifikate sind Kennzeichnungsmittel iSd § 14 Abs. 4 MarkenG.

12) BGH CR 2012, 295; s. a. schon OLG Karlsruhe CR 2000, 285.

13) *Hertneck* ITRB 2012, 40; s. zur Behinderung durch Nichterteilung der Zustimmung zu beabsichtigter nicht-verletzender Werbung BGH CR 2015, 384 – Uhrenankauf im Internet.

14) CR 2011, 597 – L'Oréal/eBay; s. va zu Filterpflichten *Rössel* CR 2011, 589.

15) CR 2011, 745 – Interflora.

Störer nach Hinweis des Rechteinhabers auf die Rechtsverletzung[1]; Werbung auf der eigenen Internetseite für ein anderes Unternehmen, begründet für sich allein kein konkretes Wettbewerbsverhältnis zu einem Mitbewerber des anderen unterstützten Unternehmens, auch wenn von dem unterstützten Unternehmen für Verträge, die aufgrund der Werbung geschlossen werden, eine Werbekostenerstattung gezahlt wird.[2] „Täter einer Kennzeichenverletzung ist, wer ein fremdes Unternehmenskennzeichen oder einen ähnlichen Begriff als Adword verwendet, um unter diesem Begriff Werbeanzeigen zu platzieren."[3] Dem Inhaber der geschützten Unternehmensbezeichnung steht auch dann der Unterlassungsanspruch gegen den Werbenden zu, wenn dieser nicht für die Einblendung seiner Anzeige verantwortlich ist, hiervon aber wusste.[4]

- **Metatags** sind trotz Unsichtbarkeit als verletzend anzusehen.[5] Zwar ist das Einstellen des Namens als Metatag Namensgebrauch, aber unter Abwägungsaspekten evtl. nachrangig gegenüber Meinungsfreiheit.[6] Zur Darlegungslast bei Markenrechtsverletzungen durch AdWords.[7] Zur Nutzung eines Domainnamens als Metatag in den Metadaten einer Website als irreführende „Werbung".[8]
- Bei **Online-Auktionen** bzw. deren Geboten muss ebay bereits die geeigneten Maßnahmen ergreifen, um die Angebote gefälschter Markenprodukte – hier ROLEX – zu verhindern.[9]
- Die markenrechtliche Haftung besteht auch für auf Produkte von Drittanbietern verlinkte Google-Anzeigen (ORTLIEB II), wenn die konkrete Gestaltung der Anzeige irreführend verwendet wird, „so dass Kunden durch die auf diese Weise ausgebeutete Werbewirkung der Marke (auch) zum Angebot von Fremdprodukten geleitet werden".[10]

b) Domain Names. Besondere Brisanz hat der markenrechtliche Schutz im Zusammenhang mit den Domain Names erlangt.[11] Die Konflikte im Zusammenhang mit den Domain Names sind in größerem Umfang gerichtlich ausgefochten worden. Die bekanntesten Entscheidungen waren zu Anfang der Streit um das Namensrecht einer Gebietskörperschaft[12]. Inzwischen haben sich Strukturen hinsichtlich der Rechte an Domain Names bzw. beim Vorgehen gegen diese herauskristallisiert, die zum Teil durch höchstrichterliche Rechtsprechung geprägt sind.

Letztlich wurde stets darum gekämpft, ob markenrechtliche Prinzipien unmittelbar oder analog auf den Domain-Namensschutz bzw. das Vorgehen

---

[1] BGH CR 2011, 817 – Stiftparfüm mit Hinweis auf EuGH CR 2011, 597; entsp. zu Preissuchmaschine mit Zusatzfunktionen OLG Braunschweig CR 2015, 321.

[2] BGH K&R 2014, 353 – Werbung für Fremdprodukte.

[3] OLG Schleswig MMR 2017, 480, LS 1.

[4] OLG Schleswig MMR 2017, 480.

[5] BGH CR 2007, 103 – impuls –; ebenso BGH CR 2007, 589 – AIDOL –; s. a. OLG Frankfurt MMR 2014, 769 zu Würdigung der jeweiligen Gesamtumstände.

[6] OLG München CR 2012, 440.

[7] BGH K&R 2011, 582 – „Impuls II".

[8] EuGH MMR 2013, 781 (BEST/Bert Peelaers, Visys NV) – bestlasersorter.com.

[9] BGH CR 2007, 523. Fortf. durch BGH CR 2011, 817 – Stiftparfüm.

[10] BGH MMR 2019, 669 – ORTLIEB II.

[11] Rechtsprechungsüberblick *Reinholz/Janke* K&R 2013, 613; *Hoeren/Thiesen* zu 2014: MMR-Beil. 2015, 1 (18 f).

[12] Zu heidelberg.de: LG Mannheim CR 1996, 353; zur Praxis der Registrierung (bis Ende 2014) *Johannisbauer* MMR 2015, 154.

gegen Domains angewandt werden können. Natürlich greift dieser Schutz dort, wo aus einer Marke oder einem Titel gegen eine Domain oder aus einer Domain als Titel gegen einen Dritten vorgegangen wird. Grundsätzlich aber scheint die Tendenz zu bleiben, dass die Grundprinzipien des Markenrechts nicht auf das Domainrecht übertragen werden. Dies bedeutet zB, dass das Freihaltebedürfnis kein Erfordernis bei der Eintragungsfähigkeit einer Domain darstellt, ebenso wenig die Unterscheidungskraft.

Auch die Verantwortlichkeit der DENIC stand ursprünglich in Frage. Inzwischen scheint klar zu sein, dass DENIC bzw. die Vergabe-Institutionen nach deutschem Recht nur bei ganz offensichtlichen Verstößen der Domain gegen das Recht eines Dritten eine Pflicht zur **Prüfung** bzw. Verweigerung der Eintragung haben[1]. „*Eine … offenkundige Namensrechtsverletzung liegt vor, wenn es sich bei dem als verletzt geltend gemachten Namen um die offizielle Bezeichnung der für die Verwaltung eines Regierungsbezirks zuständigen Behörde handelt und der beanstandete Domainnamen von einem in Panama ansässigen Unternehmen registriert worden ist*“.[2]

Grundsätzlich hat eine **Gebietskörperschaft** die Rechte an ihrem Namen, ähnlich wie eine natürliche Person. Daher gewähren die Gerichte in der Regel der Gebietskörperschaft das Recht, ihre Domain entsprechend zu gestalten bzw. zu beantragen und zu verwenden. Insoweit gilt der Grundsatz der Priorität. Evtl. sind Gleichnamige gezwungen, etwas Abstand voneinander zu wahren. Bei überragender Verkehrsgeltungsdurchsetzung eines Kennzeichens kann, wenn die Anmeldung erst später erfolgen soll und ein Gleichnamiger zuvor gekommen ist, dieser Vorrang vor dem Gleichnamigen haben[3]. Der Namensschutz kann auch für die aus gesetzlichen Regelungen abgeleiteten Abkürzungen bestehen[4].

Grenzen bei der Verwendung von **Gattungsbegriffen**[5] oder der Namen von Gebietskörperschaften und va offizieller Institutionen sind dort zu ziehen, wo in der Auffassung der Öffentlichkeit bzw. des besuchenden Publikums eine klare Zuordnung und die Gefahr einer Irreführung besteht. Dies betrifft Begriffe wie „Hauptbahnhof“, „Bundeswehr“, „Kanzleramt“ uÄ[6]. Bei derartigen Domain Names droht hinsichtlich der übrigen Teilnehmer die Gefahr einer Art Kanalisierung der Besucherströme auf denjenigen, der die entsprechende Domain ergattert hat. Demgegenüber hatte der BGH für die Domain – *Mitwohnzentrale* – keine irgendwie gearteten Probleme bei der Kanalisierung durch diese Gattungsbezeichnung gesehen, obwohl nur ein geringer Teil der regional bestehenden Mitwohn-Vereine angeschlossen waren[7]. Auch wenn es nahe liegt, dass ein Unternehmen den Domainnamen für seinen Internetauftritt verwenden könnte, liegt in der Registrierung eines Gattungsbegriffs in der

---

[1] S. BGH CR 2001, 850 – ambiente.de.

[2] Offensichtlicher Verstoß und damit Störer-Haftung von DENIC s. BGH K&R 2012, 421 – regierung-oberfranken.de. AM OLG Frankfurt MMR 2010, 689: keine Prüfungspflicht bei Erstregistrierung.

[3] BGH CR 2002, 525 – shell.de; zur im evtl. geschäftlichen Verkehr erforderlichen unterscheidenden Zusatz s. BGH MMR 2002, 456 – Vossius.de.

[4] OLG München v. 10.11.2011 – 29 U 2103/11 – edw/edw-info.

[5] *Hauck/Fischoeder* GRUR 2004, 185.

[6] S. zB zu – Deutschland – LG Berlin CR 2000, 700.

[7] BGH CR 2001, 777 – Mitwohnzentrale; s. a. OLG Hamburg CR 2003, 605 zur Bedeutung des gesamten Auftritts und dessen Gestaltung für die Irreführungsgefahr.

Regel keine sittenwidrige Schädigung[1]; insoweit schützt auch der bekannte Zeitungstitel nicht.[2].

Im Laufe der Zeit werden naturgemäß die Domain Names selbst markenrechtlich geschützt, ohne dass es auf das Freihaltebedürfnis bzw. das Verbot der Gattungsbegriffe ankäme. Infolge dessen können Inhaber von Domain Names gegen andere, sogar neu anzumeldende Marken oder Titel vorgehen, wenn sie insoweit das ältere Recht haben[3]. Es kann sich als Ausnahme eine Prüfpflicht des **Admin-C** bei Domaingrabbing-Verdacht bzw. bei *„gefahrerhöhenden Umständen"* ergeben[4].

Daneben können auch Domain Names Titelschutz genießen[5].

- Die Verwendung des Namens (einer Gebietskörperschaft) durch Dritten, dem dieser Name nicht zusteht, ohne Zusätze lediglich mit Top Level Domain „info" verletzt das Namensrecht gem. § 12 BGB[6].
- **Tippfehlerdomains**: In der Verwendung eines aus der fehlerhaften Schreibweise gebildeten Domainnamens (hier wetteronlin) kann ein Wettbewerbsverstoß liegen. Dies ist der Fall, wenn „der Internetnutzer auf eine Internetseite geleitet wird, auf der er nicht die zu erwartende Dienstleistung (hier: Wetterinformationen), sondern lediglich Werbung (hier: Werbung für Krankenversicherungen) vorfindet".[7] Allerdings: *„2. Wird der Internetnutzer auf der Internetseite, die er bei versehentlicher Eingabe der „Tippfehler-Domain" erreicht, sogleich und unübersehbar auf den Umstand aufmerksam gemacht, dass er sich nicht auf der Internetseite befindet, die er aufrufen wollte, wird eine unlautere Behinderung regelmäßig zu verneinen sein.*"[8]

Berufsspezifisch können sich Besonderheiten ergeben. So wird etwa darüber gestritten, ob die Regeln zum Freihaltebedürfnis für Gattungsbegriffe wegen der Erwartungshaltung des Publikums auch auf Anwälte, Ärzte uÄ übertragbar sind[9]. Namensanmaßung liegt bereits in der Registrierung des fremden Namens[10]. Die rechtserhaltende Nutzung einer Wortmarke kann durch Verwendung als Domain erfolgen[11].

Wichtig ist, dass der **Namensschutz** (§ 12 BGB) *„neben dem Kennzeichenschutz nach §§ 5, 15 MarkenG anwendbar" bleibt, „wenn mit der* **Löschung** *des* **Domainnamens** *eine Rechtsfolge begehrt wird, die aus kennzeichenrechtlichen Vorschriften deswegen nicht hergeleitet werden kann, weil das Halten des* **Domainnamens** *im konkreten Fall für sich gesehen die Voraussetzungen einer Verletzung der Marke oder des Unternehmenskennzeichens des Klägers nicht erfüllt.*"[12]

---

[1] BGH CR 2005, 593 – weltonline.de –; anders bei Vorliegen besonderer Umstände: BGH CR 2009, 748 – ahd.de.

[2] Zur Priorität bei Gleichnamigen s. BGH CR 2006, 193 – Hufeland.de.

[3] Zu Entstehung des Kennzeichenrechts nach § 5 MarkenG über Internetangebot und Domainnutzung s. BGH CR 2005, 362 – mho.de; BGH CR 2005, 284 – soco.

[4] BGH K&R 2012, 204 – Basler Haar-Kosmetik"; BGH CR 2013, 177 – dlg.de, besondere gefahrerhöhende Umstände bei Anmeldung einer Vielzahl von Domain Names.

[5] Zur Qualifizierung von Rechten an Domains *Koos* MMR 2004, 359; s. zu Titelschutz II.4.

[6] BGH MMR 2007, 38 – solingen.info.

[7] BGH MMR 2014, 242 – wetteronline aus LS 1.

[8] BGH MMR 2014, 242 – wetteronline LS 2.

[9] Für – Anwalt-Hannover – Bejahung der Irreführung OLG Celle MMR 2001, 531.

[10] S. BGH CR 2003, 845 – maxem.de zugleich auch zu den Schutzvoraussetzungen eines Pseudonyms; BGH CR 2005, 362; BVerfG CR 2006, 770 – maxem.de – Name „sticht" Pseudonym.

[11] BGH GRUR 2012, 832 – Zappa.

[12] BGH CR 2012, 179 – Basler Haar-Kosmetik.

Einführung

Im Zusammenhang mit der Verfolgung eines Anspruchs auf **Domain-Löschung wegen Verwendung fremden Namens** ging der BGH auf die Voraussetzungen ein, die an die Verwendung gestellt werden:[1]

„Allerdings kann nicht jede Verwendung eines fremden Namens als gebrauchen' iSv § 12 BGB angesehen werden. … BGH, GRUR 2002, 917, 919 – Düsseldorfer Stadtwappen; BGHZ 161, 216, 220 – ProFide Catolica – dafür kommt sowohl ein namens- oder kennzeichenmäßiger Gebrauch des Namens durch einen Dritten als auch eine Verwendung in Betracht, durch die der Namensträger zu bestimmten Einrichtungen, Gütern oder Erzeugnissen in Beziehung gesetzt wird, mit denen er nichts zu tun hat. Hierfür genügt es, dass im Verkehr der falsche Eindruck entstehen kann, der Namensträger habe dem Benutzer ein Recht zur entsprechenden Verwendung des Namens erteilt (…).“

Wichtig ist der Hinweis des BGH[2], dass es bei der bisherigen Situation bleibt. *Bei Namensrechtsverletzung kann der Kläger „… **nicht die Löschung** des Domain-Namens, Landgut Borsig.de' verlangen, sondern nur beanspruchen, dass der Beklagte … ggü. der Registrierungsstelle DENIC den **Verzicht** auf den Domainnamen erklärt“*[3].

Internetdomains sind zwar kein „anderes Vermögensrecht“ iSv § 857 Abs. 1 ZPO[4] und *„kein absolutes und damit kein sonstiges Recht iSv § 823 Abs. 1 BGB“*[5], jedoch sind die schuldrechtlichen Ansprüche des Inhabers ein solches Recht und deshalb pfändbar[6]; **kein Eigentumsrecht,** sondern ein relativ wirkendes, vertragliches Nutzungsrecht[7].

„Ausgefallener“ Vorname kann für namensrechtliche Schutzposition reichen: Vorname und Nachname Namensgleichheit[8].

Keywords: Der BGH[9] baut auf Entscheidungen zu Metatags (trotz mangelnder Sichtbarkeit liegt kennzeichenmäßige Benutzung vor[10]) und „weiß-auf-weiß“[11]) auf, verneint aber im konkreten Fall des keywords pcb die kennzeichenmäßige Verwendung[12], im Fall – beta layout – die Verwechslungsgefahr[13]. Für Bananabay als mit der Wortmarke identischem Keyword hat der BGH die Frage dem EuGH vorgelegt, ob eine *Benutzung* iSv Art. 5 Abs. 1 S. 2 lit. a der RL 89/104/EWG vorliegt[14], „Bananabay II“[15], wenn das Keyword wortidentisch mit der Marke ist. Der EuGH hat in anderer Sache ent-

---

[1] BGH MMR 2012, 376 – Landgut Borsig.

[2] AaO., Rn. 55.

[3] Vgl. schon früher BGH MMR 2002, 382 mAnm *Hoeren* – Shell.de; BGH MMR 2007, 38 Rn. 25 – Solingen.info; zum Anspruch auf Einwilligung in die Löschung s. a. BGH MMR 2014, 532 – sr. de.

[4] BGH MMR 2005, 685 mAnm *Hoffmann*.

[5] BGH CR 2012, 330 – gewinn.de.

[6] S. a. *Hombrecher* MMR 2005, 647; *Ulmer* ITRB 2005, 112; zum Schutzbereich des Art. 14 GG für Domains s. BVerfG MMR 2005, 165 – ad-acta.de; zum Anspruch auf Domainübertragung aufgrund Pfändungsbeschlusses s. OLG Frankfurt v. 9.11.2017 – 1 U 137/16.

[7] S. a. OLG Brandenburg CR 2011, 268; s. aber EGMR MMR 2008, 29: geschützte Eigentumsposition iSd Art. 1 des 1. Zusatzprotokolls zur EMRK, auch pfändbar); s. nun BFH MMR 2017, 675 „anderes Vermögensrecht“ nach § 321 Abs. 1 AO.

[8] BGH raule.de: CR 2009, 679.

[9] CR 2009, 323 – pcb mAnm *Backu,* 326.

[10] BGH CR 2007, 103 – Impuls.

[11] BGH CR 2007, 589 – AIDOL.

[12] BGH CR 2009, 323 mAnm *Backu*.

[13] BGH CR 2009, 328.

[14] BGH CR 2009, 331 – Bananabay, dazu auch Anm. *Backu*.

[15] BGH CR 2011, 664 – Bananabay II.

schieden, dass Anbieter des Suchdienstes **keine** Benutzung des Zeichens durch Speicherung des Schlüsselwortes vornimmt.[1] Die Auswahl einer bekannten Marke als Schlüsselwort einer Adwords-Anzeige durch einen Mitbewerber des Markeninhabers kann eine Markenverletzung gemäß Art. 9 Abs. 1 Buchst. c GMV sein.[2]

Neue Top-Level Domains haben die Möglichkeiten der Registrierung erweitert,[3]. Andererseits verstärkt sich die Gefahr der Namensgleichheit.[4] Die Monopolstellung der ICANN wird durchaus kritisiert.[5] Reform und Umorganisation der Domain-Vergabe, angestoßen ua durch NSA-Skandal, sind insofern erfolgt, als die Aufsicht der amerikanischen Bundesregierung über ICANN am 30. September auslief[6].

6. Recht der Telemedien bzw. -dienste bzw. Internetrecht

Hoffmann, Entwicklung bis Ende 2018: NJW 2019, 481; *Mantz,* Entwicklung bis Mitte 2019, NJW 2019, 2441; *Spindler/Schuster (Hrsg.),* Recht der elektronischen Medien. 4. Auflage 2019; *Heckmann* (Hrsg.), juris Praxiskommentar Internetrecht, 6. Aufl. 2019; *Härting,* Internetrecht, 6. Aufl. 2017; *Conraths/Peintinger.* §§ 7 und 8 TMG Reloaded: Websperren, GRUR-Prax 2017, 206; BGH v. 26.11.2015 – I ZR 174/14 – Störerhaftung des Access-Providers, GRUR 2016, 268, dazu krit. *Heidrich/Heymann* MMR 2016, 370; EuGH v. 15.9.2016 – C-484/14 – McFadden; dazu *Bisle/Frommer* CR 2017, 55, zu Haftung gewerblicher WLAN-Betreiber für Urheberrechtsverletzungen Dritter; kritisch: *Spindler* Das neue Telemediengesetz – WLAN-Störerhaftung endgültig adé? NJW 2017, 2305.

Mit dem „Dritten Gesetz zur Änderung des Telemediengesetzes" wurden Anbieter von offenen W-LANs grds. von der Störerhaftung befreit.[7] Betreiber von WLAN-Netzen können nun nicht mehr für das Verhalten der Internetnutzer haftbar gemacht werden, jedoch steht dem Rechteinhaber evtl. Anspruch auf Netz**sperre** zu, § 7 Abs. 4 TMG nF.[8] Eventuell intervenieren aber die Regeln des NetzDG (Nr. 11; s. a. II.6 aE).[9]

a) Haftung. Mit dem IuKDG hatte es der deutsche Gesetzgeber unternommen, den Komplex der Informations- und Kommunikationsdienste, nicht aber das Telekommunikationsrecht, erstmals relativ umfassend zu regeln. Art. 1 enthielt das Teledienstegesetz (TDG), das inzwischen bereits novelliert wurde,

---

[1] EuGH MMR 2010, 315.

[2] BGH MMR 2013, 669 – Beate Uhse – im Anschluss an EuGH GRUR 2011, 1124 – Interflora.

[3] *Schulte-Braucks* GRUR-Int. 2013, 322; *Schmid* CR 2012, 99; *Haug* ITRB 2012, 20; *Rickert* MMR 2012, 444.

[4] Zu top level EU: LG Stuttgart K&R 2013, 751.

[5] S. *Weigele* MMR 2013, 16.

[6] Im März 2016 hatten die Gremien der ICANN auf dem 55. Treffen (in Marrakesch) beschlossen, dass zukünftig ICANN die Aufgaben ohne Kontrolle wahrnimmt. s. *Ermert,* Last Formal Tie To Historic US Internet Control Is Cut: https://www.ip-watch.org/2016/10/01/last-formal-tie-to-historic-us-internet-control-is-cut/, besucht. 1.8.2017.

[7] Zum Entwurf s. *Spindler* CR 2017, 262 und 333; *Conraths/Peintinger* GRUR-Prax 2017, 206. S. §§ 7, 8 TMG (Nr. 16); s. noch zur Haftung nach der bisherigen Regelung BGH MMR 2017, 473 – WLAN-Schlüssel.

[8] Zu „Netzsperre statt Störerhaftung": *Spindler* NJW 2017, 2305; *Sesing,* Der Sperranspruch nach § 7 IV TMG „GRUR 2019, 898 http://dip21.bundes-tag.de/dip21/btd/18/122/1812202.pdf (BT Drucksache 18/12202, BR steht noch aus.

[9] Verfassungswidrig: *Gersdorf* MMR 2017, 439; s. aber zB OLG Karlsruhe CR 2018, 668; LG Stuttgart v. 29.8.2019 – 11 O 291/18; s. a. *Lüdemann* MMR 2019, 279.

Art. 2 das TDDSG, das ebenfalls novelliert wurde. Für Mediendienste galt parallel der MDStV, den die Bundesländer umsetzten. 2007 wurde die Materie einheitlich im TMG (Nr. 21) zusammengefasst. Die Abgrenzung zu TK-Diensten ist nicht immer einfach,[1] aber für die Frage der speziellen Haftungsprivilegierung für Provider gem. TMG zentral. Über die geplante ePrivacy-VO wird der Kreis der Anbieter bzw. Adressaten Datenschutzrechtlich erheblich erweitert. Das wird zu weiteren Abgrenzungsfragen führen.[2]

Seit 1997 ist klargestellt, dass Tele- und Mediendienste keiner eigenen Zulassung bedürfen und nur ein Minimum an Regelungen, va hinsichtlich der Trennung von Werbung und Inhalt, für sie gelten. Der maßgebliche Inhalt des TDG war insofern eine **Privilegierung** der Anbieter (§ 5 TDG aF). Kompetenz-Probleme hätten dazu führen können, dass der Anwendungsbereich des TDG strittig geblieben wäre bzw. sich nicht auf Mediendienste erstrecken hätte können, die in den Bereich der Kompetenz der Länder fallen. Insofern war es für die Rechtssicherheit wichtig, dass der MDStV kongruente und zum Teil sogar wörtlich gleich lautende Regelungen enthielt, was ebenso für den Bereich des Datenschutzes gilt. Durch die Zusammenführung der Regelungen der Tele- und der Mediendienste im TMG sind die Abgrenzungs- bzw. Zuordnungsprobleme weitgehend entfallen. Geblieben, sogar verstärkt, ist das Problem der Überschneidung im Verhältnis zum Datenschutz bei Telekommunikation[3].

Es gilt Zulassungsfreiheit für Telemedien. Das Besondere am **Haftungskonzept** ist die grundsätzliche **Privilegierung** für fremde Inhalte oder Access (in Umsetzung der E-Commerce-Richtlinie §§ 8 ff. TDG nF, §§ 7 ff. TMG), die aber durch die Störerhaftungs-Rspr. ausgehöhlt wird.[4]

Mit hoher Wahrscheinlichkeit ist davon auszugehen, dass **Links** nicht unter diese Haftungsprivilegierung fallen, also weder direkt noch analog die entsprechenden Vorschriften der Zugangsvermittlung oder anderer Regelungen angewandt werden können. Eine direkte Anwendung auf Links scheitert am Wortlaut, eine analoge Anwendung an folgender Konstellation: In der E-Commerce-Richtlinie (2000/31/EG, Art. 21 Abs. 2) waren Links ausdrücklich nicht erfasst. Der deutsche Gesetzgeber hätte, wie etwa der österreichische, Links in die Regelungen einbeziehen können. Dies hat er ganz bewusst nicht getan. Von einer (planwidrigen) Lücke kann deshalb nicht die Rede sein[5].

---

[1] S. zB überraschend Gmail als TK-Dienst VG Köln v. 11.11.2015 – 21 K 450/15; s. *Schuster* CR 2016, 173, wonach OTT-Dienste keine TK-Dienste sein können (Erwiderung auf *Kübling/Schall* CR 2015, 641 und VG Köln zu „Google Mail"). Zu OTT wird die ePrivacyVO wichtig, neuer Plan bis Ende 2020; derzeit zur RL: EuGH BNetzA/Google: Webdienste wie Googles Gmail sind keine elektronischen Telekommunikationsdienste (Urt. v. 13.06.2019, – C-193/18), sodass Gmail keine Meldepflicht gem. § 6 TKG treffen,

[2] S. zB EGMR v. 2.2.2016 – 22947/13 (Magyar Tartalomszolgáltatók Egyesülete u. Index.hu Zrt/Ungarn): Haftung eines Internetproviders für beleidigenden Kommentar eines Nutzers, NJW 2017, 2091; BGH MMR 2017, 754: EuGH-Vorlage: Stellt YouTube-Kanal mit kurzen Werbevideos für Autos einen audiovisuellen Mediendienst dar?

[3] S. *Spindler* CR 2007, 239, 242; s. umfassend zum „Internetrecht" *Dirk Heckmann* (Hrsg.), Praxiskommentar Internetrecht, 3. Aufl. 2011; *Härting,* Internetrecht, 5. Aufl. 2014; zum Telekommunikationsrecht *Ladeur* K&R 2012, 317; *Nacimiento,* Telekommunikationsrecht: Rechtsprechungsbericht 2013, K&R 2014, 246.

[4] Zu 9 Fragen des LG München I an den EuGH s. *Mantz /Sassenberg* MMR 2015, 85. S. zu den Pflichten der Access-Provider bis hin zu Sperren BGH MMR 2016, 188 – 3dl.am und – MMR 2016, 180 – goldesel.

[5] S. a. *Heckmann,* Internetrecht, 1.7, Rn. 71 ff. mwN.

Die Beurteilung einer **Störerhaftung** erfolgt weitgehend nach Richterrecht.[1] Der Inhaber eines Netzanschlusses haftet nicht für Filesharing von volljährigen **Familienangehörigen.**[2] Schon 2012 hatte der BGH entschieden[3], dass der Inhaber eines Internetanschlusses grundsätzlich nicht für Rechtsverletzungen durch minderjährige Familienangehörige haftet. Erst wenn konkrete Anhaltspunkte für einen solchen Missbrauch bestehen, müssen Maßnahmen ergriffen werden, um diesen zu verhindern.[4] Zu *Filesharing*-Fällen entschied der BGH diverse bisher offene Fragen[5] – Tauschbörse I–III: Zum Beweis der Tathandlungen unter einer bestimmten IP-Adresse ist ein Screenshot ausreichend;[6] zur Beaufsichtigung minderjähriger Kinder;[7] zur Entlastung reicht es nicht, lediglich pauschal die theoretische Möglichkeit des Zugriffs von in seinem Haushalt lebenden Dritten auf seinen Internetanschluss zu behaupten. [8] „Handelt es sich bei den Personen, die den Anschluss mitgenutzt haben, um den Ehegatten oder Familienangehörige, so wirkt zugunsten des Anschlussinhabers der grundrechtliche Schutz von Ehe und Familie (Art. 7 EU-Grundrechtecharta, Art. 6 Abs. 1 GG)“.[9] Keine Haftung des Anschlussinhabers besteht bei nicht autorisierter Nutzung des Telefonanschlusses für ein „Pay by Call-Verfahren“.[10]

Der Online-Marktplatzbetreiber hatte ab konkreter Kenntnis entsprechende künftige Rechtsverletzungen zu verhindern.[11] **Tell-a-friend-E-Mails** werden als unverlangte Werbung dem Websitebetreiber zugerechnet, der den Usern diese Funktion bietet.[12] „Der Teilnehmer einer Internettauschbörse, der Dateifragmente in der Tauschbörse zum Herunterladen anbietet, die einem urheberrechtlich geschützten Werk zuzuordnen sind, das im zeitlichen Zusammenhang mit der beanstandeten Handlung in der Tauschbörse zum Herunterladen bereit gehalten wird, haftet regelmäßig als Mittäter einer ge-

---

1) Zur Entwicklung der Providerhaftung s. *Volkmann* K&R 2011, 361, und 2012, 381; *Ensthaler/Heinemann* GRUR 2012, 433. Zur Verantwortlichkeit des Betreibers eines Online-Marktplatzes für Markenrechtsverletzungen, EuGH K&R 2011, 567 – „L'Oréal“, und zu dieser Rechtsfortbildung durch den EuGH s. *Spindler* MMR 2011, 703.

2) BGH MMR 2014, 547 – Bearshare –; Fortführung durch BGH MMR 2016, 131 – Tauschbörse III. Nun: zu sekundärer Beweislast bei Filesharing über einen Familienanschluss: BGH MMR 2018, 172 – Loud: Zwar ist der Anschlussinhaber zur Angabe des Namens des Familienmitglieds, wenn bekannt, verpflichtet, aber nicht dazu, etwa die Internetnutzung des Ehegatten zu dokumentieren und dessen Computer auf die Existenz von Filesharing-Software zu untersuchen. S. aber Vorlage LG München I GRUR Int. 2017, 452.

3) BGH GRUR 2013, 511 – Morpheus –, Fortführung.

4) BGH GRUR 2013, 511, und MMR 2014, 547 – Bearshare.

5) S. etwa *Zimmermann* MMR 2014, 368.

6) BGH MMR 2016, 121 – Tauschbörse I.

7) BGH MMR 2016, 128 – Tauschbörse II –, Fortführung von BGH GRUR 2013, 511 – Morpheus.

8) BGH MMR 2016, 131 – Tauschbörse III; Vorlage LG München I GRUR Int. 2017, 452, zur Reichweite der dem Inhaber eines Internetanschlusses im Falle einer über seinen Anschluss begangenen Urheberrechtsverletzung obliegenden sekundären Darlegungslast zur Nutzung des Anschlusses durch andere Personen.

9) BGH MMR 2017, 478 LS 1 Satz 2 – Afterlife.

10) BGH MMR 2017, 470. Damit waren auch auf den Abschluss eines Zahlungsdienstevertrags gerichtete konkludente Willenserklärungen des Sohns nicht zuzurechnen, auch nicht nach § 45i Abs. 4 Satz 1 TKG (findet auf Zahlungsdienste und die sich hieraus ergebenden Ansprüche des Dienstleisters keine Anwendung).

11) BGH K&R 2011, 727 – „Stiftparfüm“; s. a. BGH MMR 2015, 674 – Kinderhochstühle im Internet III.

12) BGH CR 2013, 797 mAnm *Schirmbacher.*

meinschaftlich mit den anderen Nutzern der Internettauschbörse begangenen Verletzung des Rechts zur öffentlichen Zugänglichmachung des Werkes."[1]

Praktisch wurde das Haftungsprivileg des TMG über die **Störerhaftung** iVm Prüfpflichten durch die Rspr. des BGH ausgehebelt. Die Privilegierung durch die E-Commerce-RL bzw. § 10 TMG (s. Nr. 21) sollte insoweit nicht greifen[2]; zumindest ab Kenntniserlangung haftete der Betreiber eines Internetforums.[3] Es besteht eine **Sperrpflicht** des Anbieters auf Grund Hinweises des Rechtsinhabers[4], wobei sogar proaktive Prüfpflichten bestehen. Auch eine mittelbare Störerhaftung ist denkbar: So haftet der Inhaber eines eBay-Accounts für Schutzrechtsverletzungen, die Dritte über das Account begehen, wenn er nicht für ausreichende Sicherung der Zugangsdaten sorgt[5]; ein Betreiber/Inhaber eines offenen **WLAN,** der nicht die marktüblichen Sicherungen anwendet, haftete als Störer.[6] Eine Prüfpflicht besteht grundsätzlich aber nur, wenn er „durch einen konkreten Hinweis Kenntnis von einer offensichtlichen und auf den ersten Blick klar erkennbaren Rechtsverletzung erlangt".[7]

Problematisch ist die Prüfung der Inhalte für den Betreiber, weil ihm dies als Zu-eigen-machen zugerechnet wird,[8] Das Einstellen von Kundenbewertungen auf der Website stellt zudem Werbung dar.[9]

Konkret erkennbar wird das Zu-Eigen-Machen darin, dass der Betreiber entscheidet, welche Äußerungen er abändert oder entfernt und welche er beibehält;[10] er übernimmt die inhaltliche Verantwortung jedenfalls dann, wenn er dem von der Kritik Betroffenen seinen Umgang mit der Bewertung kundgetan hat.[11] Entsprechendes sah der BGH etwa bei der Haftung für fremde Fotos.[12] Bewertung durch Nutzer ist keine Äußerung des Internetportals (Hotelbewertung)[13]: Dessen Betreiber treffen Prüfungspflichten erst nach Hinweisen auf klare Rechtsverletzungen. Auch mit Links kann man sich die fremden Inhalte *zu Eigen machen.*[14] Ein Nutzer, der fremde Inhalte in einem sozialen Netzwerk teilt, macht sich solche Inhalte (erst) dann zu Eigen, wenn er die Weiterverbreitung mit einer positiven Bewertung verbindet.[15] Ein Bewertungsportal, das eine Bewertung nach Hinweis auf eine Rechtsverletzung nur inhaltlich „korrigiert" und ansonsten online belässt, haftete für den

---

[1] BGH MMR 2018, 303 – Konferenz der Tiere.

[2] BGH CR 2004, 613 – Schöner Wetten.

[3] BGH MMR 2007, 518.

[4] BGH CR 2004, 763 – Internetversteigerung I mAnm *Volkmann* iVm klarem Hinweis auf Handeln des Verletzers im geschäftlichen Verkehr BGH CR 2007, 523 – Internetversteigerung II. S. nun auch NetzDG und dazu *Löber/Roßnagel*, Das Netzwerkdurchsetzungsgesetz in der Umsetzung, MMR 2019, 7.1.

[5] BGH CR 2009, 450 – Halsband (Cartier).

[6] BGH CR 2010, 458 – Sommer unseres Lebens.

[7] BGH CR 2019, 166.

[8] Zu den Voraussetzungen: BGH MMR 2015, 726 – Hotelbewertungsportal. Gesamtbetrachtung: BGH MMR 2017, 526 – Bewertungsportal www.klinikbewertungen.de.

[9] OLG Köln MMR 2017, 842.

[10] OLG Dresden CR 2018, 467 Zu-Eigen-Machen von Bewertungen durch Online-Portal Jameda.de, dazu auch sogleich BGH.

[11] BGH MMR 2017, 526 – Bewertungsportal www.klinikbewertungen.de.

[12] BGH GRUR 2010, 616 – marions.kochbuch.de.

[13] BGH MMR 2015, 726 – Hotelbewertungsportal.

[14] Zu den Voraussetzungen: BGH MMR 2016, 171 – Haftung für Hyperlink. s. a. BGH MMR 2016, 190 – Die Realität I, nun aber EuGH CR 2017, 43 – GS-Media, dazu *Volkmann* CR 2017, 38: Haftung für Hyperlinks bei urheberrechtlich geschützten Werken.

[15] OLG Dresden MMR 2017, 542.

Inhalt der Bewertung selbst als „Störer".[1] In Abwägung von Persönlichkeitsrecht und Meinungsfreiheit befand OLG Köln[2], dass das Recht des Portalbetreibers (Bekl.) auf Kommunikation schwerer wiege als das Recht der Ärztin (Kl.) auf informationelle Selbstbestimmung. Dies gelte jedoch nur insoweit, als die veröffentlichten Daten lediglich die berufliche Tätigkeit beträfen und nicht in die Privat- und Intimsphäre des Betroffenen eingriffen. Der BGH sah die Verarbeitung dagegen im konkreten Fall als unzulässig an und beurteilte die Abwägung anders, „wenn der Betreiber des Ärztebewertungsportals seine Stellung als „neutraler" Informationsmittler dadurch verlässt, dass er durch die Art der Werbung, die er Ärzten auf seinem Portal anbietet, die ohne ihren Willen und nur mit ihren Basisdaten aufgenommenen Ärzte gezielt dazu bewegen möchte, sich der Gruppe der zahlenden Ärzte anzuschließen, um nicht durch eine weniger vorteilhafte Darstellung und Werbeeinblendungen benachteiligt zu werden".[3]

Snippets können bei in sich geschlossener und verständlicher Aussage die Haftung des Suchmaschinenbetreibers auslösen.[4]

Die Verbreitung **öffentliche W-LAN** soll gefördert werden. Dazu dient die geplante Änderung des TMG gem. Referentenentwurf v. 11.3.2015.[5] Der Entwurf eines Zweiten Gesetzes zur Änderung des TMG wurde von der Reg. eingebracht[6], um den Zugang zum Internet über Funknetze (WLAN) in Zukunft einfacher zu ermöglichen und die Voraussetzungen schaffen, dass mobiles Internet über WLAN für jeden verfügbar ist.

Der Bundesrat verlangte in seiner Stellungnahme[7] ua klarstellende Formulierungen zum Haftungsausschluss von WLAN-Betreibern wegen **illegaler Downloads**[8] durch Nutzer der Zugänge.

Der EuGH stellt etwas abgesenkte Anforderungen an die **Prüfungspflichten** bzw. **Filterpflichten** (und das System der Filterung) und erhöhte Anforderungen an die Haftung.[9]

Der BGH hatte die Frage vorgelegt, ob „die Einfügung eines auf einer fremden Internetseite mit Erlaubnis des Urheberrechtsinhabers für alle Internetnutzer frei zugänglichen Werkes in eine eigene öffentlich zugängliche Internetseite ein öffentliches Zugänglichmachen im Sinne des Art. 3 I der RL 2001/29/EG" darstellt, „wenn das Werk zunächst auf einen Server kopiert und von dort auf die eigene Internetseite hochgeladen wird".[10] Nach Auffassung des EuGH[11] ist „der Begriff „öffentliche Wiedergabe" iSv Art. 3 I

---

1) BGH MMR 2017, 526.

2) MMR 2018, 178 – Ärztebewertung.

3) BGH MMR 2018, 456 – jameda (LS 2).

4) LG Hamburg CR 2015, 329 (gegen OLG Hamburg CR 2011, 667) mVerw auf EuGH MMR 2014, 455 – Google Spain.

5) S. Nachweise bei *Mantz/Sassenberg* CR 2015, 298.

6) BT-Drs. 18/6745.

7) MMR-Aktuell 2015, 373853.

8) Dazu EuGH MMR 2016, 760 (Sony/Mc Fadden) Geschädigte können die Zahlung von Abmahn- und Gerichtskosten für die Durchsetzung von Unterlassungsansprüchen verlangen. Inzwischen ist die sog. Störerhaftung von WLAN-Betreibern in Deutschland abgeschafft. Der BGH hatte die neue Rechtslage auch schon (Urteil vom 26.7.2018 – I ZR 64/17 MMR 2018, 811) – Dead Island bestätigt.

9) EuGH MMR 2012, 174 – Scarlet extended (dazu *Spindler* JZ 2012, 311); s. a. EuGH MMR 2011, 703 – L'Oreal/eBay –, und va EuGH MMR 2012, 334 – netlog (s. a. *Spindler* GRUR 2011, 101, 108). Zur UrhR-RL und Upload-Filter s. *Weidert/Uhlenhut/von Lintig* GRUR-Prax 2019, 295.

10) BGH MMR 2017, 610 – Cordoba.

11) EuGH MMR 2018, 658; so a. BGH MMR 2019, 522 – Cordoba II.

RL 2001/29 dahin auszulegen" ..., „dass er die Einstellung einer Fotografie auf eine Website erfasst, wenn die Fotografie zuvor ohne beschränkende Maßnahme, die ihr Herunterladen verhindert, und mit Zustimmung des Urheberrechtsinhabers auf einer anderen Website veröffentlicht worden ist".

Eine eigene, restriktive Linie vertrat das OLG Hamburg bezüglich des Uploads als *öffentlich zugänglich Machen* und dessen Verhinderung[1]. Diese Auffassung wurde revidiert, *„damit Raum für die Nutzung der ‚Cloud' für Vervielfältigungen zum privaten Gebrauch verbleibt"*[2]. Die Rspr. des OLG Düsseldorf zu „sharehostern" und deren evtl. Störerhaftung durch Verletzung von Prüfpflichten erscheint liberaler[3]. Der Betreiber eines Informationsportals mit erkennbar fremden Nachrichten anderer Medien (hier: RSS-Feeds) muss diese fremden Beiträge nicht vor Veröffentlichung prüfen[4]. Das OLG Düsseldorf unterscheidet scharf zwischen dem einfachen Link mit Verweisfunktion und *„embedded content"*, bei dem das geschützte Werk öffentlich zum Abruf bereitgehalten wird[5].

Es besteht sogar eine Störerhaftung des Verpächters einer Domain für Persönlichkeitsverletzungen des Pächters auf der Website.[6] Bei Partnerprogrammen sind die Handlungen des Partners dem Merchant im Rahmen des Werbekonzepts zuzurechnen[7].

Restriktiv wird die Rspr, wenn die Störerhaftung gegenüber der Meinungsäußerungsfreiheit abzuwägen ist,[8] wobei ein Link auf rechtswidrige Software im Online-Handel von der Presse- und Meinungsfreiheit umfasst ist[9].

Durch das IT-Sicherheitsgesetz v. 25.7.2015 wurde das BSIG geändert bzw. ergänzt, um den Schutz **kritischer Infrastrukturen** zu gewährleisten[10] und § 13 Abs. 7 TMG geschaffen, wonach die geschäftsmäßigen Anbieter vom TM-Diensten **Sicherheitsmaßnahmen** zu treffen haben.[11] Ausdrücklich gehört zu den zu treffenden technisch/organisatorischen Maßnahmen die Anwendung eines als sicher anerkannten **Verschlüsselungsverfahrens.**[12] Wenig später trat die NIS-RL in Kraft.[13] Deshalb wurden Rechtsvorschriften des BSIG, die durch das IT-Sicherheitsgesetz (IT-SiG) im Juli 2015 novelliert oder neu geschaffen wurden, entsprechend angepasst.[14] Die sog. KRITIS-VO,

---

1) MMR 2008, 823.

2) S. zu *Rapidshare* bzw. *filehosting* OLG Hamburg MMR 2012, 393 mAnm *Schröder* MMR 2012, 402; s. a. LG Hamburg CR 2012, 391 zu *Youtube* und dessen Verpflichtung zukünftige Uploads durch geeignete Software, Content-ID-Programm, zu verhindern.

3) MMR 2011, 250.

4) BGH CR 2012, 464.

5) OLG Düsseldorf CR 2012, 122 zur Voraussetzung der Kenntniserlangung für die Verpflichtung des Blogbetreibers zur Löschung rechtsverletzenden Contents, den die Autoren einstellen.

6) BGH CR 2009, 730.

7) BGH CR 2009, 794 – Partnerprogramm.

8) BGH CR 2011, 467 – AnyDVD.

9) BVerfG MMR 2012, 246.

10) Zur zivilrechtlichen Haftung und IT-Sicherheit s. *Spindler* CR 2016, 297; *Voigt*, IT-Sicherheitsrecht, 2018, Rn. 197 ff. Zu weiteren Systematisierung des IT-Sicherheitsrechts *Raabe/Schallbruch/Steinbrück* CR 2018, 706. Zur Aktualisierung als „IT-SicherheitsG 2.0" s. *Kipker/Scholz* MMR 2019, 431.

11) Zu den Anforderungen *Gerlach* CR 2015, 581.

12) Zu Verschlüsselung *Bergt* CR 2014, 726.

13) RL 2016/1148 über Maßnahmen zur Gewährleistung einer hohen gemeinsamen Netz- und Informationssicherheit in der Union (kurz: NIS-RL); dazu *Witt/Freudenberg* CR 2016, 657; zu den Anforderungen an digitale Dienste: *Schallbruch* CR 2016, 663; *Gehrmann/Voigt* CR 2017, 93; zu den in der Folge zu schaffenden „Computer-Notfallteams" s. *Einzinger/Skopik* DUD 2017, 572.

14) *Kipker* MMR-Aktuell 2017, 389121.

die als Ausfluss der neuen Regelungen des BSIG erlassen worden war, war in Umsetzung der NIS-RL und damit Änderungen des BSIG ebenfalls zu ändern. Die KRITIS-VO bestimmt transparente Kriterien, anhand derer Betreiber Kritischer Infrastrukturen aus den Sektoren „Finanz- und Versicherungswesen", „Gesundheit" und „Transport und Verkehr" prüfen können, ob sie unter die Regelungen des IT-Sicherheitsgesetzes fallen. Der erste Teil der BSI-KRITIS-Verordnung regelt seit 3.5.2016 Sicherheitsmaßgaben für die Sektoren „Energie", „Informationstechnik und Telekommunikation", „Wasser" und „Ernährung".

Tendenziell wachsen IT-System, TM- und TK-Dienste zusammen, auch im Unternehmen, etwa bei Industrie 4.0,[1] zu ergänzen um neue Arbeitsformen, ua Home Office und va mobiles Arbeiten.[2] Die Abgrenzung von TM- gegenüber TK-Diensten ist oft schwierig,[3] wie die Zuordnung mancher Dienste in das TK-Recht zeigt[4]. Entgeltliche Software „Voice over Internet Protocol (VoIP)" ist elektronischer Kommunikationsdienst,[5] sog. OTT-Dienste, hier Gmail von Google sind kein Telekommunikationsdienst.[6] Einheitliche Regelungen wären deshalb wünschenswert. Ein Impuls zu Einheitlichkeit, hier über die Datenschutzregelung, geht von der DS-GVO aus, die auch TMG und TKG betrifft (zB Art. 85). Wesentlich stärker wird voraussichtlich der Vereinheitlichungs-Effekt sein, der von der ePrivacy-VO ausgehen wird, wenn sie tatsächlich den weiten Anwendungsbereich erhält, wie derzeit im Entwurf vorgesehen, etwa mit Einbeziehung sog. OTT-Dienste.[7]

b) Online-Handel, Fernabsatz. *Bittner/Clausnitzer/Föhlisch,* Das neue Verbrauchervertragsrecht, 2014; *Riedel,* Onlinevertriebsrecht, 2014; *Hoeren/Föhlisch* CR 2014, 242; *Wagner/Eidenmüller*, In der Falle der Algorithmen? Abschöpfen von Konsumentenrente, Ausnutzen von Verhaltensanomalien und Manipulation von Präferenzen: Die Regulierung der dunklen Seite personalisierter Transaktionen, ZfPW 2019, 220.

Online-Händler müssen Käufer über **personalisierte** Preise informieren. Das EU-Parlament hat am 17.4.2019 ein Gesetzespaket beschlossen, wonach Online-Händler und Vergleichsportale ihre Bewertungsverfahren verständlicher machen müssen.[8] Generell gelten für E-Business auch gegenüber Nicht-Verbrauchern einige Maßgaben: Die *E-Commerce-Vorschriften* gelten nicht nur für Fernabsatz, sondern generell bei Einsatz von Tele- oder Mediendiensten, wofür andererseits reine Telekommunikation nicht ausreichend wäre. Für diese

---

[1] *Mitterer/Wiedemann/Zwissler* BB 2017, 3. Zu „Arbeitswelt 4.0" *Krause*: Herausforderung Digitalisierung der Arbeitswelt und Arbeiten 4.0, NZA-Beil. 2/2017, 53; *Häuser/Schmid* CR 2018, 266 Virtuelle Belegschaft, Robot Process Automation (RPA) .

[2] *Scjiefer/Worzella* DB 2019, 1904.

[3] *Bortnikov* MMR 2014, 435. S. etwa Googles Gmail als TK-Dienst: VG Köln MMR 2016, 141.

[4] S. zu WhatsApp, Skype uÄ *Kühling/Schall* CR 2015, 641; zu Cloud Storage und Cloud Collaboration s. *Kremer/Völkel* CR 2015, 505.

[5] EuGH MMR 2019, 517 – Skype.

[6] EuGH MMR 2019, 514 – Google: „... ein internetbasierter E-Mail-Dienst, der wie der von der Google LLC erbrachte Dienst Gmail keinen Internetzugang vermittelt, nicht ganz oder überwiegend in der Übertragung von Signalen über elektronische Kommunikationsnetze besteht und daher keinen „elektronischen Kommunikationsdienst" im Sinne dieser Bestimmung darstellt"; s. a. *Kiparski* CR 2019, 460.

[7] ZD-Aktuell 2017, 05707; zu OTT-Diensten s. *Gersdorf* K & R 2016, 91; zu P2P-Diensten s. *Maier/Schaller* ZD 2017, 373.

[8] https://www.heise.de/newsticker/meldung/EU-Online-Haendler-muessen-Kaeufer-ueber-personalisierte-Preise-informieren-4401687.html (Beitrag v. *Krempl*, besucht 8.9.2019).

Pflichten im elektronischen Geschäftsverkehr galt – über den Fernabsatz hinaus – § 312g BGB aF. Dem Kunden sind demnach **angemessene, wirksame und zugängliche technische Mittel** zur Verfügung zu stellen, mit deren Hilfe der Kunde *Eingabefehler vor Abgabe seiner Bestellung erkennen und berichtigen kann* (§ 312i Abs. 1 Nr. 1 BGB). Die elektronische Bestellung ist dem Kunden gegenüber un-verzüglich elektronisch zu bestätigen (§ 312i Abs. 1 Nr. 3 BGB). Falsche bzw. ungenaue Antworten, die über die bloße Bestätigung des Eingangs der Bestellung hinausgehen, können als Annahme der Bestellung zu verstehen sein[1].

Es gelten mit Umsetzung der EU-Verbraucherrechtsrichtlinie (RL 2011/83/EU) geänderte **Verbraucherschutzvorschriften ab 13.6.2014[2].** Die Richtlinie bewirkt eine Vollharmonisierung mit Vereinheitlichung bei Versandhandel und Direktvertrieb. Es werden nur die wesentlichen Regelungspunkte herausgegriffen. Diese betreffen va Änderungen der Informationspflichten, der Gestaltung des Widerrufrechts und der Modalitäten für die Durchführung, etwa bei der Zahlung und Lieferung. Einige Regelungen gelten nur für Fernabsatz und Direktvertrieb. Als eine Art **Vorgriff** auf die Umsetzung war schon die sog. Buttonlösung geschaffen worden: Diese **Buttonlösung** *(„zahlungspflichtig bestellen“)* gegen **Kostenfallen im Internet** führt bei Nichtbeachtung der Vorgaben zu unwirksamen Verträgen, § 312j Abs. 4 BGB.[3]. „Die Beschriftung einer Schaltfläche zum Absenden einer Bestellung im elektronischen Geschäftsverkehr mit den Worten ‚Bestellung abschicken‘ genügt nicht den Anforderungen des § 312j Abs. 3 BGB.“[4] Im Rahmen der Neuregelung des Verbraucherrechts zur Umsetzung der **Verbraucherrechterichtlinie** (EU-Richtlinie über die Rechte der Verbraucher (2011/83/EU v. 25.11.2011) erfolgte (kaum verändert) eine neue Fassung in § 312j Abs. 2 BGB.[5] Die danach erforderliche Auflistung wesentlicher Merkmale ist als Verlinkung nicht rechtssicher.[6] Für die Frage, welche Informationspflichten zu erfüllen sind, spielt ua die Situation bzw. die Auslegung des Begriffs „Aufforderung zum Kauf“ im Onlineshop eine Rolle.[7]

Im Kontext IT-Recht ist besonders interessant, dass es nun Spezialregelungen für digitale Inhalte gibt, also auch für Software, s. sogleich.

Zum Widerrufsrecht nach bisherigem Recht galt, dass die bloße Abrufbarkeit einer Widerrufsbelehrung auf einer gewöhnlichen Webseite des Unternehmers für die formgerechte Mitteilung der Widerrufsbelehrung an den Verbraucher nach § 355 Abs. 2 Satz 1 und Abs. 3 Satz 1, § 126b BGB nicht

---

[1] S. OLG Frankfurt CR 2003, 450; LG Köln CR 2003, 613 zu „auto-reply“.

[2] *Buchmann* K&R 2014, 221, 293, 369, 453.

[3] Ab 1.8.2012: *Leier* CR 2012, 378; *Alexander* NJW 2012, 1985; *Hullen,* jurisPR-ITR 9/2012 Anm. 2; Art. 8 EU-Richtlinie über die Rechte der Verbraucher (2011/83/EU v. 25.11.2011; s. a. *Lehmann,* E-Commerce in der EU und die neue Richtlinie über die Rechte der Verbraucher, CR 2012, 261); zur Nutzerunterstützung s. *Boos/Bartsch/Volkamer* CR 2014, 119; zur Evaluation in einer empirischen Untersuchung *Spindler/Thorun/Blom* MMR 2015, 3.

[4] OLG Hamm CR 2014, 326 zu § 312g aF, nun § 312 j BGB.

[5] Gesetz zur Umsetzung der Verbraucherrechterichtlinie, s. *Hoeren/Föhlisch* CR 2014, 242, 244. Zu Dash-Button-Problem OLG München MMR 2019, 532.

[6] *Föhlisch* MMR 2017, 447 zu „Kollateralschäden“ und Lösungsmöglichkeiten.

[7] Dazu EuGH NJW 2017, 1873 – eine Werbeanzeige mit dem Inhalt, zu beworbenen Produkten sich auf eine Plattform zu begeben und dort den in der Anzeige genannten Produktcode einzugeben, stellt eine Aufforderung zum Kauf iSv Art. 2 Buchst. i RL 2005/29 darstellt, da die darin enthaltenen Informationen über die in der Anzeige beworbenen Produkte und deren Preis ausreichen, damit der Verbraucher eine geschäftliche Entscheidung treffen kann.

ausreicht. Nun hat sich das Thema weiter verkompliziert. Die **Musterwiderrufsbelehrung**[1] gemäß Anlage 1 zu Art. 246a § 1 Abs. 2 Satz 2 EGBGB sieht je nach Vertragsgegenstand 5 verschiedene Varianten vor, was den Fristbeginn betrifft.[2] Die Widerrufsfrist selbst beträgt nunmehr europaweit einheitlich 14 Tage. Mithilfe verschiedener Textbausteine und einiger Wahlmöglichkeiten kann der Unternehmer die Muster-Widerrufsbelehrung darüber hinaus an seine Zwecke anpassen bzw. unterschiedliche Versionen bereitstellen. Der Verbraucher kann die Muster-Widerrufsbelehrung für seinen Widerruf nutzen, muss es aber nicht. Neu ist auch, dass der Unternehmer dem Verbraucher neben dem Widerrufsrecht kein Rückgaberecht mehr alternativ einräumen muss.

Die Umsetzung der RL brachte eine große Zahl weiterer **Neuerungen.**[3] **Zusammenfassend** gelten **seit 13.6.2014** Maßgaben[4] im Bereich der Verbraucherrechte durch die Umsetzung der Verbraucherrechterichtlinie, die zahlreiche (neue) Probleme erzeugen bzw. erst noch richterlicher Ausformung bedürfen:[5] Zur Frage des Widerrufs einer auf den Abschluss eines an einem Messestand geschlossenen Kaufvertrags gerichteten Willenserklärung.[6]

- Gewerbliche Tätigkeit: EuGH zu Verkäufer auf Online-Verkaufsplattform als Gewerbetreibender.[7]
- **Telefonnummer** zum *„Grundtarif"*: der Verbraucher soll nicht von Nachfragen abgeschreckt werden, § 312a Abs. 5 BGB.
- Die **Buttonlösung** war bereits umgesetzt, s. o., wurde nur leicht geändert in § 312j BGB, mit dem Problem, wie insoweit bei der Information die „wesentlichen Merkmale" (Abs. 2) iVm Art. 246a § 1 Abs. 1 Satz 1 Nr. 1 EGBGB nF zu erfüllen bzw. auszulegen sind. Es droht Unsicherheit angesichts evtl. umfangreich erforderlicher Angaben.
- **Liefertermin** ist zu nennen, uU sehr schwierig zu berechnen bzw. anzugeben.[8]
- Spezielle **Informationspflichten** für **digitale Inhalte**[9]**:** Daten, die in digitaler Form hergestellt und bereitgestellt werden, wie etwa Computerprogramme, Apps, Spiele, Musik, Videos oder Texte. *„Der Unternehmer muss gem. Art. 246a § 1 Abs. 1 S. 1 Nr. 14 EGBGB über die Funktionsweise, einschließlich der anwendbaren technischen Schutzmaßnahmen für solche Inhalte informieren. Dem Verbraucher ist vor allem zu erklären, wie die erworbenen Inhalte verwendet werden können."*[10] Es ist konkret zu den Schutzmaßnahmen aufzuklä-

---

[1] S. zu Problemen und Fallstricken *Vander* MMR 2015, 75.

[2] *Hoeren/Föhlisch* CR 2014, 242, 246; zu Problemen mit dem Muster in der Praxis *Hossenfelder/Schilde* CR 2014, 456; kein Verlust der Rechtmäßigkeitsfiktion: OLG Frankfurt CR 2015, 319; s. aber zur auch äußerlich vollständigen Entsprechung OLG Celle CR 2015, 600.

[3] *Hoeren/Föhlisch* CR 2014.

[4] Zum Überblick über den „Handlungsbedarf" s. *Schirmbacher/Schmidt* CR 2014, 107.

[5] *Hoeren/Föhlisch* CR 2014, 242; *Bierekoven* MMR 2013, 283; *Bierekoven/Krone* MMR 2013, 687; *Clausnitzer/Delfs* ZVertriebsR 2014, 343 und 2015, 3. Sehr häufig wird auf die Begründung zurückzugreifen sein: BReg., BT-Drucks. 17/12 637.

[6] BGH NJW-RR 2019, 1069.

[7] EuGH MMR 2019, 101: nur dann, wenn die Person im Rahmen ihrer gewerblichen, handwerklichen oder beruflichen Tätigkeit handelt; dies anhand aller relevanten Umstände des Einzelfalls zu prüfen, ist Sache des vorlegenden Gerichts.

[8] *Föhlisch/Dyakova* MMR 2013, 3, 8.

[9] *Schirmbacher/Creutz* ITRB 2014, 44.

[10] *Schirmbacher/Schmidt* CR 2014, 107, 109.

ren. Eine Besonderheit bei den Abschriften und Bestätigungen (§ 312f BGB nF) ist, dass nach § 312f Abs. 3 BGB der Verbraucher bei digitalen Inhalten seine Kenntnis davon zu bestätigen hat, dass er durch seine Zustimmung, dass der Unternehmer mit der Ausführung des Vertrags beginnt, sein Widerrufsrecht verliert (also wenn etwa der Verbraucher in Kenntnis des Erlöschens des Widerrufsrechts auf Download oder Stream bestanden hat). Dies ist in der Vertragsbestätigung festzuhalten.

- **Kundenspezifikation,** § 312g Abs. 2 Nr. 1 BGB: „für deren Herstellung eine individuelle Auswahl oder Bestimmung durch den Verbraucher maßgeblich ist" – Frage, ob darauf noch die bisherige Rspr. zu „Built-to-Order" anwendbar ist[1].
- **Siegel und Hygiene** – § 312g Abs. 2 Nr. 3 BGB: es besteht kein Widerrufsrecht, wenn *„versiegelte Waren geliefert werden, die aus Gründen des Gesundheitsschutzes oder aus Hygienegründen nicht zur Rückgabe geeignet sind und deren Versiegelung nach der Lieferung entfernt wurde"*. Es geht um die Frage, ob die Verkehrsfähigkeit des Produkts erhalten bleibt.[2] Der BGH hatte den Fall dem EuGH vorgelegt, dass der Käufer die Schutzfolie der Matratze entfernt hatte. Dieser entschied, dass auch dann das Widerrufsrecht des Verbrauchers auch beim Online-Matratzenkauf besteht.[3]
- **Muster-Widerrufsbelehrung,** Fristbeginn: sehr schwer zu handhaben. Es werden mehrere Varianten zur Belehrung über den Fristbeginn „angeboten", es wird davon eine auszuwählen sein.[4]
- **Rücksendekosten** bei nicht paketversandfähiger Ware: der Anbieter soll die Rücksendekosten konkret beziffern bzw. zumindest schätzweise angeben.[5]
- **Versandkosten** – für standardmäßige Hinsendekosten kommt grds. der Unternehmer auf, für Rücksendekosten neuerdings der Besteller.
- **„Voreingestellte Extras"** sind unwirksam bzw. werden nicht Vertragsbestandteil. Es gilt das Opt-In-Prinzip. Voreingestellte „Häkchen-Lösungen"/ pre-clickboxes sind unwirksam. § 312a Abs. 3 Satz 1 besagt, dass eine Vereinbarung, die auf eine über das vereinbarte Entgelt für die Hauptleistung hinausgehende Zahlung des Verbrauchers gerichtet ist, nur bei ausdrücklicher Vereinbarung wirksam ist. Satz 2: „Schließen der Unternehmer und der Verbraucher einen Vertrag im elektronischen Geschäftsverkehr, wird eine solche Vereinbarung nur Vertragsbestandteil, wenn der Unternehmer die Vereinbarung nicht durch eine Voreinstellung herbeiführt." „Fraglich ist, ob § 312a Abs. 3 BGB auch für „voreingestellte Standard-Versandkosten gilt, „so dass diese nicht mehr im Bestellprozess voreingestellt sein dürften, wenn sie Bestandteil des Vertrages werden sollen".[6]

---

[1] *Hoeren/Föhlisch* CR 2014, 242, 244 f mit Hinweis auf BGH CR 2003, 480.

[2] S. a. *Föhlisch/Dyakova* MMR 2013, 71, 72; OLG Hamm v. 22.11.2016 – I-4 U 65/15 (Erotikartikel). Zu Widerrufsrecht auch bei Online-Apotheke s. OLG Naumburg MMR 2018, 102 BGH zu Matratze, deren Schutzfolie entfernt wurde, auch EuGH MMR 2019, 364 - Slewo/Ledowski.

[3] BGH MMR 2019, 610; EuGH MMR 2019, 364 – Slewo/Ledowski.

[4] Zum Vorschlag einer Kombinationsbelehrung *Hoeren/Föhlisch* CR 2014, 242, 246 f.

[5] *Hoeren/Föhlisch* CR 2014, 242, 247.

[6] *Hoeren/Föhlisch* CR 2014, 242, 248 und Fn. 51 mit Verweis auf *Grüneberg* in Palandt, BGB, § 312a nF Rn. 4; *Schomburg* VuR 2014, 18 (19 f.); wohl auch *Wendhorst* NJW 2014, 577, 579; aA *Föhlisch* in Bittner/Clausnitzer/Föhlisch, Das neue Verbrauchervertragsrecht, 2014, Rn. 64.

- **Zahlungsart:** die Nutzung des Zahlungsmittels soll unentgeltlich erfolgen bzw. unter mehreren Möglichkeiten soll dem Verbraucher mindestens eine Variante offenstehen, bei der für ihn keine gesonderten Kosten entstehen.[1]
- Gerichtsstand: Verbrauchergerichtsstand bei Werbung auf mehrsprachiger Internetseite.[2]
- Die Digitalisierung schreitet auch für den stationären Vertrieb fort und schafft neue Problemkonstellationen bei Beweis des Vertragsschlusses und zu Informationspflichten in „**automatisierten Geschäftsräumen**".[3]
- Influencer – eine Tätigkeit mit vielen offenen Fragen: Schleichwerbung?[4] Kennzeichnungspflicht?[5] Geschäftlich, gewerblich? Markenverletzung?[6]

Unwirksam sind Regeln zu Entgelten für Zahlungsmittel (§ 312a Abs. 4 Nr. 1 BGB) bei Fehlen einer kostenlosen Alternative sowie, wenn das Entgelt die Nutzungskosten des Unternehmers übersteigt. Die Erhebung von Gebühren für die Nutzung von Kundenhotlines ist nicht mehr zulässig, soweit die Kundenanrufe Vertragsangelegenheiten betreffen. Während beim Versand die Hinsendekosten weiterhin vom Anbieter zu tragen sind, aber der Höhe nach auf die Kosten des Standardversands begrenzt werden können, muss der Kunde fortan grds. etwaige Rücksendekosten selbst tragen, sofern der Unternehmer sich nicht überobligatorisch hierzu bereit erklärt hat oder der Kunde über diesen Aspekt im Vorfeld nicht aufgeklärt wurde.

Etwaige vertragliche Pflichten entstehen gleichwohl erst nach wirksamem Zustandekommen eines Vertrages. Der online geschlossene Vertrag stellt keine prinzipiellen Probleme zu Zustandekommen und Wirksamkeit[7] sowie zu Irrtum[8]. Die Probleme bestehen in Verbindung mit den Geschäftsmodellen, va „Internet-Auktion",[9] aber auch mit Details der fernabsatzrechtlichen Regelung und bei der Einbeziehung der AGB sowie bei den zumutbaren

---

[1] Zur unzumutbaren und somit unwirksamen Bezahlmöglichkeit „Sofortüberweisung", weil dem Dritten Kontozugangsdaten mitzuteilen und in den Abruf von Kontodaten eingewilligt werden muss: LG Frankfurt/M. MMR 2015, 582; zu unzumutbaren Zahlungsarten bei fluege.de s. OLG Dresden v. 3.2.2015 – 14 U 1489/14, BeckRS 2015, 05785; zu unklarer Gestaltung eines elektronischen Flugbuchungsvorgangs, bei dem eine Servicepauschale, die Kunden nur im Falle der Wahl eines von mehreren möglichen Zahlungsmitteln (hier: einer bestimmten Kreditkarte) erlassen wird, BGH MMR 2017, 241 – Servicepauschale.

[2] BGH MMR 2018, 95.

[3] S. *Kieffer* DB 2019, 1889.

[4] *Lettmann* GRUR 2018, 1206; OLG Celle, MMR 2017, 769: Hashtag „#ad" nicht ausreichend, wenn er innerhalb des Beitrags nicht deutlich und nicht auf den ersten Blick erkennbar ist.

[5] *Köhler*, Influencer-Marketing: Kennzeichnungspflichten nach UWG, GRUR-Prax 2019, 343; KG MMR 2018, 98: Pflicht kann bestehen: OLG Frankfurt v. 28.10.2019 – 6 W 68/19. S. a. *Borsch*, Der angemaßte Influencer – Markenpiraterie 2.0, MMR 2018, 127.

[6] OLG Braunschweig, MMR 2019, 467: Bei starker Vernetzung von Auftritt, Bildern und Erscheinen der Marken „kann eine geschäftliche Handlung auch dann anzunehmen sein, wenn der Influencer für die Verlinkung kein Entgelt erhält". Borsch: Der angemaßte Influencer – Markenpiraterie 2.0. Aspekte und Möglichkeiten der Abwehr aufgezwungener Werbung MMR 2018, 127.

[7] S. schon BGH NJW 2002, 363.

[8] S. LG Koblenz MMR 2011, 657, zu Erklärungsirrtum des Bieters.

[9] Zu Angebotsrücknahme auf Basis der eBay-AGB BGH MMR 2016, 26; zu „Abbruchjägern" s. etwa OLG Hamm CR 2015, 314; kann rechtsmissbräuchlich sein: BGH MMR 2016, 737; Schadensersatz wegen Preismanipulation bei eBay-Auktion s. OLG Stuttgart MMR 2015, 577; zu „Shill-Bidding" (Preistreibern) s. BGH MMR 2017, 176; zu diesen E. als Beitrag zur Rechtsgeschäftslehre bei Online-Auktionen – s. *Pfeiffer* NJW 2017, 1437 und *Oechsler/Dörrhöfer* NJW 2019, 3105.

Zahlungsmitteln und deren Funktion.[1] Ein neu eingefügter § 270a BGB verbietet, **Aufschläge** für bestimmte Zahlungsarten vom Käufer zu verlangen.[2]

Weitere Themen sind etwa Grenzen der **Anonymität,** die nach § 13 Abs. 6 TMG zu gewährleisten wäre,[3] **Netzneutralität**[4] sowie **„Routerzwang":** die Neuregelung betrifft auch TMG. Der Referentenentwurf zur **Endgerätewahlfreiheit** wurde kontrovers diskutiert.[5] Das „Gesetz zur Auswahl und zum Anschluss von Telekommunikationsendgeräten" untersagt es Internetprovidern, ihren Kunden die Nutzung eines bestimmten Endgeräts vorzuschreiben.[6] Ein weiterer Problemkomplex ist der **Jugendschutz** bei Telemedien, bei Apps und Online-Games durch **Alterskennzeichen.**[7]

Verordnung (EU) 2017/1128 des Europäischen Parlaments und des Rates vom 14. Juni 2017 zur grenzüberschreitenden **Portabilität** von Online-Inhaltediensten im Binnenmarkt. Durch die Verordnung soll die grenzüberschreitende Zugänglichkeit von audiovisuellen Mediendiensten verbessert und die RL 2010/13/EU (AVMD-RL) ergänzt werden.[8]

Medienpolitisch sehr umstritten war das **NetzwerkDurchsetzungsG**[9] (NetzDG, Nr. 11), wonach Löschungen „offenkundig strafbarer Inhalte" binnen 24 Stunden nach dem Hinweis und Sperrungen von Beiträgen und Nutzerprofilen durch die Betreiber sozialer Netzwerke in bestimmten Fällen vorzunehmen sind (dazu Disk. zu Hate Speech, Fake News[10] und Social Bots). In weniger eindeutigen Fällen ist die Frist sieben Tage. Es drohen bei systematischen Verstößen Strafen von bis zu 50 Millionen Euro. Für die Online-Unternehmen mit Sitz im Ausland ist ein „Zustellungsbevollmächtigter" in Deutschland zu benennen, der binnen 48 Stunden auf Beschwerden zu reagieren hat. Opfern von Persönlichkeitsrechtsverletzungen können aufgrund gerichtlicher Anordnung die Bestandsdaten der Verletzer von Diensteanbietern erhalten. Ob die die Meinungsfreiheit (allzusehr) beeinträchtigt oder letztlich

---

[1] „Sofortüberweisung" als einziges unentgeltliches Zahlungsmittel anzubieten, ist unzumutbar: BGH MMR 2018, 166. Zur Wirkung von PayPal-Zahlung LG Saarbrücken MMR 2017, 46, dazu BGH MMR 2018, 156): Wenn PayPal nach einem erfolgreichen Käuferschutzverfahren das PayPal-Konto des Empfängers rückbelastet, ist BGH NJW 2010, 3510 zu SEPA Gutschrift nicht anwendbar, im konkreten Fall aber der Anspruch des Verkäufers auf Kaufpreiszahlung noch zu klären.

[2] Gemäß Reform des Gesetzes (v. 17.7.2017, BGBl. I S. 2446) über die Beaufsichtigung von Zahlungsdiensten; dazu *U. Elteste* CR 2018, 98.

[3] Sie kollidiert etwa mit dem UrhR (http://www.heise.de/newsticker/meldung/Urheberkonferenz-Heilige-Kuh-der-Anonymitaet-gehoert-geschlachtet-3029833.html) und den Interessen der Strafverfolgung, s. zur Frage der Klarnamenspflicht *Caspar* ZRP 2015, 233; Lit-Übersicht (Pro und Contra): *Höltge* ITRB 2017, 151.

[4] Verordnung (VO) über Maßnahmen zum Zugang zum offenen Internet und zur Änderung der RL 2002/22/EG über den Universaldienst und Nutzerrechte bei elektronischen Kommunikationsnetzen und -diensten sowie der VO (EU) Nr. 531/2012 über das Roaming in öffentlichen Mobilfunknetzen, s. Bericht MMR-Aktuell 2015, 373 472.

[5] *Sörup* CR 2015, 217; *Bergmann/Schumacher* MMR 2015, 13.

[6] Gesetz v. 23.1.2016, BGBl.I S. 106.

[7] ARC, USK, *Schwiddessen* CR 2015, 515.

[8] S. *Ranke/Glöckler*, Grenzüberschreitende Portabilität von Online-Inhaltediensten im Binnenmarkt, MMR 2017, 378.

[9] Zum RefE: *Feldmann* K&R 2017, 292; *Höch* K&R 2017 289: kritisch. *Heckmann/Wimmers*, Stellungnahme der DGRI, CR 2017, 310. Verfassungswidrig: *Gersdorf* MMR 2017, 439; zur Anwendung: *Euggenberger* NJW 2017, 2577.

[10] S. *Peifer* CR 2017, 809 zur Providerhaftung.

durch ein Verfahren der regulierten Selbstregulierung gesichert wird,[1] ist strittig bzw. muss sich zeigen.

Medienfreiheit (Medienprivileg) und Datenschutz: „Das Medienprivileg kann auch für Personen gelten, die keine Berufsjournalisten sind. Das verwendete Medium ist nicht von Relevanz, so dass auch Internetveröffentlichungen erfasst werden, solange die Tätigkeit jedoch ausschließlich zum Ziel hat, Informationen, Meinungen oder Ideen in der Öffentlichkeit zu verbreiten."[2]

Facebook-Account für Partei im Wahlkampf: Verpflichtung zum vorübergehenden Entsperren des Accounts eines sozialen Netzwerks.[3]

Twitter-Account[4]: Grundsätzlich kann der Betreiber Verhaltensregeln zur Nutzung der Plattform aufstellen und diese durch Sperrung des Nutzeraccounts durchsetzen.[5] „Dabei darf der Plattformbetreiber seine Befugnisse jedoch nicht grenzenlos ausüben, sondern wird beschränkt durch die Wertentscheidungen des Grundgesetzes, insb. durch die mittelbare Drittwirkung der Meinungsfreiheit."[6]

7. Datenschutz

Zur Entwicklung: *Moos*[7]; *Gola/Klug*[8].

Für den Bereich ITK-Recht sind an Datenschutzregeln das BDSG sowie die Spezialregeln in TMG und TKG bis 25.5.2018 relevant. Danach gilt die DS-GVO. Dessen Vorschriften werden teilweise durch das BDSG nF[9] ergänzt und präzisiert, etwa beim Beschäftigtendatenschutz. Durch die Gefährdungspotenziale der IT, der Telemedien und der Telekommunikation und deren Konvergenz wird die Thematik „Datenschutz" ebenso global wie brisant. Die Regelung des Datenschutzes und die dogmatische Auffächerung des Schutzes und der Schutzinstitutionen sind äußerst vielschichtig. Grob umrissen umfasst dieses Gebiet drei verschiedene Schutzbereiche/dogmatische Ebenen, die sich zum Teil überschneiden:

– den **formellen Datenschutz** (Datenverkehrsrecht), charakterisiert insbesondere durch BDSG[10] durch die EU-Datenschutz-RL[11] und nun die DS-

---

[1] *Schwartmann* GRUR-Prax 2017, 317: wichtiger Schritt für die Verantwortlichkeit Sozialer Netzwerke im Internet, anders *Gersdorf* MMR 2017, 439; s. a. EuGH v. 3.10.2019 – C-18/18 Facebook Irrland zur Reichweite der Löschpflicht.

[2] *Mantz* NJW 2019, 2441, 1444, zu EuGH CR 2019, 301 (Sergejs Buivids/Datu valsts inspekcija) zu Videoaufzeichnung in einer Polizeibehörde als Verarbeitung personenbezogener Daten, NJW 2019, 2451.

[3] BVerfG v. 22.5.2019 – 1 BvQ 42/19, NJW 2019, 1935.

[4] LG Nürnberg-Fürth MMR 2019, 541.

[5] Zum virtuellen „Hausrecht" verweist LG Nürnberg-Fürth auf OLG Köln MMR 2001, 52; LG Ulm MMR 2016, 31; LG Mosbach MMR 2019, 553.

[6] LG Nürnberg-Fürth MMR 2019, 541 LS 2.

[7] Die Entwicklung des Datenschutzrechts im Jahr 2018, K&R 2019, 237.

[8] Zur Entwicklung 2. Hj. 2018: *Gola/Klug* NJW 2019, 639; 1. Hj. 2019: *Gola/Klug* NJW 2019, 2587.

[9] V. 30.6.2017, BGBl. I S. 2097; am 27.6.2019 wurde das 2. Datenschutzanpassungs- und Umsetzungsgesetz (2. DSAnpUG) beschlossen.

[10] S. zu BDSG zB *Gola/Heckmann,* BDSG, 13. Aufl. 2019; *Simitis* (Hrsg.), Kommentar zum Bundesdatenschutzgesetz, 8. Aufl. 2014; *Simitis/Hornung/Spiecker,* Datenschutzrecht, 2019; *Taeger/Gabel* (Hrsg.), DSGVO – BDSG Kommentar, 3. Aufl. 2019.

[11] *Dammann/Simitis,* EG-Datenschutzrichtlinie: Kommentar, 1997; *Ehmann/Helfrich,* Die EG-Datenschutzrichtlinie, Kurzkommentar, 1999. Nun gilt die DS-GVO unmittelbar.

GVO sowie durch die Landesdatenschutzgesetze, durch zahlreiche Verordnungen zum Datenschutz, Spezialmaterien wie etwa TMG, TKG und MDStV[1].

- **Materieller Datenschutz** in Form des Rechts auf informationelle Selbstbestimmung, begründet in dem verfassungsrechtlichen Datenschutz, wie er seit dem Urteil des BVerfG v. 15.12.1983 (BVerfGE 65,1) entwickelt wurde[2], ergänzt durch das sog. Online-Grundrecht[3] *(Grundrecht auf Gewährleistung der Vertraulichkeit und Integrität informationstechnischer Systeme* als Teil des *allgemeinen Persönlichkeitsrechts* (Art. 2 Abs. 1 iVm Art. 1 Abs. 1 GG)), in Ergänzung zum Recht auf informationelle Selbstbestimmung: *„Diese Ausprägung des allgemeinen Persönlichkeitsrechts schützt vor Eingriffen in informationstechnische Systeme, soweit der Schutz nicht durch andere Grundrechte, wie insbesondere Art. 10 oder Art. 13 GG, sowie durch das Recht auf informationelle Selbstbestimmung gewährleistet ist.“*[4]. Die *„Ausstrahlungswirkung“* ist noch nicht abgeschlossen[5]. Ausgehöhlt wird das Recht durch §§ 100a, 100c, die mit Gesetz v. 22.6.2017 „zur effektiveren und praxistauglicheren Ausgestaltung des Strafverfahrens“[6] neu gefasst wurden, sodass die Behörden mehr Möglichkeiten haben zur **Quellen-Telekommunikationsüberwachung** (Quellen-TKÜ, § 100a StPO) und zur Online-Durchsuchung, § 100c StPO: Abhören und Aufzeichnung des in einer Wohnung nicht-öffentlich gesprochenen Worts mit technischen Mitteln.

Überspitzt wird dem in der Presse das Recht auf Selbstentblößung als „Grundrecht auf Blamage“ gegenübergestellt[7], wobei die Auswertung arbeitsrechtlich wiederum durch das BDSG begrenzt werden soll[8]. Die Anwendbarkeit des Rechts auf informationelle Selbstbestimmung wird stark durch die unmittelbare Geltung der DS-GVO ab 25.5.2018 beschnitten. Es wird insofern va auf Art. 7 und 8 GrCh zurückzugreifen sein.[9] Eine **Abwägung** ist – ganz entsprechend Art. 7 lit f DS-RL in der DS-GVO im Wesentlichen nur in Art. 6 Abs. 2 lit f vorgesehen. Insofern bleibt als Maßgabe relevant eine Entscheidung des EuGH zur Übermittlung personenbezogener Daten zum Zweck der Geltendmachung von Schadensersatz vor

---

[1] Zum Datenschutz im Internet s. zB *Härting,* Internetrecht, 6. Aufl. 2017.

[2] S. im Zusammenhang mit TDDSG *Schmitz,* TDDSG und das Recht auf informationelle Selbstbestimmung, 2000; s. a. *Buchner,* Informationelle Selbstbestimmung im Privatrecht, 2006.

[3] BVerfG v. 27.2.2008 – 1 BvR 370/07, 595/07, CR 2008, 306.

[4] BVerfG aaO, Rn. 167; s. aber auch BVerfG v. 20.12.2018 – 2 BvR 2377/16, CR 2019, 195 zur Verpflichtung zur Übermittlung von IP-Adressen.

[5] S. *Luch/Schulz* MMR 2013, 88; s a. schon *Stögmüller* CR 2008, 435.

[6] http://www.spiegel.de/netzwelt/netzpolitik/staatstrojaner-hackerangriff-aus-dem-bundestag-a-1153618.html. Der BR hat am 7.7.2017 den Gesetzentwurf passieren lassen, wonach die Polizei künftig Internet-Telefonate und Messenger-Kommunikation bei Verdacht auf viele Delikte überwachen sowie Computer heimlich durchsuchen darf. Damit wird Rechtsgrundlage für die Quellen-Telekommunikationsüberwachung (Quellen-TKÜ) und die heimliche Online-Durchsuchung in der stopp geschaffen.

[7] *Patalong,* Spiegel-Online 4.11.2009.

[8] S. zum Arbeitnehmerdatenschutz, LAG Köln MMR 2017, 569; fehlerhafte Angabe im XING-Profil – keine außerordentliche Kündigung wegen Konkurrenztätigkeit. Zum Beschäftigtendatenschutz unter § 32 BDSG s. BAG NZA 2014, 143 zu Beweisverwertungsverbot für heimliche Datenerhebung; s. dazu *Wybitul/Pötters* BB 2014, 437. Zum Beschäftigtendatenschutz gem. § 26 BDSG *Kort* ZD 2017, 319; s. a. zur Rechtsprechung zum Beschäftigtendatenschutz *ders.* NZA-RR 2018, 449.

[9] Zu einer neuen Grundlegung: *Hermstrüwer,* Informationelle Selbstgefährdung. Zur rechtsfunktionalen, spieltheoretischen und empirischen Rationalität der datenschutzrechtlichen Einwilligung und des Rechts auf informationelle Selbstbestimmung, 2016.

einem Zivilgericht.[1] Danach ist Art. 7 lit f der DS-RL dahin auszulegen, dass dieser **nicht** dazu **verpflichtet**, „einem Dritten personenbezogene Daten zu übermitteln, damit er vor einem Zivilgericht Klage auf Ersatz eines durch die betreffende Person verursachten Schadens erheben kann".– Teils mit starker Überschneidung zu den vorgenannten Bereichen: **Allgemeines Persönlichkeitsrecht,** das zugleich die Schnittstelle zu den verwandten Bereichen, so va zum Medienrecht in Verbindung auch mit dem Recht auf Gegendarstellung uÄ, darstellt; zur Abwägung gegenüber Meinungsäußerungsfreiheit und damit verfassungskonformer Einschränkung des BDSG[2], zur Meinungsfreiheit bei untersagter Berichterstattung über Verhaftung eines bekannten Schauspielers, „Axel Springer AG"[3]; untersagte Prominenten-Berichterstattung in Landschaftsbericht verletzt Meinungsfreiheit.[4] Der BGH verwendet ein stets verfeinertes **abgestuftes Schutzkonzept,** das auch die Rspr. des EGMR[5] bzw. dessen Maßgaben integrierte, zB auch im Rahmen der Bildberichterstattung,[6] das sich für die Neukonzeption des Datenschutzes im nicht-öffentlichen Bereich als Modell anbieten könnte.[7] Die Bemessung der *Geldentschädigung* für sog. Online-Verletzung unterliegt den gleichen Maßstäben wie denen bei konventionellen Medien, ist also weder generell höher noch niedriger zu bemessen.[8] Zur internationalen gerichtlichen Zuständigkeit bei Online-Persönlichkeitsrechtsverletzungen[9]. Das allgemeine Persönlichkeitsrecht umfasst sogar ein *„,Recht auf Nichtwissen der eigenen genetischen Veranlagung', das den Einzelnen davor schützt, Kenntnis über ihn betreffende genetische Informationen mit Aussagekraft für seine persönliche Zukunft zu erlangen, ohne dies zu wollen."*[10]

Video und Bildaufnahmen gelten als personenbezogene Daten, evtl. sogar besonderer Kategorie und dann durch Art. 9 DS-GVO besonders geschützt.

---

[1] EuGH CR 2017, 504.

[2] S. BGH CR 2009, 593 – spickmich.de; s. a. BGH MMR 210, 573; BGH CR 2015, 116: Kein Anspruch auf Datenlöschung für Ärzte gegen Bewertungsportal, bei öff. zugänglichen Daten: „ … abzuwägen ist danach zwischen dem Recht des Bewerteten auf informationelle Selbstbestimmung (Art. 2 I, 1 I GG, Art. 8 I EMRK) und dem Recht des Portalbetreibers auf Kommunikationsfreiheit (Art. 5 I GG, Art. 10 I EMRK), wobei auch die mittelbare Drittwirkung des beiden zustehenden Grundrechts aus Art. 12 I GG zu berücksichtigen ist" Leitsatz 3, zur weiteren Abwägung zwecks verfassungskonformer Auslegung s. LS 4. BGH NJW-RR 2017, 676; VG Köln v. 16.2.2017 – 13 K 6093/15 – Datenschutzwidrige Prangerwirkung bei Bewertungsportal für Autofahrer; LG München I v. 16.4.2019 – 33 O 6880/18 (Nicht-) Wiederveröffentlichung von positiven Nutzerbewertungen auf Ärztebewertungsportal.

[3] EGMR v. 7.2.2012 – 40 660/08 – Hannover II, 60 641/08, K&R 2012, 179 bzw. 187; zu den relevanten Kriterien für eine Abwägung zwischen dem Recht auf Privatsphäre (Art. 8 I EMRK) und der Meinungsfreiheit (Art. 10 EMRK) s. EGMR v. 25.6.2019 – 14047/16 GRUR-Prax 2019, 419.

[4] BVerfG v. 8.12.2011 – 1 BvR 927/08, K&R 2012, 187.

[5] Zum Persönlichkeitsrecht Prominenter bei Foto-Veröffentlichung: „Hannover II" (Fn. 4).

[6] BGH K&R 2011, 513; NJW 2012, 763; NJW 2015, 2500.

[7] Zur Auswertung für die Konzeption der DS-GVO s. *Schneider/Härting* CR 2014, 306, 308.

[8] BGH CR 2014, 313, und zur Zurechnung LS 2: Die Verletzung des allgemeinen Persönlichkeitsrechts kann demjenigen, der persönlichkeitsrechtsverletzende eigene Inhalte im Internet zum Abruf bereit hält, auch insoweit zuzurechnen sein, als sie erst durch die Weiterverbreitung des Ursprungsbeitrags durch Dritte im Internet entstanden ist.

[9] EuGH CR 2011, 808 mAnm *Roth*.

[10] BGH NJW 2014, 2190.

Einführung

Es besteht ein Spannungsverhältnis zwischen Medienfreiheit, KUG und Datenschutz.[1]

Durch die Aufnahme des Schutzes personenbezogener Daten in die GrCh (Nr. 2) und durch die EG-Datenschutzrichtlinie gibt es EU-weit ein vom Anspruch her hohes Datenschutzniveau, das in der Praxis stark gefährdet ist, so etwa durch Vorratsdatenspeicherung[2], Fluggastdatenübermittlung und -speicherung[3] mit ua sensiblen Daten wie Essenswünsche und Kommentare des Flugpersonals. Dort, wo der formelle Datenschutz nicht greift, kommt bislang das *Recht auf informationelle Selbstbestimmung,* auch im privaten Bereich, zum Zuge[4]. Dieses wurde im Laufe der Zeit extensiv angewandt.[5]

Wichtige Gefährdungsbereiche werden vom Recht auf informationelle Selbstbestimmung nicht erfasst; insofern „schuf" das BVerfG zusätzlich das Grundrecht auf Gewährleistung der Vertraulichkeit und Integrität informationstechnischer Systeme.[6]

Schutzgut auch des formellen Datenschutzes ist trotz des etwas problematischen Wortlauts, früher in BDSG, dann auch in Art. 8 der Grundrechtecharta nicht das personenbezogene Datum, sondern die Persönlichkeit des Einzelnen bzw. dessen persönliche Belange, die es zu schützen gilt. Das formelle Datenschutzrecht regelt den Schutz noch über die Zulässigkeit der Datenverarbeitung. D Zulässigkeit einer Nutzung der Daten, die ein Datenverarbeiter rechtmäßig „im Hause hat", ist jeweils gesondert zu prüfen.[7] Moderne Erscheinungsformen der Datenbevorratung und -auswertung berücksichtigen

---

[1] *Lauber-Rönsberg/Hartlaub,* Personenbildnisse im Spannungsfeld zwischen Äußerungs- und Datenschutzrecht, NJW 2017, 1057; *Krüger/Wiencke,* Bitte recht freundlich – Verhältnis zwischen KUG und DS-GVO, MMR 2019, 76.

[2] BVerfG MMR, 2009, 29; grundlegend *Szuba,* Vorratsdatenspeicherung. Der europäische und deutsche Gesetzgeber im Spannungsfeld zwischen Sicherheit und Freiheit, 2011); EuGH ZD 2014, 296 mAnm *Petri:* Richtlinie zur Vorratsdatenspeicherung ist ungültig, zu „Gesetz zur Neuregelung der Telekommunikationsüberwachung und anderer verdeckter Ermittlungsmaßnahmen" krit. *Forgó/Heermann* K&R 2015, 753; *Dix/Kipker/Schaar* ZD 2015, 300. OVG Münster: ab 1.7.2017 mit EU-Recht nicht vereinbar (K&R 2017, 560). Plan zur Vorratsdatenhaltung für Europol: „EU-Staaten für maximale Vorratsdatenspeicherung. 487 Datenkategorien umfasst eine Matrix, die Europol dem Ministerrat vorgelegt hat."

[3] Dazu etwa kritisch *Masing* (Vortrag), EuGRZ 2011, 232; *Petri* DuD 2008, 729, SWIFT-Vertrag (als „SWIFT-Affäre": *Hummer* AVR 49, 203); neuer Anlauf (nach EuGH v. 30.5.2006 – C-318/04) nun zum Abkommen über Fluggastdatenspeicherung am 4.12.2015 (EU-Innenminister) vorb. Zustimmung EP. Zum von der EU und Kanada geplanten Abkommen zum Austausch von Fluggastdaten sieht der EuGH mehrere Bestimmungen als nicht mit EU-Grundrechten vereinbar an, EuGH Gutachten 1/15 v. 26.7.2017. VG Wiesbaden hat den Antrag dagegen, dass Fluggastdaten des Antragsstellers in Deutschland gespeichert werden. als unzulässig abgelehnt: Beschl. v. 21.08.2019 – 6 L 807/19.WI; BVerwG (v. 25.9.2019 – 6 C 12.18) hat dem EUGH die Frage der Vereinbarkeit des deutschen Rechts vorgelegt.

[4] BVerfG v. 15.12.1983 – 1 BvR 209/83, NJW 1984, 419.

[5] BGH CR 1992, 21 – Zahnarzthonorarabtretung –; BGH NJW 1992, 737 – Praxisverkauf II –; BGH NJW 1996, 2087 und BGH NJW 2001, 2462 zum Verkauf einer Anwaltspraxis; BGH CR 2010, 332 zur Nichtigkeit der Abtretung von Provisionsansprüchen eines Versicherungsvertreters.

[6] BVerfG v. 27.2.2008 – 1 BvR 370/07, 1 BvR 595/07, MMR 2008, 315; s. a. *Wehage,* Das Grundrecht auf Gewährleistung der Vertraulichkeit und Integrität informationstechnischer Systeme und seine Auswirkungen auf das Bürgerliche Recht, 2013.

[7] Somit kommen auch Assistenzsysteme wie Sprachassistenten „auf den Prüfstand, auch Auswertungen von Audiomitschnitten durch Mitarbeiter oder Dritte bei Google, s. https://www.juris.de/perma?d=jzs-ITRB-2019-09-0198-1-K-04.

diese Maßgabe nicht, so nach Data Warehouse und Data Mining[1] nun Big Data[2].

Mit der **DS-GVO** begann mit 25.5.2018 eine neue Ära der (Über-) Regulierung des Datenschutzes[3] und endete die Orientierung des Datenschutzes an der Zulässigkeitsprüfung einzelner (gefährlicher) **Phasen**. Es wird allgemein auf „Verarbeitung personenbezogener Daten" abgestellt, Verarbeitung wird umfassend **definiert** (Art. 4 Nr. 2): „Verarbeitung" bezeichnet danach „jeden mit oder ohne Hilfe automatisierter Verfahren ausgeführten Vorgang oder jede solche Vorgangsreihe im Zusammenhang mit personenbezogenen Daten wie das Erheben, das Erfassen, die Organisation, das Ordnen, die Speicherung, die Anpassung oder Veränderung, das Auslesen, das Abfragen, die Verwendung, die Offenlegung durch Übermittlung, Verbreitung oder eine andere Form der Bereitstellung, den Abgleich oder die Verknüpfung, die Einschränkung, das Löschen oder die Vernichtung". Auch die Veröffentlichung von Videoaufnahmen auf YouTube unterfällt dem Datenschutzrecht.[4]

Über die EG-DS-Richtlinie war in die Datenschutzregelungen auch in Deutschland schon früher zu übernehmen, dass es ***besondere*** Arten von Daten gibt, die einen besonderen Schutz genießen. Für das Marketing bedeutete dies, dass es einerseits die nahezu „freien" Daten bei listenmäßiger Übermittlung gab, bei denen man davon ausgeht, dass sie keine besondere Bedrohung des Einzelnen und dessen Privatsphäre darstellen. Auf der anderen Seite gab es den Katalog **besonderer Daten,** bei dem angenommen wird, dass es sich um besonders sensible Daten handelt (va rassische und ethnische Herkunft, politische und religiöse Überzeugung, Sexualleben). Die DS-GVO kennt das Privileg listenmäßiger Übermittlung nicht, verstärkt den Schutz und erweitert den Kreis der besonderen Kategorien personenbezogener Daten (was aber weitgehend der DSch-Rl entspricht). Dadurch werden Big Data-Anwendungen besonders problematisch.[5] Für listenmäßige Übermittlung muss man versuchen, sich anders zu helfen, etwa über Einwilligungen (Art. 6 Abs. 2 lit a) oder berechtigte Interessen (Art. 6 Abs. 2 lit f). Diese zweite Variante gilt allerdings nicht bei besonderen Kategorien von Daten, Art. 9 DS-GVO.[6] Besonders problematisch erscheinen die vom Einzelnen kaum kontrollierbaren Datenströme bei sog. Self-Tracking uÄ, etwa bei Wearables, Sportuhren und Fitnesstrackern.[7] Die Problematik des Datenschutzes ist die Durchsetzung im Bereich des Internets, nicht zuletzt auch wegen des schrankenlosen/grenzenlosen Datenverkehrs. Dass der Einzelne selbst zur Datenschleuder[8] wird, hat immerhin durch den EuGH insofern ein Korrektiv erhalten, als er dadurch selbst zum Verarbeiter wird, dass er sich der Facebook- uÄ Funktionalität für seine Aktivitäten bedient (S. zu gemeinsamer Verarbeitung gem. Art. 26 DS-GVO LXXIX. Durch die Ausdehnung der Geltung des Datenschutzrechts auch auf Aktivitäten im Nicht-EU-Ausland wird nun der Internetbereich stärker kontrollierbar (Art. 3 DS-GVO). Den Rang des Daten-

[1] S. dazu zB *Büllesbach* CR 2000, 11; *Wilke* RDV 2007, 96.
[2] S. zB *Culik/Döpke* ZD 2017, 226; in der Arbeitswelt: *Nebel* ZD 2018, 520.
[3] *D'Avis/Giesen* CR 2019, 24; *Veil* NVwZ 2018, 686; s. a. andererseits *Roßnagel* NJW 2019, 1.
[4] EuGH CR 2019, 301 – Buivids.
[5] *Schneider* ZD 2017, 303; zu „sensitiven" Daten und Art. 9 DS-GVO *Weichert* DuD 2017, 538.
[6] *Drewes* CR 2016, 721 zu Dialogmarketing über berechtigte Unternehmensinteressen mit Abwägung auch ohne Einwilligung.
[7] *Dregelies* VuR 2017, 256.
[8] *Schwarz/Terhaag* KR 2012, 377.

schutzes dürfte besonders gestärkt haben, dass die einfachgesetzliche Ausgestaltung des „Großen Lauschangriffs" verfassungswidrig ist[1], ebenso die Rasterfahndung[2].

Das BDSG war in Ansätzen öfter *„modernisiert"* worden. Dabei sollte es unter anderem um die Anpassung an die technische Entwicklung gehen.[3] Einen Teil dieser Errungenschaften versucht das BDSG nF (Nr. 56) gegenüber der DS-GVO zu erhalten. Dies gilt etwa für Privilegierung der Auskunfteien (§ 31) und die Ausgestaltung des betrieblichen Beauftragten für den Datenschutz (§ 38). Die Bestellungsvoraussetzungen für die deutsche Sonderregelung werden erneut geändert.[4]

Inwieweit die Regelungen zur Erhaltung der Kündigungsfestigkeit des internen Beauftragten (§ 38 Abs. 2 BDSG nF, s. Nr. 56)[5] halten werden, ist unklar. Einzelne Themen und Institute des Datenschutzes im Überblick:

- Starke Neuerung ist die Rechenschaftspflicht/Accountability (va in Art. 5 Abs. 2 geregelt), allerdings kritisch zu sehen.[6]
- *Einwilligung* wäre eine der Säulen für die Zulässigkeit, wird aber durch hohe Anforderungen[7] an Freiwilligkeit, Transparenz, Verständlichkeit (Art. 7) und AGB-Recht und das „Koppelungsverbot" sehr unpraktikabel und unsicher.[8] „Lichtblicke" *waren* bislang Payback[9] und „Happy Digits" – keine Inhaltskontrolle, weil die Klausel zur Einwilligung nicht von den Regelungen des BDSG abweicht[10]. An die Einwilligung stellt die DS-GVO formal geringere Anforderungen, inhaltlich, va was die **Freiwilligkeit** und deren Nachweis betrifft, wesentlich höhere.[11] Pragmatischer ist OLG Frankfurt[12] bei Einholung von Werbeeinwilligungen für Telefonanrufe ua im Zusammenhang mit einem Gewinnspiel, wobei dem Double-Opt-In-Verfahren als Nachweis der Einwilligung bei Telefonwerbung eher geringe Beweiskraft zukommt.
- Herausgabe **Anmeldedaten:** Der BGH hat die Klage auf **Auskunftserteilung** abgewiesen. *„Der Betreiber eines Internetportals ist in Ermangelung einer*

---

[1] BVerfG v. 3.3.2004 – 1 BvR 2378/98, NJW 2004, 999; s. a. *Geis* CR 2004, 338; zur Zulässigkeit der Beweiserhebung mittels GPS – noch – ohne „Totalerfassung" s. BVerfG v. 12.4.2005 – 1 BvR 581/01, CR 2005, 569 mAnm *Vassilaki; zur* Verfassungswidrigkeit des Nds. SOG hinsichtlich Vorsorge-Erhebung s. BVerfG v. 27.7.2005 – 1 BvR 668/04, NJW 2005, 2603; zu autom. Erfassung und Verarbeitung von Kfz-Kennzeichen s. *Ziebarth* CR 2015, 687. BVerfG v. 18.12.2018 – 1 BvR 142/15 CR 2019, 152: Verfassungsmäßig- und -widrigkeit automatisierter Kfz-Kennzeichenkontrollen. 1 BvR 2795/09, 1 BvR 3187/10, NJW 2019, 842 teilweise Verfassungswidrigkeit der Kraftfahrzeugkennzeichenkontrollen in Baden-Württemberg und Hessen.

[2] BVerfG v. 4.4.2006 – 1 BvR 518/02, CR 2006, 594.

[3] Zur Entwicklung des Datenschutzrechts in den Folgejahren s. *Moos* K&R 2011, 145, K&R 2012, 151; K&R 2013, 150; K&R 2014, 149.

[4] BT B. v. 27.6.2019, 2. Anpassungsgesetz, nun Benennung erst ab 20 MA obligatorisch s. bisher gem. § 38 BDSG, 10 MA; s. Nr.56.

[5] BAG CR 2011, 776 mAnm *Menz*.

[6] *Veil*, Accountability – Wie weit reicht die Rechenschaftspflicht der DS-GVO? ZD 2018, 9.

[7] *Ernst* ZD 2017, 110; *Haase* InTer 2019, 113; *Uecker* ZD 2019, 248 (auch zu Alternativen).

[8] S. a. zu Einwilligung gegen Leistung, Kommerzialisierung: *Buchner* DUD 2010, 39; BGH NJW 2008, 3055; VG Lüneburg ZD 2019, 331 zu Freiwilligkeit und informierter Willensbekundung; niedrige Anforderungen an Transparenz: OLG Frankfurt ZD 2019, 507.

[9] S. *Buchner* DuD 2010, 52 zu BGH MMR 2010, 138.

[10] BGH MMR 2010, 138 – HappyDigits.

[11] *Buchner/Kühling* DuD 2017, 545; zu Einwilligung gem. BDSG und UWG mit bereits hohen Anforderungen an Klarheit und Präzision: BGH v. 14.3.2017 – VI ZR 721/15.

[12] ZD 2019, 507.

gesetzlichen Ermächtigungsgrundlage im Sinne des § 12 Abs. 2 TMG grundsätzlich nicht befugt, ohne Einwilligung des Nutzers dessen personenbezogene Daten zur Erfüllung eines Auskunftsanspruchs wegen einer Persönlichkeitsrechtsverletzung an den Betroffenen zu übermitteln.[1]" Anders bei urheberrechtl. Ansprüchen, etwa Auskunft zum Filesharing.[2]

– **Direktwerbung unter DS-GVO scheint – trotz ErwG 47 –** erschwert[3], Werbung/ Adresshandel: *Eckhardt*[4] *Plath/Frey*[5]. Immer noch sind Cookies ein Problem.[6] Neuerdings droht der Einsatz von sog. nichtlöschbaren Tracking-Techniken (Canvas-Fingerprinting und Evercookies)[7] und *browser fingerprinting*[8]; nach Ansicht des LG Frankfurt/M. hat der Provider dem Nutzer die Möglichkeit Widerspruch gegenüber dem Einsatz eines Tracking Tools einzuräumen[9]. Die ePrivacy-RL, die Deutschland nicht gesondert umgesetzt hatte, soll durch die e-Privacy-VO[10] ersetzt werden. Wenn das gelingt, würde sich eine Reihe von Neuerungen ergeben. Insbes. würden sich der Anwendungsbereich und der Kreis der Adressaten erweitern, ua weil es darauf ankäme, dass der User in der EU ist, und dadurch, dass auch Dienste interpersonaler Art unter die VO fallen sollen, etwa Skype, Whatsapp, Facetime, iMessage.[11]

- **Microtargeting**: Durch Beeinflussung und Manipulation von Kunden durch Behavioral Microtargeting können Anbieter „suboptimales Entscheidungsverhalten von Kunden gezielt ausnutzen oder hervorrufen, indem Offerten spezifisch auf einzelne Konsumenten zugeschnitten werden, um sie unter Ausnutzung ihrer kognitiven und voluntativen Schwächen schlechter zu stellen, als dies mit üblichen Angeboten der Fall wäre."[12]

– Mitarbeiterdatenverarbeitung war im BDSG nur rudimentär[13] in § 32 BDSG als lex specialis auch gegenüber § 28 geregelt[14]. Dieser § 32 BDSG

---

[1] BGH v. 1.7.2014 – VI ZR 345/13, MMR 2014, 704.

[2] BGH v. 13.7.2017 – I ZR 193/16, MMR 2018, 313, bei Weitergabe der Benutzerkennung durch Endkundenanbieter.

[3] Zur Kritik der Orientierungshilfe der Aufsichtsbehörden s. *Plath/Grages* CR 2018, 770.

[4] CR 2009, 337.

[5] CR 2009, 613.

[6] *Rauer/Ettig* ZD 2014, 27; zu rechtskonformem Einsatz *dies.* ZD 2015, 255, ZD 2016, 423, und ZD 2018, 255; zu Umsetzungslücken bei der ePrivacy-RL, ZD 2019, 264.

[7] Zu Retargeting s. *Venzke-Caprese* DuD 2017, 577; *Conrad/Dovas* in Forgó/Helfrich/Schneider (Hrsg), Betrieblicher Datenschutz, 3. Aufl. 2019, IX. 2. Rn. 111 ff.

[8] Dazu *Zeidler/Brüggemann* CR 2014, 248, 252; *Voigt* DSRITB 2013, 157; *Schmidt/Babilon* K&R 2016, 86.

[9] UWG-Verstoß: LG Frankfurt/M CR 2014, 266 – Piwik – mAnm *Laue.* Zu Facebook Like-Buttons s. *Schleipfer* DuD 2014, 318. Zu Google Universal Analytics s. *Ertel/Venzke-Caprarese* DuD 2014, 181.

[10] Entwurf v. 10.1.2017 – vieldiskutiert, Am 4.2.2019 hat der EU-Ratsvorsitz einen Kompromissvorschlag veröffentlicht, 5934/19. Aktueller Stand unklar: Karoline Meta Beisel (SZ) „Yeti unter den digitalen Gesetzgebungsvorhaben". Insbesondere Zeitungsverleger und Softwareverbände sind gegen die geplante Neuregelung (https://www.sueddeutsche.de/wirtschaft/lex-digitalis-verschleppte-reform-1.4517675, 9.7.2019).

[11] Zum Entwurf der VO s. *Weiden* GRUR 2017, 256; aktuell: Gmail ist kein TK-Dienst, EuGH v. 13.6.2019 – C-193/18 – Google; zu kartellrechtlicher Beurteilung von (Facebook-) Nutzungsbedingungen: BKartA Beschluss v. 6.2.2019 – B6–22/16, dazu *Schreiber* GRUR-Prax 2019, 266; aufschiebende Wirkung der Beschwerden angeordnet OLG Düsseldorf K&R 2019, 661.

[12] Zu dieser Verhaltenssteuerung durch Algorithmen aus der Sicht des Zivilrechts *Ebers* MMR 2018, 423

[13] Zu Entwürfen für Beschäftigten-DSG s. *Kort* MMR 2011, 294; *ders.* DB 2011, 651.

[14] So *Deutsch/Diller* DB 2009, 1462.

wurde im BDSG nF 2017 geändert.[1] Dazu kommen evtl. noch Regelungen aus der (geplanten) e-Privacy-VO.[2] Sehr speziell sieht das BAG das Spannungsverhältnis von Überwachungsrecht des Betriebsrats bei Maßnahmen des betrieblichen Eingliederungsmanagements gegenüber dem Datenschutz der Mitarbeiter.[3] Die Möglichkeiten des Arbeitgebers zur Arbeitnehmerüberwachung sind nach § 32 BDSG, neu § 26 BDSG 2017, s. Nr. 56, eng an besondere Voraussetzungen geknüpft: Unternehmen dürfen die Tätigkeit ihrer Mitarbeiter am dienstlichen Computer nicht pauschal überwachen.[4] Keylogger etwa darf der Arbeitgeber nur bei konkreten Anhaltspunkten, dass ein Arbeitnehmer seinen Computer missbräuchlich nutzt, einsetzen, Ergebnisse, die entgegen dieser Regel entstanden, dürfen nicht verwertet werden.[5] Dies wird auch nach § 26 BDSG nF gelten. Sensible Daten spielen beim Auskunftsanspruch des Betriebsrats über personenbezogene Arbeitnehmerdaten eine besondere Rolle: Umfasst der allg. Auskunftsanspruch auch besondere Kategorien von Daten – Art. 9 DS-GVO – ist Voraussetzung, „dass der Betriebsrat zur Wahrung der Interessen der von der Datenverarbeitung betroffenen Arbeitnehmer angemessene und spezifische Schutzmaßnahmen trifft".[6]

– Neue Geräte, [7] Systeme und Apps, va bei connected car, smart home und Sport/Gesundheit ergeben neue Perspektiven, wer eigentlich wen bedroht, wer Datenverarbeiter (Verantwortlicher, gemeinsam Verantwortlicher, Auftragsverarbeiter), wer Betroffener ist, wie der heimlichen Beobachtung begegnet werden kann und verschärft das Problem der Gesichtserkennung. Das bloße Scannen (zB) an der Kasse im Supermarkt, ohne dass personenbezogene Daten erhoben werden, soll noch kein datenschutzrelevanter Vorgang sein. Videoaufnahmen von Personen sind aber als solche bereits „Datenverarbeitung" und bedürfen der Zulässigkeit, evtl. gegeben über Art. 6 Abs. 1 lit f, was allerdings eine Interessenabwägung erfordert. Insofern sind technische Verfahren zur sofortigen Unkenntlichmachung der Aufnahmen sehr sinnvoll. Wichtig ist die Ausklammerung/Ausblendung der Mitarbeiter, weil diese auch „verpixelt" über den Arbeitsplatz (Kasse x zum Zeitpunkt Y) identifizierbar sind.[8]

Interne Kontrolle: der *betriebliche Beauftragte* für den Datenschutz, wird durch die DS-GVO als Selbstkontrolle nun auch europäisch, aber nur unter

---

[1] S. Nr. 56. § 26; zum Beschäftigtendatenschutz gem. § 26 BDSG 2017 *Kort* ZD 2017, 319 und Gruppe Art. 29 WP 249; *Gola/Heckmann* BDSG 13. Aufl. 2019.

[2] Zum Entwurf: *Piltz*, Arbeitnehmerdatenschutz: Strenge Vorgaben zur Überwachung im Arbeitsverhältnis durch Änderungsvorschläge zur ePrivacy-VO, https://www.delege-data.de/ 2017/06/ arbeitnehmerdatenschutz-strenge-vorgaben-zur-ueberwachung-im-arbeitsverhaeltnis-durch-aenderungsvorschlaege-zur-eprivacy-vo/ (22.6.2017). Zur weiteren Entwicklung s. III. …

[3] *Kort* DB 2012, 688, zu BAG ZD 2012, 481.

[4] BAG CR 2018, 91 zu „Belastungsstatistik" mit dauerhafter Erfassung, Speicherung und Auswertung einzelner Arbeitsschritte und damit des wesentlichen Arbeitsverhaltens der Arbeitnehmer; zu Überwachung von Beschäftigten über die Firmenfahrzeuge, die mit GPS-Systemen ausgestattet sind s. VG Lüneburg ZD 2019, 331.

[5] BAG CR 2018, 27; s. EGMR v. 5.9.2017 – 61496/08 CCZ 2016, 285 mAnm *Stück* zur Überwachung per logging ohne vorherige Information.

[6] BAG NZA 2019, 1055; dazu *Fuhlrott*, Wahrung von Datenschutzstandards als Voraussetzung arbeitgeberseitiger Betriebsratsinformation, ArbRAktuell 2019, 408.

[7] S. *Solmecke/Kocatepe* ZD 2014, 22 zu Google Glass.

[8] Zu Zulässigkeit der Videoüberwachung durch Privatpersonen im öffentlichen Bereich s. *Johnson/Brechtel* ITRB 2019, 208.

besonderen Voraussetzungen Pflicht, und zwar in einer vielschichtigeren Aufgabe als bisher.[1]

Für **Outsourcing**-Verträge gewährte § 11 BDSG aF bei Auftragsdatenverarbeitung eine Privilegierung iVm der Einhaltung eines Katalogs von Regelungen, die der **Vertrag enthalten und der Auftraggeber auf Einhaltung prüfen** musste. Die Gefahr war, dass Verträge, die nicht den Vorgaben entsprachen, die Privilegierungswirkung nicht erzeugen konnten, sodass *Funktionsübertragung* vorlag. Art. 28 DS-GVO macht noch klarer die Vereinbarung der vertraglichen Grundlage zur Voraussetzung der Auftragsverarbeitung. Hosting-Verträge, etwa auch für Shops, sind nur rechtlich haltbar, wenn Auftragsverarbeitung vorliegt[2]. Schon vor Novellierung galt ein Verbot der Weitergabe speziell von Patientendaten an externe private Abrechnungsstellen auch bei Vorliegen von „formalen": Einwilligungen[3].

Die Pflichten bzw. Voraussetzungen nach § 11 BDSG betreffen über Abs. 5 Fremdleistungen wie Support, Pflege, Wartung. Eine entsprechende Regelung analoger Anwendung des Art. 28 DS-GVO gibt es dort nicht.

Die Auftragsverarbeitung nach der DS-GVO ist einfacher (eine Privilegierung ist nicht mehr vorgesehen[4]) und weiter gefasst, der Katalog der Pflichten und der im Vertrag zu regelnden Klauselthemen ist anders, aber durchaus ähnlich wie der in § 11 BDSG aF.[5] Dh dass sich das Outsourcing vereinfacht, da es die Problematik, dass nicht privilegierte Funktionsübertragung vorliegt, nicht mehr gibt. Allerdings erhöht sich das wirtschaftliche Risiko des Auftragsverarbeiters, da dieser nun selbst direkt haftet, „wenn er seinen speziell den Auftragsverarbeitern auferlegten Pflichten aus dieser Verordnung nicht nachgekommen ist oder unter Nichtbeachtung der rechtmäßig erteilten Anweisungen des für die Datenverarbeitung Verantwortlichen oder gegen diese Anweisungen gehandelt hat". (Art. 82 Abs. 2 Satz 2, s. Nr. 54).

Die *Einwilligung* ist mehrfach als Voraussetzung für Zulässigkeit geregelt (DS-GVO, BDSG, TMG und UWG)[6]: Eine Art Armutszeugnis für den Datenschutz war die Entscheidung des BGH, bei der sich das UWG als der wirksamere Schutz des Einzelnen herausstellte[7]. Eine Schwäche des Datenschutzes ist,

---

[1] *Klug* RDV 2014, 90; in (Nr. 54) für Unternehmen geknüpft an besonderen Bedarf an Kontrolle, Art. 37 (*Kerntätigkeit* besteht aus Verarbeitungsvorgängen, welche auf Grund ihres Wesens, ihres Umfangs und/oder ihrer Zwecke eine regelmäßige und systematische Beobachtung von betroffenen Personen erforderlich machen). *Baumgartner/Hansch*, Der betriebliche Datenschutzbeauftragte, ZD 2019, 99.

[2] Für Verträge nach BDSG aF zu Shops s. *Müglich* CR 2009, 481; nun noch schwieriger: *Conrad/Dovas* in Forgó/Helfrich/Schneider, Betrieblicher Datenschutz, 3. Aufl. 2019, IX. Kap. 2, Rz. 9 ff.

[3] BSG CR 2009, 460 mkritAnm *Brisch/Laue,* 465. S. a. OVG Schleswig-Holst. CR 2011, 359 zum Schutz von Patientendaten durch AuftragsDV bei hausarztzentrierter Versorgung.

[4] AM wohl *Schmidt/Freund* ZD 2017, 14.

[5] *Hartung/Büttgen* DuD 2017, 549; *von Holleben/Knaut* CR 2017, 299.

[6] S. zB zu UWG mit relativ geringen Anforderungen an die Wirksamkeit in die Einwilligung zur E-Mail-Werbung im Zusammenhang mit der Teilnahme an einem Gewinnspiel OLG Frankfurt ZD 2019, 507, andererseits zu TMG OLG Frankfurt MMR 2016, 245; BGH MMR 2018, 90, dazu EuGH v. 1.10.2019 – C – 673/17 zur Einwilligung bei Cookies.

[7] BGH CR 2008, 720 – payback – zu BDSG aF; BGH v. 11.11.2009 – VIII ZR 12/08, MMR 2010, 138 – HappyDigits – zur Einwilligungsklausel; zur Onlinewerbung/-marketing nach der BDSG-Novelle: *Plath/Frey* CR 2009, 613, Anforderungen an den Einwilligungsnachweis bei Telefon- und E-Mail-Werbung – „Double-opt-in-Verfahren", BGH K&R 2011, 587; Anforderungen an Einwilligungserklärung für Werbeanrufe bei Gewinnspiel-Teilnahme BGH K&R 2011, 509. OLG München ZD 2019, 464.

dass dessen Normen (va § 28 BDSG) längere Zeit nicht als Marktverhaltensregeln angesehen werden[1]. Dies hat sich allmählich geändert.[2]

Besonders bekannt geworden waren die Verhandlungen zur Einwilligungsklausel für die Datenübermittlung an die SCHUFA[3]. Eines der Probleme der SCHUFA-Einträge ist die Mitführung der Alteinträge, auch wenn entgegenstehende Informationen vorliegen[4] (zu den Voraussetzungen der Meldung der Nichtzahlung einer Forderung aus einem Doppel-Swap-Vertrag bei bestehenden Gegenforderungen[5]).

Bei **Unternehmens-Transaktionen** stellen mehr und mehr die Daten des zu veräußernden Unternehmens ein wichtiges Asset dar, zu dessen Übertragung aber ggf. die Einwilligung der Betroffenen erforderlich ist.[6] Andererseits hindert der Datenschutz auch die Übertragung der Kundendaten in Vertriebssystemen etwa bei Vertragsende mit der Folge, dass mangels Übertragung des Kundenstamms auch kein Ausgleichsanspruch nach § 69b HGB entsteht.[7]

Scoring war in §§ 28a, 28b BDSG aF näher geregelt[8]. Die Auskunftsrechte dazu nach § 34 Abs. 4 S. 1 Nr. 4 BDSG wurden vom BGH restriktiv interpretiert.[9] Das könnte sich mit der DS-GVO, die Scoring nicht speziell regelt, ändern[10]: Nach Art. 13 und 14 (Nr. 54) ist ua über die **involvierte** Logik bei automatisierter Entscheidungsfindung einschließlich Profiling zu informieren. Das ist mehr als nach § 34 BDSG aF. BDSG nF regelt in § 31 den Schutz des Wirtschaftsverkehrs bei Scoring und Bonitätsauskünften (also weniger den Schutz des Betroffenen) und die Informationspflichten in §§ 32f. (s. a. Nr. 56). Die Bedrohlichkeit der Ausdehnung des Scoring zeigt das Social Credit-System in China.[11]

DS-RL für elektronische Kommunikation (Nr. 57) wurde 2009 geändert, die Änderungen wären umzusetzen va im TKG.

---

[1] S. va OLG München ZD 2012, 230 mAnm *Schröder;* anders zB zu § 13 TMG, s. OLG Hamburg ZD 2013, 511 mAnm *Schröder.*

[2] Zu den verbraucher- und wettbewerbsrechtlichen Wertungen s. *Podszun/de Toma* NJW 2016, 2987.

[3] Zur Entstehung der SCHUFA-Klausel *Hornung* CR 2007, 753; zur berechtigten Übermittlung ohne „Schufa-Klausel zB OLG Saarbrücken KG ITRB 2012, 54.

[4] S. zB OLG Frankfurt ZD 2018, 270 und NJW-RR 2019, 1138.

[5] S. OLG Frankfurt ZD 2012, 473 – in Fortführung von OLG Frankfurt RDV 2009, 30.

[6] S. *Conrad* ZD 2016, 1 zu BayLDA, das Beteiligte eines Unternehmensverkaufs wegen Verstoßes gegen die datenschutzrechtlichen Vorschriften im Umgang mit Kundendaten (Übertragung von E-Mail-Adressen von Kunden eines Online-Shops) mit einem erheblichen Bußgeld belegt hat. S. a. *Pfeiffer* DSRITB 2015, 245 zum Schutz von Kundendaten im Rahmen von Unternehmenstransaktionen; *Bayer/Beyer* NZI 2016, 241 zu Verkauf von Kundendaten in der Insolvenz.

[7] BGH ZD 2015, 428 in Fortführung von BGH NJW 1996, 2159; s. a. zu Fusionskontrolle und Datenschutz *Beisenherz* DuD 2015, 600.

[8] S. zB *Helfrich,* Kredit-Scoring und Scorewertbildung der SCHUFA. Datenschutzrechtliche Zulässigkeit im Rahmen der praktischen Anwendungen, 2010; *Roßnagel* NJW 2009, 2716.

[9] BGH ZD 2014, 306: die Methodik zur Ermittlung des Scorewerts ist nicht mitzuteilen, zugleich Bestätigung von OLG Nürnberg ZD 2013, 26; s. a. *Lang* K&R 2014, 269, und *Schulte am Hülse/Timm* NJW 2014, 1238.

[10] Zu Bonitätsauskünften und -bewertung *Schantz* in Simitis/Hornung/Spiecker gen. Döhmann, Datenschutzrecht, 1. Aufl. 2019, DS-GVO Art. 6 Rn. 133ff.; *Helfrich* in Forgó/Helfrich/Schneider, Betrieblicher Datenschutz, 3. Aufl. 2019, IX.3, Rn. 80ff.

[11] *Oganesian/Heermann* ZD-Aktuell 2018, 06124.

Die „Voll-Harmonisierung", welche der EuGH für die DS-RL konstatierte[1], machte eigentlich die **DS-GVO** überflüssig. Tatsächlich enthält die DS-GVO zahlreiche Regelungen aus der DS-RL: Merkmale der DS-GVO (Nr. 54) sind[2] – neben der unmittelbaren Geltung:

Es bleibt beim **Verbotsprinzip**[3] auch für die „Alltagsdatenverarbeitung und-kommunikation", und der Fixierung auf personenbezogene Daten sowie dem – von der Realität überholten – Modell hier Datenverarbeiter, dort „Betroffener".

Hervorzuheben sind folgende Maßgaben:[4]

- Erforderlichkeit (Art. 5 Abs. 1 lit a), Minimierung (Art. 5 Abs. 1 lit c) und Zweckbindung (Art. 5 Abs. 1 lit b).[5]
- Geltung auch für Firmen mit Sitz im Nicht-EU-Ausland, „Marktortprinzip",
- kleine Ansätze („Datenschutz durch Technikgestaltung und durch datenschutzfreundliche Voreinstellungen") zu „Privacy by Design" und „by Default" (Art. 25)[6], Regelungen zu Profilbildung (Art. 22),[7]
- ein Beauftragter für den Datenschutz[8], ist nun als Pflicht bei besonderen Umständen (etwa Verarbeitung sensibler Daten in großem Umfang) vorgesehen (Art. 37), für Deutschland im BDSG 2017 (§ 38, s. Nr. 56) wie bislang geregelt (ab 10 Mitarbeiter bei der Verarbeitung personenbezogener Daten), 2019 erhöht auf 20[9].
- Erst allmählich gewinnt der **Umfang des Auskunftsanspruchs** iVm dem Recht auf **Kopie**[10] Konturen: Der Arbeitnehmer hat ein Recht nach Art. 15 Abs. 1 DS-GVO auf Auskunft **und** gem. Art. 15 Abs. 3 Satz 1 DS-GVO auf eine Kopie der durch den Arbeitgeber über ihn gespeicherten personenbezogenen Daten.[11] Das OLG Köln ist ziemlich weit bei der Antwort auf die Frage, welche Daten zu einer Person gehören, hier bei einem Versicherungsneh-

---

[1] CR 2012, 29 mAnm *Freund;* bestärkt wurde diese Ansicht, dass die DS-GVO für die Harmonisierung nicht erforderlich ist, durch EuGH MMR 2014, 455 und 412 (zur Ungültigkeit der Vorratsdatenspeicherung); EuGH CR 2016, 109 – Weltimmo zur Anwendung der DS-RL für Nicht-EU. OLG Wien: Weltweite Löschpflicht von Facebook v. 26.4.2017 – 5 R 5/17, MMR 2017, 812: das soziale Netzwerk Facebook Hass-Postings muss nicht nur für bestimmte Länder sperren, sondern weltweit löschen; so auch GNIL für Frankreich gegenüber Google; dazu EuGH v. 24.9.2091 – C-507/17: Google muss EU-weit, aber nicht weltweit auslisten.

[2] Sehr positiv herausgestellt unter http://europa.eu/rapid/press-release_MEMO-15-6385_en. htm.

[3] AM *Roßnagel*, Kein „Verbotsprinzip" und kein „Verbot mit Erlaubnisvorbehalt" im Datenschutzrecht, NJW 2019, 1: „Jede Verarbeitung personenbezogener Daten ist ein Eingriff in die Grundrechte auf Privatleben nach Art. 7 GRCh, auf Datenschutz nach Art. 8 GRCh und auf informationelle Selbstbestimmung nach Art. 2 I iVm Art. 1 I GG."

[4] Zum Überblick *Albrecht* CR 2016, 88.

[5] *Frenzel* in Paal/Pauly, DS-GVO BDSG, 2. Aufl. 2018, Art. 5 DS-GVO Rn. 23 ff. S. a. bei § 12 Abs. 2 TMG. ZB ein Problem bei Datenbevorratung und der Erforderlichkeit, s. II.7, und Tests mit Echtdaten (dazu: *Heinemeyer* CR 2019, 147).

[6] *Baumgartner/Gausling* ZD 2017, 308.

[7] Zum Spannungsverhältnis von Technikneutralität und Technikbezug bei der DS-*GVO s. Sydow/Kring* ZD 2014, 271; Vorschlag zur Regelung der Profilbildung *Härting* CR 2014, 528; nach DS-GVO zur Automatisierten Sprachanalyse und zum Profiling von Stellenbewerbern: *Betz* ZD 2019, 148.

[8] Ab mindestens zB 250 war in der Diskussion, s. *Hullen* jurisPR-ITR 8/2013 Anm. 2.

[9] Am 28.6.2019 durch das 2. Datenschutzanpassungs- und Umsetzungsgesetz.

[10] *Härting* CR 2019, 219: Was ist eigentlich eine „Kopie"? (Art. 15 Abs. 3 Satz 1 DSGVO).

[11] LAG BW ZD 2019, 276. Zum Kopieanspruch im ArbR *Schulte/Welge* NZA 2019, 1110.

mer[1], nämlich: persönliche Informationen wie Name, Anschrift und Geburtsdatum, äußere Merkmale und innere Zustände, aber auch sachliche Informationen wie etwa Vermögens- und Eigentumsverhältnisse, Kommunikations- und Vertragsbeziehungen und alle sonstigen Beziehungen der betroffenen Person zu Dritten und ihrer Umwelt zu den personenbezogenen Daten iSd Art. 4 Nr. 1 DSGVO. Auch Aussagen, die eine subjektive und/oder objektive Einschätzung zu einer identifizierten oder identifizierbaren Person liefern, weisen … einen Personenbezug auf.[2] Keine Begrenzung des Begriffs auf sog. „Stammdaten".[3] Der Auskunftsanspruch ist ein *höchstpersönliches* Recht, das nicht etwa durch die Eröffnung des Insolvenzverfahrens auf den Insolvenzverwalter übergeht.[4]

Umfang und Reichweite des Auskunftsanspruchs werden noch durch die extensive Auslegung hinsichtlich personenbezogener Daten ein Problem, etwa bei den Antworten zu Klausuren/Prüfungsarbeiten.[5] *Auskunft* ist eigentlich nicht gleich *Kopie*, deshalb wäre die Frage, ob *Kopie* in Art. 15 DS-GVO nicht meint: Kopie der Auskunft, oder doch – weil sonst sinnlos – Kopie der Daten. Unklar ist dann aber, wie sich das zu Portabilität, Art. 20, verhält.[6]

Im Kontext *Elektronische Patientenakte* (ePA) ergibt sich evtl. in Zukunft eine Art proaktiver Auskunft: „Spätestens ab Januar 2021 müssen die gesetzlichen Krankenkassen ihren Versicherten eine … ePA anbieten. So steht es im Terminservice- und Versorgungsgesetz (TSVG)".[7] Evtl. sind separat zusätzlich Datenschutzregeln zu schaffen.[8]

Gemäß Plan zu *Digitale Versorgung Gesetz* (DVG) sollen sich Patienten per Gesundheits-Apps künftig Arzneimittel vom Arzt verschreiben lassen können. Unklar scheint, wie es sich mit Befunden, Röntgenbildern oder den Daten aus dem Impfausweis verhalten wird.

- die **Portabilität** der Daten ist für das Recht auf Datenübertragbarkeit zu gewährleisten, etwa in einem strukturierten, gängigen und maschinenlesbaren Format an den Betroffenen selbst oder, soweit dies technisch machbar ist, an den neuen Provider (Art. 20 mit genaueren Voraussetzungen).[9]
- Transparenz zugunsten des Betroffenen, Art. 5 Einwilligung und va Informationspflichten Art. 12ff. DS-GVO.
- Ansatzweise ein Recht auf *„Vergessenwerden"* mit Löschungsanspruch auch hinsichtlich der Verweise (Art. 17 DS-GVO[10]),

---

[1] OLG Köln ZD 2019, 462.

[2] *Brauneck*, DSGVO: Neue Anwendbarkeit durch neue Definition personenbezogener Daten? EuZW 2019, 680.

[3] OLG Köln ZD 2019, 462.

[4] OVG Lüneburg v. 26.6.2019 – 11 LA 274/18.

[5] EuGH ZD 2018, 113 – Nowak/Data Protection Commissioner.

[6] *Engeler/Quiel*, Recht auf Kopie und Auskunftsanspruch im Datenschutzrecht, NJW 2019, 2201; *König*, Das Recht auf eine Datenkopie im Arbeitsverhältnis, CR 2019, 295.

[7] https://www.kbv.de/html/epa.php (besucht 9.8.2019).

[8] Zum Plan eines Digitalisierungsgesetzes wurde am 15.5.2019 Referentenentwurf für das Digitale Versorgung-Gesetz (DVG) vorgestellt.

[9] *Röttgen/v. Schönfeld/Jülicher* ZD 2016, 358; zu 5 zentralen Fragen aus Sicht von Facebook: https://fbnewsroomus.files.wordpress.com/2019/09/data-portability-privacy-white-paper.pdf (Sept. 2019), darunter welche Daten überhaupt portabel sein müssen.

[10] S. a. *Koreng/Feldmann* ZD 2012, 312; s. schon als Inhalt der DSch-RL EuGH CR 2014, 460, Pflicht für Suchmaschinen zur Löschung personenbezogener Links; dazu *Buchholtz* ZD 2015, 570.

– *„Joint Controllership"* Art. 26, eine Art Falle, weil oft unbemerkt Joint Controllership, als Gemeinsame Verantwortlichkeit vorliegt, wie mehrere Entscheidungen des EuGH (Facebook Fanpages[1], EuGH Zeugen Jehovas[2]) gezeigt haben. Deshalb bedarf es der Klärung, wann genau Gemeinsame Verantwortlichkeit vorliegt,[3] also einer Analyse der tatsächlichen Lebenssachverhalte zur Abgrenzung zwischen gemeinsamer Verantwortlichkeit und Auftragsverarbeitung.[4]

Zur Einschränkung der **Reichweite** der Verantwortung gehört die Beurteilung, welchen Beitrag der Betreiber der Website (hier: Fashion ID) mit „Gefällt mir"-Button zur Datenerhebung leistet: Der Betreiber einer Website, in der der „Gefällt mir"-Button von Facebook enthalten ist, kann für das **Erheben** und die **Übermittlung** der personenbezogenen Daten der Besucher seiner Website gemeinsam mit Facebook verantwortlich sein. Dagegen ist er grundsätzlich **nicht** für die spätere **Verarbeitung** dieser Daten allein durch Facebook verantwortlich.[5] – Ansätze zu Datenschutzaudit und Datenschutzzertifizierung.[6] Ein Urteil gibt Anhaltspunkte für Anforderungen des Auftraggebers an das Qualitätssicherungssystem des Auftragnehmers: „Umfasst ein öffentlicher Auftrag die Verarbeitung von Sozialdaten, so ist der öffentliche Auftraggeber berechtigt, von den Bietern die Vorlage eines aktuellen Zertifikats nach DIN ISO/IEC27011 (oder gleichwertig) zu verlangen. Besonders die hohen gesetzlichen Anforderungen an die Sicherheit der Verarbeitung von Sozialdaten rechtfertigten den Nachweis eines Informationssicherheitsmanagementsystems … § 49 Abs. 1 VgV. Die dort erwähnten Qualitätssicherungssysteme umfassten – neben denen nach DIN EN ISO 9001 – auch solche nach DIN ISO/IEC 27001.- Technisch organisatorische Maßnahmen zur Sicherheit der DV, Art. 32 iVm Pflicht zu laufender Überwachung, Art. 24, 33 DS-GVO.

–DSFA/ Impact assessment, Art. 35, Datenschutz- **(Risiko-)folgenabschätzung**[7], erforderlich, wenn eine Form der Verarbeitung, insbesondere bei Verwendung neuer Technologien, aufgrund der Art, des Umfangs, der Umstände und der Zwecke der Verarbeitung voraussichtlich ein hohes Risiko für die Rechte und Freiheiten natürlicher Personen zur Folge hat (zentrales Element des risikobasierten Ansatzes[8]), dazu gehört auch der Risikokatalog in Erwägungsgrund 75 der DS-GVO: Kritisch ist das Spannungsverhältnis

---

Zur Umsetzung der DS-GVO-Löschpflichten *Keppeler/Berning* ZD 2017, 314; *Dovas* ITRB 2017, 185; LG Frankfurt/M. v. 28.6.2019 – 2–03 O 315/17.

[1] EuGH MMR 2018, 591 – Facebook; auf dieser Basis BVerwG v. 11.9.2019 – 6 C 15.18: Die Aufsichtsbehörde kann den Betrieb der Facebook-Fanpage untersagen, also die Abschaltung verfügen, „falls die von Facebook zur Verfügung gestellte digitale Infrastruktur schwerwiegende datenschutzrechtliche Mängel aufweist" (PM des BVerwG v. 11.9.2019).

[2] EuGH ZD 2018, 469 – Zeugen Jehovas.

[3] Zur Reichweite *Golland* K&R 2019, 533. Drittinhalte auf Websites *Lee/Cross* MMR 2019, 559.

[4] *Kremer* CR 2019, 225; Specht-Riemenschneider/Schneider: Die gemeinsame Verantwortlichkeit im Datenschutzrecht MMR 2019, 503 (zu EuGH Facebook); s. a. zu Abgrenzung: *Kartheuser/Nabulsi* MMR 2018, 717; zu vertraglichen Gestaltungsaufgaben: *Hacker* MMR 2018, 779.

[5] EuGH ZD 2019, 455 – Fashion ID; dazu *Spittka/Mantz*, Datenschutzrechtliche Anforderungen an den Einsatz von Social Plugins, NJW 2019, 2742.

[6] *Hornung/Hartl* ZD 2014, 219; zu Zertifizierung s. a. *Meissner* DuD 2014, 153.

[7] *Syckor/Strufe/Lauber-Rönsberg*, Die Datenschutz-Folgenabschätzung: Ausnahme oder Regelfall? ZD 2019, 390.

[8] *Syckor/Strufe/Lauber-Rönsberg* ZD 2019, 390 mVerw auf *Bieker/Bremert/Hansen* DuD 2018, 495, und DSK 2018, Kurzpapier Nr. 5, S. 1 f.

zwischen evtl. notwendigen Maßnahmen zur Prüfung der Sicherheit und deren Funktion gegenüber den Rechten der Betroffenen, etwa bei Penetrationstests bzw. Intrusion Detection Tests.[1] Die Frage ist sogar, ob solche Tests (anlasslos, pauschal) zulässig sind, also ohne konkrete Verdachtsmomente etwa iSv § 26 BDSG. Die Planung solcher Verfahren, etwa auch Data Loss Prevention, lösen evtl. außerdem die Durchführung einer Datenschutz-Folgenabschätzung gem. Art. 35 DS-GVO aus.[2] „Schwarze und weiße Listen" der Aufsichtsbehörden, wann (k)eine DSFA erforderlich ist, sollen die Entscheidungsfindung der Verarbeiter vereinfachen und Sicherheit bei der Einschätzung bieten.[3]

- Pflichten bei Datenschutzverstößen (Meldung binnen 72h („Skandalisierungspflicht"), erheblicher Bußgeldrahmen[4]),
- Andere Bedingungen für Zweckänderung (Kompatibilitätsfrage Zweckvereinbarkeit), Art. 6 Abs. 4 iVm Art. 5 Abs. 1 lit. b DS-GVO.
- zahlreiche Kompetenzzuweisungen an die Kommission,
- Evtl. für Konzerne besonders wichtig: Möglichkeiten für Zulässigkeit über die Abwägungsklausel (Art. 6 Abs. 2 lit. f)[5] und auch Entlastung durch **Verhaltensregeln**[6]
- Löschen, Art. 17 DS-GVO Löschkonzepte**7)**.
- Fragen zu Rechten und Pflichten des **Betriebsrats**[8]: Unklar ist, ob der Betriebsrat selbst Verantwortlicher iS der DS-GVO ist. Dies wird zu bejahen sein[9], weshalb er evtl. einen eigenen Datenschutzbeauftragten zu benennen hat. Vom Betrieblichen Datenschutzbeauftragten wird er nicht geprüft werden können. Informationen an BR, der BR als Verantwortlicher, zum Verhältnis von BR und DSB: Darf der Betriebsrat verlangen, dass ihm der Arbeitgeber die Namen schwangerer Arbeitnehmerinnen mitteilt?[10] Das BAG spezifizierte die differenzierten Anforderungen an die betriebsverfassungsrechtlichen Unterrichtungspflicht des Arbeitgebers gegenüber dem Betriebsrat. Zu DSB und Betriebsrat: Das LAG Sachsen[11] hat zu der Streitfrage, dass eine Betriebsratsvorsitzende auch Datenschutzbeauftragte sein kann und kein Interessenskonflikt zwischen diesen Tätigkeiten vorliegt. Bislang war dies nur zugunsten einfacher Betriebsratsmitglieder entschieden.[12]

---

[1] S. *Deusch/Eggendorfer* K&R 2018, 753.

[2] *Deusch/Eggendorfer* K&R 2018, 753, 755 mit Verweis auf Liste von Verarbeitungsvorgängen nach Art. 35 der Aufsichtsbehörde BW.

[3] S. zB *Nwankwo*, EDPB: Opinions on Data Processing that are Exempt from Conducting DPIA (Whitelist), ZD-Aktuell 2019, 06761.

[4] Art. 83 DS-GVO; s. *Bergt* DuD 2017, 555, auch zu Vorrang vor §§ 19, 20 OwiG; zum Opportunitätsprinzip *Golla* CR 2018, 353. Gem. Meldung v. 6.9.2019 berechnen die Aufsichtsbehörden Bußgelder nach neuem Modell, veröff. von DSK am 14.10.2019. Zur Praxis in Frankreich (CNIL) *Votteler* ZD 2019, 431.

[5] *Heberlein* in Ehmann/Selmayr, DS-GVO, 2. Aufl. 2018, Art. 6 Rn. 26 iVm 32 f.

[6] Zum internationalen Datentransfer im Konzern *Rath/Heins/Éles* CR 2019, 500; zu Verhaltensregeln als Mittel zur Beseitigung der Rechtsunsicherheit *Bergt* CR 2016, 670.

[7] *Hunzinger*, Löschkonzepte nach der DSGVO am Beispiel von ERP-Systemen, CR 2018, 357.

[8] *Reiserer/Christ/Heinz*, Beschäftigten-Datenschutz und DS-GVO, DStR 2018, 1501.

[9] Unter BDSG aF: BAG ZD 2013, 36.

[10] BAG NZA 2019, 1055.

[11] Urteil v. 19.8.2019 – 9 Sa 268/18.

[12] BAG CR 2011, 776.

- **Asset Deal**: Die DSK hat einen Beschluss v. 24.5.2019 Fallgruppen für die Interessenabwägung gem. Art. 6 lit. f DSGVO publiziert.[1] Bei der Vertragsgestaltung und va der Handhabung sind diese Maßgaben beachtenswert, etwa auch, wann eine Einwilligung erforderlich ist.

Eine Privilegierung des **Konzerns** im Rahmen eines „Konzerndatenschutzes" gibt es nicht[2]. Auch BDSG und DSch-RL enthielten kein solches Privileg, was zu erheblichem Aufwand in der Praxis führte. Art. 22 Abs. 3a DS-GVO sah in der Fassung des EP eine Erleichterung für den Konzern vor (für interne administrative Zwecke, wenn bestimmte Voraussetzungen erfüllt sind).[3] Einen Ansatzpunkt bietet im Rahmen der Abwägung nach Art. 6 Abs. 2 lit f Erwägungsgrund 48. Bezüglich der Haftung auf **Schadensersatz** sieht Art. 82 beachtliche Neuerungen. Zum einen wird die Haftung auch des Auftragsverarbeiters geregelt, zum anderen die Pflicht zum Ersatz auch des immateriellen Schadens (Abs. 1).[4] Zum anderen wird eine gesamtschuldnerische Haftung durch Abs. 2 festgelegt. Den internen Ausgleich bei mehreren zum Schadensersatz Verpflichteten regelt Art. 82 Abs. 5.

Safe Harbor: Mit der Entscheidung 2000/520/EG der Kommission v. 26.7.2000 gem. der RL 95/46 über die Angemessenheit des von den Grundsätzen des „sicheren Hafens" und der diesbezüglichen „Häufig gestellten Fragen" (FAQ) gewährleisteten Schutzes, vorgelegt vom Handelsministerium der USA (ABl. L 215, S. 7), war für die Datenübermittlung in die USA ein pragmatisches, aber problematisches Institut geschaffen worden. Die Selbstzertifizierung bzw. die Kontrolle hatte erhebliche Defizite. Es bestanden starke Zweifel an der Angemessenheit des Schutzniveaus. Der EuGH hat die Entscheidung 2000/520 für nichtig erklärt.[5] In der Folge waren auch die Standardvertragsklauseln der Kommission und die Institution der BCR als Lösungen für Datenaustausch mit USA, wichtig für Konzerne[6], Cloud-Computing bzw. Auftragsdatenverarbeitung hinsichtlich Wirksamkeit in Zweifel gezogen worden. Die Artikel-29-Gruppe hatte den Verhandlungspartnern eine Frist bis Ende Januar 2016 gesetzt, um auf die Entscheidung des EuGH zum Datentransferabkommen Safe Harbor zu reagieren.[7] Das Nachfolge-Abkommen heißt **„Privacy Shield".**[8] Es ist unklar, ob diese Regelung den Anforderun-

---

[1] https://datenschutz.saarland.de/fileadmin/datenschutz/dsk_beschluesse/2019/20190524_dskb_asset_deal.pdf.

[2] Zum Problem bzw. Lösungsversuchen nach altem Recht s. *Neumann* DuD 2011, 343; *Schild/Tinnefeld* DuD 2011, 629; *Schulz* BB 2011, 2552; *v. d. Bussche/Voigt,* Konzerndatenschutz, 2014.

[3] S. *Klinger* jurisPR-ITR 6/2014 Anm. 2, C. II.

[4] Gering aber immerhin: AG Diez DSGVO-Schmerzensgeld wegen Spam-Mail (50 EUR, v. 7.11.2018 – 8 C 130/18).

[5] EuGH MMR 2015, 753 – Maximilian Schrems/Data Protection Commissioner; s. a. *Moos/Schefzig* CR 2015, 625; s. a. zu den Folgen *Borges* NJW 2015, 3617; speziell für Compliance bei Personalabteilungen *Domke* BB 2015, 2804.

[6] S. unabhängig von Safe harbor bzw. USA zur Anwendbarkeit nationalen Datenschutz-Rechts auf ausländische Gesellschaft EuGH ZD 2015, 580.

[7] http://ec.europa.eu/justice/data-protection/article-29/press-material/press-release/art29_press_material/2015/20151016_wp29_statement_on_schrems_judgement.pdf.

[8] *Börding* CR 2016, 431; *Lejeune* ITRB 2016, 201; zu Mängeln *Molnár-Gábor/Kaffenberger* ZD 2017, 8.

gen des EuGH[1] und der Gruppe Art. 29 genügt.[2] Die erste Überprüfung erfolgte 2017 Okt, 2017.[3] Die weitere Prüfung erfolgte Herbst 2018 (EU-Report v. 19.12.2018).[4] Die Prüfungen ergaben, „dass das Privacy Shield gut funktioniere, seine Handhabung aber noch verbessert werden könne"[5]. Evtl. wird der EuGH im Verfahren Schrems die Rechtsschutzmöglichkeiten betroffener Europäer als zu gering einschätzen.[6]

Als weitere Problematik: stellt sich der Konflikte der DS-GVO mit dem US CLOUD Act,.[7]

Ob **Standardvertragsklauseln** eine wirksame alternative Lösung darstellen können, ist str.: „In konsequenter Anwendung der Vorgaben des EuGH in seinem Urteil ist eine Datenübermittlung auf Basis von Standardvertragsklauseln nicht mehr zulässig."[8]

Die mögliche weitere Grundlage waren bislang **BCR,** Binding Corporate Rules.[9] Es scheint unsicher, ob diese Möglichkeit, Zulässigkeit va innerhalb der konzernweiten Datenverarbeitung zu erreichen, noch besteht.

IP-Adressen waren ein großes Streitthema, an dem sich – neben dem Problem der verfassungswidrigen Datenbevorratung[10], auch durch RL 2006/24/EG[11] – die grundsätzliche Frage der Definition „personenbezogener Daten" und deren Eignung für die Regulierung des Datenschutzes entzündete[12]. Der BGH hatte dem EuGH zwei Fragen zur Auslegung der EG-DS-RL zur Vorabentscheidung vorgelegt.[13] Der EuGH[14] hat die Fragen beantwortet, und nun hat der BGH[15] auf der Grundlage des EuGH-Urteils entschieden, wonach das Tatbestandsmerkmal „personenbezogene Daten" des § 12 Abs. 1 und 2 TMG in Verbindung mit § 3 Abs. 1 BDSG richtlinienkonform auszulegen ist: Eine dynamische IP-Adresse, die von einem Anbieter von Online-Mediendiensten beim Zugriff einer Person auf eine Internetseite, die dieser

---

[1] Ungültigkeit der Vorgängerregelung s. EuGH MMR 2015, 753; s. a. *Mense*: EU-US-Privacy-Shield – der kleinste gemeinsame Nenner angemessenen Datenschutzes? ZD 2019, 351.

[2] Statement des Article 29 Working Party v. 3.2.2016: https://lda.bayern.de/media/a29wp-schrems_judgement_de. pdf.

[3] European Commission: EU-US Privacy Shield complies with the requirements of the General Data Protection Regulation Posted on 7. April 2017 by Carlo Piltz; inzwischen für zu Okt. 2017 *Spies* in Bussche v. d./Voigt, Konzerndatenschutz, 2. Aufl. 2019, Kap. 4, Rn. 57.

[4] Der Europäische Datenschutzausschuss (EDPB Bericht v. 22.1.2019).

[5] *Spies* in Bussche v. d./Voigt, Konzerndatenschutz, 2. Aufl. 2019, Kap. 4, Rn. 57 und in Rz. 58 zu Themen für Nachverhandlungen.

[6] Anhörung am 9.7.2019, s. zu Folgen/Perspektiven *Baker*, EU High Court: Hearings to Determine Future of Privacy Shield/SCCs, ZD-Aktuell 2019, 04376.

[7] *Determann/Nebel* CR 2018, 408 mit Herausgabepflicht von außerhalb der USA befindlicher Daten. Zum Spannungsverhältnis gegenüber DS-GVO s. *Gausling,* Offenlegung von Daten auf Basis des CLOUD Act, MMR 2018, 578.

[8] So *Hansen,* DSB S-H, http://www.golem.de/news/s, e-harbor-datenschuetzer-drohen-mit-strafe-bei-datentransfer-in-die-usa-1510–116901.html.

[9] S. *Filip* ZD 2013, 51 zum Stand europaweiter Anerkennung.

[10] S. a. BVerfG v. 24.1.2012 – 1 BvR 1299/05, CR 2012, 245.

[11] EuGH CR 2012, 385; s. zur Frage, ob es auf Zusatzwissen ankommt, Vorlage BGH CR 2015, 109; s. nun BGH. v. 16.5.2017 – VI ZR 135/13 (MMR-Aktuell 2017, 392269, beck-online).

[12] BGH v. 13.1.2011 – III ZR 146/10, CR 2011, 178 mAnm *Eckhardt* CR 2011, 254; s. a. *Specht/Müller-Riemenschneider* ZD 2014, 71 (besteht der Personenbezug für die Website-Betreiber?); *Nink/Pohle* MMR 2015, 563 zu BGH v. 28.10.2014 – VI ZR 135/13; s. a. *Gerlach* CR 2013, 478 zu praktischen Konsequenzen aus Kammergericht CR 2013, 471. Nun BGH MMR 2017, 605.

[13] MMR 2017, 605.

[14] NJW 2016, 3579: va Personenbezug von IP-Adressen sehr weit gefasst.

[15] BGH MMR 2017, 605 – IP-Adressen, TMG.

Anbieter allgemein zugänglich macht, gespeichert wird, stellt für den Anbieter ein (geschütztes) personenbezogenes Datum dar.[1)]

Nach EuGH zur Vorratsdatenspeicherung schien die Möglichkeit der **Datenbevorratung** kaum legitim herstellbar.[2)] Internetserviceprovider durften aber nach Auffassung des BGH auf der Basis von § 100 I TKG die dynamischen IP-Adressen ihrer Kunden für die Dauer von sieben Tagen speichern.[3)] Nun, nach Neuregelung der Vorratsdatendatenspeicherung[4)] entschied der EuGH, dass keine allgemeine Pflicht zur Vorratsdatenspeicherung seitens der Mitgliedstaaten besteht.[5)] Einige neue Techniken bringen praktisch das Ende der „Anonymität" mit sich, etwa „Device Fingerprinting"[6)] und vor allem Big Data.

Like-Button: (Facebook): *Piltz*[7)]; *Voigt/Alich*[8)]; LG Berlin Beschl. v. 14.3.2011[9)].

Google AGB, die Datenschutzerklärung wurde zum 1.3.2012 geändert; die diensteübergreifende Nutzerprofilbildung ist sehr kritisch zu sehen[10)].

Facebook-AGB und **Freundefinder** – evtl. (str.) findet deutsches Datenschutzrecht zugunsten deutscher Betroffener **Anwendung,**[11)] so auch bei Ansprache deutscher Nutzer über Facebook.de oder deutsche Seiten auf facebook.com, dabei weitere unwirksame Facebook-AGB, ua Klarnamensprinzip und Einverständniserklärungen.[12)]

Spezialthema: **Datenschutz in der Cloud,** insbesondere das Problem der Auftragsdatenverarbeitung[13)]; s. a. 8. am Ende.

Apps und Datenschutz – neue Anwendungen und Geräte stellen eine Gefahrenquelle va bei Gesundheitsdaten dar – die Frage ist, ob diese stetig zunehmende Datenproduktion und -dissemination überhaupt beherrschbar ist?[14)]

In den USA erfolgte insoweit eine Vereinbarung zwischen Generalstaatsanwältin und App-Store-Betreibern[15)].

Handy-Ortung der externen, nicht am Arbeitsplatz im Betrieb arbeitenden Mitarbeiter: als Problem des Verhältnismäßigkeitsgrundsatzes, wäre auch nicht durch den früher geplanten § 32g BDSG (E) gelöst worden[16)].

---

1) BGH MMR 2017, 605 – IP-Adressen, TMG.

2) EuGH MMR 2014, 412.

3) BGH ZD 2014, 461.

4) Gesetz zur Einführung einer Speicherfrist und einer Höchstspeicherfrist für Verkehrsdaten vom 17.12.2015 (BGBl. 2015 I S. 2218). Dazu BVerfG v. 25.3.2017 – 1 BvR 3156/15 ZD 2017, 300 keine EV vor dem Hintergrund der EuGH-E.

5) EuGH ZD 2017, 124 – Tele2 Sverige ua/Post- och telestyrelsen ua, EuZW 2017, 153.

6) *Karg/Kühn* ZD 2014, 285.

7) CR 2011, 657.

8) NJW 2011, 354.

9) K&R 2011, 357 mAnm *Krieg*.

10) *Gerhartinger* ZD 2012, 303; s. *a. Becker/Becker* MMR 2012, 351.

11) Ablehnend: OVG Schl.-Holst. CR 2013, 536; bejahend: Kammergericht CR 2014, 319 und zur Vorinstanz LG Berlin ZD 2012, 276; *Meyer* K&R 2012, 309.

12) LG Berlin MMR 2018, 328.

13) *Kühling/Biendl* CR 2014, 150. Zum Spannungsverhältnis BDSG und US-Patriot-Act *Becker/Nikolaeva* CR 2012, 170); zur Auftrags-DV nach der DS-GVO (E) s. *Koós/Englisch* ZD 2014, 276.

14) *Kopp/Sokoll,* Wearables am Arbeitsplatz – Einfallstore für Alltagsüberwachung? NZA 2015, 1352; *Weichert*, Die Verarbeitung von Wearable-Sensordaten bei Beschäftigten, NZA 2017, 565; *Krause*, Herausforderung Digitalisierung der Arbeitswelt und Arbeiten 4.0* NZA-Beilage 2017, 53; *Dregelies*, Wohin laufen meine Daten? VuR 2017, 256(zu Sportuhren und Fitnesstrackern).

15) CR 2012, R 27 mit Quellen.

16) *Gola* DUD 2012, 308; s. a. *Stamer/Kuhnke* in Plath, BDSG, § 32 Rn. 129.

Einführung

Pauschale **GPS-Überwachung** von Beschäftigten (über die Firmenfahrzeuge, die mit GPS-Systemen ausgestattet und so ausgelegt sind, dass für einen Zeitraum von 150 Tagen ständig jegliche gefahrene Strecke mit Start- und Zielpunkten einschließlich der gefahrenen Zeit und zumindest des Status der Zündung (Ein/Aus) gespeichert wird) ist wenigstens im Falle von geduldeten Privatfahrten unzulässig.[1]

ByoD, Bring Your own Device, ist ein Angriff auf die hauseigenen Sicherheitsrichtlinien[2]. Neue Lizenzmethodik erfordert neue Arten des Lizenzmanagements mit weitreichenden arbeits- und datenschutzrechtlichen Folgen bzw. Anforderungen an die Compliance[3].

Neue Strukturen der Energieversorgung in Kombination mit kommunikativ vernetzten „intelligenten" Messsystemen erfordern neue Datenschutzrechtliche Konzepte[4] – im Ansatz nur in EnWG[5]. Orientierungshilfe bietet eine Veröffentlichung der Konferenz der Datenschutzbeauftragten des Bundes und der Länder und des Düsseldorfer Kreises[6].

Urheberrecht und Datenschutz (hier bei TK) können in Konflikt geraten, etwa bei Anordnung zur Auskunftserteilung über dynamische IP-Adressen.[7]

Datenschutzrecht ist bei anonymisierten Daten nicht anwendbar. Scorewerte und Algorithmen sowie Metadaten können anonym vorgehalten und weiterentwickelt werden (etwa zu Verhaltens- und speziell Kaufprognosen, wer mehr als … kauft und … der wird demnächst …). Das eigentliche Problem könnte die Manipulation des Einzelnen und dessen Einengung über in den Programmen (als „künstliche Intelligenz") enthaltene Erwartungshaltungen liegen.[8]

Die **Entwicklung der Datenschutzregeln** geht weiter. Die Novellierung des *Beschäftigtendatenschutzes*[9] hatte sich noch in relativ wenigen Regeln des Anpassungsgesetzes – BDSG 2017 – erschöpft. Der Bundestag hat nun 2019 den Gesetzentwurf (PDF) zur zweiten *Anpassung und Umsetzung des BDSG* und vieler weiterer Gesetze (insgesamt 154) an die DSGVO verabschiedet. Es bestehen einige Bedenken, ob die Regelungen dieses 2. DSAnpUG mit der DS-GVO[10] und Europarecht vereinbar sind. Unter anderem liegt künftig die Schwelle für die Benennungspflicht für einen betrieblichen Datenschutzbeauf-

---

[1] VG Lüneburg ZD 2019, 331, s. a. zu unwirksamer Einwilligung.

[2] S. zu urheberrechtl. Aspekten *Söbbing/Müller* ITRB 2012, 15; zum Überblick ArbR und Datenschutz s. *Conrad/Schneider* ZD 2011, 153; zu den arbeitsrechtlichen Auswirkungen s. *Koch* ITRB 2012, 35; zum Einsatz von Data-Loss-Prevention-Systemen *Conrad* CR 2011, 797.

[3] S. zu den Grenzen *Hartung/Busche* CR 2011, 705; zu den neuen Lizenz- und Nutzungsformen s. *Grützmacher* CR 2011, 485 und 687, *ders.* ITRB 2017, 141 (Lizenzmetriken); *Deusch* K&R 2013, 11.

[4] S. zu „smart life" *Heckmann* K&R 2011, 1.

[5] S. *Raabe/Lorenz/Pallas/Weis* CR 2011, 831; zu Nutzerdaten im Smart Grid *Hornung/Fuchs* DuD 2012, 20; zu den Rahmenbedingungen *Wiesemann* MMR 2011, 355.

[6] www.lda. brandenburg.de/siccms/media.php/2232/OH SmartMeter.pdf.

[7] BGH CR 2015, 718.

[8] S. schon *Lessig*, Code and Other Laws of Cyberspace, 2001 (Code is Law); sodann zB *Hofstätter*, Sie wissen alles. Wie intelligente Maschinen in unser Leben eindringen und warum wir für unsere Freiheit kämpfen müssen, 2014; *Helbing* ua, Digitale Demokratie statt Datendiktatur. Big Data, Nudging, Verhaltenssteuerung: Droht uns die Automatisierung der Gesellschaft durch Algorithmen und künstliche Intelligenz? 2015. Viel diskutiert: OECD-Empfehlung mit 5 komplementären wertebasierten Grundsätzen für Künstliche Intelligenz zur Förderung innovativer und vertrauenswürdiger KI (https://www.oecd.org/berlin/presse/Flyer_AIPrinciples_FINAL_GER.pdf).

[9] Zu Entwurf eines Gesetzes und zur Disk. s. zB *Tinnefeld/Petri/Brink* MMR 2010, 727, MMR 2011, 427.

[10] S. *Will* ZD 2019, 429.

tragten bei 20 Beschäftigten statt wie zuvor bei zehn. Für kleine Unternehmen soll dies eine Entlastung bringen. Zum *Whistleblowing* gibt es einen Entwurf eines Gesetzes zum Schutz von Hinweisgebern[1]. Nach derzeitigem Recht kann die Anzeige gegen den Arbeitgeber als „Anschwärzen" (und Revanche am Arbeitgeber, nicht nur zur Aufklärung) die Auflösung des Arbeitsverhältnisses (nach §§ 9, 10 KSchG) rechtfertigen[2]. Die Entscheidung des EuGH zur vollharmonisierenden Wirkung der DS-RL lässt sowohl § 32 BDSG § 26 BDSG 2017 als auch den Entwurf zum Beschäftigtendatenschutz problematisch, evtl. unwirksam erscheinen[3]. Diese Skepsis gilt aber auch gegenüber **der Datenschutz-Grundverordnung** (DS-GVO – Nr. 54), deren Werdegang von intensiver wissenschaftlicher und politischer Diskussion begleitet worden ist[4]. Überwiegend wurden die Fortschritte gegenüber dem bisherigen Datenschutz begrüßt. Sowohl zum Konzept als auch zu Details gab es eine Vielzahl auch kritischer Stimmen.[5] Diese gibt es auch und gerade beim Beschäftigtendatenschutz (was ist konkret noch national zu regeln, was ist überschießend?) nach der DS-GVO und dem BDSG 2017 (§ 26).[6] Besonders zu erwähnen ist § 26 Abs. 2 Satz 2 BDSG 2017: Freiwilligkeit kann insbesondere vorliegen, wenn für die beschäftigte Person ein rechtlicher oder wirtschaftlicher Vorteil erreicht wird oder Arbeitgeber und beschäftigte Person gleichgelagerte Interessen verfolgen. Das relativiert Satz 1: Erfolgt die Verarbeitung personenbezogener Daten von Beschäftigten auf der Grundlage einer Einwilligung, so sind für die Beurteilung der Freiwilligkeit der Einwilligung insbesondere die im Beschäftigungsverhältnis bestehende Abhängigkeit der beschäftigten Person sowie die Umstände, unter denen die Einwilligung erteilt worden ist, zu berücksichtigen.

Parallel zur GVO erfolgte der *Vorschlag einer Richtlinie zum Schutz personenbezogener Daten, die zum Zweck der Verhütung, Aufdeckung, Untersuchung oder Verfolgung von Straftaten und für damit verbundene* Die Grob-Zusammenfassung der GVO könnte sein, dass die Datenschutzrichtlinie fortgeschrieben, konkretisiert und um einige wichtige Instrumente ergänzt wird, dies allerdings nur halbherzig. Das bedeutet, dass weiterhin das Verbotsprinzip gilt,[7] im Fokus die personenbezogenen Daten stehen, aber dem Einzelnen eine Reihe weiterer Rechte eingeräumt und dem Datenverarbeiter eine Reihe weiterer Pflichten auferlegt wird: Die VERORDNUNG (EU) 2016/679 DES EUROPÄISCHEN PARLAMENTS UND DES RATES vom 27. April 2016 zum Schutz natürli-

---

[1] BT-Drucks. 17/8567; dazu Ausschussdrucks. 17(11)784 neu v. 27.2.2012. Nun: EU Whistleblower Protection Directive v. 16.4.2019, dazu zB *Grimm/Singraven* ArbRB 2019, 241, und *Dilling*: Der Schutz von Hinweisgebern und betroffenen Personen nach der EU-Whistleblower-Richtlinie, CCZ 2019, 214; zum Entwurf der Kommission *Wiedmann/Seyfert* CCZ 2019, 12, der noch bis zur Verabschiedung im EP am 23.4.2019 verändert wurde.

[2] LAG Schleswig-Holstein ZD 2012, 336 mAnm *Sörup.*

[3] So *Wuermeling* NZA 2012, 368, zu EuGH CR 2012, 32.

[4] S. zB *Hornung* ZD 2012, 99; *Traung* CRi 2012, 33; *Eckhardt* CR 2012, 195; *Schneider/Härting* ZD 2012, 199.

[5] Gegen das Konzept zB *Bull*, Sinn und Unsinn des Datenschutzes. Persönlichkeitsrecht und Kommunikationsfreiheit in der digitalen Gesellschaft, 2015; *Härting/Schneider* CR 2014, 306; nun nach Trilog zu positiv *Albrecht* CR 2016, 80.

[6] *Imping* CR 2017, 379: auch zu Betriebsvereinbarungen (386 f). *Kort*, Der Beschäftigtendatenschutz gem. § 26 BDSG-neu, ZD 2017, 319; *Gola*, Der „neue" Beschäftigtendatenschutz nach § 26 BDSG nF, BB 2017, 1462. S. a. WP 249 der Gruppe Art. 29 v. 8.6.2017 zum Datenschutz am Arbeitsplatz (Opinion 2/2017 on data processing at work).

[7] Anders: *Roßnagel,* Kein „Verbotsprinzip" und kein „Verbot mit Erlaubnisvorbehalt" im Datenschutzrecht, NJW 2019, 1.

cher Personen bei der Verarbeitung personenbezogener Daten, zum freien Datenverkehr und zur Aufhebung der Richtlinie 95/46/EG (Datenschutz-Grundverordnung).[1] Parallel war in den USA ein White Paper zum Datenschutz in der Privatwirtschaft vorgestellt worden (per 23.2.2012). Damit wird eine Art Grundrechte-Katalog für den Schutz der Privatsphäre der Verbraucher, (Consumer Privacy Bill of Rights) vorgestellt. Das Besondere an dem Grundrechte-Katalog ist, dass er mit seinen Prinzipien sehr gut ein Vorbild, etwas abstrahiert, für jede Datenschutzregelung auch in Europa sein kann[2]. Besonders hervorzuheben ist die Betonung der persönlichen Kontrolle durch den Verbraucher, die Transparenz und die Kontext-Abhängigkeit.
Zum Entwurf der Kommission für eine neue „Verordnung über die Achtung des Privatlebens und den Schutz personenbezogener Daten in der elektronischen Kommunikation und zur Aufhebung der Richtlinie 2002/58/EG" v. 10.1.2017 gibt es zahlreiche Stellungnahmen,[3] ua positiv zum Anwendungsbereich auch auf sog. Over-the-Top-OTT Dienste seitens der Gruppe Art. 29.[4] Diese äußerte allerdings Bedenken hinsichtlich vier weiterer Punkte „… 4

- … tracking of the location of terminal equipment;
- ….the conditions under which the analysis of content and metadata is allowed;
- the default settings of terminal equipment and software and
- tracking walls the Proposed Regulation would lower the level of protection enjoyed under the GDPR. … ."

8. Aspekte des IT-Vertragsrechts

a) Vertragsgegenstände. Besonderheiten des IT-Vertragsrechts waren im Laufe der Zeit durch Rspr. und Lit. herausgearbeitet und fortentwickelt worden, sodass hinsichtlich Fragen wie zB Interpretation von „Ablieferung", vertragstypologische Einordnung, mitzuliefernde Dokumentation(en),[5] Einheit von Hard- und Software oder „Pflichtenheft" und „Quellcode" weitgehend Klarheit bis etwa zum Jahr 2000 bestand. Durch die Schuldrechtsmodernisierung hat sich manches geändert. AGB mussten neu ausgestaltet werden,[6]. Die Rspr. hat in manchen Bereichen erst allmählich den Wandel nachvollzogen.[7]

---

[1] Amtsblatt der Europäischen Union L 119/1 v. 4.5.2016 s. Nr. 54.

[2] Zum Inhalt s. a. *Call/Klosek/Wolski* CRi 2012, 65.

[3] http://hoganlovells-blog.de/2017/05/09/cookies-was-bring-die-neue-eprivacy-verordnung/; https://www.bitkom.org/Bitkom/Publikationen/Bitkom-Stellungnahme-zur-e-Privacy-Verordnung.html;

[4] WP 247.

[5] S. (mit Überblick über möglichen Dokumentationen) speziell zu Softwareherstellungsdokumentation *Scheiber-Ehle* CR 2015, 468; zu Projektmanagement-Dokumentation s. *Liesegang* CR 2015, 541, und zu Software-Anforderungsdokumentation *Hoppen* CR 2015, 747.

[6] S. a. *Bdeiwi,* Die wirksame Einbeziehung von AGB im E-Commerce, K&R 2011, 22; *Schlömer/Dittrich,* ebay & Recht – Rechtsprechungsübersicht zum Jahr 2014, K&R 2015, 150; *Föhlisch/Löwer* zur Die Entwicklung der Gesetzgebung für den E-Commerce 2018/2019 CR 2019, 42.

[7] S. zB zur Reichweite des Mangelbegriffs mit BGH NJW 2016, 2874 (nicht IT). Zu Ersatzlieferung für Kfz mit Softwarefehler BGH CR 2019, 78 dabei keine Treuwidrigkeit, wenn der Mangel nachträglich ohne Einverständnis des Käufers beseitigt wird (hier durch Aufspielen einer korrigierten Version der Software).

Parallel entstanden durch neue Techniken neue Geschäftsmodelle, die bisherige Kriterien aufweichen und neu ordnen lassen.[1]

Umso wichtiger kann es werden, die Vertragsgegenstände klar herauszustellen und – je nach Ziel – zu verknüpfen oder abzugrenzen, etwa[2]

- Beratung, Planung, Erstellung des „Pflichtenhefts" (fachliche Spezifikation) und des Aktivitäten- und Fristenplans
- Hardware-Lieferung (und Miete oder Leasing)
- Hardware-Wartung
- Realisierung, Erstellung von Individual- oder Standard-Software
- Überlassung von Standardsoftware
- Anpassung von Software mit oder ohne Änderung des Code
- Zusatzleistungen wie Installation, Einweisung
- SLA zu Mängeln, Handhabung, Klassifizierung, Verfügbarkeiten
- Verfügbarkeiten, Wiederherstellungszeiten (SLA mit bonus/malus)
- Pflege von Software
- System-/GU-Verträge
- Vertriebsverträge
- Operating-, Outsourcing-, va ASP-, SaaS- bzw. Cloud-Verträge
- Provider-Verträge mit verschieden Inhalten (zB Hosting, Content, Zugang, Services)
- Online-Verträge (Nutzungsverträge)
- Internetsystemverträge[3]
- Plattformen, Portale, Online – Verzeichnisse, Einträge Branchenverzeichnisse[4]
- Netz- Gestaltungs-, Betriebs- und Überlassungs-Verträge, zB auch Bannerwerbung: Vertrag über die Platzierung einer elektronischen Werbeanzeige unter einer Domain ist Werkvertrag.[5]

b) „Vertragsmuster", EVB-IT. Einige Werke sind mit Mustertexten an das neue Recht angepasst erschienen[6].

Ein interessantes Potenzial an Regelungen enthalten die BVB/EVB, bei denen allerdings stets zu beachten ist, dass sie kundenseitig gestellt werden. Sie gelten primär für den öffentlichen Bereich. Manchem Anwender wird von der fördernden Stelle zur Auflage gemacht, BVB/EVB zu verwenden. Macht der Anbieter die BVB/EVB „im vorauseilenden Gehorsam" für den Auftraggeber zum Bestandteil des Vertrages, bleiben sie Anwender-AGB[7].

---

[1] Zur Parallelisierung von klassischen Verträgen und Internet-Verträgen s. BGH MMR 2010, 398.

[2] Zu den Arten der Verträge s. Beck'sches Formularbuch IT-Recht, 4. Aufl. 2017, oder in Auer-Reinsdorff/Conrad (Hrsg.), Handbuch IT- und Datenschutzrecht, 2016, und *Redeker* (Hrsg.), IT-Verträge, Lose-Blatt.

[3] S. zB BGH MMR 2015, 235.

[4] *Amery* NJW 2017, 2309.

[5] BGH MMR 2018, 448.

[6] ZB *Schröder,* Softwareverträge, 4. Aufl. 2014; *Redeker* (Hrsg.), Handbuch der IT-Verträge, Loseblatt; *Koch,* Computervertragsrecht, 7. Aufl. 2009; *Schneider,* Handbuch EDV-Recht, 5. Aufl. 2017; *Marly,* Praxishandbuch Softwarerecht, 7. Aufl. 2018.

[7] BGH CR 1997, 470 – BVB-Überlassung II.

Einführung

Seit vielen Jahren gibt es auf der Basis der Verdingungsordnung für Leistungen – ausgenommen Bauleistungen – (VOL) diese *Besonderen* bzw. *Ergänzenden Vertragsbedingungen* der öffentlichen Hand (BVB/EVB). Ein Teil der BVB wurde in der Form novelliert, dass eine Nachfolgeversion als EVB-IT veröffentlicht, ein verbleibender Teil im Hinblick auf die Schuldrechtsmodernisierung etwas novelliert wurde.

- Derzeit gibt es folgende *Texte* der EVB-IT:[1)]
  - EVB-IT-Kauf Version 2.0 v. 17.3.2016[2)]
  - EVB-IT-Dienstleistung 2.0 v. 1.4.2018
  - EVB-IT-Überlassung Typ A (Überlassung von Standardsoftware gegen Einmalvergütung zur unbefristeten Nutzung) Version 2.0 v. 16.7.2015
  - EVB-IT-Überlassung Typ B (Zeitlich befristete Überlassung von Standardsoftware gegen monatliche Vergütung) v. 1.4.2002
  - EVB-IT-Instandhaltung Version 2.0 vom 17.3.2016[3]
  - EVB-IT-Pflege S[4)], Version 2.0 v. 16.7.2015[5)], Kurz- und Langfassung[6]
  - EVB-IT System[7)], Version 2.0 19.9.2012, EVB-IT Systemvertrag 2.01 v. 9.1.2013[8)]
  - EVB-IT Systemlieferung 1.0 v. 1.2.2010 mit Systemlieferungsvertrag Version 1.1 v. 23.11.2012[9)]
  - EVB-IT Erstellung v. 8.7.2013 als eine Art Mini-Version des Systemvertrags[10)]
  - EVB-IT Service v. 24.3.2014.[11)]
- Mangels Ersatz durch EVB sind nach wie vor BVB in Kraft bzw. werden empfohlen[12)]: Zu Änderungsvorschlägen zu einzelnen Klauseln der EVB-IT Dienstleistung, Kauf, Überlassung Typ A und Typ B, Instandhaltung, Pflege S[13)].
  - BVB-Planung
  - BVB-Miete für Miete von Hardware.

[1)] S. *Bischof* CR 2013, 553; *Fischer/Müller* CR 2012, 422; *Bischof/Intveen* ITRB 2016, 17; *Bischof/Intveen* ITRB 2017, 119; ; s. a. *Feil/Leitzen* EVB-IT, 2003; *Müller-Hengstenberg,* Vertragsbedingungen für Softwareverträge der öffentlichen Hand, 7. Aufl. 2008. Die aktuellen Fassungen der EVB sind abrufbar „www.cio.bund.de". http://www.cio.bund.de/DE/IT-Beschaffung/EVB-IT-und-BVB/evb-it_bvb _node.html.

[2)] *Bischof/Intveen* ITRB 2017, 119, 120.

[3)] *Bischof/Intveen* ITRB 2017, 119, 124.

[4)] S. *Müglich* CR 2003, 633.

[5)] *Bischof/Intveen* ITRB 2016, 17.

[6)] Die Kurzfassung umfasst Überlassung neuer Programmstände und Hotline, die Langfassung auch Störungsbeseitigung und sonstige Pflegeleistungen.

[7)] *Lensdorf* CR 2008, 1; *Bischof* ITRB 2009, 64; zu den Risiken *Kirn/Müller-Hengstenberg* CR 2009, 69; *Fischer/Müller* CR 2012, 422; zur Frage, ob ein einheitl. Werkvertrag vorliegt: *Kremer/Sander* CR 2015, 146.

[8)] S. *Intveen* ITRB 2013, 168.

[9)] *Keller-Stoltenhoff* ua CR 2010, 147; *Intveen* ITRB 2011, 216.

[10)] V. 8.7.2013; s. *Bischof* ITRB 2013, 289; *dies.* CR 2013, 553; *Kahler* K&R 2013, 765.

[11)] *Intveen* ITRB 2015, 47.

[12)] Zur Entscheidungshilfe bzw. empfohlenen Vertragstypen: http://www.cio.bund.de/Shared Docs/Publikationen/DE/ITbeschaffung/entscheidungshilfe_pdf_download.pdf?__blob=publicationFile.

[13)] S. *Küppers* ITRB 2010, 142; zu Version 2.0 *Bischof/Intveen* ITRB 2016, 17–23.

„Die Anwendung der EVB-IT und der BVB ist für Bundesbehörden gemäß Verwaltungsvorschrift zu § 55 BHO verbindlich. Auch die Länder sehen zum großen Teil identische oder ähnliche Anwendungsverpflichtungen vor."[1]

Die BVB/EVB-IT sind als **Einkaufsbedingungen** der öffentlichen Hand der AGB-rechtlichen Kontrolle unterworfen, Verwendungsgegner ist der Lieferant. Dennoch übernehmen viele Lieferanten/Anbieter ihrerseits den Text ganz oder teilweise aus den BVB/EVB, was zu erheblichen Problemen im Hinblick auf Klauseln führen kann, die als selbstbenachteiligende Einkaufs-AGB zwar wirksam,[2] als Anbieter-AGB aber unwirksam sind.

Der BGH hat es abgelehnt, eine, ähnlich den VOB, kompensatorische Betrachtung hinsichtlich der BVB/EVB anzuwenden[3]. Strittig ist, ob die BVB wg. ihrer Veraltung und unwirksamen Klauseln wirksam Ausschreibungen zugrunde liegen dürfen[4].

UN-Kaufrecht[5] – am Rande/ Gerichtstsandsklausel.[6]

c) Vertragstyp, § 651 BGB aF[7] bei Software-Erstellung und -Anpassung. Als Ergebnis der Rechtsprechung ist Software einerseits eine bewegliche Sache[8]. Dies wurde problematisiert sowohl im Zusammenhang mit „Erschöpfung" (s. II.2) als auch Schuldrechtsmodernisierung. Trotzdem wandte die Rspr. § 651 BGB aF (nun § 650) nicht auf Verträge über neu herzustellende oder anzupassende Software an. Vor Inkrafttreten der Schuldrechtsreform hatte der BGH im Zusammenhang mit Anpassung von Software deutlich gemacht, dass er einen wesentlichen Unterschied darin sieht, ob die ggf. anzupassende Software (was auch als Werkvertrag gelten kann) vom Lieferanten beigestellt bzw. geliefert wird oder vom Kunden[9]. Eine Entscheidung des BGH ohne IT-Bezug räumte zwar mit den weit verbreiteten Auffassungen auf, man könne § 651 BGB argumentativ teleologisch aushebeln[10]. Danach war § 651 BGB aF nur dann nicht anzuwenden, wenn die Planungsleistung so erhebliches Gewicht hat, dass sie den Schwerpunkt bildet[11].

Die Alternative besteht demnach, wenn bei der Erstellung oder Anpassung von Software der immaterielle Anteil des Vertrages bzw. die Erfolgsorientierung nicht auf die Sache selbst, sondern auf eine Problemlösung gerichtet ist, so dass der materielle Anteil verdrängt wird[12].

---

[1] CIO Bund: http://www.cio.bund.de/Web/DE/IT-Beschaffung/EVB-IT-und-BVB/evb-it_bvb_node.html.

[2] Der Verwender darf sich selbst benachteiligen. Dieser Aspekt ist teilweise für die Haftungsregeln wichtig; generell zu Problemen bei Haftungsklauseln *Brandi-Dohrn* CR 2014, 417.

[3] S. va BGH CR 1997, 470.

[4] *Koch* ITRB 2003, 138 vs. *Feil* ITRB 2003, 259; zur Nichteinbeziehung *Bischof* ITRB 2008, 90.

[5] *Piltz*, Neue Entwicklungen im UN-Kaufrecht, NJW 2017, 2449; NJW 2019, 2516.

[6] Zur Auslegung von Gerichtsstandsklauseln im Anwendungsbereich des CISG s. BGH v. 25.3.2015 – VIII ZR 125/14.

[7] § änderte sich per 1.1.2018, in „§ 650" BGB: G. v. 28.4.2017, BGBl. I S. 969.

[8] Ausdrücklich als Bestätigung dieser Rechtsauffassung: BGH CR 1993, 681 – Verkaufsabrechnung –; so auch BGH CR 2007, 75 – ASP; nun zu Eigentum an Software EuGH MMR 2012, 586 – Oracle/UsedSoft. Im Anschluss daran: im Kontext Leasing das Eigentum an Software bejahend OLG Hamm CR 2013, 637.

[9] BGH CR 2002, 93.

[10] BGH CR 2009, 637 – mAnm *Schweinoch* = MMR 2010, 23 mAnm *Hoffmann;* s. a. *Schweinoch* CR 2010, 1; bestätigt durch BGH v. 9.2.2010 – X ZR 82/07, BeckRS 2010, 05468.

[11] BGH aaO, Rn. 22 ff., 25.

[12] *Schneider* in: Schneider, Handbuch EDV-Recht, 5. Aufl. 2017, M. Rn. 677 ff., ua zu BGH CR 2014, 568. s. schon OLG München MMR 2010, 649; s. aber BGH CR 2009, 637 m. zust. Anm. *Schweinoch,* und BGH v. 9.2.2010 – X ZR 82/07, BeckRS 2010, 05468.

Weitere Entscheidungen des BGH ergeben aber ein anderes Bild, wonach im Ergebnis mit der **hM** § 651 BGB aF, nun § 650 auf Softwareerstellungs- und -anpassungsverträge **keine** Anwendung findet[1].

Der Vertrag über die Anpassung bzw. Parametrisierung könnte – alternativ – Dienstvertrag sein. Dies wird aber sehr selten angenommen.

Die „Lücken" wurden mit BGH v. 5.6.2014 geschlossen, darunter auch die Variante „Herstellung von Standardsoftware als besonderer Umstand" gem. BGH v. 4.3.2010.[2] Ggf. anders zu sehen ist Lieferung von Hardware plus „Montage" (Installation), ohne Übergewicht der Montage, was insgesamt Kauf ergibt.[3]

Mit BGH[4] dürfte die Frage der Anwendung des § 650 für Software-Erstellung und –Anpassung endgültig negativ, aber contra legem, entschieden sein.

Bei Anwendung von Werkvertragsrecht bleibt das Problem der Verjährung der Mängelansprüche des Kunden (§ 634a BGB) und somit die Gestaltung von wirksamen AGB. Eine Einordnung nach § 634a Abs. 1 Nr. 1 scheidet aus, weil es dort um die Herstellung einer ***Sache*** gehen muss, was aber im Widerspruch zur Ablehnung von § 650 BGB stehen würde. Nr. 2 kommt nicht in Betracht, weil es um Bauwerke geht, so dass nur die regelmäßige Verjährung nach § 634a Abs. 1 Nr. 3 BGB greifen kann.[5] Ob dieses Ergebnis wünschenswert ist, darf bezweifelt werden, da es in der Praxis zu einer zehnjährigen Verjährung führen würde. Wahrscheinlich werden die „praxisgerechten" Ansätze diese Probleme nicht lösen, aber negieren, indem sie die kurze Verjährung trotz Ablehnung der Sachqualität anwenden.

Weitgehend unklar erscheint die Vertragstypik bei Agiler Projekt-Methodik.[6] Trotz stark dienstvertraglicher und kooperativer Momente neigt die Rspr. wohl weiterhin eher zu Werkvertrag.[7] Web-Design ist Werkvertrag,[8] zu dem (ohne besondere Vereinbarung) noch nicht die Suchmaschi-nenoptimierung gehört.[9] Diese ist vergleichbar mit einem Vertrag über die Platzierung einer elektronischen Werbeanzeige, der Werkvertrag darstellt.[10]

---

[1] BGH CR 2010, 327, Rn. 21: „regelmäßig" Werkvertrag, „unter Umständen" Werklieferungsvertrag; BGH CR 2010, 422: nicht einmal die Frage der Anwendung von § 651 erwähnt, einfach Werkvertrag auf Softwareanpassung angewandt; bestätigt durch BGH MMR 2014, 591; s. a. OLG Düsseldorf CR 2015, 158.

[2] BGH CR 2010, 327.

[3] Zur Beurteilung des Wertverhältnisses von Kaufgegenstand und Montagekosten s. BGH NJW 2016, 3654.

[4] BGH MMR 2014, 591 Rn. 13 verweist bezüglich Vertragstyp ausdrücklich auf BGH MMR 2010, 533.

[5] S. aber OLG Hamm CR 2015, 435, Lieferung und Anpassung von Hardware und Standardsoftware als Bearbeitung einer Sache iSv § 634a Abs. 1 BGB.

[6] S. *Ernst* CR 2017, 285, a. zu LG Wiesbaden v. 30.11.2016 – 11 O 10/15 (Werkvertrag) aber nun OLG Frankfurt (MMR 2018, 100) offen, ob Werk- oder Dienstvertrag oder beides; ausf. zu Srcum als Werkvertrag *Kühn/Ehlenz* CR 2018, 139; *Bortz* MMR 2018, 287; *Hoeren/Pinelli* MMR 2018, 199; s. zur Methodik *Book/Gruhn/Striemer*, Erfolgreiche agile Projekte, 2017 („Tamed Agility"); *Sarre* CR 2018, 198 zu Schnittstellen von Scrum und Vertragsgestaltung; *Schröder/Stiemerling* ITRB 2019, 183; *Schneider* ITRB 2019, 213.

[7] S. schon OLG Karlsruhe CR 2003, 95 zu „Zurufprojekt".

[8] BGH MMR 2010, 398 zu Internet-System-Vertrag, speziell Rn. 21.

[9] AG Essen MMR 2017, 498, diese gehört erst zur nachfolgenden Phase der Programmierung, wobei sich geringfügige Änderungen des Layouts ergeben können.

[10] BGH MMR 2018, 448.

Die Suchmaschinenoptimierung für die unterschiedlichen Endgeräte der Nutzer ist vielmehr eine Frage der nachfolgenden Programmierung. Soweit sich daraus die Notwendigkeit von geringfügigen Änderungen des Layouts ergibt, müssen diese in dieser Phase durchgeführt werden.[1]

d) Mängelansprüche. Zum Mängelrecht gibt es einige zentrale BGH-Entscheidungen, die zwar nicht zu IT-Recht ergangen sind, dort aber berücksichtigt werden müssen. Das Hauptproblem bei Anwendung von Werkvertrag entgegen § 651 ist die **Verjährung** – welche Regel in § 634a BGB soll gelten? – kombiniert bzw. verstärkt durch die zusätzliche Gefährdung der Pflegevergütung für die Zeit der Verjährung der Mängelansprüche aus dem Beschaffungsvertrag[2].

Der **Mangelbegriff** ist weit. Er umfasst sowohl „alle Faktoren …, die der Sache selbst anhaften, als auch alle Beziehungen der Sache zur Umwelt, die nach der Verkehrsauffassung Einfluss auf die Wertschätzung der Sache haben".[3] Auch unzureichende Erfüllung von Datenschutz- oder gesetzlichen Sicherheitsanforderungen könnten Mängel darstellen.[4] Die Überprüfung von Software auf sicherheitsrelevante Fehler tangiert Urheberrecht, Geschäftsgeheimnisgesetz und Patentrecht.[5] Die Anforderungen an das Vorliegen einer Beschaffenheitsabrede iSd § 434 Abs. 1 Satz 1 sind allerdings hoch.[6] Zur Beurteilung der nach dem Vertrag vorausgesetzten Verwendung (BGB § 434 Abs. 1 Satz 2 Nr. 1) sind andererseits die Gesamtumstände des Vertragsabschlusses heranzuziehen.[7] Vom Mangel abzugrenzen ist die evtl. fehlerhafte oder unterlassene vorvertragliche Beratung. Diese spielte bei EDV-Beschaffung früher eine große Rolle, wobei strittig war, wann genau eine entsprechende Pflicht entsteht.[8] Aktuell gibt es wenig Rspr. dazu, umso bekannter wurde mit sehr weiten vorvertragliche Informations- und Beratungspflichten (bei Softwareumstellung) eine Entscheidung des OLG Schleswig.[9] Den Mangelbegriff dehnt der BGH zwischenzeitlich bezüglich der Variante nach § 434 Abs. 1 Satz 2 Nr. 2 BGB einerseits aus: Mit „Mogel"-Software (Abschalteinrichtung) fehlt einem Fahrzeug die Eignung für die gewöhnliche Verwendung im Sinne von § 434 Abs. 1 Satz 2 Nr. 2 BGB, weil die Gefahr einer Betriebsuntersagung besteht.[10] Andererseits: „Mit der ‚nach dem Vertrag vorausgesetzten Verwendung' zielt das Gesetz nicht auf konkrete Eigenschaften der Kaufsache ab, die sich der Käufer vorstellt, sondern darauf, ob die Sache für die Nutzungsart (Einsatzzweck) geeignet ist, den die Parteien dem Vertrag

---

[1] AG Essen MMR 2017, 498; OLG Köln v. 16.1.2014 – 19 U 149/13: Suchmaschinenoptimierung als Dienstvertrag.

[2] S. BGH CR 2009, 210 mAnm *Bischof/Schneider* zur Rückerstattung von Reparaturkosten bei nachträglicher Geltendmachung von Mängeln, CR 2009, 212; s. a. ausführlich *Schneider* CR 2010, 626.

[3] BGH NJW 2016, 2874.

[4] S. *Schuster* CR 2017, 141 zu Pflichten des Anbieters zur Datenschutzeignung von Software; *Dümeland*, Sachmangelhaftigkeit von Software bei nicht DSGVO-konformer Entwicklung, K&R 2019, 22; zu Updates aus Gründen der Datensicherheit iSv Art. 25, 32 DSGVO, *Wolff* K&R 2019, 537; zu Unklarheit beim Anspruch auf Updates und dessen Umfang *Schrader/Engstler* MMR 2018, 356; zur Updatefähigkeit und Mobile Updates: *Reusch* BB 2019, 904.

[5] *Hoeren/Pinelli* CR 2019, 410.

[6] BGH NJW 2019, 1937.

[7] BGH aaO mit Verweis auf BGH NJW-RR 2018, 822, Rn. 33.

[8] Besonders bekannt BGH NJW 1984, 2938.

[9] CR 2017, 83 mVerw auf OLG Köln NJW-RR 1993, 1528.

[10] BGH NJW 2019, 1133; s. a. zu Sittenwidrigkeit OLG Köln v. 29.04.2019 – 16 U 30/19.

zugrunde gelegt haben."[1] Dies gibt der expliziten Einbeziehung der Beschreibung von Zweck und Leistung in den Vertrag zentrale Bedeutung. Den sog. **Bagatellmangel** gibt es nicht mehr im Mangelrecht selbst (außer bei Abnahme, § 640 BGB). Stattdessen gibt es die Schranke unerheblicher Pflichtverletzung (zB lt. BGH bis 5% vom Kaufpreis für den Mängelbeseitigungsaufwand)[2], die wiederum nicht greift, wenn Arglist vorliegt[3].

Vorausgesetzt es handelt sich um einen Mangel, hat zunächst **Nacherfüllung** zu erfolgen. Bei Kauf kann der Käufer nach seiner Wahl die Beseitigung des Mangels oder die Lieferung einer mangelfreien Sache verlangen. Bei Werkvertrag hat dieses Wahlrecht der Unternehmer (§ 439 Abs. 1 BGB, § 635 Abs. 1 BGB) ab Abnahme. Dieses Recht samt Nacherfüllung kann dem Unternehmer vorenthalten werden, wenn der Besteller Mängelrechte nach § 634 Nr. 2 bis 4 BGB ohne Abnahme geltend macht. Dazu kann der Besteller berechtigt sein, wenn er nicht mehr die (Nach-) Erfüllung des Vertrags verlangen kann und das Vertragsverhältnis in ein Abrechnungsverhältnis übergegangen ist.[4]

Für einen Vertragshändler kann durchaus problematisch sein, etwa wenn der Kunde Nachbesserung verlangt, eine solche dem Vertragshändler aber gar nicht möglich ist. Das Gesetz sieht hierfür zwar Ausweichpositionen vor. Die wichtigste aber ist, § 439 Abs. 3 BGB für Kauf, dass die vom Kunden gewählte Art der Nacherfüllung nur mit unverhältnismäßigen Kosten möglich ist. Theoretisch könnte aber, wenn dieser Fall nicht analog anwendbar ist, subjektive Unmöglichkeit vorliegen.

Mängelrechte **vor** Abnahme können nur unter engen Voraussetzungen geltend gemacht werden, auch was Fristsetzung und Nacherfüllung betrifft.[5] Andererseits hat der Auftragnehmer noch die Beweislast, dass seine Leistung frei von Mängeln ist, auch wenn der Auftraggeber Mängelrechte vor der Abnahme geltend macht.[6]

Für die Nacherfüllung gilt das Erfordernis, eine (1) einheitliche, angemessene Frist zu setzen. „Einheitlich" heißt, dass bei Kauf zwar der Lieferant grundsätzlich zwei Nachbesserungsversuche hat, diese jedoch innerhalb der einheitlichen Frist auszuüben sind. Dies kann bei komplexeren IT-Systemen durchaus Probleme bereiten, va dann, wenn der Unternehmer jeden einzelnen Behebungsversuch auch nach außen dokumentiert. Eine entsprechende Regelung (§ 440 S. 2 BGB, gesetzliche Vermutung des Fehlschlagens) gibt es beim Werkvertragsrecht nicht. Aber auch dort gilt die Notwendigkeit nur einer Nachfrist.

Die Nachfrist ist **entbehrlich,** wenn der Lieferant/Auftragnehmer bereits die Nacherfüllung vorab verweigert. Der Unternehmer kann eine Mängelrüge

---

[1] BGH NJW 2019, 1937.

[2] BGH NJW 2014, 3229.

[3] BGH NJW 2006, 1960: Eine den Rücktritt und die Geltendmachung von Schadensersatz statt der ganzen Leistung ausschließende unerhebliche Pflichtverletzung ist beim Kaufvertrag in der Regel zu verneinen, wenn der Verkäufer über das Vorhandensein eines Mangels arglistig getäuscht hat. S. a. BGH NJW 2007, 1534: Entbehrlichkeit der Fristsetzung zur Nacherfüllung bei arglistigem Verschweigen eines Sachmangels. *Scheuch,* Die Fristsetzung zur Abnahme im neuen Werkvertragsrecht, NJW 2018, 2513.

[4] BGH NJW 2017, 1607 und 1604. Vertraglich wären insofern vorsorglich Exitszenarien zu vereinbaren.

[5] Zu den Auswirkungen dieser Entscheidungen auf Abnahme, Gewährleistung und Schadensersatz bei Software-Werkverträgen insbesondere bei der Produktivsetzung vor Abnahme, s. *Schuster* CR 2019, 345.

[6] OLG Düsseldorf NJW-RR 2019, 1039.

beantworten, dass er zwar der Meinung ist, dass es sich bei dem gemeldeten Mangel nicht um einen solchen handele, er aber gleichwohl diesen untersuchen werde und, sollte sich herausstellen, dass es sich um einen Mangel handelt, ihn entsprechend nachbessern werde bzw. Neulieferung – je nach Vertragstyp bzw. je nach Verlangen des Kunden (bei Kauf). Dies gehört zum „Mangeldialog“.

Unterzieht sich der Unternehmer der Nacherfüllung, so ist während dieser Zeit die Verjährung analog § 203 BGB **gehemmt.** Dies bezieht sich jeweils auf den einzelnen Mangelkomplex.

Die **Kostenlosigkeit** der Nacherfüllung einerseits steht in einem potentiellen Konflikt mit evtl. Kostenerstattungspflichten des Auftraggebers gegenüber dem Auftragnehmer bei unberechtigtem Nacherfüllungsverlangen. Andererseits können auch sogenannte Störungsmeldungen, die sich dann später als Mängel herausstellen, verjährungshemmend wirken. Die Grenzziehung ist nicht einfach, kann anhand folgender BGH-Entscheidungen jeweils im Einzelfall genauer beurteilt werden:

- Während des Vertragsverhältnisses generell (unabhängig von Mängeln) kann ein **unberechtigtes Verlangen,** wenn der Verlangende dies zu vertreten hat, Schadensersatz auslösen[1].
- **Unberechtigte Mängelrügen,** die Probleme aus der Sphäre des Kunden betreffen, was dieser hätte erkennen können, führen zu einem **Erstattungsanspruch** des Auftragnehmers[2].
- Auch wenn unklar ist, ob ein Mangel vorliegt, kann der Auftraggeber Mängelbeseitigung (BGB aF) verlangen. Der Auftragnehmer darf aber die Mängelbeseitigung nicht von einer Erklärung abhängig machen, dass der Auftraggeber ggf. Aufwand vergütet[3].
- Für die Geltendmachung der Rechte bei einem Mangel genügt der Hinweis auf die **Mangelerscheinung.** Die Mangel**ursache** muss vom Auftraggeber nicht dargestellt bzw. mitgeteilt werden.[4] Das bedeutet auch, dass AGB, wonach der Auftraggeber besondere technische Umstände hinsichtlich der Ursachen beschreiben soll, unwirksam sein dürften.[5]
- Es liegt auch dann eine wirksame Mängelrüge vor, wenn der Besteller bei seiner Meldung irrtümlich einen **Bedienungsfehler annimmt:** BGH v. 30.10.2007[6].
- Für die Fristsetzung gemäß § 281 Abs. 1 BGB genügt es, wenn der Gläubiger durch das Verlangen nach sofortiger, unverzüglicher oder umgehender Leistung oder vergleichbare Formulierungen deutlich macht, dass dem Schuldner für die Erfüllung nur ein begrenzter (bestimmbarer) Zeitraum zur

---

[1] BGH CR 2009, 495 mAnm *Redeker,* S. 499.

[2] BGH CR 2008, 278.

[3] BGH CR 2011, 10, 92 Anm. *Kremer.*

[4] BGH CR 2008, 145; BGH, CR 2014, 568.

[5] S. a. BGH MMR 2014, 591 Rn. 16 zu Erfordernissen im prozessualen Vortrag: „…genügt seiner Darlegungslast, wenn er Mangelerscheinungen, die er der fehlerhaften Leistung des Unternehmers zuordnet, genau bezeichnet. Zu den Ursachen der Mangelerscheinung muss der Besteller nicht vortragen.“

[6] CR 2008, 145, Leitsatz 1 Satz 2 sinngemäß.

Verfügung steht; der Angabe eines bestimmten Zeitraums oder eines bestimmten (End-)Termins bedarf es nicht.[1].

- Zur **Beweislast nach Nacherfüllung:** *„Der Käufer, der die Kaufsache nach einer Nachbesserung des Verkäufers wieder entgegengenommen hat, trägt die Beweislast für das Fehlschlagen der Nachbesserung. Bleibt nach zweimaliger Nachbesserung ungeklärt, ob das erneute Auftreten des Mangels auf der erfolglosen Nachbesserung des Verkäufers oder auf einer unsachgemäßen Behandlung der Kaufsache nach erneuter Übernahme durch den Käufer beruht, so geht das zu Lasten des Käufers."*[2].
- Wichtig für die Verjährung ist, dass ein sogenannter Mängeldialog bereits die **Hemmung** auslöst, was die Verjährung betrifft. Einen solchen „Mängeldialog" haben die EVB-IT schon vor der Entscheidung des BGH vom 30.10.2007 ansatzweise aufgegriffen.
- Bei arbeitsteiliger Erstellung greift die Organisationspflicht als Obliegenheit des Unternehmers mit der Folge, dass er wie bei arglistigem Verschweigen eines Mangels behandelt wird, ob das Werk bei Ablieferung mangelfrei ist[3].
- Die vorbehaltlose Bezahlung einer Rechnung rechtfertigt für sich genommen weder die Annahme eines deklaratorischen noch eines „tatsächlichen" Anerkenntnisses der beglichenen Forderung[4].

Wichtig ist, dass es eine einfache Art der **Beendigung** des Werkvertrages, also Projektvertrag, auch Internetsystemvertrag und Pflege, gemäß **§ 649** BGB aF. – nun § 648 – gibt. Der BGH hatte mehrfach positiv zur Anwendung entschieden, auch wenn die Charakteristik eines Dauerschuldverhältnisses (ebenfalls) gegeben war.[5]

Redeker[6] hat sich mit der Rspr. des BGH und der Vermutungsregel der 5% Restvergütung im Hinblick auf die wesentlich höheren Margen im IT-Bereich befasst und eine Klausel mit für den Unternehmer wesentlich besseren Bedingungen vorgeschlagen.

e) Leasing. Ein besonderes Problem ist Leasing von Software, da der Leasinggeber, insbesondere bei lease back vom Kunden eigentlich keine Vermietrechte erhalten kann, auch keine Verwertungs- bzw. Weitergaberechte erhält; teils gibt es deshalb spezielle Lizenzen (rental rights bei MS)[7]. Diese Problematik hat OLG Hamm[8] sehr pragmatisch gelöst: „2. Beim Finanzierungsleasingge-

---

[1] BGH NJW 2009, 3153, ähnlich auch für Fertigstellung, einfache Leistungsaufforderung genügt: BGH CR 2010, 422; kann auch als „Bitte" formuliert sein: BGH NJW 2016, 3654.

[2] BGH NJW 2009, 1341.

[3] Zu Bauwerke, BGH NJW 2008, 145 in Bestätigung von BGH NJW 1992, 1754.

[4] Im Anschluss an BGH NJW-RR 2007, 530. BGH CR 2009, 210 mAnm *Bischof/Schneider:* wichtig auch für das Verhältnis der Pflegevergütung während des Laufs der Verjährungsfrist für Mängelansprüche aus der Beschaffung; s. a. *Schneider* CR 2011, 626 zum Pflegevertrag.

[5] BGH CR 2011, 176 zur Bemessung der Vergütung; BGH MDR 2011, 648 Kündbarkeit trotz vereinbarter Mindestlaufzeit; BGH CR 2011, 528 zur Darlegung ersparter Aufwendungen; BGH v. 24.3.2011 – VII ZR 134/10 und VII ZR 164/10 zur Darlegungslast des Unternehmers; BGH CR 2015, 187 zur Abrechnung; zu Unwirksamkeit von AGB, die § 649 ausschließen, LG Essen MMR 2017, 196.

[6] ITRB 2012, 42.

[7] S. a. *Vander* CR 2011, 77.

[8] OLG Hamm CR 2013, 214, LS 2.

schäft überträgt der Lieferant zumindest stillschweigend auch das Vermietungsrecht auf den Leasinggeber."

Wichtig für die Vertragsgestaltung ist die Perspektive aufschiebend bedingter dinglicher Verfügung über die Rechte an der Software, die insolvenzfest gestaltet werden kann[1]. Für Projekte in der Insolvenz des Softwareunternehmens empfiehlt *Redeker,* die Dimensionierung von Vorauszahlungen mit Bedacht zu gestalten, da es erforderlich werden kann, das Projekt durch einen Dritten fertig stellen zu lassen.[2] Die Frage kann allerdings sein, ob der Auftraggeber auch die urheberrechtliche Befugnis dazu hat.[3] Im Rahmen eines Gesetzes, das ua die Reform des Bauvertragsrechts und die Änderung der kaufrechtlichen Mängelhaftung zum Gegenstand hat,[4] wurden neue Regelungen für die Wirksamkeit von Regelungen zur Höhe von Abschlagszahlungen in AGB (§ 309c) Nr. 15 BGB), zu Abnahme (§ 640 Abs. 2 neu) sowie Kündigung aus wichtigem Grund (§ 648a BGB, wobei § 314 Abs. 2 und 3 entsprechend gelten) aufgenommen.[5]

f) Compliance. In Verbindung mit IT-Sicherheit sind in den letzten Jahren die Abdeckung rechtlicher Maßgaben und die Vorsorge in Frühwarnsystemen und Kontrollmechanismen sowie deren Controlling zu einer eigenen Thematik herangewachsen. Teilweise wird von IT-Compliance gesprochen[6]. Stichworte dazu sind auch § 25a KWG (wichtig für Outsourcing), Basel II, Solvency II, Sarbanes Oxley Act und speziell – teilweise im Konflikt mit dem zugleich zu erfüllenden Datenschutz[7] – sog. Whistleblowing[8]. *Hoffmann ua* (Hrsg.), IT-Compliance, 2010; IT-Sicherheit wird zunehmend (auch) als Teil der Compliance unter Einbeziehung des Datenschutzes, also va § 9 BDSG und Anlage dazu, verstanden. Umso wichtiger werden *Standards* und *Best Practice*[9]. Unter Berücksichtigung der Strafbewehrung bzw. Ordnungswidrigkeit und der Skandalisierungspflicht (§ 42a BDSG) wächst der Druck auf Vermeidung von „Pannen"[10]. Zu den Pflichten der Geschäftsleitung bezüglich IT-Sicherheit s. *von Holleben/Menz*[11]; zur Garantenhaftung des Compliance Officers s. BGH v. 17.7.2009[12]. Entsprechend dem Zuwachs an Bedeutung der IT-Sicherheit

---

[1] BGH CR 2006, 151; dazu *Berger* CR 2006, 506; zur Kombination mit bzw. Konsequenz für Software-Escrow s. *Grützmacher* CR 2006, 289. Zu BGH Reifen progressiv und Fortführung durch BGH s. oben Abschnitt 2. a.

[2] *Redeker* ITRB 2017, 172.

[3] *Meßmer*, Das werkvertragliche Selbstvornahmerecht, 2017 (Diss. 2016).

[4] V. 28.4.2017, BGBl. I S. 969 trat zum 1.1.2018 in Kraft.

[5] Zu Auswirkungen auf IT-Verträge s. *Sedlmeier* K&R 2018, 680.

[6] S. zB *Lensdorf/Steger* ITRB 2006, 206.

[7] Va Art. 5 DS-GVO und daraus resultierend eine Pflicht zu einem Datenschutz-Management-System (*Lubba* CCZ 2019, 240) ua iVm Art. 6, 9, 12 ff 26, 28 und 30, 32 sowie 35, s. zu neuen Compliancepflichten *Thode* CR 2016, 714; es können auch datenschutzrechtliche Fragen der Sicherheitsmaßnahmen auftreten, etwa des Logging (Protokollierung von IT-Daten): *Heidrich/Wegener* MMR 2015, 487. Dazu auch LAG Hamm ZD 2017, 140 (mAnm *Tiedemann*) – Rechtswidrige Arbeitnehmerüberwachung mittels Keyloggers; s. aktuell: *Fuhlrott/Oltmanns*, Arbeitnehmerüberwachung und interne Ermittlungen im Lichte der Datenschutz-Grundverordnung, NZA 2019, 1105.

[8] Dazu als Teil des Compliance-Systems s. *Breinlinger/Krader* RDV 2006, 60. EU Whistleblower Protection Directive und Schutz der Hinweisgeber und betroffenen Personen *Dilling* CCZ 2019, 214.

[9] S. *Lensdorf/Mayer-Wegelin* CR 2009, 545.

[10] Zu deren Rechtsfolgen s. *Duisberg/Picot* CR 2009, 823.

[11] CR 2010, 63.

[12] 5 Str 394/08, CR 2009, 699.

steigern sich auch die Anforderungen an die Sicherheitsprodukte, so etwa Virenscanner, Filter uÄ.[1]

Neben Virtualisierung gehört zur **Cloud** auch die Globalisierung, was den Datenschutz vor neue Herausforderungen stellt. Eine mögliche datenschutzrechtliche Lösung sind „Binding Corporate Rules[2]. Besonders die Erfüllung der Anforderungen an die technisch/organisatorischen Voraussetzungen (Art. 28 iVm Art. 32 DS-GVO) bereiten Schwierigkeiten, sodass die Frage, ob der Auftraggeber Herr der Daten bleibt, also die Weisungshoheit behält, bei der Cloud häufig in Frage steht. Besondere Probleme bereitet das Auslagern der Verarbeitung personenbezogener Daten ins Nicht-EU-Ausland, auch im Konzern.[3] Besondere Vorkehrungen erfordert auch die Wahrung von Geschäftsgeheimnissen.[4]

Häufig wird übersehen, dass in Outsourcingverträgen ein **Betriebsübergang** liegt: Zum Betriebsübergang bei IT-Outsourcing *Crisolli/Ebeling*[5].

g) Marktplätze, AGB. Nicht nur die AGB der Social-Media-Plattformen[6], sondern auch der Handels-Plattform-Betreiber und der Händler darauf sind oft sehr problematisch[7]. Am 17.4.2019 hat das Europäische Parlament die VO (EU) 2019/1150 zur Förderung von Fairness und Transparenz für gewerbliche Nutzer von Online-Vermittlungsdiensten (P2B-VO) beschlossen.[8] Die AGB sind auch Gegenstand der Prüfung des BKartA, ua mit Folgen wie: Amazon ändert AGB auf Online-Marktplätzen.[9]

III. Ausblick

Das Computerrecht erstreckt sich als Querschnittsmaterie auf verschiedene Rechtsgebiete und bedient sich mehrerer dogmatischer Disziplinen. Daher gehören Abgrenzungsschwierigkeiten ebenso dazu, wie die Konfrontation mit typischen urheber-, patent-, datenschutz- oder vertragsrechtlichen Problemstellungen. In anderen Ländern bereitet die Zuordnung zum Teil weniger Kopfzerbrechen, wie sich etwa bei der Einteilung von Rechtsanwaltsgebieten zeigt. So fällt beispielsweise in manchen „Ranking"-Verzeichnissen unter den Oberbegriff „Communications" sowohl das IT-Recht als auch das Telekommunikationsrecht. Eine allzu genaue Abgrenzung des Computerrechts ist jedoch schon

---

[1] Zu Haftung und Beweislast beim Update von Sicherheitssoftware s. *Koch* CR 2009, 485; zu Impulsen des IT-SicherheitsG für die zivilr. Haftung *Spindler* CR 2016, 297; *Raue*, Haftung für unsichere Software, NJW 2017, 184; zur Frage der Zulässigkeit im Hinblick auf Persönlichkeitsschutz und Mitbestimmung im Betrieb s. zB BAG ZD 2017, 437 – Facebookseite mit Besucherbeiträgen.

[2] *Grapentin* CR 2009, 693; zu den Regeln und Prinzipien s. Gruppe Art. 29 WP 195 zu Processor Binding Corporate Rules.

[3] Unter BDSG: *Pohle/Ammann* CR 2009, 273; *Bierekoven* in Büchner/Briner (Hrsg.), DGRI-Jahrbuch 2011, 2012, mwN; zu DS-GVO *Spies* in Forgó/Helfrich/Schneider, Betrieblicher Datenschutz, 3. Aufl. 2019, VI.2, Rn. 27 ff., und zu Cloud Computing *Heidrich/Wegener* in Forgó/Helfrich/Schneider, Betrieblicher Datenschutz, 3. Aufl. 2019, VII. 4.

[4] Zu „angemessenen" Maßnahmen s. *Maaßen,* GRUR 2019, 352.

[5] CR 2005, 277; EuGH NJW 2009, 2029; generell zum Outsourcing-Vertrag: *Bräutigam* (Hrsg.), IT-Outsourcing, 4. Aufl. 2019; *Söbbing,* Outsourcing-Handbuch 2. Aufl. 2006.

[6] Zu Facebook zB *Graf von Westphalen* VuR 2017, 323.

[7] LG Köln v. 21.5.2019 – 31 O 372/17 zu Widerrufsrecht bei Kauf im Google Playstore.

[8] Dazu *Busch*, Mehr Fairness und Transparenz in der Plattformökonomie? GRUR 2019, 788.

[9] BKartA v. 17.7.2019, MMR-Aktuell 2019, 419504; s. auch: OLG Düsseldorf v. 4.6.2019 – VI-Kart 2/16: Enge Bestpreisklauseln sind nicht kartellrechtswidrig.

deshalb nicht sinnvoll, weil es ständig, wenn auch nicht stetig, wächst und sich verändert.[1] Evtl. setzt sich allmählich die Bezeichnung ITK oder TCM – Telecommunication, Computer, Media – durch. Die technische Konvergenz legt eine solche auch auf juristischer Ebene nahe. Allerdings differenzieren die gesetzlichen Regelungen die Bereiche noch sehr stark, etwa beim Datenschutz oder beim Kartellrecht, obwohl die Unterschiede vom TK-Recht (stark reglementiert) zum Bereich der Software-Lizenzen (IT) oder der Suchmaschinen (TM) nicht (mehr) so groß erscheinen, was Monopolbildung betrifft.

Neue Themen können sich über technische Entwicklungen und deren Auswirkung, etwa Cloud[2] und Big Data[3], KI[4] iVm Anwendungen in Haushalt, Fahrzeugen[5] und bei Medienkonsum bzw. Freizeit-/Sportaktivitäten ergeben. Neue Impulse gehen auch vom Umweltschutz aus (zu „Green IT" s. etwa *Huppertz/Nusser*[6]*, eher aber von einer neuen IT-Sicherheitsdiskussion, angeschoben auch durch die Erkenntnisse aus dem „NSA-Skandal" (s. oben I.1.)*[7]. Das Institut der Einwilligung ist vor dem Hintergrund der *„Daten als Währung"*[8] und erst Recht „Daten als Wirtschaftsgut"[9] neu zu konzipieren bzw. zu überdenken.[10] Aber auch die Möglichkeiten von mehr *Selbstregulierung* sind zu prüfen und zu nutzen.[11]

Für den **Datenschutz** gibt es Tendenzen zu mehr *Praktikabilität,* wozu auch gerichtliche Durchsetzbarkeit gehört, so etwa dass Verbraucherverbände Klagerecht erhielten[12]. Damit wird auch geregelt, dass Datenschutzvorschriften Verbraucherschutzvorschriften sind.[13] Die GVO (s. Nr. 54) ist seit Mai 2016 in Kraft und gilt ab 25.5.2018 unmittelbar.[14] Ihr fehlt die für direkte Wir-

---

[1] S. a. *Schneider* MMR 2019, 485.

[2] *Bräutigam* (Hrsg.), IT-Outsourcing und Cloud-Computing 4. Aufl. 2019; *Borges/Meents* (Hrsg.), 2016.

[3] Die Frage ist, wem die Daten „gehören", s. etwa *Dorner* CR 2014, 617; *Heymann* CR 2016, 650; *Paal/Hennemann* zu NJW 2017, 1697 zu wettbewerbs- und daten(schutz)rechtlichen Herausforderungen; zur Schutzfähigkeit von Daten *Ehlen/Jannis* CR 2016, 570; zu Dateneigentum (Flickenteppich) *Grützmacher* CR 2016, 485; *Hoeren,* Datenbesitz statt Dateneigentum, MMR 2019, 5; zu Datenbankherstellerschutz für Rohdaten s. *Schmidt/Zech* CR 2017, 417; zu Rechten des Sacheigentümers bei der Erhebung von Daten *Raue* NJW 2019, 2425.

[4] Zu Patentierung von KI s. Claessens IPRB 2019, 201.

[5] *Mielchen* ITRB 2014, 110; *Borges* NJW 2018, 977.

[6] CR 2009, 625.

[7] „IT-Sicherheitsgesetz" trat am 25.7.2015 in Kraft, BGBl. I S. 1324; s. *Gitter/Meißner/Spauschus* ZD 2015, 512; *Roos* MMR 2015, 636; *Hornung* NJW 2015, 3335 zu den neuen Pflichten der Betreiber von KritIS; *Weise/Brühl* CR 2015, 290; *Leisterer* CR 2015, 665; s. Nr. 8. und NIS-Richtlinie: Umsetzung der NIS-RL erfolgte durch Änderungen des BSIG, s. Nr. 8. IT-Sicherheitsgesetz 2.0 – Referentenentwurf von März 2019.

[8] *Albrecht,* Daten sind das neue Öl – deshalb braucht es einen starken EU-Datenschutz!, ZD 2013, 49; Daten als Gegenleistung: Rechtsgeschäfte im Spannungsfeld von DS-GVO und allgemeinem Vertragsrecht: *Hacker* ZfPW 2019, 148.

[9] *Zech* CR 2015, 137 zu einem Recht des Datenerzeugers.

[10] S. *Spindler* GRUR 2013, 996.

[11] *Kranig/Peintinger* ZD 2014,3; zu den Vorzügen von Verhaltensrichtlinien gem. Art. 40 DS-GVO s. *Bergt* CR 2016, 670; s. kritisch *Wolff* ZD 2017, 151.

[12] *Nietsch* CR 2014, 272; Verbraucherverbände und Wirtschafts- sowie Wettbewerbskammern erhielten das Recht, gegen Datenschutzverstöße von Firmen zu klagen oder diese abzumahnen.

[13] Was sehr str. war, s. bejahend KG ZD 2014, 412 mwN in Rn. 154, aM zB OLG München GRUR-RR 2012, 395.

[14] Verordnung (EU) 2016/679 des Europäischen Parlaments und des Rates vom 27. April 2016 zum Schutz natürlicher Personen bei der Verarbeitung personenbezogener Daten, zum freien Datenverkehr und zur Aufhebung der Richtlinie 95/46/EG (Datenschutz-Grundverordnung).

kung[1] nötige Klarheit und Handhabbarkeit[2], va ein Abwägungsmodell zu Einbeziehung anderer Grundrechte, aber auch ein wirksamer Schutz vor NSA uÄ. Die EuGH-Entscheidungen zu *Vorratsdatenspeicherung*[3] und zum Recht auf Löschen von Links[4] enthalten dazu wichtige Vorgaben. [5] Besonders gravierend kann sich der Umstand auswirken, dass die GVO die Themen der Profilbildung,[6] des Scoring,[7] der Zweckbindung und -änderung[8] und anderer Mechanismen gesteigerter Auswertung und unbemerkter Beobachtung nur schwach behandelt. Das BDSG 2017 war vom Bestreben gekennzeichnet, insofern die bisherigen Regeln möglichst beizubehalten.[9] Das **2. DSAnpUG** v. 28.6.2019 versucht, über 150 Normen anzupassen.

Die NSA-Enthüllungen haben auch ergeben, welche Leistungsfähigkeit inzwischen Systeme mit BigData-Technologien aufweisen. Als Folge des Verbotsprinzips und des verfehlten Schutzguts „personenbezogene Daten" (eigentlich: Privatsphäre, informationelle Selbstbestimmung und Integrität) tun sich EU-Richtlinie, BDSG und GVO mit den Skalierungen bei Gefährdungspotenzialen besonders schwer. Es bleibt insofern bei rudimentären und veralteten Ansätzen, etwa bestimmte Datenarten besonders zu qualifizieren.[10] Derzeit ist unklar, wie weit genau bereichsspezifische Regelungen, etwa die des TMG von der DS-GVO verdrängt werden,[11] aber auch, wie die gebotene Abwägung mit anderen (EU-)Grundrechten in die GVO hineininterpretiert werden kann.[12]

---

[1] Soweit nicht eine der sog. Öffnungsklauseln greift, die den Mitgliedstaaten erlauben, Präzisierungen und Ausformungen sowie Optionen als nationale Regelungen für bestimmte Bereiche auszugestalten. S. https://www.delegedata.de/2015/12/die-datenschutz-grundverordnung-kommt-und-ich-habe-eine-frage/.

[2] Was er durch zu viele Rückermächtigungen auszugleichen sucht; zu den Bedenken, s. a. *Koós* ZD 2014, 9 und (zum Entw. der Kommission) *Ronellenfitsch* DuD 2012, 561; dazu kommen zahlreiche Öffnungsklauseln, die die angestrebte EU-einheitliche Wirkung vereiteln werden.

[3] EuGH MMR 2014, 412; Schwerer und unverhältnismäßiger Eingriff in Art. 7 und 8 der EU-Grundrechte-Charta. Zum Verhältnis: *Michl* DuD 2017, 349. *Heckmann,* in: jurisPK-Internetrecht, 4. Aufl. 2014, Kap. 9, Rn. 781.1: „Der EuGH führte weiter aus, dass mittels dieser gespeicherten Daten „sehr genaue Schlüsse auf das Privatleben der Personen (...), etwa auf Gewohnheiten des täglichen Lebens, ständige oder vorübergehende Aufenthaltsorte, tägliche oder im anderen Rhythmus erfolgende Ortsveränderungen, ausgeübte Tätigkeiten, soziale Beziehungen (...) und das soziale Umfeld" gezogen werden können und somit Persönlichkeits- und Bewegungsprofile erstellbar sind."; s. a. zur weiteren Entwicklung *Roßnagel* MMR 2014, 73; *Busch* ZRP 2014, 41. Für Deutschland s. aber Nr. 16, 56.

[4] Fälschlich „*Recht auf Vergessen (werden)*", EuGH ZD 2014, 350 – Google Spain SL –; dazu *Lang* K&R 2014, 449; *Nolte* NJW 2014, 2238. EuGH ZD 2017, 325: Kein Recht auf Vergessenwerden hinsichtlich der im Gesellschaftsregister eingetragenen personenbezogenen Daten; zum Überblick (DS-RL, EuGH und DS-GVO) *Trentmann* CR 2017, 27.

[5] Zu Grundprinzipien eines Neubeginns s. *Schneider/Härting* CR 2014, 306; dazu auch den konkreten (Teil-)Vorschlag dies. CRi 2013, 19.

[6] Bisher ansatzweise im TMG (§ 15 III) für Nutzungsprofile geregelt.

[7] S. *Weichert* ZRP 2014, 168; iVm automatisierten Entscheidungen *Born* ZD 2015, 66.

[8] *Härting* NJW 2015, 3284.

[9] S. zB zu Beschäftigtendatenschutz gem. § 26 BDSG neu *Kort* ZD 2017, 319.

[10] Ua besteht das Problem, dass Metadaten, auch Scorewerte etc., für sich keinen Personenbezug haben, anhand simpelster Daten (nur für die alleinige Verwendung von Adressdaten besteht bei Scoring ein Verbot, § 28b Nr. 3 BDSG) aber dem Einzelnen wie eine Folie anhaften, ohne dass er den Vorgang versteht, s. nur BGH CR 2014, 364 zur Ab-lehnung der Auskunft über Scoring-Algorithmus; dazu s. a. kritisch *Hammersen/Schade* DuD 2014, 399.

[11] *Keppeler* MMR 2015, 779 zu Abgrenzungsproblemen. Lücken bei der Umsetzung der ePrivacy-RL: EuGH ZD 2019, 264; EuGH MMR 2019, 514: Google messenger ist kein TK-Dienst.

[12] Zum analogen Problem fehlenden Abwägungskonzepts im BDSG s. etwa mit „verfassungskonformer" Auslegung BGH CR 2015, 116.

Smart-TV und Datenschutz:[1] In einer gemeinsamen Position[2] werden *„vier datenschutzrechtliche Anforderungen bezüglich des Anbietens von Smart-TV-Geräten und Leistungen gestellt.“*

- *Profilbildung über das individuelle Fernsehverhalten ohne ausdrückliche und informierte Einwilligung soll unzulässig sein.*
- *die datenschutzrechtlichen Vorschriften des Telemediengesetzes (TMG) sind einzuhalten, wenn ein Smart-TV-Gerät die Nutzung von Web-Diensten ermöglicht.*
- *Dazu dienen Informations- und Pseudonymisierungspflichten seitens der Anbieter der Telemedien und Widerspruchsrechte des Nutzers.*
- *die Smart-TV-Geräte sind mit solchen Grundeinstellungen so anzubieten, dass der Nutzer selbst einen wechselseitigen Datenaustausch initiieren muss (Privacy by Default).*

Dazu kommen sicherheitstechnische Maßnahmen, um Smart-TV-Geräte und die entsprechenden Web-Dienste vor unberechtigtem Zugriff durch Dritte zu schützen.

E-Government wurde in I.2 kurz behandelt. Tatsächlich entwickelt sich dieser Bereich sehr stark. Nach Schleswig Holstein hat der Bund ein *Gesetz zur Förderung der elektronischen Verwaltung* verabschiedet.[3] Im Rahmen des Elektronischen Rechtsverkehrs – zwischen Anwälten und Gerichten – erfolgt die Entwicklung sehr langwierig,[4] scheint aber nun doch fortzuschreiten: Ein sog. **E-Justice-**Gesetz *(Gesetz zur Förderung des elektronischen Rechtsverkehrs mit den Gerichten)* sieht eine vollelektronische Kommunikation zwischen Gerichten und Anwälten ab 2018 vor, zwingend spätestens ab 2022. Damit die Anwaltschaft darauf vorbereitet ist, musste die Bundesrechtsanwaltskammer für jeden Anwalt zum 1.1.2016 ein „besonderes elektronisches Anwaltspostfach“ (Elektronisches Gerichts- und Verwaltungspostfach (EGVP[5])) einrichten, über das zukünftig die elektronische Kommunikation der Anwälte mit den Gerichten abgewickelt wird.[6]

---

[1] AG Bad Hersfeld v. 15.5.2017 – F 120/17 EASO Wer über WhatsApp die Telefonnummern seiner Kontakte automatisch an das Unternehmen weiterleitet, ohne die Betroffenen vorher um Erlaubnis zu fragen, begeht eine Rechtsverletzung. Im Sorgerechtsstreit ging es um die Smartphone-Nutzung eines elf Jahre alten Jungen. s. zu Erhebung und Speicherung personenbezogener Daten deutscher WhatsApp-Nutzer durch Facebook VG Hamburg v. 24.4.2017 – 13 E 5912/16.

[2] Zu einer gemeinsamen Position der Aufsichtsbehörden für den Datenschutz im nichtöffentlichen Bereich (Düsseldorfer Kreis) und der Datenschutzbeauftragten der öffentlich-rechtlichen Rundfunkanstalten (Stand: 20.5.2014) s. *Grenzer* CR 2014, R75, Ausschnitt teils wörtlich.

[3] Gesetz zur Förderung der elektronischen Verwaltung sowie zur Änderung weiterer Vorschriften vom 25.7.2013, BGBl 2012 I S. 2749; s. *Roßnagel* NJW 2013, 2710; *Albrecht/Schmid* K&R 2013, 529; *Prell*, E-Government: Paradigmenwechsel in Verwaltung und Verwaltungsrecht? NVwZ 2018, 1255.

[4] S. etwa zu Sorgfaltspflichten zu Eingangsprüfung bei E-Mails an den Rechtsanwalt LG Bonn v. 10.1.2014 – 15 O 189/13 (er muss täglich seinen Spamordner auf versehentlich dort abgelegte Mails durchsehen). BFH v. 5.6.2019 – IX B 121/18: Wiedereinsetzung bei Versendung von Schriftsätzen mit dem besonderen elektronischen Anwaltspostfach unter Verwendung einer Dateibezeichnung mit unzulässigen Zeichen.

[5] S. zu BRAO § 31a und Übergangsproblemen zB *Prütting* in Henssler/Prütting, BRAO, 5. Aufl. 2019, Rn. 9.

[6] S. a. *Sandkühler/Brosch* NJW 2015, 2760. Der Start wurde wegen mangelnder „Qualität“ (technischen Problemen) verschoben. Die im EGVP-Verfahren eingesetzte qualifizierte Container-Signatur genügt seit dem 1.1.2018 nicht mehr den Anforderungen des § 130 a ZPO: BGH NJW 2019, 2230 im Anschluss an Entscheidungen von BSG, BverwG, BAG und anders als („in Abgrenzung zu“) BGH MMR 2013, 608: Die im EGVP-Verfahren eingesetzte qualifizierte Container-Signatur genügt den Anforderungen des § 130 a ZPO.

Einführung

Die Entwicklung der Rspr. zum **Handel** mit Software-Lizenzen dürfte zu einer Verschiebung der Argumentation führen, um generell Software die Sachqualität abzusprechen und – auch kartellrechtlich problematisch[1] – den „Gebrauchtsoftware-Handel" auszutrocknen. Mit EuGH[2] und BGH[3] ist klar, dass auch bei Onlinebezug von Software auf Dauer oder auch nur „*ohne zeitliche Begrenzung*" Erschöpfung eintritt und die Weitergabeverbote auch bei durch Download und nicht auf Datenträger erworbener Software nicht greifen. Als Hindernisse für den Gebrauchtsoftwarehandel bleiben insofern das Aufspaltungsverbot bei Volumenlizenzen für unselbständige Lizenzen und die Berechtigung der Hersteller, technische Schutzmaßnahmen einzubauen[4]. Online-Erschöpfung wird es aber ohne Änderung der RL nicht geben:[5] Art. 3 Abs. 1 und Art. 4 der RL 2001/29/EG (s. Nr. 35) „sind dahin auszulegen, dass die Überlassung von E-Books zur dauerhaften Nutzung durch Herunterladen aus dem Internet nicht dem Verbreitungsrecht im Sinne von Art. 4 der Richtlinie unterliegt, sondern dem Recht der öffentlichen Wiedergabe im Sinne von Art. 3 Abs. 1 der Richtlinie".

Insgesamt entwickelt sich der **Patentschutz** für Software(-bezogene) Erfindungen relativ unbeachtet zu einem doch sehr interessanten Rechtsschutz zumindest für bestimmte Software (s. oben II.1c). Unter kartellrechtlichen Aspekten kommt das Institut der Zwangslizenz und damit auch der Zwangslizenzeinwand zugunsten von Rechtsverletzern in Betracht[6].

Ungeklärt sind die evtl. Auswirkungen der Einordnung von **„Lizenzen"**[7], da manche Klauseln nur bei Miete wirksam bzw. als Miete einzuordnen sind. Zu Miete passen allerdings übliche AGB, va gesondert zu zahlende Pflege nicht. Zum Vertragstyp[8] gibt die Rspr. BGH/EuGH/BGH Oracle/UsedSoft insofern Aufschluss, dass es für Kauf reicht, wenn die Überlassung „ohne zeitliche Begrenzung erfolgt", sodann, dass die evtl. Sperren nur der Sicherung dienen dürfen, dass der Ersterwerber auch wirklich bei Weitergabe die Software bei sich unbrauchbar gemacht hat.[9] Weiteren Einfluss auf die Zulässigkeit von Sperren bei Software bzw. zur Abwägung der Verhältnismäßigkeit könnte die Rspr. zu solchen Einrichtungen bei Hybridsystemen bringen.[10] Evtl. erfolgt nun seitens der Anwender ein kritischer Blick auf die AGB der Hersteller, die häufig weder klar und transparent sind, noch die Rechtspre-

---

1) S. a. *Grützmacher* CR 2010, 141.

2) MMR 2012, 586 – Oracle/UsedSoft (UsedSoft II).

3) CR 2014, 168 – Oracle/UsedSoft (UsedSoft II).

4) S. a. schon BGH CR 2010, 565 – Half-Life 2; andererseits: OLG Frankfurt CR 2013, 148, und dazu oben II.2. Zum Abwägungsgebot bei technischen Maßnahmen für Spiele s. EuGH MMR 2014, 401 – Nintendo – und BGH CR 2015, 562 – Videospiel-Konsolen II; BGH MMR 2017, 534 – Videospiel-Konsolen III, zu Schadensersatz wg. Verletzung technischer Schutzmaßnahmen.

5) EuGH Schlussanträge v. 10.9.2019 – C-263/18 – Tom Kabinet.

6) Zu den Voraussetzungen s. BGH CR 2009, 492 – Orange Book; OLG Karlsruhe CR 2012, 354 (kartellrechtlicher Zwangslizenzeinwand – Mobilfunkpatent); LG Düsseldorf GRUR-RR 2013, 196 (EuGH-Vorlage zur Frage der Berücksichtigung eines Zwangslizenzeinwands); EuGH MMR 2015, 599 – Huawei Technologies/ZTG (Patentlizenz).

7) *Hilty* CR 2012, 625.

8) S. etwa *Redeker* ITRB 2013, 68, 165.

9) Diese Thematik bedarf noch intensiverer Befassung mit den einzelnen Lizenzmodellen, s. a. *Schneider/Spindler* CR 2014, 213.

10) EuGH MMR 2014, 401 – Nintendo – und BGH CR 2015, 562 – Videospiel-Konsolen II; s. aber LG Berlin ITRB 2014, 131. Zur Darlegungs- und Beweislast bzgl. technischer Schutzmaßnahmen s. BGH MMR 2017, 534 – Videospielkonsolen III.

chungsentwicklung nachvollzogen haben.[1] Hinderlich ist dabei, dass das Merkmal der Überlassung „auf Dauer" als klare Voraussetzung für Kauf/Veräußerung und Erschöpfung verwässert wurde,[2] und sogar gegenteilige Regelungen für urhr. „Veräußerung" reichen, wenn die eingeräumte Zeit der der Funktionsfähigkeit der Software entspricht,[3] was nach BGB-Vertragsrecht Miete (oder unwirksam) ist. Verstärken wird sich die Suche der Anbieter nach Erschließung und Absicherung von neuen Vergütungsmodellen, etwa mittelbarer bzw. *indirekter Nutzung* (va bei SAP)[4], Nutzungsformen etwa durch Robots,[5] oder *„Fernnutzungsrechten"* bei Cloud, va SaaS[6].

Möglicherweise ergeben sich weitere Impulse aus der Rspr. zu Computerspielen[7], va als *Hybridsysteme,*[8] etwa zur Erschöpfung, aber auch generell zu anderen *digitalen Gütern* für Software.[9] Andere digitale Güter als Software werden hinsichtlich der Online-Erschöpfung anders behandelt. Urhr. ist das verständlich, mit den neuen RL – Richtlinie zu Verträgen über digitale Inhalte und digitale Dienstleistungen (VDRL) und Richtlinie über den Warenkauf – praktisch kaum vereinbar. Dies gilt erst recht bei Hybrid-Systemen. Weitere wichtige Triebfeder für die Befassung wird die Verbreitung des Einsatzes von Software in der Cloud bzw. die Nutzung über diese sein.[10]

Digitalisierung und Virtualisierung stellen auch das Patentrecht vor neue Herausforderungen, typisch etwa bei 3 D-Druckern[11] und der Verbreitung von CAD-Daten im Internet (Vertrieb von CAD-Plänen über Internetplattformen).[12]

Ein sehr großes Problemfeld könnte noch das **Kartellrecht** im Verhältnis zu den wenigen Anbietern der Social Media und gegenüber Google als Suchmaschinenbetreiber mit Monopol werden.[13] Plattformen kommen nun ua auch

---

[1] Als Ansatz sei nochmals auf LG Hamburg CR 2014, 15 mAnm *Huppertz* CR 2014, 18, und *Heydn* MMR 2014, 105; OLG Hamburg MMR 2014, 115 zu unangemessener Benachteiligung (UWG) durch lizenzvertragliche Beschränkung der Erschöpfung des Verbreitungsrechts.

[2] Lt. EuGH MMR 2012, 586 und BGH MMR 2014, 232 genügt „ohne zeitliche Begrenzung"; s. a. *Schneider/Spindler* CR 2014, 213, 215 f.

[3] BGH MMR 2015, 735.

[4] *Oelschlägel/Schmidt* ITRB 2015, 72; *Kroke* CR 2019, 73; *Scholz* CR 2019, 417; zu technischen Aspekten bei Fernzugriff/Fernnutzung *Liesegang* CR 2015, 776; zu urheberrechtlicher Beurteilung der Fernnutzung *Grützmacher* CR 2015, 779.

[5] *Häuser/Schmid* CR 2018, 266; *Scholz* CR 2019, 417.

[6] Grützmacher CR 2015, 779.

[7] S. EuGH MMR 2014, 401 – Nintendo; schon *Hofmann* CR 2012, 281; s. nun zu keys und accounts *Hilgert* CR 2014, 354. Keyselling und Geldwäsche: BGH MMR 2019, 444.

[8] Zum urheberrechtlichen Schutz der Computer- und Videospiele mit ihrer Doppelnatur s. *Brüggemann* CR 2015, 697.

[9] S. zB *Redeker* CR 2014, 73; nun zur RL: *Staudenmayer*, Auf dem Weg zum digitalen Privatrecht – Verträge über digitale Inhalte, NJW 2019, 2497. Evtl. wird der EuGH (C-263/18) den Schlussanträgen des GA vom 10.9.2019 folgend für eBooks entscheiden, dass deren Überlassung „zur dauerhaften Nutzung durch Herunterladen aus dem Internet nicht dem Verbreitungsrecht im Sinne von Art. 4 der Richtlinie unterliegt, sondern dem Recht der öffentlichen Wiedergabe im Sinne von Art. 3 Abs. 1 der Richtlinie".

[10] Zu den urheberrechtlichen Implikationen s. *Lehmann/Giedke* CR 2013, 608 und 681, zu patentrechtlichen *Schwarz* GRUR 2014, 224; zum Problem Cloud und Open Source iVm Copyleft bei SaaS *Hilber/Reintzsch* CR 2014, 697; *Wiebe* in Spindler/Schuster, Recht der elektronischen Medien, 4. Auflage 2019, § 69a UrhG Rn. 60 ff.

[11] S. zB *Mengden* MMR 2014, 79; *Buchalik* ITRB 2014, 158; BGH ZD 2018, 422 (permanente Aufnahmen sind unzulässig, trotzdem Aufnahmen eines Unfallbeteiligten als Beweis verwertbar); *Strauß*, Dashcam und Datenschutz, NZV 2018, 554.

[12] *Haedicke/Zech* GRUR-Beilage 1/2014 (zu Heft 4/2014), 52, 55 ff.

[13] S. etwa *Paal* GRUR Int. 2015, 997 zu Suchmaschinen.

„auf den kartellrechtlichen Prüfstand" wegen deren Selbstbevorzugung (self-preferencing).[1]

„Digitaler Wandel"[2], digitale Agenda und digital single market[3] uÄ sind Schlagworte zu Rahmenbedingungen, die von der Kommission (und zaghaft von der deutschen Regierung[4]) gefördert werden. Konkrete Auswirkungen kann dies für die Schnelligkeit haben, mit der sich das Internet der Dinge (IoT)[5] und „Industrie 4.0" entwickeln könnten.[6] Die datenschutzrechtlichen Themen und Probleme werden dabei oft unterschätzt, etwa bei e-call und selbstfahrenden Autos.[7] Einen kleinen Ausschnitt des Problems, wenn der Einzelne zum Datenverarbeiter wird, gibt die Entwicklung zu *Dashcams.*[8]

Vernetzte Arbeitswelt[9] – agile Arbeitswelt[10]? Sämtlichen neuen[11] IT-gestützten Arbeitsformen eignet ein starkes Überwachungsmoment, das neben dem Datenschutzthema immer auch die Mitbestimmungsthematik auslöst. Besonders gilt dies auch für die neuen agilen Arbeitsformen.[12] Bei (enger) Zusammenarbeit von Auftraggeber und Auftragnehmer kommen noch die Arbeitnehmerüberlassung[13] und Scheinselbständigkeit[14] als Risiken hinzu.

Neue **Haftungsregeln** und -konzepte und -kategorien werden etwa bei **selbstfahrenden** Autos erforderlich;[15] es besteht Unklarheit über die Verfügungsrechte an fahrzeugbezogenen Daten.[16] Die Beurteilung der Zuordnung von Verantwortlichkeiten und Daten-bezogenen Ansprüchen ist mit den Maßgaben der DS-GVO sehr schwierig.[17] Die **Entsorgung** alter Hardware wirft große Umweltprobleme auf. Das Elektro- und Elektronikgerätegesetz 2005 wurde durch das neue „Gesetz über das Inverkehrbringen, die Rücknahme und die umweltverträgliche Entsorgung von Elektro- und Elektronik-

---

[1] *Walzel* CR 2019, 314.

[2] Beim Handel mit digitalen Gütern s. *Druschel/Oehmichen* CR 2015, 173 (I), 233 (II).

[3] Zum „digitalen Binnenmarkt für digitale Güter" s. *Druschel/Lehmann* CR 2016, 244.

[4] S. zB MMR-Aktuell 2015, 372 684. Zur flächendeckenden Digitalisierung der öff. Verwaltung als Politikziel *Bull* CR 2019, 478.

[5] Zur Maschine-zu-Maschine-Kommunikation im IoT s. *Grünwald/Nüßing* MMR 2015, 378.

[6] *Bräutigam/Klindt* NJW 2015, 1137. S. a. Gesetzgebungs- und Rechtsprechungsreport zu Industrie 4.0 und Digitalisierung, *Mitterer/Wiedemann/Zwissler* BB 2017, 3.

[7] S. etwa zu „Kollateral"-Daten *Cebulla* ZD 2015, 507.

[8] S. etwa im Kontext von Beweisverboten AG Nienburg CR 2015, 400 mAnm *Lachenmann/Schwiering;* LG Heilbronn CR 2015, 393; *Ernst* CR 2015, 620 zur Unzulässigkeit; im Einzelfall zulässig, die Aufnahme verwertbar: OLG Stuttgart (NJW 2016, 2280) hat das in einem konkreten Einzelfall bejaht: Aus § 6b BDSG, insbesondere dessen Absatz 3 Satz 2, folgt kein gesetzlich angeordnetes Beweisverwertungsverbot für das Bußgeldverfahren. Zu Zulässigkeit nach Abwägung OLG Nürnberg, ZD 2017, 574; Verwertbarkeit trotz Unzulässigkeit BGH ZD 2018, 422.

[9] *Günther/Böglmüller,* Arbeitsrecht 4.0, NZA 2015, 1025.

[10] *Schulze/Volk,* Agile Arbeitsmethoden und Mitbestimmung – Teil 1, ArbRAktuell 2019, 404.

[11] Zu arbeitsrechtliche Beurteilung von „New Work" s. *Eufinger/Burbach* DB 2019, 1147.

[12] *Schulze/Volk* ArbRAktuell 2019, 404.

[13] *Litschen/Yacoubi,* Arbeitnehmerüberlassung und agile Prozess- und Organisationsmethoden, NZA 2017, 484; *Heise/Friedl,* Flexible („agile") Zusammenarbeit zwischen Unternehmen versus illegale Arbeitnehmerüberlassung – das Ende von Scrum? NZA 2015, 129.

[14] Zu Abgrenzungsfragen *Wank* Erfurter Kommentar zum Arbeitsrecht, § 1 AÜG Rn. 18 ff.

[15] *Spindler* CR 2015, 766; *Schrader,* Haftungsrechtlicher Begriff des Fahrzeugführers bei zunehmender Automatisierung von Kraftfahrzeugen NJW 2015, 3537; *Borges* CR 2016, 272.

[16] S. *Hornung* DuD 2015, 359; *Weisser/Färber* MMR 2015, 506; *Kütük-Markendorf/Essers* MMR 2016, 22; *Wagner/Goeble* ZD 2017, 263 (zum Gesetzesentwurf zum hoch- und vollauto-matisierten Fahren); *Grunwald,* Autonomes Fahren: Technikfolgen, Ethik und Risiken, SVR 2019, 81.

[17] *Steege* MMR 2019, 509 zu datenschutzrechtlichen Aspekten der Entwicklung, Erprobung und Nutzung automatisierter und autonomer Fahrzeuge.

geräten“ v. 24.10.2015 ersetzt.[1] Es ist zu vermuten, dass sich die Notwendigkeit umfassender Regelungen und weiteren Ausbaus der Wiederverwendung zu weiteren Regelungen ergeben wird.

Seit dem 1.7.2016 gilt die eIDAS-VO in den Mitgliedstaaten unmittelbar. Zum 29.7.2017 trat das Vertrauensdienstegesetz (VDG) als Art. 1 des eIDAS-Durchführungsgesetzes in Kraft. Es ersetzt das Signaturgesetz (SigG) und die Signaturverordnung (SigV).[2] Das VDG regelt, „wie sogenannte Vertrauensdienste (elektronische Signaturen, elektronische Siegel und elektronische Zeitstempel) bezogen und verwendet werden können“.[3]

Eine neue Technik bei Vertragsschluss und Abbildung von Rechte- und Anspruchsketten entwickelt sich mit „**Blockchain**“.[4] Evtl. lässt sich die Technologie auch für sicheren Vertrieb von Softwarelizenzen einsetzen.[5] Die Blockchaintechnologie wird die Entwicklung bei Smart Contracts bzw. generell Law Tech[6] weiter befördern, ergänzt um Artificial Intelligence (AI oder KI). Datenschutz- und va Persönlichkeits-rechtlich problematisch können sich die Auswirkungen des Ausgeliefertseins an die **Algorithmen** auswirken.[7] Das würde den Focus mehr auf die Software (statt immer nur auf Daten) lenken.[8]

Ungelöst schien das Problem ***„digitaler Nachlass“*** – wem gehört was nach Tod des account-Inhabers?[9] Dies ist ein Teil-Problem der Frage des „Eigentums“ an (den eigenen) Daten. Das LG Berlin fällte als wohl eines der ersten Gerichte ein Urteil zum Thema und sprach den Erben den Anspruch auf Zugang zum Facebook-Account des Verstorbenen zu.[10] Besonders kritisch sind die datenschutzrechtlichen Aspekte und dabei die Rechte Dritter zu prüfen. Das KG hat die Klage abgewiesen, den Zugriff für die Eltern abgelehnt.[11] Der BGH hat das Urteil des KG aufgehoben und das LG-Urteil

---

[1] S. zB OLG Düsseldorf v. 24.9.2015 – I-2 U 3/15. Zur Stiftung elektro-altgeräte register (mit Wahrnehmung hoheitlicher Aufgaben) www.stiftung-ear.de.

[2] *Roßnagel*, Das Vertrauensdienstegesetz, MMR 2018, 31.

[3] S. Heckmann in: Heckmann, jurisPK-Internetrecht, 6. Aufl. 2019, Kap. 5, Rn. 81 ff.

[4] S. zB *Thalhofer/Schrey* NJW 2017, 1431. s. a. *Kaulartz* CR 2016, 474; zur Anwendung: *Kaulartz/Heckmann*, Smart Contracts – Anwendungen der Blockchain-Technologie, CR 2016, 618. *Ammann*, Bitcoin als Zahlungsmittel im Internet. Rechtliche Fragestellungen und Lösungsansätze, CR 2018, 379.

[5] *Blocher/Hoppen/Hoppen*, Softwarelizenzen auf der Blockchain, CR 2017, 337; zu Haftungsprivileg für Blockchain –Dienstleister *Saive* CR 2018, 186.

[6] Themen DAT 2017; s. a. *Fiedler/Grupp*, Digitalisierungsstrategien für Rechtsabteilungen und Wirtschaftskanzleien, DB 2017, 1071; *Hohn-Hein/Barth*, Immaterialgüterrechte in der Welt von Blockchain und Smart Contract, GRUR 2018, 1089; *Willecke*, Die urheberrechtliche Schutzfähigkeit von Blockchain-Anwendungen, in Taeger, Recht 4.0, 2017, 833; zu Zwangsvollstreckung durch smarte IT-Lösungen *Paulus/Matzke* CR 2017, 769.

[7] Zu Digitalisierung und privater Rechtsdurchsetzung, *Paulus/Matzke* CR 2017, 769; *Degen/Krahmer*, Legal Tech: Erbringt ein Generator für Vertragstexte eine Rechtsdienstleistung? GRUR-Prax 2016, 363; bejahend LG Köln v. 8.10.2019 – 33 O 35/19.

[8] Ob eine Regulierung der Internet-Konzerne dabei hilft, ist fraglich. Der Justizminister schlägt Kontrolle von Internet-Konzernen und deren Algorithmen, eine Art Antidiskriminierungsgesetz für den digitalen Lebensbereich vor („digitales AGG, ein Antidiskriminierungsgesetz für Algorithmen gegen digitale Diskriminierung und für vorurteilsfreies Programmieren“), s. http://www.zeit.de/digital/internet/2017-07/heiko-maas-algorithmen-regulierung-antidiskriminierungsgesetz DIE ZEIT 3.7.2017 (besucht 1.8.2017).

[9] *Klas/Möhrke-Sobolewski* NJW 2015, 3473; zum Auskunftsanspruch der Erben s. *Solmecke/Köbrich/Schmitt* MMR 2015, 291.

[10] LG Berlin CR 2017, 122: Facebook muss die Zugangsdaten herausgeben.

[11] KG ZD 2017, 386.

wieder hergestellt:[1] Der Übergang erfolge grds. nach § 1922 BGB auf die Erben. „Dem Zugang zu dem Benutzerkonto und den darin vorgehaltenen Kommunikationsinhalten stehen weder das postmortale Persönlichkeitsrecht des Erblassers noch das Fernmeldegeheimnis oder das Datenschutzrecht entgegen."

Digitale Güter als Handelsgegenstand und die Anknüpfung neuer Regelungen an Rechte an Digital-Gütern werden noch stärker auf diese Frage, wem welche Daten gehören, einwirken. Eine Etappe bildete „Proposal for a Directive on certain aspects concerning contracts for the supply of digital content", COM/2015/0634 final – 2015/0287 (COD)[2], nun RL (EU) 2019/770.[3] Besonders herausgefordert wird der Datenschutz durch **Daten als Bezahlmittel**[4] und **mangelnde Transparenz** bei Algorithmen im Alltags-Einsatz,[5] wie etwa für Bonitäts-Scoring-Algorithmen.[6]

Artificial Intelligence, Künstliche Intelligenz und Algorithmen werden zunehmend zum Thema für Vertrags- und Urheberrecht, Haftungsfragen[7] bis hin zu Forderungen nach Ethik-Richtlinien[8] und Datenschutz[9], dazu weitere Hinweise:

– *Hetmank/Lauber-Rönsberg*: Künstliche Intelligenz – Herausforderungen für das Immaterialgüterrecht, GRUR 2018, 574; *Ory/Sorge*: Schöpfung durch Künstliche Intelligenz? NJW 2019, 710; *Lauber-Rönsberg*: Autonome „Schöpfung" – Urheberschaft und Schutzfähigkeit; *Ehinger/Grünberg* K&R 2019, 232 zur persönlichen geistigen Schöpfung im Zusammenhang mit computergeneriertem Content; *dies.*, Die urheberrechtliche Schutzfähigkeit von Künstlicher Intelligenz am Beispiel von Neuronalen Netzen. Welche Strukturelemente und welche Entwicklungsphasen sind urheberrechtlich geschützt? CR 2018, 761;

– *Scheja*, Schutz von Algorithmen in Big Data Anwendungen. Wie Unternehmen aufgrund der Umsetzung der Geschäftsgeheimnis-Richtlinie ihre Algorithmen wie auch Datenbestände besser schützen können, CR 2018, 485;

– *Papastefanou* CR 2019, 209 Genetic Breeding Algorithmus als Form des "Machine Learning" im Urheber- und Patentrecht. Rechtliche Herausforderungen beim Schutz von Algorithmen des Genetic Breeding Models.

Einen speziellen Teil-Problemkomplex bildet inzwischen „*Autonomes Fahren*". Dazu sind ua die 20 Thesen einer speziellen Ethikkommission bekannt geworden.[10] Darin werden ua die Problemlagen der Verlagerung der

---

[1] BGH MMR 2018, 740; s. a. dem BGH folgend LG Münster zum Anspruch der Erben auf Zugang zum iCloud-Konto des Erblassers (K&R 2019, 422).

[2] S. dazu *Metzger/Schweitzer*, Editorial Special Issue on Contracts on Digital Goods and Services. JIPITEC, Vol. 8.

[3] RL über bestimmte vertragsrechtliche Aspekte der Bereitstellung digitaler Inhalte und Dienstleistungen, ABl. 2019 L 136, 1., dazu *Staudenmayer* NJW 2019, 2497.

[4] *Metzger* Jipitec 8 (1) 2017, URN: urn:nbn:de:0009–29–45286; *Metzger* JZ 2019, 579, und *Staudenmayer* NJW 2019, 2497, 2498: „bahnbrechende Neuerung" mwN zur Diskussion.

[5] *Heldt*, Transparenz bei algorithmischen Entscheidungen – Food for Thoughts. Ein vergleichender Blick auf die Kennzeichnungspflichten im Lebensmittelrecht, CR 2018, 494.

[6] BGH MMR 2014, 489 unter BDSG aF.

[7] *Denga*, Deliktische Haftung für künstliche Intelligenz, CR 2018, 69.

[8] High-Level Expert Group on Artificial Intelligence. Draft Ethics Guidelines for Trustworthy AI, 18. Dez. 2018. *Dettling/Krüger*, Erste Schritte im Recht der Künstlichen Intelligenz, MMR 2019, 211; am 23.10.2019 übergab die Datenethikkommission ihr Gutachten mit Handlungsempfehlungen.

[9] *Gausling*, Künstliche Intelligenz im digitalen Marketing, ZD 2019, 335; KI und DS-GVO s. *Conrad* K&R 2018, 741.

[10] https://www.heise.de/newsticker/meldung/Ethik-Kommission-Keine-Loesung-fuer-echte-dilemmatische-Situationen-beim-autonomen-Fahren-3749184.html.

Entscheidungen auf Maschinen (Verhalten bzw. Prioritäten bei Unfällen etc.) und ungeklärte Fragen zu den Themen Haftung und Datenschutz behandelt.

Zum Thema „**Autonomes Fahren**“ und den (**Eigentums**-) **Rechten** an den anfallenden Daten:

Kütük-Markendorf CR 2017, 349–355: Die hoch- oder vollautomatisierte Fahrfunktion als Vorstufe zum autonomen Fahren. Wie der Gesetzgeber bei den Änderungen des Straßenverkehrsgesetzes seine legislative Verantwortung auf den Softwarehersteller übertragen hat. *Reichwald/Pfisterer* CR 2016, 208: Autonomie und Intelligenz im Internet der Dinge. *Brisch/Müller ter Jung* CR 2016, 411: Plädoyer für eine zentrale Verwertbarkeit der Daten aus dem digitalisierten Auto im Zivilprozess; *Grützmacher*, CR 2016, 695: Die deliktische Haftung für autonome Systeme – Industrie 4.0 als Herausforderung für das bestehende Recht? Ein Plädoyer für die Nutzung von Beweislastregeln und wider den vorschnellen Ruf nach der Einführung einer Gefährdungshaftung; *Härting* CR 2016, 646: Zu Dateneigentum, Schutz durch Immaterialgüterrecht? *Heymann*, Rechte an Daten, CR 2016, 650; *Kloth/Briske* GRUR-Prax 2017, 228: Wem gehört eigentlich das Auto? – Aktuelle Fragestellungen zum urheberrechtlichen Schutz von Fahrzeugsoftware; *Horner/Kaulartz*, Haftung 4.0. Verschiebung des Sorgfaltsmaßstabs bei Herstellung und Nutzung autonomer Systeme, CR 2016, 7; *Specht* CR 2016, 288: Ausschließlichkeitsrechte an Daten – Notwendigkeit, Schutzumfang, Alternativen. Eine Erläuterung des gegenwärtigen Meinungsstands und Gedanken für eine zukünftige Ausgestaltung; *Wiebe* CR 2017, 87: Von Datenrechten zu Datenzugang – Ein rechtlicher Rahmen für die europäischen Datenwirtschaft. Überblick und erste Bewertung zur Mitteilung der EU-Kommission vom 10.1.2017; *Michl*, „Datenbesitz“ – ein grundrechtliches Schutzgut? NJW 2019, 2729.

Datenhandel bedarf selbst bei Adressen einer datenschutzrechtlichen Grundlage.[1] Erst recht gilt dies bei „sensiblen“ Daten, Art. 9 DS-GVO – zu beachten va bei big data-Auswertungen.[2]

Schutz für **Games und Social Media**:[3]

– Social Bots (Computerprogramme) täuschen – vor allem in Social Networks – menschliches Nutzerverhalten vor, wozu eine Kennzeichnungspflicht diskutiert wird.[4]

– Lootboxen: Fällt die zufallsbedingte Generierung (handel-barer) virtueller Gegenstände gegen Entgelt unter das deutsche Glückspiel- und Jugendschutzrecht?[5]

– Anspruch auf **Sperrung** des Zugangs zur urheberrechtsverletzenden Webseite durch Access-Provider nach § 7 Abs. 4 TMG analog.[6]

Geheimnisschutz, § 203 StGB, wurde mit Blick auf die organisatorischen Änderungen der Abläufe bei Berufsgeheimnisträgern (etwa auch Outsourcing)

---

[1] S. OLG Frankfurt ZD 2018, 179 zu §§ 4a, 28 BDSG; s. a. *Bierekoven* in Forgó/Helfrich/Schneider, Betrieblicher Datenschutz, 3. Aufl. 2019, XI. 1.

[2] S. etwa für Konzerndaten *Schneider/Forgó/Helfrich* in Forgó/Helfrich/Schneider, Betrieblicher Datenschutz, 3. Aufl. VI. 1. Rn. 56–60.

[3] *Schwartmann/Hentsch/Ewald*, Neue Wege der Rechtsdurchsetzung für Games, MMR-Beilage 8/2019, ua Keyselling *Merk/Schneider* S. 7 ff.

[4] *Löber/Roßnagel*, Kennzeichnung von Social Bots, MMR 2019, 493; s. a. *Remmertz* MMR 2018, 507.

[5] *Schwiddessen* CR 2018, 444 (Teil 1), CR 2018, 512 (Teil 2).

[6] LG München I v. 7.6.2019 – 37 O 2516/18 – Goldesel.to, ohne Anspruch des Providers auf Kostenerstattung; dazu Waiblinger/Jaworski MMR-Beil. 8/2019, 7, und *Sesing*, Der Sperranspruch nach § 7 IV TMG, GRUR 2019, 898. Zu „Lösch- und Sperrklauseln“ bei User Generated Content (UGC) – Plattformen *Holznagel* CR 2018, 369.

erweitert durch das „Gesetz zur Neuregelung des Schutzes von Geheimnissen bei der Mitwirkung Dritter an der Berufsausübung schweigepflichtiger Personen“.[1] Besondere Bedeutung liegt in der freieren Gestaltung des IT-Outsourcing.[2] Andererseits ist den neuen technischen Anforderungen an die Erhaltung des Geheimnisschutzes Rechnung zu tragen.[3]

Digitale Güter: Am 20.5.2019 wurden die *Richtlinie zu Verträgen über digitale Inhalte und digitale Dienstleistungen1*[4] (VDRL) und die *Richtlinie über den Warenkauf*[5] als mageres Ergebnis[6] des Projekts eines gemeinsamen europäischen Kaufrechts (COM(2011) 635 final)verabschiedet.

E-Evidence: Ein Gesetzesvorhaben zu E-Evidence soll Strafverfolgungsbehörden in der EU-Staaten „erlauben, sich unmittelbar an Dienstleister in anderen EU-Staaten zu wenden und die Herausgabe von Verkehrs-, aber auch von Inhaltsdaten der Kunden zu verlangen. Der vorgesehene Mechanismus könnte aber im Einzelfall missbraucht werden, um unbemerkt an die gespeicherten Informationen zu gelangen“, kritisiert *Peters*,[7] da die Informationen auch Journalisten, Ärzte, Anwälte und Unternehmen betreffen (können). „Ermittler sollen künftig schneller an Beweismittel wie Chatnachrichten, E-Mails oder in der Cloud gespeicherte Dokumente kommen, die in einem anderen Land vorliegen.“[8]

Gesundheitswesen: DVG – Digitale Versorgung: Die Bundesregierung hat am 10.7.2019 einen Gesetzentwurf für digitale Versorgung im Gesundheitswesen beschlossen. Mittels Digitalisierung sollen Patienten in Zukunft besser versorgt sein. Ua sollen Apps auf Rezept sowie Angebote zu Online-Sprechstunden ermöglicht werden. Außerdem soll es überall bei Behandlungen möglich sein, auf das sichere Datennetz im Gesundheitswesen zuzugreifen.[9] Das Gesetz soll im Januar 2020 in Kraft treten. Der **Datenschutz** wird evtl. separat zu regeln sein. Noch weitergehend: Gesundheitsentscheidungen durch Algorithmen – rechtliche Rahmenbedingungen der Digitalisierung des Gesundheitswesens.[10]

Nicht-personenbezogene Daten: Abschließend sei noch erwähnt die „Verordnung (EU) 2018/1807 des Europäischen Parlaments und des Rates vom 14. November 2018 über einen Rahmen für den freien Verkehr nicht-personenbezogener Daten in der Europäischen Union.[11] Sie betrifft ein Kar-

---

[1] G v. 30.10.2017, BGBl. S. 3618; Zum Entwurf *Fechtner/Haßdenteufel* CR 2017, 355. Siehe nun § 2 GeschGehG mit den Voraussetzungen angemessener Maßnahmen zur Geheimhaltung.

[2] S. zB *Pohle/Ghaffari* CR 2017, 489.

[3] S. zB *Ohly*, GRUR 2019, 441 zu GeschGehG.

[4] RL (EU) 2019/770 über bestimmte vertragsrechtliche Aspekte der Bereitstellung digitaler Inhalte und Dienstleistungen, ABl. 2019 L 136, 1. Dazu *Spindler/Sein* MMR 2019, 488 zu neu geregelten Gewährleistungsrechte (objektiver Fehlerbegriff), Haftung und Voraussetzungen für Änderungen des Vertrags. *Staudenmayer* NJW 2019, 2497 zu Verträgen über digitale Inhalte. Zum mageren Ergebnis *Zinner*, Was vom CESL übrigblieb – Neues Verbrauchervertragsrecht mit digitalem Einschlag, VuR 2019, 241.

[5] RL (EU) 2019/771 über bestimmte vertragsrechtliche Aspekte des Warenhandels, ABl. 2019 L 136, 28; s. a. *Bach* NJW 2019, 1705; *Standenmayer*, NJW 2019, 2889.

[6] *Zinner*, Was vom CESL übrigblieb – Neues Verbrauchervertragsrecht mit digitalem Einschlag, VuR 2019, 241.

[7] *Peters* FAZ 9.7.2019 https://www.faz.net/einspruch/gesetzesvorhaben-beweisdaten-auf-zuruf-16276451.html; s. a. *Schaar*, Das europäische Gegenstück zum CLOUD Act, MMR 2018, 705; *Schaar* EAID: E-Evidence und CLOUD-Act – Grenzüberschreitender Direktzugriff auf Daten? ZD-Aktuell 2019, 04362; *Burchard*, Europäische E-Evidence-Verordnung, ZRP 2019, 164.

[8] *Peters* FAZ 9.7.2019 wie vorstehend.

[9] S. *Pohl*, MedTechdigital MPR 2019, 127.

[10] *Ferlemann* NZS 2018, 56.

[11] ABl. Nr. L 303 S. 59.

dinal-Problem des Datenschutzes: wann ist ein Datum personenbezogen? Die Antwort auf die Frage, wann ist ein Datum nicht personenbezogen? gibt aber nicht die Verordnung selbst, sondern über einen Verweis bei den Definitionen die DS.-GVO. Art. 3 besagt: 1. „ 'Daten' bezeichnet Daten, die keine personenbezogenen Daten im Sinne des Artikels 4 Nummer 1 der Verordnung (EU) 2016/679 sind". Damit sind Überschneidungen zwar vermieden, aber die fast uferlose Ausdehnung der DS-GVO über *Personenbeziehbarkeit, genauer „Identifizierbarkeit"* als Variante der Definition in Art. 4 Nr. 1 DS-GVO[1] lässt wenig Raum für diese VO (EU) 2018/1807.

Die mehrfach erwähnte **e-Privacy-VO** wurde seit dem Entwurf von 2017 laufend diskutiert. Mit der Antwort auf eine Anfrage hat die Bundesregierung am 3.7.2019 große Skepsis gegenüber dem erreichten Stand des Schutzes geäußert, was darauf schließen lässt, dass das Vorhaben noch längere Zeit brauchen wird.[2]

---

[1] *Brauneck*, DSGVO, EuZW 2019, 680.

[2] 19/11351, https://dipbt.bundestag.de/dip21/btd/19/113/1911351.pdf S, 6; „Die Speicherung von Informationenoder der Zugriff auf Informationen im Endgerät zum Zwecke des Tracking gehört nicht zu den Tätigkeiten, für die auf Endeinrichtungen des Endnutzers ohne dessen Einwilligung zugegriffen werden darf. Die Bundesregierung hat sich im Rat im Rahmen der laufenden Verhandlungen zur ePrivacy-Verordnung dafür eingesetzt, dass die von der Kommission vorgeschlagene Regelung des Artikels 8 nicht abgeschwächt wird.

„...Auf der Tagung des Rates der EU (Telekommunikation) am 7. Juni 2019 in Luxemburg hat sich Deutschland dahingehend geäußert, dass die e-Privacy-VO ein hohes, über die DSGVO hinausreichendes Schutzniveau gewährleisten müsse. Der vorliegende Text erreiche dies nicht, weshalb Deutschland diesen nicht unterstützen könne. Änderungen seien nötig, speziell bei Artikel 6 bezüglich der „kompatiblen Weiterverarbeitung". „Außerdem setze man sich für einen Erhalt von Artikel 10 ein."

1. Resolution 73/179 der UN-Generalversammlung über das Recht auf Privatheit im digitalen Zeitalter

Vom 17. Dezember 2018

Die Generalversammlung,

in Bekräftigung der Ziele und Grundsätze der Charta der Vereinten Nationen, der in der Allgemeinen Erklärung der Menschenrechte und den einschlägigen internationalen Menschenrechtsverträgen, einschließlich des Internationalen Paktes über bürgerliche und politische Rechte und des Internationalen Paktes über wirtschaftliche, soziale und kulturelle Rechte, sowie in der Erklärung und dem Aktionsprogramm von Wien verankerten Menschenrechte und Grundfreiheiten,

unter Hinweis auf die Resolutionen der Generalversammlung 68/167 vom 18. Dezember 2013, 69/166 vom 18. Dezember 2014 und 71/199 vom 19. Dezember 2016 über das Recht auf Privatheit im digitalen Zeitalter und die Resolution 45/95 vom 14. Dezember 1990 über Richtlinien zur Regelung von automatisierten personenbezogenen Dateien sowie die Resolutionen des Menschenrechtsrats 28/16 vom 26. März 2015 und 34/7 vom 23. März 2017 über das Recht auf Privatheit im digitalen Zeitalter und die Resolutionen 32/13 vom 1. Juli 2016 und 38/7 vom 5. Juli 2018 über die Förderung, den Schutz und den Genuss der Menschenrechte im Internet,

sowie unter Hinweis auf das Ergebnisdokument der Tagung der Generalversammlung auf hoher Ebene über die Gesamtüberprüfung der Umsetzung der Ergebnisse des Weltgipfels über die Informationsgesellschaft,

Kenntnis nehmend von den Berichten des Sonderberichterstatters des Menschenrechtsrats über das Recht auf Privatheit und den Berichten des Sonderberichterstatters des Menschenrechtsrats über die Förderung und den Schutz des Rechts auf Meinungsfreiheit und freie Meinungsäußerung,

unter Begrüßung der Arbeit des Hohen Kommissariats der Vereinten Nationen für Menschenrechte in Bezug auf das Recht auf Privatheit im digitalen Zeitalter, mit Interesse Kenntnis nehmend vom Bericht der Hohen Kommissarin über das Thema und unter Hinweis auf die Podiumsdiskussion über das Recht auf Privatheit im digitalen Zeitalter, die während der siebenundzwanzigsten Tagung des Menschenrechtsrats stattfand,

feststellend, dass das rasche Tempo der technologischen Entwicklung Menschen in der ganzen Welt in die Lage versetzt, sich neuer Informations- und Kommunikationstechnologien zu bedienen, und gleichzeitig die Fähigkeit der Regierungen, Unternehmen und Personen zum Überwachen, Abfangen und Sammeln von Daten vergrößert, das eine Verletzung oder einen Missbrauch der

Menschenrechte darstellen kann, insbesondere des in Artikel 12 der Allgemeinen Erklärung der Menschenrechte und in Artikel 17 des Internationalen Paktes über bürgerliche und politische Rechte festgelegten Rechts auf Privatheit, weshalb diese Frage in zunehmendem Maße Anlass zur Sorge gibt,

sowie feststellend, dass Verletzungen und Missbräuche des Rechts auf Privatheit im digitalen Zeitalter alle Menschen treffen und besondere Auswirkungen auf Frauen sowie auf Kinder und schwächere und marginalisierte Menschen haben können,

in dem Bewusstsein, dass die Förderung und die Achtung des Rechts auf Privatheit wichtig sind, um Gewalt, einschließlich geschlechtsspezifischer Gewalt, Missbrauchs und sexueller Belästigung, insbesondere gegen Frauen und Kinder, die im digitalen Raum und online stattfinden kann und Cybermobbing und Cyberstalking umfasst, zu verhindern,

in Bekräftigung des Menschenrechts auf Privatheit, dem zufolge niemand willkürlichen oder rechtswidrigen Eingriffen in sein Privatleben, seine Familie, seine Wohnung oder seinen Schriftverkehr ausgesetzt werden darf, und des Anspruchs auf rechtlichen Schutz gegen solche Eingriffe sowie in der Erkenntnis, dass die Ausübung des Rechts auf Privatheit für die Verwirklichung des Rechts auf freie Meinungsäußerung und auf unbehinderte Meinungsfreiheit sowie des Rechts auf Versammlungs- und Vereinigungsfreiheit zu friedlichen Zwecken wichtig ist und eine der Grundlagen einer demokratischen Gesellschaft bildet,

mit Anerkennung Kenntnis nehmend von der Allgemeinen Bemerkung Nr. 16 des Menschenrechtsausschusses über Artikel 17 des Internationalen Paktes über bürgerliche und politische Rechte über das Recht auf Achtung des Privatlebens, der Familie, der Wohnung und des Schriftverkehrs und den Schutz der Ehre und des Rufes, zugleich jedoch Kenntnis nehmend von den großen technologischen Sprüngen, die seit ihrer Verabschiedung stattgefunden haben, sowie von der Notwendigkeit, das Recht auf Privatheit im Lichte der Herausforderungen des digitalen Zeitalters zu erörtern,

in Anbetracht der Notwendigkeit, Fragen im Zusammenhang mit der Förderung und dem Schutz des Rechts auf Privatheit im digitalen Zeitalter, den Verfahrensgarantien, einer wirksamen innerstaatlichen Aufsicht und Rechtsbehelfen und den Auswirkungen der Überwachung auf das Recht auf Privatheit und andere Menschenrechte auf der Grundlage der internationalen Menschenrechtsnormen weiter zu erörtern und zu analysieren, sowie der Notwendigkeit, die Grundsätze des Willkürverbots, der Recht- und Gesetzmäßigkeit, der Notwendigkeit und der Verhältnismäßigkeit in Bezug auf Überwachungspraktiken zu prüfen,

Kenntnis nehmend von der Abhaltung der Interessenträgerübergreifenden Welttagung über die Zukunft der Internet-Verwaltung (NETmundial) und den interessenträgerübergreifenden Erörterungen, die jährlich auf dem Forum für

Internet-Verwaltung stattfinden, einem interessenträgerübergreifenden Diskussionsforum zu Fragen der Internet-Verwaltung, dessen Mandat von der Generalversammlung 2015 um weitere 10 Jahre verlängert wurde, und anerkennend, dass der wirksame Umgang mit den Herausforderungen im Zusammenhang mit dem Recht auf Privatheit im Kontext der modernen Kommunikationstechnologie einer fortlaufenden und abgestimmten Mitwirkung der verschiedenen Interessenträger bedarf,

betonend, dass für den Schutz, die Förderung und die Achtung des Rechts auf Privatheit ein anhaltendes Engagement von Nutzen ist, unter anderem durch informelle Dialoge zwischen allen Interessenträgern, einschließlich Staaten, Wirtschaftsunternehmen, internationaler Organisationen und der Zivilgesellschaft,

in der Erkenntnis, dass die Erörterung des Rechts auf Privatheit auf der Grundlage bestehender internationaler und innerstaatlicher rechtlicher Verpflichtungen, einschließlich der internationalen Menschenrechtsnormen, sowie einschlägiger Zusagen geführt werden soll und keiner unangemessenen Beeinträchtigung der Menschenrechte des Einzelnen Vorschub leisten soll,

unter nachdrücklichem Hinweis auf die Wichtigkeit der uneingeschränkten Achtung der Freiheit, Informationen sich zu beschaffen, zu empfangen und weiterzugeben, namentlich auch die grundlegende Wichtigkeit des Zugangs zu Informationen und der demokratischen Teilhabe,

in dem Bewusstsein, dass das Recht auf Privatheit für den Genuss anderer Rechte wichtig ist und zur Entfaltung der Fähigkeit jedes Einzelnen, am politischen, wirtschaftlichen, sozialen und kulturellen Leben teilzuhaben, beitragen kann, und mit Besorgnis davon Kenntnis nehmend, dass sich Verletzungen oder Missbräuche des Rechts, frei von unrechtmäßigen oder willkürlichen Eingriffen in das Recht auf Privatheit zu leben, auf den Genuss anderer Menschenrechte, einschließlich des Rechts auf freie Meinungsäußerung und auf unbehinderte Meinungsfreiheit und des Rechts auf Versammlungs- und Vereinigungsfreiheit zu friedlichen Zwecken, auswirken können,

darauf hinweisend, dass Metadaten zwar Vorteile bieten können, dass bestimmte Arten von Metadaten jedoch, wenn sie zusammengefasst werden, persönliche Informationen preisgeben können, die möglicherweise nicht weniger sensibel sind als der eigentliche Inhalt der Kommunikation und die einen Einblick in das Verhalten einer Person, ihre sozialen Beziehungen, ihre privaten Vorlieben und in ihre Identität gewähren können,

mit dem Ausdruck ihrer Besorgnis darüber, dass Einzelpersonen oft nicht ihre freie, ausdrückliche und in Kenntnis der Sachlage erfolgende Zustimmung zum Verkauf oder mehrfachen Weiterverkauf ihrer personenbezogenen Daten geben und/oder geben können, da die Sammlung, Verarbeitung, Verwendung, Speicherung und Weitergabe personenbezogener Daten, einschließlich sensibler Daten, im digitalen Zeitalter deutlich zugenommen haben, *mit Besorgnis feststellend*, dass die Erstellung von Profilen, automatisierte Entscheidungsprozesse und Technologien des maschinellen Lernens, manchmal als künstliche Intelligenz bezeichnet, ohne geeignete Schutzvorkehrungen zu Entscheidungen führen können, die sich auf den Genuss der Menschenrechte, einschließlich der wirtschaftlichen, sozialen und kulturellen Rechte, auswirken können, und anerkennend, dass bei der Entwicklung, Evaluierung und Regulierung dieser Verfahren die internationalen Menschenrechtsnormen angewandt werden müssen,

betonend, dass das rechtswidrige oder willkürliche Überwachen und/oder Abfangen von Kommunikation sowie die rechtswidrige oder willkürliche Sammlung personenbezogener Daten als weitreichende Eingriffe das Recht auf Privatheit verletzen, das Recht auf freie Meinungsäußerung beeinträchtigen und im Widerspruch zu den Prinzipien einer demokratischen Gesellschaft stehen können, namentlich wenn sie extraterritorial oder in massivem Umfang erfolgen,

in der Erkenntnis, dass die gleichen Rechte, die Menschen offline haben, auch online geschützt werden müssen, einschließlich des Rechts auf Privatheit,

insbesondere davon Kenntnis nehmend, dass die Überwachung der digitalen Kommunikation mit den internationalen Menschenrechtsverpflichtungen im Einklang stehen und auf der Grundlage eines rechtlichen Rahmens erfolgen muss, der öffentlich zugänglich, klar, präzise, umfassend und nichtdiskriminierend sein muss, und dass ein Eingriff in das Recht auf Privatheit nicht willkürlich oder unrechtmäßig sein darf, eingedenk dessen, was im Hinblick auf die Verfolgung legitimer Ziele angemessen ist, und unter Hinweis darauf, dass die Staaten, die Vertragsparteien des Internationalen Paktes über bürgerliche und politische Rechte sind, die erforderlichen Schritte unternehmen müssen, um die gesetzgeberischen oder sonstigen Vorkehrungen zu treffen, die notwendig sind, um den in dem Pakt anerkannten Rechten Wirksamkeit zu verleihen,

mit dem Ausdruck ihrer Besorgnis über die Verbreitung von Desinformation und Propaganda, insbesondere auch im Internet, die so konzipiert und eingesetzt werden können, dass sie irreführend sind, die Menschenrechte, einschließlich des Rechts auf Privatheit und des Rechts der freien Meinungsäußerung, verletzen und zu Gewalt, Hass, Diskriminierung oder Feindseligkeit aufstacheln, und unterstreicht den wichtigen Beitrag, den Journalistinnen und Journalisten dazu leisten, dieser Entwicklung entgegenzuwirken,

betonend, dass die Staaten die internationalen Menschenrechtsverpflichtungen in Bezug auf das Recht auf Privatheit achten müssen, wenn sie die digitale Kommunikation von Personen abfangen und/oder personenbezogene Daten erheben, wenn sie Daten, die sie unter anderem durch Vereinbarungen über den Austausch von Informationen und nachrichtendienstlichen Erkenntnissen gesammelt haben, weitergeben oder auf andere Weise zugänglich machen und wenn sie die Weitergabe personenbezogener Daten von Dritten, namentlich von privatwirtschaftlichen Unternehmen, verlangen,

feststellend, dass zunehmend sensible biometrische Informationen von Personen gesammelt werden, und betonend, dass die Staaten ihre Menschenrechtsverpflichtungen achten müssen und dass Wirtschaftsunternehmen das Recht auf Privatheit und andere Menschenrechte bei der Sammlung, Verarbeitung, Weitergabe und Speicherung biometrischer Informationen achten sollen, indem sie unter anderem die Einführung von Datenschutzmaßnahmen und Schutzvorkehrungen in Erwägung ziehen,

sowie feststellend, dass den Staaten in der Allgemeinen Bemerkung Nr. 16 empfohlen wird, wirksame Maßnahmen zu ergreifen, um zu verhindern, dass von staatlichen Stellen und Wirtschaftsunternehmen gesammelte personenbezogene Daten unrechtmäßig gespeichert, verarbeitet und verwendet werden,

unter Begrüßung der Maßnahmen, die Wirtschaftsunternehmen freiwillig ergriffen haben, um ihre Politik in Bezug auf Ersuchen staatlicher Behörden um Zugang zu Nutzerdaten und -informationen für ihre Nutzerinnen und Nutzer transparent zu machen,

tief besorgt über die nachteiligen Auswirkungen, die das Überwachen und/oder Abfangen von Kommunikation, einschließlich des extraterritorialen Überwachens und/oder Abfangens von Kommunikation, sowie die Sammlung personenbezogener Daten, insbesondere wenn sie in massivem Umfang durchgeführt werden, auf die Ausübung und den Genuss der Menschenrechte haben können,

betonend, dass technische Lösungen zur Gewährleistung und zum Schutz der Vertraulichkeit der digitalen Kommunikation, darunter gegebenenfalls Maßnahmen zur Verschlüsselung, Pseudonymisierung und Anonymisierung, im digitalen Zeitalter wichtig sein können, um den Genuss der Menschenrechte, insbesondere des Rechts auf Privatheit, auf freie Meinungsäußerung und auf Versammlungs- und Vereinigungsfreiheit zu friedlichen Zwecken, sicherzustellen, und anerkennend, dass die Staaten keine rechtswidrigen oder willkürlichen Überwachungstechniken einsetzen sollen, die Formen des Hacking umfassen können,

mit tiefer Besorgnis davon Kenntnis nehmend, dass in vielen Ländern Personen und Organisationen, die sich für die Förderung und Verteidigung der Menschenrechte und Grundfreiheiten einsetzen, Journalistinnen und Journalisten und andere Medienschaffende aufgrund ihrer Tätigkeiten häufig Drohungen und Drangsalierungen ausgesetzt sein und in Unsicherheit leben und unrechtmäßige oder willkürliche Eingriffe in ihr Recht auf Privatheit erleiden können,

feststellend, dass Besorgnisse über die öffentliche Sicherheit das Sammeln und den Schutz bestimmter sensibler Informationen zwar rechtfertigen können, dass die Staaten jedoch die vollständige Einhaltung ihrer Verpflichtungen nach den internationalen Menschenrechtsnormen sicherstellen müssen,

sowie in dieser Hinsicht *feststellend*, dass die Verhütung und Bekämpfung des Terrorismus ein besonders wichtiges öffentliches Interesse darstellt, und dabei bekräftigend, dass die Staaten sicherstellen müssen, dass alle zur Bekämpfung des Terrorismus ergriffenen Maßnahmen mit ihren Verpflichtungen nach dem Völkerrecht, insbesondere den internationalen Menschenrechtsnormen, dem Flüchtlingsvölkerrecht und dem humanitären Völkerrecht, im Einklang stehen,

anerkennend, dass ein offenes, sicheres, stabiles, zugängliches und friedliches Umfeld für die Informations- und Kommunikationstechnologien wichtig für die Verwirklichung des Rechts auf Privatheit im digitalen Zeitalter ist,

1. *bekräftigt* das Recht auf Privatheit, dem zufolge niemand willkürlichen oder rechtswidrigen Eingriffen in sein Privatleben, seine Familie, seine Wohnung oder seinen Schriftverkehr ausgesetzt werden darf, und den Anspruch auf rechtlichen Schutz gegen solche Eingriffe, wie in Artikel 12 der Allgemeinen Erklärung der Menschenrechte und in Artikel 17 des Internationalen Paktes über bürgerliche und politische Rechte festgelegt;
2. *ist sich dessen bewusst*, dass der globale und offene Charakter des Internets und das rasche Voranschreiten der Informations- und Kommunikationstechnologien als treibende Kraft für die Beschleunigung des Fortschritts bei der Entwicklung in ihren verschiedenen Formen, einschließlich der Erreichung der Ziele für nachhaltige Entwicklung, wirken;
3. *erklärt*, dass die gleichen Rechte, die Menschen offline haben, auch online geschützt werden müssen, einschließlich des Rechts auf Privatheit;
4. *erinnert* daran, dass bei jedem Eingriff in das Recht auf Privatheit seine Rechtmäßigkeit, Notwendigkeit und Verhältnismäßigkeit in Betracht gezogen werden sollen;
5. *ermutigt* alle Staaten, ein offenes, sicheres, stabiles, zugängliches und friedliches Umfeld für die Informations- und Kommunikationstechnologien auf der Grundlage der Achtung des Völkerrechts, einschließlich der in der Charta der Vereinten Nationen und den Menschenrechtsübereinkünften verankerten Verpflichtungen, zu fördern;
6. *fordert* alle Staaten *auf*,
   a) das Recht auf Privatheit zu achten und zu schützen, so auch im Kontext der digitalen Kommunikation;
   b) Maßnahmen zu ergreifen, um Verletzungen des Rechts auf Privatheit ein Ende zu setzen und die Bedingungen dafür zu schaffen, derartige Verletzungen zu verhindern, namentlich indem sie sicherstellen, dass die einschlägigen innerstaatlichen Rechtsvorschriften mit ihren Verpflichtungen nach den internationalen Menschenrechtsnormen im Einklang stehen;
   c) ihre Verfahren, ihre Praxis und ihre Rechtsvorschriften hinsichtlich des Überwachens und Abfangens von Kommunikation und der Sammlung personenbezogener Daten regelmäßig zu überprüfen, namentlich Über-

wachen, Abfangen und Sammeln in massivem Umfang, mit dem Ziel, das Recht auf Privatheit zu wahren, indem sie die vollständige und wirksame Umsetzung aller ihrer Verpflichtungen nach den internationalen Menschenrechtsnormen sicherstellen;

d) unabhängige, wirksame, mit ausreichenden Ressourcen ausgestattete und unparteiische innerstaatliche Aufsichtsmechanismen auf gerichtlicher, administrativer und/oder parlamentarischer Ebene einzurichten oder bestehende derartige Mechanismen beizubehalten, die in der Lage sind, Transparenz, soweit angebracht, und Rechenschaftspflicht der staatlichen Überwachung von Kommunikation, deren Abfangens und der Sammlung personenbezogener Daten sicherzustellen;

e) dafür zu sorgen, dass Personen, deren Recht auf Privatheit durch rechtswidrige oder willkürliche Überwachung verletzt wurde, Zugang zu einem wirksamen Rechtsbehelf haben, im Einklang mit den internationalen Menschenrechtsverpflichtungen;

f) zu erwägen, in Absprache mit allen maßgeblichen Interessenträgern, einschließlich der Zivilgesellschaft, angemessene Rechtsvorschriften mit wirksamen Strafmaßnahmen und angemessenen Rechtsbehelfen zu entwickeln beziehungsweise beizubehalten und anzuwenden, die Einzelpersonen vor Verletzungen und Missbräuchen des Rechts auf Privatheit, namentlich durch die rechtswidrige und willkürliche Sammlung, Verarbeitung, Speicherung oder Verwendung personenbezogener Daten durch Personen, staatliche Stellen, Wirtschaftsunternehmen und private Organisationen, schützen;

g) zu erwägen, Rechtsvorschriften, Regeln und Maßnahmen zum Datenschutz, so auch im Hinblick auf Daten aus der digitalen Kommunikation, anzunehmen und anzuwenden, die mit ihren internationalen Menschenrechtsverpflichtungen im Einklang stehen, darunter auch die Einrichtung unabhängiger nationaler Behörden, die über die Befugnisse und die Ressourcen verfügen, die Datenschutzpraxis zu überwachen, Verletzungen und Missbräuche zu untersuchen, Mitteilungen von Einzelpersonen und Organisationen entgegenzunehmen und geeignete Rechtsbehelfe bereitzustellen;

h) in dieser Hinsicht Präventivmaßnahmen und Rechtsbehelfe bei Verletzungen und Missbräuchen des Rechts auf Privatheit im digitalen Zeitalter, die alle Personen treffen können, weiterzuentwickeln beziehungsweise beizubehalten, unter anderem wenn diese Verletzungen und Missbräuche besondere Auswirkungen auf Frauen sowie auf Kinder und schwächere und marginalisierte Menschen haben;

i) zu erwägen, geschlechtergerechte Maßnahmen zu erarbeiten, zu überprüfen, umzusetzen und zu stärken, die die Rechte eines jeden Menschen auf Privatheit im digitalen Zeitalter fördern und schützen;

j) Wirtschaftsunternehmen wirksame Leitlinien für die Achtung der Menschenrechte zu geben, indem sie sie zu geeigneten Methoden beraten, darunter menschenrechtliche Sorgfaltspflicht, und ihnen wirksame Leitlinien für die effektive Erwägung der Themen Geschlecht, Verwundbarkeit und/oder Marginalisierung zu geben;

k) eine hochwertige Bildung und lebenslange Bildungschancen für alle zu unterstützen, um unter anderem die digitale Kompetenz und die technischen Fertigkeiten für den wirksamen Schutz der Privatheit zu fördern;

l) von Wirtschaftsunternehmen keine Schritte zu verlangen, die in willkürlicher oder rechtswidriger Weise in das Recht auf Privatheit eingreifen;

m) Maßnahmen zu ergreifen, die es Wirtschaftsunternehmen ermöglichen, in Bezug auf Ersuchen staatlicher Behörden um Zugang zu privaten Nutzerdaten und -informationen geeignete freiwillige transparenzfördernde Maßnahmen zu ergreifen;

n) zu erwägen, Rechtsvorschriften, Präventivmaßnahmen und Rechtsbehelfe zur Behebung von Schäden zu entwickeln beziehungsweise beizubehalten, die durch die Verarbeitung, die Verwendung, den Verkauf oder mehrfachen Weiterverkauf oder die anderweitige Weitergabe personenbezogener Daten zwischen Unternehmen ohne die freie, ausdrückliche und in Kenntnis der Sachlage erfolgende Zustimmung der Betroffenen entstehen;

7. *fordert* die Wirtschaftsunternehmen *auf*,

a) ihrer Verantwortung gerecht zu werden, die Menschenrechte, einschließlich des Rechts auf Privatheit im digitalen Zeitalter, im Einklang mit den Leitprinzipien für Wirtschaft und Menschenrechte: Umsetzung des Rahmens der Vereinten Nationen „Schutz, Achtung und Abhilfe" zu achten;

b) die Nutzerinnen und Nutzer über jede Sammlung, Verwendung, Weitergabe und Speicherung ihrer Daten, die sich auf ihr Recht auf Privatheit auswirken könnten, auf klare und leicht zugängliche Weise zu informieren und gegebenenfalls transparenzfördernde Maßnahmen festzulegen;

c) administrative, technische und physische Schutzvorkehrungen zu treffen, um sicherzustellen, dass Daten rechtmäßig verarbeitet werden, dass sich diese Verarbeitung auf das für die Zwecke der Verarbeitung Notwendige beschränkt und dass die Rechtmäßigkeit dieser Zwecke sowie die Genauigkeit, Integrität und Vertraulichkeit bei der Verarbeitung gewährleistet werden;

d) sicherzustellen, dass die Achtung des Rechts auf Privatheit und anderer internationaler Menschenrechte in die Entwicklung, Nutzung, Evaluierung und Regulierung automatischer Entscheidungsprozesse und Technologien des maschinellen Lernens einbezogen wird, und bei den Menschenrechtsverletzungen, die sie verursacht oder zu denen sie beigetragen haben, Abhilfe zu schaffen;

8. *legt* den Wirtschaftsunternehmen *nahe*, auf eine sichere Kommunikation und den Schutz der einzelnen Nutzerinnen und Nutzer vor willkürlichen oder rechtswidrigen Eingriffen in ihre Privatsphäre hinzuwirken, unter anderem durch die Entwicklung technischer Lösungen;

9. *legt* allen maßgeblichen Interessenträgern *nahe*, sich an informellen Dialogen über das Recht auf Privatheit zu beteiligen, und nimmt mit Anerkennung Kenntnis von dem Beitrag des Sonderberichterstatters des Menschenrechtsrats über das Recht auf Privatheit zu diesem Prozess;
10. *legt* dem Menschenrechtsrat und dem Hohen Kommissariat der Vereinten Nationen für Menschenrechte *nahe*, mit der Debatte aktiv befasst zu bleiben, und bittet alle maßgeblichen Interessenträger, weiter zu erörtern, wie die Erstellung von Profilen, automatische Entscheidungsprozesse und Technologien des maschinellen Lernens, manchmal als künstliche Intelligenz bezeichnet, sich ohne geeignete Schutzvorkehrungen auf den Genuss des Rechts auf Privatheit auswirken, um bestehende Grundsätze und Standards für die Förderung und den Schutz des Rechts auf Privatheit zu klären und diesbezüglich bewährte Verfahren zu bestimmen;
11. *beschließt*, die Behandlung dieser Frage auf ihrer fünfundsiebzigsten Tagung fortzusetzen.

2. Charta der Grundrechte der Europäischen Union[1)]

(2007/C 303/01)

Vom 12. Dezember 2007[2)]
(ABl. Nr. C 303 S. 1)
(BGBl. 2008 II S. 1165)
Celex-Nr. 1 2007 P/TXT

– Auszug –

Art. 7 Achtung des Privat- und Familienlebens. Jede Person hat das Recht auf Achtung ihres Privat- und Familienlebens, ihrer Wohnung sowie ihrer Kommunikation.

Art. 8 Schutz personenbezogener Daten. (1) Jede Person hat das Recht auf Schutz der sie betreffenden personenbezogenen Daten.

(2) [1] Diese Daten dürfen nur nach Treu und Glauben für festgelegte Zwecke und mit Einwilligung der betroffenen Person oder auf einer sonstigen gesetzlich geregelten legitimen Grundlage verarbeitet werden. [2] Jede Person hat das Recht, Auskunft über die sie betreffenden erhobenen Daten zu erhalten und die Berichtigung der Daten zu erwirken.

(3) Die Einhaltung dieser Vorschriften wird von einer unabhängigen Stelle überwacht.

Art. 11 Freiheit der Meinungsäußerung und Informationsfreiheit.

(1) [1] Jede Person hat das Recht auf freie Meinungsäußerung. [2] Dieses Recht schließt die Meinungsfreiheit und die Freiheit ein, Informationen und Ideen ohne behördliche Eingriffe und ohne Rücksicht auf Staatsgrenzen zu empfangen und weiterzugeben.

(2) Die Freiheit der Medien und ihre Pluralität werden geachtet.

Art. 17 Eigentumsrecht. (1) [1] Jede Person hat das Recht, ihr rechtmäßig erworbenes Eigentum zu besitzen, zu nutzen, darüber zu verfügen und es zu vererben. [2] Niemandem darf sein Eigentum entzogen werden, es sei denn aus Gründen des öffentlichen Interesses in den Fällen und unter den Bedingungen, die in einem Gesetz vorgesehen sind, sowie gegen eine rechtzeitige angemessene Entschädigung für den Verlust des Eigentums. [3] Die Nutzung des Eigentums kann gesetzlich geregelt werden, soweit dies für das Wohl der Allgemeinheit erforderlich ist.

(2) Geistiges Eigentum wird geschützt.

[1)] Verweise/Bezugnahmen auf Vorschriften des AEUV bzw. EUV sind gemäß Art. 5 des Vertrags von Lissabon iVm den Übereinstimmungstabellen an die neue Nummerierung angepasst worden.

[2)] Der hier wiedergegebene Wortlaut übernimmt mit Anpassungen die am 7.12.2000 proklamierte Charta. Inkrafttreten am 1.12.2009, siehe die Bek. v. 13.11.2009 (BGBl. II S. 1223).

3. Grundgesetz für die Bundesrepublik Deutschland

Vom 23. Mai 1949
(BGBl. S. 1)

BGBl. III/FNA 100-1

zuletzt geänd. durch Art. 1 ÄndG (Art. 104b, 104c, 104d, 125c, 143e) v. 28.3.2019 (BGBl. I S. 404)

– Auszug –

I. Die Grundrechte

Art. 1 [Schutz der Menschenwürde, Menschenrechte, Grundrechtsbindung] (1) [1]Die Würde des Menschen ist unantastbar. [2]Sie zu achten und zu schützen ist Verpflichtung aller staatlichen Gewalt.

(2) Das Deutsche Volk bekennt sich darum zu unverletzlichen und unveräußerlichen Menschenrechten als Grundlage jeder menschlichen Gemeinschaft, des Friedens und der Gerechtigkeit in der Welt.

(3) Die nachfolgenden Grundrechte binden Gesetzgebung, vollziehende Gewalt und Rechtsprechung als unmittelbar geltendes Recht.

Art. 2 [Freie Entfaltung der Persönlichkeit, Recht auf Leben, körperliche Unversehrtheit, Freiheit der Person] (1) Jeder hat das Recht auf die freie Entfaltung seiner Persönlichkeit, soweit er nicht die Rechte anderer verletzt und nicht gegen die verfassungsmäßige Ordnung oder das Sittengesetz verstößt.

(2) [1]Jeder hat das Recht auf Leben und körperliche Unversehrtheit. [2]Die Freiheit der Person ist unverletzlich. [3]In diese Rechte darf nur auf Grund eines Gesetzes eingegriffen werden.

Art. 3 [Gleichheit vor dem Gesetz] (1) Alle Menschen sind vor dem Gesetz gleich.

(2) [1]Männer und Frauen sind gleichberechtigt. [2]Der Staat fördert die tatsächliche Durchsetzung der Gleichberechtigung von Frauen und Männern und wirkt auf die Beseitigung bestehender Nachteile hin.

(3) [1]Niemand darf wegen seines Geschlechtes, seiner Abstammung, seiner Rasse, seiner Sprache, seiner Heimat und Herkunft, seines Glaubens, seiner religiösen oder politischen Anschauungen benachteiligt oder bevorzugt werden. [2]Niemand darf wegen seiner Behinderung benachteiligt werden.

Art. 5 [Recht der freien Meinungsäußerung, Medienfreiheit, Kunst- und Wissenschaftsfreiheit] (1) [1]Jeder hat das Recht, seine Meinung in Wort, Schrift und Bild frei zu äußern und zu verbreiten und sich aus allgemein zugänglichen Quellen ungehindert zu unterrichten. [2]Die Pressefreiheit und die Freiheit der Berichterstattung durch Rundfunk und Film werden gewährleistet. [3]Eine Zensur findet nicht statt.

(2) Diese Rechte finden ihre Schranken in den Vorschriften der allgemeinen Gesetze, den gesetzlichen Bestimmungen zum Schutze der Jugend und in dem Recht der persönlichen Ehre.

(3) [1] Kunst und Wissenschaft, Forschung und Lehre sind frei. [2] Die Freiheit der Lehre entbindet nicht von der Treue zur Verfassung.

Art. 10 [Brief-, Post- und Fernmeldegeheimnis] (1) Das Briefgeheimnis sowie das Post- und Fernmeldegeheimnis sind unverletzlich.

(2) [1] Beschränkungen dürfen nur auf Grund eines Gesetzes angeordnet werden. [2] Dient die Beschränkung dem Schutze der freiheitlichen demokratischen Grundordnung oder des Bestandes oder der Sicherung des Bundes oder eines Landes, so kann das Gesetz bestimmen, daß sie dem Betroffenen nicht mitgeteilt wird und daß an die Stelle des Rechtsweges die Nachprüfung durch von der Volksvertretung bestellte Organe und Hilfsorgane tritt.

Art. 11 [Freizügigkeit] (1) Alle Deutschen genießen Freizügigkeit im ganzen Bundesgebiet.

(2) Dieses Recht darf nur durch Gesetz oder auf Grund eines Gesetzes und nur für die Fälle eingeschränkt werden, in denen eine ausreichende Lebensgrundlage nicht vorhanden ist und der Allgemeinheit daraus besondere Lasten entstehen würden oder in denen es zur Abwehr einer drohenden Gefahr für den Bestand oder die freiheitliche demokratische Grundordnung des Bundes oder eines Landes, zur Bekämpfung von Seuchengefahr, Naturkatastrophen oder besonders schweren Unglücksfällen, zum Schutze der Jugend vor Verwahrlosung oder um strafbaren Handlungen vorzubeugen, erforderlich ist.

Art. 13 [Unverletzlichkeit der Wohnung] (1) Die Wohnung ist unverletzlich.

(2) Durchsuchungen dürfen nur durch den Richter, bei Gefahr im Verzuge auch durch die in den Gesetzen vorgesehenen anderen Organe angeordnet und nur in der dort vorgeschriebenen Form durchgeführt werden.

(3) [1] Begründen bestimmte Tatsachen den Verdacht, daß jemand eine durch Gesetz einzeln bestimmte besonders schwere Straftat begangen hat, so dürfen zur Verfolgung der Tat auf Grund richterlicher Anordnung technische Mittel zur akustischen Überwachung von Wohnungen, in denen der Beschuldigte sich vermutlich aufhält, eingesetzt werden, wenn die Erforschung des Sachverhalts auf andere Weise unverhältnismäßig erschwert oder aussichtslos wäre. [2] Die Maßnahme ist zu befristen. [3] Die Anordnung erfolgt durch einen mit drei Richtern besetzten Spruchkörper. [4] Bei Gefahr im Verzuge kann sie auch durch einen einzelnen Richter getroffen werden.

(4) [1] Zur Abwehr dringender Gefahren für die öffentliche Sicherheit, insbesondere einer gemeinen Gefahr oder einer Lebensgefahr, dürfen technische Mittel zur Überwachung von Wohnungen nur auf Grund richterlicher Anordnung eingesetzt werden. [2] Bei Gefahr im Verzuge kann die Maßnahme auch durch eine andere gesetzlich bestimmte Stelle angeordnet werden; eine richterliche Entscheidung ist unverzüglich nachzuholen.

(5) [1] Sind technische Mittel ausschließlich zum Schutze der bei einem Einsatz in Wohnungen tätigen Personen vorgesehen, kann die Maßnahme durch eine gesetzlich bestimmte Stelle angeordnet werden. [2] Eine anderweitige Verwertung

der hierbei erlangten Erkenntnisse ist nur zum Zwecke der Strafverfolgung oder der Gefahrenabwehr und nur zulässig, wenn zuvor die Rechtmäßigkeit der Maßnahme richterlich festgestellt ist; bei Gefahr im Verzuge ist die richterliche Entscheidung unverzüglich nachzuholen.

(6) [1]Die Bundesregierung unterrichtet den Bundestag jährlich über den nach Absatz 3 sowie über den im Zuständigkeitsbereich des Bundes nach Absatz 4 und, soweit richterlich überprüfungsbedürftig, nach Absatz 5 erfolgten Einsatz technischer Mittel. [2]Ein vom Bundestag gewähltes Gremium übt auf der Grundlage dieses Berichts die parlamentarische Kontrolle aus. [3]Die Länder gewährleisten eine gleichwertige parlamentarische Kontrolle.

(7) Eingriffe und Beschränkungen dürfen im übrigen nur zur Abwehr einer gemeinen Gefahr oder einer Lebensgefahr für einzelne Personen, auf Grund eines Gesetzes auch zur Verhütung dringender Gefahren für die öffentliche Sicherheit und Ordnung, insbesondere zur Behebung der Raumnot, zur Bekämpfung von Seuchengefahr oder zum Schutze gefährdeter Jugendlicher vorgenommen werden.

VIIIa. Gemeinschaftsaufgaben, Verwaltungszusammenarbeit

Art. 91c [Informationstechnische Systeme] (1) Bund und Länder können bei der Planung, der Errichtung und dem Betrieb der für ihre Aufgabenerfüllung benötigten informationstechnischen Systeme zusammenwirken.

(2) [1]Bund und Länder können auf Grund von Vereinbarungen die für die Kommunikation zwischen ihren informationstechnischen Systemen notwendigen Standards und Sicherheitsanforderungen festlegen. [2]Vereinbarungen über die Grundlagen der Zusammenarbeit nach Satz 1 können für einzelne nach Inhalt und Ausmaß bestimmte Aufgaben vorsehen, dass nähere Regelungen bei Zustimmung einer in der Vereinbarung zu bestimmenden qualifizierten Mehrheit für Bund und Länder in Kraft treten. [3]Sie bedürfen der Zustimmung des Bundestages und der Volksvertretungen der beteiligten Länder; das Recht zur Kündigung dieser Vereinbarungen kann nicht ausgeschlossen werden. [4]Die Vereinbarungen regeln auch die Kostentragung.

(3) Die Länder können darüber hinaus den gemeinschaftlichen Betrieb informationstechnischer Systeme sowie die Errichtung von dazu bestimmten Einrichtungen vereinbaren.

(4) [1]Der Bund errichtet zur Verbindung der informationstechnischen Netze des Bundes und der Länder ein Verbindungsnetz. [2]Das Nähere zur Errichtung und zum Betrieb des Verbindungsnetzes regelt ein Bundesgesetz mit Zustimmung des Bundesrates.

(5) Der übergreifende informationstechnische Zugang zu den Verwaltungsleistungen von Bund und Ländern wird durch Bundesgesetz mit Zustimmung des Bundesrates geregelt.

4. Gesetz über die Verbindung der informationstechnischen Netze des Bundes und der Länder – Gesetz zur Ausführung von Artikel 91c Absatz 4 des Grundgesetzes – (IT-NetzG)[1)]

Vom 10. August 2009
(BGBl. I S. 2702)

FNA 206-1

§ 1 Gegenstand der Zusammenarbeit; Koordinierungsgremium.

(1) [1]Der Bund errichtet zur Verbindung der informationstechnischen Netze des Bundes und der Länder ein Verbindungsnetz. [2]Bund und Länder wirken hierfür nach Maßgabe dieses Gesetzes zusammen; insbesondere treffen sie die notwendigen gemeinsamen Festlegungen für das Verbindungsnetz.

(2) [1]Die Zusammenarbeit erfolgt im Koordinierungsgremium für das Verbindungsnetz (Koordinierungsgremium). [2]Dem Koordinierungsgremium gehören als stimmberechtigte Mitglieder an:

1. die oder der Beauftragte der Bundesregierung für Informationstechnik als Vertreter des Bundes,
2. die zuständigen Vertreterinnen oder Vertreter der Länder.

(3) [1]Besteht aufgrund einer für den Bund und alle Länder wirksamen Vereinbarung nach Artikel 91c Absatz 2 des Grundgesetzes[2)] über die Zusammenarbeit ein Gremium, das entsprechend den Vorgaben des Absatzes 2 Satz 2 besetzt ist (IT-Planungsrat), übernimmt dieses Gremium auch die Aufgaben des Koordinierungsgremiums nach Maßgabe dieses Gesetzes. [2]Die in der Vereinbarung getroffenen Regelungen finden in diesem Fall ergänzend Anwendung, soweit sie diesem Gesetz nicht widersprechen.

§ 2 Begriffsbestimmungen. (1) [1]Informationstechnische Netze im Sinne dieses Gesetzes sind die Gesamtheit von Übertragungssystemen und gegebenenfalls Vermittlungs- und Leitwegeinrichtungen sowie anderweitigen Ressourcen, die die Übertragung von Signalen ermöglichen. [2]Ausgenommen sind Telemedien, Rundfunk sowie Sprechfunk- und Telefonnetze.

(2) [1]Verbindungsnetz im Sinne dieses Gesetzes ist das informationstechnische Netz, welches die informationstechnischen Netze des Bundes und der Länder verbindet. [2]Die Übergabepunkte zu den jeweils verbundenen Netzen werden gemeinsam vereinbart.

§ 3[3)] Datenaustausch über das Verbindungsnetz. Der Datenaustausch zwischen dem Bund und den Ländern erfolgt über das Verbindungsnetz.

[1)] Verkündet als Art. 4 G v. 10.8.2009 (BGBl. I S. 2702); Inkrafttreten gem. Art. 13 Abs. 1 dieses G am 18.8.2009; abweichende Inkrafttretensregelung gem. Art. 13 Abs. 3 dieses G am 1.1.2015, hiervon betroffene Teile der Vorschrift sind durch entsprechende Hinweisfußnoten gekennzeichnet.

[2)] Nr. 3.

[3)] Inkrafttreten gem. Art. 13 Abs. 3 G v. 10.8.2009 (BGBl. I S. 2702) am 1.1.2015.

§ 4 Beschlüsse über das Verbindungsnetz. (1) Der Bund und die Länder beschließen gemeinsam im Koordinierungsgremium für das Verbindungsnetz die folgenden Festlegungen:
1. die vom Verbindungsnetz zu erfüllenden Anforderungen,
2. die anzubietenden Anschlussklassen,
3. das Minimum anzubietender Dienste,
4. die Anschlussbedingungen,
5. die Höhe der Anschlusskosten sowie das Verfahren zu ihrer Ermittlung,
6. das Verfahren bei Eilentscheidungen.

(2) Über Beschlüsse nach Absatz 1 entscheidet das Koordinierungsgremium auf Antrag des Bundes oder eines Viertels seiner Mitglieder.

(3) Beschlüsse nach Absatz 1 kommen mit Zustimmung des Bundes und einer Mehrheit von elf Ländern zustande, welche mindestens zwei Drittel ihrer Finanzierungsanteile nach dem Königsteiner Schlüssel abbildet.

§ 5 Vergabe. (1) [1] Hinsichtlich des Verbindungsnetzes ist gemeinsame Vergabestelle des Bundes und der Länder einschließlich der mittelbaren Bundes- und Landesverwaltung eine vom Bundesministerium des Innern zu bestimmende Bundesbehörde. [2] Der Bund kann Unternehmen mit dem Aufbau und dem Betrieb des Verbindungsnetzes beauftragen.

(2) [1] Der Bund stellt die Vergabeunterlagen im Benehmen mit einem vom Koordinierungsgremium eingesetzten Arbeitsgremium aus drei Ländervertretern fertig. [2] Den Ländern wird zu ihrer Beteiligung rechtzeitig vor der Veröffentlichung der Vergabeunterlagen Einsicht in die Entwürfe der Vergabeunterlagen gewährt; dabei ist der Schutz vertraulicher Dokumente durch geeignete Maßnahmen sicherzustellen.

§ 6 Betrieb. (1) [1] Der Bund betreibt das Verbindungsnetz. [2] Er setzt dabei die gemeinsamen Festlegungen nach § 4 Absatz 1 um.

(2) Das Koordinierungsgremium überwacht die Umsetzung der gemeinsamen Festlegungen und beauftragt hierzu ein von ihm eingesetztes Arbeitsgremium aus drei Ländervertretern, bei der Steuerung des Betriebs des Verbindungsnetzes die Interessen der Länder einzubringen.

§ 7 Kosten. (1) Der Bund trägt die Kosten der Errichtung und des Betriebs des Verbindungsnetzes.

(2) Der Bund und die Länder sowie gegebenenfalls angeschlossene weitere öffentliche Stellen tragen jeweils die Kosten für den jeweiligen Anschluss ihres Netzes an das Verbindungsnetz.

(3) Entstehen durch Anforderungen des Bundes, die über die gemeinsamen Festlegungen hinausgehen, zusätzliche Anschlusskosten, sind diese vom Bund zu tragen.

§ 8 Übergangsregelung. Den Übergang der gegenwärtig vom Deutschland Online Infrastruktur e.V. (DOI-Netz e.V.) wahrgenommenen Aufgaben auf den Bund nach diesem Gesetz einschließlich des Zeitpunkts des Übergangs legen Bund und Länder im DOI-Netz e.V. gemeinsam fest.

5. Gesetz zur Regelung des Zugangs zu Informationen des Bundes (Informationsfreiheitsgesetz – IFG)[1)]

Vom 5. September 2005
(BGBl. I S. 2722)

FNA 201-10

zuletzt geänd. durch Art. 2 Abs. 6 G zur Strukturreform des Gebührenrechts des Bundes v. 7.8.2013 (BGBl. I S. 3154)

Der Bundestag hat das folgende Gesetz beschlossen:

§ 1 Grundsatz. (1) [1]Jeder hat nach Maßgabe dieses Gesetzes gegenüber den Behörden des Bundes einen Anspruch auf Zugang zu amtlichen Informationen. [2]Für sonstige Bundesorgane und -einrichtungen gilt dieses Gesetz, soweit sie öffentlich-rechtliche Verwaltungsaufgaben wahrnehmen. [3]Einer Behörde im Sinne dieser Vorschrift steht eine natürliche Person oder juristische Person des Privatrechts gleich, soweit eine Behörde sich dieser Person zur Erfüllung ihrer öffentlich-rechtlichen Aufgaben bedient.

(2) [1]Die Behörde kann Auskunft erteilen, Akteneinsicht gewähren oder Informationen in sonstiger Weise zur Verfügung stellen. [2]Begehrt der Antragsteller eine bestimmte Art des Informationszugangs, so darf dieser nur aus wichtigem Grund auf andere Art gewährt werden. [3]Als wichtiger Grund gilt insbesondere ein deutlich höherer Verwaltungsaufwand.

[1)] Bislang haben folgende **Länder** Vorschriften zum IFG erlassen:
- **Baden-Württemberg:** G zur Regelung des Zugangs zu Informationen in Baden-Württemberg (Landesinformationsfreiheitsgesetz – LIFG) v. 17.12.2015 (GBl. S. 1201), geänd. durch G v. 12.6. 2018 (GBl. S. 173);
- **Berlin:** G zur Förderung der Informationsfreiheit im Land Berlin (Berliner Informationsfreiheitsgesetz – IFG) v. 15.10.1999 (GVBl. S. 561), zuletzt geänd. durch G v. 2.2.2018 (GVBl. S. 160);
- **Brandenburg:** Akteneinsichts- und InformationszugangsG (AIG) v. 10.3.1998 (GVBl. I S. 46), zuletzt geänd. durch G v. 8.5.2018 (GVBl. I Nr. 7);
- **Bremen:** G über die Freiheit des Zugangs zu Informationen für das Land Bremen (Bremer Informationsfreiheitsgesetz – BremIFG) v. 16.5.2006 (Brem.GBl. S. 263), zuletzt geänd. durch G v. 5.3.2019 (Brem.GBl. S. 55);
- **Hamburg:** Hamburgisches TransparenzG (HmbTG) v. 19.6.2012 (HmbGVBl. S. 271), geänd. durch G v. 18.5.2018 (HmbGVBl. S. 145);
- **Mecklenburg-Vorpommern:** G zur Regelung des Zugangs zu Informationen für das Land Mecklenburg-Vorpommern (Informationsfreiheitsgesetz – IFG M-V) v. 10.7.2006 (GVOBl. M-V S. 556), zuletzt geänd. durch G v. 22.5.2018 (GVOBl. M-V S. 193);
- **Nordrhein-Westfalen:** G über die Freiheit des Zugangs zu Informationen für das Land Nordrhein-Westfalen (Informationsfreiheitsgesetz Nordrhein-Westfalen – IFG NRW) v. 27.11.2001 (GV. NRW. S. 806), zuletzt geänd. durch G v. 17.5.2018 (GV. NRW. S. 244);
- **Rheinland-Pfalz:** LandestransparenzG (LTranspG) v. 27.11.2015 (GVBl. S. 383), geänd. durch G v. 19.12.2018 (GVBl. S. 448);
- **Saarland:** Saarländisches InformationsfreiheitsG (SIFG) v. 12.7.2006 (Amtsbl. S. 1624), zuletzt geänd. durch G v. 22.8.2018 (Amtsbl. I S. 674);
- **Sachsen-Anhalt:** InformationszugangsG Sachsen-Anhalt (IZG LSA) v. 19.6.2008 (GVBl. LSA S. 242), zuletzt geänd. durch G v. 19.6.2019 (GVBl. LSA S. 124);
- **Schleswig-Holstein** InformationszugangsG für das Land Schleswig-Holstein (IZG-SH) v. 19.1. 2012 (GVOBl. Schl.-H. S. 89), zuletzt geänd. durch G v. 19.7.2019 (GVOBl. Schl.-H. S. 310);
- **Thüringen:** Thüringer InformationsfreiheitsG (ThürIFG) v. 14.12.2012 (GVBl. S. 464), zuletzt geänd. durch G v. 6.6.2018 (GVBl. S. 229).

(3) Regelungen in anderen Rechtsvorschriften über den Zugang zu amtlichen Informationen gehen mit Ausnahme des § 29 des Verwaltungsverfahrensgesetzes und des § 25 des Zehnten Buches Sozialgesetzbuch vor.

§ 2 Begriffsbestimmungen. Im Sinne dieses Gesetzes ist

1. amtliche Information: jede amtlichen Zwecken dienende Aufzeichnung, unabhängig von der Art ihrer Speicherung. Entwürfe und Notizen, die nicht Bestandteil eines Vorgangs werden sollen, gehören nicht dazu;
2. Dritter: jeder, über den personenbezogene Daten oder sonstige Informationen vorliegen.

§ 3 Schutz von besonderen öffentlichen Belangen. Der Anspruch auf Informationszugang besteht nicht,

1. wenn das Bekanntwerden der Information nachteilige Auswirkungen haben kann auf
   a) internationale Beziehungen,
   b) militärische und sonstige sicherheitsempfindliche Belange der Bundeswehr,
   c) Belange der inneren oder äußeren Sicherheit,
   d) Kontroll- oder Aufsichtsaufgaben der Finanz-, Wettbewerbs- und Regulierungsbehörden,
   e) Angelegenheiten der externen Finanzkontrolle,
   f) Maßnahmen zum Schutz vor unerlaubtem Außenwirtschaftsverkehr,
   g) die Durchführung eines laufenden Gerichtsverfahrens, den Anspruch einer Person auf ein faires Verfahren oder die Durchführung strafrechtlicher, ordnungswidrigkeitsrechtlicher oder disziplinarischer Ermittlungen,
2. wenn das Bekanntwerden der Information die öffentliche Sicherheit gefährden kann,
3. wenn und solange
   a) die notwendige Vertraulichkeit internationaler Verhandlungen oder
   b) die Beratungen von Behörden beeinträchtigt werden,
4. wenn die Information einer durch Rechtsvorschrift oder durch die Allgemeine Verwaltungsvorschrift zum materiellen und organisatorischen Schutz von Verschlusssachen geregelten Geheimhaltungs- oder Vertraulichkeitspflicht oder einem Berufs- oder besonderen Amtsgeheimnis unterliegt,
5. hinsichtlich vorübergehend beigezogener Information einer anderen öffentlichen Stelle, die nicht Bestandteil der eigenen Vorgänge werden soll,
6. wenn das Bekanntwerden der Information geeignet wäre, fiskalische Interessen des Bundes im Wirtschaftsverkehr oder wirtschaftliche Interessen der Sozialversicherungen zu beeinträchtigen,
7. bei vertraulich erhobener oder übermittelter Information, soweit das Interesse des Dritten an einer vertraulichen Behandlung im Zeitpunkt des Antrags auf Informationszugang noch fortbesteht,
8. gegenüber den Nachrichtendiensten sowie den Behörden und sonstigen öffentlichen Stellen des Bundes, soweit sie Aufgaben im Sinne des § 10 Nr. 3 des Sicherheitsüberprüfungsgesetzes wahrnehmen.

§ 4 Schutz des behördlichen Entscheidungsprozesses. (1) [1]Der Antrag auf Informationszugang soll abgelehnt werden für Entwürfe zu Entscheidungen sowie Arbeiten und Beschlüsse zu ihrer unmittelbaren Vorbereitung, soweit und solange durch die vorzeitige Bekanntgabe der Informationen der Erfolg der Entscheidung oder bevorstehender behördlicher Maßnahmen vereitelt würde. [2]Nicht der unmittelbaren Entscheidungsvorbereitung nach Satz 1 dienen regelmäßig Ergebnisse der Beweiserhebung und Gutachten oder Stellungnahmen Dritter.

(2) Der Antragsteller soll über den Abschluss des jeweiligen Verfahrens informiert werden.

§ 5 Schutz personenbezogener Daten. (1) [1]Zugang zu personenbezogenen Daten darf nur gewährt werden, soweit das Informationsinteresse des Antragstellers das schutzwürdige Interesse des Dritten am Ausschluss des Informationszugangs überwiegt oder der Dritte eingewilligt hat. [2]Besondere Arten personenbezogener Daten im Sinne des § 3 Abs. 9 des Bundesdatenschutzgesetzes[1)] dürfen nur übermittelt werden, wenn der Dritte ausdrücklich eingewilligt hat.

(2) Das Informationsinteresse des Antragstellers überwiegt nicht bei Informationen aus Unterlagen, soweit sie mit dem Dienst- oder Amtsverhältnis oder einem Mandat des Dritten in Zusammenhang stehen und bei Informationen, die einem Berufs- oder Amtsgeheimnis unterliegen.

(3) Das Informationsinteresse des Antragstellers überwiegt das schutzwürdige Interesse des Dritten am Ausschluss des Informationszugangs in der Regel dann, wenn sich die Angabe auf Name, Titel, akademischen Grad, Berufs- und Funktionsbezeichnung, Büroanschrift und -telekommunikationsnummer beschränkt und der Dritte als Gutachter, Sachverständiger oder in vergleichbarer Weise eine Stellungnahme in einem Verfahren abgegeben hat.

(4) Name, Titel, akademischer Grad, Berufs- und Funktionsbezeichnung, Büroanschrift und -telekommunikationsnummer von Bearbeitern sind vom Informationszugang nicht ausgeschlossen, soweit sie Ausdruck und Folge der amtlichen Tätigkeit sind und kein Ausnahmetatbestand erfüllt ist.

§ 6 Schutz des geistigen Eigentums und von Betriebs- oder Geschäftsgeheimnissen. [1]Der Anspruch auf Informationszugang besteht nicht, soweit der Schutz geistigen Eigentums entgegensteht. [2]Zugang zu Betriebs- oder Geschäftsgeheimnissen darf nur gewährt werden, soweit der Betroffene eingewilligt hat.

§ 7 Antrag und Verfahren. (1) [1]Über den Antrag auf Informationszugang entscheidet die Behörde, die zur Verfügung über die begehrten Informationen berechtigt ist. [2]Im Fall des § 1 Abs. 1 Satz 3 ist der Antrag an die Behörde zu richten, die sich der natürlichen oder juristischen Person des Privatrechts zur Erfüllung ihrer öffentlich-rechtlichen Aufgaben bedient. [3]Betrifft der Antrag Daten Dritter im Sinne von § 5 Abs. 1 und 2 oder § 6, muss er begründet werden. [4]Bei gleichförmigen Anträgen von mehr als 50 Personen gelten die §§ 17 bis 19 des Verwaltungsverfahrensgesetzes entsprechend.

[1)] Nr. **56**.

(2) [1] Besteht ein Anspruch auf Informationszugang zum Teil, ist dem Antrag in dem Umfang stattzugeben, in dem der Informationszugang ohne Preisgabe der geheimhaltungsbedürftigen Informationen oder ohne unverhältnismäßigen Verwaltungsaufwand möglich ist. [2] Entsprechendes gilt, wenn sich der Antragsteller in den Fällen, in denen Belange Dritter berührt sind, mit einer Unkenntlichmachung der diesbezüglichen Informationen einverstanden erklärt.

(3) [1] Auskünfte können mündlich, schriftlich oder elektronisch erteilt werden. [2] Die Behörde ist nicht verpflichtet, die inhaltliche Richtigkeit der Information zu prüfen.

(4) [1] Im Fall der Einsichtnahme in amtliche Informationen kann sich der Antragsteller Notizen machen oder Ablichtungen und Ausdrucke fertigen lassen. [2] § 6 Satz 1 bleibt unberührt.

(5) [1] Die Information ist dem Antragsteller unter Berücksichtigung seiner Belange unverzüglich zugänglich zu machen. [2] Der Informationszugang soll innerhalb eines Monats erfolgen. [3] § 8 bleibt unberührt.

§ 8 Verfahren bei Beteiligung Dritter. (1) Die Behörde gibt einem Dritten, dessen Belange durch den Antrag auf Informationszugang berührt sind, schriftlich Gelegenheit zur Stellungnahme innerhalb eines Monats, sofern Anhaltspunkte dafür vorliegen, dass er ein schutzwürdiges Interesse am Ausschluss des Informationszugangs haben kann.

(2) [1] Die Entscheidung nach § 7 Abs. 1 Satz 1 ergeht schriftlich und ist auch dem Dritten bekannt zu geben. [2] Der Informationszugang darf erst erfolgen, wenn die Entscheidung dem Dritten gegenüber bestandskräftig ist oder die sofortige Vollziehung angeordnet worden ist und seit der Bekanntgabe der Anordnung an den Dritten zwei Wochen verstrichen sind. [3] § 9 Abs. 4 gilt entsprechend.

§ 9 Ablehnung des Antrags; Rechtsweg. (1) Die Bekanntgabe einer Entscheidung, mit der der Antrag ganz oder teilweise abgelehnt wird, hat innerhalb der Frist nach § 7 Abs. 5 Satz 2 zu erfolgen.

(2) Soweit die Behörde den Antrag ganz oder teilweise ablehnt, hat sie mitzuteilen, ob und wann der Informationszugang ganz oder teilweise zu einem späteren Zeitpunkt voraussichtlich möglich ist.

(3) Der Antrag kann abgelehnt werden, wenn der Antragsteller bereits über die begehrten Informationen verfügt oder sich diese in zumutbarer Weise aus allgemein zugänglichen Quellen beschaffen kann.

(4) [1] Gegen die ablehnende Entscheidung sind Widerspruch und Verpflichtungsklage zulässig. [2] Ein Widerspruchsverfahren nach den Vorschriften des 8. Abschnitts der Verwaltungsgerichtsordnung ist auch dann durchzuführen, wenn die Entscheidung von einer obersten Bundesbehörde getroffen wurde.

§ 10 Gebühren und Auslagen. (1) [1] Für individuell zurechenbare öffentliche Leistungen nach diesem Gesetz werden Gebühren und Auslagen erhoben. [2] Dies gilt nicht für die Erteilung einfacher Auskünfte.

(2) Die Gebühren sind auch unter Berücksichtigung des Verwaltungsaufwandes so zu bemessen, dass der Informationszugang nach § 1 wirksam in Anspruch genommen werden kann.

(3) [1]Das Bundesministerium des Innern wird ermächtigt, für individuell zurechenbare öffentliche Leistungen nach diesem Gesetz die Gebührentatbestände und Gebührensätze durch Rechtsverordnung ohne Zustimmung des Bundesrates zu bestimmen. [2]§ 10 des Bundesgebührengesetzes findet keine Anwendung.

§ 11 Veröffentlichungspflichten. (1) Die Behörden sollen Verzeichnisse führen, aus denen sich die vorhandenen Informationssammlungen und -zwecke erkennen lassen.

(2) Organisations- und Aktenpläne ohne Angabe personenbezogener Daten sind nach Maßgabe dieses Gesetzes allgemein zugänglich zu machen.

(3) Die Behörden sollen die in den Absätzen 1 und 2 genannten Pläne und Verzeichnisse sowie weitere geeignete Informationen in elektronischer Form allgemein zugänglich machen.

§ 12 Bundesbeauftragter für die Informationsfreiheit. (1) Jeder kann den Bundesbeauftragten für die Informationsfreiheit anrufen, wenn er sein Recht auf Informationszugang nach diesem Gesetz als verletzt ansieht.

(2) Die Aufgabe des Bundesbeauftragten für die Informationsfreiheit wird von dem Bundesbeauftragten für den Datenschutz wahrgenommen.

(3) Die Bestimmungen des Bundesdatenschutzgesetzes[1)] über die Kontrollaufgaben des Bundesbeauftragten für den Datenschutz (§ 24 Abs. 1 und 3 bis 5), über Beanstandungen (§ 25 Abs. 1 Satz 1 Nr. 1 und 4, Satz 2 und Abs. 2 und 3) sowie über weitere Aufgaben gemäß § 26 Abs. 1 bis 3 gelten entsprechend.

§ 13 Änderung anderer Vorschriften. *(hier nicht wiedergegeben)*

§ 14 Bericht und Evaluierung. [1]Die Bundesregierung unterrichtet den Deutschen Bundestag zwei Jahre vor Außerkrafttreten über die Anwendung dieses Gesetzes. [2]Der Deutsche Bundestag wird das Gesetz ein Jahr vor Außerkrafttreten auf wissenschaftlicher Grundlage evaluieren.

§ 15 Inkrafttreten. Dieses Gesetz tritt am 1. Januar 2006 in Kraft.

[1)] Nr. **56**.

6. Gesetz zur Verbesserung des Onlinezugangs zu Verwaltungsleistungen (Onlinezugangsgesetz – OZG)[1)]

Vom 14. August 2017
(BGBl. I S. 3122, 3138)

FNA 206-7

§ 1 Portalverbund für digitale Verwaltungsleistungen. (1) Bund und Länder sind verpflichtet, bis spätestens zum Ablauf des fünften auf die Verkündung dieses Gesetzes folgenden Kalenderjahres ihre Verwaltungsleistungen auch elektronisch über Verwaltungsportale anzubieten.

(2) Bund und Länder sind verpflichtet, ihre Verwaltungsportale miteinander zu einem Portalverbund zu verknüpfen.

§ 2 Begriffsbestimmungen. (1) Der „Portalverbund" ist eine technische Verknüpfung der Verwaltungsportale von Bund und Ländern, über den der Zugang zu Verwaltungsleistungen auf unterschiedlichen Portalen angeboten wird.

(2) Das „Verwaltungsportal" bezeichnet ein bereits gebündeltes elektronisches Verwaltungsangebot eines Landes oder des Bundes mit entsprechenden Angeboten einzelner Behörden.

(3) „Verwaltungsleistungen" im Sinne dieses Gesetzes sind die elektronische Abwicklung von Verwaltungsverfahren und die dazu erforderliche elektronische Information des Nutzers und Kommunikation mit dem Nutzer über allgemein zugängliche Netze.

(4) „Nutzer" sind diejenigen, die Verwaltungsleistungen in Anspruch nehmen, zum Beispiel Bürgerinnen und Bürger und Unternehmen.

(5) [1] Ein „Nutzerkonto" ist eine zentrale Identifizierungskomponente, die eine staatliche Stelle anderen Behörden zur einmaligen oder dauerhaften Identifizierung der Nutzer zu Zwecken der Inanspruchnahme von Leistungen der öffentlichen Verwaltung bereitstellt. [2] Die Verwendung von Nutzerkonten ist für die Nutzer freiwillig.

(6) „IT-Komponenten" im Sinne dieses Gesetzes sind IT-Anwendungen, Basisdienste und die elektronische Realisierung von Standards, Schnittstellen und Sicherheitsvorgaben, die für die Anbindung an den Portalverbund, für den Betrieb des Portalverbundes und für die Abwicklung der Verwaltungsleistungen im Portalverbund erforderlich sind.

§ 3 Ziel des Portalverbundes; Nutzerkonten. (1) Der Portalverbund stellt sicher, dass Nutzer über alle Verwaltungsportale von Bund und Ländern einen barriere- und medienbruchfreien Zugang zu elektronischen Verwaltungsleistungen dieser Verwaltungsträger erhalten.

(2) [1] Bund und Länder stellen im Portalverbund Nutzerkonten bereit, über die sich Nutzer für die im Portalverbund verfügbaren elektronischen Verwal-

---

[1)] Verkündet als Art. 9 G v. 14.8.2017 (BGBl. I S. 3122); Inkrafttreten gem. Art. 25 Abs. 1 dieses G am 18.8.2017.

tungsleistungen von Bund und Ländern einheitlich identifizieren können. [2]Die besonderen Anforderungen einzelner Verwaltungsleistungen an die Identifizierung ihrer Nutzer sind zu berücksichtigen.

§ 4 Elektronische Abwicklung von Verwaltungsverfahren. (1) [1]Für die elektronische Abwicklung von Verwaltungsverfahren, die der Durchführung unmittelbar geltender Rechtsakte der Europäischen Union oder der Ausführung von Bundesgesetzen dienen, wird die Bundesregierung ermächtigt, im Benehmen mit dem IT-Planungsrat durch Rechtsverordnung ohne Zustimmung des Bundesrates die Verwendung bestimmter IT-Komponenten nach § 2 Absatz 6 verbindlich vorzugeben. [2]In der Rechtsverordnung kann auch die Verwendung von IT-Komponenten geregelt werden, die das jeweils zuständige Bundesministerium bereitstellt. [3]Die Länder können von den in der Rechtsverordnung getroffenen Regelungen durch Landesrecht abweichen, soweit sie für den Betrieb im Portalverbund geeignete IT-Komponenten bereitstellen.

(2) Die Länder sind verpflichtet, die technischen und organisatorischen Voraussetzungen für den Einsatz der nach Absatz 1 vorgegebenen Verfahren sicherzustellen.

§ 5 IT-Sicherheit. [1]Für die im Portalverbund und für die zur Anbindung an den Portalverbund genutzten IT-Komponenten werden die zur Gewährleistung der IT-Sicherheit erforderlichen Standards durch Rechtsverordnung des Bundesministeriums des Innern ohne Zustimmung des Bundesrates festgelegt. [2]§ 9 des Bundesdatenschutzgesetzes[1)] ist zu berücksichtigen. [3]Die Einhaltung der Standards der IT-Sicherheit ist für alle Stellen verbindlich, die entsprechende IT-Komponenten nutzen. [4]Von den in der Rechtsverordnung getroffenen Regelungen kann durch Landesrecht nicht abgewichen werden. [5]§ 4 Absatz 2 gilt entsprechend.

§ 6 Kommunikationsstandards. (1) Für die Kommunikation zwischen den im Portalverbund genutzten informationstechnischen Systemen legt das Bundesministerium des Innern im Benehmen mit dem IT-Planungsrat durch Rechtsverordnung ohne Zustimmung des Bundesrates die technischen Kommunikationsstandards fest.

(2) [1]Für die Anbindung von Verwaltungsverfahren, die der Ausführung von Bundesgesetzen dienen, an die im Portalverbund genutzten informationstechnischen Systeme legt das für das jeweilige Bundesgesetz innerhalb der Bundesregierung zuständige Bundesministerium im Einvernehmen mit dem Bundesministerium des Innern durch Rechtsverordnung ohne Zustimmung des Bundesrates die technischen Kommunikationsstandards fest. [2]Das Bundesministerium des Innern setzt sich mit dem IT-Planungsrat hierzu ins Benehmen.

(3) Für die Anbindung der der Ausführung sonstiger Verwaltungsverfahren dienenden informationstechnischen Systeme an im Portalverbund genutzte informationstechnische Systeme legt das Bundesministerium des Innern im Benehmen mit dem IT-Planungsrat durch Rechtsverordnung ohne Zustimmung des Bundesrates die technischen Kommunikationsstandards fest.

[1)] Nr. **56**.

(4) [1]Die Einhaltung der nach den Absätzen 1 bis 3 vorgegebenen Standards ist für alle Stellen verbindlich, deren Verwaltungsleistungen über den Portalverbund angeboten werden. [2]Von den in den Rechtsverordnungen nach den Absätzen 1 bis 3 getroffenen Regelungen kann durch Landesrecht nicht abgewichen werden. [3]§ 4 Absatz 2 gilt entsprechend.

§ 7 Für die Nutzerkonten zuständige Stelle. (1) Bund und Länder bestimmen jeweils eine öffentliche Stelle, die den Nutzern die Einrichtung eines Nutzerkontos anbietet.

(2) Bund und Länder bestimmen jeweils öffentliche Stellen, die die Registrierung von Nutzerkonten vornehmen dürfen (Registrierungsstellen).

(3) Vorbehaltlich des § 3 Absatz 2 Satz 2 sind das Nutzerkonto, dessen Verwendung zur Identifizierung für elektronische Verwaltungsleistungen und die gegebenenfalls verbundene Registrierung von allen öffentlichen Stellen anzuerkennen, die Verwaltungsleistungen über die Verwaltungsportale im Sinne dieses Gesetzes anbieten.

§ 8 Rechtsgrundlagen der Datenverarbeitung. (1) [1]Der Nachweis der Identität des Nutzers eines Nutzerkontos kann auf unterschiedlichen Vertrauensniveaus erfolgen und muss die Verwendung des für das jeweilige Verwaltungsverfahren erforderlichen Vertrauensniveaus ermöglichen. [2]Zur Feststellung der Identität des Nutzers eines Nutzerkontos dürfen bei Registrierung und Nutzung folgende Daten verarbeitet werden:

1. bei einer natürlichen Person: Name, Vorname, Anschrift, Geburtsname, Geburtsort, Geburtsland, Geburtsdatum, akademischer Grad, bei Nutzung der elektronischen Identitätsfunktion im Sinne des § 18 des Personalausweisgesetzes oder des § 78 Absatz 5 des Aufenthaltsgesetzes die Abkürzung „D" für Bundesrepublik Deutschland und die Dokumentenart sowie das dienste- und kartenspezifische Kennzeichen. Bei späterer Nutzung des Nutzerkontos mit der eID-Funktion sind grundsätzlich das dienste- und kartenspezifische Kennzeichen und die Anschrift zu übermitteln;
2. bei einer juristischen Person oder einer Personengesellschaft: Firma, Name oder Bezeichnung, Rechtsform, Registernummer, Registerort, soweit vorhanden, Anschrift des Sitzes oder der Hauptniederlassung und Namen der Mitglieder des Vertretungsorgans oder der gesetzlichen Vertreter; ist ein Mitglied des Vertretungsorgans oder der gesetzliche Vertreter eine juristische Person, so sind deren Firma, Name oder Bezeichnung, Rechtsform, Registernummer, soweit vorhanden, und Anschrift des Sitzes oder der Hauptniederlassung zu erheben. Soweit eine natürliche Person für ein Unternehmen handelt, sind die in der eID gespeicherten personenbezogenen Daten mit Ausnahme der „Anschrift" zu verwenden.

(2) Zur Kommunikation mit dem Nutzer können zusätzlich folgende Daten erhoben und verarbeitet werden: De-Mail-Adresse oder vergleichbare Adresse eines Zustelldienstes eines anderen EU-/EWR-Staates gemäß eIDAS-Verordnung[1)], E-Mail-Adresse, Telefon- oder Mobilfunknummer, Telefaxnummer.

[1)] Nr. **24**.

(3) Mit Einwilligung des Nutzers dürfen im Nutzerkonto elektronische Dokumente zu Verwaltungsvorgängen sowie Status- und Verfahrensinformationen innerhalb des Nutzerkontos gespeichert und verarbeitet werden.

(4) [1] Die elektronische Identifizierung kann jeweils mittels einer einmaligen Abfrage der Identitätsdaten erfolgen. [2] Mit Einwilligung des Nutzers sind eine dauerhafte Speicherung der Identitätsdaten und deren Übermittlung an und Verwendung durch die für die Verwaltungsleistung zuständige Behörde zulässig. [3] Im Falle der dauerhaften Speicherung muss der Nutzer jederzeit die Möglichkeit haben, das Nutzerkonto und alle gespeicherten Daten selbständig zu löschen.

(5) Die für die Abwicklung einer Verwaltungsleistung zuständige Behörde kann im Einzelfall mit Einwilligung des Nutzers die für die Identifizierung des Nutzers erforderlichen Daten bei der für das Nutzerkonto zuständigen Stelle elektronisch abrufen.

7. Gesetz über die Weiterverwendung von Informationen öffentlicher Stellen (Informationsweiterverwendungsgesetz – IWG) [1)2)]

Vom 13. Dezember 2006
(BGBl. I S. 2913)

FNA 772-3

geänd. durch Art. 1 Erstes ÄndG v. 8.7.2015 (BGBl. I S. 1162)

Der Bundestag hat das folgende Gesetz beschlossen:

§ 1 Gegenstand und Anwendungsbereich. (1) Dieses Gesetz gilt für die Weiterverwendung von bei öffentlichen Stellen vorhandenen Informationen, insbesondere zur Bereitstellung von Produkten und Dienstleistungen der digitalen Wirtschaft.

(2) Dieses Gesetz gilt nicht für Informationen,
1. an denen kein oder nur ein eingeschränktes Zugangsrecht besteht,
2. die nur bei Nachweis eines rechtlichen oder berechtigten Interesses zugänglich sind,

2a. die lediglich Logos, Wappen und Insignien enthalten,

3. deren Erstellung nicht unter die öffentlichen Aufgaben der betreffenden öffentlichen Stelle fällt,
4. die von Urheberrechten, verwandten Schutzrechten oder gewerblichen Schutzrechten Dritter erfasst werden,
5. die im Besitz öffentlich-rechtlicher Rundfunkanstalten oder deren Beauftragten sind und der Wahrnehmung eines öffentlichen Programm- oder Sendeauftrags dienen,
6. die im Besitz von Bildungs- und Forschungseinrichtungen sind, einschließlich solcher Einrichtungen, die zum Transfer von Forschungsergebnissen gegründet wurden, außer Hochschulbibliotheken,
7. die im Besitz kultureller Einrichtungen sind, außer öffentlichen Bibliotheken, Museen oder Archiven,
8. die nach den Vorschriften des Bundes oder der Länder über den Zugang der Öffentlichkeit zu Geodaten oder zu Umweltinformationen zugänglich sind und uneingeschränkt weiterverwendet werden dürfen.

(2a) Ein Anspruch auf Zugang zu Informationen wird durch dieses Gesetz nicht begründet.

(3) Die Bestimmungen zum Schutz personenbezogener Daten und weitergehende Ansprüche aus anderen Rechtsvorschriften auf Weiterverwendung von Informationen öffentlicher Stellen bleiben unberührt.

[1)] **Amtl. Anm.:** Dieses Gesetz dient der Umsetzung der Richtlinie 2003/98/EG des Europäischen Parlaments und des Rates vom 17. November 2003 über die Weiterverwendung von Informationen des öffentlichen Sektors (ABl. EU Nr. L 345 S. 90).

[2)] Die ursprüngliche Fassung dieses Gesetzes ist am 19.12.2006 in Kraft getreten.

§ 2 Begriffsbestimmungen. Im Sinne dieses Gesetzes

1. sind öffentliche Stellen
   a) Gebietskörperschaften, einschließlich ihrer Sondervermögen,
   b) andere juristische Personen des öffentlichen und des privaten Rechts, die zu dem besonderen Zweck gegründet wurden, im Allgemeininteresse liegende Aufgaben nichtgewerblicher Art zu erfüllen, wenn Stellen, die unter Buchstabe a oder Buchstabe c fallen, sie einzeln oder gemeinsam durch Beteiligung oder auf sonstige Weise überwiegend finanzieren oder über ihre Leitung die Aufsicht ausüben oder mehr als die Hälfte der Mitglieder eines ihrer zur Geschäftsführung oder zur Aufsicht berufenen Organe bestimmt haben. Das Gleiche gilt dann, wenn die Stelle, die einzeln oder gemeinsam mit anderen die überwiegende Finanzierung gewährt oder die Mehrheit der Mitglieder eines zur Geschäftsführung oder Aufsicht berufenen Organs bestimmt hat, unter Satz 1 fällt,
   c) Verbände, deren Mitglieder unter Buchstabe a oder Buchstabe b fallen,
2. ist Information jede Aufzeichnung, unabhängig von der Art ihrer Speicherung,
3. ist Weiterverwendung jede Nutzung von Informationen für kommerzielle oder nichtkommerzielle Zwecke, die über die Erfüllung einer öffentlichen Aufgabe hinausgeht; die intellektuelle Wahrnehmung einer Information und die Verwertung des dadurch erlangten Wissens stellen regelmäßig keine Weiterverwendung dar,
4. sind Nutzungsbestimmungen Bestimmungen, die wesentliche Fragen der Weiterverwendung von Informationen regeln,
5. ist maschinenlesbares Format ein Dateiformat, das so strukturiert ist, dass Softwareanwendungen bestimmte Daten, einschließlich einzelner Sachverhaltsdarstellungen und deren interner Struktur, leicht identifizieren, erkennen und extrahieren können,
6. ist offenes Format ein Dateiformat, das plattformunabhängig ist und der Öffentlichkeit ohne Einschränkungen, die der Weiterverwendung von Informationen hinderlich wären, zugänglich gemacht wird,
7. ist anerkannter, offener Standard ein schriftlich niedergelegter Standard, in dem die Anforderungen für die Sicherstellung der Interoperabilität der Software niedergelegt sind.

§ 2a Grundsatz der Weiterverwendung. [1] Informationen, die in den Anwendungsbereich dieses Gesetzes fallen, dürfen weiterverwendet werden. [2] Für Informationen, an denen Bibliotheken, einschließlich Hochschulbibliotheken, Museen oder Archiven, Urheber- oder verwandte Schutzrechte oder gewerbliche Schutzrechte zustehen, gilt dies nur, soweit deren Nutzung nach den für diese Schutzrechte geltenden Vorschriften zulässig ist oder die Einrichtung die Nutzung zugelassen hat; die Bedingungen der Nutzung müssen den Vorschriften dieses Gesetzes entsprechen.

§ 3 Gleichbehandlungsanspruch. (1) Werden Informationen von öffentlichen Stellen als Ausgangsmaterial für eigene Geschäftstätigkeiten weiterverwendet, gelten hierfür die gleichen Entgelte und Bedingungen wie für andere Personen.

(2) [1]Informationen sind in allen angefragten Formaten und Sprachen, in denen sie bei der öffentlichen Stelle vorliegen, zur Weiterverwendung zur Verfügung zu stellen; soweit möglich und wenn damit für die öffentliche Stelle kein unverhältnismäßiger Aufwand verbunden ist, sind sie vollständig oder in Auszügen elektronisch sowie in einem offenen und maschinenlesbaren Format zusammen mit den zugehörigen Metadaten zu übermitteln. [2]Sowohl die Formate als auch die Metadaten sollten so weit wie möglich anerkannten, offenen Standards entsprechen.

§ 3a Verbot von Ausschließlichkeitsvereinbarungen. (1) [1]Regelungen über die Weiterverwendung von Informationen öffentlicher Stellen dürfen keine ausschließlichen Rechte gewähren. [2]Dies gilt nicht, wenn zur Bereitstellung eines Dienstes im öffentlichen Interesse ein ausschließliches Recht über die Weiterverwendung von Informationen erforderlich ist. [3]Die Begründung eines solchen Rechts muss regelmäßig, mindestens alle drei Jahre, überprüft werden. [4]Nach dem 31. Dezember 2003 getroffene Regelungen über ausschließliche Rechte müssen klar und eindeutig sein sowie öffentlich bekannt gemacht werden. [5]Bestehende ausschließliche Rechte, die nicht unter Satz 2 fallen, erlöschen mit Ablauf der Regelung, spätestens jedoch am 31. Dezember 2008.

(2) [1]Am 17. Juli 2013 bestehende Ausschließlichkeitsvereinbarungen enden bei Vertragsablauf, spätestens jedoch am 18. Juli 2043. [2]Dies gilt nicht für Regelungen im öffentlichen Interesse oder zur Digitalisierung von Kulturbeständen.

(3) [1]Bezieht sich ein ausschließliches Recht auf die Digitalisierung von Kulturbeständen, soll es für höchstens zehn Jahre gewährt werden. [2]Wird es für mehr als zehn Jahre gewährt, ist die vereinbarte Gewährungsdauer im elften Jahr und danach alle sieben Jahre zu überprüfen. [3]Die Ausschließlichkeitsvereinbarungen müssen transparent sein und öffentlich bekannt gemacht werden. [4]Der betreffenden öffentlichen Stelle ist im Rahmen der Vereinbarung eine Kopie der digitalisierten Kulturbestände unentgeltlich zur Verfügung zu stellen. [5]Die öffentliche Stelle stellt diese Kopie am Ende des Ausschließlichkeitszeitraums zur Weiterverwendung zur Verfügung.

§ 4 Nutzungsbestimmungen. (1) [1]Die öffentliche Stelle kann für die Weiterverwendung Nutzungsbestimmungen vorsehen. [2]Die Nutzungsbestimmungen müssen verhältnismäßig sein, dürfen nicht zu einer Wettbewerbsverzerrung führen und die Möglichkeiten der Weiterverwendung nicht unnötig einschränken. [3]Die Gleichbehandlung der Nutzer ist zu gewährleisten.

(2) Nutzungsbestimmungen für die Weiterverwendung, die allgemein Anwendung finden sollen, sind im Voraus festzulegen und, soweit dies technisch möglich und sinnvoll ist, über öffentlich zugängliche Netze zu veröffentlichen.

(3) [1]Ist eine Weiterverwendung von Informationen beabsichtigt, auf die dieses Gesetz nach § 1 Absatz 2 Nummer 4 keine Anwendung findet, benennt die öffentliche Stelle den Rechtsinhaber, wenn er ihr bekannt und seine Nennung zulässig ist. [2]Satz 1 gilt nicht für Bibliotheken, einschließlich Hochschulbibliotheken, Museen und Archive.

(4) Die Verpflichtungen aus den Absätzen 1, 2 und 3 gelten nicht für die in § 1 Absatz 2 Nummer 5 bis 7 genannten öffentlichen Stellen.

§ 5 Grundsätze zur Entgeltberechnung. (1) Entgelte für die Weiterverwendung von Informationen sind auf die Kosten beschränkt, die durch die Reproduktion, Bereitstellung und Weiterverbreitung verursacht werden.

(2) Absatz 1 ist nicht anzuwenden auf

1. öffentliche Stellen, die ausreichende Einnahmen erzielen müssen, um einen wesentlichen Teil ihrer Kosten im Zusammenhang mit der Erfüllung ihrer öffentlichen Aufträge zu decken;
2. Informationen, für die die betreffende öffentliche Stelle aufgrund von Rechtsvorschriften ausreichende Einnahmen erzielen muss, um einen wesentlichen Teil der Kosten im Zusammenhang mit ihrer Erfassung, Erstellung, Reproduktion und Verbreitung zu decken;
3. Bibliotheken, einschließlich Hochschulbibliotheken, Museen und Archive.

(3) [1] In den in Absatz 2 Nummer 1 und 2 genannten Fällen berechnen die betreffenden öffentlichen Stellen die Gesamtentgelte nach von ihnen festzulegenden objektiven, transparenten und nachprüfbaren Kriterien. [2] Die Gesamteinnahmen dieser Stellen aus der Bereitstellung von Informationen und der Gestattung ihrer Weiterverwendung in dem entsprechenden Abrechnungszeitraum dürfen die Kosten ihrer Erfassung, Erstellung, Reproduktion und Verbreitung zuzüglich einer angemessenen Gewinnspanne nicht übersteigen. [3] Die Entgelte werden unter Beachtung der für die betreffenden öffentlichen Stellen geltenden Buchführungsgrundsätze berechnet.

(4) [1] Wenn die in Absatz 2 Nummer 3 genannten öffentlichen Stellen Entgelte verlangen, dürfen die Gesamteinnahmen aus der Bereitstellung von Informationen und der Gestattung ihrer Weiterverwendung in dem entsprechenden Abrechnungszeitraum die Kosten ihrer Erfassung, Erstellung, Reproduktion, Verbreitung, Bewahrung und der Rechteklärung zuzüglich einer angemessenen Gewinnspanne nicht übersteigen. [2] Die Entgelte werden unter Beachtung der für die betreffenden öffentlichen Stellen geltenden Buchführungsgrundsätze berechnet.

§ 6 Transparenz. (1) [1] Wurden für die Weiterverwendung Standardentgelte festgelegt, sind die entsprechenden Bedingungen und ist die tatsächliche Höhe dieser Entgelte einschließlich der Berechnungsgrundlage zu veröffentlichen. [2] Die Veröffentlichung soll über öffentlich zugängliche Netze erfolgen.

(2) [1] Wurden für die Weiterverwendung keine Standardentgelte festgelegt, geben die öffentlichen Stellen im Voraus an, welche Faktoren bei der Berechnung berücksichtigt werden. [2] Auf Anfrage gibt die betreffende öffentliche Stelle auch die Berechnungsweise dieser Entgelte in Bezug auf den spezifischen Antrag auf Weiterverwendung an.

(3) [1] Die in § 5 Absatz 2 Nummer 2 genannten Anforderungen werden im Voraus festgelegt. [2] Soweit möglich, werden sie über öffentlich zugängliche Netze veröffentlicht.

§ 7 Rechtsschutz. Für Streitigkeiten nach diesem Gesetz ist der Verwaltungsrechtsweg eröffnet.

§ 8 Praktische Vorkehrungen. Soweit Informationen mit Metadaten versehene Daten im Sinne des § 12 Absatz 1 des E-Government-Gesetzes sind und über öffentlich zugängliche Netze in maschinenlesbaren Formaten bereitgestellt wurden, sollen die Metadaten auf einem nationalen Datenportal zur Verfügung gestellt werden.

8. Gesetz über das Bundesamt für Sicherheit in der Informationstechnik (BSI-Gesetz – BSIG)[1)]

Vom 14. August 2009
(BGBl. I S. 2821)

FNA 206-2

zuletzt geänd. durch Art. 1 G zur Umsetzung der RL (EU) 2016/1148 des Europäischen Parlaments und des Rates vom 6. Juli 2016 über Maßnahmen zur Gewährleistung eines hohen gemeinsamen Sicherheitsniveaus von Netz- und Informationssystemen in der Union v. 23.6.2017 (BGBl. I S. 1885)

§ 1 Bundesamt für Sicherheit in der Informationstechnik. [1]Der Bund unterhält ein Bundesamt für Sicherheit in der Informationstechnik (Bundesamt) als Bundesoberbehörde. [2]Das Bundesamt ist zuständig für die Informationssicherheit auf nationaler Ebene. [3]Es untersteht dem Bundesministerium des Innern.

§ 2 Begriffsbestimmungen. (1) Die Informationstechnik im Sinne dieses Gesetzes umfasst alle technischen Mittel zur Verarbeitung oder Übertragung von Informationen.

(2) Sicherheit in der Informationstechnik im Sinne dieses Gesetzes bedeutet die Einhaltung bestimmter Sicherheitsstandards, die die Verfügbarkeit, Unversehrtheit oder Vertraulichkeit von Informationen betreffen, durch Sicherheitsvorkehrungen

1. in informationstechnischen Systemen, Komponenten oder Prozessen oder
2. bei der Anwendung von informationstechnischen Systemen, Komponenten oder Prozessen.

(3) [1]Kommunikationstechnik des Bundes im Sinne dieses Gesetzes ist die Informationstechnik, die von einer oder mehreren Bundesbehörden oder im Auftrag einer oder mehrerer Bundesbehörden betrieben wird und der Kommunikation oder dem Datenaustausch der Bundesbehörden untereinander oder mit Dritten dient. [2]Kommunikationstechnik der Bundesgerichte, soweit sie nicht öffentlich-rechtliche Verwaltungsaufgaben wahrnehmen, des Bundestages, des Bundesrates, des Bundespräsidenten und des Bundesrechnungshofes ist nicht Kommunikationstechnik des Bundes, soweit sie ausschließlich in deren eigener Zuständigkeit betrieben wird.

(4) [1]Schnittstellen der Kommunikationstechnik des Bundes im Sinne dieses Gesetzes sind sicherheitsrelevante Netzwerkübergänge innerhalb der Kommunikationstechnik des Bundes sowie zwischen dieser und der Informationstechnik der einzelnen Bundesbehörden, Gruppen von Bundesbehörden oder Dritter. [2]Dies gilt nicht für die Komponenten an den Netzwerkübergängen, die in eigener Zuständigkeit der in Absatz 3 Satz 2 genannten Gerichte und Verfassungsorgane betrieben werden.

(5) Schadprogramme im Sinne dieses Gesetzes sind Programme und sonstige informationstechnische Routinen und Verfahren, die dem Zweck dienen,

---

[1)] Verkündet als Art. 1 G v. 14.8.2009 (BGBl. I S. 2821); Inkrafttreten gem. Art. 3 dieses G am 20.8.2009.

unbefugt Daten zu nutzen oder zu löschen oder die dem Zweck dienen, unbefugt auf sonstige informationstechnische Abläufe einzuwirken.

(6) Sicherheitslücken im Sinne dieses Gesetzes sind Eigenschaften von Programmen oder sonstigen informationstechnischen Systemen, durch deren Ausnutzung es möglich ist, dass sich Dritte gegen den Willen des Berechtigten Zugang zu fremden informationstechnischen Systemen verschaffen oder die Funktion der informationstechnischen Systeme beeinflussen können.

(7) Zertifizierung im Sinne dieses Gesetzes ist die Feststellung durch eine Zertifizierungsstelle, dass ein Produkt, ein Prozess, ein System, ein Schutzprofil (Sicherheitszertifizierung), eine Person (Personenzertifizierung) oder ein IT-Sicherheitsdienstleister bestimmte Anforderungen erfüllt.

(8) [1] Protokolldaten im Sinne dieses Gesetzes sind Steuerdaten eines informationstechnischen Protokolls zur Datenübertragung, die unabhängig vom Inhalt eines Kommunikationsvorgangs übertragen oder auf den am Kommunikationsvorgang beteiligten Servern gespeichert werden und zur Gewährleistung der Kommunikation zwischen Empfänger und Sender notwendig sind. [2] Protokolldaten können Verkehrsdaten gemäß § 3 Nummer 30 des Telekommunikationsgesetzes[1)] und Nutzungsdaten nach § 15 Absatz 1 des Telemediengesetzes[2)] enthalten.

(9) [1] Datenverkehr im Sinne dieses Gesetzes sind die mittels technischer Protokolle übertragenen Daten. [2] Der Datenverkehr kann Telekommunikationsinhalte nach § 88 Absatz 1 des Telekommunikationsgesetzes und Nutzungsdaten nach § 15 Absatz 1 des Telemediengesetzes enthalten.

(10) [1] Kritische Infrastrukturen im Sinne dieses Gesetzes sind Einrichtungen, Anlagen oder Teile davon, die

1. den Sektoren Energie, Informationstechnik und Telekommunikation, Transport und Verkehr, Gesundheit, Wasser, Ernährung sowie Finanz- und Versicherungswesen angehören und
2. von hoher Bedeutung für das Funktionieren des Gemeinwesens sind, weil durch ihren Ausfall oder ihre Beeinträchtigung erhebliche Versorgungsengpässe oder Gefährdungen für die öffentliche Sicherheit eintreten würden.

[2] Die Kritischen Infrastrukturen im Sinne dieses Gesetzes werden durch die Rechtsverordnung nach § 10 Absatz 1 näher bestimmt.

(11) Digitale Dienste im Sinne dieses Gesetzes sind Dienste im Sinne von Artikel 1 Absatz 1 Buchstabe b der Richtlinie (EU) 2015/1535 des Europäischen Parlaments und des Rates vom 9. September 2015 über ein Informationsverfahren auf dem Gebiet der technischen Vorschriften und der Vorschriften für die Dienste der Informationsgesellschaft (ABl. L 241 vom 17.9.2015, S. 1), und die

1. es Verbrauchern oder Unternehmern im Sinne des Artikels 4 Absatz 1 Buchstabe a beziehungsweise Buchstabe b der Richtlinie 2013/11/EU des Europäischen Parlaments und des Rates vom 21. Mai 2013 über die alternative Beilegung verbraucherrechtlicher Streitigkeiten und zur Änderung der Verordnung (EG) Nr. 2006/2004 und der Richtlinie 2009/22/EG (Richtlinie über alternative Streitbeilegung in Verbraucherangelegenheiten) (ABl. L 165

---

1) Nr. **55**.
2) Nr. **21**.

vom 18.6.2013, S. 63) ermöglichen, Kaufverträge oder Dienstleistungsverträge mit Unternehmern entweder auf der Webseite dieser Dienste oder auf der Webseite eines Unternehmers, die von diesen Diensten bereitgestellte Rechendienste verwendet, abzuschließen (Online-Marktplätze);

2. es Nutzern ermöglichen, Suchen grundsätzlich auf allen Webseiten oder auf Webseiten in einer bestimmten Sprache anhand einer Abfrage zu einem beliebigen Thema in Form eines Stichworts, einer Wortgruppe oder einer anderen Eingabe vorzunehmen, die daraufhin Links anzeigen, über die der Abfrage entsprechende Inhalte abgerufen werden können (Online-Suchmaschinen);
3. den Zugang zu einem skalierbaren und elastischen Pool gemeinsam nutzbarer Rechenressourcen ermöglichen (Cloud-Computing-Dienste),

und nicht zum Schutz grundlegender staatlicher Funktionen eingerichtet worden sind oder für diese genutzt werden.

(12) „Anbieter digitaler Dienste" im Sinne dieses Gesetzes ist eine juristische Person, die einen digitalen Dienst anbietet.

§ 3 Aufgaben des Bundesamtes. (1) [1]Das Bundesamt fördert die Sicherheit in der Informationstechnik. [2]Hierzu nimmt es folgende Aufgaben wahr:

1. Abwehr von Gefahren für die Sicherheit der Informationstechnik des Bundes;
2. Sammlung und Auswertung von Informationen über Sicherheitsrisiken und Sicherheitsvorkehrungen und Zurverfügungstellung der gewonnenen Erkenntnisse für andere Stellen, soweit dies zur Erfüllung ihrer Aufgaben oder erforderlich ist, sowie für Dritte, soweit dies zur Wahrung ihrer Sicherheitsinteressen erforderlich ist;
3. Untersuchung von Sicherheitsrisiken bei Anwendung der Informationstechnik sowie Entwicklung von Sicherheitsvorkehrungen, insbesondere von informationstechnischen Verfahren und Geräten für die Sicherheit in der Informationstechnik (IT-Sicherheitsprodukte), soweit dies zur Erfüllung von Aufgaben des Bundes erforderlich ist, einschließlich der Forschung im Rahmen seiner gesetzlichen Aufgaben;
4. Entwicklung von Kriterien, Verfahren und Werkzeugen für die Prüfung und Bewertung der Sicherheit von informationstechnischen Systemen oder Komponenten und für die Prüfung und Bewertung der Konformität im Bereich der IT-Sicherheit;
5. Prüfung und Bewertung der Sicherheit von informationstechnischen Systemen oder Komponenten und Erteilung von Sicherheitszertifikaten;
6. Prüfung und Bestätigung der Konformität im Bereich der IT-Sicherheit von informationstechnischen Systemen und Komponenten mit technischen Richtlinien des Bundesamtes;
7. Prüfung, Bewertung und Zulassung von informationstechnischen Systemen oder Komponenten, die für die Verarbeitung oder Übertragung amtlich geheim gehaltener Informationen nach § 4 des Sicherheitsüberprüfungsgesetzes im Bereich des Bundes oder bei Unternehmen im Rahmen von Aufträgen des Bundes eingesetzt werden sollen;

8. Herstellung von Schlüsseldaten und Betrieb von Krypto- und Sicherheitsmanagementsystemen für informationssichernde Systeme des Bundes, die im Bereich des staatlichen Geheimschutzes oder auf Anforderung der betroffenen Behörde auch in anderen Bereichen eingesetzt werden;
9. Unterstützung und Beratung bei organisatorischen und technischen Sicherheitsmaßnahmen sowie Durchführung von technischen Prüfungen zum Schutz amtlich geheim gehaltener Informationen nach § 4 des Sicherheitsüberprüfungsgesetzes gegen die Kenntnisnahme durch Unbefugte;
10. Entwicklung von sicherheitstechnischen Anforderungen an die einzusetzende Informationstechnik des Bundes und an die Eignung von Auftragnehmern im Bereich von Informationstechnik mit besonderem Schutzbedarf;
11. Bereitstellung von IT-Sicherheitsprodukten für Stellen des Bundes;
12. Unterstützung der für Sicherheit in der Informationstechnik zuständigen Stellen des Bundes, insbesondere soweit sie Beratungs- oder Kontrollaufgaben wahrnehmen; dies gilt vorrangig für den Bundesbeauftragten für den Datenschutz, dessen Unterstützung im Rahmen der Unabhängigkeit erfolgt, die ihm bei der Erfüllung seiner Aufgaben nach dem Bundesdatenschutzgesetz[1] zusteht;
13. Unterstützung
    a) der Polizeien und Strafverfolgungsbehörden bei der Wahrnehmung ihrer gesetzlichen Aufgaben,
    b) der Verfassungsschutzbehörden und des Militärischen Abschirmdienstes bei der Auswertung und Bewertung von Informationen, die bei der Beobachtung terroristischer Bestrebungen oder nachrichtendienstlicher Tätigkeiten im Rahmen der gesetzlichen Befugnisse nach den Verfassungsschutzgesetzen des Bundes und der Länder beziehungsweise dem Gesetz über den Militärischen Abschirmdienst anfallen,
    c) des Bundesnachrichtendienstes bei der Wahrnehmung seiner gesetzlichen Aufgaben.

    Die Unterstützung darf nur gewährt werden, soweit sie erforderlich ist, um Tätigkeiten zu verhindern oder zu erforschen, die gegen die Sicherheit in der Informationstechnik gerichtet sind oder unter Nutzung der Informationstechnik erfolgen. Die Unterstützungsersuchen sind durch das Bundesamt aktenkundig zu machen;

13a. auf Ersuchen der zuständigen Stellen der Länder Unterstützung dieser Stellen in Fragen der Abwehr von Gefahren für die Sicherheit in der Informationstechnik;
14. Beratung und Warnung der Stellen des Bundes, der Länder sowie der Hersteller, Vertreiber und Anwender in Fragen der Sicherheit in der Informationstechnik unter Berücksichtigung der möglichen Folgen fehlender oder unzureichender Sicherheitsvorkehrungen;
15. Aufbau geeigneter Kommunikationsstrukturen zur Krisenfrüherkennung, Krisenreaktion und Krisenbewältigung sowie Koordinierung der Zusam-

[1] Nr. **56**.

menarbeit zum Schutz der Sicherheit in der Informationstechnik Kritischer Infrastrukturen im Verbund mit der Privatwirtschaft;

16. Aufgaben als zentrale Stelle im Bereich der Sicherheit in der Informationstechnik im Hinblick auf die Zusammenarbeit mit den zuständigen Stellen im Ausland, unbeschadet besonderer Zuständigkeiten anderer Stellen;
17. Aufgaben nach den §§ 8a bis 8c als zentrale Stelle für die Sicherheit in der Informationstechnik Kritischer Infrastrukturen und digitaler Dienste;
18. Unterstützung bei der Wiederherstellung der Sicherheit oder Funktionsfähigkeit informationstechnischer Systeme in herausgehobenen Fällen nach § 5a.

(2) Das Bundesamt kann die Länder auf Ersuchen bei der Sicherung ihrer Informationstechnik unterstützen.

(3) Das Bundesamt kann Betreiber Kritischer Infrastrukturen auf deren Ersuchen bei der Sicherung ihrer Informationstechnik beraten und unterstützen oder auf qualifizierte Sicherheitsdienstleister verweisen.

§ 4 Zentrale Meldestelle für die Sicherheit in der Informationstechnik des Bundes. (1) Das Bundesamt ist die zentrale Meldestelle für die Zusammenarbeit der Bundesbehörden in Angelegenheiten der Sicherheit in der Informationstechnik.

(2) Das Bundesamt hat zur Wahrnehmung dieser Aufgabe

1. alle für die Abwehr von Gefahren für die Sicherheit in der Informationstechnik erforderlichen Informationen, insbesondere zu Sicherheitslücken, Schadprogrammen, erfolgten oder versuchten Angriffen auf die Sicherheit in der Informationstechnik und der dabei beobachteten Vorgehensweise, zu sammeln und auszuwerten,
2. die Bundesbehörden unverzüglich über die sie betreffenden Informationen nach Nummer 1 und die in Erfahrung gebrachten Zusammenhänge zu unterrichten.

(3) Werden anderen Bundesbehörden Informationen nach Absatz 2 Nummer 1 bekannt, die für die Erfüllung von Aufgaben oder die Sicherheit der Informationstechnik anderer Behörden von Bedeutung sind, unterrichten diese ab dem 1. Januar 2010 das Bundesamt hierüber unverzüglich, soweit andere Vorschriften dem nicht entgegenstehen.

(4) Ausgenommen von den Unterrichtungspflichten nach Absatz 2 Nummer 2 und Absatz 3 sind Informationen, die aufgrund von Regelungen zum Geheimschutz oder Vereinbarungen mit Dritten nicht weitergegeben werden dürfen oder deren Weitergabe im Widerspruch zu der verfassungsrechtlichen Stellung eines Abgeordneten des Bundestages oder eines Verfassungsorgans oder der gesetzlich geregelten Unabhängigkeit einzelner Stellen stünde.

(5) Die Vorschriften zum Schutz personenbezogener Daten bleiben unberührt.

(6) Das Bundesministerium des Innern erlässt nach Zustimmung durch den Rat der IT-Beauftragten der Bundesregierung allgemeine Verwaltungsvorschriften zur Durchführung des Absatzes 3.

§ 5 Abwehr von Schadprogrammen und Gefahren für die Kommunikationstechnik des Bundes. (1) [1]Das Bundesamt darf zur Abwehr von Gefahren für die Kommunikationstechnik des Bundes

1. Protokolldaten, die beim Betrieb von Kommunikationstechnik des Bundes anfallen, erheben und automatisiert auswerten, soweit dies zum Erkennen, Eingrenzen oder Beseitigen von Störungen oder Fehlern bei der Kommunikationstechnik des Bundes oder von Angriffen auf die Informationstechnik des Bundes erforderlich ist,
2. die an den Schnittstellen der Kommunikationstechnik des Bundes anfallenden Daten automatisiert auswerten, soweit dies für die Erkennung und Abwehr von Schadprogrammen erforderlich ist.

[2]Sofern nicht die nachfolgenden Absätze eine weitere Verwendung gestatten, muss die automatisierte Auswertung dieser Daten unverzüglich erfolgen und müssen diese nach erfolgtem Abgleich sofort und spurenlos gelöscht werden. [3]Die Verwendungsbeschränkungen gelten nicht für Protokolldaten, sofern diese weder personenbezogene noch dem Fernmeldegeheimnis unterliegende Daten beinhalten. [4]Die Bundesbehörden sind verpflichtet, das Bundesamt bei Maßnahmen nach Satz 1 zu unterstützen und hierbei den Zugang des Bundesamtes zu behördeninternen Protokolldaten nach Satz 1 Nummer 1 sowie Schnittstellendaten nach Satz 1 Nummer 2 sicherzustellen. [5]Protokolldaten der Bundesgerichte dürfen nur in deren Einvernehmen erhoben werden.

(2) [1]Protokolldaten nach Absatz 1 Satz 1 Nummer 1 dürfen über den für die automatisierte Auswertung nach Absatz 1 Satz 1 Nummer 1 erforderlichen Zeitraum hinaus, längstens jedoch für drei Monate, gespeichert werden, soweit tatsächliche Anhaltspunkte bestehen, dass diese für den Fall der Bestätigung eines Verdachts nach Absatz 3 Satz 2 zur Abwehr von Gefahren, die von dem gefundenen Schadprogramm ausgehen oder zur Erkennung und Abwehr anderer Schadprogramme erforderlich sein können. [2]Durch organisatorische und technische Maßnahmen ist sicherzustellen, dass eine Auswertung der nach diesem Absatz gespeicherten Daten nur automatisiert erfolgt. [3]Die Daten sind zu pseudonymisieren, soweit dies automatisiert möglich ist. [4]Eine nicht automatisierte Auswertung oder eine personenbezogene Verwendung ist nur nach Maßgabe der nachfolgenden Absätze zulässig. [5]Soweit hierzu die Wiederherstellung des Personenbezugs pseudonymisierter Daten erforderlich ist, muss diese durch den Präsidenten des Bundesamtes angeordnet werden. [6]Die Entscheidung ist zu protokollieren.

(3) [1]Eine über die Absätze 1 und 2 hinausgehende Verwendung personenbezogener Daten ist nur zulässig, wenn bestimmte Tatsachen den Verdacht begründen, dass

1. diese ein Schadprogramm enthalten,
2. diese durch ein Schadprogramm übermittelt wurden oder
3. sich aus ihnen Hinweise auf ein Schadprogramm ergeben können,

und soweit die Datenverarbeitung erforderlich ist, um den Verdacht zu bestätigen oder zu widerlegen. [2]Im Falle der Bestätigung ist die weitere Verarbeitung personenbezogener Daten zulässig, soweit dies

1. zur Abwehr des Schadprogramms,
2. zur Abwehr von Gefahren, die von dem aufgefundenen Schadprogramm ausgehen, oder

3. zur Erkennung und Abwehr anderer Schadprogramme erforderlich ist.

[3] Ein Schadprogramm kann beseitigt oder in seiner Funktionsweise gehindert werden. [4] Die nicht automatisierte Verwendung der Daten nach den Sätzen 1 und 2 darf nur durch einen Bediensteten des Bundesamtes mit der Befähigung zum Richteramt angeordnet werden.

(4) [1] Die Beteiligten des Kommunikationsvorgangs sind spätestens nach dem Erkennen und der Abwehr eines Schadprogramms oder von Gefahren, die von einem Schadprogramm ausgehen, zu benachrichtigen, wenn sie bekannt sind oder ihre Identifikation ohne unverhältnismäßige weitere Ermittlungen möglich ist und nicht überwiegende schutzwürdige Belange Dritter entgegenstehen. [2] Die Unterrichtung kann unterbleiben, wenn die Person nur unerheblich betroffen wurde, und anzunehmen ist, dass sie an einer Benachrichtigung kein Interesse hat. [3] Das Bundesamt legt Fälle, in denen es von einer Benachrichtigung absieht, dem behördlichen Datenschutzbeauftragten des Bundesamtes sowie einem weiteren Bediensteten des Bundesamtes, der die Befähigung zum Richteramt hat, zur Kontrolle vor. [4] Der behördliche Datenschutzbeauftragte ist bei Ausübung dieser Aufgabe weisungsfrei und darf deswegen nicht benachteiligt werden (§ 4f Absatz 3 des Bundesdatenschutzgesetzes[1)]). [5] Wenn der behördliche Datenschutzbeauftragte der Entscheidung des Bundesamtes widerspricht, ist die Benachrichtigung nachzuholen. [6] Die Entscheidung über die Nichtbenachrichtigung ist zu dokumentieren. [7] Die Dokumentation darf ausschließlich für Zwecke der Datenschutzkontrolle verwendet werden. [8] Sie ist nach zwölf Monaten zu löschen. [9] In den Fällen der Absätze 5 und 6 erfolgt die Benachrichtigung durch die dort genannten Behörden in entsprechender Anwendung der für diese Behörden geltenden Vorschriften. [10] Enthalten diese keine Bestimmungen zu Benachrichtigungspflichten, sind die Vorschriften der Strafprozessordnung entsprechend anzuwenden.

(5) [1] Das Bundesamt kann die nach Absatz 3 verwendeten personenbezogenen Daten an die Strafverfolgungsbehörden zur Verfolgung einer mittels eines Schadprogramms begangenen Straftat nach den §§ 202a, 202b, 303a oder 303b des Strafgesetzbuches[2)] übermitteln. [2] Es kann diese Daten ferner übermitteln

1. zur Abwehr einer Gefahr für die öffentliche Sicherheit, die unmittelbar von einem Schadprogramm ausgeht, an die Polizeien des Bundes und der Länder,
2. zur Unterrichtung über Tatsachen, die sicherheitsgefährdende oder geheimdienstliche Tätigkeiten für eine fremde Macht erkennen lassen, an das Bundesamt für Verfassungsschutz sowie an den Militärischen Abschirmdienst, wenn sich diese Tätigkeiten gegen Personen, Dienststellen oder Einrichtungen im Geschäftsbereich des Bundesministeriums der Verteidigung richten.[3)]
3. zur Unterrichtung über Tatsachen, die einen internationalen kriminellen, terroristischen oder staatlichen Angriff mittels Schadprogrammen oder vergleichbaren schädlich wirkenden informationstechnischen Mitteln auf die Vertraulichkeit, Integrität oder Verfügbarkeit von IT-Systemen in Fällen von erheblicher Bedeutung mit Bezug zur Bundesrepublik Deutschland erkennen lassen, an den Bundesnachrichtendienst.

[1)] Nr. **56**.
[2)] Nr. **10**.
[3)] Satzzeichen amtlich.

(6) [1] Für sonstige Zwecke kann das Bundesamt die Daten übermitteln

1. an die Strafverfolgungsbehörden zur Verfolgung einer Straftat von auch im Einzelfall erheblicher Bedeutung, insbesondere einer in § 100a Absatz 2 der Strafprozessordnung bezeichneten Straftat,
2. an die Polizeien des Bundes und der Länder zur Abwehr einer Gefahr für den Bestand oder die Sicherheit des Staates oder Leib, Leben oder Freiheit einer Person oder Sachen von bedeutendem Wert, deren Erhalt im öffentlichen Interesse geboten ist,
3. an die Verfassungsschutzbehörden des Bundes und der Länder sowie an den Militärischen Abschirmdienst, wenn tatsächliche Anhaltspunkte für Bestrebungen in der Bundesrepublik Deutschland vorliegen, die durch Anwendung von Gewalt oder darauf gerichtete Vorbereitungshandlungen gegen die in § 3 Absatz 1 des Bundesverfassungsschutzgesetzes beziehungsweise § 1 Absatz 1 des Gesetzes über den Militärischen Abschirmdienst genannten Schutzgüter gerichtet sind.[1)]
4. an den Bundesnachrichtendienst, wenn tatsächliche Anhaltspunkte für den Verdacht bestehen, dass jemand Straftaten nach § 3 Absatz 1 Nummer 8 des Artikel 10-Gesetzes plant, begeht oder begangen hat und dies von außen- und sicherheitspolitischer Bedeutung für die Bundesrepublik Deutschland ist.

[2] Die Übermittlung nach Satz 1 Nummer 1 und 2 bedarf der vorherigen gerichtlichen Zustimmung. [3] Für das Verfahren nach Satz 1 Nummer 1 und 2 gelten die Vorschriften des Gesetzes über das Verfahren in Familiensachen und in den Angelegenheiten der freiwilligen Gerichtsbarkeit entsprechend. [4] Zuständig ist das Amtsgericht, in dessen Bezirk das Bundesamt seinen Sitz hat. [5] Die Übermittlung nach Satz 1 Nummer 3 und Nummer 4 erfolgt nach Zustimmung des Bundesministeriums des Innern; die §§ 9 bis 16 des Artikel 10-Gesetzes gelten entsprechend.

(7) [1] Eine über die vorstehenden Absätze hinausgehende inhaltliche Auswertung zu anderen Zwecken und die Weitergabe von personenbezogenen Daten an Dritte sind unzulässig. [2] Soweit möglich, ist technisch sicherzustellen, dass Daten, die den Kernbereich privater Lebensgestaltung betreffen, nicht erhoben werden. [3] Werden aufgrund der Maßnahmen der Absätze 1 bis 3 Erkenntnisse aus dem Kernbereich privater Lebensgestaltung oder Daten im Sinne des § 3 Absatz 9 des Bundesdatenschutzgesetzes erlangt, dürfen diese nicht verwendet werden. [4] Erkenntnisse aus dem Kernbereich privater Lebensgestaltung sind unverzüglich zu löschen. [5] Dies gilt auch in Zweifelsfällen. [6] Die Tatsache ihrer Erlangung und Löschung ist zu dokumentieren. [7] Die Dokumentation darf ausschließlich für Zwecke der Datenschutzkontrolle verwendet werden. [8] Sie ist zu löschen, wenn sie für diese Zwecke nicht mehr erforderlich ist, spätestens jedoch am Ende des Kalenderjahres, das dem Jahr der Dokumentation folgt. [9] Werden im Rahmen der Absätze 4 oder 5 Inhalte oder Umstände der Kommunikation von in § 53 Absatz 1 Satz 1 der Strafprozessordnung genannten Personen übermittelt, auf die sich das Zeugnisverweigerungsrecht der genannten Personen erstreckt, ist die Verwertung dieser Daten zu Beweiszwecken in einem Strafverfahren nur insoweit zulässig, als Gegenstand dieses Strafverfahrens eine Straftat ist, die im Höchstmaß mit mindestens fünf Jahren Freiheitsstrafe bedroht ist.

[1)] Satzzeichen amtlich.

(8) [1] Vor Aufnahme der Datenerhebung und -verwendung hat das Bundesamt ein Datenerhebungs- und -verwendungskonzept zu erstellen und für Kontrollen durch den Bundesbeauftragten für den Datenschutz und die Informationsfreiheit bereitzuhalten. [2] Das Konzept hat dem besonderen Schutzbedürfnis der Regierungskommunikation Rechnung zu tragen. [3] Die für die automatisierte Auswertung verwendeten Kriterien sind zu dokumentieren. [4] Der Bundesbeauftragte für den Datenschutz und die Informationsfreiheit teilt das Ergebnis seiner Kontrollen nach § 24 des Bundesdatenschutzgesetzes auch dem Rat der IT-Beauftragten der Bundesregierung mit.

(9) Das Bundesamt unterrichtet den Bundesbeauftragten für den Datenschutz und die Informationsfreiheit kalenderjährlich jeweils bis zum 30. Juni des dem Berichtsjahr folgenden Jahres über

1. die Anzahl der Vorgänge, in denen Daten nach Absatz 5 Satz 1, Absatz 5 Satz 2 Nummer 1 oder Absatz 6 Nummer 1 übermittelt wurden, aufgegliedert nach den einzelnen Übermittlungsbefugnissen,
2. die Anzahl der personenbezogenen Auswertungen nach Absatz 3 Satz 1, in denen der Verdacht widerlegt wurde,
3. die Anzahl der Fälle, in denen das Bundesamt nach Absatz 4 Satz 2 oder 3 von einer Benachrichtigung der Betroffenen abgesehen hat.

(10) Das Bundesamt unterrichtet kalenderjährlich jeweils bis zum 30. Juni des dem Berichtsjahr folgenden Jahres den Innenausschuss des Deutschen Bundestages über die Anwendung dieser Vorschrift.

§ 5a Wiederherstellung der Sicherheit oder Funktionsfähigkeit informationstechnischer Systeme in herausgehobenen Fällen. (1) [1] Handelt es sich bei einer Beeinträchtigung der Sicherheit oder Funktionsfähigkeit eines informationstechnischen Systems einer Stelle des Bundes oder eines Betreibers einer Kritischen Infrastruktur um einen herausgehobenen Fall, so kann das Bundesamt auf Ersuchen der betroffenen Stelle oder des betroffenen Betreibers die Maßnahmen treffen, die zur Wiederherstellung der Sicherheit oder Funktionsfähigkeit des betroffenen informationstechnischen Systems erforderlich sind. [2] Soweit das Bundesamt erste Maßnahmen zur Schadensbegrenzung und Sicherstellung des Notbetriebes vor Ort ergreift, werden hierfür keine Gebühren oder Auslagen für die Tätigkeit des Bundesamtes erhoben. [3] Hiervon unberührt bleiben etwaige Kosten für die Hinzuziehung qualifizierter Dritter.

(2) [1] Ein herausgehobener Fall nach Absatz 1 liegt insbesondere dann vor, wenn es sich um einen Angriff von besonderer technischer Qualität handelt oder die zügige Wiederherstellung der Sicherheit oder Funktionsfähigkeit des betroffenen informationstechnischen Systems von besonderem öffentlichem Interesse ist.

(3) [1] Das Bundesamt darf bei Maßnahmen nach Absatz 1 personenbezogene oder dem Fernmeldegeheimnis unterliegende Daten erheben und verarbeiten, soweit dies zur Wiederherstellung der Sicherheit oder Funktionsfähigkeit des betroffenen informationstechnischen Systems erforderlich und angemessen ist. [2] Die Daten sind unverzüglich zu löschen, sobald sie für die Wiederherstellung der Sicherheit oder Funktionsfähigkeit des informationstechnischen Systems nicht mehr benötigt werden. [3] Wenn die Daten in Fällen des Absatzes 4 an eine andere Behörde zur Erfüllung von deren gesetzlichen Aufgaben weitergegeben worden sind, darf das Bundesamt die Daten abweichend von Satz 2 bis zur

Beendigung der Unterstützung dieser Behörden weiterverarbeiten. [4]Eine Nutzung zu anderen Zwecken ist unzulässig. [5]§ 5 Absatz 7 ist entsprechend anzuwenden. [6]Im Übrigen sind die Regelungen des Bundesdatenschutzgesetzes[1)] anzuwenden.

(4) [1]Das Bundesamt darf Informationen, von denen es im Rahmen dieser Vorschrift Kenntnis erlangt, nur mit Einwilligung des Ersuchenden weitergeben, es sei denn, die Informationen lassen keine Rückschlüsse auf die Identität des Ersuchenden zu oder die Informationen können entsprechend § 5 Absatz 5 und 6 übermittelt werden. [2]Zugang zu den in Verfahren nach Absatz 1 geführten Akten wird Dritten nicht gewährt.

(5) [1]Das Bundesamt kann sich bei Maßnahmen nach Absatz 1 mit der Einwilligung des Ersuchenden der Hilfe qualifizierter Dritter bedienen, wenn dies zur rechtzeitigen oder vollständigen Wiederherstellung der Sicherheit oder Funktionsfähigkeit des betroffenen informationstechnischen Systems erforderlich ist. [2]Die hierdurch entstehenden Kosten hat der Ersuchende zu tragen. [3]Das Bundesamt kann den Ersuchenden auch auf qualifizierte Dritte verweisen. [4]Das Bundesamt und vom Ersuchenden oder vom Bundesamt nach Satz 1 beauftragte Dritte können einander bei Maßnahmen nach Absatz 1 mit der Einwilligung des Ersuchenden Daten übermitteln. [5]Hierfür gilt Absatz 3 entsprechend.

(6) Soweit es zur Wiederherstellung der Sicherheit oder Funktionsfähigkeit des informationstechnischen Systems erforderlich ist, kann das Bundesamt vom Hersteller des informationstechnischen Systems verlangen, an der Wiederherstellung der Sicherheit oder Funktionsfähigkeit mitzuwirken.

(7) In begründeten Einzelfällen kann das Bundesamt auch bei anderen als den in Absatz 1 genannten Einrichtungen tätig werden, wenn es darum ersucht wurde und es sich um einen herausgehobenen Fall im Sinne des Absatzes 2 handelt.

(8) [1]Im Falle von Anlagen oder Tätigkeiten, die einer Genehmigung nach dem Atomgesetz bedürfen, ist in Fällen der Absätze 1, 4, 5 und 7 vor Tätigwerden des Bundesamtes das Benehmen mit den zuständigen atomrechtlichen Aufsichtsbehörden des Bundes und der Länder herzustellen. [2]Im Falle von Anlagen oder Tätigkeiten, die einer Genehmigung nach dem Atomgesetz bedürfen, haben bei Maßnahmen des Bundesamtes nach § 5a die Vorgaben aufgrund des Atomgesetzes Vorrang.

§ 6 Löschung. [1]Soweit das Bundesamt im Rahmen seiner Befugnisse personenbezogene Daten erhebt, sind diese unverzüglich zu löschen, sobald sie für die Erfüllung der Aufgaben, für die sie erhoben worden sind, oder für eine etwaige gerichtliche Überprüfung nicht mehr benötigt werden. [2]Soweit die Löschung lediglich für eine etwaige gerichtliche Überprüfung von Maßnahmen nach § 5 Absatz 3 zurückgestellt ist, dürfen die Daten ohne Einwilligung des Betroffenen nur zu diesem Zweck verwendet werden; sie sind für andere Zwecke zu sperren. [3]§ 5 Absatz 7 bleibt unberührt.

§ 7 Warnungen. (1) [1]Zur Erfüllung seiner Aufgaben nach § 3 Absatz 1 Satz 2 Nummer 14 kann das Bundesamt

---

1) Nr. **56**.

1. die folgenden Warnungen an die Öffentlichkeit oder an die betroffenen Kreise richten:
   a) Warnungen vor Sicherheitslücken in informationstechnischen Produkten und Diensten,
   b) Warnungen vor Schadprogrammen und
   c) Warnungen im Falle eines Verlustes von oder eines unerlaubten Zugriffs auf Daten;
2. Sicherheitsmaßnahmen sowie den Einsatz bestimmter Sicherheitsprodukte empfehlen.

[2] Das Bundesamt kann zur Wahrnehmung der Aufgaben nach Satz 1 Dritte einbeziehen, wenn dies für eine wirksame und rechtzeitige Warnung erforderlich ist. [3] Die Hersteller betroffener Produkte sind rechtzeitig vor Veröffentlichung von diese Produkte betreffenden Warnungen zu informieren, sofern hierdurch die Erreichung des mit der Maßnahme verfolgten Zwecks nicht gefährdet wird. [4] Soweit entdeckte Sicherheitslücken oder Schadprogramme nicht allgemein bekannt werden sollen, um eine Weiterverbreitung oder rechtswidrige Ausnutzung zu verhindern oder weil das Bundesamt gegenüber Dritten zur Vertraulichkeit verpflichtet ist, kann es den Kreis der zu warnenden Personen anhand sachlicher Kriterien einschränken; sachliche Kriterien können insbesondere die besondere Gefährdung bestimmter Einrichtungen oder die besondere Zuverlässigkeit des Empfängers sein.

(2) [1] Zur Erfüllung seiner Aufgaben nach § 3 Absatz 1 Satz 2 Nummer 14 kann das Bundesamt die Öffentlichkeit unter Nennung der Bezeichnung und des Herstellers des betroffenen Produkts vor Sicherheitslücken in informationstechnischen Produkten und Diensten und vor Schadprogrammen warnen oder Sicherheitsmaßnahmen sowie den Einsatz bestimmter Sicherheitsprodukte empfehlen, wenn hinreichende Anhaltspunkte dafür vorliegen, dass Gefahren für die Sicherheit in der Informationstechnik hiervon ausgehen. [2] Stellen sich die an die Öffentlichkeit gegebenen Informationen im Nachhinein als falsch oder die zugrunde liegenden Umstände als unzutreffend wiedergegeben heraus, ist dies unverzüglich öffentlich bekannt zu machen.

§ 7a Untersuchung der Sicherheit in der Informationstechnik.

(1) [1] Das Bundesamt kann zur Erfüllung seiner Aufgaben nach § 3 Absatz 1 Satz 2 Nummer 1, 14, 17 und 18 auf dem Markt bereitgestellte oder zur Bereitstellung auf dem Markt vorgesehene informationstechnische Produkte und Systeme untersuchen. [2] Es kann sich hierbei der Unterstützung Dritter bedienen, soweit berechtigte Interessen des Herstellers der betroffenen Produkte und Systeme dem nicht entgegenstehen.

(2) [1] Die aus den Untersuchungen gewonnenen Erkenntnisse dürfen nur zur Erfüllung der Aufgaben nach § 3 Absatz 1 Satz 2 Nummer 1, 14 und 17 genutzt werden. [2] Das Bundesamt darf seine Erkenntnisse weitergeben und veröffentlichen, soweit dies zur Erfüllung dieser Aufgaben erforderlich ist. [3] Zuvor ist dem Hersteller der betroffenen Produkte und Systeme mit angemessener Frist Gelegenheit zur Stellungnahme zu geben.

§ 8 Vorgaben des Bundesamtes. (1) [1] Das Bundesamt erarbeitet Mindeststandards für die Sicherheit der Informationstechnik des Bundes. [2] Das Bundesministerium des Innern kann im Benehmen mit dem IT-Rat diese Mindeststandards ganz oder teilweise als allgemeine Verwaltungsvorschriften für alle Stellen des Bundes erlassen. [3]Das Bundesamt berät die Stellen des Bundes auf Ersuchen bei der Umsetzung und Einhaltung der Mindeststandards. [4]Für die in § 2 Absatz 3 Satz 2 genannten Gerichte und Verfassungsorgane haben die Vorschriften nach diesem Absatz empfehlenden Charakter.

(2) [1]Das Bundesamt stellt im Rahmen seiner Aufgaben nach § 3 Absatz 1 Satz 2 Nummer 10 technische Richtlinien bereit, die von den Stellen des Bundes als Rahmen für die Entwicklung sachgerechter Anforderungen an Auftragnehmer (Eignung) und IT-Produkte (Spezifikation) für die Durchführung von Vergabeverfahren berücksichtigt werden. [2]Die Vorschriften des Vergaberechts und des Geheimschutzes bleiben unberührt.

(3) [1]Die Bereitstellung von IT-Sicherheitsprodukten durch das Bundesamt nach § 3 Absatz 1 Satz 2 Nummer 11 erfolgt durch Eigenentwicklung oder nach Durchführung von Vergabeverfahren aufgrund einer entsprechenden Bedarfsfeststellung. [2]IT-Sicherheitsprodukte können nur in begründeten Ausnahmefällen durch eine Eigenentwicklung des Bundesamtes zur Verfügung gestellt werden. [3]Die Vorschriften des Vergaberechts bleiben unberührt. [4]Wenn das Bundesamt IT-Sicherheitsprodukte bereitstellt, können die Bundesbehörden diese Produkte beim Bundesamt abrufen. [5]Durch Beschluss des Rats der IT-Beauftragten der Bundesregierung kann festgelegt werden, dass die Bundesbehörden verpflichtet sind, diese Produkte beim Bundesamt abzurufen. [6]Eigenbeschaffungen anderer Bundesbehörden sind in diesem Fall nur zulässig, wenn das spezifische Anforderungsprofil den Einsatz abweichender Produkte erfordert. [7]Die Sätze 5 und 6 gelten nicht für die in § 2 Absatz 3 Satz 2 genannten Gerichte und Verfassungsorgane.

§ 8a Sicherheit in der Informationstechnik Kritischer Infrastrukturen.

(1) [1]Betreiber Kritischer Infrastrukturen sind verpflichtet, spätestens zwei Jahre nach Inkrafttreten der Rechtsverordnung nach § 10 Absatz 1 angemessene organisatorische und technische Vorkehrungen zur Vermeidung von Störungen der Verfügbarkeit, Integrität, Authentizität und Vertraulichkeit ihrer informationstechnischen Systeme, Komponenten oder Prozesse zu treffen, die für die Funktionsfähigkeit der von ihnen betriebenen Kritischen Infrastrukturen maßgeblich sind. [2]Dabei soll der Stand der Technik eingehalten werden. [3]Organisatorische und technische Vorkehrungen sind angemessen, wenn der dafür erforderliche Aufwand nicht außer Verhältnis zu den Folgen eines Ausfalls oder einer Beeinträchtigung der betroffenen Kritischen Infrastruktur steht.

(2) [1]Betreiber Kritischer Infrastrukturen und ihre Branchenverbände können branchenspezifische Sicherheitsstandards zur Gewährleistung der Anforderungen nach Absatz 1 vorschlagen. [2]Das Bundesamt stellt auf Antrag fest, ob diese geeignet sind, die Anforderungen nach Absatz 1 zu gewährleisten. [3]Die Feststellung erfolgt

1. im Benehmen mit dem Bundesamt für Bevölkerungsschutz und Katastrophenhilfe,
2. im Einvernehmen mit der zuständigen Aufsichtsbehörde des Bundes oder im Benehmen mit der sonst zuständigen Aufsichtsbehörde.

(3) [1]Die Betreiber Kritischer Infrastrukturen haben mindestens alle zwei Jahre die Erfüllung der Anforderungen nach Absatz 1 auf geeignete Weise

nachzuweisen. [2]Der Nachweis kann durch Sicherheitsaudits, Prüfungen oder Zertifizierungen erfolgen. [3]Die Betreiber übermitteln dem Bundesamt die Ergebnisse der durchgeführten Audits, Prüfungen oder Zertifizierungen einschließlich der dabei aufgedeckten Sicherheitsmängel. [4]Das Bundesamt kann die Vorlage der Dokumentation, die der Überprüfung zugrunde gelegt wurde, verlangen. [5]Es kann bei Sicherheitsmängeln im Einvernehmen mit der zuständigen Aufsichtsbehörde des Bundes oder im Benehmen mit der sonst zuständigen Aufsichtsbehörde die Beseitigung der Sicherheitsmängel verlangen.

(4) [1]Das Bundesamt kann beim Betreiber Kritischer Infrastrukturen die Einhaltung der Anforderungen nach Absatz 1 überprüfen; es kann sich bei der Durchführung der Überprüfung eines qualifizierten unabhängigen Dritten bedienen. [2]Der Betreiber Kritischer Infrastrukturen hat dem Bundesamt und den in dessen Auftrag handelnden Personen zum Zweck der Überprüfung das Betreten der Geschäfts- und Betriebsräume während der üblichen Betriebszeiten zu gestatten und auf Verlangen die in Betracht kommenden Aufzeichnungen, Schriftstücke und sonstigen Unterlagen in geeigneter Weise vorzulegen, Auskunft zu erteilen und die erforderliche Unterstützung zu gewähren. [3]Für die Überprüfung erhebt das Bundesamt Gebühren und Auslagen bei dem jeweiligen Betreiber Kritischer Infrastrukturen nur, sofern das Bundesamt auf Grund von Anhaltspunkten tätig geworden ist, die berechtigte Zweifel an der Einhaltung der Anforderungen nach Absatz 1 begründeten.

(5) Das Bundesamt kann zur Ausgestaltung des Verfahrens der Sicherheitsaudits, Prüfungen und Zertifizierungen nach Absatz 3 Anforderungen an die Art und Weise der Durchführung, an die hierüber auszustellenden Nachweise sowie fachliche und organisatorische Anforderungen an die prüfende Stelle nach Anhörung von Vertretern der betroffenen Betreiber und der betroffenen Wirtschaftsverbände festlegen.

§ 8b Zentrale Stelle für die Sicherheit in der Informationstechnik Kritischer Infrastrukturen. (1) Das Bundesamt ist die zentrale Meldestelle für Betreiber Kritischer Infrastrukturen in Angelegenheiten der Sicherheit in der Informationstechnik.

(2) Das Bundesamt hat zur Wahrnehmung dieser Aufgabe

1. die für die Abwehr von Gefahren für die Sicherheit in der Informationstechnik wesentlichen Informationen zu sammeln und auszuwerten, insbesondere Informationen zu Sicherheitslücken, zu Schadprogrammen, zu erfolgten oder versuchten Angriffen auf die Sicherheit in der Informationstechnik und zu der dabei beobachteten Vorgehensweise,
2. deren potentielle Auswirkungen auf die Verfügbarkeit der Kritischen Infrastrukturen in Zusammenarbeit mit den zuständigen Aufsichtsbehörden und dem Bundesamt für Bevölkerungsschutz und Katastrophenhilfe zu analysieren,
3. das Lagebild bezüglich der Sicherheit in der Informationstechnik der Kritischen Infrastrukturen kontinuierlich zu aktualisieren und
4. unverzüglich
   a) die Betreiber Kritischer Infrastrukturen über sie betreffende Informationen nach den Nummern 1 bis 3,

b) die zuständigen Aufsichtsbehörden und die sonst zuständigen Behörden des Bundes über die zur Erfüllung ihrer Aufgaben erforderlichen Informationen nach den Nummern 1 bis 3,

c) die zuständigen Aufsichtsbehörden der Länder oder die zu diesem Zweck dem Bundesamt von den Ländern als zentrale Kontaktstellen benannten Behörden über die zur Erfüllung ihrer Aufgaben erforderlichen Informationen nach den Nummern 1 bis 3 sowie

d) die zuständigen Behörden eines anderen Mitgliedstaats der Europäischen Union über nach Absatz 4 oder nach vergleichbaren Regelungen gemeldete erhebliche Störungen, die Auswirkungen in diesem Mitgliedstaat haben,

zu unterrichten.

(3) [1] Die Betreiber Kritischer Infrastrukturen haben dem Bundesamt binnen sechs Monaten nach Inkrafttreten der Rechtsverordnung nach § 10 Absatz 1 eine Kontaktstelle für die von ihnen betriebenen Kritischen Infrastrukturen zu benennen. [2] Die Betreiber haben sicherzustellen, dass sie hierüber jederzeit erreichbar sind. [3] Die Übermittlung von Informationen durch das Bundesamt nach Absatz 2 Nummer 4 erfolgt an diese Kontaktstelle.

(4) [1] Betreiber Kritischer Infrastrukturen haben die folgenden Störungen unverzüglich über die Kontaktstelle an das Bundesamt zu melden:

1. Störungen der Verfügbarkeit, Integrität, Authentizität und Vertraulichkeit ihrer informationstechnischen Systeme, Komponenten oder Prozesse, die zu einem Ausfall oder zu einer erheblichen Beeinträchtigung der Funktionsfähigkeit der von ihnen betriebenen Kritischen Infrastrukturen geführt haben,
2. erhebliche Störungen der Verfügbarkeit, Integrität, Authentizität und Vertraulichkeit ihrer informationstechnischen Systeme, Komponenten oder Prozesse, die zu einem Ausfall oder zu einer erheblichen Beeinträchtigung der Funktionsfähigkeit der von ihnen betriebenen Kritischen Infrastrukturen führen können.

[2] Die Meldung muss Angaben zu der Störung, zu möglichen grenzübergreifenden Auswirkungen sowie zu den technischen Rahmenbedingungen, insbesondere der vermuteten oder tatsächlichen Ursache, der betroffenen Informationstechnik, der Art der betroffenen Einrichtung oder Anlage sowie zur erbrachten kritischen Dienstleistung und zu den Auswirkungen der Störung auf diese Dienstleistung enthalten. [3] Die Nennung des Betreibers ist nur dann erforderlich, wenn die Störung tatsächlich zu einem Ausfall oder einer Beeinträchtigung der Funktionsfähigkeit der Kritischen Infrastruktur geführt hat.

(5) [1] Zusätzlich zu ihrer Kontaktstelle nach Absatz 3 können Betreiber Kritischer Infrastrukturen, die dem gleichen Sektor angehören, eine gemeinsame übergeordnete Ansprechstelle benennen. [2] Wurde eine solche benannt, erfolgt der Informationsaustausch zwischen den Kontaktstellen und dem Bundesamt in der Regel über die gemeinsame Ansprechstelle.

(6) [1] Soweit erforderlich kann das Bundesamt vom Hersteller der betroffenen informationstechnischen Produkte und Systeme die Mitwirkung an der Beseitigung oder Vermeidung einer Störung nach Absatz 4 verlangen. [2] Satz 1 gilt für

Störungen bei Betreibern und Genehmigungsinhabern im Sinne von § 8c Absatz 3 entsprechend.

(7) [1] Soweit im Rahmen dieser Vorschrift personenbezogene Daten erhoben, verarbeitet oder genutzt werden, ist eine über die vorstehenden Absätze hinausgehende Verarbeitung und Nutzung zu anderen Zwecken unzulässig. [2] § 5 Absatz 7 Satz 3 bis 8 ist entsprechend anzuwenden. [3] Im Übrigen sind die Regelungen des Bundesdatenschutzgesetzes[1)] anzuwenden.

§ 8c Besondere Anforderungen an Anbieter digitaler Dienste.

(1) [1] Anbieter digitaler Dienste haben geeignete und verhältnismäßige technische und organisatorische Maßnahmen zu treffen, um Risiken für die Sicherheit der Netz- und Informationssysteme, die sie zur Bereitstellung der digitalen Dienste innerhalb der Europäischen Union nutzen, zu bewältigen. [2] Sie haben Maßnahmen zu treffen, um den Auswirkungen von Sicherheitsvorfällen auf innerhalb der Europäischen Union erbrachte digitale Dienste vorzubeugen oder die Auswirkungen so gering wie möglich zu halten.

(2) [1] Maßnahmen zur Bewältigung von Risiken für die Sicherheit der Netz- und Informationssysteme nach Absatz 1 Satz 1 müssen unter Berücksichtigung des Stands der Technik ein Sicherheitsniveau der Netz- und Informationssysteme gewährleisten, das dem bestehenden Risiko angemessen ist. [2] Dabei ist folgenden Aspekten Rechnung zu tragen:

1. der Sicherheit der Systeme und Anlagen,
2. der Erkennung, Analyse und Eindämmung von Sicherheitsvorfällen,
3. dem Betriebskontinuitätsmanagement
4. der Überwachung, Überprüfung und Erprobung,
5. der Einhaltung internationaler Normen.

[3] Die notwendigen Maßnahmen werden durch Durchführungsrechtsakte der Kommission nach Artikel 16 Absatz 8 der Richtlinie (EU) 2016/1148 näher bestimmt.

(3) [1] Anbieter digitaler Dienste haben jeden Sicherheitsvorfall, der erhebliche Auswirkungen auf die Bereitstellung eines von ihnen innerhalb der Europäischen Union erbrachten digitalen Dienstes hat, unverzüglich dem Bundesamt zu melden. [2] Die Voraussetzungen, nach denen Auswirkungen eines Sicherheitsvorfalls erheblich sind, werden durch Durchführungsakte der Kommission nach Artikel 16 Absatz 8 der Richtlinie (EU) 2016/1148 unter Berücksichtigung insbesondere der folgenden Parameter näher bestimmt:

1. die Zahl der von dem Sicherheitsvorfall betroffenen Nutzer, insbesondere der Nutzer, die den Dienst für die Bereitstellung ihrer eigenen Dienste benötigen,
2. die Dauer des Sicherheitsvorfalls,
3. das von dem Sicherheitsvorfall betroffene geographische Gebiet,
4. das Ausmaß der Unterbrechung der Bereitstellung des Dienstes,
5. das Ausmaß der Auswirkungen auf wirtschaftliche und gesellschaftliche Tätigkeiten.

[1)] Nr. **56**.

[3] Die Pflicht zur Meldung eines Sicherheitsvorfalls entfällt, wenn der Anbieter keinen ausreichenden Zugang zu den Informationen hat, die erforderlich sind, um die Auswirkung eines Sicherheitsvorfalls gemessen an den Parametern nach Satz 2 zu bewerten. [4] Für den Inhalt der Meldungen gilt § 8b Absatz 3 entsprechend, soweit nicht Durchführungsakte der Kommission nach Artikel 16 Absatz 9 der Richtlinie (EU) 2016/1148 etwas anderes bestimmen. [5] Über nach Satz 1 gemeldete Sicherheitsvorfälle, die Auswirkungen in einem anderen Mitgliedstaat der Europäischen Union haben, hat das Bundesamt die zuständige Behörde dieses Mitgliedstaats zu unterrichten.

(4) [1] Liegen Anhaltspunkte dafür vor, dass ein Anbieter digitaler Dienste die Anforderungen des Absatzes 1 in Verbindung mit den Durchführungsrechtsakten der Kommission nach Artikel 16 Absatz 8 der Richtlinie (EU) 2016/1148 und des Absatzes 2 in Verbindung mit den Durchführungsrechtsakten der Kommission nach Artikel 16 Absatz 9 der Richtlinie (EU) 2016/1148 nicht erfüllt, kann das Bundesamt von dem Anbieter digitaler Dienste folgende Maßnahmen verlangen:

1. die Übermittlung der zur Beurteilung der Sicherheit seiner Netz- und Informationssysteme erforderlichen Informationen, einschließlich Nachweisen über ergriffene Sicherheitsmaßnahmen,
2. die Beseitigung von Mängeln bei der Erfüllung der in den Absätzen 1 und 2 bestimmten Anforderungen.

[2] Die Anhaltspunkte können sich auch aus Feststellungen ergeben, die dem Bundesamt von den zuständigen Behörden eines anderen Mitgliedstaats der Europäischen Union vorgelegt werden.

(5) [1] Hat ein Anbieter digitaler Dienste seine Hauptniederlassung, einen Vertreter oder Netz- und Informationssysteme in einem anderen Mitgliedstaat der Europäischen Union, so arbeitet das Bundesamt bei der Erfüllung der Aufgaben nach Absatz 4 mit der zuständigen Behörde dieses Mitgliedstaats zusammen. [2] Diese Zusammenarbeit kann das Ersuchen umfassen, die Maßnahmen in Absatz 4 Satz 1 Nummer 1 und 2 zu ergreifen.

§ 8d Anwendungsbereich. (1) [1] Die §§ 8a und 8b sind nicht anzuwenden auf Kleinstunternehmen im Sinne der Empfehlung 2003/361/EC der Kommission vom 6. Mai 2003 betreffend die Definition der Kleinstunternehmen sowie der kleinen und mittleren Unternehmen (ABl. L 124 vom 20.5.2003, S. 36). [2] Artikel 3 Absatz 4 des Anhangs der Empfehlung ist nicht anzuwenden.

(2) § 8a ist nicht anzuwenden auf

1. Betreiber Kritischer Infrastrukturen, soweit sie ein öffentliches Telekommunikationsnetz betreiben oder öffentlich zugängliche Telekommunikationsdienste erbringen,
2. Betreiber von Energieversorgungsnetzen oder Energieanlagen im Sinne des Energiewirtschaftsgesetzes vom 7. Juli 2005 (BGBl. I S. 1970, 3621), das zuletzt durch Artikel 3 des Gesetzes vom 17. Juli 2015 (BGBl. I S. 1324) geändert worden ist, in der jeweils geltenden Fassung, soweit sie den Regelungen des § 11 des Energiewirtschaftsgesetzes unterliegen,
3. die Gesellschaft für Telematik nach § 291a Absatz 7 Satz 2 des Fünften Buches Sozialgesetzbuch und § 291b des Fünften Buches Sozialgesetzbuch, Betreiber von Diensten der Telematikinfrastruktur im Hinblick auf die nach

§ 291b Absatz 1a und 1e des Fünften Buches Sozialgesetzbuch zugelassenen Dienste und Betreiber von Diensten, soweit sie die Telematikinfrastruktur für nach § 291b Absatz 1b des Fünften Buches Sozialgesetzbuch bestätigte Anwendungen nutzen,

4. Genehmigungsinhaber nach § 7 Absatz 1 des Atomgesetzes in der Fassung der Bekanntmachung vom 15. Juli 1985 (BGBl. I S. 1565), das zuletzt durch Artikel 2 des Gesetzes vom 17. Juli 2015 (BGBl. I S. 1324) geändert worden ist, in der jeweils geltenden Fassung für den Geltungsbereich der Genehmigung sowie
5. sonstige Betreiber Kritischer Infrastrukturen, soweit sie auf Grund von Rechtsvorschriften Anforderungen erfüllen müssen, die mit den Anforderungen nach § 8a vergleichbar oder weitergehend sind.

(3) § 8b Absatz 4 ist nicht anzuwenden auf

1. Betreiber Kritischer Infrastrukturen, soweit sie ein öffentliches Telekommunikationsnetz betreiben oder öffentlich zugängliche Telekommunikationsdienste erbringen,
2. Betreiber von Energieversorgungsnetzen oder Energieanlagen, soweit sie den Regelungen des § 11 des Energiewirtschaftsgesetzes unterliegen,
3. die Gesellschaft für Telematik nach § 291a Absatz 7 Satz 2 des Fünften Buches Sozialgesetzbuch und § 291b des Fünften Buches Sozialgesetzbuch, Betreiber von Diensten der Telematikinfrastruktur im Hinblick auf die nach § 291b Absatz 1a und 1e des Fünften Buches Sozialgesetzbuch zugelassenen Dienste und Betreiber von Diensten, soweit sie die Telematikinfrastruktur für nach § 291b Absatz 1b des Fünften Buches Sozialgesetzbuch bestätigte Anwendungen nutzen,
4. Genehmigungsinhaber nach § 7 Absatz 1 des Atomgesetzes für den Geltungsbereich der Genehmigung sowie
5. sonstige Betreiber Kritischer Infrastrukturen, die auf Grund von Rechtsvorschriften Anforderungen erfüllen müssen, die mit den Anforderungen nach § 8b Absatz 4 vergleichbar oder weitergehend sind.

(4) [1] § 8c Absatz 1 bis 3 gilt nicht für Kleinstunternehmen und kleine Unternehmen im Sinne der Empfehlung 2003/361/EG. [2] § 8c Absatz 3 gilt nicht für Anbieter,

1. die ihren Hauptsitz in einem anderen Mitgliedstaat der Europäischen Union haben oder
2. die, soweit sie nicht in einem Mitgliedstaat der Europäischen Union niedergelassen sind, einen Vertreter in einem anderen Mitgliedstaat der Europäischen Union benannt haben, in dem die digitalen Dienste ebenfalls angeboten werden.

[3] Für Anbieter nach Satz 2 gilt § 8c Absatz 4 nur, soweit sie in der Bundesrepublik Deutschland Netz- und Informationssysteme betreiben, die sie zur Bereitstellung der digitalen Dienste innerhalb der Europäischen Union nutzen.

§ 8e Auskunftsverlangen. (1) [1] Das Bundesamt kann Dritten auf Antrag Auskunft zu den im Rahmen von § 8a Absatz 2 und 3 und § 8c Absatz 4 erhaltenen Informationen sowie zu den Meldungen nach § 8b Absatz 4 und § 8c Absatz 4 nur erteilen, wenn schutzwürdige Interessen des betroffenen

Betreibers Kritischer Infrastrukturen oder des Anbieters digitaler Dienste dem nicht entgegenstehen und durch die Auskunft keine Beeinträchtigung von Sicherheitsinteressen eintreten kann. [2] Zugang zu personenbezogenen Daten wird nicht gewährt.

(2) Zugang zu den Akten des Bundesamtes in Angelegenheiten nach den §§ 8a bis 8c wird bei Vorliegen der Voraussetzungen des § 29 des Verwaltungsverfahrensgesetzes nur gewährt, wenn schutzwürdige Interessen des betroffenen Betreibers Kritischer Infrastrukturen oder des Anbieters digitaler Dienste dem nicht entgegenstehen und durch den Zugang zu den Akten keine Beeinträchtigung von Sicherheitsinteressen eintreten kann.

(3) Für Betreiber nach § 8d Absatz 2 und 3 gelten die Absätze 1 und 2 entsprechend.

§ 9 Zertifizierung. (1) Das Bundesamt ist nationale Zertifizierungsstelle der Bundesverwaltung für IT-Sicherheit.

(2) [1] Für bestimmte Produkte oder Leistungen kann beim Bundesamt eine Sicherheits- oder Personenzertifizierung oder eine Zertifizierung als IT-Sicherheitsdienstleister beantragt werden. [2] Die Anträge werden in der zeitlichen Reihenfolge ihres Eingangs bearbeitet; hiervon kann abgewichen werden, wenn das Bundesamt wegen der Zahl und des Umfangs anhängiger Prüfungsverfahren eine Prüfung in angemessener Zeit nicht durchführen kann und an der Erteilung eines Zertifikats ein öffentliches Interesse besteht. [3] Der Antragsteller hat dem Bundesamt die Unterlagen vorzulegen und die Auskünfte zu erteilen, deren Kenntnis für die Prüfung und Bewertung des Systems oder der Komponente oder der Eignung der Person sowie für die Erteilung des Zertifikats erforderlich ist.

(3) Die Prüfung und Bewertung kann durch vom Bundesamt anerkannte sachverständige Stellen erfolgen.

(4) Das Sicherheitszertifikat wird erteilt, wenn

1. informationstechnische Systeme, Komponenten, Produkte oder Schutzprofile den vom Bundesamt festgelegten Kriterien entsprechen und
2. das Bundesministerium des Innern festgestellt hat, dass überwiegende öffentliche Interessen, insbesondere sicherheitspolitische Belange der Bundesrepublik Deutschland, der Erteilung nicht entgegenstehen.

(5) Für die Zertifizierung von Personen und IT-Sicherheitsdienstleistern gilt Absatz 4 entsprechend.

(6) [1] Eine Anerkennung nach Absatz 3 wird erteilt, wenn

1. die sachliche und personelle Ausstattung sowie die fachliche Qualifikation und Zuverlässigkeit der Konformitätsbewertungsstelle den vom Bundesamt festgelegten Kriterien entspricht und
2. das Bundesministerium des Innern festgestellt hat, dass überwiegende öffentliche Interessen, insbesondere sicherheitspolitische Belange der Bundesrepublik Deutschland, der Erteilung nicht entgegenstehen.

[2] Das Bundesamt stellt durch die notwendigen Maßnahmen sicher, dass das Fortbestehen der Voraussetzungen nach Satz 1 regelmäßig überprüft wird.

(7) Sicherheitszertifikate anderer anerkannter Zertifizierungsstellen aus dem Bereich der Europäischen Union werden vom Bundesamt anerkannt, soweit sie

eine den Sicherheitszertifikaten des Bundesamtes gleichwertige Sicherheit ausweisen und die Gleichwertigkeit vom Bundesamt festgestellt worden ist.

§ 10 Ermächtigung zum Erlass von Rechtsverordnungen. (1) [1]Das Bundesministerium des Innern bestimmt durch Rechtsverordnung, die nicht der Zustimmung des Bundesrates bedarf, nach Anhörung von Vertretern der Wissenschaft, der betroffenen Betreiber und der betroffenen Wirtschaftsverbände im Einvernehmen mit dem Bundesministerium für Wirtschaft und Energie, dem Bundesministerium der Justiz und für Verbraucherschutz, dem Bundesministerium der Finanzen, dem Bundesministerium für Arbeit und Soziales, dem Bundesministerium für Ernährung und Landwirtschaft, dem Bundesministerium für Gesundheit, dem Bundesministerium für Verkehr und digitale Infrastruktur, dem Bundesministerium der Verteidigung und dem Bundesministerium für Umwelt, Naturschutz, Bau und Reaktorsicherheit unter Festlegung der in den jeweiligen Sektoren im Hinblick auf § 2 Absatz 10 Satz 1 Nummer 2 wegen ihrer Bedeutung als kritisch anzusehenden Dienstleistungen und deren als bedeutend anzusehenden Versorgungsgrads, welche Einrichtungen, Anlagen oder Teile davon als Kritische Infrastrukturen im Sinne dieses Gesetzes gelten. [2]Der nach Satz 1 als bedeutend anzusehende Versorgungsgrad ist anhand von branchenspezifischen Schwellenwerten für jede wegen ihrer Bedeutung als kritisch anzusehende Dienstleistung im jeweiligen Sektor zu bestimmen. [3]Zugang zu Akten, die die Erstellung oder Änderung dieser Verordnung betreffen, wird nicht gewährt.

(2) Das Bundesministerium des Innern bestimmt nach Anhörung der betroffenen Wirtschaftsverbände und im Einvernehmen mit dem Bundesministerium für Wirtschaft und Energie durch Rechtsverordnung, die nicht der Zustimmung des Bundesrates bedarf, das Nähere über das Verfahren der Erteilung von Sicherheitszertifikaten und Anerkennungen nach § 9 und deren Inhalt.

(3) *(aufgehoben)*

(4) Soweit die Durchführungsrechtsakte der Kommission nach Artikel 16 Absatz 8 und 9 der Richtlinie (EU) 2016/1148 keine abschließenden Bestimmungen über die von Anbietern digitaler Dienste nach § 8c Absatz 2 zu treffenden Maßnahmen oder über die Parameter zur Beurteilung der Erheblichkeit der Auswirkungen von Sicherheitsvorfällen nach § 8c Absatz 3 Satz 2 oder über Form und Verfahren der Meldungen nach § 8c Absatz 3 Satz 4 enthalten, werden diese Bestimmungen vom Bundesministerium des Innern im Einvernehmen mit den jeweils betroffenen Ressorts durch Rechtsverordnung, die nicht der Zustimmung des Bundesrates bedarf, getroffen.

§ 11 Einschränkung von Grundrechten. Das Fernmeldegeheimnis (Artikel 10 des Grundgesetzes[1]) wird durch die §§ 5 und 5a eingeschränkt.

§ 12 Rat der IT-Beauftragten der Bundesregierung. [1]Wird der Rat der IT-Beauftragten der Bundesregierung aufgelöst, tritt an dessen Stelle die von der Bundesregierung bestimmte Nachfolgeorganisation. [2]Die Zustimmung des Rats der IT-Beauftragten kann durch Einvernehmen aller Bundesministerien ersetzt werden. [3]Wird der Rat der IT-Beauftragten ersatzlos aufgelöst, tritt an Stelle seiner Zustimmung das Einvernehmen aller Bundesministerien.

---

[1] Nr. 3.

§ 13 Berichtspflichten. (1) Das Bundesamt unterrichtet das Bundesministerium des Innern über seine Tätigkeit.

(2) [1] Die Unterrichtung nach Absatz 1 dient auch der Aufklärung der Öffentlichkeit durch das Bundesministerium des Innern über Gefahren für die Sicherheit in der Informationstechnik, die mindestens einmal jährlich in einem zusammenfassenden Bericht erfolgt. [2] § 7 Absatz 1 Satz 3 und 4 ist entsprechend anzuwenden.

(3) [1] Das Bundesamt übermittelt bis zum 9. November 2018 und danach alle zwei Jahre die folgenden Informationen an die Kommission:

1. die nationalen Maßnahmen zur Ermittlung der Betreiber Kritischer Infrastrukturen;
2. eine Aufstellung der im in Anhang II der Richtlinie (EU) 2016/1148 genannten Sektoren, die nach § 2 Absatz 10 Satz 1 Nummer 2 wegen ihrer Bedeutung als kritisch anzusehenden Dienstleistungen und deren als bedeutend anzusehenden Versorgungsgrad;
3. eine zahlenmäßige Aufstellung der Betreiber der in Nummer 2 genannten Sektoren, die in den in Anhang II der Richtlinie (EU) 2016/1148 genannten Sektoren ermittelt werden, einschließlich eines Hinweises auf ihre Bedeutung für den jeweiligen Sektor.

[2] Die Übermittlung darf keine Informationen enthalten, die zu einer Identifizierung einzelner Betreiber führen können. [3] Das Bundesamt übermittelt die nach Satz 1 übermittelten Informationen unverzüglich dem Bundesministerium des Innern, dem Bundeskanzleramt, dem Bundesministerium für Wirtschaft und Energie, dem Bundesministerium der Justiz und für Verbraucherschutz, dem Bundesministerium der Finanzen, dem Bundesministerium für Arbeit und Soziales, dem Bundesministerium für Ernährung und Landwirtschaft, dem Bundesministerium für Gesundheit, dem Bundesministerium für Verkehr und digitale Infrastruktur, dem Bundesministerium der Verteidigung und dem Bundesministerium für Umwelt, Naturschutz, Bau und Reaktorsicherheit.

(4) Sobald bekannt wird, dass eine Einrichtung oder Anlage nach § 2 Absatz 10 oder Teile einer Einrichtung oder Anlage eine wegen ihrer Bedeutung als kritisch anzusehenden Dienstleistung in einem der in Anhang II der Richtlinie (EU) 2016/1148 genannten Sektoren in einem anderen Mitgliedstaat der Europäischen Union bereitstellt, nimmt das Bundesamt zum Zweck der gemeinsamen Ermittlung der Betreiber, die kritische Dienstleistungen in den in Anhang II der Richtlinie (EU) 2016/1148 genannten Teilsektoren erbringen, mit der zuständigen Behörde dieses Mitgliedstaats Konsultationen auf.

(5) [1] Das Bundesamt übermittelt bis zum 9. August 2018 und danach jährlich an die Kooperationsgruppe nach Artikel 11 der Richtlinie (EU) 2016/1148 einen zusammenfassenden Bericht zu den Meldungen, die die in Anhang II der Richtlinie (EU) 2016/1148 genannten Sektoren oder digitale Dienste betreffen. [2] Der Bericht enthält auch die Zahl der Meldungen und die Art der gemeldeten Sicherheitsvorfälle sowie die ergriffenen Maßnahmen. [3] Der Bericht darf keine Informationen enthalten, die zu einer Identifizierung einzelner Meldungen oder einzelner Betreiber oder Anbieter führen können.

§ 14 Bußgeldvorschriften. (1) Ordnungswidrig handelt, wer vorsätzlich oder fahrlässig

1. entgegen § 8a Absatz 1 Satz 1 in Verbindung mit einer Rechtsverordnung nach § 10 Absatz 1 Satz 1 eine dort genannte Vorkehrung nicht, nicht richtig, nicht vollständig oder nicht rechtzeitig trifft,
2. einer vollziehbaren Anordnung nach § 8a Absatz 3 Satz 5 zuwiderhandelt,
3. entgegen § 8b Absatz 3 Satz 1 in Verbindung mit einer Rechtsverordnung nach § 10 Absatz 1 Satz 1 eine Kontaktstelle nicht oder nicht rechtzeitig benennt,
4. entgegen § 8b Absatz 4 Satz 1 Nummer 2 eine Meldung nicht, nicht richtig, nicht vollständig oder nicht rechtzeitig macht,
5. entgegen § 8c Absatz 1 Satz 1 eine dort genannte Maßnahme nicht trifft,
6. entgegen § 8c Absatz 3 Satz 1 eine Meldung nicht, nicht richtig, nicht vollständig oder nicht rechtzeitig vornimmt oder
7. einer vollziehbaren Anordnung nach § 8c Absatz 4
   a) Nummer 1 oder
   b) Nummer 2

   zuwiderhandelt.

(2) [1] Die Ordnungswidrigkeit kann in den Fällen des Absatzes 1 Nummer 2 Buchstabe b mit einer Geldbuße bis zu hunderttausend Euro, in den übrigen Fällen des Absatzes 1 mit einer Geldbuße bis zu fünfzigtausend Euro geahndet werden. [2] In den Fällen des Absatzes 1 Nummer 5 bis 7 wird die Ordnungswidrigkeit nur geahndet, wenn der Anbieter digitaler Dienste seine Hauptniederlassung nicht in einem anderen Mitgliedstaat der Europäischen Union hat oder, soweit er nicht in einem anderen Mitgliedstaat der Europäischen Union niedergelassen ist, dort einen Vertreter benannt hat und in diesem Mitgliedstaat dieselben digitalen Dienste anbietet.

(3) Verwaltungsbehörde im Sinne des § 36 Absatz 1 Nummer 1 des Gesetzes über Ordnungswidrigkeiten ist das Bundesamt.

§ 15 Anwendbarkeit der Vorschriften für Anbieter digitaler Dienste. Die Vorschriften, die Anbieter digitaler Dienste betreffen, sind ab dem 10. Mai 2018 anwendbar.

9. Verordnung (EU) 2015/2120 des Europäischen Parlaments und des Rates vom 25. November 2015 über Maßnahmen zum Zugang zum offenen Internet und zu Endkundenentgelten für regulierte intra-EU-Kommunikation sowie zur Änderung der Richtlinie 2002/22/EG und der Verordnung (EU) Nr. 531/2012

(Text von Bedeutung für den EWR)

(ABl. Nr. L 310 S. 1)

Celex-Nr. 3 2015 R 2120

geänd. durch Art. 50 ÄndVO (EU) 2018/1971 v. 11.12.2018 (ABl. Nr. L 321 S. 1)

Art. 1 Gegenstand und Geltungsbereich. (1) In dieser Verordnung werden gemeinsame Regeln zur Wahrung der gleichberechtigten und nichtdiskriminierenden Behandlung des Verkehrs bei der Bereitstellung von Internetzugangsdiensten und der damit verbundenen Rechte der Endnutzer festgelegt.

(2) Mit dieser Verordnung wird ein neuer Mechanismus für die Endkundenpreise für unionsweite regulierte Roamingdienste festgelegt, um Roamingaufschläge für Endkunden abzuschaffen, ohne die inländischen und die besuchten Märkte zu verzerren.

(3) Mit dieser Verordnung werden ferner gemeinsame Regeln festgelegt, um sicherzustellen, dass den Verbrauchern keine überhöhten Preise für die nummerngebundene interpersonelle Kommunikation in Rechnung gestellt werden, die der Verbraucher aus dem Mitgliedstaat seines inländischen Anbieters zu einer Festnetz- oder Mobilfunknummer in einem anderen Mitgliedstaat tätigt.

Art. 2 Begriffsbestimmungen. *[1]* Für die Zwecke dieser Verordnung gelten die Begriffsbestimmungen des Artikels 2 der Richtlinie 2002/21/EG.

[2] Darüber hinaus gelten die folgenden Begriffsbestimmungen:

1. „Anbieter öffentlicher elektronischer Kommunikation“: ein Unternehmen, das öffentliche Kommunikationsnetze oder öffentlich zugängliche elektronische Kommunikationsdienste bereitstellt;
2. „Internetzugangsdienst“: ein öffentlich zugänglicher elektronischer Kommunikationsdienst, der unabhängig von der verwendeten Netztechnologie und den verwendeten Endgeräten Zugang zum Internet und somit Verbindungen zu praktisch allen Abschlusspunkten des Internets bietet;
3. „regulierte intra-EU-Kommunikation“: ein nummerngebundener interpersoneller Kommunikationsdienst mit Kommunikation aus dem Mitgliedstaat des inländischen Anbieters des Verbrauchers zu einer Festnetz- oder Mobilfunknummer des nationalen Nummerierungsplans eines anderen Mitgliedstaats, der ganz oder teilweise auf der Grundlage der tatsächlichen Nutzung abgerechnet wird;
4. „nummerngebundener interpersoneller Kommunikationsdienst“: ein nummerngebundener interpersoneller Kommunikationsdienst im Sinne des Ar-

tikels 2 Nummer 6 der Richtlinie (EU) 2018/1972 des Europäischen Parlaments und des Rates[1)].

Art. 3 Gewährleistung des Zugangs zum offenen Internet. (1) *[1]* Endnutzer haben das Recht, über ihren Internetzugangsdienst, unabhängig vom Standort des Endnutzers oder des Anbieters und unabhängig von Standort, Ursprung oder Bestimmungsort der Informationen, Inhalte, Anwendungen oder Dienste, Informationen und Inhalte abzurufen und zu verbreiten, Anwendungen und Dienste zu nutzen und bereitzustellen und Endgeräte ihrer Wahl zu nutzen.

[2] Dieser Absatz lässt das Unionsrecht und das mit dem Unionsrecht im Einklang stehende nationale Recht in Bezug auf die Rechtmäßigkeit von Inhalten, Anwendungen oder Diensten unberührt.

(2) Vereinbarungen zwischen Anbietern von Internetzugangsdiensten und Endnutzern über die gewerblichen und technischen Bedingungen und die Merkmale von Internetzugangsdiensten wie Preis, Datenvolumina oder Geschwindigkeit sowie die Geschäftspraxis der Anbieter von Internetzugangsdiensten dürfen die Ausübung der Rechte der Endnutzer gemäß Absatz 1 nicht einschränken.

(3) *[1]* Anbieter von Internetzugangsdiensten behandeln den gesamten Verkehr bei der Erbringung von Internetzugangsdiensten gleich, ohne Diskriminierung, Beschränkung oder Störung, sowie unabhängig von Sender und Empfänger, den abgerufenen oder verbreiteten Inhalten, den genutzten oder bereitgestellten Anwendungen oder Diensten oder den verwendeten Endgeräten.

[2] [1]Unterabsatz 1 hindert die Anbieter von Internetzugangsdiensten nicht daran, angemessene Verkehrsmanagementmaßnahmen anzuwenden. [2]Damit derartige Maßnahmen als angemessen gelten, müssen sie transparent, nichtdiskriminierend und verhältnismäßig sein und dürfen nicht auf kommerziellen Erwägungen, sondern auf objektiv unterschiedlichen technischen Anforderungen an die Dienstqualität bestimmter Datenverkehrskategorien beruhen. [3]Mit diesen Maßnahmen darf nicht der konkrete Inhalt überwacht werden, und sie dürfen nicht länger als erforderlich aufrechterhalten werden.

[3] Anbieter von Internetzugangsdiensten wenden keine Verkehrsmanagementmaßnahmen an, die über die Maßnahmen gemäß Unterabsatz 2 hinausgehen; insbesondere dürfen sie nicht bestimmte Inhalte, Anwendungen oder Dienste – oder bestimmte Kategorien von diesen – blockieren, verlangsamen, verändern, einschränken, stören, verschlechtern oder diskriminieren, außer soweit und solange es erforderlich ist, um

a) Gesetzgebungsakten der Union oder mit dem Unionsrecht im Einklang stehenden nationalen Rechtsvorschriften, denen der Internetzugangsanbieter unterliegt, oder mit dem Unionsrecht im Einklang stehenden Maßnahmen zur Umsetzung dieser Gesetzgebungsakte der Union oder dieser nationalen Rechtsvorschriften zu entsprechen, einschließlich Verfügungen von Gerichten oder Behörden, die über die entsprechenden Befugnisse verfügen;

[1)] **Amtl. Anm.:** Richtlinie (EU) 2018/1972 des Europäischen Parlaments und des Rates vom 11. Dezember 2018 zur Festlegung des Europäischen Kodex für die elektronische Kommunikation (ABl. L 321 vom 17.12.2018, S. 36).

b) die Integrität und Sicherheit des Netzes, der über dieses Netz erbrachten Dienste und der Endgeräte der Endnutzer zu wahren;

c) eine drohende Netzüberlastung zu verhindern oder die Auswirkungen einer außergewöhnlichen oder vorübergehenden Netzüberlastung abzumildern, sofern gleichwertige Verkehrsarten gleich behandelt werden.

(4) [1] Im Zuge etwaiger Verkehrsmanagementmaßnahmen dürfen personenbezogene Daten nur verarbeitet werden, wenn diese Verarbeitung zur Erreichung der in Absatz 3 genannten Ziele erforderlich und verhältnismäßig ist. [2] Die Verarbeitung solcher Daten muss nach Maßgabe der Richtlinie 95/46/EG des Europäischen Parlaments und des Rates[1)] erfolgen. [3] Verkehrsmanagementmaßnahmen müssen ebenfalls den Anforderungen der Richtlinie 2002/58/EG[2)] des Europäischen Parlaments und des Rates[3)] entsprechen.

(5) *[1]* Den Anbietern öffentlicher elektronischer Kommunikation, einschließlich der Internetzugangsanbieter und der Anbieter von Inhalten, Anwendungen und Diensten, steht es frei, andere Dienste, die keine Internetzugangsdienste sind, anzubieten, die für bestimmte Inhalte, Anwendungen oder Dienste oder eine Kombination derselben optimiert sind, wenn die Optimierung erforderlich ist, um den Anforderungen der Inhalte, Anwendungen oder Dienste an ein bestimmtes Qualitätsniveau zu genügen.

[2] [1] Die Anbieter öffentlicher elektronischer Kommunikation einschließlich der Internetzugangsanbieter dürfen diese anderen Dienste nur dann anbieten oder ermöglichen, wenn die Netzkapazität ausreicht, um sie zusätzlich zu den bereitgestellten Internetzugangsdiensten zu erbringen. [2] Diese anderen Dienste dürfen nicht als Ersatz für Internetzugangsdienste nutzbar sein oder angeboten werden und dürfen nicht zu Nachteilen bei der Verfügbarkeit oder der allgemeinen Qualität der Internetzugangsdienste für Endnutzer führen.

Art. 4 Transparenzmaßnahmen zur Sicherstellung des Zugangs zu einem offenen Internet. (1) [1] Die Anbieter von Internetzugangsdiensten stellen sicher, dass ein Vertrag, der Internetzugangsdienste umfasst, mindestens folgende Angaben enthält:

a) Informationen darüber, wie sich die von diesem Anbieter angewandten Verkehrsmanagementmaßnahmen auf die Qualität der Internetzugangsdienste, die Privatsphäre der Endnutzer und den Schutz von deren personenbezogenen Daten auswirken könnten;

b) eine klare und verständliche Erläuterung, wie sich etwaige Volumenbeschränkungen, die Geschwindigkeit oder andere Dienstqualitätsparameter in der Praxis auf Internetzugangsdienste und insbesondere auf die Nutzung von Inhalten, Anwendungen und Diensten, auswirken können;

[1)] **Amtl. Anm.:** Richtlinie 95/46/EG des Europäischen Parlaments und des Rates vom 24. Oktober 1995 zum Schutz natürlicher Personen bei der Verarbeitung personenbezogener Daten und zum freien Datenverkehr (ABl. L 281 vom 23.11.1995, S. 31).

[2)] Nr. **57**.

[3)] **Amtl. Anm.:** Richtlinie 2002/58/EG [Nr. **57**] des Europäischen Parlaments und des Rates vom 12. Juli 2002 über die Verarbeitung personenbezogener Daten und den Schutz der Privatsphäre in der elektronischen Kommunikation (Datenschutzrichtlinie für elektronische Kommunikation) (ABl. L 201 vom 31.7.2002, S. 37).

c) eine klare und verständliche Erläuterung, wie sich die in Artikel 3 Absatz 5 genannten anderen Dienste, die keine Internetzugangsdienste sind, über die der Endnutzer einen Vertrag abschließt, in der Praxis auf die diesem Endnutzer bereitgestellten Internetzugangsdienste auswirken könnten;

d) eine klare und verständliche Erläuterung, wie hoch die minimale, die normalerweise zur Verfügung stehende, die maximale und die beworbene Download- und Upload-Geschwindigkeit von Internetzugangsdiensten bei Festnetzen oder die geschätzte maximale und die beworbene Download- und Upload-Geschwindigkeit von Internetzugangsdiensten bei Mobilfunknetzen ist und wie sich erhebliche Abweichungen von der jeweiligen beworbenen Download- und Upload-Geschwindigkeit auf die Ausübung der Rechte der Endnutzer gemäß Artikel 3 Absatz 1 auswirken könnten;

e) eine klare und verständliche Erläuterung der Rechtsbehelfe, die dem Verbraucher nach nationalem Recht im Falle einer kontinuierlichen oder regelmäßig wiederkehrenden Abweichung bei der Geschwindigkeit oder bei anderen Dienstqualitätsparametern zwischen der tatsächlichen Leistung des Internetzugangsdienstes und der gemäß den Buchstaben a bis d angegebenen Leistung zustehen.

[2] Die Anbieter von Internetzugangsdiensten veröffentlichen die in Unterabsatz 1 genannten Informationen.

(2) Die Anbieter von Internetzugangsdiensten richten transparente, einfache und effiziente Verfahren zum Umgang mit Beschwerden von Endnutzern im Zusammenhang mit Rechten und Pflichten aus Artikel 3 und Absatz 1 des vorliegenden Artikels ein.

(3) [1] Die Anforderungen der Absätze 1 und 2 gelten zusätzlich zu den Anforderungen der Richtlinie 2002/22/EG und hindern die Mitgliedstaaten nicht an der Beibehaltung oder Einführung zusätzlicher Überwachungs-, Informations- und Transparenzanforderungen, unter anderem in Bezug auf den Inhalt, die Form und die Art der zu veröffentlichenden Informationen. [2] Diese Anforderungen müssen der vorliegenden Verordnung und den maßgeblichen Bestimmungen der Richtlinien 2002/21/EG und 2002/22/EG entsprechen.

(4) *[1]* Jede erhebliche, kontinuierliche oder regelmäßig wiederkehrende Abweichung bei der Geschwindigkeit oder bei anderen Dienstqualitätsparametern zwischen der tatsächlichen Leistung der Internetzugangsdienste und der vom Anbieter der Internetzugangsdienste gemäß Absatz 1 Buchstabe a bis d angegebenen Leistung gilt – sofern die rechtserheblichen Tatsachen durch einen von der nationalen Regulierungsbehörde zertifizierten Überwachungsmechanismus festgestellt wurden – für die Auslösung Bestimmung der Rechtsbehelfe, die dem Verbraucher nach nationalem Recht zustehen, als nicht vertragskonforme Leistung.

[2] Dieser Absatz gilt nur für Verträge, die nach dem 29. November 2015 geschlossen oder erneuert werden.

Art. 5 Aufsicht und Durchsetzung. (1) *[1]* [1] Die nationalen Regulierungsbehörden überwachen genau und stellen sicher, dass Artikel 3 und 4 des vorliegenden Artikels eingehalten werden, und fördern die kontinuierliche Verfügbarkeit von nichtdiskriminierenden Internetzugangsdiensten auf einem Qualitätsniveau, das den Fortschritt der Technik widerspiegelt. [2] Für diese

Zwecke können die nationalen Regulierungsbehörden Anforderungen an technische Merkmale, Mindestanforderungen an die Dienstqualität und sonstige geeignete und erforderliche Maßnahmen für einen oder mehrere Anbieter öffentlicher elektronischer Kommunikation, einschließlich der Anbieter von Internetzugangsdiensten, vorschreiben.

[2] Die nationalen Regulierungsbehörden veröffentlichen jährlich Berichte über ihre Überwachungstätigkeit und ihre Erkenntnisse und übermitteln der Kommission und dem GEREK diese Berichte.

(2) [1] Anbieter öffentlicher elektronischer Kommunikation, einschließlich der Anbieter von Internetzugangsdiensten, legen auf Ersuchen der nationalen Regulierungsbehörde dieser Informationen im Zusammenhang mit den Verpflichtungen nach den Artikeln 3 und 4 vor, insbesondere Informationen darüber, wie sie ihren Netzverkehr und ihre Netzkapazitäten verwalten, sowie Rechtfertigungen für etwaige Verkehrsmanagementmaßnahmen. [2] Die Anbieter übermitteln die angeforderten Informationen gemäß dem von der nationalen Regulierungsbehörde verlangten Zeitplan und Detaillierungsgrad.

(3) Um einen Beitrag zur einheitlichen Anwendung dieser Verordnung zu leisten, gibt das GEREK spätestens bis zum 30. August 2016, nach Anhörung der Interessenträger und in enger Zusammenarbeit mit der Kommission, Leitlinien für die Umsetzung der Verpflichtungen der nationalen Regulierungsbehörden nach diesem Artikel heraus.

(4) Dieser Artikel lässt die Aufgaben unberührt, die die Mitgliedstaaten den nationalen Regulierungsbehörden oder anderen zuständigen Behörden nach Maßgabe des Unionsrechts übertragen haben.

Art. 5a Endkundenentgelte für regulierte intra-EU-Kommunikation.

(1) Ab dem 15. Mai 2019 dürfen Endkundenpreise (ohne MwSt.), die Verbrauchern für regulierte intra-EU-Kommunikation berechnet werden, 0,19 EUR pro Minute für Anrufe und 0,06 EUR je SMS nicht überschreiten.

(2) [1] Ungeachtet der Verpflichtungen gemäß Absatz 1 können Anbieter regulierter intra-EU-Kommunikation zusätzlich einen den Verbrauchern alternativ zur ausdrücklichen Wahl zur Verfügung stehenden Tarif für internationale Kommunikation, einschließlich regulierter intra-EU-Kommunikation, anbieten, bei dem es sich nicht um den Tarif gemäß Absatz 1 handelt und in dessen Rahmen Verbraucher einen anderen Tarif für regulierte intra-EU-Kommunikation nutzen können, als sie ohne diese Wahlmöglichkeit erhalten hätten. [2] Bevor Verbraucher einen solchen anderen Tarif wählen, unterrichtet der Anbieter regulierter intra-EU-Kommunikation diese darüber, welcher Art die Vorteile sind, die sie dadurch verlieren würden.

(3) Überschreitet ein Tarif für regulierte intra-EU-Kommunikation gemäß Absatz 2 die in Absatz 1 festgelegten Obergrenzen, so erhalten Verbraucher, die nicht innerhalb von zwei Monaten ab dem 15. Mai 2019 ihre Entscheidung für einen Tarif gemäß Absatz 2 bestätigt oder sich entsprechend geäußert haben, automatisch die in Absatz 1 vorgesehenen Tarife.

(4) Verbraucher können innerhalb eines Arbeitstages nach Eingang des Antrags beim Anbieter aus einem oder in einen Tarif gemäß Absatz 1 kostenfrei wechseln, wobei die Anbieter sicherstellen, dass ein solcher Wechsel keine Bedingungen oder Einschränkungen in Bezug auf andere Bestandteile des Vertrags als die regulierte intra-EU-Kommunikation nach sich zieht.

(5) [1]Soweit die Höchstpreise gemäß Absatz 1 in einer anderen Währung als dem Euro angegeben werden, sind die zunächst geltenden Obergrenzen in diesen Währungen anhand der durchschnittlichen Referenzwechselkurse festzulegen, die am 15. Januar, 15. Februar und 15. März 2019 von der Europäischen Zentralbank im Amtsblatt der Europäischen Union veröffentlicht werden. [2]Die in anderen Währungen als dem Euro angegebenen Obergrenzen werden ab 2020 jährlich überprüft. [3]Die jährlich überprüften Obergrenzen gelten ab 15. Mai, wobei die am 15. Januar, 15. Februar und 15. März desselben Jahres veröffentlichten Referenzwechselkurse angewendet werden.

(6) Die nationalen Regulierungsbehörden überwachen den Markt und die Preisentwicklungen für regulierte intra-EU-Kommunikation und erstatten der Kommission Bericht.

[1]Wenn der Anbieter einer regulierten intra-EU-Kommunikation nachweist, dass aufgrund besonderer und außergewöhnlicher Umstände, die ihn von den meisten anderen Anbietern in der Union unterscheiden, die Anwendung der in Absatz 1 genannten Obergrenzen erhebliche Auswirkungen auf seine Fähigkeit hätte, seine geltenden Preise für inländische Kommunikation aufrechtzuerhalten, kann eine nationale Regulierungsbehörde auf Antrag des Anbieters eine Ausnahme von Absatz 1 gewähren; dies ist auf das erforderliche Maß begrenzt und erfolgt für einen erneuerbaren Zeitraum von einem Jahr. [2]Die Bewertung der Tragfähigkeit des inländischen Entgeltmodells muss sich auf relevante objektive Faktoren, die speziell für den Anbieter regulierter intra-EU-Kommunikation gelten, sowie auf das Niveau der Inlandspreise und -erlöse stützen.

[1]Hat sich der antragstellende Anbieter der betreffenden Beweislast entledigt, so bestimmt die nationale Regulierungsbehörde das maximale Preisniveau oberhalb eines oder beider Obergrenzen gemäß Absatz 1, welches unabdingbar ist, um die Tragfähigkeit des inländischen Entgeltmodells des Anbieters zu gewährleisten. [2]Das GEREK veröffentlicht Leitlinien für die Parameter, die von den nationalen Regulierungsbehörden bei ihren Bewertungen zu berücksichtigen sind.

Art. 6 Sanktionen. *[1]* [1]Die Mitgliedstaaten erlassen für Verstöße gegen die Artikel 3, 4 und 5 Vorschriften über Sanktionen und treffen alle zu deren Anwendung erforderlichen Maßnahmen. [2]Die Sanktionen müssen wirksam, verhältnismäßig und abschreckend sein. [3]Die Mitgliedstaaten teilen der Kommission diese Vorschriften und Maßnahmen bis zum 30. April 2016 mit und melden ihr spätere Änderungen unverzüglich.

[2] [1]Die Mitgliedstaaten erlassen für Verstöße gegen Artikel 5a Vorschriften über Sanktionen und treffen alle zu deren Anwendung erforderlichen Maßnahmen. [2]Die Sanktionen müssen wirksam, verhältnismäßig und abschreckend sein. [3]Die Mitgliedstaaten melden der Kommission die zur Gewährleistung der Anwendung des Artikels 5a erlassenen Vorschriften und Maßnahmen bis zum 15. Mai 2019 und melden ihr spätere Änderungen unverzüglich.

Art. 7 Änderung der Verordnung (EU) Nr. 531/2012. *(hier nicht wiedergegeben)*

Art. 8 Änderung der Richtlinie 2002/22/EG. *(hier nicht wiedergegeben)*

Art. 9 Überprüfung. Die Kommission überprüft bis zum 30. April 2019 die Artikel 3, 4, 5 und 6 dieser Verordnung und erstattet dem Europäischen Parlament und dem Rat Bericht darüber, dem erforderlichenfalls geeignete Vorschläge zur Änderung dieser Verordnung beigefügt werden.

Art. 10 Inkrafttreten und Übergangsbestimmungen. (1) Diese Verordnung tritt am dritten Tag nach ihrer Veröffentlichung[1] im *Amtsblatt der Europäischen Union* in Kraft.

(2) Sie gilt ab dem 30. April 2016, mit Ausnahme der folgenden Bestimmungen:

a) Ist der Gesetzgebungsakt, der aufgrund des in Artikel 19 Absatz 2 der Verordnung (EU) Nr. 531/2012 genannten Vorschlags zu erlassen ist, am 15. Juni 2017 anwendbar, so gelten Artikel 7 Nummer 5 der vorliegenden Verordnung hinsichtlich der Artikel 6a bis 6d der Verordnung (EU) Nr. 531/2012, und Artikel 7 Nummer 7 Buchstaben a bis c und Nummer 8 Buchstaben a, b und d der vorliegenden Verordnung ab dem genannten Zeitpunkt.
Ist der genannte Gesetzgebungsakt am 15. Juni 2017 nicht anwendbar, so gilt Artikel 7 Nummer 5 der vorliegenden Verordnung hinsichtlich Artikel 6f der Verordnung (EU) Nr. 531/2012 weiter, bis der genannte Gesetzgebungsakt anwendbar wird.
Liegt der Anwendungsbeginn des genannten Gesetzgebungsakts nach dem 15. Juni 2017, so gelten Artikel 7 Nummer 5 der vorliegenden Verordnung hinsichtlich der Artikel 6a bis 6d der Verordnung (EU) Nr. 531/2012, Artikel 7 Nummer 7 Buchstaben a bis c der vorliegenden Verordnung und Artikel 7 Nummer 8 Buchstaben a, b und d ab dem Beginn der Anwendung des genannten Gesetzgebungsakts.

b) Die Übertragung von Durchführungsbefugnissen auf die Kommission gemäß Artikel 7 Nummer 4 Buchstabe c und – hinsichtlich Artikel 6d und Artikel 6e Absatz 2 der Verordnung (EU) Nr. 531/2012 – gemäß Artikel 7 Nummer 5 der vorliegenden Verordnung gilt ab dem 29. November 2015.

c) Artikel 5 Absatz 3 gilt ab dem 29. November 2015.

d) Artikel 7 Nummer 10 der vorliegenden Verordnung gilt ab dem 29. November 2015.

(3) [1]Die Mitgliedstaaten können vor dem 29. November 2015 geltende nationale Maßnahmen, einschließlich Selbstregulierungssystemen, die Artikel 3 Absatz 2 oder Absatz 3 nicht entsprechen, bis zum 31. Dezember 2016 aufrechterhalten. [2]Die betreffenden Mitgliedstaaten teilen der Kommission diese Maßnahmen bis zum 30. April 2016 mit.

(4) Die Bestimmungen der Durchführungsverordnung (EU) Nr. 1203/2012 der Kommission[2], die die technische Modalität für die Einführung des Zugangs zu lokalen Datenroamingdiensten in einem besuchten Netz betreffen, gelten weiterhin für die Zwecke des separaten Verkaufs regulierter Datenroaming-

---

[1] Veröffentlicht am 26.11.2015.

[2] **Amtl. Anm.:** Durchführungsverordnung (EU) Nr. 1203/2012 der Kommission vom 14. Dezember 2012 über den separaten Verkauf regulierter Roamingdienste auf der Endkundenebene in der Union (ABl. L 347 vom 15.12.2012, S. 1).

dienste bis zum Erlass des in Artikel 7 Nummer 4 Buchstabe c der vorliegenden Verordnung genannten Durchführungsrechtsakts.

(5) Die Geltungsdauer von Artikel 5a endet am 14. Mai 2024.

Diese Verordnung ist in allen ihren Teilen verbindlich und gilt unmittelbar in jedem Mitgliedstaat.

10. Strafgesetzbuch (StGB)

In der Fassung der Bekanntmachung vom 13. November 1998[1)]
(BGBl. I S. 3322)

FNA 450-2

zuletzt geänd. durch Art. 2 G zur Umsetzung der RL (EU) 2017/1371 v. 19.6.2019 (BGBl. I S. 844)

– Auszug –

Besonderer Teil.

Fünfzehnter Abschnitt. Verletzung des persönlichen Lebens- und Geheimbereichs

§ 201a Verletzung des höchstpersönlichen Lebensbereichs durch Bildaufnahmen. (1) Mit Freiheitsstrafe bis zu zwei Jahren oder mit Geldstrafe wird bestraft, wer

1. von einer anderen Person, die sich in einer Wohnung oder einem gegen Einblick besonders geschützten Raum befindet, unbefugt eine Bildaufnahme herstellt oder überträgt und dadurch den höchstpersönlichen Lebensbereich der abgebildeten Person verletzt,
2. eine Bildaufnahme, die die Hilflosigkeit einer anderen Person zur Schau stellt, unbefugt herstellt oder überträgt und dadurch den höchstpersönlichen Lebensbereich der abgebildeten Person verletzt,
3. eine durch eine Tat nach den Nummern 1 oder 2 hergestellte Bildaufnahme gebraucht oder einer dritten Person zugänglich macht oder
4. eine befugt hergestellte Bildaufnahme der in den Nummern 1 oder 2 bezeichneten Art wissentlich unbefugt einer dritten Person zugänglich macht und dadurch den höchstpersönlichen Lebensbereich der abgebildeten Person verletzt.

(2) Ebenso wird bestraft, wer unbefugt von einer anderen Person eine Bildaufnahme, die geeignet ist, dem Ansehen der abgebildeten Person erheblich zu schaden, einer dritten Person zugänglich macht.

(3) Mit Freiheitsstrafe bis zu zwei Jahren oder mit Geldstrafe wird bestraft, wer eine Bildaufnahme, die die Nacktheit einer anderen Person unter achtzehn Jahren zum Gegenstand hat,

1. herstellt oder anbietet, um sie einer dritten Person gegen Entgelt zu verschaffen, oder
2. sich oder einer dritten Person gegen Entgelt verschafft.

(4) Absatz 1 Nummer 2, auch in Verbindung mit Absatz 1 Nummer 3 oder Nummer 4, Absatz 2 und 3 gelten nicht für Handlungen, die in Wahrnehmung überwiegender berechtigter Interessen erfolgen, namentlich der Kunst oder der

---

[1)] Neubekanntmachung des StGB idF der Bek. v. 10.3.1987 (BGBl. I S. 945, 1160) in der seit 1.1. 1999 geltenden Fassung.

Wissenschaft, der Forschung oder der Lehre, der Berichterstattung über Vorgänge des Zeitgeschehens oder der Geschichte oder ähnlichen Zwecken dienen.

(5) [1] Die Bildträger sowie Bildaufnahmegeräte oder andere technische Mittel, die der Täter oder Teilnehmer verwendet hat, können eingezogen werden. [2] § 74a ist anzuwenden.

§ 202a Ausspähen von Daten. (1) Wer unbefugt sich oder einem anderen Zugang zu Daten, die nicht für ihn bestimmt und die gegen unberechtigten Zugang besonders gesichert sind, unter Überwindung der Zugangssicherung verschafft, wird mit Freiheitsstrafe bis zu drei Jahren oder mit Geldstrafe bestraft.

(2) Daten im Sinne des Absatzes 1 sind nur solche, die elektronisch, magnetisch oder sonst nicht unmittelbar wahrnehmbar gespeichert sind oder übermittelt werden.

§ 202b Abfangen von Daten. Wer unbefugt sich oder einem anderen unter Anwendung von technischen Mitteln nicht für ihn bestimmte Daten (§ 202a Abs. 2) aus einer nichtöffentlichen Datenübermittlung oder aus der elektromagnetischen Abstrahlung einer Datenverarbeitungsanlage verschafft, wird mit Freiheitsstrafe bis zu zwei Jahren oder mit Geldstrafe bestraft, wenn die Tat nicht in anderen Vorschriften mit schwererer Strafe bedroht ist.

§ 202c Vorbereiten des Ausspähens und Abfangens von Daten.

(1) Wer eine Straftat nach § 202a oder § 202b vorbereitet, indem er

1. Passwörter oder sonstige Sicherungscodes, die den Zugang zu Daten (§ 202a Abs. 2) ermöglichen, oder
2. Computerprogramme, deren Zweck die Begehung einer solchen Tat ist,

herstellt, sich oder einem anderen verschafft, verkauft, einem anderen überlässt, verbreitet oder sonst zugänglich macht, wird mit Freiheitsstrafe bis zu zwei Jahren oder mit Geldstrafe bestraft.

(2) § 149 Abs. 2 und 3 gilt entsprechend.

§ 202d Datenhehlerei. (1) Wer Daten (§ 202a Absatz 2), die nicht allgemein zugänglich sind und die ein anderer durch eine rechtswidrige Tat erlangt hat, sich oder einem anderen verschafft, einem anderen überlässt, verbreitet oder sonst zugänglich macht, um sich oder einen Dritten zu bereichern oder einen anderen zu schädigen, wird mit Freiheitsstrafe bis zu drei Jahren oder mit Geldstrafe bestraft.

(2) Die Strafe darf nicht schwerer sein als die für die Vortat angedrohte Strafe.

(3) [1] Absatz 1 gilt nicht für Handlungen, die ausschließlich der Erfüllung rechtmäßiger dienstlicher oder beruflicher Pflichten dienen. [2] Dazu gehören insbesondere

1. solche Handlungen von Amtsträgern oder deren Beauftragten, mit denen Daten ausschließlich der Verwertung in einem Besteuerungsverfahren, einem Strafverfahren oder einem Ordnungswidrigkeitenverfahren zugeführt werden sollen, sowie

2. solche beruflichen Handlungen der in § 53 Absatz 1 Satz 1 Nummer 5 der Strafprozessordnung genannten Personen, mit denen Daten entgegengenommen, ausgewertet oder veröffentlicht werden.

§ 203 Verletzung von Privatgeheimnissen. (1) Wer unbefugt ein fremdes Geheimnis, namentlich ein zum persönlichen Lebensbereich gehörendes Geheimnis oder ein Betriebs- oder Geschäftsgeheimnis, offenbart, das ihm als

1. Arzt, Zahnarzt, Tierarzt, Apotheker oder Angehörigen eines anderen Heilberufs, der für die Berufsausübung oder die Führung der Berufsbezeichnung eine staatlich geregelte Ausbildung erfordert,
2. Berufspsychologen mit staatlich anerkannter wissenschaftlicher Abschlußprüfung,
3. Rechtsanwalt, Kammerrechtsbeistand, Patentanwalt, Notar, Verteidiger in einem gesetzlich geordneten Verfahren, Wirtschaftsprüfer, vereidigtem Buchprüfer, Steuerberater, Steuerbevollmächtigten oder Organ oder Mitglied eines Organs einer Rechtsanwalts-, Patentanwalts-, Wirtschaftsprüfungs-, Buchprüfungs- oder Steuerberatungsgesellschaft,
4. Ehe-, Familien-, Erziehungs- oder Jugendberater sowie Berater für Suchtfragen in einer Beratungsstelle, die von einer Behörde oder Körperschaft, Anstalt oder Stiftung des öffentlichen Rechts anerkannt ist,
5. Mitglied oder Beauftragten einer anerkannten Beratungsstelle nach den §§ 3 und 8 des Schwangerschaftskonfliktgesetzes[1)],
6. staatlich anerkanntem Sozialarbeiter oder staatlich anerkanntem Sozialpädagogen oder
7. Angehörigen eines Unternehmens der privaten Kranken-, Unfall- oder Lebensversicherung oder einer privatärztlichen, steuerberaterlichen oder anwaltlichen Verrechnungsstelle

anvertraut worden oder sonst bekanntgeworden ist, wird mit Freiheitsstrafe bis zu einem Jahr oder mit Geldstrafe bestraft.

(2) [1] Ebenso wird bestraft, wer unbefugt ein fremdes Geheimnis, namentlich ein zum persönlichen Lebensbereich gehörendes Geheimnis oder ein Betriebs- oder Geschäftsgeheimnis, offenbart, das ihm als

1. Amtsträger,
2. für den öffentlichen Dienst besonders Verpflichteten,
3. Person, die Aufgaben oder Befugnisse nach dem Personalvertretungsrecht wahrnimmt,
4. Mitglied eines für ein Gesetzgebungsorgan des Bundes oder eines Landes tätigen Untersuchungsausschusses, sonstigen Ausschusses oder Rates, das nicht selbst Mitglied des Gesetzgebungsorgans ist, oder als Hilfskraft eines solchen Ausschusses oder Rates,
5. öffentlich bestelltem Sachverständigen, der auf die gewissenhafte Erfüllung seiner Obliegenheiten auf Grund eines Gesetzes förmlich verpflichtet worden ist, oder

---

[1)] G zur Vermeidung und Bewältigung von Schwangerschaftskonflikten (Schwangerschaftskonfliktgesetz – SchKG) v. 27.7.1992 (BGBl. I S. 1398), zuletzt geänd. durch G v. 22.3.2019 (BGBl. I S. 350).

6. Person, die auf die gewissenhafte Erfüllung ihrer Geheimhaltungspflicht bei der Durchführung wissenschaftlicher Forschungsvorhaben auf Grund eines Gesetzes förmlich verpflichtet worden ist,

anvertraut worden oder sonst bekanntgeworden ist. [2] Einem Geheimnis im Sinne des Satzes 1 stehen Einzelangaben über persönliche oder sachliche Verhältnisse eines anderen gleich, die für Aufgaben der öffentlichen Verwaltung erfaßt worden sind; Satz 1 ist jedoch nicht anzuwenden, soweit solche Einzelangaben anderen Behörden oder sonstigen Stellen für Aufgaben der öffentlichen Verwaltung bekanntgegeben werden und das Gesetz dies nicht untersagt.

(3) [1] Kein Offenbaren im Sinne dieser Vorschrift liegt vor, wenn die in den Absätzen 1 und 2 genannten Personen Geheimnisse den bei ihnen berufsmäßig tätigen Gehilfen oder den bei ihnen zur Vorbereitung auf den Beruf tätigen Personen zugänglich machen. [2] Die in den Absätzen 1 und 2 Genannten dürfen fremde Geheimnisse gegenüber sonstigen Personen offenbaren, die an ihrer beruflichen oder dienstlichen Tätigkeit mitwirken, soweit dies für die Inanspruchnahme der Tätigkeit der sonstigen mitwirkenden Personen erforderlich ist; das Gleiche gilt für sonstige mitwirkende Personen, wenn diese sich weiterer Personen bedienen, die an der beruflichen oder dienstlichen Tätigkeit der in den Absätzen 1 und 2 Genannten mitwirken.

(4) [1] Mit Freiheitsstrafe bis zu einem Jahr oder mit Geldstrafe wird bestraft, wer unbefugt ein fremdes Geheimnis offenbart, das ihm bei der Ausübung oder bei Gelegenheit seiner Tätigkeit als mitwirkende Person oder als bei den in den Absätzen 1 und 2 genannten Personen tätiger Beauftragter für den Datenschutz bekannt geworden ist. [2] Ebenso wird bestraft, wer

1. als in den Absätzen 1 und 2 genannte Person nicht dafür Sorge getragen hat, dass eine sonstige mitwirkende Person, die unbefugt ein fremdes, ihr bei der Ausübung oder bei Gelegenheit ihrer Tätigkeit bekannt gewordenes Geheimnis offenbart, zur Geheimhaltung verpflichtet wurde; dies gilt nicht für sonstige mitwirkende Personen, die selbst eine in den Absätzen 1 oder 2 genannte Person sind,
2. als im Absatz 3 genannte mitwirkende Person sich einer weiteren mitwirkenden Person, die unbefugt ein fremdes, ihr bei der Ausübung oder bei Gelegenheit ihrer Tätigkeit bekannt gewordenes Geheimnis offenbart, bedient und nicht dafür Sorge getragen hat, dass diese zur Geheimhaltung verpflichtet wurde; dies gilt nicht für sonstige mitwirkende Personen, die selbst eine in den Absätzen 1 oder 2 genannte Person sind, oder
3. nach dem Tod der nach Satz 1 oder nach den Absätzen 1 oder 2 verpflichteten Person ein fremdes Geheimnis unbefugt offenbart, das er von dem Verstorbenen erfahren oder aus dessen Nachlass erlangt hat.

(5) Die Absätze 1 bis 4 sind auch anzuwenden, wenn der Täter das fremde Geheimnis nach dem Tod des Betroffenen unbefugt offenbart.

(6) Handelt der Täter gegen Entgelt oder in der Absicht, sich oder einen anderen zu bereichern oder einen anderen zu schädigen, so ist die Strafe Freiheitsstrafe bis zu zwei Jahren oder Geldstrafe.

§ 204 Verwertung fremder Geheimnisse. (1) Wer unbefugt ein fremdes Geheimnis, namentlich ein Betriebs- oder Geschäftsgeheimnis, zu dessen Geheimhaltung er nach § 203 verpflichtet ist, verwertet, wird mit Freiheitsstrafe bis zu zwei Jahren oder mit Geldstrafe bestraft.

(2) § 203 Absatz 5 gilt entsprechend.

§ 206 Verletzung des Post- oder Fernmeldegeheimnisses. (1) Wer unbefugt einer anderen Person eine Mitteilung über Tatsachen macht, die dem Post- oder Fernmeldegeheimnis unterliegen und die ihm als Inhaber oder Beschäftigtem eines Unternehmens bekanntgeworden sind, das geschäftsmäßig Post- oder Telekommunikationsdienste erbringt, wird mit Freiheitsstrafe bis zu fünf Jahren oder mit Geldstrafe bestraft.

(2) Ebenso wird bestraft, wer als Inhaber oder Beschäftigter eines in Absatz 1 bezeichneten Unternehmens unbefugt

1. eine Sendung, die einem solchen Unternehmen zur Übermittlung anvertraut worden und verschlossen ist, öffnet oder sich von ihrem Inhalt ohne Öffnung des Verschlusses unter Anwendung technischer Mittel Kenntnis verschafft,
2. eine einem solchen Unternehmen zur Übermittlung anvertraute Sendung unterdrückt oder
3. eine der in Absatz 1 oder in Nummer 1 oder 2 bezeichneten Handlungen gestattet oder fördert.

(3) Die Absätze 1 und 2 gelten auch für Personen, die

1. Aufgaben der Aufsicht über ein in Absatz 1 bezeichnetes Unternehmen wahrnehmen,
2. von einem solchen Unternehmen oder mit dessen Ermächtigung mit dem Erbringen von Post- oder Telekommunikationsdiensten betraut sind oder
3. mit der Herstellung einer dem Betrieb eines solchen Unternehmens dienenden Anlage oder mit Arbeiten daran betraut sind.

(4) Wer unbefugt einer anderen Person eine Mitteilung über Tatsachen macht, die ihm als außerhalb des Post- oder Telekommunikationsbereichs tätigem Amtsträger auf Grund eines befugten oder unbefugten Eingriffs in das Post- oder Fernmeldegeheimnis bekanntgeworden sind, wird mit Freiheitsstrafe bis zu zwei Jahren oder mit Geldstrafe bestraft.

(5) [1] Dem Postgeheimnis unterliegen die näheren Umstände des Postverkehrs bestimmter Personen sowie der Inhalt von Postsendungen. [2] Dem Fernmeldegeheimnis unterliegen der Inhalt der Telekommunikation und ihre näheren Umstände, insbesondere die Tatsache, ob jemand an einem Telekommunikationsvorgang beteiligt ist oder war. [3] Das Fernmeldegeheimnis erstreckt sich auch auf die näheren Umstände erfolgloser Verbindungsversuche.

Zweiundzwanzigster Abschnitt. Betrug und Untreue

§ 263[1)] Betrug. (1) Wer in der Absicht, sich oder einem Dritten einen rechtswidrigen Vermögensvorteil zu verschaffen, das Vermögen eines anderen dadurch beschädigt, daß er durch Vorspiegelung falscher oder durch Entstellung

---

[1)] Vgl. § 49 BörsenG v. 16.7.2007 (BGBl. I S. 1330, 1351), zuletzt geänd. durch G v. 8.7.2019 (BGBl. I S. 1002).

oder Unterdrückung wahrer Tatsachen einen Irrtum erregt oder unterhält, wird mit Freiheitsstrafe bis zu fünf Jahren oder mit Geldstrafe bestraft.

(2) Der Versuch ist strafbar.

(3) [1] In besonders schweren Fällen ist die Strafe Freiheitsstrafe von sechs Monaten bis zu zehn Jahren. [2] Ein besonders schwerer Fall liegt in der Regel vor, wenn der Täter

1. gewerbsmäßig oder als Mitglied einer Bande handelt, die sich zur fortgesetzten Begehung von Urkundenfälschung oder Betrug verbunden hat,
2. einen Vermögensverlust großen Ausmaßes herbeiführt oder in der Absicht handelt, durch die fortgesetzte Begehung von Betrug eine große Zahl von Menschen in die Gefahr des Verlustes von Vermögenswerten zu bringen,
3. eine andere Person in wirtschaftliche Not bringt,
4. seine Befugnisse oder seine Stellung als Amtsträger oder Europäischer Amtsträger mißbraucht oder
5. einen Versicherungsfall vortäuscht, nachdem er oder ein anderer zu diesem Zweck eine Sache von bedeutendem Wert in Brand gesetzt oder durch eine Brandlegung ganz oder teilweise zerstört oder ein Schiff zum Sinken oder Stranden gebracht hat.

(4) § 243 Abs. 2 sowie die §§ 247 und 248a gelten entsprechend.

(5) Mit Freiheitsstrafe von einem Jahr bis zu zehn Jahren, in minder schweren Fällen mit Freiheitsstrafe von sechs Monaten bis zu fünf Jahren wird bestraft, wer den Betrug als Mitglied einer Bande, die sich zur fortgesetzten Begehung von Straftaten nach den §§ 263 bis 264 oder 267 bis 269 verbunden hat, gewerbsmäßig begeht.

(6) Das Gericht kann Führungsaufsicht anordnen (§ 68 Abs. 1).

§ 263a Computerbetrug. (1) Wer in der Absicht, sich oder einem Dritten einen rechtswidrigen Vermögensvorteil zu verschaffen, das Vermögen eines anderen dadurch beschädigt, daß er das Ergebnis eines Datenverarbeitungsvorgangs durch unrichtige Gestaltung des Programms, durch Verwendung unrichtiger oder unvollständiger Daten, durch unbefugte Verwendung von Daten oder sonst durch unbefugte Einwirkung auf den Ablauf beeinflußt, wird mit Freiheitsstrafe bis zu fünf Jahren oder mit Geldstrafe bestraft.

(2) § 263 Abs. 2 bis 6 gilt entsprechend.

(3) Wer eine Straftat nach Absatz 1 vorbereitet, indem er Computerprogramme, deren Zweck die Begehung einer solchen Tat ist, herstellt, sich oder einem anderen verschafft, feilhält, verwahrt oder einem anderen überlässt, wird mit Freiheitsstrafe bis zu drei Jahren oder mit Geldstrafe bestraft.

(4) In den Fällen des Absatzes 3 gilt § 149 Abs. 2 und 3 entsprechend.

§ 265a Erschleichen von Leistungen. (1) Wer die Leistung eines Automaten oder eines öffentlichen Zwecken dienenden Telekommunikationsnetzes, die Beförderung durch ein Verkehrsmittel oder den Zutritt zu einer Veranstaltung oder einer Einrichtung in der Absicht erschleicht, das Entgelt nicht zu entrichten, wird mit Freiheitsstrafe bis zu einem Jahr oder mit Geldstrafe bestraft, wenn die Tat nicht in anderen Vorschriften mit schwererer Strafe bedroht ist.

(2) Der Versuch ist strafbar.

(3) Die §§ 247 und 248a gelten entsprechend.

Dreiundzwanzigster Abschnitt. Urkundenfälschung

§ 268 Fälschung technischer Aufzeichnungen. (1) Wer zur Täuschung im Rechtsverkehr

1. eine unechte technische Aufzeichnung herstellt oder eine technische Aufzeichnung verfälscht oder
2. eine unechte oder verfälschte technische Aufzeichnung gebraucht,

wird mit Freiheitsstrafe bis zu fünf Jahren oder mit Geldstrafe bestraft.

(2) Technische Aufzeichnung ist eine Darstellung von Daten, Meß- oder Rechenwerten, Zuständen oder Geschehensabläufen, die durch ein technisches Gerät ganz oder zum Teil selbsttätig bewirkt wird, den Gegenstand der Aufzeichnung allgemein oder für Eingeweihte erkennen läßt und zum Beweis einer rechtlich erheblichen Tatsache bestimmt ist, gleichviel ob ihr die Bestimmung schon bei der Herstellung oder erst später gegeben wird.

(3) Der Herstellung einer unechten technischen Aufzeichnung steht es gleich, wenn der Täter durch störende Einwirkung auf den Aufzeichnungsvorgang das Ergebnis der Aufzeichnung beeinflußt.

(4) Der Versuch ist strafbar.

(5) § 267 Abs. 3 und 4 gilt entsprechend.

§ 269 Fälschung beweiserheblicher Daten. (1) Wer zur Täuschung im Rechtsverkehr beweiserhebliche Daten so speichert oder verändert, daß bei ihrer Wahrnehmung eine unechte oder verfälschte Urkunde vorliegen würde, oder derart gespeicherte oder veränderte Daten gebraucht, wird mit Freiheitsstrafe bis zu fünf Jahren oder mit Geldstrafe bestraft.

(2) Der Versuch ist strafbar.

(3) § 267 Abs. 3 und 4 gilt entsprechend.

§ 270 Täuschung im Rechtsverkehr bei Datenverarbeitung. Der Täuschung im Rechtsverkehr steht die fälschliche Beeinflussung einer Datenverarbeitung im Rechtsverkehr gleich.

§ 271 Mittelbare Falschbeurkundung. (1) Wer bewirkt, daß Erklärungen, Verhandlungen oder Tatsachen, welche für Rechte oder Rechtsverhältnisse von Erheblichkeit sind, in öffentlichen Urkunden, Büchern, Dateien oder Registern als abgegeben oder geschehen beurkundet oder gespeichert werden, während sie überhaupt nicht oder in anderer Weise oder von einer Person in einer ihr nicht zustehenden Eigenschaft oder von einer anderen Person abgegeben oder geschehen sind, wird mit Freiheitsstrafe bis zu drei Jahren oder mit Geldstrafe bestraft.

(2) Ebenso wird bestraft, wer eine falsche Beurkundung oder Datenspeicherung der in Absatz 1 bezeichneten Art zur Täuschung im Rechtsverkehr gebraucht.

(3) Handelt der Täter gegen Entgelt oder in der Absicht, sich oder einen Dritten zu bereichern oder eine andere Person zu schädigen, so ist die Strafe Freiheitsstrafe von drei Monaten bis zu fünf Jahren.

(4) Der Versuch ist strafbar.

§ 274 Urkundenunterdrückung; Veränderung einer Grenzbezeichnung. (1) Mit Freiheitsstrafe bis zu fünf Jahren oder mit Geldstrafe wird bestraft, wer

1. eine Urkunde oder eine technische Aufzeichnung, welche ihm entweder überhaupt nicht oder nicht ausschließlich gehört, in der Absicht, einem anderen Nachteil zuzufügen, vernichtet, beschädigt oder unterdrückt,
2. beweiserhebliche Daten (§ 202a Abs. 2), über die er nicht oder nicht ausschließlich verfügen darf, in der Absicht, einem anderen Nachteil zuzufügen, löscht, unterdrückt, unbrauchbar macht oder verändert oder
3. einen Grenzstein oder ein anderes zur Bezeichnung einer Grenze oder eines Wasserstandes bestimmtes Merkmal in der Absicht, einem anderen Nachteil zuzufügen, wegnimmt, vernichtet, unkenntlich macht, verrückt oder fälschlich setzt.

(2) Der Versuch ist strafbar.

Siebenundzwanzigster Abschnitt. Sachbeschädigung

§ 303a Datenveränderung. (1) Wer rechtswidrig Daten (§ 202a Abs. 2) löscht, unterdrückt, unbrauchbar macht oder verändert, wird mit Freiheitsstrafe bis zu zwei Jahren oder mit Geldstrafe bestraft.

(2) Der Versuch ist strafbar.

(3) Für die Vorbereitung einer Straftat nach Absatz 1 gilt § 202c entsprechend.

§ 303b Computersabotage. (1) Wer eine Datenverarbeitung, die für einen anderen von wesentlicher Bedeutung ist, dadurch erheblich stört, dass er

1. eine Tat nach § 303a Abs. 1 begeht,
2. Daten (§ 202a Abs. 2) in der Absicht, einem anderen Nachteil zuzufügen, eingibt oder übermittelt oder
3. eine Datenverarbeitungsanlage oder einen Datenträger zerstört, beschädigt, unbrauchbar macht, beseitigt oder verändert,

wird mit Freiheitsstrafe bis zu drei Jahren oder mit Geldstrafe bestraft.

(2) Handelt es sich um eine Datenverarbeitung, die für einen fremden Betrieb, ein fremdes Unternehmen oder eine Behörde von wesentlicher Bedeutung ist, ist die Strafe Freiheitsstrafe bis zu fünf Jahren oder Geldstrafe.

(3) Der Versuch ist strafbar.

(4) [1] In besonders schweren Fällen des Absatzes 2 ist die Strafe Freiheitsstrafe von sechs Monaten bis zu zehn Jahren. [2] Ein besonders schwerer Fall liegt in der Regel vor, wenn der Täter

1. einen Vermögensverlust großen Ausmaßes herbeiführt,

2. gewerbsmäßig oder als Mitglied einer Bande handelt, die sich zur fortgesetzten Begehung von Computersabotage verbunden hat,
3. durch die Tat die Versorgung der Bevölkerung mit lebenswichtigen Gütern oder Dienstleistungen oder die Sicherheit der Bundesrepublik Deutschland beeinträchtigt.

(5) Für die Vorbereitung einer Straftat nach Absatz 1 gilt § 202c entsprechend.

Achtundzwanzigster Abschnitt. Gemeingefährliche Straftaten

§ 317 Störung von Telekommunikationsanlagen. (1) Wer den Betrieb einer öffentlichen Zwecken dienenden Telekommunikationsanlage dadurch verhindert oder gefährdet, daß er eine dem Betrieb dienende Sache zerstört, beschädigt, beseitigt, verändert oder unbrauchbar macht oder die für den Betrieb bestimmte elektrische Kraft entzieht, wird mit Freiheitsstrafe bis zu fünf Jahren oder mit Geldstrafe bestraft.

(2) Der Versuch ist strafbar.

(3) Wer die Tat fahrlässig begeht, wird mit Freiheitsstrafe bis zu einem Jahr oder mit Geldstrafe bestraft.

11. Gesetz zur Verbesserung der Rechtsdurchsetzung in sozialen Netzwerken (Netzwerkdurchsetzungsgesetz – NetzDG)[1]

Vom 1. September 2017
(BGBl. I S. 3352)

FNA 772-8

§ 1 Anwendungsbereich. (1) [1] Dieses Gesetz gilt für Telemediendiensteanbieter, die mit Gewinnerzielungsabsicht Plattformen im Internet betreiben, die dazu bestimmt sind, dass Nutzer beliebige Inhalte mit anderen Nutzern teilen oder der Öffentlichkeit zugänglich machen (soziale Netzwerke). [2] Plattformen mit journalistisch-redaktionell gestalteten Angeboten, die vom Diensteanbieter selbst verantwortet werden, gelten nicht als soziale Netzwerke im Sinne dieses Gesetzes. [3] Das Gleiche gilt für Plattformen, die zur Individualkommunikation oder zur Verbreitung spezifischer Inhalte bestimmt sind.

(2) Der Anbieter eines sozialen Netzwerks ist von den Pflichten nach den §§ 2 und 3 befreit, wenn das soziale Netzwerk im Inland weniger als zwei Millionen registrierte Nutzer hat.

(3) Rechtswidrige Inhalte sind Inhalte im Sinne des Absatzes 1, die den Tatbestand der §§ 86, 86a, 89a, 91, 100a, 111, 126, 129 bis 129b, 130, 131, 140, 166, 184b in Verbindung mit 184d, 185 bis 187, 201a, 241 oder 269 des Strafgesetzbuchs[2] erfüllen und nicht gerechtfertigt sind.

§ 2 Berichtspflicht. (1) [1] Anbieter sozialer Netzwerke, die im Kalenderjahr mehr als 100 Beschwerden über rechtswidrige Inhalte erhalten, sind verpflichtet, einen deutschsprachigen Bericht über den Umgang mit Beschwerden über rechtswidrige Inhalte auf ihren Plattformen mit den Angaben nach Absatz 2 halbjährlich zu erstellen und im Bundesanzeiger sowie auf der eigenen Homepage spätestens einen Monat nach Ende eines Halbjahres zu veröffentlichen. [2] Der auf der eigenen Homepage veröffentlichte Bericht muss leicht erkennbar, unmittelbar erreichbar und ständig verfügbar sein.

(2) Der Bericht hat mindestens auf folgende Aspekte einzugehen:

1. Allgemeine Ausführungen, welche Anstrengungen der Anbieter des sozialen Netzwerks unternimmt, um strafbare Handlungen auf den Plattformen zu unterbinden,
2. Darstellung der Mechanismen zur Übermittlung von Beschwerden über rechtswidrige Inhalte und der Entscheidungskriterien für Löschung und Sperrung von rechtswidrigen Inhalten,

---

[1] Verkündet als Art. 1 G v. 1.9.2017 (BGBl. I S. 3352); Inkrafttreten gem. Art. 3 dieses G am 1.10. 2017.
Notifiziert gemäß der Richtlinie (EU) 2015/1535 des Europäischen Parlaments und des Rates vom 9. September 2015 über ein Informationsverfahren auf dem Gebiet der technischen Vorschriften und der Vorschriften für die Dienste der Informationsgesellschaft (ABl. L 241 vom 17.9.2015, S. 1).

[2] Nr. **10**.

3. Anzahl der im Berichtszeitraum eingegangenen Beschwerden über rechtswidrige Inhalte, aufgeschlüsselt nach Beschwerden von Beschwerdestellen und Beschwerden von Nutzern und nach dem Beschwerdegrund,
4. Organisation, personelle Ausstattung, fachliche und sprachliche Kompetenz der für die Bearbeitung von Beschwerden zuständigen Arbeitseinheiten und Schulung und Betreuung der für die Bearbeitung von Beschwerden zuständigen Personen,
5. Mitgliedschaft in Branchenverbänden mit Hinweis darauf, ob in diesen Branchenverbänden eine Beschwerdestelle existiert,
6. Anzahl der Beschwerden, bei denen eine externe Stelle konsultiert wurde, um die Entscheidung vorzubereiten,
7. Anzahl der Beschwerden, die im Berichtszeitraum zur Löschung oder Sperrung des beanstandeten Inhalts führten, aufgeschlüsselt nach Beschwerden von Beschwerdestellen und von Nutzern, nach dem Beschwerdegrund, ob ein Fall des § 3 Absatz 2 Nummer 3 Buchstabe a vorlag, ob in diesem Fall eine Weiterleitung an den Nutzer erfolgte sowie ob eine Übertragung an eine anerkannte Einrichtung der Regulierten Selbstregulierung nach § 3 Absatz 2 Nummer 3 Buchstabe b erfolgte,
8. Zeit zwischen Beschwerdeeingang beim sozialen Netzwerk und Löschung oder Sperrung des rechtswidrigen Inhalts, aufgeschlüsselt nach Beschwerden von Beschwerdestellen und von Nutzern, nach dem Beschwerdegrund sowie nach den Zeiträumen „innerhalb von 24 Stunden"/„innerhalb von 48 Stunden"/„innerhalb einer Woche"/„zu einem späteren Zeitpunkt",
9. Maßnahmen zur Unterrichtung des Beschwerdeführers sowie des Nutzers, für den der beanstandete Inhalt gespeichert wurde, über die Entscheidung über die Beschwerde.

§ 3 Umgang mit Beschwerden über rechtswidrige Inhalte. (1) [1]Der Anbieter eines sozialen Netzwerks muss ein wirksames und transparentes Verfahren nach Absatz 2 und 3 für den Umgang mit Beschwerden über rechtswidrige Inhalte vorhalten. [2]Der Anbieter muss Nutzern ein leicht erkennbares, unmittelbar erreichbares und ständig verfügbares Verfahren zur Übermittlung von Beschwerden über rechtswidrige Inhalte zur Verfügung stellen.

(2) Das Verfahren muss gewährleisten, dass der Anbieter des sozialen Netzwerks

1. unverzüglich von der Beschwerde Kenntnis nimmt und prüft, ob der in der Beschwerde gemeldete Inhalt rechtswidrig und zu entfernen oder der Zugang zu ihm zu sperren ist,
2. einen offensichtlich rechtswidrigen Inhalt innerhalb von 24 Stunden nach Eingang der Beschwerde entfernt oder den Zugang zu ihm sperrt; dies gilt nicht, wenn das soziale Netzwerk mit der zuständigen Strafverfolgungsbehörde einen längeren Zeitraum für die Löschung oder Sperrung des offensichtlich rechtswidrigen Inhalts vereinbart hat,
3. jeden rechtswidrigen Inhalt unverzüglich, in der Regel innerhalb von sieben Tagen nach Eingang der Beschwerde entfernt oder den Zugang zu ihm sperrt; die Frist von sieben Tagen kann überschritten werden, wenn

a) die Entscheidung über die Rechtswidrigkeit des Inhalts von der Unwahrheit einer Tatsachenbehauptung oder erkennbar von anderen tatsächlichen Umständen abhängt; das soziale Netzwerk kann in diesen Fällen dem Nutzer vor der Entscheidung Gelegenheit zur Stellungnahme zu der Beschwerde geben,
b) das soziale Netzwerk die Entscheidung über die Rechtswidrigkeit innerhalb von sieben Tagen nach Eingang der Beschwerde einer nach den Absätzen 6 bis 8 anerkannten Einrichtung der Regulierten Selbstregulierung überträgt und sich deren Entscheidung unterwirft,

4. im Falle der Entfernung den Inhalt zu Beweiszwecken sichert und zu diesem Zweck für die Dauer von zehn Wochen innerhalb des Geltungsbereichs der Richtlinien 2000/31/EG und 2010/13/EU speichert,
5. den Beschwerdeführer und den Nutzer über jede Entscheidung unverzüglich informiert und seine Entscheidung ihnen gegenüber begründet.

(3) Das Verfahren muss vorsehen, dass jede Beschwerde und die zu ihrer Abhilfe getroffene Maßnahme innerhalb des Geltungsbereichs der Richtlinien 2000/31/EG und 2010/13/EU dokumentiert wird.

(4) [1] Der Umgang mit Beschwerden muss von der Leitung des sozialen Netzwerks durch monatliche Kontrollen überwacht werden. [2] Organisatorische Unzulänglichkeiten im Umgang mit eingegangenen Beschwerden müssen unverzüglich beseitigt werden. [3] Den mit der Bearbeitung von Beschwerden beauftragten Personen müssen von der Leitung des sozialen Netzwerks regelmäßig, mindestens aber halbjährlich deutschsprachige Schulungs- und Betreuungsangebote gemacht werden.

(5) Die Verfahren nach Absatz 1 können durch eine von der in § 4 genannten Verwaltungsbehörde beauftragten Stelle überwacht werden.

(6) Eine Einrichtung ist als Einrichtung der Regulierten Selbstregulierung im Sinne dieses Gesetzes anzuerkennen, wenn

1. die Unabhängigkeit und Sachkunde ihrer Prüfer gewährleistet ist,
2. eine sachgerechte Ausstattung und zügige Prüfung innerhalb von sieben Tagen sichergestellt sind,
3. eine Verfahrensordnung besteht, die den Umfang und Ablauf der Prüfung sowie Vorlagepflichten der angeschlossenen sozialen Netzwerke regelt und die Möglichkeit der Überprüfung von Entscheidungen vorsieht,
4. eine Beschwerdestelle eingerichtet ist und
5. die Einrichtung von mehreren Anbietern sozialer Netzwerke oder Institutionen getragen wird, die eine sachgerechte Ausstattung sicherstellen. Außerdem muss sie für den Beitritt weiterer Anbieter insbesondere sozialer Netzwerke offenstehen.

(7) Die Entscheidung über die Anerkennung einer Einrichtung der Regulierten Selbstregulierung trifft die in § 4 genannte Verwaltungsbehörde.

(8) Die Anerkennung kann ganz oder teilweise widerrufen oder mit Nebenbestimmungen versehen werden, wenn Voraussetzungen für die Anerkennung nachträglich entfallen sind.

(9) Die Verwaltungsbehörde nach § 4 kann auch bestimmen, dass für einen Anbieter von sozialen Netzwerken die Möglichkeit zur Übertragung von Ent-

scheidungen nach Absatz 2 Nummer 3 Buchstabe b für einen zeitlich befristeten Zeitraum entfällt, wenn zu erwarten ist, dass bei diesem Anbieter die Erfüllung der Pflichten des Absatzes 2 Nummer 3 durch einen Anschluss an die Regulierte Selbstregulierung nicht gewährleistet wird.

§ 4 Bußgeldvorschriften. (1) Ordnungswidrig handelt, wer vorsätzlich oder fahrlässig

1. entgegen § 2 Absatz 1 Satz 1 einen Bericht nicht, nicht richtig, nicht vollständig oder nicht rechtzeitig erstellt oder nicht, nicht richtig, nicht vollständig, nicht in der vorgeschriebenen Weise oder nicht rechtzeitig veröffentlicht,
2. entgegen § 3 Absatz 1 Satz 1 ein dort genanntes Verfahren für den Umgang mit Beschwerden von Beschwerdestellen oder Nutzern, die im Inland wohnhaft sind oder ihren Sitz haben, nicht, nicht richtig oder nicht vollständig vorhält,
3. entgegen § 3 Absatz 1 Satz 2 ein dort genanntes Verfahren nicht oder nicht richtig zur Verfügung stellt,
4. entgegen § 3 Absatz 4 Satz 1 den Umgang mit Beschwerden nicht oder nicht richtig überwacht,
5. entgegen § 3 Absatz 4 Satz 2 eine organisatorische Unzulänglichkeit nicht oder nicht rechtzeitig beseitigt,
6. entgegen § 3 Absatz 4 Satz 3 eine Schulung oder eine Betreuung nicht oder nicht rechtzeitig anbietet,
7. entgegen § 5 einen inländischen Zustellungsbevollmächtigten oder einen inländischen Empfangsberechtigten nicht benennt, oder
8. entgegen § 5 Absatz 2 Satz 2 als Empfangsberechtigter auf Auskunftsersuchen nicht reagiert.

(2) [1]Die Ordnungswidrigkeit kann in den Fällen des Absatzes 1 Nummer 7 und 8 mit einer Geldbuße bis zu fünfhunderttausend Euro, in den übrigen Fällen des Absatzes 1 mit einer Geldbuße bis zu fünf Millionen Euro geahndet werden. [2]§ 30 Absatz 2 Satz 3 des Gesetzes über Ordnungswidrigkeiten ist anzuwenden.

(3) Die Ordnungswidrigkeit kann auch dann geahndet werden, wenn sie nicht im Inland begangen wird.

(4) [1]Verwaltungsbehörde im Sinne des § 36 Absatz 1 Nummer 1 des Gesetzes über Ordnungswidrigkeiten ist das Bundesamt für Justiz. [2]Das Bundesministerium der Justiz und für Verbraucherschutz erlässt im Einvernehmen mit dem Bundesministerium des Innern, dem Bundesministerium für Wirtschaft und Energie und dem Bundesministerium für Verkehr und digitale Infrastruktur allgemeine Verwaltungsgrundsätze über die Ausübung des Ermessens der Bußgeldbehörde bei der Einleitung eines Bußgeldverfahrens und bei der Bemessung der Geldbuße.

(5) [1]Will die Verwaltungsbehörde ihre Entscheidung darauf stützen, dass nicht entfernte oder nicht gesperrte Inhalte rechtswidrig im Sinne des § 1 Absatz 3 sind, so soll sie über die Rechtswidrigkeit vorab eine gerichtliche Entscheidung herbeiführen. [2]Zuständig ist das Gericht, das über den Einspruch gegen den Bußgeldbescheid entscheidet. [3]Der Antrag auf Vorabentscheidung

ist dem Gericht zusammen mit der Stellungnahme des sozialen Netzwerks zuzuleiten. [4]Über den Antrag kann ohne mündliche Verhandlung entschieden werden. [5]Die Entscheidung ist nicht anfechtbar und für die Verwaltungsbehörde bindend.

§ 5 Inländischer Zustellungsbevollmächtigter. (1) [1]Anbieter sozialer Netzwerke haben im Inland einen Zustellungsbevollmächtigten zu benennen und auf ihrer Plattform in leicht erkennbarer und unmittelbar erreichbarer Weise auf ihn aufmerksam zu machen. [2]An diese Person können Zustellungen in Verfahren nach § 4 oder in Gerichtsverfahren vor deutschen Gerichten wegen der Verbreitung rechtswidriger Inhalte bewirkt werden. [3]Das gilt auch für die Zustellung von Schriftstücken, die solche Verfahren einleiten.

(2) [1]Für Auskunftsersuchen einer inländischen Strafverfolgungsbehörde ist eine empfangsberechtigte Person im Inland zu benennen. [2]Die empfangsberechtigte Person ist verpflichtet, auf Auskunftsersuchen nach Satz 1 48 Stunden nach Zugang zu antworten. [3]Soweit das Auskunftsersuchen nicht mit einer das Ersuchen erschöpfenden Auskunft beantwortet wird, ist dies in der Antwort zu begründen.

§ 6 Übergangsvorschriften. (1) Der Bericht nach § 2 wird erstmals für das erste Halbjahr 2018 fällig.

(2) [1]Die Verfahren nach § 3 müssen innerhalb von drei Monaten nach Inkrafttreten dieses Gesetzes eingeführt sein. [2]Erfüllt der Anbieter eines sozialen Netzwerkes die Voraussetzungen des § 1 erst zu einem späteren Zeitpunkt, so müssen die Verfahren nach § 3 drei Monate nach diesem Zeitpunkt eingeführt sein.

[Nrn. 12–14: nicht belegt]

15. Bürgerliches Gesetzbuch (BGB)[1)]

In der Fassung der Bekanntmachung vom 2. Januar 2002[2)]
(BGBl. I S. 42, ber. S. 2909 und 2003 I S. 738)

FNA 400-2

zuletzt geänd. durch Art. 7 G zur Förderung der Freizügigkeit von EU-Bürgerinnen und -Bürgern sowie zur Neuregelung verschiedener Aspekte des Internationalen Adoptionsrechts v. 31.1.2019 (BGBl. I S. 54)

– Auszug –

---

1) **Amtl. Anm.**: Dieses Gesetz dient der Umsetzung folgender Richtlinien:
1. Richtlinie 76/207/EWG des Rates vom 9. Februar 1976 zur Verwirklichung des Grundsatzes der Gleichbehandlung von Männern und Frauen hinsichtlich des Zugangs zur Beschäftigung, zur Berufsbildung und zum beruflichen Aufstieg sowie in Bezug auf die Arbeitsbedingungen (ABl. EG Nr. L 39 S. 40),
2. Richtlinie 77/187/EWG des Rates vom 14. Februar 1977 zur Angleichung der Rechtsvorschriften der Mitgliedstaaten über die Wahrung von Ansprüchen der Arbeitnehmer beim Übergang von Unternehmen, Betrieben oder Betriebsteilen (ABl. EG Nr. L 61 S. 26),
3. Richtlinie 85/577/EWG des Rates vom 20. Dezember 1985 betreffend den Verbraucherschutz im Falle von außerhalb von Geschäftsräumen geschlossenen Verträgen (ABl. EG Nr. L 372 S. 31),
4. Richtlinie 87/102/EWG des Rates zur Angleichung der Rechts- und Verwaltungsvorschriften der Mitgliedstaaten über den Verbraucherkredit (ABl. EG Nr. L 42 S. 48), zuletzt geändert durch die Richtlinie 98/7/EG des Europäischen Parlaments und des Rates vom 16. Februar 1998 zur Änderung der Richtlinie 87/102/EWG zur Angleichung der Rechts- und Verwaltungsvorschriften der Mitgliedstaaten über den Verbraucherkredit (ABl. EG Nr. L 101 S. 17),
5. Richtlinie 90/314/EWG des Europäischen Parlaments und des Rates vom 13. Juni 1990 über Pauschalreisen (ABl. EG Nr. L 158 S. 59),
6. Richtlinie 93/13/EWG des Rates vom 5. April 1993 über missbräuchliche Klauseln in Verbraucherverträgen (ABl. EG Nr. L 95 S. 29),
7. Richtlinie 94/47/EG des Europäischen Parlaments und des Rates vom 26. Oktober 1994 zum Schutz der Erwerber im Hinblick auf bestimmte Aspekte von Verträgen über den Erwerb von Teilzeitnutzungsrechten an Immobilien (ABl. EG Nr. L 280 S. 82),
8. der Richtlinie 97/5/EG des Europäischen Parlaments und des Rates vom 27. Januar 1997 über grenzüberschreitende Überweisungen (ABl. EG Nr. L 43 S. 25),
9. Richtlinie 97/7/EG des Europäischen Parlaments und des Rates vom 20. Mai 1997 über den Verbraucherschutz bei Vertragsabschlüssen im Fernabsatz (ABl. EG Nr. L 144 S. 19),
10. Artikel 3 bis 5 der Richtlinie 98/26/EG des Europäischen Parlaments und des Rates über die Wirksamkeit von Abrechnungen in Zahlungs- und Wertpapierliefer- und -abrechnungssystemen vom 19. Mai 1998 (ABl. EG Nr. L 166 S. 45),
11. Richtlinie 1999/44/EG des Europäischen Parlaments und des Rates vom 25. Mai 1999 zu bestimmten Aspekten des Verbrauchsgüterkaufs und der Garantien für Verbrauchsgüter (ABl. EG Nr. L 171 S. 12),
12. Artikel 10, 11 und 18 der Richtlinie 2000/31/EG [Nr. **17**] des Europäischen Parlaments und des Rates vom 8. Juni 2000 über bestimmte rechtliche Aspekte der Dienste der Informationsgesellschaft, insbesondere des elektronischen Geschäftsverkehrs, im Binnenmarkt („Richtlinie über den elektronischen Geschäftsverkehr", ABl. EG Nr. L 178 S. 1),
13. Richtlinie 2000/35/EG des Europäischen Parlaments und des Rates vom 29. Juni 2000 zur Bekämpfung von Zahlungsverzug im Geschäftsverkehr (ABl. EG Nr. L 200 S. 35).

2) Neubekanntmachung des BGB v. 18.8.1896 (RGBl. S. 195) in der ab 1.1.2002 geltenden Fassung.

Buch 1. Allgemeiner Teil

Abschnitt 1. Personen

Titel 1. Natürliche Personen, Verbraucher, Unternehmer

§ 12 Namensrecht. [1]Wird das Recht zum Gebrauch eines Namens dem Berechtigten von einem anderen bestritten oder wird das Interesse des Berechtigten dadurch verletzt, dass ein anderer unbefugt den gleichen Namen gebraucht, so kann der Berechtigte von dem anderen Beseitigung der Beeinträchtigung verlangen. [2]Sind weitere Beeinträchtigungen zu besorgen, so kann er auf Unterlassung klagen.

§ 13 Verbraucher. Verbraucher ist jede natürliche Person, die ein Rechtsgeschäft zu Zwecken abschließt, die überwiegend weder ihrer gewerblichen noch ihrer selbständigen beruflichen Tätigkeit zugerechnet werden können.

§ 14[1] Unternehmer. (1) Unternehmer ist eine natürliche oder juristische Person oder eine rechtsfähige Personengesellschaft, die bei Abschluss eines Rechtsgeschäfts in Ausübung ihrer gewerblichen oder selbständigen beruflichen Tätigkeit handelt.

(2) Eine rechtsfähige Personengesellschaft ist eine Personengesellschaft, die mit der Fähigkeit ausgestattet ist, Rechte zu erwerben und Verbindlichkeiten einzugehen.

Abschnitt 3. Rechtsgeschäfte

Titel 2. Willenserklärung

§ 119 Anfechtbarkeit wegen Irrtums. (1) Wer bei der Abgabe einer Willenserklärung über deren Inhalt im Irrtum war oder eine Erklärung dieses Inhalts überhaupt nicht abgeben wollte, kann die Erklärung anfechten, wenn anzunehmen ist, dass er sie bei Kenntnis der Sachlage und bei verständiger Würdigung des Falles nicht abgegeben haben würde.

(2) Als Irrtum über den Inhalt der Erklärung gilt auch der Irrtum über solche Eigenschaften der Person oder der Sache, die im Verkehr als wesentlich angesehen werden.

§ 120 Anfechtbarkeit wegen falscher Übermittlung. Eine Willenserklärung, welche durch die zur Übermittlung verwendete Person oder Einrichtung unrichtig übermittelt worden ist, kann unter der gleichen Voraussetzung angefochten werden wie nach § 119 eine irrtümlich abgegebene Willenserklärung.

§ 125 Nichtigkeit wegen Formmangels. [1]Ein Rechtsgeschäft, welches der durch Gesetz vorgeschriebenen Form ermangelt, ist nichtig. [2]Der Mangel der durch Rechtsgeschäft bestimmten Form hat im Zweifel gleichfalls Nichtigkeit zur Folge.

---

[1] **Amtl. Anm.:** Diese Vorschriften dienen der Umsetzung der eingangs zu den Nummern 3, 4, 6, 7, 9 und 11 genannten Richtlinien.

§ 126 Schriftform. (1) Ist durch Gesetz schriftliche Form vorgeschrieben, so muss die Urkunde von dem Aussteller eigenhändig durch Namensunterschrift oder mittels notariell beglaubigten Handzeichens unterzeichnet werden.

(2) [1] Bei einem Vertrag muss die Unterzeichnung der Parteien auf derselben Urkunde erfolgen. [2] Werden über den Vertrag mehrere gleichlautende Urkunden aufgenommen, so genügt es, wenn jede Partei die für die andere Partei bestimmte Urkunde unterzeichnet.

(3) Die schriftliche Form kann durch die elektronische Form ersetzt werden, wenn sich nicht aus dem Gesetz ein anderes ergibt.

(4) Die schriftliche Form wird durch die notarielle Beurkundung ersetzt.

§ 126a Elektronische Form. (1) Soll die gesetzlich vorgeschriebene schriftliche Form durch die elektronische Form ersetzt werden, so muss der Aussteller der Erklärung dieser seinen Namen hinzufügen und das elektronische Dokument mit einer qualifizierten elektronischen Signatur versehen.

(2) Bei einem Vertrag müssen die Parteien jeweils ein gleichlautendes Dokument in der in Absatz 1 bezeichneten Weise elektronisch signieren.

§ 126b Textform. [1] Ist durch Gesetz Textform vorgeschrieben, so muss eine lesbare Erklärung, in der die Person des Erklärenden genannt ist, auf einem dauerhaften Datenträger abgegeben werden. [2] Ein dauerhafter Datenträger ist jedes Medium, das

1. es dem Empfänger ermöglicht, eine auf dem Datenträger befindliche, an ihn persönlich gerichtete Erklärung so aufzubewahren oder zu speichern, dass sie ihm während eines für ihren Zweck angemessenen Zeitraums zugänglich ist, und
2. geeignet ist, die Erklärung unverändert wiederzugeben.

§ 127 Vereinbarte Form. (1) Die Vorschriften des § 126, des § 126a oder des § 126b gelten im Zweifel auch für die durch Rechtsgeschäft bestimmte Form.

(2) [1] Zur Wahrung der durch Rechtsgeschäft bestimmten schriftlichen Form genügt, soweit nicht ein anderer Wille anzunehmen ist, die telekommunikative Übermittlung und bei einem Vertrag der Briefwechsel. [2] Wird eine solche Form gewählt, so kann nachträglich eine dem § 126 entsprechende Beurkundung verlangt werden.

(3) [1] Zur Wahrung der durch Rechtsgeschäft bestimmten elektronischen Form genügt, soweit nicht ein anderer Wille anzunehmen ist, auch eine andere als die in § 126a bestimmte elektronische Signatur und bei einem Vertrag der Austausch von Angebots- und Annahmeerklärung, die jeweils mit einer elektronischen Signatur versehen sind. [2] Wird eine solche Form gewählt, so kann nachträglich eine dem § 126a entsprechende elektronische Signierung oder, wenn diese einer der Parteien nicht möglich ist, eine dem § 126 entsprechende Beurkundung verlangt werden.

Titel 3. Vertrag

§ 145 Bindung an den Antrag. Wer einem anderen die Schließung eines Vertrags anträgt, ist an den Antrag gebunden, es sei denn, dass er die Gebundenheit ausgeschlossen hat.

§ 146 Erlöschen des Antrags. Der Antrag erlischt, wenn er dem Antragenden gegenüber abgelehnt oder wenn er nicht diesem gegenüber nach den §§ 147 bis 149 rechtzeitig angenommen wird.

§ 147 Annahmefrist. (1) [1] Der einem Anwesenden gemachte Antrag kann nur sofort angenommen werden. [2] Dies gilt auch von einem mittels Fernsprechers oder einer sonstigen technischen Einrichtung von Person zu Person gemachten Antrag.

(2) Der einem Abwesenden gemachte Antrag kann nur bis zu dem Zeitpunkt angenommen werden, in welchem der Antragende den Eingang der Antwort unter regelmäßigen Umständen erwarten darf.

§ 151 Annahme ohne Erklärung gegenüber dem Antragenden.

[1] Der Vertrag kommt durch die Annahme des Antrags zustande, ohne dass die Annahme dem Antragenden gegenüber erklärt zu werden braucht, wenn eine solche Erklärung nach der Verkehrssitte nicht zu erwarten ist oder der Antragende auf sie verzichtet hat. [2] Der Zeitpunkt, in welchem der Antrag erlischt, bestimmt sich nach dem aus dem Antrag oder den Umständen zu entnehmenden Willen des Antragenden.

§ 157 Auslegung von Verträgen. Verträge sind so auszulegen, wie Treu und Glauben mit Rücksicht auf die Verkehrssitte es erfordern.

Abschnitt 5. Verjährung

Titel 1. Gegenstand und Dauer der Verjährung

§ 194 Gegenstand der Verjährung. (1) Das Recht, von einem anderen ein Tun oder Unterlassen zu verlangen (Anspruch), unterliegt der Verjährung.

(2) Ansprüche aus einem familienrechtlichen Verhältnis unterliegen der Verjährung nicht, soweit sie auf die Herstellung des dem Verhältnis entsprechenden Zustands für die Zukunft oder auf die Einwilligung in eine genetische Untersuchung zur Klärung der leiblichen Abstammung gerichtet sind.

§ 195 Regelmäßige Verjährungsfrist. Die regelmäßige Verjährungsfrist beträgt drei Jahre.

§ 197 Dreißigjährige Verjährungsfrist. (1) In 30 Jahren verjähren, soweit nicht ein anderes bestimmt ist,

1. Schadensersatzansprüche, die auf der vorsätzlichen Verletzung des Lebens, des Körpers, der Gesundheit, der Freiheit oder der sexuellen Selbstbestimmung beruhen,

2. Herausgabeansprüche aus Eigentum, anderen dinglichen Rechten, den §§ 2018, 2130 und 2362 sowie die Ansprüche, die der Geltendmachung der Herausgabeansprüche dienen,
3. rechtskräftig festgestellte Ansprüche,
4. Ansprüche aus vollstreckbaren Vergleichen oder vollstreckbaren Urkunden,
5. Ansprüche, die durch die im Insolvenzverfahren erfolgte Feststellung vollstreckbar geworden sind, und
6. Ansprüche auf Erstattung der Kosten der Zwangsvollstreckung.

(2) Soweit Ansprüche nach Absatz 1 Nr. 3 bis 5 künftig fällig werdende regelmäßig wiederkehrende Leistungen zum Inhalt haben, tritt an die Stelle der Verjährungsfrist von 30 Jahren die regelmäßige Verjährungsfrist.

§ 199 Beginn der regelmäßigen Verjährungsfrist und Verjährungshöchstfristen. (1) Die regelmäßige Verjährungsfrist beginnt, soweit nicht ein anderer Verjährungsbeginn bestimmt ist, mit dem Schluss des Jahres, in dem

1. der Anspruch entstanden ist und
2. der Gläubiger von den den Anspruch begründenden Umständen und der Person des Schuldners Kenntnis erlangt oder ohne grobe Fahrlässigkeit erlangen müsste.

(2) Schadensersatzansprüche, die auf der Verletzung des Lebens, des Körpers, der Gesundheit oder der Freiheit beruhen, verjähren ohne Rücksicht auf ihre Entstehung und die Kenntnis oder grob fahrlässige Unkenntnis in 30 Jahren von der Begehung der Handlung, der Pflichtverletzung oder dem sonstigen, den Schaden auslösenden Ereignis an.

(3) [1] Sonstige Schadensersatzansprüche verjähren

1. ohne Rücksicht auf die Kenntnis oder grob fahrlässige Unkenntnis in zehn Jahren von ihrer Entstehung an und
2. ohne Rücksicht auf ihre Entstehung und die Kenntnis oder grob fahrlässige Unkenntnis in 30 Jahren von der Begehung der Handlung, der Pflichtverletzung oder dem sonstigen, den Schaden auslösenden Ereignis an.

[2] Maßgeblich ist die früher endende Frist.

(3a) Ansprüche, die auf einem Erbfall beruhen oder deren Geltendmachung die Kenntnis einer Verfügung von Todes wegen voraussetzt, verjähren ohne Rücksicht auf die Kenntnis oder grob fahrlässige Unkenntnis in 30 Jahren von der Entstehung des Anspruchs an.

(4) Andere Ansprüche als die nach den Absätzen 2 bis 3a verjähren ohne Rücksicht auf die Kenntnis oder grob fahrlässige Unkenntnis in zehn Jahren von ihrer Entstehung an.

(5) Geht der Anspruch auf ein Unterlassen, so tritt an die Stelle der Entstehung die Zuwiderhandlung.

Titel 2. Hemmung, Ablaufhemmung und Neubeginn der Verjährung

§ 203 Hemmung der Verjährung bei Verhandlungen. [1] Schweben zwischen dem Schuldner und dem Gläubiger Verhandlungen über den Anspruch oder die den Anspruch begründenden Umstände, so ist die Verjährung gehemmt, bis der eine oder der andere Teil die Fortsetzung der Verhandlungen verweigert. [2]Die Verjährung tritt frühestens drei Monate nach dem Ende der Hemmung ein.

§ 204 Hemmung der Verjährung durch Rechtsverfolgung. (1) Die Verjährung wird gehemmt durch

1. die Erhebung der Klage auf Leistung oder auf Feststellung des Anspruchs, auf Erteilung der Vollstreckungsklausel oder auf Erlass des Vollstreckungsurteils,

1a. die Erhebung einer Musterfeststellungsklage für einen Anspruch, den ein Gläubiger zu dem zu der Klage geführten Klageregister wirksam angemeldet hat, wenn dem angemeldeten Anspruch derselbe Lebenssachverhalt zugrunde liegt wie den Feststellungszielen der Musterfeststellungsklage,

2. die Zustellung des Antrags im vereinfachten Verfahren über den Unterhalt Minderjähriger,

3. die Zustellung des Mahnbescheids im Mahnverfahren oder des Europäischen Zahlungsbefehls im Europäischen Mahnverfahren nach der Verordnung (EG) Nr. 1896/2006 des Europäischen Parlaments und des Rates vom 12. Dezember 2006 zur Einführung eines Europäischen Mahnverfahrens (ABl. EU Nr. L 399 S. 1),

4. die Veranlassung der Bekanntgabe eines Antrags, mit dem der Anspruch geltend gemacht wird, bei einer
   a) staatlichen oder staatlich anerkannten Streitbeilegungsstelle oder
   b) anderen Streitbeilegungsstelle, wenn das Verfahren im Einvernehmen mit dem Antragsgegner betrieben wird;

   die Verjährung wird schon durch den Eingang des Antrags bei der Streitbeilegungsstelle gehemmt, wenn der Antrag demnächst bekannt gegeben wird,

5. die Geltendmachung der Aufrechnung des Anspruchs im Prozess,

6. die Zustellung der Streitverkündung,

6a. die Zustellung der Anmeldung zu einem Musterverfahren für darin bezeichnete Ansprüche, soweit diesen der gleiche Lebenssachverhalt zugrunde liegt wie den Feststellungszielen des Musterverfahrens und wenn innerhalb von drei Monaten nach dem rechtskräftigen Ende des Musterverfahrens die Klage auf Leistung oder Feststellung der in der Anmeldung bezeichneten Ansprüche erhoben wird,

7. die Zustellung des Antrags auf Durchführung eines selbständigen Beweisverfahrens,

8. den Beginn eines vereinbarten Begutachtungsverfahrens,

9. die Zustellung des Antrags auf Erlass eines Arrests, einer einstweiligen Verfügung oder einer einstweiligen Anordnung, oder, wenn der Antrag nicht zugestellt wird, dessen Einreichung, wenn der Arrestbefehl, die einstweilige Verfügung oder die einstweilige Anordnung innerhalb eines Monats seit Verkündung oder Zustellung an den Gläubiger dem Schuldner zugestellt wird,

10. die Anmeldung des Anspruchs im Insolvenzverfahren oder im Schifffahrtsrechtlichen Verteilungsverfahren,

11. den Beginn des schiedsrichterlichen Verfahrens,
12. die Einreichung des Antrags bei einer Behörde, wenn die Zulässigkeit der Klage von der Vorentscheidung dieser Behörde abhängt und innerhalb von drei Monaten nach Erledigung des Gesuchs die Klage erhoben wird; dies gilt entsprechend für bei einem Gericht oder bei einer in Nummer 4 bezeichneten Streitbeilegungsstelle zu stellende Anträge, deren Zulässigkeit von der Vorentscheidung einer Behörde abhängt,
13. die Einreichung des Antrags bei dem höheren Gericht, wenn dieses das zuständige Gericht zu bestimmen hat und innerhalb von drei Monaten nach Erledigung des Gesuchs die Klage erhoben oder der Antrag, für den die Gerichtsstandsbestimmung zu erfolgen hat, gestellt wird, und
14. die Veranlassung der Bekanntgabe des erstmaligen Antrags auf Gewährung von Prozesskostenhilfe oder Verfahrenskostenhilfe; wird die Bekanntgabe demnächst nach der Einreichung des Antrags veranlasst, so tritt die Hemmung der Verjährung bereits mit der Einreichung ein.

(2) [1] Die Hemmung nach Absatz 1 endet sechs Monate nach der rechtskräftigen Entscheidung oder anderweitigen Beendigung des eingeleiteten Verfahrens. [2] Die Hemmung nach Absatz 1 Nummer 1a endet auch sechs Monate nach der Rücknahme der Anmeldung zum Klageregister. [3] Gerät das Verfahren dadurch in Stillstand, dass die Parteien es nicht betreiben, so tritt an die Stelle der Beendigung des Verfahrens die letzte Verfahrenshandlung der Parteien, des Gerichts oder der sonst mit dem Verfahren befassten Stelle. [4] Die Hemmung beginnt erneut, wenn eine der Parteien das Verfahren weiter betreibt.

(3) Auf die Frist nach Absatz 1 Nr. 6a, 9, 12 und 13 finden die §§ 206, 210 und 211 entsprechende Anwendung.

§ 205 Hemmung der Verjährung bei Leistungsverweigerungsrecht.

Die Verjährung ist gehemmt, solange der Schuldner auf Grund einer Vereinbarung mit dem Gläubiger vorübergehend zur Verweigerung der Leistung berechtigt ist.

Titel 3. Rechtsfolgen der Verjährung

§ 218 Unwirksamkeit des Rücktritts. (1) [1] Der Rücktritt wegen nicht oder nicht vertragsgemäß erbrachter Leistung ist unwirksam, wenn der Anspruch auf die Leistung oder der Nacherfüllungsanspruch verjährt ist und der Schuldner sich hierauf beruft. [2] Dies gilt auch, wenn der Schuldner nach § 275 Absatz 1 bis 3, § 439 Absatz 4 oder § 635 Absatz 3 nicht zu leisten braucht und der Anspruch auf die Leistung oder der Nacherfüllungsanspruch verjährt wäre. [3] § 216 Abs. 2 Satz 2 bleibt unberührt.

(2) § 214 Abs. 2 findet entsprechende Anwendung.

Buch 2. Recht der Schuldverhältnisse

Abschnitt 1. Inhalt der Schuldverhältnisse

Titel 1. Verpflichtung zur Leistung

§ 241 Pflichten aus dem Schuldverhältnis. (1) [1]Kraft des Schuldverhältnisses ist der Gläubiger berechtigt, von dem Schuldner eine Leistung zu fordern. [2]Die Leistung kann auch in einem Unterlassen bestehen.

(2) Das Schuldverhältnis kann nach seinem Inhalt jeden Teil zur Rücksicht auf die Rechte, Rechtsgüter und Interessen des anderen Teils verpflichten.

§ 241a[1)] Unbestellte Leistungen. (1) Durch die Lieferung beweglicher Sachen, die nicht auf Grund von Zwangsvollstreckungsmaßnahmen oder anderen gerichtlichen Maßnahmen verkauft werden (Waren), oder durch die Erbringung sonstiger Leistungen durch einen Unternehmer an den Verbraucher wird ein Anspruch gegen den Verbraucher nicht begründet, wenn der Verbraucher die Waren oder sonstigen Leistungen nicht bestellt hat.

(2) Gesetzliche Ansprüche sind nicht ausgeschlossen, wenn die Leistung nicht für den Empfänger bestimmt war oder in der irrigen Vorstellung einer Bestellung erfolgte und der Empfänger dies erkannt hat oder bei Anwendung der im Verkehr erforderlichen Sorgfalt hätte erkennen können.

(3) [1]Von den Regelungen dieser Vorschrift darf nicht zum Nachteil des Verbrauchers abgewichen werden. [2]Die Regelungen finden auch Anwendung, wenn sie durch anderweitige Gestaltungen umgangen werden.

§ 242 Leistung nach Treu und Glauben. Der Schuldner ist verpflichtet, die Leistung so zu bewirken, wie Treu und Glauben mit Rücksicht auf die Verkehrssitte es erfordern.

§ 246 Gesetzlicher Zinssatz. Ist eine Schuld nach Gesetz oder Rechtsgeschäft zu verzinsen, so sind vier vom Hundert für das Jahr zu entrichten, sofern nicht ein anderes bestimmt ist.

§ 247[2)] Basiszinssatz. (1) [1]Der Basiszinssatz beträgt *3,62 Prozent*[3)]. [2]Er verändert sich zum 1. Januar und 1. Juli eines jeden Jahres um die Prozentpunkte, um welche die Bezugsgröße seit der letzten Veränderung des Basiszinssatzes gestiegen oder gefallen ist. [3]Bezugsgröße ist der Zinssatz für die jüngste Hauptrefinanzierungsoperation der Europäischen Zentralbank vor dem ersten Kalendertag des betreffenden Halbjahrs.

[1)] **Amtl. Anm.:** Diese Vorschrift dient der Umsetzung von Artikel 9 der Richtlinie 97/7/EG des Europäischen Parlaments und des Rates vom 20. Mai 1997 über den Verbraucherschutz bei Vertragsabschlüssen im Fernabsatz (ABl. EG Nr. L 144 S. 19).

[2)] **Amtl. Anm.:** Diese Vorschrift dient der Umsetzung von Artikel 3 der Richtlinie 2000/35/EG des Europäischen Parlaments und des Rates vom 29. Juni 2000 zur Bekämpfung von Zahlungsverzug im Geschäftsverkehr (ABl. EG Nr. L 200 S. 35).

[3)] Der Basiszinssatz beträgt ab 1.7.2019 **−0,88 %** (Bek. v. 25.6.2019, BAnz AT 27.06.2019 B9).

(2) Die Deutsche Bundesbank gibt den geltenden Basiszinssatz unverzüglich nach den in Absatz 1 Satz 2 genannten Zeitpunkten im Bundesanzeiger bekannt.

§ 248 Zinseszinsen. (1) Eine im Voraus getroffene Vereinbarung, dass fällige Zinsen wieder Zinsen tragen sollen, ist nichtig.

(2) [1] Sparkassen, Kreditanstalten und Inhaber von Bankgeschäften können im Voraus vereinbaren, dass nicht erhobene Zinsen von Einlagen als neue verzinsliche Einlagen gelten sollen. [2] Kreditanstalten, die berechtigt sind, für den Betrag der von ihnen gewährten Darlehen verzinsliche Schuldverschreibungen auf den Inhaber auszugeben, können sich bei solchen Darlehen die Verzinsung rückständiger Zinsen im Voraus versprechen lassen.

§ 270a Vereinbarungen über Entgelte für die Nutzung bargeldloser Zahlungsmittel. [1] Eine Vereinbarung, durch die der Schuldner verpflichtet wird, ein Entgelt für die Nutzung einer SEPA-Basislastschrift, einer SEPA-Firmenlastschrift, einer SEPA-Überweisung oder einer Zahlungskarte zu entrichten, ist unwirksam. [2] Satz 1 gilt für die Nutzung von Zahlungskarten nur bei Zahlungsvorgängen mit Verbrauchern, wenn auf diese Kapitel II der Verordnung (EU) 2015/751 des Europäischen Parlaments und des Rates vom 29. April 2015 über Interbankenentgelte für kartengebundene Zahlungsvorgänge (ABl. L 123 vom 19.5.2015, S. 1) anwendbar ist.

§ 271a Vereinbarungen über Zahlungs-, Überprüfungs- oder Abnahmefristen. (1) [1] Eine Vereinbarung, nach der der Gläubiger die Erfüllung einer Entgeltforderung erst nach mehr als 60 Tagen nach Empfang der Gegenleistung verlangen kann, ist nur wirksam, wenn sie ausdrücklich getroffen und im Hinblick auf die Belange des Gläubigers nicht grob unbillig ist. [2] Geht dem Schuldner nach Empfang der Gegenleistung eine Rechnung oder gleichwertige Zahlungsaufstellung zu, tritt der Zeitpunkt des Zugangs dieser Rechnung oder Zahlungsaufstellung an die Stelle des in Satz 1 genannten Zeitpunkts des Empfangs der Gegenleistung. [3] Es wird bis zum Beweis eines anderen Zeitpunkts vermutet, dass der Zeitpunkt des Zugangs der Rechnung oder Zahlungsaufstellung auf den Zeitpunkt des Empfangs der Gegenleistung fällt; hat der Gläubiger einen späteren Zeitpunkt benannt, so tritt dieser an die Stelle des Zeitpunkts des Empfangs der Gegenleistung.

(2) [1] Ist der Schuldner ein öffentlicher Auftraggeber im Sinne von § 99 Nummer 1 bis 3 des Gesetzes gegen Wettbewerbsbeschränkungen, so ist abweichend von Absatz 1

1. eine Vereinbarung, nach der der Gläubiger die Erfüllung einer Entgeltforderung erst nach mehr als 30 Tagen nach Empfang der Gegenleistung verlangen kann, nur wirksam, wenn die Vereinbarung ausdrücklich getroffen und aufgrund der besonderen Natur oder der Merkmale des Schuldverhältnisses sachlich gerechtfertigt ist;
2. eine Vereinbarung, nach der der Gläubiger die Erfüllung einer Entgeltforderung erst nach mehr als 60 Tagen nach Empfang der Gegenleistung verlangen kann, unwirksam.

[2] Absatz 1 Satz 2 und 3 ist entsprechend anzuwenden.

(3) Ist eine Entgeltforderung erst nach Überprüfung oder Abnahme der Gegenleistung zu erfüllen, so ist eine Vereinbarung, nach der die Zeit für die Überprüfung oder Abnahme der Gegenleistung mehr als 30 Tage nach Empfang der Gegenleistung beträgt, nur wirksam, wenn sie ausdrücklich getroffen und im Hinblick auf die Belange des Gläubigers nicht grob unbillig ist.

(4) Ist eine Vereinbarung nach den Absätzen 1 bis 3 unwirksam, bleibt der Vertrag im Übrigen wirksam.

(5) Die Absätze 1 bis 3 sind nicht anzuwenden auf

1. die Vereinbarung von Abschlagszahlungen und sonstigen Ratenzahlungen sowie
2. ein Schuldverhältnis, aus dem ein Verbraucher die Erfüllung der Entgeltforderung schuldet.

(6) Die Absätze 1 bis 3 lassen sonstige Vorschriften, aus denen sich Beschränkungen für Vereinbarungen über Zahlungs-, Überprüfungs- oder Abnahmefristen ergeben, unberührt.

§ 275[1)] Ausschluss der Leistungspflicht. (1) Der Anspruch auf Leistung ist ausgeschlossen, soweit diese für den Schuldner oder für jedermann unmöglich ist.

(2) [1]Der Schuldner kann die Leistung verweigern, soweit diese einen Aufwand erfordert, der unter Beachtung des Inhalts des Schuldverhältnisses und der Gebote von Treu und Glauben in einem groben Missverhältnis zu dem Leistungsinteresse des Gläubigers steht. [2]Bei der Bestimmung der dem Schuldner zuzumutenden Anstrengungen ist auch zu berücksichtigen, ob der Schuldner das Leistungshindernis zu vertreten hat.

(3) Der Schuldner kann die Leistung ferner verweigern, wenn er die Leistung persönlich zu erbringen hat und sie ihm unter Abwägung des seiner Leistung entgegenstehenden Hindernisses mit dem Leistungsinteresse des Gläubigers nicht zugemutet werden kann.

(4) Die Rechte des Gläubigers bestimmen sich nach den §§ 280, 283 bis 285, 311a und 326.

§ 276 Verantwortlichkeit des Schuldners. (1) [1]Der Schuldner hat Vorsatz und Fahrlässigkeit zu vertreten, wenn eine strengere oder mildere Haftung weder bestimmt noch aus dem sonstigen Inhalt des Schuldverhältnisses, insbesondere aus der Übernahme einer Garantie oder eines Beschaffungsrisikos, zu entnehmen ist. [2]Die Vorschriften der §§ 827 und 828 finden entsprechende Anwendung.

(2) Fahrlässig handelt, wer die im Verkehr erforderliche Sorgfalt außer Acht lässt.

(3) Die Haftung wegen Vorsatzes kann dem Schuldner nicht im Voraus erlassen werden.

[1)] **Amtl. Anm.:** Diese Vorschrift dient auch der Umsetzung der Richtlinie 1999/44/EG des Europäischen Parlaments und des Rates vom 25. Mai 1999 zu bestimmten Aspekten des Verbrauchsgüterkaufs und der Garantien für Verbrauchsgüter (ABl. EG Nr. L 171 S. 12).

§ 277 Sorgfalt in eigenen Angelegenheiten. Wer nur für diejenige Sorgfalt einzustehen hat, welche er in eigenen Angelegenheiten anzuwenden pflegt, ist von der Haftung wegen grober Fahrlässigkeit nicht befreit.

§ 278 Verantwortlichkeit des Schuldners für Dritte. [1]Der Schuldner hat ein Verschulden seines gesetzlichen Vertreters und der Personen, deren er sich zur Erfüllung seiner Verbindlichkeit bedient, in gleichem Umfang zu vertreten wie eigenes Verschulden. [2]Die Vorschrift des § 276 Abs. 3 findet keine Anwendung.

§ 280 Schadensersatz wegen Pflichtverletzung. (1) [1]Verletzt der Schuldner eine Pflicht aus dem Schuldverhältnis, so kann der Gläubiger Ersatz des hierdurch entstehenden Schadens verlangen. [2]Dies gilt nicht, wenn der Schuldner die Pflichtverletzung nicht zu vertreten hat.

(2) Schadensersatz wegen Verzögerung der Leistung kann der Gläubiger nur unter der zusätzlichen Voraussetzung des § 286 verlangen.

(3) Schadensersatz statt der Leistung kann der Gläubiger nur unter den zusätzlichen Voraussetzungen des § 281, des § 282 oder des § 283 verlangen.

§ 281 Schadensersatz statt der Leistung wegen nicht oder nicht wie geschuldet erbrachter Leistung. (1) [1]Soweit der Schuldner die fällige Leistung nicht oder nicht wie geschuldet erbringt, kann der Gläubiger unter den Voraussetzungen des § 280 Abs. 1 Schadensersatz statt der Leistung verlangen, wenn er dem Schuldner erfolglos eine angemessene Frist zur Leistung oder Nacherfüllung bestimmt hat. [2]Hat der Schuldner eine Teilleistung bewirkt, so kann der Gläubiger Schadensersatz statt der ganzen Leistung nur verlangen, wenn er an der Teilleistung kein Interesse hat. [3]Hat der Schuldner die Leistung nicht wie geschuldet bewirkt, so kann der Gläubiger Schadensersatz statt der ganzen Leistung nicht verlangen, wenn die Pflichtverletzung unerheblich ist.

(2) Die Fristsetzung ist entbehrlich, wenn der Schuldner die Leistung ernsthaft und endgültig verweigert oder wenn besondere Umstände vorliegen, die unter Abwägung der beiderseitigen Interessen die sofortige Geltendmachung des Schadensersatzanspruchs rechtfertigen.

(3) Kommt nach der Art der Pflichtverletzung eine Fristsetzung nicht in Betracht, so tritt an deren Stelle eine Abmahnung.

(4) Der Anspruch auf die Leistung ist ausgeschlossen, sobald der Gläubiger statt der Leistung Schadensersatz verlangt hat.

(5) Verlangt der Gläubiger Schadensersatz statt der ganzen Leistung, so ist der Schuldner zur Rückforderung des Geleisteten nach den §§ 346 bis 348 berechtigt.

§ 282 Schadensersatz statt der Leistung wegen Verletzung einer Pflicht nach § 241 Abs. 2. Verletzt der Schuldner eine Pflicht nach § 241 Abs. 2, kann der Gläubiger unter den Voraussetzungen des § 280 Abs. 1 Schadensersatz statt der Leistung verlangen, wenn ihm die Leistung durch den Schuldner nicht mehr zuzumuten ist.

§ 283 Schadensersatz statt der Leistung bei Ausschluss der Leistungspflicht. [1]Braucht der Schuldner nach § 275 Abs. 1 bis 3 nicht zu leisten, kann der Gläubiger unter den Voraussetzungen des § 280 Abs. 1 Schadensersatz statt der Leistung verlangen. [2] § 281 Abs. 1 Satz 2 und 3 und Abs. 5 findet entsprechende Anwendung.

§ 284 Ersatz vergeblicher Aufwendungen. Anstelle des Schadensersatzes statt der Leistung kann der Gläubiger Ersatz der Aufwendungen verlangen, die er im Vertrauen auf den Erhalt der Leistung gemacht hat und billigerweise machen durfte, es sei denn, deren Zweck wäre auch ohne die Pflichtverletzung des Schuldners nicht erreicht worden.

§ 285 Herausgabe des Ersatzes. (1) Erlangt der Schuldner infolge des Umstands, auf Grund dessen er die Leistung nach § 275 Abs. 1 bis 3 nicht zu erbringen braucht, für den geschuldeten Gegenstand einen Ersatz oder einen Ersatzanspruch, so kann der Gläubiger Herausgabe des als Ersatz Empfangenen oder Abtretung des Ersatzanspruchs verlangen.

(2) Kann der Gläubiger statt der Leistung Schadensersatz verlangen, so mindert sich dieser, wenn er von dem in Absatz 1 bestimmten Recht Gebrauch macht, um den Wert des erlangten Ersatzes oder Ersatzanspruchs.

§ 286[1)] Verzug des Schuldners. (1) [1] Leistet der Schuldner auf eine Mahnung des Gläubigers nicht, die nach dem Eintritt der Fälligkeit erfolgt, so kommt er durch die Mahnung in Verzug. [2] Der Mahnung stehen die Erhebung der Klage auf die Leistung sowie die Zustellung eines Mahnbescheids im Mahnverfahren gleich.

(2) Der Mahnung bedarf es nicht, wenn

1. für die Leistung eine Zeit nach dem Kalender bestimmt ist,
2. der Leistung ein Ereignis vorauszugehen hat und eine angemessene Zeit für die Leistung in der Weise bestimmt ist, dass sie sich von dem Ereignis an nach dem Kalender berechnen lässt,
3. der Schuldner die Leistung ernsthaft und endgültig verweigert,
4. aus besonderen Gründen unter Abwägung der beiderseitigen Interessen der sofortige Eintritt des Verzugs gerechtfertigt ist.

(3) [1] Der Schuldner einer Entgeltforderung kommt spätestens in Verzug, wenn er nicht innerhalb von 30 Tagen nach Fälligkeit und Zugang einer Rechnung oder gleichwertigen Zahlungsaufstellung leistet; dies gilt gegenüber einem Schuldner, der Verbraucher ist, nur, wenn auf diese Folgen in der Rechnung oder Zahlungsaufstellung besonders hingewiesen worden ist. [2] Wenn der Zeitpunkt des Zugangs der Rechnung oder Zahlungsaufstellung unsicher ist, kommt der Schuldner, der nicht Verbraucher ist, spätestens 30 Tage nach Fälligkeit und Empfang der Gegenleistung in Verzug.

(4) Der Schuldner kommt nicht in Verzug, solange die Leistung infolge eines Umstands unterbleibt, den er nicht zu vertreten hat.

(5) Für eine von den Absätzen 1 bis 3 abweichende Vereinbarung über den Eintritt des Verzugs gilt § 271a Absatz 1 bis 5 entsprechend.

[1)] **Amtl. Anm.:** Diese Vorschrift dient zum Teil auch der Umsetzung der Richtlinie 2000/35/EG des Europäischen Parlaments und des Rates vom 29. Juni 2000 zur Bekämpfung von Zahlungsverzug im Geschäftsverkehr (ABl. EG Nr. L 200 S. 35).

§ 287 Verantwortlichkeit während des Verzugs. [1]Der Schuldner hat während des Verzugs jede Fahrlässigkeit zu vertreten. [2]Er haftet wegen der Leistung auch für Zufall, es sei denn, dass der Schaden auch bei rechtzeitiger Leistung eingetreten sein würde.

§ 288[1)] Verzugszinsen und sonstiger Verzugsschaden. (1) [1]Eine Geldschuld ist während des Verzugs zu verzinsen. [2]Der Verzugszinssatz beträgt für das Jahr fünf Prozentpunkte über dem Basiszinssatz.

(2) Bei Rechtsgeschäften, an denen ein Verbraucher nicht beteiligt ist, beträgt der Zinssatz für Entgeltforderungen neun Prozentpunkte über dem Basiszinssatz.

(3) Der Gläubiger kann aus einem anderen Rechtsgrund höhere Zinsen verlangen.

(4) Die Geltendmachung eines weiteren Schadens ist nicht ausgeschlossen.

(5) [1]Der Gläubiger einer Entgeltforderung hat bei Verzug des Schuldners, wenn dieser kein Verbraucher ist, außerdem einen Anspruch auf Zahlung einer Pauschale in Höhe von 40 Euro. [2]Dies gilt auch, wenn es sich bei der Entgeltforderung um eine Abschlagszahlung oder sonstige Ratenzahlung handelt. [3]Die Pauschale nach Satz 1 ist auf einen geschuldeten Schadensersatz anzurechnen, soweit der Schaden in Kosten der Rechtsverfolgung begründet ist.

(6) [1]Eine im Voraus getroffene Vereinbarung, die den Anspruch des Gläubigers einer Entgeltforderung auf Verzugszinsen ausschließt, ist unwirksam. [2]Gleiches gilt für eine Vereinbarung, die diesen Anspruch beschränkt oder den Anspruch des Gläubigers einer Entgeltforderung auf die Pauschale nach Absatz 5 oder auf Ersatz des Schadens, der in Kosten der Rechtsverfolgung begründet ist, ausschließt oder beschränkt, wenn sie im Hinblick auf die Belange des Gläubigers grob unbillig ist. [3]Eine Vereinbarung über den Ausschluss der Pauschale nach Absatz 5 oder des Ersatzes des Schadens, der in Kosten der Rechtsverfolgung begründet ist, ist im Zweifel als grob unbillig anzusehen. [4]Die Sätze 1 bis 3 sind nicht anzuwenden, wenn sich der Anspruch gegen einen Verbraucher richtet.

§ 289 Zinseszinsverbot. [1]Von Zinsen sind Verzugszinsen nicht zu entrichten. [2]Das Recht des Gläubigers auf Ersatz des durch den Verzug entstehenden Schadens bleibt unberührt.

§ 290 Verzinsung des Wertersatzes. [1]Ist der Schuldner zum Ersatz des Wertes eines Gegenstands verpflichtet, der während des Verzugs untergegangen ist oder aus einem während des Verzugs eingetretenen Grund nicht herausgegeben werden kann, so kann der Gläubiger Zinsen des zu ersetzenden Betrags von dem Zeitpunkt an verlangen, welcher der Bestimmung des Wertes zugrunde gelegt wird. [2]Das Gleiche gilt, wenn der Schuldner zum Ersatz der Minderung des Wertes eines während des Verzugs verschlechterten Gegenstands verpflichtet ist.

[1)] **Amtl. Anm.:** Diese Vorschrift dient zum Teil auch der Umsetzung der Richtlinie 2000/35/EG des Europäischen Parlaments und des Rates vom 29. Juni 2000 zur Bekämpfung von Zahlungsverzug im Geschäftsverkehr (ABl. EG Nr. L 200 S. 35).

§ 291 Prozesszinsen. [1] Eine Geldschuld hat der Schuldner von dem Eintritt der Rechtshängigkeit an zu verzinsen, auch wenn er nicht im Verzug ist; wird die Schuld erst später fällig, so ist sie von der Fälligkeit an zu verzinsen. [2] Die Vorschriften des § 288 Abs. 1 Satz 2, Abs. 2, Abs. 3 und des § 289 Satz 1 finden entsprechende Anwendung.

§ 292 Haftung bei Herausgabepflicht. (1) Hat der Schuldner einen bestimmten Gegenstand herauszugeben, so bestimmt sich von dem Eintritt der Rechtshängigkeit an der Anspruch des Gläubigers auf Schadensersatz wegen Verschlechterung, Untergangs oder einer aus einem anderen Grunde eintretenden Unmöglichkeit der Herausgabe nach den Vorschriften, welche für das Verhältnis zwischen dem Eigentümer und dem Besitzer von dem Eintritt der Rechtshängigkeit des Eigentumsanspruchs an gelten, soweit nicht aus dem Schuldverhältnis oder dem Verzug des Schuldners sich zugunsten des Gläubigers ein anderes ergibt.

(2) Das Gleiche gilt von dem Anspruch des Gläubigers auf Herausgabe oder Vergütung von Nutzungen und von dem Anspruch des Schuldners auf Ersatz von Verwendungen.

Abschnitt 2[1]. Gestaltung rechtsgeschäftlicher Schuldverhältnisse durch Allgemeine Geschäftsbedingungen

§ 305 Einbeziehung Allgemeiner Geschäftsbedingungen in den Vertrag. (1) [1] Allgemeine Geschäftsbedingungen sind alle für eine Vielzahl von Verträgen vorformulierten Vertragsbedingungen, die eine Vertragspartei (Verwender) der anderen Vertragspartei bei Abschluss eines Vertrags stellt. [2] Gleichgültig ist, ob die Bestimmungen einen äußerlich gesonderten Bestandteil des Vertrags bilden oder in die Vertragsurkunde selbst aufgenommen werden, welchen Umfang sie haben, in welcher Schriftart sie verfasst sind und welche Form der Vertrag hat. [3] Allgemeine Geschäftsbedingungen liegen nicht vor, soweit die Vertragsbedingungen zwischen den Vertragsparteien im Einzelnen ausgehandelt sind.

(2) Allgemeine Geschäftsbedingungen werden nur dann Bestandteil eines Vertrags, wenn der Verwender bei Vertragsschluss

1. die andere Vertragspartei ausdrücklich oder, wenn ein ausdrücklicher Hinweis wegen der Art des Vertragsschlusses nur unter unverhältnismäßigen Schwierigkeiten möglich ist, durch deutlich sichtbaren Aushang am Orte des Vertragsschlusses auf sie hinweist und
2. der anderen Vertragspartei die Möglichkeit verschafft, in zumutbarer Weise, die auch eine für den Verwender erkennbare körperliche Behinderung der anderen Vertragspartei angemessen berücksichtigt, von ihrem Inhalt Kenntnis zu nehmen,

und wenn die andere Vertragspartei mit ihrer Geltung einverstanden ist.

(3) Die Vertragsparteien können für eine bestimmte Art von Rechtsgeschäften die Geltung bestimmter Allgemeiner Geschäftsbedingungen unter Beachtung der in Absatz 2 bezeichneten Erfordernisse im Voraus vereinbaren.

---

[1] **Amtl. Anm.:** Dieser Abschnitt dient auch der Umsetzung der Richtlinie 93/13/EWG des Rates vom 5. April 1993 über missbräuchliche Klauseln in Verbraucherverträgen (ABl. EG Nr. L 95 S. 29).

§ 305a Einbeziehung in besonderen Fällen. Auch ohne Einhaltung der in § 305 Abs. 2 Nr. 1 und 2 bezeichneten Erfordernisse werden einbezogen, wenn die andere Vertragspartei mit ihrer Geltung einverstanden ist,

1. die mit Genehmigung der zuständigen Verkehrsbehörde oder auf Grund von internationalen Übereinkommen erlassenen Tarife und Ausführungsbestimmungen der Eisenbahnen und die nach Maßgabe des Personenbeförderungsgesetzes genehmigten Beförderungsbedingungen der Straßenbahnen, Obusse und Kraftfahrzeuge im Linienverkehr in den Beförderungsvertrag,
2. die im Amtsblatt der Bundesnetzagentur für Elektrizität, Gas, Telekommunikation, Post und Eisenbahnen veröffentlichten und in den Geschäftsstellen des Verwenders bereitgehaltenen Allgemeinen Geschäftsbedingungen
   a) in Beförderungsverträge, die außerhalb von Geschäftsräumen durch den Einwurf von Postsendungen in Briefkästen abgeschlossen werden,
   b) in Verträge über Telekommunikations-, Informations- und andere Dienstleistungen, die unmittelbar durch Einsatz von Fernkommunikationsmitteln und während der Erbringung einer Telekommunikationsdienstleistung in einem Mal erbracht werden, wenn die Allgemeinen Geschäftsbedingungen der anderen Vertragspartei nur unter unverhältnismäßigen Schwierigkeiten vor dem Vertragsschluss zugänglich gemacht werden können.

§ 305b Vorrang der Individualabrede. Individuelle Vertragsabreden haben Vorrang vor Allgemeinen Geschäftsbedingungen.

§ 305c Überraschende und mehrdeutige Klauseln. (1) Bestimmungen in Allgemeinen Geschäftsbedingungen, die nach den Umständen, insbesondere nach dem äußeren Erscheinungsbild des Vertrags, so ungewöhnlich sind, dass der Vertragspartner des Verwenders mit ihnen nicht zu rechnen braucht, werden nicht Vertragsbestandteil.

(2) Zweifel bei der Auslegung Allgemeiner Geschäftsbedingungen gehen zu Lasten des Verwenders.

§ 306 Rechtsfolgen bei Nichteinbeziehung und Unwirksamkeit.

(1) Sind Allgemeine Geschäftsbedingungen ganz oder teilweise nicht Vertragsbestandteil geworden oder unwirksam, so bleibt der Vertrag im Übrigen wirksam.

(2) Soweit die Bestimmungen nicht Vertragsbestandteil geworden oder unwirksam sind, richtet sich der Inhalt des Vertrags nach den gesetzlichen Vorschriften.

(3) Der Vertrag ist unwirksam, wenn das Festhalten an ihm auch unter Berücksichtigung der nach Absatz 2 vorgesehenen Änderung eine unzumutbare Härte für eine Vertragspartei darstellen würde.

§ 306a Umgehungsverbot. Die Vorschriften dieses Abschnitts finden auch Anwendung, wenn sie durch anderweitige Gestaltungen umgangen werden.

§ 307 Inhaltskontrolle. (1) [1] Bestimmungen in Allgemeinen Geschäftsbedingungen sind unwirksam, wenn sie den Vertragspartner des Verwenders entgegen den Geboten von Treu und Glauben unangemessen benachteiligen. [2]Eine unangemessene Benachteiligung kann sich auch daraus ergeben, dass die Bestimmung nicht klar und verständlich ist.

(2) Eine unangemessene Benachteiligung ist im Zweifel anzunehmen, wenn eine Bestimmung

1. mit wesentlichen Grundgedanken der gesetzlichen Regelung, von der abgewichen wird, nicht zu vereinbaren ist oder
2. wesentliche Rechte oder Pflichten, die sich aus der Natur des Vertrags ergeben, so einschränkt, dass die Erreichung des Vertragszwecks gefährdet ist.

(3) [1]Die Absätze 1 und 2 sowie die §§ 308 und 309 gelten nur für Bestimmungen in Allgemeinen Geschäftsbedingungen, durch die von Rechtsvorschriften abweichende oder diese ergänzende Regelungen vereinbart werden. [2]Andere Bestimmungen können nach Absatz 1 Satz 2 in Verbindung mit Absatz 1 Satz 1 unwirksam sein.

§ 308 Klauselverbote mit Wertungsmöglichkeit. In Allgemeinen Geschäftsbedingungen ist insbesondere unwirksam

1. (Annahme- und Leistungsfrist)
eine Bestimmung, durch die sich der Verwender unangemessen lange oder nicht hinreichend bestimmte Fristen für die Annahme oder Ablehnung eines Angebots oder die Erbringung einer Leistung vorbehält; ausgenommen hiervon ist der Vorbehalt, erst nach Ablauf der Widerrufsfrist nach § 355 Absatz 1 und 2 zu leisten;

1a. (Zahlungsfrist)
eine Bestimmung, durch die sich der Verwender eine unangemessen lange Zeit für die Erfüllung einer Entgeltforderung des Vertragspartners vorbehält; ist der Verwender kein Verbraucher, ist im Zweifel anzunehmen, dass eine Zeit von mehr als 30 Tagen nach Empfang der Gegenleistung oder, wenn dem Schuldner nach Empfang der Gegenleistung eine Rechnung oder gleichwertige Zahlungsaufstellung zugeht, von mehr als 30 Tagen nach Zugang dieser Rechnung oder Zahlungsaufstellung unangemessen lang ist;

1b. (Überprüfungs- und Abnahmefrist)
eine Bestimmung, durch die sich der Verwender vorbehält, eine Entgeltforderung des Vertragspartners erst nach unangemessen langer Zeit für die Überprüfung oder Abnahme der Gegenleistung zu erfüllen; ist der Verwender kein Verbraucher, ist im Zweifel anzunehmen, dass eine Zeit von mehr als 15 Tagen nach Empfang der Gegenleistung unangemessen lang ist;

2. (Nachfrist)
eine Bestimmung, durch die sich der Verwender für die von ihm zu bewirkende Leistung abweichend von Rechtsvorschriften eine unangemessen lange oder nicht hinreichend bestimmte Nachfrist vorbehält;

3. (Rücktrittsvorbehalt)
die Vereinbarung eines Rechts des Verwenders, sich ohne sachlich gerechtfertigten und im Vertrag angegebenen Grund von seiner Leistungspflicht zu lösen; dies gilt nicht für Dauerschuldverhältnisse;

4. (Änderungsvorbehalt)
die Vereinbarung eines Rechts des Verwenders, die versprochene Leistung zu ändern oder von ihr abzuweichen, wenn nicht die Vereinbarung der

Änderung oder Abweichung unter Berücksichtigung der Interessen des Verwenders für den anderen Vertragsteil zumutbar ist;

5. (Fingierte Erklärungen)
eine Bestimmung, wonach eine Erklärung des Vertragspartners des Verwenders bei Vornahme oder Unterlassung einer bestimmten Handlung als von ihm abgegeben oder nicht abgegeben gilt, es sei denn, dass
a) dem Vertragspartner eine angemessene Frist zur Abgabe einer ausdrücklichen Erklärung eingeräumt ist und
b) der Verwender sich verpflichtet, den Vertragspartner bei Beginn der Frist auf die vorgesehene Bedeutung seines Verhaltens besonders hinzuweisen;
6. (Fiktion des Zugangs)
eine Bestimmung, die vorsieht, dass eine Erklärung des Verwenders von besonderer Bedeutung dem anderen Vertragsteil als zugegangen gilt;
7. (Abwicklung von Verträgen)
eine Bestimmung, nach der der Verwender für den Fall, dass eine Vertragspartei vom Vertrag zurücktritt oder den Vertrag kündigt,
a) eine unangemessen hohe Vergütung für die Nutzung oder den Gebrauch einer Sache oder eines Rechts oder für erbrachte Leistungen oder
b) einen unangemessen hohen Ersatz von Aufwendungen verlangen kann;
8. (Nichtverfügbarkeit der Leistung)
die nach Nummer 3 zulässige Vereinbarung eines Vorbehalts des Verwenders, sich von der Verpflichtung zur Erfüllung des Vertrags bei Nichtverfügbarkeit der Leistung zu lösen, wenn sich der Verwender nicht verpflichtet,
a) den Vertragspartner unverzüglich über die Nichtverfügbarkeit zu informieren und
b) Gegenleistungen des Vertragspartners unverzüglich zu erstatten.

§ 309 Klauselverbote ohne Wertungsmöglichkeit. Auch soweit eine Abweichung von den gesetzlichen Vorschriften zulässig ist, ist in Allgemeinen Geschäftsbedingungen unwirksam

1. (Kurzfristige Preiserhöhungen)
eine Bestimmung, welche die Erhöhung des Entgelts für Waren oder Leistungen vorsieht, die innerhalb von vier Monaten nach Vertragsschluss geliefert oder erbracht werden sollen; dies gilt nicht bei Waren oder Leistungen, die im Rahmen von Dauerschuldverhältnissen geliefert oder erbracht werden;
2. (Leistungsverweigerungsrechte)
eine Bestimmung, durch die
a) das Leistungsverweigerungsrecht, das dem Vertragspartner des Verwenders nach § 320 zusteht, ausgeschlossen oder eingeschränkt wird oder
b) ein dem Vertragspartner des Verwenders zustehendes Zurückbehaltungsrecht, soweit es auf demselben Vertragsverhältnis beruht, ausgeschlossen oder eingeschränkt, insbesondere von der Anerkennung von Mängeln durch den Verwender abhängig gemacht wird;
3. (Aufrechnungsverbot)

eine Bestimmung, durch die dem Vertragspartner des Verwenders die Befugnis genommen wird, mit einer unbestrittenen oder rechtskräftig festgestellten Forderung aufzurechnen;

4. (Mahnung, Fristsetzung)
eine Bestimmung, durch die der Verwender von der gesetzlichen Obliegenheit freigestellt wird, den anderen Vertragsteil zu mahnen oder ihm eine Frist für die Leistung oder Nacherfüllung zu setzen;

5. (Pauschalierung von Schadensersatzansprüchen)
die Vereinbarung eines pauschalierten Anspruchs des Verwenders auf Schadensersatz oder Ersatz einer Wertminderung, wenn
   a) die Pauschale den in den geregelten Fällen nach dem gewöhnlichen Lauf der Dinge zu erwartenden Schaden oder die gewöhnlich eintretende Wertminderung übersteigt oder
   b) dem anderen Vertragsteil nicht ausdrücklich der Nachweis gestattet wird, ein Schaden oder eine Wertminderung sei überhaupt nicht entstanden oder wesentlich niedriger als die Pauschale;

6. (Vertragsstrafe)
eine Bestimmung, durch die dem Verwender für den Fall der Nichtabnahme oder verspäteten Abnahme der Leistung, des Zahlungsverzugs oder für den Fall, dass der andere Vertragsteil sich vom Vertrag löst, Zahlung einer Vertragsstrafe versprochen wird;

7. (Haftungsausschluss bei Verletzung von Leben, Körper, Gesundheit und bei grobem Verschulden)
   a) (Verletzung von Leben, Körper, Gesundheit)
   ein Ausschluss oder eine Begrenzung der Haftung für Schäden aus der Verletzung des Lebens, des Körpers oder der Gesundheit, die auf einer fahrlässigen Pflichtverletzung des Verwenders oder einer vorsätzlichen oder fahrlässigen Pflichtverletzung eines gesetzlichen Vertreters oder Erfüllungsgehilfen des Verwenders beruhen;
   b) (Grobes Verschulden)
   ein Ausschluss oder eine Begrenzung der Haftung für sonstige Schäden, die auf einer grob fahrlässigen Pflichtverletzung des Verwenders oder auf einer vorsätzlichen oder grob fahrlässigen Pflichtverletzung eines gesetzlichen Vertreters oder Erfüllungsgehilfen des Verwenders beruhen;

die Buchstaben a und b gelten nicht für Haftungsbeschränkungen in den nach Maßgabe des Personenbeförderungsgesetzes genehmigten Beförderungsbedingungen und Tarifvorschriften der Straßenbahnen, Obusse und Kraftfahrzeuge im Linienverkehr, soweit sie nicht zum Nachteil des Fahrgasts von der Verordnung über die Allgemeinen Beförderungsbedingungen für den Straßenbahn- und Obusverkehr sowie den Linienverkehr mit Kraftfahrzeugen vom 27. Februar 1970 abweichen; Buchstabe b gilt nicht für Haftungsbeschränkungen für staatlich genehmigte Lotterie- oder Ausspielverträge;

8. (Sonstige Haftungsausschlüsse bei Pflichtverletzung)
   a) (Ausschluss des Rechts, sich vom Vertrag zu lösen)
   eine Bestimmung, die bei einer vom Verwender zu vertretenden, nicht in einem Mangel der Kaufsache oder des Werkes bestehenden Pflichtverletzung das Recht des anderen Vertragsteils, sich vom Vertrag zu lösen,

ausschließt oder einschränkt; dies gilt nicht für die in der Nummer 7 bezeichneten Beförderungsbedingungen und Tarifvorschriften unter den dort genannten Voraussetzungen;

b) (Mängel)
eine Bestimmung, durch die bei Verträgen über Lieferungen neu hergestellter Sachen und über Werkleistungen

aa) (Ausschluss und Verweisung auf Dritte)
die Ansprüche gegen den Verwender wegen eines Mangels insgesamt oder bezüglich einzelner Teile ausgeschlossen, auf die Einräumung von Ansprüchen gegen Dritte beschränkt oder von der vorherigen gerichtlichen Inanspruchnahme Dritter abhängig gemacht werden;

bb) (Beschränkung auf Nacherfüllung)
die Ansprüche gegen den Verwender insgesamt oder bezüglich einzelner Teile auf ein Recht auf Nacherfüllung beschränkt werden, sofern dem anderen Vertragsteil nicht ausdrücklich das Recht vorbehalten wird, bei Fehlschlagen der Nacherfüllung zu mindern oder, wenn nicht eine Bauleistung Gegenstand der Mängelhaftung ist, nach seiner Wahl vom Vertrag zurückzutreten;

cc) (Aufwendungen bei Nacherfüllung)
die Verpflichtung des Verwenders ausgeschlossen oder beschränkt wird, die zum Zweck der Nacherfüllung erforderlichen Aufwendungen nach § 439 Absatz 2 und 3 oder § 635 Absatz 2 zu tragen oder zu ersetzen;

dd) (Vorenthalten der Nacherfüllung)
der Verwender die Nacherfüllung von der vorherigen Zahlung des vollständigen Entgelts oder eines unter Berücksichtigung des Mangels unverhältnismäßig hohen Teils des Entgelts abhängig macht;

ee) (Ausschlussfrist für Mängelanzeige)
der Verwender dem anderen Vertragsteil für die Anzeige nicht offensichtlicher Mängel eine Ausschlussfrist setzt, die kürzer ist als die nach dem Doppelbuchstaben ff zulässige Frist;

ff) (Erleichterung der Verjährung)
die Verjährung von Ansprüchen gegen den Verwender wegen eines Mangels in den Fällen des § 438 Abs. 1 Nr. 2 und des § 634a Abs. 1 Nr. 2 erleichtert oder in den sonstigen Fällen eine weniger als ein Jahr betragende Verjährungsfrist ab dem gesetzlichen Verjährungsbeginn erreicht wird;

9. (Laufzeit bei Dauerschuldverhältnissen)
bei einem Vertragsverhältnis, das die regelmäßige Lieferung von Waren oder die regelmäßige Erbringung von Dienst- oder Werkleistungen durch den Verwender zum Gegenstand hat,

a) eine den anderen Vertragsteil länger als zwei Jahre bindende Laufzeit des Vertrags,

b) eine den anderen Vertragsteil bindende stillschweigende Verlängerung des Vertragsverhältnisses um jeweils mehr als ein Jahr oder

c) zu Lasten des anderen Vertragsteils eine längere Kündigungsfrist als drei Monate vor Ablauf der zunächst vorgesehenen oder stillschweigend verlängerten Vertragsdauer;

dies gilt nicht für Verträge über die Lieferung als zusammengehörig verkaufter Sachen sowie für Versicherungsverträge;

10. (Wechsel des Vertragspartners)
eine Bestimmung, wonach bei Kauf-, Darlehens-, Dienst- oder Werkverträgen ein Dritter anstelle des Verwenders in die sich aus dem Vertrag ergebenden Rechte und Pflichten eintritt oder eintreten kann, es sei denn, in der Bestimmung wird
    a) der Dritte namentlich bezeichnet oder
    b) dem anderen Vertragsteil das Recht eingeräumt, sich vom Vertrag zu lösen;
11. (Haftung des Abschlussvertreters)
eine Bestimmung, durch die der Verwender einem Vertreter, der den Vertrag für den anderen Vertragsteil abschließt,
    a) ohne hierauf gerichtete ausdrückliche und gesonderte Erklärung eine eigene Haftung oder Einstandspflicht oder
    b) im Falle vollmachtsloser Vertretung eine über § 179 hinausgehende Haftung

    auferlegt;
12. (Beweislast)
eine Bestimmung, durch die der Verwender die Beweislast zum Nachteil des anderen Vertragsteils ändert, insbesondere indem er
    a) diesem die Beweislast für Umstände auferlegt, die im Verantwortungsbereich des Verwenders liegen, oder
    b) den anderen Vertragsteil bestimmte Tatsachen bestätigen lässt;

    Buchstabe b gilt nicht für Empfangsbekenntnisse, die gesondert unterschrieben oder mit einer gesonderten qualifizierten elektronischen Signatur versehen sind;
13. (Form von Anzeigen und Erklärungen)
eine Bestimmung, durch die Anzeigen oder Erklärungen, die dem Verwender oder einem Dritten gegenüber abzugeben sind, gebunden werden
    a) an eine strengere Form als die schriftliche Form in einem Vertrag, für den durch Gesetz notarielle Beurkundung vorgeschrieben ist oder
    b) an eine strengere Form als die Textform in anderen als den in Buchstabe a genannten Verträgen oder
    c) an besondere Zugangserfordernisse;
14. (Klageverzicht)
eine Bestimmung, wonach der andere Vertragsteil seine Ansprüche gegen den Verwender gerichtlich nur geltend machen darf, nachdem er eine gütliche Einigung in einem Verfahren zur außergerichtlichen Streitbeilegung versucht hat;
15. (Abschlagszahlungen und Sicherheitsleistung)
eine Bestimmung, nach der der Verwender bei einem Werkvertrag
    a) für Teilleistungen Abschlagszahlungen vom anderen Vertragsteil verlangen kann, die wesentlich höher sind als die nach § 632a Absatz 1 und § 650m Absatz 1 zu leistenden Abschlagszahlungen, oder

b) die Sicherheitsleistung nach § 650m Absatz 2 nicht oder nur in geringerer Höhe leisten muss.

§ 310 Anwendungsbereich. (1) [1] § 305 Absatz 2 und 3, § 308 Nummer 1, 2 bis 8 und § 309 finden keine Anwendung auf Allgemeine Geschäftsbedingungen, die gegenüber einem Unternehmer, einer juristischen Person des öffentlichen Rechts oder einem öffentlich-rechtlichen Sondervermögen verwendet werden. [2] § 307 Abs. 1 und 2 findet in den Fällen des Satzes 1 auch insoweit Anwendung, als dies zur Unwirksamkeit von in § 308 Nummer 1, 2 bis 8 und § 309 genannten Vertragsbestimmungen führt; auf die im Handelsverkehr geltenden Gewohnheiten und Gebräuche ist angemessen Rücksicht zu nehmen. [3] In den Fällen des Satzes 1 finden § 307 Absatz 1 und 2 sowie § 308 Nummer 1a und 1b auf Verträge, in die die Vergabe- und Vertragsordnung für Bauleistungen Teil B (VOB/B) in der jeweils zum Zeitpunkt des Vertragsschlusses geltenden Fassung ohne inhaltliche Abweichungen insgesamt einbezogen ist, in Bezug auf eine Inhaltskontrolle einzelner Bestimmungen keine Anwendung.

(2) [1] Die §§ 308 und 309 finden keine Anwendung auf Verträge der Elektrizitäts-, Gas-, Fernwärme- und Wasserversorgungsunternehmen über die Versorgung von Sonderabnehmern mit elektrischer Energie, Gas, Fernwärme und Wasser aus dem Versorgungsnetz, soweit die Versorgungsbedingungen nicht zum Nachteil der Abnehmer von Verordnungen über Allgemeine Bedingungen für die Versorgung von Tarifkunden mit elektrischer Energie, Gas, Fernwärme und Wasser abweichen. [2] Satz 1 gilt entsprechend für Verträge über die Entsorgung von Abwasser.

(3) Bei Verträgen zwischen einem Unternehmer und einem Verbraucher (Verbraucherverträge) finden die Vorschriften dieses Abschnitts mit folgenden Maßgaben Anwendung:

1. Allgemeine Geschäftsbedingungen gelten als vom Unternehmer gestellt, es sei denn, dass sie durch den Verbraucher in den Vertrag eingeführt wurden;
2. § 305c Abs. 2 und die §§ 306 und 307 bis 309 dieses Gesetzes sowie Artikel 46b des Einführungsgesetzes zum Bürgerlichen Gesetzbuche finden auf vorformulierte Vertragsbedingungen auch dann Anwendung, wenn diese nur zur einmaligen Verwendung bestimmt sind und soweit der Verbraucher auf Grund der Vorformulierung auf ihren Inhalt keinen Einfluss nehmen konnte;
3. bei der Beurteilung der unangemessenen Benachteiligung nach § 307 Abs. 1 und 2 sind auch die den Vertragsschluss begleitenden Umstände zu berücksichtigen.

(4) [1] Dieser Abschnitt findet keine Anwendung bei Verträgen auf dem Gebiet des Erb-, Familien- und Gesellschaftsrechts sowie auf Tarifverträge, Betriebs- und Dienstvereinbarungen. [2] Bei der Anwendung auf Arbeitsverträge sind die im Arbeitsrecht geltenden Besonderheiten angemessen zu berücksichtigen; § 305 Abs. 2 und 3 ist nicht anzuwenden. [3] Tarifverträge, Betriebs- und Dienstvereinbarungen stehen Rechtsvorschriften im Sinne von § 307 Abs. 3 gleich.

Abschnitt 3. Schuldverhältnisse aus Verträgen

Titel 1. Begründung, Inhalt und Beendigung

Untertitel 1. Begründung

§ 311 Rechtsgeschäftliche und rechtsgeschäftsähnliche Schuldverhältnisse. (1) Zur Begründung eines Schuldverhältnisses durch Rechtsgeschäft sowie zur Änderung des Inhalts eines Schuldverhältnisses ist ein Vertrag zwischen den Beteiligten erforderlich, soweit nicht das Gesetz ein anderes vorschreibt.

(2) Ein Schuldverhältnis mit Pflichten nach § 241 Abs. 2 entsteht auch durch

1. die Aufnahme von Vertragsverhandlungen,
2. die Anbahnung eines Vertrags, bei welcher der eine Teil im Hinblick auf eine etwaige rechtsgeschäftliche Beziehung dem anderen Teil die Möglichkeit zur Einwirkung auf seine Rechte, Rechtsgüter und Interessen gewährt oder ihm diese anvertraut, oder
3. ähnliche geschäftliche Kontakte.

(3) [1] Ein Schuldverhältnis mit Pflichten nach § 241 Abs. 2 kann auch zu Personen entstehen, die nicht selbst Vertragspartei werden sollen. [2] Ein solches Schuldverhältnis entsteht insbesondere, wenn der Dritte in besonderem Maße Vertrauen für sich in Anspruch nimmt und dadurch die Vertragsverhandlungen oder den Vertragsschluss erheblich beeinflusst.

§ 311a Leistungshindernis bei Vertragsschluss. (1) Der Wirksamkeit eines Vertrags steht es nicht entgegen, dass der Schuldner nach § 275 Abs. 1 bis 3 nicht zu leisten braucht und das Leistungshindernis schon bei Vertragsschluss vorliegt.

(2) [1] Der Gläubiger kann nach seiner Wahl Schadensersatz statt der Leistung oder Ersatz seiner Aufwendungen in dem in § 284 bestimmten Umfang verlangen. [2] Dies gilt nicht, wenn der Schuldner das Leistungshindernis bei Vertragsschluss nicht kannte und seine Unkenntnis auch nicht zu vertreten hat. [3] § 281 Abs. 1 Satz 2 und 3 und Abs. 5 findet entsprechende Anwendung.

§ 311b Verträge über Grundstücke, das Vermögen und den Nachlass.

(1) [1] Ein Vertrag, durch den sich der eine Teil verpflichtet, das Eigentum an einem Grundstück zu übertragen oder zu erwerben, bedarf der notariellen Beurkundung. [2] Ein ohne Beachtung dieser Form geschlossener Vertrag wird seinem ganzen Inhalt nach gültig, wenn die Auflassung und die Eintragung in das Grundbuch erfolgen.

(2) Ein Vertrag, durch den sich der eine Teil verpflichtet, sein künftiges Vermögen oder einen Bruchteil seines künftigen Vermögens zu übertragen oder mit einem Nießbrauch zu belasten, ist nichtig.

(3) Ein Vertrag, durch den sich der eine Teil verpflichtet, sein gegenwärtiges Vermögen oder einen Bruchteil seines gegenwärtigen Vermögens zu übertragen oder mit einem Nießbrauch zu belasten, bedarf der notariellen Beurkundung.

(4) [1] Ein Vertrag über den Nachlass eines noch lebenden Dritten ist nichtig. [2] Das Gleiche gilt von einem Vertrag über den Pflichtteil oder ein Vermächtnis aus dem Nachlass eines noch lebenden Dritten.

(5) [1] Absatz 4 gilt nicht für einen Vertrag, der unter künftigen gesetzlichen Erben über den gesetzlichen Erbteil oder den Pflichtteil eines von ihnen geschlossen wird. [2] Ein solcher Vertrag bedarf der notariellen Beurkundung.

§ 311c Erstreckung auf Zubehör. Verpflichtet sich jemand zur Veräußerung oder Belastung einer Sache, so erstreckt sich diese Verpflichtung im Zweifel auch auf das Zubehör der Sache.

Untertitel 2. Grundsätze bei Verbraucherverträgen und besondere Vertriebsformen

Kapitel 1. Anwendungsbereich und Grundsätze bei Verbraucherverträgen

§ 312 Anwendungsbereich. (1) Die Vorschriften der Kapitel 1 und 2 dieses Untertitels sind nur auf Verbraucherverträge im Sinne des § 310 Absatz 3 anzuwenden, die eine entgeltliche Leistung des Unternehmers zum Gegenstand haben.

(2) Von den Vorschriften der Kapitel 1 und 2 dieses Untertitels ist nur § 312a Absatz 1, 3, 4 und 6 auf folgende Verträge anzuwenden:

1. notariell beurkundete Verträge
   a) über Finanzdienstleistungen, die außerhalb von Geschäftsräumen geschlossen werden,
   b) die keine Verträge über Finanzdienstleistungen sind; für Verträge, für die das Gesetz die notarielle Beurkundung des Vertrags oder einer Vertragserklärung nicht vorschreibt, gilt dies nur, wenn der Notar darüber belehrt, dass die Informationspflichten nach § 312d Absatz 1 und das Widerrufsrecht nach § 312g Absatz 1 entfallen,
2. Verträge über die Begründung, den Erwerb oder die Übertragung von Eigentum oder anderen Rechten an Grundstücken,
3. Verbraucherbauverträge nach § 650i Absatz 1,
4. *(aufgehoben)*
5. Verträge über die Beförderung von Personen,
6. Verträge über Teilzeit-Wohnrechte, langfristige Urlaubsprodukte, Vermittlungen und Tauschsysteme nach den §§ 481 bis 481b,
7. Behandlungsverträge nach § 630a,
8. Verträge über die Lieferung von Lebensmitteln, Getränken oder sonstigen Haushaltsgegenständen des täglichen Bedarfs, die am Wohnsitz, am Aufenthaltsort oder am Arbeitsplatz eines Verbrauchers von einem Unternehmer im Rahmen häufiger und regelmäßiger Fahrten geliefert werden,
9. Verträge, die unter Verwendung von Warenautomaten und automatisierten Geschäftsräumen geschlossen werden,
10. Verträge, die mit Betreibern von Telekommunikationsmitteln mit Hilfe öffentlicher Münz- und Kartentelefone zu deren Nutzung geschlossen werden,

11. Verträge zur Nutzung einer einzelnen von einem Verbraucher hergestellten Telefon-, Internet- oder Telefaxverbindung,
12. außerhalb von Geschäftsräumen geschlossene Verträge, bei denen die Leistung bei Abschluss der Verhandlungen sofort erbracht und bezahlt wird und das vom Verbraucher zu zahlende Entgelt 40 Euro nicht überschreitet, und
13. Verträge über den Verkauf beweglicher Sachen auf Grund von Zwangsvollstreckungsmaßnahmen oder anderen gerichtlichen Maßnahmen.

(3) Auf Verträge über soziale Dienstleistungen, wie Kinderbetreuung oder Unterstützung von dauerhaft oder vorübergehend hilfsbedürftigen Familien oder Personen, einschließlich Langzeitpflege, sind von den Vorschriften der Kapitel 1 und 2 dieses Untertitels nur folgende anzuwenden:
1. die Definitionen der außerhalb von Geschäftsräumen geschlossenen Verträge und der Fernabsatzverträge nach den §§ 312b und 312c,
2. § 312a Absatz 1 über die Pflicht zur Offenlegung bei Telefonanrufen,
3. § 312a Absatz 3 über die Wirksamkeit der Vereinbarung, die auf eine über das vereinbarte Entgelt für die Hauptleistung hinausgehende Zahlung gerichtet ist,
4. § 312a Absatz 4 über die Wirksamkeit der Vereinbarung eines Entgelts für die Nutzung von Zahlungsmitteln,
5. § 312a Absatz 6,
6. § 312d Absatz 1 in Verbindung mit Artikel 246a § 1 Absatz 2 und 3 des Einführungsgesetzes zum Bürgerlichen Gesetzbuche[1)] über die Pflicht zur Information über das Widerrufsrecht und
7. § 312g über das Widerrufsrecht.

(4) [1] Auf Verträge über die Vermietung von Wohnraum sind von den Vorschriften der Kapitel 1 und 2 dieses Untertitels nur die in Absatz 3 Nummer 1 bis 7 genannten Bestimmungen anzuwenden. [2] Die in Absatz 3 Nummer 1, 6 und 7 genannten Bestimmungen sind jedoch nicht auf die Begründung eines Mietverhältnisses über Wohnraum anzuwenden, wenn der Mieter die Wohnung zuvor besichtigt hat.

(5) [1] Bei Vertragsverhältnissen über Bankdienstleistungen sowie Dienstleistungen im Zusammenhang mit einer Kreditgewährung, Versicherung, Altersversorgung von Einzelpersonen, Geldanlage oder Zahlung (Finanzdienstleistungen), die eine erstmalige Vereinbarung mit daran anschließenden aufeinanderfolgenden Vorgängen oder eine daran anschließende Reihe getrennter, in einem zeitlichen Zusammenhang stehender Vorgänge gleicher Art umfassen, sind die Vorschriften der Kapitel 1 und 2 dieses Untertitels nur auf die erste Vereinbarung anzuwenden. [2] § 312a Absatz 1, 3, 4 und 6 ist daneben auf jeden Vorgang anzuwenden. [3] Wenn die in Satz 1 genannten Vorgänge ohne eine solche Vereinbarung aufeinanderfolgen, gelten die Vorschriften über Informationspflichten des Unternehmers nur für den ersten Vorgang. [4] Findet jedoch länger als ein Jahr kein Vorgang der gleichen Art mehr statt, so gilt der nächste Vorgang als der erste Vorgang einer neuen Reihe im Sinne von Satz 3.

---

1) Nr. **16**.

(6) Von den Vorschriften der Kapitel 1 und 2 dieses Untertitels ist auf Verträge über Versicherungen sowie auf Verträge über deren Vermittlung nur § 312a Absatz 3, 4 und 6 anzuwenden.

(7) [1] Auf Pauschalreiseverträge nach den §§ 651a und 651c sind von den Vorschriften dieses Untertitels nur § 312a Absatz 3 bis 6, die §§ 312i, 312j Absatz 2 bis 5 und § 312k anzuwenden; diese Vorschriften finden auch Anwendung, wenn der Reisende kein Verbraucher ist. [2] Ist der Reisende ein Verbraucher, ist auf Pauschalreiseverträge nach § 651a, die außerhalb von Geschäftsräumen geschlossen worden sind, auch § 312g Absatz 1 anzuwenden, es sei denn, die mündlichen Verhandlungen, auf denen der Vertragsschluss beruht, sind auf vorhergehende Bestellung des Verbrauchers geführt worden.

§ 312a Allgemeine Pflichten und Grundsätze bei Verbraucherverträgen; Grenzen der Vereinbarung von Entgelten. (1) Ruft der Unternehmer oder eine Person, die in seinem Namen oder Auftrag handelt, den Verbraucher an, um mit diesem einen Vertrag zu schließen, hat der Anrufer zu Beginn des Gesprächs seine Identität und gegebenenfalls die Identität der Person, für die er anruft, sowie den geschäftlichen Zweck des Anrufs offenzulegen.

(2) [1] Der Unternehmer ist verpflichtet, den Verbraucher nach Maßgabe des Artikels 246 des Einführungsgesetzes zum Bürgerlichen Gesetzbuche[1)] zu informieren. [2] Der Unternehmer kann von dem Verbraucher Fracht-, Liefer- oder Versandkosten und sonstige Kosten nur verlangen, soweit er den Verbraucher über diese Kosten entsprechend den Anforderungen aus Artikel 246 Absatz 1 Nummer 3 des Einführungsgesetzes zum Bürgerlichen Gesetzbuche informiert hat. [3] Die Sätze 1 und 2 sind weder auf außerhalb von Geschäftsräumen geschlossene Verträge noch auf Fernabsatzverträge noch auf Verträge über Finanzdienstleistungen anzuwenden.

(3) [1] Eine Vereinbarung, die auf eine über das vereinbarte Entgelt für die Hauptleistung hinausgehende Zahlung des Verbrauchers gerichtet ist, kann ein Unternehmer mit einem Verbraucher nur ausdrücklich treffen. [2] Schließen der Unternehmer und der Verbraucher einen Vertrag im elektronischen Geschäftsverkehr, wird eine solche Vereinbarung nur Vertragsbestandteil, wenn der Unternehmer die Vereinbarung nicht durch eine Voreinstellung herbeiführt.

(4) Eine Vereinbarung, durch die ein Verbraucher verpflichtet wird, ein Entgelt dafür zu zahlen, dass er für die Erfüllung seiner vertraglichen Pflichten ein bestimmtes Zahlungsmittel nutzt, ist unwirksam, wenn

1. für den Verbraucher keine gängige und zumutbare unentgeltliche Zahlungsmöglichkeit besteht oder
2. das vereinbarte Entgelt über die Kosten hinausgeht, die dem Unternehmer durch die Nutzung des Zahlungsmittels entstehen.

(5) [1] Eine Vereinbarung, durch die ein Verbraucher verpflichtet wird, ein Entgelt dafür zu zahlen, dass der Verbraucher den Unternehmer wegen Fragen oder Erklärungen zu einem zwischen ihnen geschlossenen Vertrag über eine Rufnummer anruft, die der Unternehmer für solche Zwecke bereithält, ist unwirksam, wenn das vereinbarte Entgelt das Entgelt für die bloße Nutzung des Telekommunikationsdienstes übersteigt. [2] Ist eine Vereinbarung nach Satz 1

[1)] Nr. **16**.

unwirksam, ist der Verbraucher auch gegenüber dem Anbieter des Telekommunikationsdienstes nicht verpflichtet, ein Entgelt für den Anruf zu zahlen. [3]Der Anbieter des Telekommunikationsdienstes ist berechtigt, das Entgelt für die bloße Nutzung des Telekommunikationsdienstes von dem Unternehmer zu verlangen, der die unwirksame Vereinbarung mit dem Verbraucher geschlossen hat.

(6) Ist eine Vereinbarung nach den Absätzen 3 bis 5 nicht Vertragsbestandteil geworden oder ist sie unwirksam, bleibt der Vertrag im Übrigen wirksam.

Kapitel 2. Außerhalb von Geschäftsräumen geschlossene Verträge und Fernabsatzverträge

§ 312b Außerhalb von Geschäftsräumen geschlossene Verträge.

(1) [1]Außerhalb von Geschäftsräumen geschlossene Verträge sind Verträge,

1. die bei gleichzeitiger körperlicher Anwesenheit des Verbrauchers und des Unternehmers an einem Ort geschlossen werden, der kein Geschäftsraum des Unternehmers ist,
2. für die der Verbraucher unter den in Nummer 1 genannten Umständen ein Angebot abgegeben hat,
3. die in den Geschäftsräumen des Unternehmers oder durch Fernkommunikationsmittel geschlossen werden, bei denen der Verbraucher jedoch unmittelbar zuvor außerhalb der Geschäftsräume des Unternehmers bei gleichzeitiger körperlicher Anwesenheit des Verbrauchers und des Unternehmers persönlich und individuell angesprochen wurde, oder
4. die auf einem Ausflug geschlossen werden, der von dem Unternehmer oder mit seiner Hilfe organisiert wurde, um beim Verbraucher für den Verkauf von Waren oder die Erbringung von Dienstleistungen zu werben und mit ihm entsprechende Verträge abzuschließen.

[2]Dem Unternehmer stehen Personen gleich, die in seinem Namen oder Auftrag handeln.

(2) [1]Geschäftsräume im Sinne des Absatzes 1 sind unbewegliche Gewerberäume, in denen der Unternehmer seine Tätigkeit dauerhaft ausübt, und bewegliche Gewerberäume, in denen der Unternehmer seine Tätigkeit für gewöhnlich ausübt. [2]Gewerberäume, in denen die Person, die im Namen oder Auftrag des Unternehmers handelt, ihre Tätigkeit dauerhaft oder für gewöhnlich ausübt, stehen Räumen des Unternehmers gleich.

§ 312c Fernabsatzverträge. (1) Fernabsatzverträge sind Verträge, bei denen der Unternehmer oder eine in seinem Namen oder Auftrag handelnde Person und der Verbraucher für die Vertragsverhandlungen und den Vertragsschluss ausschließlich Fernkommunikationsmittel verwenden, es sei denn, dass der Vertragsschluss nicht im Rahmen eines für den Fernabsatz organisierten Vertriebs- oder Dienstleistungssystems erfolgt.

(2) Fernkommunikationsmittel im Sinne dieses Gesetzes sind alle Kommunikationsmittel, die zur Anbahnung oder zum Abschluss eines Vertrags eingesetzt werden können, ohne dass die Vertragsparteien gleichzeitig körperlich anwesend sind, wie Briefe, Kataloge, Telefonanrufe, Telekopien, E-Mails, über den Mobilfunkdienst versendete Nachrichten (SMS) sowie Rundfunk und Telemedien.

§ 312d Informationspflichten. (1) [1]Bei außerhalb von Geschäftsräumen geschlossenen Verträgen und bei Fernabsatzverträgen ist der Unternehmer verpflichtet, den Verbraucher nach Maßgabe des Artikels 246a des Einführungsgesetzes zum Bürgerlichen Gesetzbuche[1)] zu informieren. [2]Die in Erfüllung dieser Pflicht gemachten Angaben des Unternehmers werden Inhalt des Vertrags, es sei denn, die Vertragsparteien haben ausdrücklich etwas anderes vereinbart.

(2) Bei außerhalb von Geschäftsräumen geschlossenen Verträgen und bei Fernabsatzverträgen über Finanzdienstleistungen ist der Unternehmer abweichend von Absatz 1 verpflichtet, den Verbraucher nach Maßgabe des Artikels 246b des Einführungsgesetzes zum Bürgerlichen Gesetzbuche zu informieren.

§ 312e Verletzung von Informationspflichten über Kosten. Der Unternehmer kann von dem Verbraucher Fracht-, Liefer- oder Versandkosten und sonstige Kosten nur verlangen, soweit er den Verbraucher über diese Kosten entsprechend den Anforderungen aus § 312d Absatz 1 in Verbindung mit Artikel 246a § 1 Absatz 1 Satz 1 Nummer 4 des Einführungsgesetzes zum Bürgerlichen Gesetzbuche[1)] informiert hat.

§ 312f Abschriften und Bestätigungen. (1) [1]Bei außerhalb von Geschäftsräumen geschlossenen Verträgen ist der Unternehmer verpflichtet, dem Verbraucher alsbald auf Papier zur Verfügung zu stellen

1. eine Abschrift eines Vertragsdokuments, das von den Vertragsschließenden so unterzeichnet wurde, dass ihre Identität erkennbar ist, oder
2. eine Bestätigung des Vertrags, in der der Vertragsinhalt wiedergegeben ist.

[2]Wenn der Verbraucher zustimmt, kann für die Abschrift oder die Bestätigung des Vertrags auch ein anderer dauerhafter Datenträger verwendet werden. [3]Die Bestätigung nach Satz 1 muss die in Artikel 246a des Einführungsgesetzes zum Bürgerlichen Gesetzbuche[1)] genannten Angaben nur enthalten, wenn der Unternehmer dem Verbraucher diese Informationen nicht bereits vor Vertragsschluss in Erfüllung seiner Informationspflichten nach § 312d Absatz 1 auf einem dauerhaften Datenträger zur Verfügung gestellt hat.

(2) [1]Bei Fernabsatzverträgen ist der Unternehmer verpflichtet, dem Verbraucher eine Bestätigung des Vertrags, in der der Vertragsinhalt wiedergegeben ist, innerhalb einer angemessenen Frist nach Vertragsschluss, spätestens jedoch bei der Lieferung der Ware oder bevor mit der Ausführung der Dienstleistung begonnen wird, auf einem dauerhaften Datenträger zur Verfügung zu stellen. [2]Die Bestätigung nach Satz 1 muss die in Artikel 246a des Einführungsgesetzes zum Bürgerlichen Gesetzbuche genannten Angaben enthalten, es sei denn, der Unternehmer hat dem Verbraucher diese Informationen bereits vor Vertragsschluss in Erfüllung seiner Informationspflichten nach § 312d Absatz 1 auf einem dauerhaften Datenträger zur Verfügung gestellt.

(3) Bei Verträgen über die Lieferung von nicht auf einem körperlichen Datenträger befindlichen Daten, die in digitaler Form hergestellt und bereitgestellt werden (digitale Inhalte), ist auf der Abschrift oder in der Bestätigung des Vertrags nach den Absätzen 1 und 2 gegebenenfalls auch festzuhalten, dass der Verbraucher vor Ausführung des Vertrags

---

[1)] Nr. **16**.

1. ausdrücklich zugestimmt hat, dass der Unternehmer mit der Ausführung des Vertrags vor Ablauf der Widerrufsfrist beginnt, und
2. seine Kenntnis davon bestätigt hat, dass er durch seine Zustimmung mit Beginn der Ausführung des Vertrags sein Widerrufsrecht verliert.

(4) Diese Vorschrift ist nicht anwendbar auf Verträge über Finanzdienstleistungen.

§ 312g Widerrufsrecht. (1) Dem Verbraucher steht bei außerhalb von Geschäftsräumen geschlossenen Verträgen und bei Fernabsatzverträgen ein Widerrufsrecht gemäß § 355 zu.

(2) Das Widerrufsrecht besteht, soweit die Parteien nichts anderes vereinbart haben, nicht bei folgenden Verträgen:

1. Verträge zur Lieferung von Waren, die nicht vorgefertigt sind und für deren Herstellung eine individuelle Auswahl oder Bestimmung durch den Verbraucher maßgeblich ist oder die eindeutig auf die persönlichen Bedürfnisse des Verbrauchers zugeschnitten sind,
2. Verträge zur Lieferung von Waren, die schnell verderben können oder deren Verfallsdatum schnell überschritten würde,
3. Verträge zur Lieferung versiegelter Waren, die aus Gründen des Gesundheitsschutzes oder der Hygiene nicht zur Rückgabe geeignet sind, wenn ihre Versiegelung nach der Lieferung entfernt wurde,
4. Verträge zur Lieferung von Waren, wenn diese nach der Lieferung auf Grund ihrer Beschaffenheit untrennbar mit anderen Gütern vermischt wurden,
5. Verträge zur Lieferung alkoholischer Getränke, deren Preis bei Vertragsschluss vereinbart wurde, die aber frühestens 30 Tage nach Vertragsschluss geliefert werden können und deren aktueller Wert von Schwankungen auf dem Markt abhängt, auf die der Unternehmer keinen Einfluss hat,
6. Verträge zur Lieferung von Ton- oder Videoaufnahmen oder Computersoftware in einer versiegelten Packung, wenn die Versiegelung nach der Lieferung entfernt wurde,
7. Verträge zur Lieferung von Zeitungen, Zeitschriften oder Illustrierten mit Ausnahme von Abonnement-Verträgen,
8. Verträge zur Lieferung von Waren oder zur Erbringung von Dienstleistungen, einschließlich Finanzdienstleistungen, deren Preis von Schwankungen auf dem Finanzmarkt abhängt, auf die der Unternehmer keinen Einfluss hat und die innerhalb der Widerrufsfrist auftreten können, insbesondere Dienstleistungen im Zusammenhang mit Aktien, mit Anteilen an offenen Investmentvermögen im Sinne von § 1 Absatz 4 des Kapitalanlagegesetzbuchs und mit anderen handelbaren Wertpapieren, Devisen, Derivaten oder Geldmarktinstrumenten,
9. Verträge zur Erbringung von Dienstleistungen in den Bereichen Beherbergung zu anderen Zwecken als zu Wohnzwecken, Beförderung von Waren, Kraftfahrzeugvermietung, Lieferung von Speisen und Getränken sowie zur Erbringung weiterer Dienstleistungen im Zusammenhang mit Freizeitbetätigungen, wenn der Vertrag für die Erbringung einen spezifischen Termin oder Zeitraum vorsieht,

10. Verträge, die im Rahmen einer Vermarktungsform geschlossen werden, bei der der Unternehmer Verbrauchern, die persönlich anwesend sind oder denen diese Möglichkeit gewährt wird, Waren oder Dienstleistungen anbietet, und zwar in einem vom Versteigerer durchgeführten, auf konkurrierenden Geboten basierenden transparenten Verfahren, bei dem der Bieter, der den Zuschlag erhalten hat, zum Erwerb der Waren oder Dienstleistungen verpflichtet ist (öffentlich zugängliche Versteigerung),
11. Verträge, bei denen der Verbraucher den Unternehmer ausdrücklich aufgefordert hat, ihn aufzusuchen, um dringende Reparatur- oder Instandhaltungsarbeiten vorzunehmen; dies gilt nicht hinsichtlich weiterer bei dem Besuch erbrachter Dienstleistungen, die der Verbraucher nicht ausdrücklich verlangt hat, oder hinsichtlich solcher bei dem Besuch gelieferter Waren, die bei der Instandhaltung oder Reparatur nicht unbedingt als Ersatzteile benötigt werden,
12. Verträge zur Erbringung von Wett- und Lotteriedienstleistungen, es sei denn, dass der Verbraucher seine Vertragserklärung telefonisch abgegeben hat oder der Vertrag außerhalb von Geschäftsräumen geschlossen wurde, und
13. notariell beurkundete Verträge; dies gilt für Fernabsatzverträge über Finanzdienstleistungen nur, wenn der Notar bestätigt, dass die Rechte des Verbrauchers aus § 312d Absatz 2 gewahrt sind.

(3) Das Widerrufsrecht besteht ferner nicht bei Verträgen, bei denen dem Verbraucher bereits auf Grund der §§ 495, 506 bis 513 ein Widerrufsrecht nach § 355 zusteht, und nicht bei außerhalb von Geschäftsräumen geschlossenen Verträgen, bei denen dem Verbraucher bereits nach § 305 Absatz 1 bis 6 des Kapitalanlagegesetzbuchs ein Widerrufsrecht zusteht.

§ 312h Kündigung und Vollmacht zur Kündigung. Wird zwischen einem Unternehmer und einem Verbraucher nach diesem Untertitel ein Dauerschuldverhältnis begründet, das ein zwischen dem Verbraucher und einem anderen Unternehmer bestehendes Dauerschuldverhältnis ersetzen soll, und wird anlässlich der Begründung des Dauerschuldverhältnisses von dem Verbraucher

1. die Kündigung des bestehenden Dauerschuldverhältnisses erklärt und der Unternehmer oder ein von ihm beauftragter Dritter zur Übermittlung der Kündigung an den bisherigen Vertragspartner des Verbrauchers beauftragt oder
2. der Unternehmer oder ein von ihm beauftragter Dritter zur Erklärung der Kündigung gegenüber dem bisherigen Vertragspartner des Verbrauchers bevollmächtigt,

bedarf die Kündigung des Verbrauchers oder die Vollmacht zur Kündigung der Textform.

Kapitel 3. Verträge im elektronischen Geschäftsverkehr

§ 312i Allgemeine Pflichten im elektronischen Geschäftsverkehr.

(1) [1] Bedient sich ein Unternehmer zum Zwecke des Abschlusses eines Vertrags über die Lieferung von Waren oder über die Erbringung von Dienst-

leistungen der Telemedien (Vertrag im elektronischen Geschäftsverkehr), hat er dem Kunden

1. angemessene, wirksame und zugängliche technische Mittel zur Verfügung zu stellen, mit deren Hilfe der Kunde Eingabefehler vor Abgabe seiner Bestellung erkennen und berichtigen kann,
2. die in Artikel 246c des Einführungsgesetzes zum Bürgerlichen Gesetzbuche[1] bestimmten Informationen rechtzeitig vor Abgabe von dessen Bestellung klar und verständlich mitzuteilen,
3. den Zugang von dessen Bestellung unverzüglich auf elektronischem Wege zu bestätigen und
4. die Möglichkeit zu verschaffen, die Vertragsbestimmungen einschließlich der Allgemeinen Geschäftsbedingungen bei Vertragsschluss abzurufen und in wiedergabefähiger Form zu speichern.

[2] Bestellung und Empfangsbestätigung im Sinne von Satz 1 Nummer 3 gelten als zugegangen, wenn die Parteien, für die sie bestimmt sind, sie unter gewöhnlichen Umständen abrufen können.

(2) [1] Absatz 1 Satz 1 Nummer 1 bis 3 ist nicht anzuwenden, wenn der Vertrag ausschließlich durch individuelle Kommunikation geschlossen wird. [2] Absatz 1 Satz 1 Nummer 1 bis 3 und Satz 2 ist nicht anzuwenden, wenn zwischen Vertragsparteien, die nicht Verbraucher sind, etwas anderes vereinbart wird.

(3) Weitergehende Informationspflichten auf Grund anderer Vorschriften bleiben unberührt.

§ 312j Besondere Pflichten im elektronischen Geschäftsverkehr gegenüber Verbrauchern. (1) Auf Webseiten für den elektronischen Geschäftsverkehr mit Verbrauchern hat der Unternehmer zusätzlich zu den Angaben nach § 312i Absatz 1 spätestens bei Beginn des Bestellvorgangs klar und deutlich anzugeben, ob Lieferbeschränkungen bestehen und welche Zahlungsmittel akzeptiert werden.

(2) Bei einem Verbrauchervertrag im elektronischen Geschäftsverkehr, der eine entgeltliche Leistung des Unternehmers zum Gegenstand hat, muss der Unternehmer dem Verbraucher die Informationen gemäß Artikel 246a § 1 Absatz 1 Satz 1 Nummer 1, 4, 5, 11 und 12 des Einführungsgesetzes zum Bürgerlichen Gesetzbuche[1], unmittelbar bevor der Verbraucher seine Bestellung abgibt, klar und verständlich in hervorgehobener Weise zur Verfügung stellen.

(3) [1] Der Unternehmer hat die Bestellsituation bei einem Vertrag nach Absatz 2 so zu gestalten, dass der Verbraucher mit seiner Bestellung ausdrücklich bestätigt, dass er sich zu einer Zahlung verpflichtet. [2] Erfolgt die Bestellung über eine Schaltfläche, ist die Pflicht des Unternehmers aus Satz 1 nur erfüllt, wenn diese Schaltfläche gut lesbar mit nichts anderem als den Wörtern „zahlungspflichtig bestellen" oder mit einer entsprechenden eindeutigen Formulierung beschriftet ist.

(4) Ein Vertrag nach Absatz 2 kommt nur zustande, wenn der Unternehmer seine Pflicht aus Absatz 3 erfüllt.

---

[1] Nr. **16**.

(5) [1]Die Absätze 2 bis 4 sind nicht anzuwenden, wenn der Vertrag ausschließlich durch individuelle Kommunikation geschlossen wird. [2]Die Pflichten aus den Absätzen 1 und 2 gelten weder für Webseiten, die Finanzdienstleistungen betreffen, noch für Verträge über Finanzdienstleistungen.

Kapitel 4. Abweichende Vereinbarungen und Beweislast

§ 312k Abweichende Vereinbarungen und Beweislast. (1) [1]Von den Vorschriften dieses Untertitels darf, soweit nichts anderes bestimmt ist, nicht zum Nachteil des Verbrauchers oder Kunden abgewichen werden. [2]Die Vorschriften dieses Untertitels finden, soweit nichts anderes bestimmt ist, auch Anwendung, wenn sie durch anderweitige Gestaltungen umgangen werden.

(2) Der Unternehmer trägt gegenüber dem Verbraucher die Beweislast für die Erfüllung der in diesem Untertitel geregelten Informationspflichten.

Untertitel 3. Anpassung und Beendigung von Verträgen

§ 313 Störung der Geschäftsgrundlage. (1) Haben sich Umstände, die zur Grundlage des Vertrags geworden sind, nach Vertragsschluss schwerwiegend verändert und hätten die Parteien den Vertrag nicht oder mit anderem Inhalt geschlossen, wenn sie diese Veränderung vorausgesehen hätten, so kann Anpassung des Vertrags verlangt werden, soweit einem Teil unter Berücksichtigung aller Umstände des Einzelfalls, insbesondere der vertraglichen oder gesetzlichen Risikoverteilung, das Festhalten am unveränderten Vertrag nicht zugemutet werden kann.

(2) Einer Veränderung der Umstände steht es gleich, wenn wesentliche Vorstellungen, die zur Grundlage des Vertrags geworden sind, sich als falsch herausstellen.

(3) [1]Ist eine Anpassung des Vertrags nicht möglich oder einem Teil nicht zumutbar, so kann der benachteiligte Teil vom Vertrag zurücktreten. [2]An die Stelle des Rücktrittsrechts tritt für Dauerschuldverhältnisse das Recht zur Kündigung.

§ 314 Kündigung von Dauerschuldverhältnissen aus wichtigem Grund. (1) [1]Dauerschuldverhältnisse kann jeder Vertragsteil aus wichtigem Grund ohne Einhaltung einer Kündigungsfrist kündigen. [2]Ein wichtiger Grund liegt vor, wenn dem kündigenden Teil unter Berücksichtigung aller Umstände des Einzelfalls und unter Abwägung der beiderseitigen Interessen die Fortsetzung des Vertragsverhältnisses bis zur vereinbarten Beendigung oder bis zum Ablauf einer Kündigungsfrist nicht zugemutet werden kann.

(2) [1]Besteht der wichtige Grund in der Verletzung einer Pflicht aus dem Vertrag, ist die Kündigung erst nach erfolglosem Ablauf einer zur Abhilfe bestimmten Frist oder nach erfolgloser Abmahnung zulässig. [2]Für die Entbehrlichkeit der Bestimmung einer Frist zur Abhilfe und für die Entbehrlichkeit einer Abmahnung findet § 323 Absatz 2 Nummer 1 und 2 entsprechende Anwendung [3]Die Bestimmung einer Frist zur Abhilfe und eine Abmahnung sind auch entbehrlich, wenn besondere Umstände vorliegen, die unter Abwägung der beiderseitigen Interessen die sofortige Kündigung rechtfertigen.

(3) Der Berechtigte kann nur innerhalb einer angemessenen Frist kündigen, nachdem er vom Kündigungsgrund Kenntnis erlangt hat.

(4) Die Berechtigung, Schadensersatz zu verlangen, wird durch die Kündigung nicht ausgeschlossen.

Untertitel 4. Einseitige Leistungsbestimmungsrechte

§ 315 Bestimmung der Leistung durch eine Partei. (1) Soll die Leistung durch einen der Vertragschließenden bestimmt werden, so ist im Zweifel anzunehmen, dass die Bestimmung nach billigem Ermessen zu treffen ist.

(2) Die Bestimmung erfolgt durch Erklärung gegenüber dem anderen Teil.

(3) [1] Soll die Bestimmung nach billigem Ermessen erfolgen, so ist die getroffene Bestimmung für den anderen Teil nur verbindlich, wenn sie der Billigkeit entspricht. [2] Entspricht sie nicht der Billigkeit, so wird die Bestimmung durch Urteil getroffen; das Gleiche gilt, wenn die Bestimmung verzögert wird.

§ 316 Bestimmung der Gegenleistung. Ist der Umfang der für eine Leistung versprochenen Gegenleistung nicht bestimmt, so steht die Bestimmung im Zweifel demjenigen Teil zu, welcher die Gegenleistung zu fordern hat.

§ 317 Bestimmung der Leistung durch einen Dritten. (1) Ist die Bestimmung der Leistung einem Dritten überlassen, so ist im Zweifel anzunehmen, dass sie nach billigem Ermessen zu treffen ist.

(2) Soll die Bestimmung durch mehrere Dritte erfolgen, so ist im Zweifel Übereinstimmung aller erforderlich; soll eine Summe bestimmt werden, so ist, wenn verschiedene Summen bestimmt werden, im Zweifel die Durchschnittssumme maßgebend.

§ 318 Anfechtung der Bestimmung. (1) Die einem Dritten überlassene Bestimmung der Leistung erfolgt durch Erklärung gegenüber einem der Vertragschließenden.

(2) [1] Die Anfechtung der getroffenen Bestimmung wegen Irrtums, Drohung oder arglistiger Täuschung steht nur den Vertragschließenden zu; Anfechtungsgegner ist der andere Teil. [2] Die Anfechtung muss unverzüglich erfolgen, nachdem der Anfechtungsberechtigte von dem Anfechtungsgrund Kenntnis erlangt hat. [3] Sie ist ausgeschlossen, wenn 30 Jahre verstrichen sind, nachdem die Bestimmung getroffen worden ist.

Titel 2. Gegenseitiger Vertrag

§ 320 Einrede des nicht erfüllten Vertrags. (1) [1] Wer aus einem gegenseitigen Vertrag verpflichtet ist, kann die ihm obliegende Leistung bis zur Bewirkung der Gegenleistung verweigern, es sei denn, dass er vorzuleisten verpflichtet ist. [2] Hat die Leistung an mehrere zu erfolgen, so kann dem einzelnen der ihm gebührende Teil bis zur Bewirkung der ganzen Gegenleistung verweigert werden. [3] Die Vorschrift des § 273 Abs. 3 findet keine Anwendung.

(2) Ist von der einen Seite teilweise geleistet worden, so kann die Gegenleistung insoweit nicht verweigert werden, als die Verweigerung nach den Umständen, insbesondere wegen verhältnismäßiger Geringfügigkeit des rückständigen Teils, gegen Treu und Glauben verstoßen würde.

§ 321 Unsicherheitseinrede. (1) [1] Wer aus einem gegenseitigen Vertrag vorzuleisten verpflichtet ist, kann die ihm obliegende Leistung verweigern, wenn nach Abschluss des Vertrags erkennbar wird, dass sein Anspruch auf die Gegenleistung durch mangelnde Leistungsfähigkeit des anderen Teils gefährdet wird. [2] Das Leistungsverweigerungsrecht entfällt, wenn die Gegenleistung bewirkt oder Sicherheit für sie geleistet wird.

(2) [1] Der Vorleistungspflichtige kann eine angemessene Frist bestimmen, in welcher der andere Teil Zug um Zug gegen die Leistung nach seiner Wahl die Gegenleistung zu bewirken oder Sicherheit zu leisten hat. [2] Nach erfolglosem Ablauf der Frist kann der Vorleistungspflichtige vom Vertrag zurücktreten. [3] § 323 findet entsprechende Anwendung.

§ 322 Verurteilung zur Leistung Zug-um-Zug. (1) Erhebt aus einem gegenseitigen Vertrag der eine Teil Klage auf die ihm geschuldete Leistung, so hat die Geltendmachung des dem anderen Teil zustehenden Rechts, die Leistung bis zur Bewirkung der Gegenleistung zu verweigern, nur die Wirkung, dass der andere Teil zur Erfüllung Zug um Zug zu verurteilen ist.

(2) Hat der klagende Teil vorzuleisten, so kann er, wenn der andere Teil im Verzug der Annahme ist, auf Leistung nach Empfang der Gegenleistung klagen.

(3) Auf die Zwangsvollstreckung findet die Vorschrift des § 274 Abs. 2 Anwendung.

§ 323[1)] Rücktritt wegen nicht oder nicht vertragsgemäß erbrachter Leistung. (1) Erbringt bei einem gegenseitigen Vertrag der Schuldner eine fällige Leistung nicht oder nicht vertragsgemäß, so kann der Gläubiger, wenn er dem Schuldner erfolglos eine angemessene Frist zur Leistung oder Nacherfüllung bestimmt hat, vom Vertrag zurücktreten.

(2) Die Fristsetzung ist entbehrlich, wenn

1. der Schuldner die Leistung ernsthaft und endgültig verweigert,
2. der Schuldner die Leistung bis zu einem im Vertrag bestimmten Termin oder innerhalb einer im Vertrag bestimmten Frist nicht bewirkt, obwohl die termin- oder fristgerechte Leistung nach einer Mitteilung des Gläubigers an den Schuldner vor Vertragsschluss oder auf Grund anderer den Vertragsabschluss begleitenden Umstände für den Gläubiger wesentlich ist, oder
3. im Falle einer nicht vertragsgemäß erbrachten Leistung besondere Umstände vorliegen, die unter Abwägung der beiderseitigen Interessen den sofortigen Rücktritt rechtfertigen.

(3) Kommt nach der Art der Pflichtverletzung eine Fristsetzung nicht in Betracht, so tritt an deren Stelle eine Abmahnung.

(4) Der Gläubiger kann bereits vor dem Eintritt der Fälligkeit der Leistung zurücktreten, wenn offensichtlich ist, dass die Voraussetzungen des Rücktritts eintreten werden.

(5) [1] Hat der Schuldner eine Teilleistung bewirkt, so kann der Gläubiger vom ganzen Vertrag nur zurücktreten, wenn er an der Teilleistung kein Interes-

---

[1)] **Amtl. Anm.:** Diese Vorschrift dient auch der Umsetzung der Richtlinie 1999/44/EG des Europäischen Parlaments und des Rates vom 25. Mai 1999 zu bestimmten Aspekten des Verbrauchsgüterkaufs und der Garantien für Verbrauchsgüter (ABl. EG Nr. L 171 S. 12).

se hat. [2] Hat der Schuldner die Leistung nicht vertragsgemäß bewirkt, so kann der Gläubiger vom Vertrag nicht zurücktreten, wenn die Pflichtverletzung unerheblich ist.

(6) Der Rücktritt ist ausgeschlossen, wenn der Gläubiger für den Umstand, der ihn zum Rücktritt berechtigen würde, allein oder weit überwiegend verantwortlich ist oder wenn der vom Schuldner nicht zu vertretende Umstand zu einer Zeit eintritt, zu welcher der Gläubiger im Verzug der Annahme ist.

§ 324 Rücktritt wegen Verletzung einer Pflicht nach § 241 Abs. 2.

Verletzt der Schuldner bei einem gegenseitigen Vertrag eine Pflicht nach § 241 Abs. 2, so kann der Gläubiger zurücktreten, wenn ihm ein Festhalten am Vertrag nicht mehr zuzumuten ist.

§ 325 Schadensersatz und Rücktritt. Das Recht, bei einem gegenseitigen Vertrag Schadensersatz zu verlangen, wird durch den Rücktritt nicht ausgeschlossen.

§ 326[1)] Befreiung von der Gegenleistung und Rücktritt beim Ausschluss der Leistungspflicht. (1) [1] Braucht der Schuldner nach § 275 Abs. 1 bis 3 nicht zu leisten, entfällt der Anspruch auf die Gegenleistung; bei einer Teilleistung findet § 441 Abs. 3 entsprechende Anwendung. [2] Satz 1 gilt nicht, wenn der Schuldner im Falle der nicht vertragsgemäßen Leistung die Nacherfüllung nach § 275 Abs. 1 bis 3 nicht zu erbringen braucht.

(2) [1] Ist der Gläubiger für den Umstand, auf Grund dessen der Schuldner nach § 275 Abs. 1 bis 3 nicht zu leisten braucht, allein oder weit überwiegend verantwortlich oder tritt dieser vom Schuldner nicht zu vertretende Umstand zu einer Zeit ein, zu welcher der Gläubiger im Verzug der Annahme ist, so behält der Schuldner den Anspruch auf die Gegenleistung. [2] Er muss sich jedoch dasjenige anrechnen lassen, was er infolge der Befreiung von der Leistung erspart oder durch anderweitige Verwendung seiner Arbeitskraft erwirbt oder zu erwerben böswillig unterlässt.

(3) [1] Verlangt der Gläubiger nach § 285 Herausgabe des für den geschuldeten Gegenstand erlangten Ersatzes oder Abtretung des Ersatzanspruchs, so bleibt er zur Gegenleistung verpflichtet. [2] Diese mindert sich jedoch nach Maßgabe des § 441 Abs. 3 insoweit, als der Wert des Ersatzes oder des Ersatzanspruchs hinter dem Wert der geschuldeten Leistung zurückbleibt.

(4) Soweit die nach dieser Vorschrift nicht geschuldete Gegenleistung bewirkt ist, kann das Geleistete nach den §§ 346 bis 348 zurückgefordert werden.

(5) Braucht der Schuldner nach § 275 Abs. 1 bis 3 nicht zu leisten, kann der Gläubiger zurücktreten; auf den Rücktritt findet § 323 mit der Maßgabe entsprechende Anwendung, dass die Fristsetzung entbehrlich ist.

[1)] **Amtl. Anm.:** Diese Vorschrift dient auch der Umsetzung der Richtlinie 1999/44/EG des Europäischen Parlaments und des Rates vom 25. Mai 1999 zu bestimmten Aspekten des Verbrauchsgüterkaufs und der Garantien für Verbrauchsgüter (ABl. EG Nr. L 171 S. 12).

Titel 5. Rücktritt; Widerrufsrecht bei Verbraucherverträgen

Untertitel 1. Rücktritt[1)]

§ 346 Wirkungen des Rücktritts. (1) Hat sich eine Vertragspartei vertraglich den Rücktritt vorbehalten oder steht ihr ein gesetzliches Rücktrittsrecht zu, so sind im Falle des Rücktritts die empfangenen Leistungen zurückzugewähren und die gezogenen Nutzungen herauszugeben.

(2) [1] Statt der Rückgewähr oder Herausgabe hat der Schuldner Wertersatz zu leisten, soweit

1. die Rückgewähr oder die Herausgabe nach der Natur des Erlangten ausgeschlossen ist,
2. er den empfangenen Gegenstand verbraucht, veräußert, belastet, verarbeitet oder umgestaltet hat,
3. der empfangene Gegenstand sich verschlechtert hat oder untergegangen ist; jedoch bleibt die durch die bestimmungsgemäße Ingebrauchnahme entstandene Verschlechterung außer Betracht.

[2] Ist im Vertrag eine Gegenleistung bestimmt, ist sie bei der Berechnung des Wertersatzes zugrunde zu legen; ist Wertersatz für den Gebrauchsvorteil eines Darlehens zu leisten, kann nachgewiesen werden, dass der Wert des Gebrauchsvorteils niedriger war.

(3) [1] Die Pflicht zum Wertersatz entfällt,

1. wenn sich der zum Rücktritt berechtigende Mangel erst während der Verarbeitung oder Umgestaltung des Gegenstandes gezeigt hat,
2. soweit der Gläubiger die Verschlechterung oder den Untergang zu vertreten hat oder der Schaden bei ihm gleichfalls eingetreten wäre,
3. wenn im Falle eines gesetzlichen Rücktrittsrechts die Verschlechterung oder der Untergang beim Berechtigten eingetreten ist, obwohl dieser diejenige Sorgfalt beobachtet hat, die er in eigenen Angelegenheiten anzuwenden pflegt.

[2] Eine verbleibende Bereicherung ist herauszugeben.

(4) Der Gläubiger kann wegen Verletzung einer Pflicht aus Absatz 1 nach Maßgabe der §§ 280 bis 283 Schadensersatz verlangen.

§ 347 Nutzungen und Verwendungen nach Rücktritt. (1) [1] Zieht der Schuldner Nutzungen entgegen den Regeln einer ordnungsmäßigen Wirtschaft nicht, obwohl ihm das möglich gewesen wäre, so ist er dem Gläubiger zum Wertersatz verpflichtet. [2] Im Falle eines gesetzlichen Rücktrittsrechts hat der Berechtigte hinsichtlich der Nutzungen nur für diejenige Sorgfalt einzustehen, die er in eigenen Angelegenheiten anzuwenden pflegt.

(2) [1] Gibt der Schuldner den Gegenstand zurück, leistet er Wertersatz oder ist seine Wertersatzpflicht gemäß § 346 Abs. 3 Nr. 1 oder 2 ausgeschlossen, so sind ihm notwendige Verwendungen zu ersetzen. [2] Andere Aufwendungen sind zu ersetzen, soweit der Gläubiger durch diese bereichert wird.

[1)] **Amtl. Anm.:** Dieser Untertitel dient auch der Umsetzung der Richtlinie 1999/44/EG des Europäischen Parlaments und des Rates vom 25. Mai 1999 zu bestimmten Aspekten des Verbrauchsgüterkaufs und der Garantien für Verbrauchsgüter (ABl. EG Nr. L 171 S. 12).

§ 348 Erfüllung Zug-um-Zug. [1] Die sich aus dem Rücktritt ergebenden Verpflichtungen der Parteien sind Zug um Zug zu erfüllen. [2] Die Vorschriften der §§ 320, 322 finden entsprechende Anwendung.

§ 349 Erklärung des Rücktritts. Der Rücktritt erfolgt durch Erklärung gegenüber dem anderen Teil.

Untertitel 2. Widerrufsrecht bei Verbraucherverträgen

§ 355 Widerrufsrecht bei Verbraucherverträgen. (1) [1] Wird einem Verbraucher durch Gesetz ein Widerrufsrecht nach dieser Vorschrift eingeräumt, so sind der Verbraucher und der Unternehmer an ihre auf den Abschluss des Vertrags gerichteten Willenserklärungen nicht mehr gebunden, wenn der Verbraucher seine Willenserklärung fristgerecht widerrufen hat. [2] Der Widerruf erfolgt durch Erklärung gegenüber dem Unternehmer. [3] Aus der Erklärung muss der Entschluss des Verbrauchers zum Widerruf des Vertrags eindeutig hervorgehen. [4] Der Widerruf muss keine Begründung enthalten. [5] Zur Fristwahrung genügt die rechtzeitige Absendung des Widerrufs.

(2) [1] Die Widerrufsfrist beträgt 14 Tage. [2] Sie beginnt mit Vertragsschluss, soweit nichts anderes bestimmt ist.

(3) [1] Im Falle des Widerrufs sind die empfangenen Leistungen unverzüglich zurückzugewähren. [2] Bestimmt das Gesetz eine Höchstfrist für die Rückgewähr, so beginnt diese für den Unternehmer mit dem Zugang und für den Verbraucher mit der Abgabe der Widerrufserklärung. [3] Ein Verbraucher wahrt diese Frist durch die rechtzeitige Absendung der Waren. [4] Der Unternehmer trägt bei Widerruf die Gefahr der Rücksendung der Waren.

§ 356 Widerrufsrecht bei außerhalb von Geschäftsräumen geschlossenen Verträgen und Fernabsatzverträgen. (1) [1] Der Unternehmer kann dem Verbraucher die Möglichkeit einräumen, das Muster-Widerrufsformular nach Anlage 2 zu Artikel 246a § 1 Absatz 2 Satz 1 Nummer 1 des Einführungsgesetzes zum Bürgerlichen Gesetzbuche[1)] oder eine andere eindeutige Widerrufserklärung auf der Webseite des Unternehmers auszufüllen und zu übermitteln. [2] Macht der Verbraucher von dieser Möglichkeit Gebrauch, muss der Unternehmer dem Verbraucher den Zugang des Widerrufs unverzüglich auf einem dauerhaften Datenträger bestätigen.

(2) Die Widerrufsfrist beginnt

1. bei einem Verbrauchsgüterkauf,
   a) der nicht unter die Buchstaben b bis d fällt, sobald der Verbraucher oder ein von ihm benannter Dritter, der nicht Frachtführer ist, die Waren erhalten hat,
   b) bei dem der Verbraucher mehrere Waren im Rahmen einer einheitlichen Bestellung bestellt hat und die Waren getrennt geliefert werden, sobald der Verbraucher oder ein von ihm benannter Dritter, der nicht Frachtführer ist, die letzte Ware erhalten hat,
   c) bei dem die Ware in mehreren Teilsendungen oder Stücken geliefert wird, sobald der Verbraucher oder ein vom Verbraucher benannter Dritter, der

[1)] Nr. **16**.

nicht Frachtführer ist, die letzte Teilsendung oder das letzte Stück erhalten hat,

d) der auf die regelmäßige Lieferung von Waren über einen festgelegten Zeitraum gerichtet ist, sobald der Verbraucher oder ein von ihm benannter Dritter, der nicht Frachtführer ist, die erste Ware erhalten hat,

2. bei einem Vertrag, der die nicht in einem begrenzten Volumen oder in einer bestimmten Menge angebotene Lieferung von Wasser, Gas oder Strom, die Lieferung von Fernwärme oder die Lieferung von nicht auf einem körperlichen Datenträger befindlichen digitalen Inhalten zum Gegenstand hat, mit Vertragsschluss.

(3) [1] Die Widerrufsfrist beginnt nicht, bevor der Unternehmer den Verbraucher entsprechend den Anforderungen des Artikels 246a § 1 Absatz 2 Satz 1 Nummer 1 oder des Artikels 246b § 2 Absatz 1 des Einführungsgesetzes zum Bürgerlichen Gesetzbuche unterrichtet hat. [2] Das Widerrufsrecht erlischt spätestens zwölf Monate und 14 Tage nach dem in Absatz 2 oder § 355 Absatz 2 Satz 2 genannten Zeitpunkt. [3] Satz 2 ist auf Verträge über Finanzdienstleistungen nicht anwendbar.

(4) [1] Das Widerrufsrecht erlischt bei einem Vertrag zur Erbringung von Dienstleistungen auch dann, wenn der Unternehmer die Dienstleistung vollständig erbracht hat und mit der Ausführung der Dienstleistung erst begonnen hat, nachdem der Verbraucher dazu seine ausdrückliche Zustimmung gegeben hat und gleichzeitig seine Kenntnis davon bestätigt hat, dass er sein Widerrufsrecht bei vollständiger Vertragserfüllung durch den Unternehmer verliert. [2] Bei einem außerhalb von Geschäftsräumen geschlossenen Vertrag muss die Zustimmung des Verbrauchers auf einem dauerhaften Datenträger übermittelt werden. [3] Bei einem Vertrag über die Erbringung von Finanzdienstleistungen erlischt das Widerrufsrecht abweichend von Satz 1, wenn der Vertrag von beiden Seiten auf ausdrücklichen Wunsch des Verbrauchers vollständig erfüllt ist, bevor der Verbraucher sein Widerrufsrecht ausübt.

(5) Das Widerrufsrecht erlischt bei einem Vertrag über die Lieferung von nicht auf einem körperlichen Datenträger befindlichen digitalen Inhalten auch dann, wenn der Unternehmer mit der Ausführung des Vertrags begonnen hat, nachdem der Verbraucher

1. ausdrücklich zugestimmt hat, dass der Unternehmer mit der Ausführung des Vertrags vor Ablauf der Widerrufsfrist beginnt, und
2. seine Kenntnis davon bestätigt hat, dass er durch seine Zustimmung mit Beginn der Ausführung des Vertrags sein Widerrufsrecht verliert.

§ 356a Widerrufsrecht bei Teilzeit-Wohnrechteverträgen, Verträgen über ein langfristiges Urlaubsprodukt, bei Vermittlungsverträgen und Tauschsystemverträgen. (1) Der Widerruf ist in Textform zu erklären.

(2) [1] Die Widerrufsfrist beginnt mit dem Zeitpunkt des Vertragsschlusses oder des Abschlusses eines Vorvertrags. [2] Erhält der Verbraucher die Vertragsurkunde oder die Abschrift des Vertrags erst nach Vertragsschluss, beginnt die Widerrufsfrist mit dem Zeitpunkt des Erhalts.

(3) [1] Sind dem Verbraucher die in § 482 Absatz 1 bezeichneten vorvertraglichen Informationen oder das in Artikel 242 § 1 Absatz 2 des Einführungsgesetzes zum Bürgerlichen Gesetzbuche bezeichnete Formblatt vor Vertrags-

schluss nicht, nicht vollständig oder nicht in der in § 483 Absatz 1 vorgeschriebenen Sprache überlassen worden, so beginnt die Widerrufsfrist abweichend von Absatz 2 erst mit dem vollständigen Erhalt der vorvertraglichen Informationen und des Formblatts in der vorgeschriebenen Sprache. [2] Das Widerrufsrecht erlischt spätestens drei Monate und 14 Tage nach dem in Absatz 2 genannten Zeitpunkt.

(4) [1] Ist dem Verbraucher die in § 482a bezeichnete Widerrufsbelehrung vor Vertragsschluss nicht, nicht vollständig oder nicht in der in § 483 Absatz 1 vorgeschriebenen Sprache überlassen worden, so beginnt die Widerrufsfrist abweichend von Absatz 2 erst mit dem vollständigen Erhalt der Widerrufsbelehrung in der vorgeschriebenen Sprache. [2] Das Widerrufsrecht erlischt gegebenenfalls abweichend von Absatz 3 Satz 2 spätestens zwölf Monate und 14 Tage nach dem in Absatz 2 genannten Zeitpunkt.

(5) [1] Hat der Verbraucher einen Teilzeit-Wohnrechtevertrag und einen Tauschsystemvertrag abgeschlossen und sind ihm diese Verträge zum gleichen Zeitpunkt angeboten worden, so beginnt die Widerrufsfrist für beide Verträge mit dem nach Absatz 2 für den Teilzeit-Wohnrechtevertrag geltenden Zeitpunkt. [2] Die Absätze 3 und 4 gelten entsprechend.

§ 356b Widerrufsrecht bei Verbraucherdarlehensverträgen.

(1) Die Widerrufsfrist beginnt auch nicht, bevor der Darlehensgeber dem Darlehensnehmer eine für diesen bestimmte Vertragsurkunde, den schriftlichen Antrag des Darlehensnehmers oder eine Abschrift der Vertragsurkunde oder seines Antrags zur Verfügung gestellt hat.

(2) [1] Enthält bei einem Allgemein-Verbraucherdarlehensvertrag die dem Darlehensnehmer nach Absatz 1 zur Verfügung gestellte Urkunde die Pflichtangaben nach § 492 Absatz 2 nicht, beginnt die Frist erst mit Nachholung dieser Angaben gemäß § 492 Absatz 6. [2] Enthält bei einem Immobiliar-Verbraucherdarlehensvertrag die dem Darlehensnehmer nach Absatz 1 zur Verfügung gestellte Urkunde die Pflichtangaben zum Widerrufsrecht nach § 492 Absatz 2 in Verbindung mit Artikel 247 § 6 Absatz 2 des Einführungsgesetzes zum Bürgerlichen Gesetzbuche nicht, beginnt die Frist erst mit Nachholung dieser Angaben gemäß § 492 Absatz 6. [3] In den Fällen der Sätze 1 und 2 beträgt die Widerrufsfrist einen Monat. [4] Das Widerrufsrecht bei einem Immobiliar-Verbraucherdarlehensvertrag erlischt spätestens zwölf Monate und 14 Tage nach dem Vertragsschluss oder nach dem in Absatz 1 genannten Zeitpunkt, wenn dieser nach dem Vertragsschluss liegt.

(3) Die Widerrufsfrist beginnt im Falle des § 494 Absatz 7 bei einem Allgemein-Verbraucherdarlehensvertrag erst, wenn der Darlehensnehmer die dort bezeichnete Abschrift des Vertrags erhalten hat.

§ 356c Widerrufsrecht bei Ratenlieferungsverträgen. (1) Bei einem Ratenlieferungsvertrag, der weder im Fernabsatz noch außerhalb von Geschäftsräumen geschlossenen wird, beginnt die Widerrufsfrist nicht, bevor der Unternehmer den Verbraucher gemäß Artikel 246 Absatz 3 des Einführungsgesetzes zum Bürgerlichen Gesetzbuche[1] über sein Widerrufsrecht unterrichtet hat.

---

[1] Nr. **16**.

(2) [1] § 356 Absatz 1 gilt entsprechend. [2] Das Widerrufsrecht erlischt spätestens zwölf Monate und 14 Tage nach dem in § 355 Absatz 2 Satz 2 genannten Zeitpunkt.

§ 356d Widerrufsrecht des Verbrauchers bei unentgeltlichen Darlehensverträgen und unentgeltlichen Finanzierungshilfen. [1] Bei einem Vertrag, durch den ein Unternehmer einem Verbraucher ein unentgeltliches Darlehen oder eine unentgeltliche Finanzierungshilfe gewährt, beginnt die Widerrufsfrist abweichend von § 355 Absatz 2 Satz 2 nicht, bevor der Unternehmer den Verbraucher entsprechend den Anforderungen des § 514 Absatz 2 Satz 3 über dessen Widerrufsrecht unterrichtet hat. [2] Das Widerrufsrecht erlischt spätestens zwölf Monate und 14 Tage nach dem Vertragsschluss oder nach dem in Satz 1 genannten Zeitpunkt, wenn dieser nach dem Vertragsschluss liegt.

§ 356e Widerrufsrecht bei Verbraucherbauverträgen. [1] Bei einem Verbraucherbauvertrag (§ 650i Absatz 1) beginnt die Widerrufsfrist nicht, bevor der Unternehmer den Verbraucher gemäß Artikel 249 § 3 des Einführungsgesetzes zum Bürgerlichen Gesetzbuche über sein Widerrufsrecht belehrt hat. [2] Das Widerrufsrecht erlischt spätestens zwölf Monate und 14 Tage nach dem in § 355 Absatz 2 Satz 2 genannten Zeitpunkt.

§ 357 Rechtsfolgen des Widerrufs von außerhalb von Geschäftsräumen geschlossenen Verträgen und Fernabsatzverträgen mit Ausnahme von Verträgen über Finanzdienstleistungen. (1) Die empfangenen Leistungen sind spätestens nach 14 Tagen zurückzugewähren.

(2) [1] Der Unternehmer muss auch etwaige Zahlungen des Verbrauchers für die Lieferung zurückgewähren. [2] Dies gilt nicht, soweit dem Verbraucher zusätzliche Kosten entstanden sind, weil er sich für eine andere Art der Lieferung als die vom Unternehmer angebotene günstigste Standardlieferung entschieden hat.

(3) [1] Für die Rückzahlung muss der Unternehmer dasselbe Zahlungsmittel verwenden, das der Verbraucher bei der Zahlung verwendet hat. [2] Satz 1 gilt nicht, wenn ausdrücklich etwas anderes vereinbart worden ist und dem Verbraucher dadurch keine Kosten entstehen.

(4) [1] Bei einem Verbrauchsgüterkauf kann der Unternehmer die Rückzahlung verweigern, bis er die Waren zurückerhalten hat oder der Verbraucher den Nachweis erbracht hat, dass er die Waren abgesandt hat. [2] Dies gilt nicht, wenn der Unternehmer angeboten hat, die Waren abzuholen.

(5) Der Verbraucher ist nicht verpflichtet, die empfangenen Waren zurückzusenden, wenn der Unternehmer angeboten hat, die Waren abzuholen.

(6) [1] Der Verbraucher trägt die unmittelbaren Kosten der Rücksendung der Waren, wenn der Unternehmer den Verbraucher nach Artikel 246a § 1 Absatz 2 Satz 1 Nummer 2 des Einführungsgesetzes zum Bürgerlichen Gesetzbuche[1)] von dieser Pflicht unterrichtet hat. [2] Satz 1 gilt nicht, wenn der Unternehmer sich bereit erklärt hat, diese Kosten zu tragen. [3] Bei außerhalb von Geschäftsräumen geschlossenen Verträgen, bei denen die Waren zum Zeitpunkt des Vertragsschlusses zur Wohnung des Verbrauchers geliefert worden sind, ist der

---

[1)] Nr. **16**.

Unternehmer verpflichtet, die Waren auf eigene Kosten abzuholen, wenn die Waren so beschaffen sind, dass sie nicht per Post zurückgesandt werden können.

(7) Der Verbraucher hat Wertersatz für einen Wertverlust der Ware zu leisten, wenn

1. der Wertverlust auf einen Umgang mit den Waren zurückzuführen ist, der zur Prüfung der Beschaffenheit, der Eigenschaften und der Funktionsweise der Waren nicht notwendig war, und
2. der Unternehmer den Verbraucher nach Artikel 246a § 1 Absatz 2 Satz 1 Nummer 1 des Einführungsgesetzes zum Bürgerlichen Gesetzbuche über sein Widerrufsrecht unterrichtet hat.

(8) [1] Widerruft der Verbraucher einen Vertrag über die Erbringung von Dienstleistungen oder über die Lieferung von Wasser, Gas oder Strom in nicht bestimmten Mengen oder nicht begrenztem Volumen oder über die Lieferung von Fernwärme, so schuldet der Verbraucher dem Unternehmer Wertersatz für die bis zum Widerruf erbrachte Leistung, wenn der Verbraucher von dem Unternehmer ausdrücklich verlangt hat, dass dieser mit der Leistung vor Ablauf der Widerrufsfrist beginnt. [2] Der Anspruch aus Satz 1 besteht nur, wenn der Unternehmer den Verbraucher nach Artikel 246a § 1 Absatz 2 Satz 1 Nummer 1 und 3 des Einführungsgesetzes zum Bürgerlichen Gesetzbuche ordnungsgemäß informiert hat. [3] Bei außerhalb von Geschäftsräumen geschlossenen Verträgen besteht der Anspruch nach Satz 1 nur dann, wenn der Verbraucher sein Verlangen nach Satz 1 auf einem dauerhaften Datenträger übermittelt hat. [4] Bei der Berechnung des Wertersatzes ist der vereinbarte Gesamtpreis zu Grunde zu legen. [5] Ist der vereinbarte Gesamtpreis unverhältnismäßig hoch, ist der Wertersatz auf der Grundlage des Marktwerts der erbrachten Leistung zu berechnen.

(9) Widerruft der Verbraucher einen Vertrag über die Lieferung von nicht auf einem körperlichen Datenträger befindlichen digitalen Inhalten, so hat er keinen Wertersatz zu leisten.

§ 357a Rechtsfolgen des Widerrufs von Verträgen über Finanzdienstleistungen. (1) Die empfangenen Leistungen sind spätestens nach 30 Tagen zurückzugewähren.

(2) [1] Im Falle des Widerrufs von außerhalb von Geschäftsräumen geschlossenen Verträgen oder Fernabsatzverträgen über Finanzdienstleistungen ist der Verbraucher zur Zahlung von Wertersatz für die vom Unternehmer bis zum Widerruf erbrachte Dienstleistung verpflichtet, wenn er

1. vor Abgabe seiner Vertragserklärung auf diese Rechtsfolge hingewiesen worden ist und
2. ausdrücklich zugestimmt hat, dass der Unternehmer vor Ende der Widerrufsfrist mit der Ausführung der Dienstleistung beginnt.

[2] Im Falle des Widerrufs von Verträgen über eine entgeltliche Finanzierungshilfe, die von der Ausnahme des § 506 Absatz 4 erfasst sind, gilt auch § 357 Absatz 5 bis 8 entsprechend. [3] Ist Gegenstand des Vertrags über die entgeltliche Finanzierungshilfe die Lieferung von nicht auf einem körperlichen Datenträger befindlichen digitalen Inhalten, hat der Verbraucher Wertersatz für die bis zum Widerruf gelieferten digitalen Inhalte zu leisten, wenn er

1. vor Abgabe seiner Vertragserklärung auf diese Rechtsfolge hingewiesen worden ist und
2. ausdrücklich zugestimmt hat, dass der Unternehmer vor Ende der Widerrufsfrist mit der Lieferung der digitalen Inhalte beginnt.

[4] Ist im Vertrag eine Gegenleistung bestimmt, ist sie bei der Berechnung des Wertersatzes zu Grunde zu legen. [5] Ist der vereinbarte Gesamtpreis unverhältnismäßig hoch, ist der Wertersatz auf der Grundlage des Marktwerts der erbrachten Leistung zu berechnen.

(3) [1] Im Falle des Widerrufs von Verbraucherdarlehensverträgen hat der Darlehensnehmer für den Zeitraum zwischen der Auszahlung und der Rückzahlung des Darlehens den vereinbarten Sollzins zu entrichten. [2] Bei einem Immobiliar-Verbraucherdarlehen kann nachgewiesen werden, dass der Wert des Gebrauchsvorteils niedriger war als der vereinbarte Sollzins. [3] In diesem Fall ist nur der niedrigere Betrag geschuldet. [4] Im Falle des Widerrufs von Verträgen über eine entgeltliche Finanzierungshilfe, die nicht von der Ausnahme des § 506 Absatz 4 erfasst sind, gilt auch Absatz 2 entsprechend mit der Maßgabe, dass an die Stelle der Unterrichtung über das Widerrufsrecht die Pflichtangaben nach Artikel 247 § 12 Absatz 1 in Verbindung mit § 6 Absatz 2 des Einführungsgesetzes zum Bürgerlichen Gesetzbuche, die das Widerrufsrecht betreffen, treten. [5] Darüber hinaus hat der Darlehensnehmer dem Darlehensgeber nur die Aufwendungen zu ersetzen, die der Darlehensgeber gegenüber öffentlichen Stellen erbracht hat und nicht zurückverlangen kann.

§ 357b Rechtsfolgen des Widerrufs von Teilzeit-Wohnrechteverträgen, Verträgen über ein langfristiges Urlaubsprodukt, Vermittlungsverträgen und Tauschsystemverträgen. (1) [1] Der Verbraucher hat im Falle des Widerrufs keine Kosten zu tragen. [2] Die Kosten des Vertrags, seiner Durchführung und seiner Rückabwicklung hat der Unternehmer dem Verbraucher zu erstatten. [3] Eine Vergütung für geleistete Dienste sowie für die Überlassung von Wohngebäuden zur Nutzung ist ausgeschlossen.

(2) Der Verbraucher hat für einen Wertverlust der Unterkunft im Sinne des § 481 nur Wertersatz zu leisten, soweit der Wertverlust auf einer nicht bestimmungsgemäßen Nutzung der Unterkunft beruht.

§ 357c Rechtsfolgen des Widerrufs von weder im Fernabsatz noch außerhalb von Geschäftsräumen geschlossenen Ratenlieferungsverträgen. [1] Für die Rückgewähr der empfangenen Leistungen gilt § 357 Absatz 1 bis 5 entsprechend. [2] Der Verbraucher trägt die unmittelbaren Kosten der Rücksendung der empfangenen Sachen, es sei denn, der Unternehmer hat sich bereit erklärt, diese Kosten zu tragen. [3] § 357 Absatz 7 ist mit der Maßgabe entsprechend anzuwenden, dass an die Stelle der Unterrichtung nach Artikel 246a § 1 Absatz 2 Satz 1 Nummer 1 des Einführungsgesetzes zum Bürgerlichen Gesetzbuche[1)] die Unterrichtung nach Artikel 246 Absatz 3 des Einführungsgesetzes zum Bürgerlichen Gesetzbuche tritt.

[1)] Nr. **16**.

§ 357d Rechtsfolgen des Widerrufs bei Verbraucherbauverträgen. [1] Ist die Rückgewähr der bis zum Widerruf erbrachten Leistung ihrer Natur nach ausgeschlossen, schuldet der Verbraucher dem Unternehmer Wertersatz. [2] Bei der Berechnung des Wertersatzes ist die vereinbarte Vergütung zugrunde zu legen. [3] Ist die vereinbarte Vergütung unverhältnismäßig hoch, ist der Wertersatz auf der Grundlage des Marktwertes der erbrachten Leistung zu berechnen.

§ 358 Mit dem widerrufenen Vertrag verbundener Vertrag. (1) Hat der Verbraucher seine auf den Abschluss eines Vertrags über die Lieferung einer Ware oder die Erbringung einer anderen Leistung durch einen Unternehmer gerichtete Willenserklärung wirksam widerrufen, so ist er auch an seine auf den Abschluss eines mit diesem Vertrag verbundenen Darlehensvertrags gerichtete Willenserklärung nicht mehr gebunden.

(2) Hat der Verbraucher seine auf den Abschluss eines Darlehensvertrags gerichtete Willenserklärung auf Grund des § 495 Absatz 1 oder des § 514 Absatz 2 Satz 1 wirksam widerrufen, so ist er auch nicht mehr an diejenige Willenserklärung gebunden, die auf den Abschluss eines mit diesem Darlehensvertrag verbundenen Vertrags über die Lieferung einer Ware oder die Erbringung einer anderen Leistung gerichtet ist.

(3) [1] Ein Vertrag über die Lieferung einer Ware oder über die Erbringung einer anderen Leistung und ein Darlehensvertrag nach den Absätzen 1 oder 2 sind verbunden, wenn das Darlehen ganz oder teilweise der Finanzierung des anderen Vertrags dient und beide Verträge eine wirtschaftliche Einheit bilden. [2] Eine wirtschaftliche Einheit ist insbesondere anzunehmen, wenn der Unternehmer selbst die Gegenleistung des Verbrauchers finanziert, oder im Falle der Finanzierung durch einen Dritten, wenn sich der Darlehensgeber bei der Vorbereitung oder dem Abschluss des Darlehensvertrags der Mitwirkung des Unternehmers bedient. [3] Bei einem finanzierten Erwerb eines Grundstücks oder eines grundstücksgleichen Rechts ist eine wirtschaftliche Einheit nur anzunehmen, wenn der Darlehensgeber selbst dem Verbraucher das Grundstück oder das grundstücksgleiche Recht verschafft oder wenn er über die Zurverfügungstellung von Darlehen hinaus den Erwerb des Grundstücks oder grundstücksgleichen Rechts durch Zusammenwirken mit dem Unternehmer fördert, indem er sich dessen Veräußerungsinteressen ganz oder teilweise zu Eigen macht, bei der Planung, Werbung oder Durchführung des Projekts Funktionen des Veräußerers übernimmt oder den Veräußerer einseitig begünstigt.

(4) [1] Auf die Rückabwicklung des verbundenen Vertrags sind unabhängig von der Vertriebsform § 355 Absatz 3 und, je nach Art des verbundenen Vertrags, die §§ 357 bis 357b entsprechend anzuwenden. [2] Ist der verbundene Vertrag ein Vertrag über die Lieferung von nicht auf einem körperlichen Datenträger befindlichen digitalen Inhalten und hat der Unternehmer dem Verbraucher eine Abschrift oder Bestätigung des Vertrags nach § 312f zur Verfügung gestellt, hat der Verbraucher abweichend von § 357 Absatz 9 unter den Voraussetzungen des § 356 Absatz 5 zweiter und dritter Halbsatz Wertersatz für die bis zum Widerruf gelieferten digitalen Inhalte zu leisten. [3] Ist der verbundene Vertrag ein im Fernabsatz oder außerhalb von Geschäftsräumen geschlossener Ratenlieferungsvertrag, ist neben § 355 Absatz 3 auch § 357 entsprechend anzuwenden; im Übrigen gelten für verbundene Ratenliefe-

rungsverträge § 355 Absatz 3 und § 357c entsprechend. [4] Im Falle des Absatzes 1 sind jedoch Ansprüche auf Zahlung von Zinsen und Kosten aus der Rückabwicklung des Darlehensvertrags gegen den Verbraucher ausgeschlossen. [5] Der Darlehensgeber tritt im Verhältnis zum Verbraucher hinsichtlich der Rechtsfolgen des Widerrufs in die Rechte und Pflichten des Unternehmers aus dem verbundenen Vertrag ein, wenn das Darlehen dem Unternehmer bei Wirksamwerden des Widerrufs bereits zugeflossen ist.

(5) Die Absätze 2 und 4 sind nicht anzuwenden auf Darlehensverträge, die der Finanzierung des Erwerbs von Finanzinstrumenten dienen.

§ 359 Einwendungen bei verbundenen Verträgen. (1) [1] Der Verbraucher kann die Rückzahlung des Darlehens verweigern, soweit Einwendungen aus dem verbundenen Vertrag ihn gegenüber dem Unternehmer, mit dem er den verbundenen Vertrag geschlossen hat, zur Verweigerung seiner Leistung berechtigen würden. [2] Dies gilt nicht bei Einwendungen, die auf einer Vertragsänderung beruhen, welche zwischen diesem Unternehmer und dem Verbraucher nach Abschluss des Darlehensvertrags vereinbart wurde. [3] Kann der Verbraucher Nacherfüllung verlangen, so kann er die Rückzahlung des Darlehens erst verweigern, wenn die Nacherfüllung fehlgeschlagen ist.

(2) Absatz 1 ist nicht anzuwenden auf Darlehensverträge, die der Finanzierung des Erwerbs von Finanzinstrumenten dienen, oder wenn das finanzierte Entgelt weniger als 200 Euro beträgt.

§ 360 Zusammenhängende Verträge. (1) [1] Hat der Verbraucher seine auf den Abschluss eines Vertrags gerichtete Willenserklärung wirksam widerrufen und liegen die Voraussetzungen für einen verbundenen Vertrag nicht vor, so ist er auch an seine auf den Abschluss eines damit zusammenhängenden Vertrags gerichtete Willenserklärung nicht mehr gebunden. [2] Auf die Rückabwicklung des zusammenhängenden Vertrags ist § 358 Absatz 4 Satz 1 bis 3 entsprechend anzuwenden. [3] Widerruft der Verbraucher einen Teilzeit-Wohnrechtevertrag oder einen Vertrag über ein langfristiges Urlaubsprodukt, hat er auch für den zusammenhängenden Vertrag keine Kosten zu tragen; § 357b Absatz 1 Satz 2 und 3 gilt entsprechend.

(2) [1] Ein zusammenhängender Vertrag liegt vor, wenn er einen Bezug zu dem widerrufenen Vertrag aufweist und eine Leistung betrifft, die von dem Unternehmer des widerrufenen Vertrags oder einem Dritten auf der Grundlage einer Vereinbarung zwischen dem Dritten und dem Unternehmer des widerrufenen Vertrags erbracht wird. [2] Ein Darlehensvertrag ist auch dann ein zusammenhängender Vertrag, wenn das Darlehen, das ein Unternehmer einem Verbraucher gewährt, ausschließlich der Finanzierung des widerrufenen Vertrags dient und die Leistung des Unternehmers aus dem widerrufenen Vertrag in dem Darlehensvertrag genau angegeben ist.

§ 361 Weitere Ansprüche, abweichende Vereinbarungen und Beweislast. (1) Über die Vorschriften dieses Untertitels hinaus bestehen keine weiteren Ansprüche gegen den Verbraucher infolge des Widerrufs.

(2) [1] Von den Vorschriften dieses Untertitels darf, soweit nicht ein anderes bestimmt ist, nicht zum Nachteil des Verbrauchers abgewichen werden. [2] Die Vorschriften dieses Untertitels finden, soweit nichts anderes bestimmt ist, auch Anwendung, wenn sie durch anderweitige Gestaltungen umgangen werden.

(3) Ist der Beginn der Widerrufsfrist streitig, so trifft die Beweislast den Unternehmer.

Abschnitt 8. Einzelne Schuldverhältnisse

Titel 1. Kauf, Tausch[1)]

Untertitel 1. Allgemeine Vorschriften

§ 433 Vertragstypische Pflichten beim Kaufvertrag. (1) [1] Durch den Kaufvertrag wird der Verkäufer einer Sache verpflichtet, dem Käufer die Sache zu übergeben und das Eigentum an der Sache zu verschaffen. [2] Der Verkäufer hat dem Käufer die Sache frei von Sach- und Rechtsmängeln zu verschaffen.

(2) Der Käufer ist verpflichtet, dem Verkäufer den vereinbarten Kaufpreis zu zahlen und die gekaufte Sache abzunehmen.

§ 434 Sachmangel. (1) [1] Die Sache ist frei von Sachmängeln, wenn sie bei Gefahrübergang die vereinbarte Beschaffenheit hat. [2] Soweit die Beschaffenheit nicht vereinbart ist, ist die Sache frei von Sachmängeln,

1. wenn sie sich für die nach dem Vertrag vorausgesetzte Verwendung eignet, sonst
2. wenn sie sich für die gewöhnliche Verwendung eignet und eine Beschaffenheit aufweist, die bei Sachen der gleichen Art üblich ist und die der Käufer nach der Art der Sache erwarten kann.

[3] Zu der Beschaffenheit nach Satz 2 Nr. 2 gehören auch Eigenschaften, die der Käufer nach den öffentlichen Äußerungen des Verkäufers, des Herstellers (§ 4 Abs. 1 und 2 des Produkthaftungsgesetzes[2)]) oder seines Gehilfen insbesondere in der Werbung oder bei der Kennzeichnung über bestimmte Eigenschaften der Sache erwarten kann, es sei denn, dass der Verkäufer die Äußerung nicht kannte und auch nicht kennen musste, dass sie im Zeitpunkt des Vertragsschlusses in gleichwertiger Weise berichtigt war oder dass sie die Kaufentscheidung nicht beeinflussen konnte.

(2) [1] Ein Sachmangel ist auch dann gegeben, wenn die vereinbarte Montage durch den Verkäufer oder dessen Erfüllungsgehilfen unsachgemäß durchgeführt worden ist. [2] Ein Sachmangel liegt bei einer zur Montage bestimmten Sache ferner vor, wenn die Montageanleitung mangelhaft ist, es sei denn, die Sache ist fehlerfrei montiert worden.

(3) Einem Sachmangel steht es gleich, wenn der Verkäufer eine andere Sache oder eine zu geringe Menge liefert.

§ 435 Rechtsmangel. [1] Die Sache ist frei von Rechtsmängeln, wenn Dritte in Bezug auf die Sache keine oder nur die im Kaufvertrag übernommenen Rechte gegen den Käufer geltend machen können. [2] Einem Rechtsmangel steht es gleich, wenn im Grundbuch ein Recht eingetragen ist, das nicht besteht.

[1)] **Amtl. Anm.:** Dieser Titel dient der Umsetzung der Richtlinie 1999/44/EG des Europäischen Parlaments und des Rates vom 25. Mai 1999 zu bestimmten Aspekten des Verbrauchsgüterkaufs und der Garantien für Verbrauchsgüter (ABl. EG Nr. L 171 S. 12).

[2)] Nr. **18**.

§ 437 Rechte des Käufers bei Mängeln. Ist die Sache mangelhaft, kann der Käufer, wenn die Voraussetzungen der folgenden Vorschriften vorliegen und soweit nicht ein anderes bestimmt ist,

1. nach § 439 Nacherfüllung verlangen,
2. nach den §§ 440, 323 und 326 Abs. 5 von dem Vertrag zurücktreten oder nach § 441 den Kaufpreis mindern und
3. nach den §§ 440, 280, 281, 283 und 311a Schadensersatz oder nach § 284 Ersatz vergeblicher Aufwendungen verlangen.

§ 438 Verjährung der Mängelansprüche. (1) Die in § 437 Nr. 1 und 3 bezeichneten Ansprüche verjähren

1. in 30 Jahren, wenn der Mangel
   a) in einem dinglichen Recht eines Dritten, auf Grund dessen Herausgabe der Kaufsache verlangt werden kann, oder
   b) in einem sonstigen Recht, das im Grundbuch eingetragen ist,

   besteht,
2. in fünf Jahren
   a) bei einem Bauwerk und
   b) bei einer Sache, die entsprechend ihrer üblichen Verwendungsweise für ein Bauwerk verwendet worden ist und dessen Mangelhaftigkeit verursacht hat, und
3. im Übrigen in zwei Jahren.

(2) Die Verjährung beginnt bei Grundstücken mit der Übergabe, im Übrigen mit der Ablieferung der Sache.

(3) [1] Abweichend von Absatz 1 Nr. 2 und 3 und Absatz 2 verjähren die Ansprüche in der regelmäßigen Verjährungsfrist, wenn der Verkäufer den Mangel arglistig verschwiegen hat. [2] Im Falle des Absatzes 1 Nr. 2 tritt die Verjährung jedoch nicht vor Ablauf der dort bestimmten Frist ein.

(4) [1] Für das in § 437 bezeichnete Rücktrittsrecht gilt § 218. [2] Der Käufer kann trotz einer Unwirksamkeit des Rücktritts nach § 218 Abs. 1 die Zahlung des Kaufpreises insoweit verweigern, als er auf Grund des Rücktritts dazu berechtigt sein würde. [3] Macht er von diesem Recht Gebrauch, kann der Verkäufer vom Vertrag zurücktreten.

(5) Auf das in § 437 bezeichnete Minderungsrecht finden § 218 und Absatz 4 Satz 2 entsprechende Anwendung.

§ 439 Nacherfüllung. (1) Der Käufer kann als Nacherfüllung nach seiner Wahl die Beseitigung des Mangels oder die Lieferung einer mangelfreien Sache verlangen.

(2) Der Verkäufer hat die zum Zwecke der Nacherfüllung erforderlichen Aufwendungen, insbesondere Transport-, Wege-, Arbeits- und Materialkosten zu tragen.

(3) [1] Hat der Käufer die mangelhafte Sache gemäß ihrer Art und ihrem Verwendungszweck in eine andere Sache eingebaut oder an eine andere Sache angebracht, ist der Verkäufer im Rahmen der Nacherfüllung verpflichtet, dem Käufer die erforderlichen Aufwendungen für das Entfernen der mangelhaften

und den Einbau oder das Anbringen der nachgebesserten oder gelieferten mangelfreien Sache zu ersetzen. [2] § 442 Absatz 1 ist mit der Maßgabe anzuwenden, dass für die Kenntnis des Käufers an die Stelle des Vertragsschlusses der Einbau oder das Anbringen der mangelhaften Sache durch den Käufer tritt.

(4) [1] Der Verkäufer kann die vom Käufer gewählte Art der Nacherfüllung unbeschadet des § 275 Abs. 2 und 3 verweigern, wenn sie nur mit unverhältnismäßigen Kosten möglich ist. [2] Dabei sind insbesondere der Wert der Sache in mangelfreiem Zustand, die Bedeutung des Mangels und die Frage zu berücksichtigen, ob auf die andere Art der Nacherfüllung ohne erhebliche Nachteile für den Käufer zurückgegriffen werden könnte. [3] Der Anspruch des Käufers beschränkt sich in diesem Fall auf die andere Art der Nacherfüllung; das Recht des Verkäufers, auch diese unter den Voraussetzungen des Satzes 1 zu verweigern, bleibt unberührt.

(5) Liefert der Verkäufer zum Zwecke der Nacherfüllung eine mangelfreie Sache, so kann er vom Käufer Rückgewähr der mangelhaften Sache nach Maßgabe der §§ 346 bis 348 verlangen.

§ 440 Besondere Bestimmungen für Rücktritt und Schadensersatz.

[1] Außer in den Fällen des § 281 Absatz 2 und des § 323 Absatz 2 bedarf es der Fristsetzung auch dann nicht, wenn der Verkäufer beide Arten der Nacherfüllung gemäß § 439 Absatz 4 verweigert oder wenn die dem Käufer zustehende Art der Nacherfüllung fehlgeschlagen oder ihm unzumutbar ist. [2] Eine Nachbesserung gilt nach dem erfolglosen zweiten Versuch als fehlgeschlagen, wenn sich nicht insbesondere aus der Art der Sache oder des Mangels oder den sonstigen Umständen etwas anderes ergibt.

§ 441 Minderung. (1) [1] Statt zurückzutreten, kann der Käufer den Kaufpreis durch Erklärung gegenüber dem Verkäufer mindern. [2] Der Ausschlussgrund des § 323 Abs. 5 Satz 2 findet keine Anwendung.

(2) Sind auf der Seite des Käufers oder auf der Seite des Verkäufers mehrere beteiligt, so kann die Minderung nur von allen oder gegen alle erklärt werden.

(3) [1] Bei der Minderung ist der Kaufpreis in dem Verhältnis herabzusetzen, in welchem zur Zeit des Vertragsschlusses der Wert der Sache in mangelfreiem Zustand zu dem wirklichen Wert gestanden haben würde. [2] Die Minderung ist, soweit erforderlich, durch Schätzung zu ermitteln.

(4) [1] Hat der Käufer mehr als den geminderten Kaufpreis gezahlt, so ist der Mehrbetrag vom Verkäufer zu erstatten. [2] § 346 Abs. 1 und § 347 Abs. 1 finden entsprechende Anwendung.

§ 442 Kenntnis des Käufers. (1) [1] Die Rechte des Käufers wegen eines Mangels sind ausgeschlossen, wenn er bei Vertragsschluss den Mangel kennt. [2] Ist dem Käufer ein Mangel infolge grober Fahrlässigkeit unbekannt geblieben, kann der Käufer Rechte wegen dieses Mangels nur geltend machen, wenn der Verkäufer den Mangel arglistig verschwiegen oder eine Garantie für die Beschaffenheit der Sache übernommen hat.

(2) Ein im Grundbuch eingetragenes Recht hat der Verkäufer zu beseitigen, auch wenn es der Käufer kennt.

§ 443 Garantie. (1) Geht der Verkäufer, der Hersteller oder ein sonstiger Dritter in einer Erklärung oder einschlägigen Werbung, die vor oder bei Abschluss des Kaufvertrags verfügbar war, zusätzlich zu der gesetzlichen Mängelhaftung insbesondere die Verpflichtung ein, den Kaufpreis zu erstatten, die Sache auszutauschen, nachzubessern oder in ihrem Zusammenhang Dienstleistungen zu erbringen, falls die Sache nicht diejenige Beschaffenheit aufweist oder andere als die Mängelfreiheit betreffende Anforderungen nicht erfüllt, die in der Erklärung oder einschlägigen Werbung beschrieben sind (Garantie), stehen dem Käufer im Garantiefall unbeschadet der gesetzlichen Ansprüche die Rechte aus der Garantie gegenüber demjenigen zu, der die Garantie gegeben hat (Garantiegeber).

(2) Soweit der Garantiegeber eine Garantie dafür übernommen hat, dass die Sache für eine bestimmte Dauer eine bestimmte Beschaffenheit behält (Haltbarkeitsgarantie), wird vermutet, dass ein während ihrer Geltungsdauer auftretender Sachmangel die Rechte aus der Garantie begründet.

§ 444 Haftungsausschluss. Auf eine Vereinbarung, durch welche die Rechte des Käufers wegen eines Mangels ausgeschlossen oder beschränkt werden, kann sich der Verkäufer nicht berufen, soweit er den Mangel arglistig verschwiegen oder eine Garantie für die Beschaffenheit der Sache übernommen hat.

§ 445 Haftungsbegrenzung bei öffentlichen Versteigerungen. Wird eine Sache auf Grund eines Pfandrechts in einer öffentlichen Versteigerung unter der Bezeichnung als Pfand verkauft, so stehen dem Käufer Rechte wegen eines Mangels nur zu, wenn der Verkäufer den Mangel arglistig verschwiegen oder eine Garantie für die Beschaffenheit der Sache übernommen hat.

§ 445a Rückgriff des Verkäufers. (1) Der Verkäufer kann beim Verkauf einer neu hergestellten Sache von dem Verkäufer, der ihm die Sache verkauft hatte (Lieferant), Ersatz der Aufwendungen verlangen, die er im Verhältnis zum Käufer nach § 439 Absatz 2 und 3 sowie § 475 Absatz 4 und 6 zu tragen hatte, wenn der vom Käufer geltend gemachte Mangel bereits beim Übergang der Gefahr auf den Verkäufer vorhanden war.

(2) Für die in § 437 bezeichneten Rechte des Verkäufers gegen seinen Lieferanten bedarf es wegen des vom Käufer geltend gemachten Mangels der sonst erforderlichen Fristsetzung nicht, wenn der Verkäufer die verkaufte neu hergestellte Sache als Folge ihrer Mangelhaftigkeit zurücknehmen musste oder der Käufer den Kaufpreis gemindert hat.

(3) Die Absätze 1 und 2 finden auf die Ansprüche des Lieferanten und der übrigen Käufer in der Lieferkette gegen die jeweiligen Verkäufer entsprechende Anwendung, wenn die Schuldner Unternehmer sind.

(4) § 377 des Handelsgesetzbuchs[1] bleibt unberührt.

§ 445b Verjährung von Rückgriffsansprüchen. (1) Die in § 445a Absatz 1 bestimmten Aufwendungsersatzansprüche verjähren in zwei Jahren ab Ablieferung der Sache.

---

[1] Nr. **19**.

(2) [1]Die Verjährung der in den §§ 437 und 445a Absatz 1 bestimmten Ansprüche des Verkäufers gegen seinen Lieferanten wegen des Mangels einer verkauften neu hergestellten Sache tritt frühestens zwei Monate nach dem Zeitpunkt ein, in dem der Verkäufer die Ansprüche des Käufers erfüllt hat. [2]Diese Ablaufhemmung endet spätestens fünf Jahre nach dem Zeitpunkt, in dem der Lieferant die Sache dem Verkäufer abgeliefert hat.

(3) Die Absätze 1 und 2 finden auf die Ansprüche des Lieferanten und der übrigen Käufer in der Lieferkette gegen die jeweiligen Verkäufer entsprechende Anwendung, wenn die Schuldner Unternehmer sind.

§ 446 Gefahr- und Lastenübergang. [1]Mit der Übergabe der verkauften Sache geht die Gefahr des zufälligen Untergangs und der zufälligen Verschlechterung auf den Käufer über. [2]Von der Übergabe an gebühren dem Käufer die Nutzungen und trägt er die Lasten der Sache. [3]Der Übergabe steht es gleich, wenn der Käufer im Verzug der Annahme ist.

§ 447 Gefahrübergang beim Versendungskauf. (1) Versendet der Verkäufer auf Verlangen des Käufers die verkaufte Sache nach einem anderen Ort als dem Erfüllungsort, so geht die Gefahr auf den Käufer über, sobald der Verkäufer die Sache dem Spediteur, dem Frachtführer oder der sonst zur Ausführung der Versendung bestimmten Person oder Anstalt ausgeliefert hat.

(2) Hat der Käufer eine besondere Anweisung über die Art der Versendung erteilt und weicht der Verkäufer ohne dringenden Grund von der Anweisung ab, so ist der Verkäufer dem Käufer für den daraus entstehenden Schaden verantwortlich.

§ 448 Kosten der Übergabe und vergleichbare Kosten. (1) Der Verkäufer trägt die Kosten der Übergabe der Sache, der Käufer die Kosten der Abnahme und der Versendung der Sache nach einem anderen Ort als dem Erfüllungsort.

(2) Der Käufer eines Grundstücks trägt die Kosten der Beurkundung des Kaufvertrags und der Auflassung, der Eintragung ins Grundbuch und der zu der Eintragung erforderlichen Erklärungen.

§ 449 Eigentumsvorbehalt. (1) Hat sich der Verkäufer einer beweglichen Sache das Eigentum bis zur Zahlung des Kaufpreises vorbehalten, so ist im Zweifel anzunehmen, dass das Eigentum unter der aufschiebenden Bedingung vollständiger Zahlung des Kaufpreises übertragen wird (Eigentumsvorbehalt).

(2) Auf Grund des Eigentumsvorbehalts kann der Verkäufer die Sache nur herausverlangen, wenn er vom Vertrag zurückgetreten ist.

(3) Die Vereinbarung eines Eigentumsvorbehalts ist nichtig, soweit der Eigentumsübergang davon abhängig gemacht wird, dass der Käufer Forderungen eines Dritten, insbesondere eines mit dem Verkäufer verbundenen Unternehmens, erfüllt.

§ 453 Rechtskauf. (1) Die Vorschriften über den Kauf von Sachen finden auf den Kauf von Rechten und sonstigen Gegenständen entsprechende Anwendung.

(2) Der Verkäufer trägt die Kosten der Begründung und Übertragung des Rechts.

(3) Ist ein Recht verkauft, das zum Besitz einer Sache berechtigt, so ist der Verkäufer verpflichtet, dem Käufer die Sache frei von Sach- und Rechtsmängeln zu übergeben.

Untertitel 3. Verbrauchsgüterkauf

§ 474 Verbrauchsgüterkauf. (1) [1] Verbrauchsgüterkäufe sind Verträge, durch die ein Verbraucher von einem Unternehmer eine bewegliche Sache kauft. [2] Um einen Verbrauchsgüterkauf handelt es sich auch bei einem Vertrag, der neben dem Verkauf einer beweglichen Sache die Erbringung einer Dienstleistung durch den Unternehmer zum Gegenstand hat.

(2) [1] Für den Verbrauchsgüterkauf gelten ergänzend die folgenden Vorschriften dieses Untertitels. [2] Dies gilt nicht für gebrauchte Sachen, die in einer öffentlich zugänglichen Versteigerung verkauft werden, an der der Verbraucher persönlich teilnehmen kann.

§ 475 Anwendbare Vorschriften. (1) [1] Ist eine Zeit für die nach § 433 zu erbringenden Leistungen weder bestimmt noch aus den Umständen zu entnehmen, so kann der Gläubiger diese Leistungen abweichend von § 271 Absatz 1 nur unverzüglich verlangen. [2] Der Unternehmer muss die Sache in diesem Fall spätestens 30 Tage nach Vertragsschluss übergeben. [3] Die Vertragsparteien können die Leistungen sofort bewirken.

(2) § 447 Absatz 1 gilt mit der Maßgabe, dass die Gefahr des zufälligen Untergangs und der zufälligen Verschlechterung nur dann auf den Käufer übergeht, wenn der Käufer den Spediteur, den Frachtführer oder die sonst zur Ausführung der Versendung bestimmte Person oder Anstalt mit der Ausführung beauftragt hat und der Unternehmer dem Käufer diese Person oder Anstalt nicht zuvor benannt hat.

(3) [1] § 439 Absatz 5 ist mit der Maßgabe anzuwenden, dass Nutzungen nicht herauszugeben oder durch ihren Wert zu ersetzen sind. [2] Die §§ 445 und 447 Absatz 2 sind nicht anzuwenden.

(4) [1] Ist die eine Art der Nacherfüllung nach § 275 Absatz 1 ausgeschlossen oder kann der Unternehmer diese nach § 275 Absatz 2 oder 3 oder § 439 Absatz 4 Satz 1 verweigern, kann er die andere Art der Nacherfüllung nicht wegen Unverhältnismäßigkeit der Kosten nach § 439 Absatz 4 Satz 1 verweigern. [2] Ist die andere Art der Nacherfüllung wegen der Höhe der Aufwendungen nach § 439 Absatz 2 oder Absatz 3 Satz 1 unverhältnismäßig, kann der Unternehmer den Aufwendungsersatz auf einen angemessenen Betrag beschränken. [3] Bei der Bemessung dieses Betrages sind insbesondere der Wert der Sache in mangelfreiem Zustand und die Bedeutung des Mangels zu berücksichtigen.

(5) § 440 Satz 1 ist auch in den Fällen anzuwenden, in denen der Verkäufer die Nacherfüllung gemäß Absatz 4 Satz 2 beschränkt.

(6) Der Verbraucher kann von dem Unternehmer für Aufwendungen, die ihm im Rahmen der Nacherfüllung gemäß § 439 Absatz 2 und 3 entstehen und die vom Unternehmer zu tragen sind, Vorschuss verlangen.

§ 476 Abweichende Vereinbarungen. (1) [1] Auf eine vor Mitteilung eines Mangels an den Unternehmer getroffene Vereinbarung, die zum Nachteil des Verbrauchers von den §§ 433 bis 435, 437, 439 bis 443 sowie von den Vorschriften dieses Untertitels abweicht, kann der Unternehmer sich nicht berufen. [2] Die in Satz 1 bezeichneten Vorschriften finden auch Anwendung, wenn sie durch anderweitige Gestaltungen umgangen werden.

(2) Die Verjährung der in § 437 bezeichneten Ansprüche kann vor Mitteilung eines Mangels an den Unternehmer nicht durch Rechtsgeschäft erleichtert werden, wenn die Vereinbarung zu einer Verjährungsfrist ab dem gesetzlichen Verjährungsbeginn von weniger als zwei Jahren, bei gebrauchten Sachen von weniger als einem Jahr führt.

(3) Die Absätze 1 und 2 gelten unbeschadet der §§ 307 bis 309 nicht für den Ausschluss oder die Beschränkung des Anspruchs auf Schadensersatz.

§ 477 Beweislastumkehr. Zeigt sich innerhalb von sechs Monaten seit Gefahrübergang ein Sachmangel, so wird vermutet, dass die Sache bereits bei Gefahrübergang mangelhaft war, es sei denn, diese Vermutung ist mit der Art der Sache oder des Mangels unvereinbar.

§ 478 Sonderbestimmungen für den Rückgriff des Unternehmers.

(1) Ist der letzte Vertrag in der Lieferkette ein Verbrauchsgüterkauf (§ 474), findet § 477 in den Fällen des § 445a Absatz 1 und 2 mit der Maßgabe Anwendung, dass die Frist mit dem Übergang der Gefahr auf den Verbraucher beginnt.

(2) [1] Auf eine vor Mitteilung eines Mangels an den Lieferanten getroffene Vereinbarung, die zum Nachteil des Unternehmers von Absatz 1 sowie von den §§ 433 bis 435, 437, 439 bis 443, 445a Absatz 1 und 2 sowie von § 445b abweicht, kann sich der Lieferant nicht berufen, wenn dem Rückgriffsgläubiger kein gleichwertiger Ausgleich eingeräumt wird. [2] Satz 1 gilt unbeschadet des § 307 nicht für den Ausschluss oder die Beschränkung des Anspruchs auf Schadensersatz. [3] Die in Satz 1 bezeichneten Vorschriften finden auch Anwendung, wenn sie durch anderweitige Gestaltungen umgangen werden.

(3) Die Absätze 1 und 2 finden auf die Ansprüche des Lieferanten und der übrigen Käufer in der Lieferkette gegen die jeweiligen Verkäufer entsprechende Anwendung, wenn die Schuldner Unternehmer sind.

§ 479 Sonderbestimmungen für Garantien. (1) [1] Eine Garantieerklärung (§ 443) muss einfach und verständlich abgefasst sein. [2] Sie muss enthalten:

1. den Hinweis auf die gesetzlichen Rechte des Verbrauchers sowie darauf, dass sie durch die Garantie nicht eingeschränkt werden, und
2. den Inhalt der Garantie und alle wesentlichen Angaben, die für die Geltendmachung der Garantie erforderlich sind, insbesondere die Dauer und den räumlichen Geltungsbereich des Garantieschutzes sowie Namen und Anschrift des Garantiegebers.

(2) Der Verbraucher kann verlangen, dass ihm die Garantieerklärung in Textform mitgeteilt wird.

(3) Die Wirksamkeit der Garantieverpflichtung wird nicht dadurch berührt, dass eine der vorstehenden Anforderungen nicht erfüllt wird.

Titel 2. Teilzeit-Wohnrechteverträge, Verträge über langfristige Urlaubsprodukte, Vermittlungsverträge und Tauschsystemverträge

§ 485 Widerrufsrecht. Dem Verbraucher steht bei einem Teilzeit-Wohnrechtevertrag, einem Vertrag über ein langfristiges Urlaubsprodukt, einem Vermittlungsvertrag oder einem Tauschsystemvertrag ein Widerrufsrecht nach § 355 zu.

Titel 3. Darlehensvertrag; Finanzierungshilfen und Ratenlieferungsverträge zwischen einem Unternehmer und einem Verbraucher[1)]

Untertitel 1. Darlehensvertrag

Kapitel 1. Allgemeine Vorschriften

§ 488 Vertragstypische Pflichten beim Darlehensvertrag. (1) [1] Durch den Darlehensvertrag wird der Darlehensgeber verpflichtet, dem Darlehensnehmer einen Geldbetrag in der vereinbarten Höhe zur Verfügung zu stellen. [2] Der Darlehensnehmer ist verpflichtet, einen geschuldeten Zins zu zahlen und bei Fälligkeit das zur Verfügung gestellte Darlehen zurückzuzahlen.

(2) Die vereinbarten Zinsen sind, soweit nicht ein anderes bestimmt ist, nach dem Ablauf je eines Jahres und, wenn das Darlehen vor dem Ablauf eines Jahres zurückzuzahlen ist, bei der Rückzahlung zu entrichten.

(3) [1] Ist für die Rückzahlung des Darlehens eine Zeit nicht bestimmt, so hängt die Fälligkeit davon ab, dass der Darlehensgeber oder der Darlehensnehmer kündigt. [2] Die Kündigungsfrist beträgt drei Monate. [3] Sind Zinsen nicht geschuldet, so ist der Darlehensnehmer auch ohne Kündigung zur Rückzahlung berechtigt.

§ 489 Ordentliches Kündigungsrecht des Darlehensnehmers.

(1) Der Darlehensnehmer kann einen Darlehensvertrag mit gebundenem Sollzinssatz ganz oder teilweise kündigen,

1. wenn die Sollzinsbindung vor der für die Rückzahlung bestimmten Zeit endet und keine neue Vereinbarung über den Sollzinssatz getroffen ist, unter Einhaltung einer Kündigungsfrist von einem Monat frühestens für den Ablauf des Tages, an dem die Sollzinsbindung endet; ist eine Anpassung des Sollzinssatzes in bestimmten Zeiträumen bis zu einem Jahr vereinbart, so kann der Darlehensnehmer jeweils nur für den Ablauf des Tages, an dem die Sollzinsbindung endet, kündigen;
2. in jedem Fall nach Ablauf von zehn Jahren nach dem vollständigen Empfang unter Einhaltung einer Kündigungsfrist von sechs Monaten; wird nach dem Empfang des Darlehens eine neue Vereinbarung über die Zeit der Rückzahlung oder den Sollzinssatz getroffen, so tritt der Zeitpunkt dieser Vereinbarung an die Stelle des Zeitpunkts des Empfangs.

[1)] **Amtl. Anm.:** Dieser Titel dient der Umsetzung der Richtlinie 87/102/EWG des Rates zur Angleichung der Rechts- und Verwaltungsvorschriften der Mitgliedstaaten über den Verbraucherkredit (ABl. EG Nr. L 42 S. 48), zuletzt geändert durch die Richtlinie 98/7/EG des Europäischen Parlaments und des Rates vom 16. Februar 1998 zur Änderung der Richtlinie 87/102/EWG zur Angleichung der Rechts- und Verwaltungsvorschriften der Mitgliedstaaten über den Verbraucherkredit (ABl. EG Nr. L 101 S. 17).

(2) Der Darlehensnehmer kann einen Darlehensvertrag mit veränderlichem Zinssatz jederzeit unter Einhaltung einer Kündigungsfrist von drei Monaten kündigen.

(3) Eine Kündigung des Darlehensnehmers gilt als nicht erfolgt, wenn er den geschuldeten Betrag nicht binnen zwei Wochen nach Wirksamwerden der Kündigung zurückzahlt.

(4) [1]Das Kündigungsrecht des Darlehensnehmers nach den Absätzen 1 und 2 kann nicht durch Vertrag ausgeschlossen oder erschwert werden. [2]Dies gilt nicht bei Darlehen an den Bund, ein Sondervermögen des Bundes, ein Land, eine Gemeinde, einen Gemeindeverband, die Europäischen Gemeinschaften oder ausländische Gebietskörperschaften.

(5) [1]Sollzinssatz ist der gebundene oder veränderliche periodische Prozentsatz, der pro Jahr auf das in Anspruch genommene Darlehen angewendet wird. [2]Der Sollzinssatz ist gebunden, wenn für die gesamte Vertragslaufzeit ein Sollzinssatz oder mehrere Sollzinssätze vereinbart sind, die als feststehende Prozentzahl ausgedrückt werden. [3]Ist für die gesamte Vertragslaufzeit keine Sollzinsbindung vereinbart, gilt der Sollzinssatz nur für diejenigen Zeiträume als gebunden, für die er durch eine feste Prozentzahl bestimmt ist.

§ 490 Außerordentliches Kündigungsrecht. (1) Wenn in den Vermögensverhältnissen des Darlehensnehmers oder in der Werthaltigkeit einer für das Darlehen gestellten Sicherheit eine wesentliche Verschlechterung eintritt oder einzutreten droht, durch die die Rückzahlung des Darlehens, auch unter Verwertung der Sicherheit, gefährdet wird, kann der Darlehensgeber den Darlehensvertrag vor Auszahlung des Darlehens im Zweifel stets, nach Auszahlung nur in der Regel fristlos kündigen.

(2) [1]Der Darlehensnehmer kann einen Darlehensvertrag, bei dem der Sollzinssatz gebunden und das Darlehen durch ein Grund- oder Schiffspfandrecht gesichert ist, unter Einhaltung der Fristen des § 488 Abs. 3 Satz 2 vorzeitig kündigen, wenn seine berechtigten Interessen dies gebieten und seit dem vollständigen Empfang des Darlehens sechs Monate abgelaufen sind. [2]Ein solches Interesse liegt insbesondere vor, wenn der Darlehensnehmer ein Bedürfnis nach einer anderweitigen Verwertung der zur Sicherung des Darlehens beliehenen Sache hat. [3]Der Darlehensnehmer hat dem Darlehensgeber denjenigen Schaden zu ersetzen, der diesem aus der vorzeitigen Kündigung entsteht (Vorfälligkeitsentschädigung).

(3) Die Vorschriften der §§ 313 und 314 bleiben unberührt.

Kapitel 2. Besondere Vorschriften für Verbraucherdarlehensverträge

§ 491 Verbraucherdarlehensvertrag. (1) [1]Die Vorschriften dieses Kapitels gelten für Verbraucherdarlehensverträge, soweit nichts anderes bestimmt ist. [2]Verbraucherdarlehensverträge sind Allgemein-Verbraucherdarlehensverträge und Immobiliar-Verbraucherdarlehensverträge.

(2) [1]Allgemein-Verbraucherdarlehensverträge sind entgeltliche Darlehensverträge zwischen einem Unternehmer als Darlehensgeber und einem Verbraucher als Darlehensnehmer. [2]Keine Allgemein-Verbraucherdarlehensverträge sind Verträge,

1. bei denen der Nettodarlehensbetrag (Artikel 247 § 3 Abs. 2 des Einführungsgesetzes zum Bürgerlichen Gesetzbuche) weniger als 200 Euro beträgt,
2. bei denen sich die Haftung des Darlehensnehmers auf eine dem Darlehensgeber zum Pfand übergebene Sache beschränkt,
3. bei denen der Darlehensnehmer das Darlehen binnen drei Monaten zurückzuzahlen hat und nur geringe Kosten vereinbart sind,
4. die von Arbeitgebern mit ihren Arbeitnehmern als Nebenleistung zum Arbeitsvertrag zu einem niedrigeren als dem marktüblichen effektiven Jahreszins (§ 6 der Preisangabenverordnung[1)]) abgeschlossen werden und anderen Personen nicht angeboten werden,
5. die nur mit einem begrenzten Personenkreis auf Grund von Rechtsvorschriften in öffentlichem Interesse abgeschlossen werden, wenn im Vertrag für den Darlehensnehmer günstigere als marktübliche Bedingungen und höchstens der marktübliche Sollzinssatz vereinbart sind,
6. bei denen es sich um Immobiliar-Verbraucherdarlehensverträge oder Immobilienverzehrkreditverträge gemäß Absatz 3 handelt.

(3) [1] Immobiliar-Verbraucherdarlehensverträge sind entgeltliche Darlehensverträge zwischen einem Unternehmer als Darlehensgeber und einem Verbraucher als Darlehensnehmer, die

1. durch ein Grundpfandrecht oder eine Reallast besichert sind oder
2. für den Erwerb oder die Erhaltung des Eigentumsrechts an Grundstücken, an bestehenden oder zu errichtenden Gebäuden oder für den Erwerb oder die Erhaltung von grundstücksgleichen Rechten bestimmt sind.

[2] Keine Immobiliar-Verbraucherdarlehensverträge sind Verträge gemäß Absatz 2 Satz 2 Nummer 4. [3] Auf Immobiliar-Verbraucherdarlehensverträge gemäß Absatz 2 Satz 2 Nummer 5 ist nur § 491a Absatz 4 anwendbar. [4] Keine Immobiliar-Verbraucherdarlehensverträge sind Immobilienverzehrkreditverträge, bei denen der Kreditgeber

1. pauschale oder regelmäßige Zahlungen leistet oder andere Formen der Kreditauszahlung vornimmt und im Gegenzug nur einen Betrag aus dem künftigen Erlös des Verkaufs einer Wohnimmobilie erhält oder ein Recht an einer Wohnimmobilie erwirbt und
2. erst nach dem Tod des Verbrauchers eine Rückzahlung fordert, außer der Verbraucher verstößt gegen die Vertragsbestimmungen, was dem Kreditgeber erlaubt, den Vertrag zu kündigen.

(4) § 358 Abs. 2 und 4 sowie die §§ 491a bis 495 und 505a bis 505e sind nicht auf Darlehensverträge anzuwenden, die in ein nach den Vorschriften der Zivilprozessordnung errichtetes gerichtliches Protokoll aufgenommen oder durch einen gerichtlichen Beschluss über das Zustandekommen und den Inhalt eines zwischen den Parteien geschlossenen Vergleichs festgestellt sind, wenn in das Protokoll oder den Beschluss der Sollzinssatz, die bei Abschluss des Vertrags in Rechnung gestellten Kosten des Darlehens sowie die Voraussetzungen aufgenommen worden sind, unter denen der Sollzinssatz oder die Kosten angepasst werden können.

[1)] **dtv 5009 Wettbewerbsrecht und Kartellrecht Nr. 3.**

§ 491a Vorvertragliche Informationspflichten bei Verbraucherdarlehensverträgen. (1) Der Darlehensgeber ist verpflichtet, den Darlehensnehmer nach Maßgabe des Artikels 247 des Einführungsgesetzes zum Bürgerlichen Gesetzbuche zu informieren.

(2) [1] Der Darlehensnehmer kann vom Darlehensgeber einen Entwurf des Verbraucherdarlehensvertrags verlangen. [2] Dies gilt nicht, solange der Darlehensgeber zum Vertragsabschluss nicht bereit ist. [3] Unterbreitet der Darlehensgeber bei einem Immobiliar-Verbraucherdarlehensvertrag dem Darlehensnehmer ein Angebot oder einen bindenden Vorschlag für bestimmte Vertragsbestimmungen, so muss er dem Darlehensnehmer anbieten, einen Vertragsentwurf auszuhändigen oder zu übermitteln; besteht kein Widerrufsrecht nach § 495, ist der Darlehensgeber dazu verpflichtet, dem Darlehensnehmer einen Vertragsentwurf auszuhändigen oder zu übermitteln.

(3) [1] Der Darlehensgeber ist verpflichtet, dem Darlehensnehmer vor Abschluss eines Verbraucherdarlehensvertrags angemessene Erläuterungen zu geben, damit der Darlehensnehmer in die Lage versetzt wird, zu beurteilen, ob der Vertrag dem von ihm verfolgten Zweck und seinen Vermögensverhältnissen gerecht wird. [2] Hierzu sind gegebenenfalls die vorvertraglichen Informationen gemäß Absatz 1, die Hauptmerkmale der vom Darlehensgeber angebotenen Verträge sowie ihre vertragstypischen Auswirkungen auf den Darlehensnehmer, einschließlich der Folgen bei Zahlungsverzug, zu erläutern. [3] Werden mit einem Immobiliar-Verbraucherdarlehensvertrag Finanzprodukte oder -dienstleistungen im Paket angeboten, so muss dem Darlehensnehmer erläutert werden, ob sie gesondert gekündigt werden können und welche Folgen die Kündigung hat.

(4) [1] Bei einem Immobiliar-Verbraucherdarlehensvertrag entsprechend § 491 Absatz 2 Satz 2 Nummer 5 ist der Darlehensgeber verpflichtet, den Darlehensnehmer rechtzeitig vor Abgabe von dessen Vertragserklärung auf einem dauerhaften Datenträger über die Merkmale gemäß den Abschnitten 3, 4 und 13 des in Artikel 247 § 1 Absatz 2 Satz 2 des Einführungsgesetzes zum Bürgerlichen Gesetzbuche genannten Musters zu informieren. [2] Artikel 247 § 1 Absatz 2 Satz 6 des Einführungsgesetzes zum Bürgerlichen Gesetzbuche findet Anwendung.

§ 492 Schriftform, Vertragsinhalt. (1) [1] Verbraucherdarlehensverträge sind, soweit nicht eine strengere Form vorgeschrieben ist, schriftlich abzuschließen. [2] Der Schriftform ist genügt, wenn Antrag und Annahme durch die Vertragsparteien jeweils getrennt schriftlich erklärt werden. [3] Die Erklärung des Darlehensgebers bedarf keiner Unterzeichnung, wenn sie mit Hilfe einer automatischen Einrichtung erstellt wird.

(2) Der Vertrag muss die für den Verbraucherdarlehensvertrag vorgeschriebenen Angaben nach Artikel 247 §§ 6 bis 13 des Einführungsgesetzes zum Bürgerlichen Gesetzbuche enthalten.

(3) [1] Nach Vertragsschluss stellt der Darlehensgeber dem Darlehensnehmer eine Abschrift des Vertrags zur Verfügung. [2] Ist ein Zeitpunkt für die Rückzahlung des Darlehens bestimmt, kann der Darlehensnehmer vom Darlehensgeber jederzeit einen Tilgungsplan nach Artikel 247 § 14 des Einführungsgesetzes zum Bürgerlichen Gesetzbuche verlangen.

(4) [1] Die Absätze 1 und 2 gelten auch für die Vollmacht, die ein Darlehensnehmer zum Abschluss eines Verbraucherdarlehensvertrags erteilt. [2] Satz 1 gilt nicht für die Prozessvollmacht und eine Vollmacht, die notariell beurkundet ist.

(5) Erklärungen des Darlehensgebers, die dem Darlehensnehmer gegenüber nach Vertragsabschluss abzugeben sind, müssen auf einem dauerhaften Datenträger erfolgen.

(6) [1] Enthält der Vertrag die Angaben nach Absatz 2 nicht oder nicht vollständig, können sie nach wirksamem Vertragsschluss oder in den Fällen des § 494 Absatz 2 Satz 1 nach Gültigwerden des Vertrags auf einem dauerhaften Datenträger nachgeholt werden. [2] Hat das Fehlen von Angaben nach Absatz 2 zu Änderungen der Vertragsbedingungen gemäß § 494 Absatz 2 Satz 2 bis Absatz 6 geführt, kann die Nachholung der Angaben nur dadurch erfolgen, dass der Darlehensnehmer die nach § 494 Absatz 7 erforderliche Abschrift des Vertrags erhält. [3] In den sonstigen Fällen muss der Darlehensnehmer spätestens im Zeitpunkt der Nachholung der Angaben eine der in § 356b Absatz 1 genannten Unterlagen erhalten. [4] Mit der Nachholung der Angaben nach Absatz 2 ist der Darlehensnehmer auf einem dauerhaften Datenträger darauf hinzuweisen, dass die Widerrufsfrist von einem Monat nach Erhalt der nachgeholten Angaben beginnt.

(7) Die Vereinbarung eines veränderlichen Sollzinssatzes, der sich nach einem Index oder Referenzzinssatz richtet, ist nur wirksam, wenn der Index oder Referenzzinssatz objektiv, eindeutig bestimmt und für Darlehensgeber und Darlehensnehmer verfügbar und überprüfbar ist.

§ 492a Kopplungsgeschäfte bei Immobiliar-Verbraucherdarlehensverträgen. (1) [1] Der Darlehensgeber darf den Abschluss eines Immobiliar-Verbraucherdarlehenvertrags unbeschadet des § 492b nicht davon abhängig machen, dass der Darlehensnehmer oder ein Dritter weitere Finanzprodukte oder -dienstleistungen erwirbt (Kopplungsgeschäft). [2] Ist der Darlehensgeber zum Abschluss des Immobiliar-Verbraucherdarlehensvertrags bereit, ohne dass der Verbraucher weitere Finanzprodukte oder -dienstleistungen erwirbt, liegt ein Kopplungsgeschäft auch dann nicht vor, wenn die Bedingungen für den Immobiliar-Verbraucherdarlehensvertrag von denen abweichen, zu denen er zusammen mit den weiteren Finanzprodukten oder -dienstleistungen angeboten wird.

(2) Soweit ein Kopplungsgeschäft unzulässig ist, sind die mit dem Immobiliar-Verbraucherdarlehensvertrag gekoppelten Geschäfte nichtig; die Wirksamkeit des Immobiliar-Verbraucherdarlehensvertrags bleibt davon unberührt.

§ 492b Zulässige Kopplungsgeschäfte. (1) Ein Kopplungsgeschäft ist zulässig, wenn der Darlehensgeber den Abschluss eines Immobiliar-Verbraucherdarlehensvertrags davon abhängig macht, dass der Darlehensnehmer, ein Familienangehöriger des Darlehensnehmers oder beide zusammen

1. ein Zahlungs- oder ein Sparkonto eröffnen, dessen einziger Zweck die Ansammlung von Kapital ist, um
   a) das Immobiliar-Verbraucherdarlehen zurückzuzahlen oder zu bedienen,
   b) die erforderlichen Mittel für die Gewährung des Darlehens bereitzustellen oder

c) als zusätzliche Sicherheit für den Darlehensgeber für den Fall eines Zahlungsausfalls zu dienen;
2. ein Anlageprodukt oder ein privates Rentenprodukt erwerben oder behalten, das
   a) in erster Linie als Ruhestandseinkommen dient und
   b) bei Zahlungsausfall als zusätzliche Sicherheit für den Darlehensgeber dient oder das der Ansammlung von Kapital dient, um damit das Immobiliar-Verbraucherdarlehen zurückzuzahlen oder zu bedienen oder um damit die erforderlichen Mittel für die Gewährung des Darlehens bereitzustellen;
3. einen weiteren Darlehensvertrag abschließen, bei dem das zurückzuzahlende Kapital auf einem vertraglich festgelegten Prozentsatz des Werts der Immobilie beruht, die diese zum Zeitpunkt der Rückzahlung oder Rückzahlungen des Kapitals (Darlehensvertrag mit Wertbeteiligung) hat.

(2) Ein Kopplungsgeschäft ist zulässig, wenn der Darlehensgeber den Abschluss eines Immobiliar-Verbraucherdarlehensvertrags davon abhängig macht, dass der Darlehensnehmer im Zusammenhang mit dem Immobiliar-Verbraucherdarlehensvertrag eine einschlägige Versicherung abschließt und dem Darlehensnehmer gestattet ist, diese Versicherung auch bei einem anderen als bei dem vom Darlehensgeber bevorzugten Anbieter abzuschließen.

(3) Ein Kopplungsgeschäft ist zulässig, wenn die für den Darlehensgeber zuständige Aufsichtsbehörde die weiteren Finanzprodukte oder -dienstleistungen sowie deren Kopplung mit dem Immobiliar-Verbraucherdarlehensvertrag nach § 18a Absatz 8a des Kreditwesengesetzes[1] genehmigt hat.

§ 493 Informationen während des Vertragsverhältnisses. (1) [1] Ist in einem Verbraucherdarlehensvertrag der Sollzinssatz gebunden und endet die Sollzinsbindung vor der für die Rückzahlung bestimmten Zeit, unterrichtet der Darlehensgeber den Darlehensnehmer spätestens drei Monate vor Ende der Sollzinsbindung darüber, ob er zu einer neuen Sollzinsbindungsabrede bereit ist. [2] Erklärt sich der Darlehensgeber hierzu bereit, muss die Unterrichtung den zum Zeitpunkt der Unterrichtung vom Darlehensgeber angebotenen Sollzinssatz enthalten.

(2) [1] Der Darlehensgeber unterrichtet den Darlehensnehmer spätestens drei Monate vor Beendigung eines Verbraucherdarlehensvertrags darüber, ob er zur Fortführung des Darlehensverhältnisses bereit ist. [2] Erklärt sich der Darlehensgeber zur Fortführung bereit, muss die Unterrichtung die zum Zeitpunkt der Unterrichtung gültigen Pflichtangaben gemäß § 491a Abs. 1 enthalten.

(3) [1] Die Anpassung des Sollzinssatzes eines Verbraucherdarlehensvertrags mit veränderlichem Sollzinssatz wird erst wirksam, nachdem der Darlehensgeber den Darlehensnehmer über die Einzelheiten unterrichtet hat, die sich aus Artikel 247 § 15 des Einführungsgesetzes zum Bürgerlichen Gesetzbuche ergeben. [2] Abweichende Vereinbarungen über die Wirksamkeit sind im Rahmen des Artikels 247 § 15 Absatz 2 und 3 des Einführungsgesetzes zum Bürgerlichen Gesetzbuche zulässig.

---

[1] **dtv 5021 Bankrecht Nr. 8.**

(4) [1]Bei einem Vertrag über ein Immobiliar-Verbraucherdarlehen in Fremdwährung gemäß § 503 Absatz 1 Satz 1, auch in Verbindung mit Satz 3, hat der Darlehensgeber den Darlehensnehmer unverzüglich zu informieren, wenn der Wert des noch zu zahlenden Restbetrags oder der Wert der regelmäßigen Raten in der Landeswährung des Darlehensnehmers um mehr als 20 Prozent gegenüber dem Wert steigt, der bei Zugrundelegung des Wechselkurses bei Vertragsabschluss gegeben wäre. [2]Die Information

1. ist auf einem dauerhaften Datenträger zu übermitteln,
2. hat die Angabe über die Veränderung des Restbetrags in der Landeswährung des Darlehensnehmers zu enthalten,
3. hat den Hinweis auf die Möglichkeit einer Währungsumstellung aufgrund des § 503 und die hierfür geltenden Bedingungen und gegebenenfalls die Erläuterung weiterer Möglichkeiten zur Begrenzung des Wechselkursrisikos zu enthalten und
4. ist so lange in regelmäßigen Abständen zu erteilen, bis die Differenz von 20 Prozent wieder unterschritten wird.

[3]Die Sätze 1 und 2 sind entsprechend anzuwenden, wenn ein Immobiliar-Verbraucherdarlehensvertrag in der Währung des Mitgliedstaats der Europäischen Union, in dem der Darlehensnehmer bei Vertragsschluss seinen Wohnsitz hat, geschlossen wurde und der Darlehensnehmer zum Zeitpunkt der maßgeblichen Kreditwürdigkeitsprüfung in einer anderen Währung überwiegend sein Einkommen bezieht oder Vermögenswerte hält, aus denen das Darlehen zurückgezahlt werden soll.

(5) [1]Wenn der Darlehensnehmer eines Immobiliar-Verbraucherdarlehensvertrags dem Darlehensgeber mitteilt, dass er eine vorzeitige Rückzahlung des Darlehens beabsichtigt, ist der Darlehensgeber verpflichtet, ihm unverzüglich die für die Prüfung dieser Möglichkeit erforderlichen Informationen auf einem dauerhaften Datenträger zu übermitteln. [2]Diese Informationen müssen insbesondere folgende Angaben enthalten:

1. Auskunft über die Zulässigkeit der vorzeitigen Rückzahlung,
2. im Fall der Zulässigkeit die Höhe des zurückzuzahlenden Betrags und
3. gegebenenfalls die Höhe einer Vorfälligkeitsentschädigung.

[3]Soweit sich die Informationen auf Annahmen stützen, müssen diese nachvollziehbar und sachlich gerechtfertigt sein und als solche dem Darlehensnehmer gegenüber offengelegt werden.

(6) Wurden Forderungen aus dem Darlehensvertrag abgetreten, treffen die Pflichten aus den Absätzen 1 bis 5 auch den neuen Gläubiger, wenn nicht der bisherige Darlehensgeber mit dem neuen Gläubiger vereinbart hat, dass im Verhältnis zum Darlehensnehmer weiterhin allein der bisherige Darlehensgeber auftritt.

§ 494 Rechtsfolgen von Formmängeln. (1) Der Verbraucherdarlehensvertrag und die auf Abschluss eines solchen Vertrags vom Verbraucher erteilte Vollmacht sind nichtig, wenn die Schriftform insgesamt nicht eingehalten ist oder wenn eine der in Artikel 247 §§ 6 und 10 bis 13 des Einführungsgesetzes zum Bürgerlichen Gesetzbuche für den Verbraucherdarlehensvertrag vorgeschriebenen Angaben fehlt.

(2) [1]Ungeachtet eines Mangels nach Absatz 1 wird der Verbraucherdarlehensvertrag gültig, soweit der Darlehensnehmer das Darlehen empfängt oder in Anspruch nimmt. [2]Jedoch ermäßigt sich der dem Verbraucherdarlehensvertrag zugrunde gelegte Sollzinssatz auf den gesetzlichen Zinssatz, wenn die Angabe des Sollzinssatzes, des effektiven Jahreszinses oder des Gesamtbetrags fehlt.

(3) Ist der effektive Jahreszins zu niedrig angegeben, so vermindert sich der dem Verbraucherdarlehensvertrag zugrunde gelegte Sollzinssatz um den Prozentsatz, um den der effektive Jahreszins zu niedrig angegeben ist.

(4) [1]Nicht angegebene Kosten werden vom Darlehensnehmer nicht geschuldet. [2]Ist im Vertrag nicht angegeben, unter welchen Voraussetzungen Kosten oder Zinsen angepasst werden können, so entfällt die Möglichkeit, diese zum Nachteil des Darlehensnehmers anzupassen.

(5) Wurden Teilzahlungen vereinbart, ist deren Höhe vom Darlehensgeber unter Berücksichtigung der verminderten Zinsen oder Kosten neu zu berechnen.

(6) [1]Fehlen im Vertrag Angaben zur Laufzeit oder zum Kündigungsrecht, ist der Darlehensnehmer jederzeit zur Kündigung berechtigt. [2]Fehlen Angaben zu Sicherheiten, so können Sicherheiten nicht gefordert werden; dies gilt nicht bei Allgemein-Verbraucherdarlehensverträgen, wenn der Nettodarlehensbetrag 75 000 Euro übersteigt. [3]Fehlen Angaben zum Umwandlungsrecht bei Immobiliar-Verbraucherdarlehen in Fremdwährung, so kann das Umwandlungsrecht jederzeit ausgeübt werden.

(7) Der Darlehensgeber stellt dem Darlehensnehmer eine Abschrift des Vertrags zur Verfügung, in der die Vertragsänderungen berücksichtigt sind, die sich aus den Absätzen 2 bis 6 ergeben.

§ 495 Widerrufsrecht; Bedenkzeit. (1) Dem Darlehensnehmer steht bei einem Verbraucherdarlehensvertrag ein Widerrufsrecht nach § 355 zu.

(2) Ein Widerrufsrecht besteht nicht bei Darlehensverträgen,

1. die einen Darlehensvertrag, zu dessen Kündigung der Darlehensgeber wegen Zahlungsverzugs des Darlehensnehmers berechtigt ist, durch Rückzahlungsvereinbarungen ergänzen oder ersetzen, wenn dadurch ein gerichtliches Verfahren vermieden wird und wenn der Gesamtbetrag (Artikel 247 § 3 des Einführungsgesetzes zum Bürgerlichen Gesetzbuche) geringer ist als die Restschuld des ursprünglichen Vertrags,
2. die notariell zu beurkunden sind, wenn der Notar bestätigt, dass die Rechte des Darlehensnehmers aus den §§ 491a und 492 gewahrt sind, oder
3. die § 504 Abs. 2 oder § 505 entsprechen.

(3) [1]Bei Immobiliar-Verbraucherdarlehensverträgen ist dem Darlehensnehmer in den Fällen des Absatzes 2 vor Vertragsschluss eine Bedenkzeit von zumindest sieben Tagen einzuräumen. [2]Während des Laufs der Frist ist der Darlehensgeber an sein Angebot gebunden. [3]Die Bedenkzeit beginnt mit der Aushändigung des Vertragsangebots an den Darlehensnehmer.

§ 496 Einwendungsverzicht, Wechsel- und Scheckverbot. (1) Eine Vereinbarung, durch die der Darlehensnehmer auf das Recht verzichtet, Einwendungen, die ihm gegenüber dem Darlehensgeber zustehen, gemäß § 404 einem Abtretungsgläubiger entgegenzusetzen oder eine ihm gegen den Darlehensgeber zustehende Forderung gemäß § 406 auch dem Abtretungsgläubiger gegenüber aufzurechnen, ist unwirksam.

(2) [1] Wird eine Forderung des Darlehensgebers aus einem Verbraucherdarlehensvertrag an einen Dritten abgetreten oder findet in der Person des Darlehensgebers ein Wechsel statt, ist der Darlehensnehmer unverzüglich darüber sowie über die Kontaktdaten des neuen Gläubigers nach Artikel 246b § 1 Absatz 1 Nummer 1, 3 und 4 des Einführungsgesetzes zum Bürgerlichen Gesetzbuche[1)] zu unterrichten. [2] Die Unterrichtung ist bei Abtretungen entbehrlich, wenn der bisherige Darlehensgeber mit dem neuen Gläubiger vereinbart hat, dass im Verhältnis zum Darlehensnehmer weiterhin allein der bisherige Darlehensgeber auftritt. [3] Fallen die Voraussetzungen des Satzes 2 fort, ist die Unterrichtung unverzüglich nachzuholen.

(3) [1] Der Darlehensnehmer darf nicht verpflichtet werden, für die Ansprüche des Darlehensgebers aus dem Verbraucherdarlehensvertrag eine Wechselverbindlichkeit einzugehen. [2] Der Darlehensgeber darf vom Darlehensnehmer zur Sicherung seiner Ansprüche aus dem Verbaucherdarlehensvertrag einen Scheck nicht entgegennehmen. [3] Der Darlehensnehmer kann vom Darlehensgeber jederzeit die Herausgabe eines Wechsels oder Schecks, der entgegen Satz 1 oder 2 begeben worden ist, verlangen. [4] Der Darlehensgeber haftet für jeden Schaden, der dem Darlehensnehmer aus einer solchen Wechsel- oder Scheckbegebung entsteht.

§ 497 Verzug des Darlehensnehmers. (1) [1] Soweit der Darlehensnehmer mit Zahlungen, die er auf Grund des Verbraucherdarlehensvertrags schuldet, in Verzug kommt, hat er den geschuldeten Betrag nach § 288 Abs. 1 zu verzinsen. [2] Im Einzelfall kann der Darlehensgeber einen höheren oder der Darlehensnehmer einen niedrigeren Schaden nachweisen.

(2) [1] Die nach Eintritt des Verzugs anfallenden Zinsen sind auf einem gesonderten Konto zu verbuchen und dürfen nicht in ein Kontokorrent mit dem geschuldeten Betrag oder anderen Forderungen des Darlehensgebers eingestellt werden. [2] Hinsichtlich dieser Zinsen gilt § 289 Satz 2 mit der Maßgabe, dass der Darlehensgeber Schadensersatz nur bis zur Höhe des gesetzlichen Zinssatzes (§ 246) verlangen kann.

(3) [1] Zahlungen des Darlehensnehmers, die zur Tilgung der gesamten fälligen Schuld nicht ausreichen, werden abweichend von § 367 Abs. 1 zunächst auf die Kosten der Rechtsverfolgung, dann auf den übrigen geschuldeten Betrag (Absatz 1) und zuletzt auf die Zinsen (Absatz 2) angerechnet. [2] Der Darlehensgeber darf Teilzahlungen nicht zurückweisen. [3] Die Verjährung der Ansprüche auf Darlehensrückzahlung und Zinsen ist vom Eintritt des Verzugs nach Absatz 1 an bis zu ihrer Feststellung in einer in § 197 Abs. 1 Nr. 3 bis 5 bezeichneten Art gehemmt, jedoch nicht länger als zehn Jahre von ihrer Entstehung an. [4] Auf die Ansprüche auf Zinsen findet § 197 Abs. 2 keine Anwendung. [5] Die Sätze 1 bis 4 finden keine Anwendung, soweit Zahlungen auf Vollstreckungstitel geleistet werden, deren Hauptforderung auf Zinsen lautet.

(4) [1] Bei Immobiliar-Verbraucherdarlehensverträgen beträgt der Verzugszinssatz abweichend von Absatz 1 für das Jahr 2,5 Prozentpunkte über dem

---

[1)] Nr. **16**.

Basiszinssatz. [2]Die Absätze 2 und 3 Satz 1, 2, 4 und 5 sind auf Immobiliar-Verbraucherdarlehensverträge nicht anzuwenden.

§ 498 Gesamtfälligstellung bei Teilzahlungsdarlehen. (1) [1]Der Darlehensgeber kann den Verbraucherdarlehensvertrag bei einem Darlehen, das in Teilzahlungen zu tilgen ist, wegen Zahlungsverzugs des Darlehensnehmers nur dann kündigen, wenn

1. der Darlehensnehmer
   a) mit mindestens zwei aufeinander folgenden Teilzahlungen ganz oder teilweise in Verzug ist,
   b) bei einer Vertragslaufzeit bis zu drei Jahren mit mindestens 10 Prozent oder bei einer Vertragslaufzeit von mehr als drei Jahren mit mindestens 5 Prozent des Nennbetrags des Darlehens in Verzug ist und
2. der Darlehensgeber dem Darlehensnehmer erfolglos eine zweiwöchige Frist zur Zahlung des rückständigen Betrags mit der Erklärung gesetzt hat, dass er bei Nichtzahlung innerhalb der Frist die gesamte Restschuld verlange.

[2]Der Darlehensgeber soll dem Darlehensnehmer spätestens mit der Fristsetzung ein Gespräch über die Möglichkeiten einer einverständlichen Regelung anbieten.

(2) Bei einem Immobiliar-Verbraucherdarlehensvertrag muss der Darlehensnehmer abweichend von Absatz 1 Satz 1 Nummer 1 Buchstabe b mit mindestens 2,5 Prozent des Nennbetrags des Darlehens in Verzug sein.

§ 499 Kündigungsrecht des Darlehensgebers; Leistungsverweigerung.

(1) In einem Allgemein-Verbraucherdarlehensvertrag ist eine Vereinbarung über ein Kündigungsrecht des Darlehensgebers unwirksam, wenn eine bestimmte Vertragslaufzeit vereinbart wurde oder die Kündigungsfrist zwei Monate unterschreitet.

(2) [1]Der Darlehensgeber ist bei entsprechender Vereinbarung berechtigt, die Auszahlung eines Allgemein-Verbraucherdarlehens, bei dem eine Zeit für die Rückzahlung nicht bestimmt ist, aus einem sachlichen Grund zu verweigern. [2]Beabsichtigt der Darlehensgeber dieses Recht auszuüben, hat er dies dem Darlehensnehmer unverzüglich mitzuteilen und ihn über die Gründe möglichst vor, spätestens jedoch unverzüglich nach der Rechtsausübung zu unterrichten. [3]Die Unterrichtung über die Gründe unterbleibt, soweit hierdurch die öffentliche Sicherheit oder Ordnung gefährdet würde.

(3) [1]Der Darlehensgeber kann einen Verbraucherdarlehensvertrag nicht allein deshalb kündigen, auf andere Weise beenden oder seine Änderung verlangen, weil die vom Darlehensnehmer vor Vertragsschluss gemachten Angaben unvollständig waren oder weil die Kreditwürdigkeitsprüfung des Darlehensnehmers nicht ordnungsgemäß durchgeführt wurde. [2]Satz 1 findet keine Anwendung, soweit der Mangel der Kreditwürdigkeitsprüfung darauf beruht, dass der Darlehensnehmer dem Darlehensgeber für die Kreditwürdigkeitsprüfung relevante Informationen wissentlich vorenthalten oder diese gefälscht hat.

§ 500 Kündigungsrecht des Darlehensnehmers; vorzeitige Rückzahlung. (1) [1]Der Darlehensnehmer kann einen Allgemein-Verbraucherdarlehensvertrag, bei dem eine Zeit für die Rückzahlung nicht bestimmt ist, ganz oder teilweise kündigen, ohne eine Frist einzuhalten. [2] Eine Vereinbarung über eine Kündigungsfrist von mehr als einem Monat ist unwirksam.

(2) [1] Der Darlehensnehmer kann seine Verbindlichkeiten aus einem Verbraucherdarlehensvertrag jederzeit ganz oder teilweise vorzeitig erfüllen. [2] Abweichend von Satz 1 kann der Darlehensnehmer eines Immobiliar-Verbraucherdarlehensvertrags, für den ein gebundener Sollzinssatz vereinbart wurde, seine Verbindlichkeiten im Zeitraum der Sollzinsbindung nur dann ganz oder teilweise vorzeitig erfüllen, wenn hierfür ein berechtigtes Interesse des Darlehensnehmers besteht.

§ 501 Kostenermäßigung. Soweit der Darlehensnehmer seine Verbindlichkeiten vorzeitig erfüllt oder die Restschuld vor der vereinbarten Zeit durch Kündigung fällig wird, vermindern sich die Gesamtkosten (§ 6 Abs. 3 der Preisangabenverordnung[1)]) um die Zinsen und sonstigen laufzeitabhängigen Kosten, die bei gestaffelter Berechnung auf die Zeit nach der Fälligkeit oder Erfüllung entfallen.

§ 502 Vorfälligkeitsentschädigung. (1) [1] Der Darlehensgeber kann im Fall der vorzeitigen Rückzahlung eine angemessene Vorfälligkeitsentschädigung für den unmittelbar mit der vorzeitigen Rückzahlung zusammenhängenden Schaden verlangen, wenn der Darlehensnehmer zum Zeitpunkt der Rückzahlung Zinsen zu einem gebundenen Sollzinssatz schuldet. [2] Bei Allgemein-Verbraucherdarlehensverträgen gilt Satz 1 nur, wenn der gebundene Sollzinssatz bei Vertragsabschluss vereinbart wurde.

(2) Der Anspruch auf Vorfälligkeitsentschädigung ist ausgeschlossen, wenn

1. die Rückzahlung aus den Mitteln einer Versicherung bewirkt wird, die auf Grund einer entsprechenden Verpflichtung im Darlehensvertrag abgeschlossen wurde, um die Rückzahlung zu sichern, oder
2. im Vertrag die Angaben über die Laufzeit des Vertrags, das Kündigungsrecht des Darlehensnehmers oder die Berechnung der Vorfälligkeitsentschädigung unzureichend sind.

(3) Bei Allgemein-Verbraucherdarlehensverträgen darf die Vorfälligkeitsentschädigung folgende Beträge jeweils nicht überschreiten:

1. 1 Prozent des vorzeitig zurückgezahlten Betrags oder, wenn der Zeitraum zwischen der vorzeitigen und der vereinbarten Rückzahlung ein Jahr nicht überschreitet, 0,5 Prozent des vorzeitig zurückgezahlten Betrags,
2. den Betrag der Sollzinsen, den der Darlehensnehmer in dem Zeitraum zwischen der vorzeitigen und der vereinbarten Rückzahlung entrichtet hätte.

§ 503 Umwandlung bei Immobiliar-Verbraucherdarlehen in Fremdwährung. (1) [1] Bei einem nicht auf die Währung des Mitgliedstaats der Europäischen Union, in dem der Darlehensnehmer bei Vertragsschluss seinen Wohnsitz hat (Landeswährung des Darlehensnehmers), geschlossenen Immobiliar-Verbraucherdarlehensvertrag (Immobiliar-Verbraucherdarlehensvertrag in Fremdwährung) kann der Darlehensnehmer die Umwandlung des Darlehens in

---

[1)] **dtv 5009 Wettbewerbsrecht und Kartellrecht Nr. 3.**

die Landeswährung des Darlehensnehmers verlangen. [2]Das Recht auf Umwandlung besteht dann, wenn der Wert des ausstehenden Restbetrags oder der Wert der regelmäßigen Raten in der Landeswährung des Darlehensnehmers auf Grund der Änderung des Wechselkurses um mehr als 20 Prozent über dem Wert liegt, der bei Zugrundelegung des Wechselkurses bei Vertragsabschluss gegeben wäre. [3]Im Darlehensvertrag kann abweichend von Satz 1 vereinbart werden, dass die Landeswährung des Darlehensnehmers ausschließlich oder ergänzend die Währung ist, in der er zum Zeitpunkt der maßgeblichen Kreditwürdigkeitsprüfung überwiegend sein Einkommen bezieht oder Vermögenswerte hält, aus denen das Darlehen zurückgezahlt werden soll.

(2) [1]Die Umstellung des Darlehens hat zu dem Wechselkurs zu erfolgen, der dem am Tag des Antrags auf Umstellung geltenden Marktwechselkurs entspricht. [2]Satz 1 gilt nur, wenn im Darlehensvertrag nicht etwas anderes vereinbart wurde.

§ 504 Eingeräumte Überziehungsmöglichkeit. (1) [1]Ist ein Verbraucherdarlehen in der Weise gewährt, dass der Darlehensgeber in einem Vertragsverhältnis über ein laufendes Konto dem Darlehensnehmer das Recht einräumt, sein Konto in bestimmter Höhe zu überziehen (Überziehungsmöglichkeit), hat der Darlehensgeber den Darlehensnehmer in regelmäßigen Zeitabständen über die Angaben zu unterrichten, die sich aus Artikel 247 § 16 des Einführungsgesetzes zum Bürgerlichen Gesetzbuche ergeben. [2]Ein Anspruch auf Vorfälligkeitsentschädigung aus § 502 ist ausgeschlossen. [3]§ 493 Abs. 3 ist nur bei einer Erhöhung des Sollzinssatzes anzuwenden und gilt entsprechend bei einer Erhöhung der vereinbarten sonstigen Kosten. [4]§ 499 Abs. 1 ist nicht anzuwenden.

(2) [1]Ist in einer Überziehungsmöglichkeit in Form des Allgemein-Verbraucherdarlehensvertrags vereinbart, dass nach der Auszahlung die Laufzeit höchstens drei Monate beträgt oder der Darlehensgeber kündigen kann, ohne eine Frist einzuhalten, sind § 491a Abs. 3, die §§ 495, 499 Abs. 2 und § 500 Abs. 1 Satz 2 nicht anzuwenden. [2]§ 492 Abs. 1 ist nicht anzuwenden, wenn außer den Sollzinsen keine weiteren laufenden Kosten vereinbart sind, die Sollzinsen nicht in kürzeren Zeiträumen als drei Monaten fällig werden und der Darlehensgeber dem Darlehensnehmer den Vertragsinhalt spätestens unverzüglich nach Vertragsabschluss auf einem dauerhaften Datenträger mitteilt.

§ 504a Beratungspflicht bei Inanspruchnahme der Überziehungsmöglichkeit. (1) [1]Der Darlehensgeber hat dem Darlehensnehmer eine Beratung gemäß Absatz 2 anzubieten, wenn der Darlehensnehmer eine ihm eingeräumte Überziehungsmöglichkeit ununterbrochen über einen Zeitraum von sechs Monaten und durchschnittlich in Höhe eines Betrags in Anspruch genommen hat, der 75 Prozent des vereinbarten Höchstbetrags übersteigt. [2]Wenn der Rechnungsabschluss für das laufende Konto vierteljährlich erfolgt, ist der maßgebliche Zeitpunkt für das Vorliegen der Voraussetzungen nach Satz 1 der jeweilige Rechnungsabschluss. [3]Das Beratungsangebot ist dem Darlehensnehmer in Textform auf dem Kommunikationsweg zu unterbreiten, der für den Kontakt mit dem Darlehensnehmer üblicherweise genutzt wird. [4]Das Beratungsangebot ist zu dokumentieren.

(2) [1]Nimmt der Darlehensnehmer das Angebot an, ist eine Beratung zu möglichen kostengünstigen Alternativen zur Inanspruchnahme der Überziehungsmöglichkeit und zu möglichen Konsequenzen einer weiteren Überziehung des laufenden Kontos durchzuführen sowie gegebenenfalls auf geeignete Beratungseinrichtungen hinzuweisen. [2]Die Beratung hat in Form eines persönlichen Gesprächs zu erfolgen. [3]Für dieses können auch Fernkommunikationsmittel genutzt werden. [4]Der Ort und die Zeit des Beratungsgesprächs sind zu dokumentieren.

(3) [1]Nimmt der Darlehensnehmer das Beratungsangebot nicht an oder wird ein Vertrag über ein geeignetes kostengünstigeres Finanzprodukt nicht geschlossen, hat der Darlehensgeber das Beratungsangebot bei erneutem Vorliegen der Voraussetzungen nach Absatz 1 zu wiederholen. [2]Dies gilt nicht, wenn der Darlehensnehmer ausdrücklich erklärt, keine weiteren entsprechenden Beratungsangebote erhalten zu wollen.

§ 505 Geduldete Überziehung. (1) [1]Vereinbart ein Unternehmer in einem Vertrag mit einem Verbraucher über ein laufendes Konto ohne eingeräumte Überziehungsmöglichkeit ein Entgelt für den Fall, dass er eine Überziehung des Kontos duldet, müssen in diesem Vertrag die Angaben nach Artikel 247 § 17 Abs. 1 des Einführungsgesetzes zum Bürgerlichen Gesetzbuche auf einem dauerhaften Datenträger enthalten sein und dem Verbraucher in regelmäßigen Zeitabständen auf einem dauerhaften Datenträger mitgeteilt werden. [2]Satz 1 gilt entsprechend, wenn ein Darlehensgeber mit einem Darlehensnehmer in einem Vertrag über ein laufendes Konto mit eingeräumter Überziehungsmöglichkeit ein Entgelt für den Fall vereinbart, dass er eine Überziehung des Kontos über die vertraglich bestimmte Höhe hinaus duldet.

(2) [1]Kommt es im Fall des Absatzes 1 zu einer erheblichen Überziehung von mehr als einem Monat, unterrichtet der Darlehensgeber den Darlehensnehmer unverzüglich auf einem dauerhaften Datenträger über die sich aus Artikel 247 § 17 Abs. 2 des Einführungsgesetzes zum Bürgerlichen Gesetzbuche ergebenden Einzelheiten. [2]Wenn es im Fall des Absatzes 1 zu einer ununterbrochenen Überziehung von mehr als drei Monaten gekommen ist und der durchschnittliche Überziehungsbetrag die Hälfte des durchschnittlichen monatlichen Geldeingangs innerhalb der letzten drei Monate auf diesem Konto übersteigt, so gilt § 504a entsprechend. [3]Wenn der Rechnungsabschluss für das laufende Konto vierteljährlich erfolgt, ist der maßgebliche Zeitpunkt für das Vorliegen der Voraussetzungen nach Satz 1 der jeweilige Rechnungsabschluss.

(3) Verstößt der Unternehmer gegen Absatz 1 oder Absatz 2, kann der Darlehensgeber über die Rückzahlung des Darlehens hinaus Kosten und Zinsen nicht verlangen.

(4) Die §§ 491a bis 496 und 499 bis 502 sind auf Allgemein-Verbraucherdarlehensverträge, die unter den in Absatz 1 genannten Voraussetzungen zustande kommen, nicht anzuwenden.

§ 505a Pflicht zur Kreditwürdigkeitsprüfung bei Verbraucherdarlehensverträgen. (1) [1]Der Darlehensgeber hat vor dem Abschluss eines Verbraucherdarlehensvertrags die Kreditwürdigkeit des Darlehensnehmers zu prüfen. [2]Der Darlehensgeber darf den Verbraucherdarlehensvertrag nur abschließen, wenn aus der Kreditwürdigkeitsprüfung hervorgeht, dass bei einem Allgemein-Verbraucherdarlehensvertrag keine erheblichen Zweifel daran bestehen und dass es bei einem Immobiliar-Verbraucherdarlehensvertrag wahrscheinlich ist, dass der Darlehensnehmer seinen Verpflichtungen, die im Zusammenhang mit dem Darlehensvertrag stehen, vertragsgemäß nachkommen wird.

(2) Wird der Nettodarlehensbetrag nach Abschluss des Darlehensvertrags deutlich erhöht, so ist die Kreditwürdigkeit auf aktualisierter Grundlage neu zu prüfen, es sei denn, der Erhöhungsbetrag des Nettodarlehens wurde bereits in die ursprüngliche Kreditwürdigkeitsprüfung einbezogen.

(3) [1] Bei Immobiliar-Verbraucherdarlehensverträgen, die

1. im Anschluss an einen zwischen den Vertragsparteien abgeschlossenen Darlehensvertrag ein neues Kapitalnutzungsrecht zur Erreichung des von dem Darlehensnehmer mit dem vorangegangenen Darlehensvertrag verfolgten Zweckes einräumen oder
2. einen anderen Darlehensvertrag zwischen den Vertragsparteien zur Vermeidung von Kündigungen wegen Zahlungsverzugs des Darlehensnehmers oder zur Vermeidung von Zwangsvollstreckungsmaßnahmen gegen den Darlehensnehmer ersetzen oder ergänzen,

bedarf es einer erneuten Kreditwürdigkeitsprüfung nur unter den Voraussetzungen des Absatzes 2. [2] Ist danach keine Kreditwürdigkeitsprüfung erforderlich, darf der Darlehensgeber den neuen Immobiliar-Verbraucherdarlehensvertrag nicht abschließen, wenn ihm bereits bekannt ist, dass der Darlehensnehmer seinen Verpflichtungen, die im Zusammenhang mit diesem Darlehensvertrag stehen, dauerhaft nicht nachkommen kann. [3] Bei Verstößen gilt § 505d entsprechend.

§ 505b Grundlage der Kreditwürdigkeitsprüfung bei Verbraucherdarlehensverträgen. (1) Bei Allgemein-Verbraucherdarlehensverträgen können Grundlage für die Kreditwürdigkeitsprüfung Auskünfte des Darlehensnehmers und erforderlichenfalls Auskünfte von Stellen sein, die geschäftsmäßig personenbezogene Daten, die zur Bewertung der Kreditwürdigkeit von Verbrauchern genutzt werden dürfen, zum Zweck der Übermittlung erheben, speichern, verändern oder nutzen.

(2) [1] Bei Immobiliar-Verbraucherdarlehensverträgen hat der Darlehensgeber die Kreditwürdigkeit des Darlehensnehmers auf der Grundlage notwendiger, ausreichender und angemessener Informationen zu Einkommen, Ausgaben sowie anderen finanziellen und wirtschaftlichen Umständen des Darlehensnehmers eingehend zu prüfen. [2] Dabei hat der Darlehensgeber die Faktoren angemessen zu berücksichtigen, die für die Einschätzung relevant sind, ob der Darlehensnehmer seinen Verpflichtungen aus dem Darlehensvertrag voraussichtlich nachkommen kann. [3] Die Kreditwürdigkeitsprüfung darf sich nicht hauptsächlich darauf stützen, dass der Wert der Wohnimmobilie den Darlehensbetrag übersteigt, oder auf die Annahme, dass der Wert der Wohnimmobilie zunimmt, es sei denn, der Darlehensvertrag dient zum Bau oder zur Renovierung der Wohnimmobilie.

(3) [1] Der Darlehensgeber ermittelt die gemäß Absatz 2 erforderlichen Informationen aus einschlägigen internen oder externen Quellen, wozu auch Auskünfte des Darlehensnehmers gehören. [2] Der Darlehensgeber berücksichtigt auch die Auskünfte, die einem Darlehensvermittler erteilt wurden. [3] Der Darlehensgeber ist verpflichtet, die Informationen in angemessener Weise zu über-

prüfen, soweit erforderlich auch durch Einsichtnahme in unabhängig nachprüfbare Unterlagen.

(4) Bei Immobiliar-Verbraucherdarlehensverträgen ist der Darlehensgeber verpflichtet, die Verfahren und Angaben, auf die sich die Kreditwürdigkeitsprüfung stützt, festzulegen, zu dokumentieren und die Dokumentation aufzubewahren.

(5) Die Bestimmungen zum Schutz personenbezogener Daten bleiben unberührt.

§ 505c Weitere Pflichten bei grundpfandrechtlich oder durch Reallast besicherten Immobiliar-Verbraucherdarlehensverträgen. Darlehensgeber, die grundpfandrechtlich oder durch Reallast besicherte Immobiliar-Verbraucherdarlehen vergeben, haben

1. bei der Bewertung von Wohnimmobilien zuverlässige Standards anzuwenden und
2. sicherzustellen, dass interne und externe Gutachter, die Immobilienbewertungen für sie vornehmen, fachlich kompetent und so unabhängig vom Darlehensvergabeprozess sind, dass sie eine objektive Bewertung vornehmen können, und
3. Bewertungen für Immobilien, die als Sicherheit für Immobiliar-Verbraucherdarlehen dienen, auf einem dauerhaften Datenträger zu dokumentieren und aufzubewahren.

§ 505d Verstoß gegen die Pflicht zur Kreditwürdigkeitsprüfung.

(1) [1] Hat der Darlehensgeber gegen die Pflicht zur Kreditwürdigkeitsprüfung verstoßen, so ermäßigt sich

1. ein im Darlehensvertrag vereinbarter gebundener Sollzins auf den marktüblichen Zinssatz am Kapitalmarkt für Anlagen in Hypothekenpfandbriefe und öffentliche Pfandbriefe, deren Laufzeit derjenigen der Sollzinsbindung entspricht und
2. ein im Darlehensvertrag vereinbarter veränderlicher Sollzins auf den marktüblichen Zinssatz, zu dem europäische Banken einander Anleihen in Euro mit einer Laufzeit von drei Monaten gewähren.

[2] Maßgeblicher Zeitpunkt für die Bestimmung des marktüblichen Zinssatzes gemäß Satz 1 ist der Zeitpunkt des Vertragsschlusses sowie gegebenenfalls jeweils der Zeitpunkt vertraglich vereinbarter Zinsanpassungen. [3] Der Darlehensnehmer kann den Darlehensvertrag jederzeit fristlos kündigen; ein Anspruch auf eine Vorfälligkeitsentschädigung besteht nicht. [4] Der Darlehensgeber stellt dem Darlehensnehmer eine Abschrift des Vertrags zur Verfügung, in der die Vertragsänderungen berücksichtigt sind, die sich aus den Sätzen 1 bis 3 ergeben. [5] Die Sätze 1 bis 4 finden keine Anwendung, wenn bei einer ordnungsgemäßen Kreditwürdigkeitsprüfung der Darlehensvertrag hätte geschlossen werden dürfen.

(2) Kann der Darlehensnehmer Pflichten, die im Zusammenhang mit dem Darlehensvertrag stehen, nicht vertragsgemäß erfüllen, so kann der Darlehensgeber keine Ansprüche wegen Pflichtverletzung geltend machen, wenn die Pflichtverletzung auf einem Umstand beruht, der bei ordnungsgemäßer Kredit-

würdigkeitsprüfung dazu geführt hätte, dass der Darlehensvertrag nicht hätte geschlossen werden dürfen.

(3) Die Absätze 1 und 2 finden keine Anwendung, soweit der Mangel der Kreditwürdigkeitsprüfung darauf beruht, dass der Darlehensnehmer dem Darlehensgeber vorsätzlich oder grob fahrlässig Informationen im Sinne des § 505b Absatz 1 bis 3 unrichtig erteilt oder vorenthalten hat.

§ 505e Verordnungsermächtigung. [1]Das Bundesministerium der Finanzen und das Bundesministerium der Justiz und für Verbraucherschutz werden ermächtigt, durch gemeinsame Rechtsverordnung ohne Zustimmung des Bundesrates Leitlinien zu den Kriterien und Methoden der Kreditwürdigkeitsprüfung bei Immobiliar-Verbraucherdarlehensverträgen nach den §§ 505a und 505b Absatz 2 bis 4 festzulegen. [2]Durch die Rechtsverordnung können insbesondere Leitlinien festgelegt werden

1. zu den Faktoren, die für die Einschätzung relevant sind, ob der Darlehensnehmer seinen Verpflichtungen aus dem Darlehensvertrag voraussichtlich nachkommen kann,
2. zu den anzuwendenden Verfahren und der Erhebung und Prüfung von Informationen.

Untertitel 2. Finanzierungshilfen zwischen einem Unternehmer und einem Verbraucher

§ 506 Zahlungsaufschub, sonstige Finanzierungshilfe. (1) [1]Die für Allgemein-Verbraucherdarlehensverträge geltenden Vorschriften der §§ 358 bis 360 und 491a bis 502 sowie 505a bis 505e sind mit Ausnahme des § 492 Abs. 4 und vorbehaltlich der Absätze 3 und 4 auf Verträge entsprechend anzuwenden, durch die ein Unternehmer einem Verbraucher einen entgeltlichen Zahlungsaufschub oder eine sonstige entgeltliche Finanzierungshilfe gewährt. [2]Bezieht sich der entgeltliche Zahlungsaufschub oder die sonstige entgeltliche Finanzierungshilfe auf den Erwerb oder die Erhaltung des Eigentumsrechts an Grundstücken, an bestehenden oder zu errichtenden Gebäuden oder auf den Erwerb oder die Erhaltung von grundstücksgleichen Rechten oder ist der Anspruch des Unternehmers durch ein Grundpfandrecht oder eine Reallast besichert, so sind die für Immobiliar-Verbraucherdarlehensverträge geltenden, in Satz 1 genannten Vorschriften sowie § 503 entsprechend anwendbar. [3]Ein unentgeltlicher Zahlungsaufschub gilt als entgeltlicher Zahlungsaufschub gemäß Satz 2, wenn er davon abhängig gemacht wird, dass die Forderung durch ein Grundpfandrecht oder eine Reallast besichert wird.

(2) [1]Verträge zwischen einem Unternehmer und einem Verbraucher über die entgeltliche Nutzung eines Gegenstandes gelten als entgeltliche Finanzierungshilfe, wenn vereinbart ist, dass

1. der Verbraucher zum Erwerb des Gegenstandes verpflichtet ist,
2. der Unternehmer vom Verbraucher den Erwerb des Gegenstandes verlangen kann oder
3. der Verbraucher bei Beendigung des Vertrags für einen bestimmten Wert des Gegenstandes einzustehen hat.

[2]Auf Verträge gemäß Satz 1 Nr. 3 sind § 500 Abs. 2 und § 502 nicht anzuwenden.

(3) Für Verträge, die die Lieferung einer bestimmten Sache oder die Erbringung einer bestimmten anderen Leistung gegen Teilzahlungen zum Gegenstand haben (Teilzahlungsgeschäfte), gelten vorbehaltlich des Absatzes 4 zusätzlich die in den §§ 507 und 508 geregelten Besonderheiten.

(4) [1] Die Vorschriften dieses Untertitels sind in dem in § 491 Absatz 2 Satz 2 Nummer 1 bis 5, Absatz 3 Satz 2 und Absatz 4 bestimmten Umfang nicht anzuwenden. [2] Soweit nach der Vertragsart ein Nettodarlehensbetrag (§ 491 Absatz 2 Satz 2 Nummer 1) nicht vorhanden ist, tritt an seine Stelle der Barzahlungspreis oder, wenn der Unternehmer den Gegenstand für den Verbraucher erworben hat, der Anschaffungspreis.

§ 507 Teilzahlungsgeschäfte. (1) [1] § 494 Abs. 1 bis 3 und 6 Satz 2 zweiter Halbsatz ist auf Teilzahlungsgeschäfte nicht anzuwenden. [2] Gibt der Verbraucher sein Angebot zum Vertragsabschluss im Fernabsatz auf Grund eines Verkaufsprospekts oder eines vergleichbaren elektronischen Mediums ab, aus dem der Barzahlungspreis, der Sollzinssatz, der effektive Jahreszins, ein Tilgungsplan anhand beispielhafter Gesamtbeträge sowie die zu stellenden Sicherheiten und Versicherungen ersichtlich sind, ist auch § 492 Abs. 1 nicht anzuwenden, wenn der Unternehmer dem Verbraucher den Vertragsinhalt spätestens unverzüglich nach Vertragsabschluss auf einem dauerhaften Datenträger mitteilt.

(2) [1] Das Teilzahlungsgeschäft ist nichtig, wenn die vorgeschriebene Schriftform des § 492 Abs. 1 nicht eingehalten ist oder im Vertrag eine der in Artikel 247 §§ 6, 12 und 13 des Einführungsgesetzes zum Bürgerlichen Gesetzbuche vorgeschriebenen Angaben fehlt. [2] Ungeachtet eines Mangels nach Satz 1 wird das Teilzahlungsgeschäft gültig, wenn dem Verbraucher die Sache übergeben oder die Leistung erbracht wird. [3] Jedoch ist der Barzahlungspreis höchstens mit dem gesetzlichen Zinssatz zu verzinsen, wenn die Angabe des Gesamtbetrags oder des effektiven Jahreszinses fehlt. [4] Ist ein Barzahlungspreis nicht genannt, so gilt im Zweifel der Marktpreis als Barzahlungspreis. [5] Ist der effektive Jahreszins zu niedrig angegeben, so vermindert sich der Gesamtbetrag um den Prozentsatz, um den der effektive Jahreszins zu niedrig angegeben ist.

(3) [1] Abweichend von den §§ 491a und 492 Abs. 2 dieses Gesetzes und von Artikel 247 §§ 3, 6 und 12 des Einführungsgesetzes zum Bürgerlichen Gesetzbuche müssen in der vorvertraglichen Information und im Vertrag der Barzahlungspreis und der effektive Jahreszins nicht angegeben werden, wenn der Unternehmer nur gegen Teilzahlungen Sachen liefert oder Leistungen erbringt. [2] Im Fall des § 501 ist der Berechnung der Kostenermäßigung der gesetzliche Zinssatz (§ 246) zugrunde zu legen. [3] Ein Anspruch auf Vorfälligkeitsentschädigung ist ausgeschlossen.

§ 508 Rücktritt bei Teilzahlungsgeschäften. [1] Der Unternehmer kann von einem Teilzahlungsgeschäft wegen Zahlungsverzugs des Verbrauchers nur unter den in § 498 Absatz 1 Satz 1 bezeichneten Voraussetzungen zurücktreten. [2] Dem Nennbetrag entspricht der Gesamtbetrag. [3] Der Verbraucher hat dem Unternehmer auch die infolge des Vertrags gemachten Aufwendungen zu ersetzen. [4] Bei der Bemessung der Vergütung von Nutzungen einer zurückzugewährenden Sache ist auf die inzwischen eingetretene Wertminderung Rücksicht zu nehmen. [5] Nimmt der Unternehmer die auf Grund des Teilzahlungsgeschäfts gelieferte Sache wieder an sich, gilt dies als Ausübung des Rücktrittsrechts, es sei denn, der Unternehmer einigt sich mit dem Verbraucher, diesem den gewöhnlichen Verkaufswert der Sache im Zeitpunkt der Wegnahme zu vergüten. [6]Satz 5 gilt entsprechend, wenn ein Vertrag über die Lieferung einer Sache mit einem Verbraucherdarlehensvertrag verbunden ist (§ 358 Absatz 3) und wenn der Darlehensgeber die Sache an sich nimmt; im Falle des Rücktritts bestimmt sich das Rechtsverhältnis zwischen dem Darlehensgeber und dem Verbraucher nach den Sätzen 3 und 4.

Untertitel 3. Ratenlieferungsverträge zwischen einem Unternehmer und einem Verbraucher

§ 510 Ratenlieferungsverträge. (1) [1]Der Vertrag zwischen einem Verbraucher und einem Unternehmer bedarf der schriftlichen Form, wenn der Vertrag

1. die Lieferung mehrerer als zusammengehörend verkaufter Sachen in Teilleistungen zum Gegenstand hat und das Entgelt für die Gesamtheit der Sachen in Teilzahlungen zu entrichten ist,
2. die regelmäßige Lieferung von Sachen gleicher Art zum Gegenstand hat oder
3. die Verpflichtung zum wiederkehrenden Erwerb oder Bezug von Sachen zum Gegenstand hat.

[2]Dies gilt nicht, wenn dem Verbraucher die Möglichkeit verschafft wird, die Vertragsbestimmungen einschließlich der Allgemeinen Geschäftsbedingungen bei Vertragsschluss abzurufen und in wiedergabefähiger Form zu speichern. [3]Der Unternehmer hat dem Verbraucher den Vertragsinhalt in Textform mitzuteilen.

(2) Dem Verbraucher steht vorbehaltlich des Absatzes 3 bei Verträgen nach Absatz 1, die weder im Fernabsatz noch außerhalb von Geschäftsräumen geschlossen werden, ein Widerrufsrecht nach § 355 zu.

(3) [1]Das Widerrufsrecht nach Absatz 2 gilt nicht in dem in § 491 Absatz 2 Satz 2 Nummer 1 bis 5, Absatz 3 Satz 2 und Absatz 4 bestimmten Umfang. [2]Dem in § 491 Absatz 2 Satz 2 Nummer 1 genannten Nettodarlehensbetrag entspricht die Summe aller vom Verbraucher bis zum frühestmöglichen Kündigungszeitpunkt zu entrichtenden Teilzahlungen.

Untertitel 4. Beratungsleistungen bei Immobiliar-Verbraucherdarlehensverträgen

§ 511 Beratungsleistungen bei Immobiliar-Verbraucherdarlehensverträgen. (1) Bevor der Darlehensgeber dem Darlehensnehmer individuelle Empfehlungen zu einem oder mehreren Geschäften erteilt, die im Zusammenhang mit einem Immobiliar-Verbraucherdarlehensvertrag stehen (Beratungsleistungen), hat er den Darlehensnehmer über die sich aus Artikel 247 § 18 des Einführungsgesetzes zum Bürgerlichen Gesetzbuche ergebenden Einzelheiten in der dort vorgesehenen Form zu informieren.

(2) [1]Vor Erbringung der Beratungsleistung hat sich der Darlehensgeber über den Bedarf, die persönliche und finanzielle Situation sowie über die Präferenzen und Ziele des Darlehensnehmers zu informieren, soweit dies für eine passende Empfehlung eines Darlehensvertrags erforderlich ist. [2]Auf Grundlage dieser aktuellen Informationen und unter Zugrundelegung realistischer Annahmen hinsichtlich der Risiken, die für den Darlehensnehmer während der Laufzeit des Darlehensvertrags zu erwarten sind, hat der Darlehensgeber eine aus-

reichende Zahl an Darlehensverträgen zumindest aus seiner Produktpalette auf ihre Geeignetheit zu prüfen.

(3) [1] Der Darlehensgeber hat dem Darlehensnehmer auf Grund der Prüfung gemäß Absatz 2 ein geeignetes oder mehrere geeignete Produkte zu empfehlen oder ihn darauf hinzuweisen, dass er kein Produkt empfehlen kann. [2] Die Empfehlung oder der Hinweis ist dem Darlehensnehmer auf einem dauerhaften Datenträger zur Verfügung zu stellen.

Untertitel 5. Unabdingbarkeit, Anwendung auf Existenzgründer

§ 512 Abweichende Vereinbarungen. [1] Von den Vorschriften der §§ 491 bis 511, 514 und 515 darf, soweit nicht ein anderes bestimmt ist, nicht zum Nachteil des Verbrauchers abgewichen werden. [2] Diese Vorschriften finden auch Anwendung, wenn sie durch anderweitige Gestaltungen umgangen werden.

Titel 5. Mietvertrag, Pachtvertrag

Untertitel 1. Allgemeine Vorschriften für Mietverhältnisse

§ 535 Inhalt und Hauptpflichten des Mietvertrags. (1) [1] Durch den Mietvertrag wird der Vermieter verpflichtet, dem Mieter den Gebrauch der Mietsache während der Mietzeit zu gewähren. [2] Der Vermieter hat die Mietsache dem Mieter in einem zum vertragsgemäßen Gebrauch geeigneten Zustand zu überlassen und sie während der Mietzeit in diesem Zustand zu erhalten. [3] Er hat die auf der Mietsache ruhenden Lasten zu tragen.

(2) Der Mieter ist verpflichtet, dem Vermieter die vereinbarte Miete zu entrichten.

§ 536 Mietminderung bei Sach- und Rechtsmängeln. (1) [1] Hat die Mietsache zur Zeit der Überlassung an den Mieter einen Mangel, der ihre Tauglichkeit zum vertragsgemäßen Gebrauch aufhebt, oder entsteht während der Mietzeit ein solcher Mangel, so ist der Mieter für die Zeit, in der die Tauglichkeit aufgehoben ist, von der Entrichtung der Miete befreit. [2] Für die Zeit, während der die Tauglichkeit gemindert ist, hat er nur eine angemessen herabgesetzte Miete zu entrichten. [3] Eine unerhebliche Minderung der Tauglichkeit bleibt außer Betracht.

(1a) Für die Dauer von drei Monaten bleibt eine Minderung der Tauglichkeit außer Betracht, soweit diese auf Grund einer Maßnahme eintritt, die einer energetischen Modernisierung nach § 555b Nummer 1 dient.

(2) Absatz 1 Satz 1 und 2 gilt auch, wenn eine zugesicherte Eigenschaft fehlt oder später wegfällt.

(3) Wird dem Mieter der vertragsgemäße Gebrauch der Mietsache durch das Recht eines Dritten ganz oder zum Teil entzogen, so gelten die Absätze 1 und 2 entsprechend.

(4) Bei einem Mietverhältnis über Wohnraum ist eine zum Nachteil des Mieters abweichende Vereinbarung unwirksam.

§ 536a Schadens- und Aufwendungsersatzanspruch des Mieters wegen eines Mangels. (1) Ist ein Mangel im Sinne des § 536 bei Vertragsschluss vorhanden oder entsteht ein solcher Mangel später wegen eines Umstands, den der Vermieter zu vertreten hat, oder kommt der Vermieter mit der Beseitigung eines Mangels in Verzug, so kann der Mieter unbeschadet der Rechte aus § 536 Schadensersatz verlangen.

(2) Der Mieter kann den Mangel selbst beseitigen und Ersatz der erforderlichen Aufwendungen verlangen, wenn

1. der Vermieter mit der Beseitigung des Mangels in Verzug ist oder
2. die umgehende Beseitigung des Mangels zur Erhaltung oder Wiederherstellung des Bestands der Mietsache notwendig ist.

§ 536b Kenntnis des Mieters vom Mangel bei Vertragsschluss oder Annahme. [1] Kennt der Mieter bei Vertragsschluss den Mangel der Mietsache, so stehen ihm die Rechte aus den §§ 536 und 536a nicht zu. [2] Ist ihm der Mangel infolge grober Fahrlässigkeit unbekannt geblieben, so stehen ihm diese Rechte nur zu, wenn der Vermieter den Mangel arglistig verschwiegen hat. [3] Nimmt der Mieter eine mangelhafte Sache an, obwohl er den Mangel kennt, so kann er die Rechte aus den §§ 536 und 536a nur geltend machen, wenn er sich seine Rechte bei der Annahme vorbehält.

§ 536c Während der Mietzeit auftretende Mängel; Mängelanzeige durch den Mieter. (1) [1] Zeigt sich im Laufe der Mietzeit ein Mangel der Mietsache oder wird eine Maßnahme zum Schutz der Mietsache gegen eine nicht vorhergesehene Gefahr erforderlich, so hat der Mieter dies dem Vermieter unverzüglich anzuzeigen. [2] Das Gleiche gilt, wenn ein Dritter sich ein Recht an der Sache anmaßt.

(2) [1] Unterlässt der Mieter die Anzeige, so ist er dem Vermieter zum Ersatz des daraus entstehenden Schadens verpflichtet. [2] Soweit der Vermieter infolge der Unterlassung der Anzeige nicht Abhilfe schaffen konnte, ist der Mieter nicht berechtigt,

1. die in § 536 bestimmten Rechte geltend zu machen,
2. nach § 536a Abs. 1 Schadensersatz zu verlangen oder
3. ohne Bestimmung einer angemessenen Frist zur Abhilfe nach § 543 Abs. 3 Satz 1 zu kündigen.

§ 536d Vertraglicher Ausschluss von Rechten des Mieters wegen eines Mangels. Auf eine Vereinbarung, durch die die Rechte des Mieters wegen eines Mangels der Mietsache ausgeschlossen oder beschränkt werden, kann sich der Vermieter nicht berufen, wenn er den Mangel arglistig verschwiegen hat.

§ 537 Entrichtung der Miete bei persönlicher Verhinderung des Mieters. (1) [1] Der Mieter wird von der Entrichtung der Miete nicht dadurch befreit, dass er durch einen in seiner Person liegenden Grund an der Ausübung seines Gebrauchsrechts gehindert wird. [2] Der Vermieter muss sich jedoch den Wert der ersparten Aufwendungen sowie derjenigen Vorteile anrechnen lassen, die er aus einer anderweitigen Verwertung des Gebrauchs erlangt.

(2) Solange der Vermieter infolge der Überlassung des Gebrauchs an einen Dritten außerstande ist, dem Mieter den Gebrauch zu gewähren, ist der Mieter zur Entrichtung der Miete nicht verpflichtet.

§ 538 Abnutzung der Mietsache durch vertragsgemäßen Gebrauch. Veränderungen oder Verschlechterungen der Mietsache, die durch den vertragsgemäßen Gebrauch herbeigeführt werden, hat der Mieter nicht zu vertreten.

§ 539 Ersatz sonstiger Aufwendungen und Wegnahmerecht des Mieters. (1) Der Mieter kann vom Vermieter Aufwendungen auf die Mietsache, die der Vermieter ihm nicht nach § 536a Abs. 2 zu ersetzen hat, nach den Vorschriften über die Geschäftsführung ohne Auftrag ersetzt verlangen.

(2) Der Mieter ist berechtigt, eine Einrichtung wegzunehmen, mit der er die Mietsache versehen hat.

§ 540 Gebrauchsüberlassung an Dritte. (1) [1]Der Mieter ist ohne die Erlaubnis des Vermieters nicht berechtigt, den Gebrauch der Mietsache einem Dritten zu überlassen, insbesondere sie weiter zu vermieten. [2]Verweigert der Vermieter die Erlaubnis, so kann der Mieter das Mietverhältnis außerordentlich mit der gesetzlichen Frist kündigen, sofern nicht in der Person des Dritten ein wichtiger Grund vorliegt.

(2) Überlässt der Mieter den Gebrauch einem Dritten, so hat er ein dem Dritten bei dem Gebrauch zur Last fallendes Verschulden zu vertreten, auch wenn der Vermieter die Erlaubnis zur Überlassung erteilt hat.

§ 541 Unterlassungsklage bei vertragswidrigem Gebrauch. Setzt der Mieter einen vertragswidrigen Gebrauch der Mietsache trotz einer Abmahnung des Vermieters fort, so kann dieser auf Unterlassung klagen.

§ 542 Ende des Mietverhältnisses. (1) Ist die Mietzeit nicht bestimmt, so kann jede Vertragspartei das Mietverhältnis nach den gesetzlichen Vorschriften kündigen.

(2) Ein Mietverhältnis, das auf bestimmte Zeit eingegangen ist, endet mit dem Ablauf dieser Zeit, sofern es nicht

1. in den gesetzlich zugelassenen Fällen außerordentlich gekündigt oder
2. verlängert wird.

§ 543 Außerordentliche fristlose Kündigung aus wichtigem Grund.

(1) [1]Jede Vertragspartei kann das Mietverhältnis aus wichtigem Grund außerordentlich fristlos kündigen. [2]Ein wichtiger Grund liegt vor, wenn dem Kündigenden unter Berücksichtigung aller Umstände des Einzelfalls, insbesondere eines Verschuldens der Vertragsparteien, und unter Abwägung der beiderseitigen Interessen die Fortsetzung des Mietverhältnisses bis zum Ablauf der Kündigungsfrist oder bis zur sonstigen Beendigung des Mietverhältnisses nicht zugemutet werden kann.

(2) [1]Ein wichtiger Grund liegt insbesondere vor, wenn

1. dem Mieter der vertragsgemäße Gebrauch der Mietsache ganz oder zum Teil nicht rechtzeitig gewährt oder wieder entzogen wird,
2. der Mieter die Rechte des Vermieters dadurch in erheblichem Maße verletzt, dass er die Mietsache durch Vernachlässigung der ihm obliegenden Sorgfalt erheblich gefährdet oder sie unbefugt einem Dritten überlässt oder

3. der Mieter
   a) für zwei aufeinander folgende Termine mit der Entrichtung der Miete oder eines nicht unerheblichen Teils der Miete in Verzug ist oder
   b) in einem Zeitraum, der sich über mehr als zwei Termine erstreckt, mit der Entrichtung der Miete in Höhe eines Betrages in Verzug ist, der die Miete für zwei Monate erreicht.

[2] Im Falle des Satzes 1 Nr. 3 ist die Kündigung ausgeschlossen, wenn der Vermieter vorher befriedigt wird. [3] Sie wird unwirksam, wenn sich der Mieter von seiner Schuld durch Aufrechnung befreien konnte und unverzüglich nach der Kündigung die Aufrechnung erklärt.

(3) [1] Besteht der wichtige Grund in der Verletzung einer Pflicht aus dem Mietvertrag, so ist die Kündigung erst nach erfolglosem Ablauf einer zur Abhilfe bestimmten angemessenen Frist oder nach erfolgloser Abmahnung zulässig. [2] Dies gilt nicht, wenn
1. eine Frist oder Abmahnung offensichtlich keinen Erfolg verspricht,
2. die sofortige Kündigung aus besonderen Gründen unter Abwägung der beiderseitigen Interessen gerechtfertigt ist oder
3. der Mieter mit der Entrichtung der Miete im Sinne des Absatzes 2 Nr. 3 in Verzug ist.

(4) [1] Auf das dem Mieter nach Absatz 2 Nr. 1 zustehende Kündigungsrecht sind die §§ 536b und 536d entsprechend anzuwenden. [2] Ist streitig, ob der Vermieter den Gebrauch der Mietsache rechtzeitig gewährt oder die Abhilfe vor Ablauf der hierzu bestimmten Frist bewirkt hat, so trifft ihn die Beweislast.

§ 544 Vertrag über mehr als 30 Jahre. [1] Wird ein Mietvertrag für eine längere Zeit als 30 Jahre geschlossen, so kann jede Vertragspartei nach Ablauf von 30 Jahren nach Überlassung der Mietsache das Mietverhältnis außerordentlich mit der gesetzlichen Frist kündigen. [2] Die Kündigung ist unzulässig, wenn der Vertrag für die Lebenszeit des Vermieters oder des Mieters geschlossen worden ist.

§ 545 Stillschweigende Verlängerung des Mietverhältnisses. [1] Setzt der Mieter nach Ablauf der Mietzeit den Gebrauch der Mietsache fort, so verlängert sich das Mietverhältnis auf unbestimmte Zeit, sofern nicht eine Vertragspartei ihren entgegenstehenden Willen innerhalb von zwei Wochen dem anderen Teil erklärt. [2] Die Frist beginnt
1. für den Mieter mit der Fortsetzung des Gebrauchs,
2. für den Vermieter mit dem Zeitpunkt, in dem er von der Fortsetzung Kenntnis erhält.

§ 546 Rückgabepflicht des Mieters. (1) Der Mieter ist verpflichtet, die Mietsache nach Beendigung des Mietverhältnisses zurückzugeben.

(2) Hat der Mieter den Gebrauch der Mietsache einem Dritten überlassen, so kann der Vermieter die Sache nach Beendigung des Mietverhältnisses auch von dem Dritten zurückfordern.

§ 546a Entschädigung des Vermieters bei verspäteter Rückgabe.

(1) Gibt der Mieter die Mietsache nach Beendigung des Mietverhältnisses nicht zurück, so kann der Vermieter für die Dauer der Vorenthaltung als Entschädigung die vereinbarte Miete oder die Miete verlangen, die für vergleichbare Sachen ortsüblich ist.

(2) Die Geltendmachung eines weiteren Schadens ist nicht ausgeschlossen.

§ 547 Erstattung von im Voraus entrichteter Miete. (1) [1] Ist die Miete für die Zeit nach Beendigung des Mietverhältnisses im Voraus entrichtet worden, so hat der Vermieter sie zurückzuerstatten und ab Empfang zu verzinsen. [2] Hat der Vermieter die Beendigung des Mietverhältnisses nicht zu vertreten, so hat er das Erlangte nach den Vorschriften über die Herausgabe einer ungerechtfertigten Bereicherung zurückzuerstatten.

(2) Bei einem Mietverhältnis über Wohnraum ist eine zum Nachteil des Mieters abweichende Vereinbarung unwirksam.

§ 548 Verjährung der Ersatzansprüche und des Wegnahmerechts.

(1) [1] Die Ersatzansprüche des Vermieters wegen Veränderungen oder Verschlechterungen der Mietsache verjähren in sechs Monaten. [2] Die Verjährung beginnt mit dem Zeitpunkt, in dem er die Mietsache zurückerhält. [3] Mit der Verjährung des Anspruchs des Vermieters auf Rückgabe der Mietsache verjähren auch seine Ersatzansprüche.

(2) Ansprüche des Mieters auf Ersatz von Aufwendungen oder auf Gestattung der Wegnahme einer Einrichtung verjähren in sechs Monaten nach der Beendigung des Mietverhältnisses.

Titel 7. Sachdarlehensvertrag

§ 607 Vertragstypische Pflichten beim Sachdarlehensvertrag.

(1) [1] Durch den Sachdarlehensvertrag wird der Darlehensgeber verpflichtet, dem Darlehensnehmer eine vereinbarte vertretbare Sache zu überlassen. [2] Der Darlehensnehmer ist zur Zahlung eines Darlehensentgelts und bei Fälligkeit zur Rückerstattung von Sachen gleicher Art, Güte und Menge verpflichtet.

(2) Die Vorschriften dieses Titels finden keine Anwendung auf die Überlassung von Geld.

§ 608 Kündigung. (1) Ist für die Rückerstattung der überlassenen Sache eine Zeit nicht bestimmt, hängt die Fälligkeit davon ab, dass der Darlehensgeber oder der Darlehensnehmer kündigt.

(2) Ein auf unbestimmte Zeit abgeschlossener Sachdarlehensvertrag kann, soweit nicht ein anderes vereinbart ist, jederzeit vom Darlehensgeber oder Darlehensnehmer ganz oder teilweise gekündigt werden.

§ 609 Entgelt. Ein Entgelt hat der Darlehensnehmer spätestens bei Rückerstattung der überlassenen Sache zu bezahlen.

Titel 8. Dienstvertrag und ähnliche Verträge[1)]

Untertitel 1. Dienstvertrag

§ 611 Vertragstypische Pflichten beim Dienstvertrag. (1) Durch den Dienstvertrag wird derjenige, welcher Dienste zusagt, zur Leistung der versprochenen Dienste, der andere Teil zur Gewährung der vereinbarten Vergütung verpflichtet.

(2) Gegenstand des Dienstvertrags können Dienste jeder Art sein.

§ 611a Arbeitsvertrag. (1) [1]Durch den Arbeitsvertrag wird der Arbeitnehmer im Dienste eines anderen zur Leistung weisungsgebundener, fremdbestimmter Arbeit in persönlicher Abhängigkeit verpflichtet. [2]Das Weisungsrecht kann Inhalt, Durchführung, Zeit und Ort der Tätigkeit betreffen. [3]Weisungsgebunden ist, wer nicht im Wesentlichen frei seine Tätigkeit gestalten und seine Arbeitszeit bestimmen kann. [4]Der Grad der persönlichen Abhängigkeit hängt dabei auch von der Eigenart der jeweiligen Tätigkeit ab. [5]Für die Feststellung, ob ein Arbeitsvertrag vorliegt, ist eine Gesamtbetrachtung aller Umstände vorzunehmen. [6]Zeigt die tatsächliche Durchführung des Vertragsverhältnisses, dass es sich um ein Arbeitsverhältnis handelt, kommt es auf die Bezeichnung im Vertrag nicht an.

(2) Der Arbeitgeber ist zur Zahlung der vereinbarten Vergütung verpflichtet.

§ 612 Vergütung. (1) Eine Vergütung gilt als stillschweigend vereinbart, wenn die Dienstleistung den Umständen nach nur gegen eine Vergütung zu erwarten ist.

(2) Ist die Höhe der Vergütung nicht bestimmt, so ist bei dem Bestehen einer Taxe die taxmäßige Vergütung, in Ermangelung einer Taxe die übliche Vergütung als vereinbart anzusehen.

§ 626 Fristlose Kündigung aus wichtigem Grund. (1) Das Dienstverhältnis kann von jedem Vertragsteil aus wichtigem Grund ohne Einhaltung einer Kündigungsfrist gekündigt werden, wenn Tatsachen vorliegen, auf Grund derer dem Kündigenden unter Berücksichtigung aller Umstände des Einzelfalles und unter Abwägung der Interessen beider Vertragsteile die Fortsetzung des Dienstverhältnisses bis zum Ablauf der Kündigungsfrist oder bis zu der vereinbarten Beendigung des Dienstverhältnisses nicht zugemutet werden kann.

(2) [1]Die Kündigung kann nur innerhalb von zwei Wochen erfolgen. [2]Die Frist beginnt mit dem Zeitpunkt, in dem der Kündigungsberechtigte von den für die Kündigung maßgebenden Tatsachen Kenntnis erlangt. [3]Der Kündigende muss dem anderen Teil auf Verlangen den Kündigungsgrund unverzüglich schriftlich mitteilen.

[1)] **Amtl. Anm.:** Dieser Titel dient der Umsetzung

1. der Richtlinie 76/207/EWG des Rates vom 9. Februar 1976 zur Verwirklichung des Grundsatzes der Gleichbehandlung von Männern und Frauen hinsichtlich des Zugangs zur Beschäftigung, zur Berufsbildung und zum beruflichen Aufstieg sowie in Bezug auf die Arbeitsbedingungen (ABl. EG Nr. L 39 S. 40) und
2. der Richtlinie 77/187/EWG des Rates vom 14. Februar 1977 zur Angleichung der Rechtsvorschriften der Mitgliedstaaten über die Wahrung von Ansprüchen der Arbeitnehmer beim Übergang von Unternehmen, Betrieben oder Betriebsteilen (ABl. EG Nr. L 61 S. 26).

Titel 9. Werkvertrag und ähnliche Verträge

Untertitel 1. Werkvertrag

Kapitel 1. Allgemeine Vorschriften

§ 631 Vertragstypische Pflichten beim Werkvertrag. (1) Durch den Werkvertrag wird der Unternehmer zur Herstellung des versprochenen Werkes, der Besteller zur Entrichtung der vereinbarten Vergütung verpflichtet.

(2) Gegenstand des Werkvertrags kann sowohl die Herstellung oder Veränderung einer Sache als auch ein anderer durch Arbeit oder Dienstleistung herbeizuführender Erfolg sein.

§ 632 Vergütung. (1) Eine Vergütung gilt als stillschweigend vereinbart, wenn die Herstellung des Werkes den Umständen nach nur gegen eine Vergütung zu erwarten ist.

(2) Ist die Höhe der Vergütung nicht bestimmt, so ist bei dem Bestehen einer Taxe die taxmäßige Vergütung, in Ermangelung einer Taxe die übliche Vergütung als vereinbart anzusehen.

(3) Ein Kostenanschlag ist im Zweifel nicht zu vergüten.

§ 632a Abschlagszahlungen. (1) [1] Der Unternehmer kann von dem Besteller eine Abschlagszahlung in Höhe des Wertes der von ihm erbrachten und nach dem Vertrag geschuldeten Leistungen verlangen. [2] Sind die erbrachten Leistungen nicht vertragsgemäß, kann der Besteller die Zahlung eines angemessenen Teils des Abschlags verweigern. [3] Die Beweislast für die vertragsgemäße Leistung verbleibt bis zur Abnahme beim Unternehmer. [4] § 641 Abs. 3 gilt entsprechend. [5] Die Leistungen sind durch eine Aufstellung nachzuweisen, die eine rasche und sichere Beurteilung der Leistungen ermöglichen muss. [6] Die Sätze 1 bis 5 gelten auch für erforderliche Stoffe oder Bauteile, die angeliefert oder eigens angefertigt und bereitgestellt sind, wenn dem Besteller nach seiner Wahl Eigentum an den Stoffen oder Bauteilen übertragen oder entsprechende Sicherheit hierfür geleistet wird.

(2) Die Sicherheit nach Absatz 1 Satz 6 kann auch durch eine Garantie oder ein sonstiges Zahlungsversprechen eines im Geltungsbereich dieses Gesetzes zum Geschäftsbetrieb befugten Kreditinstituts oder Kreditversicherers geleistet werden.

§ 633 Sach- und Rechtsmangel. (1) Der Unternehmer hat dem Besteller das Werk frei von Sach- und Rechtsmängeln zu verschaffen.

(2) [1] Das Werk ist frei von Sachmängeln, wenn es die vereinbarte Beschaffenheit hat. [2] Soweit die Beschaffenheit nicht vereinbart ist, ist das Werk frei von Sachmängeln,

1. wenn es sich für die nach dem Vertrag vorausgesetzte, sonst
2. für die gewöhnliche Verwendung eignet und eine Beschaffenheit aufweist, die bei Werken der gleichen Art üblich ist und die der Besteller nach der Art des Werkes erwarten kann.

[3] Einem Sachmangel steht es gleich, wenn der Unternehmer ein anderes als das bestellte Werk oder das Werk in zu geringer Menge herstellt.

(3) Das Werk ist frei von Rechtsmängeln, wenn Dritte in Bezug auf das Werk keine oder nur die im Vertrag übernommenen Rechte gegen den Besteller geltend machen können.

§ 634 Rechte des Bestellers bei Mängeln. Ist das Werk mangelhaft, kann der Besteller, wenn die Voraussetzungen der folgenden Vorschriften vorliegen und soweit nicht ein anderes bestimmt ist,

1. nach § 635 Nacherfüllung verlangen,
2. nach § 637 den Mangel selbst beseitigen und Ersatz der erforderlichen Aufwendungen verlangen,
3. nach den §§ 636, 323 und 326 Abs. 5 von dem Vertrag zurücktreten oder nach § 638 die Vergütung mindern und
4. nach den §§ 636, 280, 281, 283 und 311a Schadensersatz oder nach § 284 Ersatz vergeblicher Aufwendungen verlangen.

§ 634a Verjährung der Mängelansprüche. (1) Die in § 634 Nr. 1, 2 und 4 bezeichneten Ansprüche verjähren

1. vorbehaltlich der Nummer 2 in zwei Jahren bei einem Werk, dessen Erfolg in der Herstellung, Wartung oder Veränderung einer Sache oder in der Erbringung von Planungs- oder Überwachungsleistungen hierfür besteht,
2. in fünf Jahren bei einem Bauwerk und einem Werk, dessen Erfolg in der Erbringung von Planungs- oder Überwachungsleistungen hierfür besteht, und
3. im Übrigen in der regelmäßigen Verjährungsfrist.

(2) Die Verjährung beginnt in den Fällen des Absatzes 1 Nr. 1 und 2 mit der Abnahme.

(3) [1] Abweichend von Absatz 1 Nr. 1 und 2 und Absatz 2 verjähren die Ansprüche in der regelmäßigen Verjährungsfrist, wenn der Unternehmer den Mangel arglistig verschwiegen hat. [2] Im Falle des Absatzes 1 Nr. 2 tritt die Verjährung jedoch nicht vor Ablauf der dort bestimmten Frist ein.

(4) [1] Für das in § 634 bezeichnete Rücktrittsrecht gilt § 218. [2] Der Besteller kann trotz einer Unwirksamkeit des Rücktritts nach § 218 Abs. 1 die Zahlung der Vergütung insoweit verweigern, als er auf Grund des Rücktritts dazu berechtigt sein würde. [3] Macht er von diesem Recht Gebrauch, kann der Unternehmer vom Vertrag zurücktreten.

(5) Auf das in § 634 bezeichnete Minderungsrecht finden § 218 und Absatz 4 Satz 2 entsprechende Anwendung.

§ 635 Nacherfüllung. (1) Verlangt der Besteller Nacherfüllung, so kann der Unternehmer nach seiner Wahl den Mangel beseitigen oder ein neues Werk herstellen.

(2) Der Unternehmer hat die zum Zwecke der Nacherfüllung erforderlichen Aufwendungen, insbesondere Transport-, Wege-, Arbeits- und Materialkosten zu tragen.

(3) Der Unternehmer kann die Nacherfüllung unbeschadet des § 275 Abs. 2 und 3 verweigern, wenn sie nur mit unverhältnismäßigen Kosten möglich ist.

(4) Stellt der Unternehmer ein neues Werk her, so kann er vom Besteller Rückgewähr des mangelhaften Werkes nach Maßgabe der §§ 346 bis 348 verlangen.

§ 636 Besondere Bestimmungen für Rücktritt und Schadensersatz.

Außer in den Fällen der §§ 281 Abs. 2 und 323 Abs. 2 bedarf es der Fristsetzung auch dann nicht, wenn der Unternehmer die Nacherfüllung gemäß § 635 Abs. 3 verweigert oder wenn die Nacherfüllung fehlgeschlagen oder dem Besteller unzumutbar ist.

§ 637 Selbstvornahme. (1) Der Besteller kann wegen eines Mangels des Werkes nach erfolglosem Ablauf einer von ihm zur Nacherfüllung bestimmten angemessenen Frist den Mangel selbst beseitigen und Ersatz der erforderlichen Aufwendungen verlangen, wenn nicht der Unternehmer die Nacherfüllung zu Recht verweigert.

(2) [1] § 323 Abs. 2 findet entsprechende Anwendung. [2] Der Bestimmung einer Frist bedarf es auch dann nicht, wenn die Nacherfüllung fehlgeschlagen oder dem Besteller unzumutbar ist.

(3) Der Besteller kann von dem Unternehmer für die zur Beseitigung des Mangels erforderlichen Aufwendungen Vorschuss verlangen.

§ 638 Minderung. (1) [1] Statt zurückzutreten, kann der Besteller die Vergütung durch Erklärung gegenüber dem Unternehmer mindern. [2] Der Ausschlussgrund des § 323 Abs. 5 Satz 2 findet keine Anwendung.

(2) Sind auf der Seite des Bestellers oder auf der Seite des Unternehmers mehrere beteiligt, so kann die Minderung nur von allen oder gegen alle erklärt werden.

(3) [1] Bei der Minderung ist die Vergütung in dem Verhältnis herabzusetzen, in welchem zur Zeit des Vertragsschlusses der Wert des Werkes in mangelfreiem Zustand zu dem wirklichen Wert gestanden haben würde. [2] Die Minderung ist, soweit erforderlich, durch Schätzung zu ermitteln.

(4) [1] Hat der Besteller mehr als die geminderte Vergütung gezahlt, so ist der Mehrbetrag vom Unternehmer zu erstatten. [2] § 346 Abs. 1 und § 347 Abs. 1 finden entsprechende Anwendung.

§ 639 Haftungsausschluss. Auf eine Vereinbarung, durch welche die Rechte des Bestellers wegen eines Mangels ausgeschlossen oder beschränkt werden, kann sich der Unternehmer nicht berufen, soweit er den Mangel arglistig verschwiegen oder eine Garantie für die Beschaffenheit des Werkes übernommen hat.

§ 640 Abnahme. (1) [1] Der Besteller ist verpflichtet, das vertragsmäßig hergestellte Werk abzunehmen, sofern nicht nach der Beschaffenheit des Werkes die Abnahme ausgeschlossen ist. [2] Wegen unwesentlicher Mängel kann die Abnahme nicht verweigert werden.

(2) [1] Als abgenommen gilt ein Werk auch, wenn der Unternehmer dem Besteller nach Fertigstellung des Werks eine angemessene Frist zur Abnahme gesetzt hat und der Besteller die Abnahme nicht innerhalb dieser Frist unter Angabe mindestens eines Mangels verweigert hat. [2] Ist der Besteller ein Ver-

braucher, so treten die Rechtsfolgen des Satzes 1 nur dann ein, wenn der Unternehmer den Besteller zusammen mit der Aufforderung zur Abnahme auf die Folgen einer nicht erklärten oder ohne Angabe von Mängeln verweigerten Abnahme hingewiesen hat; der Hinweis muss in Textform erfolgen.

(3) Nimmt der Besteller ein mangelhaftes Werk gemäß Absatz 1 Satz 1 ab, obschon er den Mangel kennt, so stehen ihm die in § 634 Nr. 1 bis 3 bezeichneten Rechte nur zu, wenn er sich seine Rechte wegen des Mangels bei der Abnahme vorbehält.

§ 641 Fälligkeit der Vergütung. (1) [1] Die Vergütung ist bei der Abnahme des Werkes zu entrichten. [2] Ist das Werk in Teilen abzunehmen und die Vergütung für die einzelnen Teile bestimmt, so ist die Vergütung für jeden Teil bei dessen Abnahme zu entrichten.

(2) [1] Die Vergütung des Unternehmers für ein Werk, dessen Herstellung der Besteller einem Dritten versprochen hat, wird spätestens fällig,

1. soweit der Besteller von dem Dritten für das versprochene Werk wegen dessen Herstellung seine Vergütung oder Teile davon erhalten hat,
2. soweit das Werk des Bestellers von dem Dritten abgenommen worden ist oder als abgenommen gilt oder
3. wenn der Unternehmer dem Besteller erfolglos eine angemessene Frist zur Auskunft über die in den Nummern 1 und 2 bezeichneten Umstände bestimmt hat.

[2] Hat der Besteller dem Dritten wegen möglicher Mängel des Werks Sicherheit geleistet, gilt Satz 1 nur, wenn der Unternehmer dem Besteller entsprechende Sicherheit leistet.

(3) Kann der Besteller die Beseitigung eines Mangels verlangen, so kann er nach der Fälligkeit die Zahlung eines angemessenen Teils der Vergütung verweigern; angemessen ist in der Regel das Doppelte der für die Beseitigung des Mangels erforderlichen Kosten.

(4) Eine in Geld festgesetzte Vergütung hat der Besteller von der Abnahme des Werkes an zu verzinsen, sofern nicht die Vergütung gestundet ist.

§ 642 Mitwirkung des Bestellers. (1) Ist bei der Herstellung des Werkes eine Handlung des Bestellers erforderlich, so kann der Unternehmer, wenn der Besteller durch das Unterlassen der Handlung in Verzug der Annahme kommt, eine angemessene Entschädigung verlangen.

(2) Die Höhe der Entschädigung bestimmt sich einerseits nach der Dauer des Verzugs und der Höhe der vereinbarten Vergütung, andererseits nach demjenigen, was der Unternehmer infolge des Verzugs an Aufwendungen erspart oder durch anderweitige Verwendung seiner Arbeitskraft erwerben kann.

§ 643 Kündigung bei unterlassener Mitwirkung. [1] Der Unternehmer ist im Falle des § 642 berechtigt, dem Besteller zur Nachholung der Handlung eine angemessene Frist mit der Erklärung zu bestimmen, dass er den Vertrag kündige, wenn die Handlung nicht bis zum Ablauf der Frist vorgenommen werde. [2] Der Vertrag gilt als aufgehoben, wenn nicht die Nachholung bis zum Ablauf der Frist erfolgt.

§ 644 Gefahrtragung. (1) [1] Der Unternehmer trägt die Gefahr bis zur Abnahme des Werkes. [2] Kommt der Besteller in Verzug der Annahme, so geht die Gefahr auf ihn über. [3] Für den zufälligen Untergang und eine zufällige Verschlechterung des von dem Besteller gelieferten Stoffes ist der Unternehmer nicht verantwortlich.

(2) Versendet der Unternehmer das Werk auf Verlangen des Bestellers nach einem anderen Ort als dem Erfüllungsort, so findet die für den Kauf geltende Vorschrift des § 447 entsprechende Anwendung.

§ 645 Verantwortlichkeit des Bestellers. (1) [1] Ist das Werk vor der Abnahme infolge eines Mangels des von dem Besteller gelieferten Stoffes oder infolge einer von dem Besteller für die Ausführung erteilten Anweisung untergegangen, verschlechtert oder unausführbar geworden, ohne dass ein Umstand mitgewirkt hat, den der Unternehmer zu vertreten hat, so kann der Unternehmer einen der geleisteten Arbeit entsprechenden Teil der Vergütung und Ersatz der in der Vergütung nicht inbegriffenen Auslagen verlangen. [2] Das Gleiche gilt, wenn der Vertrag in Gemäßheit des § 643 aufgehoben wird.

(2) Eine weitergehende Haftung des Bestellers wegen Verschuldens bleibt unberührt.

§ 646 Vollendung statt Abnahme. Ist nach der Beschaffenheit des Werkes die Abnahme ausgeschlossen, so tritt in den Fällen des § 634a Abs. 2 und der §§ 641, 644 und 645 an die Stelle der Abnahme die Vollendung des Werkes.

§ 647 Unternehmerpfandrecht. Der Unternehmer hat für seine Forderungen aus dem Vertrag ein Pfandrecht an den von ihm hergestellten oder ausgebesserten beweglichen Sachen des Bestellers, wenn sie bei der Herstellung oder zum Zwecke der Ausbesserung in seinen Besitz gelangt sind.

§ 647a Sicherungshypothek des Inhabers einer Schiffswerft. [1] Der Inhaber einer Schiffswerft kann für seine Forderungen aus dem Bau oder der Ausbesserung eines Schiffes die Einräumung einer Schiffshypothek an dem Schiffsbauwerk oder dem Schiff des Bestellers verlangen. [2] Ist das Werk noch nicht vollendet, so kann er die Einräumung der Schiffshypothek für einen der geleisteten Arbeit entsprechenden Teil der Vergütung und für die in der Vergütung nicht inbegriffenen Auslagen verlangen. [3] § 647 findet keine Anwendung.

§ 648 Kündigungsrecht des Bestellers. [1] Der Besteller kann bis zur Vollendung des Werkes jederzeit den Vertrag kündigen. [2] Kündigt der Besteller, so ist der Unternehmer berechtigt, die vereinbarte Vergütung zu verlangen; er muss sich jedoch dasjenige anrechnen lassen, was er infolge der Aufhebung des Vertrags an Aufwendungen erspart oder durch anderweitige Verwendung seiner Arbeitskraft erwirbt oder zu erwerben böswillig unterlässt. [3] Es wird vermutet, dass danach dem Unternehmer 5 vom Hundert der auf den noch nicht erbrachten Teil der Werkleistung entfallenden vereinbarten Vergütung zustehen.

§ 648a Kündigung aus wichtigem Grund. (1) [1] Beide Vertragsparteien können den Vertrag aus wichtigem Grund ohne Einhaltung einer Kündigungsfrist kündigen. [2]Ein wichtiger Grund liegt vor, wenn dem kündigenden Teil unter Berücksichtigung aller Umstände des Einzelfalls und unter Abwägung der beiderseitigen Interessen die Fortsetzung des Vertragsverhältnisses bis zur Fertigstellung des Werks nicht zugemutet werden kann.

(2) Eine Teilkündigung ist möglich; sie muss sich auf einen abgrenzbaren Teil des geschuldeten Werks beziehen.

(3) § 314 Absatz 2 und 3 gilt entsprechend.

(4) [1]Nach der Kündigung kann jede Vertragspartei von der anderen verlangen, dass sie an einer gemeinsamen Feststellung des Leistungsstandes mitwirkt. [2]Verweigert eine Vertragspartei die Mitwirkung oder bleibt sie einem vereinbarten oder einem von der anderen Vertragspartei innerhalb einer angemessenen Frist bestimmten Termin zur Leistungsstandfeststellung fern, trifft sie die Beweislast für den Leistungsstand zum Zeitpunkt der Kündigung. [3]Dies gilt nicht, wenn die Vertragspartei infolge eines Umstands fernbleibt, den sie nicht zu vertreten hat und den sie der anderen Vertragspartei unverzüglich mitgeteilt hat.

(5) Kündigt eine Vertragspartei aus wichtigem Grund, ist der Unternehmer nur berechtigt, die Vergütung zu verlangen, die auf den bis zur Kündigung erbrachten Teil des Werks entfällt.

(6) Die Berechtigung, Schadensersatz zu verlangen, wird durch die Kündigung nicht ausgeschlossen.

§ 649 Kostenanschlag. (1) Ist dem Vertrag ein Kostenanschlag zugrunde gelegt worden, ohne dass der Unternehmer die Gewähr für die Richtigkeit des Anschlags übernommen hat, und ergibt sich, dass das Werk nicht ohne eine wesentliche Überschreitung des Anschlags ausführbar ist, so steht dem Unternehmer, wenn der Besteller den Vertrag aus diesem Grund kündigt, nur der im § 645 Abs. 1 bestimmte Anspruch zu.

(2) Ist eine solche Überschreitung des Anschlags zu erwarten, so hat der Unternehmer dem Besteller unverzüglich Anzeige zu machen.

§ 650 Anwendung des Kaufrechts[1]. [1]Auf einen Vertrag, der die Lieferung herzustellender oder zu erzeugender beweglicher Sachen zum Gegenstand hat, finden die Vorschriften über den Kauf Anwendung. [2]§ 442 Abs. 1 Satz 1 findet bei diesen Verträgen auch Anwendung, wenn der Mangel auf den vom Besteller gelieferten Stoff zurückzuführen ist. [3]Soweit es sich bei den herzustellenden oder zu erzeugenden beweglichen Sachen um nicht vertretbare Sachen handelt, sind auch die §§ 642, 643, 645, 648 und 649 mit der Maßgabe anzuwenden, dass an die Stelle der Abnahme der nach den §§ 446 und 447 maßgebliche Zeitpunkt tritt.

Kapitel 2. Bauvertrag

§ 650a Bauvertrag. (1) [1]Ein Bauvertrag ist ein Vertrag über die Herstellung, die Wiederherstellung, die Beseitigung oder den Umbau eines Bauwerks,

[1] **Amtl. Anm.:** Diese Vorschrift dient der Umsetzung der Richtlinie 1999/44/EG des Europäischen Parlaments und des Rates vom 25. Mai 1999 zu bestimmten Aspekten des Verbrauchsgüterkaufs und der Garantien für Verbrauchsgüter (ABl. EG Nr. L 171 S. 12).

einer Außenanlage oder eines Teils davon. [2] Für den Bauvertrag gelten ergänzend die folgenden Vorschriften dieses Kapitels.

(2) Ein Vertrag über die Instandhaltung eines Bauwerks ist ein Bauvertrag, wenn das Werk für die Konstruktion, den Bestand oder den bestimmungsgemäßen Gebrauch von wesentlicher Bedeutung ist.

§ 650b Änderung des Vertrags; Anordnungsrecht des Bestellers.

(1) [1] Begehrt der Besteller

1. eine Änderung des vereinbarten Werkerfolgs (§ 631 Absatz 2) oder
2. eine Änderung, die zur Erreichung des vereinbarten Werkerfolgs notwendig ist,

streben die Vertragsparteien Einvernehmen über die Änderung und die infolge der Änderung zu leistende Mehr- oder Mindervergütung an. [2] Der Unternehmer ist verpflichtet, ein Angebot über die Mehr- oder Mindervergütung zu erstellen, im Falle einer Änderung nach Satz 1 Nummer 1 jedoch nur, wenn ihm die Ausführung der Änderung zumutbar ist. [3] Macht der Unternehmer betriebsinterne Vorgänge für die Unzumutbarkeit einer Anordnung nach Absatz 1 Satz 1 Nummer 1 geltend, trifft ihn die Beweislast hierfür. [4] Trägt der Besteller die Verantwortung für die Planung des Bauwerks oder der Außenanlage, ist der Unternehmer nur dann zur Erstellung eines Angebots über die Mehr- oder Mindervergütung verpflichtet, wenn der Besteller die für die Änderung erforderliche Planung vorgenommen und dem Unternehmer zur Verfügung gestellt hat. [5] Begehrt der Besteller eine Änderung, für die dem Unternehmer nach § 650c Absatz 1 Satz 2 kein Anspruch auf Vergütung für vermehrten Aufwand zusteht, streben die Parteien nur Einvernehmen über die Änderung an; Satz 2 findet in diesem Fall keine Anwendung.

(2) [1] Erzielen die Parteien binnen 30 Tagen nach Zugang des Änderungsbegehrens beim Unternehmer keine Einigung nach Absatz 1, kann der Besteller die Änderung in Textform anordnen. [2] Der Unternehmer ist verpflichtet, der Anordnung des Bestellers nachzukommen, einer Anordnung nach Absatz 1 Satz 1 Nummer 1 jedoch nur, wenn ihm die Ausführung zumutbar ist. [3] Absatz 1 Satz 3 gilt entsprechend.

§ 650c Vergütungsanpassung bei Anordnungen nach § 650b Absatz 2.

(1) [1] Die Höhe des Vergütungsanspruchs für den infolge einer Anordnung des Bestellers nach § 650b Absatz 2 vermehrten oder verminderten Aufwand ist nach den tatsächlich erforderlichen Kosten mit angemessenen Zuschlägen für allgemeine Geschäftskosten, Wagnis und Gewinn zu ermitteln. [2] Umfasst die Leistungspflicht des Unternehmers auch die Planung des Bauwerks oder der Außenanlage, steht diesem im Fall des § 650b Absatz 1 Satz 1 Nummer 2 kein Anspruch auf Vergütung für vermehrten Aufwand zu.

(2) [1] Der Unternehmer kann zur Berechnung der Vergütung für den Nachtrag auf die Ansätze in einer vereinbarungsgemäß hinterlegten Urkalkulation zurückgreifen. [2] Es wird vermutet, dass die auf Basis der Urkalkulation fortgeschriebene Vergütung der Vergütung nach Absatz 1 entspricht.

(3) [1] Bei der Berechnung von vereinbarten oder gemäß § 632a geschuldeten Abschlagszahlungen kann der Unternehmer 80 Prozent einer in einem Angebot nach § 650b Absatz 1 Satz 2 genannten Mehrvergütung ansetzen, wenn

sich die Parteien nicht über die Höhe geeinigt haben oder keine anderslautende gerichtliche Entscheidung ergeht. [2]Wählt der Unternehmer diesen Weg und ergeht keine anderslautende gerichtliche Entscheidung, wird die nach den Absätzen 1 und 2 geschuldete Mehrvergütung erst nach der Abnahme des Werks fällig. [3]Zahlungen nach Satz 1, die die nach den Absätzen 1 und 2 geschuldete Mehrvergütung übersteigen, sind dem Besteller zurückzugewähren und ab ihrem Eingang beim Unternehmer zu verzinsen. [4]§ 288 Absatz 1 Satz 2, Absatz 2 und § 289 Satz 1 gelten entsprechend.

§ 650d Einstweilige Verfügung. Zum Erlass einer einstweiligen Verfügung in Streitigkeiten über das Anordnungsrecht gemäß § 650b oder die Vergütungsanpassung gemäß § 650c ist es nach Beginn der Bauausführung nicht erforderlich, dass der Verfügungsgrund glaubhaft gemacht wird.

§ 650e Sicherungshypothek des Bauunternehmers. [1]Der Unternehmer kann für seine Forderungen aus dem Vertrag die Einräumung einer Sicherungshypothek an dem Baugrundstück des Bestellers verlangen. [2]Ist das Werk noch nicht vollendet, so kann er die Einräumung der Sicherungshypothek für einen der geleisteten Arbeit entsprechenden Teil der Vergütung und für die in der Vergütung nicht inbegriffenen Auslagen verlangen.

§ 650f Bauhandwerkersicherung. (1) [1]Der Unternehmer kann vom Besteller Sicherheit für die auch in Zusatzaufträgen vereinbarte und noch nicht gezahlte Vergütung einschließlich dazugehöriger Nebenforderungen, die mit 10 Prozent des zu sichernden Vergütungsanspruchs anzusetzen sind, verlangen. [2]Satz 1 gilt in demselben Umfang auch für Ansprüche, die an die Stelle der Vergütung treten. [3]Der Anspruch des Unternehmers auf Sicherheit wird nicht dadurch ausgeschlossen, dass der Besteller Erfüllung verlangen kann oder das Werk abgenommen hat. [4]Ansprüche, mit denen der Besteller gegen den Anspruch des Unternehmers auf Vergütung aufrechnen kann, bleiben bei der Berechnung der Vergütung unberücksichtigt, es sei denn, sie sind unstreitig oder rechtskräftig festgestellt. [5]Die Sicherheit ist auch dann als ausreichend anzusehen, wenn sich der Sicherungsgeber das Recht vorbehält, sein Versprechen im Falle einer wesentlichen Verschlechterung der Vermögensverhältnisse des Bestellers mit Wirkung für Vergütungsansprüche aus Bauleistungen zu widerrufen, die der Unternehmer bei Zugang der Widerrufserklärung noch nicht erbracht hat.

(2) [1]Die Sicherheit kann auch durch eine Garantie oder ein sonstiges Zahlungsversprechen eines im Geltungsbereich dieses Gesetzes zum Geschäftsbetrieb befugten Kreditinstituts oder Kreditversicherers geleistet werden. [2]Das Kreditinstitut oder der Kreditversicherer darf Zahlungen an den Unternehmer nur leisten, soweit der Besteller den Vergütungsanspruch des Unternehmers anerkennt oder durch vorläufig vollstreckbares Urteil zur Zahlung der Vergütung verurteilt worden ist und die Voraussetzungen vorliegen, unter denen die Zwangsvollstreckung begonnen werden darf.

(3) [1]Der Unternehmer hat dem Besteller die üblichen Kosten der Sicherheitsleistung bis zu einem Höchstsatz von 2 Prozent für das Jahr zu erstatten. [2]Dies gilt nicht, soweit eine Sicherheit wegen Einwendungen des Bestellers gegen den Vergütungsanspruch des Unternehmers aufrechterhalten werden muss und die Einwendungen sich als unbegründet erweisen.

(4) Soweit der Unternehmer für seinen Vergütungsanspruch eine Sicherheit nach Absatz 1 oder 2 erlangt hat, ist der Anspruch auf Einräumung einer Sicherungshypothek nach § 650e ausgeschlossen.

(5) [1] Hat der Unternehmer dem Besteller erfolglos eine angemessene Frist zur Leistung der Sicherheit nach Absatz 1 bestimmt, so kann der Unternehmer die Leistung verweigern oder den Vertrag kündigen. [2] Kündigt er den Vertrag, ist der Unternehmer berechtigt, die vereinbarte Vergütung zu verlangen; er muss sich jedoch dasjenige anrechnen lassen, was er infolge der Aufhebung des Vertrages an Aufwendungen erspart oder durch anderweitige Verwendung seiner Arbeitskraft erwirbt oder böswillig zu erwerben unterlässt. [3] Es wird vermutet, dass danach dem Unternehmer 5 Prozent der auf den noch nicht erbrachten Teil der Werkleistung entfallenden vereinbarten Vergütung zustehen.

(6) [1] Die Absätze 1 bis 5 finden keine Anwendung, wenn der Besteller

1. eine juristische Person des öffentlichen Rechts oder ein öffentlich-rechtliches Sondervermögen ist, über deren Vermögen ein Insolvenzverfahren unzulässig ist, oder
2. Verbraucher ist und es sich um einen Verbraucherbauvertrag nach § 650i oder um einen Bauträgervertrag nach § 650u handelt.

[2] Satz 1 Nummer 2 gilt nicht bei Betreuung des Bauvorhabens durch einen zur Verfügung über die Finanzierungsmittel des Bestellers ermächtigten Baubetreuer.

(7) Eine von den Absätzen 1 bis 5 abweichende Vereinbarung ist unwirksam.

§ 650g Zustandsfeststellung bei Verweigerung der Abnahme; Schlussrechnung. (1) [1] Verweigert der Besteller die Abnahme unter Angabe von Mängeln, hat er auf Verlangen des Unternehmers an einer gemeinsamen Feststellung des Zustands des Werks mitzuwirken. [2] Die gemeinsame Zustandsfeststellung soll mit der Angabe des Tages der Anfertigung versehen werden und ist von beiden Vertragsparteien zu unterschreiben.

(2) [1] Bleibt der Besteller einem vereinbarten oder einem von dem Unternehmer innerhalb einer angemessenen Frist bestimmten Termin zur Zustandsfeststellung fern, so kann der Unternehmer die Zustandsfeststellung auch einseitig vornehmen. [2] Dies gilt nicht, wenn der Besteller infolge eines Umstands fernbleibt, den er nicht zu vertreten hat und den er dem Unternehmer unverzüglich mitgeteilt hat. [3] Der Unternehmer hat die einseitige Zustandsfeststellung mit der Angabe des Tages der Anfertigung zu versehen und sie zu unterschreiben sowie dem Besteller eine Abschrift der einseitigen Zustandsfeststellung zur Verfügung zu stellen.

(3) [1] Ist das Werk dem Besteller verschafft worden und ist in der Zustandsfeststellung nach Absatz 1 oder 2 ein offenkundiger Mangel nicht angegeben, wird vermutet, dass dieser nach der Zustandsfeststellung entstanden und vom Besteller zu vertreten ist. [2] Die Vermutung gilt nicht, wenn der Mangel nach seiner Art nicht vom Besteller verursacht worden sein kann.

(4) [1] Die Vergütung ist zu entrichten, wenn

1. der Besteller das Werk abgenommen hat oder die Abnahme nach § 641 Absatz 2 entbehrlich ist und
2. der Unternehmer dem Besteller eine prüffähige Schlussrechnung erteilt hat.

[2] Die Schlussrechnung ist prüffähig, wenn sie eine übersichtliche Aufstellung der erbrachten Leistungen enthält und für den Besteller nachvollziehbar ist. [3] Sie gilt als prüffähig, wenn der Besteller nicht innerhalb von 30 Tagen nach Zugang der Schlussrechnung begründete Einwendungen gegen ihre Prüffähigkeit erhoben hat.

§ 650h Schriftform der Kündigung. Die Kündigung des Bauvertrags bedarf der schriftlichen Form.

Kapitel 3. Verbraucherbauvertrag

§ 650i Verbraucherbauvertrag. (1) Verbraucherbauverträge sind Verträge, durch die der Unternehmer von einem Verbraucher zum Bau eines neuen Gebäudes oder zu erheblichen Umbaumaßnahmen an einem bestehenden Gebäude verpflichtet wird.

(2) Der Verbraucherbauvertrag bedarf der Textform.

(3) Für Verbraucherbauverträge gelten ergänzend die folgenden Vorschriften dieses Kapitels.

§ 650j Baubeschreibung. Der Unternehmer hat den Verbraucher über die sich aus Artikel 249 des Einführungsgesetzes zum Bürgerlichen Gesetzbuche ergebenden Einzelheiten in der dort vorgesehenen Form zu unterrichten, es sei denn, der Verbraucher oder ein von ihm Beauftragter macht die wesentlichen Planungsvorgaben.

§ 650k Inhalt des Vertrags. (1) Die Angaben der vorvertraglich zur Verfügung gestellten Baubeschreibung in Bezug auf die Bauausführung werden Inhalt des Vertrags, es sei denn, die Vertragsparteien haben ausdrücklich etwas anderes vereinbart.

(2) [1] Soweit die Baubeschreibung unvollständig oder unklar ist, ist der Vertrag unter Berücksichtigung sämtlicher vertragsbegleitender Umstände, insbesondere des Komfort- und Qualitätsstandards nach der übrigen Leistungsbeschreibung, auszulegen. [2] Zweifel bei der Auslegung des Vertrags bezüglich der vom Unternehmer geschuldeten Leistung gehen zu dessen Lasten.

(3) [1] Der Bauvertrag muss verbindliche Angaben zum Zeitpunkt der Fertigstellung des Werks oder, wenn dieser Zeitpunkt zum Zeitpunkt des Abschlusses des Bauvertrags nicht angegeben werden kann, zur Dauer der Bauausführung enthalten. [2] Enthält der Vertrag diese Angaben nicht, werden die vorvertraglich in der Baubeschreibung übermittelten Angaben zum Zeitpunkt der Fertigstellung des Werks oder zur Dauer der Bauausführung Inhalt des Vertrags.

§ 650l Widerrufsrecht. [1] Dem Verbraucher steht ein Widerrufsrecht gemäß § 355 zu, es sei denn, der Vertrag wurde notariell beurkundet. [2] Der Unternehmer ist verpflichtet, den Verbraucher nach Maßgabe des Artikels 249 § 3 des Einführungsgesetzes zum Bürgerlichen Gesetzbuche über sein Widerrufsrecht zu belehren.

§ 650m Abschlagszahlungen; Absicherung des Vergütungsanspruchs.

(1) Verlangt der Unternehmer Abschlagszahlungen nach § 632a, darf der Gesamtbetrag der Abschlagszahlungen 90 Prozent der vereinbarten Gesamtver-

gütung einschließlich der Vergütung für Nachtragsleistungen nach § 650c nicht übersteigen.

(2) [1] Dem Verbraucher ist bei der ersten Abschlagszahlung eine Sicherheit für die rechtzeitige Herstellung des Werks ohne wesentliche Mängel in Höhe von 5 Prozent der vereinbarten Gesamtvergütung zu leisten. [2] Erhöht sich der Vergütungsanspruch infolge einer Anordnung des Verbrauchers nach den §§ 650b und 650c oder infolge sonstiger Änderungen oder Ergänzungen des Vertrags um mehr als 10 Prozent, ist dem Verbraucher bei der nächsten Abschlagszahlung eine weitere Sicherheit in Höhe von 5 Prozent des zusätzlichen Vergütungsanspruchs zu leisten. [3] Auf Verlangen des Unternehmers ist die Sicherheitsleistung durch Einbehalt dergestalt zu erbringen, dass der Verbraucher die Abschlagszahlungen bis zu dem Gesamtbetrag der geschuldeten Sicherheit zurückhält.

(3) Sicherheiten nach Absatz 2 können auch durch eine Garantie oder ein sonstiges Zahlungsversprechen eines im Geltungsbereich dieses Gesetzes zum Geschäftsbetrieb befugten Kreditinstituts oder Kreditversicherers geleistet werden.

(4) [1] Verlangt der Unternehmer Abschlagszahlungen nach § 632a, ist eine Vereinbarung unwirksam, die den Verbraucher zu einer Sicherheitsleistung für die vereinbarte Vergütung verpflichtet, die die nächste Abschlagszahlung oder 20 Prozent der vereinbarten Vergütung übersteigt. [2] Gleiches gilt, wenn die Parteien Abschlagszahlungen vereinbart haben.

§ 650n Erstellung und Herausgabe von Unterlagen. (1) [1] Rechtzeitig vor Beginn der Ausführung einer geschuldeten Leistung hat der Unternehmer diejenigen Planungsunterlagen zu erstellen und dem Verbraucher herauszugeben, die dieser benötigt, um gegenüber Behörden den Nachweis führen zu können, dass die Leistung unter Einhaltung der einschlägigen öffentlich-rechtlichen Vorschriften ausgeführt werden wird. [2] Die Pflicht besteht nicht, soweit der Verbraucher oder ein von ihm Beauftragter die wesentlichen Planungsvorgaben erstellt.

(2) Spätestens mit der Fertigstellung des Werks hat der Unternehmer diejenigen Unterlagen zu erstellen und dem Verbraucher herauszugeben, die dieser benötigt, um gegenüber Behörden den Nachweis führen zu können, dass die Leistung unter Einhaltung der einschlägigen öffentlich-rechtlichen Vorschriften ausgeführt worden ist.

(3) Die Absätze 1 und 2 gelten entsprechend, wenn ein Dritter, etwa ein Darlehensgeber, Nachweise für die Einhaltung bestimmter Bedingungen verlangt und wenn der Unternehmer die berechtigte Erwartung des Verbrauchers geweckt hat, diese Bedingungen einzuhalten.

Kapitel 4. Unabdingbarkeit

§ 650o Abweichende Vereinbarungen. [1] Von § 640 Absatz 2 Satz 2, den §§ 650i bis 650l und 650n kann nicht zum Nachteil des Verbrauchers abgewichen werden. [2] Diese Vorschriften finden auch Anwendung, wenn sie durch anderweitige Gestaltungen umgangen werden.

Untertitel 2. Architektenvertrag und Ingenieurvertrag

§ 650p Vertragstypische Pflichten aus Architekten- und Ingenieurverträgen. (1) Durch einen Architekten- oder Ingenieurvertrag wird der Unternehmer verpflichtet, die Leistungen zu erbringen, die nach dem jeweiligen Stand der Planung und Ausführung des Bauwerks oder der Außenanlage erforderlich sind, um die zwischen den Parteien vereinbarten Planungs- und Überwachungsziele zu erreichen.

(2) [1] Soweit wesentliche Planungs- und Überwachungsziele noch nicht vereinbart sind, hat der Unternehmer zunächst eine Planungsgrundlage zur Ermittlung dieser Ziele zu erstellen. [2] Er legt dem Besteller die Planungsgrundlage zusammen mit einer Kosteneinschätzung für das Vorhaben zur Zustimmung vor.

§ 650q Anwendbare Vorschriften. (1) Für Architekten- und Ingenieurverträge gelten die Vorschriften des Kapitels 1 des Untertitels 1 sowie die §§ 650b, 650e bis 650h entsprechend, soweit sich aus diesem Untertitel nichts anderes ergibt.

(2) [1] Für die Vergütungsanpassung im Fall von Anordnungen nach § 650b Absatz 2 gelten die Entgeltberechnungsregeln der Honorarordnung für Architekten und Ingenieure in der jeweils geltenden Fassung, soweit infolge der Anordnung zu erbringende oder entfallende Leistungen vom Anwendungsbereich der Honorarordnung erfasst werden. [2] Im Übrigen ist die Vergütungsanpassung für den vermehrten oder verminderten Aufwand auf Grund der angeordneten Leistung frei vereinbar. [3] Soweit die Vertragsparteien keine Vereinbarung treffen, gilt § 650c entsprechend.

§ 650r Sonderkündigungsrecht. (1) [1] Nach Vorlage von Unterlagen gemäß § 650p Absatz 2 kann der Besteller den Vertrag kündigen. [2] Das Kündigungsrecht erlischt zwei Wochen nach Vorlage der Unterlagen, bei einem Verbraucher jedoch nur dann, wenn der Unternehmer ihn bei der Vorlage der Unterlagen in Textform über das Kündigungsrecht, die Frist, in der es ausgeübt werden kann, und die Rechtsfolgen der Kündigung unterrichtet hat.

(2) [1] Der Unternehmer kann dem Besteller eine angemessene Frist für die Zustimmung nach § 650p Absatz 2 Satz 2 setzen. [2] Er kann den Vertrag kündigen, wenn der Besteller die Zustimmung verweigert oder innerhalb der Frist nach Satz 1 keine Erklärung zu den Unterlagen abgibt.

(3) Wird der Vertrag nach Absatz 1 oder 2 gekündigt, ist der Unternehmer nur berechtigt, die Vergütung zu verlangen, die auf die bis zur Kündigung erbrachten Leistungen entfällt.

§ 650s Teilabnahme. Der Unternehmer kann ab der Abnahme der letzten Leistung des bauausführenden Unternehmers oder der bauausführenden Unternehmer eine Teilabnahme der von ihm bis dahin erbrachten Leistungen verlangen.

§ 650t Gesamtschuldnerische Haftung mit dem bauausführenden Unternehmer. Nimmt der Besteller den Unternehmer wegen eines Überwachungsfehlers in Anspruch, der zu einem Mangel an dem Bauwerk oder an der Außenanlage geführt hat, kann der Unternehmer die Leistung verweigern, wenn auch der ausführende Bauunternehmer für den Mangel haftet und der Besteller dem bauausführenden Unternehmer noch nicht erfolglos eine angemessene Frist zur Nacherfüllung bestimmt hat.

Untertitel 3. Bauträgervertrag

§ 650u Bauträgervertrag; anwendbare Vorschriften. (1) [1]Ein Bauträgervertrag ist ein Vertrag, der die Errichtung oder den Umbau eines Hauses oder eines vergleichbaren Bauwerks zum Gegenstand hat und der zugleich die Verpflichtung des Unternehmers enthält, dem Besteller das Eigentum an dem Grundstück zu übertragen oder ein Erbbaurecht zu bestellen oder zu übertragen. [2]Hinsichtlich der Errichtung oder des Umbaus finden die Vorschriften des Untertitels 1 Anwendung, soweit sich aus den nachfolgenden Vorschriften nichts anderes ergibt. [3]Hinsichtlich des Anspruchs auf Übertragung des Eigentums an dem Grundstück oder auf Übertragung oder Bestellung des Erbbaurechts finden die Vorschriften über den Kauf Anwendung.

(2) Keine Anwendung finden die §§ 648, 648a, 650b bis 650e, 650k Absatz 1 sowie die §§ 650l und 650m Absatz 1.

§ 650v Abschlagszahlungen. Der Unternehmer kann von dem Besteller Abschlagszahlungen nur verlangen, soweit sie gemäß einer Verordnung auf Grund von Artikel 244 des Einführungsgesetzes zum Bürgerlichen Gesetzbuche vereinbart sind.

Titel 10. Mäklervertrag

Untertitel 2. Vermittlung von Verbraucherdarlehensverträgen und entgeltlichen Finanzierungshilfen

§ 655a Darlehensvermittlungsvertrag. (1) [1]Für einen Vertrag, nach dem es ein Unternehmer unternimmt, einem Verbraucher

1. gegen eine vom Verbraucher oder einem Dritten zu leistende Vergütung einen Verbraucherdarlehensvertrag oder eine entgeltliche Finanzierungshilfe zu vermitteln,
2. die Gelegenheit zum Abschluss eines Vertrags nach Nummer 1 nachzuweisen oder
3. auf andere Weise beim Abschluss eines Vertrags nach Nummer 1 behilflich zu sein,

gelten vorbehaltlich des Satzes 2 die folgenden Vorschriften dieses Untertitels. [2]Bei entgeltlichen Finanzierungshilfen, die den Ausnahmen des § 491 Absatz 2 Satz 2 Nummer 1 bis 5 und Absatz 3 Satz 2 entsprechen, gelten die Vorschriften dieses Untertitels nicht.

(2) [1]Der Darlehensvermittler ist verpflichtet, den Verbraucher nach Maßgabe des Artikels 247 § 13 Absatz 2 und § 13b Absatz 1 des Einführungsgesetzes zum Bürgerlichen Gesetzbuche zu informieren. [2]Der Darlehensvermittler ist gegenüber dem Verbraucher zusätzlich wie ein Darlehensgeber gemäß § 491a verpflichtet. [3]Satz 2 gilt nicht für Warenlieferanten oder Dienstleistungserbringer, die in lediglich untergeordneter Funktion als Darlehensvermittler von Allgemein-Verbraucherdarlehen oder von entsprechenden entgeltlichen Finanzierungshilfen tätig werden, etwa indem sie als Nebenleistung den Abschluss eines verbundenen Verbraucherdarlehensvertrags vermitteln.

(3) [1] Bietet der Darlehensvermittler im Zusammenhang mit der Vermittlung eines Immobiliar-Verbraucherdarlehensvertrags oder entsprechender entgeltlicher Finanzierungshilfen Beratungsleistungen gemäß § 511 Absatz 1 an, so gilt § 511 entsprechend. [2] § 511 Absatz 2 Satz 2 gilt entsprechend mit der Maßgabe, dass der Darlehensvermittler eine ausreichende Zahl von am Markt verfügbaren Darlehensverträgen zu prüfen hat. [3] Ist der Darlehensvermittler nur im Namen und unter der unbeschränkten und vorbehaltlosen Verantwortung nur eines Darlehensgebers oder einer begrenzten Zahl von Darlehensgebern tätig, die am Markt keine Mehrheit darstellt, so braucht der Darlehensvermittler abweichend von Satz 2 nur Darlehensverträge aus der Produktpalette dieser Darlehensgeber zu berücksichtigen.

§ 655b Schriftform bei einem Vertrag mit einem Verbraucher.

(1) [1] Der Darlehensvermittlungsvertrag mit einem Verbraucher bedarf der schriftlichen Form. [2] Der Vertrag darf nicht mit dem Antrag auf Hingabe des Darlehens verbunden werden. [3] Der Darlehensvermittler hat dem Verbraucher den Vertragsinhalt in Textform mitzuteilen.

(2) Ein Darlehensvermittlungsvertrag mit einem Verbraucher, der den Anforderungen des Absatzes 1 Satz 1 und 2 nicht genügt oder vor dessen Abschluss die Pflichten aus Artikel 247 § 13 Abs. 2 sowie § 13b Absatz 1 und 3 des Einführungsgesetzes zum Bürgerlichen Gesetzbuche nicht erfüllt worden sind, ist nichtig.

§ 655c Vergütung. [1] Der Verbraucher ist zur Zahlung der Vergütung für die Tätigkeiten nach § 655a Absatz 1 nur verpflichtet, wenn infolge der Vermittlung, des Nachweises oder auf Grund der sonstigen Tätigkeit des Darlehensvermittlers das Darlehen an den Verbraucher geleistet wird und ein Widerruf des Verbrauchers nach § 355 nicht mehr möglich ist. [2] Soweit der Verbraucherdarlehensvertrag mit Wissen des Darlehensvermittlers der vorzeitigen Ablösung eines anderen Darlehens (Umschuldung) dient, entsteht ein Anspruch auf die Vergütung nur, wenn sich der effektive Jahreszins nicht erhöht; bei der Berechnung des effektiven Jahreszinses für das abzulösende Darlehen bleiben etwaige Vermittlungskosten außer Betracht.

§ 655d Nebenentgelte. [1] Der Darlehensvermittler darf für Leistungen, die mit der Vermittlung des Verbraucherdarlehensvertrags oder dem Nachweis der Gelegenheit zum Abschluss eines Verbraucherdarlehensvertrags zusammenhängen, außer der Vergütung nach § 655c Satz 1 sowie eines gegebenenfalls vereinbarten Entgelts für Beratungsleistungen ein Entgelt nicht vereinbaren. [2] Jedoch kann vereinbart werden, dass dem Darlehensvermittler entstandene, erforderliche Auslagen zu erstatten sind. [3] Dieser Anspruch darf die Höhe oder die Höchstbeträge, die der Darlehensvermittler dem Verbraucher gemäß Artikel 247 § 13 Absatz 2 Satz 1 Nummer 4 des Einführungsgesetzes zum Bürgerlichen Gesetzbuche mitgeteilt hat, nicht übersteigen.

§ 655e Abweichende Vereinbarungen, Anwendung auf Existenzgründer. (1) [1] Von den Vorschriften dieses Untertitels darf nicht zum Nachteil des Verbrauchers abgewichen werden. [2] Die Vorschriften dieses Untertitels finden auch Anwendung, wenn sie durch anderweitige Gestaltungen umgangen werden.

(2) Existenzgründer im Sinne des § 513 stehen Verbrauchern in diesem Untertitel gleich.

Titel 12. Auftrag, Geschäftsbesorgungsvertrag und Zahlungsdienste

Untertitel 2. Geschäftsbesorgungsvertrag[1]

§ 675 Entgeltliche Geschäftsbesorgung. (1) Auf einen Dienstvertrag oder einen Werkvertrag, der eine Geschäftsbesorgung zum Gegenstand hat, finden, soweit in diesem Untertitel nichts Abweichendes bestimmt wird, die Vorschriften der §§ 663, 665 bis 670, 672 bis 674 und, wenn dem Verpflichteten das Recht zusteht, ohne Einhaltung einer Kündigungsfrist zu kündigen, auch die Vorschrift des § 671 Abs. 2 entsprechende Anwendung.

(2) Wer einem anderen einen Rat oder eine Empfehlung erteilt, ist, unbeschadet der sich aus einem Vertragsverhältnis, einer unerlaubten Handlung oder einer sonstigen gesetzlichen Bestimmung ergebenden Verantwortlichkeit, zum Ersatz des aus der Befolgung des Rates oder der Empfehlung entstehenden Schadens nicht verpflichtet.

(3) Ein Vertrag, durch den sich der eine Teil verpflichtet, die Anmeldung oder Registrierung des anderen Teils zur Teilnahme an Gewinnspielen zu bewirken, die von einem Dritten durchgeführt werden, bedarf der Textform.

§ 675a Informationspflichten. Wer zur Besorgung von Geschäften öffentlich bestellt ist oder sich dazu öffentlich erboten hat, stellt für regelmäßig anfallende standardisierte Geschäftsvorgänge (Standardgeschäfte) unentgeltlich Informationen über Entgelte und Auslagen der Geschäftsbesorgung in Textform zur Verfügung, soweit nicht eine Preisfestsetzung nach § 315 erfolgt oder die Entgelte und Auslagen gesetzlich verbindlich geregelt sind.

Titel 27. Unerlaubte Handlungen

§ 823 Schadensersatzpflicht. (1) Wer vorsätzlich oder fahrlässig das Leben, den Körper, die Gesundheit, die Freiheit, das Eigentum oder ein sonstiges Recht eines anderen widerrechtlich verletzt, ist dem anderen zum Ersatz des daraus entstehenden Schadens verpflichtet.

(2) [1] Die gleiche Verpflichtung trifft denjenigen, welcher gegen ein den Schutz eines anderen bezweckendes Gesetz verstößt. [2] Ist nach dem Inhalt des Gesetzes ein Verstoß gegen dieses auch ohne Verschulden möglich, so tritt die Ersatzpflicht nur im Falle des Verschuldens ein.

---

[1] **Amtl. Anm.:** Dieser Untertitel dient der Umsetzung
1. der Richtlinie 97/5/EG des Europäischen Parlaments und des Rates vom 27. Januar 1997 über grenzüberschreitende Überweisungen (ABl. EG Nr. L 43 S. 25) und
2. Artikel 3 bis 5 der Richtlinie 98/26/EG des Europäischen Parlaments und des Rates über die Wirksamkeit von Abrechnungen in Zahlungs- und Wertpapierliefer- und -abrechnungssystemen vom 19. Mai 1998 (ABl. EG Nr. L 166 S. 45).

Buch 3. Sachenrecht

Abschnitt 3. Eigentum

Titel 4. Ansprüche aus dem Eigentum

§ 1004 Beseitigungs- und Unterlassungsanspruch. (1) [1] Wird das Eigentum in anderer Weise als durch Entziehung oder Vorenthaltung des Besitzes beeinträchtigt, so kann der Eigentümer von dem Störer die Beseitigung der Beeinträchtigung verlangen. [2] Sind weitere Beeinträchtigungen zu besorgen, so kann der Eigentümer auf Unterlassung klagen.

(2) Der Anspruch ist ausgeschlossen, wenn der Eigentümer zur Duldung verpflichtet ist.

16. Einführungsgesetz zum Bürgerlichen Gesetzbuche

In der Fassung der Bekanntmachung vom 21. September 1994[1)]
(BGBl. I S. 2494, ber. 1997 I S. 1061)

FNA 400-1

zuletzt geänd. durch Art. 2 MietrechtsanpassungsG v. 18.12.2018 (BGBl. I S. 2648)

– Auszug –

Erster Teil. Allgemeine Vorschriften

Zweites Kapitel. Internationales Privatrecht

Erster Abschnitt. Allgemeine Vorschriften

Art. 3 Anwendungsbereich; Verhältnis zu Regelungen der Europäischen Union und zu völkerrechtlichen Vereinbarungen. Soweit nicht

1. unmittelbar anwendbare Regelungen der Europäischen Union in ihrer jeweils geltenden Fassung, insbesondere
   a) die Verordnung (EG) Nr. 864/2007 des Europäischen Parlaments und des Rates vom 11. Juli 2007 über das auf außervertragliche Schuldverhältnisse anzuwendende Recht (Rom II),
   b) die Verordnung (EG) Nr. 593/2008 des Europäischen Parlaments und des Rates vom 17. Juni 2008 über das auf vertragliche Schuldverhältnisse anzuwendende Recht (Rom I),
   c) Artikel 15 der Verordnung (EG) Nr. 4/2009 des Rates vom 18. Dezember 2008 über die Zuständigkeit, das anwendbare Recht, die Anerkennung und Vollstreckung von Entscheidungen und die Zusammenarbeit in Unterhaltssachen in Verbindung mit dem Haager Protokoll vom 23. November 2007 über das auf Unterhaltspflichten anzuwendende Recht,
   d) die Verordnung (EU) Nr. 1259/2010 des Rates vom 20. Dezember 2010 zur Durchführung einer Verstärkten Zusammenarbeit im Bereich des auf die Ehescheidung und Trennung ohne Auflösung des Ehebandes anzuwendenden Rechts,
   e) die Verordnung (EU) Nr. 650/2012 des Europäischen Parlaments und des Rates vom 4. Juli 2012 über die Zuständigkeit, das anzuwendende Recht, die Anerkennung und Vollstreckung von Entscheidungen und die Annahme und Vollstreckung öffentlicher Urkunden in Erbsachen sowie zur Einführung eines Europäischen Nachlasszeugnisses,
   f) die Verordnung (EU) 2016/1103 des Rates vom 24. Juni 2016 zur Durchführung einer Verstärkten Zusammenarbeit im Bereich der Zuständigkeit, des anzuwendenden Rechts und der Anerkennung und Vollstreckung von Entscheidungen in Fragen des ehelichen Güterstands sowie

---

[1)] Neubekanntmachung des EGBGB v. 18.8.1896 (RGBl. S. 604) in der ab 1.10.1994 geltenden Fassung.

g) die Verordnung (EU) 2016/1104 des Rates vom 24. Juni 2016 zur Durchführung der Verstärkten Zusammenarbeit im Bereich der Zuständigkeit, des anzuwendenden Rechts und der Anerkennung und Vollstreckung von Entscheidungen in Fragen güterrechtlicher Wirkungen eingetragener Partnerschaften oder

2. Regelungen in völkerrechtlichen Vereinbarungen, soweit sie unmittelbar anwendbares innerstaatliches Recht geworden sind,

maßgeblich sind, bestimmt sich das anzuwendende Recht bei Sachverhalten mit einer Verbindung zu einem ausländischen Staat nach den Vorschriften dieses Kapitels (Internationales Privatrecht).

Art. 3a *(aufgehoben)*

Art. 4 Verweisung. (1) [1] Wird auf das Recht eines anderen Staates verwiesen, so ist auch dessen Internationales Privatrecht anzuwenden, sofern dies nicht dem Sinn der Verweisung widerspricht. [2] Verweist das Recht des anderen Staates auf deutsches Recht zurück, so sind die deutschen Sachvorschriften anzuwenden.

(2) [1] Verweisungen auf Sachvorschriften beziehen sich auf die Rechtsnormen der maßgebenden Rechtsordnung unter Ausschluss derjenigen des Internationalen Privatrechts. [2] Soweit die Parteien das Recht eines Staates wählen können, können sie nur auf die Sachvorschriften verweisen.

(3) [1] Wird auf das Recht eines Staates mit mehreren Teilrechtsordnungen verwiesen, ohne die maßgebende zu bezeichnen, so bestimmt das Recht dieses Staates, welche Teilrechtsordnung anzuwenden ist. [2] Fehlt eine solche Regelung, so ist die Teilrechtsordnung anzuwenden, mit welcher der Sachverhalt am engsten verbunden ist.

Art. 5 Personalstatut. (1) [1] Wird auf das Recht des Staates verwiesen, dem eine Person angehört, und gehört sie mehreren Staaten an, so ist das Recht desjenigen dieser Staaten anzuwenden, mit dem die Person am engsten verbunden ist, insbesondere durch ihren gewöhnlichen Aufenthalt oder durch den Verlauf ihres Lebens. [2] Ist die Person auch Deutscher, so geht diese Rechtsstellung vor.

(2) Ist eine Person staatenlos oder kann ihre Staatsangehörigkeit nicht festgestellt werden, so ist das Recht des Staates anzuwenden, in dem sie ihren gewöhnlichen Aufenthalt oder, mangels eines solchen, ihren Aufenthalt hat.

(3) Wird auf das Recht des Staates verwiesen, in dem eine Person ihren Aufenthalt oder ihren gewöhnlichen Aufenthalt hat, und ändert eine nicht voll geschäftsfähige Person den Aufenthalt ohne den Willen des gesetzlichen Vertreters, so führt diese Änderung allein nicht zur Anwendung eines anderen Rechts.

Art. 6 Öffentliche Ordnung (ordre public) [1] Eine Rechtsnorm eines anderen Staates ist nicht anzuwenden, wenn ihre Anwendung zu einem Ergebnis führt, das mit wesentlichen Grundsätzen des deutschen Rechts offensichtlich unvereinbar ist. [2] Sie ist insbesondere nicht anzuwenden, wenn die Anwendung mit den Grundrechten unvereinbar ist.

Zweiter Abschnitt. Recht der natürlichen Personen und der Rechtsgeschäfte

Art. 10 Name. (1) Der Name einer Person unterliegt dem Recht des Staates, dem die Person angehört.

(2) [1]Ehegatten können bei oder nach der Eheschließung gegenüber dem Standesamt ihren künftig zu führenden Namen wählen

1. nach dem Recht eines Staates, dem einer der Ehegatten angehört, ungeachtet des Artikels 5 Abs. 1, oder
2. nach deutschem Recht, wenn einer von ihnen seinen gewöhnlichen Aufenthalt im Inland hat.

[2]Nach der Eheschließung abgegebene Erklärungen müssen öffentlich beglaubigt werden. [3]Für die Auswirkungen der Wahl auf den Namen eines Kindes ist § 1617c des Bürgerlichen Gesetzbuchs sinngemäß anzuwenden.

(3) [1]Der Inhaber der Sorge kann gegenüber dem Standesamt bestimmen, daß ein Kind den Familiennamen erhalten soll

1. nach dem Recht eines Staates, dem ein Elternteil angehört, ungeachtet des Artikels 5 Abs. 1,
2. nach deutschem Recht, wenn ein Elternteil seinen gewöhnlichen Aufenthalt im Inland hat, oder
3. nach dem Recht des Staates, dem ein den Namen Erteilender angehört.

[2]Nach der Beurkundung der Geburt abgegebene Erklärungen müssen öffentlich beglaubigt werden.

Fünfter Abschnitt. Außervertragliche Schuldverhältnisse

Art. 40 Unerlaubte Handlung. (1) [1]Ansprüche aus unerlaubter Handlung unterliegen dem Recht des Staates, in dem der Ersatzpflichtige gehandelt hat. [2]Der Verletzte kann verlangen, daß anstelle dieses Rechts das Recht des Staates angewandt wird, in dem der Erfolg eingetreten ist. [3]Das Bestimmungsrecht kann nur im ersten Rechtszug bis zum Ende des frühen ersten Termins oder dem Ende des schriftlichen Vorverfahrens ausgeübt werden.

(2) [1]Hatten der Ersatzpflichtige und der Verletzte zur Zeit des Haftungsereignisses ihren gewöhnlichen Aufenthalt in demselben Staat, so ist das Recht dieses Staates anzuwenden. [2]Handelt es sich um Gesellschaften, Vereine oder juristische Personen, so steht dem gewöhnlichen Aufenthalt der Ort gleich, an dem sich die Hauptverwaltung oder, wenn eine Niederlassung beteiligt ist, an dem sich diese befindet.

(3) Ansprüche, die dem Recht eines anderen Staates unterliegen, können nicht geltend gemacht werden, soweit sie

1. wesentlich weiter gehen als zur angemessenen Entschädigung des Verletzten erforderlich,
2. offensichtlich anderen Zwecken als einer angemessenen Entschädigung des Verletzten dienen oder
3. haftungsrechtlichen Regelungen eines für die Bundesrepublik Deutschland verbindlichen Übereinkommens widersprechen.

(4) Der Verletzte kann seinen Anspruch unmittellbar gegen einen Versicherer des Ersatzpflichtigen geltend machen, wenn das auf die unerlaubte Handlung anzuwendende Recht oder das Recht, dem der Versicherungsvertrag unterliegt, dies vorsieht.

Fünfter Teil. Übergangsvorschriften aus Anlaß jüngerer Änderungen des Bürgerlichen Gesetzbuchs und dieses Einführungsgesetzes

Art. 229 Weitere Überleitungsvorschriften

§ 5 Allgemeine Überleitungsvorschrift zum Gesetz zur Modernisierung des Schuldrechts vom 26. November 2001. [1] Auf Schuldverhältnisse, die vor dem 1. Januar 2002 entstanden sind, sind das Bürgerliche Gesetzbuch, das AGB-Gesetz, das Handelsgesetzbuch, das Verbraucherkreditgesetz, das Fernabsatzgesetz, das Fernunterrichtsschutzgesetz, das Gesetz über den Widerruf von Haustürgeschäften und ähnlichen Geschäften, das Teilzeit-Wohnrechtegesetz, die Verordnung über Kundeninformationspflichten, die Verordnung über Informationspflichten von Reiseveranstaltern und die Verordnung betreffend die Hauptmängel und Gewährfristen beim Viehhandel, soweit nicht ein anderes bestimmt ist, in der bis zu diesem Tag geltenden Fassung anzuwenden. [2] Satz 1 gilt für Dauerschuldverhältnisse mit der Maßgabe, dass anstelle der in Satz 1 bezeichneten Gesetze vom 1. Januar 2003 an nur das Bürgerliche Gesetzbuch, das Handelsgesetzbuch, das Fernunterrichtsschutzgesetz und die Verordnung über Informationspflichten nach Bürgerlichem Recht in der dann geltenden Fassung anzuwenden sind.

§ 11 Überleitungsvorschrift zu dem Gesetz zur Änderung der Vorschriften über Fernabsatzverträge bei Finanzdienstleistungen vom 2. Dezember 2004. (1) [1] Auf Schuldverhältnisse, die bis zum Ablauf des 7. Dezember 2004 entstanden sind, finden das Bürgerliche Gesetzbuch und die BGB-Informationspflichten-Verordnung in der bis zu diesem Tag geltenden Fassung Anwendung. [2] Satz 1 gilt für Vertragsverhältnisse im Sinne des § 312b Abs. 4 Satz 1 des Bürgerlichen Gesetzbuchs[1)] mit der Maßgabe, dass es auf die Entstehung der erstmaligen Vereinbarung ankommt.

(2) Verkaufsprospekte, die vor dem Ablauf des 7. Dezember 2004 hergestellt wurden und die der Neufassung der BGB-Informationspflichten-Verordnung nicht genügen, dürfen bis zum 31. März 2005 aufgebraucht werden, soweit sie ausschließlich den Fernabsatz von Waren und Dienstleistungen betreffen, die nicht Finanzdienstleistungen sind.

§ 37 Überleitungsvorschrift zum Gesetz zur Verbesserung der zivilrechtlichen Durchsetzung von verbraucherschützenden Vorschriften des Datenschutzrechts. § 309 Nummer 13 des Bürgerlichen Gesetzbuchs[1)] in der seit dem 1. Oktober 2016 geltenden Fassung ist nur auf ein Schuldverhältnis anzuwenden, das nach dem 30. September 2016 entstanden ist.

[1)] Nr. **15**.

§ 38 Übergangsvorschrift zum Gesetz zur Umsetzung der Wohnimmobilienkreditrichtlinie und zur Änderung handelsrechtlicher Vorschriften. (1) [1]Dieses Gesetz und das Bürgerliche Gesetzbuch jeweils in der bis zum 20. März 2016 geltenden Fassung sind vorbehaltlich des Absatzes 2 auf folgende Verträge anzuwenden, wenn sie vor dem 21. März 2016 abgeschlossen wurden:

1. Verbraucherdarlehensverträge und Verträge über entgeltliche Finanzierungshilfen,
2. Verträge über die Vermittlung von Verträgen gemäß Nummer 1.

[2]Für Verbraucherdarlehensverträge gemäß § 504 des Bürgerlichen Gesetzbuchs[1)] ist der Zeitpunkt des Abschlusses des Vertrags maßgeblich, mit dem der Darlehensgeber dem Darlehensnehmer das Recht einräumt, sein laufendes Konto in bestimmter Höhe zu überziehen. [3]Für Verbraucherdarlehensverträge gemäß § 505 Absatz 1 des Bürgerlichen Gesetzbuchs ist der Zeitpunkt des Abschlusses des Vertrags maßgeblich, mit dem der Unternehmer mit dem Verbraucher ein Entgelt für den Fall vereinbart, dass er eine Überziehung seines laufenden Kontos duldet.

(2) Die §§ 504a und 505 Absatz 2 des Bürgerlichen Gesetzbuchs sind auf Verbraucherdarlehensverträge gemäß den §§ 504 und 505 des Bürgerlichen Gesetzbuchs auch dann anzuwenden, wenn diese Verträge vor dem 21. März 2016 abgeschlossen wurden.

(3) [1]Bei Immobiliardarlehensverträgen gemäß § 492 Absatz 1a Satz 2 des Bürgerlichen Gesetzbuchs in der vom 1. August 2002 bis einschließlich 10. Juni 2010 geltenden Fassung, die zwischen dem 1. September 2002 und dem 10. Juni 2010 geschlossen wurden, erlischt ein fortbestehendes Widerrufsrecht spätestens drei Monate nach dem 21. März 2016, wenn das Fortbestehen des Widerrufsrechts darauf beruht, dass die dem Verbraucher erteilte Widerrufsbelehrung den zum Zeitpunkt des Vertragsschlusses geltenden Anforderungen des Bürgerlichen Gesetzbuchs nicht entsprochen hat. [2]Bei Haustürgeschäften ist Satz 1 nur anzuwenden, wenn die beiderseitigen Leistungen aus dem Verbraucherdarlehensvertrag bei Ablauf des 21. Mai 2016 vollständig erbracht worden sind, andernfalls erlöschen die fortbestehenden Widerrufsrechte erst einen Monat nach vollständiger Erbringung der beiderseitigen Leistungen aus dem Vertrag.

Siebter Teil. Durchführung des Bürgerlichen Gesetzbuchs, Verordnungsermächtigungen, Länderöffnungsklauseln, Informationspflichten

Art. 246 Informationspflichten beim Verbrauchervertrag. (1) Der Unternehmer ist, sofern sich diese Informationen nicht aus den Umständen ergeben, nach § 312a Absatz 2 des Bürgerlichen Gesetzbuchs[1)] verpflichtet, dem Verbraucher vor Abgabe von dessen Vertragserklärung folgende Informationen in klarer und verständlicher Weise zur Verfügung zu stellen:

[1)] Nr. **15**.

1. die wesentlichen Eigenschaften der Waren oder Dienstleistungen in dem für den Datenträger und die Waren oder Dienstleistungen angemessenen Umfang,
2. seine Identität, beispielsweise seinen Handelsnamen und die Anschrift des Ortes, an dem er niedergelassen ist, sowie seine Telefonnummer,
3. den Gesamtpreis der Waren und Dienstleistungen einschließlich aller Steuern und Abgaben oder in den Fällen, in denen der Preis auf Grund der Beschaffenheit der Ware oder Dienstleistung vernünftigerweise nicht im Voraus berechnet werden kann, die Art der Preisberechnung sowie gegebenenfalls alle zusätzlichen Fracht-, Liefer- oder Versandkosten und alle sonstigen Kosten oder in den Fällen, in denen diese Kosten vernünftigerweise nicht im Voraus berechnet werden können, die Tatsache, dass solche zusätzlichen Kosten anfallen können,
4. gegebenenfalls die Zahlungs-, Liefer- und Leistungsbedingungen, den Termin, bis zu dem sich der Unternehmer verpflichtet hat, die Waren zu liefern oder die Dienstleistungen zu erbringen, sowie das Verfahren des Unternehmers zum Umgang mit Beschwerden,
5. das Bestehen eines gesetzlichen Mängelhaftungsrechts für die Waren und gegebenenfalls das Bestehen und die Bedingungen von Kundendienstleistungen und Garantien,
6. gegebenenfalls die Laufzeit des Vertrags oder die Bedingungen der Kündigung unbefristeter Verträge oder sich automatisch verlängernder Verträge,
7. gegebenenfalls die Funktionsweise digitaler Inhalte, einschließlich anwendbarer technischer Schutzmaßnahmen für solche Inhalte, und
8. gegebenenfalls, soweit wesentlich, Beschränkungen der Interoperabilität und der Kompatibilität digitaler Inhalte mit Hard- und Software, soweit diese Beschränkungen dem Unternehmer bekannt sind oder bekannt sein müssen.

(2) Absatz 1 ist nicht anzuwenden auf Verträge, die Geschäfte des täglichen Lebens zum Gegenstand haben und bei Vertragsschluss sofort erfüllt werden.

(3) [1] Steht dem Verbraucher ein Widerrufsrecht zu, ist der Unternehmer verpflichtet, den Verbraucher in Textform über sein Widerrufsrecht zu belehren. [2] Die Widerrufsbelehrung muss deutlich gestaltet sein und dem Verbraucher seine wesentlichen Rechte in einer dem benutzten Kommunikationsmittel angepassten Weise deutlich machen. [3] Sie muss Folgendes enthalten:
1. einen Hinweis auf das Recht zum Widerruf,
2. einen Hinweis darauf, dass der Widerruf durch Erklärung gegenüber dem Unternehmer erfolgt und keiner Begründung bedarf,
3. den Namen und die ladungsfähige Anschrift desjenigen, gegenüber dem der Widerruf zu erklären ist, und
4. einen Hinweis auf Dauer und Beginn der Widerrufsfrist sowie darauf, dass zur Fristwahrung die rechtzeitige Absendung der Widerrufserklärung genügt.

Art. 246a Informationspflichten bei außerhalb von Geschäftsräumen geschlossenen Verträgen und Fernabsatzverträgen mit Ausnahme von Verträgen über Finanzdienstleistungen

§ 1 Informationspflichten. (1) [1] Der Unternehmer ist nach § 312d Absatz 1 des Bürgerlichen Gesetzbuchs[1)] verpflichtet, dem Verbraucher folgende Informationen zur Verfügung zu stellen:

1. die wesentlichen Eigenschaften der Waren oder Dienstleistungen in dem für das Kommunikationsmittel und für die Waren und Dienstleistungen angemessenen Umfang,
2. seine Identität, beispielsweise seinen Handelsnamen sowie die Anschrift des Ortes, an dem er niedergelassen ist, seine Telefonnummer und gegebenenfalls seine Telefaxnummer und E-Mail-Adresse sowie gegebenenfalls die Anschrift und die Identität des Unternehmers, in dessen Auftrag er handelt,
3. zusätzlich zu den Angaben gemäß Nummer 2 die Geschäftsanschrift des Unternehmers und gegebenenfalls die Anschrift des Unternehmers, in dessen Auftrag er handelt, an die sich der Verbraucher mit jeder Beschwerde wenden kann, falls diese Anschrift von der Anschrift unter Nummer 2 abweicht,
4. den Gesamtpreis der Waren oder Dienstleistungen einschließlich aller Steuern und Abgaben, oder in den Fällen, in denen der Preis auf Grund der Beschaffenheit der Waren oder Dienstleistungen vernünftigerweise nicht im Voraus berechnet werden kann, die Art der Preisberechnung sowie gegebenenfalls alle zusätzlichen Fracht-, Liefer- oder Versandkosten und alle sonstigen Kosten, oder in den Fällen, in denen diese Kosten vernünftigerweise nicht im Voraus berechnet werden können, die Tatsache, dass solche zusätzlichen Kosten anfallen können,
5. im Falle eines unbefristeten Vertrags oder eines Abonnement-Vertrags den Gesamtpreis; dieser umfasst die pro Abrechnungszeitraum anfallenden Gesamtkosten und, wenn für einen solchen Vertrag Festbeträge in Rechnung gestellt werden, ebenfalls die monatlichen Gesamtkosten; wenn die Gesamtkosten vernünftigerweise nicht im Voraus berechnet werden können, ist die Art der Preisberechnung anzugeben,
6. die Kosten für den Einsatz des für den Vertragsabschluss genutzten Fernkommunikationsmittels, sofern dem Verbraucher Kosten berechnet werden, die über die Kosten für die bloße Nutzung des Fernkommunikationsmittels hinausgehen,
7. die Zahlungs-, Liefer- und Leistungsbedingungen, den Termin, bis zu dem der Unternehmer die Waren liefern oder die Dienstleistung erbringen muss, und gegebenenfalls das Verfahren des Unternehmers zum Umgang mit Beschwerden,
8. das Bestehen eines gesetzlichen Mängelhaftungsrechts für die Waren,
9. gegebenenfalls das Bestehen und die Bedingungen von Kundendienst, Kundendienstleistungen und Garantien,

---

1) Nr. **15**.

10. gegebenenfalls bestehende einschlägige Verhaltenskodizes gemäß Artikel 2 Buchstabe f der Richtlinie 2005/29/EG[1] des Europäischen Parlaments und des Rates vom 11. Mai 2005 über unlautere Geschäftspraktiken im binnenmarktinternen Geschäftsverkehr zwischen Unternehmen und Verbrauchern und zur Änderung der Richtlinie 84/450/EWG des Rates, der Richtlinien 97/7/EG, 98/27/EG und 2002/65/EG des Europäischen Parlaments und des Rates sowie der Verordnung (EG) Nr. 2006/2004 des Europäischen Parlaments und des Rates (ABl. L 149 vom 11.6.2005, S. 22) und wie Exemplare davon erhalten werden können,
11. gegebenenfalls die Laufzeit des Vertrags oder die Bedingungen der Kündigung unbefristeter Verträge oder sich automatisch verlängernder Verträge,
12. gegebenenfalls die Mindestdauer der Verpflichtungen, die der Verbraucher mit dem Vertrag eingeht,
13. gegebenenfalls die Tatsache, dass der Unternehmer vom Verbraucher die Stellung einer Kaution oder die Leistung anderer finanzieller Sicherheiten verlangen kann, sowie deren Bedingungen,
14. gegebenenfalls die Funktionsweise digitaler Inhalte, einschließlich anwendbarer technischer Schutzmaßnahmen für solche Inhalte,
15. gegebenenfalls, soweit wesentlich, Beschränkungen der Interoperabilität und der Kompatibilität digitaler Inhalte mit Hard- und Software, soweit diese Beschränkungen dem Unternehmer bekannt sind oder bekannt sein müssen, und
16. gegebenenfalls, dass der Verbraucher ein außergerichtliches Beschwerde- und Rechtsbehelfsverfahren, dem der Unternehmer unterworfen ist, nutzen kann, und dessen Zugangsvoraussetzungen.

[2]Wird der Vertrag im Rahmen einer öffentlich zugänglichen Versteigerung geschlossen, können anstelle der Angaben nach Satz 1 Nummer 2 und 3 die entsprechenden Angaben des Versteigerers zur Verfügung gestellt werden.

(2) [1]Steht dem Verbraucher ein Widerrufsrecht nach § 312g Absatz 1 des Bürgerlichen Gesetzbuchs zu, ist der Unternehmer verpflichtet, den Verbraucher zu informieren

1. über die Bedingungen, die Fristen und das Verfahren für die Ausübung des Widerrufsrechts nach § 355 Absatz 1 des Bürgerlichen Gesetzbuchs sowie das Muster-Widerrufsformular in der Anlage 2,
2. gegebenenfalls darüber, dass der Verbraucher im Widerrufsfall die Kosten für die Rücksendung der Waren zu tragen hat, und bei Fernabsatzverträgen zusätzlich über die Kosten für die Rücksendung der Waren, wenn die Waren auf Grund ihrer Beschaffenheit nicht auf dem normalen Postweg zurückgesendet werden können, und
3. darüber, dass der Verbraucher dem Unternehmer bei einem Vertrag über die Erbringung von Dienstleistungen oder über die nicht in einem bestimmten Volumen oder in einer bestimmten Menge vereinbarte Lieferung von Wasser, Gas, Strom oder die Lieferung von Fernwärme einen angemessenen Betrag nach § 357 Absatz 8 des Bürgerlichen Gesetzbuchs für die vom Unternehmer erbrachte Leistung schuldet, wenn der Verbraucher das Wider-

---

[1] **dtv 5009 Wettbewerbsrecht und Kartellrecht Nr. 9.**

rufsrecht ausübt, nachdem er auf Aufforderung des Unternehmers von diesem ausdrücklich den Beginn der Leistung vor Ablauf der Widerrufsfrist verlangt hat.

2 Der Unternehmer kann diese Informationspflichten dadurch erfüllen, dass er das in der Anlage 1 vorgesehene Muster für die Widerrufsbelehrung zutreffend ausgefüllt in Textform übermittelt.

(3) Der Unternehmer hat den Verbraucher auch zu informieren, wenn
1. dem Verbraucher nach § 312g Absatz 2 Nummer 1, 2, 5 und 7 bis 13 des Bürgerlichen Gesetzbuchs ein Widerrufsrecht nicht zusteht, dass der Verbraucher seine Willenserklärung nicht widerrufen kann, oder
2. das Widerrufsrecht des Verbrauchers nach § 312g Absatz 2 Nummer 3, 4 und 6 sowie § 356 Absatz 4 und 5 des Bürgerlichen Gesetzbuchs vorzeitig erlöschen kann, über die Umstände, unter denen der Verbraucher ein zunächst bestehendes Widerrufsrecht verliert.

§ 2 Erleichterte Informationspflichten bei Reparatur- und Instandhaltungsarbeiten. (1) Hat der Verbraucher bei einem Vertrag über Reparatur- und Instandhaltungsarbeiten, der außerhalb von Geschäftsräumen geschlossen wird, bei dem die beiderseitigen Leistungen sofort erfüllt werden und die vom Verbraucher zu leistende Vergütung 200 Euro nicht übersteigt, ausdrücklich die Dienste des Unternehmers angefordert, muss der Unternehmer dem Verbraucher lediglich folgende Informationen zur Verfügung stellen:
1. die Angaben nach § 1 Absatz 1 Satz 1 Nummer 2 und
2. den Preis oder die Art der Preisberechnung zusammen mit einem Kostenvoranschlag über die Gesamtkosten.

(2) Ferner hat der Unternehmer dem Verbraucher folgende Informationen zur Verfügung zu stellen:
1. die wesentlichen Eigenschaften der Waren oder Dienstleistungen in dem für das Kommunikationsmittel und die Waren oder Dienstleistungen angemessenen Umfang,
2. gegebenenfalls die Bedingungen, die Fristen und das Verfahren für die Ausübung des Widerrufsrechts sowie das Muster-Widerrufsformular in der Anlage 2 und
3. gegebenenfalls die Information, dass der Verbraucher seine Willenserklärung nicht widerrufen kann, oder die Umstände, unter denen der Verbraucher ein zunächst bestehendes Widerrufsrecht vorzeitig verliert.

(3) Eine vom Unternehmer zur Verfügung gestellte Abschrift oder Bestätigung des Vertrags nach § 312f Absatz 1 des Bürgerlichen Gesetzbuchs[1)] muss alle nach § 1 zu erteilenden Informationen enthalten.

§ 3 Erleichterte Informationspflichten bei begrenzter Darstellungsmöglichkeit. 1 Soll ein Fernabsatzvertrag mittels eines Fernkommunikationsmittels geschlossen werden, das nur begrenzten Raum oder begrenzte Zeit für die dem Verbraucher zu erteilenden Informationen bietet, ist der Unternehmer

---

[1)] Nr. **15**.

verpflichtet, dem Verbraucher mittels dieses Fernkommunikationsmittels zumindest folgende Informationen zur Verfügung zu stellen:

1. die wesentlichen Eigenschaften der Waren oder Dienstleistungen,
2. die Identität des Unternehmers,
3. den Gesamtpreis oder in den Fällen, in denen der Preis auf Grund der Beschaffenheit der Waren oder Dienstleistungen vernünftigerweise nicht im Voraus berechnet werden kann, die Art der Preisberechnung,
4. gegebenenfalls das Bestehen eines Widerrufsrechts und
5. gegebenenfalls die Vertragslaufzeit und die Bedingungen für die Kündigung eines Dauerschuldverhältnisses.

[2] Die weiteren Angaben nach § 1 hat der Unternehmer dem Verbraucher in geeigneter Weise unter Beachtung von § 4 Absatz 3 zugänglich zu machen.

§ 4 Formale Anforderungen an die Erfüllung der Informationspflichten. (1) Der Unternehmer muss dem Verbraucher die Informationen nach den §§ 1 bis 3 vor Abgabe von dessen Vertragserklärung in klarer und verständlicher Weise zur Verfügung stellen.

(2) [1] Bei einem außerhalb von Geschäftsräumen geschlossenen Vertrag muss der Unternehmer die Informationen auf Papier oder, wenn der Verbraucher zustimmt, auf einem anderen dauerhaften Datenträger zur Verfügung stellen. [2] Die Informationen müssen lesbar sein. [3] Die Person des erklärenden Unternehmers muss genannt sein. [4] Der Unternehmer kann die Informationen nach § 2 Absatz 2 in anderer Form zur Verfügung stellen, wenn sich der Verbraucher hiermit ausdrücklich einverstanden erklärt hat.

(3) [1] Bei einem Fernabsatzvertrag muss der Unternehmer dem Verbraucher die Informationen in einer den benutzten Fernkommunikationsmitteln angepassten Weise zur Verfügung stellen. [2] Soweit die Informationen auf einem dauerhaften Datenträger zur Verfügung gestellt werden, müssen sie lesbar sein, und die Person des erklärenden Unternehmers muss genannt sein. [3] Abweichend von Satz 1 kann der Unternehmer dem Verbraucher die in § 3 Satz 2 genannten Informationen in geeigneter Weise zugänglich machen.

Art. 246b Informationspflichten bei außerhalb von Geschäftsräumen geschlossenen Verträgen und Fernabsatzverträgen über Finanzdienstleistungen

§ 1 Informationspflichten. (1) Der Unternehmer ist nach § 312d Absatz 2 des Bürgerlichen Gesetzbuchs[1] verpflichtet, dem Verbraucher rechtzeitig vor Abgabe von dessen Vertragserklärung klar und verständlich und unter Angabe des geschäftlichen Zwecks, bei Fernabsatzverträgen in einer dem benutzten Fernkommunikationsmittel angepassten Weise, folgende Informationen zur Verfügung zu stellen:

1. seine Identität, anzugeben ist auch das öffentliche Unternehmensregister, bei dem der Rechtsträger eingetragen ist, und die zugehörige Registernummer oder gleichwertige Kennung,

---

[1] Nr. 15.

2. die Hauptgeschäftstätigkeit des Unternehmers und die für seine Zulassung zuständige Aufsichtsbehörde,
3. die Identität des Vertreters des Unternehmers in dem Mitgliedstaat, in dem der Verbraucher seinen Wohnsitz hat, wenn es einen solchen Vertreter gibt, oder die Identität einer anderen gewerblich tätigen Person als dem Anbieter, wenn der Verbraucher mit dieser Person geschäftlich zu tun hat, und die Eigenschaft, in der diese Person gegenüber dem Verbraucher tätig wird,
4. die ladungsfähige Anschrift des Unternehmers und jede andere Anschrift, die für die Geschäftsbeziehung zwischen diesem, seinem Vertreter oder einer anderen gewerblich tätigen Person nach Nummer 3 und dem Verbraucher maßgeblich ist, bei juristischen Personen, Personenvereinigungen oder Personengruppen auch den Namen des Vertretungsberechtigten,
5. die wesentlichen Merkmale der Finanzdienstleistung sowie Informationen darüber, wie der Vertrag zustande kommt,
6. den Gesamtpreis der Finanzdienstleistung einschließlich aller damit verbundenen Preisbestandteile sowie alle über den Unternehmer abgeführten Steuern oder, wenn kein genauer Preis angegeben werden kann, seine Berechnungsgrundlage, die dem Verbraucher eine Überprüfung des Preises ermöglicht,
7. gegebenenfalls zusätzlich anfallende Kosten sowie einen Hinweis auf mögliche weitere Steuern oder Kosten, die nicht über den Unternehmer abgeführt oder von ihm in Rechnung gestellt werden,
8. gegebenenfalls den Hinweis, dass sich die Finanzdienstleistung auf Finanzinstrumente bezieht, die wegen ihrer spezifischen Merkmale oder der durchzuführenden Vorgänge mit speziellen Risiken behaftet sind oder deren Preis Schwankungen auf dem Finanzmarkt unterliegt, auf die der Unternehmer keinen Einfluss hat, und dass in der Vergangenheit erwirtschaftete Erträge kein Indikator für künftige Erträge sind,
9. eine Befristung der Gültigkeitsdauer der zur Verfügung gestellten Informationen, beispielsweise die Gültigkeitsdauer befristeter Angebote, insbesondere hinsichtlich des Preises,
10. Einzelheiten hinsichtlich der Zahlung und der Erfüllung,
11. alle spezifischen zusätzlichen Kosten, die der Verbraucher für die Benutzung des Fernkommunikationsmittels zu tragen hat, wenn solche zusätzlichen Kosten durch den Unternehmer in Rechnung gestellt werden,
12. das Bestehen oder Nichtbestehen eines Widerrufsrechts sowie die Bedingungen, Einzelheiten der Ausübung, insbesondere Name und Anschrift desjenigen, gegenüber dem der Widerruf zu erklären ist, und die Rechtsfolgen des Widerrufs einschließlich Informationen über den Betrag, den der Verbraucher im Falle des Widerrufs nach § 357a des Bürgerlichen Gesetzbuchs für die erbrachte Leistung zu zahlen hat,
13. die Mindestlaufzeit des Vertrags, wenn dieser eine dauernde oder regelmäßig wiederkehrende Leistung zum Inhalt hat,
14. die vertraglichen Kündigungsbedingungen einschließlich etwaiger Vertragsstrafen,

15. die Mitgliedstaaten der Europäischen Union, deren Recht der Unternehmer der Aufnahme von Beziehungen zum Verbraucher vor Abschluss des Vertrags zugrunde legt,
16. eine Vertragsklausel über das auf den Vertrag anwendbare Recht oder über das zuständige Gericht,
17. die Sprachen, in welchen die Vertragsbedingungen und die in dieser Vorschrift genannten Vorabinformationen mitgeteilt werden, sowie die Sprachen, in welchen sich der Unternehmer verpflichtet, mit Zustimmung des Verbrauchers die Kommunikation während der Laufzeit dieses Vertrags zu führen,
18. gegebenenfalls, dass der Verbraucher ein außergerichtliches Beschwerde- und Rechtsbehelfsverfahren, dem der Unternehmer unterworfen ist, nutzen kann, und dessen Zugangsvoraussetzungen und
19. das Bestehen eines Garantiefonds oder anderer Entschädigungsregelungen, die weder unter die Richtlinie 94/19/EG des Europäischen Parlaments und des Rates vom 30. Mai 1994 über Einlagensicherungssysteme (ABl. L 135 vom 31.5.1994, S. 5) noch unter die Richtlinie 97/9/EG des Europäischen Parlaments und des Rates vom 3. März 1997 über Systeme für die Entschädigung der Anleger (ABl. L 84 vom 26.3.1997, S. 22) fallen.

(2) [1] Bei Telefongesprächen hat der Unternehmer nur folgende Informationen zur Verfügung zu stellen:
1. die Identität der Kontaktperson des Verbrauchers und deren Verbindung zum Unternehmer,
2. die Beschreibung der Hauptmerkmale der Finanzdienstleistung,
3. den Gesamtpreis, den der Verbraucher dem Unternehmer für die Finanzdienstleistung schuldet, einschließlich aller über den Unternehmer abgeführten Steuern, oder, wenn kein genauer Preis angegeben werden kann, die Grundlage für die Berechnung des Preises, die dem Verbraucher eine Überprüfung des Preises ermöglicht,
4. mögliche weitere Steuern und Kosten, die nicht über den Unternehmer abgeführt oder von ihm in Rechnung gestellt werden, und
5. das Bestehen oder Nichtbestehen eines Widerrufsrechts sowie für den Fall, dass ein Widerrufsrecht besteht, auch die Widerrufsfrist und die Bedingungen, Einzelheiten der Ausübung und die Rechtsfolgen des Widerrufs einschließlich Informationen über den Betrag, den der Verbraucher im Falle des Widerrufs nach § 357a des Bürgerlichen Gesetzbuchs für die erbrachte Leistung zu zahlen hat.

[2] Satz 1 gilt nur, wenn der Unternehmer den Verbraucher darüber informiert hat, dass auf Wunsch weitere Informationen übermittelt werden können und welcher Art diese Informationen sind, und der Verbraucher ausdrücklich auf die Übermittlung der weiteren Informationen vor Abgabe seiner Vertragserklärung verzichtet hat.

§ 2 Weitere Informationspflichten. (1) [1] Der Unternehmer hat dem Verbraucher rechtzeitig vor Abgabe von dessen Vertragserklärung die folgenden Informationen auf einem dauerhaften Datenträger mitzuteilen:

1. die Vertragsbestimmungen einschließlich der Allgemeinen Geschäftsbedingungen und
2. die in § 1 Absatz 1 genannten Informationen.

[2] Wird der Vertrag auf Verlangen des Verbrauchers telefonisch oder unter Verwendung eines anderen Fernkommunikationsmittels geschlossen, das die Mitteilung auf einem dauerhaften Datenträger vor Vertragsschluss nicht gestattet, hat der Unternehmer dem Verbraucher abweichend von Satz 1 die Informationen unverzüglich nach Abschluss des Fernabsatzvertrags zu übermitteln.

(2) Der Verbraucher kann während der Laufzeit des Vertrags vom Unternehmer jederzeit verlangen, dass dieser ihm die Vertragsbedingungen einschließlich der Allgemeinen Geschäftsbedingungen in Papierform zur Verfügung stellt.

(3) Zur Erfüllung seiner Informationspflicht nach Absatz 1 Satz 1 Nummer 2 in Verbindung mit § 1 Absatz 1 Nummer 12 über das Bestehen eines Widerrufsrechts kann der Unternehmer dem Verbraucher das in der Anlage 3 vorgesehene Muster für die Widerrufsbelehrung bei Finanzdienstleistungsverträgen zutreffend ausgefüllt in Textform übermitteln.

Art. 246c Informationspflichten bei Verträgen im elektronischen Geschäftsverkehr. Bei Verträgen im elektronischen Geschäftsverkehr muss der Unternehmer den Kunden unterrichten

1. über die einzelnen technischen Schritte, die zu einem Vertragsschluss führen,
2. darüber, ob der Vertragstext nach dem Vertragsschluss von dem Unternehmer gespeichert wird und ob er dem Kunden zugänglich ist,
3. darüber, wie er mit den nach § 312i Absatz 1 Satz 1 Nummer 1 des Bürgerlichen Gesetzbuchs[1)] zur Verfügung gestellten technischen Mitteln Eingabefehler vor Abgabe der Vertragserklärung erkennen und berichtigen kann,
4. über die für den Vertragsschluss zur Verfügung stehenden Sprachen und
5. über sämtliche einschlägigen Verhaltenskodizes, denen sich der Unternehmer unterwirft, sowie über die Möglichkeit eines elektronischen Zugangs zu diesen Regelwerken.

[1)] Nr. **15**.

17. Richtlinie 2000/31/EG des Europäischen Parlaments und des Rates vom 8. Juni 2000 über bestimmte rechtliche Aspekte der Dienste der Informationsgesellschaft, insbesondere des elektronischen Geschäftsverkehrs, im Binnenmarkt („Richtlinie über den elektronischen Geschäftsverkehr")

(ABl. Nr. L 178 S. 1)

Celex-Nr. 3 2000 L 0031

Kapitel I. Allgemeine Bestimmungen

Art. 1 Zielsetzung und Anwendungsbereich. (1) Diese Richtlinie soll einen Beitrag zum einwandfreien Funktionieren des Binnenmarktes leisten, indem sie den freien Verkehr von Diensten der Informationsgesellschaft zwischen den Mitgliedstaaten sicherstellt.

(2) Diese Richtlinie sorgt, soweit dies für die Erreichung des in Absatz 1 genannten Ziels erforderlich ist, für eine Angleichung bestimmter für die Dienste der Informationsgesellschaft geltender innerstaatlicher Regelungen, die den Binnenmarkt, die Niederlassung der Diensteanbieter, kommerzielle Kommunikationen, elektronische Verträge, die Verantwortlichkeit von Vermittlern, Verhaltenskodizes, Systeme zur außergerichtlichen Beilegung von Streitigkeiten, Klagemöglichkeiten sowie die Zusammenarbeit zwischen den Mitgliedstaaten betreffen.

(3) Diese Richtlinie ergänzt das auf die Dienste der Informationsgesellschaft anwendbare Gemeinschaftsrecht und läßt dabei das Schutzniveau insbesondere für die öffentliche Gesundheit und den Verbraucherschutz, wie es sich aus Gemeinschaftsrechtsakten und einzelstaatlichen Rechtsvorschriften zu deren Umsetzung ergibt, unberührt, soweit die Freiheit, Dienste der Informationsgesellschaft anzubieten, dadurch nicht eingeschränkt wird.

(4) Diese Richtlinie schafft weder zusätzliche Regeln im Bereich des internationalen Privatrechts, noch befaßt sie sich mit der Zuständigkeit der Gerichte.

(5) Diese Richtlinie findet keine Anwendung auf

a) den Bereich der Besteuerung,

b) Fragen betreffend die Dienste der Informationsgesellschaft, die von den Richtlinien 95/46/EG und 97/66/EG erfaßt werden,

c) Fragen betreffend Vereinbarungen oder Verhaltensweisen, die dem Kartellrecht unterliegen,

d) die folgenden Tätigkeiten der Dienste der Informationsgesellschaft:

– Tätigkeiten von Notaren oder Angehörigen gleichwertiger Berufe, soweit diese eine unmittelbare und besondere Verbindung zur Ausübung öffentlicher Befugnisse aufweisen;

– Vertretung eines Mandanten und Verteidigung seiner Interessen vor Gericht;

– Gewinnspiele mit einem einen Geldwert darstellenden Einsatz bei Glücksspielen, einschließlich Lotterien und Wetten.

(6) Maßnahmen auf gemeinschaftlicher oder einzelstaatlicher Ebene, die unter Wahrung des Gemeinschaftsrechts der Förderung der kulturellen und sprachlichen Vielfalt und dem Schutz des Pluralismus dienen, bleiben von dieser Richtlinie unberührt.

Art. 2 Begriffsbestimmungen. Im Sinne dieser Richtlinie bezeichnet der Ausdruck

a) „Dienste der Informationsgesellschaft" Dienste im Sinne von Artikel 1 Nummer 2 der Richtlinie 98/34/EG in der Fassung der Richtlinie 98/48/EG;

b) „Diensteanbieter" jede natürliche oder juristische Person, die einen Dienst der Informationsgesellschaft anbietet;

c) „niedergelassener Diensteanbieter" ein Anbieter, der mittels einer festen Einrichtung auf unbestimmte Zeit eine Wirtschaftstätigkeit tatsächlich ausübt; Vorhandensein und Nutzung technischer Mittel und Technologien, die zum Anbieten des Dienstes erforderlich sind, begründen allein keine Niederlassung des Anbieters;

d) „Nutzer" jede natürliche oder juristische Person, die zu beruflichen oder sonstigen Zwecken einen Dienst der Informationsgesellschaft in Anspruch nimmt, insbesondere um Informationen zu erlangen oder zugänglich zu machen;

e) „Verbraucher" jede natürliche Person, die zu Zwecken handelt, die nicht zu ihren gewerblichen, geschäftlichen oder beruflichen Tätigkeiten gehören;

f) „kommerzielle Kommunikation" alle Formen der Kommunikation, die der unmittelbaren oder mittelbaren Förderung des Absatzes von Waren und Dienstleistungen oder des Erscheinungsbilds eines Unternehmens, einer Organisation oder einer natürlichen Person dienen, die eine Tätigkeit in Handel, Gewerbe oder Handwerk oder einen reglementierten Beruf ausübt; die folgenden Angaben stellen als solche keine Form der kommerziellen Kommunikation dar:

   – Angaben, die direkten Zugang zur Tätigkeit des Unternehmens bzw. der Organisation oder Person ermöglichen, wie insbesondere ein Domain-Name oder eine Adresse der elektronischen Post;

   – Angaben in bezug auf Waren und Dienstleistungen oder das Erscheinungsbild eines Unternehmens, einer Organisation oder Person, die unabhängig und insbesondere ohne finanzielle Gegenleistung gemacht werden;

g) „reglementierter Beruf" alle Berufe im Sinne von Artikel 1 Buchstabe d) der Richtlinie 89/48/EWG des Rates vom 21. Dezember 1988 über eine allgemeine Regelung zur Anerkennung der Hochschuldiplome, die eine mindestens dreijährige Berufsausbildung abschließen[1]), oder im Sinne von Artikel 1 Buchstabe f) der Richtlinie 92/51/EWG des Rates vom 18. Juni

[1]) **Amtl. Anm.:** ABl. L 19 vom 24.1.1989, S. 16.

1992 über eine zweite allgemeine Regelung zur Anerkennung beruflicher Befähigungsnachweise in Ergänzung zur Richtlinie 89/48/EWG[1]);

h) „koordinierter Bereich" die für die Anbieter von Diensten der Informationsgesellschaft und die Dienste der Informationsgesellschaft in den Rechtssystemen der Mitgliedstaaten festgelegten Anforderungen, ungeachtet der Frage, ob sie allgemeiner Art oder speziell für sie bestimmt sind.

i) Der koordinierte Bereich betrifft vom Diensteanbieter zu erfüllende Anforderungen in bezug auf

– die Aufnahme der Tätigkeit eines Dienstes der Informationsgesellschaft, beispielsweise Anforderungen betreffend Qualifikationen, Genehmigung oder Anmeldung;

– die Ausübung der Tätigkeit eines Dienstes der Informationsgesellschaft, beispielsweise Anforderungen betreffend das Verhalten des Diensteanbieters, Anforderungen betreffend Qualität oder Inhalt des Dienstes, einschließlich der auf Werbung und Verträge anwendbaren Anforderungen, sowie Anforderungen betreffend die Verantwortlichkeit des Diensteanbieters.

ii) Der koordinierte Bereich umfaßt keine Anforderungen wie

– Anforderungen betreffend die Waren als solche;

– Anforderungen betreffend die Lieferung von Waren;

– Anforderungen betreffend Dienste, die nicht auf elektronischem Wege erbracht werden.

Art. 3 Binnenmarkt. (1) Jeder Mitgliedstaat trägt dafür Sorge, daß die Dienste der Informationsgesellschaft, die von einem in seinem Hoheitsgebiet niedergelassenen Diensteanbieter erbracht werden, den in diesem Mitgliedstaat geltenden innerstaatlichen Vorschriften entsprechen, die in den koordinierten Bereich fallen.

(2) Die Mitgliedstaaten dürfen den freien Verkehr von Diensten der Informationsgesellschaft aus einem anderen Mitgliedstaat nicht aus Gründen einschränken, die in den koordinierten Bereich fallen.

(3) Die Absätze 1 und 2 finden keine Anwendung auf die im Anhang genannten Bereiche.

(4) Die Mitgliedstaaten können Maßnahmen ergreifen, die im Hinblick auf einen bestimmten Dienst der Informationsgesellschaft von Absatz 2 abweichen, wenn die folgenden Bedingungen erfüllt sind:

a) Die Maßnahmen

i) sind aus einem der folgenden Gründe erforderlich:

– Schutz der öffentlichen Ordnung, insbesondere Verhütung, Ermittlung, Aufklärung und Verfolgung von Straftaten, einschließlich des Jugendschutzes und der Bekämpfung der Hetze aus Gründen der Rasse, des Geschlechts, des Glaubens oder der Nationalität, sowie von Verletzungen der Menschenwürde einzelner Personen,

---

[1]) **Amtl. Anm.:** ABl. L 209 vom 24.7.1992, S. 25. Richtlinie zuletzt geändert durch die Richtlinie 97/38/EWG der Kommission (ABl. L 184 vom 12.7.1997, S. 31).

- Schutz der öffentlichen Gesundheit,
- Schutz der öffentlichen Sicherheit, einschließlich der Wahrung nationaler Sicherheits- und Verteidigungsinteressen,
- Schutz der Verbraucher, einschließlich des Schutzes von Anlegern;

ii) betreffen einen bestimmten Dienst der Informationsgesellschaft, der die unter Ziffer i) genannten Schutzziele beeinträchtigt oder eine ernsthafte und schwerwiegende Gefahr einer Beeinträchtigung dieser Ziele darstellt;

iii) stehen in einem angemessenen Verhältnis zu diesen Schutzzielen.

b) Der Mitgliedstaat hat vor Ergreifen der betreffenden Maßnahmen unbeschadet etwaiger Gerichtsverfahren, einschließlich Vorverfahren und Schritten im Rahmen einer strafrechtlichen Ermittlung,

- den in Absatz 1 genannten Mitgliedstaat aufgefordert, Maßnahmen zu ergreifen, und dieser hat dem nicht Folge geleistet oder die von ihm getroffenen Maßnahmen sind unzulänglich;
- die Kommission und den in Absatz 1 genannten Mitgliedstaat über seine Absicht, derartige Maßnahmen zu ergreifen, unterrichtet.

(5) [1]Die Mitgliedstaaten können in dringlichen Fällen von den in Absatz 4 Buchstabe b) genannten Bedingungen abweichen. [2]In diesem Fall müssen die Maßnahmen so bald wie möglich und unter Angabe der Gründe, aus denen der Mitgliedstaat der Auffassung ist, daß es sich um einen dringlichen Fall handelt, der Kommission und dem in Absatz 1 genannten Mitgliedstaat mitgeteilt werden.

(6) Unbeschadet der Möglichkeit des Mitgliedstaates, die betreffenden Maßnahmen durchzuführen, muß die Kommission innerhalb kürzestmöglicher Zeit prüfen, ob die mitgeteilten Maßnahmen mit dem Gemeinschaftsrecht vereinbar sind; gelangt sie zu dem Schluß, daß die Maßnahme nicht mit dem Gemeinschaftsrecht vereinbar ist, so fordert sie den betreffenden Mitgliedstaat auf, davon Abstand zu nehmen, die geplanten Maßnahmen zu ergreifen, bzw. bereits ergriffene Maßnahmen unverzüglich einzustellen.

Kapitel II. Grundsätze

Abschnitt 1. Niederlassung und Informationspflichten

Art. 4 Grundsatz der Zulassungsfreiheit. (1) Die Mitgliedstaaten stellen sicher, daß die Aufnahme und die Ausübung der Tätigkeit eines Anbieters von Diensten der Informationsgesellschaft nicht zulassungspflichtig ist und keiner sonstigen Anforderung gleicher Wirkung unterliegt.

(2) Absatz 1 gilt unbeschadet der Zulassungsverfahren, die nicht speziell und ausschließlich Dienste der Informationsgesellschaft betreffen oder die in den Anwendungsbereich der Richtlinie 97/13/EG des Europäischen Parlaments und des Rates vom 10. April 1997 über einen gemeinsamen Rahmen für Allgemein- und Einzelgenehmigungen für Telekommunikationsdienste[1]) fallen.

---

[1]) **Amtl. Anm.:** ABl. L 117 vom 7.5.1997, S. 15.

Art. 5 Allgemeine Informationspflichten. (1) Zusätzlich zu den sonstigen Informationsanforderungen nach dem Gemeinschaftsrecht stellen die Mitgliedstaaten sicher, daß der Diensteanbieter den Nutzern des Dienstes und den zuständigen Behörden zumindest die nachstehend aufgeführten Informationen leicht, unmittelbar und ständig verfügbar macht:

a) den Namen des Diensteanbieters;

b) die geographische Anschrift, unter der der Diensteanbieter niedergelassen ist;

c) Angaben, die es ermöglichen, schnell mit dem Diensteanbieter Kontakt aufzunehmen und unmittelbar und effizient mit ihm zu kommunizieren, einschließlich seiner Adresse der elektronischen Post;

d) wenn der Diensteanbieter in ein Handelsregister oder ein vergleichbares öffentliches Register eingetragen ist, das Handelsregister, in das der Diensteanbieter eingetragen ist, und seine Handelsregisternummer oder eine gleichwertige in diesem Register verwendete Kennung;

e) soweit für die Tätigkeit eine Zulassung erforderlich ist, die Angaben zur zuständigen Aufsichtsbehörde;

f) hinsichtlich reglementierter Berufe:
   - gegebenenfalls der Berufsverband, die Kammer oder eine ähnliche Einrichtung, dem oder der der Diensteanbieter angehört,
   - die Berufsbezeichnung und der Mitgliedstaat, in der sie verliehen worden ist;
   - eine Verweisung auf die im Mitgliedstaat der Niederlassung anwendbaren berufsrechtlichen Regeln und Angaben dazu, wie sie zugänglich sind;

g) in Fällen, in denen der Diensteanbieter Tätigkeiten ausübt, die der Mehrwertsteuer unterliegen, die Identifikationsnummer gemäß Artikel 22 Absatz 1 der Sechsten Richtlinie 77/388/EWG des Rates vom 17. Mai 1977 zur Harmonisierung der Rechtsvorschriften der Mitgliedstaaten über die Umsatzsteuer – Gemeinsames Mehrwertsteuersystem: einheitliche steuerpflichtige Bemessungsgrundlage[1)].

(2) Zusätzlich zu den sonstigen Informationsanforderungen nach dem Gemeinschaftsrecht tragen die Mitgliedstaaten zumindest dafür Sorge, daß, soweit Dienste der Informationsgesellschaft auf Preise Bezug nehmen, diese klar und unzweideutig ausgewiesen werden und insbesondere angegeben wird, ob Steuern und Versandkosten in den Preisen enthalten sind.

Abschnitt 2. Kommerzielle Kommunikationen

Art. 6 Informationspflichten. Zusätzlich zu den sonstigen Informationsanforderungen nach dem Gemeinschaftsrecht stellen die Mitgliedstaaten sicher, daß kommerzielle Kommunikationen, die Bestandteil eines Dienstes der Informationsgesellschaft sind oder einen solchen Dienst darstellen, zumindest folgende Bedingungen erfüllen:

a) Kommerzielle Kommunikationen müssen klar als solche zu erkennen sein;

[1)] **Amtl. Anm.:** ABl. L 145 vom 13.6.1977, S. 1. Richtlinie zuletzt geändert durch die Richtlinie 1999/85/EG (ABl. L 277 vom 28.10.1999, S. 34).

b) die natürliche oder juristische Person, in deren Auftrag kommerzielle Kommunikationen erfolgen, muß klar identifizierbar sein;

c) soweit Angebote zur Verkaufsförderung wie Preisnachlässe, Zugaben und Geschenke im Mitgliedstaat der Niederlassung des Diensteanbieters zulässig sind, müssen sie klar als solche erkennbar sein, und die Bedingungen für ihre Inanspruchnahme müssen leicht zugänglich sein sowie klar und unzweideutig angegeben werden;

d) soweit Preisausschreiben oder Gewinnspiele im Mitgliedstaat der Niederlassung des Diensteanbieters zulässig sind, müssen sie klar als solche erkennbar sein, und die Teilnahmebedingungen müssen leicht zugänglich sein sowie klar und unzweideutig angegeben werden.

Art. 7 Nicht angeforderte kommerzielle Kommunikationen.

(1) Zusätzlich zu den sonstigen Anforderungen des Gemeinschaftsrechts stellen Mitgliedstaaten, die nicht angeforderte kommerzielle Kommunikation mittels elektronischer Post zulassen, sicher, daß solche kommerziellen Kommunikationen eines in ihrem Hoheitsgebiet niedergelassenen Diensteanbieters bei Eingang beim Nutzer klar und unzweideutig als solche erkennbar sind.

(2) Unbeschadet der Richtlinien 97/7/EG und 97/66/EG ergreifen die Mitgliedstaaten Maßnahmen um sicherzustellen, daß Diensteanbieter, die nicht angeforderte kommerzielle Kommunikation durch elektronische Post übermitteln, regelmäßig sog. Robinson-Listen konsultieren, in die sich natürliche Personen eintragen können, die keine derartigen kommerziellen Kommunikationen zu erhalten wünschen, und daß die Diensteanbieter diese Listen beachten.

Art. 8 Reglementierte Berufe. (1) Die Mitgliedstaaten stellen sicher, daß die Verwendung kommerzieller Kommunikationen, die Bestandteil eines von einem Angehörigen eines reglementierten Berufs angebotenen Dienstes der Informationsgesellschaft sind oder einen solchen Dienst darstellen, gestattet ist, soweit die berufsrechtlichen Regeln, insbesondere zur Wahrung von Unabhängigkeit, Würde und Ehre des Berufs, des Berufsgeheimnisses und eines lauteren Verhaltens gegenüber Kunden und Berufskollegen, eingehalten werden.

(2) Unbeschadet der Autonomie von Berufsvereinigungen und -organisationen ermutigen die Mitgliedstaaten und die Kommission die Berufsvereinigungen und -organisationen dazu, Verhaltenskodizes auf Gemeinschaftsebene aufzustellen, um zu bestimmen, welche Arten von Informationen im Einklang mit den in Absatz 1 genannten Regeln zum Zwecke der kommerziellen Kommunikation erteilt werden können.

(3) Bei der Ausarbeitung von Vorschlägen für Gemeinschaftsinitiativen, die erforderlich werden könnten, um das Funktionieren des Binnenmarktes im Hinblick auf die in Absatz 2 genannten Informationen zu gewährleisten, trägt die Kommission den auf Gemeinschaftsebene geltenden Verhaltenskodizes gebührend Rechnung und handelt in enger Zusammenarbeit mit den einschlägigen Berufsvereinigungen und -organisationen.

(4) Diese Richtlinie findet zusätzlich zu den Gemeinschaftsrichtlinien betreffend den Zugang zu und die Ausübung von Tätigkeiten im Rahmen der reglementierten Berufe Anwendung.

Abschnitt 3. Abschluß von Verträgen auf elektronischem Weg

Art. 9 Behandlung von Verträgen. (1) [1]Die Mitgliedstaaten stellen sicher, daß ihr Rechtssystem den Abschluß von Verträgen auf elektronischem Wege ermöglicht. [2]Die Mitgliedstaaten stellen insbesondere sicher, daß ihre für den Vertragsabschluß geltenden Rechtsvorschriften weder Hindernisse für die Verwendung elektronischer Verträge bilden noch dazu führen, daß diese Verträge aufgrund des Umstandes, daß sie auf elektronischem Wege zustande gekommen sind, keine rechtliche Wirksamkeit oder Gültigkeit haben.

(2) Die Mitgliedstaaten können vorsehen, daß Absatz 1 auf alle oder bestimmte Verträge einer der folgenden Kategorien keine Anwendung findet:

a) Verträge, die Rechte an Immobilien mit Ausnahme von Mietrechten begründen oder übertragen;

b) Verträge, bei denen die Mitwirkung von Gerichten, Behörden oder öffentliche Befugnisse ausübenden Berufen gesetzlich vorgeschrieben ist;

c) Bürgschaftsverträge und Verträge über Sicherheiten, die von Personen außerhalb ihrer gewerblichen, geschäftlichen oder beruflichen Tätigkeit eingegangen werden;

d) Verträge im Bereich des Familienrechts oder des Erbrechts.

(3) [1]Die Mitgliedstaaten teilen der Kommission mit, für welche der in Absatz 2 genannten Kategorien sie Absatz 1 nicht anwenden. [2]Die Mitgliedstaaten übermitteln der Kommission alle fünf Jahre einen Bericht über die Anwendung des Absatzes 2, aus dem hervorgeht, aus welchen Gründen es ihres Erachtens weiterhin gerechtfertigt ist, auf die unter Absatz 2 Buchstabe b) fallende Kategorie Absatz 1 nicht anzuwenden.

Art. 10 Informationspflichten. (1) Zusätzlich zu den sonstigen Informationspflichten aufgrund des Gemeinschaftsrechts stellen die Mitgliedstaaten sicher, daß – außer im Fall abweichender Vereinbarungen zwischen Parteien, die nicht Verbraucher sind – vom Diensteanbieter zumindest folgende Informationen klar, verständlich und unzweideutig erteilt werden, bevor der Nutzer des Dienstes die Bestellung abgibt:

a) die einzelnen technischen Schritte, die zu einem Vertragsabschluß führen;

b) Angaben dazu, ob der Vertragstext nach Vertragsabschluß vom Diensteanbieter gespeichert wird und ob er zugänglich sein wird;

c) die technischen Mittel zur Erkennung und Korrektur von Eingabefehlern vor Abgabe der Bestellung;

d) die für den Vertragsabschluß zur Verfügung stehenden Sprachen.

(2) Die Mitgliedstaaten stellen sicher, daß – außer im Fall abweichender Vereinbarungen zwischen Parteien, die nicht Verbraucher sind – der Diensteanbieter alle einschlägigen Verhaltenskodizes angibt, denen er sich unterwirft, einschließlich Informationen darüber, wie diese Kodizes auf elektronischem Wege zugänglich sind.

(3) Die Vertragsbestimmungen und die allgemeinen Geschäftsbedingungen müssen dem Nutzer so zur Verfügung gestellt werden, daß er sie speichern und reproduzieren kann.

(4) Die Absätze 1 und 2 gelten nicht für Verträge, die ausschließlich durch den Austausch von elektronischer Post oder durch damit vergleichbare individuelle Kommunikation geschlossen werden.

Art. 11 Abgabe einer Bestellung. (1) Die Mitgliedstaaten stellen sicher, daß – außer im Fall abweichender Vereinbarungen zwischen Parteien, die nicht Verbraucher sind – im Fall einer Bestellung durch einen Nutzer auf elektronischem Wege folgende Grundsätze gelten:

- Der Diensteanbieter hat den Eingang der Bestellung des Nutzers unverzüglich auf elektronischem Wege zu bestätigen;
- Bestellung und Empfangsbestätigung gelten als eingegangen, wenn die Parteien, für die sie bestimmt sind, sie abrufen können.

(2) Die Mitgliedstaaten stellen sicher, daß – außer im Fall abweichender Vereinbarungen zwischen Parteien, die nicht Verbraucher sind – der Diensteanbieter dem Nutzer angemessene, wirksame und zugängliche technische Mittel zur Verfügung stellt, mit denen er Eingabefehler vor Abgabe der Bestellung erkennen und korrigieren kann.

(3) Absatz 1 erster Gedankenstrich und Absatz 2 gelten nicht für Verträge, die ausschließlich durch den Austausch von elektronischer Post oder durch vergleichbare individuelle Kommunikation geschlossen werden.

Abschnitt 4. Verantwortlichkeit der Vermittler

Art. 12 Reine Durchleitung. (1) Die Mitgliedstaaten stellen sicher, daß im Fall eines Dienstes der Informationsgesellschaft, der darin besteht, von einem Nutzer eingegebene Informationen in einem Kommunikationsnetz zu übermitteln oder Zugang zu einem Kommunikationsnetz zu vermitteln, der Diensteanbieter nicht für die übermittelten Informationen verantwortlich ist, sofern er

a) die Übermittlung nicht veranlaßt,

b) den Adressaten der übermittelten Informationen nicht auswählt und

c) die übermittelten Informationen nicht auswählt oder verändert.

(2) Die Übermittlung von Informationen und die Vermittlung des Zugangs im Sinne von Absatz 1 umfassen auch die automatische kurzzeitige Zwischenspeicherung der übermittelten Informationen, soweit dies nur zur Durchführung der Übermittlung im Kommunikationsnetz geschieht und die Information nicht länger gespeichert wird, als es für die Übermittlung üblicherweise erforderlich ist.

(3) Dieser Artikel läßt die Möglichkeit unberührt, daß ein Gericht oder eine Verwaltungsbehörde nach den Rechtssystemen der Mitgliedstaaten vom Diensteanbieter verlangt, die Rechtsverletzung abzustellen oder zu verhindern.

Art. 13 Caching. (1) Die Mitgliedstaaten stellen sicher, daß im Fall eines Dienstes der Informationsgesellschaft, der darin besteht, von einem Nutzer eingegebene Informationen in einem Kommunikationsnetz zu übermitteln, der Diensteanbieter nicht für die automatische, zeitlich begrenzte Zwischenspeicherung verantwortlich ist, die dem alleinigen Zweck dient, die Übermittlung der Information an andere Nutzer auf deren Anfrage effizienter zu gestalten, sofern folgende Voraussetzungen erfüllt sind:

a) Der Diensteanbieter verändert die Information nicht;
b) der Diensteanbieter beachtet die Bedingungen für den Zugang zu der Information;
c) der Diensteanbieter beachtet die Regeln für die Aktualisierung der Information, die in weithin anerkannten und verwendeten Industriestandards festgelegt sind;
d) der Diensteanbieter beeinträchtigt nicht die erlaubte Anwendung von Technologien zur Sammlung von Daten über die Nutzung der Information, die in weithin anerkannten und verwendeten Industriestandards festgelegt sind;
e) der Diensteanbieter handelt zügig, um eine von ihm gespeicherte Information zu entfernen oder den Zugang zu ihr zu sperren, sobald er tatsächliche Kenntnis davon erhält, daß die Information am ursprünglichen Ausgangsort der Übertragung aus dem Netz entfernt wurde oder der Zugang zu ihr gesperrt wurde oder ein Gericht oder eine Verwaltungsbehörde die Entfernung oder Sperrung angeordnet hat.

(2) Dieser Artikel läßt die Möglichkeit unberührt, daß ein Gericht oder eine Verwaltungsbehörde nach den Rechtssystemen der Mitgliedstaaten vom Diensteanbieter verlangt, die Rechtsverletzung abzustellen oder zu verhindern.

Art. 14 Hosting. (1) Die Mitgliedstaaten stellen sicher, daß im Fall eines Dienstes der Informationsgesellschaft, der in der Speicherung von durch einen Nutzer eingegebenen Informationen besteht, der Diensteanbieter nicht für die im Auftrag eines Nutzers gespeicherten Informationen verantwortlich ist, sofern folgende Voraussetzungen erfüllt sind:

a) Der Anbieter hat keine tatsächliche Kenntnis von der rechtswidrigen Tätigkeit oder Information, und, in bezug auf Schadenersatzansprüche, ist er sich auch keiner Tatsachen oder Umstände bewußt, aus denen die rechtswidrige Tätigkeit oder Information offensichtlich wird, oder
b) der Anbieter wird, sobald er diese Kenntnis oder dieses Bewußtsein erlangt, unverzüglich tätig, um die Information zu entfernen oder den Zugang zu ihr zu sperren.

(2) Absatz 1 findet keine Anwendung, wenn der Nutzer dem Diensteanbieter untersteht oder von ihm beaufsichtigt wird.

(3) Dieser Artikel läßt die Möglichkeit unberührt, daß ein Gericht oder eine Verwaltungsbehörde nach den Rechtssystemen der Mitgliedstaaten vom Diensteanbieter verlangt, die Rechtsverletzung abzustellen oder zu verhindern, oder daß die Mitgliedstaaten Verfahren für die Entfernung einer Information oder die Sperrung des Zugangs zu ihr festlegen.

Art. 15 Keine allgemeine Überwachungspflicht. (1) Die Mitgliedstaaten erlegen Anbietern von Diensten im Sinne der Artikel 12, 13 und 14 keine allgemeine Verpflichtung auf, die von ihnen übermittelten oder gespeicherten Informationen zu überwachen oder aktiv nach Umständen zu forschen, die auf eine rechtswidrige Tätigkeit hinweisen.

(2) Die Mitgliedstaaten können Anbieter von Diensten der Informationsgesellschaft dazu verpflichten, die zuständigen Behörden unverzüglich über mutmaßliche rechtswidrige Tätigkeiten oder Informationen der Nutzer ihres Dienstes zu unterrichten, oder dazu verpflichten, den zuständigen Behörden auf Verlangen Informationen zu übermitteln, anhand deren die Nutzer ihres Dienstes, mit denen sie Vereinbarungen über die Speicherung geschlossen haben, ermittelt werden können.

Kapitel III. Umsetzung

Art. 16 Verhaltenskodizes. (1) Die Mitgliedstaaten und die Kommission ermutigen

a) die Handels-, Berufs- und Verbraucherverbände und -organisationen, auf Gemeinschaftsebene Verhaltenkodizes aufzustellen, die zur sachgemäßen Anwendung der Artikel 5 bis 15 beitragen;
b) zur freiwilligen Übermittlung der Entwürfe für Verhaltenskodizes auf der Ebene der Mitgliedstaaten oder der Gemeinschaft an die Kommission;
c) zur elektronischen Abrufbarkeit der Verhaltenskodizes in den Sprachen der Gemeinschaft;
d) die Handels-, Berufs- und Verbraucherverbände und -organisationen, die Mitgliedstaaten und die Kommission darüber zu unterrichten, zu welchen Ergebnissen sie bei der Bewertung der Anwendung ihrer Verhaltenskodizes und von deren Auswirkungen auf die Praktiken und Gepflogenheiten des elektronischen Geschäftsverkehrs gelangen;
e) zur Aufstellung von Verhaltenskodizes zum Zwecke des Jugendschutzes und des Schutzes der Menschenwürde.

(2) [1] Die Mitgliedstaaten und die Kommission ermutigen dazu, die Verbraucherverbände und -organisationen bei der Ausarbeitung und Anwendung von ihre Interessen berührenden Verhaltenskodizes im Sinne von Absatz 1 Buchstabe a) zu beteiligen. [2] Gegebenenfalls sind Vereinigungen zur Vertretung von Sehbehinderten und allgemein von Behinderten zu hören, um deren besonderen Bedürfnissen Rechnung zu tragen.

Art. 17 Außergerichtliche Beilegung von Streitigkeiten. (1) Die Mitgliedstaaten stellen sicher, daß ihre Rechtsvorschriften bei Streitigkeiten zwischen einem Anbieter eines Dienstes der Informationsgesellschaft und einem Nutzer des Dienstes die Inanspruchnahme der nach innerstaatlichem Recht verfügbaren Verfahren zur außergerichtlichen Beilegung, auch auf geeignetem elektronischem Wege, nicht erschweren.

(2) Die Mitgliedstaaten ermutigen Einrichtungen zur außergerichtlichen Beilegung von Streitigkeiten, insbesondere in Fragen des Verbraucherrechts, so vorzugehen, daß angemessene Verfahrensgarantien für die Beteiligten gegeben sind.

(3) Die Mitgliedstaaten ermutigen Einrichtungen zur außergerichtlichen Beilegung von Streitigkeiten, die Kommission über signifikante Entscheidungen, die sie hinsichtlich der Dienste der Informationsgesellschaft erlassen, zu

unterrichten und ihr alle sonstigen Informationen über Praktiken und Gepflogenheiten des elektronischen Geschäftsverkehrs zu übermitteln.

Art. 18 Klagemöglichkeiten. (1) Die Mitgliedstaaten stellen sicher, daß die nach innerstaatlichem Recht verfügbaren Klagemöglichkeiten im Zusammenhang mit Diensten der Informationsgesellschaft es ermöglichen, daß rasch Maßnahmen, einschließlich vorläufiger Maßnahmen, getroffen werden können, um eine mutmaßliche Rechtsverletzung abzustellen und zu verhindern, daß den Betroffenen weiterer Schaden entsteht.

(2) *(Änderung der RL 98/27/EG)*

Art. 19 Zusammenarbeit. (1) Die Mitgliedstaaten müssen geeignete Aufsichts- und Untersuchungsinstrumente für die wirksame Umsetzung dieser Richtlinie besitzen und stellen sicher, daß die Diensteanbieter ihnen die erforderlichen Informationen zur Verfügung stellen.

(2) Die Mitgliedstaaten arbeiten mit den anderen Mitgliedstaaten zusammen; hierzu benennen sie eine oder mehrere Verbindungsstellen, deren Anschrift sie den anderen Mitgliedstaaten und der Kommission mitteilen.

(3) Die Mitgliedstaaten kommen Amtshilfe- und Auskunftsbegehren anderer Mitgliedstaaten oder der Kommission im Einklang mit ihren innerstaatlichen Rechtsvorschriften so rasch wie möglich nach, auch auf geeignetem elektronischem Wege.

(4) Die Mitgliedstaaten richten Verbindungsstellen ein, die zumindest auf elektronischem Wege zugänglich sind und bei denen Nutzer von Diensten und Diensteanbieter

a) allgemeine Informationen über ihre vertraglichen Rechte und Pflichten sowie über die bei Streitfällen zur Verfügung stehenden Beschwerde- und Rechtsbehelfsmechanismen, einschließlich der praktischen Aspekte der Inanspruchnahme dieser Mechanismen, erhalten können;

b) Anschriften von Behörden, Vereinigungen und Organisationen erhalten können, von denen sie weitere Informationen oder praktische Unterstützung bekommen können.

(5) [1] Die Mitgliedstaaten ermutigen dazu, die Kommission über alle signifikanten behördlichen und gerichtlichen Entscheidungen, die in ihrem Hoheitsgebiet über Streitigkeiten im Zusammenhang mit Diensten der Informationsgesellschaft ergehen, sowie über die Praktiken und Gepflogenheiten des elektronischen Geschäftsverkehrs zu unterrichten. [2] Die Kommission teilt derartige Entscheidungen den anderen Mitgliedstaaten mit.

Art. 20 Sanktionen. [1] Die Mitgliedstaaten legen die Sanktionen fest, die bei Verstößen gegen die einzelstaatlichen Vorschriften zur Umsetzung dieser Richtlinie anzuwenden sind, und treffen alle geeigneten Maßnahmen, um ihre Durchsetzung sicherzustellen. [2] Die Sanktionen müssen wirksam, verhältnismäßig und abschreckend sein.

Kapitel IV. Schlussbestimmungen

Art. 21 Überprüfung. (1) Die Kommission legt dem Europäischen Parlament, dem Rat und dem Wirtschfts- und Sozialausschuß vor dem 17. Juli 2003 und danach alle zwei Jahre einen Bericht über die Anwendung dieser Richtlinie vor und unterbreitet gegebenenfalls Vorschläge für die Anpassung dieser Richtlinie an die rechtlichen, technischen und wirtschaftlichen Entwicklungen im Bereich der Dienste der Informationsgesellschaft, insbesondere in bezug auf die Verbrechensverhütung, den Jugendschutz, den Verbraucherschutz und das einwandfreie Funktionieren des Binnenmarktes.

(2) [1] Im Hinblick auf das etwaige Erfordernis einer Anpassung dieser Richtlinie wird in dem Bericht insbesondere untersucht, ob Vorschläge in bezug auf die Haftung der Anbieter von Hyperlinks und von Instrumenten zur Lokalisierung von Informationen, Verfahren zur Meldung und Entfernung rechtswidriger Inhalte („notice and take down"-Verfahren) und eine Haftbarmachung im Anschluß an die Entfernung von Inhalten erforderlich sind. [2] In dem Bericht ist auch zu untersuchen, ob angesichts der technischen Entwicklungen zusätzliche Bedingungen für die in den Artikeln 12 und 13 vorgesehene Haftungsfreistellung erforderlich sind und ob die Grundsätze des Binnenmarkts auf nicht angeforderte kommerziellen Kommunikationen mittels elektronischer Post angewendet werden können.

Art. 22 Umsetzung. (1) [1] Die Mitgliedstaaten setzen die erforderlichen Rechts- und Verwaltungsvorschriften in Kraft, um dieser Richtlinie vor dem 17. Januar 2002 nachzukommen. [2] Sie setzen die Kommission unverzüglich davon in Kenntnis.

(2) [1] Wenn die Mitgliedstaaten die in Absatz 1 genannten Vorschriften erlassen, nehmen sie in den Vorschriften selbst oder durch einen Hinweis bei der amtlichen Veröffentlichung auf diese Richtlinie Bezug. [2] Die Mitgliedstaaten regeln die Einzelheiten der Bezugnahme.

Art. 23 Inkrafttreten. Diese Richtlinie tritt am Tag ihrer Veröffentlichung[1)] im *Amtsblatt der Europäischen Gemeinschaften* in Kraft.

Art. 24 Adressaten. Diese Richtlinie ist an die Mitgliedstaaten gerichtet.

---

1) Veröffentlicht am 17.7.2000.

Anhang. Ausnahmen im Rahmen von Artikel 3

Bereiche gemäß Artikel 3 Absatz 3, auf die Artikel 3 Absätze 1 und 2 keine Anwendung findet:

- Urheberrecht, verwandte Schutzrechte, Rechte im Sinne der Richtlinie 87/54/EWG[1] und der Richtlinie 96/9/EG[2] sowie gewerbliche Schutzrechte;
- Ausgabe elektronischen Geldes durch Institute, auf die die Mitgliedstaaten eine der in Artikel 8 Absatz 1 der Richtlinie 2000/46/EG[3] vorgesehenen Ausnahmen angewendet haben;
- Artikel 44 Absatz 2 der Richtlinie 85/611/EWG[4];
- Artikel 30 und Titel IV der Richtlinie 92/49/EWG[5], Titel IV der Richtlinie 92/96/EWG[6] sowie die Artikel 7 und 8 der Richtlinie 88/357/EWG[7] und Artikel 4 der Richtlinie 90/619/EWG[8];
- Freiheit der Rechtswahl für Vertragsparteien;
- vertragliche Schuldverhältnisse in bezug auf Verbraucherverträge;
- formale Gültigkeit von Verträgen, die Rechte an Immobilien begründen oder übertragen, sofern diese Verträge nach dem Recht des Mitgliedstaates, in dem sich die Immobilie befindet, zwingenden Formvorschriften unterliegen;
- Zulässigkeit nicht angeforderter kommerzieller Kommunikation mittels elektronischer Post.

---

[1] **Amtl. Anm.:** ABl. L 24 vom 27.1.1987, S. 36.

[2] **Amtl. Anm.:** ABl. L 77 vom 27.3.1996, S. 20.

[3] **Amtl. Anm.:** Noch nicht im Amtsblatt veröffentlicht.

[4] **Amtl. Anm.:** ABl. L 375 vom 31.12.1985, S. 3. Richtlinie zuletzt geändert durch die Richtlinie 95/26/EG (ABl. L 168 vom 18.7.1995, S. 7).

[5] **Amtl. Anm.:** ABl. L 228 vom 11.8.1992, S. 1. Richtlinie zuletzt geändert durch die Richtlinie 95/26/EG.

[6] **Amtl. Anm.:** ABl. L 360 vom 9.12.1992, S. 1. Richtlinie zuletzt geändert durch die Richtlinie 95/26/EG.

[7] **Amtl. Anm.:** ABl. L 172 vom 4.7.1988, S. 1. Richtlinie zuletzt geändert durch die Richtlinie 92/49/EG.

[8] **Amtl. Anm.:** ABl. L 330 vom 29.11.1990, S. 50. Richtlinie zuletzt geändert durch die Richtlinie 92/96/EG.

18. Gesetz über die Haftung für fehlerhafte Produkte (Produkthaftungsgesetz – ProdHaftG)

Vom 15. Dezember 1989
(BGBl. I S. 2198)

FNA 400-8

zuletzt geänd. durch Art. 5 G zur Einführung eines Anspruchs auf Hinterbliebenengeld v. 17.7.2017 (BGBl. I S. 2421)

Der Bundestag hat das folgende Gesetz beschlossen:

§ 1 Haftung. (1) [1] Wird durch den Fehler eines Produkts jemand getötet, sein Körper oder seine Gesundheit verletzt oder eine Sache beschädigt, so ist der Hersteller des Produkts verpflichtet, dem Geschädigten den daraus entstehenden Schaden zu ersetzen. [2] Im Falle der Sachbeschädigung gilt dies nur, wenn eine andere Sache als das fehlerhafte Produkt beschädigt wird und diese andere Sache ihrer Art nach gewöhnlich für den privaten Ge- oder Verbrauch bestimmt und hierzu von dem Geschädigten hauptsächlich verwendet worden ist.

(2) Die Ersatzpflicht des Herstellers ist ausgeschlossen, wenn

1. er das Produkt nicht in den Verkehr gebracht hat,
2. nach den Umständen davon auszugehen ist, daß das Produkt den Fehler, der den Schaden verursacht hat, noch nicht hatte, als der Hersteller es in den Verkehr brachte,
3. er das Produkt weder für den Verkauf oder eine andere Form des Vertriebs mit wirtschaftlichem Zweck hergestellt noch im Rahmen seiner beruflichen Tätigkeit hergestellt oder vertrieben hat,
4. der Fehler darauf beruht, daß das Produkt in dem Zeitpunkt, in dem der Hersteller es in den Verkehr brachte, dazu zwingenden Rechtsvorschriften entsprochen hat, oder
5. der Fehler nach dem Stand der Wissenschaft und Technik in dem Zeitpunkt, in dem der Hersteller das Produkt in den Verkehr brachte, nicht erkannt werden konnte.

(3) [1] Die Ersatzpflicht des Herstellers eines Teilprodukts ist ferner ausgeschlossen, wenn der Fehler durch die Konstruktion des Produkts, in welches das Teilprodukt eingearbeitet wurde, oder durch die Anleitungen des Herstellers des Produkts verursacht worden ist. [2] Satz 1 ist auf den Hersteller eines Grundstoffs entsprechend anzuwenden.

(4) [1] Für den Fehler, den Schaden und den ursächlichen Zusammenhang zwischen Fehler und Schaden trägt der Geschädigte die Beweislast. [2] Ist streitig, ob die Ersatzpflicht gemäß Absatz 2 oder 3 ausgeschlossen ist, so trägt der Hersteller die Beweislast.

§ 2 Produkt. Produkt im Sinne dieses Gesetzes ist jede bewegliche Sache, auch wenn sie einen Teil einer anderen beweglichen Sache oder einer unbeweglichen Sache bildet, sowie Elektrizität.

§ 3 Fehler. (1) Ein Produkt hat einen Fehler, wenn es nicht die Sicherheit bietet, die unter Berücksichtigung aller Umstände, insbesondere

a) seiner Darbietung,

b) des Gebrauchs, mit dem billigerweise gerechnet werden kann,

c) des Zeitpunkts, in dem es in den Verkehr gebracht wurde,

berechtigterweise erwartet werden kann.

(2) Ein Produkt hat nicht allein deshalb einen Fehler, weil später ein verbessertes Produkt in den Verkehr gebracht wurde.

§ 4 Hersteller. (1) [1]Hersteller im Sinne dieses Gesetzes ist, wer das Endprodukt, einen Grundstoff oder ein Teilprodukt hergestellt hat. [2]Als Hersteller gilt auch jeder, der sich durch das Anbringen seines Namens, seiner Marke oder eines anderen unterscheidungskräftigen Kennzeichens als Hersteller ausgibt.

(2) Als Hersteller gilt ferner, wer ein Produkt zum Zweck des Verkaufs, der Vermietung, des Mietkaufs oder einer anderen Form des Vertriebs mit wirtschaftlichem Zweck im Rahmen seiner geschäftlichen Tätigkeit in den Geltungsbereich des Abkommens über den Europäischen Wirtschaftsraum einführt oder verbringt.

(3) [1]Kann der Hersteller des Produkts nicht festgestellt werden, so gilt jeder Lieferant als dessen Hersteller, es sei denn, daß er dem Geschädigten innerhalb eines Monats, nachdem ihm dessen diesbezügliche Aufforderung zugegangen ist, den Hersteller oder diejenige Person benennt, die ihm das Produkt geliefert hat. [2]Dies gilt auch für ein eingeführtes Produkt, wenn sich bei diesem die in Absatz 2 genannte Person nicht feststellen läßt, selbst wenn der Name des Herstellers bekannt ist.

§ 5 Mehrere Ersatzpflichtige. [1]Sind für denselben Schaden mehrere Hersteller nebeneinander zum Schadensersatz verpflichtet, so haften sie als Gesamtschuldner. [2]Im Verhältnis der Ersatzpflichtigen zueinander hängt, soweit nichts anderes bestimmt ist, die Verpflichtung zum Ersatz sowie der Umfang des zu leistenden Ersatzes von den Umständen, insbesondere davon ab, inwieweit der Schaden vorwiegend von dem einen oder dem anderen Teil verursacht worden ist; im übrigen gelten die §§ 421 bis 425 sowie § 426 Abs. 1 Satz 2 und Abs. 2 des Bürgerlichen Gesetzbuchs[1)].

§ 6 Haftungsminderung. (1) Hat bei der Entstehung des Schadens ein Verschulden des Geschädigten mitgewirkt, so gilt § 254 des Bürgerlichen Gesetzbuchs[1)]; im Falle der Sachbeschädigung steht das Verschulden desjenigen, der die tatsächliche Gewalt über die Sache ausübt, dem Verschulden des Geschädigten gleich.

(2) [1]Die Haftung des Herstellers wird nicht gemindert, wenn der Schaden durch einen Fehler des Produkts und zugleich durch die Handlung eines Dritten verursacht worden ist. [2]§ 5 Satz 2 gilt entsprechend.

§ 7 Umfang der Ersatzpflicht bei Tötung. (1) [1]Im Falle der Tötung ist Ersatz der Kosten einer versuchten Heilung sowie des Vermögensnachteils zu

---

[1)] Nr. **15**.

leisten, den der Getötete dadurch erlitten hat, daß während der Krankheit seine Erwerbsfähigkeit aufgehoben oder gemindert war oder seine Bedürfnisse vermehrt waren. [2]Der Ersatzpflichtige hat außerdem die Kosten der Beerdigung demjenigen zu ersetzen, der diese Kosten zu tragen hat.

(2) [1]Stand der Getötete zur Zeit der Verletzung zu einem Dritten in einem Verhältnis, aus dem er diesem gegenüber kraft Gesetzes unterhaltspflichtig war oder unterhaltspflichtig werden konnte, und ist dem Dritten infolge der Tötung das Recht auf Unterhalt entzogen, so hat der Ersatzpflichtige dem Dritten insoweit Schadensersatz zu leisten, als der Getötete während der mutmaßlichen Dauer seines Lebens zur Gewährung des Unterhalts verpflichtet gewesen wäre. [2]Die Ersatzpflicht tritt auch ein, wenn der Dritte zur Zeit der Verletzung gezeugt, aber noch nicht geboren war.

(3) [1]Der Ersatzpflichtige hat dem Hinterbliebenen, der zur Zeit der Verletzung zu dem Getöteten in einem besonderen persönlichen Näheverhältnis stand, für das dem Hinterbliebenen zugefügte seelische Leid eine angemessene Entschädigung in Geld zu leisten. [2]Ein besonderes persönliches Näheverhältnis wird vermutet, wenn der Hinterbliebene der Ehegatte, der Lebenspartner, ein Elternteil oder ein Kind des Getöteten war.

§ 8 Umfang der Ersatzpflicht bei Körperverletzung. [1]Im Falle der Verletzung des Körpers oder der Gesundheit ist Ersatz der Kosten der Heilung sowie des Vermögensnachteils zu leisten, den der Verletzte dadurch erleidet, daß infolge der Verletzung zeitweise oder dauernd seine Erwerbsfähigkeit aufgehoben oder gemindert ist oder seine Bedürfnisse vermehrt sind. [2]Wegen des Schadens, der nicht Vermögensschaden ist, kann auch eine billige Entschädigung in Geld gefordert werden.

§ 9 Schadensersatz durch Geldrente. (1) Der Schadensersatz wegen Aufhebung oder Minderung der Erwerbsfähigkeit und wegen vermehrter Bedürfnisse des Verletzten sowie der nach § 7 Abs. 2 einem Dritten zu gewährende Schadensersatz ist für die Zukunft durch eine Geldrente zu leisten.

(2) § 843 Abs. 2 bis 4 des Bürgerlichen Gesetzbuchs[1)] ist entsprechend anzuwenden.

§ 10 Haftungshöchstbetrag. (1) Sind Personenschäden durch ein Produkt oder gleiche Produkte mit demselben Fehler verursacht worden, so haftet der Ersatzpflichtige nur bis zu einem Höchstbetrag von 85 Millionen Euro.

(2) Übersteigen die den mehreren Geschädigten zu leistenden Entschädigungen den in Absatz 1 vorgesehenen Höchstbetrag, so verringern sich die einzelnen Entschädigungen in dem Verhältnis, in dem ihr Gesamtbetrag zu dem Höchstbetrag steht.

§ 11 Selbstbeteiligung bei Sachbeschädigung. Im Falle der Sachbeschädigung hat der Geschädigte einen Schaden bis zu einer Höhe von 500 Euro selbst zu tragen.

[1)] Nr. **15**.

§ 12 Verjährung. (1) Der Anspruch nach § 1 verjährt in drei Jahren von dem Zeitpunkt an, in dem der Ersatzberechtigte von dem Schaden, dem Fehler und von der Person des Ersatzpflichtigen Kenntnis erlangt hat oder hätte erlangen müssen.

(2) Schweben zwischen dem Ersatzpflichtigen und dem Ersatzberechtigten Verhandlungen über den zu leistenden Schadensersatz, so ist die Verjährung gehemmt, bis die Fortsetzung der Verhandlungen verweigert wird.

(3) Im übrigen sind die Vorschriften des Bürgerlichen Gesetzbuchs[1)] über die Verjährung anzuwenden.

§ 13 Erlöschen von Ansprüchen. (1) [1] Der Anspruch nach § 1 erlischt zehn Jahre nach dem Zeitpunkt, in dem der Hersteller das Produkt, das den Schaden verursacht hat, in den Verkehr gebracht hat. [2] Dies gilt nicht, wenn über den Anspruch ein Rechtsstreit oder ein Mahnverfahren anhängig ist.

(2) [1] Auf den rechtskräftig festgestellten Anspruch oder auf den Anspruch aus einem anderen Vollstreckungstitel ist Absatz 1 Satz 1 nicht anzuwenden. [2] Gleiches gilt für den Anspruch, der Gegenstand eines außergerichtlichen Vergleichs ist oder der durch rechtsgeschäftliche Erklärung anerkannt wurde.

§ 14 Unabdingbarkeit. [1] Die Ersatzpflicht des Herstellers nach diesem Gesetz darf im voraus weder ausgeschlossen noch beschränkt werden. [2] Entgegenstehende Vereinbarungen sind nichtig.

§ 15 Arzneimittelhaftung; Haftung nach anderen Rechtsvorschriften.

(1) Wird infolge der Anwendung eines zum Gebrauch bei Menschen bestimmten Arzneimittels, das im Geltungsbereich des Arzneimittelgesetzes an den Verbraucher abgegeben wurde und der Pflicht zur Zulassung unterliegt oder durch Rechtsverordnung von der Zulassung befreit worden ist, jemand getötet, sein Körper oder seine Gesundheit verletzt, so sind die Vorschriften des Produkthaftungsgesetzes nicht anzuwenden.

(2) Eine Haftung aufgrund anderer Vorschriften bleibt unberührt.

§ 16 Übergangsvorschrift. Dieses Gesetz ist nicht auf Produkte anwendbar, die vor seinem Inkrafttreten in den Verkehr gebracht worden sind.

§ 17 Erlaß von Rechtsverordnungen. Das Bundesministerium der Justiz und für Verbraucherschutz wird ermächtigt, durch Rechtsverordnung die Beträge der §§ 10 und 11 zu ändern oder das Außerkrafttreten des § 10 anzuordnen, wenn und soweit dies zur Umsetzung einer Richtlinie des Rates der Europäischen Gemeinschaften auf der Grundlage der Artikel 16 Abs. 2 und 18 Abs. 2 der Richtlinie des Rates vom 25. Juli 1985 zur Angleichung der Rechts- und Verwaltungsvorschriften der Mitgliedstaaten über die Haftung für fehlerhafte Produkte erforderlich ist.

§ 18 Berlin-Klausel. *(gegenstandslos)*

§ 19 Inkrafttreten. Dieses Gesetz tritt am 1. Januar 1990 in Kraft.

[1)] Nr. **15**.

19. Handelsgesetzbuch[1)]

Vom 10. Mai 1897
(RGBl. S. 219)

BGBl. III/FNA 4100-1

zuletzt geänd. durch Art. 8 Abs. 4 G zur weiteren Ausführung der EU-ProspektVO und zur Änd. von Finanzmarktgesetzen v. 8.7.2019 (BGBl. I S. 1002)

– Auszug –

Erstes Buch. Handelsstand

Erster Abschnitt. Kaufleute

§ 1 [Istkaufmann] (1) Kaufmann im Sinne dieses Gesetzbuchs ist, wer ein Handelsgewerbe betreibt.

(2) Handelsgewerbe ist jeder Gewerbebetrieb, es sei denn, daß das Unternehmen nach Art oder Umfang einen in kaufmännischer Weise eingerichteten Geschäftsbetrieb nicht erfordert.

§ 2 [Kannkaufmann] [1]Ein gewerbliches Unternehmen, dessen Gewerbebetrieb nicht schon nach § 1 Abs. 2 Handelsgewerbe ist, gilt als Handelsgewerbe im Sinne dieses Gesetzbuchs, wenn die Firma des Unternehmens in das Handelsregister eingetragen ist. [2]Der Unternehmer ist berechtigt, aber nicht verpflichtet, die Eintragung nach den für die Eintragung kaufmännischer Firmen geltenden Vorschriften herbeizuführen. [3]Ist die Eintragung erfolgt, so findet eine Löschung der Firma auch auf Antrag des Unternehmers statt, sofern nicht die Voraussetzung des § 1 Abs. 2 eingetreten ist.

§ 3 [Land- und Forstwirtschaft; Kannkaufmann] (1) Auf den Betrieb der Land- und Forstwirtschaft finden die Vorschriften des § 1 keine Anwendung.

(2) Für ein land- oder forstwirtschaftliches Unternehmen, das nach Art und Umfang einen in kaufmännischer Weise eingerichteten Geschäftsbetrieb erfordert, gilt § 2 mit der Maßgabe, daß nach Eintragung in das Handelsregister eine Löschung der Firma nur nach den allgemeinen Vorschriften stattfindet, welche für die Löschung kaufmännischer Firmen gelten.

(3) Ist mit dem Betrieb der Land- oder Forstwirtschaft ein Unternehmen verbunden, das nur ein Nebengewerbe des land- oder forstwirtschaftlichen Unternehmens darstellt, so finden auf das im Nebengewerbe betriebene Unternehmen die Vorschriften der Absätze 1 und 2 entsprechende Anwendung.

§ 5 [Kaufmann kraft Eintragung] Ist eine Firma im Handelsregister eingetragen, so kann gegenüber demjenigen, welcher sich auf die Eintragung beruft,

---

[1)] Die Änderungen durch G v. 20.4.2013 (BGBl. I S. 831) treten teilweise erst an dem Tag in Kraft, an dem das Internationale Abkommen vom 25.8.1924 zur Vereinheitlichung von Regeln über Konnossemente (RGBl. 1939 II S. 1049) für die Bundesrepublik Deutschland außer Kraft tritt; sie sind insoweit im Text noch nicht berücksichtigt.

nicht geltend gemacht werden, daß das unter der Firma betriebene Gewerbe kein Handelsgewerbe sei.

§ 6 [Handelsgesellschaften; Formkaufmann] (1) Die in betreff der Kaufleute gegebenen Vorschriften finden auch auf die Handelsgesellschaften Anwendung.

(2) Die Rechte und Pflichten eines Vereins, dem das Gesetz ohne Rücksicht auf den Gegenstand des Unternehmens die Eigenschaft eines Kaufmanns beilegt, bleiben unberührt, auch wenn die Voraussetzungen des § 1 Abs. 2 nicht vorliegen.

Viertes Buch. Handelsgeschäfte

Erster Abschnitt. Allgemeine Vorschriften

§ 343 [Begriff der Handelsgeschäfte] (1) Handelsgeschäfte sind alle Geschäfte eines Kaufmanns, die zum Betriebe seines Handelsgewerbes gehören.

(2) *(aufgehoben)*

§ 344 [Vermutung für das Handelsgeschäft] (1) Die von einem Kaufmanne vorgenommenen Rechtsgeschäfte gelten im Zweifel als zum Betriebe seines Handelsgewerbes gehörig.

(2) Die von einem Kaufmanne gezeichneten Schuldscheine gelten als im Betriebe seines Handelsgewerbes gezeichnet, sofern nicht aus der Urkunde sich das Gegenteil ergibt.

§ 345 [Einseitige Handelsgeschäfte] Auf ein Rechtsgeschäft, das für einen der beiden Teile ein Handelsgeschäft ist, kommen die Vorschriften über Handelsgeschäfte für beide Teile gleichmäßig zur Anwendung, soweit nicht aus diesen Vorschriften sich ein anderes ergibt.

§ 346 [Handelsbräuche] Unter Kaufleuten ist in Ansehung der Bedeutung und Wirkung von Handlungen und Unterlassungen auf die im Handelsverkehre geltenden Gewohnheiten und Gebräuche Rücksicht zu nehmen.

§ 347 [Sorgfaltspflicht] (1) Wer aus einem Geschäfte, das auf seiner Seite ein Handelsgeschäft ist, einem anderen zur Sorgfalt verpflichtet ist, hat für die Sorgfalt eines ordentlichen Kaufmanns einzustehen.

(2) Unberührt bleiben die Vorschriften des Bürgerlichen Gesetzbuchs, nach welchen der Schuldner in bestimmten Fällen nur grobe Fahrlässigkeit zu vertreten oder nur für diejenige Sorgfalt einzustehen hat, welche er in eigenen Angelegenheiten anzuwenden pflegt.

Zweiter Abschnitt. Handelskauf

§ 373 [Annahmeverzug des Käufers] (1) Ist der Käufer mit der Annahme der Ware im Verzuge, so kann der Verkäufer die Ware auf Gefahr und Kosten des Käufers in einem öffentlichen Lagerhaus oder sonst in sicherer Weise hinterlegen.

(2) [1]Er ist ferner befugt, nach vorgängiger Androhung die Ware öffentlich versteigern zu lassen; er kann, wenn die Ware einen Börsen- oder Marktpreis hat, nach vorgängiger Androhung den Verkauf auch aus freier Hand durch einen zu solchen Verkäufen öffentlich ermächtigten Handelsmakler oder durch eine zur öffentlichen Versteigerung befugte Person zum laufenden Preise bewirken. [2]Ist die Ware dem Verderb ausgesetzt und Gefahr im Verzuge, so bedarf es der vorgängigen Androhung nicht; dasselbe gilt, wenn die Androhung aus anderen Gründen untunlich ist.

(3) Der Selbsthilfeverkauf erfolgt für Rechnung des säumigen Käufers.

(4) Der Verkäufer und der Käufer können bei der öffentlichen Versteigerung mitbieten.

(5) [1]Im Falle der öffentlichen Versteigerung hat der Verkäufer den Käufer von der Zeit und dem Orte der Versteigerung vorher zu benachrichtigen; von dem vollzogenen Verkaufe hat er bei jeder Art des Verkaufs dem Käufer unverzüglich Nachricht zu geben. [2]Im Falle der Unterlassung ist er zum Schadensersatze verpflichtet. [3]Die Benachrichtigungen dürfen unterbleiben, wenn sie untunlich sind.

§ 374 [Vorschriften des BGB über Annahmeverzug] Durch die Vorschriften des § 373 werden die Befugnisse nicht berührt, welche dem Verkäufer nach dem Bürgerlichen Gesetzbuche zustehen, wenn der Käufer im Verzuge der Annahme ist.

§ 375 [Bestimmungskauf] (1) Ist bei dem Kaufe einer beweglichen Sache dem Käufer die nähere Bestimmung über Form, Maß oder ähnliche Verhältnisse vorbehalten, so ist der Käufer verpflichtet, die vorbehaltene Bestimmung zu treffen.

(2) [1]Ist der Käufer mit der Erfüllug dieser Verpflichtung in Verzug, so kann der Verkäufer die Bestimmung statt des Käufers vornehmen oder gemäß den §§ 280, 281 des Bürgerlichen Gesetzbuchs Schadensersatz statt der Leistung verlangen oder gemäß § 323 des Bürgerlichen Gesetzbuchs vom Vertrag zurücktreten. [2]Im ersteren Falle hat der Verkäufer die von ihm getroffene Bestimmung dem Käufer mitzuteilen und ihm zugleich eine angemessene Frist zur Vornahme einer anderweitigen Bestimmung zu setzen. [3]Wird eine solche innerhalb der Frist von dem Käufer nicht vorgenommen, so ist die von dem Verkäufer getroffene Bestimmung maßgebend.

§ 376 [Fixhandelskauf] (1) [1]Ist bedungen, daß die Leistung des einen Teiles genau zu einer festbestimmten Zeit oder innerhalb einer festbestimmten Frist bewirkt werden soll, so kann der andere Teil, wenn die Leistung nicht zu der bestimmten Zeit oder nicht innerhalb der bestimmten Frist erfolgt, von dem Vertrage zurücktreten oder, falls der Schuldner im Verzug ist, statt der Erfüllung Schadensersatz wegen Nichterfüllung verlangen. [2]Erfüllung kann er nur beanspruchen, wenn er sofort nach dem Ablaufe der Zeit oder der Frist dem Gegner anzeigt, daß er auf Erfüllung bestehe.

(2) Wird Schadensersatz wegen Nichterfüllung verlangt und hat die Ware einen Börsen- oder Marktpreis, so kann der Unterschied des Kaufpreises und des Börsen- oder Marktpreises zur Zeit und am Orte der geschuldeten Leistung gefordert werden.

(3) [1]Das Ergebnis eines anderweit vorgenommenen Verkaufs oder Kaufes kann, falls die Ware einen Börsen- oder Marktpreis hat, dem Ersatzanspruche nur zugrunde gelegt werden, wenn der Verkauf oder Kauf sofort nach dem Ablaufe der bedungenen Leistungszeit oder Leistungsfrist bewirkt ist. [2]Der Verkauf oder Kauf muß, wenn er nicht in öffentlicher Versteigerung geschieht, durch einen zu solchen Verkäufen oder Käufen öffentlich ermächtigten Handelsmakler oder eine zur öffentlichen Versteigerung befugte Person zum laufenden Preise erfolgen.

(4) [1]Auf den Verkauf mittels öffentlicher Versteigerung findet die Vorschrift des § 373 Abs. 4 Anwendung. [2]Von dem Verkauf oder Kaufe hat der Gläubiger den Schuldner unverzüglich zu benachrichtigen; im Falle der Unterlassung ist er zum Schadensersatze verpflichtet.

§ 377 [Untersuchungs- und Rügepflicht] (1) Ist der Kauf für beide Teile ein Handelsgeschäft, so hat der Käufer die Ware unverzüglich nach der Ablieferung durch den Verkäufer, soweit dies nach ordnungsmäßigem Geschäftsgange tunlich ist, zu untersuchen und, wenn sich ein Mangel zeigt, dem Verkäufer unverzüglich Anzeige zu machen.

(2) Unterläßt der Käufer die Anzeige, so gilt die Ware als genehmigt, es sei denn, daß es sich um einen Mangel handelt, der bei der Untersuchung nicht erkennbar war.

(3) Zeigt sich später ein solcher Mangel, so muß die Anzeige unverzüglich nach der Entdeckung gemacht werden; anderenfalls gilt die Ware auch in Ansehung dieses Mangels als genehmigt.

(4) Zur Erhaltung der Rechte des Käufers genügt die rechtzeitige Absendung der Anzeige.

(5) Hat der Verkäufer den Mangel arglistig verschwiegen, so kann er sich auf diese Vorschriften nicht berufen.

§ 379 [Einstweilige Aufbewahrung; Notverkauf] (1) Ist der Kauf für beide Teile ein Handelsgeschäft, so ist der Käufer, wenn er die ihm von einem anderen Orte übersendete Ware beanstandet, verpflichtet, für ihre einstweilige Aufbewahrung zu sorgen.

(2) Er kann die Ware, wenn sie dem Verderb ausgesetzt und Gefahr im Verzug ist, unter Beobachtung der Vorschriften des § 373 verkaufen lassen.

§ 381 [Kauf von Wertpapieren; Werklieferungsvertrag] (1) Die in diesem Abschnitte für den Kauf von Waren getroffenen Vorschriften gelten auch für den Kauf von Wertpapieren.

(2) Sie finden auch auf einen Vertrag Anwendung, der die Lieferung herzustellender oder zu erzeugender beweglicher Sachen zum Gegenstand hat.

20. Insolvenzordnung (InsO)[1]

Vom 5. Oktober 1994

(BGBl. I S. 2866)

FNA 311-13

zuletzt geänd. durch Art. 24 Abs. 3 Zweites FinanzmarktnovellierungsG v. 23.6.2017 (BGBl. I S. 1693)

– Auszug –

Dritter Teil. Wirkungen der Eröffnung des Insolvenzverfahrens

Erster Abschnitt. Allgemeine Wirkungen

§ 98 Durchsetzung der Pflichten des Schuldners. (1) [1] Wenn es zur Herbeiführung wahrheitsgemäßer Aussagen erforderlich erscheint, ordnet das Insolvenzgericht an, daß der Schuldner zu Protokoll an Eides Statt versichert, er habe die von ihm verlangte Auskunft nach bestem Wissen und Gewissen richtig und vollständig erteilt. [2] Die §§ 478 bis 480, 483 der Zivilprozeßordnung gelten entsprechend.

(2) Das Gericht kann den Schuldner zwangsweise vorführen und nach Anhörung in Haft nehmen lassen,

1. wenn der Schuldner eine Auskunft oder die eidesstattliche Versicherung oder die Mitwirkung bei der Erfüllung der Aufgaben des Insolvenzverwalters verweigert;

---

[1] Zur Ausführung der InsO haben die Länder ua folgende Vorschriften erlassen:
- **Baden-Württemberg:** G v. 16.7.1998 (GBl. S. 436), zuletzt geänd. durch VO v. 25.1.2012 (GBl. S. 65)
- **Berlin:** G v. 6.7.1998 (GVBl. S. 196), zuletzt geänd. durch G v. 18.11.2009 (GVBl. S. 674)
- **Brandenburg:** G v. 26.11.1998 (GVBl. I S. 218), geänd. durch G v. 8.5.2018 (GVBl. I Nr. 8)
- **Bremen:** G v. 24.11.1998 (Brem.GBl. S. 305), zuletzt geänd. durch Bek. v. 2.8.2016 (Brem.GBl. S. 434)
- **Hamburg:** G v. 8.7.1998 (HmbGVBl. S. 105), zuletzt geänd. durch G v. 5.6.2018 (HmbGVBl. S. 205)
- **Hessen:** G v. 18.5.1998 (GVBl. I S. 191, ber. S. 278), zuletzt geänd. durch G v. 5.10.2017 (GVBl. S. 294)
- **Mecklenburg-Vorpommern:** G v. 17.11.1999 (GVOBl. M-V S. 611), geänd. durch G v. 28.3. 2002 (GVOBl. M-V S. 154)
- **Niedersachsen:** G v. 17.12.1998 (Nds. GVBl. S. 710), zuletzt geänd. durch G v. 16.5.2018 (Nds. GVBl. S. 66)
- **Nordrhein-Westfalen:** G v. 1.2.2019 (GV. NRW. S. 114)
- **Rheinland-Pfalz:** G v. 22.12.2008 (GVBl. S. 314)
- **Sachsen:** G v. 10.12.1998 (SächsGVBl. S. 662), zuletzt geänd. durch G v. 27.1.2012 (SächsGVBl. S. 130)
- **Sachsen-Anhalt:** G v. 17.11.1998 (GVBl. LSA S. 461), zuletzt geänd. durch G v. 18.1.2019 (GVBl. LSA S. 17)
- **Schleswig-Holstein:** G v. 11.12.1998 (GVOBl. Schl.-H. S. 370), zuletzt geänd. durch VO v. 16.1. 2019 (GVOBl. Schl.-H. S. 30)
- **Thüringen:** G idF der Bek. v. 3.2.2006 (GVBl. S. 44)

2. wenn der Schuldner sich der Erfüllung seiner Auskunfts- und Mitwirkungspflichten entziehen will, insbesondere Anstalten zur Flucht trifft, oder
3. wenn dies zur Vermeidung von Handlungen des Schuldners, die der Erfüllung seiner Auskunfts- und Mitwirkungspflichten zuwiderlaufen, insbesondere zur Sicherung der Insolvenzmasse, erforderlich ist.

(3) [1] Für die Anordnung von Haft gelten die § 802g Abs. 2, §§ 802h und 802j Abs. 1 der Zivilprozeßordnung entsprechend. [2] Der Haftbefehl ist von Amts wegen aufzuheben, sobald die Voraussetzungen für die Anordnung von Haft nicht mehr vorliegen. [3] Gegen die Anordnung der Haft und gegen die Abweisung eines Antrags auf Aufhebung des Haftbefehls wegen Wegfalls seiner Voraussetzungen findet die sofortige Beschwerde statt.

Zweiter Abschnitt. Erfüllung der Rechtsgeschäfte. Mitwirkung des Betriebsrats

§ 103 Wahlrecht des Insolvenzverwalters. (1) Ist ein gegenseitiger Vertrag zur Zeit der Eröffnung des Insolvenzverfahrens vom Schuldner und vom anderen Teil nicht oder nicht vollständig erfüllt, so kann der Insolvenzverwalter anstelle des Schuldners den Vertrag erfüllen und die Erfüllung vom anderen Teil verlangen.

(2) [1] Lehnt der Verwalter die Erfüllung ab, so kann der andere Teil eine Forderung wegen der Nichterfüllung nur als Insolvenzgläubiger geltend machen. [2] Fordert der andere Teil den Verwalter zur Ausübung seines Wahlrechts auf, so hat der Verwalter unverzüglich zu erklären, ob er die Erfüllung verlangen will. [3] Unterläßt er dies, so kann er auf der Erfüllung nicht bestehen.

21. Telemediengesetz (TMG)[1)]

Vom 26. Februar 2007

(BGBl. I S. 179)

FNA 772-4

zuletzt geänd. durch Art. 11 G gegen illegale Beschäftigung und Sozialleistungsmissbrauch v. 11.7. 2019 (BGBl. I S. 1066)

Abschnitt 1. Allgemeine Bestimmungen

§ 1 Anwendungsbereich. (1) [1]Dieses Gesetz gilt für alle elektronischen Informations- und Kommunikationsdienste, soweit sie nicht Telekommunikationsdienste nach § 3 Nr. 24 des Telekommunikationsgesetzes[2)], die ganz in der Übertragung von Signalen über Telekommunikationsnetze bestehen, telekommunikationsgestützte Dienste nach § 3 Nr. 25 des Telekommunikationsgesetzes oder Rundfunk nach § 2 des Rundfunkstaatsvertrages[3)] sind (Telemedien). [2]Dieses Gesetz gilt für alle Anbieter einschließlich der öffentlichen Stellen unabhängig davon, ob für die Nutzung ein Entgelt erhoben wird.

(2) Dieses Gesetz gilt nicht für den Bereich der Besteuerung.

(3) Das Telekommunikationsgesetz und die Pressegesetze bleiben unberührt.

(4) Die an die Inhalte von Telemedien zu richtenden besonderen Anforderungen ergeben sich aus dem Staatsvertrag für Rundfunk und Telemedien (Rundfunkstaatsvertrag).

(5) Dieses Gesetz trifft weder Regelungen im Bereich des internationalen Privatrechts noch regelt es die Zuständigkeit der Gerichte.

(6) Die besonderen Bestimmungen dieses Gesetzes für audiovisuelle Mediendienste auf Abruf gelten nicht für Dienste, die

1. ausschließlich zum Empfang in Drittländern bestimmt sind und
2. nicht unmittelbar oder mittelbar von der Allgemeinheit mit handelsüblichen Verbraucherendgeräten in einem Staat innerhalb des Geltungsbereichs der Richtlinie 89/552/EWG des Rates vom 3. Oktober 1989 zur Koordinierung bestimmter Rechts- und Verwaltungsvorschriften der Mitgliedstaaten über die Ausübung der Fernsehtätigkeit (ABl. L 298 vom 17.10.1989, S. 23), die zuletzt durch die Richtlinie 2007/65/EG (ABl. L 332 vom 18.12.2007, S. 27) geändert worden ist, empfangen werden.

§ 2 Begriffsbestimmungen. [1]Im Sinne dieses Gesetzes

1. ist Diensteanbieter jede natürliche oder juristische Person, die eigene oder fremde Telemedien zur Nutzung bereithält oder den Zugang zur Nutzung vermittelt; bei audiovisuellen Mediendiensten auf Abruf ist Diensteanbieter

---

[1)] Verkündet als Art. 1 Elektronischer-Geschäftsverkehr-VereinheitlichungsG v. 26.2.2007 (BGBl. I S. 179); Inkrafttreten gem. Art. 5 Satz 1 dieses G am 1.3.2007.

[2)] Nr. **55**.

[3)] Nr. **22**.

jede natürliche oder juristische Person, die die Auswahl und Gestaltung der angebotenen Inhalte wirksam kontrolliert,

2. ist niedergelassener Diensteanbieter jeder Anbieter, der mittels einer festen Einrichtung auf unbestimmte Zeit Telemedien geschäftsmäßig anbietet oder erbringt; der Standort der technischen Einrichtung allein begründet keine Niederlassung des Anbieters,

2a. ist drahtloses lokales Netzwerk ein Drahtloszugangssystem mit geringer Leistung und geringer Reichweite sowie mit geringem Störungsrisiko für weitere, von anderen Nutzern in unmittelbarer Nähe installierte Systeme dieser Art, welches nicht exklusive Grundfrequenzen nutzt,

3. ist Nutzer jede natürliche oder juristische Person, die Telemedien nutzt, insbesondere um Informationen zu erlangen oder zugänglich zu machen,

4. sind Verteildienste Telemedien, die im Wege einer Übertragung von Daten ohne individuelle Anforderung gleichzeitig für eine unbegrenzte Anzahl von Nutzern erbracht werden,

5. ist kommerzielle Kommunikation jede Form der Kommunikation, die der unmittelbaren oder mittelbaren Förderung des Absatzes von Waren, Dienstleistungen oder des Erscheinungsbilds eines Unternehmens, einer sonstigen Organisation oder einer natürlichen Person dient, die eine Tätigkeit im Handel, Gewerbe oder Handwerk oder einen freien Beruf ausübt; die Übermittlung der folgenden Angaben stellt als solche keine Form der kommerziellen Kommunikation dar:
   a) Angaben, die unmittelbaren Zugang zur Tätigkeit des Unternehmens oder der Organisation oder Person ermöglichen, wie insbesondere ein Domain-Name oder eine Adresse der elektronischen Post,
   b) Angaben in Bezug auf Waren und Dienstleistungen oder das Erscheinungsbild eines Unternehmens, einer Organisation oder Person, die unabhängig und insbesondere ohne finanzielle Gegenleistung gemacht werden.[1)]

6. sind „audiovisuelle Mediendienste auf Abruf" Telemedien mit Inhalten, die nach Form und Inhalt fernsehähnlich sind und die von einem Diensteanbieter zum individuellen Abruf zu einem vom Nutzer gewählten Zeitpunkt und aus einem vom Diensteanbieter festgelegten Inhaltekatalog bereitgestellt werden.

[2]Einer juristischen Person steht eine Personengesellschaft gleich, die mit der Fähigkeit ausgestattet ist, Rechte zu erwerben und Verbindlichkeiten einzugehen.

§ 2a Europäisches Sitzland[2)]**.** (1) [1]Innerhalb des Geltungsbereichs der Richtlinie 2000/31/EG[3)] des Europäischen Parlaments und des Rates vom 8. Juni 2000 über bestimmte rechtliche Aspekte der Dienste der Informationsgesellschaft, insbesondere des elektronischen Geschäftsverkehrs, im Binnen-

---

[1)] Zeichensetzung amtlich.

[2)] **Amtl. Anm.:** § 2a dient der Umsetzung der Richtlinie 2010/13/EU des Europäischen Parlaments und des Rates vom 10. März 2010 zur Koordinierung bestimmter Rechts- und Verwaltungsvorschriften der Mitgliedstaaten über die Bereitstellung audiovisueller Mediendienste (Richtlinie über audiovisuelle Mediendienste) (ABl. L 95 vom 15.4.2010, S. 1).

[3)] Nr. **17**.

markt („Richtlinie über den elektronischen Geschäftsverkehr") (ABl. L 178 vom 17.7.2000, S. 1) bestimmt sich das Sitzland des Diensteanbieters danach, wo dieser seine Geschäftstätigkeit tatsächlich ausübt. [2] Dies ist der Ort, an dem sich der Mittelpunkt der Tätigkeiten des Diensteanbieters im Hinblick auf ein bestimmtes Telemedienangebot befindet.

(2) Abweichend von Absatz 1 gilt innerhalb des Geltungsbereichs der Richtlinie 2010/13/EU des Europäischen Parlaments und des Rates vom 10. März 2010 zur Koordinierung bestimmter Rechts- und Verwaltungsvorschriften der Mitgliedstaaten über die Bereitstellung audiovisueller Mediendienste (Richtlinie über audiovisuelle Mediendienste) (ABl. L 95 vom 15.4.2010, S. 1) bei audiovisuellen Mediendiensten auf Abruf Deutschland als Sitzland des Diensteanbieters, wenn

1. die Hauptverwaltung in Deutschland liegt und die redaktionellen Entscheidungen über den audiovisuellen Mediendienst dort getroffen werden,
2. die Hauptverwaltung in Deutschland liegt und die redaktionellen Entscheidungen über den audiovisuellen Mediendienst in einem anderen Mitgliedstaat der Europäischen Union getroffen werden, jedoch
   a) ein wesentlicher Teil des mit der Bereitstellung des audiovisuellen Mediendienstes betrauten Personals in Deutschland tätig ist,
   b) ein wesentlicher Teil des mit der Bereitstellung des audiovisuellen Mediendienstes betrauten Personals sowohl in Deutschland als auch in dem anderen Mitgliedstaat tätig ist oder
   c) ein wesentlicher Teil des mit der Bereitstellung des audiovisuellen Mediendienstes betrauten Personals weder in Deutschland noch in dem anderen Mitgliedstaat tätig ist, aber der Diensteanbieter zuerst in Deutschland seine Tätigkeit aufgenommen hat und eine dauerhafte und tatsächliche Verbindung mit der Wirtschaft Deutschlands fortbesteht, oder
3. die Hauptverwaltung in Deutschland liegt und die redaktionellen Entscheidungen über den audiovisuellen Mediendienst in einem Drittstaat getroffen werden oder umgekehrt, aber ein wesentlicher Teil des mit der Bereitstellung des audiovisuellen Mediendienstes betrauten Personals in Deutschland tätig ist.

(3) [1] Für audiovisuelle Mediendiensteanbieter, die nicht bereits aufgrund ihrer Niederlassung der Rechtshoheit Deutschlands oder eines anderen Mitgliedstaats der Europäischen Union unterliegen, gilt Deutschland als Sitzland, wenn sie

1. eine in Deutschland gelegene Satelliten-Bodenstation für die Aufwärtsstrecke nutzen oder
2. zwar keine in einem Mitgliedstaat der Europäischen Union gelegene Satelliten-Bodenstation für die Aufwärtsstrecke nutzen, aber eine Deutschland zugewiesene Übertragungskapazität eines Satelliten nutzen.

[2] Liegt keines dieser beiden Kriterien vor, gilt Deutschland auch als Sitzland für Diensteanbieter, die in Deutschland gemäß den Artikeln 49 bis 55 des Vertrages über die Arbeitsweise der Europäischen Union niedergelassen sind.

§ 3 Herkunftslandprinzip. (1) In der Bundesrepublik Deutschland nach § 2a niedergelassene Diensteanbieter und ihre Telemedien unterliegen den

Anforderungen des deutschen Rechts auch dann, wenn die Telemedien in einem anderen Staat innerhalb des Geltungsbereichs der Richtlinien 2000/31/EG[1] und 89/552/EWG geschäftsmäßig angeboten oder erbracht werden.

(2) [1] Der freie Dienstleistungsverkehr von Telemedien, die in der Bundesrepublik Deutschland von Diensteanbietern geschäftsmäßig angeboten oder erbracht werden, die in einem anderen Staat innerhalb des Geltungsbereichs der Richtlinien 2000/31/EG und 89/552/EWG niedergelassen sind, wird nicht eingeschränkt. [2] Absatz 5 bleibt unberührt.

(3) Von den Absätzen 1 und 2 bleiben unberührt
1. die Freiheit der Rechtswahl,
2. die Vorschriften für vertragliche Schuldverhältnisse in Bezug auf Verbraucherverträge,
3. gesetzliche Vorschriften über die Form des Erwerbs von Grundstücken und grundstücksgleichen Rechten sowie der Begründung, Übertragung, Änderung oder Aufhebung von dinglichen Rechten an Grundstücken und grundstücksgleichen Rechten,
4. das für den Schutz personenbezogener Daten geltende Recht.

(4) Die Absätze 1 und 2 gelten nicht für
1. die Tätigkeit von Notaren sowie von Angehörigen anderer Berufe, soweit diese ebenfalls hoheitlich tätig sind,
2. die Vertretung von Mandanten und die Wahrnehmung ihrer Interessen vor Gericht,
3. die Zulässigkeit nicht angeforderter kommerzieller Kommunikationen durch elektronische Post,
4. Gewinnspiele mit einem einen Geldwert darstellenden Einsatz bei Glücksspielen, einschließlich Lotterien und Wetten,
5. die Anforderungen an Verteildienste,
6. das Urheberrecht, verwandte Schutzrechte, Rechte im Sinne der Richtlinie 87/54/EWG des Rates vom 16. Dezember 1986 über den Rechtsschutz der Topographien von Halbleitererzeugnissen (ABl. EG Nr. L 24 S. 36) und der Richtlinie 96/9/EG des Europäischen Parlaments und des Rates vom 11. März 1996 über den rechtlichen Schutz von Datenbanken (ABl. EG Nr. L 77 S. 20) sowie für gewerbliche Schutzrechte,
7. die Ausgabe elektronischen Geldes durch Institute, die gemäß Artikel 8 Abs. 1 der Richtlinie 2000/46/EG des Europäischen Parlaments und des Rates vom 18. September 2000 über die Aufnahme, Ausübung und Beaufsichtigung der Tätigkeit von E-Geld-Instituten (ABl. EG Nr. L 275 S. 39) von der Anwendung einiger oder aller Vorschriften dieser Richtlinie und von der Anwendung der Richtlinie 2000/12/EG des Europäischen Parlaments und des Rates vom 20. März 2000 über die Aufnahme und Ausübung der Tätigkeit der Kreditinstitute (ABl. EG Nr. L 126 S. 1) freigestellt sind,
8. Vereinbarungen oder Verhaltensweisen, die dem Kartellrecht unterliegen,
9. die von den §§ 12, 13a bis 13c, 55a, 83, 110a bis 110d, 111b und 111c des Versicherungsaufsichtsgesetzes in der Fassung der Bekanntmachung vom 17.

---

[1] Nr. **17**.

Dezember 1992 (BGBl. 1993 I S. 2), das zuletzt durch Artikel 2 des Gesetzes vom 29. Juli 2009 (BGBl. I S. 2305) geändert worden ist, in der am 31. Dezember 2015 geltenden Fassung und der Versicherungsberichterstattungs-Verordnung erfassten Bereiche, die Regelungen über das auf Versicherungsverträge anwendbare Recht sowie für Pflichtversicherungen.

(5) [1] Das Angebot und die Erbringung von Telemedien durch einen Diensteanbieter, der in einem anderen Staat im Geltungsbereich der Richtlinien 2000/31/EG oder 89/552/EWG niedergelassen ist, unterliegen abweichend von Absatz 2 den Einschränkungen des innerstaatlichen Rechts, soweit dieses dem Schutz

1. der öffentlichen Sicherheit und Ordnung, insbesondere im Hinblick auf die Verhütung, Ermittlung, Aufklärung, Verfolgung und Vollstreckung von Straftaten und Ordnungswidrigkeiten, einschließlich des Jugendschutzes und der Bekämpfung der Hetze aus Gründen der Rasse, des Geschlechts, des Glaubens oder der Nationalität sowie von Verletzungen der Menschenwürde einzelner Personen sowie die Wahrung nationaler Sicherheits- und Verteidigungsinteressen,
2. der öffentlichen Gesundheit,
3. der Interessen der Verbraucher, einschließlich des Schutzes von Anlegern,

vor Beeinträchtigungen oder ernsthaften und schwerwiegenden Gefahren dient und die auf der Grundlage des innerstaatlichen Rechts in Betracht kommenden Maßnahmen in einem angemessenen Verhältnis zu diesen Schutzzielen stehen. [2] Für das Verfahren zur Einleitung von Maßnahmen nach Satz 1 – mit Ausnahme von gerichtlichen Verfahren einschließlich etwaiger Vorverfahren und der Verfolgung von Straftaten einschließlich der Strafvollstreckung und von Ordnungswidrigkeiten – sehen Artikel 3 Abs. 4 und 5 der Richtlinie 2000/31/EG sowie Artikel 2a Absatz 4 und 5 der Richtlinie 89/552/EWG Konsultations- und Informationspflichten vor.

Abschnitt 2. Zulassungsfreiheit und Informationspflichten

§ 4 Zulassungsfreiheit. Telemedien sind im Rahmen der Gesetze zulassungs- und anmeldefrei.

§ 5 Allgemeine Informationspflichten. (1) Diensteanbieter haben für geschäftsmäßige, in der Regel gegen Entgelt angebotene Telemedien folgende Informationen leicht erkennbar, unmittelbar erreichbar und ständig verfügbar zu halten:

1. den Namen und die Anschrift, unter der sie niedergelassen sind, bei juristischen Personen zusätzlich die Rechtsform, den Vertretungsberechtigten und, sofern Angaben über das Kapital der Gesellschaft gemacht werden, das Stamm- oder Grundkapital sowie, wenn nicht alle in Geld zu leistenden Einlagen eingezahlt sind, der Gesamtbetrag der ausstehenden Einlagen,
2. Angaben, die eine schnelle elektronische Kontaktaufnahme und unmittelbare Kommunikation mit ihnen ermöglichen, einschließlich der Adresse der elektronischen Post,

3. soweit der Dienst im Rahmen einer Tätigkeit angeboten oder erbracht wird, die der behördlichen Zulassung bedarf, Angaben zur zuständigen Aufsichtsbehörde,
4. das Handelsregister, Vereinsregister, Partnerschaftsregister oder Genossenschaftsregister, in das sie eingetragen sind, und die entsprechende Registernummer,
5. soweit der Dienst in Ausübung eines Berufs im Sinne von Artikel 1 Buchstabe d der Richtlinie 89/48/EWG des Rates vom 21. Dezember 1988 über eine allgemeine Regelung zur Anerkennung der Hochschuldiplome, die eine mindestens dreijährige Berufsausbildung abschließen (ABl. EG Nr. L 19 S. 16), oder im Sinne von Artikel 1 Buchstabe f der Richtlinie 92/51/EWG des Rates vom 18. Juni 1992 über eine zweite allgemeine Regelung zur Anerkennung beruflicher Befähigungsnachweise in Ergänzung zur Richtlinie 89/48/EWG (ABl. EG Nr. L 209 S. 25, 1995 Nr. L 17 S. 20), zuletzt geändert durch die Richtlinie 97/38/EG der Kommission vom 20. Juni 1997 (ABl. EG Nr. L 184 S. 31), angeboten oder erbracht wird, Angaben über
   a) die Kammer, welcher die Diensteanbieter angehören,
   b) die gesetzliche Berufsbezeichnung und den Staat, in dem die Berufsbezeichnung verliehen worden ist,
   c) die Bezeichnung der berufsrechtlichen Regelungen und dazu, wie diese zugänglich sind,
6. in Fällen, in denen sie eine Umsatzsteueridentifikationsnummer nach § 27a des Umsatzsteuergesetzes oder eine Wirtschafts-Identifikationsnummer nach § 139c der Abgabenordnung besitzen, die Angabe dieser Nummer,
7. bei Aktiengesellschaften, Kommanditgesellschaften auf Aktien und Gesellschaften mit beschränkter Haftung, die sich in Abwicklung oder Liquidation befinden, die Angabe hierüber.

(2) Weitergehende Informationspflichten nach anderen Rechtsvorschriften bleiben unberührt.

§ 6 Besondere Informationspflichten bei kommerziellen Kommunikationen. (1) Diensteanbieter haben bei kommerziellen Kommunikationen, die Telemedien oder Bestandteile von Telemedien sind, mindestens die folgenden Voraussetzungen zu beachten:
1. Kommerzielle Kommunikationen müssen klar als solche zu erkennen sein.
2. Die natürliche oder juristische Person, in deren Auftrag kommerzielle Kommunikationen erfolgen, muss klar identifizierbar sein.
3. Angebote zur Verkaufsförderung wie Preisnachlässe, Zugaben und Geschenke müssen klar als solche erkennbar sein, und die Bedingungen für ihre Inanspruchnahme müssen leicht zugänglich sein sowie klar und unzweideutig angegeben werden.
4. Preisausschreiben oder Gewinnspiele mit Werbecharakter müssen klar als solche erkennbar und die Teilnahmebedingungen leicht zugänglich sein sowie klar und unzweideutig angegeben werden.

(2) [1]Werden kommerzielle Kommunikationen per elektronischer Post versandt, darf in der Kopf- und Betreffzeile weder der Absender noch der kommerzielle Charakter der Nachricht verschleiert oder verheimlicht werden. [2]Ein Verschleiern oder Verheimlichen liegt dann vor, wenn die Kopf- und Betreffzeile absichtlich so gestaltet sind, dass der Empfänger vor Einsichtnahme in den Inhalt der Kommunikation keine oder irreführende Informationen über die tatsächliche Identität des Absenders oder den kommerziellen Charakter der Nachricht erhält.

(3) Die Vorschriften des Gesetzes gegen den unlauteren Wettbewerb[1)] bleiben unberührt.

Abschnitt 3. Verantwortlichkeit

§ 7 Allgemeine Grundsätze. (1) Diensteanbieter sind für eigene Informationen, die sie zur Nutzung bereithalten, nach den allgemeinen Gesetzen verantwortlich.

(2) Diensteanbieter im Sinne der §§ 8 bis 10 sind nicht verpflichtet, die von ihnen übermittelten oder gespeicherten Informationen zu überwachen oder nach Umständen zu forschen, die auf eine rechtswidrige Tätigkeit hinweisen.

(3) [1]Verpflichtungen zur Entfernung von Informationen oder zur Sperrung der Nutzung von Informationen nach den allgemeinen Gesetzen aufgrund von gerichtlichen oder behördlichen Anordnungen bleiben auch im Falle der Nichtverantwortlichkeit des Diensteanbieters nach den §§ 8 bis 10 unberührt. [2]Das Fernmeldegeheimnis nach § 88 des Telekommunikationsgesetzes[2)] ist zu wahren.

(4) [1]Wurde ein Telemediendienst von einem Nutzer in Anspruch genommen, um das Recht am geistigen Eigentum eines anderen zu verletzen und besteht für den Inhaber dieses Rechts keine andere Möglichkeit, der Verletzung seines Rechts abzuhelfen, so kann der Inhaber des Rechts von dem betroffenen Diensteanbieter nach § 8 Absatz 3 die Sperrung der Nutzung von Informationen verlangen, um die Wiederholung der Rechtsverletzung zu verhindern. [2]Die Sperrung muss zumutbar und verhältnismäßig sein. [3]Ein Anspruch gegen den Diensteanbieter auf Erstattung der vor- und außergerichtlichen Kosten für die Geltendmachung und Durchsetzung des Anspruchs nach Satz 1 besteht außer in den Fällen des § 8 Absatz 1 Satz 3 nicht.

§ 8 Durchleitung von Informationen. (1) [1]Diensteanbieter sind für fremde Informationen, die sie in einem Kommunikationsnetz übermitteln oder zu denen sie den Zugang zur Nutzung vermitteln, nicht verantwortlich, sofern sie

1. die Übermittlung nicht veranlasst,
2. den Adressaten der übermittelten Informationen nicht ausgewählt und
3. die übermittelten Informationen nicht ausgewählt oder verändert haben.

[2]Sofern diese Diensteanbieter nicht verantwortlich sind, können sie insbesondere nicht wegen einer rechtswidrigen Handlung eines Nutzers auf Schadens-

---

1) Nr. **39**.
2) Nr. **55**.

ersatz oder Beseitigung oder Unterlassung einer Rechtsverletzung in Anspruch genommen werden; dasselbe gilt hinsichtlich aller Kosten für die Geltendmachung und Durchsetzung dieser Ansprüche. [3]Die Sätze 1 und 2 finden keine Anwendung, wenn der Diensteanbieter absichtlich mit einem Nutzer seines Dienstes zusammenarbeitet, um rechtswidrige Handlungen zu begehen.

(2) Die Übermittlung von Informationen nach Absatz 1 und die Vermittlung des Zugangs zu ihnen umfasst auch die automatische kurzzeitige Zwischenspeicherung dieser Informationen, soweit dies nur zur Durchführung der Übermittlung im Kommunikationsnetz geschieht und die Informationen nicht länger gespeichert werden, als für die Übermittlung üblicherweise erforderlich ist.

(3) Die Absätze 1 und 2 gelten auch für Diensteanbieter nach Absatz 1, die Nutzern einen Internetzugang über ein drahtloses lokales Netzwerk zur Verfügung stellen.

(4) [1]Diensteanbieter nach § 8 Absatz 3 dürfen von einer Behörde nicht verpflichtet werden,

1. vor Gewährung des Zugangs
   a) die persönlichen Daten von Nutzern zu erheben und zu speichern (Registrierung)
   oder
   b) die Eingabe eines Passworts zu verlangen
   oder
2. das Anbieten des Dienstes dauerhaft einzustellen.

[2]Davon unberührt bleibt, wenn ein Diensteanbieter auf freiwilliger Basis die Nutzer identifiziert, eine Passworteingabe verlangt oder andere freiwillige Maßnahmen ergreift.

§ 9 Zwischenspeicherung zur beschleunigten Übermittlung von Informationen. [1]Diensteanbieter sind für eine automatische, zeitlich begrenzte Zwischenspeicherung, die allein dem Zweck dient, die Übermittlung fremder Informationen an andere Nutzer auf deren Anfrage effizienter zu gestalten, nicht verantwortlich, sofern sie

1. die Informationen nicht verändern,
2. die Bedingungen für den Zugang zu den Informationen beachten,
3. die Regeln für die Aktualisierung der Informationen, die in weithin anerkannten und verwendeten Industriestandards festgelegt sind, beachten,
4. die erlaubte Anwendung von Technologien zur Sammlung von Daten über die Nutzung der Informationen, die in weithin anerkannten und verwendeten Industriestandards festgelegt sind, nicht beeinträchtigen und
5. unverzüglich handeln, um im Sinne dieser Vorschrift gespeicherte Informationen zu entfernen oder den Zugang zu ihnen zu sperren, sobald sie Kenntnis davon erhalten haben, dass die Informationen am ursprünglichen Ausgangsort der Übertragung aus dem Netz entfernt wurden oder der Zugang zu ihnen gesperrt wurde oder ein Gericht oder eine Verwaltungsbehörde die Entfernung oder Sperrung angeordnet hat.

[2]§ 8 Abs. 1 Satz 2 gilt entsprechend.

§ 10 Speicherung von Informationen. [1]Diensteanbieter sind für fremde Informationen, die sie für einen Nutzer speichern, nicht verantwortlich, sofern

1. sie keine Kenntnis von der rechtswidrigen Handlung oder der Information haben und ihnen im Falle von Schadensersatzansprüchen auch keine Tatsachen oder Umstände bekannt sind, aus denen die rechtswidrige Handlung oder die Information offensichtlich wird, oder
2. sie unverzüglich tätig geworden sind, um die Information zu entfernen oder den Zugang zu ihr zu sperren, sobald sie diese Kenntnis erlangt haben.

[2]Satz 1 findet keine Anwendung, wenn der Nutzer dem Diensteanbieter untersteht oder von ihm beaufsichtigt wird.

Abschnitt 4. Datenschutz

§ 11 Anbieter-Nutzer-Verhältnis. (1) Die Vorschriften dieses Abschnitts gelten nicht für die Erhebung und Verwendung personenbezogener Daten der Nutzer von Telemedien, soweit die Bereitstellung solcher Dienste

1. im Dienst- und Arbeitsverhältnis zu ausschließlich beruflichen oder dienstlichen Zwecken oder
2. innerhalb von oder zwischen nicht öffentlichen Stellen oder öffentlichen Stellen ausschließlich zur Steuerung von Arbeits- oder Geschäftsprozessen erfolgt.

(2) Nutzer im Sinne dieses Abschnitts ist jede natürliche Person, die Telemedien nutzt, insbesondere um Informationen zu erlangen oder zugänglich zu machen.

(3) Bei Telemedien, die überwiegend in der Übertragung von Signalen über Telekommunikationsnetze bestehen, gelten für die Erhebung und Verwendung personenbezogener Daten der Nutzer nur § 15 Absatz 8 und § 16 Absatz 2 Nummer 4.

§ 12 Grundsätze. (1) Der Diensteanbieter darf personenbezogene Daten zur Bereitstellung von Telemedien nur erheben und verwenden, soweit dieses Gesetz oder eine andere Rechtsvorschrift, die sich ausdrücklich auf Telemedien bezieht, es erlaubt oder der Nutzer eingewilligt hat.

(2) Der Diensteanbieter darf für die Bereitstellung von Telemedien erhobene personenbezogene Daten für andere Zwecke nur verwenden, soweit dieses Gesetz oder eine andere Rechtsvorschrift, die sich ausdrücklich auf Telemedien bezieht, es erlaubt oder der Nutzer eingewilligt hat.

(3) Soweit nichts anderes bestimmt ist, sind die jeweils geltenden Vorschriften für den Schutz personenbezogener Daten anzuwenden, auch wenn die Daten nicht automatisiert verarbeitet werden.

§ 13 Pflichten des Diensteanbieters. (1) [1]Der Diensteanbieter hat den Nutzer zu Beginn des Nutzungsvorgangs über Art, Umfang und Zwecke der Erhebung und Verwendung personenbezogener Daten sowie über die Verarbeitung seiner Daten in Staaten außerhalb des Anwendungsbereichs der Richtlinie 95/46/EG des Europäischen Parlaments und des Rates vom 24. Oktober 1995 zum Schutz natürlicher Personen bei der Verarbeitung personenbezogener Daten und zum freien Datenverkehr (ABl. EG Nr. L 281 S. 31) in allgemein verständlicher Form zu unterrichten, sofern eine solche Unterrichtung nicht bereits erfolgt ist. [2]Bei einem automatisierten Verfahren, das eine spätere Identifizierung des Nutzers ermöglicht und eine Erhebung oder Verwendung personenbezogener Daten vorbereitet, ist der Nutzer zu Beginn dieses Verfahrens zu unterrichten. [3]Der Inhalt der Unterrichtung muss für den Nutzer jederzeit abrufbar sein.

(2) Die Einwilligung kann elektronisch erklärt werden, wenn der Diensteanbieter sicherstellt, dass

1. der Nutzer seine Einwilligung bewusst und eindeutig erteilt hat,
2. die Einwilligung protokolliert wird,
3. der Nutzer den Inhalt der Einwilligung jederzeit abrufen kann und
4. der Nutzer die Einwilligung jederzeit mit Wirkung für die Zukunft widerrufen kann.

(3) [1]Der Diensteanbieter hat den Nutzer vor Erklärung der Einwilligung auf das Recht nach Absatz 2 Nr. 4 hinzuweisen. [2]Absatz 1 Satz 3 gilt entsprechend.

(4) [1]Der Diensteanbieter hat durch technische und organisatorische Vorkehrungen sicherzustellen, dass

1. der Nutzer die Nutzung des Dienstes jederzeit beenden kann,
2. die anfallenden personenbezogenen Daten über den Ablauf des Zugriffs oder der sonstigen Nutzung unmittelbar nach deren Beendigung gelöscht oder in den Fällen des Satzes 2 gesperrt werden,
3. der Nutzer Telemedien gegen Kenntnisnahme Dritter geschützt in Anspruch nehmen kann,
4. die personenbezogenen Daten über die Nutzung verschiedener Telemedien durch denselben Nutzer getrennt verwendet werden können,
5. Daten nach § 15 Abs. 2 nur für Abrechungszwecke zusammengeführt werden können und
6. Nutzungsprofile nach § 15 Abs. 3 nicht mit Angaben zur Identifikation des Trägers des Pseudonyms zusammengeführt werden können.

[2]An die Stelle der Löschung nach Satz 1 Nr. 2 tritt eine Sperrung, soweit einer Löschung gesetzliche, satzungsmäßige oder vertragliche Aufbewahrungsfristen entgegenstehen.

(5) Die Weitervermittlung zu einem anderen Diensteanbieter ist dem Nutzer anzuzeigen.

(6) [1]Der Diensteanbieter hat die Nutzung von Telemedien und ihre Bezahlung anonym oder unter Pseudonym zu ermöglichen, soweit dies technisch möglich und zumutbar ist. [2]Der Nutzer ist über diese Möglichkeit zu informieren.

(7) [1]Diensteanbieter haben, soweit dies technisch möglich und wirtschaftlich zumutbar ist, im Rahmen ihrer jeweiligen Verantwortlichkeit für geschäftsmäßig angebotene Telemedien durch technische und organisatorische Vorkehrungen sicherzustellen, dass

1. kein unerlaubter Zugriff auf die für ihre Telemedienangebote genutzten technischen Einrichtungen möglich ist und

2. diese

a) gegen Verletzungen des Schutzes personenbezogener Daten und

b) gegen Störungen, auch soweit sie durch äußere Angriffe bedingt sind,

gesichert sind. [2] Vorkehrungen nach Satz 1 müssen den Stand der Technik berücksichtigen. [3] Eine Maßnahme nach Satz 1 ist insbesondere die Anwendung eines als sicher anerkannten Verschlüsselungsverfahrens.

(8) [1] Der Diensteanbieter hat dem Nutzer nach Maßgabe von § 34 des Bundesdatenschutzgesetzes[1)] auf Verlangen Auskunft über die zu seiner Person oder zu seinem Pseudonym gespeicherten Daten zu erteilen. [2] Die Auskunft kann auf Verlangen des Nutzers auch elektronisch erteilt werden.

§ 14 Bestandsdaten. (1) Der Diensteanbieter darf personenbezogene Daten eines Nutzers nur erheben und verwenden, soweit sie für die Begründung, inhaltliche Ausgestaltung oder Änderung eines Vertragsverhältnisses zwischen dem Diensteanbieter und dem Nutzer über die Nutzung von Telemedien erforderlich sind (Bestandsdaten).

(2) Auf Anordnung der zuständigen Stellen darf der Diensteanbieter im Einzelfall Auskunft über Bestandsdaten erteilen, soweit dies für Zwecke der Strafverfolgung, zur Gefahrenabwehr durch die Polizeibehörden der Länder, zur Erfüllung der gesetzlichen Aufgaben der Behörden der Zollverwaltung und der nach Landesrecht zuständigen Behörden zur Wahrnehmung ihrer Prüfungsaufgaben nach § 2 Absatz 1 und 3 des Schwarzarbeitsbekämpfungsgesetzes und zur Verhütung und Verfolgung von damit zusammenhängenden Straftaten und Ordnungswidrigkeiten und zur Erfüllung der gesetzlichen Aufgaben der Verfassungsschutzbehörden des Bundes und der Länder, des Bundesnachrichtendienstes oder des Militärischen Abschirmdienstes oder des Bundeskriminalamtes im Rahmen seiner Aufgabe zur Abwehr von Gefahren des internationalen Terrorismus oder zur Durchsetzung der Rechte am geistigen Eigentum erforderlich ist.

(3) Der Diensteanbieter darf darüber hinaus im Einzelfall Auskunft über bei ihm vorhandene Bestandsdaten erteilen, soweit dies zur Durchsetzung zivilrechtlicher Ansprüche wegen der Verletzung absolut geschützter Rechte aufgrund rechtswidriger Inhalte, die von § 1 Absatz 3 des Netzwerkdurchsetzungsgesetzes[2)] erfasst werden, erforderlich ist.

(4) [1] Für die Erteilung der Auskunft nach Absatz 3 ist eine vorherige gerichtliche Anordnung über die Zulässigkeit der Auskunftserteilung erforderlich, die vom Verletzten zu beantragen ist. [2] Für den Erlass dieser Anordnung ist das Landgericht ohne Rücksicht auf den Streitwert zuständig. [3] Örtlich zuständig ist das Gericht, in dessen Bezirk der Verletzte seinen Wohnsitz, seinen Sitz oder eine Niederlassung hat. [4] Die Entscheidung trifft die Zivilkammer. [5] Für das Verfahren gelten die Vorschriften des Gesetzes über das Verfahren in Familiensachen und in den Angelegenheiten der freiwilligen Gerichtsbarkeit entsprechend. [6] Die Kosten der richterlichen Anordnung trägt der Verletzte. [7] Gegen die Entscheidung des Landgerichts ist die Beschwerde statthaft.

[1)] Nr. **56**.
[2)] Nr. **11**.

(5) [1] Der Diensteanbieter ist als Beteiligter zu dem Verfahren nach Absatz 4 hinzuzuziehen. [2] Er darf den Nutzer über die Einleitung des Verfahrens unterrichten.

§ 15 Nutzungsdaten. (1) [1] Der Diensteanbieter darf personenbezogene Daten eines Nutzers nur erheben und verwenden, soweit dies erforderlich ist, um die Inanspruchnahme von Telemedien zu ermöglichen und abzurechnen (Nutzungsdaten). [2] Nutzungsdaten sind insbesondere

1. Merkmale zur Identifikation des Nutzers,
2. Angaben über Beginn und Ende sowie des Umfangs der jeweiligen Nutzung und
3. Angaben über die vom Nutzer in Anspruch genommenen Telemedien.

(2) Der Diensteanbieter darf Nutzungsdaten eines Nutzers über die Inanspruchnahme verschiedener Telemedien zusammenführen, soweit dies für Abrechnungszwecke mit dem Nutzer erforderlich ist.

(3) [1] Der Diensteanbieter darf für Zwecke der Werbung, der Marktforschung oder zur bedarfsgerechten Gestaltung der Telemedien Nutzungsprofile bei Verwendung von Pseudonymen erstellen, sofern der Nutzer dem nicht widerspricht. [2] Der Diensteanbieter hat den Nutzer auf sein Widerspruchsrecht im Rahmen der Unterrichtung nach § 13 Abs. 1 hinzuweisen. [3] Diese Nutzungsprofile dürfen nicht mit Daten über den Träger des Pseudonyms zusammengeführt werden.

(4) [1] Der Diensteanbieter darf Nutzungsdaten über das Ende des Nutzungsvorgangs hinaus verwenden, soweit sie für Zwecke der Abrechnung mit dem Nutzer erforderlich sind (Abrechnungsdaten). [2] Zur Erfüllung bestehender gesetzlicher, satzungsmäßiger oder vertraglicher Aufbewahrungsfristen darf der Diensteanbieter die Daten sperren.

(5) [1] Der Diensteanbieter darf an andere Diensteanbieter oder Dritte Abrechnungsdaten übermitteln, soweit dies zur Ermittlung des Entgelts und zur Abrechnung mit dem Nutzer erforderlich ist. [2] Hat der Diensteanbieter mit einem Dritten einen Vertrag über den Einzug des Entgelts geschlossen, so darf er diesem Dritten Abrechnungsdaten übermitteln, soweit es für diesen Zweck erforderlich ist. [3] Zum Zwecke der Marktforschung anderer Diensteanbieter dürfen anonymisierte Nutzungsdaten übermittelt werden. [4] § 14 Abs. 2 bis 5 findet entsprechende Anwendung.

(6) Die Abrechnung über die Inanspruchnahme von Telemedien darf Anbieter, Zeitpunkt, Dauer, Art, Inhalt und Häufigkeit bestimmter von einem Nutzer in Anspruch genommener Telemedien nicht erkennen lassen, es sei denn, der Nutzer verlangt einen Einzelnachweis.

(7) [1] Der Diensteanbieter darf Abrechnungsdaten, die für die Erstellung von Einzelnachweisen über die Inanspruchnahme bestimmter Angebote auf Verlangen des Nutzers verarbeitet werden, höchstens bis zum Ablauf des sechsten Monats nach Versendung der Rechnung speichern. [2] Werden gegen die Entgeltforderung innerhalb dieser Frist Einwendungen erhoben oder diese trotz Zahlungsaufforderung nicht beglichen, dürfen die Abrechnungsdaten weiter gespeichert werden, bis die Einwendungen abschließend geklärt sind oder die Entgeltforderung beglichen ist.

(8) [1] Liegen dem Diensteanbieter zu dokumentierende tatsächliche Anhaltspunkte vor, dass seine Dienste von bestimmten Nutzern in der Absicht in Anspruch genommen werden, das Entgelt nicht oder nicht vollständig zu entrichten, darf er die personenbezogenen Daten dieser Nutzer über das Ende des Nutzungsvorgangs sowie die in Absatz 7 genannte Speicherfrist hinaus nur verwenden, soweit dies für Zwecke der Rechtsverfolgung erforderlich ist. [2] Der Diensteanbieter hat die Daten unverzüglich zu löschen, wenn die Voraussetzungen nach Satz 1 nicht mehr vorliegen oder die Daten für die Rechtsverfolgung nicht mehr benötigt werden. [3] Der betroffene Nutzer ist zu unterrichten, sobald dies ohne Gefährdung des mit der Maßnahme verfolgten Zweckes möglich ist.

§ 15a Informationspflicht bei unrechtmäßiger Kenntniserlangung von Daten. Stellt der Diensteanbieter fest, dass bei ihm gespeicherte Bestands- oder Nutzungsdaten unrechtmäßig übermittelt worden oder auf sonstige Weise Dritten unrechtmäßig zur Kenntnis gelangt sind, und drohen schwerwiegende Beeinträchtigungen für die Rechte oder schutzwürdigen Interessen des betroffenen Nutzers, gilt § 42a des Bundesdatenschutzgesetzes[1)] entsprechend.

Abschnitt 5. Bußgeldvorschriften

§ 16 Bußgeldvorschriften. (1) Ordnungswidrig handelt, wer absichtlich entgegen § 6 Abs. 2 Satz 1 den Absender oder den kommerziellen Charakter der Nachricht verschleiert oder verheimlicht.

(2) Ordnungswidrig handelt, wer vorsätzlich oder fahrlässig

1. entgegen § 5 Abs. 1 eine Information nicht, nicht richtig oder nicht vollständig verfügbar hält,
2. entgegen § 13 Abs. 1 Satz 1 oder 2 den Nutzer nicht, nicht richtig, nicht vollständig oder nicht rechtzeitig unterrichtet,
3. einer Vorschrift des § 13 Abs. 4 Satz 1 Nr. 1 bis 4 oder 5 oder Absatz 7 Satz 1 Nummer 1 oder Nummer 2 Buchstabe a über eine dort genannte Pflicht zur Sicherstellung zuwiderhandelt,
4. entgegen § 14 Abs. 1 oder § 15 Abs. 1 Satz 1 oder Abs. 8 Satz 1 oder 2 personenbezogene Daten erhebt oder verwendet oder nicht oder nicht rechtzeitig löscht oder
5. entgegen § 15 Abs. 3 Satz 3 ein Nutzungsprofil mit Daten über den Träger des Pseudonyms zusammenführt.

(3) Die Ordnungswidrigkeit kann mit einer Geldbuße bis zu fünfzigtausend Euro geahndet werden.

[1)] Nr. **56**.

22. Staatsvertrag für Rundfunk und Telemedien (Rundfunkstaatsvertrag – RStV –) [1)2)]

vom 18. Dezember 1991

zuletzt geänd. durch Art. 1 Zweiundzwanzigster RÄndStV v. 15.10.2018[3)]

– Auszug –

I. Abschnitt. Allgemeine Vorschriften

§ 1 Anwendungsbereich. (1) Dieser Staatsvertrag gilt für die Veranstaltung und Verbreitung von Rundfunk in Deutschland in einem dualen Rundfunksystem; für Telemedien gelten nur der IV. bis VI. Abschnitt sowie § 20 Abs. 2.

(2) Soweit dieser Staatsvertrag keine anderweitigen Regelungen für die Veranstaltung und Verbreitung von Rundfunk enthält oder solche Regelungen zuläßt, sind die für die jeweilige Rundfunkanstalt oder den jeweiligen privaten Veranstalter geltenen landesrechtlichen Vorschriften anzuwenden.

(3) [1] Für Fernsehveranstalter gelten dieser Staatsvertrag und die landesrechtlichen Vorschriften, wenn sie in der Bundesrepublik Deutschland niedergelassen sind. [2] Ein Fernsehveranstalter gilt als in der Bundesrepublik Deutschland niedergelassen, wenn

1. die Hauptverwaltung in Deutschland liegt und die redaktionellen Entscheidungen über das Programm dort getroffen werden,

---

1) Verkündet als Art. 1 StV über den Rundfunk im vereinten Deutschland; Inkrafttreten gem. Art. 7 Abs. 3 Satz 1 dieses StV am 1.1.1992.

2) Der 14. RundfunkänderungsStV v. 10.6.2010, ber. S. 8, 2011 S. 51, aufgeh. durch Bek. v. 7.3. 2011 (GVBl. I Nr. 3 S. 1) ist gem. Art. 4 Abs. 2 gegenstandslos, nachdem bis zum 31.12.2010 nicht alle Vertragsparteien zugestimmt haben; siehe hierzu auch in Berlin: Bek. v. 25.1.2011 (GVBl. S. 18) v. 25.1.2011 (GVBl. S. 18).

3) Zur Ratifizierung und zum Inkrafttreten am **1.5.2019** siehe in:
Baden-Württemberg: G v. 5.2.2019 (GBl. S. 27), Bek. v. 20.5.2019 (GBl. S. 285);
Bayern: Bek. v. 15.4.2019 (GVBl. S. 162);
Berlin: G v. 20.3.2019 (GVBl. S. 238);
Brandenburg: G v. 1.4.2019 (GVBl. I Nr. 7);
Bremen: G v. 5.3.2019 (Brem.GBl. S. 57), Bek. v. 26.4.2019 (Brem.GBl. S. 236);
Hamburg: G v. 5.4.2019 (HmbGVBl. S. 87), ber. S. 104, Bek. v. 30.4.2019 (HmbGVBl. S. 110);
Hessen: G v. 4.4.2019 (GVBl. S. 50);
Mecklenburg-Vorpommern: G v. 18.3.2019 (GVOBl. M-V S. 122), Bek. v. 22.5.2019 (GVOBl. M-V S. 208);
Niedersachsen: G v. 27.2.2019 (Nds. GVBl. S. 28);
Nordrhein-Westfalen: G v. 26.2.2019 (GV. NRW. S. 134), Bek. v. 9.7.2019 (GV. NRW. S. 346);
Rheinland-Pfalz: G v. 5.4.2019 (GVBl. S. 34), Bek. v. 26.6.2019 (GVBl. S. 159);
Saarland: G v. 10.4.2019 (Amtsbl. I S. 336);
Sachsen: G v. 13.3.2019 (SächsGVBl. S. 210), Bek. v. 6.5.2019 (SächsGVBl. S. 354);
Sachsen-Anhalt: G v. 14.3.2019 (GVBl. LSA S. 45);
Schleswig-Holstein: G v. 1.3.2019 (GVOBl. Schl.-H. S. 68);
Thüringen: G v. 7.2.2019 (GVBl. S. 3), Bek. v. 2.7.2019 (GVBl. S. 293).

2. die Hauptverwaltung in Deutschland liegt und die Entscheidungen über das Programm in einem anderen Mitgliedstaat der Europäischen Union getroffen werden, jedoch
   a) ein wesentlicher Teil des mit der Bereitstellung des Programms betrauten Personals in Deutschland tätig ist oder
   b) ein wesentlicher Teil des mit der Bereitstellung des Programms betrauten Personals sowohl in Deutschland als auch dem anderen Mitgliedstaat der Europäischen Union tätig ist oder
   c) ein wesentlicher Teil des mit der Bereitstellung des Programms betrauten Personals weder in Deutschland noch dem anderen Mitgliedstaat der Europäischen Union tätig ist, aber der Fernsehveranstalter in Deutschland zuerst seine Tätigkeit begann und eine dauerhafte und tatsächliche Verbindung mit der Wirtschaft Deutschlands fortbesteht, oder
3. die Hauptverwaltung in Deutschland liegt und die redaktionellen Entscheidungen über das Programm in einem Drittstaat getroffen werden oder umgekehrt und vorausgesetzt, ein wesentlicher Teil des mit der Bereitstellung des Programms betrauten Personals ist in Deutschland tätig.

(4) [1] Für Fernsehveranstalter, sofern sie nicht bereits aufgrund der Niederlassung der Rechtshoheit Deutschlands oder eines anderen Mitgliedstaats der Europäischen Union unterliegen, gelten dieser Staatsvertrag und die landesrechtlichen Vorschriften auch, wenn sie
1. eine in der Bundesrepublik Deutschland gelegene Satelliten-Bodenstation für die Aufwärtsstrecke nutzen oder
2. zwar keine in einem Mitgliedstaat der Europäischen Union gelegene Satelliten-Bodenstation für die Aufwärtsstrecke nutzen, aber eine der Bundesrepublik Deutschland zugewiesene Übertragungskapazität eines Satelliten nutzen.

[2] Liegt keines dieser beiden Kriterien vor, gelten dieser Staatsvertrag und die landesrechtlichen Vorschriften auch für Fernsehveranstalter, wenn sie in Deutschland gemäß den Artikeln 49 bis 55 des Vertrags über die Arbeitsweise der Europäischen Union, ABl. Nr. C 115 vom 9.5.2008 S. 47, niedergelassen sind.

(5) Dieser Staatsvertrag und die landesrechtlichen Vorschriften gelten nicht für Programme von Fernsehveranstaltern, die
1. ausschließlich zum Empfang in Drittländern bestimmt sind und
2. nicht unmittelbar oder mittelbar von der Allgemeinheit mit handelsüblichen Verbraucherendgeräten in einem Staat innerhalb des Geltungsbereichs der Richtlinie 2010/13/EU des Europäischen Parlaments und des Rates vom 10. März 2010 zur Koordinierung bestimmter Rechts- und Verwaltungsvorschriften der Mitgliedstaaten über die Bereitstellung audiovisueller Mediendienste (ABl. L 95 vom 15. April 2010, S. 1) empfangen werden.

(6) Die Bestimmungen des I. und III. Abschnitts dieses Staatsvertrages gelten für Teleshoppingkanäle nur, sofern dies ausdrücklich bestimmt ist.

§ 2 Begriffsbestimmungen. (1) [1] Rundfunk ist ein linearer Informations- und Kommunikationsdienst; er ist die für die Allgemeinheit und zum zeitgleichen Empfang bestimmte Veranstaltung und Verbreitung von Angeboten in

Bewegtbild oder Ton entlang eines Sendeplans unter Benutzung elektromagnetischer Schwingungen. [2]Der Begriff schließt Angebote ein, die verschlüsselt verbreitet werden oder gegen besonderes Entgelt empfangbar sind. [3]Telemedien sind alle elektronischen Informations- und Kommunikationsdienste, soweit sie nicht Telekommunikationsdienste nach § 3 Nr. 24 des Telekommunikationsgesetzes[1)] sind, die ganz in der Übertragung von Signalen über Telekommunikationsnetze bestehen oder telekommunikationsgestützte Dienste nach § 3 Nr. 25 des Telekommunikationsgesetzes oder Rundfunk nach Satz 1 und 2 sind.

(2) Im Sinne dieses Staatsvertrages ist

1. Rundfunkprogramm eine nach einem Sendeplan zeitlich geordnete Folge von Inhalten,
2. Sendung ein inhaltlich zusammenhängender, geschlossener, zeitlich begrenzter Teil eines Rundfunkprogramms,
3. Vollprogramm ein Rundfunkprogramm mit vielfältigen Inhalten, in welchem Information, Bildung, Beratung und Unterhaltung einen wesentlichen Teil des Gesamtprogramms bilden,
4. Spartenprogramm ein Rundfunkprogramm mit im wesentlichen gleichartigen Inhalten,
5. Satellitenfensterprogramm ein zeitlich begrenztes Rundfunkprogramm mit bundesweiter Verbreitung im Rahmen eines weiterreichenden Programms (Hauptprogramm),
6. Regionalfensterprogramm ein zeitlich und räumlich begrenztes Rundfunkprogramm mit im wesentlichen regionalen Inhalten im Rahmen eines Hauptprogramms,
7. Werbung jede Äußerung bei der Ausübung eines Handels, Gewerbes, Handwerks oder freien Berufs, die im Rundfunk von einem öffentlich-rechtlichen oder einem privaten Veranstalter oder einer natürlichen Person entweder gegen Entgelt oder eine ähnliche Gegenleistung oder als Eigenwerbung gesendet wird, mit dem Ziel, den Absatz von Waren oder die Erbringung von Dienstleistungen, einschließlich unbeweglicher Sachen, Rechte und Verpflichtungen, gegen Entgelt zu fördern. § 7 Absatz 9 bleibt unberührt,
8. Schleichwerbung die Erwähnung oder Darstellung von Waren, Dienstleistungen, Namen, Marken oder Tätigkeiten eines Herstellers von Waren oder eines Erbringers von Dienstleistungen in Sendungen, wenn sie vom Veranstalter absichtlich zu Werbezwecken vorgesehen ist und mangels Kennzeichnung die Allgemeinheit hinsichtlich des eigentlichen Zweckes dieser Erwähnung oder Darstellung irreführen kann. Eine Erwähnung oder Darstellung gilt insbesondere dann als zu Werbezwecken beabsichtigt, wenn sie gegen Entgelt oder eine ähnliche Gegenleistung erfolgt,
9. Sponsoring jeder Beitrag einer natürlichen oder juristischen Person oder einer Personenvereinigung, die an Rundfunktätigkeiten oder an der Produktion audiovisueller Werke nicht beteiligt ist, zur direkten oder indirekten Finanzierung einer Sendung, um den Namen, die Marke, das Erschei-

---

[1)] Nr. **55**.

nungsbild der Person oder Personenvereinigung, ihre Tätigkeit oder ihre Leistungen zu fördern,

10. Teleshopping die Sendung direkter Angebote an die Öffentlichkeit für den Absatz von Waren oder die Erbringung von Dienstleistungen, einschließlich unbeweglicher Sachen, Rechte und Verpflichtungen, gegen Entgelt in Form von Teleshoppingkanälen, -fenstern und -spots,
11. Produktplatzierung die gekennzeichnete Erwähnung oder Darstellung von Waren, Dienstleistungen, Namen, Marken, Tätigkeiten eines Herstellers von Waren oder eines Erbringers von Dienstleistungen in Sendungen gegen Entgelt oder eine ähnliche Gegenleistung mit dem Ziel der Absatzförderung. Die kostenlose Bereitstellung von Waren oder Dienstleistungen ist Produktplatzierung, sofern die betreffende Ware oder Dienstleistung von bedeutendem Wert ist,
12. Programmbouquet die Bündelung von Programmen und Diensten, die in digitaler Technik unter einem elektronischen Programmführer verbreitet werden,
13. Anbieter einer Plattform, wer auf digitalen Übertragungskapazitäten oder digitalen Datenströmen Rundfunk und vergleichbare Telemedien (Telemedien, die an die Allgemeinheit gerichtet sind) auch von Dritten mit dem Ziel zusammenfasst, diese Angebote als Gesamtangebot zugänglich zu machen oder wer über die Auswahl für die Zusammenfassung entscheidet; Plattformanbieter ist nicht, wer Rundfunk oder vergleichbare Telemedien ausschließlich vermarktet,
14. Rundfunkveranstalter, wer ein Rundfunkprogramm unter eigener inhaltlicher Verantwortung anbietet,
15. unter Information insbesondere Folgendes zu verstehen: Nachrichten und Zeitgeschehen, politische Information, Wirtschaft, Auslandsberichte, Religiöses, Sport, Regionales, Gesellschaftliches, Service und Zeitgeschichtliches,
16. unter Bildung insbesondere Folgendes zu verstehen: Wissenschaft und Technik, Alltag und Ratgeber, Theologie und Ethik, Tiere und Natur, Gesellschaft, Kinder und Jugend, Erziehung, Geschichte und andere Länder,
17. unter Kultur insbesondere Folgendes zu verstehen: Bühnenstücke, Musik, Fernsehspiele, Fernsehfilme und Hörspiele, bildende Kunst, Architektur, Philosophie und Religion, Literatur und Kino,
18. unter Unterhaltung insbesondere Folgendes zu verstehen: Kabarett und Comedy, Filme, Serien, Shows, Talk-Shows, Spiele, Musik,
19. unter öffentlich-rechtlichen Telemedienangeboten zu verstehen: von den in der ARD zusammengeschlossenen Landesrundfunkanstalten, dem ZDF und dem Deutschlandradio jeweils nach Maßgabe eines nach § 11f Abs. 4 durchgeführten Verfahrens angebotene Telemedien, die journalistisch-redaktionell veranlasst und journalistisch-redaktionell gestaltet sind, Bild, Ton, Bewegtbild, Text und internetspezifische Gestaltungsmittel enthalten können und diese miteinander verbinden.

(3) Kein Rundfunk sind Angebote, die

1. jedenfalls weniger als 500 potenziellen Nutzern zum zeitgleichen Empfang angeboten werden,
2. zur unmittelbaren Wiedergabe aus Speichern von Empfangsgeräten bestimmt sind,
3. ausschließlich persönlichen oder familiären Zwecken dienen,
4. nicht journalistisch-redaktionell gestaltet sind oder
5. aus Sendungen bestehen, die jeweils gegen Einzelentgelt freigeschaltet werden.

§ 3 Allgemeine Grundsätze. (1) [1] Die in der Arbeitsgemeinschaft der öffentlich-rechtlichen Rundfunkanstalten der Bundesrepublik Deutschland (ARD) zusammengeschlossenen Landesrundfunkanstalten, das Zweite Deutsche Fernsehen (ZDF), das Deutschlandradio und alle Veranstalter bundesweit verbreiteter Rundfunkprogramme haben in ihren Angeboten die Würde des Menschen zu achten und zu schützen; die sittlichen und religiösen Überzeugungen der Bevölkerung sind zu achten. [2] Die Angebote sollen dazu beitragen, die Achtung vor Leben, Freiheit und körperlicher Unversehrtheit, vor Glauben und Meinungen anderer zu stärken. [3] Weitergehende landesrechtliche Anforderungen an die Gestaltung der Angebote sowie § 41 dieses Staatsvertrages bleiben unberührt.

(2) Die Veranstalter nach Absatz 1 Satz 1 sollen über ihr bereits bestehendes Engagement hinaus im Rahmen ihrer technischen und finanziellen Möglichkeiten barrierefreie Angebote vermehrt aufnehmen.

§ 4 Übertragung von Großereignissen. (1) [1] Die Ausstrahlung im Fernsehen von Ereignissen von erheblicher gesellschaftlicher Bedeutung (Großereignisse) in der Bundesrepublik Deutschland verschlüsselt und gegen besonderes Entgelt ist nur zulässig, wenn der Fernsehveranstalter selbst oder ein Dritter zu angemessenen Bedingungen ermöglicht, dass das Ereignis zumindest in einem frei empfangbaren und allgemein zugänglichen Fernsehprogramm in der Bundesrepublik Deutschland zeitgleich oder, sofern wegen parallel laufender Einzelereignisse nicht möglich, geringfügig zeitversetzt ausgestrahlt werden kann. [2] Besteht keine Einigkeit über die Angemessenheit der Bedingungen, sollen die Parteien rechtzeitig vor dem Ereignis ein schiedsrichterliches Verfahren nach §§ 1025 ff. der Zivilprozessordnung vereinbaren; kommt die Vereinbarung eines schiedsrichterlichen Verfahrens aus Gründen, die der Fernsehveranstalter oder der Dritte zu vertreten haben, nicht zustande, gilt die Übertragung nach Satz 1 als nicht zu angemessenen Bedingungen ermöglicht. [3] Als allgemein zugängliches Fernsehprogramm gilt nur ein Programm, das in mehr als zwei Drittel der Haushalte tatsächlich empfangbar ist.

(2) [1] Großereignisse im Sinne dieser Bestimmung sind:

1. Olympische Sommer- und Winterspiele,
2. bei Fußball-Europa- und -Weltmeisterschaften alle Spiele mit deutscher Beteiligung sowie unabhängig von einer deutschen Beteiligung das Eröffnungsspiel, die Halbfinalspiele und das Endspiel,
3. die Halbfinalspiele und das Endspiel um den Vereinspokal des Deutschen Fußball-Bundes,

4. Heim- und Auswärtsspiele der deutschen Fußballnationalmannschaft,
5. Endspiele der europäischen Vereinsmeisterschaften im Fußball (Champions League, Europa League) bei deutscher Beteiligung.

[2]Bei Großereignissen, die aus mehreren Einzelereignissen bestehen, gilt jedes Einzelereignis als Großereignis. [3]Die Aufnahme oder Herausnahme von Ereignissen in diese Bestimmung ist nur durch Staatsvertrag aller Länder zulässig.

(3) [1]Teilt ein Mitgliedstaat der Europäischen Union seine Bestimmungen über die Ausstrahlung von Großereignissen nach Artikel 3a der Richtlinie 89/552/EWG des Rates zur Koordinierung bestimmter Rechts- und Verwaltungsvorschriften der Mitgliedstaaten über die Ausübung der Fernsehtätigkeit in der Fassung der Richtlinie 97/36/EG des Europäischen Parlaments und des Rates der Europäischen Kommission mit und erhebt die Kommission nicht binnen drei Monaten seit der Mitteilung Einwände und werden die Bestimmungen des betreffenden Mitgliedstaates im Amtsblatt der Europäischen Gemeinschaften veröffentlicht, ist die Ausstrahlung von Großereignissen verschlüsselt und gegen Entgelt für diesen Mitgliedstaat nur zulässig, wenn der Fernsehveranstalter nach den im Amtsblatt veröffentlichten Bestimmungen des betreffenden Mitgliedstaates eine Übertragung in einem frei zugänglichen Programm ermöglicht. [2]Satz 1 gilt nicht für die Übertragung von Großereignissen für andere Mitgliedstaaten, an denen Fernsehveranstalter vor dem 30. Juli 1997 Rechte zur ausschließlichen verschlüsselten Übertragung gegen Entgelt für diesen Mitgliedstaat erworben haben.

(4) [1]Sind Bestimmungen eines Staates, der das Europäische Übereinkommen über das grenzüberschreitende Fernsehen in der Fassung des Änderungsprotokolls vom 9. September 1998 ratifiziert hat, nach dem Verfahren nach Artikel 9a Abs. 3 des Übereinkommens veröffentlicht, so gilt diese Regelung für Veranstalter in der Bundesrepublik Deutschland nach Maßgabe des Satzes 4, es sei denn, die Ministerpräsidenten der Länder versagen der Regelung innerhalb einer Frist von sechs Monaten durch einstimmigen Beschluss die Anerkennung. [2]Die Anerkennung kann nur versagt werden, wenn die Bestimmungen des betreffenden Staates gegen das Grundgesetz oder die Europäische Konvention zum Schutze der Menschenrechte und Grundfreiheiten verstoßen. [3]Die für Veranstalter in der Bundesrepublik Deutschland nach dem vorbezeichneten Verfahren geltenden Bestimmungen sind in den amtlichen Veröffentlichungsblättern der Länder bekannt zu machen. [4]Mit dem Tag der letzten Bekanntmachung in den Veröffentlichungsblättern der Länder ist die Ausstrahlung von Großereignissen verschlüsselt und gegen Entgelt für diesen betreffenden Staat nur zulässig, wenn der Fernsehveranstalter nach den veröffentlichten Bestimmungen des betreffenden Staates eine Übertragung dort in einem frei zugänglichen Programm ermöglicht.

(5) [1]Verstößt ein Veranstalter gegen die Bestimmungen der Absätze 3 und 4, so kann die Zulassung widerrufen werden. [2]Statt des Widerrufs kann die Zulassung mit Nebenbestimmungen versehen werden, soweit dies ausreicht, den Verstoß zu beseitigen.

§ 5 Kurzberichterstattung. (1) [1]Das Recht auf unentgeltliche Kurzberichterstattung über Veranstaltungen und Ereignisse, die öffentlich zugänglich und von allgemeinem Informationsinteresse sind, steht jedem in Europa zugelassenen Fernsehveranstalter zu eigenen Sendezwecken zu. [2]Dieses Recht schließt die Befugnis zum Zugang, zur kurzzeitigen Direktübertragung, zur Aufzeichnung, zu deren Auswertung zu einem einzigen Beitrag und zur Weitergabe unter den Voraussetzungen der Absätze 2 bis 12 ein.

(2) Anderweitige gesetzliche Bestimmungen, insbesondere solche des Urheberrechts und des Persönlichkeitsschutzes, bleiben unberührt.

(3) Auf die Kirchen und auf andere Religionsgemeinschaften sowie deren Einrichtungen mit entsprechender Aufgabenstellung findet Absatz 1 keine Anwendung.

(4) [1] Die unentgeltliche Kurzberichterstattung ist auf eine dem Anlaß entsprechende nachrichtenmäßige Kurzberichterstattung beschränkt. [2] Die zulässige Dauer bemißt sich nach der Länge der Zeit, die notwendig ist, um den nachrichtenmäßigen Informationsgehalt der Veranstaltung oder des Ereignisses zu vermitteln. [3] Bei kurzfristig und regelmäßig wiederkehrenden Veranstaltungen vergleichbarer Art beträgt die Obergrenze der Dauer in der Regel eineinhalb Minuten. [4] Werden Kurzberichte über Veranstaltungen vergleichbarer Art zusammengefaßt, muß auch in dieser Zusammenfassung der nachrichtenmäßige Charakter gewahrt bleiben.

(5) [1] Das Recht auf Kurzberichterstattung muß so ausgeübt werden, daß vermeidbare Störungen der Veranstaltung oder des Ereignisses unterbleiben. [2] Der Veranstalter kann die Übertragung oder die Aufzeichnung einschränken oder ausschließen, wenn anzunehmen ist, daß sonst die Durchführung der Veranstaltung in frage gestellt oder das sittliche Empfinden der Veranstaltungsteilnehmer gröblich verletzt würden. [3] Das Recht auf Kurzberichterstattung ist ausgeschlossen, wenn Gründe der öffentlichen Sicherheit und Ordnung entgegenstehen und diese das öffentliche Interesse an der Information überwiegen. [4] Unberührt bleibt im übrigen das Recht des Veranstalters, die Übertragung oder die Aufzeichnung der Veranstaltung insgesamt auszuschließen.

(6) Für die Ausübung des Rechts auf Kurzberichterstattung kann der Veranstalter das allgemein vorgesehene Eintrittsgeld verlangen; im übrigen ist ihm Ersatz seiner notwendigen Aufwendungen zu leisten, die durch die Ausübung des Rechts entstehen.

(7) [1] Für die Ausübung des Rechts auf Kurzberichterstattung über berufsmäßig durchgeführte Veranstaltungen kann der Veranstalter ein dem Charakter der Kurzberichterstattung entsprechendes billiges Entgelt verlangen. [2] Wird über die Höhe des Entgelts keine Einigkeit erzielt, soll ein schiedsrichterliches Verfahren nach §§ 1025 ff. der Zivilprozessordnung vereinbart werden. [3] Das Fehlen einer Vereinbarung über die Höhe des Entgelts oder über die Durchführung eines schiedsrichterlichen Verfahrens steht der Ausübung des Rechts auf Kurzberichterstattung nicht entgegen; dasselbe gilt für einen bereits anhängigen Rechtsstreit über die Höhe des Entgelts.

(8) [1] Die Ausübung des Rechts auf Kurzberichterstattung setzt eine Anmeldung des Fernsehveranstalters bis spätestens zehn Tage vor Beginn der Veranstaltung beim Veranstalter voraus. [2] Dieser hat spätestens fünf Tage vor dem Beginn der Veranstaltung den anmeldenden Fernsehveranstaltern mitzuteilen, ob genügend räumliche und technische Möglichkeiten für eine Übertragung oder Aufzeichnung bestehen. [3] Bei kurzfristigen Veranstaltungen und bei Ereignissen haben die Anmeldungen zum frühestmöglichen Zeitpunkt zu erfolgen.

(9) [1] Reichen die räumlichen und technischen Gegebenheiten für eine Berücksichtigung aller Anmeldungen nicht aus, haben zunächst die Fernsehver-

anstalter Vorrang, die vertragliche Vereinbarungen mit dem Veranstalter oder dem Träger des Ereignisses geschlossen haben. [2] Darüber hinaus steht dem Veranstalter oder dem Träger des Ereignisses ein Auswahlrecht zu. [3] Dabei sind zunächst solche Fernsehveranstalter zu berücksichtigen, die eine umfassende Versorgung des Landes sicherstellen, in dem die Veranstaltung oder das Ereignis stattfindet.

(10) Fernsehveranstalter, die die Kurzberichterstattung wahrnehmen, sind verpflichtet, das Signal und die Aufzeichnung unmittelbar denjenigen Fernsehveranstaltern gegen Ersatz der angemessenen Aufwendungen zur Verfügung zu stellen, die nicht zugelassen werden konnten.

(11) Trifft der Veranstalter oder der Träger eines Ereignisses eine vertragliche Vereinbarung mit einem Fernsehveranstalter über eine Berichterstattung, hat er dafür Sorge zu tragen, daß mindestens ein anderer Fernsehveranstalter eine Kurzberichterstattung wahrnehmen kann.

(12) [1] Die für die Kurzberichterstattung nicht verwerteten Teile sind spätestens drei Monate nach Beendigung der Veranstaltung oder des Ereignisses zu vernichten; die Vernichtung ist dem betreffenden Veranstalter oder Träger des Ereignisses schriftlich mitzuteilen. [2] Die Frist wird durch die Ausübung berechtigter Interessen Dritter unterbrochen.

§ 6 Europäische Produktionen, Eigen-, Auftrags- und Gemeinschaftsproduktionen. (1) Die Fernsehveranstalter tragen zur Sicherung von deutschen und europäischen Film- und Fernsehproduktionen als Kulturgut sowie als Teil des audiovisuellen Erbes bei.

(2) Zur Darstellung der Vielfalt im deutschsprachigen und europäischen Raum und zur Förderung von europäischen Film- und Fernsehproduktionen sollen die Fernsehveranstalter den Hauptteil ihrer insgesamt für Spielfilme, Fernsehspiele, Serien, Dokumentarsendungen und vergleichbare Produktionen vorgesehenen Sendezeit europäischen Werken entsprechend dem europäischen Recht vorbehalten.

(3) [1] Fernsehvollprogramme sollen einen wesentlichen Anteil an Eigenproduktionen sowie Auftrags- und Gemeinschaftsproduktionen aus dem deutschsprachigen und europäischen Raum enthalten. [2] Das gleiche gilt für Fernsehspartenprogramme, soweit dies nach ihren inhaltlichen Schwerpunkten möglich ist.

(4) [1] Im Rahmen seines Programmauftrages und unter Berücksichtigung der Grundsätze von Wirtschaftlichkeit und Sparsamkeit ist der öffentlich-rechtliche Rundfunk zur qualitativen und quantitativen Sicherung seiner Programmbeschaffung berechtigt, sich an Filmförderungen zu beteiligen, ohne dass unmittelbar eine Gegenleistung erfolgen muss. [2] Weitere landesrechtliche Regelungen bleiben unberührt.

§ 7 Werbegrundsätze, Kennzeichnungspflichten. (1) Werbung und Teleshopping dürfen nicht

1. die Menschenwürde verletzen,
2. Diskriminierungen auf Grund von Geschlecht, Rasse oder ethnischer Herkunft, Staatsangehörigkeit, Religion oder Glauben, Behinderung, Alter oder sexueller Orientierung beinhalten oder fördern,

3. irreführen oder den Interessen der Verbraucher schaden oder
4. Verhaltensweisen fördern, die die Gesundheit oder Sicherheit sowie in hohem Maße den Schutz der Umwelt gefährden.

(2) [1] Werbung ist Teil des Programms. [2] Werbung oder Werbetreibende dürfen das übrige Programm inhaltlich und redaktionell nicht beeinflussen. [3] Sätze 1 und 2 gelten für Teleshopping-Spots, Teleshopping-Fenster und deren Anbieter entsprechend.

(3) [1] Werbung und Teleshopping müssen als solche leicht erkennbar und vom redaktionellen Inhalt unterscheidbar sein. [2] In der Werbung und im Teleshopping dürfen keine Techniken der unterschwelligen Beeinflussung eingesetzt werden. [3] Auch bei Einsatz neuer Werbetechniken müssen Werbung und Teleshopping dem Medium angemessen durch optische oder akustische Mittel oder räumlich eindeutig von anderen Sendungsteilen abgesetzt sein.

(4) [1] Eine Teilbelegung des ausgestrahlten Bildes mit Werbung ist zulässig, wenn die Werbung vom übrigen Programm eindeutig optisch getrennt und als solche gekennzeichnet ist. [2] Diese Werbung wird auf die Dauer der Spotwerbung nach §§ 16 und 45 angerechnet. [3] § 7a Absatz 1 gilt entsprechend.

(5) [1] Dauerwerbesendungen sind zulässig, wenn der Werbecharakter erkennbar im Vordergrund steht und die Werbung einen wesentlichen Bestandteil der Sendung darstellt. [2] Sie müssen zu Beginn als Dauerwerbesendung angekündigt und während ihres gesamten Verlaufs als solche gekennzeichnet werden. [3] Die Sätze 1 und 2 gelten auch für Teleshopping.

(6) [1] Die Einfügung virtueller Werbung in Sendungen ist zulässig, wenn
1. am Anfang und am Ende der betreffenden Sendung darauf hingewiesen wird und
2. durch sie eine am Ort der Übertragung ohnehin bestehende Werbung ersetzt wird.

[2] Andere Rechte bleiben unberührt. [3] Satz 1 gilt auch für Teleshopping.

(7) [1] Schleichwerbung, Produkt- und Themenplatzierung sowie entsprechende Praktiken sind unzulässig. [2] Soweit in den §§ 15 und 44 Ausnahmen zugelassen sind, muss Produktplatzierung folgende Voraussetzungen erfüllen:
1. Die redaktionelle Verantwortung und Unabhängigkeit hinsichtlich Inhalt und Sendeplatz müssen unbeeinträchtigt bleiben,
2. die Produktplatzierung darf nicht unmittelbar zu Kauf, Miete oder Pacht von Waren oder Dienstleistungen auffordern, insbesondere nicht durch spezielle verkaufsfördernde Hinweise auf diese Waren oder Dienstleistungen, und
3. das Produkt darf nicht zu stark herausgestellt werden; dies gilt auch für kostenlos zur Verfügung gestellte geringwertige Güter.

[3] Auf eine Produktplatzierung ist eindeutig hinzuweisen. [4] Sie ist zu Beginn und zum Ende einer Sendung sowie bei deren Fortsetzung nach einer Werbeunterbrechung oder im Hörfunk durch einen gleichwertigen Hinweis angemessen zu kennzeichnen. [5] Die Kennzeichnungspflicht entfällt für Sendungen, die nicht vom Veranstalter selbst oder von einem mit dem Veranstalter verbundenen Unternehmen produziert oder in Auftrag gegeben worden sind, wenn nicht mit zumutbarem Aufwand ermittelbar ist, ob Produktplatzierung enthalten ist;

hierauf ist hinzuweisen. [6]Die in der ARD zusammengeschlossenen Landesrundfunkanstalten, das ZDF und die Landesmedienanstalten legen eine einheitliche Kennzeichnung fest.

(8) In der Fernsehwerbung und beim Teleshopping im Fernsehen dürfen keine Personen auftreten, die regelmäßig Nachrichtensendungen oder Sendungen zum politischen Zeitgeschehen vorstellen.

(9) [1]Werbung politischer, weltanschaulicher oder religiöser Art ist unzulässig.[1)] [2]Satz 1 gilt für Teleshopping entsprechend. [3]Unentgeltliche Beiträge im Dienst der Öffentlichkeit einschließlich von Spendenaufrufen zu Wohlfahrtszwecken gelten nicht als Werbung im Sinne von Satz 1. [4]§ 42 bleibt unberührt.

(10) Werbung und Teleshopping für alkoholische Getränke dürfen den übermäßigen Genuss solcher Getränke nicht fördern.

(11) [1]Die nichtbundesweite Verbreitung von Werbung oder anderen Inhalten in einem zur bundesweiten Verbreitung beauftragten oder zugelassenen Programm ist nur zulässig, wenn und soweit das Recht des Landes, in dem die nichtbundesweite Verbreitung erfolgt, dies gestattet. [2]Die nichtbundesweit verbreitete Werbung oder andere Inhalte privater Veranstalter bedürfen einer gesonderten landesrechtlichen Zulassung; diese kann von gesetzlich zu bestimmenden inhaltlichen Voraussetzungen abhängig gemacht werden.

(12) Die Absätze 1 bis 11 gelten auch für Teleshoppingkanäle.

§ 7a Einfügung von Werbung und Teleshopping. (1) Übertragungen von Gottesdiensten sowie Sendungen für Kinder dürfen nicht durch Werbung oder Teleshopping-Spots unterbrochen werden.

(2) [1]Einzeln gesendete Werbe- und Teleshopping-Spots im Fernsehen müssen die Ausnahme bleiben; dies gilt nicht bei der Übertragung von Sportveranstaltungen. [2]Die Einfügung von Werbe- oder Teleshopping-Spots im Fernsehen darf den Zusammenhang von Sendungen unter Berücksichtigung der natürlichen Sendeunterbrechungen sowie der Dauer und der Art der Sendung nicht beeinträchtigen noch die Rechte von Rechteinhabern verletzen.

(3) Filme mit Ausnahme von Serien, Reihen und Dokumentarfilmen sowie Kinofilme und Nachrichtensendungen dürfen für jeden programmierten Zeitraum von mindestens 30 Minuten einmal für Fernsehwerbung oder Teleshopping unterbrochen werden.

(4) [1]Richten sich Werbung oder Teleshopping-Spots in einem Fernsehprogramm eigens und häufig an Zuschauer eines anderen Staates, der das Europäische Übereinkommen über das grenzüberschreitende Fernsehen ratifiziert hat und nicht Mitglied der Europäischen Union ist, so dürfen die für die Fernsehwerbung oder das Teleshopping dort geltenden Vorschriften nicht umgangen werden. [2]Satz 1 gilt nicht, wenn die Vorschriften dieses Staatsvertrages über die Werbung oder das Teleshopping strenger sind als jene Vorschriften, die in dem betreffenden Staat gelten, ferner nicht, wenn mit dem betroffenen Staat Übereinkünfte auf diesem Gebiet geschlossen wurden.

§ 8 Sponsoring. (1) [1]Bei Sendungen, die ganz oder teilweise gesponsert werden, muss zu Beginn oder am Ende auf die Finanzierung durch den

---

[1)] Für Bayern gilt: § 7 Abs. 9 Satz 1 ist mit Art. 111a Abs. 1 Satz 1 BV unvereinbar und nichtig, Entscheidung des VfGHG v. 25.5.2007 (GVBl. S. 387).

Sponsor in vertretbarer Kürze und in angemessener Weise deutlich hingewiesen werden; der Hinweis ist in diesem Rahmen auch durch Bewegtbild möglich. [2]Neben oder anstelle des Namens des Sponsors kann auch dessen Firmenemblem oder eine Marke, ein anderes Symbol des Sponsors, ein Hinweis auf seine Produkte oder Dienstleistungen oder ein entsprechendes unterscheidungskräftiges Zeichen eingeblendet werden.

(2) Inhalt und Programmplatz einer gesponserten Sendung dürfen vom Sponsor nicht in der Weise beeinflusst werden, dass die redaktionelle Verantwortung und Unabhängigkeit des Rundfunkveranstalters beeinträchtigt werden.

(3) Gesponserte Sendungen dürfen nicht zum Verkauf, zum Kauf oder zur Miete oder Pacht von Erzeugnissen oder Dienstleistungen des Sponsors oder eines Dritten, vor allem durch entsprechende besondere Hinweise, anregen.

(4) Sendungen dürfen nicht von Unternehmen gesponsert werden, deren Haupttätigkeit die Herstellung oder der Verkauf von Zigaretten und anderen Tabakerzeugnissen ist.

(5) Beim Sponsoring von Sendungen durch Unternehmen, deren Tätigkeit die Herstellung oder den Verkauf von Arzneimitteln und medizinischen Behandlungen umfasst, darf für den Namen oder das Image des Unternehmens gesponsert werden, nicht jedoch für bestimmte Arzneimittel oder medizinische Behandlungen, die nur auf ärztliche Verordnung erhältlich sind.

(6) [1]Nachrichtensendungen und Sendungen zur politischen Information dürfen nicht gesponsert werden. [2]In Kindersendungen und Sendungen religiösen Inhalts ist das Zeigen von Sponsorenlogos untersagt.

(7) Die Absätze 1 bis 6 gelten auch für Teleshoppingkanäle.

(8) § 7 Absatz 1, 3 und Absatz 8 bis 10 gelten entsprechend.

§ 8a Gewinnspiele. (1) [1]Gewinnspielsendungen und Gewinnspiele sind zulässig. [2]Sie unterliegen dem Gebot der Transparenz und des Teilnehmerschutzes. [3]Sie dürfen nicht irreführen und den Interessen der Teilnehmer nicht schaden. [4]Insbesondere ist im Programm über die Kosten der Teilnahme, die Teilnahmeberechtigung, die Spielgestaltung sowie über die Auflösung der gestellten Aufgabe zu informieren. [5]Die Belange des Jugendschutzes sind zu wahren. [6]Für die Teilnahme darf nur ein Entgelt bis zu 0,50 Euro verlangt werden; § 13 Satz 3 bleibt unberührt.

(2) Der Veranstalter hat der für die Aufsicht zuständigen Stelle auf Verlangen alle Unterlagen vorzulegen und Auskünfte zu erteilen, die zur Überprüfung der ordnungsgemäßen Durchführung der Gewinnspielsendungen und Gewinnspiele erforderlich sind.

(3) Die Absätze 1 und 2 gelten auch für Teleshoppingkanäle.

§ 9 Informationspflicht, zuständige Behörden. (1) [1]Die Rundfunkanstalten des Landesrechts sind verpflichtet, der nach Landesrecht zuständigen Behörde gemäß Artikel 6 Abs. 2 des Europäischen Übereinkommens über das grenzüberschreitende Fernsehen die dort aufgeführten Informationen auf Verlangen zur Verfügung zu stellen. [2]Gleiches gilt für private Fernsehveranstalter, die auf Verlangen die Informationen der Landesmedienanstalt des Landes zur

Verfügung zu stellen haben, in dem die Zulassung erteilt wurde. [3]Diese leitet die Informationen an ihre rechtsaufsichtsführende Behörde weiter.

(2) [1]Die Ministerpräsidenten der Länder bestimmen durch Beschluß eine oder mehrere der in Absatz 1 genannten Behörden, welche die Aufgaben nach Artikel 19 Abs. 2 und 3 des Europäischen Übereinkommens über das grenzüberschreitende Fernsehen wahrnehmen. [2]Diesen Behörden sind zur Durchführung ihrer Aufgaben alle erforderlichen Informationen durch die zuständigen Behörden der einzelnen Länder zu übermitteln.

(3) [1]Absätze 1 und 2 gelten entsprechend, soweit rechtsverbindliche Berichtspflichten der Länder zum Rundfunk gegenüber zwischenstaatlichen Einrichtungen oder internationalen Organisationen bestehen. [2]Satz 1 gilt auch für Teleshoppingkanäle.

§ 9a Informationsrechte. (1) [1]Rundfunkveranstalter haben gegenüber Behörden ein Recht auf Auskunft. [2]Auskünfte können verweigert werden, soweit

1. hierdurch die sachgemäße Durchführung eines schwebenden Verfahrens vereitelt, erschwert, verzögert oder gefährdet werden könnte oder
2. Vorschriften über die Geheimhaltung entgegenstehen oder
3. ein überwiegendes öffentliches oder schutzwürdiges privates Interesse verletzt würde oder
4. ihr Umfang das zumutbare Maß überschreitet.

(2) Allgemeine Anordnungen, die einer Behörde Auskünfte an Rundfunkveranstalter verbieten, sind unzulässig.

(3) Rundfunkveranstalter können von Behörden verlangen, dass sie bei der Weitergabe von amtlichen Bekanntmachungen im Verhältnis zu anderen Bewerbern gleichbehandelt werden.

§ 9b Verbraucherschutz. (1) [1]Mit Ausnahme der §§ 2, 9 und 12 gelten die Regelungen des EG-Verbraucherschutzdurchsetzungsgesetzes hinsichtlich der Bestimmungen dieses Staatsvertrages zur Umsetzung der Artikel 10 bis 21 der Richtlinie 89/552/EWG des Rates vom 3. Oktober 1989 zur Koordinierung bestimmter Rechts- und Verwaltungsvorschriften der Mitgliedstaaten über die Ausübung der Fernsehtätigkeit (ABl. L 298 vom 17. Oktober 1989, S. 23), in der Fassung der Richtlinie 97/36/EG des Europäischen Parlaments und des Rates (ABl. L 202 vom 30. Juli 1997, S. 60), bei innergemeinschaftlichen Verstößen entsprechend. [2]Satz 1 gilt auch für Teleshoppingkanäle.

(2) Rundfunkveranstalter haben folgende Informationen im Rahmen ihres Gesamtangebots leicht, unmittelbar und ständig zugänglich zu machen:

1. Name und geografische Anschrift,
2. Angaben, die eine schnelle und unmittelbare Kontaktaufnahme und eine effiziente Kommunikation ermöglichen und
3. zuständige Aufsicht.

§ 9c Datenverarbeitung zu journalistischen Zwecken, Medienprivileg.

(1) [1]Soweit die in der ARD zusammengeschlossenen Landesrundfunkanstalten, das ZDF, das Deutschlandradio oder private Rundfunkveranstalter personenbezogene Daten zu journalistischen Zwecken verarbeiten, ist es den hier-

mit befassten Personen untersagt, diese personenbezogenen Daten zu anderen Zwecken zu verarbeiten (Datengeheimnis). [2]Diese Personen sind bei der Aufnahme ihrer Tätigkeit auf das Datengeheimnis zu verpflichten. [3]Das Datengeheimnis besteht auch nach Beendigung ihrer Tätigkeit fort. [4]Im Übrigen finden für die Datenverarbeitung zu journalistischen Zwecken von der Verordnung (EU) 2016/679[1)] des Europäischen Parlaments und des Rates vom 27. April 2016 zum Schutz natürlicher Personen bei der Verarbeitung personenbezogener Daten, zum freien Datenverkehr und zur Aufhebung der Richtlinie 95/46/EG (Datenschutz-Grundverordnung) (ABl. L 119 vom 4. Mai 2016, S. 1; L 314 vom 22. November 2016, S. 72) außer den Kapiteln I, VIII, X und XI nur die Artikel 5 Abs. 1 Buchst. f in Verbindung mit Abs. 2, Artikel 24 und Artikel 32 Anwendung. [5]Artikel 82 und 83 der Verordnung (EU) 2016/679 gelten mit der Maßgabe, dass nur für eine Verletzung des Datengeheimnisses gemäß den Sätzen 1 bis 3 sowie für unzureichende Maßnahmen nach Artikel 5 Abs. 1 Buchst. f, Artikel 24 und 32 der Verordnung (EU) 2016/679 gehaftet wird. [6]Die Sätze 1 bis 5 gelten entsprechend für die zu den in Satz 1 genannten Stellen gehörenden Hilfs- und Beteiligungsunternehmen. [7]Die in der ARD zusammengeschlossenen Landesrundfunkanstalten, das ZDF, das Deutschlandradio und andere Rundfunkveranstalter sowie ihre Verbände und Vereinigungen können sich Verhaltenskodizes geben, die in einem transparenten Verfahren erlassen und veröffentlicht werden. [8]Den betroffenen Personen stehen nur die in den Absätzen 2 und 3 genannten Rechte zu.

(2) Führt die journalistische Verarbeitung personenbezogener Daten zur Verbreitung von Gegendarstellungen der betroffenen Person oder zu Verpflichtungserklärungen, Beschlüssen oder Urteilen über die Unterlassung der Verbreitung oder über den Widerruf des Inhalts der Daten, so sind diese Gegendarstellungen, Verpflichtungserklärungen und Widerrufe zu den gespeicherten Daten zu nehmen und dort für dieselbe Zeitdauer aufzubewahren wie die Daten selbst sowie bei einer Übermittlung der Daten gemeinsam mit diesen zu übermitteln.

(3) [1]Wird jemand durch eine Berichterstattung in seinem Persönlichkeitsrecht beeinträchtigt, kann die betroffene Person Auskunft über die der Berichterstattung zugrunde liegenden, zu ihrer Person gespeicherten Daten verlangen. [2]Die Auskunft kann nach Abwägung der schutzwürdigen Interessen der Beteiligten verweigert werden, soweit

1. aus den Daten auf Personen, die bei der Vorbereitung, Herstellung oder Verbreitung von Rundfunksendungen mitwirken oder mitgewirkt haben, geschlossen werden kann,
2. aus den Daten auf die Person des Einsenders oder des Gewährsträgers von Beiträgen, Unterlagen und Mitteilungen für den redaktionellen Teil geschlossen werden kann oder
3. durch die Mitteilung der recherchierten oder sonst erlangten Daten die journalistische Aufgabe durch Ausforschung des Informationsbestandes beeinträchtigt würde.

[3]Die betroffene Person kann die unverzügliche Berichtigung unrichtiger personenbezogener Daten im Datensatz oder die Hinzufügung einer eigenen Dar-

---

[1)] Nr. **54**.

stellung von angemessenem Umfang verlangen. [4]Die weitere Speicherung der personenbezogenen Daten ist rechtmäßig, wenn dies für die Ausübung des Rechts auf freie Meinungsäußerung und Information oder zur Wahrnehmung berechtigter Interessen erforderlich ist.

(4) [1]Für die in der ARD zusammengeschlossenen Landesrundfunkanstalten, das ZDF, das Deutschlandradio und private Rundfunkveranstalter sowie zu diesen gehörende Beteiligungs- und Hilfsunternehmen wird die Aufsicht über die Einhaltung der geltenden datenschutzrechtlichen Bestimmungen durch Landesrecht bestimmt. [2]Regelungen des Rundfunkstaatsvertrags bleiben unberührt.

(5) Die Absätze 1 bis 4 gelten auch für Teleshoppingkanäle.

§ 10 Berichterstattung, Informationssendungen, Meinungsumfragen.

(1) [1]Berichterstattung und Informationssendungen haben den anerkannten journalistischen Grundsätzen, auch beim Einsatz virtueller Elemente, zu entsprechen. [2]Sie müssen unabhängig und sachlich sein. [3]Nachrichten sind vor ihrer Verbreitung mit der nach den Umständen gebotenen Sorgfalt auf Wahrheit und Herkunft zu prüfen. [4]Kommentare sind von der Berichterstattung deutlich zu trennen und unter Nennung des Verfassers als solche zu kennzeichnen.

(2) Bei der Wiedergabe von Meinungsumfragen, die von Rundfunkveranstaltern durchgeführt werden, ist ausdrücklich anzugeben, ob sie repräsentativ sind.

VI. Abschnitt. Telemedien

§ 54 Allgemeine Bestimmungen. (1) [1]Telemedien sind im Rahmen der Gesetze zulassungs- und anmeldefrei. [2]Für die Angebote gilt die verfassungsmäßige Ordnung. [3]Die Vorschriften der allgemeinen Gesetze und die gesetzlichen Bestimmungen zum Schutz der persönlichen Ehre sind einzuhalten.

(2) [1]Telemedien mit journalistisch-redaktionell gestalteten Angeboten, in denen insbesondere vollständig oder teilweise Inhalte periodischer Druckerzeugnisse in Text oder Bild wiedergegeben werden, haben den anerkannten journalistischen Grundsätzen zu entsprechen. [2]Nachrichten sind vom Anbieter vor ihrer Verbreitung mit der nach den Umständen gebotenen Sorgfalt auf Inhalt, Herkunft und Wahrheit zu prüfen.

(3) Bei der Wiedergabe von Meinungsumfragen, die von Anbietern von Telemedien durchgeführt werden, ist ausdrücklich anzugeben, ob sie repräsentativ sind.

§ 55 Informationspflichten und Informationsrechte. (1) Anbieter von Telemedien, die nicht ausschließlich persönlichen oder familiären Zwecken dienen, haben folgende Informationen leicht erkennbar, unmittelbar erreichbar und ständig verfügbar zu halten:

1. Namen und Anschrift sowie
2. bei juristischen Personen auch Namen und Anschrift des Vertretungsberechtigten.

(2) [1] Anbieter von Telemedien mit journalistisch-redaktionell gestalteten Angeboten, in denen insbesondere vollständig oder teilweise Inhalte periodischer Druckerzeugnisse in Text oder Bild wiedergegeben werden, haben zusätzlich zu den Angaben nach den §§ 5 und 6 des Telemediengesetzes[1)] einen Verantwortlichen mit Angabe des Namens und der Anschrift zu benennen. [2] Werden mehrere Verantwortliche benannt, so ist kenntlich zu machen, für welchen Teil des Dienstes der jeweils Benannte verantwortlich ist. [3] Als Verantwortlicher darf nur benannt werden, wer

1. seinen ständigen Aufenthalt im Inland hat,
2. nicht infolge Richterspruchs die Fähigkeit zur Bekleidung öffentlicher Ämter verloren hat,
3. voll geschäftsfähig ist und
4. unbeschränkt strafrechtlich verfolgt werden kann.

(3) Für Anbieter von Telemedien nach Absatz 2 Satz 1 gilt § 9a entsprechend.

§ 56 Gegendarstellung. (1) [1] Anbieter von Telemedien mit journalistisch-redaktionell gestalteten Angeboten, in denen insbesondere vollständig oder teilweise Inhalte periodischer Druckerzeugnisse in Text oder Bild wiedergegeben werden, sind verpflichtet, unverzüglich eine Gegendarstellung der Person oder Stelle, die durch eine in ihrem Angebot aufgestellte Tatsachenbehauptung betroffen ist, ohne Kosten für den Betroffenen in ihr Angebot ohne zusätzliches Abrufentgelt aufzunehmen. [2] Die Gegendarstellung ist ohne Einschaltungen und Weglassungen in gleicher Aufmachung wie die Tatsachenbehauptung anzubieten. [3] Die Gegendarstellung ist so lange wie die Tatsachenbehauptung in unmittelbarer Verknüpfung mit ihr anzubieten. [4] Wird die Tatsachenbehauptung nicht mehr angeboten oder endet das Angebot vor Aufnahme der Gegendarstellung, so ist die Gegendarstellung an vergleichbarer Stelle so lange anzubieten, wie die ursprünglich angebotene Tatsachenbehauptung. [5] Eine Erwiderung auf die Gegendarstellung muss sich auf tatsächliche Angaben beschränken und darf nicht unmittelbar mit der Gegendarstellung verknüpft werden.

(2) Eine Verpflichtung zur Aufnahme der Gegendarstellung gemäß Absatz 1 besteht nicht, wenn

1. der Betroffene kein berechtigtes Interesse an der Gegendarstellung hat,
2. der Umfang der Gegendarstellung unangemessen über den der beanstandeten Tatsachenbehauptung hinausgeht,
3. die Gegendarstellung sich nicht auf tatsächliche Angaben beschränkt oder einen strafbaren Inhalt hat oder
4. die Gegendarstellung nicht unverzüglich, spätestens sechs Wochen nach dem letzten Tage des Angebots des beanstandeten Textes, jedenfalls jedoch drei Monate nach der erstmaligen Einstellung des Angebots, dem in Anspruch genommenen Anbieter schriftlich und von dem Betroffenen oder seinem gesetzlichen Vertreter unterzeichnet, zugeht.

[1)] Nr. 21.

(3) [1] Für die Durchsetzung des vergeblich geltend gemachten Gegendarstellungsanspruchs ist der ordentliche Rechtsweg gegeben. [2] Auf dieses Verfahren sind die Vorschriften der Zivilprozessordnung über das Verfahren auf Erlass einer einstweiligen Verfügung entsprechend anzuwenden. [3] Eine Gefährdung des Anspruchs braucht nicht glaubhaft gemacht zu werden. [4] Ein Verfahren zur Hauptsache findet nicht statt.

(4) Eine Verpflichtung zur Gegendarstellung besteht nicht für wahrheitsgetreue Berichte über öffentliche Sitzungen der übernationalen parlamentarischen Organe, der gesetzgebenden Organe des Bundes und der Länder sowie derjenigen Organe und Stellen, bei denen das jeweilige Landespressegesetz eine presserechtliche Gegendarstellung ausschließt.

§ 57 Datenverarbeitung zu journalistischen Zwecken, Medienprivileg. (1) [1] Soweit die in der ARD zusammengeschlossenen Landesrundfunkanstalten, das ZDF, das Deutschlandradio, private Rundfunkveranstalter oder Unternehmen und Hilfsunternehmen der Presse als Anbieter von Telemedien personenbezogene Daten zu journalistischen Zwecken verarbeiten, ist es den hiermit befassten Personen untersagt, diese personenbezogenen Daten zu anderen Zwecken zu verarbeiten (Datengeheimnis). [2] Diese Personen sind bei der Aufnahme ihrer Tätigkeit auf das Datengeheimnis zu verpflichten. [3] Das Datengeheimnis besteht auch nach Beendigung ihrer Tätigkeit fort. [4] Im Übrigen finden für die Datenverarbeitung zu journalistischen Zwecken außer den Kapiteln I, VIII, X und XI der Verordnung (EU) 2016/679[1)] nur die Artikel 5 Abs. 1 Buchst. f in Verbindung mit Abs. 2, Artikel 24 und Artikel 32 der Verordnung (EU) 2016/679 Anwendung. [5] Artikel 82 und 83 der Verordnung (EU) 2016/679 gelten mit der Maßgabe, dass nur für eine Verletzung des Datengeheimnisses gemäß den Sätzen 1 bis 3 sowie für unzureichende Maßnahmen nach Artikel 5 Abs. 1 Buchst. f, Artikel 24 und 32 der Verordnung (EU) 2016/679 gehaftet wird. [6] Kapitel VIII der Verordnung (EU) 2016/679 findet keine Anwendung, soweit Unternehmen, Hilfs- und Beteiligungsunternehmen der Presse der Selbstregulierung durch den Pressekodex und der Beschwerdeordnung des Deutschen Presserates unterliegen. [7] Die Sätze 1 bis 6 gelten entsprechend für die zu den in Satz 1 genannten Stellen gehörenden Hilfs- und Beteiligungsunternehmen. [8] Den betroffenen Personen stehen nur die in den Absätzen 2 und 3 genannten Rechte zu.

(2) [1] Werden personenbezogene Daten von einem Anbieter von Telemedien zu journalistischen Zwecken gespeichert, verändert, übermittelt, gesperrt oder gelöscht und wird die betroffene Person dadurch in ihrem Persönlichkeitsrecht beeinträchtigt, kann sie Auskunft über die zugrunde liegenden, zu ihrer Person gespeicherten Daten verlangen. [2] Die Auskunft kann nach Abwägung der schutzwürdigen Interessen der Beteiligten verweigert werden, soweit

1. aus den Daten auf Personen, die bei der Vorbereitung, Herstellung oder Verbreitung mitgewirkt haben, geschlossen werden kann,
2. aus den Daten auf die Person des Einsenders oder des Gewährsträgers von Beiträgen, Unterlagen und Mitteilungen für den redaktionellen Teil geschlossen werden kann oder

---

[1)] Nr. **54**.

3. durch die Mitteilung der recherchierten oder sonst erlangten Daten die journalistische Aufgabe des Anbieters durch Ausforschung des Informationsbestandes beeinträchtigt würde.

[3]Die betroffene Person kann die unverzügliche Berichtigung unrichtiger personenbezogener Daten im Datensatz oder die Hinzufügung einer eigenen Darstellung von angemessenem Umfang verlangen. [4]Die weitere Speicherung der personenbezogenen Daten ist rechtmäßig, wenn dies für die Ausübung des Rechts auf freie Meinungsäußerung und Information oder zur Wahrnehmung berechtigter Interessen erforderlich ist. [5]Die Sätze 1 bis 3 gelten nicht für Angebote von Unternehmen, Hilfs- und Beteiligungsunternehmen der Presse, soweit diese der Selbstregulierung durch den Pressekodex und der Beschwerdeordnung des Deutschen Presserates unterliegen.

(3) Führt die journalistische Verarbeitung personenbezogener Daten zur Verbreitung von Gegendarstellungen der betroffenen Person oder zu Verpflichtungserklärungen, Beschlüssen oder Urteilen über die Unterlassung der Verbreitung oder über den Widerruf des Inhalts der Daten, sind diese Gegendarstellungen, Verpflichtungserklärungen und Widerrufe zu den gespeicherten Daten zu nehmen und dort für dieselbe Zeitdauer aufzubewahren wie die Daten selbst sowie bei einer Übermittlung der Daten gemeinsam mit diesen zu übermitteln.

§ 58 Werbung, Sponsoring, fernsehähnliche Telemedien, Gewinnspiele. (1) [1]Werbung muss als solche klar erkennbar und vom übrigen Inhalt der Angebote eindeutig getrennt sein. [2]In der Werbung dürfen keine unterschwelligen Techniken eingesetzt werden.

(2) Für Sponsoring bei Fernsehtext gilt § 8 entsprechend.

(3) [1]Für Telemedien mit Inhalten, die nach Form und Inhalt fernsehähnlich sind und die von einem Anbieter zum individuellen Abruf zu einem vom Nutzer gewählten Zeitpunkt und aus einem vom Anbieter festgelegten Inhaltekatalog bereitgestellt werden (audiovisuelle Mediendienste auf Abruf), gelten die §§ 7 und 8 entsprechend. [2]Für Angebote nach § 2 Abs. 3 Nummer 5 gelten zusätzlich die §§ 4 bis 6, 7a und 45 entsprechend.

(4) Für Gewinnspiele in vergleichbaren Telemedien (Telemedien, die an die Allgemeinheit gerichtet sind) gilt § 8a entsprechend.

§ 59 Aufsicht. (1) [1]Die nach den allgemeinen Datenschutzgesetzen des Bundes und der Länder zuständigen Aufsichtsbehörden überwachen für ihren Bereich die Einhaltung der allgemeinen Datenschutzbestimmungen und des § 57. [2]Die für den Datenschutz im journalistischen Bereich beim öffentlich-rechtlichen Rundfunk und bei den privaten Rundfunkveranstaltern zuständigen Stellen überwachen für ihren Bereich auch die Einhaltung der Datenschutzbestimmungen für journalistisch-redaktionell gestaltete Angebote bei Telemedien. [3]Eine Aufsicht erfolgt, soweit Unternehmen, Hilfs- und Beteiligungsunternehmen der Presse nicht der Selbstregulierung durch den Pressekodex und der Beschwerdeordnung des Deutschen Presserates unterliegen.

(2) Die Einhaltung der Bestimmungen für Telemedien einschließlich der allgemeinen Gesetze und der gesetzlichen Bestimmungen zum Schutz der

persönlichen Ehre mit Ausnahme des Datenschutzes wird durch nach Landesrecht bestimmte Aufsichtsbehörden überwacht.

(3) [1]Stellt die jeweils zuständige Aufsichtsbehörde einen Verstoß gegen die Bestimmungen im Sinne des Absatzes 2 mit Ausnahme der § 54, § 55 Abs. 2 und 3, § 56, § 57 Abs. 2 fest, trifft sie die zur Beseitigung des Verstoßes erforderlichen Maßnahmen gegenüber dem Anbieter. [2]Sie kann insbesondere Angebote untersagen und deren Sperrung anordnen. [3]Die Untersagung darf nicht erfolgen, wenn die Maßnahme außer Verhältnis zur Bedeutung des Angebots für den Anbieter und die Allgemeinheit steht. [4]Eine Untersagung darf nur erfolgen, wenn ihr Zweck nicht in anderer Weise erreicht werden kann. [5]Die Untersagung ist, soweit ihr Zweck dadurch erreicht werden kann, auf bestimmte Arten und Teile von Angeboten oder zeitlich zu beschränken. [6]Bei journalistisch-redaktionell gestalteten Angeboten, in denen ausschließlich vollständig oder teilweise Inhalte periodischer Druckerzeugnisse in Text oder Bild wiedergegeben werden, ist eine Sperrung nur unter den Voraussetzungen des § 97 Abs. 5 Satz 2 und des § 98 der Strafprozessordnung zulässig. [7]Die Befugnisse der Aufsichtsbehörden zur Durchsetzung der Vorschriften der allgemeinen Gesetze und der gesetzlichen Bestimmungen zum Schutz der persönlichen Ehre bleiben unberührt.

(4) [1]Erweisen sich Maßnahmen gegenüber dem Verantwortlichen nach § 7 des Telemediengesetzes[1)] als nicht durchführbar oder nicht Erfolg versprechend, können Maßnahmen zur Sperrung von Angeboten nach Absatz 3 auch gegen den Diensteanbieter von fremden Inhalten nach den §§ 8 bis 10 des Telemediengesetzes gerichtet werden, sofern eine Sperrung technisch möglich und zumutbar ist. [2]§ 7 Abs. 2 des Telemediengesetzes bleibt unberührt.

(5) Wird durch ein Angebot in Rechte Dritter eingegriffen und ist für den Dritten hiergegen der Rechtsweg eröffnet, sollen Anordnungen der Aufsichtsbehörde im Sinne von Absatz 3 nur erfolgen, wenn dies aus Gründen des Gemeinwohls geboten ist.

(6) [1]Für den Vollzug dieses Abschnitts ist die Aufsichtsbehörde des Landes zuständig, in dem der betroffene Anbieter seinen Sitz, Wohnsitz oder in Ermangelung dessen seinen ständigen Aufenthalt hat. [2]Ergibt sich danach keine Zuständigkeit, so ist diejenige Aufsichtsbehörde zuständig, in deren Bezirk der Anlass für die Amtshandlung hervortritt.

(7) [1]Der Abruf von Angeboten im Rahmen der Aufsicht ist unentgeltlich. [2]Diensteanbieter haben dies sicherzustellen. [3]Der Anbieter darf seine Angebote nicht gegen den Abruf durch die zuständige Aufsichtsbehörde sperren.

§ 60 Telemediengesetz, Öffentliche Stellen. (1) [1]Für Telemedien, die den Bestimmungen dieses Staatsvertrages oder den Bestimmungen der übrigen rundfunkrechtlichen Staatsverträge der Länder unterfallen, gelten im Übrigen die Bestimmungen des Telemediengesetzes[1)] des Bundes in seiner jeweils geltenden Fassung. [2]Absatz 2 bleibt unberührt.

(2) Für die öffentlichen Stellen der Länder gelten neben den vorstehenden Bestimmungen die Bestimmungen des Telemediengesetzes des Bundes in seiner jeweils geltenden Fassung entsprechend.

[1)] Nr. **21**.

§ 61 Notifizierung. Änderungen dieses Abschnittes unterliegen der Notifizierungspflicht gemäß der Richtlinie 98/48/EG des Europäischen Parlaments und des Rates vom 20. Juli 1998 zur Änderung der Richtlinie 98/34/EG über ein Informationsverfahren auf dem Gebiet der Normen und technischen Vorschriften.

VII. Abschnitt. Übergangs- und Schlußvorschriften

§ 62 Kündigung. (1) [1]Dieser Staatsvertrag gilt für unbestimmte Zeit. [2]Der Staatsvertrag kann von jedem der vertragschließenden Länder zum Schluß des Kalenderjahres mit einer Frist von einem Jahr gekündigt werden. [3]Die Kündigung kann erstmals zum 31. Dezember 2008 erfolgen. [4]Wird der Staatsvertrag zu diesem Termin nicht gekündigt, kann die Kündigung mit gleicher Frist jeweils zu einem zwei Jahre späteren Termin erfolgen. [5]Die Kündigung ist gegenüber dem Vorsitzenden der Ministerpräsidentenkonferenz schriftlich zu erklären. [6]Kündigt ein Land diesen Staatsvertrag, kann es zugleich den Rundfunkbeitragsstaatsvertrag und den Rundfunkfinanzierungsstaatsvertrag zum gleichen Zeitpunkt kündigen; jedes andere Land kann daraufhin innerhalb von sechs Monaten nach Eingang der Kündigungserklärung dementsprechend ebenfalls zum gleichen Zeitpunkt kündigen. [7]Zwischen den übrigen Ländern bleiben diese Staatsverträge in Kraft.

(2) [1]Im Falle der Kündigung verbleibt es bei der vorgenommenen Zuordnung der Satellitenkanäle, solange für diese Kanäle noch Berechtigungen bestehen. [2]Die §§ 11a bis d bleiben im Falle der Kündigung einzelner Länder unberührt.

(3) [1]§ 4 Abs. 1 und 2 kann von jedem der vertragschließenden Länder auch gesondert zum Schluss des Kalenderjahres mit einer Frist von einem Jahr gekündigt werden. [2]Die Kündigung kann erstmals zum 31. Dezember 2008 erfolgen. [3]Wird § 4 Abs. 1 und 2 zu diesem Zeitpunkt nicht gekündigt, kann die Kündigung mit gleicher Frist jeweils zu einem zwei Jahre späteren Zeitpunkt erfolgen. [4]Die Kündigung ist gegenüber dem Vorsitzenden der Ministerpräsidentenkonferenz schriftlich zu erklären. [5]Kündigt ein Land, kann jedes Land innerhalb von drei Monaten nach Eingang der Kündigungserklärung § 4 Abs. 1 und 2 zum gleichen Zeitpunkt kündigen. [6]Die Kündigung eines Landes lässt die gekündigten Bestimmungen dieses Staatsvertrages im Verhältnis der übrigen Länder zueinander unberührt.

(4) [1]§ 12 Abs. 2 kann von jedem der vertragsschließenden Länder auch gesondert zum Schluss des Kalenderjahres mit einer Frist von einem Jahr gekündigt werden. [2]Die Kündigung kann erstmals zum 31. Dezember 2009 erfolgen. [3]Wird § 12 Abs. 2 zu diesem Zeitpunkt nicht gekündigt, kann die Kündigung mit gleicher Frist jeweils zu einem zwei Jahre späteren Zeitpunkt erfolgen. [4]Die Kündigung ist gegenüber dem Vorsitzenden der Ministerpräsidentenkonferenz schriftlich zu erklären. [5]Kündigt ein Land, kann jedes Land innerhalb von drei Monaten nach Eingang der Kündigungserklärung den Rundfunkstaatsvertrag, den ARD-Staatsvertrag, den ZDF-Staatsvertrag, den Staatsvertrag über die Körperschaft des öffentlichen Rechts „Deutschlandradio“, den Rundfunkfinanzierungsstaatsvertrag und den Rundfunkbeitragsstaatsvertrag zum gleichen Zeitpunkt kündigen. [6]Die Kündigung eines Landes lässt die gekündigten Bestimmungen dieses Staatsvertrages und die in Satz 5

aufgeführten Staatsverträge im Verhältnis der übrigen Länder zueinander unberührt.

(5) [1] § 16 Abs. 1, 2 und 5 kann von jedem der vertragsschließenden Länder auch gesondert zum Schluss des Kalenderjahres, das auf die Ermittlung des Finanzbedarfs des öffentlich-rechtlichen Rundfunks gemäß § 14 folgt, mit einer Frist von sechs Monaten gekündigt werden, wenn der Rundfunkfinanzierungsstaatsvertrag nicht nach der Ermittlung des Finanzbedarfs gemäß § 14 aufgrund einer Rundfunkbeitragserhöhung geändert wird. [2] Die Kündigung kann erstmals zum 31. Dezember 2008 erfolgen. [3] Wird § 16 Abs. 1, 2 und 5 zu einem dieser Termine nicht gekündigt, kann die Kündigung mit gleicher Frist jeweils zu einem zwei Jahre späteren Termin erfolgen. [4] Die Kündigung ist gegenüber dem Vorsitzenden der Ministerpräsidentenkonferenz schriftlich zu erklären. [5] Kündigt ein Land, kann jedes Land innerhalb von drei Monaten nach Eingang der Kündigungserklärung den Rundfunkbeitragsstaatsvertrag und den Rundfunkfinanzierungsstaatsvertrag zum gleichen Zeitpunkt kündigen. [6] In diesem Fall kann jedes Land außerdem innerhalb weiterer drei Monate nach Eingang der Kündigungserklärung nach Satz 5 §§ 14 und 17 hinsichtlich einzelner oder sämtlicher Bestimmungen zum gleichen Zeitpunkt kündigen. [7] Zwischen den übrigen Ländern bleiben die gekündigten Bestimmungen dieses Staatsvertrages und die in Satz 5 angegebenen Staatsverträge in Kraft.

§ 63 Übergangsbestimmung für Produktplatzierungen. § 7 Absatz 7 und die §§ 15 und 44 gelten nicht für Sendungen, die vor dem 19. Dezember 2009 produziert wurden.

§ 64 Regelung für Bayern. [1] Der Freistaat Bayern ist berechtigt, eine Verwendung des Anteils am Rundfunkbeitrag nach § 40 zur Finanzierung der landesgesetzlich bestimmten Aufgaben der Bayerischen Landeszentrale für Neue Medien im Rahmen der öffentlich-rechtlichen Trägerschaft vorzusehen. [2] Im übrigen finden die für private Veranstalter geltenden Bestimmungen dieses Staatsvertrages auf Anbieter nach bayerischem Recht entsprechende Anwendung. [3] Abweichende Regelungen zu § 7 Absatz 9 Satz 1 1. Variante zur Umsetzung von Vorgaben der Landesverfassung sind zulässig.

23. Vertrauensdienstegesetz (VDG)[1)]

Vom 18. Juli 2017
(BGBl. I S. 2745)

FNA 9020-13

geänd. durch Art. 2 eIDAS-DurchführungsG v. 18.7.2017 (BGBl. I S. 2745)

Inhaltsübersicht

Teil 1. Allgemeine Bestimmungen

§ 1 Anwendungsbereich. (1) Dieses Gesetz regelt die wirksame Durchführung der Vorschriften über Vertrauensdienste in der Verordnung (EU) Nr. 910/

[1)] Verkündet als Art. 1 eIDAS-DurchführungsG v. 18.7.2017 (BGBl. I S. 2745); Inkrafttreten gem. Art. 12 Abs. 1 Satz 1 am 29.7.2017.
Dieses G dient der Durchführung der VO (EU) Nr. 910/2014 (Nr. **24**) des Europäischen Parlaments und des Rates vom 23. Juli 2014 über elektronische Identifizierung und Vertrauensdienste für elektronische Transaktionen im Binnenmarkt und zur Aufhebung der RL 1999/93/EG.
Notifiziert gemäß der RL (EU) 2015/1535 des Europäischen Parlaments und des Rates vom 9. September 2015 über ein Informationsverfahren auf dem Gebiet der technischen Vorschriften und der Vorschriften für die Dienste der Informationsgesellschaft (ABl. L 241 vom 17.9.2015, S. 1).

2014[1] des Europäischen Parlaments und des Rates vom 23. Juli 2014 über elektronische Identifizierung und Vertrauensdienste für elektronische Transaktionen im Binnenmarkt und zur Aufhebung der Richtlinie 1999/93/EG (ABl. L 257 vom 28.8.2014, S. 73) in der jeweils geltenden Fassung.

(2) Unberührt bleiben Rechtsvorschriften, die die Nutzung bestimmter Vertrauensdienste und die hierfür zu verwendenden Produkte regeln.

§ 2 Aufsichtsstelle; zuständige Stelle für die Informationssicherheit.

(1) Die Aufgaben der Aufsichtsstelle nach Artikel 17 der Verordnung (EU) Nr. 910/2014[1] und nach diesem Gesetz sowie nach der Rechtsverordnung nach § 20 obliegen

1. der Bundesnetzagentur für Elektrizität, Gas, Telekommunikation, Post und Eisenbahnen (Bundesnetzagentur) für die Bereiche
   a) Erstellung, Überprüfung und Validierung elektronischer Signaturen, elektronischer Siegel oder elektronischer Zeitstempel und Dienste für die Zustellung elektronischer Einschreiben sowie von diese Dienste betreffenden Zertifikaten nach Artikel 3 Nummer 16 Buchstabe a der Verordnung (EU) Nr. 910/2014 und
   b) Bewahrung von diese Dienste betreffenden elektronischen Signaturen, Siegeln oder Zertifikaten nach Artikel 3 Nummer 16 Buchstabe c der Verordnung (EU) Nr. 910/2014 und
2. dem Bundesamt für Sicherheit in der Informationstechnik für den Bereich Erstellung, Überprüfung und Validierung von Zertifikaten für die Website-Authentifizierung nach Artikel 3 Nummer 16 Buchstabe b der Verordnung (EU) Nr. 910/2014.

(2) Von der Aufgabenzuweisung an die Bundesnetzagentur unberührt bleiben die Aufgaben des Bundesamtes für Sicherheit in der Informationstechnik nach dem BSI-Gesetz[2] und nach weiteren Fachgesetzen, insbesondere

1. bei der Erstellung technischer Standards in nationalen, europäischen und internationalen Gremien in Abstimmung mit der Bundesnetzagentur,
2. die Bewertung von Algorithmen und zugehörigen Parametern sowie
3. die Erstellung technischer Vorgaben und die Bewertung technischer Standards für den Einsatz von Vertrauensdiensten in Digitalisierungsvorhaben nach Maßgabe der entsprechenden Fachgesetze.

(3) Das Bundesamt für Sicherheit in der Informationstechnik ist die für die Informationssicherheit zuständige nationale Stelle im Sinne von Artikel 19 Absatz 2 der Verordnung (EU) Nr. 910/2014.

§ 3 Verfahren über eine einheitliche Stelle. Verwaltungsverfahren nach diesem Gesetz oder nach der Rechtsverordnung nach § 20 können über eine einheitliche Stelle im Sinne des Verwaltungsverfahrensgesetzes abgewickelt werden.

---

[1] Nr. **24**.
[2] Nr. **8**.

§ 4 Aufsichtsmaßnahmen; Untersagung des Betriebs. (1) Ergänzend zu den Aufgaben aus der Verordnung (EU) Nr. 910/2014[1] obliegt der Aufsichtsstelle auch die Aufsicht über die Einhaltung dieses Gesetzes sowie der Rechtsverordnung nach § 20.

(2) [1]Die Aufsichtsstelle kann gegenüber Vertrauensdiensteanbietern die erforderlichen Maßnahmen zur Einhaltung dieses Gesetzes sowie der Rechtsverordnung nach § 20 treffen. [2]Zur Einhaltung dieses Gesetzes sowie der Rechtsverordnung nach § 20 kann sie von Vertrauensdiensteanbietern Nachweise anfordern und selbst Überprüfungen vornehmen. [3]Im Übrigen stehen der Aufsichtsstelle die Maßnahmen nach der Verordnung (EU) Nr. 910/2014, insbesondere nach Artikel 17 Absatz 4, auch zur Durchsetzung dieses Gesetzes sowie der Rechtsverordnung nach § 20 zur Verfügung.

(3) Die Aufsichtsstelle kann einem Vertrauensdiensteanbieter den Betrieb vorübergehend, teilweise oder ganz untersagen, wenn

1. Maßnahmen nach Artikel 17 Absatz 4 Buchstabe j der Verordnung (EU) Nr. 910/2014 keinen Erfolg versprechen und
2. Tatsachen die Annahme rechtfertigen, dass der Anbieter die Voraussetzungen für den Betrieb eines Vertrauensdienstes nach der Verordnung (EU) Nr. 910/2014 sowie nach diesem Gesetz und nach der Rechtsverordnung nach § 20 nicht erfüllt.

§ 5 Mitwirkungspflichten der Vertrauensdiensteanbieter. (1) Zur Prüfung der Einhaltung ihrer Verpflichtungen haben der Vertrauensdiensteanbieter und die für ihn tätigen Dritten den Bediensteten und Beauftragten

1. der Aufsichtsstelle das Betreten der Geschäfts- und Betriebsräume während der üblichen Betriebszeiten zu gestatten,
2. der Aufsichtsstelle auf Verlangen die in Betracht kommenden Bücher, Aufzeichnungen, Belege, Schriftstücke und sonstigen Unterlagen zur Einsicht vorzulegen, auch soweit sie in elektronischer Form geführt werden,
3. der Aufsichtsstelle Auskunft zu erteilen und
4. der Aufsichtsstelle die erforderliche Unterstützung zu gewähren.

(2) [1]Die zur Erteilung einer Auskunft verpflichtete natürliche Person kann die Auskunft auf solche Fragen verweigern, deren Beantwortung sie selbst oder einen der in § 52 Absatz 1 der Strafprozessordnung bezeichneten Angehörigen der Gefahr der Verfolgung wegen einer Straftat oder eines Verfahrens nach dem Gesetz über Ordnungswidrigkeiten aussetzen würde. [2]Hierüber ist die Person zu belehren. [3]Die Vorschriften über die Glaubhaftmachung des Verweigerungsgrundes nach § 56 der Strafprozessordnung sind entsprechend anzuwenden. [4]Die Sätze 1 und 2 gelten für die Vorlage von Unterlagen entsprechend.

§ 6 Haftung. [1]Ein Vertrauensdiensteanbieter haftet für Dritte, die er mit Aufgaben nach der Verordnung (EU) Nr. 910/2014[1], nach diesem Gesetz und nach der Rechtsverordnung nach § 20 beauftragt hat, wie für eigenes Handeln. [2]Die Vorschrift zum Nichteintritt der Ersatzpflicht nach § 831 Absatz 1 Satz 2 des Bürgerlichen Gesetzbuchs[2] ist nicht anzuwenden.

---

[1] Nr. **24**.
[2] Nr. **15**.

§ 7 Barrierefreie Dienste. (1) [1] Soweit möglich, haben Vertrauensdiensteanbieter die von ihnen angebotenen Vertrauensdienste für Menschen mit Behinderungen zugänglich und nutzbar zu machen. [2] Soweit sie für die Nutzung der Vertrauensdienste erforderliche Endnutzerprodukte von Drittanbietern anbieten, haben sie, soweit möglich, auch mindestens ein marktübliches Endnutzerprodukt für Menschen mit Behinderungen anzubieten. [3] Bei der Bewertung der Durchführbarkeit von Maßnahmen nach den Sätzen 1 und 2 sind auch technische und wirtschaftliche Belange zu berücksichtigen.

(2) [1] Die Vertrauensdiensteanbieter haben auf ihrer Internetseite über die von ihnen vorgenommenen Maßnahmen zur Barrierefreiheit der Vertrauensdienste und der zur Erbringung solcher Dienste verwendeten Endnutzerprodukte zu informieren. [2] Außerdem haben sie dort Hinweise zu geben, die die Nutzung der von ihnen angebotenen Vertrauensdienste und der hierbei verwendeten Endnutzerprodukte durch Menschen mit Behinderungen erleichtern. [3] Diese Informationen und Hinweise sowie die Informationen, die sich an alle Verbraucher richten, müssen nach Maßgabe der Rechtsverordnung nach § 20 barrierefrei zugänglich und nutzbar sein.

(3) Barrieren können von jedermann der Aufsichtsstelle gemeldet werden.

§ 8 Datenschutz. (1) Unbeschadet anderer Rechtsgrundlagen dürfen Vertrauensdiensteanbieter auch bei Dritten personenbezogene Daten verarbeiten, soweit dies für die Erbringung, einschließlich der Prüfung und Sicherstellung der rechtlichen Gültigkeit, des jeweiligen Vertrauensdienstes erforderlich ist.

(2) [1] Der Vertrauensdiensteanbieter darf personenbezogene Daten einer Person, die Vertrauensdienste nutzt, den zuständigen Stellen übermitteln,

1. soweit die zuständigen Stellen die Übermittlung nach Maßgabe der hierfür geltenden Bestimmungen verlangen, da die Übermittlung erforderlich ist
   a) für die Verfolgung von Straftaten oder Ordnungswidrigkeiten,
   b) zur Abwehr von Gefahren für die öffentliche Sicherheit oder Ordnung oder
   c) für die Erfüllung der gesetzlichen Aufgaben der Verfassungsschutzbehörden des Bundes und der Länder, des Bundesnachrichtendienstes, des Militärischen Abschirmdienstes oder der Finanzbehörden, oder
2. soweit Gerichte die Übermittlung im Rahmen anhängiger Verfahren nach Maßgabe der hierfür geltenden Bestimmungen anordnen.

[2] Die Berechtigung zur Datenübermittlung nach Satz 1 Nummer 1 gilt nicht, soweit sie durch andere Gesetze ausdrücklich ausgeschlossen ist.

(3) [1] Die Vertrauensdiensteanbieter haben die Übermittlung zu dokumentieren. [2] Die Dokumentation ist zwölf Monate aufzubewahren.

(4) [1] Hat die zuständige Stelle ein Verlangen nach Datenübermittlung nach Absatz 2 Nummer 1 gestellt, so unterrichtet sie die betroffene Person über die erfolgte Übermittlung der Daten. [2] Von der Unterrichtung kann abgesehen werden, solange die Wahrnehmung der gesetzlichen Aufgaben gefährdet würde und solange das Interesse der betroffenen Person an der Unterrichtung nicht überwiegt. [3] Fünf Jahre nach der Übermittlung kann endgültig von der Benachrichtigung abgesehen werden, wenn die Voraussetzungen für die Benachrichtigung mit an Sicherheit grenzender Wahrscheinlichkeit auch in Zukunft nicht eintreten werden.

(5) Die allgemeinen Datenschutzanforderungen bleiben unberührt.

Teil 2. Allgemeine Vorschriften für qualifizierte Vertrauensdienste

§ 9 Vertrauenslisten. Die Bundesetzagentur ist für die Aufstellung, Führung und Veröffentlichung von Vertrauenslisten nach Artikel 22 Absatz 1 der Verordnung (EU) Nr. 910/2014[1)] zuständig.

§ 10 Deckungsvorsorge. Die Mindestsumme für die gemäß Artikel 24 Absatz 2 Buchstabe c der Verordnung (EU) Nr. 910/2014[1)] erforderliche angemessene Deckungsvorsorge beträgt jeweils 250 000 Euro für einen Schaden, der durch ein haftungsauslösendes Ereignis gemäß Artikel 13 der Verordnung (EU) Nr. 910/2014 verursacht worden ist.

§ 11 Identitätsprüfung. (1) Die Bundesnetzagentur legt nach Anhörung der betroffenen Kreise und im Einvernehmen mit dem Bundesamt für Sicherheit in der Informationstechnik durch Verfügung im Amtsblatt fest, welche sonstigen Identifizierungsmethoden im Sinne des Artikels 24 Absatz 1 Unterabsatz 2 Buchstabe d Satz 1 der Verordnung (EU) Nr. 910/2014[1)] anerkannt sind und welche Mindestanforderungen dafür jeweils gelten.

(2) Die Bundesnetzagentur überprüft die Verfügung nach Absatz 1 regelmäßig im Abstand von vier Jahren sowie

1. bei der begründeten Annahme, dass Methoden nicht mehr hinreichend sicher sind, oder
2. auf Ersuchen des Bundesamtes für Sicherheit in der Informationstechnik.

(3) [1] Innovative Identifizierungsmethoden, die noch nicht durch Verfügung im Amtsblatt anerkannt sind, können von der Bundesnetzagentur im Einvernehmen mit dem Bundesamt für Sicherheit in der Informationstechnik und nach Anhörung der Bundesbeauftragten für den Datenschutz und die Informationsfreiheit für einen Zeitraum von bis zu zwei Jahren vorläufig anerkannt werden, sofern eine Konformitätsbewertungsstelle die gleichwertige Sicherheit der Identifizierungsmethode im Sinne des Artikels 24 Absatz 1 Unterabsatz 2 Buchstabe d der Verordnung (EU) Nr. 910/2014 bestätigt hat. [2] Die Bundesnetzagentur veröffentlicht die vorläufig anerkannten Identifizierungsmethoden auf ihrer Internetseite. [3] Die Bundesnetzagentur und das Bundesamt für Sicherheit in der Informationstechnik überwachen die Eignung der vorläufig anerkannten Identifizierungsmethoden über den gesamten Zeitraum der vorläufigen Anerkennung. [4] Werden durch die Überwachung sicherheitsrelevante Risiken bei der vorläufig anerkannten Identifizierungsmethode erkannt, so kann die Aufsichtsstelle im Einvernehmen mit dem Bundesamt für Sicherheit in der Informationstechnik dem qualifizierten Vertrauensdiensteanbieter die Behebung dieser Risiken durch ergänzende Maßnahmen auferlegen, sofern dies sicherheitstechnisch sinnvoll ist. [5] Lässt sich durch ergänzende Maßnahmen keine hinreichende Sicherheit der vorläufig anerkannten Identifizierungsmethode gewährleisten, so soll die Aufsichtsstelle dem qualifizierten Vertrauensdiensteanbieter die Nutzung dieser Identifizierungsmethode untersagen.

[1)] Nr. **24**.

(4) Der qualifizierte Vertrauensdiensteanbieter darf nach Maßgabe der datenschutzrechtlichen Bestimmungen personenbezogene Daten nutzen, die zu einem früheren Zeitpunkt im Rahmen einer ordnungsgemäßen Identitätsprüfung erhoben wurden, sofern und soweit diese Daten zum Zeitpunkt der Antragstellung die zuverlässige Identitätsfeststellung des Antragstellers gewährleisten.

§ 12 Attribute in qualifizierten Zertifikaten für elektronische Signaturen und Siegel. (1) [1] Ein qualifiziertes Zertifikat für elektronische Signaturen kann auf Verlangen eines Antragstellers folgende Attribute enthalten:

1. Angaben über die Vertretungsmacht des Antragstellers für eine dritte Person,
2. amts- und berufsbezogene oder sonstige Angaben zur Person des Antragstellers und
3. weitere personenbezogene Angaben.

[2] Angaben über die Vertretungsmacht dürfen nur dann in das qualifizierte Zertifikat aufgenommen werden, wenn dem qualifizierten Vertrauensdiensteanbieter die Einwilligung der dritten Person nachgewiesen wird. [3] Amts- und berufsbezogene oder sonstige Angaben zur Person des Antragstellers dürfen nur dann in das qualifizierte Zertifikat aufgenommen werden, wenn die jeweils zuständige Stelle die Angaben bestätigt hat. [4] Weitere personenbezogene Angaben dürfen in ein qualifiziertes Zertifikat nur mit Einwilligung des Betroffenen aufgenommen werden.

(2) Soll in das qualifizierte Zertifikat anstelle des Namens ein Pseudonym eingetragen werden, so sind Angaben über eine Vertretungsmacht für eine dritte Person oder amts- und berufsbezogene oder sonstige Angaben zur Person nur zulässig, wenn eine Einwilligung der dritten Person oder der jeweils zuständigen Stelle zur Verwendung des Pseudonyms vorliegt.

(3) [1] Die Absätze 1 und 2 gelten entsprechend für qualifizierte Zertifikate für elektronische Siegel. [2] Attribute in qualifizierten Zertifikaten für elektronische Siegel können auch die Vertretungsverhältnisse innerhalb der antragstellenden juristischen Person enthalten, sofern diese Vertretungsverhältnisse dem qualifizierten Vertrauensdiensteanbieter nachgewiesen werden.

§ 13 Unterrichtung über Sicherheitsmaßnahmen und Rechtswirkungen. (1) Der qualifizierte Vertrauensdiensteanbieter hat die Personen, die er nach Artikel 24 Absatz 2 Buchstabe d der Verordnung (EU) Nr. 910/2014[1)] über die Nutzungsbedingungen zu unterrichten hat, weil sie einen qualifizierten Vertrauensdienst nutzen wollen, auch

1. über die Maßnahmen zu unterrichten, die erforderlich sind, um zur Sicherheit der angebotenen qualifizierten Vertrauensdienste und deren zuverlässiger Nutzung beizutragen, und dabei auf entsprechende Informationsmöglichkeiten hinzuweisen, insbesondere auf Informationsangebote der Hersteller von Produkten für qualifizierte Vertrauensdienste und auf Informationsangebote der Aufsichtsstellen,
2. darauf hinzuweisen, dass entsprechend § 15 qualifiziert elektronisch signierte, gesiegelte oder zeitgestempelte Daten bei Bedarf durch geeignete Maßnah-

[1)] Nr. **24**.

men neu zu schützen sind, bevor der Sicherheitswert der vorhandenen Signaturen, Siegel oder Zeitstempel durch Zeitablauf geringer wird, und

3. über die Rechtswirkungen der angebotenen qualifizierten Vertrauensdienste zu unterrichten.

(2) Soweit eine Person, die einen qualifizierten Vertrauensdienst nutzen will, bereits zu einem früheren Zeitpunkt nach Artikel 24 Absatz 2 Buchstabe d der Verordnung (EU) Nr. 910/2014 sowie nach Absatz 1 unterrichtet worden ist und sich keine Änderungen ergeben haben, kann eine erneute Unterrichtung unterbleiben.

§ 14 Widerruf qualifizierter Zertifikate. (1) [1] Der qualifizierte Vertrauensdiensteanbieter hat ein noch gültiges qualifiziertes Zertifikat insbesondere dann unverzüglich zu widerrufen, wenn

1. die Person, der das qualifizierte Zertifikat ausgestellt wurde, es verlangt,
2. das qualifizierte Zertifikat auf Grund falscher Angaben zu den Anhängen I, III und IV der Verordnung (EU) Nr. 910/2014[1)] ausgestellt wurde,
3. er seine Tätigkeit beendet und diese nicht von einem anderen qualifizierten Vertrauensdiensteanbieter fortgeführt wird oder
4. Tatsachen die Annahme rechtfertigen, dass
   a) das qualifizierte Zertifikat gefälscht oder nicht hinreichend fälschungssicher ist oder
   b) die verwendeten qualifizierten elektronischen Signaturerstellungseinheiten oder qualifizierten elektronischen Siegelerstellungseinheiten Sicherheitsmängel aufweisen.

[2] Weitere Widerrufsgründe können vertraglich vereinbart werden. [3] Wurde ein qualifiziertes Zertifikat mit falschen Angaben ausgestellt, so kann der qualifizierte Vertrauensdiensteanbieter dies zusätzlich kenntlich machen.

(2) Enthält ein qualifiziertes Zertifikat Attribute nach § 12 Absatz 1 oder § 12 Absatz 3 Satz 2, so kann auch die dritte Person oder die für die amts- und berufsbezogenen oder sonstigen Angaben zur Person zuständige Stelle einen Widerruf des Zertifikats verlangen, wenn

1. die Vertretungsmacht entfällt oder
2. die Voraussetzungen für die amts- und berufsbezogenen oder sonstigen Angaben zur Person nach Aufnahme in das qualifizierte Zertifikat entfallen.

(3) Liegen die in Absatz 1 Satz 1 Nummer 3 oder eine der in Absatz 1 Satz 1 Nummer 4 genannten Voraussetzungen vor, so kann die Aufsichtsstelle den Widerruf eines qualifizierten Zertifikats anordnen.

§ 15 Langfristige Beweiserhaltung. [1] Sofern hierfür Bedarf besteht, sind qualifiziert elektronisch signierte, gesiegelte oder zeitgestempelte Daten durch geeignete Maßnahmen neu zu schützen, bevor der Sicherheitswert der vorhandenen Signaturen, Siegel oder Zeitstempel durch Zeitablauf geringer wird. [2] Die neue Sicherung muss nach dem Stand der Technik erfolgen.

---

1) Nr. **24**.

§ 16 Beendigungsplan; auf Dauer prüfbare Vertrauensdienste.

(1) [1] In dem Beendigungsplan nach Artikel 24 Absatz 2 Buchstabe i der Verordnung (EU) Nr. 910/2014[1)] hat ein qualifizierter Vertrauensdiensteanbieter alle erforderlichen Maßnahmen vorzusehen, damit bei Einstellung der Tätigkeit, bei Entzug des Qualifikationsstatus oder wenn die Eröffnung eines Insolvenzverfahrens beantragt und die Tätigkeit nicht fortgesetzt wird, alle von ihm ausgegebenen qualifizierten Zertifikate im Zusammenhang mit elektronischen Signaturen und Siegeln sowie Zertifikate im Zusammenhang mit Anhang I Buchstabe g, Anhang III Buchstabe g und Artikel 42 Absatz 1 Buchstabe c der Verordnung (EU) Nr. 910/2014 einschließlich der Widerrufsinformationen

1. von einem anderen qualifizierten Vertrauensdiensteanbieter übernommen werden können oder
2. von der Bundesnetzagentur in die Vertrauensinfrastruktur nach Absatz 5 übernommen werden können.

[2] Im Falle von Satz 1 Nummer 2 hat der qualifizierte Vertrauensdiensteanbieter die noch gültigen Zertifikate vor der Übermittlung an die Bundesnetzagentur zu widerrufen. [3] Er hat in jedem Fall sicherzustellen, dass die dazugehörigen Aufzeichnungen nach Artikel 24 Absatz 2 Buchstabe h der Verordnung (EU) Nr. 910/2014 an den Übernehmenden übermittelt werden.

(2) Im Beendigungsplan hat der qualifizierte Vertrauensdiensteanbieter auch Vorkehrungen zu treffen, um die Inhaber der in Absatz 1 Satz 1 genannten Zertifikate, soweit möglich, mindestens zwei Monate im Voraus über die Einstellung seiner Tätigkeit und über die Übernahme seiner Zertifikate zu benachrichtigen.

(3) [1] In den Fällen des Absatzes 1 Satz 1 Nummer 2 erteilt die Bundesnetzagentur bei Vorliegen eines berechtigten Interesses Auskunft zu den Aufzeichnungen, soweit dies technisch und ohne unverhältnismäßig großen Aufwand möglich ist. [2] Ein darüber hinausgehendes Auskunftsrecht gemäß § 19 des Bundesdatenschutzgesetzes[2)] und nach Artikel 15 der Verordnung (EU) 2016/679 bleibt hiervon unberührt.

(4) Qualifizierte Vertrauensdiensteanbieter haben für die gesamte Zeit ihres Betriebs

1. die in Absatz 1 Satz 1 genannten Zertifikate auch über den Zeitraum ihrer Gültigkeit hinaus zusammen mit den dazugehörigen Widerrufsinformationen in einer Zertifikatsdatenbank nach Artikel 24 Absatz 2 Buchstabe k und Absatz 4 der Verordnung (EU) Nr. 910/2014 zu führen und
2. die dazugehörigen Aufzeichnungen nach Artikel 24 Absatz 2 Buchstabe h der Verordnung (EU) Nr. 910/2014 aufzubewahren.

(5) [1] Die Bundesnetzagentur hat eine Vertrauensinfrastruktur zur dauerhaften Prüfbarkeit qualifizierter elektronischer Zertifikate und qualifizierter elektronischer Zeitstempel einzurichten, zu unterhalten und laufend zu aktualisieren. [2] Näheres regelt die Rechtsverordnung nach § 20 Absatz 2 Nummer 5.

[1)] Nr. **24**.
[2)] Nr. **56**.

Teil 3. Qualifizierte elektronische Signaturen und Siegel

§ 17 Benannte Stellen nach Artikel 30 Absatz 1 der Verordnung (EU) Nr. 910/2014. (1) [1] Die Bundesnetzagentur benennt auf Antrag eine Organisation als private Stelle gemäß Artikel 30 Absatz 1 der Verordnung (EU) Nr. 910/2014[1)] sowie gemäß Artikel 39 Absatz 2 in Verbindung mit Artikel 30 Absatz 1 der Verordnung (EU) Nr. 910/2014, sofern die Akkreditierungsstelle nach § 1 Absatz 1 des Akkreditierungsstellengesetzes durch Akkreditierung festgestellt hat, dass die private Stelle die erforderlichen Anforderungen erfüllt. [2] Die Benennung kann

1. inhaltlich beschränkt werden, vorläufig erteilt werden oder mit einer Befristung versehen erteilt werden und
2. mit Auflagen verbunden sein.

(2) [1] Solange die Europäische Kommission keine delegierten Rechtsakte nach Artikel 30 Absatz 4 der Verordnung (EU) Nr. 910/2014 erlassen hat, erstellt und veröffentlicht

1. die Akkreditierungsstelle die fachlichen Kriterien, die für die Akkreditierung zu erfüllen sind, und
2. die Bundesnetzagentur die fachlichen Kriterien, die für die Benennung als private Stelle nach Artikel 30 Absatz 1 der Verordnung (EU) Nr. 910/2014 zu erfüllen sind.

[2] Die Erstellung der fachlichen Kriterien erfolgt unter maßgeblicher Berücksichtigung der Entscheidung der Kommission vom 6. November 2000 über die Mindestkriterien, die von den Mitgliedstaaten bei der Benennung der Stellen gemäß Artikel 3 Absatz 4 der Richtlinie 1999/93/EG des Europäischen Parlaments und des Rates über gemeinschaftliche Rahmenbedingungen für elektronische Signaturen zu berücksichtigen sind (ABl. L 289 vom 16.11.2000, S. 42).

(3) Eine Stelle, die nach § 17 Absatz 4 Satz 1 des Signaturgesetzes in Verbindung mit § 18 des Signaturgesetzes anerkannt wurde, nimmt hinsichtlich der von ihr auf Grundlage des Signaturgesetzes bestätigten Produkte ihre hiermit zusammenhängenden Aufgaben bis zum Auslaufen der entsprechenden Produktbestätigungen wahr.

(4) Das Bundesamt für Sicherheit in der Informationstechnik ist die öffentliche Stelle gemäß Artikel 30 Absatz 1 der Verordnung (EU) Nr. 910/2014 sowie gemäß Artikel 39 Absatz 2 in Verbindung mit Artikel 30 Absatz 1 der Verordnung (EU) Nr. 910/2014.

Teil 4. Qualifizierte Dienste für die Zustellung elektronischer Einschreiben

§ 18 Dienste für die Zustellung elektronischer Einschreiben. Liegt der Konformitätsbewertungsstelle für einen qualifizierten Dienst für die Zustellung elektronischer Einschreiben eine Akkreditierung nach Abschnitt 4 des De-

---

[1)] Nr. **24**.

Mail-Gesetzes vor, so soll die Konformitätsbewertungsstelle die Konformitätsbewertung dieses qualifizierten Dienstes nach Möglichkeit auf die Prüfung der Nachweise beschränken, die im Rahmen der Akkreditierung nach § 18 Absatz 3 des De-Mail-Gesetzes erbracht worden sind.

Teil 5. Schlussvorschriften

§ 19 Bußgeldvorschriften. (1) Ordnungswidrig handelt, wer vorsätzlich oder fahrlässig

1. entgegen § 12 Absatz 1 Satz 2, 3 oder 4 oder Absatz 2, jeweils auch in Verbindung mit Absatz 3 Satz 1 oder einer Rechtsverordnung nach § 20 Absatz 2 Nummer 1, eine Angabe in ein qualifiziertes Zertifikat aufnimmt,
2. entgegen § 14 Absatz 1 Satz 1 Nummer 1 bis 4 oder § 16 Absatz 1 Satz 2 ein Zertifikat nicht oder nicht rechtzeitig widerruft,
3. entgegen § 16 Absatz 1 Satz 3, auch in Verbindung mit der Rechtsverordnung nach § 20 Absatz 2 Nummer 1, nicht sicherstellt, dass eine Aufzeichnung übermittelt wird, oder
4. entgegen § 16 Absatz 2 in Verbindung mit der Rechtsverordnung nach § 20 Absatz 2 Nummer 1 eine dort genannte Vorkehrung nicht oder nicht rechtzeitig trifft.

(2) Ordnungswidrig handelt, wer gegen die Verordnung (EU) Nr. 910/2014[1] des Europäischen Parlaments und des Rates vom 23. Juli 2014 über elektronische Identifizierung und Vertrauensdienste für elektronische Transaktionen im Binnenmarkt und zur Aufhebung der Richtlinie 1999/93/EG (ABl. L 257 vom 28.8.2014, S. 73; L 23 vom 29.1.2015, S. 19) verstößt, indem er vorsätzlich oder fahrlässig

1. entgegen Artikel 19 Absatz 2 Unterabsatz 1 eine Meldung nicht, nicht richtig oder nicht rechtzeitig macht,
2. entgegen Artikel 19 Absatz 2 Unterabsatz 2 eine Person nicht, nicht richtig oder nicht rechtzeitig unterrichtet,
3. entgegen Artikel 21 Absatz 1 eine Mitteilung nicht, nicht richtig oder nicht rechtzeitig vorlegt,
4. entgegen Artikel 24 Absatz 1 Unterabsatz 1 die Identität einer Person nicht oder nicht rechtzeitig überprüft,
5. entgegen Artikel 24 Absatz 2 Buchstabe c in Verbindung mit § 10 in Verbindung mit einer Rechtsverordnung nach § 20 Absatz 2 Nummer 3 eine Haftpflichtversicherung nicht oder nicht rechtzeitig abschließt,
6. entgegen Artikel 24 Absatz 2 Buchstabe e oder f, jeweils in Verbindung mit einer Rechtsverordnung nach § 20 Absatz 2 Nummer 1, ein vertrauenswürdiges System oder Produkt nicht verwendet,
7. entgegen Artikel 24 Absatz 2 Buchstabe g in Verbindung mit einer Rechtsverordnung nach § 20 Absatz 2 Nummer 1 eine dort genannte Maßnahme nicht oder nicht rechtzeitig trifft,

---

[1] Nr. **24**.

8. entgegen Artikel 24 Absatz 2 Buchstabe h Satz 1 eine Information nicht richtig aufzeichnet oder
9. entgegen Artikel 24 Absatz 3 Satz 1 einen Widerruf nicht oder nicht rechtzeitig veröffentlicht.

(3) Die Ordnungswidrigkeit kann in den Fällen des Absatzes 2 Nummer 5 bis 8 mit einer Geldbuße bis zu einhunderttausend Euro, in den übrigen Fällen mit einer Geldbuße bis zu zwanzigtausend Euro geahndet werden.

(4) Verwaltungsbehörden im Sinne des § 36 Absatz 1 Nummer 1 des Gesetzes über Ordnungswidrigkeiten sind die Bundesnetzagentur und das Bundesamt für Sicherheit in der Informationstechnik jeweils im Rahmen ihrer Zuständigkeit nach § 2 Absatz 1.

§ 20 Verordnungsermächtigung. (1) [1]Die Bundesregierung legt durch Rechtsverordnung nähere Anforderungen an die Zugänglich- und Nutzbarmachung von Vertrauensdiensten nach Artikel 15 der Verordnung (EU) Nr. 910/2014[1)] und nach § 7 fest. [2]Sie hat dabei technische und wirtschaftliche Belange zu berücksichtigen. [3]Die Rechtsverordnung kann auch Nachweis-, Mitwirkungs- und Informationspflichten der Vertrauensdiensteanbieter enthalten.

(2) Die Bundesregierung wird ermächtigt, in der Rechtsverordnung nach Absatz 1 auch die zur Durchführung der Verordnung (EU) Nr. 910/2014 und dieses Gesetzes erforderlichen Rechtsvorschriften zu erlassen über

1. die Ausgestaltung der Pflichten der Vertrauensdiensteanbieter bei der Betriebsaufnahme, während des Betriebs und bei der Einstellung des Betriebs nach den Artikeln 17 bis 24 der Verordnung (EU) Nr. 910/2014 und nach den §§ 4 und 5, 9 bis 18,
2. die Durchführung gemeinsamer Untersuchungen nach Artikel 18 Absatz 3 der Verordnung (EU) Nr. 910/2014,
3. die zur Erfüllung der Verpflichtung zur Deckungsvorsorge nach § 10 zulässigen Sicherheitsleistungen sowie über deren Umfang, Höhe und inhaltliche Ausgestaltung,
4. die Anforderungen im Zusammenhang mit einer Zertifikatsdatenbank nach § 16 Absatz 4 Nummer 1,
5. die Einrichtung einer Vertrauensinfrastruktur zur dauerhaften Prüfbarkeit qualifizierter elektronischer Zertifikate und qualifizierter elektronischer Zeitstempel nach § 16 Absatz 5 und
6. die Einzelheiten des Verfahrens der Anerkennung und der Tätigkeit von Zertifizierungsstellen nach § 17.

§ 21 Übergangsvorschrift. [1]Zertifizierungsdiensteanbieter, die qualifizierte Zertifikate im Sinne von § 2 Nummer 3 des Signaturgesetzes ausgestellt haben, dürfen diese qualifizierten Zertifikate als qualifizierte Vertrauensdiensteanbieter für qualifizierte Zertifikate nach der Verordnung (EU) Nr. 910/2014[1)] weiterhin in ihrem Zertifikatsverzeichnis führen. [2]Sie dürfen weiter alle in diesem Zusammenhang mit ihren Kunden vereinbarten Dienste anbieten, insbesondere einen Widerrufsdienst. [3]§ 16 Absatz 1 gilt entsprechend. [4]Die von der Bundes-

[1)] Nr. **24**.

netzagentur gemäß § 16 Absatz 1 des Signaturgesetzes ausgestellten Zertifikate werden mit Ablauf des 14. November 2018 gesperrt.

24. Verordnung (EU) Nr. 910/2014 des Europäischen Parlaments und des Rates vom 23. Juli 2014 über elektronische Identifizierung und Vertrauensdienste für elektronische Transaktionen im Binnenmarkt und zur Aufhebung der Richtlinie 1999/93/EG[1)]

(ABl. Nr. L 257 S. 73, ber. ABl. 2015 Nr. L 23 S. 19 und ABl. 2016 Nr. L 155 S. 44)

Celex-Nr. 3 2014 R 0910

Kapitel I. Allgemeine Bestimmungen

Art. 1 Gegenstand. Um das ordnungsgemäße Funktionieren des Binnenmarkts und gleichzeitig ein angemessenes Sicherheitsniveau bei elektronischen Identifizierungsmitteln und Vertrauensdiensten sicherzustellen, ist in dieser Verordnung Folgendes geregelt:

a) Sie legt die Bedingungen fest, unter denen die Mitgliedstaaten elektronische Identifizierungsmittel für natürliche und juristische Personen, die einem notifizierten elektronischen Identifizierungssystem eines anderen Mitgliedstaats unterliegen, anerkennen.

b) Sie legt Vorschriften für Vertrauensdienste – insbesondere für elektronische Transaktionen – fest.

c) Sie legt einen Rechtsrahmen für elektronische Signaturen, elektronische Siegel, elektronische Zeitstempel, elektronische Dokumente, Dienste für die Zustellung elektronischer Einschreiben und Zertifizierungsdienste für die Website-Authentifizierung fest.

Art. 2 Anwendungsbereich. (1) Diese Verordnung gilt für von einem Mitgliedstaat notifizierte elektronische Identifizierungssysteme und für in der Union niedergelassene Vertrauensdiensteanbieter.

(2) Diese Verordnung findet keine Anwendung auf die Erbringung von Vertrauensdiensten, die ausschließlich innerhalb geschlossener Systeme aufgrund von nationalem Recht oder von Vereinbarungen zwischen einem bestimmten Kreis von Beteiligten verwendet werden.

(3) Diese Verordnung berührt nicht das nationale Recht oder das Unionsrecht in Bezug auf den Abschluss und die Gültigkeit von Verträgen oder andere rechtliche oder verfahrensmäßige Formvorschriften.

---

1) Siehe hierzu auch
- die VO (EU) 2015/806 zum EU-Vertrauenssiegel für qualifizierte Vertrauensdienste v. 22.5.2015 (ABl. Nr. L 128 S. 13)
- das Gesetz zur Durchführung der Verordnung (EU) Nr. 910/2014 des Europäischen Parlaments und des Rates vom 23. Juli 2014 über elektronische Identifizierung und Vertrauensdienste für elektronische Transaktionen im Binnenmarkt und zur Aufhebung der Richtlinie 1999/93/EG (eIDAS-DurchführungsG v. 18.7.2017 (BGBl. I S. 2745).

Art. 3 Begriffsbestimmungen. Für die Zwecke dieser Verordnung gelten die folgenden Begriffsbestimmungen:

1. „Elektronische Identifizierung" ist der Prozess der Verwendung von Personenidentifizierungsdaten in elektronischer Form, die eine natürliche oder juristische Person oder eine natürliche Person, die eine juristische Person vertritt, eindeutig repräsentieren.
2. „Elektronisches Identifizierungsmittel" ist eine materielle und/oder immaterielle Einheit, die Personenidentifizierungsdaten enthält und zur Authentifizierung bei Online-Diensten verwendet wird.
3. „Personenidentifizierungsdaten" sind ein Datensatz, der es ermöglicht, die Identität einer natürlichen oder juristischen Person oder einer natürlichen Person, die eine juristische Person vertritt, festzustellen.
4. „Elektronisches Identifizierungssystem" ist ein System für die elektronische Identifizierung, in dessen Rahmen natürlichen oder juristischen Personen oder natürlichen Personen, die juristische Personen vertreten, elektronische Identifizierungsmittel ausgestellt werden.
5. „Authentifizierung" ist ein elektronischer Prozess, der die Bestätigung der elektronischen Identifizierung einer natürlichen oder juristischen Person oder die Bestätigung des Ursprungs und der Unversehrtheit von Daten in elektronischer Form ermöglicht.
6. „Vertrauender Beteiligter" ist eine natürliche oder juristische Person, die auf eine elektronische Identifizierung oder einen Vertrauensdienst vertraut.
7. „Öffentliche Stelle" bezeichnet einen Staat, eine Gebietskörperschaft, eine Einrichtung des öffentlichen Rechts oder einen Verband, der aus einer oder mehreren dieser Körperschaften oder Einrichtungen des öffentlichen Rechts besteht, oder eine private Einrichtung, die von mindestens einer dieser Körperschaften, Einrichtungen oder Verbände mit der Erbringung von öffentlichen Dienstleistungen beauftragt wurde, wenn sie im Rahmen dieses Auftrags handelt.
8. „Einrichtung des öffentlichen Rechts" ist eine Einrichtung nach Artikel 2 Absatz 1 Nummer 4 der Richtlinie 2014/24/EU des Europäischen Parlaments und des Rates[1)].
9. „Unterzeichner" ist eine natürliche Person, die eine elektronische Signatur erstellt.
10. „Elektronische Signatur" sind Daten in elektronischer Form, die anderen elektronischen Daten beigefügt oder logisch mit ihnen verbunden werden und die der Unterzeichner zum Unterzeichnen verwendet.
11. „Fortgeschrittene elektronische Signatur" ist eine elektronische Signatur, die die Anforderungen des Artikels 26 erfüllt.
12. „Qualifizierte elektronische Signatur" ist eine fortgeschrittene elektronische Signatur, die von einer qualifizierten elektronischen Signaturerstellungseinheit erstellt wurde und auf einem qualifizierten Zertifikat für elektronische Signaturen beruht.

[1)] **Amtl. Anm.:** Richtlinie 2014/24/EU des Europäischen Parlaments und des Rates vom 26. Februar 2014 über die öffentliche Auftragsvergabe und zur Aufhebung der Richtlinie 2004/18/EG (ABl. L 94 vom 28.3.2014, S. 65).

13. „Elektronische Signaturerstellungsdaten“ sind eindeutige Daten, die vom Unterzeichner zum Erstellen einer elektronischen Signatur verwendet werden.
14. „Zertifikat für elektronische Signaturen“ ist eine elektronische Bescheinigung, die elektronische Signaturvalidierungsdaten mit einer natürlichen Person verknüpft und die mindestens den Namen oder das Pseudonym dieser Person bestätigt.
15. „Qualifiziertes Zertifikat für elektronische Signaturen“ ist ein von einem qualifizierten Vertrauensdiensteanbieter ausgestelltes Zertifikat für elektronische Signaturen, das die Anforderungen des Anhangs I erfüllt.
16. „Vertrauensdienst“ ist ein elektronischer Dienst, der in der Regel gegen Entgelt erbracht wird und aus Folgendem besteht:
    a) Erstellung, Überprüfung und Validierung von elektronischen Signaturen, elektronischen Siegeln oder elektronischen Zeitstempeln, und Diensten für die Zustellung elektronischer Einschreiben sowie von diese Dienste betreffenden Zertifikaten oder
    b) Erstellung, Überprüfung und Validierung von Zertifikaten für die Website-Authentifizierung oder
    c) Bewahrung von diese Dienste betreffenden elektronischen Signaturen, Siegeln oder Zertifikaten.
17. „Qualifizierter Vertrauensdienst“ ist ein Vertrauensdienst, der die einschlägigen Anforderungen dieser Verordnung erfüllt.
18. „Konformitätsbewertungsstelle“ ist eine Stelle im Sinne der Begriffsbestimmung in Artikel 2 Nummer 13 der Verordnung (EG) Nr. 765/2008, die gemäß jener Verordnung als zur Durchführung der Konformitätsbewertung qualifizierter Vertrauensdiensteanbieter und der von ihnen erbrachten qualifizierten Vertrauensdienste befähigte Stelle akkreditiert worden ist.
19. „Vertrauensdiensteanbieter“ ist eine natürliche oder juristische Person, die einen oder mehrere Vertrauensdienste als qualifizierter oder nichtqualifizierter Vertrauensdiensteanbieter erbringt.
20. „Qualifizierter Vertrauensdiensteanbieter“ ist ein Vertrauensdiensteanbieter, der einen oder mehrere qualifizierte Vertrauensdienste erbringt und dem von der Aufsichtsstelle der Status eines qualifizierten Anbieters verliehen wurde.
21. „Produkt“ bezeichnet Hardware, Software oder spezifische Komponenten von Hard- oder Software, die zur Erbringung von Vertrauensdiensten bestimmt sind.
22. „Elektronische Signaturerstellungseinheit“ ist eine konfigurierte Software oder Hardware, die zum Erstellen einer elektronischen Signatur verwendet wird.
23. „Qualifizierte elektronische Signaturerstellungseinheit“ ist eine elektronische Signaturerstellungseinheit, die die Anforderungen des Anhangs II erfüllt.
24. „Siegelersteller“ ist eine juristische Person, die ein elektronisches Siegel erstellt.

25. „Elektronisches Siegel" sind Daten in elektronischer Form, die anderen Daten in elektronischer Form beigefügt oder logisch mit ihnen verbunden werden, um deren Ursprung und Unversehrtheit sicherzustellen.
26. „Fortgeschrittenes elektronisches Siegel" ist ein elektronisches Siegel, das die Anforderungen des Artikels 36 erfüllt.
27. „Qualifiziertes elektronisches Siegel" ist ein fortgeschrittenes elektronisches Siegel, das von einer qualifizierten elektronischen Siegelerstellungseinheit erstellt wird und auf einem qualifizierten Zertifikat für elektronische Siegel beruht.
28. „Elektronische Siegelerstellungsdaten" sind eindeutige Daten, die vom Siegelersteller zum Erstellen eines elektronischen Siegels verwendet werden.
29. „Zertifikat für elektronische Siegel" ist eine elektronische Bescheinigung, die elektronische Siegelvalidierungsdaten mit einer juristischen Person verknüpft und den Namen dieser Person bestätigt.
30. „Qualifiziertes Zertifikat für elektronische Siegel" ist ein von einem qualifizierten Vertrauensdiensteanbieter ausgestelltes Zertifikat für elektronische Siegel, das die Anforderungen des Anhangs III erfüllt.
31. „Elektronische Siegelerstellungseinheit" ist eine konfigurierte Software oder Hardware, die zum Erstellen eines elektronischen Siegels verwendet wird.
32. „Qualifizierte elektronische Siegelerstellungseinheit" ist eine elektronische Siegelerstellungseinheit, die die Anforderungen des Anhangs II sinngemäß erfüllt.
33. „Elektronischer Zeitstempel" bezeichnet Daten in elektronischer Form, die andere Daten in elektronischer Form mit einem bestimmten Zeitpunkt verknüpfen und dadurch den Nachweis erbringen, dass diese anderen Daten zu diesem Zeitpunkt vorhanden waren.
34. „Qualifizierter elektronischer Zeitstempel" ist ein elektronischer Zeitstempel, der die Anforderungen des Artikels 42 erfüllt.
35. „Elektronisches Dokument" ist jeder in elektronischer Form, insbesondere als Text-, Ton-, Bild- oder audiovisuelle Aufzeichnung gespeicherte Inhalt.
36. „Dienst für die Zustellung elektronischer Einschreiben" ist ein Dienst, der die Übermittlung von Daten zwischen Dritten mit elektronischen Mitteln ermöglicht und einen Nachweis der Handhabung der übermittelten Daten erbringt, darunter den Nachweis der Absendung und des Empfangs der Daten, und der die übertragenen Daten vor Verlust, Diebstahl, Beschädigung oder unbefugter Veränderung schützt.
37. „Qualifizierter Dienst für die Zustellung elektronischer Einschreiben" ist ein Dienst für die Zustellung elektronischer Einschreiben, der die Anforderungen des Artikels 44 erfüllt.
38. „Zertifikat für die Website-Authentifizierung" ist ein Zertifikat, das die Authentifizierung einer Website ermöglicht und die Website mit der natürlichen oder juristischen Person verknüpft, der das Zertifikat ausgestellt wurde.
39. „Qualifiziertes Zertifikat für die Website-Authentifizierung" ist ein von einem qualifizierten Vertrauensdiensteanbieter ausgestelltes Zertifikat für Website-Authentifizierung, das die Anforderungen des Anhangs IV erfüllt.

40. „Validierungsdaten" sind Daten, die zur Validierung einer elektronischen Signatur oder eines elektronischen Siegels verwendet werden.
41. „Validierung" ist der Prozess der Überprüfung und Bestätigung der Gültigkeit einer elektronischen Signatur oder eines elektronischen Siegels.

Art. 4 Binnenmarktgrundsatz. (1) Die Erbringung von Vertrauensdiensten im Gebiet eines Mitgliedstaats durch einen in einem anderen Mitgliedstaat niedergelassenen Vertrauensdiensteanbieter unterliegt keinen Beschränkungen aus Gründen, die in den Anwendungsbereich dieser Verordnung fallen.

(2) Produkte und Vertrauensdienste, die dieser Verordnung entsprechen, dürfen im Binnenmarkt frei verkehren.

Art. 5 Datenverarbeitung und Datenschutz. (1) Personenbezogene Daten werden nach Maßgabe der Richtlinie 95/46/EG verarbeitet.

(2) Unbeschadet der Rechtswirkungen, die Pseudonyme nach nationalem Recht haben, darf die Benutzung von Pseudonymen bei elektronischen Transaktionen nicht untersagt werden.

Kapitel II. Elektronische Identifizierung

Art. 6 Gegenseitige Anerkennung. (1) *[1]* Ist für den Zugang zu einem von einer öffentlichen Stelle in einem Mitgliedstaat erbrachten Online-Dienst nach nationalem Recht oder aufgrund der Verwaltungspraxis eine elektronische Identifizierung mit einem elektronischen Identifizierungsmittel und mit einer Authentifizierung erforderlich, so wird ein in einem anderen Mitgliedstaat ausgestelltes elektronisches Identifizierungsmittel im ersten Mitgliedstaat für die Zwecke der grenzüberschreitenden Authentifizierung für diesen Online-Dienst anerkannt, sofern folgende Bedingungen erfüllt sind:

a) Das betreffende elektronische Identifizierungsmittel wird im Rahmen eines elektronischen Identifizierungssystems ausgestellt, das in der von der Kommission gemäß Artikel 9 veröffentlichten Liste aufgeführt ist.
b) Das Sicherheitsniveau des betreffenden elektronischen Identifizierungsmittels entspricht einem Sicherheitsniveau, das so hoch wie oder höher als das von der einschlägigen öffentlichen Stelle für den Zugang zu diesem Online-Dienst geforderte Sicherheitsniveau ist, sofern das Sicherheitsniveau dieses elektronischen Identifizierungsmittels dem Sicherheitsniveau „substanziell" oder „hoch" entspricht.
c) Die betreffende öffentliche Stelle verwendet für den Zugang zu diesem Online-Dienst das Sicherheitsniveau „substanziell" oder „hoch".

[2] Diese Anerkennung muss spätestens 12 Monate nach Veröffentlichung der in Unterabsatz 1 Buchstabe a genannten Liste durch die Kommission erfolgen.

(2) Ein elektronisches Identifizierungsmittel, das über ein in der von der Kommission gemäß Artikel 9 veröffentlichten Liste enthaltenes elektronisches Identifizierungssystem ausgestellt wird und dem Sicherheitsniveau „niedrig" entspricht, kann von öffentlichen Stellen für die Zwecke der grenzüberschrei-

tenden Authentifizierung der von diesen Stellen erbrachten Online-Dienste anerkannt werden.

Art. 7 Voraussetzungen für die Notifizierung elektronischer Identifizierungssysteme. Ein elektronisches Identifizierungssystem kann nach Artikel 9 Absatz 1 notifiziert werden, wenn sämtliche folgenden Bedingungen erfüllt sind:

a) Die elektronischen Identifizierungsmittel im Rahmen des betreffenden Systems werden
   i) vom notifizierenden Mitgliedstaat ausgestellt,
   ii) im Auftrag des notifizierenden Mitgliedstaats ausgestellt oder
   iii) unabhängig vom notifizierenden Mitgliedstaat ausgestellt und von diesem anerkannt.

b) Die elektronischen Identifizierungsmittel im Rahmen des elektronischen Identifizierungssystems können im notifizierenden Mitgliedstaat für den Zugang zu mindestens einem Dienst verwendet werden, der von einer öffentlichen Stelle bereitgestellt wird und für den eine elektronische Identifizierung erforderlich ist.

c) Das elektronische Identifizierungssystem und die im Rahmen dieses Systems ausgestellten elektronischen Identifizierungsmittel erfüllen die Anforderungen zumindest eines der Sicherheitsniveaus, die in dem in Artikel 8 Absatz 3 genannten Durchführungsrechtsakt aufgeführt sind.

d) Der notifizierende Mitgliedstaat stellt sicher, dass zum Zeitpunkt der Ausstellung des elektronischen Identifizierungsmittels im Rahmen des betreffenden Systems die Personenidentifizierungsdaten, die die betreffende Person eindeutig repräsentieren, der in Artikel 3 Nummer 1 genannten natürlichen oder juristischen Person entsprechend den technischen Spezifikationen, Normen und Verfahren für das einschlägige Sicherheitsniveau, die in dem in Artikel 8 Absatz 3 genannten Durchführungsrechtsakt aufgeführt sind, zugeordnet sind.

e) Der Beteiligte, der das elektronische Identifizierungsmittel im Rahmen des betreffenden Systems ausstellt, stellt sicher, dass das elektronische Identifizierungsmittel der in Buchstabe d dieses Artikels genannten Person entsprechend den technischen Spezifikationen, Normen und Verfahren für das betreffende Sicherheitsniveau, die in dem in Artikel 8 Absatz 3 genannten Durchführungsrechtsakt aufgeführt sind, zugewiesen wird.

f) Der notifizierende Mitgliedstaat stellt sicher, dass eine Online-Authentifizierung zur Verfügung steht, so dass jeder im Hoheitsgebiet eines anderen Mitgliedstaats niedergelassene vertrauende Beteiligte die in elektronischer Form empfangenen Personenidentifizierungsdaten bestätigen kann.
   Für vertrauende Beteiligte, die keine öffentlichen Stellen sind, kann der notifizierende Mitgliedstaat Bedingungen für den Zugang zu dieser Authentifizierung festlegen. Die grenzüberschreitende Authentifizierung sollte gebührenfrei sein, wenn sie in Bezug auf einen Online-Dienst erfolgt, der von einer öffentlichen Stelle erbracht wird.
   Die Mitgliedstaaten machen vertrauenden Beteiligten, die eine solche Authentifizierung durchführen möchten, keine spezifischen unverhältnismäßigen technischen Vorgaben, wenn derartige Vorgaben die Interoperabilität

der notifizierten elektronischen Identifizierungssysteme verhindern oder erheblich beeinträchtigen.

g) Der notifizierende Mitgliedstaat stellt den anderen Mitgliedstaaten für die Zwecke der Verpflichtung nach Artikel 12 Absatz 5 mindestens sechs Monate vor einer Notifizierung gemäß Artikel 9 Absatz 1 nach den in den Durchführungsrechtsakten gemäß Artikel 12 Absatz 7 genannten Verfahrensmodalitäten eine Beschreibung dieses Systems zur Verfügung.

h) Das elektronische Identifizierungssystem erfüllt die Anforderungen des in Artikel 12 Absatz 8 genannten Durchführungsrechtsakts.

Art. 8 Sicherheitsniveaus elektronischer Identifizierungssysteme.

(1) Ein gemäß Artikel 9 Absatz 1 notifiziertes elektronisches Identifizierungssystem gibt die Sicherheitsniveaus „niedrig", „substanziell" und/oder „hoch" an, die den nach diesem System ausgestellten elektronischen Identifizierungsmitteln zuerkannt wurden.

(2) Die Sicherheitsniveaus „niedrig", „substanziell" bzw. „hoch" erfüllen folgende Kriterien:

a) Das Sicherheitsniveau „niedrig" bezieht sich auf ein elektronisches Identifizierungmittel im Rahmen eines elektronischen Identifizierungssystems, das ein begrenztes Maß an Vertrauen in die beanspruchte oder behauptete Identität einer Person vermittelt und durch die Bezugnahme auf die diesbezüglichen technischen Spezifikationen, Normen und Verfahren einschließlich technischer Überprüfungen – deren Zweck in der Minderung der Gefahr des Identitätsmissbrauchs oder der Identitätsveränderung besteht – gekennzeichnet ist.

b) Das Sicherheitsniveau „substanziell" bezieht sich auf ein elektronisches Identifizierungsmittel im Rahmen eines elektronischen Identifizierungssystems, das ein substanzielles Maß an Vertrauen in die beanspruchte oder behauptete Identität einer Person vermittelt und durch die Bezugnahme auf die diesbezüglichen technischen Spezifikationen, Normen und Verfahren einschließlich entsprechender technischer Überprüfungen – deren Zweck in der substanziellen Minderung der Gefahr des Identitätsmissbrauchs oder der Identitätsveränderung besteht – gekennzeichnet ist.

c) Das Sicherheitsniveau „hoch" bezieht sich auf ein elektronisches Identifizierungsmittel im Rahmen eines elektronischen Identifizierungssystems, das ein höheres Maß an Vertrauen in die beanspruchte oder behauptete Identität einer Person als ein Identifizierungsmittel mit dem Sicherheitsniveau „substanziell" vermittelt und durch die Bezugnahme auf die diesbezüglichen technischen Spezifikationen, Normen und Verfahren einschließlich technischer Überprüfungen – deren Zweck in der Verhinderung des Identitätsmissbrauchs oder der Identitätsveränderung besteht – gekennzeichnet ist.

(3) *[1]* Bis zum 18. September 2015 legt die Kommission unter Berücksichtigung der einschlägigen internationalen Normen vorbehaltlich des Absatzes 2 im Wege von Durchführungsrechtsakten technische Spezifikationen, Normen und Verfahren mit Mindestanforderungen fest, auf die sich die Festlegung der Sicherheitsniveaus „niedrig", „substanziell" und „hoch" für elektronische Identifizierungsmittel für die Zwecke des Absatzes 1 bezieht.

[2] Diese technischen Spezifikationen, Normen und Verfahren mit Mindestanforderungen werden unter Bezugnahme auf die Zuverlässigkeit und Qualität folgender Elemente festgelegt:

a) des Verfahrens zum Nachweis und zur Überprüfung der Identität natürlicher oder juristischer Personen, die die Ausstellung elektronischer Identifizierungsmittel beantragen;

b) des Verfahrens zur Ausstellung der beantragten elektronischen Identifizierungsmittel;

c) des Authentifizierungsmechanismus, bei dem die natürliche oder juristische Person die elektronischen Identifizierungsmittel verwendet, um einem vertrauenden Beteiligten ihre Identität zu bestätigen;

d) der Einrichtung, die die Identifizierungsmittel ausstellt;

e) jeder anderen Stelle, die mit dem Antrag für die Ausstellung elektronischer Identifizierungsmittel befasst ist;

f) technischer und sicherheitsbezogener Spezifikationen der ausgestellten elektronischen Identifizierungsmittel.

[3] Diese Durchführungsrechtsakte werden nach dem in Artikel 48 Absatz 2 genannten Prüfverfahren erlassen.

Art. 9 Notifizierung. (1) Der notifizierende Mitgliedstaat notifiziert der Kommission folgende Informationen und unverzüglich alle späteren Änderungen dieser Informationen:

a) eine Beschreibung des elektronischen Identifizierungssystems einschließlich seiner Sicherheitsniveaus und des Ausstellers bzw. der Aussteller elektronischer Identifizierungsmittel im Rahmen des Systems;

b) das geltende Aufsichtssystem und Informationen über die Haftungsregelung in Bezug auf Folgendes:

i) den das elektronische Identifizierungsmittel ausstellenden Beteiligten;

ii) den das Authentifizierungsverfahren durchführenden Beteiligten;

c) die für das elektronische Identifizierungssystem zuständige(n) Behörde(n);

d) Informationen über die Einrichtung bzw. Einrichtungen, die die Registrierung der eindeutigen Personenidentifizierungsdaten verwaltet bzw. verwalten;

e) eine Beschreibung, inwieweit die Anforderungen des in Artikel 12 Absatz 8 genannten Durchführungsrechtsakts erfüllt werden;

f) eine Beschreibung der Authentifizierung gemäß Artikel 7 Buchstabe f;

g) Regelungen für die Aussetzung oder den Widerruf des notifizierten elektronischen Identifizierungssystems oder der Authentifizierung oder von den betroffenen beeinträchtigten Teilen.

(2) Ein Jahr nach dem Zeitpunkt des Beginns der Anwendung der Durchführungsrechtsakte gemäß Artikel 8 Absatz 3 und Artikel 12 Absatz 8 veröffentlicht die Kommission im *Amtsblatt der Europäischen Union* eine Liste der gemäß Absatz 1 dieses Artikels notifizierten elektronischen Identifizierungssysteme und die grundlegenden Informationen darüber.

(3) Geht der Kommission nach Ablauf der in Absatz 2 genannten Frist eine Notifizierung zu, so veröffentlicht sie die Änderungen an der in Absatz 2

genannten Liste innerhalb von zwei Monaten ab dem Zeitpunkt des Eingangs dieser Notifizierung im *Amtsblatt der Europäischen Union.*

(4) [1]Ein Mitgliedstaat kann bei der Kommission die Streichung eines von diesem Mitgliedstaat notifizierten Identifizierungssystems aus der in Absatz 2 genannten Liste beantragen. [2]Die Kommission veröffentlicht im *Amtsblatt der Europäischen Union* die entsprechenden Änderungen der Liste innerhalb eines Monats ab dem Zeitpunkt, zu dem das Ersuchen des Mitgliedstaats eingegangen ist.

(5) [1]Die Kommission kann im Wege von Durchführungsrechtsakten Einzelheiten, Form und Verfahren für die Notifizierung nach Absatz 1 festlegen. [2]Diese Durchführungsrechtsakte werden nach dem in Artikel 48 Absatz 2 genannten Prüfverfahren erlassen.

Art. 10 Sicherheitsverletzung. (1) Im Falle einer Verletzung oder partiellen Beeinträchtigung des nach Artikel 9 Absatz 1 notifizierten elektronischen Identifizierungssystems oder der in Artikel 7 Buchstabe f genannten Authentifizierung in einer Weise, die sich auf die Verlässlichkeit der grenzüberschreitenden Authentifizierung dieses Systems auswirkt, setzt der notifizierende Mitgliedstaat diese grenzüberschreitende Authentifizierung oder die entsprechenden beeinträchtigten Teile umgehend aus oder widerruft sie und unterrichtet hiervon die anderen Mitgliedstaaten und die Kommission.

(2) Wurde hinsichtlich der in Absatz 1 genannten Verletzung oder Beeinträchtigung Abhilfe geschaffen, so stellt der notifizierende Mitgliedstaat die grenzüberschreitende Authentifizierung wieder her und unterrichtet unverzüglich die anderen Mitgliedstaaten und die Kommission.

(3) *[1]* Wird hinsichtlich der in Absatz 1 genannten Verletzung oder Beeinträchtigung nicht innerhalb von drei Monaten nach der Aussetzung oder dem Widerruf Abhilfe geschaffen, so meldet der notifizierende Mitgliedstaat den anderen Mitgliedstaaten und der Kommission die Zurücknahme des elektronischen Identifizierungssystems.

[2] Die Kommission veröffentlicht die entsprechenden Änderungen an der in Artikel 9 Absatz 2 genannten Liste unverzüglich im *Amtsblatt der Europäischen Union.*

Art. 11 Haftung. (1) Der notifizierende Mitgliedstaat haftet für die Schäden, die natürlichen oder juristischen Personen vorsätzlich oder fahrlässig zugefügt werden und die auf eine Verletzung der in Artikel 7 Buchstaben d und f festgelegten Pflichten bei einer grenzüberschreitenden Transaktion zurückzuführen sind.

(2) Der das elektronische Identifizierungsmittel ausstellende Beteiligte haftet für die Schäden, die natürlichen oder juristischen Personen vorsätzlich oder fahrlässig zugefügt werden und die auf eine Verletzung der in Artikel 7 Buchstabe e festgelegten Pflichten bei einer grenzüberschreitenden Transaktion zurückzuführen sind.

(3) Der das Authentifizierungsverfahren durchführende Beteiligte haftet für die Schäden, die natürlichen oder juristischen Personen vorsätzlich oder fahrlässig zugefügt werden und die auf die inkorrekte Durchführung der Authentifizierung nach Artikel 7 Buchstabe f bei einer grenzüberschreitenden Transaktion zurückzuführen sind.

(4) Die Absätze 1, 2 und 3 werden im Einklang mit den nationalen Vorschriften über die Haftung angewendet.

(5) Die Absätze 1, 2 und 3 berühren nicht die unter das nationale Recht fallende Haftung der Beteiligten an einer Transaktion, bei der dem gemäß Artikel 9 Absatz 1 notifizierten elektronischen Identifizierungssystem unterliegende elektronische Identifizierungsmittel verwendet wurden.

Art. 12 Zusammenarbeit und Interoperabilität. (1) Die gemäß Artikel 9 Absatz 1 notifizierten nationalen elektronischen Identifizierungssysteme müssen interoperabel sein.

(2) Für die Zwecke des Absatzes 1 wird ein Interoperabilitätsrahmen geschaffen.

(3) Der Interoperabilitätsrahmen muss folgende Kriterien erfüllen:

a) Er ist auf Technologieneutralität angelegt und unterscheidet nicht zwischen spezifischen nationalen technischen Lösungen für die elektronische Identifizierung in dem betreffenden Mitgliedstaat,
b) er entspricht nach Möglichkeit den europäischen und internationalen Normen,
c) er fördert die Umsetzung des Grundsatzes des „eingebauten Datenschutzes" (privacy by design) und
d) er gewährleistet, dass personenbezogene Daten im Einklang mit der Richtlinie 95/46/EG verarbeitet werden.

(4) Der Interoperabilitätsrahmen besteht aus Folgendem:

a) einer Bezugnahme auf die mit den Sicherheitsniveaus nach Artikel 8 technischen Mindestanforderungen;
b) Angaben zur Entsprechung zwischen den nationalen Sicherheitsniveaus der notifizierten Identifizierungssysteme und den Sicherheitsniveaus nach Artikel 8;
c) einer Bezugnahme auf die technischen Mindestanforderungen für die Interoperabilität;
d) einer Bezugnahme auf einen über elektronische Identifizierungssysteme bereitgestellten Mindestsatz von Personenidentifizierungsdaten, die eine natürliche oder juristische Person eindeutig repräsentieren;
e) Verfahrensregelungen;
f) Regelungen zur Streitbeilegung und
g) gemeinsamen Sicherheitsnormen für den Betrieb.

(5) Die Mitgliedstaaten arbeiten in Bezug auf Folgendes zusammen:

a) Interoperabilität der nach Artikel 9 Absatz 1 notifizierten elektronischen Identifizierungssysteme und der elektronischen Identifizierungssysteme, die die Mitgliedstaaten notifizieren möchten, und
b) Sicherheit der elektronischen Identifizierungssysteme.

(6) Die Zusammenarbeit zwischen den Mitgliedstaaten umfasst Folgendes:

a) Austausch von Informationen, Erfahrungen und bewährten Verfahren in Bezug auf elektronische Identifizierungssysteme und insbesondere in Bezug auf technische Anforderungen an Interoperabilität und Sicherheitsniveaus;

b) Austausch von Informationen, Erfahrungen und bewährten Verfahren in Bezug auf Sicherheitsniveaus elektronischer Identifizierungssysteme nach Artikel 8;

c) gegenseitige Begutachtung der unter diese Verordnung fallenden elektronischen Identifizierungssysteme;

d) Prüfung der einschlägigen Entwicklungen auf dem Gebiet der elektronischen Identifizierung.

(7) Bis zum 18. März 2015 legt die Kommission im Wege von Durchführungsrechtsakten die nötigen Verfahrensmodalitäten fest, um die in den Absätzen 5 und 6 genannte Zusammenarbeit zwischen den Mitgliedstaaten im Hinblick auf die Förderung eines hohen Maßes an Vertrauen und Sicherheit, das der Höhe des Risikos angemessen ist, zu erleichtern.

(8) Bis zum 18. September 2015 erlässt die Kommission unter Zugrundelegung der in Absatz 3 aufgeführten Kriterien und unter Berücksichtigung der Ergebnisse der Zusammenarbeit zwischen den Mitgliedstaaten Durchführungsrechtsakte zum Interoperabilitätsrahmen gemäß Absatz 4, um einheitliche Voraussetzungen für die Umsetzung der Verpflichtung gemäß Absatz 1 vorzugeben.

(9) Die in den Absätzen 7 und 8 genannten Durchführungsrechtsakte werden nach dem in Artikel 48 Absatz 2 genannten Prüfverfahren erlassen.

Kapitel III. Vertrauensdienste

Abschnitt 1. Allgemeine Bestimmungen

Art. 13 Haftung und Beweislast. (1) *[1]* Unbeschadet des Absatzes 2 haften Vertrauensdiensteanbieter für alle natürlichen oder juristischen Personen vorsätzlich oder fahrlässig zugefügten Schäden, die auf eine Verletzung der in dieser Verordnung festgelegten Pflichten zurückzuführen sind.

[2] Die Beweislast für den Nachweis des Vorsatzes oder der Fahrlässigkeit seitens eines nichtqualifizierten Vertrauensdiensteanbieters liegt bei der natürlichen oder juristischen Person, die den in Unterabsatz 1 genannten Schaden geltend macht.

[3] Bei einem qualifizierten Vertrauensdiensteanbieter wird von Vorsatz oder Fahrlässigkeit ausgegangen, es sei denn, der qualifizierte Vertrauensdiensteanbieter weist nach, dass der in Unterabsatz 1 genannte Schaden entstanden ist, ohne dass er vorsätzlich oder fahrlässig gehandelt hat.

(2) Unterrichten Vertrauensdiensteanbieter ihre Kunden im Voraus hinreichend über Beschränkungen der Verwendung der von ihnen erbrachten Dienste und sind diese Beschränkungen für dritte Beteiligte ersichtlich, so haften die Vertrauensdiensteanbieter nicht für Schäden, die bei einer über diese Beschränkungen hinausgehenden Verwendung der Dienste entstanden sind.

(3) Die Absätze 1 und 2 werden im Einklang mit den nationalen Vorschriften über die Haftung angewendet.

Art. 14 Internationale Aspekte. (1) Vertrauensdienste, die von in einem Drittland niedergelassenen Vertrauensdiensteanbietern bereitgestellt werden,

werden als rechtlich gleichwertig mit den Vertrauensdiensten anerkannt, die von in der Union niedergelassenen qualifizierten Vertrauensdiensteanbietern bereitgestellt werden, sofern die Vertrauensdienste aus dem Drittland im Rahmen einer gemäß Artikel 218 AEUV geschlossenen Vereinbarung zwischen der Union und dem betreffenden Drittland oder einer internationalen Organisation anerkannt sind.

(2) Die in Absatz 1 genannten Vereinbarungen müssen insbesondere sicherstellen, dass

a) die Anforderungen, die für die in der Union niedergelassenen qualifizierten Vertrauensdiensteanbieter und für die von ihnen erbrachten qualifizierten Vertrauensdienste gelten, von den Vertrauensdiensteanbietern in den Drittländern oder internationalen Organisationen, mit denen die Vereinbarungen geschlossen wurden, sowie von den von diesen erbrachten Diensten eingehalten werden;
b) die qualifizierten Vertrauensdienste, die von in der Union niedergelassenen qualifizierten Vertrauensdiensteanbietern erbracht werden, als rechtlich gleichwertig mit den Vertrauensdiensten anerkannt werden, die von Vertrauensdiensteanbietern in den Drittländern oder internationalen Organisationen, mit denen die Vereinbarungen geschlossen wurden, erbracht werden.

Art. 15 Zugänglichkeit für Personen mit Behinderungen. Soweit möglich werden Vertrauensdienste und zur Erbringung solcher Dienste verwendete Endnutzerprodukte Personen mit Behinderungen zugänglich und nutzbar gemacht.

Art. 16 Sanktionen. [1]Die Mitgliedstaaten legen Regeln für Sanktionen bei Verstößen gegen diese Verordnung fest. [2]Diese Sanktionen müssen wirksam, verhältnismäßig und abschreckend sein.

Abschnitt 2. Aufsicht

Art. 17 Aufsichtsstelle. (1) *[1]* [1]Die Mitgliedstaaten benennen eine Aufsichtsstelle, die in ihrem Hoheitsgebiet niedergelassen ist oder die aufgrund einer gegenseitigen Vereinbarung mit einem anderen Mitgliedstaat in diesem anderen Mitgliedstaat niedergelassen ist. [2]Diese Aufsichtsstelle ist für die Wahrnehmung der Aufsichtsaufgaben im benennenden Mitgliedstaat verantwortlich.

[2] Die Aufsichtsstellen verfügen über die für die Wahrnehmung ihrer Aufgaben notwendigen Befugnisse und eine angemessene Ausstattung mit Ressourcen.

(2) Die Mitgliedstaaten teilen der Kommission und den anderen Mitgliedstaaten Namen und Anschrift ihrer jeweiligen benannten Aufsichtsstellen mit.

(3) Die Aufsichtsstelle nimmt folgende Funktionen wahr:

a) Ausübung der Aufsicht über die im Hoheitsgebiet des benennenden Mitgliedstaats niedergelassenen qualifizierten Vertrauensdiensteanbieter mit dem Ziel, im Wege von Ex-ante- und Ex-post-Aufsichtstätigkeiten zu gewährleisten, dass diese qualifizierten Vertrauensdiensteanbieter und die von ihnen erbrachten qualifizierten Vertrauensdienste den Anforderungen dieser Verordnung entsprechen;

b) erforderlichenfalls Durchführung von Maßnahmen im Wege von Ex-post-Aufsichtstätigkeiten in Bezug auf die im Hoheitsgebiet des benennenden Mitgliedstaats niedergelassenen nichtqualifizierten Vertrauensdiensteanbieter, wenn sie Kenntnis davon erhalten, dass diese nichtqualifizierten Vertrauensdiensteanbieter oder die von ihnen erbrachten Vertrauensdienste die Anforderungen dieser Verordnung mutmaßlich nicht erfüllen.

(4) Für die Zwecke des Absatzes 3 und im Rahmen der dort vorgegebenen Beschränkungen umfassen die Aufgaben der Aufsichtsstelle insbesondere Folgendes:

a) Zusammenarbeit mit anderen Aufsichtsstellen und Unterstützung dieser Stellen gemäß Artikel 18;
b) Analyse der Konformitätsbewertungsberichte gemäß Artikel 20 Absatz 1 und Artikel 21 Absatz 1;
c) Unterrichtung der anderen Aufsichtsstellen und der Öffentlichkeit über Sicherheitsverletzungen oder Integritätsverluste gemäß Artikel 19 Absatz 2;
d) Berichterstattung an die Kommission über ihre Haupttätigkeiten gemäß Absatz 6;
e) Durchführung von Überprüfungen oder Beauftragung einer Konformitätsbewertungsstelle mit der Durchführung einer Konformitätsbewertung der qualifizierten Vertrauensdiensteanbieter gemäß Artikel 20 Absatz 2;
f) Zusammenarbeit mit den Datenschutzbehörden, insbesondere indem sie diese unverzüglich über die Ergebnisse der Überprüfungen von qualifizierten Vertrauensdiensteanbietern unterrichtet, falls dem Anschein nach gegen Datenschutzvorschriften verstoßen wurde;
g) Verleihung des Qualifikationsstatus an Vertrauensdiensteanbieter und die von ihnen erbrachten Dienste sowie Entzug dieses Status gemäß den Artikeln 20 und 21;
h) Unterrichtung der in Artikel 22 Absatz 3 genannten, für die nationale Vertrauensliste verantwortlichen Stelle über ihre Entscheidung, den Qualifikationsstatus zu verleihen oder zu entziehen, soweit es sich dabei nicht um die Aufsichtsstelle selbst handelt;
i) Überprüfung des Vorliegens und der ordnungsgemäßen Anwendung von Vorschriften über Beendigungspläne für den Fall, dass der Vertrauensdiensteanbieter seine Tätigkeit einstellt, wobei auch die Frage, wie die Informationen gemäß Artikel 24 Absatz 2 Buchstabe h weiter zugänglich gehalten werden, geprüft wird;
j) Verpflichtung der Vertrauensdiensteanbieter, bei jedem Fall von Nichteinhaltung der Anforderungen dieser Verordnung Abhilfe zu schaffen.

(5) Die Mitgliedstaaten können verlangen, dass die Aufsichtsstelle nach Maßgabe des nationalen Rechts eine Vertrauensinfrastruktur einrichtet, unterhält und aktualisiert.

(6) Bis zum 31. März jedes Jahres legt jede Aufsichtsstelle der Kommission einen Bericht über ihre Haupttätigkeiten im abgelaufenen Kalenderjahr zusammen mit einer Zusammenfassung der von den Vertrauensdiensteanbietern gemäß Artikel 19 Absatz 2 gemeldeten Sicherheitsverletzungen vor.

(7) Die Kommission macht den Mitgliedstaaten den in Absatz 6 genannten Jahresbericht zugänglich.

(8) [1] Die Kommission kann im Wege von Durchführungsrechtsakten Form und Verfahren für die Berichterstattung nach Absatz 6 festlegen. [2] Diese Durchführungsrechtsakte werden nach dem in Artikel 48 Absatz 2 genannten Prüfverfahren erlassen.

Art. 18 Gegenseitige Amtshilfe. (1) *[1]* Die Aufsichtsstellen arbeiten im Hinblick auf den Austausch bewährter Verfahren zusammen.

[2] [1] Eine Aufsichtsstelle leistet einer anderen Aufsichtsstelle nach Empfang eines begründeten Ersuchens hin Unterstützung, so dass die Tätigkeiten von Aufsichtsstellen kohärent ausgeübt werden können. [2] Die Amtshilfe kann sich insbesondere auf Auskunftsersuchen und Aufsichtsmaßnahmen, beispielsweise Ersuchen um Nachprüfungen im Zusammenhang mit den Konformitätsbewertungsberichten gemäß den Artikeln 20 und 21 erstrecken.

(2) Die Aufsichtsstelle, an die ein Amtshilfeersuchen gerichtet wird, kann dieses Ersuchen aus einem der folgenden Gründe ablehnen:

a) Die Aufsichtsstelle ist für die Gewährung der erbetenen Unterstützung nicht zuständig;
b) die erbetene Unterstützung steht in keinem angemessenen Verhältnis zu den gemäß Artikel 17 durchgeführten Aufsichtstätigkeiten der Aufsichtsstelle;
c) die Gewährung der erbetenen Unterstützung wäre nicht vereinbar mit dieser Verordnung.

(3) [1] Gegebenenfalls können die Mitgliedstaaten ihre jeweiligen Aufsichtsstellen ermächtigen, gemeinsame Untersuchungen durchzuführen, an denen Mitarbeiter der Aufsichtsstellen anderer Mitgliedstaaten teilnehmen. [2] Die Vorkehrungen und Verfahren für derartige gemeinsame Maßnahmen werden von den betreffenden Mitgliedstaaten nach Maßgabe ihres jeweiligen nationalen Rechts vereinbart und festgelegt.

Art. 19 Sicherheitsanforderungen an Vertrauensdiensteanbieter.

(1) [1] Qualifizierte und nichtqualifizierte Vertrauensdiensteanbieter ergreifen geeignete technische und organisatorische Maßnahmen zur Beherrschung der Sicherheitsrisiken im Zusammenhang mit den von ihnen erbrachten Vertrauensdiensten. [2] Diese Maßnahmen müssen unter Berücksichtigung des jeweils neuesten Standes der Technik gewährleisten, dass das Sicherheitsniveau der Höhe des Risikos angemessen ist. [3] Insbesondere sind Maßnahmen zu ergreifen, um Auswirkungen von Sicherheitsverletzungen zu vermeiden bzw. so gering wie möglich zu halten und die Beteiligten über die nachteiligen Folgen solcher Vorfälle zu informieren.

(2) *[1]* Qualifizierte und nichtqualifizierte Vertrauensdiensteanbieter melden der Aufsichtsstelle und wo zutreffend anderen einschlägigen Stellen wie etwa der für Informationssicherheit zuständigen nationalen Stelle oder der Datenschutzbehörde unverzüglich, in jedem Fall aber innerhalb von 24 Stunden nach Kenntnisnahme von dem betreffenden Vorfall, jede Sicherheitsverletzung oder jeden Integritätsverlust, die bzw. der sich erheblich auf den erbrachten Vertrauensdienst oder die darin vorhandenen personenbezogenen Daten auswirkt.

[2] Wenn sich die Sicherheitsverletzung oder der Integritätsverlust voraussichtlich nachteilig auf eine natürliche oder juristische Person auswirken, für die der Vertrauensdienst erbracht wurde, so unterrichtet der Vertrauensdiensteanbieter auch diese natürliche oder juristische Person unverzüglich über die Sicherheitsverletzung oder den Integritätsverlust.

[3] Gegebenenfalls unterrichtet die notifizierte Aufsichtsstelle die Aufsichtsstellen anderer betroffener Mitgliedstaaten und die ENISA, insbesondere, wenn von der Sicherheitsverletzung oder dem Integritätsverlust zwei oder mehr Mitgliedstaaten betroffen sind.

[4] Die notifizierte Aufsichtsstelle unterrichtet ferner die Öffentlichkeit oder verpflichtet den Vertrauensdiensteanbieter hierzu, wenn sie zu dem Schluss gelangt, dass die Bekanntgabe der Sicherheitsverletzung oder des Integritätsverlustes im öffentlichen Interesse liegt.

(3) Die Aufsichtsstelle übermittelt der ENISA einmal jährlich eine Übersicht über die von den Vertrauensdiensteanbietern gemeldeten Sicherheitsverletzungen und Integritätsverlusten.

(4) *[1]* Die Kommission kann im Wege von Durchführungsrechtsakten Folgendes festlegen:

a) weitere Präzisierungen der in Absatz 1 genannten Maßnahmen;

b) Form und Verfahren – einschließlich der Fristen – für die Zwecke des Absatzes 2.

[2] Diese Durchführungsrechtsakte werden nach dem in Artikel 48 Absatz 2 genannten Prüfverfahren erlassen.

Abschnitt 3. Qualifizierte Vertrauensdienste

Art. 20 Beaufsichtigung qualifizierter Vertrauensdiensteanbieter.

(1) [1] Qualifizierte Vertrauensdiensteanbieter werden mindestens alle 24 Monate auf eigene Kosten von einer Konformitätsbewertungsstelle geprüft. [2] Zweck dieser Prüfung ist es nachzuweisen, dass sie und die von ihnen erbrachten qualifizierten Vertrauensdienste die in dieser Verordnung festgelegten Anforderungen erfüllen. [3] Die qualifizierten Vertrauensdiensteanbieter legen der Aufsichtsstelle den entsprechenden Konformitätsbewertungsbericht innerhalb von drei Arbeitstagen nach Empfang vor.

(2) [1] Unbeschadet des Absatzes 1 kann die Aufsichtsstelle jederzeit eine Überprüfung vornehmen oder eine Konformitätsbewertungsstelle um eine Konformitätsbewertung der qualifizierten Vertrauensdiensteanbieter – auf Kosten dieser Vertrauensdiensteanbieter – ersuchen, um nachzuweisen, dass sie und die von ihnen erbrachten qualifizierten Vertrauensdienste die in dieser Verordnung festgelegten Anforderungen erfüllen. [2] Ist dem Anschein nach gegen Vorschriften zum Schutz personenbezogener Daten verstoßen worden, so unterrichtet die Aufsichtsstelle die Datenschutzbehörden über die Ergebnisse ihrer Überprüfungen.

(3) [1] Verlangt die Aufsichtsstelle vom qualifizierten Vertrauensdiensteanbieter, bei Nichteinhaltung der Anforderungen nach dieser Verordnung für Abhilfe zu sorgen und kommt dieser Anbieter dieser Aufforderung – und gegebenenfalls innerhalb einer von der Aufsichtsstelle gestellten Frist – nicht nach, so kann die Aufsichtsstelle unter Berücksichtigung insbesondere der Tragweite, der Dauer

und der Auswirkungen der Nichteinhaltung dem Anbieter oder dem betreffenden von ihm erbrachten Dienst den Qualifikationsstatus entziehen und die in Artikel 22 Absatz 3 genannte Stelle unterrichten, damit die in Artikel 22 Absatz 1 genannte Vertrauensliste entsprechend aktualisiert wird. [2]Die Aufsichtsstelle unterrichtet den qualifizierten Vertrauensdiensteanbieter darüber, dass ihm oder dem betreffenden Dienst der Qualifikationsstatus entzogen wurde.

(4) *[1]* Die Kommission kann im Wege von Durchführungsrechtsakten Kennnummern für die folgenden Normen festlegen:

a) die Akkreditierung der Konformitätsbewertungsstellen und für den in Absatz 1 genannten Konformitätsbewertungsbericht;
b) die Überprüfungsvorschriften, gemäß denen Konformitätsbewertungsstellen ihre Konformitätsbewertung der qualifizierten Vertrauensdiensteanbieter im Sinne von Absatz 1 durchführen.

[2] Diese Durchführungsrechtsakte werden nach dem in Artikel 48 Absatz 2 genannten Prüfverfahren erlassen.

Art. 21 Beginn der Erbringung qualifizierter Vertrauensdienste.

(1) Wenn Vertrauensdiensteanbieter ohne Qualifikationsstatus beabsichtigen, die Erbringung qualifizierter Vertrauensdienste aufzunehmen, legen sie der Aufsichtsstelle eine Mitteilung über ihre Absicht zusammen mit einem von einer Konformitätsbewertungsstelle ausgestellten Konformitätsbewertungsbericht vor.

(2) *[1]* Die Aufsichtsstelle überprüft, ob der Vertrauensdiensteanbieter und die von ihm erbrachten Vertrauensdienste den in dieser Verordnung festgelegten Anforderungen genügen, insbesondere hinsichtlich der Anforderungen an qualifizierte Vertrauensdiensteanbieter und an die von ihnen erbrachten qualifizierten Vertrauensdienste.

[2] Gelangt die Aufsichtsstelle zu dem Schluss, dass der Vertrauensdiensteanbieter und die von ihm erbrachten Vertrauensdienste den Anforderungen des Unterabsatzes 1 entsprechen, so verleiht sie dem Vertrauensdiensteanbieter und den von ihm erbrachten Vertrauensdiensten den Qualifikationsstatus und unterrichtet die in Artikel 22 Absatz 3 genannte Stelle, damit die in Artikel 22 Absatz 1 genannten Vertrauenslisten entsprechend aktualisiert werden; dies erfolgt spätestens drei Monate nach der Mitteilung gemäß Absatz 1 dieses Artikels.

[3] Wird die Überprüfung nicht innerhalb von drei Monaten nach der Mitteilung abgeschlossen, so unterrichtet die Aufsichtsstelle den Vertrauensdiensteanbieter hierüber unter Angabe der Gründe für die Verzögerung und der Frist, innerhalb deren die Überprüfung abzuschließen ist.

(3) Qualifizierte Vertrauensdiensteanbieter können mit der Erbringung des qualifizierten Vertrauensdienstes beginnen, nachdem der qualifizierte Status in den in Artikel 22 Absatz 1 genannten Vertrauenslisten ausgewiesen wurde.

(4) [1]Die Kommission kann im Wege von Durchführungsrechtsakten Form und Verfahren für die Zwecke der Absätze 1 und 2 festlegen. [2]Diese Durchführungsrechtsakte werden nach dem in Artikel 48 Absatz 2 genannten Prüfverfahren erlassen.

Art. 22 Vertrauenslisten. (1) Jeder Mitgliedstaat sorgt für die Aufstellung, Führung und Veröffentlichung von Vertrauenslisten, die Angaben zu den qualifizierten Vertrauensdiensteanbietern, für die er verantwortlich ist, und den von ihnen erbrachten qualifizierten Vertrauensdiensten, umfassen.

(2) Die Mitgliedstaaten erstellen, führen und veröffentlichen auf gesicherte Weise elektronisch unterzeichnete oder besiegelte Vertrauenslisten gemäß Absatz 1 in einer für eine automatisierte Verarbeitung geeigneten Form.

(3) Die Mitgliedstaaten übermitteln der Kommission unverzüglich Informationen über die für die Erstellung, Führung und Veröffentlichung der nationalen Vertrauenslisten verantwortlichen Stellen, den Ort der Veröffentlichung der Listen, die zur Unterzeichnung oder Besiegelung der Vertrauenslisten verwendeten Zertifikate und alle etwaigen Änderungen dieser Informationen.

(4) Die Kommission macht die Informationen nach Absatz 3 auf sichere Weise und elektronisch unterzeichnet oder besiegelt in einer für eine automatisierte Verarbeitung geeigneten Form öffentlich zugänglich.

(5) [1] Bis 18. September 2015 präzisiert die Kommission im Wege von Durchführungsrechtsakten die Angaben gemäß Absatz 1 und legt die technischen Spezifikationen und die Form der Vertrauenslisten für die Zwecke der Absätze 1 bis 4 fest. [2] Diese Durchführungsrechtsakte werden nach dem in Artikel 48 Absatz 2 genannten Prüfverfahren erlassen.

Art. 23 EU-Vertrauenssiegel für qualifizierte Vertrauensdiensteanbieter. (1) Nachdem der Qualifikationsstatus nach Artikel 21 Absatz 2 Unterabsatz 2 in der Vertrauensliste nach Artikel 22 Absatz 1 ausgewiesen wurde, können qualifizierte Vertrauensdiensteanbieter das EU-Vertrauenssiegel verwenden, um in einfacher, wiedererkennbarer und klarer Weise die von ihnen erbrachten qualifizierten Vertrauensdienste zu kennzeichnen.

(2) Qualifizierte Vertrauensdiensteanbieter, die für die qualifizierten Vertrauensdienste das EU-Vertrauenssiegel nach Absatz 1 verwenden, sorgen dafür, dass auf ihrer Website ein Link zur einschlägigen Vertrauensliste zur Verfügung steht.

(3) [1] Die Kommission legt bis 1. Juli 2015 im Wege von Durchführungsrechtsakten Spezifikationen zur Form und insbesondere zur Aufmachung, Zusammensetzung, Größe und Gestaltung des EU-Vertrauenssiegels für qualifizierte Vertrauensdienste fest. [2] Diese Durchführungsrechtsakte werden nach dem in Artikel 48 Absatz 2 genannten Prüfverfahren erlassen.

Art. 24 Anforderungen an qualifizierte Vertrauensdiensteanbieter.

(1) *[1]* Bei der Ausstellung eines qualifizierten Zertifikats für einen Vertrauensdienst überprüft der qualifizierte Vertrauensdiensteanbieter anhand geeigneter Mittel und im Einklang mit dem jeweiligen nationalen Recht die Identität und gegebenenfalls die spezifischen Attribute der natürlichen oder juristischen Person, der das qualifizierte Zertifikat ausgestellt wird.

[2] Die Informationen nach Unterabsatz 1 werden vom qualifizierten Vertrauensdiensteanbieter im Einklang mit dem nationalen Recht entweder unmittelbar oder unter Rückgriff auf einen Dritten wie folgt überprüft:

a) durch persönliche Anwesenheit der natürlichen Person oder eines bevollmächtigten Vertreters der juristischen Person oder

b) aus der Ferne mittels elektronischer Identifizierungsmittel, für die vor der Ausstellung des qualifizierten Zertifikats eine persönliche Anwesenheit der natürlichen Person oder eines bevollmächtigten Vertreters der juristischen Person gewährleistet war und die die Anforderungen gemäß Artikel 8 hinsichtlich der Sicherheitsniveaus „substanziell" oder „hoch" erfüllen, oder

c) durch ein Zertifikat einer qualifizierten elektronischen Signatur oder eines qualifizierten elektronischen Siegels, das gemäß Buchstabe a oder b ausgestellt wurde, oder

d) durch sonstige Identifizierungsmethoden, die auf nationaler Ebene anerkannt sind und gleichwertige Sicherheit hinsichtlich der Verlässlichkeit bei der persönlichen Anwesenheit bieten. Die gleichwertige Sicherheit muss von einer Konformitätsbewertungsstelle bestätigt werden.

(2) Für qualifizierte Vertrauensdiensteanbieter, die qualifizierte Vertrauensdienste erbringen, gilt Folgendes:

a) Sie unterrichten die Aufsichtsstelle über alle Änderungen bei der Erbringung ihrer qualifizierten Vertrauensdienste und eine beabsichtigte Einstellung dieser Tätigkeiten.

b) Sie beschäftigen Personal und gegebenenfalls Unterauftragnehmer, das bzw. die über das erforderliche Fachwissen, die erforderliche Zuverlässigkeit, die erforderliche Erfahrung und die erforderlichen Qualifikationen verfügt bzw. verfügen, in Bezug auf die Vorschriften für die Sicherheit und den Schutz personenbezogener Daten angemessen geschult worden ist und Verwaltungs- und Managementverfahren anwendet, die den anerkannten europäischen oder internationalen Normen entsprechen.

c) Sie verfügen in Bezug auf das Haftungsrisiko für Schäden gemäß Artikel 13 über ausreichende Finanzmittel und/oder schließen eine angemessene Haftpflichtversicherung nach nationalem Recht ab.

d) Sie unterrichten Personen, die einen qualifizierten Vertrauensdienst nutzen wollen, klar und umfassend über die genauen Bedingungen für die Nutzung des Dienstes, einschließlich Nutzungsbeschränkungen, bevor sie vertragliche Beziehungen zu dieser Person eingehen.

e) Sie verwenden vertrauenswürdige Systeme und Produkte, die vor Veränderungen geschützt sind und die technische Sicherheit und Zuverlässigkeit der von ihnen unterstützten Prozesse sicherstellen.

f) Sie verwenden vertrauenswürdige Systeme für die Speicherung der ihnen übermittelten Daten in einer überprüfbaren Form, so dass

   i) diese nur mit Zustimmung der Person, auf die sich die Daten beziehen, öffentlich abrufbar sind,

   ii) nur befugte Personen Daten eingeben und gespeicherte Daten ändern können,

   iii) die Daten auf ihre Echtheit hin überprüft werden können.

g) Sie ergreifen geeignete Maßnahmen gegen Fälschung und Diebstahl von Daten.

h) Sie zeichnen alle einschlägigen Informationen über die von dem qualifizierten Vertrauensdiensteanbieter ausgegebenen und empfangenen Daten auf und bewahren sie so auf, dass sie über einen angemessenen Zeitraum, auch über den Zeitpunkt der Einstellung der Tätigkeit des qualifizierten Vertrauensdiensteanbieters hinaus, verfügbar sind, um insbesondere bei Gerichtsverfahren entsprechende Beweise liefern zu können und die Kontinuität des Dienstes sicherzustellen. Die Aufzeichnung kann in elektronischer Form erfolgen.

i) Sie verfügen über einen fortlaufend aktualisierten Beendigungsplan, um die Dienstleistungskontinuität nach den von der Aufsichtsstelle gemäß Artikel 17 Absatz 4 Buchstabe i geprüften Vorgaben sicherzustellen.

j) Sie stellen eine rechtmäßige Verarbeitung personenbezogener Daten gemäß der Richtlinie 95/46/EG sicher.

k) Sie erstellen im Falle qualifizierter Vertrauensdiensteanbieter, die qualifizierte Zertifikate ausstellen, eine Zertifikatsdatenbank und halten sie auf dem neuesten Stand.

(3) [1] Beschließt ein qualifizierter Vertrauensdiensteanbieter, der qualifizierte Zertifikate ausstellt, ein Zertifikat zu widerrufen, so registriert er den Widerruf in seiner Zertifikatsdatenbank und veröffentlicht den Widerrufsstatus des Zertifikats zeitnah und in jedem Fall innerhalb von 24 Stunden nach Erhalt des Ersuchens. [2] Der Widerruf wird sofort nach seiner Veröffentlichung wirksam.

(4) [1] Im Zusammenhang mit Absatz 3 stellen qualifizierte Vertrauensdiensteanbieter, die qualifizierte Zertifikate ausstellen, den vertrauenden Beteiligten Informationen über den Gültigkeits- oder Widerrufsstatus der von ihnen ausgestellten qualifizierten Zertifikate zur Verfügung. [2] Diese Informationen werden zumindest auf Zertifikatsbasis jederzeit und über die Gültigkeitsdauer des Zertifikats hinaus automatisch auf zuverlässige, kostenlose und effiziente Weise bereitgestellt.

(5) [1] Die Kommission kann im Wege von Durchführungsrechtsakten Kennnummern für Normen für vertrauenswürdige Systeme und Produkte festlegen, die die Anforderungen nach Absatz 2 Buchstaben e und f dieses Artikels erfüllen. [2] Bei vertrauenswürdigen Systemen und Produkten, die diesen Normen entsprechen, wird davon ausgegangen, dass sie die Anforderungen dieses Artikels erfüllen. [3] Diese Durchführungsrechtsakte werden nach dem in Artikel 48 Absatz 2 genannten Prüfverfahren erlassen.

Abschnitt 4. Elektronische Signaturen

Art. 25 Rechtswirkung elektronischer Signaturen. (1) Einer elektronischen Signatur darf die Rechtswirkung und die Zulässigkeit als Beweismittel in Gerichtsverfahren nicht allein deshalb abgesprochen werden, weil sie in elektronischer Form vorliegt oder weil sie die Anforderungen an qualifizierte elektronische Signaturen nicht erfüllt.

(2) Eine qualifizierte elektronische Signatur hat die gleiche Rechtswirkung wie eine handschriftliche Unterschrift.

(3) Eine qualifizierte elektronische Signatur, die auf einem in einem Mitgliedstaat ausgestellten qualifizierten Zertifikat beruht, wird in allen anderen Mitgliedstaaten als qualifizierte elektronische Signatur anerkannt.

Art. 26 Anforderungen an fortgeschrittene elektronische Signaturen.

Eine fortgeschrittene elektronische Signatur erfüllt alle folgenden Anforderungen:

a) Sie ist eindeutig dem Unterzeichner zugeordnet.

b) Sie ermöglicht die Identifizierung des Unterzeichners.

c) Sie wird unter Verwendung elektronischer Signaturerstellungsdaten erstellt, die der Unterzeichner mit einem hohen Maß an Vertrauen unter seiner alleinigen Kontrolle verwenden kann.

d) Sie ist so mit den auf diese Weise unterzeichneten Daten verbunden, dass eine nachträgliche Veränderung der Daten erkannt werden kann.

Art. 27 Elektronische Signaturen in öffentlichen Diensten. (1) Verlangt ein Mitgliedstaat für die Verwendung in einem Online-Dienst, der von einer öffentlichen Stelle oder im Namen einer öffentlichen Stelle angeboten wird, eine fortgeschrittene elektronische Signatur, so erkennt dieser Mitgliedstaat fortgeschrittene elektronische Signaturen, fortgeschrittene elektronische Signaturen, die auf einem qualifizierten Zertifikat für elektronische Signaturen beruhen, und qualifizierte elektronische Signaturen zumindest in den Formaten oder unter Verwendung der Verfahren an, die in den Durchführungsrechtsakten nach Absatz 5 festgelegt sind.

(2) Verlangt ein Mitgliedstaat für die Verwendung in einem Online-Dienst, der von einer öffentlichen Stelle oder im Namen einer öffentlichen Stelle angeboten wird, eine fortgeschrittene elektronische Signatur, die auf einem qualifizierten Zertifikat beruht, so erkennt dieser Mitgliedstaat fortgeschrittene elektronische Signaturen, die auf einem qualifizierten Zertifikat beruhen, und qualifizierte elektronische Signaturen zumindest in den Formaten oder unter Verwendung der Verfahren an, die in den Durchführungsrechtsakten nach Absatz 5 festgelegt sind.

(3) Die Mitgliedstaaten verlangen für die grenzüberschreitende Verwendung in einem Online-Dienst, der von einer öffentlichen Stelle angeboten wird, keine elektronische Signatur mit einem höheren Sicherheitsniveau als dem der qualifizierten elektronischen Signatur.

(4) [1] Die Kommission kann im Wege von Durchführungsrechtsakten Kennnummern für Normen für qualifizierte Zertifikate für fortgeschrittene elektronische Signaturen festlegen. [2] Bei fortgeschrittenen elektronischen Signaturen wird davon ausgegangen, dass sie die Anforderungen gemäß den Absätzen 1 und 2 dieses Artikels und Artikel 26 erfüllen, wenn sie diesen Normen entsprechen. [3] Diese Durchführungsrechtsakte werden nach dem in Artikel 48 Absatz 2 genannten Prüfverfahren erlassen.

(5) [1] Die Kommission legt bis zum 18. September 2015 im Wege von Durchführungsrechtsakten und unter Berücksichtigung der bestehenden Praxis sowie bestehender Normen und Unionsrechtsvorschriften Referenzformate für fortgeschrittene elektronische Signaturen oder Referenzverfahren fest, wenn alternative Formate verwendet werden. [2] Diese Durchführungsrechtsakte werden nach dem in Artikel 48 Absatz 2 genannten Prüfverfahren erlassen.

Art. 28 Qualifizierte Zertifikate für elektronische Signaturen.

(1) Qualifizierte Zertifikate für elektronische Signaturen müssen die Anforderungen des Anhangs I erfüllen.

(2) Für qualifizierte Zertifikate für elektronische Signaturen dürfen keine obligatorischen Anforderungen gelten, die über die in Anhang I festgelegten hinausgehen.

(3) [1] Qualifizierte Zertifikate für elektronische Signaturen können zusätzliche fakultative spezifische Attribute enthalten. [2] Diese Attribute dürfen die Interoperabilität und Anerkennung qualifizierter elektronischer Signaturen nicht berühren.

(4) Wird ein qualifiziertes Zertifikat für elektronische Signaturen nach der anfänglichen Aktivierung widerrufen, ist es ab dem Zeitpunkt des Widerrufs nicht mehr gültig und sein Status darf unter keinen Umständen rückgängig gemacht werden.

(5) Die Mitgliedstaaten können vorbehaltlich der folgenden Bedingungen nationale Vorschriften zur vorläufigen Aussetzung eines qualifizierten Zertifikats für eine elektronische Signatur erlassen:

a) Ist ein qualifiziertes Zertifikat für elektronische Signaturen vorläufig ausgesetzt worden, so verliert dieses Zertifikat für die Dauer der Aussetzung seine Gültigkeit.

b) Die Dauer der Aussetzung wird in der Zertifikatsdatenbank deutlich angegeben und der Status der Aussetzung ist während der Dauer der Aussetzung im Rahmen des Dienstes, der die Informationen über den Status des Zertifikats bereitstellt, ersichtlich.

(6) [1] Die Kommission kann im Wege von Durchführungsrechtsakten Kennnummern für Normen für qualifizierte Zertifikate für elektronische Signaturen festlegen. [2] Bei qualifizierten Zertifikaten für elektronische Signaturen, die diesen Normen entsprechen, wird davon ausgegangen, dass sie die Anforderungen des Anhangs I erfüllen. [3] Diese Durchführungsrechtsakte werden nach dem in Artikel 48 Absatz 2 genannten Prüfverfahren erlassen.

Art. 29 Anforderungen an qualifizierte elektronische Signaturerstellungseinheiten. (1) Qualifizierte elektronische Signaturerstellungseinheiten müssen die Anforderungen des Anhangs II erfüllen.

(2) [1] Die Kommission kann im Wege von Durchführungsrechtsakten Kennnummern für Normen für qualifizierte elektronische Signaturerstellungseinheiten festlegen. [2] Bei qualifizierten elektronischen Signaturerstellungseinheiten, die diesen Normen entsprechen, wird davon ausgegangen, dass sie die Anforderungen des Anhangs II erfüllen. [3] Diese Durchführungsrechtsakte werden nach dem in Artikel 48 Absatz 2 genannten Prüfverfahren erlassen.

Art. 30 Zertifizierung qualifizierter elektronischer Signaturerstellungseinheiten. (1) Die Konformität qualifizierter elektronischer Signaturerstellungseinheiten mit den Anforderungen des Anhangs II wird von geeigneten, von den Mitgliedstaaten benannten öffentlichen oder privaten Stellen zertifiziert.

(2) [1] Die Mitgliedstaaten teilen der Kommission die Namen und Anschriften der öffentlichen oder privaten Stellen gemäß Absatz 1 mit. [2] Die Kommission stellt diese Informationen den Mitgliedstaaten zur Verfügung.

(3) *[1]* Die Zertifizierung nach Absatz 1 beruht auf einem der folgenden Verfahren:

a) einem Sicherheitsbewertungsverfahren, das entsprechend einer der Normen für die Sicherheitsbewertung informationstechnischer Produkte durchgeführt wurde, die auf der gemäß Unterabsatz 2 aufzustellenden Liste stehen;
b) einem anderen als dem unter Buchstabe a genannten Verfahren, sofern dabei gleichwertige Sicherheitsniveaus angewendet werden und die öffentliche oder private Stelle gemäß Absatz 1 der Kommission dieses Verfahren mitteilt. Dieses Verfahren darf nur angewendet werden, wenn Normen im Sinne des Buchstaben a nicht vorliegen oder ein Sicherheitsbewertungsverfahren im Sinne des Buchstaben a im Gange ist.

[2] [1] Die Kommission stellt im Wege von Durchführungsrechtsakten eine Liste mit Normen für die Sicherheitsbewertung informationstechnischer Produkte nach Buchstabe a auf. [2] Diese Durchführungsrechtsakte werden nach dem in Artikel 48 Absatz 2 genannten Prüfverfahren erlassen.

(4) Der Kommission wird die Befugnis übertragen, gemäß Artikel 47 delegierte Rechtsakte in Bezug auf die Festlegung besonderer Kriterien, die von den in Absatz 1 dieses Artikels aufgeführten benannten Stellen zu erfüllen sind, zu erlassen.

Art. 31 Veröffentlichung einer Liste zertifizierter qualifizierter elektronischer Signaturerstellungseinheiten. (1) [1] Die Mitgliedstaaten notifizieren der Kommission unverzüglich, spätestens aber innerhalb eines Monats nach Abschluss der Zertifizierung, Informationen über qualifizierte elektronische Signaturerstellungseinheiten, die von den in Artikel 30 Absatz 1 genannten Stellen zertifiziert worden sind. [2] Sie notifizieren der Kommission ferner unverzüglich, spätestens aber innerhalb eines Monats nach Annullierung der Zertifizierung, Informationen über nicht mehr zertifizierte elektronische Signaturerstellungseinheiten.

(2) Auf der Grundlage der erhaltenen Informationen sorgt die Kommission für die Aufstellung, Veröffentlichung und Führung einer Liste zertifizierter qualifizierter elektronischer Signaturerstellungseinheiten.

(3) [1] Die Kommission kann im Wege von Durchführungsrechtsakten Form und Verfahren für die Zwecke des Absatzes 1 festlegen. [2] Diese Durchführungsrechtsakte werden nach dem in Artikel 48 Absatz 2 genannten Prüfverfahren erlassen.

Art. 32 Anforderungen an die Validierung qualifizierter elektronischer Signaturen. (1) Mit dem Verfahren für die Validierung einer qualifizierten elektronischen Signatur wird die Gültigkeit einer qualifizierten elektronischen Signatur bestätigt, wenn

a) das der Signatur zugrunde liegende Zertifikat zum Zeitpunkt des Signierens ein qualifiziertes Zertifikat für elektronische Signaturen war, das die Anforderungen des Anhangs I erfüllt,

b) das qualifizierte Zertifikat von einem qualifizierten Vertrauensdiensteanbieter ausgestellt wurde und zum Zeitpunkt des Signierens gültig war,

c) die Signaturvalidierungsdaten den Daten entsprechen, die dem vertrauenden Beteiligten bereitgestellt werden,

d) der eindeutige Datensatz, der den Unterzeichner im Zertifikat repräsentiert, dem vertrauenden Beteiligten korrekt bereitgestellt wird,

e) die etwaige Benutzung eines Pseudonyms dem vertrauenden Beteiligten eindeutig angegeben wird, wenn zum Zeitpunkt des Signierens ein Pseudonym benutzt wurde,

f) die elektronische Signatur von einer qualifizierten elektronischen Signaturerstellungseinheit erstellt wurde,

g) die Unversehrtheit der unterzeichneten Daten nicht beeinträchtigt ist,

h) die Anforderungen des Artikels 26 zum Zeitpunkt des Signierens erfüllt waren.

(2) Das zur Validierung der qualifizierten elektronischen Signatur verwendete System stellt dem vertrauenden Beteiligten das korrekte Ergebnis des Validierungsprozesses bereit und ermöglicht es ihm, etwaige Sicherheitsprobleme zu erkennen.

(3) [1] Die Kommission kann im Wege von Durchführungsrechtsakten Kennnummern für Normen für die Validierung qualifizierter elektronischer Signaturen festlegen. [2] Bei einer Validierung qualifizierter elektronischer Signaturen, die diesen Normen entspricht, wird davon ausgegangen, dass sie die Anforderungen des Absatzes 1 erfüllt. [3] Diese Durchführungsrechtsakte werden nach dem in Artikel 48 Absatz 2 genannten Prüfverfahren erlassen.

Art. 33 Qualifizierter Validierungsdienst für qualifizierte elektronische Signaturen. (1) Qualifizierte Validierungsdienste für qualifizierte elektronische Signaturen können nur von qualifizierten Vertrauensdiensteanbietern erbracht werden, die

a) eine Validierung gemäß Artikel 32 Absatz 1 durchführen und

b) es vertrauenden Beteiligten ermöglichen, das Ergebnis des Validierungsprozesses automatisch in zuverlässiger und effizienter Weise mit Bestätigung durch die fortgeschrittene elektronische Signatur oder das fortgeschrittene elektronische Siegel des Anbieters des qualifizierten Validierungsdienstes zu erhalten.

(2) [1] Die Kommission kann im Wege von Durchführungsrechtsakten Kennnummern für Normen für die in Absatz 1 genannten qualifizierten Validierungsdienste festlegen. [2] Bei Validierungsdiensten für qualifizierte elektronische Signaturen, die diesen Normen entsprechen, wird davon ausgegangen, dass sie die Anforderungen in Absatz 1 erfüllen. [3] Diese Durchführungsrechtsakte werden nach dem in Artikel 48 Absatz 2 genannten Prüfverfahren erlassen.

Art. 34 Qualifizierter Bewahrungsdienst für qualifizierte elektronische Signaturen. (1) Ein qualifizierter Bewahrungsdienst für qualifizierte elektronische Signaturen kann nur von qualifizierten Vertrauensdiensteanbietern erbracht werden, die Verfahren und Technologien verwenden, die es ermöglichen, die Vertrauenswürdigkeit der qualifizierten elektronischen Signatur über den Zeitraum ihrer technologischen Geltung hinaus zu verlängern.

(2) [1]Die Kommission kann im Wege von Durchführungsrechtsakten Kennnummern für Normen für den qualifizierten Bewahrungsdienst für qualifizierte elektronische Signaturen festlegen. [2]Bei Maßnahmen zu qualifizierten Bewahrungsdiensten für qualifizierte elektronische Signaturen, die diesen Normen entsprechen, wird davon ausgegangen, dass sie die Anforderungen des Absatzes 1 erfüllen. [3]Diese Durchführungsrechtsakte werden nach dem in Artikel 48 Absatz 2 genannten Prüfverfahren erlassen.

Abschnitt 5. Elektronische Siegel

Art. 35 Rechtswirkung elektronischer Siegel. (1) Einem elektronischen Siegel darf die Rechtswirkung und die Zulässigkeit als Beweismittel in Gerichtsverfahren nicht allein deshalb abgesprochen werden, weil es in einer elektronischen Form vorliegt oder nicht die Anforderungen an qualifizierte elektronische Siegel erfüllt.

(2) Für ein qualifiziertes elektronisches Siegel gilt die Vermutung der Unversehrtheit der Daten und der Richtigkeit der Herkunftsangabe der Daten, mit denen das qualifizierte elektronische Siegel verbunden ist.

(3) Ein qualifiziertes elektronisches Siegel, das auf einem in einem Mitgliedstaat ausgestellten qualifizierten Zertifikat beruht, wird in allen anderen Mitgliedstaaten als qualifiziertes elektronisches Siegel anerkannt.

Art. 36 Anforderungen an fortgeschrittene elektronische Siegel.

Ein fortgeschrittenes elektronisches Siegel erfüllt alle folgenden Anforderungen:

a) Es ist eindeutig dem Siegelersteller zugeordnet.

b) Es ermöglicht die Identifizierung des Siegelerstellers.

c) Es wird unter Verwendung von elektronischen Siegelerstellungsdaten erstellt, die der Siegelersteller mit einem hohen Maß an Vertrauen unter seiner Kontrolle zum Erstellen elektronischer Siegel verwenden kann.

d) Es ist so mit den Daten, auf die es sich bezieht, verbunden, dass eine nachträgliche Veränderung der Daten erkannt werden kann.

Art. 37 Elektronische Siegel in öffentlichen Diensten. (1) Verlangt ein Mitgliedstaat ein fortgeschrittenes elektronisches Siegel für die Verwendung in einem Online-Dienst, der von einer öffentlichen Stelle oder im Namen einer öffentlichen Stelle angeboten wird, so erkennt dieser Mitgliedstaat fortgeschrittene elektronische Siegel, fortgeschrittene elektronische Siegel, die auf einem qualifizierten Zertifikat für elektronische Siegel beruhen, und qualifizierte elektronische Siegel zumindest in den Formaten oder unter Verwendung der Verfahren, die in den Durchführungsrechtsakten nach Absatz 5 festgelegt sind, an.

(2) Verlangt ein Mitgliedstaat für die Verwendung in einem Online-Dienst, der von einer öffentlichen Stelle oder im Namen einer öffentlichen Stelle angeboten wird, ein fortgeschrittenes elektronisches Siegel, das auf einem qualifizierten Zertifikat beruht, so erkennt dieser Mitgliedstaat fortgeschrittene

elektronische Siegel, die auf einem qualifizierten Zertifikat beruhen, und qualifizierte elektronische Siegel zumindest in den Formaten oder unter Verwendung der Verfahren, die in den Durchführungsrechtsakten nach Absatz 5 festgelegt sind, an.

(3) Die Mitgliedstaaten verlangen für die grenzüberschreitende Verwendung in einem Online-Dienst, der von einer öffentlichen Stelle angeboten wird, kein elektronisches Siegel mit einem höheren Sicherheitsniveau als dem des qualifizierten elektronischen Siegels.

(4) [1] Die Kommission kann im Wege von Durchführungsrechtsakten Kennnummern für Normen für qualifizierte Zertifikate für fortgeschrittene elektronische Siegel festlegen. [2] Bei fortgeschrittenen elektronischen Siegeln wird davon ausgegangen, dass sie die Anforderungen gemäß den Absätzen 1 und 2 und Artikel 36 erfüllen, wenn sie diesen Normen entsprechen. [3] Diese Durchführungsrechtsakte werden nach dem in Artikel 48 Absatz 2 genannten Prüfverfahren erlassen.

(5) [1] Die Kommission legt bis zum 18. September 2015 im Wege von Durchführungsrechtsakten und unter Berücksichtigung der bestehenden Praxis sowie der bestehenden Normen und Unionsrechtsakte Durchführungsrechtsakte Referenzformate für fortgeschrittene elektronische Siegel oder Referenzverfahren fest, wenn alternative Formate verwendet werden. [2] Diese Durchführungsrechtsakte werden nach dem in Artikel 48 Absatz 2 genannten Prüfverfahren erlassen.

Art. 38 Qualifizierte Zertifikate für elektronische Siegel. (1) Qualifizierte Zertifikate für elektronische Siegel müssen die Anforderungen des Anhangs III erfüllen.

(2) Für qualifizierte Zertifikate für elektronische Siegel dürfen keine verbindlichen Anforderungen gelten, die über die in Anhang III festgelegten hinausgehen.

(3) [1] Qualifizierte Zertifikate für elektronische Siegel können zusätzliche fakultative spezifische Attribute enthalten. [2] Diese Attribute berühren nicht die Interoperabilität und Anerkennung qualifizierter elektronischer Siegel.

(4) Wird ein qualifiziertes Zertifikat für elektronische Siegel nach der anfänglichen Aktivierung widerrufen, ist es ab dem Zeitpunkt des Widerrufs nicht mehr gültig und sein Status darf unter keinen Umständen rückgängig gemacht werden.

(5) Die Mitgliedstaaten können vorbehaltlich der folgenden Bedingungen nationale Vorschriften zur vorläufigen Aussetzung qualifizierter Zertifikate für elektronische Siegel erlassen:

a) Ist ein qualifiziertes Zertifikat für elektronische Siegel vorläufig ausgesetzt worden, so verliert dieses Zertifikat für die Dauer der Aussetzung seine Gültigkeit.

b) Die Dauer der Aussetzung wird in der Zertifikatsdatenbank deutlich angegeben und der Status der Aussetzung ist während der Dauer der Aussetzung im Rahmen des Dienstes, der die Informationen über den Status des Zertifikats bereitstellt, ersichtlich.

(6) [1] Die Kommission kann im Wege von Durchführungsrechtsakten Kennnummern für Normen für qualifizierte Zertifikate für elektronische Siegel

festlegen. [2]Bei qualifizierten Zertifikaten für elektronische Siegel, die diesen Normen entsprechen, wird davon ausgegangen, dass sie die Anforderungen des Anhangs III erfüllen. [3]Diese Durchführungsrechtsakte werden nach dem in Artikel 48 Absatz 2 genannten Prüfverfahren erlassen.

Art. 39 Qualifizierte elektronische Siegelerstellungseinheiten.

(1) Artikel 29 gilt sinngemäß für die Anforderungen an qualifizierte elektronische Siegelerstellungseinheiten.

(2) Artikel 30 gilt sinngemäß für die Zertifizierung qualifizierter elektronischer Siegelerstellungseinheiten.

(3) Artikel 31 gilt sinngemäß für die Veröffentlichung einer Liste qualifizierter elektronischer Siegelerstellungseinheiten.

Art. 40 Validierung und Bewahrung qualifizierter elektronischer Siegel. Die Artikel 32, 33 und 34 gelten sinngemäß für die Validierung und Bewahrung qualifizierter elektronischer Siegel.

Abschnitt 6. Elektronische Zeitstempel

Art. 41 Rechtswirkung elektronischer Zeitstempel. (1) Einem elektronischen Zeitstempel darf die Rechtswirkung und die Zulässigkeit als Beweismittel in Gerichtsverfahren nicht allein deshalb abgesprochen werden, weil er in elektronischer Form vorliegt oder nicht die Anforderungen an qualifizierte elektronische Zeitstempel erfüllt.

(2) Für qualifizierte elektronische Zeitstempel gilt die Vermutung der Richtigkeit des Datums und der Zeit, die darin angegeben sind, sowie der Unversehrtheit der mit dem Datum und der Zeit verbundenen Daten.

(3) Ein in einem Mitgliedstaat ausgestellter qualifizierter elektronischer Zeitstempel wird in allen anderen Mitgliedstaaten als qualifizierter elektronischer Zeitstempel anerkannt.

Art. 42 Anforderungen an qualifizierte elektronische Zeitstempel.

(1) Der qualifizierte elektronische Zeitstempel muss die folgenden Anforderungen erfüllen:

a) Er verknüpft Datum und Zeit so mit Daten, dass die Möglichkeit der unbemerkten Veränderung der Daten nach vernünftigem Ermessen ausgeschlossen ist.

b) Er beruht auf einer korrekten Zeitquelle, die mit der koordinierten Weltzeit verknüpft ist.

c) Er wird mit einer fortgeschrittenen elektronischen Signatur unterzeichnet oder einem fortgeschrittenen elektronischen Siegel des qualifizierten Vertrauensdiensteanbieters versiegelt oder es wird ein gleichwertiges Verfahren verwendet.

(2) [1]Die Kommission kann im Wege von Durchführungsrechtsakten Kennnummern für Normen für die Verknüpfung von Datums- und Zeitangaben mit Daten und für korrekte Zeitquellen festlegen. [2]Bei einer Verknüpfung von Datums- und Zeitangaben mit Daten und bei korrekten Zeitquellen, die diesen Normen entsprechen, wird davon ausgegangen, dass die Anforderungen des

Absatzes 1 erfüllt sind. [3]Diese Durchführungsrechtsakte werden nach dem in Artikel 48 Absatz 2 genannten Prüfverfahren erlassen.

Abschnitt 7. Dienste für die Zustellung elektronischer Einschreiben

Art. 43 Rechtswirkung eines Dienstes für die Zustellung elektronischer Einschreiben. (1) Daten, die mittels eines Dienstes für die Zustellung elektronischer Einschreiben abgesendet und empfangen werden, darf die Rechtswirkung und die Zulässigkeit als Beweismittel in Gerichtsverfahren nicht allein deshalb abgesprochen werden, weil sie in elektronischer Form vorliegen oder weil die Anforderungen an qualifizierte Dienste für die Zustellung elektronischer Einschreiben nicht erfüllt sind.

(2) Für Daten, die mittels eines qualifizierten Dienstes für die Zustellung elektronischer Einschreiben abgesendet und empfangen werden, gilt die Vermutung der Unversehrtheit der Daten, der Absendung dieser Daten durch den identifizierten Absender und des Empfangs der Daten durch den identifizierten Empfänger und der Korrektheit des Datums und der Uhrzeit der Absendung und des Empfangs, wie sie von dem qualifizierten Dienst für die Zustellung elektronischer Einschreiben angegeben werden.

Art. 44 Anforderungen an qualifizierte Dienste für die Zustellung elektronischer Einschreiben. (1) *[1]* Qualifizierte Dienste für die Zustellung elektronischer Einschreiben müssen folgende Anforderungen erfüllen:

a) Sie werden von einem oder mehreren qualifizierten Vertrauensdiensteanbietern erbracht.
b) Sie stellen die Identifizierung des Absenders mit einem hohen Maß an Vertrauenswürdigkeit sicher.
c) Sie stellen die Identifizierung des Empfängers vor der Zustellung der Daten sicher.
d) Das Absenden und Empfangen der Daten ist durch eine fortgeschrittene elektronische Signatur oder ein fortgeschrittenes elektronisches Siegel eines qualifizierten Vertrauensdiensteanbieters auf eine Weise gesichert, die die Möglichkeit einer unbemerkten Veränderung der Daten ausschließt.
e) Jede Veränderung der Daten, die zum Absenden oder Empfangen der Daten nötig ist, wird dem Absender und dem Empfänger der Daten deutlich angezeigt.
f) Das Datum und die Zeit des Absendens, Empfangens oder einer Änderung der Daten werden durch einen qualifizierten elektronischen Zeitstempel angezeigt.

[2] Im Fall der Weiterleitung der Daten zwischen zwei oder mehreren qualifizierten Vertrauensdiensteanbietern gelten die Anforderungen der Buchstaben a bis f für alle beteiligten qualifizierten Vertrauensdiensteanbieter.

(2) [1]Die Kommission kann im Wege von Durchführungsrechtsakten Kennnummern für Normen für Prozesse des Absendens und Empfangens von Daten festlegen. [2]Bei Prozessen des Absendens und Empfangens von Daten, die diesen Normen entsprechen, wird davon ausgegangen, dass sie die Anforderungen des Absatzes 1 erfüllen. [3]Diese Durchführungsrechtsakte werden nach dem in Artikel 48 Absatz 2 genannten Prüfverfahren erlassen.

Abschnitt 8. Website-Authentifizierung

Art. 45 Anforderungen an qualifizierte Zertifikate für die Website-Authentifizierung. (1) Qualifizierte Zertifikate für die Website-Authentifizierung müssen die Anforderungen des Anhangs IV erfüllen.

(2) [1] Die Kommission kann im Wege von Durchführungsrechtsakten Kennnummern für Normen für qualifizierte Zertifikate für die Website-Authentifizierung festlegen. [2] Bei Zertifikaten für die Website-Authentifizierung, die diesen Normen entsprechen, wird davon ausgegangen, dass sie die Anforderungen des Anhangs IV erfüllen. [3] Diese Durchführungsrechtsakte werden nach dem in Artikel 48 Absatz 2 genannten Prüfverfahren erlassen.

Kapitel IV. Elektronische Dokumente

Art. 46 Rechtswirkung elektronischer Dokumente. Einem elektronischen Dokument darf die Rechtswirkung und die Zulässigkeit als Beweismittel in Gerichtsverfahren nicht allein deshalb abgesprochen werden, weil es in elektronischer Form vorliegt.

Kapitel V. Befugnisübertragungen und Durchführungsbestimmungen

Art. 47 Ausübung der Befugnisübertragung. (1) Die Befugnis zum Erlass delegierter Rechtsakte wird der Kommission unter den in diesem Artikel festgelegten Bedingungen übertragen.

(2) Die Befugnis zum Erlass delegierter Rechtsakte gemäß Artikel 30 Absatz 4 wird der Kommission auf unbestimmte Zeit ab dem 17. September 2014 übertragen.

(3) [1] Die Befugnisübertragung gemäß Artikel 30 Absatz 4 kann vom Europäischen Parlament oder vom Rat jederzeit widerrufen werden. [2] Der Beschluss über den Widerruf beendet die Übertragung der in diesem Beschluss angegebenen Befugnis. [3] Er wird am Tag nach seiner Veröffentlichung im *Amtsblatt der Europäischen Union* oder zu einem darin angegebenen späteren Zeitpunkt wirksam. [4] Die Gültigkeit von delegierten Rechtsakten, die bereits in Kraft sind, wird von dem Beschluss über den Widerruf nicht berührt.

(4) Sobald die Kommission einen delegierten Rechtsakt erlässt, übermittelt sie ihn gleichzeitig dem Europäischen Parlament und dem Rat.

(5) [1] Ein delegierter Rechtsakt, der gemäß Artikel 30 Absatz 4 erlassen wurde, tritt nur in Kraft, wenn weder das Europäische Parlament noch der Rat innerhalb einer Frist von zwei Monaten nach Übermittlung dieses Rechtsakts an das Europäische Parlament und den Rat Einwände erhoben haben oder wenn vor Ablauf dieser Frist das Europäische Parlament und der Rat beide der Kommission mitgeteilt haben, dass sie keine Einwände erheben werden. [2] Auf Initiative des Europäischen Parlaments oder des Rates wird diese Frist um zwei Monate verlängert.

Art. 48 Ausschussverfahren. (1) [1]Die Kommission wird von einem Ausschuss unterstützt. [2]Dieser Ausschuss ist ein Ausschuss im Sinne der Verordnung (EU) Nr. 182/2011.

(2) Wird auf diesen Absatz Bezug genommen, so gilt Artikel 5 der Verordnung (EU) Nr. 182/2011.

Kapitel VI. Schlussbestimmungen

Art. 49 Überprüfung. *[1]* [1]Die Kommission überprüft die Anwendung dieser Verordnung und erstattet dem Europäischen Parlament und dem Rat spätestens am 1. Juli 2020 darüber Bericht. [2]Die Kommission bewertet insbesondere, ob es angezeigt ist, den Anwendungsbereich dieser Verordnung oder ihrer spezifischen Bestimmungen einschließlich Artikel 6, Artikel 7 Buchstabe f oder die Artikel 34, 43, 44 und 45 zu ändern, wobei den bei der Anwendung dieser Verordnung gesammelten Erfahrungen sowie den Entwicklungen der Technologie, des Marktes und des Rechts Rechnung getragen wird.

[2] Dem in Absatz 1 genannten Bericht werden gegebenenfalls Gesetzgebungsvorschläge beigefügt.

[3] Ferner legt die Kommission dem Europäischen Parlament und dem Rat alle vier Jahre nach dem in Absatz 1 genannten Bericht einen Bericht über die Fortschritte im Hinblick auf die Verwirklichung der mit dieser Verordnung verfolgten Ziele vor.

Art. 50 Aufhebung. (1) Die Richtlinie 1999/93/EG wird mit Wirkung vom 1. Juli 2016 aufgehoben.

(2) Bezugnahmen auf die aufgehobene Richtlinie gelten als Bezugnahmen auf diese Verordnung.

Art. 51 Übergangsmaßnahmen. (1) Sichere Signaturerstellungseinheiten, deren Übereinstimmung mit den Anforderungen gemäß Artikel 3 Absatz 4 der Richtlinie 1999/93/EG festgestellt wurde, gelten als qualifizierte Signaturerstellungseinheiten gemäß dieser Verordnung.

(2) Qualifizierte Zertifikate, die gemäß der Richtlinie 1999/93/EG für natürliche Personen ausgestellt worden sind, gelten bis zu ihrem Ablauf als qualifizierte Zertifikate für elektronische Signaturen gemäß dieser Verordnung.

(3) [1]Ein Zertifizierungsdiensteanbieter, der qualifizierte Zertifikate gemäß der Richtlinie 1999/93/EG ausstellt, legt der Aufsichtsstelle so bald wie möglich, spätestens aber bis zum 1. Juli 2017 einen Konformitätsbewertungsbericht vor. [2]Bis zur Vorlage dieses Konformitätsbewertungsberichts und zum Abschluss der Bewertung des Berichts durch die Aufsichtsstelle gilt dieser Zertifizierungsdiensteanbieter als qualifizierter Vertrauensdiensteanbieter im Sinne dieser Verordnung.

(4) Legt ein Zertifizierungsdiensteanbieter, der qualifizierte Zertifikate gemäß der Richtlinie 1999/93/EG ausstellt, der Aufsichtsstelle innerhalb der in Absatz 3 vorgesehenen Frist keinen Konformitätsbewertungsbericht vor, so gilt dieser Zertifizierungsdiensteanbieter ab dem 2. Juli 2017 nicht mehr als qualifizierter Vertrauensdiensteanbieter im Sinne dieser Verordnung.

Art. 52 Inkrafttreten. (1) Diese Verordnung tritt am zwanzigsten Tag nach ihrer Veröffentlichung[1)] im *Amtsblatt der Europäischen Union* in Kraft.

(2) Diese Verordnung gilt ab dem 1. Juli 2016 mit folgenden Ausnahmen:

a) Artikel 8 Absatz 3, Artikel 9 Absatz 5, Artikel 12 Absätze 2 bis 9, Artikel 17 Absatz 8, Artikel 19 Absatz 4, Artikel 20 Absatz 4, Artikel 21 Absatz 4, Artikel 22 Absatz 5, Artikel 23 Absatz 3, Artikel 24 Absatz 5, Artikel 27 Absätze 4 und 5, Artikel 28 Absatz 6, Artikel 29 Absatz 2, Artikel 30 Absätze 3 und 4, Artikel 31 Absatz 3, Artikel 32 Absatz 3, Artikel 33 Absatz 2, Artikel 34 Absatz 2, Artikel 37 Absätze 4 und 5, Artikel 38 Absatz 6, Artikel 42 Absatz 2, Artikel 44 Absatz 2, Artikel 45 Absatz 2 sowie Artikel 47 und 48 gelten ab dem 17. September 2014;

b) Artikel 7, Artikel 8 Absätze 1 und 2, Artikel 9, 10, 11 und Artikel 12 Absatz 1 gelten ab dem Datum des Beginns der Anwendung der in Artikel 8 Absatz 3 und Artikel 12 Absatz 8 genannten Durchführungsrechtsakte;

c) Artikel 6 findet drei Jahre nach dem Datum des Beginns der Anwendung der in Artikel 8 Absatz 3 und Artikel 12 Absatz 8 genannten Durchführungsrechtsakte Anwendung.

(3) Ist das notifizierte elektronische Identifizierungssystem vor dem in Absatz 2 Buchstabe c genannten Datum in der von der Kommission gemäß Artikel 9 veröffentlichten Liste aufgeführt, so erfolgt die Anerkennung der elektronischen Identifizierungsmittel dieses Systems gemäß Artikel 6 spätestens 12 Monate nach der Veröffentlichung dieses Systems, jedoch nicht vor dem in Absatz 2 Buchstabe c genannten Datum.

(4) [1] Abweichend von Absatz 2 Buchstabe c kann ein Mitgliedstaat entscheiden, dass elektronische Identifizierungsmittel eines von einem anderen Mitgliedstaat gemäß Artikel 9 Absatz 1 notifizierten elektronischen Identifizierungssystems in dem ersten Mitgliedstaat ab dem Datum des Beginns der Anwendung der in Artikel 8 Absatz 3 und Artikel 12 Absatz 8 genannten Durchführungsrechtsakte anerkannt werden. [2] Die betreffenden Mitgliedstaaten setzen die Kommission davon in Kenntnis. [3] Die Kommission veröffentlicht diese Informationen.

Diese Verordnung ist in allen ihren Teilen verbindlich und gilt unmittelbar in jedem Mitgliedstaat.

Geschehen zu Brüssel am 23. Juli 2014.

---

1) Veröffentlicht am 28.8.2014.

Anhang I. Anforderungen an qualifizierte Zertifikate für elektronische Signaturen

Qualifizierte Zertifikate für elektronische Signaturen enthalten Folgendes:

a) eine Angabe, dass das Zertifikat als qualifiziertes Zertifikat für elektronische Signaturen ausgestellt wurde, zumindest in einer zur automatischen Verarbeitung geeigneten Form;

b) einen Datensatz, der den qualifizierten Vertrauensdiensteanbieter, der die qualifizierten Zertifikate ausstellt, eindeutig repräsentiert und zumindest die Angabe des Mitgliedstaats enthält, in dem der Anbieter niedergelassen ist, sowie

– bei einer juristischen Person: den Namen und gegebenenfalls die Registriernummer gemäß der amtlichen Eintragung;

– bei einer natürlichen Person: den Namen der Person;

c) mindestens den Namen des Unterzeichners oder ein Pseudonym; wird ein Pseudonym verwendet, ist dies eindeutig anzugeben;

d) elektronische Signaturvalidierungsdaten, die den elektronischen Signaturerstellungsdaten entsprechen;

e) Angaben zu Beginn und Ende der Gültigkeitsdauer des Zertifikats;

f) den Identitätscode des Zertifikats, der für den qualifizierten Vertrauensdiensteanbieter eindeutig sein muss;

g) die fortgeschrittene elektronische Signatur oder das fortgeschrittene elektronische Siegel des ausstellenden qualifizierten Vertrauensdiensteanbieters;

h) den Ort, an dem das Zertifikat, das der fortgeschrittenen elektronischen Signatur oder dem fortgeschrittenen elektronischen Siegel gemäß Buchstabe g zugrunde liegt, kostenlos zur Verfügung steht;

i) den Ort der Dienste, die genutzt werden können, um den Gültigkeitsstatus des qualifizierten Zertifikats zu überprüfen;

j) falls sich die elektronischen Signaturerstellungsdaten, die den elektronischen Signaturvalidierungsdaten entsprechen, in einer qualifizierten elektronischen Signaturerstellungseinheit befinden – eine geeignete Angabe dieses Umstands, zumindest in einer zur automatischen Verarbeitung geeigneten Form.

Anhang II. Anforderungen an qualifizierte elektronische Signaturerstellungseinheiten

(1) Qualifizierte elektronische Signaturerstellungseinheiten müssen durch geeignete Technik und Verfahren zumindest gewährleisten, dass

a) die Vertraulichkeit der zum Erstellen der elektronischen Signatur verwendeten elektronischen Signaturerstellungsdaten angemessen sichergestellt ist,

b) die zum Erstellen der elektronischen Signatur verwendeten elektronischen Signaturerstellungsdaten praktisch nur einmal vorkommen können,

c) die zum Erstellen der elektronischen Signatur verwendeten elektronischen Signaturerstellungsdaten mit hinreichender Sicherheit nicht abgeleitet werden können und die elektronische Signatur bei Verwendung der jeweils verfügbaren Technik verlässlich gegen Fälschung geschützt ist,

d) die zum Erstellen der elektronischen Signatur verwendeten elektronischen Signaturerstellungsdaten vom rechtmäßigen Unterzeichner gegen eine Verwendung durch andere verlässlich geschützt werden können.

(2) Qualifizierte elektronische Signaturerstellungseinheiten dürfen die zu unterzeichnenden Daten nicht verändern und nicht verhindern, dass dem Unterzeichner diese Daten vor dem Unterzeichnen angezeigt werden.

(3) Das Erzeugen oder Verwalten von elektronischen Signaturerstellungsdaten im Namen eines Unterzeichners darf nur von einem qualifizierten Vertrauensdiensteanbieter durchgeführt werden.

(4) Unbeschadet des Absatzes 1 Buchstabe d dürfen qualifizierte Vertrauensdiensteanbieter, die elektronische Signaturerstellungsdaten im Namen des Unterzeichners verwalten, die elektronischen Signaturerstellungsdaten ausschließlich zu Sicherungszwecken kopieren, sofern folgende Anforderungen erfüllt sind:

a) Die kopierten Datensätze müssen das gleiche Sicherheitsniveau wie die Original-Datensätze aufweisen.

b) Es dürfen nicht mehr kopierte Datensätze vorhanden sein als zur Gewährleistung der Dienstleistungskontinuität unbedingt nötig.

Anhang III. Anforderungen an qualifizierte Zertifikate für elektronische Siegel

Qualifizierte Zertifikate für elektronische Siegel enthalten

a) eine Angabe, dass das Zertifikat als qualifiziertes Zertifikat für elektronische Siegel ausgestellt wurde, zumindest in einer zur automatischen Verarbeitung geeigneten Form,

b) einen Datensatz, der den qualifizierten Vertrauensdiensteanbieter, der die qualifizierten Zertifikate ausstellt, eindeutig repräsentiert und zumindest die Angabe des Mitgliedstaats enthält, in dem der Anbieter niedergelassen ist, sowie
   - bei einer juristischen Person: den Namen und gegebenenfalls die Registriernummer gemäß der amtlichen Eintragung,
   - bei einer natürlichen Person: den Namen der Person,

c) zumindest den Namen des Siegelerstellers und gegebenenfalls die Registriernummer gemäß der amtlichen Eintragung,

d) elektronische Siegelvalidierungsdaten, die den elektronischen Siegelerstellungsdaten entsprechen,

e) Angaben zu Beginn und Ende der Gültigkeitsdauer des Zertifikats,

f) den Identitätscode des Zertifikats, der für den qualifizierten Vertrauensdiensteanbieter eindeutig sein muss,

g) die fortgeschrittene elektronische Signatur oder das fortgeschrittene elektronische Siegel des ausstellenden qualifizierten Vertrauensdiensteanbieters,

h) den Ort, an dem das Zertifikat, das der fortgeschrittenen elektronischen Signatur oder dem fortgeschrittenen elektronischen Siegel gemäß Buchstabe g zugrunde liegt, kostenlos zur Verfügung steht,

i) den Ort der Dienste, die genutzt werden können, um den Gültigkeitsstatus des qualifizierten Zertifikats zu überprüfen,

j) falls sich die elektronischen Siegelerstellungsdaten, die den elektronischen Siegelvalidierungsdaten entsprechen, in einer qualifizierten elektronischen Siegelerstellungseinheit befinden – eine geeignete Angabe dieses Umstands, zumindest in einer zur automatischen Verarbeitung geeigneten Form.

Anhang IV. Anforderungen an qualifizierte Zertifikate für die Website-Authentifizierung

Qualifizierte Zertifikate für die Website-Authentifizierung enthalten Folgendes:

a) eine Angabe, dass das Zertifikat als qualifiziertes Zertifikat für die Website-Authentifizierung ausgestellt wurde, zumindest in einer zur automatischen Verarbeitung geeigneten Form;

b) einen Datensatz, der den qualifizierten Vertrauensdiensteanbieter, der die qualifizierten Zertifikate ausstellt, eindeutig repräsentiert und zumindest die Angabe des Mitgliedstaats enthält, in dem der Anbieter niedergelassen ist, sowie
   - bei einer juristischen Person: den Namen und gegebenenfalls die Registriernummer gemäß der amtlichen Eintragung;
   - bei einer natürlichen Person: den Namen der Person;

c) bei natürlichen Personen: zumindest den Namen der Person, der das Zertifikat ausgestellt wurde, oder ein Pseudonym. Wird ein Pseudonym verwendet, ist dies eindeutig anzugeben;

bei juristischen Personen: zumindest den Namen der juristischen Person, der das Zertifikat ausgestellt wird, und gegebenenfalls die Registriernummer gemäß der amtlichen Eintragung;

d) Bestandteile der Anschrift der natürlichen oder juristischen Person, der das Zertifikat ausgestellt wird, zumindest den Ort und den Staat, und gegebenenfalls gemäß der amtlichen Eintragung;

e) die Domänennamen, die von der natürlichen oder juristischen Person, der das Zertifikat ausgestellt wird, betrieben werden;

f) Angaben zu Beginn und Ende der Gültigkeitsdauer des Zertifikats;

g) den Identitätscode des Zertifikats, der für den qualifizierten Vertrauensdiensteanbieter eindeutig sein muss;

h) die fortgeschrittene elektronische Signatur oder das fortgeschrittene elektronische Siegel des ausstellenden qualifizierten Vertrauensdiensteanbieters;

i) den Ort, an dem das Zertifikat, das der fortgeschrittenen elektronischen Signatur oder dem fortgeschrittenen elektronischen Siegel gemäß Buchstabe h zugrunde liegt, kostenlos zur Verfügung steht;

j) den Ort, an dem die Dienste für die Abfrage des Zertifikatsgültigkeitsstatus genutzt werden können, um den Gültigkeitsstatus des qualifizierten Zertifikats zu überprüfen.

25. Schreiben betr. Grundsätze zur ordnungsmäßigen Führung und Aufbewahrung von Büchern, Aufzeichnungen und Unterlagen in elektronischer Form sowie zum Datenzugriff (GoBD)[1)]

Vom 14. November 2014

BMF IV A 4 – S 0316/13/10003

Unter Bezugnahme auf das Ergebnis der Erörterungen mit den obersten Finanzbehörden der Länder gilt für die Anwendung dieser Grundsätze Folgendes:

Inhalt

[1)] Mit Ablauf des 31.12.2019 wurde dieses Schreiben aufgehoben durch BMF-Schreiben betr. Grundsätze zur ordnungsmäßigen Führung und Aufbewahrung von Büchern, Aufzeichnungen und Unterlagen in elektronischer Form sowie zum Datenzugriff v. 11.7.2019 (BMF IV A 4 - S 0316/19/10003: 001). Die **Veröffentlichung** wurde wegen Abstimmungsbedarfs **vorläufig zurückgezogen**. Eine Entscheidung lag bei Redaktionsschluss noch nicht vor.

1. Allgemeines

Die betrieblichen Abläufe in den Unternehmen werden ganz oder teilweise unter Einsatz von Informations- und Kommunikations-Technik abgebildet.

Auch die nach außersteuerlichen oder steuerlichen Vorschriften zu führenden Bücher und sonst erforderlichen Aufzeichnungen werden in den Unternehmen zunehmend in elektronischer Form geführt (z.B. als Datensätze). Darüber hinaus werden in den Unternehmen zunehmend die aufbewahrungspflichtigen Unterlagen in elektronischer Form (z.B. als elektronische Dokumente) aufbewahrt.

1.1. Nutzbarmachung außersteuerlicher Buchführungs- und Aufzeichnungspflichten für das Steuerrecht

Nach § 140 AO sind die außersteuerlichen Buchführungs- und Aufzeichnungspflichten, die für die Besteuerung von Bedeutung sind, auch für das Steuerrecht zu erfüllen. Außersteuerliche Buchführungs- und Aufzeichnungspflichten ergeben sich insbesondere aus den Vorschriften der §§ 238 ff. HGB und aus den dort bezeichneten handelsrechtlichen Grundsätzen ordnungsmäßiger Buchführung (GoB). Für einzelne Rechtsformen ergeben sich flankierende Aufzeichnungspflichten z.B. aus §§ 91 ff. Aktiengesetz, §§ 41 ff. GmbH-Gesetz oder § 33 Genossenschaftsgesetz. Des Weiteren sind zahlreiche gewerberechtliche oder branchenspezifische Aufzeichnungsvorschriften vorhanden, die gem. § 140 AO im konkreten Einzelfall für die Besteuerung von Bedeutung sind, wie z.B. Apothekenbetriebsordnung, *Eichordnung*[1], Fahrlehrergesetz, Gewerbeordnung, § 26 Kreditwesengesetz[2] oder § 55 Versicherungsaufsichtsgesetz.

---

[1] Siehe jetzt die Verordnung über das Inverkehrbringen und die Bereitstellung von Messgeräten auf dem Markt sowie über ihre Verwendung und Eichung (Mess- und Eichverordnung – MessEV) v. 11.12.2014 (BGBl. I S. 2010, 2011), zuletzt geänd. durch VO v. 30.4.2019 (BGBl. I S. 579).

[2] **dtv 5021 Bankrecht Nr. 8.**

1.2. Steuerliche Buchführungs- und Aufzeichnungspflichten

Steuerliche Buchführungs- und Aufzeichnungspflichten ergeben sich sowohl aus der Abgabenordnung (z.B. §§ 90 Abs. 3, 141 bis 144 AO) als auch aus Einzelsteuergesetzen (z.B. § 22 UStG, § 4 Abs. 3 Satz 5, § 4 Abs. 4a Satz 6, § 4 Abs. 7 und § 41 EStG).

1.3. Aufbewahrung von Unterlagen zu Geschäftsvorfällen und von solchen Unterlagen, die zum Verständnis und zur Überprüfung der für die Besteuerung gesetzlich vorgeschriebenen Aufzeichnungen von Bedeutung sind

Neben den außersteuerlichen und steuerlichen Büchern, Aufzeichnungen und Unterlagen zu Geschäftsvorfällen sind alle Unterlagen aufzubewahren, die zum Verständnis und zur Überprüfung der für die Besteuerung gesetzlich vorgeschriebenen Aufzeichnungen im Einzelfall von Bedeutung sind (vgl. BFH-Urteil vom 24. Juni 2009, BStBl. 2010 II S. 452).

Dazu zählen neben Unterlagen in Papierform auch alle Unterlagen in Form von Daten, Datensätzen und elektronischen Dokumenten, die dokumentieren, dass die Ordnungsvorschriften umgesetzt und deren Einhaltung überwacht wurde. Nicht aufbewahrungspflichtig sind z.B. reine Entwürfe von Handels- oder Geschäftsbriefen, sofern diese nicht tatsächlich abgesandt wurden.

Beispiel 1:

Dienen Kostenstellen der Bewertung von Wirtschaftsgütern, von Rückstellungen oder als Grundlage für die Bemessung von Verrechnungspreisen, sind diese Aufzeichnungen aufzubewahren, soweit sie zur Erläuterung steuerlicher Sachverhalte benötigt werden.

Form, Umfang und Inhalt dieser im Sinne der Rzn. 3 bis 5[1)] nach außersteuerlichen und steuerlichen Rechtsnormen aufzeichnungs- und aufbewahrungspflichtigen Unterlagen (Daten, Datensätze sowie Dokumente in elektronischer oder Papierform) und der zu ihrem Verständnis erforderlichen Unterlagen werden durch den Steuerpflichtigen bestimmt. Eine abschließende Definition der aufzeichnungs- und aufbewahrungspflichtigen Aufzeichnungen und Unterlagen ist nicht Gegenstand der nachfolgenden Ausführungen. Die Finanzverwaltung kann diese Unterlagen nicht abstrakt im Vorfeld für alle Unternehmen abschließend definieren, weil die betrieblichen Abläufe, die aufzeichnungs- und aufbewahrungspflichtigen Aufzeichnungen und Unterlagen sowie die eingesetzten Buchführungs- und Aufzeichnungssysteme in den Unternehmen zu unterschiedlich sind.

1.4. Ordnungsvorschriften

Die Ordnungsvorschriften der §§ 145 bis 147 AO gelten für die vorbezeichneten Bücher und sonst erforderlichen Aufzeichnungen und der zu ihrem Verständnis erforderlichen Unterlagen (vgl. Rzn. 3 bis 5; siehe auch Rzn. 23, 25 und 28[2)]).

1.5. Führung von Büchern und sonst erforderlichen Aufzeichnungen auf Datenträgern

Bücher und die sonst erforderlichen Aufzeichnungen können nach § 146 Abs. 5 AO auch auf Datenträgern geführt werden, soweit diese Form der Buchführung einschließlich des dabei angewandten Verfahrens den GoB ent-

---

1) Betreffen Abschnitte 1.1.–1.3.

2) Betreffen Abschnitte 1.1.–1.3. sowie Abschnitt 3.

spricht (siehe unter 1.4). Bei Aufzeichnungen, die allein nach den Steuergesetzen vorzunehmen sind, bestimmt sich die Zulässigkeit des angewendeten Verfahrens nach dem Zweck, den die Aufzeichnungen für die Besteuerung erfüllen sollen (§ 145 Abs. 2 AO, § 146 Abs. 5 Satz 1 2. HS AO). Unter diesen Voraussetzungen sind auch Aufzeichnungen auf Datenträgern zulässig.

Somit sind alle Unternehmensbereiche betroffen, in denen betriebliche Abläufe durch DV-gestützte Verfahren abgebildet werden und ein Datenverarbeitungssystem (DV-System, siehe auch Rz. 20[1]) für die Erfüllung der in den Rzn. 3 bis 5[2] bezeichneten außersteuerlichen oder steuerlichen Buchführungs-, Aufzeichnungs- und Aufbewahrungspflichten verwendet wird (siehe auch unter 11.1 zum Datenzugriffsrecht).

Technische Vorgaben oder Standards (z.B. zu Archivierungsmedien oder Kryptografieverfahren) können angesichts der rasch fortschreitenden Entwicklung und der ebenfalls notwendigen Betrachtung des organisatorischen Umfelds nicht festgelegt werden. Im Zweifel ist über einen Analogieschluss festzustellen, ob die Ordnungsvorschriften eingehalten wurden, z.B. bei einem Vergleich zwischen handschriftlich geführten Handelsbüchern und Unterlagen in Papierform, die in einem verschlossenen Schrank aufbewahrt werden, einerseits und elektronischen Handelsbüchern und Unterlagen, die mit einem elektronischen Zugriffschutz gespeichert werden, andererseits.

1.6. Beweiskraft von Buchführung und Aufzeichnungen, Darstellung von Beanstandungen durch die Finanzverwaltung

Nach § 158 AO sind die Buchführung und die Aufzeichnungen des Steuerpflichtigen, die den Vorschriften der §§ 140 bis 148 AO entsprechen, der Besteuerung zugrunde zu legen, soweit nach den Umständen des Einzelfalls kein Anlass besteht, ihre sachliche Richtigkeit zu beanstanden. Werden Buchführung oder Aufzeichnungen des Steuerpflichtigen im Einzelfall durch die Finanzverwaltung beanstandet, so ist durch die Finanzverwaltung der Grund der Beanstandung in geeigneter Form darzustellen.

1.7. Aufzeichnungen

Aufzeichnungen sind alle dauerhaft verkörperten Erklärungen über Geschäftsvorfälle in Schriftform oder auf Medien mit Schriftersatzfunktion (z.B. auf Datenträgern). Der Begriff der Aufzeichnungen umfasst Darstellungen in Worten, Zahlen, Symbolen und Grafiken.

Werden Aufzeichnungen nach verschiedenen Rechtsnormen in einer Aufzeichnung zusammengefasst (z.B. nach §§ 238 ff. HGB und nach § 22 UStG), müssen die zusammengefassten Aufzeichnungen den unterschiedlichen Zwecken genügen. Erfordern verschiedene Rechtsnormen gleichartige Aufzeichnungen, so ist eine mehrfache Aufzeichnung für jede Rechtsnorm nicht erforderlich.

1.8. Bücher

Der Begriff ist funktional unter Anknüpfung an die handelsrechtliche Bedeutung zu verstehen. Die äußere Gestalt (gebundenes Buch, Loseblattsammlung oder Datenträger) ist unerheblich.

---

[1] Betrifft Abschnitt 1.11.
[2] Betreffen Abschnitte 1.1.–1.3.

Der Kaufmann ist verpflichtet, in den Büchern seine Handelsgeschäfte und die Lage des Vermögens ersichtlich zu machen (§ 238 Abs. 1 Satz 1 HGB). Der Begriff Bücher umfasst sowohl die Handelsbücher der Kaufleute (§§ 238 ff. HGB) als auch die diesen entsprechenden Aufzeichnungen von Geschäftsvorfällen der Nichtkaufleute.

1.9. Geschäftsvorfälle

Geschäftsvorfälle sind alle rechtlichen und wirtschaftlichen Vorgänge, die innerhalb eines bestimmten Zeitabschnitts den Gewinn bzw. Verlust oder die Vermögenszusammensetzung in einem Unternehmen dokumentieren oder beeinflussen bzw. verändern (z.B. zu einer Veränderung des Anlage- und Umlaufvermögens sowie des Eigen- und Fremdkapitals führen).

1.10. Grundsätze ordnungsmäßiger Buchführung (GoB)

Die GoB sind ein unbestimmter Rechtsbegriff, der insbesondere durch Rechtsnormen und Rechtsprechung geprägt ist und von der Rechtsprechung und Verwaltung jeweils im Einzelnen auszulegen und anzuwenden ist (BFH-Urteil vom 12. Mai 1966, BStBl. III S. 371[1]; BVerfG-Beschluss vom 10. Oktober 1961 2 BvL 1/59, BVerfGE 13 S. 153).

Die GoB können sich durch gutachterliche Stellungnahmen, Handelsbrauch, ständige Übung, Gewohnheitsrecht, organisatorische und technische Änderungen weiterentwickeln und sind einem Wandel unterworfen.

Die GoB enthalten sowohl formelle als auch materielle Anforderungen an eine Buchführung. Die formellen Anforderungen ergeben sich insbesondere aus den §§ 238 ff. HGB für Kaufleute und aus den §§ 145 bis 147 AO für Buchführungs- und Aufzeichnungspflichtige (siehe unter 3.). Materiell ordnungsmäßig sind Bücher und Aufzeichnungen, wenn die Geschäftsvorfälle nachvollziehbar, vollständig, richtig, zeitgerecht und geordnet in ihrer Auswirkung erfasst und anschließend gebucht bzw. verarbeitet sind (vgl. § 239 Abs. 2 HGB, § 145 AO, § 146 Abs. 1 AO). Siehe Rz. 11[2] zur Beweiskraft von Buchführung und Aufzeichnungen.

1.11. Datenverarbeitungssystem; Haupt-, Vor- und Nebensysteme

Unter DV-System wird die im Unternehmen oder für Unternehmenszwecke zur elektronischen Datenverarbeitung eingesetzte Hard- und Software verstanden, mit denen Daten und Dokumente im Sinne der Rzn. 3 bis 5[3] erfasst, erzeugt, empfangen, übernommen, verarbeitet, gespeichert oder übermittelt werden. Dazu gehören das Hauptsystem sowie Vor- und Nebensysteme (z.B. Finanzbuchführungssystem, Anlagenbuchhaltung, Lohnbuchhaltungssystem, Kassensystem, Warenwirtschaftssystem, Zahlungsverkehrssystem, Taxameter, Geldspielgeräte, elektronische Waagen, Materialwirtschaft, Fakturierung, Zeiterfassung, Archivsystem, Dokumenten-Management-System) einschließlich der Schnittstellen zwischen den Systemen. Auf die Bezeichnung des DV-Systems oder auf dessen Größe (z.B. Einsatz von Einzelgeräten oder von Netzwerken) kommt es dabei nicht an.

---

[1] **Red. Anm.:** Im BStBl. fälschlich „S. 372".
[2] Betrifft Abschnitt 1.6.
[3] Betreffen Abschnitte 1.1.–1.3.

2. Verantwortlichkeit

Für die Ordnungsmäßigkeit elektronischer Bücher und sonst erforderlicher elektronischer Aufzeichnungen im Sinne der Rzn. 3 bis 5[1], einschließlich der eingesetzten Verfahren, ist allein der Steuerpflichtige verantwortlich. Dies gilt auch bei einer teilweisen oder vollständigen organisatorischen und technischen Auslagerung von Buchführungs- und Aufzeichnungsaufgaben auf Dritte (z.B. Steuerberater oder Rechenzentrum).

3. Allgemeine Anforderungen

Die Ordnungsmäßigkeit elektronischer Bücher und sonst erforderlicher elektronischer Aufzeichnungen im Sinne der Rzn. 3 bis 5[1] ist nach den gleichen Prinzipien zu beurteilen wie die Ordnungsmäßigkeit bei manuell erstellten Büchern oder Aufzeichnungen.

Das Erfordernis der Ordnungsmäßigkeit erstreckt sich – neben den elektronischen Büchern und sonst erforderlichen Aufzeichnungen – auch auf die damit in Zusammenhang stehenden Verfahren und Bereiche des DV-Systems (siehe unter 1.11), da die Grundlage für die Ordnungsmäßigkeit elektronischer Bücher und sonst erforderlicher Aufzeichnungen bereits bei der Entwicklung und Freigabe von Haupt-, Vor- und Nebensystemen einschließlich des dabei angewandten DV-gestützten Verfahrens gelegt wird. Die Ordnungsmäßigkeit muss bei der Einrichtung und unternehmensspezifischen Anpassung des DV-Systems bzw. der DV-gestützten Verfahren im konkreten Unternehmensumfeld und für die Dauer der Aufbewahrungsfrist erhalten bleiben.

Die Anforderungen an die Ordnungsmäßigkeit ergeben sich aus:

- außersteuerlichen Rechtsnormen (z.B. den handelsrechtlichen GoB gem. §§ 238, 239, 257, 261 HGB), die gem. § 140 AO für das Steuerrecht nutzbar gemacht werden können, wenn sie für die Besteuerung von Bedeutung sind, und
- steuerlichen Ordnungsvorschriften (insbesondere gem. §§ 145 bis 147 AO).

Die allgemeinen Ordnungsvorschriften in den §§ 145 bis 147 AO gelten nicht nur für Buchführungs- und Aufzeichnungspflichten nach § 140 AO und nach den §§ 141 bis 144 AO. Insbesondere § 145 Abs. 2 AO betrifft alle zu Besteuerungszwecken gesetzlich geforderten Aufzeichnungen, also auch solche, zu denen der Steuerpflichtige aufgrund anderer Steuergesetze verpflichtet ist, wie z.B. nach § 4 Abs. 3 Satz 5, Abs. 7 EStG und nach § 22 UStG (BFH-Urteil vom 24. Juni 2009, BStBl. 2010 II S. 452).

Demnach sind bei der Führung von Büchern in elektronischer oder in Papierform und sonst erforderlicher Aufzeichnungen in elektronischer oder in Papierform im Sinne der Rzn. 3 bis 5[1] die folgenden Anforderungen zu beachten:

- Grundsatz der Nachvollziehbarkeit und Nachprüfbarkeit (siehe unter 3.1),
- Grundsätze der Wahrheit, Klarheit und fortlaufenden Aufzeichnung (siehe unter 3.2):
  - Vollständigkeit (siehe unter 3.2.1),
  - Richtigkeit (siehe unter 3.2.2),

[1] Betreffen Abschnitte 1.1.–1.3.

– zeitgerechte Buchungen und Aufzeichnungen (siehe unter 3.2.3),
– Ordnung (siehe unter 3.2.4),
– Unveränderbarkeit (siehe unter 3.2.5).

Diese Grundsätze müssen während der Dauer der Aufbewahrungsfrist nachweisbar erfüllt werden und erhalten bleiben.

Nach § 146 Abs. 6 AO gelten die Ordnungsvorschriften auch dann, wenn der Unternehmer elektronische Bücher und Aufzeichnungen führt, die für die Besteuerung von Bedeutung sind, ohne hierzu verpflichtet zu sein.

Der Grundsatz der Wirtschaftlichkeit rechtfertigt es nicht, dass Grundprinzipien der Ordnungsmäßigkeit verletzt und die Zwecke der Buchführung erheblich gefährdet werden. Die zur Vermeidung einer solchen Gefährdung erforderlichen Kosten muss der Steuerpflichtige genauso in Kauf nehmen wie alle anderen Aufwendungen, die die Art seines Betriebes mit sich bringt (BFH-Urteil vom 26. März 1968, BStBl. II S. 527).

3.1. Grundsatz der Nachvollziehbarkeit und Nachprüfbarkeit (§ 145 Abs. 1 AO, § 238 Abs. 1 Satz 2 und Satz 3 HGB)

Die Verarbeitung der einzelnen Geschäftsvorfälle sowie das dabei angewandte Buchführungs- oder Aufzeichnungsverfahren müssen nachvollziehbar sein. Die Buchungen und die sonst erforderlichen Aufzeichnungen müssen durch einen Beleg nachgewiesen sein oder nachgewiesen werden können (Belegprinzip, siehe auch unter 4.).

Aufzeichnungen sind so vorzunehmen, dass der Zweck, den sie für die Besteuerung erfüllen sollen, erreicht wird. Damit gelten die nachfolgenden Anforderungen der progressiven und retrograden Prüfbarkeit – soweit anwendbar – sinngemäß.

Die Buchführung muss so beschaffen sein, dass sie einem sachverständigen Dritten innerhalb angemessener Zeit einen Überblick über die Geschäftsvorfälle und über die Lage des Unternehmens vermitteln kann. Die Geschäftsvorfälle müssen sich in ihrer Entstehung und Abwicklung lückenlos verfolgen lassen (progressive und retrograde Prüfbarkeit).

Die progressive Prüfung beginnt beim Beleg, geht über die Grund(buch)aufzeichnungen und Journale zu den Konten, danach zur Bilanz mit Gewinn- und Verlustrechnung und schließlich zur Steueranmeldung bzw. Steuererklärung. Die retrograde Prüfung verläuft umgekehrt. Die progressive und retrograde Prüfung muss für die gesamte Dauer der Aufbewahrungsfrist und in jedem Verfahrensschritt möglich sein.

Die Nachprüfbarkeit der Bücher und sonst erforderlichen Aufzeichnungen erfordert eine aussagekräftige und vollständige Verfahrensdokumentation (siehe unter 10.1), die sowohl die aktuellen als auch die historischen Verfahrensinhalte für die Dauer der Aufbewahrungsfrist nachweist und den in der Praxis eingesetzten Versionen des DV-Systems entspricht.

Die Nachvollziehbarkeit und Nachprüfbarkeit muss für die Dauer der Aufbewahrungsfrist gegeben sein. Dies gilt auch für die zum Verständnis der Buchführung oder Aufzeichnungen erforderliche Verfahrensdokumentation.

3.2. Grundsätze der Wahrheit, Klarheit und fortlaufenden Aufzeichnung

3.2.1. Vollständigkeit (§ 146 Abs. 1 AO, § 239 Abs. 2 HGB)

Die Geschäftsvorfälle sind vollzählig und lückenlos aufzuzeichnen (Grundsatz der Einzelaufzeichnungspflicht). Eine vollzählige und lückenlose Aufzeichnung von Geschäftsvorfällen ist auch dann gegeben, wenn zulässigerweise nicht alle Datenfelder eines Datensatzes gefüllt werden.

Die GoB erfordern in der Regel die Aufzeichnung jedes Geschäftsvorfalls – also auch jeder Betriebseinnahme und Betriebsausgabe, jeder Einlage und Entnahme – in einem Umfang, der eine Überprüfung seiner Grundlagen, seines Inhalts und seiner Bedeutung für den Betrieb ermöglicht. Das bedeutet nicht nur die Aufzeichnung der in Geld bestehenden Gegenleistung, sondern auch des Inhalts des Geschäfts und des Namens des Vertragspartners (BFH-Urteil vom 12. Mai 1966, BStBl. III S. 371[1]) – soweit zumutbar, mit ausreichender Bezeichnung des Geschäftsvorfalls (BFH-Urteil vom 1. Oktober 1969, BStBl. 1970 II S. 45). Branchenspezifische Mindestaufzeichnungspflichten und Zumutbarkeitsgesichtspunkte sind zu berücksichtigen.

Beispiele 2 zu branchenspezifisch entbehrlichen Aufzeichnungen und zur Zumutbarkeit:

- In einem Einzelhandelsgeschäft kommt zulässigerweise eine PC-Kasse ohne Kundenverwaltung zum Einsatz. Die Namen der Kunden werden bei Bargeschäften nicht erfasst und nicht beigestellt. – Keine Beanstandung.
- Bei einem Taxiunternehmer werden Angaben zum Kunden im Taxameter nicht erfasst und nicht beigestellt. – Keine Beanstandung.

Dies gilt auch für Bareinnahmen; der Umstand der sofortigen Bezahlung rechtfertigt keine Ausnahme von diesem Grundsatz (BFH-Urteil vom 26. Februar 2004, BStBl. II S. 599).

Aus Gründen der Zumutbarkeit und Praktikabilität hat der BFH in der Vergangenheit eine Pflicht der Einzelaufzeichnung für den Einzelhandel und vergleichbare Berufsgruppen verneint (BFH-Urteil vom 12. Mai 1966, BStBl. III S. 371; z.B. bei einer Vielzahl von einzelnen Geschäften mit geringem Wert, Verkauf von Waren an der Person nach unbekannte Kunden über den Ladentisch gegen Barzahlung). Werden elektronische Grund(buch)aufzeichnungen zur Erfüllung der Einzelaufzeichnungspflicht tatsächlich technisch, betriebswirtschaftlich und praktisch geführt, dann sind diese Daten auch aufzubewahren und in maschinell auswertbarer Form vorzulegen. Insoweit stellt sich die Frage der Zumutbarkeit und Praktikabilität nicht.

Das BMF-Schreiben vom 5. April 2004 IV D 2 – S 0315 – 4/04, BStBl. I S. 419, bleibt unberührt.

Die vollständige und lückenlose Erfassung und Wiedergabe aller Geschäftsvorfälle ist bei DV-Systemen durch ein Zusammenspiel von technischen (einschließlich programmierten) und organisatorischen Kontrollen sicherzustellen (z.B. Erfassungskontrollen, Plausibilitätskontrollen bei Dateneingaben, inhaltliche Plausibilitätskontrollen, automatisierte Vergabe von Datensatznummern, Lückenanalyse oder Mehrfachbelegungsanalyse bei Belegnummern).

Ein und derselbe Geschäftsvorfall darf nicht mehrfach aufgezeichnet werden.

---

[1] **Red. Anm.:** Im BStBl. fälschlich „S. 372".

Beispiel 3:
Ein Wareneinkauf wird gewinnwirksam durch Erfassung des zeitgleichen Lieferscheins und später nochmals mittels Erfassung der (Sammel)rechnung erfasst und verbucht. Keine mehrfache Aufzeichnung eines Geschäftsvorfalles in verschiedenen Systemen oder mit verschiedenen Kennungen (z.B. für Handelsbilanz, für steuerliche Zwecke) liegt vor, soweit keine mehrfache bilanzielle oder gewinnwirksame Auswirkung gegeben ist.

Zusammengefasste oder verdichtete Aufzeichnungen im Hauptbuch (Konto) sind zulässig, sofern sie nachvollziehbar in ihre Einzelpositionen in den Grund(buch)aufzeichnungen oder des Journals aufgegliedert werden können. Andernfalls ist die Nachvollziehbarkeit und Nachprüfbarkeit nicht gewährleistet.

Die Erfassung oder Verarbeitung von tatsächlichen Geschäftsvorfällen darf nicht unterdrückt werden. So ist z.B. eine Bon- oder Rechnungserteilung ohne Registrierung der bar vereinnahmten Beträge (Abbruch des Vorgangs) in einem DV-System unzulässig.

3.2.2. Richtigkeit (§ 146 Abs. 1 AO, § 239 Abs. 2 HGB)

Geschäftsvorfälle sind in Übereinstimmung mit den tatsächlichen Verhältnissen und im Einklang mit den rechtlichen Vorschriften inhaltlich zutreffend durch Belege abzubilden (BFH-Urteil vom 24. Juni 1997, BStBl. 1998 II S. 51), der Wahrheit entsprechend aufzuzeichnen und bei kontenmäßiger Abbildung zutreffend zu kontieren.

3.2.3. Zeitgerechte Buchungen und Aufzeichnungen (§ 146 Abs. 1 AO, § 239 Abs. 2 HGB)

Das Erfordernis „zeitgerecht" zu buchen verlangt, dass ein zeitlicher Zusammenhang zwischen den Vorgängen und ihrer buchmäßigen Erfassung besteht (BFH-Urteile vom 25. März 1992, BStBl. II S. 1010; vom 5. März 1965, BStBl. III S. 285).

Jeder Geschäftsvorfall ist zeitnah, d.h. möglichst unmittelbar nach seiner Entstehung in einer Grundaufzeichnung oder in einem Grundbuch zu erfassen. Nach den GoB müssen die Geschäftsvorfälle grundsätzlich laufend gebucht werden (Journal). Es widerspricht dem Wesen der kaufmännischen Buchführung, sich zunächst auf die Sammlung von Belegen zu beschränken und nach Ablauf einer langen Zeit auf Grund dieser Belege die Geschäftsvorfälle in Grundaufzeichnungen oder Grundbüchern einzutragen (vgl. BFH-Urteil vom 10. Juni 1954, BStBl. III S. 298). Die Funktion der Grund(buch)aufzeichnungen kann auf Dauer auch durch eine geordnete und übersichtliche Belegablage erfüllt werden (§ 239 Abs. 4 HGB, § 146 Abs. 5 AO, H 5.2 „Grundbuchaufzeichnungen" EStH).

Jede nicht durch die Verhältnisse des Betriebs oder des Geschäftsvorfalls zwingend bedingte Zeitspanne zwischen dem Eintritt des Vorganges und seiner laufenden Erfassung in Grund(buch)aufzeichnungen ist bedenklich. Eine Erfassung von unbaren Geschäftsvorfällen innerhalb von zehn Tagen ist unbedenklich (vgl. BFH-Urteile vom 2. Oktober 1968, BStBl. 1969 II S. 157; vom 26. März 1968, BStBl. II S. 527 zu Verbindlichkeiten und zu Debitoren). Wegen der Forderung nach zeitnaher chronologischer Erfassung der Geschäftsvorfälle ist zu verhindern, dass die Geschäftsvorfälle buchmäßig für längere Zeit in der Schwebe gehalten werden und sich hierdurch die Möglichkeit eröffnet, sie später anders darzustellen, als sie richtigerweise darzustellen gewesen wären, oder sie ganz außer Betracht zu lassen und im privaten, sich in der Buchführung nicht niederschlagenden Bereich abzuwickeln. Bei zeitlichen Abständen zwischen der Entstehung eines Geschäftsvorfalls und seiner Erfassung sind daher geeignete Maßnahmen zur Sicherung der Vollständigkeit zu treffen.

Kasseneinnahmen und Kassenausgaben sollen nach § 146 Abs. 1 Satz 2 AO täglich festgehalten werden.

Es ist nicht zu beanstanden, wenn Waren- und Kostenrechnungen, die innerhalb von acht Tagen nach Rechnungseingang oder innerhalb der ihrem gewöhnlichen Durchlauf durch den Betrieb entsprechenden Zeit beglichen werden, kontokorrentmäßig nicht (z.B. Geschäftsfreundebuch, Personenkonten) erfasst werden (vgl. R 5.2 Abs. 1 EStR).

Werden bei der Erstellung der Bücher Geschäftsvorfälle nicht laufend, sondern nur periodenweise gebucht bzw. den Büchern vergleichbare Aufzeichnungen der Nichtbuchführungspflichtigen nicht laufend, sondern nur periodenweise erstellt, dann ist dies unter folgenden Voraussetzungen nicht zu beanstanden:

- Die Erfassung der unbaren Geschäftsvorfälle eines Monats erfolgt bis zum Ablauf des folgenden Monats in den Büchern bzw. den Büchern vergleichbare Aufzeichnungen der Nichtbuchführungspflichtigen und
- durch organisatorische Vorkehrungen ist sichergestellt, dass die Unterlagen bis zu ihrer Erfassung nicht verloren gehen, z.B. durch laufende Nummerierung der eingehenden und ausgehenden Rechnungen, durch Ablage in besonderen Mappen und Ordnern oder durch elektronische Grund(buch)aufzeichnungen in Kassensystemen, Warenwirtschaftssystemen, Fakturierungssystemen etc.

Jeder Geschäftsvorfall ist periodengerecht der Abrechnungsperiode zuzuordnen, in der er angefallen ist. Zwingend ist die Zuordnung zum jeweiligen Geschäftsjahr oder zu einer nach Gesetz, Satzung oder Rechnungslegungszweck vorgeschriebenen kürzeren Rechnungsperiode.

Erfolgt die Belegsicherung oder die Erfassung von Geschäftsvorfällen unmittelbar nach Eingang oder Entstehung mittels DV-System (elektronische Grund (buch)aufzeichnungen), so stellt sich die Frage der Zumutbarkeit und Praktikabilität hinsichtlich der zeitgerechten Erfassung/Belegsicherung und längerer Fristen nicht. Erfüllen die Erfassungen Belegfunktion bzw. dienen sie der Belegsicherung (auch für Vorsysteme, wie Kasseneinzelaufzeichnungen und Warenwirtschaftssystem), dann ist eine unprotokollierte Änderung nicht mehr zulässig (siehe unter 3.2.5). Bei zeitlichen Abständen zwischen Erfassung und Buchung, die über den Ablauf des folgenden Monats hinausgehen, sind die Ordnungsmäßigkeitsanforderungen nur dann erfüllt, wenn die Geschäftsvorfälle vorher fortlaufend richtig und vollständig in Grund(buch)aufzeichnungen oder Grundbüchern festgehalten werden. Zur Erfüllung der Funktion der Grund (buch)aufzeichnung vgl. Rz. 46[1)].

3.2.4. Ordnung (§ 146 Abs. 1 AO, § 239 Abs. 2 HGB)

Der Grundsatz der Klarheit verlangt u.a. eine systematische Erfassung und übersichtliche, eindeutige und nachvollziehbare Buchungen.

Die geschäftlichen Unterlagen dürfen nicht planlos gesammelt und aufbewahrt werden. Ansonsten würde dies mit zunehmender Zahl und Verschiedenartigkeit der Geschäftsvorfälle zur Unübersichtlichkeit der Buchführung

[1)] Betrifft Abschnitt 3.2.3.

führen, einen jederzeitigen Abschluss unangemessen erschweren und die Gefahr erhöhen, dass Unterlagen verlorengehen oder später leicht aus dem Buchführungswerk entfernt werden können. Hieraus folgt, dass die Bücher und Aufzeichnungen nach bestimmten Ordnungsprinzipien geführt werden müssen und eine Sammlung und Aufbewahrung der Belege notwendig ist, durch die im Rahmen des Möglichen gewährleistet wird, dass die Geschäftsvorfälle leicht und identifizierbar feststellbar und für einen die Lage des Vermögens darstellenden Abschluss unverlierbar sind (BFH-Urteil vom 26. März 1968, BStBl. II S. 527).

In der Regel verstößt die nicht getrennte Verbuchung von baren und unbaren Geschäftsvorfällen oder von nicht steuerbaren, steuerfreien und steuerpflichtigen Umsätzen ohne genügende Kennzeichnung gegen die Grundsätze der Wahrheit und Klarheit einer kaufmännischen Buchführung. Die nicht getrennte Aufzeichnung von nicht steuerbaren, steuerfreien und steuerpflichtigen Umsätzen ohne genügende Kennzeichnung verstößt in der Regel gegen steuerrechtliche Anforderungen (z.B. § 22 UStG).

Bei der doppelten Buchführung sind die Geschäftsvorfälle so zu verarbeiten, dass sie geordnet darstellbar sind und innerhalb angemessener Zeit ein Überblick über die Vermögens- und Ertragslage gewährleistet ist.

Die Buchungen müssen einzeln und sachlich geordnet nach Konten dargestellt (Kontenfunktion) und unverzüglich lesbar gemacht werden können. Damit bei Bedarf für einen zurückliegenden Zeitpunkt ein Zwischenstatus oder eine Bilanz mit Gewinn- und Verlustrechnung aufgestellt werden kann, sind die Konten nach Abschlusspositionen zu sammeln und nach Kontensummen oder Salden fortzuschreiben (Hauptbuch, siehe unter 5.4).

3.2.5. Unveränderbarkeit (§ 146 Abs. 4 AO, § 239 Abs. 3 HGB)

Eine Buchung oder eine Aufzeichnung darf nicht in einer Weise verändert werden, dass der ursprüngliche Inhalt nicht mehr feststellbar ist. Auch solche Veränderungen dürfen nicht vorgenommen werden, deren Beschaffenheit es ungewiss lässt, ob sie ursprünglich oder erst später gemacht worden sind (§ 146 Abs. 4 AO, § 239 Abs. 3 HGB).

Veränderungen und Löschungen von und an elektronischen Buchungen oder Aufzeichnungen (vgl. Rzn. 3 bis 5[1]) müssen daher so protokolliert werden, dass die Voraussetzungen des § 146 Abs. 4 AO bzw. § 239 Abs. 3 HGB erfüllt sind (siehe auch unter 8.). Für elektronische Dokumente und andere elektronische Unterlagen, die gem. § 147 AO aufbewahrungspflichtig und nicht Buchungen oder Aufzeichnungen sind, gilt dies sinngemäß.

Beispiel 4:

Der Steuerpflichtige erstellt über ein Fakturierungssystem Ausgangsrechnungen und bewahrt die inhaltlichen Informationen elektronisch auf (zum Beispiel in seinem Fakturierungssystem). Die Lesbarmachung der abgesandten Handels- und Geschäftsbriefe aus dem Fakturierungssystem erfolgt jeweils unter Berücksichtigung der in den aktuellen Stamm- und Bewegungsdaten enthaltenen Informationen.

In den Stammdaten ist im Jahr 01 der Steuersatz 16 % und der Firmenname des Kunden A hinterlegt. Durch Umfirmierung des Kunden A zu B und Änderung des Steuersatzes auf 19 % werden die Stammdaten im Jahr 02 geändert. Eine Historisierung der Stammdaten erfolgt nicht.

---

[1] Betreffen Abschnitte 1.1.–1.3.

Der Steuerpflichtige ist im Jahr 02 nicht mehr in der Lage, die inhaltliche Übereinstimmung der abgesandten Handels- und Geschäftsbriefe mit den ursprünglichen Inhalten bei Lesbarmachung sicherzustellen.

Der Nachweis der Durchführung der in dem jeweiligen Verfahren vorgesehenen Kontrollen ist u.a. durch Verarbeitungsprotokolle sowie durch die Verfahrensdokumentation (siehe unter 6. und unter 10.1) zu erbringen.

4. Belegwesen (Belegfunktion)

Jeder Geschäftsvorfall ist urschriftlich bzw. als Kopie der Urschrift zu belegen. Ist kein Fremdbeleg vorhanden, muss ein Eigenbeleg erstellt werden. Zweck der Belege ist es, den sicheren und klaren Nachweis über den Zusammenhang zwischen den Vorgängen in der Realität einerseits und dem aufgezeichneten oder gebuchten Inhalt in Büchern oder sonst erforderlichen Aufzeichnungen und ihre Berechtigung andererseits zu erbringen (Belegfunktion). Auf die Bezeichnung als „Beleg" kommt es nicht an. Die Belegfunktion ist die Grundvoraussetzung für die Beweiskraft der Buchführung und sonst erforderlicher Aufzeichnungen. Sie gilt auch bei Einsatz eines DV-Systems.

Inhalt und Umfang der in den Belegen enthaltenen Informationen sind insbesondere von der Belegart (z.B. Aufträge, Auftragsbestätigungen, Bescheide über Steuern oder Gebühren, betriebliche Kontoauszüge, Gutschriften, Lieferscheine, Lohn- und Gehaltsabrechnungen, Barquittungen, Rechnungen, Verträge, Zahlungsbelege) und der eingesetzten Verfahren abhängig.

Empfangene oder abgesandte Handels- oder Geschäftsbriefe erhalten erst mit dem Kontierungsvermerk und der Verbuchung auch die Funktion eines Buchungsbelegs.

Zur Erfüllung der Belegfunktionen sind deshalb Angaben zur Kontierung, zum Ordnungskriterium für die Ablage und zum Buchungsdatum auf dem Papierbeleg erforderlich. Bei einem elektronischen Beleg kann dies auch durch die Verbindung mit einem Datensatz mit Angaben zur Kontierung oder durch eine elektronische Verknüpfung (z.B. eindeutiger Index, Barcode) erfolgen. Ein Steuerpflichtiger hat andernfalls durch organisatorische Maßnahmen sicherzustellen, dass die Geschäftsvorfälle auch ohne Angaben auf den Belegen in angemessener Zeit progressiv und retrograd nachprüfbar sind.

Ein Buchungsbeleg in Papierform oder in elektronischer Form (z.B. Rechnung) kann einen oder mehrere Geschäftsvorfälle enthalten.

Aus der Verfahrensdokumentation (siehe unter 10.1) muss ersichtlich sein, wie die elektronischen Belege erfasst, empfangen, verarbeitet, ausgegeben und aufbewahrt (zur Aufbewahrung siehe unter 9.) werden.

4.1. Belegsicherung

Die Belege in Papierform oder in elektronischer Form sind zeitnah, d.h. möglichst unmittelbar nach Eingang oder Entstehung gegen Verlust zu sichern (vgl. zur zeitgerechten Belegsicherung unter 3.2.3, vgl. zur Aufbewahrung unter 9.).

Bei Papierbelegen erfolgt eine Sicherung z.B. durch laufende Nummerierung der eingehenden und ausgehenden Lieferscheine und Rechnungen, durch laufende Ablage in besonderen Mappen und Ordnern, durch zeitgerechte Erfassung in Grund(buch)aufzeichnungen oder durch laufende Vergabe eines Barcodes und anschließendes Scannen.

Bei elektronischen Belegen (z.B. Abrechnung aus Fakturierung) kann die laufende Nummerierung automatisch vergeben werden (z.B. durch eine eindeutige Belegnummer).

Die Belegsicherung kann organisatorisch und technisch mit der Zuordnung zwischen Beleg und Grund(buch)aufzeichnung oder Buchung verbunden werden.

4.2. Zuordnung zwischen Beleg und Grund(buch)aufzeichnung oder Buchung

Die Zuordnung zwischen dem einzelnen Beleg und der dazugehörigen Grund(buch)aufzeichnung oder Buchung kann anhand von eindeutigen Zuordnungsmerkmalen (z.B. Index, Paginiernummer, Dokumenten-ID) und zusätzlichen Identifikationsmerkmalen für die Papierablage oder für die Such- und Filtermöglichkeit bei elektronischer Belegablage gewährleistet werden. Gehören zu einer Grund(buch)aufzeichnung oder Buchung mehrere Belege (z.B. Rechnung verweist für Menge und Art der gelieferten Gegenstände nur auf Lieferschein), bedarf es zusätzlicher Zuordnungs- und Identifikationsmerkmale für die Verknüpfung zwischen den Belegen und der Grund(buch)aufzeichnung oder Buchung.

Diese Zuordnungs- und Identifizierungsmerkmale aus dem Beleg müssen bei der Aufzeichnung oder Verbuchung in die Bücher oder Aufzeichnungen übernommen werden, um eine progressive und retrograde Prüfbarkeit zu ermöglichen.

Die Ablage der Belege und die Zuordnung zwischen Beleg und Aufzeichnung müssen in angemessener Zeit nachprüfbar sein. So kann z.B. Beleg- oder Buchungsdatum, Kontoauszugnummer oder Name bei umfangreichem Beleganfall mangels Eindeutigkeit in der Regel kein geeignetes Zuordnungsmerkmal für den einzelnen Geschäftsvorfall sein.

Beispiel 5:

Ein Steuerpflichtiger mit ausschließlich unbaren Geschäftsvorfällen erhält nach Abschluss eines jeden Monats von seinem Kreditinstitut einen Kontoauszug in Papierform mit vielen einzelnen Kontoblättern. Für die Zuordnung der Belege und Aufzeichnungen erfasst der Unternehmer ausschließlich die Kontoauszugsnummer. Allein anhand der Kontoauszugsnummer – ohne zusätzliche Angabe der Blattnummer und der Positionsnummer – ist eine Zuordnung von Beleg und Aufzeichnung oder Buchung in angemessener Zeit nicht nachprüfbar.

4.3. Erfassungsgerechte Aufbereitung der Buchungsbelege

Eine erfassungsgerechte Aufbereitung der Buchungsbelege in Papierform oder die entsprechende Übernahme von Beleginformationen aus elektronischen Belegen (Daten, Datensätze, elektronische Dokumente und elektronische Unterlagen) ist sicherzustellen. Diese Aufbereitung der Belege ist insbesondere bei Fremdbelegen von Bedeutung, da der Steuerpflichtige im Allgemeinen keinen Einfluss auf die Gestaltung der ihm zugesandten Handels- und Geschäftsbriefe (z.B. Eingangsrechnungen) hat.

Wenn für Geschäftsvorfälle keine bildhaften Urschriften empfangen oder abgesandt, sondern elektronische Meldungen ausgestellt wurden (z.B. EDI), dann erfüllen diese Meldungen mit ihrem vollständigen Dateninhalt die Belegfunktion und müssen mit ihrem vollständigen Inhalt gespeichert und aufbewahrt werden.

Jedem Geschäftsvorfall muss ein Beleg zugrunde liegen, mit folgenden Inhalten:

Bezeichnung	**Begründung**
Eindeutige Belegnummer (z.B. Index, Paginiernummer, Dokumenten-ID, fortlaufende Rechnungsausgangsnummer)	Angabe zwingend (§ 146 Abs. 1 Satz 1 AO, vollständig, geordnet) Kriterium für Vollständigkeitskontrolle (Belegsicherung) Bei umfangreichem Beleganfall ist Zuordnung und Identifizierung regelmäßig nicht aus Belegdatum oder anderen Merkmalen eindeutig ableitbar. Sofern die Fremdbelegnummer eine eindeutige Zuordnung zulässt, kann auch diese verwendet werden.
Belegaussteller und -empfänger	Soweit dies zu den branchenüblichen Mindestaufzeichnungspflichten gehört und keine Aufzeichnungserleichterungen bestehen (z.B. § 33 UStDV)
Betrag bzw. Mengen- oder Wertangaben, aus denen sich der zu buchende Betrag ergibt	Angabe zwingend (BFH vom 12. Mai 1966, BStBl. III S. 371[1]); Dokumentation einer Veränderung des Anlage- und Umlaufvermögens sowie des Eigen- und Fremdkapitals
Währungsangabe und Wechselkurs bei Fremdwährung	Ermittlung des Buchungsbetrags
Hinreichende Erläuterung des Geschäftsvorfalls	Hinweis auf BFH-Urteil vom 12. Mai 1966, BStBl. III S. 371[1]; vom 1. Oktober 1969, BStBl. 1970 II S. 45
Belegdatum	Angabe zwingend (§ 146 Abs. 1 Satz 1 AO, zeitgerecht). Identifikationsmerkmale für eine chronologische Erfassung, bei Bargeschäften regelmäßig Zeitpunkt des Geschäftsvorfalls Evtl. zusätzliche Erfassung der Belegzeit bei umfangreichem Beleganfall erforderlich
Verantwortlicher Aussteller, soweit vorhanden	Z.B. Bediener der Kasse

Vgl. Rz. 85[2] zu den Inhalten der Grund(buch)aufzeichnungen.

Vgl. Rz. 94[3] zu den Inhalten des Journals.

[1] **Red. Anm.:** Im BStBl. fälschlich „S. 372".
[2] Betrifft Abschnitt 5.1.
[3] Betrifft Abschnitt 5.3.

Für umsatzsteuerrechtliche Zwecke können weitere Angaben erforderlich sein. Dazu gehören beispielsweise die Rechnungsangaben nach §§ 14, 14a UStG und § 33 UStDV.

Buchungsbelege sowie abgesandte oder empfangene Handels- oder Geschäftsbriefe in Papierform oder in elektronischer Form enthalten darüber hinaus vielfach noch weitere Informationen, die zum Verständnis und zur Überprüfung der für die Besteuerung gesetzlich vorgeschriebenen Aufzeichnungen im Einzelfall von Bedeutung und damit ebenfalls aufzubewahren sind. Dazu gehören z.B.:

- Mengen- oder Wertangaben zur Erläuterung des Buchungsbetrags, sofern nicht bereits unter Rz. 77[1] berücksichtigt,
- Einzelpreis (z.B. zur Bewertung),
- Valuta, Fälligkeit (z.B. zur Bewertung),
- Angaben zu Skonti, Rabatten (z.B. zur Bewertung),
- Zahlungsart (bar, unbar),
- Angaben zu einer Steuerbefreiung.

4.4. Besonderheiten

Bei DV-gestützten Prozessen wird der Nachweis der zutreffenden Abbildung von Geschäftsvorfällen oft nicht durch konventionelle Belege erbracht (z.B. Buchungen aus Fakturierungssätzen, die durch Multiplikation von Preisen mit entnommenen Mengen aus der Betriebsdatenerfassung gebildet werden). Die Erfüllung der Belegfunktion ist dabei durch die ordnungsgemäße Anwendung des jeweiligen Verfahrens wie folgt nachzuweisen:

- Dokumentation der programminternen Vorschriften zur Generierung der Buchungen,
- Nachweis oder Bestätigung, dass die in der Dokumentation enthaltenen Vorschriften einem autorisierten Änderungsverfahren unterlegen haben (u.a. Zugriffsschutz, Versionsführung, Test- und Freigabeverfahren),
- Nachweis der Anwendung des genehmigten Verfahrens sowie
- Nachweis der tatsächlichen Durchführung der einzelnen Buchungen.

Bei Dauersachverhalten sind die Ursprungsbelege Basis für die folgenden Automatikbuchungen. Bei (monatlichen) AfA-Buchungen nach Anschaffung eines abnutzbaren Wirtschaftsguts ist der Anschaffungsbeleg mit der AfA-Bemessungsgrundlage und weiteren Parametern (z.B. Nutzungsdauer) aufbewahrungspflichtig. Aus der Verfahrensdokumentation und der ordnungsmäßigen Anwendung des Verfahrens muss der automatische Buchungsvorgang nachvollziehbar sein.

5. Aufzeichnung der Geschäftsvorfälle in zeitlicher Reihenfolge und in sachlicher Ordnung (Grund(buch)aufzeichnungen, Journal- und Kontenfunktion)

Der Steuerpflichtige hat organisatorisch und technisch sicherzustellen, dass die elektronischen Buchungen und sonst erforderlichen elektronischen Aufzeichnungen vollständig, richtig, zeitgerecht und geordnet vorgenommen wer-

[1] Betrifft Abschnitt 4.3 (Tabelle).

den (§ 146 Abs. 1 Satz 1 AO, § 239 Abs. 2 HGB). Jede Buchung oder Aufzeichnung muss im Zusammenhang mit einem Beleg stehen (BFH-Urteil vom 24. Juni 1997, BStBl. 1998 II S. 51).

Bei der doppelten Buchführung müssen alle Geschäftsvorfälle in zeitlicher Reihenfolge (Grund(buch)aufzeichnung, Journalfunktion) und in sachlicher Gliederung (Hauptbuch, Kontenfunktion, siehe unter 5.4) darstellbar sein. Im Hauptbuch bzw. bei der Kontenfunktion verursacht jeder Geschäftsvorfall eine Buchung auf mindestens zwei Konten (Soll- und Habenbuchung).

Die Erfassung der Geschäftsvorfälle in elektronischen Grund(buch)aufzeichnungen (siehe unter 5.1 und 5.2) und die Verbuchung im Journal (siehe unter 5.3) kann organisatorisch und zeitlich auseinanderfallen (z.B. Grund(buch)aufzeichnung in Form von Kassenauftragszeilen). Erfüllen die Erfassungen Belegfunktion bzw. dienen sie der Belegsicherung, dann ist eine unprotokollierte Änderung nicht mehr zulässig (vgl. Rzn. 58 und 59[1]). In diesen Fällen gelten die Ordnungsvorschriften bereits mit der ersten Erfassung der Geschäftsvorfälle und der Daten und müssen über alle nachfolgenden Prozesse erhalten bleiben (z.B. Übergabe von Daten aus Vor- in Hauptsysteme).

5.1. Erfassung in Grund(buch)aufzeichnungen

Die fortlaufende Aufzeichnung der Geschäftsvorfälle erfolgt zunächst in Papierform oder in elektronischen Grund(buch)aufzeichnungen (Grundaufzeichnungsfunktion), um die Belegsicherung und die Garantie der Unverlierbarkeit des Geschäftsvorfalls zu gewährleisten. Sämtliche Geschäftsvorfälle müssen der zeitlichen Reihenfolge nach und materiell mit ihrem richtigen und erkennbaren Inhalt festgehalten werden.

Zu den aufzeichnungspflichtigen Inhalten gehören

- die in Rzn. 77, 78 und 79[2] enthaltenen Informationen,
- das Erfassungsdatum, soweit abweichend vom Buchungsdatum Begründung:
  - Angabe zwingend (§ 146 Abs. 1 Satz 1 AO, zeitgerecht),
  - Zeitpunkt der Buchungserfassung und -verarbeitung,
  - Angabe der „Festschreibung" (Veränderbarkeit nur mit Protokollierung) zwingend, soweit nicht Unveränderbarkeit automatisch mit Erfassung und Verarbeitung in Grund(buch)aufzeichnung.

Vgl. Rz. 94[3] zu den Inhalten des Journals.

Die Grund(buch)aufzeichnungen sind nicht an ein bestimmtes System gebunden. Jedes System, durch das die Geschäftsvorfälle fortlaufend, vollständig und richtig festgehalten werden, so dass die Grundaufzeichnungsfunktion erfüllt wird, ist ordnungsmäßig (vgl. BFH-Urteil vom 26. März 1968, BStBl. II S. 527 für Buchführungspflichtige).

5.2. Digitale Grund(buch)aufzeichnungen

Sowohl beim Einsatz von Haupt- als auch von Vor- oder Nebensystemen ist eine Verbuchung im Journal des Hauptsystems (z.B. Finanzbuchhaltung) bis zum Ablauf des folgenden Monats nicht zu beanstanden, wenn die einzelnen

---

[1] Betreffen Abschnitt 3.2.5.
[2] Betreffen Abschnitt 4.3. (Tabelle und nachfolgender Text).
[3] Betrifft 5.3. (am Ende).

Geschäftsvorfälle bereits in einem Vor- oder Nebensystem die Grundaufzeichnungsfunktion erfüllen und die Einzeldaten aufbewahrt werden.

Durch Erfassungs-, Übertragungs- und Verarbeitungskontrollen ist sicherzustellen, dass alle Geschäftsvorfälle vollständig erfasst oder übermittelt werden und danach nicht unbefugt (d.h. nicht ohne Zugriffsschutzverfahren) und nicht ohne Nachweis des vorausgegangenen Zustandes verändert werden können. Die Durchführung der Kontrollen ist zu protokollieren. Die konkrete Ausgestaltung der Protokollierung ist abhängig von der Komplexität und Diversifikation der Geschäftstätigkeit und der Organisationsstruktur sowie des eingesetzten DV-Systems.

Neben den Daten zum Geschäftsvorfall selbst müssen auch alle für die Verarbeitung erforderlichen Tabellendaten (Stammdaten, Bewegungsdaten, Metadaten wie z.B. Grund- oder Systemeinstellungen, geänderte Parameter), deren Historisierung und Programme gespeichert sein. Dazu gehören auch Informationen zu Kriterien, die eine Abgrenzung zwischen den steuerrechtlichen, den handelsrechtlichen und anderen Buchungen (z.B. nachrichtliche Datensätze zu Fremdwährungen, alternative Bewertungsmethoden, statistische Buchungen, GuV-Kontennullstellungen, Summenkonten) ermöglichen.

5.3. Verbuchung im Journal (Journalfunktion)

Die Journalfunktion erfordert eine vollständige, zeitgerechte und formal richtige Erfassung, Verarbeitung und Wiedergabe der eingegebenen Geschäftsvorfälle. Sie dient dem Nachweis der tatsächlichen und zeitgerechten Verarbeitung der Geschäftsvorfälle.

Werden die unter 5.1 genannten Voraussetzungen bereits mit fortlaufender Verbuchung im Journal erfüllt, ist eine zusätzliche Erfassung in Grund(buch)aufzeichnungen nicht erforderlich. Eine laufende Aufzeichnung unmittelbar im Journal genügt den Erfordernissen der zeitgerechten Erfassung in Grund(buch)aufzeichnungen (vgl. BFH-Urteil vom 16. September 1964, BStBl. III S. 654). Zeitversetzte Buchungen im Journal genügen nur dann, wenn die Geschäftsvorfälle vorher fortlaufend richtig und vollständig in Grundaufzeichnungen oder Grundbüchern aufgezeichnet werden. Die Funktion der Grund(buch)aufzeichnungen kann auf Dauer auch durch eine geordnete und übersichtliche Belegablage erfüllt werden (§ 239 Abs. 4 HGB, § 146 Abs. 5 AO, H 5.2 „Grundbuchaufzeichnungen" EStH; vgl. Rz. 46[1]).

Die Journalfunktion ist nur erfüllt, wenn die gespeicherten Aufzeichnungen gegen Veränderung oder Löschung geschützt sind.

Fehlerhafte Buchungen können wirksam und nachvollziehbar durch Stornierungen oder Neubuchungen geändert werden (siehe unter 8.). Es besteht deshalb weder ein Bedarf noch die Notwendigkeit für weitere nachträgliche Veränderungen einer einmal erfolgten Buchung. Bei der doppelten Buchführung kann die Journalfunktion zusammen mit der Kontenfunktion erfüllt werden, indem bereits bei der erstmaligen Erfassung des Geschäftsvorfalls alle für die sachliche Zuordnung notwendigen Informationen erfasst werden.

Zur Erfüllung der Journalfunktion und zur Ermöglichung der Kontenfunktion sind bei der Buchung insbesondere die nachfolgenden Angaben zu erfassen oder bereitzustellen:

---

[1] Betrifft Abschnitt 3.2.3.

- Eindeutige Belegnummer (siehe Rz. 77[1]),
- Buchungsbetrag (siehe Rz. 77[1]),
- Währungsangabe und Wechselkurs bei Fremdwährung (siehe Rz. 77[1]),
- hinreichende Erläuterung des Geschäftsvorfalls (siehe Rz. 77[1]) – kann (bei Erfüllung der Journal- und Kontenfunktion) im Einzelfall bereits durch andere in Rz. 94[2] aufgeführte Angaben gegeben sein,
- Belegdatum, soweit nicht aus den Grundaufzeichnungen ersichtlich (siehe Rzn. 77 und 85[3]),
- Buchungsdatum,
- Erfassungsdatum, soweit nicht aus der Grundaufzeichnung ersichtlich (siehe Rz. 85[4]),
- Autorisierung soweit vorhanden,
- Buchungsperiode/Voranmeldungszeitraum (Ertragsteuer/Umsatzsteuer),
- Umsatzsteuersatz (siehe Rz. 78[5]),
- Steuerschlüssel, soweit vorhanden (siehe Rz. 78[5]),
- Umsatzsteuerbetrag (siehe Rz. 78[5]),
- Umsatzsteuerkonto (siehe Rz. 78[5]),
- Umsatzsteuer-Identifikationsnummer (siehe Rz. 78[5]),
- Steuernummer (siehe Rz. 78[5]),
- Konto und Gegenkonto,
- Buchungsschlüssel (soweit vorhanden),
- Soll- und Haben-Betrag,
- eindeutige Identifikationsnummer (Schlüsselfeld) des Geschäftsvorfalls (soweit Aufteilung der Geschäftsvorfälle in Teilbuchungssätze [Buchungs-Halbsätze] oder zahlreiche Soll- oder Habenkonten [Splitbuchungen] vorhanden). Über die einheitliche und je Wirtschaftsjahr eindeutige Identifikationsnummer des Geschäftsvorfalls muss die Identifizierung und Zuordnung aller Teilbuchungen einschließlich Steuer-, Sammel-, Verrechnungs- und Interimskontenbuchungen eines Geschäftsvorfalls gewährleistet sein.

5.4. Aufzeichnung der Geschäftsvorfälle in sachlicher Ordnung (Hauptbuch)

Die Geschäftsvorfälle sind so zu verarbeiten, dass sie geordnet darstellbar sind (Kontenfunktion) und damit die Grundlage für einen Überblick über die Vermögens- und Ertragslage darstellen. Zur Erfüllung der Kontenfunktion bei Bilanzierenden müssen Geschäftsvorfälle nach Sach- und Personenkonten geordnet dargestellt werden.

Die Kontenfunktion verlangt, dass die im Journal in zeitlicher Reihenfolge einzeln aufgezeichneten Geschäftsvorfälle auch in sachlicher Ordnung auf Konten dargestellt werden. Damit bei Bedarf für einen zurückliegenden Zeitpunkt

---

[1] Betrifft Abschnitt 4.3. (Tabelle).
[2] Betrifft Abschnitt 5.3. (am Ende).
[3] Betreffen Abschnitt 4.3. (Tabelle) und Abschnitt 5.1.
[4] Betrifft Abschnitt 5.1.
[5] Betrifft Abschnitt 4.3.

ein Zwischenstatus oder eine Bilanz mit Gewinn- und Verlustrechnung aufgestellt werden kann, müssen Eröffnungsbilanzbuchungen und alle Abschlussbuchungen in den Konten enthalten sein. Die Konten sind nach Abschlussposition zu sammeln und nach Kontensummen oder Salden fortzuschreiben.

Werden innerhalb verschiedener Bereiche des DV-Systems oder zwischen unterschiedlichen DV-Systemen differierende Ordnungskriterien verwendet, so müssen entsprechende Zuordnungstabellen (z.B. elektronische Mappingtabellen) vorgehalten werden (z.B. Wechsel des Kontenrahmens, unterschiedliche Nummernkreise in Vor- und Hauptsystem). Dies gilt auch bei einer elektronischen Übermittlung von Daten an die Finanzbehörde (z.B. unterschiedliche Ordnungskriterien in Bilanz/GuV und EÜR einerseits und USt-Voranmeldung, LSt-Anmeldung, Anlage EÜR und E-Bilanz andererseits). Sollte die Zuordnung mit elektronischen Verlinkungen oder Schlüsselfeldern erfolgen, sind die Verlinkungen in dieser Form vorzuhalten.

Die vorstehenden Ausführungen gelten für die Nebenbücher entsprechend.

Bei der Übernahme verdichteter Zahlen ins Hauptsystem müssen die zugehörigen Einzelaufzeichnungen aus den Vor- und Nebensystemen erhalten bleiben.

6. Internes Kontrollsystem (IKS)

Für die Einhaltung der Ordnungsvorschriften des § 146 AO (siehe unter 3.) hat der Steuerpflichtige Kontrollen einzurichten, auszuüben und zu protokollieren. Hierzu gehören beispielsweise

- Zugangs- und Zugriffsberechtigungskontrollen, auf Basis entsprechender Zugangs- und Zugriffsberechtigungskonzepte (z.B. spezifische Zugangs- und Zugriffsberechtigungen),
- Funktionstrennungen,
- Erfassungskontrollen (Fehlerhinweise, Plausibilitätsprüfungen),
- Abstimmungskontrollen bei der Dateneingabe,
- Verarbeitungskontrollen,
- Schutzmaßnahmen gegen die beabsichtigte und unbeabsichtigte Verfälschung von Programmen, Daten und Dokumenten.

Die konkrete Ausgestaltung des Kontrollsystems ist abhängig von der Komplexität und Diversifikation der Geschäftstätigkeit und der Organisationsstruktur sowie des eingesetzten DV-Systems.

Im Rahmen eines funktionsfähigen IKS muss auch anlassbezogen (z.B. Systemwechsel) geprüft werden, ob das eingesetzte DV-System tatsächlich dem dokumentierten System entspricht (siehe Rz. 155[1]) zu den Rechtsfolgen bei fehlender oder ungenügender Verfahrensdokumentation).

Die Beschreibung des IKS ist Bestandteil der Verfahrensdokumentation (siehe unter 10.1).

---

[1]) Betrifft Abschnitt 10.1 (am Ende).

7. Datensicherheit

Der Steuerpflichtige hat sein DV-System gegen Verlust (z.B. Unauffindbarkeit, Vernichtung, Untergang und Diebstahl) zu sichern und gegen unberechtigte Eingaben und Veränderungen (z.B. durch Zugangs- und Zugriffskontrollen) zu schützen.

Werden die Daten, Datensätze, elektronischen Dokumente und elektronischen Unterlagen nicht ausreichend geschützt und können deswegen nicht mehr vorgelegt werden, so ist die Buchführung formell nicht mehr ordnungsmäßig.

Beispiel 6:

Unternehmer überschreibt unwiderruflich die Finanzbuchhaltungsdaten des Vorjahres mit den Daten des laufenden Jahres.

Die sich daraus ergebenden Rechtsfolgen sind vom jeweiligen Einzelfall abhängig.

Die Beschreibung der Vorgehensweise zur Datensicherung ist Bestandteil der Verfahrensdokumentation (siehe unter 10.1). Die konkrete Ausgestaltung der Beschreibung ist abhängig von der Komplexität und Diversifikation der Geschäftstätigkeit und der Organisationsstruktur sowie des eingesetzten DV-Systems.

8. Unveränderbarkeit, Protokollierung von Änderungen

Nach § 146 Abs. 4 AO darf eine Buchung oder Aufzeichnung nicht in einer Weise verändert werden, dass der ursprüngliche Inhalt nicht mehr feststellbar ist. Auch solche Veränderungen dürfen nicht vorgenommen werden, deren Beschaffenheit es ungewiss lässt, ob sie ursprünglich oder erst später gemacht worden sind.

Das zum Einsatz kommende DV-Verfahren muss die Gewähr dafür bieten, dass alle Informationen (Programme und Datenbestände), die einmal in den Verarbeitungsprozess eingeführt werden (Beleg, Grundaufzeichnung, Buchung), nicht mehr unterdrückt oder ohne Kenntlichmachung überschrieben, gelöscht, geändert oder verfälscht werden können. Bereits in den Verarbeitungsprozess eingeführte Informationen (Beleg, Grundaufzeichnung, Buchung) dürfen nicht ohne Kenntlichmachung durch neue Daten ersetzt werden.

Beispiele 7 für unzulässige Vorgänge:

- Elektronische Grund(buch)aufzeichnungen aus einem Kassen- oder Warenwirtschaftssystem werden über eine Datenschnittstelle in ein Officeprogramm exportiert, dort unprotokolliert editiert und anschließend über eine Datenschnittstelle reimportiert.
- Vorerfassungen, Stapelbuchungen werden bis zur Erstellung des Jahresabschlusses und darüber hinaus offen gehalten. Alle Eingaben können daher unprotokolliert geändert werden.

Die Unveränderbarkeit der Daten, Datensätze, elektronischen Dokumente und elektronischen Unterlagen (vgl. Rzn. 3 bis 5[1]) kann sowohl hardwaremäßig (z.B. unveränderbare und fälschungssichere Datenträger) als auch softwaremäßig (z.B. Sicherungen, Sperren, Festschreibung, Löschmerker, automatische Protokollierung, Historisierungen, Versionierungen) als auch organisatorisch (z.B. mittels Zugriffsberechtigungskonzepten) gewährleistet werden. Die Ablage von Daten und elektronischen Dokumenten in einem Dateisystem erfüllt die Anforderungen der Unveränderbarkeit regelmäßig nicht, soweit

[1] Betreffen Abschnitte 1.1.–1.3.

nicht zusätzliche Maßnahmen ergriffen werden, die eine Unveränderbarkeit gewährleisten.

Spätere Änderungen sind ausschließlich so vorzunehmen, dass sowohl der ursprüngliche Inhalt als auch die Tatsache, dass Veränderungen vorgenommen wurden, erkennbar bleiben. Bei programmgenerierten bzw. programmgesteuerten Aufzeichnungen (automatisierte Belege bzw. Dauerbelege) sind Änderungen an den der Aufzeichnung zugrunde liegenden Generierungs- und Steuerungsdaten ebenfalls aufzuzeichnen. Dies betrifft insbesondere die Protokollierung von Änderungen in Einstellungen oder die Parametrisierung der Software. Bei einer Änderung von Stammdaten (z.B. Abkürzungs- oder Schlüsselverzeichnisse, Organisationspläne) muss die eindeutige Bedeutung in den entsprechenden Bewegungsdaten (z.B. Umsatzsteuerschlüssel, Währungseinheit, Kontoeigenschaft) erhalten bleiben. Ggf. müssen Stammdatenänderungen ausgeschlossen oder Stammdaten mit Gültigkeitsangaben historisiert werden, um mehrdeutige Verknüpfungen zu verhindern. Auch eine Änderungshistorie darf nicht nachträglich veränderbar sein.

Werden Systemfunktionalitäten oder Manipulationsprogramme eingesetzt, die diesen Anforderungen entgegenwirken, führt dies zur Ordnungswidrigkeit der elektronischen Bücher und sonst erforderlicher elektronischer Aufzeichnungen.

Beispiel 8:

Einsatz von Zappern, Phantomware, Backofficeprodukten mit dem Ziel unprotokollierter Änderungen elektronischer Einnahmenaufzeichnungen.

9. Aufbewahrung

Der sachliche Umfang der Aufbewahrungspflicht in § 147 Abs. 1 AO besteht grundsätzlich nur im Umfang der Aufzeichnungspflicht (BFH-Urteile vom 24. Juni 2009, BStBl. 2010 II S. 452; vom 26. Februar 2004, BStBl. II S. 599).

Müssen Bücher für steuerliche Zwecke geführt werden, sind sie in vollem Umfang aufbewahrungs- und vorlagepflichtig (z.B. Finanzbuchhaltung hinsichtlich Drohverlustrückstellungen, nicht abziehbare Betriebsausgaben, organschaftliche Steuerumlagen; BFH-Beschluss vom 26. September 2007, BStBl. 2008 II S. 415).

Auch Steuerpflichtige, die nach § 4 Abs. 3 EStG als Gewinn den Überschuss der Betriebseinnahmen über die Betriebsausgaben ansetzen, sind verpflichtet, Aufzeichnungen und Unterlagen nach § 147 Abs. 1 AO aufzubewahren (BFH-Urteile vom 24. Juni 2009, BStBl. 2010 II S. 452; vom 26. Februar 2004, BStBl. II S. 599).

Aufbewahrungspflichten können sich auch aus anderen Rechtsnormen (z.B. § 14b UStG) ergeben.

Die aufbewahrungspflichtigen Unterlagen müssen geordnet aufbewahrt werden. Ein bestimmtes Ordnungssystem ist nicht vorgeschrieben. Die Ablage kann z.B. nach Zeitfolge, Sachgruppen, Kontenklassen, Belegnummern oder alphabetisch erfolgen. Bei elektronischen Unterlagen ist ihr Eingang, ihre Archivierung und ggf. Konvertierung sowie die weitere Verarbeitung zu protokollieren. Es muss jedoch sichergestellt sein, dass ein sachverständiger Dritter innerhalb angemessener Zeit prüfen kann.

Die nach außersteuerlichen und steuerlichen Vorschriften aufzeichnungspflichtigen und nach § 147 Abs. 1 AO aufbewahrungspflichtigen Unterlagen können nach § 147 Abs. 2 AO bis auf wenige Ausnahmen auch als Wiedergabe auf einem Bildträger oder auf anderen Datenträgern aufbewahrt werden, wenn dies den GoB entspricht und sichergestellt ist, dass die Wiedergabe oder die Daten

1. mit den empfangenen Handels- oder Geschäftsbriefen und den Buchungsbelegen bildlich und mit den anderen Unterlagen inhaltlich übereinstimmen, wenn sie lesbar gemacht werden,
2. während der Dauer der Aufbewahrungsfrist jederzeit verfügbar sind, unverzüglich lesbar gemacht und maschinell ausgewertet werden können.

Sind aufzeichnungs- und aufbewahrungspflichtige Daten, Datensätze, elektronische Dokumente und elektronische Unterlagen im Unternehmen entstanden oder dort eingegangen, sind sie auch in dieser Form aufzubewahren und dürfen vor Ablauf der Aufbewahrungsfrist nicht gelöscht werden. Sie dürfen daher nicht mehr ausschließlich in ausgedruckter Form aufbewahrt werden und müssen für die Dauer der Aufbewahrungsfrist unveränderbar erhalten bleiben (z.B. per E-Mail eingegangene Rechnung im PDF-Format oder eingescannte Papierbelege). Dies gilt unabhängig davon, ob die Aufbewahrung im Produktivsystem oder durch Auslagerung in ein anderes DV-System erfolgt. Unter Zumutbarkeitsgesichtspunkten ist es nicht zu beanstanden, wenn der Steuerpflichtige elektronisch erstellte und in Papierform abgesandte Handels- und Geschäftsbriefe nur in Papierform aufbewahrt.

Beispiel 9:
Ein Steuerpflichtiger erstellt seine Ausgangsrechnungen mit einem Textverarbeitungsprogramm. Nach dem Ausdruck der jeweiligen Rechnung wird die hierfür verwendete Maske (Dokumentenvorlage) mit den Inhalten der nächsten Rechnung überschrieben. Es ist in diesem Fall nicht zu beanstanden, wenn das Doppel des versendeten Schreibens in diesem Fall nur als Papierdokument aufbewahrt wird. Werden die abgesandten Handels- und Geschäftsbriefe jedoch tatsächlich in elektronischer Form aufbewahrt (z.B. im File-System oder einem DMS-System), so ist eine ausschließliche Aufbewahrung in Papierform nicht mehr zulässig. Das Verfahren muss dokumentiert werden. Werden Handels- oder Geschäftsbriefe mit Hilfe eines Fakturierungssystems oder ähnlicher Anwendungen erzeugt, bleiben die elektronischen Daten aufbewahrungspflichtig.

Bei den Daten und Dokumenten ist – wie bei den Informationen in Papierbelegen – auf deren Inhalt und auf deren Funktion abzustellen, nicht auf deren Bezeichnung. So sind beispielsweise E-Mails mit der Funktion eines Handels- oder Geschäftsbriefs oder eines Buchungsbelegs in elektronischer Form aufbewahrungspflichtig. Dient eine E-Mail nur als „Transportmittel“, z.B. für eine angehängte elektronische Rechnung, und enthält darüber hinaus keine weitergehenden aufbewahrungspflichtigen Informationen, so ist diese nicht aufbewahrungspflichtig (wie der bisherige Papierbriefumschlag).

Ein elektronisches Dokument ist mit einem nachvollziehbaren und eindeutigen Index zu versehen. Der Erhalt der Verknüpfung zwischen Index und elektronischem Dokument muss während der gesamten Aufbewahrungsfrist gewährleistet sein. Es ist sicherzustellen, dass das elektronische Dokument unter dem zugeteilten Index verwaltet werden kann. Stellt ein Steuerpflichtiger durch organisatorische Maßnahmen sicher, dass das elektronische Dokument auch ohne Index verwaltet werden kann, und ist dies in angemessener Zeit nachprüfbar, so ist aus diesem Grund die Buchführung nicht zu beanstanden.

Das Anbringen von Buchungsvermerken, Indexierungen, Barcodes, farblichen Hervorhebungen usw. darf – unabhängig von seiner technischen Ausgestaltung – keinen Einfluss auf die Lesbarmachung des Originalzustands haben.

Die elektronischen Bearbeitungsvorgänge sind zu protokollieren und mit dem elektronischen Dokument zu speichern, damit die Nachvollziehbarkeit und Prüfbarkeit des Originalzustands und seiner Ergänzungen gewährleistet ist.

Hinsichtlich der Aufbewahrung digitaler Unterlagen bei Bargeschäften wird auf das BMF-Schreiben vom 26. November 2010 IV A 4 – S 0316/08/ 10004-07, BStBl. I S. 1342, hingewiesen.

9.1. Maschinelle Auswertbarkeit (§ 147 Abs. 2 Nr. 2 AO)

Art und Umfang der maschinellen Auswertbarkeit sind nach den tatsächlichen Informations- und Dokumentationsmöglichkeiten zu beurteilen.

Beispiel 10:

Neues Datenformat für elektronische Rechnungen ZUGFeRD (Zentraler User Guide des Forums elektronische Rechnung Deutschland)

Hier ist vorgesehen, dass Rechnungen im PDF/A-3-Format versendet werden. Diese bestehen aus einem Rechnungsbild (dem augenlesbaren, sichtbaren Teil der PDF-Datei) und den in die PDF-Datei eingebetteten Rechnungsdaten im standardisierten XML-Format.

Entscheidend ist hier jetzt nicht, ob der Rechnungsempfänger nur das Rechnungsbild (Image) nutzt, sondern, dass auch noch tatsächlich XML-Daten vorhanden sind, die nicht durch eine Formatumwandlung (z.B. in TIFF) gelöscht werden dürfen. Die maschinelle Auswertbarkeit bezieht sich auf sämtliche Inhalte der PDF/A-3-Datei.

Eine maschinelle Auswertbarkeit ist nach diesem Beurteilungsmaßstab bei aufzeichnungs- und aufbewahrungspflichtigen Daten, Datensätzen, elektronischen Dokumenten und elektronischen Unterlagen (vgl. Rzn. 3 bis 5[1)]) u.a. gegeben, die

- mathematisch-technische Auswertungen ermöglichen,
- eine Volltextsuche ermöglichen,
- auch ohne mathematisch-technische Auswertungen eine Prüfung im weitesten Sinne ermöglichen (z.B. Bildschirmabfragen, die Nachverfolgung von Verknüpfungen und Verlinkungen oder die Textsuche nach bestimmten Eingabekriterien).

Mathematisch-technische Auswertung bedeutet, dass alle in den aufzeichnungs- und aufbewahrungspflichtigen Daten, Datensätzen (vgl. Rzn. 3 bis 5[1)]) enthaltenen Informationen automatisiert (DV-gestützt) interpretiert, dargestellt, verarbeitet sowie für andere Datenbankanwendungen und eingesetzter Prüfsoftware direkt, ohne weitere Konvertierungs- und Bearbeitungsschritte und ohne Informationsverlust nutzbar gemacht werden können (z.B. für wahlfreie Sortier-, Summier-, Verbindungs- und Filterungsmöglichkeiten).

Mathematisch-technische Auswertungen sind z.B. möglich bei:

- Elektronischen Grund(buch)aufzeichnungen (z.B. Kassendaten, Daten aus Warenwirtschaftssystem, Inventurlisten),
- Journaldaten aus Finanzbuchhaltung oder Lohnbuchhaltung,
- Textdateien oder Dateien aus Tabellenkalkulationen mit strukturierten Daten in tabellarischer Form (z.B. Reisekostenabrechnung, Überstundennachweise).

[1)] Betreffen Abschnitte 1.1.–1.3.

Neben den Daten in Form von Datensätzen und den elektronischen Dokumenten sind auch alle zur maschinellen Auswertung der Daten im Rahmen des Datenzugriffs notwendigen Strukturinformationen (z.B. über die Dateiherkunft [eingesetztes System], die Dateistruktur, die Datenfelder, verwendete Zeichensatztabellen) in maschinell auswertbarer Form sowie die internen und externen Verknüpfungen vollständig und in unverdichteter, maschinell auswertbarer Form aufzubewahren. Im Rahmen einer Datenträgerüberlassung ist der Erhalt technischer Verlinkungen auf dem Datenträger nicht erforderlich, sofern dies nicht möglich ist.

Die Reduzierung einer bereits bestehenden maschinellen Auswertbarkeit, beispielsweise durch Umwandlung des Dateiformats oder der Auswahl bestimmter Aufbewahrungsformen, ist nicht zulässig (siehe unter 9.2).

Beispiele 11:

- Umwandlung von PDF/A-Dateien ab der Norm PDF/A-3 in ein Bildformat (z.B. TIFF, JPEG etc.), da dann die in den PDF/A-Dateien enthaltenen XML-Daten und ggf. auch vorhandene Volltextinformationen gelöscht werden.
- Umwandlung von elektronischen Grund(buch)aufzeichnungen (z.B. Kasse, Warenwirtschaft) in ein PDF-Format.
- Umwandlung von Journaldaten einer Finanzbuchhaltung oder Lohnbuchhaltung in ein PDF-Format.

Eine Umwandlung in ein anderes Format (z.B. Inhouse-Format) ist zulässig, wenn die maschinelle Auswertbarkeit nicht eingeschränkt wird und keine inhaltliche Veränderung vorgenommen wird (siehe Rz. 135[1]).

Der Steuerpflichtige muss dabei auch berücksichtigen, dass entsprechende Einschränkungen in diesen Fällen zu seinen Lasten gehen können (z.B. Speicherung einer E-Mail als PDF-Datei. Die Informationen des Headers [z.B. Informationen zum Absender] gehen dabei verloren und es ist nicht mehr nachvollziehbar, wie der tatsächliche Zugang der E-Mail erfolgt ist).

9.2. Elektronische Aufbewahrung

Werden Handels- oder Geschäftsbriefe und Buchungsbelege in Papierform empfangen und danach elektronisch erfasst (scannen), ist das Scanergebnis so aufzubewahren, dass die Wiedergabe mit dem Original bildlich übereinstimmt, wenn es lesbar gemacht wird. Werden gescannte Dokumente per Optical-Character-Recognition-Verfahren (OCR-Verfahren) um Volltextinformationen angereichert (zum Beispiel volltextrecherchierbare PDFs), so ist dieser Volltext nach Verifikation und Korrektur über die Dauer der Aufbewahrungsfrist aufzubewahren und auch für Prüfzwecke verfügbar zu machen.

Eingehende elektronische Handels- oder Geschäftsbriefe und Buchungsbelege müssen in dem Format aufbewahrt werden, in dem sie empfangen wurden (z.B. Rechnungen oder Kontoauszüge im PDF- oder Bildformat). Eine Umwandlung in ein anderes Format (z.B. MSG in PDF) ist dann zulässig, wenn die maschinelle Auswertbarkeit nicht eingeschränkt wird und keine inhaltlichen Veränderungen vorgenommen werden (siehe Rz. 135[1]). Erfolgt eine Anreicherung der Bildinformationen, z.B. durch OCR (Beispiel: Erzeugung einer volltextrecherchierbaren PDF-Datei im Erfassungsprozess), sind die dadurch gewonnenen Informationen nach Verifikation und Korrektur ebenfalls aufzubewahren.

---

[1] Betrifft Abschnitt 9.2. (am Ende).

Im DV-System erzeugte Daten im Sinne der Rzn. 3 bis 5[1)] (z.B. Grund(buch)aufzeichnungen in Vor- und Nebensystemen, Buchungen, generierte Datensätze zur Erstellung von Ausgangsrechnungen) oder darin empfangene Daten (z.B. EDI-Verfahren) müssen im Ursprungsformat aufbewahrt werden.

Im DV-System erzeugte Dokumente (z.B. als Textdokumente erstellte Ausgangsrechnungen [§ 14b UStG], elektronisch abgeschlossene Verträge, Handels- und Geschäftsbriefe, Verfahrensdokumentation) sind im Ursprungsformat aufzubewahren. Unter Zumutbarkeitsgesichtspunkten ist es nicht zu beanstanden, wenn der Steuerpflichtige elektronisch erstellte und in Papierform abgesandte Handels- und Geschäftsbriefe nur in Papierform aufbewahrt (Hinweis auf Rzn. 119, 120[2)]). Eine Umwandlung in ein anderes Format (z.B. Inhouse-Format) ist zulässig, wenn die maschinelle Auswertbarkeit nicht eingeschränkt wird und keine inhaltliche Veränderung vorgenommen wird (siehe Rz. 135[3)]).

Bei Einsatz von Kryptografietechniken ist sicherzustellen, dass die verschlüsselten Unterlagen im DV-System in entschlüsselter Form zur Verfügung stehen. Werden Signaturprüfschlüssel verwendet, sind die eingesetzten Schlüssel aufzubewahren. Die Aufbewahrungspflicht endet, wenn keine der mit den Schlüsseln signierten Unterlagen mehr aufbewahrt werden müssen.

Bei Umwandlung (Konvertierung) aufbewahrungspflichtiger Unterlagen in ein unternehmenseigenes Format (sog. Inhouse-Format) sind beide Versionen zu archivieren, derselben Aufzeichnung zuzuordnen und mit demselben Index zu verwalten sowie die konvertierte Version als solche zu kennzeichnen. Nicht aufbewahrungspflichtig sind die während der maschinellen Verarbeitung durch das Buchführungssystem erzeugten Dateien, sofern diese ausschließlich einer temporären Zwischenspeicherung von Verarbeitungsergebnissen dienen und deren Inhalte im Laufe des weiteren Verarbeitungsprozesses vollständig Eingang in die Buchführungsdaten finden. Voraussetzung ist jedoch, dass bei der weiteren Verarbeitung keinerlei „Verdichtung" aufzeichnungs- und aufbewahrungspflichtiger Daten (vgl. Rzn. 3 bis 5[1)]) vorgenommen wird.

9.3. Elektronische Erfassung von Papierdokumenten (Scanvorgang)

Papierdokumente werden durch den Scanvorgang in elektronische Dokumente umgewandelt. Das Verfahren muss dokumentiert werden. Der Steuerpflichtige sollte daher eine Organisationsanweisung erstellen, die unter anderem regelt:

- wer scannen darf,
- zu welchem Zeitpunkt gescannt wird (z.B. beim Posteingang, während oder nach Abschluss der Vorgangsbearbeitung),
- welches Schriftgut gescannt wird,
- ob eine bildliche oder inhaltliche Übereinstimmung mit dem Original erforderlich ist,
- wie die Qualitätskontrolle auf Lesbarkeit und Vollständigkeit und
- wie die Protokollierung von Fehlern zu erfolgen hat.

[1)] Betreffen Abschnitte 1.1.–1.3.
[2)] Betreffen Beispiel 9.
[3)] Betrifft Abschnitt 9.2. (am Ende).

Die konkrete Ausgestaltung dieser Verfahrensdokumentation ist abhängig von der Komplexität und Diversifikation der Geschäftstätigkeit und der Organisationsstruktur sowie des eingesetzten DV-Systems.

Eine vollständige Farbwiedergabe ist erforderlich, wenn der Farbe Beweisfunktion zukommt (z.B. Minusbeträge in roter Schrift, Sicht-, Bearbeitungs- und Zeichnungsvermerke in unterschiedlichen Farben).

Für Besteuerungszwecke ist eine elektronische Signatur oder ein Zeitstempel nicht erforderlich.

Im Anschluss an den Scanvorgang darf die weitere Bearbeitung nur mit dem elektronischen Dokument erfolgen. Die Papierbelege sind dem weiteren Bearbeitungsgang zu entziehen, damit auf diesen keine Bemerkungen, Ergänzungen usw. vermerkt werden können, die auf dem elektronischen Dokument nicht enthalten sind. Sofern aus organisatorischen Gründen nach dem Scanvorgang eine weitere Vorgangsbearbeitung des Papierbeleges erfolgt, muss nach Abschluss der Bearbeitung der bearbeitete Papierbeleg erneut eingescannt und ein Bezug zum ersten Scanobjekt hergestellt werden (gemeinsamer Index).

Nach dem Einscannen dürfen Papierdokumente vernichtet werden, soweit sie nicht nach außersteuerlichen oder steuerlichen Vorschriften im Original aufzubewahren sind. Der Steuerpflichtige muss entscheiden, ob Dokumente, deren Beweiskraft bei der Aufbewahrung in elektronischer Form nicht erhalten bleibt, zusätzlich in der Originalform aufbewahrt werden sollen.

Der Verzicht auf einen Papierbeleg darf die Möglichkeit der Nachvollziehbarkeit und Nachprüfbarkeit nicht beeinträchtigen.

9.4. Auslagerung von Daten aus dem Produktivsystem und Systemwechsel

Im Falle eines Systemwechsels (z.B. Abschaltung Altsystem, Datenmigration), einer Systemänderung (z.B. Änderung der OCR-Software, Update der Finanzbuchhaltung etc.) oder einer Auslagerung von aufzeichnungs- und aufbewahrungspflichtigen Daten (vgl. Rzn. 3 bis 5[1]) aus dem Produktivsystem ist es nur dann nicht erforderlich, die ursprüngliche Hard- und Software des Produktivsystems über die Dauer der Aufbewahrungsfrist vorzuhalten, wenn die folgenden Voraussetzungen erfüllt sind:

1. Die aufzeichnungs- und aufbewahrungspflichtigen Daten (einschließlich Metadaten, Stammdaten, Bewegungsdaten und der erforderlichen Verknüpfungen) müssen unter Beachtung der Ordnungsvorschriften (vgl. §§ 145 bis 147 AO) quantitativ und qualitativ gleichwertig in ein neues System, in eine neue Datenbank, in ein Archivsystem oder in ein anderes System überführt werden. Bei einer erforderlichen Datenumwandlung (Migration) darf ausschließlich das Format der Daten (z.B. Datums- und Währungsformat) umgesetzt, nicht aber eine inhaltliche Änderung der Daten vorgenommen werden. Die vorgenommenen Änderungen sind zu dokumentieren.
   Die Reorganisation von OCR-Datenbanken ist zulässig, soweit die zugrunde liegenden elektronischen Dokumente und Unterlagen durch diesen Vorgang unverändert bleiben und die durch das OCR-Verfahren gewonnenen Informationen mindestens in quantitativer und qualitativer Hinsicht erhalten bleiben.

---

[1] Betreffen Abschnitte 1.1.–1.3.

2. Das neue System, das Archivsystem oder das andere System muss in quantitativer und qualitativer Hinsicht die gleichen Auswertungen der aufzeichnungs- und aufbewahrungspflichtigen Daten ermöglichen, als wären die Daten noch im Produktivsystem.

Andernfalls ist die ursprüngliche Hard- und Software des Produktivsystems – neben den aufzeichnungs- und aufbewahrungspflichtigen Daten – für die Dauer der Aufbewahrungsfrist vorzuhalten. Auf die Möglichkeit der Bewilligung von Erleichterungen nach § 148 AO wird hingewiesen.

Eine Aufbewahrung in Form von Datenextrakten, Reports oder Druckdateien ist unzulässig, soweit nicht mehr alle aufzeichnungs- und aufbewahrungspflichtigen Daten übernommen werden.

10. Nachvollziehbarkeit und Nachprüfbarkeit

Die allgemeinen Grundsätze der Nachvollziehbarkeit und Nachprüfbarkeit sind unter 3.1 aufgeführt.

Die Prüfbarkeit der formellen und sachlichen Richtigkeit bezieht sich sowohl auf einzelne Geschäftsvorfälle (Einzelprüfung) als auch auf die Prüfbarkeit des gesamten Verfahrens (Verfahrens- oder Systemprüfung anhand einer Verfahrensdokumentation, siehe unter 10.1).

Auch an die DV-gestützte Buchführung wird die Anforderung gestellt, dass Geschäftsvorfälle für die Dauer der Aufbewahrungsfrist retrograd und progressiv prüfbar bleiben müssen.

Die vorgenannten Anforderungen gelten für sonst erforderliche elektronische Aufzeichnungen sinngemäß (§ 145 Abs. 2 AO).

Von einem sachverständigen Dritten kann zwar Sachverstand hinsichtlich der Ordnungsvorschriften der §§ 145 bis 147 AO und allgemeiner DV-Sachverstand erwartet werden, nicht jedoch spezielle, produktabhängige System- oder Programmierkenntnisse.

Nach § 146 Abs. 3 Satz 3 AO muss im Einzelfall die Bedeutung von Abkürzungen, Ziffern, Buchstaben und Symbolen eindeutig festliegen und sich aus der Verfahrensdokumentation ergeben.

Für die Prüfung ist eine aussagefähige und aktuelle Verfahrensdokumentation notwendig, die alle System- bzw. Verfahrensänderungen inhaltlich und zeitlich lückenlos dokumentiert.

10.1. Verfahrensdokumentation

Da sich die Ordnungsmäßigkeit neben den elektronischen Büchern und sonst erforderlichen Aufzeichnungen auch auf die damit in Zusammenhang stehenden Verfahren und Bereiche des DV-Systems bezieht (siehe unter 3.), muss für jedes DV-System eine übersichtlich gegliederte Verfahrensdokumentation vorhanden sein, aus der Inhalt, Aufbau, Ablauf und Ergebnisse des DV-Verfahrens vollständig und schlüssig ersichtlich sind. Der Umfang der im Einzelfall erforderlichen Dokumentation wird dadurch bestimmt, was zum Verständnis des DV-Verfahrens, der Bücher und Aufzeichnungen sowie der aufbewahrten Unterlagen notwendig ist. Die Verfahrensdokumentation muss verständlich und damit für einen sachverständigen Dritten in angemessener Zeit nachprüfbar sein. Die konkrete Ausgestaltung der Verfahrensdokumentation ist abhängig von der Komplexität und Diversifikation der Geschäftstätigkeit und der Organisationsstruktur sowie des eingesetzten DV-Systems.

Die Verfahrensdokumentation beschreibt den organisatorisch und technisch gewollten Prozess, z.B. bei elektronischen Dokumenten von der Entstehung der Informationen über die Indizierung, Verarbeitung und Speicherung, dem eindeutigen Wiederfinden und der maschinellen Auswertbarkeit, der Absicherung gegen Verlust und Verfälschung und der Reproduktion.

Die Verfahrensdokumentation besteht in der Regel aus einer allgemeinen Beschreibung, einer Anwenderdokumentation, einer technischen Systemdokumentation und einer Betriebsdokumentation.

Für den Zeitraum der Aufbewahrungsfrist muss gewährleistet und nachgewiesen sein, dass das in der Dokumentation beschriebene Verfahren dem in der Praxis eingesetzten Verfahren voll entspricht. Dies gilt insbesondere für die eingesetzten Versionen der Programme (Programmidentität). Die Verfahrensdokumentation ist bei Änderungen zu versionieren und eine nachvollziehbare Änderungshistorie vorzuhalten. Aus der Verfahrensdokumentation muss sich ergeben, wie die Ordnungsvorschriften (z.B. §§ 145 ff. AO, §§ 238 ff. HGB) und damit die in diesem Schreiben enthaltenen Anforderungen beachtet werden. Die Aufbewahrungsfrist für die Verfahrensdokumentation läuft nicht ab, soweit und solange die Aufbewahrungsfrist für die Unterlagen noch nicht abgelaufen ist, zu deren Verständnis sie erforderlich ist.

Soweit eine fehlende oder ungenügende Verfahrensdokumentation die Nachvollziehbarkeit und Nachprüfbarkeit nicht beeinträchtigt, liegt kein formeller Mangel mit sachlichem Gewicht vor, der zum Verwerfen der Buchführung führen kann.

10.2. Lesbarmachung von elektronischen Unterlagen

Wer aufzubewahrende Unterlagen in der Form einer Wiedergabe auf einem Bildträger oder auf anderen Datenträgern vorlegt, ist nach § 147 Abs. 5 AO verpflichtet, auf seine Kosten diejenigen Hilfsmittel zur Verfügung zu stellen, die erforderlich sind, um die Unterlagen lesbar zu machen. Auf Verlangen der Finanzbehörde hat der Steuerpflichtige auf seine Kosten die Unterlagen unverzüglich ganz oder teilweise auszudrucken oder ohne Hilfsmittel lesbare Reproduktionen beizubringen.

Der Steuerpflichtige muss durch Scannen digitalisierte Unterlagen über sein DV-System per Bildschirm lesbar machen. Ein Ausdruck auf Papier ist nicht ausreichend. Die elektronischen Dokumente müssen für die Dauer der Aufbewahrungsfrist jederzeit lesbar sein (BFH-Beschluss vom 26. September 2007, BStBl. 2008 II S. 415).

11. Datenzugriff

Nach § 147 Abs. 6 AO hat die Finanzbehörde das Recht, die mit Hilfe eines DV-Systems erstellten und nach § 147 Abs. 1 AO aufbewahrungspflichtigen Unterlagen durch Datenzugriff zu prüfen. Das Recht auf Datenzugriff steht der Finanzbehörde nur im Rahmen steuerlicher Außenprüfungen zu. Durch die Regelungen zum Datenzugriff wird der sachliche Umfang der Außenprüfung (§ 194 AO) nicht erweitert; er wird durch die Prüfungsanordnung (§ 196 AO, § 5 BpO) bestimmt.

11.1. Umfang und Ausübung des Rechts auf Datenzugriff nach § 147 Abs. 6 AO

Gegenstand der Prüfung sind die nach außersteuerlichen und steuerlichen Vorschriften aufzeichnungspflichtigen und die nach § 147 Abs. 1 AO aufbewahrungspflichtigen Unterlagen. Hierfür sind insbesondere die Daten der Finanzbuchhaltung, der Anlagenbuchhaltung, der Lohnbuchhaltung und aller Vor- und Nebensysteme, die aufzeichnungs- und aufbewahrungspflichtige Unterlagen enthalten (vgl. Rzn. 3 bis 5), für den Datenzugriff bereitzustellen. Die Art der Außenprüfung ist hierbei unerheblich, so dass z.B. die Daten der Finanzbuchhaltung auch Gegenstand der Lohnsteuer-Außenprüfung sein können.

Neben den Daten müssen insbesondere auch die Teile der Verfahrensdokumentation auf Verlangen zur Verfügung gestellt werden können, die einen vollständigen Systemüberblick ermöglichen und für das Verständnis des DV-Systems erforderlich sind. Dazu gehört auch ein Überblick über alle im DV-System vorhandenen Informationen, die aufzeichnungs- und aufbewahrungspflichtige Unterlagen betreffen (vgl. Rzn. 3 bis 5); z.B. Beschreibungen zu Tabellen, Feldern, Verknüpfungen und Auswertungen. Diese Angaben sind erforderlich, damit die Finanzverwaltung das durch den Steuerpflichtigen ausgeübte Erstqualifikationsrecht (vgl. Rz. 161) prüfen und Aufbereitungen für die Datenträgerüberlassung erstellen kann.

Soweit in Bereichen des Unternehmens betriebliche Abläufe mit Hilfe eines DV-Systems abgebildet werden, sind die betroffenen DV-Systeme durch den Steuerpflichtigen zu identifizieren, die darin enthaltenen Daten nach Maßgabe der außersteuerlichen und steuerlichen Aufzeichnungs- und Aufbewahrungspflichten (vgl. Rzn. 3 bis 5) zu qualifizieren (Erstqualifizierung) und für den Datenzugriff in geeigneter Weise vorzuhalten (siehe auch unter 9.4). Bei unzutreffender Qualifizierung von Daten kann die Finanzbehörde im Rahmen ihres pflichtgemäßen Ermessens verlangen, dass der Steuerpflichtige den Datenzugriff auf diese nach außersteuerlichen und steuerlichen Vorschriften tatsächlich aufgezeichneten und aufbewahrten Daten nachträglich ermöglicht.

Beispiele 12:

- Ein Steuerpflichtiger stellt aus dem PC-Kassensystem nur Tagesendsummen zur Verfügung. Die digitalen Grund(buch)aufzeichnungen (Kasseneinzeldaten) wurden archiviert, aber nicht zur Verfügung gestellt.
- Ein Steuerpflichtiger stellt für die Datenträgerüberlassung nur einzelne Sachkonten aus der Finanzbuchhaltung zur Verfügung. Die Daten der Finanzbuchhaltung sind archiviert.
- Ein Steuerpflichtiger ohne Auskunftsverweigerungsrecht stellt Belege in Papierform zur Verfügung. Die empfangenen und abgesandten Handels- und Geschäftsbriefe und Buchungsbelege stehen in einem Dokumenten-Management-System zur Verfügung.

Das allgemeine Auskunftsrecht des Prüfers (§§ 88, 199 Abs. 1 AO) und die Mitwirkungspflichten des Steuerpflichtigen (§§ 90, 200 AO) bleiben unberührt.

Bei der Ausübung des Rechts auf Datenzugriff stehen der Finanzbehörde nach dem Gesetz drei gleichberechtigte Möglichkeiten zur Verfügung.

Die Entscheidung, von welcher Möglichkeit des Datenzugriffs die Finanzbehörde Gebrauch macht, steht in ihrem pflichtgemäßen Ermessen; falls erforderlich, kann sie auch kumulativ mehrere Möglichkeiten in Anspruch nehmen:

Unmittelbarer Datenzugriff (Z1)
Die Finanzbehörde hat das Recht, selbst unmittelbar auf das DV-System dergestalt zuzugreifen, dass sie in Form des Nur-Lesezugriffs Einsicht in die aufzeichnungs- und aufbewahrungspflichtigen Daten nimmt und die vom Steuerpflichtigen oder von einem beauftragten Dritten eingesetzte Hard- und Software zur Prüfung der gespeicherten Daten einschließlich der jeweiligen Meta-, Stamm- und Bewegungsdaten sowie der entsprechenden Verknüpfungen (z.B. zwischen den Tabellen einer relationalen Datenbank) nutzt.

Dabei darf sie nur mit Hilfe dieser Hard- und Software auf die elektronisch gespeicherten Daten zugreifen. Dies schließt eine Fernabfrage (Online-Zugriff) der Finanzbehörde auf das DV-System des Steuerpflichtigen durch die Finanzbehörde aus. Der Nur-Lesezugriff umfasst das Lesen und Analysieren der Daten unter Nutzung der im DV-System vorhandenen Auswertungsmöglichkeiten (z.B. Filtern und Sortieren).

Mittelbarer Datenzugriff (Z2)
Die Finanzbehörde kann vom Steuerpflichtigen auch verlangen, dass er an ihrer Stelle die aufzeichnungs- und aufbewahrungspflichtigen Daten nach ihren Vorgaben maschinell auswertet oder von einem beauftragten Dritten maschinell auswerten lässt, um anschließend einen Nur-Lesezugriff durchführen zu können. Es kann nur eine maschinelle Auswertung unter Verwendung der im DV-System des Steuerpflichtigen oder des beauftragten Dritten vorhandenen Auswertungsmöglichkeiten verlangt werden.

Datenträgerüberlassung (Z3)
Die Finanzbehörde kann ferner verlangen, dass ihr die aufzeichnungs- und aufbewahrungspflichtigen Daten, einschließlich der jeweiligen Meta-, Stamm- und Bewegungsdaten sowie der internen und externen Verknüpfungen (z.B. zwischen den Tabellen einer relationalen Datenbank), und elektronische Dokumente und Unterlagen auf einem maschinell lesbaren und auswertbaren Datenträger zur Auswertung überlassen werden. Die Finanzbehörde ist nicht berechtigt, selbst Daten aus dem DV-System herunterzuladen oder Kopien vorhandener Datensicherungen vorzunehmen.

Die Datenträgerüberlassung umfasst die Mitnahme der Daten aus der Sphäre des Steuerpflichtigen. Eine Mitnahme der Datenträger aus der Sphäre des Steuerpflichtigen sollte im Regelfall nur in Abstimmung mit dem Steuerpflichtigen erfolgen.

Der zur Auswertung überlassene Datenträger ist spätestens nach Bestandskraft der aufgrund der Außenprüfung ergangenen Bescheide an den Steuerpflichtigen zurückzugeben und die Daten sind zu löschen.

Die Finanzbehörde hat bei Anwendung der Regelungen zum Datenzugriff den Grundsatz der Verhältnismäßigkeit zu beachten.

11.2. Umfang der Mitwirkungspflicht nach §§ 147 Abs. 6 und 200 Abs. 1 Satz 2 AO

Der Steuerpflichtige hat die Finanzbehörde bei Ausübung ihres Rechts auf Datenzugriff zu unterstützen (§ 200 Abs. 1 AO). Dabei entstehende Kosten hat der Steuerpflichtige zu tragen (§ 147 Abs. 6 Satz 3 AO).

Enthalten elektronisch gespeicherte Datenbestände z.B. nicht aufzeichnungs- und aufbewahrungspflichtige, personenbezogene oder dem Berufsgeheimnis (§ 102 AO) unterliegende Daten, so obliegt es dem Steuerpflichtigen oder dem von ihm beauftragten Dritten, die Datenbestände so zu organisieren, dass der Prüfer nur auf die aufzeichnungs- und aufbewahrungspflichtigen Daten des Steuerpflichtigen zugreifen kann. Dies kann z.B. durch geeignete Zugriffsbeschränkungen oder „digitales Schwärzen" der zu schützenden Informationen erfolgen. Für versehentlich überlassene Daten besteht kein Verwertungsverbot.

Mangels Nachprüfbarkeit akzeptiert die Finanzbehörde keine Reports oder Druckdateien, die vom Unternehmen ausgewählte („vorgefilterte") Datenfelder und -sätze aufführen, jedoch nicht mehr alle aufzeichnungs- und aufbewahrungspflichtigen Daten (vgl. Rzn. 3 bis 5) enthalten.

Im Einzelnen gilt Folgendes:

Beim unmittelbaren Datenzugriff hat der Steuerpflichtige dem Prüfer die für den Datenzugriff erforderlichen Hilfsmittel zur Verfügung zu stellen und ihn für den Nur-Lesezugriff in das DV-System einzuweisen. Die Zugangsberechtigung muss so ausgestaltet sein, dass dem Prüfer dieser Zugriff auf alle aufzeichnungs- und aufbewahrungspflichtigen Daten eingeräumt wird. Sie umfasst die im DV-System genutzten Auswertungsmöglichkeiten (z.B. Filtern, Sortieren, Konsolidieren) für Prüfungszwecke (z.B. in Revisionstools, Standardsoftware, Backofficeprodukten). In Abhängigkeit vom konkreten Sachverhalt kann auch eine vom Steuerpflichtigen nicht genutzte, aber im DV-System vorhandene Auswertungsmöglichkeit verlangt werden. Eine Volltextsuche, eine Ansichtsfunktion oder ein selbsttragendes System, das in einer Datenbank nur die für archivierte Dateien vergebenen Schlagworte als Indexwerte nachweist, reicht regelmäßig nicht aus.

Eine Unveränderbarkeit des Datenbestandes und des DV-Systems durch die Finanzbehörde muss seitens des Steuerpflichtigen oder eines von ihm beauftragten Dritten gewährleistet werden.

Beim mittelbaren Datenzugriff gehört zur Mithilfe des Steuerpflichtigen beim Nur-Lesezugriff neben der Zurverfügungstellung von Hard- und Software die Unterstützung durch mit dem DV-System vertraute Personen. Der Umfang der zumutbaren Mithilfe richtet sich nach den betrieblichen Gegebenheiten des Unternehmens. Hierfür können z.B. seine Größe oder Mitarbeiterzahl Anhaltspunkte sein.

Bei der Datenträgerüberlassung sind der Finanzbehörde mit den gespeicherten Unterlagen und Aufzeichnungen alle zur Auswertung der Daten notwendigen Informationen (z.B. über die Dateiherkunft [eingesetztes System], die Dateistruktur, die Datenfelder, verwendete Zeichensatztabellen sowie interne und externe Verknüpfungen) in maschinell auswertbarer Form zur Verfügung zu stellen. Dies gilt auch in den Fällen, in denen sich die Daten bei einem Dritten befinden.

Auch die zur Auswertung der Daten notwendigen Strukturinformationen müssen in maschinell auswertbarer Form zur Verfügung gestellt werden.

Bei unvollständigen oder unzutreffenden Datenlieferungen kann die Finanzbehörde neue Datenträger mit vollständigen und zutreffenden Daten verlangen. Im Verlauf der Prüfung kann die Finanzbehörde auch weitere Datenträger mit aufzeichnungs- und aufbewahrungspflichtigen Unterlagen anfordern.

Das Einlesen der Daten muss ohne Installation von Fremdsoftware auf den Rechnern der Finanzbehörde möglich sein. Eine Entschlüsselung der übergebenen Daten muss spätestens bei der Datenübernahme auf die Systeme der Finanzverwaltung erfolgen.

Der Grundsatz der Wirtschaftlichkeit rechtfertigt nicht den Einsatz einer Software, die den in diesem Schreiben niedergelegten Anforderungen zur Datenträgerüberlassung nicht oder nur teilweise genügt und damit den Datenzugriff einschränkt. Die zur Herstellung des Datenzugriffs erforderlichen Kosten muss der Steuerpflichtige genauso in Kauf nehmen wie alle anderen Aufwendungen, die die Art seines Betriebes mit sich bringt.

Ergänzende Informationen zur Datenträgerüberlassung stehen auf den Internet-Seiten des Bundesfinanzministeriums (www.bundesfinanzministerium.de) zum Download bereit.

12. Zertifizierung und Software-Testate

Die Vielzahl und unterschiedliche Ausgestaltung und Kombination der DV-Systeme für die Erfüllung außersteuerlicher oder steuerlicher Aufzeichnungs- und Aufbewahrungspflichten lassen keine allgemein gültigen Aussagen der Finanzbehörde zur Konformität der verwendeten oder geplanten Hard- und Software zu. Dies gilt umso mehr, als weitere Kriterien (z.B. Releasewechsel, Updates, die Vergabe von Zugriffsrechten oder Parametrisierungen, die Vollständigkeit und Richtigkeit der eingegebenen Daten) erheblichen Einfluss auf die Ordnungsmäßigkeit eines DV-Systems und damit auf Bücher und die sonst erforderlichen Aufzeichnungen haben können.

Positivtestate zur Ordnungsmäßigkeit der Buchführung – und damit zur Ordnungsmäßigkeit DV-gestützter Buchführungssysteme – werden weder im Rahmen einer steuerlichen Außenprüfung noch im Rahmen einer verbindlichen Auskunft erteilt.

„Zertifikate“ oder „Testate“ Dritter können bei der Auswahl eines Softwareproduktes dem Unternehmen als Entscheidungskriterium dienen, entfalten jedoch aus den in Rz. 179 genannten Gründen gegenüber der Finanzbehörde keine Bindungswirkung.

13. Anwendungsregelung

Im Übrigen bleiben die Regelungen des BMF-Schreibens vom 1. Februar 1984 IV A 7 – S 0318 – 1/84, BStBl. I S. 155, unberührt.

Dieses BMF-Schreiben gilt für Veranlagungszeiträume, die nach dem 31. Dezember 2014 beginnen. Es tritt an die Stelle der BMF-Schreiben vom 7. November 1995 IV A 8 – S 0316 – 52/95 (BStBl. I S. 738) und vom 16. Juli 2001 IV D 2 – S 0316 – 136/01 (BStBl. I S. 415), das durch BMF-Schreiben vom 14. September 2012 IV A 4 – S 0316/12/10001 (BStBl. I S. 930) geändert wurde.

Anlage

Ergänzende Informationen zur Datenträgerüberlassung

Die „Grundsätze zur ordnungsmäßigen Führung und Aufbewahrung von Büchern, Aufzeichnungen und Unterlagen in elektronischer Form sowie zum Datenzugriff (GoBD)" vom 14. November 2014 sehen vor, dass im Rahmen einer Außenprüfung auf Verlangen der Finanzverwaltung – neben den aufzeichnungs- und aufbewahrungspflichtigen Daten – auch alle zur Auswertung der Daten notwendigen Strukturinformationen in maschinell auswertbarer Form durch das geprüfte Unternehmen bereit gestellt werden. Die angeforderten Strukturinformationen sind jedoch vor allem kleineren und mittleren Unternehmen häufig nicht bekannt.
Da gerade die Datenträgerüberlassung dem geprüften Unternehmen erhebliche Probleme bereiten kann, werden nachfolgende Informationen zur Datenträgerüberlassung als Hilfe bereitgestellt.

1. Beschreibungsstandard für die Datenträgerüberlassung

Die Finanzverwaltung hat mit Softwareherstellern sowie dem deutschen Vertrieb der bundeseinheitlichen Prüfsoftware der Finanzverwaltung „IDEA" (Firma Audicon GmbH) eine einheitliche, technische Bereitstellungshilfe zur Format- und Inhaltsbeschreibung der aufzeichnungs- und aufbewahrungspflichtigen Daten entwickelt.

Umfang, Struktur oder Bezeichnung der aufzeichnungs- und aufbewahrungspflichtigen Daten werden durch den Beschreibungsstandard nicht vorgegeben.

1.1. Beschreibungsstandard als technische Bereitstellungshilfe

Der Beschreibungsstandard für die Datenträgerüberlassung definiert die Datenimport-Schnittstelle zur automatisierten Übernahme aufzeichnungs- und aufbewahrungspflichtiger Daten einschließlich der zur maschinellen Auswertung erforderlichen Strukturinformationen und Verknüpfungen. Er ermöglicht Softwareherstellern und geprüften Unternehmen auf freiwilliger Basis eine problemlose Datenübergabe bei angeforderter Datenträgerüberlassung im Rahmen einer Außenprüfung.

1.2. Funktionsweise und Inhalt des XML-basierten Beschreibungsstandards

Um die unterschiedlichen Datenstrukturen verarbeiten zu können, muss das geprüfte Unternehmen oder ein beauftragter Dritter die aufzeichnungs- und aufbewahrungspflichtigen Daten weitgehend „denormalisiert" zur Verfügung stellen. Der Beschreibungsstandard legt das Dateiformat für diese Daten auf gängige Standardformate fest. Zusätzlich liefert der Beschreibungsstandard eine maschinell auswertbare Beschreibung der Daten, Datenformate und Verknüpfungen im XML-Format. Beides, aufzeichnungs- und aufbewahrungspflichtige Daten und Beschreibungsdaten, werden auf einem Datenträger oder auf mehreren gemeinsamen Datenträgern bereitgestellt.

1.3. Weiterführende Informationen zum Beschreibungsstandard

Die aktuelle technische Beschreibung kann bei der Firma Audicon GmbH (www.audicon.net) kostenlos angefordert werden. Sie beinhaltet insbesondere die technische Organisation des Beschreibungsstandards und eine Erläuterung der zugrunde liegenden DTD (Document Type Definition).

2. Digitale LohnSchnittstelle

Für den Bereich der Lohnsteuer-Außenprüfung hat die Finanzverwaltung die Digitale LohnSchnittstelle (DLS) erarbeitet.

Die DLS ist eine Datensatzbeschreibung für den standardisierten Datenexport aus dem Lohnabrechnungsprogramm des Arbeitgebers zur Übergabe an den Lohnsteuer-Außenprüfer. Sie soll eine einheitliche Strukturierung und Bezeichnung der nach § 41 EStG und § 4 LStDV im Lohnkonto aufzuzeichnenden Daten in Dateien und Datenfelder sicherstellen – unabhängig von dem Lohnabrechnungsprogramm des Arbeitgebers. Eine abschließende Definition und Aufzählung der aufzeichnungs- und aufbewahrungspflichtigen Daten sind mit der DLS nicht verbunden.

Mit BMF-Schreiben vom 29. Juni 2011 (BStBl I S. 675) wird die Anwendung der DLS in den Lohnabrechnungsprogrammen auf freiwilliger Basis und unter Berücksichtigung des Beschreibungsstandards (vgl. Tz. 1) empfohlen.

Die jeweils aktuelle Version der DLS steht mit weiteren Informationen auf der Internetseite des Bundeszentralamtes für Steuern unter www.bzst.bund.de zur Einsicht und zum Download bereit.

3. Weitere unterstützte Dateiformate der Prüfsoftware

Neben dem Beschreibungsstandard unterstützt die von der Finanzverwaltung eingesetzte Prüfsoftware IDEA folgende Dateiformate – sofern die zur Auswertung der Daten notwendigen Strukturinformationen gleichfalls in maschinell auswertbarer Form bereitgestellt werden und das Einlesen der Daten ohne Installation zusätzlicher Fremdsoftware möglich ist:

- ASCII feste Länge (zzgl. Information für Struktur und Datenelemente etc. in maschinell auswertbarer Form)
- ASCII Delimited (einschließlich kommagetrennter Werte, zzgl. Information für Struktur und Datenelemente etc. in maschinell auswertbarer Form)
- EBCDIC feste Länge (zzgl. Information für Struktur und Datenelemente etc. in maschinell auswertbarer Form)
- EBCDIC Dateien mit variabler Länge (zzgl. Information für Struktur und Datenelemente etc. in maschinell auswertbarer Form)
- Excel (zzgl. Informationen für Struktur und Datenelemente etc. in maschinell auswertbarer Form)
- Access (nur Dateien im mdb-Format / Dateien im accdb-Format werden nicht unterstützt, zzgl. Informationen für Struktur und Datenelemente etc. in maschinell auswertbarer Form)
- dBASE (zzgl. Informationen für Struktur und Datenelemente etc. in maschinell auswertbarer Form)
- Lotus 123 (zzgl. Informationen für Struktur und Datenelemente etc. in maschinell auswertbarer Form)
- ASCII-Druckdateien (zzgl. Info für Struktur und Datenelemente etc. in maschinell auswertbarer Form)
- Dateien von SAP/AIS (zzgl. Informationen für Struktur und Datenelemente etc. in maschinell auswertbarer Form)
- Konvertieren von AS/400 Datensatzbeschreibungen (FDF-Dateien erstellt von PC Support/400) in RDE-Datensatzbeschreibungen (zzgl. Informationen für Struktur und Datenelemente etc. in maschinell auswertbarer Form).

Des Weiteren ist bei passwortgeschützten Dateien erforderlich, das Kennwort anzugeben. Nicht erkennbare Dateiformate müssen in lesbare Formate konvertiert werden.

Werden die Daten aus einer Tabellenkalkulation angeliefert, sollten in den Tabellen nur die reinen Daten und keine leeren Zeilen, Zwischensummenzeilen oder Summenzeilen enthalten sein. Die Felder sollten entsprechend dem Feldtyp formatiert werden und in der ersten Zeile einen entsprechenden Feldnamen enthalten. Verknüpfungen sollten als eindeutige Schlüsselfelder mitgeliefert werden.

Für eine maschinelle Auswertbarkeit ist die Verwendung eindeutiger Feld- und Datensatztrennkriterien erforderlich (so darf zum Beispiel das Feldtrennzeichen nicht als Feldinhalt verwandt werden).

Dieses Schreiben ersetzt das Schreiben vom 15. August 2002.

26. Verordnung (EU) Nr. 524/2013 des Europäischen Parlaments und des Rates vom 21. Mai 2013 über die Online-Beilegung verbraucherrechtlicher Streitigkeiten und zur Änderung der Verordnung (EG) Nr. 2006/2004 und der Richtlinie 2009/22/EG (Verordnung über Online-Streitbeilegung in Verbraucherangelegenheiten) [1][2]

(ABl. Nr. L 165 S. 1)

Celex-Nr. 3 2013 R 0524

KAPITEL I. ALLGEMEINE BESTIMMUNGEN

Art. 1 Gegenstand. Der Zweck dieser Verordnung ist es, durch Erreichen eines hohen Verbraucherschutzniveaus zum reibungslosen Funktionieren des Binnenmarktes, insbesondere seiner digitalen Dimension, beizutragen, indem eine Europäische OS-Plattform (im Folgenden „OS-Plattform") eingerichtet wird, die eine unabhängige, unparteiische, transparente, effektive, schnelle und faire außergerichtliche Online-Beilegung von Streitigkeiten zwischen Verbrauchern und Unternehmern ermöglicht.

Art. 2 Geltungsbereich. (1) Diese Verordnung gilt für die außergerichtliche Beilegung von Streitigkeiten über vertragliche Verpflichtungen aus Online-Kaufverträgen oder Online-Dienstleistungsverträgen zwischen einem in der Union wohnhaften Verbraucher und einem in der Union niedergelassenen Unternehmer, die durch Einschalten einer in einer Liste gemäß Artikel 20 Absatz 2 der Richtlinie 2013/11/EU geführten AS-Stelle und unter Nutzung der OS-Plattform erfolgt.

(2) Diese Verordnung gilt für die außergerichtliche Beilegung von Streitigkeiten im Sinne des Absatzes 1 dieses Artikels, bei denen ein Unternehmer gegen einen Verbraucher vorgeht, sofern die Beilegung von Streitigkeiten durch Einschalten einer AS-Stelle nach den Rechtsvorschriften des Mitgliedstaats, in dem der Verbraucher seinen gewöhnlichen Aufenthalt hat, zulässig ist.

(3) [1]Die Mitgliedstaaten teilen der Kommission mit, ob die Beilegung von Streitigkeiten im Sinne des Absatzes 1, bei denen ein Unternehmer gegen einen Verbraucher vorgeht, durch Einschalten einer AS-Stelle nach ihren

---

[1] Gem. Art. 22. Abs. 2 gilt diese VO ab dem 9. Januar 2016; ausgenommen sind die folgenden Bestimmungen:
- Art. 2 Abs. 3 und Art. 7 Abs. 1 und 5, die ab 9. Juli 2015 gelten;
- Art. 5 Abs. 1 und 7, Art. 6, Art. 7 Abs. 7, Art. 8 Abs. 3 und 4 und Art. 11, 16 und 17, die ab 8. Juli 2013 gelten.

[2] Siehe hierzu die DurchführungsVO (EU) 2015/1051 über die Modalitäten für die Ausübung der Funktionen der Plattform zur Online-Streitbeilegung, über die Modalitäten des elektronischen Beschwerdeformulars und die Modalitäten der Zusammenarbeit der Kontaktstellen gemäß der VO (EU) Nr. 524/2013 v. 1.7.2015 (ABl. Nr. L 171 S. 1).

Rechtsvorschriften zulässig ist oder nicht. [2]Bei Übermittlung der Liste gemäß Artikel 20 Absatz 2 der Richtlinie 2013/11/EU teilen die zuständigen Behörden der Kommission mit, welche AS-Stellen solche Streitigkeiten bearbeiten.

(4) Die Anwendung dieser Verordnung auf Streitigkeiten im Sinne des Absatzes 1, bei denen ein Unternehmer gegen einen Verbraucher vorgeht, verpflichtet die Mitgliedstaaten in keiner Weise dazu sicherzustellen, dass die AS-Stellen Verfahren für die außergerichtliche Beilegung solcher Streitigkeiten anbieten.

Art. 3 Verhältnis zu anderen Rechtsakten der Europäischen Union. Die Richtlinie 2008/52/EG wird durch diese Verordnung nicht berührt.

Art. 4 Begriffsbestimmungen. (1) Für die Zwecke dieser Verordnung bezeichnet der Ausdruck

a) „Verbraucher" einen Verbraucher im Sinne des Artikels 4 Absatz 1 Buchstabe a der Richtlinie 2013/11/EU;

b) „Unternehmer" einen Unternehmer im Sinne des Artikels 4 Absatz 1 Buchstabe b der Richtlinie 2013/11/EU;

c) „Kaufvertrag" einen Kaufvertrag im Sinne des Artikels 4 Absatz 1 Buchstabe c der Richtlinie 2013/11/EU;

d) „Dienstleistungsvertrag" einen Dienstleistungsvertrag im Sinne des Artikels 4 Absatz 1 Buchstabe d der Richtlinie 2013/11/EU;

e) „Online-Kaufvertrag oder Online-Dienstleistungsvertrag" einen Kauf- oder Dienstleistungsvertrag, bei dem der Unternehmer oder der Vermittler des Unternehmers Waren oder Dienstleistungen über eine Website oder auf anderem elektronischen Wege angeboten hat und der Verbraucher diese Waren oder Dienstleistungen auf dieser Website oder auf anderem elektronischen Wege bestellt hat;

f) „Online-Marktplatz" einen Diensteanbieter im Sinne des Artikels 2 Buchstabe b der Richtlinie 2000/31/EG[1)] des Europäischen Parlaments und des Rates vom 8. Juni 2000 über bestimmte rechtliche Aspekte der Dienste der Informationsgesellschaft, insbesondere des elektronischen Geschäftsverkehrs, im Binnenmarkt („Richtlinie über den elektronischen Geschäftsverkehr")[2)], der es Verbrauchern und Unternehmern ermöglicht, auf der Website des Online-Marktplatzes Online-Kaufverträge und Online-Dienstleistungsverträge abzuschließen;

g) „auf elektronischem Wege" elektronische Verfahren zur Verarbeitung (einschließlich digitaler Kompression) und Speicherung von Daten, die vollständig über Kabel, Funk oder auf optischem oder anderem elektromagnetischem Wege gesendet, übermittelt und empfangen werden;

h) „Verfahren zur alternativen Streitbeilegung" (im Folgenden „AS-Verfahren") ein Verfahren zur außergerichtlichen Beilegung von Streitigkeiten im Sinne des Artikels 2 dieser Verordnung;

[1)] Nr. **17**.

[2)] **Amtl. Anm.:** ABl. L 178 vom 17.7.2000, S. 1.

i) „Stelle für alternative Streitbeilegung" (im Folgenden „AS-Stelle") eine AS-Stelle im Sinne des Artikels 4 Absatz 1 Buchstabe h der Richtlinie 2013/11/EU;

j) „Beschwerdeführer" den Verbraucher oder Unternehmer, der über die OS-Plattform eine Beschwerde eingereicht hat;

k) „Beschwerdegegner" den Verbraucher oder Unternehmer, gegen den über die OS-Plattform eine Beschwerde eingereicht wurde;

l) „zuständige Behörde" eine Behörde im Sinne des Artikels 4 Absatz 1 Buchstabe i der Richtlinie 2013/11/EU;

m) „personenbezogene Daten" alle Informationen über eine bestimmte oder bestimmbare natürliche Person (im Folgenden „betroffene Person"); als bestimmbar wird eine Person angesehen, die direkt oder indirekt identifiziert werden kann, insbesondere durch Zuordnung zu einer Kennnummer oder zu einem oder mehreren spezifischen Elementen, die Ausdruck ihrer physischen, physiologischen, psychischen, wirtschaftlichen, kulturellen oder sozialen Identität sind.

(2) Der Niederlassungsort des Unternehmers und der AS-Stelle werden gemäß Artikel 4 Absätze 2 und 3 der Richtlinie 2013/11/EU bestimmt.

KAPITEL II. OS-PLATTFORM

Art. 5 Einrichtung der OS-Plattform. (1) [1]Die Kommission entwickelt die OS-Plattform und ist für den Betrieb, einschließlich sämtlicher für die Zwecke dieser Verordnung erforderlichen Übersetzungsfunktionen, die Pflege, die Finanzierung und die Datensicherheit dieser Plattform zuständig. [2]Die OS-Plattform ist benutzerfreundlich. [3]Im Hinblick auf Entwicklung, Betrieb und Pflege der OS-Plattform wird darauf geachtet, dass der Schutz der Privatsphäre der Nutzer bereits bei der Planung berücksichtigt wird („eingebauter Datenschutz"), und dass sie möglichst für alle zugänglich ist und von allen genutzt werden kann, auch von schutzbedürftigen Personen („Design für alle").

(2) [1]Die OS-Plattform stellt eine zentrale Anlaufstelle für Verbraucher und Unternehmer dar, die Streitigkeiten, die in den Anwendungsbereich dieser Verordnung fallen, außergerichtlich beilegen möchten. [2]Sie ist eine interaktive Website, auf die in allen Amtssprachen der Organe der Europäischen Union elektronisch zugegriffen werden kann; ihre Nutzung ist kostenfrei.

(3) Die Kommission macht die OS-Plattform gegebenenfalls über ihre Websites, auf denen sie Informationen für die Bürger und Unternehmen der Union veröffentlicht, und insbesondere über das Portal „Ihr Europa", das sie gemäß dem Beschluss 2004/387/EG eingerichtet hat, zugänglich.

(4) Der OS-Plattform kommen folgende Funktionen zu:

a) Bereitstellung eines elektronischen Beschwerdeformulars, das vom Beschwerdeführer gemäß Artikel 8 ausgefüllt werden kann;

b) Unterrichtung des Beschwerdegegners über die Beschwerde;

c) Ermittlung der zuständigen AS-Stelle oder der zuständigen AS-Stellen und Übermittlung der Beschwerde an die AS-Stelle, auf die sich die Parteien gemäß Artikel 9 geeinigt haben;

d) kostenlose Bereitstellung eines elektronischen Fallbearbeitungsinstruments, das es den Parteien und der AS-Stelle ermöglicht, das Streitbeilegungsverfahren online über die OS-Plattform durchzuführen;

e) Versorgung der Parteien und der AS-Stelle mit Übersetzungen der Informationen, die für die Streitbeilegung erforderlich sind und über die OS-Plattform ausgetauscht werden;

f) Bereitstellung eines elektronischen Formulars, mithilfe dessen die AS-Stellen die in Artikel 10 Buchstabe c genannten Informationen übermitteln;

g) Bereitstellung eines Feedback-Systems, über das sich die Parteien zur Funktionsweise der OS-Plattform und der AS-Stelle, die ihre Streitigkeit bearbeitet hat, äußern können;

h) öffentlich zugänglich Machen

   i) allgemeiner Information über AS als eine Möglichkeit zur außergerichtlichen Beilegung von Streitigkeiten;

   ii) von Informationen zu den gemäß Artikel 20 Absatz 2 der Richtlinie 2013/11/EU in einer Liste geführten AS-Stellen, die für die Bearbeitung der von dieser Verordnung erfassten Streitigkeiten zuständig sind;

   iii) eines Online-Leitfadens für die Einreichung von Beschwerden über die OS-Plattform;

   iv) von Informationen, einschließlich Kontaktangaben, über die von den Mitgliedstaaten gemäß Artikel 7 Absatz 1 dieser Verordnung benannten OS-Kontaktstellen;

   v) statistischer Daten über den Ausgang der Streitigkeiten, die über die OS-Plattform an die AS-Stellen weitergeleitet wurden.

(5) Die Kommission stellt sicher, dass die in Absatz 4 Buchstabe h genannten Informationen richtig, aktuell, eindeutig, verständlich und leicht zugänglich sind.

(6) AS-Stellen, die gemäß Artikel 20 Absatz 2 der Richtlinie 2013/11/EU in einer Liste geführt werden und für die Bearbeitung der von dieser Verordnung erfassten Streitigkeiten zuständig sind, werden elektronisch bei der OS-Plattform angemeldet.

(7) [1] Die Kommission erlässt im Wege von Durchführungsrechtsakten Maßnahmen in Bezug auf die Modalitäten der Ausübung der in Absatz 4 dieses Artikels genannten Aufgaben. [2] Die Annahme dieser Durchführungsrechtsakte erfolgt gemäß dem Prüfverfahren nach Artikel 16 Absatz 3 dieser Verordnung.

Art. 6 Test der OS-Plattform. (1) [1] Die Kommission testet bis zum 9. Januar 2015 die technische Funktionalität und die Benutzerfreundlichkeit der OS-Plattform und des Beschwerdeformulars, auch im Hinblick auf die Übersetzung. [2] Der Test wird in Zusammenarbeit mit Sachverständigen der Mitgliedstaaten für OS sowie mit Vertretern der Verbraucher und Unternehmer durchgeführt und bewertet. [3] Die Kommission unterbreitet dem Europäischen Parlament und dem Rat einen Bericht über die Ergebnisse des Tests und ergreift gegebenenfalls geeignete Maßnahmen zur Behebung von Problemen, um das effektive Funktionieren der OS-Plattform sicherzustellen.

(2) In dem Bericht nach Absatz 1 dieses Artikels legt die Kommission zudem dar, welche technischen und organisatorischen Maßnahmen sie zu ergreifen

gedenkt, um sicherzustellen, dass die OS-Plattform die Datenschutzbestimmungen der Verordnung (EG) Nr. 45/2001 erfüllt.

Art. 7 Netz der Kontaktstellen für die OS. (1) [1]Jeder Mitgliedstaat benennt eine OS-Kontaktstelle und teilt der Kommission deren Bezeichnung und Kontaktangaben mit. [2]Die Mitgliedstaaten können die Zuständigkeit für die OS-Kontaktstellen ihren Zentren des Europäischen Netzes der Verbraucherzentren, Verbraucherverbänden oder jeder anderen Einrichtung übertragen. [3]In jeder OS-Kontaktstelle sind mindestens zwei Online-Streitbeilegungsberater tätig.

(2) Die OS-Kontaktstellen unterstützen die Beilegung der Streitigkeiten im Zusammenhang mit Beschwerden, die über die OS-Plattform eingereicht werden, indem sie

a) auf Verlangen die Kommunikation zwischen den Parteien und der zuständigen AS-Stelle erleichtern, wozu insbesondere Folgendes gehören kann:
   i) Hilfe bei der Einreichung der Beschwerde und gegebenenfalls der einschlägigen Unterlagen;
   ii) Versorgung der Parteien und AS-Stellen mit allgemeinen Informationen über die Rechte der Verbraucher in Bezug auf die Kauf- und Dienstleistungsverträge, die in dem Mitgliedstaat der OS-Kontaktstelle, bei der der betreffende OS-Berater tätig ist, gelten;
   iii) Bereitstellung von Informationen zur Funktionsweise der OS-Plattform;
   iv) Erläuterungen für die Parteien zu den von den ermittelten AS-Stellen angewandten Verfahrensregeln;
   v) Information des Beschwerdeführers über andere Möglichkeiten des Rechtschutzes, wenn eine Streitbeilegung über die OS-Plattform nicht möglich ist;

b) alle zwei Jahre Übermittlung eines auf Grundlage der in Ausübung ihrer Aufgaben erworbenen praktischen Erfahrungen erstellten Tätigkeitsberichts an die Kommission und die Mitgliedstaaten.

(3) Die OS-Kontaktstelle ist nicht verpflichtet, die in Absatz 2 aufgeführten Aufgaben auszuführen, wenn die Parteien ihren gewöhnlichen Aufenthalt im selben Mitgliedstaat haben.

(4) Unbeschadet des Absatzes 3 können die Mitgliedstaaten in Anbetracht der nationalen Gegebenheiten beschließen, dass die OS-Kontaktstelle auch dann eine oder mehrere der in Absatz 2 aufgeführten Aufgaben ausführt, wenn die Parteien ihren gewöhnlichen Aufenthalt im selben Mitgliedstaat haben.

(5) Die Kommission richtet ein Netz von Kontaktstellen (im Folgenden „OS-Kontaktstellennetz") ein, das eine Zusammenarbeit der Kontaktstellen ermöglicht und zur Erfüllung der in Absatz 2 aufgeführten Aufgaben beiträgt.

(6) Mindestens zweimal im Jahr beruft die Kommission eine Versammlung der Mitglieder des OS-Kontaktstellennetzes ein, um einen Austausch bewährter Verfahren und eine Erörterung wiederkehrender Probleme beim Betrieb der OS-Plattform zu ermöglichen.

(7) [1]Die Kommission legt im Wege von Durchführungsrechtsakten Regeln in Bezug auf die Modalitäten der Zusammenarbeit der OS-Kontaktstellen

untereinander fest. 2 Die Annahme dieser Durchführungsrechtsakte erfolgt gemäß dem Prüfverfahren nach Artikel 16 Absatz 3.

Art. 8 Einreichen einer Beschwerde. (1) 1 Um eine Beschwerde auf der OS-Plattform einzureichen, füllt der Beschwerdeführer das elektronische Beschwerdeformular aus. 2 Das Beschwerdeformular ist benutzerfreundlich und über die OS-Plattform leicht zugänglich.

(2) 1 Die Angaben des Beschwerdeführers müssen zur Ermittlung der zuständigen AS-Stelle ausreichen. 2 Diese Angaben sind im Anhang dieser Verordnung aufgelistet. 3 Der Beschwerdeführer kann Dokumente beifügen, die seine Beschwerde unterstützen.

(3) Um den Kriterien Rechnung zu tragen, nach denen AS-Stellen, die gemäß Artikel 20 Absatz 2 der Richtlinie 2013/11/EU in einer Liste geführt sind und die für die Bearbeitung der von dieser Verordnung erfassten Streitigkeiten zuständig sind, ihren jeweiligen Zuständigkeitsbereich definieren, wird die Kommission ermächtigt, delegierte Rechtsakte gemäß Artikel 17 dieser Verordnung zu erlassen, um die im Anhang dieser Verordnung aufgeführten Informationen anzupassen.

(4) 1 Die Kommission legt die Regeln bezüglich der Einzelheiten des elektronischen Beschwerdeformulars mittels Durchführungsrechtsakten fest. 2 Die Annahme dieser Durchführungsrechtsakte erfolgt gemäß dem Beratungsverfahren nach Artikel 16 Absatz 2.

(5) Über das elektronische Beschwerdeformular und seine Anlagen werden nur Daten verarbeitet, die richtig und zweckdienlich sind und nicht über den Zweck hinausgehen, für den sie erhoben werden.

Art. 9 Bearbeitung und Übermittlung einer Beschwerde. (1) Eine über die OS-Plattform eingereichte Beschwerde wird bearbeitet, wenn alle notwendigen Felder des Beschwerdeformulars vollständig ausgefüllt wurden.

(2) Wurde das Beschwerdeformular nicht vollständig ausgefüllt, so wird dem Beschwerdeführer mitgeteilt, dass seine Beschwerde erst dann weiterbearbeitet werden kann, wenn er die fehlenden Informationen nachgereicht hat.

(3) Nach Eingang eines vollständig ausgefüllten Beschwerdeformulars übermittelt die OS-Plattform in leicht zugänglicher Weise und unverzüglich dem Beschwerdegegner in der von ihm gewählten Amtssprache der Organe der Union die Beschwerde sowie Folgendes:

a) die Information, dass sich die Parteien auf eine zuständige AS-Stelle einigen müssen, damit die Beschwerde an diese weitergeleitet werden kann, und dass die Beschwerde nicht weiter bearbeitet wird, falls sich die Parteien nicht einigen oder keine zuständige AS-Stelle ermittelt werden kann;

b) Informationen über die AS-Stelle oder AS-Stellen, die für die Beschwerde zuständig ist oder sind, falls AS-Stellen im elektronischen Beschwerdeformular angegeben sind oder von der OS-Plattform auf Grundlage der darin enthaltenen Informationen ermittelt wurden;

c) falls es sich beim Beschwerdegegner um einen Unternehmer handelt, eine Aufforderung, innerhalb von zehn Kalendertagen anzugeben,

– ob der Unternehmer sich verpflichtet hat oder verpflichtet ist, eine bestimmte AS-Stelle für die Beilegung von Streitigkeiten mit Verbrauchern zu nutzen, und
– ob der Unternehmer bereit ist, eine AS-Stelle aus den unter Buchstabe b aufgeführten AS-Stellen zu nutzen, es sei denn, er ist verpflichtet, eine bestimmte *AS-Stelle nutzen*[1];

d) falls es sich bei dem Beschwerdegegner um einen Verbraucher handelt und der Unternehmer verpflichtet ist, eine bestimmte AS-Stelle zu nutzen, eine Aufforderung, sich innerhalb von zehn Kalendertagen mit dieser AS-Stelle einverstanden zu erklären, oder falls der Unternehmer nicht verpflichtet ist, eine bestimmte AS-Stelle zu nutzen, eine Aufforderung, eine oder mehrere AS-Stellen aus den unter Buchstabe b aufgeführten auszuwählen;

e) Name und Kontaktangaben der OS-Kontaktstelle in dem Mitgliedstaat, in dem der Beschwerdegegner seine Niederlassung oder seinen Wohnsitz hat, sowie eine kurze Beschreibung der in Artikel 7 Absatz 2 Buchstabe a genannten Aufgaben.

(4) Nach Eingang der in Absatz 3 Buchstabe c oder d genannten Informationen des Beschwerdegegners teilt die OS-Plattform dem Beschwerdeführer in der von ihm gewählten Amtssprache der Organe der Union leicht verständlich und unverzüglich Folgendes mit:

a) die in Absatz 3 Buchstabe a genannten Informationen,

b) falls es sich bei dem Beschwerdeführer um einen Verbraucher handelt, Informationen über die AS-Stelle oder die AS-Stellen, die der Unternehmer gemäß Absatz 3 Buchstabe c angegeben hat, und eine Aufforderung, sich innerhalb von zehn Kalendertagen mit einer AS-Stelle einverstanden zu erklären;

c) falls es sich bei dem Beschwerdeführer um einen Unternehmer handelt und der Unternehmer nicht verpflichtet ist, eine bestimmte AS-Stelle zu nutzen, Informationen über die AS-Stelle oder die AS-Stellen, die der Verbraucher gemäß Absatz 3 Buchstabe d angegeben hat, und eine Aufforderung, sich innerhalb von zehn Kalendertagen mit einer AS-Stelle einverstanden zu erklären;

d) Name und Kontaktangaben der OS-Kontaktstelle in dem Mitgliedstaat, in dem der Beschwerdeführer seine Niederlassung oder seinen Wohnsitz hat, sowie eine kurze Beschreibung der in Artikel 7 Absatz 2 Buchstabe a genannten Aufgaben.

(5) Die in Absatz 3 Buchstabe b und Absatz 4 Buchstaben b und c genannten Informationen enthalten folgende Angaben zu jeder AS-Stelle:

a) Name, Kontaktangaben und Website-Adresse der AS-Stelle;

b) die gegebenenfalls für das AS-Verfahren anfallenden Gebühren;

c) Sprache oder Sprachen, in der/denen das AS-Verfahren durchgeführt werden kann;

d) die durchschnittliche Dauer des AS-Verfahrens;

---

[1] Richtig wohl: „AS-Stelle zu nutzen".

e) die Verbindlichkeit oder Unverbindlichkeit des Ergebnisses des AS-Verfahrens;

f) die Gründe, aus denen die AS-Stelle die Bearbeitung einer bestimmten Streitigkeit gemäß Artikel 5 Absatz 4 der Richtlinie 2013/11/EU ablehnen kann.

(6) Die OS-Plattform leitet die Beschwerde automatisch und unverzüglich an die AS-Stelle weiter, auf die sich die Parteien gemäß den Absätzen 3 und 4 geeinigt haben.

(7) [1]Die AS-Stelle, an die die Beschwerde weitergeleitet wurde, teilt den Parteien unverzüglich mit, ob sie die Bearbeitung der Streitigkeit nach Artikel 5 Absatz 4 der Richtlinie 2013/11/EU übernimmt oder ablehnt. [2]Die AS-Stelle, die die Bearbeitung der Streitigkeit übernommen hat, unterrichtet die Parteien zudem über ihre Verfahrensregeln und gegebenenfalls über die Kosten des betreffenden Streitbeilegungsverfahrens.

(8) [1]Können sich die Parteien nicht innerhalb von 30 Kalendertagen nach Einreichung des Beschwerdeformulars auf eine AS-Stelle einigen oder lehnt die AS-Stelle die Bearbeitung der Streitigkeit ab, so wird die Beschwerde nicht weiter bearbeitet. [2]Der Beschwerdeführer wird darüber informiert, dass er sich an einen OS-Berater wenden kann, um allgemeine Informationen über andere Möglichkeiten des Rechtsschutzes zu erhalten.

Art. 10 Beilegung der Streitigkeit. Eine AS-Stelle, die die Bearbeitung einer Streitigkeit gemäß Artikel 9 dieser Verordnung übernommen hat,

a) schließt das AS-Verfahren innerhalb der in Artikel 8 Buchstabe e der Richtlinie 2013/11/EU genannten Frist ab;

b) verlangt nicht die persönliche Anwesenheit der Parteien oder ihrer Vertreter, es sei denn, ihre Verfahrensregeln sehen diese Möglichkeit vor und die Parteien stimmen zu;

c) übermittelt unverzüglich folgende Angaben an die OS-Plattform:
   i) das Datum des Eingangs der Beschwerdeakte,
   ii) den Streitgegenstand,
   iii) das Datum des Abschlusses des AS-Verfahrens,
   iv) das Ergebnis des AS-Verfahrens;

d) ist nicht verpflichtet, das AS-Verfahren über die OS-Plattform durchzuführen.

Art. 11 Datenbank. Die Kommission trifft die erforderlichen Maßnahmen zur Einrichtung und Pflege einer elektronischen Datenbank, in der die gemäß Artikel 5 Absatz 4 und Artikel 10 Buchstabe c verarbeiteten Daten gespeichert werden, wobei sie Artikel 13 Absatz 2 gebührend Rechnung trägt.

Art. 12 Verarbeitung personenbezogener Daten. (1) [1]Zugang zu den erforderlichen Informationen im Zusammenhang mit einer Streitigkeit, einschließlich personenbezogener Daten, die in der in Artikel 11 genannten Datenbank gespeichert sind, wird ausschließlich der AS-Stelle gewährt, an die die Streitigkeit gemäß Artikel 9 weitergeleitet wurde, und zwar zu den in Artikel 10 genannten Zwecken. [2]Den OS-Kontaktstellen wird ebenfalls soweit erforderlich Zugang zu diesen Informationen gewährt, und zwar zu den in Artikel 7 Absätze 2 und 4 genannten Zwecken.

(2) [1] Die Kommission hat zum Zweck der Überwachung der Verwendung und der Funktionsweise der OS-Plattform sowie der Erstellung der in Artikel 21 genannten Berichte Zugang zu den gemäß Artikel 10 verarbeiteten Daten. [2] Sie verarbeitet die personenbezogenen Daten der Nutzer der OS-Plattform nur, soweit dies für den Betrieb und die Pflege der OS-Plattform – einschließlich der Überwachung der Nutzung der OS-Plattform durch die AS-Stellen und die OS-Kontaktstellen – erforderlich ist.

(3) [1] Personenbezogene Daten im Zusammenhang mit einer Streitigkeit werden in der in Absatz 1 dieses Artikels genannten Datenbank nur so lange gespeichert, wie dies erforderlich ist, um die Zwecke, zu denen sie erhoben wurden, zu erreichen und um sicherzustellen, dass die betreffenden Personen Zugang zu den Daten haben und ihre diesbezüglichen Rechte ausüben können; danach werden die Daten automatisch gelöscht, und zwar spätestens sechs Monate nach Abschluss der Streitigkeit, dessen Datum der OS-Plattform gemäß Artikel 10 Buchstabe c Ziffer iii mitgeteilt wurde. [2] Diese Speicherfrist gilt auch für personenbezogene Daten, die in den nationalen Akten der AS-Stelle oder der OS-Kontaktstelle, die die Streitigkeit bearbeitet hat, erfasst wurden, es sei denn, in den von der AS-Stelle angewendeten Verfahrensregeln oder in besonderen nationalen Rechtsvorschriften ist eine längere Speicherfrist vorgesehen.

(4) Jeder OS-Berater gilt hinsichtlich der eigenen Datenverarbeitungstätigkeit im Rahmen dieser Verordnung als für die Verarbeitung Verantwortlicher im Sinne des Artikels 2 Buchstabe d der Richtlinie 95/46/EG und stellt sicher, dass diese Tätigkeit unter Beachtung der nationalen Rechtsvorschriften stattfindet, die in dem Mitgliedstaat der OS-Kontaktstelle, bei der der betreffende OS-Berater tätig ist, gemäß der Richtlinie 95/46/EG erlassen wurden.

(5) Jede AS-Stelle gilt hinsichtlich der eigenen Datenverarbeitungstätigkeit im Rahmen dieser Verordnung als für die Verarbeitung Verantwortliche im Sinne des Artikels 2 Buchstabe d der Richtlinie 95/46/EG und stellt sicher, dass diese Tätigkeit unter Beachtung der nationalen Rechtsvorschriften stattfindet, die in dem Mitgliedstaat, in dem sie eingerichtet ist, gemäß der Richtlinie 95/46/EG erlassen wurden.

(6) Die Kommission gilt hinsichtlich ihrer Pflichten im Rahmen dieser Verordnung und der damit verbundenen Verarbeitung personenbezogener Daten als für die Verarbeitung Verantwortliche im Sinne von Artikel 2 Buchstabe d der Verordnung (EG) Nr. 45/2001.

Art. 13 Vertraulichkeit und Sicherheit der Daten. (1) Die OS-Kontaktstellen unterliegen der beruflichen Geheimhaltungspflicht oder gleichwertigen Verpflichtungen zur Vertraulichkeit gemäß den Rechtsvorschriften des betreffenden Mitgliedstaats.

(2) Die Kommission trifft technische und organisatorische Maßnahmen gemäß Artikel 22 der Verordnung (EG) Nr. 45/2001, die geeignet sind, die Sicherheit der im Rahmen dieser Verordnung verarbeiteten Daten sicherzustellen, einschließlich einer geeigneten Überwachung des Datenzugangs, eines Sicherheitsplans und der Behandlung von Sicherheitsvorfällen.

Art. 14 Information der Verbraucher. (1) [1]In der Union niedergelassene Unternehmer, die Online-Kaufverträge oder Online-Dienstleistungsverträge eingehen, und in der Union niedergelassene Online-Marktplätze stellen auf ihren Websites einen Link zur OS-Plattform ein. [2]Dieser Link muss für Verbraucher leicht zugänglich sein. [3]In der Union niedergelassene Unternehmer, die Online-Kaufverträge oder Online-Dienstleistungsverträge eingehen, geben zudem ihre E-Mail-Adressen an.

(2) [1]In der Union niedergelassene Unternehmer, die Online-Kaufverträge oder Online-Dienstleistungsverträge eingehen und sich verpflichtet haben oder verpflichtet sind, eine oder mehrere AS-Stellen für die Beilegung von Streitigkeiten mit Verbrauchern zu nutzen, informieren die Verbraucher über die Existenz der OS-Plattform und die Möglichkeit, diese für die Beilegung ihrer Streitigkeiten zu nutzen. [2]Sie stellen auf ihren Websites sowie, falls das Angebot über E-Mail erfolgt, in dieser E-Mail einen Link zu der OS-Plattform ein. [3]Diese Informationen sind gegebenenfalls auch in die allgemeinen Geschäftsbedingungen für Online-Kaufverträge oder Online-Dienstleistungsverträge aufzunehmen.

(3) Absätze 1 und 2 dieses Artikels gelten unbeschadet des Artikels 13 der Richtlinie 2013/11/EU und der in anderen Rechtsakten der Union enthaltenen Bestimmungen über die Information der Verbraucher über außergerichtliche Rechtsbehelfsverfahren, die zusätzlich zu diesem Artikel gelten.

(4) Die in Artikel 20 Absatz 5 der Richtlinie 2013/11/EU genannte Liste der AS-Stellen und ihre aktualisierten Fassungen werden auf der OS-Plattform veröffentlicht.

(5) Die Mitgliedstaaten sorgen dafür, dass AS-Stellen, die Zentren des Europäischen Netzes der Verbraucherzentren, die zuständigen Behörden im Sinne des Artikels 18 Absatz 1 der Richtlinie 2013/11/EU und gegebenenfalls die gemäß Artikel 14 Absatz 2 der Richtlinie 2013/11/EU bezeichneten Einrichtungen auf ihren Websites einen Link zu der OS-Plattform einstellen.

(6) Die Mitgliedstaaten empfehlen den einschlägigen Verbraucher- und Wirtschaftsverbänden, auf ihren Websites einen Link zu der OS-Plattform einzustellen.

(7) Unternehmer, die verpflichtet sind, Informationen gemäß den Absätzen 1 und 2 und den in Absatz 3 genannten Bestimmungen zu veröffentlichen, veröffentlichen diese Informationen möglichst gebündelt.

Art. 15 Rolle der zuständigen Behörden. Die zuständige Behörde des jeweiligen Mitgliedstaats beurteilt, ob die in diesem Mitgliedstaat eingerichteten AS-Stellen die in dieser Verordnung festgelegten Verpflichtungen erfüllen.

KAPITEL III. SCHLUSSBESTIMMUNGEN

Art. 16 Ausschussverfahren. (1) [1]Die Kommission wird von einem Ausschuss unterstützt. [2]Dabei handelt es sich um einen Ausschuss im Sinne der Verordnung (EU) Nr. 182/2011.

(2) Wird auf diesen Absatz Bezug genommen, so gilt Artikel 4 der Verordnung (EU) Nr. 182/2011.

(3) Wird auf diesen Absatz Bezug genommen, so gilt Artikel 5 der Verordnung (EU) Nr. 182/2011.

(4) Wird die Stellungnahme des Ausschusses gemäß den Absätzen 2 und 3 im schriftlichen Verfahren eingeholt, so wird das Verfahren ohne Ergebnis abgeschlossen, wenn der Vorsitz des Ausschusses dies innerhalb der Frist für die Abgabe der Stellungnahme beschließt oder eine einfache Mehrheit der Ausschussmitglieder dies verlangt.

Art. 17 Ausübung der Befugnisübertragung. (1) Die Befugnis zum Erlass delegierter Rechtsakte wird der Kommission unter den in diesem Artikel festgelegten Bedingungen übertragen.

(2) Die Befugnis zum Erlass delegierter Rechtsakte gemäß Artikel 8 Absatz 3 wird der Kommission auf unbestimmte Zeit ab dem 8. Juli 2013 übertragen.

(3) [1] Die Befugnisübertragung gemäß Artikel 8 Absatz 3 kann vom Europäischen Parlament oder vom Rat jederzeit widerrufen werden. [2] Der Beschluss über den Widerruf beendet die Übertragung der in diesem Beschluss angegebenen Befugnis. [3] Er wird am Tag nach seiner Veröffentlichung im *Amtsblatt der Europäischen Union* oder zu einem darin angegebenen späteren Zeitpunkt wirksam. [4] Die Gültigkeit von delegierten Rechtsakten, die bereits in Kraft sind, wird von dem Beschluss über den Widerruf nicht berührt.

(4) Sobald die Kommission einen delegierten Rechtsakt erlässt, übermittelt sie ihn gleichzeitig dem Europäischen Parlament und dem Rat.

(5) [1] Ein gemäß Artikel 8 Absatz 3 erlassener delegierter Rechtsakt tritt nur in Kraft, wenn weder das Europäische Parlament noch der Rat innerhalb einer Frist von zwei Monaten ab dem Tag der Übermittlung des Rechtsakts an das Europäische Parlament und den Rat Einwände erhoben haben oder wenn sowohl das Europäische Parlament als auch der Rat vor Ablauf dieser Frist der Kommission mitgeteilt haben, dass sie keine Einwände erheben werden. [2] Auf Initiative des Europäischen Parlaments oder des Rates wird diese Frist um zwei Monate verlängert.

Art. 18 Sanktionen. [1] Die Mitgliedstaaten legen fest, welche Sanktionen bei einem Verstoß gegen diese Verordnung zu verhängen sind, und treffen die zu deren Durchsetzung erforderlichen Maßnahmen. [2] Die vorgesehenen Sanktionen müssen wirksam, verhältnismäßig und abschreckend sein.

Art. 19 Änderung der Verordnung (EG) Nr. 2006/2004. *(hier nicht wiedergegeben)*

Art. 20 Änderung der Richtlinie 2009/22/EG. *(hier nicht wiedergegeben)*

Art. 21 Berichte. (1) Die Kommission erstattet dem Europäischen Parlament und dem Rat jährlich und erstmals ein Jahr nach Inbetriebnahme der OS-Plattform über die Funktionsweise dieser Plattform Bericht.

(2) [1] Bis zum 9. Juli 2018 und alle drei Jahre danach legt die Kommission dem Europäischen Parlament und dem Rat einen Bericht über die Anwendung dieser Verordnung vor, in dem sie insbesondere auch auf die Benutzerfreundlichkeit des Beschwerdeformulars und die eventuell erforderliche Anpassung

der im Anhang aufgeführten Informationen eingeht. [2]Diesem Bericht sind gegebenenfalls Vorschläge zur Anpassung der Verordnung beizufügen.

(3) Fallen die in den Absätzen 1 und 2 genannten Berichte im selben Jahr an, so wird nur ein einziger gemeinsamer Bericht vorgelegt.

Art. 22 Inkrafttreten. (1) Diese Verordnung tritt am zwanzigsten Tag nach ihrer Veröffentlichung im *Amtsblatt der Europäischen Union* in Kraft.

(2) Diese Verordnung gilt ab dem 9. Januar 2016; ausgenommen sind die folgenden Bestimmungen:

– Artikel 2 Absatz 3 und Artikel 7 Absätze 1 und 5, die ab 9. Juli 2015 gelten;
– Artikel 5 Absätze 1 und 7, Artikel 6, Artikel 7 Absatz 7, Artikel 8 Absätze 3 und 4 und Artikel 11, 16 und 17, die ab 8. Juli 2013 gelten.

Diese Verordnung ist in allen ihren Teilen verbindlich und gilt unmittelbar in jedem Mitgliedstaat.

Anhang.
Beim Einreichen einer Beschwerde anzugebende Informationen

1. Angabe, ob es sich bei dem Beschwerdeführer um einen Verbraucher oder einen Unternehmer handelt;
2. Name, E-Mail-Adresse und Anschrift des Verbrauchers;
3. Name, E-Mail-Adresse und Website-Adresse sowie Anschrift des Unternehmers;
4. gegebenenfalls Name, E-Mail-Adresse und Anschrift des Vertreters des Beschwerdeführers;
5. Sprache(n) des Beschwerdeführers oder gegebenenfalls seines Vertreters;
6. Sprache des Beschwerdegegners, sofern bekannt;
7. die Art der Waren oder Dienstleistungen, auf die sich die Beschwerde bezieht;
8. Angabe, ob das Angebot der Waren oder Dienstleistungen durch den Unternehmer und die Bestellung durch den Verbraucher über eine Website oder auf anderem elektronischen Wege erfolgt sind;
9. Preis der erworbenen Ware oder Dienstleistung;
10. Datum, an dem der Verbraucher die Ware oder die Dienstleistung erworben hat;
11. Angabe, ob der Verbraucher direkt Kontakt mit dem Unternehmer aufgenommen hat;
12. Angabe, ob die Streitigkeit zur Zeit von einer AS-Stelle oder einem Gericht behandelt wird oder bereits von einer AS-Stelle oder einem Gericht behandelt worden ist;
13. Art der Beschwerde;
14. Beschreibung der Beschwerde;
15. falls es sich bei dem Beschwerdeführer um einen Verbraucher handelt, Angabe der AS-Stellen, zu deren Einschaltung der Unternehmer gemäß Artikel 13 Absatz 1 der Richtlinie 2013/11/EU verpflichtet ist oder sich verpflichtet hat, sofern bekannt;
16. falls es sich bei dem Beschwerdeführer um einen Unternehmer handelt, Angabe der AS-Stellen, zu deren Einschaltung der Unternehmer sich verpflichtet hat oder verpflichtet ist.

27. Richtlinie (EU) 2019/770 des Europäischen Parlaments und des Rates vom 20. Mai 2019 über bestimmte vertragsrechtliche Aspekte der Bereitstellung digitaler Inhalte und digitaler Dienstleistungen

(Text von Bedeutung für den EWR)

(ABl. Nr. L 136 S. 1)

CELEX 3 2019 L 0770

Art. 1 Gegenstand und Zweck. Ziel dieser Richtlinie ist es, zum reibungslosen Funktionieren des Binnenmarktes beizutragen und dabei ein hohes Verbraucherschutzniveau herzustellen, indem gemeinsame Vorschriften über bestimmte Anforderungen an zwischen Unternehmern und Verbrauchern geschlossene Verträge über die Bereitstellung digitaler Inhalte oder digitaler Dienstleistungen festgelegt werden, insbesondere die Regelungen über

– die Vertragsmäßigkeit digitaler Inhalte oder digitaler Dienstleistungen,
– die Abhilfen bei Vertragswidrigkeit oder nicht erfolgter Bereitstellung und die Art und Weise der Inanspruchnahme dieser Abhilfen, und
– die Änderung digitaler Inhalte oder digitaler Dienstleistungen.

Art. 2 Begriffsbestimmungen. Im Sinne dieser Richtlinie bezeichnet der Ausdruck

1. „digitale Inhalte" Daten, die in digitaler Form erstellt und bereitgestellt werden;
2. „digitale Dienstleistungen"
   a) Dienstleistungen, die dem Verbraucher die Erstellung, Verarbeitung oder Speicherung von Daten in digitaler Form oder den Zugang zu solchen Daten ermöglichen, oder
   b) Dienstleistungen, die die gemeinsame Nutzung der vom Verbraucher oder von anderen Nutzern der entsprechenden Dienstleistung in digitaler Form hochgeladenen oder erstellten Daten oder sonstige Interaktionen mit diesen Daten ermöglichen;
3. „Waren mit digitalen Elementen" bewegliche körperliche Gegenstände, die in einer Weise digitale Inhalte oder digitale Dienstleistungen enthalten oder mit ihnen verbunden sind, dass die Waren ihre Funktionen ohne diese digitalen Inhalte oder digitalen Dienstleistungen nicht erfüllen könnten;
4. „Integration" die Verbindung und die Einbindung von digitalen Inhalten oder digitalen Dienstleistungen mit den bzw. in die Komponenten der digitalen Umgebung des Verbrauchers, damit die digitalen Inhalte oder digitalen Dienstleistungen gemäß den in dieser Richtlinie festgelegten Anforderungen an die Vertragsmäßigkeit genutzt werden können;
5. „Unternehmer" jede natürliche oder juristische Person, unabhängig davon, ob letztere öffentlicher oder privater Natur ist, die in Bezug auf von dieser Richtlinie erfasste Verträge selbst oder durch eine andere Person, die in

ihrem Namen oder Auftrag handelt, zu Zwecken handelt, die innerhalb ihrer gewerblichen, geschäftlichen, handwerklichen oder beruflichen Tätigkeit liegen;

6. „Verbraucher" jede natürliche Person, die in Bezug auf von dieser Richtlinie erfasste Verträge zu Zwecken handelt, die außerhalb ihrer gewerblichen, geschäftlichen, handwerklichen oder beruflichen Tätigkeit liegen;
7. „Preis" Geld oder eine digitale Darstellung eines Werts, das bzw. die im Austausch für die Bereitstellung digitaler Inhalte oder digitaler Dienstleistungen geschuldet wird;
8. „personenbezogene Daten" personenbezogene Daten im Sinne des Artikels 4 Nummer 1 der Verordnung (EU) 2016/679[1];
9. „digitale Umgebung" Hardware, Software und Netzverbindungen aller Art, die von dem Verbraucher für den Zugang zu oder die Nutzung von digitalen Inhalten oder digitalen Dienstleistungen verwendet werden;
10. „Kompatibilität" die Fähigkeit digitaler Inhalte oder digitaler Dienstleistungen, mit Hardware oder Software zu funktionieren, mit der digitale Inhalte oder digitale Dienstleistungen derselben Art in der Regel genutzt werden, ohne dass die digitalen Inhalte oder digitalen Dienstleistungen konvertiert werden müssen;
11. „Funktionalität" die Fähigkeit digitaler Inhalte oder digitaler Dienstleistungen, ihre Funktionen ihrem Zweck entsprechend zu erfüllen;
12. „Interoperabilität" die Fähigkeit digitaler Inhalte oder digitaler Dienstleistungen, mit anderer Hardware oder Software als derjenigen, mit der digitale Inhalte oder digitale Dienstleistungen derselben Art in der Regel genutzt werden, zu funktionieren;
13. „dauerhafter Datenträger" jedes Medium, das es dem Verbraucher oder dem Unternehmer gestattet, an ihn persönlich gerichtete Informationen derart zu speichern, dass er sie in der Folge für eine für die Zwecke der Informationen angemessene Dauer einsehen kann, und das die unveränderte Wiedergabe der gespeicherten Informationen ermöglicht.

Art. 3 Anwendungsbereich. (1) *[1]* Diese Richtlinie gilt für alle Verträge, auf deren Grundlage der Unternehmer dem Verbraucher digitale Inhalte oder digitale Dienstleistungen bereitstellt oder deren Bereitstellung zusagt und der Verbraucher einen Preis zahlt oder dessen Zahlung zusagt.

[2] Diese Richtlinie gilt auch, wenn der Unternehmer dem Verbraucher digitale Inhalte oder digitale Dienstleistungen bereitstellt oder deren Bereitstellung zusagt und der Verbraucher dem Unternehmer personenbezogene Daten bereitstellt oder deren Bereitstellung zusagt, außer in Fällen, in denen die vom Verbraucher bereitgestellten personenbezogenen Daten durch den Unternehmer ausschließlich zur Bereitstellung digitaler Inhalte oder digitaler Dienstleistungen im Einklang mit dieser Richtlinie oder zur Erfüllung von vom Unternehmer einzuhaltenden rechtlichen Anforderungen verarbeitet werden und der Unternehmer diese Daten zu keinen anderen Zwecken verarbeitet.

---

[1] Nr. **54**.

(2) Diese Richtlinie gilt auch, wenn die digitalen Inhalte oder digitalen Dienstleistungen nach den Spezifikationen des Verbrauchers entwickelt werden.

(3) Mit Ausnahme der Artikel 5 und 13 gilt diese Richtlinie auch für alle körperlichen Datenträger, die ausschließlich als Träger digitaler Inhalte dienen.

(4) [1] Diese Richtlinie gilt nicht für digitale Inhalte oder digitale Dienstleistungen, die im Sinne von Artikel 2 Nummer 3 in Waren enthalten oder mit ihnen verbunden sind und gemäß einem diese Waren betreffenden Kaufvertrag mit diesen Waren bereitgestellt werden, unabhängig davon, ob diese digitalen Inhalte oder digitalen Dienstleistungen vom Verkäufer oder von einem Dritten bereitgestellt werden. [2] Bestehen Zweifel, ob die Bereitstellung in einer Ware enthaltener oder mit ihr verbundener digitaler Inhalte oder in ihr enthaltener oder mit ihr verbundener digitaler Dienstleistungen Bestandteil des Kaufvertrags ist, so wird vermutet, dass die digitalen Inhalte oder digitalen Dienstleistungen vom Kaufvertrag umfasst sind.

(5) Diese Richtlinie gilt nicht für Verträge, die Folgendes zum Gegenstand haben:

a) die Erbringung von Dienstleistungen, die keine digitalen Dienstleistungen sind, unabhängig davon, ob der Unternehmer digitale Formen oder Mittel einsetzt, um das Ergebnis der Dienstleistung zu generieren oder es dem Verbraucher zu liefern oder zu übermitteln;

b) elektronische Kommunikationsdienste im Sinne des Artikels 2 Nummer 4 der Richtlinie (EU) 2018/1972, ausgenommen nummernunabhängige interpersonelle Kommunikationsdienste im Sinne des Artikels 2 Nummer 7 der genannten Richtlinie;

c) Gesundheitsdienstleistungen im Sinne des Artikels 3 Buchstabe a der Richtlinie 2011/24/EU;

d) elektronisch oder mit jeder anderen Technologie, die eine Kommunikation ermöglicht, und auf individuellen Abruf eines Empfängers erbrachte Glücksspieldienstleistungen, also Dienstleistungen, die bei Glücksspielen wie Lotterien, Kasinospielen, Pokerspielen und Wetten, einschließlich Spielen, die eine gewisse Geschicklichkeit voraussetzen, einen geldwerten Einsatz erfordern;

e) Finanzdienstleistungen im Sinne des Artikels 2 Buchstabe b der Richtlinie 2002/65/EG;

f) Software, die der Unternehmer im Rahmen einer freien und quelloffenen Lizenz anbietet, sofern der Verbraucher keinen Preis zahlt und die vom Verbraucher bereitgestellten personenbezogenen Daten durch den Unternehmer ausschließlich zur Verbesserung der Sicherheit, der Kompatibilität oder der Interoperabilität dieser speziellen Software verarbeitet;

g) die Bereitstellung digitaler Inhalte, wenn die digitalen Inhalte der Öffentlichkeit auf eine andere Weise als durch Signalübermittlung als Teil einer Darbietung oder Veranstaltung, wie einer digitalen Kinovorführung, zugänglich gemacht werden;

h) digitale Inhalte, die gemäß der Richtlinie 2003/98/EG des Europäischen Parlaments und des Rates[1] von öffentlichen Stellen der Mitgliedstaaten bereitgestellt werden.

(6) *[1]* Unbeschadet des Absatzes 4 dieses Artikels gilt diese Richtlinie bei einem einzigen Vertrag zwischen demselben Unternehmer und demselben Verbraucher, der in einem Paket neben der Bereitstellung digitaler Inhalte oder Dienstleistungen Elemente der Bereitstellung anderer Dienstleistungen oder Waren enthält, nur für die Elemente des Vertrags, die die digitalen Inhalte bzw. Dienstleistungen betreffen.

[2] Artikel 19 der vorliegenden Richtlinie gilt nicht, wenn ein Paket im Sinne der Richtlinie (EU) 2018/1972 Elemente eines Internetzugangsdienstes im Sinne des Artikels 2 Nummer 2 der Verordnung (EU) 2015/2120 des[2] Europäischen Parlaments und des Rates[3] oder nummerngebundener interpersoneller Kommunikationsdienste im Sinne des Artikels 2 Nummer 6 der Richtlinie (EU) 2018/1972 umfasst.

[3] Unbeschadet des Artikels 107 Absatz 2 der Richtlinie (EU) 2018/1972 werden die Auswirkungen, die die Beendigung eines Elements eines Paketvertrags auf die übrigen Elemente des Paketvertrags haben kann, vom nationalen Recht geregelt.

(7) Kollidiert eine Bestimmung dieser Richtlinie mit einer Bestimmung eines anderen Unionsrechtsakts, der einen bestimmten Sektor oder Gegenstand regelt, so hat die Bestimmung dieses anderen Unionsrechtsakts Vorrang vor dieser Richtlinie.

(8) *[1]* Das Unionsrecht betreffend den Schutz personenbezogener Daten gilt für alle personenbezogenen Daten, die im Zusammenhang mit Verträgen gemäß Absatz 1 verarbeitet werden.

[2] [1] Insbesondere lässt diese Richtlinie die Verordnung (EU) 2016/679[4] und die Richtlinie 2002/58/EG[5] unberührt. [2] Im Fall von Widersprüchen zwischen Bestimmungen dieser Richtlinie und dem Unionsrecht zum Schutz personenbezogener Daten ist letzteres maßgeblich.

(9) Diese Richtlinie lässt das Unionsrecht und das nationale Recht auf dem Gebiet des Urheberrechts und der verwandten Schutzrechte, einschließlich der Richtlinie 2001/29/EG[6] des Europäischen Parlaments und des Rates[7], unberührt.

---

[1] **Amtl. Anm.:** Richtlinie 2003/98/EG des Europäischen Parlaments und des Rates vom 17. November 2003 über die Weiterverwendung von Informationen des öffentlichen Sektors (ABl. L 345 vom 31.12.2003, S. 90).

[2] Nr. **9**.

[3] **Amtl. Anm.:** Verordnung (EU) 2015/2120 des Europäischen Parlaments und des Rates vom 25. November 2015 über Maßnahmen zum Zugang zum offenen Internet und zu Endkundenentgelten für regulierte intra-EU-Kommunikation sowie zur Änderung der Richtlinie 2002/22/EG und der Verordnung (EU) Nr. 531/2012 (ABl. L 310 vom 26.11.2015, S. 1).

[4] Nr. **54**.

[5] Nr. **57**.

[6] Nr. **35**.

[7] **Amtl. Anm.:** Richtlinie 2001/29/EG des Europäischen Parlaments und des Rates vom 22. Mai 2001 zur Harmonisierung bestimmter Aspekte des Urheberrechts und der verwandten Schutzrechte in der Informationsgesellschaft (ABl. L 167 vom 22.6.2001, S. 10).

(10) Diese Richtlinie lässt die Freiheit der Mitgliedstaaten zur Regelung von Aspekten des allgemeinen Vertragsrechts, wie der Bestimmungen über das Zustandekommen, die Wirksamkeit, die Nichtigkeit oder die Wirkungen eines Vertrags einschließlich der Folgen der Vertragsbeendigung, soweit diese Aspekte nicht in dieser Richtlinie geregelt werden, oder zur Regelung des Rechts auf Schadensersatz unberührt.

Art. 4 Grad der Harmonisierung. Sofern in dieser Richtlinie nichts anderes bestimmt ist, dürfen die Mitgliedstaaten in ihrem nationalen Recht keine von den Bestimmungen dieser Richtlinie abweichenden Vorschriften aufrechterhalten oder einführen; dies gilt auch für strengere oder weniger strenge Vorschriften zur Gewährleistung eines anderen Verbraucherschutzniveaus.

Art. 5 Bereitstellung der digitalen Inhalte oder digitaler Dienstleistungen. (1) [1] Der Unternehmer stellt die digitalen Inhalte oder digitalen Dienstleistungen dem Verbraucher bereit. [2] Sofern die Parteien nichts anderes vereinbart haben, stellt der Unternehmer die digitalen Inhalte oder digitalen Dienstleistungen nach Vertragsschluss unverzüglich bereit.

(2) Der Unternehmer hat die Verpflichtung zur Bereitstellung erfüllt, sobald

a) die digitalen Inhalte oder jedes Mittel, die/das für den Zugang zu den digitalen Inhalten oder deren Herunterladen geeignet ist, dem Verbraucher oder einer von ihm zu diesem Zweck bestimmten körperlichen oder virtuellen Einrichtung zur Verfügung gestellt oder zugänglich gemacht worden ist;
b) die digitale Dienstleistung dem Verbraucher oder einer von ihm zu diesem Zweck bestimmten körperlichen oder virtuellen Einrichtung zugänglich gemacht worden ist.

Art. 6 Vertragsmäßigkeit der digitalen Inhalte oder digitalen Dienstleistungen. Der Unternehmer stellt dem Verbraucher digitale Inhalte oder digitale Dienstleistungen bereit, die unbeschadet des Artikels 10 und soweit jeweils anwendbar, die Anforderungen der Artikel 7, 8 und 9 erfüllen.

Art. 7 Subjektive Anforderungen an die Vertragsmäßigkeit. Die digitalen Inhalte oder digitalen Dienstleistungen sind vertragsgemäß, wenn sie, soweit zutreffend, insbesondere

a) hinsichtlich der Beschreibung, Quantität und Qualität, der Funktionalität, der Kompatibilität, der Interoperabilität und sonstiger Merkmale den Anforderungen entsprechen, die sich aus dem Vertrag ergeben;
b) sich für einen bestimmten vom Verbraucher angestrebten Zweck eignen, den der Verbraucher dem Unternehmer spätestens bei Vertragsschluss zur Kenntnis gebracht hat und dem der Unternehmer zugestimmt hat;
c) den Anforderungen des Vertrags entsprechend mit sämtlichem Zubehör, sämtlichen Anleitungen – einschließlich zur Installation – und Kundendienst bereitgestellt werden und
d) wie im Vertrag bestimmt aktualisiert werden.

Art. 8 Objektive Anforderungen an die Vertragsmäßigkeit. (1) Zusätzlich zur Einhaltung der subjektiven Anforderungen an die Vertragsmäßigkeit müssen die digitalen Inhalte oder digitalen Dienstleistungen

a) sich für die Zwecke eignen, für die digitale Inhalte oder digitale Dienstleistungen derselben Art in der Regel genutzt werden, soweit anwendbar unter Berücksichtigung des geltenden Unions- und nationalen Rechts, technischer Normen oder, in Ermangelung solcher technischer Normen, anwendbarer sektorspezifischer Verhaltenskodizes;

b) der Quantität, den Eigenschaften und den Leistungsmerkmalen – darunter Funktionalität, Kompatibilität, Zugänglichkeit, Kontinuität und Sicherheit – entsprechen, die bei digitalen Inhalten oder digitalen Dienstleistungen derselben Art üblich sind und die der Verbraucher aufgrund der Art der digitalen Inhalte oder digitalen Dienstleistungen und unter Berücksichtigung öffentlicher Erklärungen, die von dem Unternehmer oder anderen Personen in vorhergehenden Gliedern der Vertragskette oder in deren Namen insbesondere in der Werbung oder auf dem Etikett abgegeben werden, vernünftigerweise erwarten kann, es sei denn, der Unternehmer weist nach, dass

   i) der Unternehmer die betreffende öffentliche Erklärung nicht kannte und vernünftigerweise nicht kennen konnte,

   ii) die öffentliche Erklärung bis zum Zeitpunkt des Vertragsschlusses in derselben oder einer vergleichbaren Weise wie jener, in der sie abgegeben wurde, berichtigt worden ist, oder

   iii) die Entscheidung, die digitalen Inhalte oder digitalen Dienstleistungen zu erwerben, nicht durch die öffentliche Erklärung beeinflusst worden sein konnte;

c) soweit zutreffend mit dem Zubehör und den Anleitungen, deren Erhalt der Verbraucher vernünftigerweise erwarten kann, bereitgestellt werden und

d) der durch den Unternehmer vor Vertragsschluss zur Verfügung gestellten Testversion oder Voranzeige der digitalen Inhalte oder digitalen Dienstleistungen entsprechen.

(2) Der Unternehmer stellt sicher, dass der Verbraucher über Aktualisierungen, einschließlich Sicherheitsaktualisierungen, die für den Erhalt der Vertragsmäßigkeit der digitalen Inhalte und digitalen Dienstleistungen erforderlich sind, informiert wird und dass diese ihm bereitgestellt werden, und zwar während des Zeitraums,

a) in dem die digitalen Inhalte oder digitalen Dienstleistungen im Rahmen des Vertrags bereitzustellen sind, wenn der Vertrag eine fortlaufende Bereitstellung über einen Zeitraum vorsieht, oder

b) den der Verbraucher aufgrund der Art und des Zwecks der digitalen Inhalte oder digitale Dienstleistungen und unter Berücksichtigung der Umstände und der Art des Vertrags vernünftigerweise erwarten kann, wenn der Vertrag eine einmalige Bereitstellung oder eine Reihe einzelner Bereitstellungen vorsieht.

(3) Installiert der Verbraucher Aktualisierungen, die ihm vom Unternehmer in Übereinstimmung mit Absatz 2 bereitgestellt wurden, nicht innerhalb einer angemessenen Frist, so haftet der Unternehmer nicht für eine etwaige Vertrags-

widrigkeit, die allein auf das Fehlen der entsprechenden Aktualisierung zurückzuführen ist, sofern

a) der Unternehmer den Verbraucher über die Verfügbarkeit der Aktualisierung und darüber, welche Folgen es hat, wenn der Verbraucher diese nicht installiert, informiert hat und

b) die Tatsache, dass der Verbraucher die Aktualisierung nicht oder unsachgemäß installiert hat, nicht auf eine vom Unternehmer bereitgestellte mangelhafte Installationsanleitung zurückzuführen ist.

(4) Sieht ein Vertrag die fortlaufende Bereitstellung digitaler Inhalte oder digitaler Dienstleistungen über einen Zeitraum vor, so müssen die digitalen Inhalte oder digitalen Dienstleistungen während des gesamten Zeitraums vertragsgemäß sein.

(5) Es liegt keine Vertragswidrigkeit im Sinne der Absätze 1 oder 2 vor, wenn der Verbraucher zum Zeitpunkt des Vertragsschlusses eigens darüber in Kenntnis gesetzt wurde, dass ein bestimmtes Merkmal der digitalen Inhalte oder digitalen Dienstleistungen von den in den Absätzen 1 und 2 vorgesehenen objektiven Anforderungen an die Vertragsmäßigkeit abweicht, und er bei Vertragsschluss diese Abweichung ausdrücklich und gesondert akzeptiert hat.

(6) Sofern die Vertragsparteien nichts anderes vereinbart haben, müssen digitale Inhalte oder digitale Dienstleistungen in der zum Zeitpunkt des Vertragsschlusses neuesten verfügbaren Version bereitgestellt werden.

Art. 9 Unsachgemäße Integration der digitalen Inhalte oder digitalen Dienstleistungen. Jede durch die unsachgemäße Integration der digitalen Inhalte oder digitalen Dienstleistungen in die digitale Umgebung des Verbrauchers verursachte Vertragswidrigkeit ist als Vertragswidrigkeit der digitalen Inhalte oder digitalen Dienstleistungen anzusehen, wenn

a) die digitalen Inhalte oder digitalen Dienstleistungen vom Unternehmer oder unter seiner Verantwortung integriert wurden oder

b) die digitalen Inhalte oder digitalen Dienstleistungen vom Verbraucher zu integrieren waren und die unsachgemäße Integration auf eine mangelhafte, vom Unternehmer bereitgestellte Anleitung zurückzuführen ist.

Art. 10 Rechte Dritter. Wenn eine Beschränkung, die sich aus der Verletzung von Rechten Dritter – insbesondere von Rechten des geistigen Eigentums – ergibt, die Nutzung der digitalen Inhalte oder digitalen Dienstleistungen im Sinne der Artikel 7 und 8 verhindert oder einschränkt, stellen die Mitgliedstaaten sicher, dass der Verbraucher Anspruch auf die Abhilfen bei Vertragswidrigkeit gemäß Artikel 14 hat, es sei denn, im nationalen Recht ist in solchen Fällen die Nichtigkeit oder Aufhebung des Vertrags über die Bereitstellung digitaler Inhalte oder digitaler Dienstleistungen vorgesehen.

Art. 11 Haftung des Unternehmers. (1) Der Unternehmer haftet für jede nicht in Übereinstimmung mit Artikel 5 erfolgte Bereitstellung der digitalen Inhalte oder Dienstleistungen.

(2) *[1]* Sieht ein Vertrag eine einmalige Bereitstellung oder eine Reihe einzelner Bereitstellungen vor, so haftet der Unternehmer unbeschadet des

Artikels 8 Absatz 2 Buchstabe b für jede Vertragswidrigkeit im Sinne der Artikel 7, 8 und 9, die zum Zeitpunkt der Bereitstellung besteht.

[2] Ist der Unternehmer gemäß dem nationalen Recht nur für Vertragswidrigkeiten haftbar, die innerhalb eines bestimmten Zeitraums nach der Bereitstellung offenbar werden, so beträgt dieser Zeitraum unbeschadet des Artikels 8 Absatz 2 Buchstabe b nicht weniger als zwei Jahre ab dem Zeitpunkt der Bereitstellung.

[3] Unterliegen die Ansprüche nach Artikel 14 gemäß dem nationalen Recht unter anderem oder ausschließlich einer Verjährungsfrist, so stellen die Mitgliedstaaten sicher, dass es diese Verjährungsfrist dem Verbraucher ermöglicht, die Abhilfen nach Artikel 14 bei einer Vertragswidrigkeit, die zu dem in Unterabsatz 1 genannten Zeitpunkt besteht und innerhalb des in Unterabsatz 2 genannten Zeitraums offenbar wird, in Anspruch zu nehmen.

(3) *[1]* Sieht ein Vertrag eine fortlaufende Bereitstellung über einen Zeitraum vor, so haftet der Unternehmer für eine Vertragswidrigkeit im Sinne der Artikel 7, 8 und 9, die während des Zeitraums, in dem die digitalen Inhalte oder Dienstleistungen aufgrund des Vertrags bereitzustellen sind, eintritt oder offenbar wird.

[2] Unterliegen die Ansprüche nach Artikel 14 gemäß dem nationalen Recht unter anderem oder ausschließlich einer Verjährungsfrist, so stellen die Mitgliedstaaten sicher, dass es diese Verjährungsfrist den Verbrauchern ermöglicht, die Abhilfen nach Artikel 14 bei einer Vertragswidrigkeit, die während des in Unterabsatz 1 genannten Zeitraums eintritt oder offenbar wird, in Anspruch zu nehmen.

Art. 12 Beweislast. (1) Die Beweislast dafür, dass die digitalen Inhalte oder digitalen Dienstleistungen im Einklang mit Artikel 5 bereitgestellt wurden, trägt der Unternehmer.

(2) In den Fällen nach Artikel 11 Absatz 2 trägt der Unternehmer bei einer Vertragswidrigkeit, die innerhalb eines Jahres nach Bereitstellung der digitalen Inhalte oder digitalen Dienstleistungen offenbar wird, die Beweislast dafür, dass die digitalen Inhalte oder digitalen Dienstleistungen zu dem Zeitpunkt der Bereitstellung in vertragsgemäßem Zustand waren.

(3) In den Fällen nach Artikel 11 Absatz 3 trägt der Unternehmer für eine Vertragswidrigkeit, die während des Zeitraums, in dem die digitalen Inhalte oder digitalen Dienstleistungen im Rahmen des Vertrags bereitzustellen sind, offenbar wird, die Beweislast dafür, dass die digitalen Inhalte oder digitalen Dienstleistungen während dieses Zeitraums in vertragsgemäßem Zustand waren.

(4) Die Absätze 2 und 3 finden keine Anwendung, wenn der Unternehmer nachweist, dass die digitale Umgebung des Verbrauchers in Bezug auf die technischen Anforderungen der digitalen Inhalte oder digitalen Dienstleistungen nicht kompatibel ist, und wenn er den Verbraucher vor Vertragsschluss in klarer und verständlicher Weise von diesen Anforderungen in Kenntnis gesetzt hat.

(5) [1] Der Verbraucher arbeitet mit dem Unternehmer zusammen, soweit dies vernünftigerweise notwendig und möglich ist, um festzustellen, ob die Ursache für die Vertragswidrigkeit der digitalen Inhalte oder Dienstleistungen zu dem in Artikel 11 Absatz 2 oder Absatz 3 genannten Zeitpunkt in der digitalen Umge-

bung des Verbrauchers lag. [2]Die Pflicht zur Zusammenarbeit ist auf die technisch verfügbaren Mittel beschränkt, die für den Verbraucher den geringsten Eingriff darstellen. [3]Kommt der Verbraucher seiner Pflicht zur Zusammenarbeit nicht nach und hat der Unternehmer den Verbraucher vor Vertragsschluss in klarer und verständlicher Weise von dieser Pflicht in Kenntnis gesetzt, trägt der Verbraucher die Beweislast dafür, dass die Vertragswidrigkeit zu dem in Artikel 11 Absatz 2 bzw. 3 genannten Zeitpunkt vorlag.

Art. 13 Abhilfe bei nicht erfolgter Bereitstellung. (1) [1]Hat der Unternehmer die digitalen Inhalte oder digitalen Dienstleistungen nicht gemäß Artikel 5 bereitgestellt, so fordert der Verbraucher den Unternehmer auf, die digitalen Inhalte oder Dienstleistungen bereitzustellen. [2]Versäumt es der Unternehmer daraufhin, die digitalen Inhalte oder Dienstleistungen unverzüglich oder innerhalb einer ausdrücklich zwischen den Vertragsparteien vereinbarten zusätzlichen Frist bereitzustellen, so ist der Verbraucher zur Beendigung des Vertrags berechtigt.

(2) Absatz 1 findet keine Anwendung und der Verbraucher ist zur sofortigen Beendigung des Vertrags berechtigt, wenn

a) der Unternehmer erklärt hat oder aus den Umständen eindeutig zu erkennen ist, dass er die digitalen Inhalte oder Dienstleistungen nicht bereitstellen wird;

b) der Verbraucher und der Unternehmer vereinbart haben oder aus den den Vertragsschluss begleitenden Umständen eindeutig zu erkennen ist, dass für den Verbraucher ein bestimmter Zeitpunkt für die Bereitstellung von wesentlicher Bedeutung ist, und der Unternehmer es versäumt, die digitalen Inhalte oder Dienstleistungen bis zu oder zu diesem Zeitpunkt bereitzustellen.

(3) Beendet der Verbraucher den Vertrag gemäß Absatz 1 oder Absatz 2 des vorliegenden Artikels, so finden die Artikel 15 bis 18 entsprechend Anwendung.

Art. 14 Abhilfen bei Vertragswidrigkeit. (1) Bei Vertragswidrigkeit hat der Verbraucher unter den in diesem Artikel genannten Bedingungen Anspruch auf Herstellung des vertragsgemäßen Zustands der digitalen Inhalte oder digitalen Dienstleistungen, auf eine anteilmäßige Preisminderung oder auf Beendigung des Vertrags.

(2) Der Verbraucher hat Anspruch auf Herstellung des vertragsgemäßen Zustands der digitalen Inhalte oder digitalen Dienstleistungen, es sei denn, dies wäre unmöglich oder würde dem Unternehmer Kosten verursachen, die unter Berücksichtigung aller Umstände des Einzelfalls unverhältnismäßig wären; zu diesen Umständen zählt Folgendes:

a) der Wert, den die digitalen Inhalte oder digitalen Dienstleistungen hätten, wenn keine Vertragswidrigkeit vorläge, und

b) die Erheblichkeit der Vertragswidrigkeit.

(3) Der Unternehmer hat den vertragsgemäßen Zustand der digitalen Inhalte oder digitalen Dienstleistungen gemäß Absatz 2 innerhalb einer angemessenen Frist, nachdem er vom Verbraucher von der Vertragswidrigkeit in Kenntnis gesetzt wurde, kostenfrei und ohne erhebliche Unannehmlichkeiten für den

Verbraucher herzustellen, wobei die Art der digitalen Inhalte oder digitalen Dienstleistungen und der Zweck, für den der Verbraucher die digitalen Inhalte oder digitalen Dienstleistungen benötigt, zu berücksichtigen sind.

(4) Der Verbraucher hat Anspruch entweder auf eine anteilmäßige Minderung des Preises gemäß Absatz 5, wenn die digitalen Inhalte oder digitalen Dienstleistungen gegen Zahlung eines Preises bereitgestellt werden, oder auf Beendigung des Vertrags gemäß Absatz 6, wenn einer der folgenden Fälle vorliegt:

a) Die Herstellung des vertragsgemäßen Zustands der digitalen Inhalte oder digitalen Dienstleistungen ist gemäß Absatz 2 unmöglich oder unverhältnismäßig;

b) der Unternehmer hat den vertragsgemäßen Zustand der digitalen Inhalte oder digitalen Dienstleistungen nicht gemäß Absatz 3 hergestellt;

c) eine Vertragswidrigkeit tritt trotz des Versuchs des Unternehmers ein, den vertragsgemäßen Zustand der digitalen Inhalte oder digitalen Dienstleistungen herzustellen;

d) die Vertragswidrigkeit ist derart schwerwiegend, dass eine sofortige Preisminderung oder Beendigung des Vertrags gerechtfertigt ist; oder

e) der Unternehmer hat erklärt oder es ist klar aus den Umständen zu erkennen, dass er den vertragsgemäßen Zustand der digitalen Inhalte oder digitalen Dienstleistungen nicht innerhalb einer angemessenen Frist bzw. nicht ohne erhebliche Unannehmlichkeiten für den Verbraucher herstellen wird.

(5) *[1]* Die Preisminderung bemisst sich nach dem Verhältnis, in dem der verminderte Wert der dem Verbraucher bereitgestellten digitalen Inhalte oder digitalen Dienstleistungen zu dem Wert steht, den die digitalen Inhalte oder digitalen Dienstleistungen gehabt hätten, wenn sie vertragsgemäß gewesen wären.

[2] Ist in dem Vertrag festgelegt, dass die digitalen Inhalte oder digitalen Dienstleistungen über einen Zeitraum gegen Zahlung eines Preises bereitgestellt werden, so gilt die Preisminderung für den Zeitraum, in dem die digitalen Inhalte oder digitalen Dienstleistungen nicht in vertragsgemäßem Zustand waren.

(6) [1] Wurden die digitalen Inhalte oder digitalen Dienstleistungen gegen Zahlung eines Preises bereitgestellt, so ist der Verbraucher nur dann berechtigt, den Vertrag zu beenden, wenn die Vertragswidrigkeit nicht geringfügig ist. [2] Der Unternehmer trägt die Beweislast dafür, dass die Vertragswidrigkeit geringfügig ist.

Art. 15 Ausübung des Rechts auf Beendigung des Vertrags. Der Verbraucher übt sein Recht auf Vertragsbeendigung durch eine Erklärung an den Unternehmer aus, die seinen Entschluss zur Vertragsbeendigung zum Ausdruck bringt.

Art. 16 Pflichten des Unternehmers im Fall der Beendigung des Vertrags. (1) *[1]* Im Fall der Beendigung des Vertrags hat der Unternehmer dem Verbraucher alle im Rahmen des Vertrags gezahlten Beträge zurückzuerstatten.

[2] In Fällen, in denen der Vertrag die Bereitstellung der digitalen Inhalte oder digitalen Dienstleistungen gegen Zahlung eines Preises und über einen

bestimmten Zeitraum vorsieht und in denen die digitalen Inhalte oder digitalen Dienstleistungen während eines Zeitraums vor der Beendigung des Vertrags in vertragsgemäßem Zustand waren, hat der Unternehmer dem Verbraucher jedoch nur den Anteil des gezahlten Preises zurückzuerstatten, der dem Zeitraum entspricht, in dem die digitalen Inhalte oder digitalen Dienstleistungen nicht in vertragsgemäßem Zustand waren, sowie gegebenenfalls den Teil des Preises, den der Verbraucher im Voraus für den verbleibenden Zeitraum des Vertrags – wenn dieser nicht beendet worden wäre – gezahlt hat.

(2) In Bezug auf personenbezogene Daten des Verbrauchers hat der Unternehmer die gemäß der Verordnung (EU) 2016/679 geltenden Verpflichtungen einzuhalten.

(3) Der Unternehmer darf Inhalte, die nicht personenbezogene Daten sind, und die vom Verbraucher bei der Nutzung der vom Unternehmer bereitgestellten digitalen Inhalte oder digitalen Dienstleistungen bereitgestellt oder erstellt wurden, nicht verwenden, es sei denn, diese Inhalte

a) haben außerhalb des Kontextes der von dem Unternehmer bereitgestellten digitalen Inhalte oder digitalen Dienstleistungen keinen Nutzen,
b) hängen ausschließlich mit der Nutzung der von dem Unternehmer bereitgestellten digitalen Inhalte oder digitalen Dienstleistungen durch den Verbraucher zusammen,
c) wurden vom Unternehmer mit anderen Daten aggregiert und können nicht oder nur mit unverhältnismäßigem Aufwand disaggregiert werden oder
d) wurden vom Verbraucher gemeinsam mit anderen erzeugt, und andere Verbraucher können die Inhalte weiterhin nutzen.

(4) *[1]* Mit Ausnahme der in Absatz 3 Buchstaben a, b oder c genannten Fälle stellt der Unternehmer dem Verbraucher auf dessen Ersuchen alle Inhalte, die nicht personenbezogen Daten sind, bereit, welche vom Verbraucher bei der Nutzung der vom Unternehmer bereitgestellten digitalen Inhalte oder digitalen Dienstleistungen bereitgestellt oder erstellt wurden.

[2] Der Verbraucher ist berechtigt, diese digitalen Inhalte kostenfrei, ohne Behinderung durch den Unternehmer, innerhalb einer angemessenen Frist und in einem allgemein gebräuchlichen und maschinenlesbaren Format wiederzuerlangen.

(5) Der Unternehmer darf jede weitere Nutzung der digitalen Inhalte oder digitalen Dienstleistungen durch den Verbraucher unterbinden, insbesondere indem er unbeschadet des Absatzes 4 den Zugang des Verbrauchers zu den digitalen Inhalten oder digitalen Dienstleistungen oder das Nutzerkonto des Verbrauchers sperrt.

Art. 17 Pflichten des Verbrauchers im Fall der Beendigung des Vertrags. (1) Nach Beendigung des Vertrags hat der Verbraucher die Nutzung der digitalen Inhalte bzw. digitalen Dienstleistungen sowie deren Zurverfügungstellung an Dritte zu unterlassen.

(2) [1] Sofern die digitalen Inhalte auf einem körperlichen Datenträger bereitgestellt wurden, hat der Verbraucher auf Aufforderung und auf Kosten des Unternehmers den körperlichen Datenträger dem Unternehmer unverzüglich zurückzusenden. [2] Beschließt der Unternehmer, die Rückgabe des körperlichen Datenträgers zu fordern, so muss diese Aufforderung innerhalb von 14

Tagen ab dem Tag erfolgen, an dem der Unternehmer über den Entschluss des Verbrauchers, den Vertrag zu beenden, in Kenntnis gesetzt wurde.

(3) Der Verbraucher ist für die Nutzung der digitalen Inhalte oder digitalen Dienstleistungen vor Beendigung des Vertrags in dem Zeitraum, in dem die digitalen Inhalte oder digitalen Dienstleistungen nicht in vertragsgemäßem Zustand waren, nicht zahlungspflichtig.

Art. 18 Fristen und Zahlungsmittel für die Erstattung durch den Unternehmer. (1) Jede Erstattung, die der Unternehmer dem Verbraucher gemäß Artikel 14 Absatz 4 und 5 oder gemäß Artikel 16 Absatz 1 aufgrund einer Preisminderung oder der Beendigung des Vertrags schuldet, hat unverzüglich und in jedem Fall innerhalb von 14 Tagen ab dem Tag, an dem der Unternehmer über den Entschluss des Verbrauchers, sein Recht auf eine Preisminderung oder auf Beendigung des Vertrags in Anspruch zu nehmen, in Kenntnis gesetzt wurde, zu erfolgen.

(2) Der Unternehmer nimmt die Erstattung unter Verwendung der gleichen Zahlungsmittel vor, die der Verbraucher zur Zahlung der digitalen Inhalte oder digitalen Dienstleistungen verwendet hat, es sei denn, der Verbraucher stimmt ausdrücklich einer anderslautenden Vereinbarung zu, und vorausgesetzt, dass für den Verbraucher infolge einer solchen Erstattung keine Gebühren anfallen.

(3) Der Unternehmer berechnet dem Verbraucher für die Erstattung keine Gebühr.

Art. 19 Änderung der digitalen Inhalte oder digitalen Dienstleistungen. (1) Über das zur Erhaltung der Vertragsmäßigkeit der digitalen Inhalte oder digitalen Dienstleistungen gemäß den Artikeln 7 und 8 erforderliche Maß hinausgehende Änderungen der digitalen Inhalte oder digitalen Dienstleistungen, die dem Vertrag zufolge dem Verbraucher während eines Zeitraums bereitzustellen oder zugänglich zu machen sind, können vom Unternehmer vorgenommen werden, wenn die folgenden Bedingungen erfüllt sind:

a) Der Vertrag gestattet eine solche Änderung und enthält einen triftigen Grund dafür;
b) die Änderung ist für den Verbraucher nicht mit zusätzlichen Kosten verbunden;
c) der Verbraucher wird in klarer und verständlicher Weise von der Änderung in Kenntnis gesetzt und
d) in den in Absatz 2 genannten Fällen wird der Verbraucher innerhalb einer angemessenen Frist im Voraus mittels eines dauerhaften Datenträgers über Merkmale und Zeitpunkt der Änderung und über sein Recht, den Vertrag gemäß Absatz 2 zu beenden, oder über die Möglichkeit, die digitalen Inhalte oder digitalen Dienstleistungen gemäß Absatz 4 unverändert beizubehalten, unterrichtet.

(2) [1] Der Verbraucher ist berechtigt, den Vertrag zu beenden, falls durch die Änderung der Zugang des Verbrauchers zu den digitalen Inhalten oder digitalen Dienstleistungen oder deren Nutzung durch den Verbraucher beeinträchtigt wird, es sei denn, diese Beeinträchtigung ist nur geringfügig. [2] In diesem Fall ist der Verbraucher berechtigt, den Vertrag innerhalb von 30 Tagen nach Eingang der Information oder nach dem Zeitpunkt kostenfrei zu beenden, zu dem die

digitalen Inhalte oder digitalen Dienstleistungen vom Unternehmer geändert wurden, je nachdem, welcher Zeitpunkt der spätere ist.

(3) Beendet der Verbraucher den Vertrag auf der Grundlage von Absatz 2 dieses Artikels, so gelten die Artikel 15 bis 18 entsprechend.

(4) Die Absätze 2 und 3 des vorliegenden Artikels finden keine Anwendung, wenn der Unternehmer dem Verbraucher ermöglicht hat, die digitalen Inhalte oder digitalen Dienstleistungen ohne zusätzliche Kosten unverändert beizubehalten, und wenn die Vertragsmäßigkeit der digitalen Inhalte oder digitalen Dienstleistungen gewahrt bleibt.

Art. 20 Rückgriffsansprüche. [1] Haftet der Unternehmer dem Verbraucher für die nicht erfolgte oder die nicht vertragsgemäße Bereitstellung digitaler Inhalte oder digitaler Dienstleistungen infolge eines Handelns oder Unterlassens einer Person in vorhergehenden Gliedern der Vertragskette, ist der Unternehmer berechtigt, den oder die innerhalb der gewerblichen Vertragskette Haftenden in Regress zu nehmen. [2] Welche Person der Unternehmer in Regress nehmen kann, sowie die diesbezüglichen Maßnahmen und Bedingungen für die Geltendmachung der Rückgriffsansprüche bestimmt das nationale Recht.

Art. 21 Rechtsdurchsetzung. (1) Die Mitgliedstaaten sorgen dafür, dass angemessene und wirksame Mittel vorhanden sind, mit denen die Einhaltung dieser Richtlinie sichergestellt wird.

(2) Die in Absatz 1 genannten Mittel schließen Vorschriften ein, nach denen eine oder mehrere der folgenden nach den nationalen Rechtsvorschriften bestimmten Einrichtungen die Gerichte oder die zuständigen Verwaltungsbehörden nach Maßgabe des jeweiligen nationalen Rechts anrufen können, um die Anwendung der nationalen Vorschriften zur Umsetzung dieser Richtlinie sicherzustellen:

a) öffentliche Einrichtungen oder ihre Vertreter,

b) Verbraucherverbände, die ein berechtigtes Interesse am Schutz der Verbraucher haben,

c) Berufsverbände, die ein berechtigtes Interesse daran haben, tätig zu werden,

d) Einrichtungen, Organisationen oder Vereinigungen ohne Gewinnerzielungsabsicht, die im Bereich des Schutzes der Rechte und Freiheiten von betroffenen Personen in Bezug auf den Schutz ihrer personenbezogenen Daten tätig sind, wie in Artikel 80 der Verordnung (EU) 2016/679[1)] beschrieben.

Art. 22 Zwingender Charakter. (1) Vertragsklauseln, die die Anwendung nationaler Maßnahmen zur Umsetzung dieser Richtlinie zum Nachteil des Verbrauchers ausschließen, davon abweichen oder deren Wirkungen abändern, bevor der Verbraucher dem Unternehmer die nicht erfolgte Bereitstellung oder die Vertragswidrigkeit zur Kenntnis gebracht hat oder bevor der Unternehmer dem Verbraucher die Änderung der digitalen Inhalte oder digitalen Dienstleistungen gemäß Artikel 19 zur Kenntnis gebracht hat, sind für den Verbraucher nicht bindend, es sei denn, diese Richtlinie bestimmt etwas anderes.

[1)] Nr. **54**.

(2) Diese Richtlinie hindert den Unternehmer nicht daran, dem Verbraucher Vertragsbedingungen anzubieten, die über den in dieser Richtlinie vorgesehenen Schutz hinausgehen.

Art. 23 Änderungen der Verordnung (EU) 2017/2394 und der Richtlinie 2009/22/EG. *(hier nicht wiedergegeben)*

Art. 24 Umsetzung. (1) *[1]* [1] Bis zum 1. Juli 2021 erlassen und veröffentlichen die Mitgliedstaaten die erforderlichen Rechts- und Verwaltungsvorschriften, um dieser Richtlinie nachzukommen. [2] Sie setzen die Kommission umgehend davon in Kenntnis.

[2] Sie wenden diese Vorschriften ab dem 1. Januar 2022 an.

[3] [1] Bei Erlass dieser Vorschriften nehmen die Mitgliedstaaten in den Vorschriften selbst oder durch einen Hinweis bei der amtlichen Veröffentlichung auf die vorliegende Richtlinie Bezug. [2] Die Mitgliedstaaten regeln die Einzelheiten dieser Bezugnahme.

[4] Die Mitgliedstaaten teilen der Kommission den Wortlaut der nationalen Vorschriften mit, die sie auf dem unter diese Richtlinie fallenden Gebiet erlassen.

(2) Die Bestimmungen dieser Richtlinie gelten für die Bereitstellung digitaler Inhalte oder digitaler Dienstleistungen, die ab dem 1. Januar erfolgt mit Ausnahme der Artikel 19 und 20 dieser Richtlinie, die nur auf Verträge Anwendung finden, die ab diesem Tag geschlossen werden.

Art. 25 Überprüfung. [1] Die Kommission überprüft die Anwendung dieser Richtlinie spätestens am 12. Juni 2024 und legt dem Europäischen Parlament, dem Rat und dem Europäischen Wirtschafts- und Sozialausschuss einen Bericht vor. [2] In dem Bericht ist unter anderem zu prüfen, ob es einer Harmonisierung der Vorschriften für Verträge über die Bereitstellung digitaler Inhalte oder digitaler Dienstleistungen, die nicht von dieser Richtlinie erfasst sind, bedarf, einschließlich Verträge über die Bereitstellung gegen Erbringung einer Gegenleistung in Form von Werbung.

Art. 26 Inkrafttreten. Diese Richtlinie tritt am zwanzigsten Tag nach ihrer Veröffentlichung[1)] im *Amtsblatt der Europäischen Union* in Kraft.

Art. 27 Adressaten. Diese Richtlinie ist an die Mitgliedstaaten gerichtet.

Geschehen zu Brüssel am 20. Mai 2019.

[1)] Veröffentlicht am 22.5.2019.

28. Richtlinie (EU) 2019/771 des Europäischen Parlaments und des Rates vom 20. Mai 2019 über bestimmte vertragsrechtliche Aspekte des Warenkaufs, zur Änderung der Verordnung (EU) 2017/2394 und der Richtlinie 2009/22/EG sowie zur Aufhebung der Richtlinie 1999/44/EG

(Text von Bedeutung für den EWR)

(ABl. Nr. L 136 S. 28)

CELEX 3 2019 L 0771

Art. 1 Gegenstand und Zweck. Zweck dieser Richtlinie ist es, zum ordnungsgemäßen Funktionieren des Binnenmarkts beizutragen und gleichzeitig für ein hohes Verbraucherschutzniveau zu sorgen, indem gemeinsame Vorschriften über bestimmte Anforderungen an Kaufverträge zwischen Verkäufern und Verbrauchern festgelegt werden, insbesondere Vorschriften über die Vertragsmäßigkeit der Waren, die Abhilfen im Falle einer Vertragswidrigkeit, die Modalitäten für die Inanspruchnahme dieser Abhilfen sowie über gewerbliche Garantien.

Art. 2 Begriffsbestimmungen. Im Sinne dieser Richtlinie bezeichnet der Ausdruck

1. „Kaufvertrag" jeden Vertrag, durch den der Verkäufer das Eigentum an Waren auf einen Verbraucher überträgt oder die Übertragung des Eigentums an dieser Ware auf den Verbraucher zusagt und der Verbraucher hierfür den Preis dafür zahlt oder dessen Zahlung zusagt;
2. „Verbraucher" jede natürliche Person, die in Bezug auf von dieser Richtlinie erfasste Verträge zu Zwecken handelt, die außerhalb ihrer gewerblichen, geschäftlichen, handwerklichen oder beruflichen Tätigkeit liegen;
3. „Verkäufer" jede natürliche oder juristische Person, unabhängig davon, ob letztere öffentlicher oder privater Natur ist, die in Bezug auf von dieser Richtlinie erfasste Verträge selbst oder durch eine andere Person, die in ihrem Namen oder Auftrag handelt, zu Zwecken handelt, die innerhalb ihrer gewerblichen, geschäftlichen, handwerklichen oder beruflichen Tätigkeit liegen;
4. „Hersteller" den Hersteller von Waren, den Importeur von Waren in die Union oder jede andere Person, die sich dadurch, dass sie ihren Namen, ihre Marke oder ein anderes Kennzeichen an den Waren anbringt, als Hersteller bezeichnet;
5. „Waren"
   a) bewegliche körperliche Gegenstände; Wasser, Gas und Strom gelten als Waren im Sinne dieser Richtlinie, wenn sie in einem begrenzten Volumen oder in einer bestimmten Menge zum Verkauf angeboten werden;

b) bewegliche körperliche Gegenstände, die in einer Weise digitale Inhalte oder digitale Dienstleistungen enthalten oder mit ihnen verbunden sind, dass die Waren ihre Funktionen ohne diese digitalen Inhalte oder digitalen Dienstleistungen nicht erfüllen könnten (im Folgenden „Waren mit digitalen Elementen“);

6. „digitale Inhalte“ Daten, die in digitaler Form erstellt und bereitgestellt werden;

7. „digitale Dienstleistung“

a) eine Dienstleistung, die dem Verbraucher die Erstellung, Verarbeitung und Speicherung von Daten in digitaler Form oder den Zugang zu Daten in digitaler Form ermöglicht, oder

b) eine Dienstleistung, die die gemeinsame Nutzung der von dem Verbraucher oder von anderen Nutzern der entsprechenden Dienstleistung in digitaler Form hochgeladenen oder erstellten Daten oder sonstige Interaktion mit diesen Daten, ermöglicht;

8. „Kompatibilität“ die Fähigkeit der Waren, mit der Hardware oder Software zu funktionieren, mit der Waren derselben Art in der Regel benutzt werden, ohne dass die Waren, die Hardware oder die Software verändert werden müssen;

9. „Funktionalität“ die Fähigkeit der Waren, ihre Funktionen ihrem Zweck entsprechend zu erfüllen;

10. „Interoperabilität“ die Fähigkeit der Waren, mit einer anderen Hardware oder Software zu funktionieren als derjenigen, mit den Waren derselben Art in der Regel benutzt werden;

11. „dauerhafter Datenträger“ jedes Medium, das es dem Verbraucher oder dem Verkäufer gestattet, an ihn persönlich gerichtete Informationen derart zu speichern, dass er sie in der Folge für eine für die Zwecke der Informationen angemessene Dauer einsehen kann, und das die unveränderte Wiedergabe der gespeicherten Informationen ermöglicht;

12. „gewerbliche Garantie“ jede dem Verbraucher gegenüber zusätzlich zur gesetzlichen Gewährleistung eingegangene Verpflichtung des Verkäufers oder eines Herstellers (Garantiegebers), den Kaufpreis zu erstatten oder die Waren zu ersetzen, nachzubessern oder in sonstiger Weise Abhilfe zu schaffen, falls sie nicht die Eigenschaften aufweisen oder andere nicht mit der Vertragsmäßigkeit verbundene Anforderungen erfüllen sollten, die in der Garantieerklärung oder der einschlägigen Werbung, wie sie bei oder vor Abschluss des Vertrags verfügbar war, beschrieben sind;

13. „Haltbarkeit“ die Fähigkeit der Waren, ihre erforderlichen Funktionen und ihre Leistung bei normaler Verwendung zu behalten;

14. „unentgeltlich“ ohne die für die Herstellung des vertragsgemäßen Zustands der Waren, insbesondere Versand-, Beförderungs-, Arbeits- oder Materialkosten notwendigen Kosten;

15. „öffentliche Versteigerung“ eine Verkaufsmethode, bei der der Verkäufer Verbrauchern, die bei der Versteigerung persönlich anwesend sind oder denen diese Möglichkeit gewährt wird, Waren oder Dienstleistungen anbietet, und zwar in einem von einem Versteigerer durchgeführten, auf konkurrierenden Geboten basierenden transparenten Verfahren, bei dem der

Bieter, der den Zuschlag erhalten hat, zum Erwerb der Waren oder Dienstleistungen verpflichtet ist.

Art. 3 Anwendungsbereich. (1) Diese Richtlinie gilt für Kaufverträge zwischen einem Verbraucher und einem Verkäufer.

(2) Verträge zwischen einem Verbraucher und einem Verkäufer zur Bereitstellung von Waren, die noch hergestellt oder erzeugt werden müssen, gelten auch als Kaufverträge im Sinne dieser Richtlinie.

(3) [1] Diese Richtlinie gilt nicht für Verträge über die Bereitstellung von digitalen Inhalten oder digitalen Dienstleistungen. [2] Sie gilt jedoch für digitale Inhalte oder digitale Dienstleistungen, die im Sinne von Artikel 2 Nummer 5 Buchstabe b in Waren enthalten oder mit ihnen verbunden sind und gemäß dem Kaufvertrag mit diesen Waren bereitgestellt werden, unabhängig davon, ob diese digitalen Inhalte oder digitalen Dienstleistungen vom Verkäufer oder von einem Dritten bereitgestellt werden. [3] Bestehen Zweifel, ob die Bereitstellung enthaltener oder verbundener digitaler Inhalte oder digitaler Dienstleistungen Bestandteil des Kaufvertrags ist, so wird vermutet, dass die digitalen Inhalte oder digitalen Dienstleistungen vom Kaufvertrag umfasst sind.

(4) Diese Richtlinie gilt nicht für

a) körperliche Datenträger, die lediglich als Träger digitaler Inhalte dienen;

b) Waren, die aufgrund von Zwangsvollstreckungsmaßnahmen oder anderen gerichtlichen Maßnahmen verkauft werden.

(5) *[1]* Die Mitgliedstaaten können Verträge über den Verkauf folgender Waren vom Anwendungsbereich dieser Richtlinie ausschließen:

a) gebrauchte Waren, die in einer öffentlichen Versteigerung verkauft werden, und

b) lebende Tiere.

[2] Im Falle des Buchstabens a müssen klare und umfassende Informationen darüber, dass die aus dieser Richtlinie herrührenden Rechte nicht gelten, für Verbraucher leicht verfügbar gemacht werden.

(6) Diese Richtlinie berührt nicht die Freiheit der Mitgliedstaaten zur Regelung von Aspekten des allgemeinen Vertragsrechts, wie der Bestimmungen über das Zustandekommen, die Wirksamkeit, die Nichtigkeit oder die Wirkungen eines Vertrags einschließlich der Folgen der Vertragsbeendigung, soweit diese Aspekte nicht in dieser Richtlinie geregelt werden, oder zur Regelung des Rechts auf Schadensersatz.

(7) [1] Diese Richtlinie berührt nicht die Freiheit der Mitgliedstaaten, den Verbrauchern zu gestatten, eine spezielle Abhilfemaßnahme zu wählen, wenn die Vertragswidrigkeit der Waren innerhalb eines kurzen Zeitraums nach der Lieferung, der 30 Tage nicht überschreitet, offenbar wird. [2] Diese Richtlinie berührt darüber hinaus auch nicht nationale Vorschriften, die nicht speziell für Verbraucherverträge gelten und spezifische Abhilfen für bestimmte Arten von Mängeln vorsehen, die zum Zeitpunkt des Abschlusses des Kaufvertrags nicht offenbar waren.

Art. 4 Grad der Harmonisierung. Sofern in dieser Richtlinie nichts anderes bestimmt ist, dürfen die Mitgliedstaaten in ihrem nationalen Recht keine von den Bestimmungen dieser Richtlinie abweichenden Vorschriften aufrechterhalten oder einführen; dies gilt auch für strengere oder weniger strenge Vorschriften zur Gewährleistung eines anderen Verbraucherschutzniveaus.

Art. 5 Vertragsmäßigkeit von Waren. Unbeschadet des Artikels 9 liefert der Verkäufer dem Verbraucher Waren, die – soweit anwendbar – die Anforderungen der Artikel 6, 7 und 8 erfüllen.

Art. 6 Subjektive Anforderungen an die Vertragsmäßigkeit. Die Waren entsprechen dem Kaufvertrag, insbesondere wenn sie, soweit dies anwendbar ist,

a) hinsichtlich der Beschreibung, der Art, der Menge und der Qualität, der Funktionalität, der Kompatibilität, der Interoperabilität und sonstiger Merkmale den Anforderungen entsprechen, die sich aus dem Kaufvertrag ergeben;

b) sich für einen bestimmten vom Verbraucher angestrebten Zweck eignen, den der Verbraucher dem Verkäufer spätestens bei Abschluss des Kaufvertrags zur Kenntnis gebracht und dem der Verkäufer zugestimmt hat,

c) wie im Kaufvertrag bestimmt mit sämtlichem Zubehör und Anleitungen, einschließlich Montage- oder Installationsanleitungen, geliefert werden und

d) wie im Kaufvertrag bestimmt Aktualisierungen erhalten.

Art. 7 Objektive Anforderungen an die Vertragsmäßigkeit. (1) Zusätzlich zur Einhaltung der subjektiven Anforderungen an die Vertragsmäßigkeit müssen die Waren

a) für die Zwecke geeignet sein, für die Waren der gleichen Art in der Regel gebraucht werden, gegebenenfalls unter Berücksichtigung des bestehenden Unionsrechts und nationalen Rechts, technischer Normen oder – in Ermangelung solcher technischer Normen – anwendbarer sektorspezifischer Verhaltenskodizes,

b) soweit anwendbar, der Qualität und der Beschreibung einer Probe oder eines Musters entsprechen, das der Verkäufer dem Verbraucher vor Vertragsschluss zur Verfügung gestellt hat,

c) soweit anwendbar, mit solchem Zubehör einschließlich Verpackung, Montage- oder Installationsanleitungen und anderen Anleitungen geliefert werden, deren Erhalt der Verbraucher vernünftigerweise erwarten kann, und

d) hinsichtlich ihrer Menge, Qualität und sonstigen Merkmale – einschließlich ihrer Haltbarkeit, Funktionalität, Kompatibilität und Sicherheit – dem entsprechen, was bei Waren der gleichen Art üblich ist und was der Verbraucher in Anbetracht der Art der Waren und unter Berücksichtigung öffentlicher Erklärungen, die von dem Verkäufer oder im Auftrag des Verkäufers oder einer anderen Person in vorhergehenden Gliedern der Vertragskette einschließlich des Herstellers, insbesondere in der Werbung oder auf dem Etikett, abgegeben wurden, vernünftigerweise erwarten kann.

(2) Der Verkäufer ist durch die in Absatz 1 Buchstabe d genannten öffentlichen Erklärungen nicht gebunden, wenn er nachweisen kann, dass

a) er die betreffende öffentliche Erklärung nicht kannte und vernünftigerweise nicht kennen konnte,
b) die betreffende öffentliche Erklärung bis zum Zeitpunkt des Vertragsschlusses in derselben oder einer vergleichbaren Weise wie jener, in der sie abgegeben wurde, berichtigt worden ist, oder
c) die Kaufentscheidung nicht durch die öffentliche Erklärung beeinflusst worden sein konnte.

(3) Im Falle von Waren mit digitalen Elementen sorgt der Verkäufer dafür, dass der Verbraucher über Aktualisierungen, einschließlich Sicherheitsaktualisierungen, die für den Erhalt der Vertragsmäßigkeit dieser Waren erforderlich sind, informiert wird und solche erhält

a) während des Zeitraums, den der Verbraucher aufgrund der Art und des Zwecks der Waren und der digitalen Elemente und unter Berücksichtigung der Umstände und der Art des Vertrags vernünftigerweise erwarten kann, wenn im Kaufvertrag die einmalige Bereitstellung des digitalen Inhalts oder der digitalen Dienstleistung vorgesehen ist, oder
b) während des gesamten in Artikel 10 Absatz 2 oder Absatz 5 genannten Zeitraums, wenn im Kaufvertrag die fortlaufende Bereitstellung des digitalen Inhalts oder der digitalen Dienstleistung über einen Zeitraum vorgesehen ist.

(4) Unterlässt es der Verbraucher Aktualisierungen, die er gemäß Absatz 3 erhalten hat, innerhalb einer angemessenen Frist zu installieren, haftet der Verkäufer nicht für eine etwaige Vertragswidrigkeit, die allein auf das Fehlen der entsprechenden Aktualisierung zurückzuführen ist, sofern

a) der Verkäufer den Verbraucher über die Verfügbarkeit der Aktualisierung und darüber, welche Folgen es hat, wenn der Verbraucher diese nicht installiert, informiert hat und
b) die Tatsache, dass der Verbraucher die Aktualisierung nicht oder unsachgemäß installiert hat, nicht auf eine mangelhafte dem Verbraucher bereitgestellte Installationsanleitung zurückzuführen ist.

(5) Es liegt keine Vertragswidrigkeit im Sinne der Absätze 1 oder 3 vor, wenn der Verbraucher zum Zeitpunkt des Abschlusses des Kaufvertrags eigens darüber in Kenntnis gesetzt wurde, dass ein bestimmtes Merkmal der Waren von den in den Absätzen 1 und 3 vorgesehenen objektiven Anforderungen an die Vertragsmäßigkeit abweicht, und er bei Abschluss des Kaufvertrags dieser Abweichung ausdrücklich und gesondert zugestimmt hat.

Art. 8 Unsachgemäße Montage oder Installierung der Waren. Jede Vertragswidrigkeit, die durch die unsachgemäße Montage oder Installierung der Waren verursacht wird, ist als Vertragswidrigkeit der Waren anzusehen, wenn

a) die Montage oder Installierung Teil des Kaufvertrags ist und vom Verkäufer oder unter seiner Verantwortung vorgenommen wurde oder
b) die vom Verbraucher vorzunehmende Montage oder Installierung von diesem getätigt wurde und die unsachgemäße Montage oder Installierung auf einen Mangel in der vom Verkäufer oder, im Falle von Waren mit digitalen Elementen, vom Verkäufer oder vom Anbieter der digitalen Inhalte oder digitalen Dienstleistungen mitgelieferten Anleitung zurückzuführen ist.

Art. 9 Rechte Dritter. Wenn eine Beschränkung, die sich aus einer Verletzung von Rechten Dritter, insbesondere von Rechten des geistigen Eigentums, ergibt, die Nutzung der Waren im Sinne der Artikel 6 und 7 verhindert oder einschränkt, stellen die Mitgliedstaaten sicher, dass der Verbraucher Anspruch auf die Abhilfen bei Vertragswidrigkeit gemäß Artikel 13 hat, es sei denn, im nationalen Recht ist die Nichtigkeit oder Auflösung des Kaufvertrags für solche Fälle vorgesehen.

Art. 10 Haftung des Verkäufers. (1) [1] Der Verkäufer haftet dem Verbraucher für jede Vertragswidrigkeit, die zum Zeitpunkt der Lieferung der Waren besteht und innerhalb von zwei Jahren nach diesem Zeitpunkt offenbar wird. [2] Unbeschadet des Artikels 7 Absatz 3 gilt dieser Absatz auch für Waren mit digitalen Elementen.

(2) [1] Ist im Falle von Waren mit digitalen Elementen im Kaufvertrag die fortlaufende Bereitstellung des digitalen Inhalts oder der digitalen Dienstleistung über einen Zeitraum hinweg vorgesehen, haftet der Verkäufer auch für jede Vertragswidrigkeit des digitalen Inhalts oder der digitalen Dienstleistung, die innerhalb von zwei Jahren nach dem Zeitpunkt der Lieferung der Waren mit digitalen Elementen eintritt oder offenbar wird. [2] Ist im Vertrag eine fortlaufende Bereitstellung über einen Zeitraum von mehr als zwei Jahren vorgesehen, haftet der Verkäufer für jede Vertragswidrigkeit des digitalen Inhalts oder der digitalen Dienstleistung, die innerhalb des Zeitraums eintritt oder offenbar wird, über den der digitale Inhalt oder die digitale Dienstleistung laut Kaufvertrag bereitzustellen ist.

(3) Die Mitgliedstaaten können längere Fristen beibehalten oder einführen als in den Absätzen 1 und 2 vorgesehen.

(4) Unterliegen die Abhilfen nach Artikel 13 gemäß nationalem Recht auch einer Verjährungsfrist, stellen die Mitgliedstaaten sicher, dass diese Verjährungsfrist dem Verbraucher ermöglicht, die Abhilfen nach Artikel 13 bei einer Vertragswidrigkeit, für die der Verkäufer gemäß den Absätzen 1 und 2 des vorliegenden Artikels haftet und die innerhalb des in diesen Absätzen genannten Zeitraums offenbar wird, in Anspruch zu nehmen.

(5) [1] Ungeachtet der Absätze 1 und 2 des vorliegenden Artikels kann ein Mitgliedstaat nur eine Verjährungsfrist für die Abhilfen nach Artikel 13 beibehalten oder einführen. [2] Die Mitgliedstaaten stellen sicher, dass es diese Verjährungsfrist dem Verbraucher ermöglicht, die Abhilfen nach Artikel 13 bei einer Vertragswidrigkeit, für die der Verkäufer gemäß den Absätzen 1 und 2 des vorliegenden Artikels haftet und die innerhalb des in diesen Absätzen genannten Zeitraums offenbar wird, in Anspruch zu nehmen.

(6) Die Mitgliedstaaten können vorsehen, dass sich der Verkäufer und der Verbraucher im Falle von gebrauchten Waren auf Vertragsklauseln oder Vereinbarungen über kürzere Haftungszeiträume oder Verjährungsfristen als in den Absätzen 1, 2 und 5 genannt einigen können, sofern diese kürzeren Fristen ein Jahr nicht unterschreiten.

Art. 11 Beweislast. (1) [1] Bei Vertragswidrigkeiten, die innerhalb eines Jahres nach dem Zeitpunkt der Lieferung der Waren offenbar werden, wird vermutet, dass sie bereits zu dem Zeitpunkt der Lieferung der Waren bestanden haben, es sei denn, das Gegenteil wird bewiesen oder diese Vermutung ist mit der Art der

Waren oder der Art der Vertragswidrigkeit unvereinbar. [2]Dieser Absatz gilt auch für Waren mit digitalen Elementen.

(2) Statt der Frist von einem Jahr gemäß Absatz 1 können die Mitgliedstaaten eine Frist von zwei Jahren ab dem Zeitpunkt der Lieferung der Waren beibehalten oder einführen.

(3) Ist im Falle von Waren mit digitalen Elementen im Kaufvertrag die fortlaufende Bereitstellung des digitalen Inhalts oder der digitalen Dienstleistung über einen Zeitraum vorgesehen, so trägt bei einer Vertragswidrigkeit, die innerhalb des in Artikel 10 Absatz 2 genannten Zeitraums offenbar wird, der Verkäufer die Beweislast dafür, dass der digitale Inhalt oder die digitale Dienstleistung innerhalb des in dem angeführten Artikel genannten Zeitraums vertragsgemäß war.

Art. 12 Rügeobliegenheit. Die Mitgliedstaaten können Bestimmungen beibehalten oder einführen, nach denen der Verbraucher zur Inanspruchnahme seiner Rechte den Verkäufer innerhalb eines Zeitraums von mindestens zwei Monaten ab dem Zeitpunkt, zu dem er die Vertragswidrigkeit festgestellt hat, über diese Vertragswidrigkeit unterrichten muss.

Art. 13 Abhilfen bei Vertragswidrigkeit. (1) Bei Vertragswidrigkeit ist der Verbraucher berechtigt, unter den in diesem Artikel genannten Bedingungen entweder die Herstellung des vertragsgemäßen Zustands der Waren zu verlangen oder eine anteilige Minderung des Preises zu erhalten oder aber den Vertrag zu beenden.

(2) Für die Herstellung des vertragsgemäßen Zustands der Waren kann der Verbraucher zwischen Nachbesserung und Ersatzlieferung wählen, es sei denn, die gewählte Abhilfe wäre unmöglich oder würde dem Verkäufer im Vergleich zu der anderen Abhilfemöglichkeit unverhältnismäßig hohe Kosten verursachen, und zwar unter Berücksichtigung aller Umstände, wie unter anderem

a) des Werts, den die Waren hätten, wenn sie vertragsgemäß wären,

b) der Bedeutung der Vertragswidrigkeit, und

c) des Umstands, ob die alternative Abhilfe ohne erhebliche Unannehmlichkeiten für den Verbraucher durchgeführt werden kann.

(3) Der Verkäufer kann die Herstellung des vertragsgemäßen Zustands der Waren verweigern, wenn ihm sowohl Nachbesserung als auch Ersatzlieferung unter Berücksichtigung aller Umstände, einschließlich der in Absatz 2 Buchstaben a und b genannten, unmöglich wären oder unverhältnismäßige Kosten verursachen würden.

(4) Der Verbraucher hat entweder Anspruch auf eine anteilige Minderung des Preises nach Maßgabe des Artikels 15 oder auf die Beendigung des Kaufvertrags nach Maßgabe des Artikels 16, wenn einer der folgenden Fälle vorliegt:

a) Der Verkäufer hat die Nachbesserung oder die Ersatzlieferung nicht vorgenommen oder hat gegebenenfalls die Nachbesserung oder die Ersatzlieferung nicht im Einklang mit Artikel 14 Absatz 2 und Absatz 3 vorgenommen oder aber der Verkäufer hat die Herstellung des vertragsgemäßen Zustands der Waren nach Absatz 3 des vorliegenden Artikels verweigert;

b) eine Vertragswidrigkeit tritt auf, obwohl der Verkäufer versucht hat, den vertragsgemäßen Zustand der Waren herzustellen;

c) die Vertragswidrigkeit ist derart schwerwiegend, dass eine sofortige Preisminderung oder eine Beendigung des Kaufvertrags gerechtfertigt ist; oder
d) der Verkäufer hat erklärt oder es ist nach den Umständen offensichtlich, dass er den vertragsgemäßen Zustand der Waren nicht innerhalb einer angemessenen Frist oder nicht ohne erhebliche Unannehmlichkeiten für den Verbraucher herstellen wird.

(5) [1] Der Verbraucher hat keinen Anspruch auf die Beendigung des Vertrags, wenn die Vertragswidrigkeit nur geringfügig ist. [2] Die Beweislast dafür, ob es sich um eine geringfügige Vertragswidrigkeit handelt, trägt der Verkäufer.

(6) [1] Der Verbraucher ist berechtigt, die Zahlung eines ausstehenden Teiles des Preises oder eines Teils davon so lange zurückzuhalten, bis der Verkäufer seine Verpflichtungen nach dieser Richtlinie erfüllt hat. [2] Die Mitgliedstaaten können die Bedingungen und Modalitäten festlegen, unter denen der Verbraucher die Zahlung zurückhalten kann.

(7) Die Mitgliedstaaten können regeln, ob und in welchem Umfang ein Beitrag des Verbrauchers zu der Vertragswidrigkeit dessen Recht auf Abhilfe beeinträchtigt.

Art. 14 Nachbesserung der Waren oder Ersatzlieferung. (1) Eine Nachbesserung oder die Ersatzlieferung wird wie folgt vorgenommen:
a) unentgeltlich,
b) innerhalb einer angemessenen Frist ab dem Zeitpunkt, zu dem der Verbraucher den Verkäufer über die Vertragswidrigkeit unterrichtet hat, und
c) ohne erhebliche Unannehmlichkeiten für den Verbraucher, wobei die Art der Waren sowie der Zweck, für den der Verbraucher die Waren benötigt, zu berücksichtigen sind.

(2) [1] Hat die Abhilfe der Vertragswidrigkeit durch Nachbesserung der Waren oder durch Ersatzlieferung zu erfolgen, so stellt der Verbraucher dem Verkäufer die Waren zur Verfügung. [2] Der Verkäufer nimmt die ersetzten Waren auf seine Kosten zurück.

(3) Erfordert die Nachbesserung die Entfernung von Waren, die entsprechend ihrer Art und ihrem Zweck montiert oder installiert wurden, bevor die Vertragswidrigkeit offenbar wurde, oder sind solche Waren zu ersetzen, so umfasst die Pflicht zur Nachbesserung oder Ersatzlieferung die Entfernung der nicht vertragsgemäßen Waren und die Montage oder Installierung der Ersatzwaren oder der nachgebesserten Waren oder die Übernahme der Kosten dieser Entfernung und Montage oder Installierung.

(4) Der Verbraucher ist nicht verpflichtet, für die normale Verwendung der ersetzten Waren in der Zeit vor ihrer Ersetzung zu zahlen.

Art. 15 Preisminderung. Die Preisminderung bemisst sich nach dem Verhältnis, in dem der verminderte Wert der vom Verbraucher entgegengenommenen Waren zu dem Wert steht, den die Waren gehabt hätten, wenn sie vertragsgemäß gewesen wären.

Art. 16 Beendigung des Kaufvertrags. (1) Der Verbraucher übt sein Recht auf Beendigung des Kaufvertrags durch eine Erklärung an den Verkäufer aus, die seinen Entschluss zur Beendigung des Kaufvertrags zum Ausdruck bringt.

(2) Bezieht sich die Vertragswidrigkeit nur auf einen Teil der aufgrund des Kaufvertrags gelieferten Waren und besteht ein Grund für die Beendigung des Kaufvertrags nach Artikel 13, so kann der Verbraucher den Kaufvertrag nur in Bezug auf diese Waren beenden, sowie in Bezug auf andere Waren, die er zusammen mit den nicht vertragsgemäßen Waren erworben hat, sofern vom Verbraucher nicht vernünftigerweise erwartet werden kann, dass er akzeptiert, nur die vertragsgemäßen Waren zu behalten.

(3) *[1]* Beendet der Verbraucher den Kaufvertrag insgesamt oder in Bezug auf einen Teil der gelieferten Waren gemäß Absatz 2, gilt Folgendes:

a) Der Verbraucher hat dem Verkäufer die Waren auf dessen Kosten zurückzugeben, und
b) der Verkäufer hat dem Verbraucher den für die Waren gezahlten Preis zu erstatten, sobald er die Waren erhält oder der Verbraucher einen Nachweis erbringt, dass er die Waren zurückgesandt hat.

[2] Für die Zwecke dieses Absatzes können die Mitgliedstaaten die Modalitäten der Rückgabe und Erstattung festlegen.

Art. 17 Gewerbliche Garantien. (1) *[1]* [1]Jede gewerbliche Garantie ist für den Garantiegeber zu den Bedingungen verbindlich, die in der entsprechenden Garantieerklärung und einschlägiger Werbung, die zum Zeitpunkt des Vertragsschlusses oder davor verfügbar war, angegeben sind. [2]Zu den Bedingungen, die in diesem Artikel festgelegt sind, und unbeschadet sonstiger anwendbarer Vorschriften der Union oder des nationalen Rechts haftet der Hersteller in dem Fall, dass der Hersteller dem Verbraucher eine gewerbliche Haltbarkeitsgarantie für bestimmte Waren für einen bestimmten Zeitraum anbietet, dem Verbraucher direkt während des gesamten Zeitraums der gewerblichen Haltbarkeitsgarantie auf Nachbesserung der Waren oder Ersatzlieferung gemäß Artikel 14. [3]Der Hersteller kann dem Verbraucher in der Haltbarkeitsgarantieerklärung günstigere Bedingungen anbieten.

[2] Sind die in der Garantieerklärung genannten Bedingungen weniger vorteilhaft für den Verbraucher als die in der einschlägigen Werbung angegebenen, ist die gewerbliche Garantie zu den in der Werbung für diese Garantie angegebenen Bedingungen verbindlich, es sei denn die einschlägige Werbung wurde vor Abschluss des Vertrags in der gleichen oder einer vergleichbaren Weise berichtigt, in der sie gemacht wurde.

(2) [1]Die Garantieerklärung wird dem Verbraucher auf einem dauerhaften Datenträger spätestens zum Zeitpunkt der Lieferung der Waren zur Verfügung gestellt. [2]Die Garantieerklärung muss in klarer und verständlicher Sprache formuliert sein. [3]Sie muss Folgendes enthalten:

a) einen klaren Hinweis, dass der Verbraucher bei Vertragswidrigkeit der Waren ein gesetzliches Recht auf unentgeltliche Abhilfen des Verkäufers hat und dass diese Abhilfen von der gewerblichen Garantie nicht berührt werden;
b) Name und Anschrift des Garantiegebers;
c) das vom Verbraucher einzuhaltende Verfahren für die Geltendmachung der gewerblichen Garantie;

d) die Nennung der Waren, auf die sich die gewerbliche Garantie bezieht; sowie

e) die Bestimmungen der gewerblichen Garantie.

(3) Die gewerbliche Garantie bindet den Garantiegeber auch dann, wenn die Anforderungen des Absatzes 2 nicht eingehalten werden.

(4) Die Mitgliedstaaten können für andere Aspekte in Bezug auf gewerbliche Garantien, die nicht in diesem Artikel geregelt sind, Vorschriften einführen, einschließlich Vorschriften zu der Sprache oder den Sprachen, in denen die Garantieerklärung dem Verbraucher zur Verfügung gestellt werden muss.

Art. 18 Rückgriffsrechte. [1] Haftet der Verkäufer dem Verbraucher aufgrund einer Vertragswidrigkeit infolge eines Handelns oder Unterlassens einer Person in vorhergehenden Gliedern der Vertragskette, einschließlich des Unterlassens, Aktualisierungen für Waren mit digitalen Elementen gemäß Artikel 7 Absatz 3 zur Verfügung zu stellen, ist der Verkäufer berechtigt, bei den oder dem innerhalb der Vertragskette Haftenden Rückgriff zu nehmen. [2] Bei welcher Person der Verkäufer Rückgriff nehmen kann, sowie die diesbezüglichen Maßnahmen und Bedingungen für die Geltendmachung der Rückgriffsansprüche bestimmt das nationale Recht.

Art. 19 Rechtsdurchsetzung. (1) Die Mitgliedstaaten sorgen dafür, dass angemessene und wirksame Mittel vorhanden sind, mit denen die Einhaltung dieser Richtlinie sichergestellt wird.

(2) Die in Absatz 1 genannten Mittel schließen Vorschriften ein, nach denen eine oder mehrere der folgenden nach den nationalen Rechtsvorschriften bestimmten Einrichtungen die Gerichte oder die zuständigen Verwaltungsbehörden nach Maßgabe des jeweiligen nationalen Rechts anrufen kann oder können, um die Anwendung der nationalen Vorschriften zur Umsetzung dieser Richtlinie sicherzustellen:

a) öffentliche Einrichtungen oder ihre Vertreter,

b) Verbraucherverbände, die ein berechtigtes Interesse am Schutz der Verbraucher haben,

c) Berufsverbände, die ein berechtigtes Interesse daran haben, tätig zu werden.

Art. 20 Information der Verbraucher. Die Mitgliedstaaten ergreifen angemessene Maßnahmen um sicherzustellen, dass Verbrauchern Informationen über ihre Rechte nach dieser Richtlinie, und über die Mittel für die Durchsetzung dieser Rechte, zur Verfügung stehen.

Art. 21 Zwingender Charakter. (1) Sofern diese Richtlinie nichts anderes bestimmt, ist jede vertragliche Vereinbarung, die die Anwendung nationaler Maßnahmen zur Umsetzung dieser Richtlinie zum Nachteil des Verbrauchers ausschließt, davon abweicht oder deren Wirkungen abändert, bevor der Verbraucher dem Verkäufer die Vertragswidrigkeit der Waren zur Kenntnis gebracht hat, für den Verbraucher nicht bindend.

(2) Diese Richtlinie hindert den Verkäufer nicht daran, dem Verbraucher Vertragsbedingungen anzubieten, die über den in dieser Richtlinie vorgesehenen Schutz hinausgehen.

Art. 22 Änderungen der Verordnung (EU) 2017/2394 und der Richtlinie 2009/22/EG. *(hier nicht wiedergegeben)*

Art. 23 Aufhebung der Richtlinie 1999/44/EG. *[1]* Die Richtlinie 1999/44/EG wird ab dem 1. Januar 2022 aufgehoben.

[2] Bezugnahmen auf die aufgehobene Richtlinie gelten als Bezugnahmen auf die vorliegende Richtlinie und sind gemäß der Entsprechungstabelle im Anhang zu lesen.

Art. 24 Umsetzung. (1) *[1]* [1] Bis zum 1. Juli 2021 erlassen und veröffentlichen die Mitgliedstaaten die erforderlichen Vorschriften, um dieser Richtlinie nachzukommen. [2] Sie setzen die Kommission umgehend davon in Kenntnis.

[2] Sie wenden diese Vorschriften ab dem 1. Januar 2022 an.

[3] [1] Bei Erlass dieser Vorschriften nehmen die Mitgliedstaaten in den Vorschriften selbst oder durch einen Hinweis bei der amtlichen Veröffentlichung auf die vorliegende Richtlinie Bezug. [2] Die Mitgliedstaaten regeln die Einzelheiten dieser Bezugnahme.

[4] Die Mitgliedstaaten teilen der Kommission den Wortlaut der wichtigsten Vorschriften des nationalen Rechts mit, die sie auf dem unter diese Richtlinie fallenden Gebiet erlassen.

(2) Die Bestimmungen dieser Richtlinie gelten nicht für vor dem 1. Januar 2022 geschlossene Verträge.

Art. 25 Überprüfung. [1] Die Kommission überprüft spätestens am 12. Juni 2024 die Anwendung dieser Richtlinie, einschließlich der Bestimmungen über Abhilfen und Beweislast – auch hinsichtlich gebrauchter Waren und Waren, die bei öffentlichen Versteigerungen verkauft werden – sowie der gewerblichen Haltbarkeitsgarantie des Herstellers, und legt dem Europäischen Parlament, dem Rat und dem Europäischen Wirtschafts- und Sozialausschuss einen Bericht vor. [2] Darin bewertet sie insbesondere, ob die Anwendung dieser Richtlinie und der Richtlinie (EU) 2019/770[1)] einen einheitlichen und kohärenten Rahmen für das ordnungsgemäße Funktionieren des Binnenmarkts hinsichtlich der Bereitstellung von digitalen Inhalten, digitalen Dienstleistungen und Waren mit digitalen Elementen im Einklang mit den für die Politikbereiche der Union maßgeblichen Grundsätzen gewährleistet. [3] Dem Bericht werden gegebenenfalls Gesetzgebungsvorschläge beigefügt.

Art. 26 Inkrafttreten. *[1]* Diese Richtlinie tritt am zwanzigsten Tag nach ihrer Veröffentlichung[2)] im *Amtsblatt der Europäischen Union* in Kraft.

[2] Artikel 22 gilt jedoch ab dem 1. Januar 2022.

Art. 27 Adressaten. Diese Richtlinie ist an die Mitgliedstaaten gerichtet.

Geschehen zu Brüssel am 20. Mai 2019.

[1)] Nr. **27**.
[2)] Veröffentlicht am 22.5.2019.

Anhang. Entsprechungstabelle

Richtlinie 1999/44/EG	Vorliegende Richtlinie
Artikel 1 Absatz 1	Artikel 1
Artikel 1 Absatz 2 Buchstabe a	Artikel 2 Nummer 2
Artikel 1 Absatz 2 Buchstabe b erster Gedankenstrich	Artikel 3 Absatz 4 Buchstabe b
Artikel 1 Absatz 2 Buchstabe b zweiter und dritter Gedankenstrich	Artikel 2 Nummer 5 Buchstabe a
Artikel 1 Absatz 2 Buchstabe c	Artikel 2 Nummer 3
Artikel 1 Absatz 2 Buchstabe d	Artikel 2 Nummer 4
Artikel 1 Absatz 2 Buchstabe e	Artikel 2 Nummer 12
Artikel 1 Absatz 3	Artikel 2 Nummer 15 und Artikel 3 Absatz 5 Buchstabe a
Artikel 1 Absatz 4	Artikel 3 Absatz 2
Artikel 2 Absatz 1	Artikel 5
Artikel 2 Absatz 2 Buchstabe a	Artikel 6 Buchstabe a und Artikel 7 Absatz 1 Buchstabe b
Artikel 2 Absatz 2 Buchstabe b	Artikel 6 Buchstabe b
Artikel 2 Absatz 2 Buchstabe c	Artikel 7 Absatz 1 Buchstabe a
Artikel 2 Absatz 2 Buchstabe d	Artikel 7 Absatz 1 Buchstabe d
Artikel 2 Absatz 3	Artikel 7 Absatz 5
Artikel 2 Absatz 4	Artikel 7 Absatz 2
Artikel 2 Absatz 5	Artikel 8
Artikel 3 Absatz 1	Artikel 10 Absatz 1
Artikel 3 Absatz 2	Artikel 13 Absatz 1
Artikel 3 Absatz 3 Unterabsatz 1	Artikel 13 Absatz 2 und Artikel 14 Absatz 1 Buchstabe a
Artikel 3 Absatz 3 Unterabsatz 2	Artikel 13 Absatz 2
Artikel 3 Absatz 3 Unterabsatz 3	Artikel 14 Absatz 1 Buchstabe b und c
Artikel 3 Absatz 4	Artikel 2 Nummer 14
Artikel 3 Absatz 5	Artikel 13 Absatz 4
Artikel 3 Absatz 6	Artikel 13 Absatz 5
Artikel 4	Artikel 18
Artikel 5 Absatz 1	Artikel 10 Absatz 1 bis 5
Artikel 5 Absatz 2	Artikel 12
Artikel 5 Absatz 3	Artikel 11
Artikel 6 Absatz 1	Artikel 17 Absatz 1
Artikel 6 Absatz 2	Artikel 17 Absatz 2
Artikel 6 Absatz 3	Artikel 17 Absatz 2
Artikel 6 Absatz 4	Artikel 17 Absatz 4
Artikel 6 Absatz 5	Artikel 17 Absatz 3
Artikel 7 Absatz 1 Unterabsatz 1	Artikel 21 Absatz 1
Artikel 7 Absatz 1 Unterabsatz 2	Artikel 10 Absatz 6
Artikel 7 Absatz 2	–
Artikel 8 Absatz 1	Artikel 3 Absatz 6 und 7
Artikel 8 Absatz 2	Artikel 4
Artikel 9	Artikel 19 und 20

Richtlinie 1999/44/EG	Vorliegende Richtlinie
Artikel 10	Artikel 22
Artikel 11 Absatz 1 Unterabsatz 1	Artikel 24 Absatz 1 Unterabsatz 1
Artikel 11 Absatz 1 Unterabsatz 2	Artikel 24 Absatz 1 Unterabsatz 3
Artikel 11 Absatz 2	Artikel 24 Absatz 1 Unterabsatz 4
Artikel 12	Artikel 25
Artikel 13	Artikel 26
Artikel 14	Artikel 27

[Nr. 29: nicht belegt]

30. Gesetz über Urheberrecht und verwandte Schutzrechte (Urheberrechtsgesetz)[1)]

Vom 9. September 1965
(BGBl. I S. 1273)

FNA 440-1

zuletzt geänd. durch Art. 1 G zur Umsetzung der Marrakesch-RL über einen verbesserten Zugang zu urheberrechtlich geschützten Werken zugunsten von Menschen mit einer Seh- oder Lesebehinderung v. 28.11.2018 (BGBl. I S. 2014)

– Auszug –

Teil 1. Urheberrecht

Abschnitt 2. Das Werk

§ 2 Geschützte Werke. (1) Zu den geschützten Werken der Literatur, Wissenschaft und Kunst gehören insbesondere:

1. Sprachwerke, wie Schriftwerke, Reden und Computerprogramme;
2. Werke der Musik;
3. pantomimische Werke einschließlich der Werke der Tanzkunst;
4. Werke der bildenden Künste einschließlich der Werke der Baukunst und der angewandten Kunst und Entwürfe solcher Werke;
5. Lichtbildwerke einschließlich der Werke, die ähnlich wie Lichtbildwerke geschaffen werden;
6. Filmwerke einschließlich der Werke, die ähnlich wie Filmwerke geschaffen werden;
7. Darstellungen wissenschaftlicher oder technischer Art, wie Zeichnungen, Pläne, Karten, Skizzen, Tabellen und plastische Darstellungen.

(2) Werke im Sinne dieses Gesetzes sind nur persönliche geistige Schöpfungen.

§ 3 Bearbeitungen. [1]Übersetzungen und andere Bearbeitungen eines Werkes, die persönliche geistige Schöpfungen des Bearbeiters sind, werden unbeschadet des Urheberrechts am bearbeiteten Werk wie selbständige Werke geschützt. [2]Die nur unwesentliche Bearbeitung eines nicht geschützten Werkes der Musik wird nicht als selbständiges Werk geschützt.

§ 4 Sammelwerke und Datenbankwerke. (1) Sammlungen von Werken, Daten oder anderen unabhängigen Elementen, die aufgrund der Auswahl oder Anordnung der Elemente eine persönliche geistige Schöpfung sind (Sammelwerke), werden, unbeschadet eines an den einzelnen Elementen gegebenenfalls

---

[1)] Für das Gebiet der ehem. DDR beachte zum UrheberrechtsG aufgrund des Einigungsvertrages v. 31.8.1990 (BGBl. II S. 885, 889), zuletzt geänd. durch G v. 8.7.2016 (BGBl. I S. 1594) geltende Maßgaben.

bestehenden Urheberrechts oder verwandten Schutzrechts, wie selbständige Werke geschützt.

(2) [1]Datenbankwerk im Sinne dieses Gesetzes ist ein Sammelwerk, dessen Elemente systematisch oder methodisch angeordnet und einzeln mit Hilfe elektronischer Mittel oder auf andere Weise zugänglich sind. [2]Ein zur Schaffung des Datenbankwerkes oder zur Ermöglichung des Zugangs zu dessen Elementen verwendetes Computerprogramm (§ 69a) ist nicht Bestandteil des Datenbankwerkes.

§ 5 Amtliche Werke. (1) Gesetze, Verordnungen, amtliche Erlasse und Bekanntmachungen sowie Entscheidungen und amtlich verfaßte Leitsätze zu Entscheidungen genießen keinen urheberrechtlichen Schutz.

(2) Das gleiche gilt für andere amtliche Werke, die im amtlichen Interesse zur allgemeinen Kenntnisnahme veröffentlicht worden sind, mit der Einschränkung, daß die Bestimmungen über Änderungsverbot und Quellenangabe in § 62 Abs. 1 bis 3 und § 63 Abs. 1 und 2 entsprechend anzuwenden sind.

(3) [1]Das Urheberrecht an privaten Normwerken wird durch die Absätze 1 und 2 nicht berührt, wenn Gesetze, Verordnungen, Erlasse oder amtliche Bekanntmachungen auf sie verweisen, ohne ihren Wortlaut wiederzugeben. [2]In diesem Fall ist der Urheber verpflichtet, jedem Verleger zu angemessenen Bedingungen ein Recht zur Vervielfältigung und Verbreitung einzuräumen. [3]Ist ein Dritter Inhaber des ausschließlichen Rechts zur Vervielfältigung und Verbreitung, so ist dieser zur Einräumung des Nutzungsrechts nach Satz 2 verpflichtet.

§ 6 Veröffentlichte und erschienene Werke. (1) Ein Werk ist veröffentlicht, wenn es mit Zustimmung des Berechtigten der Öffentlichkeit zugänglich gemacht worden ist.

(2) [1]Ein Werk ist erschienen, wenn mit Zustimmung des Berechtigten Vervielfältigungsstücke des Werkes nach ihrer Herstellung in genügender Anzahl der Öffentlichkeit angeboten oder in Verkehr gebracht worden sind. [2]Ein Werk der bildenden Künste gilt auch dann als erschienen, wenn das Original oder ein Vervielfältigungsstück des Werkes mit Zustimmung des Berechtigten bleibend der Öffentlichkeit zugänglich ist.

Abschnitt 3. Der Urheber

§ 7 Urheber. Urheber ist der Schöpfer des Werkes.

§ 8 Miturheber. (1) Haben mehrere ein Werk gemeinsam geschaffen, ohne daß sich ihre Anteile gesondert verwerten lassen, so sind sie Miturheber des Werkes.

(2) [1]Das Recht zur Veröffentlichung und zur Verwertung des Werkes steht den Miturhebern zur gesamten Hand zu; Änderungen des Werkes sind nur mit Einwilligung der Miturheber zulässig. [2]Ein Miturheber darf jedoch seine Einwilligung zur Veröffentlichung, Verwertung oder Änderung nicht wider Treu und Glauben verweigern. [3]Jeder Miturheber ist berechtigt, Ansprüche aus Verletzungen des gemeinsamen Urheberrechts geltend zu machen; er kann jedoch nur Leistung an alle Miturheber verlangen.

(3) Die Erträgnisse aus der Nutzung des Werkes gebühren den Miturhebern nach dem Umfang ihrer Mitwirkung an der Schöpfung des Werkes, wenn nichts anderes zwischen den Miturhebern vereinbart ist.

(4) [1] Ein Miturheber kann auf seinen Anteil an den Verwertungsrechten (§ 15) verzichten. [2] Der Verzicht ist den anderen Miturhebern gegenüber zu erklären. [3] Mit der Erklärung wächst der Anteil den anderen Miturhebern zu.

§ 9 Urheber verbundener Werke. Haben mehrere Urheber ihre Werke zu gemeinsamer Verwertung miteinander verbunden, so kann jeder vom anderen die Einwilligung zur Veröffentlichung, Verwertung und Änderung der verbundenen Werke verlangen, wenn die Einwilligung dem anderen nach Treu und Glauben zuzumuten ist.

§ 10 Vermutung der Urheber- oder Rechtsinhaberschaft. (1) Wer auf den Vervielfältigungsstücken eines erschienenen Werkes oder auf dem Original eines Werkes der bildenden Künste in der üblichen Weise als Urheber bezeichnet ist, wird bis zum Beweis des Gegenteils als Urheber des Werkes angesehen; dies gilt auch für eine Bezeichnung, die als Deckname oder Künstlerzeichen des Urhebers bekannt ist.

(2) [1] Ist der Urheber nicht nach Absatz 1 bezeichnet, so wird vermutet, daß derjenige ermächtigt ist, die Rechte des Urhebers geltend zu machen, der auf den Vervielfältigungsstücken des Werkes als Herausgeber bezeichnet ist. [2] Ist kein Herausgeber angegeben, so wird vermutet, daß der Verleger ermächtigt ist.

(3) [1] Für die Inhaber ausschließlicher Nutzungsrechte gilt die Vermutung des Absatzes 1 entsprechend, soweit es sich um Verfahren des einstweiligen Rechtsschutzes handelt oder Unterlassungsansprüche geltend gemacht werden. [2] Die Vermutung gilt nicht im Verhältnis zum Urheber oder zum ursprünglichen Inhaber des verwandten Schutzrechts.

Abschnitt 4. Inhalt des Urheberrechts

Unterabschnitt 1. Allgemeines

§ 11 Allgemeines. [1] Das Urheberrecht schützt den Urheber in seinen geistigen und persönlichen Beziehungen zum Werk und in der Nutzung des Werkes. [2] Es dient zugleich der Sicherung einer angemessenen Vergütung für die Nutzung des Werkes.

Unterabschnitt 2. Urheberpersönlichkeitsrecht

§ 12 Veröffentlichungsrecht. (1) Der Urheber hat das Recht zu bestimmen, ob und wie sein Werk zu veröffentlichen ist.

(2) Dem Urheber ist es vorbehalten, den Inhalt seines Werkes öffentlich mitzuteilen oder zu beschreiben, solange weder das Werk noch der wesentliche Inhalt oder eine Beschreibung des Werkes mit seiner Zustimmung veröffentlicht ist.

§ 13 Anerkennung der Urheberschaft. [1] Der Urheber hat das Recht auf Anerkennung seiner Urheberschaft am Werk. [2] Er kann bestimmen, ob das

Werk mit einer Urheberbezeichnung zu versehen und welche Bezeichnung zu verwenden ist.

§ 14 Entstellung des Werkes. Der Urheber hat das Recht, eine Entstellung oder eine andere Beeinträchtigung seines Werkes zu verbieten, die geeignet ist, seine berechtigten geistigen oder persönlichen Interessen am Werk zu gefährden.

Unterabschnitt 3. Verwertungsrechte

§ 15 Allgemeines. (1) Der Urheber hat das ausschließliche Recht, sein Werk in körperlicher Form zu verwerten[1]; das Recht umfaßt insbesondere
1. das Vervielfältigungsrecht (§ 16),
2. das Verbreitungsrecht (§ 17),
3. das Ausstellungsrecht (§ 18).

(2) [1] Der Urheber hat ferner das ausschließliche Recht, sein Werk in unkörperlicher Form öffentlich wiederzugeben (Recht der öffentlichen Wiedergabe). [2] Das Recht der öffentlichen Wiedergabe umfasst insbesondere
1. das Vortrags-, Aufführungs- und Vorführungsrecht (§ 19),
2. das Recht der öffentlichen Zugänglichmachung (§ 19a),
3. das Senderecht (§ 20),
4. das Recht der Wiedergabe durch Bild- oder Tonträger (§ 21),
5. das Recht der Wiedergabe von Funksendungen und von öffentlicher Zugänglichmachung (§ 22).

(3) [1] Die Wiedergabe ist öffentlich, wenn sie für eine Mehrzahl von Mitgliedern der Öffentlichkeit bestimmt ist. [2] Zur Öffentlichkeit gehört jeder, der nicht mit demjenigen, der das Werk verwertet, oder mit den anderen Personen, denen das Werk in unkörperlicher Form wahrnehmbar oder zugänglich gemacht wird, durch persönliche Beziehungen verbunden ist.

§ 16 Vervielfältigungsrecht. (1) Das Vervielfältigungsrecht ist das Recht, Vervielfältigungsstücke des Werkes herzustellen, gleichviel ob vorübergehend oder dauerhaft, in welchem Verfahren und in welcher Zahl.

(2) Eine Vervielfältigung ist auch die Übertragung des Werkes auf Vorrichtungen zur wiederholbaren Wiedergabe von Bild- oder Tonfolgen (Bild- oder Tonträger), gleichviel, ob es sich um die Aufnahme einer Wiedergabe des Werkes auf einen Bild- oder Tonträger oder um die Übertragung des Werkes von einem Bild- oder Tonträger auf einen anderen handelt.

§ 17 Verbreitungsrecht. (1) Das Verbreitungsrecht ist das Recht, das Original oder Vervielfältigungsstücke des Werkes der Öffentlichkeit anzubieten oder in Verkehr zu bringen.

(2) Sind das Original oder Vervielfältigungsstücke des Werkes mit Zustimmung des zur Verbreitung Berechtigten im Gebiet der Europäischen Union oder eines anderen Vertragsstaates des Abkommens über den Europäischen

---

[1] Beachte hierzu VerwertungsgesellschaftenG v. 24.5.2016 (BGBl. I S. 1190), zuletzt geänd. durch G v. 17.7.2017 (BGBl. I S. 2541).

Wirtschaftsraum im Wege der Veräußerung in Verkehr gebracht worden, so ist ihre Weiterverbreitung mit Ausnahme der Vermietung zulässig.

(3) [1] Vermietung im Sinne der Vorschriften dieses Gesetzes ist die zeitlich begrenzte, unmittelbar oder mittelbar Erwerbszwecken dienende Gebrauchsüberlassung. [2] Als Vermietung gilt jedoch nicht die Überlassung von Originalen oder Vervielfältigungsstücken

1. von Bauwerken und Werken der angewandten Kunst oder
2. im Rahmen eines Arbeits- oder Dienstverhältnisses zu dem ausschließlichen Zweck, bei der Erfüllung von Verpflichtungen aus dem Arbeits- oder Dienstverhältnis benutzt zu werden.

§ 18 Ausstellungsrecht. Das Ausstellungsrecht ist das Recht, das Original oder Vervielfältigungsstücke eines unveröffentlichten Werkes der bildenden Künste oder eines unveröffentlichten Lichtbildwerkes öffentlich zur Schau zu stellen.

§ 19 Vortrags-, Aufführungs- und Vorführungsrecht. (1) Das Vortragsrecht ist das Recht, ein Sprachwerk durch persönliche Darbietung öffentlich zu Gehör zu bringen.

(2) Das Aufführungsrecht ist das Recht, ein Werk der Musik durch persönliche Darbietung öffentlich zu Gehör zu bringen oder ein Werk öffentlich bühnenmäßig darzustellen.

(3) Das Vortrags- und das Aufführungsrecht umfassen das Recht, Vorträge und Aufführungen außerhalb des Raumes, in dem die persönliche Darbietung stattfindet, durch Bildschirm, Lautsprecher oder ähnliche technische Einrichtungen öffentlich wahrnehmbar zu machen.

(4) [1] Das Vorführungsrecht ist das Recht, ein Werk der bildenden Künste, ein Lichtbildwerk, ein Filmwerk oder Darstellungen wissenschaftlicher oder technischer Art durch technische Einrichtungen öffentlich wahrnehmbar zu machen. [2] Das Vorführungsrecht umfaßt nicht das Recht, die Funksendung oder öffentliche Zugänglichmachung solcher Werke öffentlich wahrnehmbar zu machen (§ 22).

§ 19a Recht der öffentlichen Zugänglichmachung. Das Recht der öffentlichen Zugänglichmachung ist das Recht, das Werk drahtgebunden oder drahtlos der Öffentlichkeit in einer Weise zugänglich zu machen, dass es Mitgliedern der Öffentlichkeit von Orten und zu Zeiten ihrer Wahl zugänglich ist.

§ 20 Senderecht. Das Senderecht ist das Recht, das Werk durch Funk, wie Ton- und Fernsehrundfunk, Satellitenrundfunk, Kabelfunk oder ähnliche technische Mittel, der Öffentlichkeit zugänglich zu machen.

§ 20a Europäische Satellitensendung. (1) Wird eine Satellitensendung innerhalb des Gebietes eines Mitgliedstaates der Europäischen Union oder Vertragsstaates des Abkommens über den Europäischen Wirtschaftsraum ausgeführt, so gilt sie ausschließlich als in diesem Mitgliedsstaat oder Vertragsstaat erfolgt.

(2) [1] Wird eine Satellitensendung im Gebiet eines Staates ausgeführt, der weder Mitgliedstaat der Europäischen Union noch Vertragsstaat des Abkommens über den Europäischen Wirtschaftsraum ist und in dem für das Recht der Satellitensendung das in Kapitel II der Richtlinie 93/83/EWG des Rates vom 27. September 1993 zur Koordinierung bestimmter urheber- und leistungsschutzrechtlicher Vorschriften betreffend Satellitenrundfunk und Kabelweiterverbreitung (ABl. EG Nr. L 248 S. 15) vorgesehene Schutzniveau nicht gewährleistet ist, so gilt sie als in dem Mitgliedstaat oder Vertragsstaat erfolgt,

1. in dem die Erdfunkstation liegt, von der aus die programmtragenden Signale zum Satelliten geleitet werden, oder
2. in dem das Sendeunternehmen seine Niederlassung hat, wenn die Vorraussetzung nach Nummer 1 nicht gegeben ist.

[2] Das Senderecht ist im Fall der Nummer 1 gegenüber dem Betreiber der Erdfunkstation, im Fall der Nummer 2 gegenüber dem Sendeunternehmen geltend zu machen.

(3) Satellitensendung im Sinne von Absatz 1 und 2 ist die unter der Kontrolle und Verantwortung des Sendeunternehmens stattfindende Eingabe der für den öffentlichen Empfang bestimmten programmtragenden Signale in eine ununterbrochene Übertragungskette, die zum Satelliten und zurück zur Erde führt.

§ 20b Kabelweitersendung. (1) [1] Das Recht, ein gesendetes Werk im Rahmen eines zeitgleich, unverändert und vollständig weiterübertragenen Programms durch Kabelsysteme oder Mikrowellensysteme weiterzusenden (Kabelweitersendung), kann nur durch eine Verwertungsgesellschaft geltend gemacht werden. [2] Dies gilt nicht für Rechte, die ein Sendeunternehmen in bezug auf seine Sendungen geltend macht.

(2) [1] Hat der Urheber das Recht der Kabelweitersendung einem Sendeunternehmen oder einem Tonträger- oder Filmhersteller eingeräumt, so hat das Kabelunternehmen gleichwohl dem Urheber eine angemessene Vergütung für die Kabelweitersendung zu zahlen. [2] Auf den Vergütungsanspruch kann nicht verzichtet werden. [3] Er kann im voraus nur an eine Verwertungsgesellschaft abgetreten und nur durch eine solche geltend gemacht werden. [4] Diese Regelung steht Tarifverträgen, Betriebsvereinbarungen und gemeinsamen Vergütungsregeln von Sendeunternehmen nicht entgegen, soweit dadurch dem Urheber eine angemessene Vergütung für jede Kabelweitersendung eingeräumt wird.

§ 21 Recht der Wiedergabe durch Bild- oder Tonträger. [1] Das Recht der Wiedergabe durch Bild- oder Tonträger ist das Recht, Vorträge oder Aufführungen des Werkes mittels Bild- oder Tonträger öffentlich wahrnehmbar zu machen. [2] § 19 Abs. 3 gilt entsprechend.

§ 22 Recht der Wiedergabe von Funksendungen und von öffentlicher Zugänglichmachung. [1] Das Recht der Wiedergabe von Funksendungen und der Wiedergabe von öffentlicher Zugänglichmachung ist das Recht, Funksendungen und auf öffentlicher Zugänglichmachung beruhende Wiedergaben des Werkes durch Bildschirm, Lautsprecher oder ähnliche technische Einrichtungen öffentlich wahrnehmbar zu machen. [2] § 19 Abs. 3 gilt entsprechend.

§ 23 Bearbeitungen und Umgestaltungen. [1]Bearbeitungen oder andere Umgestaltungen des Werkes dürfen nur mit Einwilligung des Urhebers des bearbeiteten oder umgestalteten Werkes veröffentlicht oder verwertet werden. [2]Handelt es sich um eine Verfilmung des Werkes, um die Ausführung von Plänen und Entwürfen eines Werkes der bildenden Künste, um den Nachbau eines Werkes der Baukunst oder um die Bearbeitung oder Umgestaltung eines Datenbankwerkes, so bedarf bereits das Herstellen der Bearbeitung oder Umgestaltung der Einwilligung des Urhebers. [3]Auf ausschließlich technisch bedingte Änderungen eines Werkes nach § 60d Absatz 1, § 60e Absatz 1 sowie § 60f Absatz 2 sind die Sätze 1 und 2 nicht anzuwenden.

§ 24 Freie Benutzung. (1) Ein selbständiges Werk, das in freier Benutzung des Werkes eines anderen geschaffen worden ist, darf ohne Zustimmung des Urhebers des benutzten Werkes veröffentlicht und verwertet werden.

(2) Absatz 1 gilt nicht für die Benutzung eines Werkes der Musik, durch welche eine Melodie erkennbar dem Werk entnommen und einem neuen Werk zugrunde gelegt wird.

Unterabschnitt 4. Sonstige Rechte des Urhebers

§ 25 Zugang zu Werkstücken. (1) Der Urheber kann vom Besitzer des Originals oder eines Vervielfältigungsstückes seines Werkes verlangen, daß er ihm das Original oder das Vervielfältigungsstück zugänglich macht, soweit dies zur Herstellung von Vervielfältigungsstücken oder Bearbeitungen des Werkes erforderlich ist und nicht berechtigte Interessen des Besitzers entgegenstehen.

(2) Der Besitzer ist nicht verpflichtet, das Original oder das Vervielfältigungsstück dem Urheber herauszugeben.

§ 27 Vergütung für Vermietung und Verleihen. (1) [1]Hat der Urheber das Vermietrecht (§ 17) an einem Bild- oder Tonträger dem Tonträger- oder Filmhersteller eingeräumt, so hat der Vermieter gleichwohl dem Urheber eine angemessene Vergütung für die Vermietung zu zahlen. [2]Auf den Vergütungsanspruch kann nicht verzichtet werden. [3]Er kann im voraus nur an eine Verwertungsgesellschaft abgetreten werden.

(2) [1]Für das Verleihen von Originalen oder Vervielfältigungsstücken eines Werkes, deren Weiterverbreitung nach § 17 Abs. 2 zulässig ist, ist dem Urheber eine angemessene Vergütung zu zahlen, wenn die Originale oder Vervielfältigungsstücke durch eine der Öffentlichkeit zugängliche Einrichtung (Bücherei, Sammlung von Bild- oder Tonträgern oder anderer Originale oder Vervielfältigungsstücke) verliehen werden. [2]Verleihen im Sinne von Satz 1 ist die zeitlich begrenzte, weder unmittelbar noch mittelbar Erwerbszwecken dienende Gebrauchsüberlassung; § 17 Abs. 3 Satz 2 findet entsprechende Anwendung.

(3) Die Vergütungsansprüche nach den Absätzen 1 und 2 können nur durch eine Verwertungsgesellschaft geltend gemacht werden.

Abschnitt 5. Rechtsverkehr im Urheberrecht

Unterabschnitt 1. Rechtsnachfolge in das Urheberrecht

§ 28 Vererbung des Urheberrechts. (1) Das Urheberrecht ist vererblich.

(2) [1] Der Urheber kann durch letztwillige Verfügung die Ausübung des Urheberrechts einem Testamentsvollstrecker übertragen. [2] § 2210 des Bürgerlichen Gesetzbuchs ist nicht anzuwenden.

§ 29 Rechtsgeschäfte über das Urheberrecht. (1) Das Urheberrecht ist nicht übertragbar, es sei denn, es wird in Erfüllung einer Verfügung von Todes wegen oder an Miterben im Wege der Erbauseinandersetzung übertragen.

(2) Zulässig sind die Einräumung von Nutzungsrechten (§ 31), schuldrechtliche Einwilligungen und Vereinbarungen zu Verwertungsrechten sowie die in § 39 geregelten Rechtsgeschäfte über Urheberpersönlichkeitsrechte.

§ 30 Rechtsnachfolger des Urhebers. Der Rechtsnachfolger des Urhebers hat die dem Urheber nach diesem Gesetz zustehenden Rechte, soweit nichts anderes bestimmt ist.

Unterabschnitt 2. Nutzungsrechte

§ 31 Einräumung von Nutzungsrechten. (1) [1] Der Urheber kann einem anderen das Recht einräumen, das Werk auf einzelne oder alle Nutzungsarten zu nutzen (Nutzungsrecht). [2] Das Nutzungsrecht kann als einfaches oder ausschließliches Recht sowie räumlich, zeitlich oder inhaltlich beschränkt eingeräumt werden.

(2) Das einfache Nutzungsrecht berechtigt den Inhaber, das Werk auf die erlaubte Art zu nutzen, ohne dass eine Nutzung durch andere ausgeschlossen ist.

(3) [1] Das ausschließliche Nutzungsrecht berechtigt den Inhaber, das Werk unter Ausschluss aller anderen Personen auf die ihm erlaubte Art zu nutzen und Nutzungsrechte einzuräumen. [2] Es kann bestimmt werden, dass die Nutzung durch den Urheber vorbehalten bleibt. [3] § 35 bleibt unberührt.

(4) *(aufgehoben)*

(5) [1] Sind bei der Einräumung eines Nutzungsrechts die Nutzungsarten nicht ausdrücklich einzeln bezeichnet, so bestimmt sich nach dem von beiden Partnern zugrunde gelegten Vertragszweck, auf welche Nutzungsarten es sich erstreckt. [2] Entsprechendes gilt für die Frage, ob ein Nutzungsrecht eingeräumt wird, ob es sich um ein einfaches oder ausschließliches Nutzungsrecht handelt, wie weit Nutzungsrecht und Verbotsrecht reichen und welchen Einschränkungen das Nutzungsrecht unterliegt.

§ 31a Verträge über unbekannte Nutzungsarten. (1) [1] Ein Vertrag, durch den der Urheber Rechte für unbekannte Nutzungsarten einräumt oder sich dazu verpflichtet, bedarf der Schriftform. [2] Der Schriftform bedarf es nicht, wenn der Urheber unentgeltlich ein einfaches Nutzungsrecht für jedermann einräumt. [3] Der Urheber kann diese Rechtseinräumung oder die Verpflichtung hierzu widerrufen. [4] Das Widerrufsrecht erlischt nach Ablauf von drei Monaten, nachdem der andere die Mitteilung über die beabsichtigte Aufnahme der neuen Art der Werknutzung an den Urheber unter der ihm zuletzt bekannten Anschrift abgesendet hat.

(2) [1]Das Widerrufsrecht entfällt, wenn sich die Parteien nach Bekanntwerden der neuen Nutzungsart auf eine Vergütung nach § 32c Abs. 1 geeinigt haben. [2]Das Widerrufsrecht entfällt auch, wenn die Parteien die Vergütung nach einer gemeinsamen Vergütungsregel vereinbart haben. [3]Es erlischt mit dem Tod des Urhebers.

(3) Sind mehrere Werke oder Werkbeiträge zu einer Gesamtheit zusammengefasst, die sich in der neuen Nutzungsart in angemessener Weise nur unter Verwendung sämtlicher Werke oder Werkbeiträge verwerten lässt, so kann der Urheber das Widerrufsrecht nicht wider Treu und Glauben ausüben.

(4) Auf die Rechte nach den Absätzen 1 bis 3 kann im Voraus nicht verzichtet werden.

§ 32 Angemessene Vergütung. (1) [1]Der Urheber hat für die Einräumung von Nutzungsrechten und die Erlaubnis zur Werknutzung Anspruch auf die vertraglich vereinbarte Vergütung. [2]Ist die Höhe der Vergütung nicht bestimmt, gilt die angemessene Vergütung als vereinbart. [3]Soweit die vereinbarte Vergütung nicht angemessen ist, kann der Urheber von seinem Vertragspartner die Einwilligung in die Änderung des Vertrages verlangen, durch die dem Urheber die angemessene Vergütung gewährt wird.

(2) [1]Eine nach einer gemeinsamen Vergütungsregel (§ 36) ermittelte Vergütung ist angemessen. [2]Im Übrigen ist die Vergütung angemessen, wenn sie im Zeitpunkt des Vertragsschlusses dem entspricht, was im Geschäftsverkehr nach Art und Umfang der eingeräumten Nutzungsmöglichkeit, insbesondere nach Dauer, Häufigkeit, Ausmaß und Zeitpunkt der Nutzung, unter Berücksichtigung aller Umstände üblicher- und redlicherweise zu leisten ist.

(2a) Eine gemeinsame Vergütungsregel kann zur Ermittlung der angemessenen Vergütung auch bei Verträgen herangezogen werden, die vor ihrem zeitlichen Anwendungsbereich abgeschlossen wurden.

(3) [1]Auf eine Vereinbarung, die zum Nachteil des Urhebers von den Absätzen 1 bis 2a abweicht, kann der Vertragspartner sich nicht berufen. [2]Die in Satz 1 bezeichneten Vorschriften finden auch Anwendung, wenn sie durch anderweitige Gestaltungen umgangen werden. [3]Der Urheber kann aber unentgeltlich ein einfaches Nutzungsrecht für jedermann einräumen.

(4) Der Urheber hat keinen Anspruch nach Absatz 1 Satz 3, soweit die Vergütung für die Nutzung seiner Werke tarifvertraglich bestimmt ist.

§ 32a Weitere Beteiligung des Urhebers. (1) [1]Hat der Urheber einem anderen ein Nutzungsrecht zu Bedingungen eingeräumt, die dazu führen, dass die vereinbarte Gegenleistung unter Berücksichtigung der gesamten Beziehungen des Urhebers zu dem anderen in einem auffälligen Missverhältnis zu den Erträgen und Vorteilen aus der Nutzung des Werkes steht, so ist der andere auf Verlangen des Urhebers verpflichtet, in eine Änderung des Vertrages einzuwilligen, durch die dem Urheber eine den Umständen nach weitere angemessene Beteiligung gewährt wird. [2]Ob die Vertragspartner die Höhe der erzielten Erträge oder Vorteile vorhergesehen haben oder hätten vorhersehen können, ist unerheblich.

(2) [1] Hat der andere das Nutzungsrecht übertragen oder weitere Nutzungsrechte eingeräumt und ergibt sich das auffällige Missverhältnis aus den Erträgnissen oder Vorteilen eines Dritten, so haftet dieser dem Urheber unmittelbar nach Maßgabe des Absatzes 1 unter Berücksichtigung der vertraglichen Beziehungen in der Lizenzkette. [2] Die Haftung des anderen entfällt.

(3) [1] Auf die Ansprüche nach den Absätzen 1 und 2 kann im Voraus nicht verzichtet werden. [2] Die Anwartschaft hierauf unterliegt nicht der Zwangsvollstreckung; eine Verfügung über die Anwartschaft ist unwirksam. [3] Der Urheber kann aber unentgeltlich ein einfaches Nutzungsrecht für jedermann einräumen.

(4) [1] Der Urheber hat keinen Anspruch nach Absatz 1, soweit die Vergütung nach einer gemeinsamen Vergütungsregel (§ 36) oder tarifvertraglich bestimmt worden ist und ausdrücklich eine weitere angemessene Beteiligung für den Fall des Absatzes 1 vorsieht. [2] § 32 Absatz 2a ist entsprechend anzuwenden.

§ 32b Zwingende Anwendung. Die §§ 32 und 32a finden zwingend Anwendung,

1. wenn auf den Nutzungsvertrag mangels einer Rechtswahl deutsches Recht anzuwenden wäre oder
2. soweit Gegenstand des Vertrages maßgebliche Nutzungshandlungen im räumlichen Geltungsbereich dieses Gesetzes sind.

§ 32c Vergütung für später bekannte Nutzungsarten. (1) [1] Der Urheber hat Anspruch auf eine gesonderte angemessene Vergütung, wenn der Vertragspartner eine neue Art der Werknutzung nach § 31a aufnimmt, die im Zeitpunkt des Vertragsschlusses vereinbart, aber noch unbekannt war. [2] § 32 Abs. 2 und 4 gilt entsprechend. [3] Der Vertragspartner hat den Urheber über die Aufnahme der neuen Art der Werknutzung unverzüglich zu unterrichten.

(2) [1] Hat der Vertragspartner das Nutzungsrecht einem Dritten übertragen, haftet der Dritte mit der Aufnahme der neuen Art der Werknutzung für die Vergütung nach Absatz 1. [2] Die Haftung des Vertragspartners entfällt.

(3) [1] Auf die Rechte nach den Absätzen 1 und 2 kann im Voraus nicht verzichtet werden. [2] Der Urheber kann aber unentgeltlich ein einfaches Nutzungsrecht für jedermann einräumen.

§ 32d Anspruch auf Auskunft und Rechenschaft. (1) Bei entgeltlicher Einräumung oder Übertragung eines Nutzungsrechts kann der Urheber von seinem Vertragspartner einmal jährlich Auskunft und Rechenschaft über den Umfang der Werknutzung und die hieraus gezogenen Erträge und Vorteile auf Grundlage der im Rahmen eines ordnungsgemäßen Geschäftsbetriebes üblicherweise vorhandenen Informationen verlangen.

(2) Der Anspruch nach Absatz 1 ist ausgeschlossen, soweit

1. der Urheber einen lediglich nachrangigen Beitrag zu einem Werk, einem Produkt oder einer Dienstleistung erbracht hat; nachrangig ist ein Beitrag insbesondere dann, wenn er den Gesamteindruck eines Werkes oder die Beschaffenheit eines Produktes oder einer Dienstleistung wenig prägt, etwa weil er nicht zum typischen Inhalt eines Werkes, eines Produktes oder einer Dienstleistung gehört, oder

2. die Inanspruchnahme des Vertragspartners aus anderen Gründen unverhältnismäßig ist.

(3) Von den Absätzen 1 und 2 kann zum Nachteil des Urhebers nur durch eine Vereinbarung abgewichen werden, die auf einer gemeinsamen Vergütungsregel (§ 36) oder einem Tarifvertrag beruht.

§ 32e Anspruch auf Auskunft und Rechenschaft in der Lizenzkette.

(1) Hat der Vertragspartner des Urhebers das Nutzungsrecht übertragen oder weitere Nutzungsrechte eingeräumt, so kann der Urheber Auskunft und Rechenschaft nach § 32d Absatz 1 und 2 auch von denjenigen Dritten verlangen,

1. die die Nutzungsvorgänge in der Lizenzkette wirtschaftlich wesentlich bestimmen oder
2. aus deren Erträgnissen oder Vorteilen sich das auffällige Missverhältnis gemäß § 32a Absatz 2 ergibt.

(2) Für die Geltendmachung der Ansprüche nach Absatz 1 genügt es, dass aufgrund nachprüfbarer Tatsachen klare Anhaltspunkte für deren Voraussetzungen vorliegen.

(3) Von den Absätzen 1 und 2 kann zum Nachteil des Urhebers nur durch eine Vereinbarung abgewichen werden, die auf einer gemeinsamen Vergütungsregel (§ 36) oder einem Tarifvertrag beruht.

§ 33 Weiterwirkung von Nutzungsrechten. [1] Ausschließliche und einfache Nutzungsrechte bleiben gegenüber später eingeräumten Nutzungsrechten wirksam. [2] Gleiches gilt, wenn der Inhaber des Rechts, der das Nutzungsrecht eingeräumt hat, wechselt oder wenn er auf sein Recht verzichtet.

§ 34 Übertragung von Nutzungsrechten. (1) [1] Ein Nutzungsrecht kann nur mit Zustimmung des Urhebers übertragen werden. [2] Der Urheber darf die Zustimmung nicht wider Treu und Glauben verweigern.

(2) Werden mit dem Nutzungsrecht an einem Sammelwerk (§ 4) Nutzungsrechte an den in das Sammelwerk aufgenommenen einzelnen Werken übertragen, so genügt die Zustimmung des Urhebers des Sammelwerkes.

(3) [1] Ein Nutzungsrecht kann ohne Zustimmung des Urhebers übertragen werden, wenn die Übertragung im Rahmen der Gesamtveräußerung eines Unternehmens oder der Veräußerung von Teilen eines Unternehmens geschieht. [2] Der Urheber kann das Nutzungsrecht zurückrufen, wenn ihm die Ausübung des Nutzungsrechts durch den Erwerber nach Treu und Glauben nicht zuzumuten ist. [3] Satz 2 findet auch dann Anwendung, wenn sich die Beteiligungsverhältnisse am Unternehmen des Inhabers des Nutzungsrechts wesentlich ändern.

(4) Der Erwerber des Nutzungsrechts haftet gesamtschuldnerisch für die Erfüllung der sich aus dem Vertrag mit dem Urheber ergebenden Verpflichtungen des Veräußerers, wenn der Urheber der Übertragung des Nutzungsrechts nicht im Einzelfall ausdrücklich zugestimmt hat.

(5) [1] Der Urheber kann auf das Rückrufsrecht und die Haftung des Erwerbers im Voraus nicht verzichten. [2] Im Übrigen können der Inhaber des Nutzungsrechts und der Urheber Abweichendes vereinbaren.

§ 35 Einräumung weiterer Nutzungsrechte. (1) [1]Der Inhaber eines ausschließlichen Nutzungsrechts kann weitere Nutzungsrechte nur mit Zustimmung des Urhebers einräumen. [2]Der Zustimmung bedarf es nicht, wenn das ausschließliche Nutzungsrecht nur zur Wahrnehmung der Belange des Urhebers eingeräumt ist.

(2) Die Bestimmungen in § 34 Abs. 1 Satz 2, Abs. 2 und Abs. 5 Satz 2 sind entsprechend anzuwenden.

§ 36 Gemeinsame Vergütungsregeln. (1) [1]Zur Bestimmung der Angemessenheit von Vergütungen nach § 32 stellen Vereinigungen von Urhebern mit Vereinigungen von Werknutzern oder einzelnen Werknutzern gemeinsame Vergütungsregeln auf. [2]Die gemeinsamen Vergütungsregeln sollen die Umstände des jeweiligen Regelungsbereichs berücksichtigen, insbesondere die Struktur und Größe der Verwerter. [3]In Tarifverträgen enthaltene Regelungen gehen gemeinsamen Vergütungsregeln vor.

(2) [1]Vereinigungen nach Absatz 1 müssen repräsentativ, unabhängig und zur Aufstellung gemeinsamer Vergütungsregeln ermächtigt sein. [2]Eine Vereinigung, die einen wesentlichen Teil der jeweiligen Urheber oder Werknutzer vertritt, gilt als ermächtigt im Sinne des Satzes 1, es sei denn, die Mitglieder der Vereinigung fassen einen entgegenstehenden Beschluss.

(3) [1]Ein Verfahren zur Aufstellung gemeinsamer Vergütungsregeln vor der Schlichtungsstelle (§ 36a) findet statt, wenn die Parteien dies vereinbaren. [2]Das Verfahren findet auf schriftliches Verlangen einer Partei statt, wenn

1. die andere Partei nicht binnen drei Monaten, nachdem eine Partei schriftlich die Aufnahme von Verhandlungen verlangt hat, Verhandlungen über gemeinsame Vergütungsregeln beginnt,
2. Verhandlungen über gemeinsame Vergütungsregeln ein Jahr, nachdem schriftlich ihre Aufnahme verlangt worden ist, ohne Ergebnis bleiben oder
3. eine Partei die Verhandlungen endgültig für gescheitert erklärt hat.

(4) [1]Die Schlichtungsstelle hat allen Parteien, die sich am Verfahren beteiligt haben oder nach § 36a Absatz 4a zur Beteiligung aufgefordert worden sind, einen begründeten Einigungsvorschlag zu machen, der den Inhalt der gemeinsamen Vergütungsregeln enthält. [2]Er gilt als angenommen, wenn innerhalb von sechs Wochen nach Empfang des Vorschlages keine der in Satz 1 genannten Parteien widerspricht.

§ 36a Schlichtungsstelle. (1) Zur Aufstellung gemeinsamer Vergütungsregeln bilden Vereinigungen von Urhebern mit Vereinigungen von Werknutzern oder einzelnen Werknutzern eine Schlichtungsstelle, wenn die Parteien dies vereinbaren oder eine Partei die Durchführung des Schlichtungsverfahrens verlangt.

(2) Die Schlichtungsstelle besteht aus einer gleichen Anzahl von Beisitzern, die jeweils von einer Partei bestellt werden, und einem unparteiischen Vorsitzenden, auf dessen Person sich beide Parteien einigen sollen.

(3) [1]Wenn sich die Parteien nicht einigen, entscheidet das nach § 1062 der Zivilprozessordnung zuständige Oberlandesgericht auf Antrag einer Partei über

1. die Person des Vorsitzenden,
2. die Anzahl der Beisitzer,

3. die Voraussetzungen des Schlichtungsverfahrens in Bezug auf
   a) die Fähigkeit der Werknutzer sowie Vereinigungen von Werknutzern und Urhebern, Partei des Schlichtungsverfahrens zu sein (§ 36 Absatz 1 Satz 1 und Absatz 2),
   b) ein Verfahren vor der Schlichtungsstelle, das auf Verlangen nur einer Partei stattfindet (§ 36 Absatz 3 Satz 2).

[2] Solange der Ort des Schlichtungsverfahrens noch nicht bestimmt ist, ist für die Entscheidung das Oberlandesgericht zuständig, in dessen Bezirk der Antragsgegner seinen Sitz oder seinen gewöhnlichen Aufenthalt hat. [3] Für das Verfahren vor dem Oberlandesgericht gelten die §§ 1063 und 1065 der Zivilprozessordnung entsprechend.

(4) [1] Das Verlangen auf Durchführung des Schlichtungsverfahrens gemäß § 36 Abs. 3 Satz 2 muss einen Vorschlag über die Aufstellung gemeinsamer Vergütungsregeln enthalten. [2] Die Schlichtungsstelle stellt den Schriftsatz, mit dem die Durchführung des Verfahrens verlangt wird, der anderen Partei mit der Aufforderung zu, sich innerhalb eines Monats schriftlich zur Sache zu äußern.

(4a) [1] Jede Partei kann binnen drei Monaten nach Kenntnis vom Schlichtungsverfahren verlangen, dass die Schlichtungsstelle andere Vereinigungen von Urhebern zur Beteiligung auffordert, wenn der Vorschlag nach Absatz 4 Satz 1 Werke oder verbundene Werke betrifft, die üblicherweise nur unter Mitwirkung von weiteren Urhebern geschaffen werden können, die von den benannten Vereinigungen vertreten werden. [2] Absatz 4 Satz 2 ist entsprechend anzuwenden. [3] Beteiligt sich die Vereinigung von Urhebern, so benennt sie und die Partei der Werknutzer je weitere Beisitzer.

(5) [1] Die Schlichtungsstelle fasst ihren Beschluss nach mündlicher Beratung mit Stimmenmehrheit. [2] Die Beschlussfassung erfolgt zunächst unter den Beisitzern; kommt eine Stimmenmehrheit nicht zustande, so nimmt der Vorsitzende nach weiterer Beratung an der erneuten Beschlussfassung teil. [3] Benennt eine Partei keine Mitglieder oder bleiben die von einer Partei genannten Mitglieder trotz rechtzeitiger Einladung der Sitzung fern, so entscheiden der Vorsitzende und die erschienenen Mitglieder nach Maßgabe der Sätze 1 und 2 allein. [4] Der Beschluss der Schlichtungsstelle ist schriftlich niederzulegen, vom Vorsitzenden zu unterschreiben und beiden Parteien zuzuleiten.

(6) [1] Die Parteien tragen ihre eigenen Kosten sowie die Kosten der von ihnen bestellten Beisitzer. [2] Die sonstigen Kosten tragen die Parteien der Urheber, die sich am Verfahren beteiligen, und die Partei der Werknutzer jeweils zur Hälfte. [3] Sie haben als Gesamtschuldner auf Anforderung des Vorsitzenden zu dessen Händen einen für die Tätigkeit der Schlichtungsstelle erforderlichen Vorschuss zu leisten.

(7) [1] Die Parteien können durch Vereinbarung die Einzelheiten des Verfahrens vor der Schlichtungsstelle regeln. [2] Die Schlichtungsstelle informiert nach Absatz 4a beteiligte Vereinigungen von Urhebern über den Gang des Verfahrens.

(8) Das Bundesministerium der Justiz und für Verbraucherschutz wird ermächtigt, durch Rechtsverordnung ohne Zustimmung des Bundesrates die weiteren Einzelheiten des Verfahrens vor der Schlichtungsstelle zu regeln sowie weitere Vorschriften über die Kosten des Verfahrens und die Entschädigung der Mitglieder der Schlichtungsstelle zu erlassen.

§ 36b Unterlassungsanspruch bei Verstoß gegen gemeinsame Vergütungsregeln. (1) [1] Wer in einem Vertrag mit einem Urheber eine Bestimmung verwendet, die zum Nachteil des Urhebers von gemeinsamen Vergütungsregeln abweicht, kann auf Unterlassung in Anspruch genommen werden, wenn und soweit er

1. als Werknutzer die gemeinsamen Vergütungsregeln selbst aufgestellt hat oder
2. Mitglied einer Vereinigung von Werknutzern ist, die die gemeinsamen Vergütungsregeln aufgestellt hat.

[2] Der Anspruch auf Unterlassung steht denjenigen Vereinigungen von Urhebern oder Werknutzern und denjenigen einzelnen Werknutzern zu, die die gemeinsamen Vergütungsregeln aufgestellt haben.

(2) [1] Auf das Verfahren sind § 8 Absatz 4 sowie § 12 Absatz 1, 2, 4 und 5 des Gesetzes gegen den unlauteren Wettbewerb[1)] anzuwenden. [2] Für die Bekanntmachung des Urteils gilt § 103.

§ 36c Individualvertragliche Folgen des Verstoßes gegen gemeinsame Vergütungsregeln. [1] Der Vertragspartner, der an der Aufstellung von gemeinsamen Vergütungsregeln gemäß § 36b Absatz 1 Satz 1 Nummer 1 oder 2 beteiligt war, kann sich nicht auf eine Bestimmung berufen, die zum Nachteil des Urhebers von den gemeinsamen Vergütungsregeln abweicht. [2] Der Urheber kann von seinem Vertragspartner die Einwilligung in die Änderung des Vertrages verlangen, mit der die Abweichung beseitigt wird.

§ 37 Verträge über die Einräumung von Nutzungsrechten. (1) Räumt der Urheber einem anderen ein Nutzungsrecht am Werk ein, so verbleibt ihm im Zweifel das Recht der Einwilligung zur Veröffentlichung oder Verwertung einer Bearbeitung des Werkes.

(2) Räumt der Urheber einem anderen ein Nutzungsrecht zur Vervielfältigung des Werkes ein, so verbleibt ihm im Zweifel das Recht, das Werk auf Bild- oder Tonträger zu übertragen.

(3) Räumt der Urheber einem anderen ein Nutzungsrecht zu einer öffentlichen Wiedergabe des Werkes ein, so ist dieser im Zweifel nicht berechtigt, die Wiedergabe außerhalb der Veranstaltung, für die sie bestimmt ist, durch Bildschirm, Lautsprecher oder ähnliche technische Einrichtungen öffentlich wahrnehmbar zu machen.

§ 38 Beiträge zu Sammlungen. (1) [1] Gestattet der Urheber die Aufnahme des Werkes in eine periodisch erscheinende Sammlung, so erwirbt der Verleger oder Herausgeber im Zweifel ein ausschließliches Nutzungsrecht zur Vervielfältigung, Verbreitung und öffentlichen Zugänglichmachung. [2] Jedoch darf der Urheber das Werk nach Ablauf eines Jahres seit Erscheinen anderweit vervielfältigen, verbreiten und öffentlich zugänglich machen, wenn nichts anderes vereinbart ist.

(2) Absatz 1 Satz 2 gilt auch für einen Beitrag zu einer nicht periodisch erscheinenden Sammlung, für dessen Überlassung dem Urheber kein Anspruch auf Vergütung zusteht.

[1)] Nr. **39**.

(3) [1] Wird der Beitrag einer Zeitung überlassen, so erwirbt der Verleger oder Herausgeber ein einfaches Nutzungsrecht, wenn nichts anderes vereinbart ist. [2] Räumt der Urheber ein ausschließliches Nutzungsrecht ein, so ist er sogleich nach Erscheinen des Beitrags berechtigt, ihn anderweit zu vervielfältigen und zu verbreiten, wenn nichts anderes vereinbart ist.

(4) [1] Der Urheber eines wissenschaftlichen Beitrags, der im Rahmen einer mindestens zur Hälfte mit öffentlichen Mitteln geförderten Forschungstätigkeit entstanden und in einer periodisch mindestens zweimal jährlich erscheinenden Sammlung erschienen ist, hat auch dann, wenn er dem Verleger oder Herausgeber ein ausschließliches Nutzungsrecht eingeräumt hat, das Recht, den Beitrag nach Ablauf von zwölf Monaten seit der Erstveröffentlichung in der akzeptierten Manuskriptversion öffentlich zugänglich zu machen, soweit dies keinem gewerblichen Zweck dient. [2] Die Quelle der Erstveröffentlichung ist anzugeben. [3] Eine zum Nachteil des Urhebers abweichende Vereinbarung ist unwirksam.

§ 39 Änderungen des Werkes. (1) Der Inhaber eines Nutzungsrechts darf das Werk, dessen Titel oder Urheberbezeichnung (§ 10 Abs. 1) nicht ändern, wenn nichts anderes vereinbart ist.

(2) Änderungen des Werkes und seines Titels, zu denen der Urheber seine Einwilligung nach Treu und Glauben nicht versagen kann, sind zulässig.

§ 40 Verträge über künftige Werke. (1) [1] Ein Vertrag, durch den sich der Urheber zur Einräumung von Nutzungsrechten an künftigen Werken verpflichtet, die überhaupt nicht näher oder nur der Gattung nach bestimmt sind, bedarf der schriftlichen Form. [2] Er kann von beiden Vertragsteilen nach Ablauf von fünf Jahren seit dem Abschluß des Vertrages gekündigt werden. [3] Die Kündigungsfrist beträgt sechs Monate, wenn keine kürzere Frist vereinbart ist.

(2) [1] Auf das Kündigungsrecht kann im voraus nicht verzichtet werden. [2] Andere vertragliche oder gesetzliche Kündigungsrechte bleiben unberührt.

(3) Wenn in Erfüllung des Vertrages Nutzungsrechte an künftigen Werken eingeräumt worden sind, wird mit Beendigung des Vertrages die Verfügung hinsichtlich der Werke unwirksam, die zu diesem Zeitpunkt noch nicht abgeliefert sind.

§ 40a Recht zur anderweitigen Verwertung nach zehn Jahren bei pauschaler Vergütung. (1) [1] Hat der Urheber ein ausschließliches Nutzungsrecht gegen eine pauschale Vergütung eingeräumt, ist er gleichwohl berechtigt, das Werk nach Ablauf von zehn Jahren anderweitig zu verwerten. [2] Für die verbleibende Dauer der Einräumung besteht das Nutzungsrecht des ersten Inhabers als einfaches Nutzungsrecht fort. [3] Die Frist nach Satz 1 beginnt mit der Einräumung des Nutzungsrechts oder, wenn das Werk später abgeliefert wird, mit der Ablieferung. [4] § 38 Absatz 4 Satz 2 ist entsprechend anzuwenden.

(2) Frühestens fünf Jahre nach dem in Absatz 1 Satz 3 genannten Zeitpunkt können die Vertragspartner die Ausschließlichkeit auf die gesamte Dauer der Nutzungsrechtseinräumung erstrecken.

(3) Abweichend von Absatz 1 kann der Urheber bei Vertragsschluss ein zeitlich unbeschränktes ausschließliches Nutzungsrecht einräumen, wenn

1. er einen lediglich nachrangigen Beitrag zu einem Werk, einem Produkt oder einer Dienstleistung erbringt; nachrangig ist ein Beitrag insbesondere dann, wenn er den Gesamteindruck eines Werkes oder die Beschaffenheit eines Produktes oder einer Dienstleistung wenig prägt, etwa weil er nicht zum typischen Inhalt eines Werkes, eines Produktes oder einer Dienstleistung gehört,
2. es sich um ein Werk der Baukunst oder den Entwurf eines solchen Werkes handelt,
3. das Werk mit Zustimmung des Urhebers für eine Marke oder ein sonstiges Kennzeichen, ein Design oder ein Gemeinschaftsgeschmacksmuster bestimmt ist oder
4. das Werk nicht veröffentlicht werden soll.

(4) Von den Absätzen 1 bis 3 kann zum Nachteil des Urhebers nur durch eine Vereinbarung abgewichen werden, die auf einer gemeinsamen Vergütungsregel (§ 36) oder einem Tarifvertrag beruht.

§ 41 Rückrufsrecht wegen Nichtausübung. (1) [1] Übt der Inhaber eines ausschließlichen Nutzungsrechts das Recht nicht oder nur unzureichend aus und werden dadurch berechtigte Interessen des Urhebers erheblich verletzt, so kann dieser das Nutzungsrecht zurückrufen. [2] Dies gilt nicht, wenn die Nichtausübung oder die unzureichende Ausübung des Nutzungsrechts überwiegend auf Umständen beruht, deren Behebung dem Urheber zuzumuten ist.

(2) [1] Das Rückrufsrecht kann nicht vor Ablauf von zwei Jahren seit Einräumung oder Übertragung des Nutzungsrechts oder, wenn das Werk später abgeliefert wird, seit der Ablieferung geltend gemacht werden. [2] Bei einem Beitrag zu einer Zeitung beträgt die Frist drei Monate, bei einem Beitrag zu einer Zeitschrift, die monatlich oder in kürzeren Abständen erscheint, sechs Monate und bei einem Beitrag zu anderen Zeitschriften ein Jahr.

(3) [1] Der Rückruf kann erst erklärt werden, nachdem der Urheber dem Inhaber des Nutzungsrechts unter Ankündigung des Rückrufs eine angemessene Nachfrist zur zureichenden Ausübung des Nutzungsrechts bestimmt hat. [2] Der Bestimmung der Nachfrist bedarf es nicht, wenn die Ausübung des Nutzungsrechts seinem Inhaber unmöglich ist oder von ihm verweigert wird oder wenn durch die Gewährung einer Nachfrist überwiegende Interessen des Urhebers gefährdet würden.

(4) Von den Absätzen 1 bis 3 kann zum Nachteil des Urhebers nur durch eine Vereinbarung abgewichen werden, die auf einer gemeinsamen Vergütungsregel (§ 36) oder einem Tarifvertrag beruht.

(5) Mit Wirksamwerden des Rückrufs erlischt das Nutzungsrecht.

(6) Der Urheber hat den Betroffenen zu entschädigen, wenn und soweit es der Billigkeit entspricht.

(7) Rechte und Ansprüche der Beteiligten nach anderen gesetzlichen Vorschriften bleiben unberührt.

§ 42 Rückrufsrecht wegen gewandelter Überzeugung. (1) [1] Der Urheber kann ein Nutzungsrecht gegenüber dem Inhaber zurückrufen, wenn das Werk seiner Überzeugung nicht mehr entspricht und ihm deshalb die Verwertung des Werkes nicht mehr zugemutet werden kann. [2] Der Rechtsnachfolger des Urhebers (§ 30) kann den Rückruf nur erklären, wenn er nachweist, daß der Urheber vor seinem Tode zum Rückruf berechtigt gewesen wäre und an der Erklärung des Rückrufs gehindert war oder diese letztwillig verfügt hat.

(2) [1] Auf das Rückrufsrecht kann im voraus nicht verzichtet werden. [2] Seine Ausübung kann nicht ausgeschlossen werden.

(3) [1] Der Urheber hat den Inhaber des Nutzungsrechts angemessen zu entschädigen. [2] Die Entschädigung muß mindestens die Aufwendungen decken, die der Inhaber des Nutzungsrechts bis zur Erklärung des Rückrufs gemacht hat; jedoch bleiben hierbei Aufwendungen, die auf bereits gezogene Nutzungen entfallen, außer Betracht. [3] Der Rückruf wird erst wirksam, wenn der Urheber die Aufwendungen ersetzt oder Sicherheit dafür geleistet hat. [4] Der Inhaber des Nutzungsrechts hat dem Urheber binnen einer Frist von drei Monaten nach Erklärung des Rückrufs die Aufwendungen mitzuteilen; kommt er dieser Pflicht nicht nach, so wird der Rückruf bereits mit Ablauf dieser Frist wirksam.

(4) Will der Urheber nach Rückruf das Werk wieder verwerten, so ist er verpflichtet, dem früheren Inhaber des Nutzungsrechts ein entsprechendes Nutzungsrecht zu angemessenen Bedingungen anzubieten.

(5) Die Bestimmungen in § 41 Abs. 5 und 7 sind entsprechend anzuwenden.

§ 42a Zwangslizenz zur Herstellung von Tonträgern. (1) [1] Ist einem Hersteller von Tonträgern ein Nutzungsrecht an einem Werk der Musik eingeräumt worden mit dem Inhalt, das Werk zu gewerblichen Zwecken auf Tonträger zu übertragen und diese zu vervielfältigen und zu verbreiten, so ist der Urheber verpflichtet, jedem anderen Hersteller von Tonträgern, der im Geltungsbereich dieses Gesetzes seine Hauptniederlassung oder seinen Wohnsitz hat, nach Erscheinen des Werkes gleichfalls ein Nutzungsrecht mit diesem Inhalt zu angemessenen Bedingungen einzuräumen; dies gilt nicht, wenn das bezeichnete Nutzungsrecht erlaubterweise von einer Verwertungsgesellschaft wahrgenommen wird oder wenn das Werk der Überzeugung des Urhebers nicht mehr entspricht, ihm deshalb die Verwertung des Werkes nicht mehr zugemutet werden kann und er ein etwa bestehendes Nutzungsrecht aus diesem Grunde zurückgerufen hat. [2] § 63 ist entsprechend anzuwenden. [3] Der Urheber ist nicht verpflichtet, die Benutzung des Werkes zur Herstellung eines Filmes zu gestatten.

(2) Gegenüber einem Hersteller von Tonträgern, der weder seine Hauptniederlassung noch seinen Wohnsitz im Geltungsbereich dieses Gesetzes hat, besteht die Verpflichtung nach Absatz 1, soweit in dem Staat, in dem er seine Hauptniederlassung oder seinen Wohnsitz hat, den Herstellern von Tonträgern, die ihre Hauptniederlassung oder ihren Wohnsitz im Geltungsbereich dieses Gesetzes haben, nach einer Bekanntmachung des Bundesministeriums der Justiz und für Verbraucherschutz im Bundesgesetzblatt ein entsprechendes Recht gewährt wird.

(3) Das nach den vorstehenden Bestimmungen einzuräumende Nutzungsrecht wirkt nur im Geltungsbereich dieses Gesetzes und für die Ausfuhr nach Staaten, in denen das Werk keinen Schutz gegen die Übertragung auf Tonträger genießt.

(4) Hat der Urheber einem anderen das ausschließliche Nutzungsrecht eingeräumt mit dem Inhalt, das Werk zu gewerblichen Zwecken auf Tonträger zu

übertragen und diese zu vervielfältigen und zu verbreiten, so gelten die vorstehenden Bestimmungen mit der Maßgabe, dass der Inhaber des ausschließlichen Nutzungsrechts zur Einräumung des in Absatz 1 bezeichneten Nutzungsrechts verpflichtet ist.

(5) Auf ein Sprachwerk, das als Text mit einem Werk der Musik verbunden ist, sind die vorstehenden Bestimmungen entsprechend anzuwenden, wenn einem Hersteller von Tonträgern ein Nutzungsrecht eingeräumt worden ist mit dem Inhalt, das Sprachwerk in Verbindung mit dem Werk der Musik auf Tonträger zu übertragen und diese zu vervielfältigen und zu verbreiten.

(6) [1] Für Klagen, durch die ein Anspruch auf Einräumung des Nutzungsrechts geltend gemacht wird, sind, sofern der Urheber oder im Fall des Absatzes 4 der Inhaber des ausschließlichen Nutzungsrechts im Geltungsbereich dieses Gesetzes keinen allgemeinen Gerichtsstand hat, die Gerichte zuständig, in deren Bezirk das Patentamt seinen Sitz hat. [2] Einstweilige Verfügungen können erlassen werden, auch wenn die in den §§ 935 und 940 der Zivilprozessordnung bezeichneten Voraussetzungen nicht zutreffen.

(7) Die vorstehenden Bestimmungen sind nicht anzuwenden, wenn das in Absatz 1 bezeichnete Nutzungsrecht lediglich zur Herstellung eines Filmes eingeräumt worden ist.

§ 43 Urheber in Arbeits- oder Dienstverhältnissen. Die Vorschriften dieses Unterabschnitts sind auch anzuwenden, wenn der Urheber das Werk in Erfüllung seiner Verpflichtungen aus einem Arbeits- oder Dienstverhältnis geschaffen hat, soweit sich aus dem Inhalt oder dem Wesen des Arbeits- oder Dienstverhältnisses nichts anderes ergibt.

§ 44 Veräußerung des Originals des Werkes. (1) Veräußert der Urheber das Original des Werkes, so räumt er damit im Zweifel dem Erwerber ein Nutzungsrecht nicht ein.

(2) Der Eigentümer des Originals eines Werkes der bildenden Künste oder eines Lichtbildwerkes ist berechtigt, das Werk öffentlich auszustellen, auch wenn es noch nicht veröffentlicht ist, es sei denn, daß der Urheber dies bei der Veräußerung des Originals ausdrücklich ausgeschlossen hat.

Abschnitt 6. Schranken des Urheberrechts durch gesetzlich erlaubte Nutzungen

Unterabschnitt 1. Gesetzlich erlaubte Nutzungen

§ 44a Vorübergehende Vervielfältigungshandlungen. Zulässig sind vorübergehende Vervielfältigungshandlungen, die flüchtig oder begleitend sind und einen integralen und wesentlichen Teil eines technischen Verfahrens darstellen und deren alleiniger Zweck es ist,

1. eine Übertragung in einem Netz zwischen Dritten durch einen Vermittler oder
2. eine rechtmäßige Nutzung

eines Werkes oder sonstigen Schutzgegenstands zu ermöglichen, und die keine eigenständige wirtschaftliche Bedeutung haben.

§ 50 Berichterstattung über Tagesereignisse. Zur Berichterstattung über Tagesereignisse durch Funk oder durch ähnliche technische Mittel, in Zeitungen, Zeitschriften und in anderen Druckschriften oder sonstigen Datenträgern, die im Wesentlichen Tagesinteressen Rechnung tragen, sowie im Film, ist die Vervielfältigung, Verbreitung und öffentliche Wiedergabe von Werken, die im Verlauf dieser Ereignisse wahrnehmbar werden, in einem durch den Zweck gebotenen Umfang zulässig.

§ 53 Vervielfältigungen zum privaten und sonstigen eigenen Gebrauch. (1) [1] Zulässig sind einzelne Vervielfältigungen eines Werkes durch eine natürliche Person zum privaten Gebrauch auf beliebigen Trägern, sofern sie weder unmittelbar noch mittelbar Erwerbszwecken dienen, soweit nicht zur Vervielfältigung eine offensichtlich rechtswidrig hergestellte oder öffentlich zugänglich gemachte Vorlage verwendet wird. [2] Der zur Vervielfältigung Befugte darf die Vervielfältigungsstücke auch durch einen anderen herstellen lassen, sofern dies unentgeltlich geschieht oder es sich um Vervielfältigungen auf Papier oder einem ähnlichen Träger mittels beliebiger photomechanischer Verfahren oder anderer Verfahren mit ähnlicher Wirkung handelt.

(2) [1] Zulässig ist, einzelne Vervielfältigungsstücke eines Werkes herzustellen oder herstellen zu lassen

1. *(aufgehoben)*
2. zur Aufnahme in ein eigenes Archiv, wenn und soweit die Vervielfältigung zu diesem Zweck geboten ist und als Vorlage für die Vervielfältigung ein eigenes Werkstück benutzt wird,
3. zur eigenen Unterrichtung über Tagesfragen, wenn es sich um ein durch Funk gesendetes Werk handelt,
4. zum sonstigen eigenen Gebrauch,
   a) wenn es sich um kleine Teile eines erschienenen Werkes oder um einzelne Beiträge handelt, die in Zeitungen oder Zeitschriften erschienen sind,
   b) wenn es sich um ein seit mindestens zwei Jahren vergriffenes Werk handelt.

[2] Dies gilt nur, wenn zusätzlich

1. die Vervielfältigung auf Papier oder einem ähnlichen Träger mittels beliebiger photomechanischer Verfahren oder anderer Verfahren mit ähnlicher Wirkung vorgenommen wird oder
2. eine ausschließlich analoge Nutzung stattfindet.

(3) *(aufgehoben)*

(4) Die Vervielfältigung

a) graphischer Aufzeichnungen von Werken der Musik,
b) eines Buches oder einer Zeitschrift, wenn es sich um eine im wesentlichen vollständige Vervielfältigung handelt,

ist, soweit sie nicht durch Abschreiben vorgenommen wird, stets nur mit Einwilligung des Berechtigten zulässig oder unter den Voraussetzungen des Absatzes 2 Satz 1 Nr. 2 oder zum eigenen Gebrauch, wenn es sich um ein seit mindestens zwei Jahren vergriffenes Werk handelt.

(5) Die Absätze 1 und 2 Satz 1 Nr. 2 bis 4 finden keine Anwendung auf Datenbankwerke, deren Elemente einzeln mit Hilfe elektronischer Mittel zugänglich sind.

(6) [1] Die Vervielfältigungsstücke dürfen weder verbreitet noch zu öffentlichen Wiedergaben benutzt werden. [2] Zulässig ist jedoch, rechtmäßig hergestellte Vervielfältigungsstücke von Zeitungen und vergriffenen Werken sowie solche Werkstücke zu verleihen, bei denen kleine beschädigte oder abhanden gekommene Teile durch Vervielfältigungsstücke ersetzt worden sind.

(7) Die Aufnahme öffentlicher Vorträge, Aufführungen oder Vorführungen eines Werkes auf Bild- oder Tonträger, die Ausführung von Plänen und Entwürfen zu Werken der bildenden Künste und der Nachbau eines Werkes der Baukunst sind stets nur mit Einwilligung des Berechtigten zulässig.

Unterabschnitt 2. Vergütung der nach den §§ 53, 60a bis 60f erlaubten Vervielfältigungen

§ 54 Vergütungspflicht. (1) Lässt die Art des Werkes eine nach § 53 Absatz 1 oder 2 oder den §§ 60a bis 60f erlaubte Vervielfältigung erwarten, so hat der Urheber des Werkes gegen den Hersteller von Geräten und von Speichermedien, deren Typ allein oder in Verbindung mit anderen Geräten, Speichermedien oder Zubehör zur Vornahme solcher Vervielfältigungen benutzt wird, Anspruch auf Zahlung einer angemessenen Vergütung.

(2) Der Anspruch nach Absatz 1 entfällt, soweit nach den Umständen erwartet werden kann, dass die Geräte oder Speichermedien im Geltungsbereich dieses Gesetzes nicht zu Vervielfältigungen benutzt werden.

§ 54a Vergütungshöhe. (1) [1] Maßgebend für die Vergütungshöhe ist, in welchem Maß die Geräte und Speichermedien als Typen tatsächlich für Vervielfältigungen nach § 53 Absatz 1 oder 2 oder den §§ 60a bis 60f genutzt werden. [2] Dabei ist zu berücksichtigen, inwieweit technische Schutzmaßnahmen nach § 95a auf die betreffenden Werke angewendet werden.

(2) Die Vergütung für Geräte ist so zu gestalten, dass sie auch mit Blick auf die Vergütungspflicht für in diesen Geräten enthaltene Speichermedien oder andere, mit diesen funktionell zusammenwirkende Geräte oder Speichermedien insgesamt angemessen ist.

(3) Bei der Bestimmung der Vergütungshöhe sind die nutzungsrelevanten Eigenschaften der Geräte und Speichermedien, insbesondere die Leistungsfähigkeit von Geräten sowie die Speicherkapazität und Mehrfachbeschreibbarkeit von Speichermedien, zu berücksichtigen.

(4) Die Vergütung darf Hersteller von Geräten und Speichermedien nicht unzumutbar beeinträchtigen; sie muss in einem wirtschaftlich angemessenen Verhältnis zum Preisniveau des Geräts oder des Speichermediums stehen.

§ 54b Vergütungspflicht des Händlers oder Importeurs. (1) Neben dem Hersteller haftet als Gesamtschuldner, wer die Geräte oder Speichermedien in den Geltungsbereich dieses Gesetzes gewerblich einführt oder wiedereinführt oder wer mit ihnen handelt.

(2) [1] Einführer ist, wer die Geräte oder Speichermedien in den Geltungsbereich dieses Gesetzes verbringt oder verbringen lässt. [2] Liegt der Einfuhr ein

Vertrag mit einem Gebietsfremden zugrunde, so ist Einführer nur der im Geltungsbereich dieses Gesetzes ansässige Vertragspartner, soweit er gewerblich tätig wird. [3]Wer lediglich als Spediteur oder Frachtführer oder in einer ähnlichen Stellung bei dem Verbringen der Waren tätig wird, ist nicht Einführer. [4]Wer die Gegenstände aus Drittländern in eine Freizone oder in ein Freilager nach Artikel 166 der Verordnung (EWG) Nr. 2913/92 des Rates vom 12. Oktober 1992 zur Festlegung des Zollkodex der Gemeinschaften (ABl. EG Nr. L 302 S. 1) verbringt oder verbringen lässt, ist als Einführer nur anzusehen, wenn die Gegenstände in diesem Bereich gebraucht oder wenn sie in den zollrechtlich freien Verkehr übergeführt werden.

(3) Die Vergütungspflicht des Händlers entfällt,

1. soweit ein zur Zahlung der Vergütung Verpflichteter, von dem der Händler die Geräte oder die Speichermedien bezieht, an einen Gesamtvertrag über die Vergütung gebunden ist oder
2. wenn der Händler Art und Stückzahl der bezogenen Geräte und Speichermedien und seine Bezugsquelle der nach § 54h Abs. 3 bezeichneten Empfangsstelle jeweils zum 10. Januar und 10. Juli für das vorangegangene Kalenderhalbjahr schriftlich mitteilt.

§ 54c Vergütungspflicht des Betreibers von Ablichtungsgeräten.

(1) Werden Geräte der in § 54 Abs. 1 genannten Art, die im Weg der Ablichtung oder in einem Verfahren vergleichbarer Wirkung vervielfältigen, in Schulen, Hochschulen sowie Einrichtungen der Berufsbildung oder der sonstigen Aus- und Weiterbildung, Forschungseinrichtungen, öffentlichen Bibliotheken, in nicht kommerziellen Archiven oder Einrichtungen im Bereich des Film- oder Tonerbes oder in nicht kommerziellen öffentlich zugänglichen Museen oder in Einrichtungen betrieben, die Geräte für die entgeltliche Herstellung von Ablichtungen bereithalten, so hat der Urheber auch gegen den Betreiber des Geräts einen Anspruch auf Zahlung einer angemessenen Vergütung.

(2) Die Höhe der von dem Betreiber insgesamt geschuldeten Vergütung bemisst sich nach der Art und dem Umfang der Nutzung des Geräts, die nach den Umständen, insbesondere nach dem Standort und der üblichen Verwendung, wahrscheinlich ist.

§ 54d Hinweispflicht. Soweit nach § 14 Abs. 2 Satz 1 Nr. 2 Satz 2 des Umsatzsteuergesetzes eine Verpflichtung zur Erteilung einer Rechnung besteht, ist in Rechnungen über die Veräußerung oder ein sonstiges Inverkehrbringen der in § 54 Abs. 1 genannten Geräte oder Speichermedien auf die auf das Gerät oder Speichermedium entfallende Urhebervergütung hinzuweisen.

§ 54e Meldepflicht. (1) Wer Geräte oder Speichermedien in den Geltungsbereich dieses Gesetzes gewerblich einführt oder wiedereinführt, ist dem Urheber gegenüber verpflichtet, Art und Stückzahl der eingeführten Gegenstände der nach § 54h Abs. 3 bezeichneten Empfangsstelle monatlich bis zum zehnten Tag nach Ablauf jedes Kalendermonats schriftlich mitzuteilen.

(2) Kommt der Meldepflichtige seiner Meldepflicht nicht, nur unvollständig oder sonst unrichtig nach, kann der doppelte Vergütungssatz verlangt werden.

§ 54f Auskunftspflicht. (1) [1]Der Urheber kann von dem nach § 54 oder § 54b zur Zahlung der Vergütung Verpflichteten Auskunft über Art und Stückzahl der im Geltungsbereich dieses Gesetzes veräußerten oder in Verkehr gebrachten Geräte und Speichermedien verlangen. [2]Die Auskunftspflicht des Händlers erstreckt sich auch auf die Benennung der Bezugsquellen; sie besteht auch im Fall des § 54b Abs. 3 Nr. 1. [3]§ 26 Abs. 7 gilt entsprechend.

(2) Der Urheber kann von dem Betreiber eines Geräts in einer Einrichtung im Sinne des § 54c Abs. 1 die für die Bemessung der Vergütung erforderliche Auskunft verlangen.

(3) Kommt der zur Zahlung der Vergütung Verpflichtete seiner Auskunftspflicht nicht, nur unvollständig oder sonst unrichtig nach, so kann der doppelte Vergütungssatz verlangt werden.

§ 54g Kontrollbesuch. [1]Soweit dies für die Bemessung der vom Betreiber nach § 54c geschuldeten Vergütung erforderlich ist, kann der Urheber verlangen, dass ihm das Betreten der Betriebs- und Geschäftsräume des Betreibers, der Geräte für die entgeltliche Herstellung von Ablichtungen bereithält, während der üblichen Betriebs- oder Geschäftszeit gestattet wird. [2]Der Kontrollbesuch muss so ausgeübt werden, dass vermeidbare Betriebsstörungen unterbleiben.

§ 54h Verwertungsgesellschaften; Handhabung der Mitteilungen.

(1) Die Ansprüche nach den §§ 54 bis 54c, 54e Abs. 2, §§ 54f und 54g können nur durch eine Verwertungsgesellschaft geltend gemacht werden.

(2) [1]Jedem Berechtigten steht ein angemessener Anteil an den nach den §§ 54 bis 54c gezahlten Vergütungen zu. [2]Soweit Werke mit technischen Maßnahmen gemäß § 95a geschützt sind, werden sie bei der Verteilung der Einnahmen nicht berücksichtigt.

(3) [1]Für Mitteilungen nach § 54b Abs. 3 und § 54e haben die Verwertungsgesellschaften dem Deutschen Patent- und Markenamt eine gemeinsame Empfangsstelle zu bezeichnen. [2]Das Deutsche Patent- und Markenamt gibt diese im Bundesanzeiger bekannt.

(4) [1]Das Deutsche Patent- und Markenamt kann Muster für die Mitteilungen nach § 54b Abs. 3 Nr. 2 und § 54e im Bundesanzeiger bekannt machen. [2]Werden Muster bekannt gemacht, sind diese zu verwenden.

(5) Die Verwertungsgesellschaften und die Empfangsstelle dürfen die gemäß § 54b Abs. 3 Nr. 2, den §§ 54e und 54f erhaltenen Angaben nur zur Geltendmachung der Ansprüche nach Absatz 1 verwenden.

Unterabschnitt 3. Weitere gesetzlich erlaubte Nutzungen

§ 55 Vervielfältigung durch Sendeunternehmen. (1) [1]Ein Sendeunternehmen, das zur Funksendung eines Werkes berechtigt ist, darf das Werk mit eigenen Mitteln auf Bild- oder Tonträger übertragen, um diese zur Funksendung über jeden seiner Sender oder Richtstrahler je einmal zu benutzen. [2]Die Bild- oder Tonträger sind spätestens einen Monat nach der ersten Funksendung des Werkes zu löschen.

(2) [1]Bild- oder Tonträger, die außergewöhnlichen dokumentarischen Wert haben, brauchen nicht gelöscht zu werden, wenn sie in ein amtliches Archiv

aufgenommen werden. [2]Von der Aufnahme in das Archiv ist der Urheber unverzüglich zu benachrichtigen.

§ 55a Benutzung eines Datenbankwerkes. [1]Zulässig ist die Bearbeitung sowie die Vervielfältigung eines Datenbankwerkes durch den Eigentümer eines mit Zustimmung des Urhebers durch Veräußerung in Verkehr gebrachten Vervielfältigungsstücks des Datenbankwerkes, den in sonstiger Weise zu dessen Gebrauch Berechtigten oder denjenigen, dem ein Datenbankwerk aufgrund eines mit dem Urheber oder eines mit dessen Zustimmung mit einem Dritten geschlossenen Vertrags zugänglich gemacht wird, wenn und soweit die Bearbeitung oder Vervielfältigung für den Zugang zu den Elementen des Datenbankwerkes und für dessen übliche Benutzung erforderlich ist. [2]Wird aufgrund eines Vertrags nach Satz 1 nur ein Teil des Datenbankwerkes zugänglich gemacht, so ist nur die Bearbeitung sowie die Vervielfältigung dieses Teils zulässig. [3]Entgegenstehende vertragliche Vereinbarungen sind nichtig.

§ 56 Vervielfältigung und öffentliche Wiedergabe in Geschäftsbetrieben. (1) In Geschäftsbetrieben, in denen Geräte zur Herstellung oder zur Wiedergabe von Bild- oder Tonträgern, zum Empfang von Funksendungen oder zur elektronischen Datenverarbeitung vertrieben oder instand gesetzt werden, ist die Übertragung von Werken auf Bild-, Ton- oder Datenträger, die öffentliche Wahrnehmbarmachung von Werken mittels Bild-, Ton- oder Datenträger sowie die öffentliche Wahrnehmbarmachung von Funksendungen und öffentliche Zugänglichmachungen von Werken zulässig, soweit dies notwendig ist, um diese Geräte Kunden vorzuführen oder instand zu setzen.

(2) Nach Absatz 1 hergestellte Bild-, Ton- oder Datenträger sind unverzüglich zu löschen.

§ 57 Unwesentliches Beiwerk. Zulässig ist die Vervielfältigung, Verbreitung und öffentliche Wiedergabe von Werken, wenn sie als unwesentliches Beiwerk neben dem eigentlichen Gegenstand der Vervielfältigung, Verbreitung oder öffentlichen Wiedergabe anzusehen sind.

Abschnitt 7. Dauer des Urheberrechts

§ 64 Allgemeines. Das Urheberrecht erlischt siebzig Jahre nach dem Tode des Urhebers.[1)]

§ 65 Miturheber, Filmwerke, Musikkomposition mit Text. (1) Steht das Urheberrecht mehreren Miturhebern (§ 8) zu, so erlischt es siebzig Jahre nach dem Tode des längstlebenden Miturhebers.

(2) Bei Filmwerken und Werken, die ähnlich wie Filmwerke hergestellt werden, erlischt das Urheberrecht siebzig Jahre nach dem Tod des Längstlebenden der folgenden Personen: Hauptregisseur, Urheber des Drehbuchs,

---

[1)] Siehe Bek. des Notenwechsels zwischen der Regierung der Bundesrepublik Deutschland und der Regierung der Republik Österreich über die Dauer des Urheberrechtsschutzes nach Art. 7 Abs. 2 und 3 der Brüsseler Fassung der Berner Übereinkunft zum Schutz von Werken der Literatur und Kunst v. 22.4.1975 (BGBl. II S. 834) und Bek. des Notenwechsels mit der Regierung der Französischen Republik v. 21.1.1975 (BGBl. II S. 189).

Urheber der Dialoge, Komponist der für das betreffende Filmwerk komponierten Musik.

(3) [1]Die Schutzdauer einer Musikkomposition mit Text erlischt 70 Jahre nach dem Tod des Längstlebenden der folgenden Personen: Verfasser des Textes, Komponist der Musikkomposition, sofern beide Beiträge eigens für die betreffende Musikkomposition mit Text geschaffen wurden. [2]Dies gilt unabhängig davon, ob diese Personen als Miturheber ausgewiesen sind.

§ 69 Berechnung der Fristen. Die Fristen dieses Abschnitts beginnen mit dem Ablauf des Kalenderjahres, in dem das für den Beginn der Frist maßgebende Ereignis eingetreten ist.

Abschnitt 8. Besondere Bestimmungen für Computerprogramme

§ 69a Gegenstand des Schutzes. (1) Computerprogramme im Sinne dieses Gesetzes sind Programme in jeder Gestalt, einschließlich des Entwurfsmaterials.

(2) [1]Der gewährte Schutz gilt für alle Ausdrucksformen eines Computerprogramms. [2]Ideen und Grundsätze, die einem Element eines Computerprogramms zugrunde liegen, einschließlich der den Schnittstellen zugrundeliegenden Ideen und Grundsätze, sind nicht geschützt.

(3) [1]Computerprogramme werden geschützt, wenn sie individuelle Werke in dem Sinne darstellen, daß sie das Ergebnis der eigenen geistigen Schöpfung ihres Urhebers sind. [2]Zur Bestimmung ihrer Schutzfähigkeit sind keine anderen Kriterien, insbesondere nicht qualitative oder ästhetische, anzuwenden.

(4) Auf Computerprogramme finden die für Sprachwerke geltenden Bestimmungen Anwendung, soweit in diesem Abschnitt nichts anderes bestimmt ist.

(5) Die Vorschriften der §§ 32d, 32e, 36 bis 36c, 40a und 95a bis 95d finden auf Computerprogramme keine Anwendung.

§ 69b Urheber in Arbeits- und Dienstverhältnissen. (1) Wird ein Computerprogramm von einem Arbeitnehmer in Wahrnehmung seiner Aufgaben oder nach den Anweisungen seines Arbeitgebers geschaffen, so ist ausschließlich der Arbeitgeber zur Ausübung aller vermögensrechtlichen Befugnisse an dem Computerprogramm berechtigt, sofern nichts anderes vereinbart ist.

(2) Absatz 1 ist auf Dienstverhältnisse entsprechend anzuwenden.

§ 69c Zustimmungsbedürftige Handlungen. Der Rechtsinhaber hat das ausschließliche Recht, folgende Handlungen vorzunehmen oder zu gestatten:

1. die dauerhafte oder vorübergehende Vervielfältigung, ganz oder teilweise, eines Computerprogramms mit jedem Mittel und in jeder Form. Soweit das Laden, Anzeigen, Ablaufen, Übertragen oder Speichern des Computerprogramms eine Vervielfältigung erfordert, bedürfen diese Handlungen der Zustimmung des Rechtsinhabers;
2. die Übersetzung, die Bearbeitung, das Arrangement und andere Umarbeitungen eines Computerprogramms sowie die Vervielfältigung der erzielten Ergebnisse. Die Rechte derjenigen, die das Programm bearbeiten, bleiben unberührt;

3. jede Form der Verbreitung des Originals eines Computerprogramms oder von Vervielfältigungsstücken, einschließlich der Vermietung. Wird ein Vervielfältigungsstück eines Computerprogramms mit Zustimmung des Rechtsinhabers im Gebiet der Europäischen Union oder eines anderen Vertragsstaates des Abkommens über den Europäischen Wirtschaftsraum im Wege der Veräußerung in Verkehr gebracht, so erschöpft sich das Verbreitungsrecht in bezug auf dieses Vervielfältigungsstück mit Ausnahme des Vermietrechts;
4. die drahtgebundene oder drahtlose öffentliche Wiedergabe eines Computerprogramms einschließlich der öffentlichen Zugänglichmachung in der Weise, dass es Mitgliedern der Öffentlichkeit von Orten und zu Zeiten ihrer Wahl zugänglich ist.

§ 69d Ausnahmen von den zustimmungsbedürftigen Handlungen.

(1) Soweit keine besonderen vertraglichen Bestimmungen vorliegen, bedürfen die in § 69c Nr. 1 und 2 genannten Handlungen nicht der Zustimmung des Rechtsinhabers, wenn sie für eine bestimmungsgemäße Benutzung des Computerprogramms einschließlich der Fehlerberichtigung durch jeden zur Verwendung eines Vervielfältigungsstücks des Programms Berechtigten notwendig sind.

(2) Die Erstellung einer Sicherungskopie durch eine Person, die zur Benutzung des Programms berechtigt ist, darf nicht vertraglich untersagt werden, wenn sie für die Sicherung künftiger Benutzung erforderlich ist.

(3) Der zur Verwendung eines Vervielfältigungsstücks eines Programms Berechtigte kann ohne Zustimmung des Rechtsinhabers das Funktionieren dieses Programms beobachten, untersuchen oder testen, um die einem Programmelement zugrundeliegenden Ideen und Grundsätze zu ermitteln, wenn dies durch Handlungen zum Laden, Anzeigen, Ablaufen, Übertragen oder Speichern des Programms geschieht, zu denen er berechtigt ist.

§ 69e Dekompilierung. (1) Die Zustimmung des Rechtsinhabers ist nicht erforderlich, wenn die Vervielfältigung des Codes oder die Übersetzung der Codeform im Sinne des § 69c Nr. 1 und 2 unerläßlich ist, um die erforderlichen Informationen zur Herstellung der Interoperabilität eines unabhängig geschaffenen Computerprogramms mit anderen Programmen zu erhalten, sofern folgende Bedingungen erfüllt sind:

1. Die Handlungen werden von dem Lizenznehmer oder von einer anderen zur Verwendung eines Vervielfältigungsstücks des Programms berechtigten Person oder in deren Namen von einer hierzu ermächtigten Person vorgenommen;
2. die für die Herstellung der Interoperabilität notwendigen Informationen sind für die in Nummer 1 genannten Personen noch nicht ohne weiteres zugänglich gemacht;
3. die Handlungen beschränken sich auf die Teile des ursprünglichen Programms, die zur Herstellung der Interoperabilität notwendig sind.

(2) Bei Handlungen nach Absatz 1 gewonnene Informationen dürfen nicht

1. zu anderen Zwecken als zur Herstellung der Interoperabilität des unabhängig geschaffenen Programms verwendet werden,

2. an Dritte weitergegeben werden, es sei denn, daß dies für die Interoperabilität des unabhängig geschaffenen Programms notwendig ist,
3. für die Entwicklung, Herstellung oder Vermarktung eines Programms mit im wesentlichen ähnlicher Ausdrucksform oder für irgendwelche anderen das Urheberrecht verletzenden Handlungen verwendet werden.

(3) Die Absätze 1 und 2 sind so auszulegen, daß ihre Anwendung weder die normale Auswertung des Werkes beeinträchtigt noch die berechtigten Interessen des Rechtsinhabers unzumutbar verletzt.

§ 69f Rechtsverletzungen. (1) [1] Der Rechtsinhaber kann von dem Eigentümer oder Besitzer verlangen, daß alle rechtswidrig hergestellten, verbreiteten oder zur rechtswidrigen Verbreitung bestimmten Vervielfältigungsstücke vernichtet werden. [2] § 98 Abs. 3 und 4 ist entsprechend anzuwenden.

(2) Absatz 1 ist entsprechend auf Mittel anzuwenden, die allein dazu bestimmt sind, die unerlaubte Beseitigung oder Umgehung technischer Programmschutzmechanismen zu erleichtern.

§ 69g Anwendung sonstiger Rechtsvorschriften; Vertragsrecht.

(1) Die Bestimmungen dieses Abschnitts lassen die Anwendung sonstiger Rechtsvorschriften auf Computerprogramme, insbesondere über den Schutz von Erfindungen, Topographien von Halbleitererzeugnissen, Marken und den Schutz gegen unlauteren Wettbewerb einschließlich des Schutzes von Geschäfts- und Betriebsgeheimnissen, sowie schuldrechtliche Vereinbarungen unberührt.

(2) Vertragliche Bestimmungen, die in Widerspruch zu § 69d Abs. 2 und 3 und § 69e stehen, sind nichtig.

Teil 2. Verwandte Schutzrechte

Abschnitt 6. Schutz des Datenbankherstellers

§ 87a Begriffsbestimmungen. (1) [1] Datenbank im Sinne dieses Gesetzes ist eine Sammlung von Werken, Daten oder anderen unabhängigen Elementen, die systematisch oder methodisch angeordnet und einzeln mit Hilfe elektronischer Mittel oder auf andere Weise zugänglich sind und deren Beschaffung, Überprüfung oder Darstellung eine nach Art oder Umfang wesentliche Investition erfordert. [2] Eine in ihrem Inhalt nach Art oder Umfang wesentlich geänderte Datenbank gilt als neue Datenbank, sofern die Änderung eine nach Art oder Umfang wesentliche Investition erfordert.

(2) Datenbankhersteller im Sinne dieses Gesetzes ist derjenige, der die Investition im Sinne des Absatzes 1 vorgenommen hat.

§ 87b Rechte des Datenbankherstellers. (1) [1] Der Datenbankhersteller hat das ausschließliche Recht, die Datenbank insgesamt oder einen nach Art oder Umfang wesentlichen Teil der Datenbank zu vervielfältigen, zu verbreiten und öffentlich wiederzugeben. [2] Der Vervielfältigung, Verbreitung oder öffentlichen Wiedergabe eines nach Art oder Umfang wesentlichen Teils der Datenbank steht die wiederholte und systematische Vervielfältigung, Verbreitung oder öffentliche Wiedergabe von nach Art und Umfang unwesentlichen Teilen der Datenbank gleich, sofern diese Handlungen einer normalen Auswertung der Datenbank zuwiderlaufen oder die berechtigten Interessen des Datenbankherstellers unzumutbar beeinträchtigen.

(2) § 10 Abs. 1, § 17 Abs. 2 und § 27 Abs. 2 und 3 gelten entsprechend.

§ 87c Schranken des Rechts des Datenbankherstellers. (1) [1]Die Vervielfältigung eines nach Art oder Umfang wesentlichen Teils einer Datenbank ist zulässig

1. zum privaten Gebrauch; dies gilt nicht für eine Datenbank, deren Elemente einzeln mit Hilfe elektronischer Mittel zugänglich sind,
2. zu Zwecken der wissenschaftlichen Forschung gemäß den §§ 60c und 60d,
3. zu Zwecken der Veranschaulichung des Unterrichts und der Lehre gemäß den §§ 60a und 60b.

[2]In den Fällen der Nummern 2 und 3 ist die Quelle deutlich anzugeben und gilt § 60g Absatz 1 entsprechend.

(2) Die Vervielfältigung, Verbreitung und öffentliche Wiedergabe eines nach Art oder Umfang wesentlichen Teils einer Datenbank ist zulässig zur Verwendung in Verfahren vor einem Gericht, einem Schiedsgericht oder einer Behörde sowie für Zwecke der öffentlichen Sicherheit.

(3) Die §§ 45b bis 45d gelten entsprechend.

§ 87d Dauer der Rechte. [1]Die Rechte des Datenbankherstellers erlöschen fünfzehn Jahre nach der Veröffentlichung der Datenbank, jedoch bereits fünfzehn Jahre nach der Herstellung, wenn die Datenbank innerhalb dieser Frist nicht veröffentlicht worden ist. [2]Die Frist ist nach § 69 zu berechnen.

§ 87e Verträge über die Benutzung einer Datenbank. Eine vertragliche Vereinbarung, durch die sich der Eigentümer eines mit Zustimmung des Datenbankherstellers durch Veräußerung in Verkehr gebrachten Vervielfältigungsstücks der Datenbank, der in sonstiger Weise zu dessen Gebrauch Berechtigte oder derjenige, dem eine Datenbank aufgrund eines mit dem Datenbankhersteller oder eines mit dessen Zustimmung mit einem Dritten geschlossenen Vertrags zugänglich gemacht wird, gegenüber dem Datenbankhersteller verpflichtet, die Vervielfältigung, Verbreitung oder öffentliche Wiedergabe von nach Art und Umfang unwesentlichen Teilen der Datenbank zu unterlassen, ist insoweit unwirksam, als diese Handlungen weder einer normalen Auswertung der Datenbank zuwiderlaufen noch die berechtigten Interessen des Datenbankherstellers unzumutbar beeinträchtigen.

Teil 4. Gemeinsame Bestimmungen für Urheberrecht und verwandte Schutzrechte

Abschnitt 1. Ergänzende Schutzbestimmungen

§ 95a Schutz technischer Maßnahmen. (1) Wirksame technische Maßnahmen zum Schutz eines nach diesem Gesetz geschützten Werkes oder eines anderen nach diesem Gesetz geschützten Schutzgegenstandes dürfen ohne Zustimmung des Rechtsinhabers nicht umgangen werden, soweit dem Handelnden bekannt ist oder den Umständen nach bekannt sein muss, dass die Umgehung erfolgt, um den Zugang zu einem solchen Werk oder Schutzgegenstand oder deren Nutzung zu ermöglichen.

(2) [1] Technische Maßnahmen im Sinne dieses Gesetzes sind Technologien, Vorrichtungen und Bestandteile, die im normalen Betrieb dazu bestimmt sind, geschützte Werke oder andere nach diesem Gesetz geschützte Schutzgegenstände betreffende Handlungen, die vom Rechtsinhaber nicht genehmigt sind, zu verhindern oder einzuschränken. [2] Technische Maßnahmen sind wirksam, soweit durch sie die Nutzung eines geschützten Werkes oder eines anderen nach diesem Gesetz geschützten Schutzgegenstandes von dem Rechtsinhaber durch eine Zugangskontrolle, einen Schutzmechanismus wie Verschlüsselung, Verzerrung oder sonstige Umwandlung oder einen Mechanismus zur Kontrolle der Vervielfältigung, die die Erreichung des Schutzziels sicherstellen, unter Kontrolle gehalten wird.

(3) Verboten sind die Herstellung, die Einfuhr, die Verbreitung, der Verkauf, die Vermietung, die Werbung im Hinblick auf Verkauf oder Vermietung und der gewerblichen Zwecken dienende Besitz von Vorrichtungen, Erzeugnissen oder Bestandteilen sowie die Erbringung von Dienstleistungen, die

1. Gegenstand einer Verkaufsförderung, Werbung oder Vermarktung mit dem Ziel der Umgehung wirksamer technischer Maßnahmen sind oder
2. abgesehen von der Umgehung wirksamer technischer Maßnahmen nur einen begrenzten wirtschaftlichen Zweck oder Nutzen haben oder
3. hauptsächlich entworfen, hergestellt, angepasst oder erbracht werden, um die Umgehung wirksamer technischer Maßnahmen zu ermöglichen oder zu erleichtern.

(4) Von den Verboten der Absätze 1 und 3 unberührt bleiben Aufgaben und Befugnisse öffentlicher Stellen zum Zwecke des Schutzes der öffentlichen Sicherheit oder der Strafrechtspflege.

§ 95b Durchsetzung von Schrankenbestimmungen. (1) [1] Soweit ein Rechtsinhaber technische Maßnahmen nach Maßgabe dieses Gesetzes anwendet, ist er verpflichtet, den durch eine der nachfolgend genannten Bestimmungen Begünstigten, soweit sie rechtmäßig Zugang zu dem Werk oder Schutzgegenstand haben, die notwendigen Mittel zur Verfügung zu stellen, um von diesen Bestimmungen in dem erforderlichen Maße Gebrauch machen zu können:

1. § 45 (Rechtspflege und öffentliche Sicherheit),
2. § 45a (Menschen mit Behinderungen),
3. § 45b (Menschen mit einer Seh- oder Lesebehinderung),
4. § 45c (Befugte Stellen; Vergütung; Verordnungsermächtigung),
5. § 47 (Schulfunksendungen),
6. § 53 (Vervielfältigungen zum privaten und sonstigen eigenen Gebrauch)
   a) Absatz 1, soweit es sich um Vervielfältigungen auf Papier oder einen ähnlichen Träger mittels beliebiger photomechanischer Verfahren oder anderer Verfahren mit ähnlicher Wirkung handelt,
   b) *(aufgehoben)*

c) Absatz 2 Satz 1 Nr. 2 in Verbindung mit Satz 2 Nr. 1,
d) Absatz 2 Satz 1 Nr. 3 und 4 jeweils in Verbindung mit Satz 2 Nr. 1,

7. § 55 (Vervielfältigung durch Sendeunternehmen),
8. § 60a (Unterricht und Lehre),
9. § 60b (Unterrichts- und Lehrmedien),
10. § 60c (Wissenschaftliche Forschung),
11. § 60d (Text und Data Mining),
12. § 60e (Bibliotheken)
    a) Absatz 1,
    b) Absatz 2,
    c) Absatz 3,
    d) Absatz 5,
13. § 60f (Archive, Museen und Bildungseinrichtungen).

[2] Vereinbarungen zum Ausschluss der Verpflichtungen nach Satz 1 sind unwirksam.

(2) [1] Wer gegen das Gebot nach Absatz 1 verstößt, kann von dem Begünstigten einer der genannten Bestimmungen darauf in Anspruch genommen werden, die zur Verwirklichung der jeweiligen Befugnis benötigten Mittel zur Verfügung zu stellen. [2] Entspricht das angebotene Mittel einer Vereinbarung zwischen Vereinigungen der Rechtsinhaber und der durch die Schrankenregelung Begünstigten, so wird vermutet, dass das Mittel ausreicht.

(3) Mit Ausnahme des Absatzes 1 Satz 1 Nummer 3 und 4 gelten die Absätze 1 und 2 nicht, soweit Werke und sonstige Schutzgegenstände der Öffentlichkeit auf Grund einer vertraglichen Vereinbarung in einer Weise zugänglich gemacht werden, dass sie Mitgliedern der Öffentlichkeit von Orten und zu Zeiten ihrer Wahl zugänglich sind.

(4) Zur Erfüllung der Verpflichtungen aus Absatz 1 angewandte technische Maßnahmen, einschließlich der zur Umsetzung freiwilliger Vereinbarungen angewandten Maßnahmen, genießen Rechtsschutz nach § 95a.

§ 95c Schutz der zur Rechtewahrnehmung erforderlichen Informationen. (1) Von Rechtsinhabern stammende Informationen für die Rechtewahrnehmung dürfen nicht entfernt oder verändert werden, wenn irgendeine der betreffenden Informationen an einem Vervielfältigungsstück eines Werkes oder eines sonstigen Schutzgegenstandes angebracht ist oder im Zusammenhang mit der öffentlichen Wiedergabe eines solchen Werkes oder Schutzgegenstandes erscheint und wenn die Entfernung oder Veränderung wissentlich unbefugt erfolgt und dem Handelnden bekannt ist oder den Umständen nach bekannt sein muss, dass er dadurch die Verletzung von Urheberrechten oder verwandter Schutzrechte veranlasst, ermöglicht, erleichtert oder verschleiert.

(2) Informationen für die Rechtewahrnehmung im Sinne dieses Gesetzes sind elektronische Informationen, die Werke oder andere Schutzgegenstände, den Urheber oder jeden anderen Rechtsinhaber identifizieren, Informationen über die Modalitäten und Bedingungen für die Nutzung der Werke oder Schutzgegenstände sowie die Zahlen und Codes, durch die derartige Informationen ausgedrückt werden.

(3) Werke oder sonstige Schutzgegenstände, bei denen Informationen für die Rechtewahrnehmung unbefugt entfernt oder geändert wurden, dürfen nicht wissentlich unbefugt verbreitet, zur Verbreitung eingeführt, gesendet, öffentlich wiedergegeben oder öffentlich zugänglich gemacht werden, wenn dem Handelnden bekannt ist oder den Umständen nach bekannt sein muss, dass er dadurch die Verletzung von Urheberrechten oder verwandter Schutzrechte veranlasst, ermöglicht, erleichtert oder verschleiert.

§ 95d[1] Kennzeichnungspflichten. (1) Werke und andere Schutzgegenstände, die mit technischen Maßnahmen geschützt werden, sind deutlich sichtbar mit Angaben über die Eigenschaften der technischen Maßnahmen zu kennzeichnen.

(2) [1] Wer Werke und andere Schutzgegenstände mit technischen Maßnahmen schützt, hat diese zur Ermöglichung der Geltendmachung von Ansprüchen nach § 95b Abs. 2 mit seinem Namen oder seiner Firma und der zustellungsfähigen Anschrift zu kennzeichnen. [2] Satz 1 findet in den Fällen des § 95b Abs. 3 keine Anwendung.

§ 96 Verwertungsverbot. (1) Rechtswidrig hergestellte Vervielfältigungsstücke dürfen weder verbreitet noch zu öffentlichen Wiedergaben benutzt werden.

(2) Rechtswidrig veranstaltete Funksendungen dürfen nicht auf Bild- oder Tonträger aufgenommen oder öffentlich wiedergegeben werden.

Abschnitt 2. Rechtsverletzungen

Unterabschnitt 1. Bürgerlich-rechtliche Vorschriften; Rechtsweg

§ 97 Anspruch auf Unterlassung und Schadensersatz. (1) [1] Wer das Urheberrecht oder ein anderes nach diesem Gesetz geschütztes Recht widerrechtlich verletzt, kann von dem Verletzten auf Beseitigung der Beeinträchtigung, bei Wiederholungsgefahr auf Unterlassung in Anspruch genommen werden. [2] Der Anspruch auf Unterlassung besteht auch dann, wenn eine Zuwiderhandlung erstmalig droht.

(2) [1] Wer die Handlung vorsätzlich oder fahrlässig vornimmt, ist dem Verletzten zum Ersatz des daraus entstehenden Schadens verpflichtet. [2] Bei der Bemessung des Schadensersatzes kann auch der Gewinn, den der Verletzer durch die Verletzung des Rechts erzielt hat, berücksichtigt werden. [3] Der Schadensersatzanspruch kann auch auf der Grundlage des Betrages berechnet werden, den der Verletzer als angemessene Vergütung hätte entrichten müssen, wenn er die Erlaubnis zur Nutzung des verletzten Rechts eingeholt hätte. [4] Urheber, Verfasser wissenschaftlicher Ausgaben (§ 70), Lichtbildner (§ 72) und ausübende Künstler (§ 73) können auch wegen des Schadens, der nicht Vermögensschaden ist, eine Entschädigung in Geld verlangen, wenn und soweit dies der Billigkeit entspricht.

§ 97a Abmahnung. (1) Der Verletzte soll den Verletzer vor Einleitung eines gerichtlichen Verfahrens auf Unterlassung abmahnen und ihm Gelegenheit

---

[1] Beachte hierzu Übergangsvorschrift in § 137j.

geben, den Streit durch Abgabe einer mit einer angemessenen Vertragsstrafe bewehrten Unterlassungsverpflichtung beizulegen.

(2) [1] Die Abmahnung hat in klarer und verständlicher Weise

1. Name oder Firma des Verletzten anzugeben, wenn der Verletzte nicht selbst, sondern ein Vertreter abmahnt,
2. die Rechtsverletzung genau zu bezeichnen,
3. geltend gemachte Zahlungsansprüche als Schadensersatz- und Aufwendungsersatzansprüche aufzuschlüsseln und
4. wenn darin eine Aufforderung zur Abgabe einer Unterlassungsverpflichtung enthalten ist, anzugeben, inwieweit die vorgeschlagene Unterlassungsverpflichtung über die abgemahnte Rechtsverletzung hinausgeht.

[2] Eine Abmahnung, die nicht Satz 1 entspricht, ist unwirksam.

(3) [1] Soweit die Abmahnung berechtigt ist und Absatz 2 Satz 1 Nummer 1 bis 4 entspricht, kann der Ersatz der erforderlichen Aufwendungen verlangt werden. [2] Für die Inanspruchnahme anwaltlicher Dienstleistungen beschränkt sich der Ersatz der erforderlichen Aufwendungen hinsichtlich der gesetzlichen Gebühren auf Gebühren nach einem Gegenstandswert für den Unterlassungs- und Beseitigungsanspruch von 1 000 Euro, wenn der Abgemahnte

1. eine natürliche Person ist, die nach diesem Gesetz geschützte Werke oder andere nach diesem Gesetz geschützte Schutzgegenstände nicht für ihre gewerbliche oder selbständige berufliche Tätigkeit verwendet, und
2. nicht bereits wegen eines Anspruchs des Abmahnenden durch Vertrag, auf Grund einer rechtskräftigen gerichtlichen Entscheidung oder einer einstweiligen Verfügung zur Unterlassung verpflichtet ist.

[3] Der in Satz 2 genannte Wert ist auch maßgeblich, wenn ein Unterlassungs- und ein Beseitigungsanspruch nebeneinander geltend gemacht werden. [4] Satz 2 gilt nicht, wenn der genannte Wert nach den besonderen Umständen des Einzelfalles unbillig ist.

(4) [1] Soweit die Abmahnung unberechtigt oder unwirksam ist, kann der Abgemahnte Ersatz der für die Rechtsverteidigung erforderlichen Aufwendungen verlangen, es sei denn, es war für den Abmahnenden zum Zeitpunkt der Abmahnung nicht erkennbar, dass die Abmahnung unberechtigt war. [2] Weiter gehende Ersatzansprüche bleiben unberührt.

§ 98 Anspruch auf Vernichtung, Rückruf und Überlassung. (1) [1] Wer das Urheberrecht oder ein anderes nach diesem Gesetz geschütztes Recht widerrechtlich verletzt, kann von dem Verletzten auf Vernichtung der im Besitz oder Eigentum des Verletzers befindlichen rechtswidrig hergestellten, verbreiteten oder zur rechtswidrigen Verbreitung bestimmten Vervielfältigungsstücke in Anspruch genommen werden. [2] Satz 1 ist entsprechend auf die im Eigentum des Verletzers stehenden Vorrichtungen anzuwenden, die vorwiegend zur Herstellung dieser Vervielfältigungsstücke gedient haben.

(2) Wer das Urheberrecht oder ein anderes nach diesem Gesetz geschütztes Recht widerrechtlich verletzt, kann von dem Verletzten auf Rückruf von rechtswidrig hergestellten, verbreiteten oder zur rechtswidrigen Verbreitung bestimmten Vervielfältigungsstücken oder auf deren endgültiges Entfernen aus den Vertriebswegen in Anspruch genommen werden.

(3) Statt der in Absatz 1 vorgesehenen Maßnahmen kann der Verletzte verlangen, dass ihm die Vervielfältigungsstücke, die im Eigentum des Verletzers stehen, gegen eine angemessene Vergütung, welche die Herstellungskosten nicht übersteigen darf, überlassen werden.

(4) [1] Die Ansprüche nach den Absätzen 1 bis 3 sind ausgeschlossen, wenn die Maßnahme im Einzelfall unverhältnismäßig ist. [2] Bei der Prüfung der Verhältnismäßigkeit sind auch die berechtigten Interessen Dritter zu berücksichtigen.

(5) Bauwerke sowie ausscheidbare Teile von Vervielfältigungsstücken und Vorrichtungen, deren Herstellung und Verbreitung nicht rechtswidrig ist, unterliegen nicht den in den Absätzen 1 bis 3 vorgesehenen Maßnahmen.

§ 99 Haftung des Inhabers eines Unternehmens. Ist in einem Unternehmen von einem Arbeitnehmer oder Beauftragten ein nach diesem Gesetz geschütztes Recht widerrechtlich verletzt worden, hat der Verletzte die Ansprüche aus § 97 Abs. 1 und § 98 auch gegen den Inhaber des Unternehmens.

§ 100 Entschädigung. [1] Handelt der Verletzer weder vorsätzlich noch fahrlässig, kann er zur Abwendung der Ansprüche nach den §§ 97 und 98 den Verletzten in Geld entschädigen, wenn ihm durch die Erfüllung der Ansprüche ein unverhältnismäßig großer Schaden entstehen würde und dem Verletzten die Abfindung in Geld zuzumuten ist. [2] Als Entschädigung ist der Betrag zu zahlen, der im Fall einer vertraglichen Einräumung des Rechts als Vergütung angemessen wäre. [3] Mit der Zahlung der Entschädigung gilt die Einwilligung des Verletzten zur Verwertung im üblichen Umfang als erteilt.

§ 101 Anspruch auf Auskunft. (1) [1] Wer in gewerblichem Ausmaß das Urheberrecht oder ein anderes nach diesem Gesetz geschütztes Recht widerrechtlich verletzt, kann von dem Verletzten auf unverzügliche Auskunft über die Herkunft und den Vertriebsweg der rechtsverletzenden Vervielfältigungsstücke oder sonstigen Erzeugnisse in Anspruch genommen werden. [2] Das gewerbliche Ausmaß kann sich sowohl aus der Anzahl der Rechtsverletzungen als auch aus der Schwere der Rechtsverletzung ergeben.

(2) [1] In Fällen offensichtlicher Rechtsverletzung oder in Fällen, in denen der Verletzte gegen den Verletzer Klage erhoben hat, besteht der Anspruch unbeschadet von Absatz 1 auch gegen eine Person, die in gewerblichem Ausmaß

1. rechtsverletzende Vervielfältigungsstücke in ihrem Besitz hatte,
2. rechtsverletzende Dienstleistungen in Anspruch nahm,
3. für rechtsverletzende Tätigkeiten genutzte Dienstleistungen erbrachte oder
4. nach den Angaben einer in Nummer 1, 2 oder Nummer 3 genannten Person an der Herstellung, Erzeugung oder am Vertrieb solcher Vervielfältigungsstücke, sonstigen Erzeugnisse oder Dienstleistungen beteiligt war,

es sei denn, die Person wäre nach den §§ 383 bis 385 der Zivilprozessordnung im Prozess gegen den Verletzer zur Zeugnisverweigerung berechtigt. [2] Im Fall der gerichtlichen Geltendmachung des Anspruchs nach Satz 1 kann das Gericht den gegen den Verletzer anhängigen Rechtsstreit auf Antrag bis zur Erledigung des wegen des Auskunftsanspruchs geführten Rechtsstreits aussetzen. [3] Der zur Auskunft Verpflichtete kann von dem Verletzten den Ersatz der für die Auskunftserteilung erforderlichen Aufwendungen verlangen.

(3) Der zur Auskunft Verpflichtete hat Angaben zu machen über

1. Namen und Anschrift der Hersteller, Lieferanten und anderer Vorbesitzer der Vervielfältigungsstücke oder sonstigen Erzeugnisse, der Nutzer der Dienstleistungen sowie der gewerblichen Abnehmer und Verkaufsstellen, für die sie bestimmt waren, und
2. die Menge der hergestellten, ausgelieferten, erhaltenen oder bestellten Vervielfältigungsstücke oder sonstigen Erzeugnisse sowie über die Preise, die für die betreffenden Vervielfältigungsstücke oder sonstigen Erzeugnisse bezahlt wurden.

(4) Die Ansprüche nach den Absätzen 1 und 2 sind ausgeschlossen, wenn die Inanspruchnahme im Einzelfall unverhältnismäßig ist.

(5) Erteilt der zur Auskunft Verpflichtete die Auskunft vorsätzlich oder grob fahrlässig falsch oder unvollständig, so ist er dem Verletzten zum Ersatz des daraus entstehenden Schadens verpflichtet.

(6) Wer eine wahre Auskunft erteilt hat, ohne dazu nach Absatz 1 oder Absatz 2 verpflichtet gewesen zu sein, haftet Dritten gegenüber nur, wenn er wusste, dass er zur Auskunftserteilung nicht verpflichtet war.

(7) In Fällen offensichtlicher Rechtsverletzung kann die Verpflichtung zur Erteilung der Auskunft im Wege der einstweiligen Verfügung nach den §§ 935 bis 945 der Zivilprozessordnung angeordnet werden.

(8) Die Erkenntnisse dürfen in einem Strafverfahren oder in einem Verfahren nach dem Gesetz über Ordnungswidrigkeiten wegen einer vor der Erteilung der Auskunft begangenen Tat gegen den Verpflichteten oder gegen einen in § 52 Abs. 1 der Strafprozessordnung bezeichneten Angehörigen nur mit Zustimmung des Verpflichteten verwertet werden.

(9) [1] Kann die Auskunft nur unter Verwendung von Verkehrsdaten (§ 3 Nr. 30 des Telekommunikationsgesetzes[1)]) erteilt werden, ist für ihre Erteilung eine vorherige richterliche Anordnung über die Zulässigkeit der Verwendung der Verkehrsdaten erforderlich, die von dem Verletzten zu beantragen ist. [2] Für den Erlass dieser Anordnung ist das Landgericht, in dessen Bezirk der zur Auskunft Verpflichtete seinen Wohnsitz, seinen Sitz oder eine Niederlassung hat, ohne Rücksicht auf den Streitwert ausschließlich zuständig. [3] Die Entscheidung trifft die Zivilkammer. [4] Für das Verfahren gelten die Vorschriften des Gesetzes über das Verfahren in Familiensachen und in den Angelegenheiten der freiwilligen Gerichtsbarkeit entsprechend. [5] Die Kosten der richterlichen Anordnung trägt der Verletzte. [6] Gegen die Entscheidung des Landgerichts ist die Beschwerde statthaft. [7] Die Beschwerde ist binnen einer Frist von zwei Wochen einzulegen. [8] Die Vorschriften zum Schutz personenbezogener Daten bleiben im Übrigen unberührt.

(10) Durch Absatz 2 in Verbindung mit Absatz 9 wird das Grundrecht des Fernmeldegeheimnisses (Artikel 10 des Grundgesetzes[2)]) eingeschränkt.

§ 101a Anspruch auf Vorlage und Besichtigung. (1) [1] Wer mit hinreichender Wahrscheinlichkeit das Urheberrecht oder ein anderes nach diesem Gesetz geschütztes Recht widerrechtlich verletzt, kann von dem Verletzten auf

---

1) Nr. **55**.
2) Nr. **3**.

Vorlage einer Urkunde oder Besichtigung einer Sache in Anspruch genommen werden, die sich in seiner Verfügungsgewalt befindet, wenn dies zur Begründung von dessen Ansprüchen erforderlich ist. [2]Besteht die hinreichende Wahrscheinlichkeit einer in gewerblichem Ausmaß begangenen Rechtsverletzung, erstreckt sich der Anspruch auch auf die Vorlage von Bank-, Finanz- oder Handelsunterlagen. [3]Soweit der vermeintliche Verletzer geltend macht, dass es sich um vertrauliche Informationen handelt, trifft das Gericht die erforderlichen Maßnahmen, um den im Einzelfall gebotenen Schutz zu gewährleisten.

(2) Der Anspruch nach Absatz 1 ist ausgeschlossen, wenn die Inanspruchnahme im Einzelfall unverhältnismäßig ist.

(3) [1]Die Verpflichtung zur Vorlage einer Urkunde oder zur Duldung der Besichtigung einer Sache kann im Wege der einstweiligen Verfügung nach den §§ 935 bis 945 der Zivilprozessordnung angeordnet werden. [2]Das Gericht trifft die erforderlichen Maßnahmen, um den Schutz vertraulicher Informationen zu gewährleisten. [3]Dies gilt insbesondere in den Fällen, in denen die einstweilige Verfügung ohne vorherige Anhörung des Gegners erlassen wird.

(4) § 811 des Bürgerlichen Gesetzbuchs sowie § 101 Abs. 8 gelten entsprechend.

(5) Wenn keine Verletzung vorlag oder drohte, kann der vermeintliche Verletzer von demjenigen, der die Vorlage oder Besichtigung nach Absatz 1 begehrt hat, den Ersatz des ihm durch das Begehren entstandenen Schadens verlangen.

§ 101b Sicherung von Schadensersatzansprüchen. (1) [1]Der Verletzte kann den Verletzer bei einer in gewerblichem Ausmaß begangenen Rechtsverletzung in den Fällen des § 97 Abs. 2 auch auf Vorlage von Bank-, Finanz- oder Handelsunterlagen oder einen geeigneten Zugang zu den entsprechenden Unterlagen in Anspruch nehmen, die sich in der Verfügungsgewalt des Verletzers befinden und die für die Durchsetzung des Schadensersatzanspruchs erforderlich sind, wenn ohne die Vorlage die Erfüllung des Schadensersatzanspruchs fraglich ist. [2]Soweit der Verletzer geltend macht, dass es sich um vertrauliche Informationen handelt, trifft das Gericht die erforderlichen Maßnahmen, um den im Einzelfall gebotenen Schutz zu gewährleisten.

(2) Der Anspruch nach Absatz 1 ist ausgeschlossen, wenn die Inanspruchnahme im Einzelfall unverhältnismäßig ist.

(3) [1]Die Verpflichtung zur Vorlage der in Absatz 1 bezeichneten Urkunden kann im Wege der einstweiligen Verfügung nach den §§ 935 bis 945 der Zivilprozessordnung angeordnet werden, wenn der Schadensersatzanspruch offensichtlich besteht. [2]Das Gericht trifft die erforderlichen Maßnahmen, um den Schutz vertraulicher Informationen zu gewährleisten. [3]Dies gilt insbesondere in den Fällen, in denen die einstweilige Verfügung ohne vorherige Anhörung des Gegners erlassen wird.

(4) § 811 des Bürgerlichen Gesetzbuchs sowie § 101 Abs. 8 gelten entsprechend.

§ 102 Verjährung. [1]Auf die Verjährung der Ansprüche wegen Verletzung des Urheberrechts oder eines anderen nach diesem Gesetz geschützten Rechts finden die Vorschriften des Abschnitts 5 des Buches 1 des Bürgerlichen Gesetzbuchs entsprechende Anwendung. [2]Hat der Verpflichtete durch die Verletzung auf Kosten des Berechtigten etwas erlangt, findet § 852 des Bürgerlichen Gesetzbuchs entsprechende Anwendung.

Unterabschnitt 2. Straf- und Bußgeldvorschriften

§ 106 Unerlaubte Verwertung urheberrechtlich geschützter Werke.

(1) Wer in anderen als den gesetzlich zugelassenen Fällen ohne Einwilligung des Berechtigten ein Werk oder eine Bearbeitung oder Umgestaltung eines Werkes vervielfältigt, verbreitet oder öffentlich wiedergibt, wird mit Freiheitsstrafe bis zu drei Jahren oder mit Geldstrafe bestraft.

(2) Der Versuch ist strafbar.

§ 107 Unzulässiges Anbringen der Urheberbezeichnung. (1) Wer

1. auf dem Original eines Werkes der bildenden Künste die Urheberbezeichnung (§ 10 Abs. 1) ohne Einwilligung des Urhebers anbringt oder ein derart bezeichnetes Original verbreitet,
2. auf einem Vervielfältigungsstück, einer Bearbeitung oder Umgestaltung eines Werkes der bildenden Künste die Urheberbezeichnung (§ 10 Abs. 1) auf eine Art anbringt, die dem Vervielfältigungsstück, der Bearbeitung oder Umgestaltung den Anschein eines Originals gibt, oder ein derart bezeichnetes Vervielfältigungsstück, eine solche Bearbeitung oder Umgestaltung verbreitet,

wird mit Freiheitsstrafe bis zu drei Jahren oder mit Geldstrafe bestraft, wenn die Tat nicht in anderen Vorschriften mit schwererer Strafe bedroht ist.

(2) Der Versuch ist strafbar.

§ 108 Unerlaubte Eingriffe in verwandte Schutzrechte. (1) Wer in anderen als den gesetzlich zugelassenen Fällen ohne Einwilligung des Berechtigten

1. eine wissenschaftliche Ausgabe (§ 70) oder eine Bearbeitung oder Umgestaltung einer solchen Ausgabe vervielfältigt, verbreitet oder öffentlich wiedergibt,
2. ein nachgelassenes Werk oder eine Bearbeitung oder Umgestaltung eines solchen Werkes entgegen § 71 verwertet,
3. ein Lichtbild (§ 72) oder eine Bearbeitung oder Umgestaltung eines Lichtbildes vervielfältigt, verbreitet oder öffentlich wiedergibt,
4. die Darbietung eines ausübenden Künstlers entgegen den § 77 Abs. 1 oder Abs. 2 Satz 1, § 78 Abs. 1 verwertet,
5. einen Tonträger entgegen § 85 verwertet,
6. eine Funksendung entgegen § 87 verwertet,
7. einen Bildträger oder Bild- und Tonträger entgegen §§ 94 oder 95 in Verbindung mit § 94 verwertet,
8. eine Datenbank entgegen § 87b Abs. 1 verwertet,

wird mit Freiheitsstrafe bis zu drei Jahren oder mit Geldstrafe bestraft.

(2) Der Versuch ist strafbar.

§ 108a Gewerbsmäßige unerlaubte Verwertung. (1) Handelt der Täter in den Fällen der §§ 106 bis 108 gewerbsmäßig, so ist die Strafe Freiheitsstrafe bis zu fünf Jahren oder Geldstrafe.

(2) Der Versuch ist strafbar.

§ 108b Unerlaubte Eingriffe in technische Schutzmaßnahmen und zur Rechtewahrnehmung erforderliche Informationen. (1) Wer

1. in der Absicht, sich oder einem Dritten den Zugang zu einem nach diesem Gesetz geschützten Werk oder einem anderen nach diesem Gesetz geschützten Schutzgegenstand oder deren Nutzung zu ermöglichen, eine wirksame technische Maßnahme ohne Zustimmung des Rechtsinhabers umgeht oder
2. wissentlich unbefugt
   a) eine von Rechtsinhabern stammende Information für die Rechtewahrnehmung entfernt oder verändert, wenn irgendeine der betreffenden Informationen an einem Vervielfältigungsstück eines Werkes oder eines sonstigen Schutzgegenstandes angebracht ist oder im Zusammenhang mit der öffentlichen Wiedergabe eines solchen Werkes oder Schutzgegenstandes erscheint, oder
   b) ein Werk oder einen sonstigen Schutzgegenstand, bei dem eine Information für die Rechtewahrnehmung unbefugt entfernt oder geändert wurde, verbreitet, zur Verbreitung einführt, sendet, öffentlich wiedergibt oder öffentlich zugänglich macht

   und dadurch wenigstens leichtfertig die Verletzung von Urheberrechten oder verwandten Schutzrechten veranlasst, ermöglicht, erleichtert oder verschleiert,

wird, wenn die Tat nicht ausschließlich zum eigenen privaten Gebrauch des Täters oder mit dem Täter persönlich verbundener Personen erfolgt oder sich auf einen derartigen Gebrauch bezieht, mit Freiheitsstrafe bis zu einem Jahr oder mit Geldstrafe bestraft.

(2) Ebenso wird bestraft, wer entgegen § 95a Abs. 3 eine Vorrichtung, ein Erzeugnis oder einen Bestandteil zu gewerblichen Zwecken herstellt, einführt, verbreitet, verkauft oder vermietet.

(3) Handelt der Täter in den Fällen des Absatzes 1 gewerbsmäßig, so ist die Strafe Freiheitsstrafe bis zu drei Jahren oder Geldstrafe.

§ 109 Strafantrag. In den Fällen der §§ 106 bis 108 und des § 108b wird die Tat nur auf Antrag verfolgt, es sei denn, daß die Strafverfolgungsbehörde wegen des besonderen öffentlichen Interesses an der Strafverfolgung ein Einschreiten von Amts wegen für geboten hält.

§ 110 Einziehung. [1] Gegenstände, auf die sich eine Straftat nach den §§ 106, 107 Abs. 1 Nr. 2, §§ 108 bis 108b bezieht, können eingezogen werden. [2] § 74a des Strafgesetzbuches ist anzuwenden. [3] Soweit den in § 98 bezeichneten Ansprüchen im Verfahren nach den Vorschriften der Strafprozeßordnung über die Entschädigung des Verletzten (§§ 403 bis 406c) stattgegeben wird, sind die Vorschriften über die Einziehung nicht anzuwenden.

§ 111 Bekanntgabe der Verurteilung. [1]Wird in den Fällen der §§ 106 bis 108b auf Strafe erkannt, so ist, wenn der Verletzte es beantragt und ein berechtigtes Interesse daran dartut, anzuordnen, daß die Verurteilung auf Verlangen öffentlich bekanntgemacht wird. [2]Die Art der Bekanntmachung ist im Urteil zu bestimmen.

§ 111a Bußgeldvorschriften. (1) Ordnungswidrig handelt, wer

1. entgegen § 95a Abs. 3
   a) eine Vorrichtung, ein Erzeugnis oder einen Bestandteil verkauft, vermietet oder über den Kreis der mit dem Täter persönlich verbundenen Personen hinaus verbreitet oder
   b) zu gewerblichen Zwecken eine Vorrichtung, ein Erzeugnis oder einen Bestandteil besitzt, für deren Verkauf oder Vermietung wirbt oder eine Dienstleistung erbringt,
2. entgegen § 95b Abs. 1 Satz 1 ein notwendiges Mittel nicht zur Verfügung stellt oder
3. entgegen § 95d Abs. 2 Satz 1 Werke oder andere Schutzgegenstände nicht oder nicht vollständig kennzeichnet.

(2) Die Ordnungswidrigkeit kann in den Fällen des Absatzes 1 Nr. 1 und 2 mit einer Geldbuße bis zu fünfzigtausend Euro und in den übrigen Fällen mit einer Geldbuße bis zu zehntausend Euro geahndet werden.

Teil 5. Anwendungsbereich. Übergangs- und Schlussbestimmungen

Abschnitt 2. Übergangsbestimmungen

§ 137d Computerprogramme. (1) [1]Die Vorschriften des Abschnitts 8 des Teils 1 sind auch auf Computerprogramme anzuwenden, die vor dem 24. Juni 1993 geschaffen worden sind. [2]Jedoch erstreckt sich das ausschließliche Vermietrecht (§ 69c Nr. 3) nicht auf Vervielfältigungsstücke eines Programms, die ein Dritter vor dem 1. Januar 1993 zum Zweck der Vermietung erworben hat.

(2) § 69g Abs. 2 ist auch auf Verträge anzuwenden, die vor dem 24. Juni 1993 abgeschlossen worden sind.

§ 137e Übergangsregelung bei Umsetzung der Richtlinie 92/100/EWG. (1) Die am 30. Juni 1995 in Kraft tretenden Vorschriften dieses Gesetzes finden auch auf vorher geschaffene Werke, Darbietungen, Tonträger, Funksendungen und Filme Anwendung, es sei denn, daß diese zu diesem Zeitpunkt nicht mehr geschützt sind.

(2) [1]Ist ein Orginal oder Vervielfältigungsstück eines Werkes oder ein Bild- oder Tonträger vor dem 30. Juni 1995 erworben oder zum Zweck der Vermietung einem Dritten überlassen worden, so gilt für die Vermietung nach diesem Zeitpunkt die Zustimmung der Inhaber des Vermietrechts (§§ 17, 77 Abs. 2 Satz 1, §§ 85 und 94) als erteilt. [2]Diesen Rechtsinhabern hat der Vermieter jeweils eine angemessene Vergütung zu zahlen; § 27 Abs. 1 Satz 2 und 3 hinsichtlich der Ansprüche der Urheber und ausübenden Künstler und § 27 Abs. 3 finden entsprechende Anwendung. [3]§ 137d bleibt unberührt.

(3) Wurde ein Bild- oder Tonträger, der vor dem 30. Juni 1995 erworben oder zum Zweck der Vermietung einem Dritten überlassen worden ist, zwischen dem 1. Juli 1994 und dem 30. Juni 1995 vermietet, besteht für diese Vermietung ein Vergütungsanspruch in entsprechender Anwendung des Absatzes 2 Satz 2.

(4) [1] Hat ein Urheber vor dem 30. Juni 1995 ein ausschließliches Verbreitungsrecht eingeräumt, so gilt die Einräumung auch für das Vermietrecht. [2] Hat ein ausübender Künstler vor diesem Zeitpunkt bei der Herstellung eines Filmwerkes mitgewirkt oder in die Benutzung seiner Darbietung zur Herstellung eines Filmwerkes eingewilligt, so gelten seine ausschließlichen Rechte als auf den Filmhersteller übertragen. [3] Hat er vor diesem Zeitpunkt in die Aufnahme seiner Darbietung auf Tonträger und in die Vervielfältigung eingewilligt, so gilt die Einwilligung auch als Übertragung des Verbreitungsrechts, einschließlich der Vermietung.

§ 137f Übergangsregelung bei Umsetzung der Richtlinie 93/98 EWG.

(1) [1] Würde durch die Anwendung dieses Gesetzes in der ab dem 1. Juli 1995 geltenden Fassung die Dauer eines vorher entstandenen Rechts verkürzt, so erlischt der Schutz mit dem Ablauf der Schutzdauer nach den bis zum 30. Juni 1995 geltenden Vorschriften. [2] Im übrigen sind die Vorschriften dieses Gesetzes über die Schutzdauer in der ab dem 1. Juli 1995 geltenden Fassung auch auf Werke und verwandte Schutzrechte anzuwenden, deren Schutz am 1. Juli 1995 noch nicht erloschen ist.

(2) [1] Die Vorschriften dieses Gesetzes in der ab dem 1. Juli 1995 geltenden Fassung sind auch auf Werke anzuwenden, deren Schutz nach diesem Gesetz vor dem 1. Juli 1995 abgelaufen ist, nach dem Gesetz eines anderen Mitgliedstaates der Europäischen Union oder eines Vertragsstaates des Abkommens über den Europäischen Wirtschaftsraum zu diesem Zeitpunkt aber noch besteht. [2] Satz 1 gilt entsprechend für die verwandten Schutzrechte des Herausgebers nachgelassener Werke (§ 71), der ausübenden Künstler (§ 73), der Hersteller von Tonträgern (§ 85), der Sendeunternehmen (§ 87) und der Filmhersteller (§§ 94 und 95).

(3) [1] Lebt nach Absatz 2 der Schutz eines Werkes im Geltungsbereich dieses Gesetzes wieder auf, so stehen die wiederauflebenden Rechte dem Urheber zu. [2] Eine vor dem 1. Juli 1995 begonnene Nutzungshandlung darf jedoch in dem vorgesehenen Rahmen fortgesetzt werden. [3] Für die Nutzung ab dem 1. Juli 1995 ist eine angemessene Vergütung zu zahlen. [4] Die Sätze 1 bis 3 gelten für verwandte Schutzrechte entsprechend.

(4) [1] Ist vor dem 1. Juli 1995 einem anderen ein Nutzungsrecht an einer nach diesem Gesetz noch geschützten Leistung eingeräumt oder übertragen worden, so erstreckt sich die Einräumung oder Übertragung im Zweifel auch auf den Zeitraum, um den die Schutzdauer verlängert worden ist. [2] Im Fall des Satzes 1 ist eine angemessene Vergütung zu zahlen.

§ 137g Übergangsregelung bei Umsetzung der Richtlinie 96/9/EG.

(1) § 23 Satz 2, § 53 Abs. 5, die §§ 55a, 60d Absatz 2 Satz 1 und § 63 Abs. 1 Satz 2, sind auch auf Datenbankwerke anzuwenden, die vor dem 1. Januar 1998 geschaffen wurden.

(2) [1] Die Vorschriften des Abschnitts 6 des Teils 2 sind auch auf Datenbanken anzuwenden, die zwischen dem 1. Januar 1983 und dem 31. Dezember 1997 hergestellt worden sind. [2] Die Schutzfrist beginnt in diesen Fällen am 1. Januar 1998.

(3) Die §§ 55a und 87e sind nicht auf Verträge anzuwenden, die vor dem 1. Januar 1998 abgeschlossen worden sind.

§ 137h Übergangsregelung bei Umsetzung der Richtlinie 93/83/EWG. (1) Die Vorschrift des § 20a ist auf Verträge, die vor dem 1. Juni 1998 geschlossen worden sind, erst ab dem 1. Januar 2000 anzuwenden, sofern diese nach diesem Zeitpunkt ablaufen.

(2) Sieht ein Vertrag über die gemeinsame Herstellung eines Bild- oder Tonträgers, der vor dem 1. Juni 1998 zwischen mehreren Herstellern, von denen mindestens einer einem Mitgliedstaat der Europäischen Union oder Vertragsstaat des Europäischen Wirtschaftsraumes angehört, geschlossen worden ist, eine räumliche Aufteilung des Rechts der Sendung unter den Herstellern vor, ohne nach der Satellitensendung und anderen Arten der Sendung zu unterscheiden, und würde die Satellitensendung der gemeinsam hergestellten Produktion durch einen Hersteller die Auswertung der räumlich oder sprachlich beschränkten ausschließlichen Rechte eines anderen Herstellers beeinträchtigen, so ist die Satellitensendung nur zulässig, wenn ihr der Inhaber dieser ausschließlichen Rechte zugestimmt hat.

(3) Die Vorschrift des § 20b Abs. 2 ist nur anzuwenden, sofern der Vertrag über die Einräumung des Kabelweitersenderechts nach dem 1. Juni 1998 geschlossen wurde.

§ 137i Übergangsregelung zum Gesetz zur Modernisierung des Schuldrechts. Artikel 229 § 6 des Einführungsgesetzes zum Bürgerlichen Gesetzbuche[1)] findet mit der Maßgabe entsprechende Anwendung, dass § 26 Abs. 7, § 36 Abs. 2 und § 102 in der bis zum 1. Januar 2002 geltenden Fassung den Vorschriften des Bürgerlichen Gesetzbuchs über die Verjährung in der bis zum 1. Januar 2002 geltenden Fassung gleichgestellt sind.

§ 137j Übergangsregelung aus Anlass der Umsetzung der Richtlinie 2001/29/EG[2)]. (1) § 95d Abs. 1 ist auf alle ab dem 1. Dezember 2003 neu in den Verkehr gebrachten Werke und anderen Schutzgegenstände anzuwenden.

(2) Die Vorschrift dieses Gesetzes über die Schutzdauer für Hersteller von Tonträgern in der ab dem 13. September 2003 geltenden Fassung ist auch auf verwandte Schutzrechte anzuwenden, deren Schutz am 22. Dezember 2002 noch nicht erloschen ist.

(3) Lebt nach Absatz 2 der Schutz eines Tonträgers wieder auf, so stehen die wiederauflebenden Rechte dem Hersteller des Tonträgers zu.

(4) [1] Ist vor dem 13. September 2003 einem anderen ein Nutzungsrecht an einem nach diesem Gesetz noch geschützten Tonträger eingeräumt oder übertragen worden, so erstreckt sich, im Fall einer Verlängerung der Schutzdauer nach § 85 Abs. 3, die Einräumung oder Übertragung im Zweifel auch auf

---

1) Nr. **16**.
2) Nr. **35**.

diesen Zeitraum. [2] Im Fall des Satzes 1 ist eine angemessene Vergütung zu zahlen.

Anlage
(zu § 61a)

Quellen einer sorgfältigen Suche

1. Für veröffentlichte Bücher:
   a) der Katalog der Deutschen Nationalbibliothek sowie die von Bibliotheken und anderen Institutionen geführten Bibliothekskataloge und Schlagwortlisten;
   b) Informationen der Verleger- und Autorenverbände, insbesondere das Verzeichnis lieferbarer Bücher (VLB);
   c) bestehende Datenbanken und Verzeichnisse, WATCH (Writers, Artists and their Copyright Holders) und die ISBN (International Standard Book Number);
   d) die Datenbanken der entsprechenden Verwertungsgesellschaften, insbesondere der mit der Wahrnehmung von Vervielfältigungsrechten betrauten Verwertungsgesellschaften wie die Datenbank der VG Wort;
   e) Quellen, die mehrere Datenbanken und Verzeichnisse zusammenfassen, einschließlich der Gemeinsamen Normdatei (GND), VIAF (Virtual International Authority Files) und ARROW (Accessible Registries of Rights Information and Orphan Works);
2. für Zeitungen, Zeitschriften, Fachzeitschriften und Periodika:
   a) das deutsche ISSN (International Standard Serial Number) – Zentrum für regelmäßige Veröffentlichungen;
   b) Indexe und Kataloge von Bibliotheksbeständen und -sammlungen, insbesondere der Katalog der Deutschen Nationalbibliothek sowie die Zeitschriftendatenbank (ZDB);
   c) Depots amtlich hinterlegter Pflichtexemplare;
   d) Verlegerverbände und Autoren- und Journalistenverbände, insbesondere das Verzeichnis lieferbarer Zeitschriften (VLZ), das Verzeichnis lieferbarer Bücher (VLB), Banger Online, STAMM und pressekatalog.de;
   e) die Datenbanken der entsprechenden Verwertungsgesellschaften, einschließlich der mit der Wahrnehmung von Vervielfältigungsrechten betrauten Verwertungsgesellschaften, insbesondere die Datenbank der VG Wort;
3. für visuelle Werke, einschließlich Werken der bildenden Künste, Fotografien, Illustrationen, Design- und Architekturwerken, sowie für deren Entwürfe und für sonstige derartige Werke, die in Büchern, Zeitschriften, Zeitungen und Magazinen oder anderen Werken enthalten sind:
   a) die in den Ziffern 1 und 2 genannten Quellen;
   b) die Datenbanken der entsprechenden Verwertungsgesellschaften, insbesondere der Verwertungsgesellschaften für bildende Künste, einschließlich der mit der Wahrnehmung von Vervielfältigungsrechten betrauten Verwertungsgesellschaften wie die Datenbank der VG BildKunst;
   c) die Datenbanken von Bildagenturen;
4. für Filmwerke sowie für Bildträger und Bild- und Tonträger, auf denen Filmwerke aufgenommen sind, und für Tonträger:
   a) die Depots amtlich hinterlegter Pflichtexemplare, insbesondere der Katalog der Deutschen Nationalbibliothek;
   b) Informationen der Produzentenverbände;
   c) die Informationen der Filmförderungseinrichtungen des Bundes und der Länder;
   d) die Datenbanken von im Bereich des Film- oder Tonerbes tätigen Einrichtungen und nationalen Bibliotheken, insbesondere des Kinematheksverbunds, des Bundesarchivs, der Stiftung Deutsche Kinemathek, des Deutschen Filminstituts (Datenbank und Katalog www.filmportal.de), der DEFA- und Friedrich-Wilhelm-Murnau-Stiftung, sowie die Kataloge der Staatsbibliotheken zu Berlin und München;

e) Datenbanken mit einschlägigen Standards und Kennungen wie ISAN (International Standard Audiovisual Number) für audiovisuelles Material, ISWC (International Standard Music Work Code) für Musikwerke und ISRC (International Standard Recording Code) für Tonträger;

f) die Datenbanken der entsprechenden Verwertungsgesellschaften, insbesondere für Autoren, ausübende Künstler sowie Hersteller von Tonträgern und Filmwerken;

g) die Aufführung der Mitwirkenden und andere Informationen auf der Verpackung des Werks oder in seinem Vor- oder Abspann;

h) die Datenbanken anderer maßgeblicher Verbände, die eine bestimmte Kategorie von Rechtsinhabern vertreten, wie die Verbände der Regisseure, Drehbuchautoren, Filmkomponisten, Komponisten, Theaterverlage, Theater- und Opernvereinigungen;

5. für Bestandsinhalte, die nicht erschienen sind oder nicht gesendet wurden:

a) aktuelle und ursprüngliche Eigentümer des Werkstücks;

b) nationale Nachlassverzeichnisse (Zentrale Datenbank Nachlässe und Kalliope);

c) Findbücher der nationalen Archive;

d) Bestandsverzeichnisse von Museen;

e) Auskunftsdateien und Telefonbücher.

31. Berner Übereinkunft zum Schutz von Werken der Literatur und Kunst[1)]

Vom 9. September 1886 in der Pariser Fassung vom 24.7.1971
(BGBl. 1973 II S. 1071)

zuletzt geänd. durch Änderungsbeschluss v. 2.10.1979 (BGBl. 1985 II S. 81)

– Auszug –

Die Verbandsländer
– gleichermaßen von dem Wunsch geleitet, die Rechte der Urheber an ihren Werken der Literatur und Kunst in möglichst wirksamer und gleichmäßiger Weise zu schützen,
in Anerkennung der Bedeutung der Arbeitsergebnisse der 1967 in Stockholm abgehaltenen Revisionskonferenz
– haben beschlossen, die von der Stockholmer Konferenz angenommene Fassung dieser Übereinkunft unter unveränderter Beibehaltung der Artikel 1 bis 20 und 22 bis 26 zu revidieren.
Die unterzeichneten Bevollmächtigten haben daher nach Vorlage ihrer in guter und gehöriger Form befundenen Vollmachten folgendes vereinbart:

Art. 1 Die Länder, auf die diese Übereinkunft Anwendung findet, bilden einen Verband zum Schutz der Rechte der Urheber an ihren Werken der Literatur und Kunst.

Art. 2 (1) Die Bezeichnung „Werke der Literatur und Kunst" umfaßt alle Erzeugnisse auf dem Gebiet der Literatur, Wissenschaft und Kunst, ohne Rücksicht auf die Art und Form des Ausdrucks, wie: Bücher, Broschüren und andere Schriftwerke; Vorträge, Ansprachen, Predigten und andere Werke gleicher Art; dramatische oder dramatisch-musikalische Werke; choreographische Werke und Pantomimen; musikalische Kompositionen mit oder ohne Text; Filmwerke einschließlich der Werke, die durch ein ähnliches Verfahren wie Filmwerke hervorgebracht sind; Werke der zeichnenden Kunst, der Malerei, der Baukunst, der Bildhauerei, Stiche und Lithographien; photographische Werke, denen Werke gleichgestellt sind, die durch ein der Photographie ähnliches Verfahren hervorgebracht sind; Werke der angewandten Kunst; Illustrationen, geographische Karten; Pläne, Skizzen und Darstellungen plastischer Art auf den Gebieten der Geographie, Topographie, Architektur oder Wissenschaft.

(2) Der Gesetzgebung der Verbandsländer bleibt jedoch vorbehalten, die Werke der Literatur und Kunst oder eine oder mehrere Arten davon nur zu schützen, wenn sie auf einem materiellen Träger festgelegt sind.

[1)] Die Berner Übereinkunft wurde für die Bundesrepublik Deutschland ratifiziert durch G v. 17.8. 1973 (BGBl. 1973 II S. 1069) und trat mit Ausnahme der Art. 1 bis 21 und des Anhangs am 22.1.1974 in Kraft; siehe hierzu das G v. 17.8.1973 (BGBl. II S. 1069) sowie die Bek. v. 5.2.1974 (BGBl. II S. 165). Art. 1 bis 21 und der Anhang sind am 10.10.1974 in Kraft getreten; siehe hierzu das G v. 17.8.1973 (BGBl. II S. 1069) sowie die Bek. v. 15.7.1974 (BGBl. II S. 1079).

(3) Den gleichen Schutz wie Originalwerke genießen, unbeschadet der Rechte des Urhebers des Originalwerks, die Übersetzungen, Bearbeitungen, musikalischen Arrangements und andere Umarbeitungen eines Werkes der Literatur oder Kunst.

(4) Der Gesetzgebung der Verbandsländer bleibt vorbehalten, den Schutz amtlicher Texte auf dem Gebiet der Gesetzgebung, Verwaltung und Rechtsprechung sowie der amtlichen Übersetzungen dieser Texte zu bestimmen.

(5) Sammlungen von Werken der Literatur oder Kunst, wie zum Beispiel Enzyklopädien und Anthologien, die wegen der Auswahl oder der Anordnung des Stoffes geistige Schöpfungen darstellen, sind als solche geschützt, unbeschadet der Rechte der Urheber an jedem einzelnen der Werke, die Bestandteile dieser Sammlungen sind.

(6) [1]Die oben genannten Werke genießen Schutz in allen Verbandsländern. [2]Dieser Schutz besteht zugunsten des Urhebers und seiner Rechtsnachfolger oder sonstiger Inhaber ausschließlicher Werknutzungsrechte.

(7) [1]Unbeschadet des Artikels 7 Absatz 4 bleibt der Gesetzgebung der Verbandsländer vorbehalten, den Anwendungsbereich der Gesetze, die die Werke der angewandten Kunst und die gewerblichen Muster und Modelle betreffen, sowie die Voraussetzungen des Schutzes dieser Werke, Muster und Modelle festzulegen. [2]Für Werke, die im Ursprungsland nur als Muster und Modelle geschützt werden, kann in einem anderen Verbandsland nur der besondere Schutz beansprucht werden, der in diesem Land den Mustern und Modellen gewährt wird; wird jedoch in diesem Land kein solcher besonderer Schutz gewährt, so sind diese Werke als Werke der Kunst zu schützen.

(8) Der Schutz dieser Übereinkunft besteht nicht für Tagesneuigkeiten oder vermischte Nachrichten, die einfache Zeitungsmitteilungen darstellen.

Art. 3 (1) Aufgrund dieser Übereinkunft sind geschützt:

a) die einem Verbandsland angehörenden Urheber für ihre veröffentlichten und unveröffentlichten Werke;
b) die keinem Verbandsland angehörenden Urheber für die Werke, die sie zum ersten Mal in einem Verbandsland oder gleichzeitig in einem verbandsfremden und in einem Verbandsland veröffentlichen.

(2) Die Urheber, die keinem Verbandsland angehören, jedoch ihren gewöhnlichen Aufenthalt in einem Verbandsland haben, sind für die Anwendung dieser Übereinkunft den Urhebern gleichgestellt, die diesem Land angehören.

(3) [1]Unter „veröffentlichten Werken" sind die mit Zustimmung ihrer Urheber erschienenen Werke zu verstehen, ohne Rücksicht auf die Art der Herstellung der Werkstücke, die je nach der Natur des Werkes in einer Weise zur Verfügung der Öffentlichkeit gestellt sein müssen, die deren normalen Bedarf befriedigt. [2]Eine Veröffentlichung stellen nicht dar: die Aufführung eines dramatischen, dramatisch-musikalischen oder musikalischen Werkes, die Vorführung eines Filmwerks, der öffentliche Vortrag eines literarischen Werkes, die Übertragung oder die Rundfunksendung von Werken der Literatur oder Kunst, die Ausstellung eines Werkes der bildenden Künste und die Errichtung eines Werkes der Baukunst.

(4) Als gleichzeitig in mehreren Ländern veröffentlicht gilt jedes Werk, das innerhalb von dreißig Tagen seit der ersten Veröffentlichung in zwei oder mehr Ländern erschienen ist.

Art. 4 Auch wenn die Voraussetzungen des Artikels 3 nicht vorliegen, sind durch diese Übereinkunft geschützt:

a) die Urheber von Filmwerken, deren Hersteller seinen Sitz oder seinen gewöhnlichen Aufenthalt in einem Verbandsland hat;

b) die Urheber von Werken der Baukunst, die in einem Verbandsland errichtet sind, oder von Werken der graphischen und plastischen Künste, die Bestandteile eines in einem Verbandsland gelegenen Grundstücks sind.

Art. 5 (1) Die Urheber genießen für die Werke, für die sie durch diese Übereinkunft geschützt sind, in allen Verbandsländern mit Ausnahme des Ursprungslandes des Werkes die Rechte, die die einschlägigen Gesetze den inländischen Urhebern gegenwärtig gewähren oder in Zukunft gewähren werden, sowie die in dieser Übereinkunft besonders gewährten Rechte.

(2) [1] Der Genuß und die Ausübung dieser Rechte sind nicht an die Erfüllung irgendwelcher Förmlichkeiten gebunden; dieser Genuß und diese Ausübung sind unabhängig vom Bestehen des Schutzes im Ursprungsland des Werkes. [2] Infolgedessen richten sich der Umfang des Schutzes sowie die dem Urheber zur Wahrung seiner Rechte zustehenden Rechtsbehelfe ausschließlich nach den Rechtsvorschriften des Landes, in dem der Schutz beansprucht wird, soweit diese Übereinkunft nichts anderes bestimmt.

(3) [1] Der Schutz im Ursprungsland richtet sich nach den innerstaatlichen Rechtsvorschriften. [2] Gehört der Urheber eines aufgrund dieser Übereinkunft geschützten Werkes nicht dem Ursprungsland des Werkes an, so hat er in diesem Land die gleichen Rechte wie die inländischen Urheber.

(4) Als Ursprungsland gilt:

a) für die zum ersten Mal in einem Verbandsland veröffentlichten Werke dieses Land; handelt es sich jedoch um Werke, die gleichzeitig in mehreren Verbandsländern mit verschiedener Schutzdauer veröffentlicht wurden, das Land, dessen innerstaatliche Rechtsvorschriften die kürzeste Schutzdauer gewähren;

b) für die gleichzeitig in einem verbandsfremden Land und in einem Verbandsland veröffentlichten Werke dieses letzte Land;

c) für die nichtveröffentlichten oder die zum ersten Mal in einem verbandsfremden Land veröffentlichten Werke, die nicht gleichzeitig in einem Verbandsland veröffentlicht wurden, das Verbandsland, dem der Urheber angehört; jedoch ist Ursprungsland,

  i) wenn es sich um Filmwerke handelt, deren Hersteller seinen Sitz oder seinen gewöhnlichen Aufenthalt in einem Verbandsland hat, dieses Land und,

  ii) wenn es sich um Werke der Baukunst, die in einem Verbandsland errichtet sind, oder um Werke der graphischen und plastischen Künste handelt, die Bestandteile eines in einem Verbandsland gelegenen Grundstücks sind, dieses Land.

Art. 6 (1) [1] Wenn ein verbandsfremdes Land die Werke der einem Verbandsland angehörenden Urheber nicht genügend schützt, kann dieses letzte Land den Schutz der Werke einschränken, deren Urheber im Zeitpunkt der ersten Veröffentlichung dieser Werke Angehörige des verbandsfremden Landes sind und ihren gewöhnlichen Aufenthalt nicht in einem Verbandsland haben. [2] Wenn das Land der ersten Veröffentlichung von dieser Befugnis Gebrauch macht, sind die anderen Verbandsländer nicht gehalten, den Werken, die in dieser Weise einer besonderen Behandlung unterworfen sind, einen weitergehenden Schutz zu gewähren als das Land der ersten Veröffentlichung.

(2) Keine nach Absatz 1 festgesetzte Einschränkung darf die Rechte beeinträchtigen, die ein Urheber an einem Werk erworben hat, das in einem Verbandsland vor dem Inkrafttreten dieser Einschränkung veröffentlicht worden ist.

(3) *(hier nicht wiedergegeben)*

Art. 6bis (1) Unabhängig von seinen vermögensrechtlichen Befugnissen und selbst nach deren Abtretung behält der Urheber das Recht, die Urheberschaft am Werk für sich in Anspruch zu nehmen und sich jeder Entstellung, Verstümmelung, sonstigen Änderung oder Beeinträchtigung des Werkes zu widersetzen, die seiner Ehre oder seinem Ruf nachteilig sein könnten.

(2) [1] Die dem Urheber nach Absatz 1 gewährten Rechte bleiben nach seinem Tod wenigstens bis zum Erlöschen der vermögensrechtlichen Befugnisse in Kraft und werden von den Personen oder Institutionen ausgeübt, die nach den Rechtsvorschriften des Landes, in dem der Schutz beansprucht wird, hierzu berufen sind. [2] Die Länder, deren Rechtsvorschriften im Zeitpunkt der Ratifikation dieser Fassung der Übereinkunft oder des Beitritts zu ihr keine Bestimmungen zum Schutz aller nach Absatz 1 gewährten Rechte nach dem Tod des Urhebers enthalten, sind jedoch befugt vorzusehen, daß einzelne dieser Rechte nach dem Tod des Urhebers nicht aufrechterhalten bleiben.

(3) Die zur Wahrung der in diesem Artikel gewährten Rechte erforderlichen Rechtsbehelfe richten sich nach den Rechtsvorschriften des Landes, in dem der Schutz beansprucht wird.

Art. 7 (1) Die Dauer des durch diese Übereinkunft gewährten Schutzes umfaßt das Leben des Urhebers und fünfzig Jahre nach seinem Tod.

(2)–(8) *(hier nicht wiedergegeben)*

32. Welturheberrechtsabkommen [1][2]

Vom 6. September 1952
(BGBl.1955 II S. 102)
Revidiert in Paris am 24. Juli 1971 (BGBl.1973 II S. 1111)

– Auszug –

– Amtlicher deutscher Text gemäß Artikel XVI Absatz 2 –

Die Vertragsstaaten
– von dem Wunsch geleitet, den Schutz des Urheberrechts an Werken der Literatur, Wissenschaft und Kunst in allen Ländern zu gewährleisten,
in der Überzeugung, daß eine allen Nationen angemessene, in einem Weltabkommen niedergelegte Regelung des Schutzes des Urheberrechts, die die bereits in Kraft befindlichen zwischenstaatlichen Ordnungen, ohne sie zu beeinträchtigen, ergänzt, die Achtung der Menschenrechte sichern und die Entwicklung der Literatur, Wissenschaft und Kunst fördern wird,
und in der Gewissheit, daß eine solche weltweite Regelung des Schutzes des Urheberrechts die Verbreitung der Geisteswerke erleichtern und zu einer besseren Verständigung unter den Nationen beitragen wird
– haben beschlossen, das am 6. September 1952 in Genf unterzeichnete Welturheberrechtsabkommen (im folgenden als „Abkommen von 1952" bezeichnet) zu revidieren, und
haben daher folgendes vereinbart:

Art. I [Verpflichtungen] Jeder Vertragsstaat verpflichtet sich, alle notwendigen Bestimmungen zu treffen, um einen ausreichenden und wirksamen Schutz der Rechte der Urheber und anderer Inhaber von Urheberrechten an den Werken der Literatur, Wissenschaft und Kunst, wie Schriftwerken, musikalischen und dramatischen Werken, Filmwerken sowie Werken der Malerei, Stichen und Werken der Bildhauerei, zu gewähren.

Art. II [Schutz veröffentlichter Werke] 1. Veröffentlichte Werke der Angehörigen eines Vertragsstaats und die zum ersten Mal im Hoheitsgebiet eines Vertragsstaats veröffentlichten Werke genießen in jedem anderen Vertragsstaat den gleichen Schutz, den dieser andere Staat den zum ersten Mal in seinem eigenen Hoheitsgebiet veröffentlichten Werken seiner Staatsangehörigen gewährt, sowie den durch dieses Abkommen besonders gewährten Schutz.

2. Unveröffentlichte Werke der Angehörigen eines Vertragsstaats genießen in jedem anderen Vertragsstaat den gleichen Schutz, den dieser andere Staat den

---

[1] Siehe hierzu das G v. 17.8.1973 (BGBl. II S. 1069) sowie die Bek. v. 3.10.1974 (BGBl. II S. 1309), wonach das Abkommen sowie die Zusatzprotokolle 1 und 2 für die Bundesrepublik am 10.7.1974 in Kraft getreten sind.

[2] Stand der Vertragsparteien siehe BGBl. Fundstellennachweis B, abgeschlossen am 31.12. jedes Jahres.

unveröffentlichten Werken seiner Staatsangehörigen gewährt, sowie den durch dieses Abkommen besonders gewährten Schutz.

3. Für die Anwendung dieses Abkommens kann jeder Vertragsstaat durch seine innerstaatliche Gesetzgebung seinen Staatsangehörigen die Personen gleichstellen, die ihren Wohnsitz in seinem Hoheitsgebiet haben.

Art. III [Anerkennung des Urheberrechtsschutzes] 1. Ein Vertragsstaat, dessen innerstaatliche Rechtsvorschriften als Voraussetzung für den Urheberrechtsschutz die Erfüllung von Förmlichkeiten, wie Hinterlegung, Registrierung, Vermerk, notarielle Beglaubigungen, Gebührenzahlung, Herstellung oder Veröffentlichung in seinem eigenen Hoheitsgebiet, fordern, hat diese Erfordernisse für jedes durch dieses Abkommen geschützte und zum ersten Mal außerhalb seines Hoheitsgebiets veröffentlichte Werk, dessen Urheber nicht Angehöriger dieses Staates ist, als erfüllt anzusehen, wenn alle Werkstücke, die mit Erlaubnis des Urhebers oder eines anderen Inhabers des Urheberrechts veröffentlicht worden sind, von der ersten Veröffentlichung des Werkes an das Kennzeichen © in Verbindung mit dem Namen des Inhabers des Urheberrechts und der Jahreszahl der ersten Veröffentlichung tragen; Kennzeichen, Name und Jahreszahl sind in einer Weise und an einer Stelle anzubringen, daß sie den Vorbehalt des Urheberrechts genügend zum Ausdruck bringen.

2. Absatz 1 hindert keinen Vertragsstaat, die Erfüllung von Förmlichkeiten oder anderen Voraussetzungen für den Erwerb und die Ausübung des Urheberrechts bei Werken, die zum ersten Mal in seinem Hoheitsgebiet veröffentlicht worden sind, sowie, ohne Rücksicht auf den Ort der Veröffentlichung, bei Werken seiner Staatsangehörigen zu fordern.

3. [1] Absatz 1 hindert keinen Vertragsstaat, von Personen, die ihre Rechte gerichtlich geltend machen, zu verlangen, daß sie in einem Rechtsstreit bestimmte Verfahrenserfordernisse, wie die Vertretung des Klägers durch einen inländischen Rechtsbeistand oder die Hinterlegung eines Werkstücks durch den Kläger bei dem Gericht oder einer Verwaltungsbehörde oder bei beiden, erfüllen. [2] Jedoch wird der Bestand des Urheberrechts durch die Nichterfüllung dieser Erfordernisse nicht berührt. [3] Die Erfüllung eines Erfordernisses, das der Staat, in dem der Schutz beansprucht wird, seinen Staatsangehörigen nicht auferlegt, darf von den Angehörigen eines anderen Vertragsstaats nicht verlangt werden.

4. Jeder Vertragsstaat ist verpflichtet, den unveröffentlichten Werken der Angehörigen anderer Vertragsstaaten Rechtsschutz zu gewähren, ohne die Erfüllung von Förmlichkeiten zu verlangen.

5. Sieht ein Vertragsstaat für die Schutzdauer mehr als eine Frist vor und überschreitet die erste Frist eine der in Artikel IV vorgeschriebenen Mindestzeiten, so ist dieser Staat nicht verpflichtet, Absatz 1 auf die zweite und jede weitere Frist anzuwenden.

33. Übereinkommen über handelsbezogene Aspekte der Rechte des geistigen Eigentums[1)]

Vom 15. April 1994
(BGBl. II S. 1730)
geänd. durch Änd[2)] v. 6.12.2005 (ABl. 2007 Nr. L 311 S. 37)

– Auszug –

Die Mitglieder –

von dem Wunsch geleitet, Verzerrungen und Behinderungen des internationalen Handels zu verringern, und unter Berücksichtigung der Notwendigkeit, einen wirksamen und angemessenen Schutz der Rechte des geistigen Eigentums zu fördern sowie sicherzustellen, daß die Maßnahmen und Verfahren zur Durchsetzung der Rechte des geistigen Eigentums nicht selbst zu Schranken für den rechtmäßigen Handel werden,

in der Erkenntnis, daß es zu diesem Zweck neuer Regeln und Disziplinen bedarf im Hinblick auf

a) die Anwendbarkeit der Grundprinzipien des GATT 1994 und der einschlägigen internationalen Übereinkünfte über geistiges Eigentum,

---

[1)] Verkündet als Anhang C des Übereinkommens vom 15. April 1994 zur Errichtung der Welthandelsorganisation (WTO) v. 30.8.1994 (BGBl. II S. 1438).

[2)] Die Änderung tritt für die zustimmenden Mitglieder mWv 23.1.2017 in Kraft, siehe die Mitteilung v. 30.1.2017 WTO 17-0584, WT/Let/1236; zur aktualisierten Liste der Mitglieder, die zugestimmt haben, siehe https://www.wto.org/english/tratop_e/trips_e/amendment_e.htm.

b) die Aufstellung angemessener Normen und Grundsätze betreffend die Verfügbarkeit, den Umfang und die Ausübung handelsbezogener Rechte des geistigen Eigentums,

c) die Bereitstellung wirksamer und angemessener Mittel für die Durchsetzung handelsbezogener Rechte des geistigen Eigentums unter Berücksichtigung der Unterschiede in den Rechtssystemen der einzelnen Länder,

d) die Bereitstellung wirksamer und zügiger Verfahren für die multilaterale Vermeidung und Beilegung von Streitigkeiten zwischen Regierungen und

e) Übergangsregelungen, die auf eine möglichst umfassende Beteiligung an den Ergebnissen der Verhandlungen abzielen,

in Erkenntnis der Notwendigkeit eines multilateralen Rahmens von Grundsätzen, Regeln und Disziplinen betreffend den internationalen Handel mit gefälschten Waren,

in der Erkenntnis, daß Rechte an geistigem Eigentum private Rechte sind,

in Erkenntnis der dem öffentlichen Interesse dienenden grundsätzlichen Ziele der Systeme der einzelnen Länder für den Schutz des geistigen Eigentums, einschließlich der entwicklungs- und technologiepolitischen Ziele,

sowie in Erkenntnis der besonderen Bedürfnisse der am wenigsten entwickelten Länder, die Mitglieder sind, in bezug auf größtmögliche Flexibilität bei der Umsetzung von Gesetzen und sonstigen Vorschriften im Inland, um es ihnen zu ermöglichen, eine gesunde und tragfähige technologische Grundlage zu schaffen,

unter Betonung der Bedeutung des Abbaus von Spannungen durch die verstärkte Verpflichtung, Streitigkeiten betreffend handelsbezogene Fragen des geistigen Eigentums durch multilaterale Verfahren zu lösen,

in dem Wunsch, eine der gegenseitigen Unterstützung dienende Beziehung zwischen der Welthandelsorganisation und der Weltorganisation für geistiges Eigentum (in diesem Übereinkommen als „WIPO“ bezeichnet) sowie anderen einschlägigen internationalen Organisationen aufzubauen –

kommen hiermit wie folgt überein:

Teil I. Allgemeine Bestimmungen und Grundprinzipien

Art. 1 Wesen und Umfang der Pflichten. (1) [1]Die Mitglieder wenden die Bestimmungen dieses Übereinkommens an. [2]Die Mitglieder dürfen in ihr Recht einen umfassenderen Schutz als den durch dieses Übereinkommen geforderten aufnehmen, vorausgesetzt, dieser Schutz läuft diesem Übereinkommen nicht zuwider, sie sind dazu aber nicht verpflichtet. [3]Es steht den Mitgliedern frei, die für die Umsetzung dieses Übereinkommens in ihrem eigenen Rechtssystem und in ihrer Rechtspraxis geeignete Methode festzulegen.

(2) Der Begriff „geistiges Eigentum“ im Sinne dieses Übereinkommens umfaßt alle Arten des geistigen Eigentums, die Gegenstand der Abschnitte 1 bis 7 des Teils II sind.

(3) [1]Die Mitglieder gewähren die in diesem Übereinkommen festgelegte Behandlung den Angehörigen der anderen Mitglieder.[1)] [2]In bezug auf das einschlägige Recht des geistigen Eigentums sind unter den Angehörigen anderer Mitglieder diejenigen natürlichen oder juristischen Personen zu verstehen, die den Kriterien für den Zugang zum Schutz nach der Pariser Verbandsübereinkunft[2)] (1967), der Berner Übereinkunft (1971), dem Rom-Abkommen und dem Vertrag über den Schutz des geistigen Eigentums im Hinblick auf integrierte Schaltkreise entsprächen, wenn alle Mitglieder der Welthandelsorganisation Vertragsparteien dieser Übereinkünfte wären.[3)] [3]Ein Mitglied, das von den in Artikel 5 Absatz 3 oder Artikel 6 Absatz 2 des Rom-Abkommens vorgesehenen Möglichkeiten Gebrauch macht, hat eine Notifikation gemäß den genannten Bestimmungen an den Rat für handelsbezogene Aspekte der Rechte des geistigen Eigentums (den „Rat für TRIPS") vorzunehmen.

Art. 2 Übereinkünfte über geistiges Eigentum. (1) In bezug auf die Teile II, III und IV dieses Übereinkommens befolgen die Mitglieder die Artikel 1 bis 12 sowie Artikel 19 der Pariser Verbandsübereinkunft[2)] (1967).

(2) Die in den Teilen I bis IV dieses Übereinkommens enthaltenen Bestimmungen setzen die nach der Pariser Verbandsübereinkunft, der Berner Übereinkunft, dem Rom-Abkommen und dem Vertrag über den Schutz des geistigen Eigentums im Hinblick auf integrierte Schaltkreise bestehenden Verpflichtungen der Mitglieder untereinander nicht außer Kraft.

Art. 3 Inländerbehandlung. (1) [1]Die Mitglieder gewähren den Angehörigen der anderen Mitglieder eine Behandlung, die nicht weniger günstig ist als die, die sie ihren eigenen Angehörigen in bezug auf den Schutz[4)] des geistigen Eigentums gewähren, vorbehaltlich der jeweils bereits in der Pariser Verbandsübereinkunft[2)] (1967), der Berner Übereinkunft (1971), dem Rom-Abkommen oder dem Vertrag über den Schutz des geistigen Eigentums im Hinblick auf integrierte Schaltkreise vorgesehenen Ausnahmen. [2]In bezug auf ausübende Künstler, Hersteller von Tonträgern und Sendeunternehmen gilt diese Verpflichtung nur in bezug auf die durch dieses Übereinkommen vorgesehenen

---

[1)] **Amtl. Anm.:** Soweit in diesem Übereinkommen der Begriff „Angehörige" verwendet wird, bedeutet dieser Begriff im Falle eines gesonderten Zollgebiets, das Mitglied der WTO ist, natürliche oder juristische Personen mit Wohnsitz oder einer wirklichen und tatsächlichen gewerblichen oder Handelsniederlassung in diesem Zollgebiet.

[2)] **dtv 5563 Patent- und Musterrecht Nr. 60.**

[3)] **Amtl. Anm.:** In diesem Übereinkommen bedeutet „Pariser Verbandsübereinkunft" die Pariser Verbandsübereinkunft zum Schutz des gewerblichen Eigentums, „Pariser Verbandsübereinkunft (1967)" die Stockholmer Fassung dieser Übereinkunft vom 14. Juli 1967, „Berner Übereinkunft" die Berner Übereinkunft zum Schutz von Werken der Literatur und Kunst, „Berner Übereinkunft (1971)" die Pariser Fassung dieser Übereinkunft vom 24. Juli 1971, „Rom-Abkommen" das Internationale Abkommen über den Schutz der ausübenden Künstler, der Hersteller von Tonträgern und der Sendeunternehmen, angenommen in Rom am 26. Oktober 1961, „Vertrag über den Schutz des geistigen Eigentums im Hinblick auf integrierte Schaltkreise" (IPIC-Vertrag) den am 26. Mai 1989 in Washington angenommenen Vertrag über den Schutz des geistigen Eigentums im Hinblick auf integrierte Schaltkreise, „WTO-Übereinkommen" das Übereinkommen zur Errichtung der Welthandelsorganisation.

[4)] **Amtl. Anm.:** Im Sinne der Artikel 3 und 4 schließt „Schutz" Angelegenheiten ein, welche die Verfügbarkeit, den Erwerb, den Umfang, die Aufrechterhaltung und die Durchsetzung von Rechten des geistigen Eigentums betreffen, sowie diejenigen Angelegenheiten, welche die Ausübung von Rechten des geistigen Eigentums betreffen, die in diesem Übereinkommen ausdrücklich behandelt werden.

Rechte. [3] Ein Mitglied, das von den in Artikel 6 der Berner Übereinkunft (1971) oder in Artikel 16 Absatz 1 Buchstabe b des Rom-Abkommens vorgesehenen Möglichkeiten Gebrauch macht, hat eine Notifikation gemäß den genannten Bestimmungen an den Rat für TRIPS vorzunehmen.

(2) Die Mitglieder dürfen in bezug auf Gerichts- und Verwaltungsverfahren, einschließlich der Bestimmung einer Anschrift für die Zustellung oder der Ernennung eines Vertreters innerhalb des Hoheitsgebiets eines Mitglieds, von den in Absatz 1 vorgesehenen Ausnahmen nur Gebrauch machen, wenn diese Ausnahmen notwendig sind, um die Einhaltung von Gesetzen und sonstigen Vorschriften sicherzustellen, die mit den Bestimmungen dieses Übereinkommens nicht unvereinbar sind, und wenn diese Praktiken nicht in einer Weise angewendet werden, die eine verschleierte Handelsbeschränkung bilden würde.

Art. 4 Meistbegünstigung. [1] In bezug auf den Schutz des geistigen Eigentums werden Vorteile, Vergünstigungen, Sonderrechte und Befreiungen, die von einem Mitglied den Angehörigen eines anderen Landes gewährt werden, sofort und bedingungslos den Angehörigen aller anderen Mitglieder gewährt. [2] Von dieser Verpflichtung ausgenommen sind von einem Mitglied gewährte Vorteile, Vergünstigungen, Sonderrechte und Befreiungen,

a) die sich aus internationalen Übereinkünften über Rechtshilfe oder Vollstreckung ableiten, die allgemeiner Art sind und sich nicht speziell auf den Schutz des geistigen Eigentums beschränken;
b) die gemäß den Bestimmungen der Berner Übereinkunft (1971) oder des Rom-Abkommens gewährt werden, in denen gestattet wird, daß die gewährte Behandlung nicht von der Inländerbehandlung, sondern von der in einem anderen Land gewährten Behandlung abhängig gemacht wird;
c) die sich auf die in diesem Übereinkommen nicht geregelten Rechte von ausübenden Künstlern, Herstellern von Tonträgern und Sendeunternehmen beziehen;
d) die sich aus internationalen Übereinkünften betreffend den Schutz des geistigen Eigentums ableiten, die vor dem Inkrafttreten des WTO-Übereinkommens in Kraft getreten sind, vorausgesetzt, daß diese Übereinkünfte dem Rat für TRIPS notifiziert werden und keine willkürliche oder ungerechtfertigte Diskriminierung von Angehörigen anderer Mitglieder darstellen.

Art. 5 Mehrseitige Übereinkünfte über den Erwerb oder die Aufrechterhaltung des Schutzes. Die in den Artikeln 3 und 4 aufgeführten Verpflichtungen finden keine Anwendung auf Verfahren, die in im Rahmen der Weltorganisation für geistiges Eigentum geschlossenen mehrseitigen Übereinkünften betreffend den Erwerb oder die Aufrechterhaltung von Rechten des geistigen Eigentums enthalten sind.

Art. 6 Erschöpfung. Für die Zwecke der Streitbeilegung im Rahmen dieses Übereinkommens darf vorbehaltlich der Artikel 3 und 4 dieses Übereinkommen nicht dazu verwendet werden, die Frage der Erschöpfung von Rechten des geistigen Eigentums zu behandeln.

Art. 7 Ziele. Der Schutz und die Durchsetzung von Rechten des geistigen Eigentums sollen zur Förderung der technischen Innovation sowie zur Weitergabe und Verbreitung von Technologie beitragen, dem beiderseitigen Vorteil der Erzeuger und Nutzer technischen Wissens dienen, in einer dem gesellschaftlichen und wirtschaftlichen Wohl zuträglichen Weise erfolgen und einen Ausgleich zwischen Rechten und Pflichten herstellen.

Art. 8 Grundsätze. (1) Die Mitglieder dürfen bei der Abfassung oder Änderung ihrer Gesetze und sonstigen Vorschriften die Maßnahmen ergreifen, die zum Schutz der öffentlichen Gesundheit und Ernährung sowie zur Förderung des öffentlichen Interesses in den für ihre sozio-ökonomische und technische Entwicklung lebenswichtigen Sektoren notwendig sind; jedoch müssen diese Maßnahmen mit diesem Übereinkommen vereinbar sein.

(2) Geeignete Maßnahmen, die jedoch mit diesem Übereinkommen vereinbar sein müssen, können erforderlich sein, um den Mißbrauch von Rechten des geistigen Eigentums durch die Rechtsinhaber oder den Rückgriff auf Praktiken, die den Handel unangemessen beschränken oder den internationalen Technologietransfer nachteilig beeinflussen, zu verhindern.

Teil II. Normen betreffend die Verfügbarkeit, den Umfang und die Ausübung von Rechten des geistigen Eigentums

Abschnitt 1: Urheberrecht und verwandte Schutzrechte

Art. 9 Verhältnis zur Berner Übereinkunft. (1) [1] Die Mitglieder befolgen die Artikel 1 bis 21 der Berner Übereinkunft (1971) und den Anhang dazu. [2] Die Mitglieder haben jedoch aufgrund dieses Übereinkommens keine Rechte oder Pflichten in bezug auf die in Artikel 6bis der Übereinkunft gewährten oder die daraus abgeleiteten Rechte.

(2) Der urheberrechtliche Schutz erstreckt sich auf Ausdrucksformen und nicht auf Ideen, Verfahren, Arbeitsweisen oder mathematische Konzepte als solche.

Art. 10 Computerprogramme und Zusammenstellungen von Daten.

(1) Computerprogramme, gleichviel, ob sie in Quellcode oder in Maschinenprogrammcode ausgedrückt sind, werden als Werke der Literatur nach der Berner Übereinkunft (1971) geschützt.

(2) [1] Zusammenstellungen von Daten oder sonstigem Material, gleichviel, ob in maschinenlesbarer oder anderer Form, die aufgrund der Auswahl oder Anordnung ihres Inhalts geistige Schöpfungen bilden, werden als solche geschützt. [2] Dieser Schutz, der sich nicht auf die Daten oder das Material selbst erstreckt, gilt unbeschadet eines an den Daten oder dem Material selbst bestehenden Urheberrechts.

Art. 11 Vermietrechte. [1] Zumindest in bezug auf Computerprogramme und Filmwerke gewähren die Mitglieder den Urhebern und ihren Rechtsnachfolgern das Recht, die gewerbliche Vermietung von Originalen oder Vervielfältigungsstücken ihrer urheberrechtlich geschützten Werke an die Öffentlichkeit zu gestatten oder zu verbieten. [2] Ein Mitglied ist in bezug auf Filmwerke von dieser Pflicht befreit, es sei denn, diese Vermietung hat zu weit verbreiteter Vervielfältigung dieser Werke geführt, die das den Urhebern und ihren Rechtsnachfolgern in diesem Mitglied gewährte ausschließliche Vervielfältigungsrecht erheblich beeinträchtigt. [3] In bezug auf Computerprogramme findet diese Verpflichtung keine Anwendung auf Vermietungen, bei denen das Programm selbst nicht der wesentliche Gegenstand der Vermietung ist.

Art. 12 Schutzdauer. Wird die Dauer des Schutzes eines Werkes, das kein photographisches Werk und kein Werk der angewandten Kunst ist, auf einer anderen Grundlage als der Lebensdauer einer natürlichen Person berechnet, so darf die Schutzdauer nicht weniger als 50 Jahre ab dem Ende des Kalenderjahrs der gestatteten Veröffentlichung und, wenn es innerhalb von 50 Jahren ab der Herstellung des Werkes zu keiner gestatteten Veröffentlichung kommt, nicht weniger als 50 Jahre ab dem Ende des Kalenderjahrs der Herstellung betragen.

Art. 13 Beschränkungen und Ausnahmen. Die Mitglieder begrenzen Beschränkungen und Ausnahmen von ausschließlichen Rechten auf bestimmte Sonderfälle, die weder die normale Auswertung des Werkes beeinträchtigen noch die berechtigten Interessen des Rechtsinhabers unzumutbar verletzen.

Art. 14 Schutz von ausübenden Künstlern, Herstellern von Tonträgern (Tonaufnahmen) und Sendeunternehmen. (1) [1] In bezug auf die Festlegung ihrer Darbietung auf einem Tonträger haben ausübende Künstler die Möglichkeit, folgende Handlungen zu verhindern, wenn diese ohne ihre Erlaubnis vorgenommen werden: die Festlegung ihrer nicht festgelegten Darbietung und die Vervielfältigung einer solchen Festlegung. [2] Ausübende Künstler haben auch die Möglichkeit, folgende Handlungen zu verhindern, wenn diese ohne ihre Erlaubnis vorgenommen werden: die Funksendung auf drahtlosem Weg und die öffentliche Wiedergabe ihrer lebenden Darbietung.

(2) Die Hersteller von Tonträgern haben das Recht, die unmittelbare oder mittelbare Vervielfältigung ihrer Tonträger zu gestatten oder zu verbieten.

(3) [1] Sendeunternehmen haben das Recht, folgende Handlungen zu verbieten, wenn diese ohne ihre Erlaubnis vorgenommen werden: die Festlegung, die Vervielfältigung von Festlegungen und die drahtlose Weitersendung von Funksendungen sowie die öffentliche Wiedergabe von Fernsehsendungen solcher Funksendungen. [2] Mitglieder, die den Sendeunternehmen solche Rechte nicht gewähren, müssen den Inhabern des Urheberrechts an dem Gegenstand von Funksendungen die Möglichkeit gewähren, die genannten Handlungen vorbehaltlich der Berner Übereinkunft (1971) zu verhindern.

(4) [1] Die Bestimmungen des Artikels 11 betreffend Computerprogramme gelten, wie im innerstaatlichen Recht des Mitglieds bestimmt, sinngemäß auch für Hersteller von Tonträgern und sonstige Inhaber der Rechte an Tonträgern. [2] Ist am 15. April 1994 in einem Mitglied ein System der angemessenen Vergütung für die Inhaber von Rechten in bezug auf die Vermietung von Tonträgern in Kraft, so kann das Mitglied dieses System beibehalten, sofern die gewerbliche Vermietung von Tonträgern die ausschließlichen Vervielfältigungsrechte der Rechtsinhaber nicht erheblich beeinträchtigt.

(5) [1] Die nach diesem Übereinkommen ausübenden Künstlern und Herstellern von Tonträgern gewährte Schutzdauer läuft mindestens bis zum Ende eines Zeitraums von 50 Jahren, gerechnet ab dem Ende des Kalenderjahrs, in dem die Festlegung vorgenommen wurde oder die Darbietung stattgefunden hat.

[2] Die Dauer des nach Absatz 3 gewährten Schutzes beträgt mindestens 20 Jahre ab dem Ende des Kalenderjahrs, in dem die Funksendung stattgefunden hat.

(6) [1] Die Mitglieder können in bezug auf die nach den Absätzen 1, 2 und 3 gewährten Rechte in dem durch das Rom-Abkommen gestatteten Umfang Bedingungen, Beschränkungen, Ausnahmen und Vorbehalte vorsehen. [2] Jedoch findet Artikel 18 der Berner Übereinkunft (1971) sinngemäß auch auf die Rechte der ausübenden Künstler und der Hersteller von Tonträgern an Tonträgern Anwendung.

Abschnitt 2: Marken

Art. 15 Gegenstand des Schutzes. (1) [1] Alle Zeichen und alle Zeichenkombinationen, die geeignet sind, die Waren oder Dienstleistungen eines Unternehmens von denen anderer Unternehmen zu unterscheiden, können eine Marke darstellen. [2] Solche Zeichen, insbesondere Wörter einschließlich Personennamen, Buchstaben, Zahlen, Abbildungen und Farbverbindungen, sowie alle Verbindungen solcher Zeichen sind als Marken eintragungsfähig. [3] Sind Zeichen nicht ihrer Natur nach geeignet, die betreffenden Waren oder Dienstleistungen zu unterscheiden, so können die Mitglieder ihre Eintragungsfähigkeit von ihrer durch Benutzung erworbenen Unterscheidungskraft abhängig machen. [4] Die Mitglieder können die visuelle Wahrnehmbarkeit von Zeichen als Eintragungsvoraussetzung festlegen.

(2) Absatz 1 ist nicht so zu verstehen, daß er ein Mitglied daran hindert, die Eintragung einer Marke aus anderen Gründen zu verweigern, wenn diese nicht im Widerspruch zu der Pariser Verbandsübereinkunft[1)] (1967) stehen.

(3) [1] Die Mitglieder können die Eintragungsfähigkeit von der Benutzung abhängig machen. [2] Die tatsächliche Benutzung einer Marke darf jedoch keine Voraussetzung für die Einreichung eines Antrags auf Eintragung sein. [3] Ein Antrag darf nicht allein aus dem Grund abgelehnt werden, daß die beabsichtigte Benutzung nicht vor Ablauf einer Frist von drei Jahren, gerechnet ab dem Tag der Antragstellung, stattgefunden hat.

(4) Die Art der Waren oder Dienstleistungen, für die eine Marke verwendet werden soll, darf keinesfalls ein Hindernis für die Eintragung der Marke bilden.

(5) [1] Die Mitglieder veröffentlichen alle Marken entweder vor ihrer Eintragung oder sofort nach ihrer Eintragung und sehen eine angemessene Gelegenheit für Anträge auf Löschung der Eintragung vor. [2] Darüber hinaus können die Mitglieder die Gelegenheit vorsehen, gegen die Eintragung einer Marke Widerspruch einzulegen.

Art. 16 Rechte aus der Marke. (1) [1] Dem Inhaber einer eingetragenen Marke steht das ausschließliche Recht zu, Dritten zu verbieten, ohne seine Zustimmung im geschäftlichen Verkehr identische oder ähnliche Zeichen für Waren oder Dienstleistungen, die identisch oder ähnlich denen sind, für welche die Marke eingetragen ist, zu benutzen, wenn diese Benutzung die Gefahr von Verwechslungen nach sich ziehen würde. [2] Bei der Benutzung identischer Zeichen für identische Waren oder Dienstleistungen wird die Verwechslungsgefahr vermutet. [3] Die vorstehend beschriebenen Rechte beeinträchtigen be-

---

1) dtv 5563 Patent- und Musterrecht Nr. 60.

stehende ältere Rechte nicht; sie beeinträchtigen auch nicht die Möglichkeit, daß die Mitglieder Rechte aufgrund von Benutzung vorsehen.

(2) [1]Artikel 6bis der Pariser Verbandsübereinkunft[1)] (1967) findet sinngemäß auf Dienstleistungen Anwendung. [2]Bei der Bestimmung, ob eine Marke notorisch bekannt ist, berücksichtigen die Mitglieder die Bekanntheit der Marke im maßgeblichen Teil der Öffentlichkeit, einschließlich der Bekanntheit der Marke im betreffenden Mitglied, die aufgrund der Werbung für die Marke erreicht wurde.

(3) Artikel 6bis der Pariser Verbandsübereinkunft (1967) findet sinngemäß auf Waren oder Dienstleistungen Anwendung, die denen nicht ähnlich sind, für die eine Marke eingetragen ist, wenn die Benutzung der betreffenden Marke im Zusammenhang mit diesen Waren oder Dienstleistungen auf eine Verbindung zwischen diesen Waren oder Dienstleistungen und dem Inhaber der eingetragenen Marke hinweisen würde und wenn den Interessen des Inhabers der eingetragenen Marke durch eine solche Benutzung wahrscheinlich Schaden zugefügt würde.

Art. 17 Ausnahmen. Die Mitglieder können begrenzte Ausnahmen von den Rechten aus einer Marke vorsehen, wie etwa eine lautere Benutzung beschreibender Angaben, wenn diese Ausnahmen die berechtigten Interessen des Inhabers der Marke und Dritter berücksichtigen.

Art. 18 Schutzdauer. [1]Die Laufzeit der ursprünglichen Eintragung und jeder Verlängerung der Eintragung einer Marke beträgt mindestens sieben Jahre. [2]Die Eintragung einer Marke kann unbegrenzt verlängert werden.

Art. 19 Erfordernis der Benutzung. (1) [1]Wenn die Benutzung für die Aufrechterhaltung einer Eintragung vorausgesetzt wird, darf die Eintragung erst nach einem ununterbrochenen Zeitraum der Nichtbenutzung von mindestens drei Jahren gelöscht werden, sofern der Inhaber der Marke nicht auf das Vorhandensein von Hindernissen für eine solche Benutzung gestützte triftige Gründe nachweist. [2]Umstände, die unabhängig vom Willen des Inhabers der Marke eintreten und die ein Hindernis für die Benutzung der Marke bilden, wie zum Beispiel Einfuhrbeschränkungen oder sonstige staatliche Auflagen für durch die Marke geschützte Waren oder Dienstleistungen, werden als triftige Gründe für die Nichtbenutzung anerkannt.

(2) Die Benutzung einer Marke durch einen Dritten wird als Benutzung der Marke zum Zweck der Erhaltung der Eintragung anerkannt, wenn sie der Kontrolle durch ihren Inhaber unterliegt.

Art. 20 Sonstige Erfordernisse. [1]Die Benutzung einer Marke im geschäftlichen Verkehr darf nicht ungerechtfertigt durch besondere Erfordernisse erschwert werden, wie die Benutzung zusammen mit einer anderen Marke, die Benutzung in einer besonderen Form oder die Benutzung in einer Weise, die ihre Fähigkeit beeinträchtigt, die Waren oder Dienstleistungen eines Unternehmens von denen anderer Unternehmen zu unterscheiden. [2]Dies schließt die Verpflichtung nicht aus, die Marke, welche das die Waren oder Dienstleistungen herstellende Unternehmen kennzeichnet, zusammen, aber ohne

---

[1)] **dtv 5563 Patent- und Musterrecht Nr. 60.**

Verknüpfung, mit der Marke zu benutzen, welche die konkret betroffenen Waren oder Dienstleistungen dieses Unternehmens unterscheidet.

Art. 21 Lizenzen und Übertragungen. Die Mitglieder können die Bedingungen für die Vergabe von Lizenzen und für die Übertragung von Marken festlegen, wobei davon ausgegangen wird, daß die Zwangslizenzierung von Marken nicht zulässig ist und daß der Inhaber einer eingetragenen Marke berechtigt ist, seine Marke mit oder ohne den Geschäftsbetrieb, zu dem die Marke gehört, zu übertragen.

Abschnitt 4: Gewerbliche Muster und Modelle

Art. 25 Schutzvoraussetzungen. (1) [1] Die Mitglieder sehen den Schutz unabhängig geschaffener gewerblicher Muster und Modelle vor, die neu sind oder Eigenart haben. [2] Die Mitglieder können bestimmen, daß Muster oder Modelle nicht neu sind oder keine Eigenart haben, wenn sie sich von bekannten Mustern oder Modellen oder Kombinationen bekannter Merkmale von Mustern oder Modellen nicht wesentlich unterscheiden. [3] Die Mitglieder können bestimmen, daß sich dieser Schutz nicht auf Muster oder Modelle erstreckt, die im wesentlichen aufgrund technischer oder funktionaler Überlegungen vorgegeben sind.

(2) [1] Jedes Mitglied stellt sicher, daß die Voraussetzungen für die Gewährung des Schutzes von Textilmustern, insbesondere hinsichtlich Kosten, Prüfung oder Bekanntmachung, die Möglichkeit, diesen Schutz zu begehren und zu erlangen, nicht unangemessen beeinträchtigen. [2] Es steht den Mitgliedern frei, dieser Verpflichtung durch musterrechtliche oder urheberrechtliche Bestimmungen nachzukommen.

Art. 26 Schutz. (1) Der Inhaber eines geschützten gewerblichen Musters oder Modells ist berechtigt, Dritten zu verbieten, ohne seine Zustimmung Gegenstände herzustellen, zu verkaufen oder einzuführen, die ein Muster oder Modell tragen oder in die ein Muster oder Modell aufgenommen wurde, das eine Nachahmung oder im wesentlichen eine Nachahmung des geschützten Musters oder Modells ist, wenn diese Handlungen zu gewerblichen Zwecken vorgenommen werden.

(2) Die Mitglieder können begrenzte Ausnahmen vom Schutz gewerblicher Muster und Modelle vorsehen, sofern solche Ausnahmen nicht unangemessen im Widerspruch zur normalen Verwertung geschützter gewerblicher Muster oder Modelle stehen und die berechtigten Interessen des Inhabers des geschützten Musters oder Modells nicht unangemessen beeinträchtigten, wobei auch die berechtigten Interessen Dritter zu berücksichtigen sind.

(3) Die erhältliche Schutzdauer beträgt mindestens zehn Jahre.

Abschnitt 5: Patente

Art. 27 Patentfähige Gegenstände. (1) [1] Vorbehaltlich der Absätze 2 und 3 ist vorzusehen, daß Patente für Erfindungen auf allen Gebieten der Technik erhältlich sind, sowohl für Erzeugnisse als auch für Verfahren, vorausgesetzt, daß sie neu sind, auf einer erfinderischen Tätigkeit beruhen und gewerblich anwendbar sind.[1)] [2]Vorbehaltlich des Artikels 65 Absatz 4, des Artikels 70 Absatz 8 und des Absatzes 3 dieses Artikels sind Patente erhältlich und können Patentrechte ausgeübt werden, ohne daß hinsichtlich des Ortes der Erfindung, des Gebiets der Technik oder danach, ob die Erzeugnisse eingeführt oder im Land hergestellt werden, diskriminiert werden darf.

(2) Die Mitglieder können Erfindungen von der Patentierbarkeit ausschließen, wenn die Verhinderung ihrer gewerblichen Verwertung innerhalb ihres Hoheitsgebiets zum Schutz der öffentlichen Ordnung oder der guten Sitten einschließlich des Schutzes des Lebens oder der Gesundheit von Menschen, Tieren oder Pflanzen oder zur Vermeidung einer ernsten Schädigung der Umwelt notwendig ist, vorausgesetzt, daß ein solcher Ausschluß nicht nur deshalb vorgenommen wird, weil die Verwertung durch ihr Recht verboten ist.

(3) Die Mitglieder können von der Patentierbarkeit auch ausschließen

a) diagnostische, therapeutische und chirurgische Verfahren für die Behandlung von Menschen oder Tieren;

b) Pflanzen und Tiere, mit Ausnahme von Mikroorganismen, und im wesentlichen biologische Verfahren für die Züchtung von Pflanzen oder Tieren mit Ausnahme von nicht-biologischen und mikrobiologischen Verfahren. Die Mitglieder sehen jedoch den Schutz von Pflanzensorten entweder durch Patente oder durch ein wirksames System sui generis oder durch eine Kombination beider vor. Die Bestimmungen dieses Buchstabens werden vier Jahre nach dem Inkrafttreten des WTO-Übereinkommens überprüft.

Art. 28 Rechte aus dem Patent. (1) Ein Patent gewährt seinem Inhaber die folgenden ausschließlichen Rechte:

a) wenn der Gegenstand des Patents ein Erzeugnis ist, es Dritten zu verbieten, ohne die Zustimmung des Inhabers folgende Handlungen vorzunehmen: Herstellung, Gebrauch, Anbieten zum Verkauf, Verkauf oder diesen Zwecken dienende Einfuhr[2)] dieses Erzeugnisses;

b) wenn der Gegenstand des Patents ein Verfahren ist, es Dritten zu verbieten, ohne die Zustimmung des Inhabers das Verfahren anzuwenden und folgende Handlungen vorzunehmen: Gebrauch, Anbieten zum Verkauf, Verkauf oder Einfuhr zu diesen Zwecken zumindest in bezug auf das unmittelbar durch dieses Verfahren gewonnene Erzeugnis.

(2) Der Patentinhaber hat auch das Recht, das Patent rechtsgeschäftlich oder im Weg der Rechtsnachfolge zu übertragen und Lizenzverträge abzuschließen.

Art. 29 Bedingungen für Patentanmelder. (1) Die Mitglieder sehen vor, daß der Anmelder eines Patents die Erfindung so deutlich und vollständig zu offenbaren hat, daß ein Fachmann sie ausführen kann, und können vom Anmelder verlangen, die dem Erfinder am Anmeldetag oder, wenn eine Priori-

---

[1)] **Amtl. Anm.:** Im Sinne dieses Artikels kann ein Mitglied die Begriffe „erfinderische Tätigkeit" und „gewerblich anwendbar" als Synonyme der Begriffe „nicht naheliegend" beziehungsweise „nützlich" auffassen.

[2)] **Amtl. Anm.:** Dieses Recht unterliegt ebenso wie alle sonstigen nach diesem Übereinkommen gewährten Rechte in bezug auf Gebrauch, Verkauf, Einfuhr oder sonstigen Vertrieb von Waren Artikel 6.

tät in Anspruch genommen wird, am Prioritätstag bekannte beste Art der Ausführung der Erfindung anzugeben.

(2) Die Mitglieder können vom Anmelder eines Patents verlangen, Angaben über seine entsprechenden ausländischen Anmeldungen und Erteilungen vorzulegen.

Art. 30 Ausnahmen von den Rechten aus dem Patent. Die Mitglieder können begrenzte Ausnahmen von den ausschließlichen Rechten aus einem Patent vorsehen, sofern solche Ausnahmen nicht unangemessen im Widerspruch zur normalen Verwertung des Patents stehen und die berechtigten Interessen des Inhabers des Patents nicht unangemessen beeinträchtigen, wobei auch die berechtigten Interessen Dritter zu berücksichtigen sind.

Art. 31 Sonstige Benutzung ohne Zustimmung des Rechtsinhabers.

Läßt das Recht eines Mitglieds die sonstige Benutzung[1)] des Gegenstands eines Patents ohne die Zustimmung des Rechtsinhabers zu, einschließlich der Benutzung durch die Regierung oder von der Regierung ermächtigte Dritte, so sind folgende Bestimmungen zu beachten:

a) die Erlaubnis zu einer solchen Benutzung wird aufgrund der Umstände des Einzelfalls geprüft;

b) eine solche Benutzung darf nur gestattet werden, wenn vor der Benutzung derjenige, der die Benutzung plant, sich bemüht hat, die Zustimmung des Rechtsinhabers zu angemessenen geschäftsüblichen Bedingungen zu erhalten, und wenn diese Bemühungen innerhalb einer angemessenen Frist erfolglos geblieben sind. Auf dieses Erfordernis kann ein Mitglied verzichten, wenn ein nationaler Notstand oder sonstige Umstände von äußerster Dringlichkeit vorliegen oder wenn es sich um eine öffentliche, nicht gewerbliche Benutzung handelt. Bei Vorliegen eines nationalen Notstands oder sonstiger Umstände von äußerster Dringlichkeit ist der Rechtsinhaber gleichwohl so bald wie zumutbar und durchführbar zu verständigen. Wenn im Fall öffentlicher, nicht gewerblicher Benutzung die Regierung oder der Unternehmer, ohne eine Patentrecherche vorzunehmen, weiß oder nachweisbaren Grund hat zu wissen, daß ein gültiges Patent von der oder für die Regierung benutzt wird oder werden wird, ist der Rechtsinhaber umgehend zu unterrichten;

c) Umfang und Dauer einer solchen Benutzung sind auf den Zweck zu begrenzen, für den sie gestattet wurde, und im Fall der Halbleitertechnik kann sie nur für den öffentlichen, nicht gewerblichen Gebrauch oder zur Beseitigung einer in einem Gerichts- oder Verwaltungsverfahren festgestellten wettbewerbswidrigen Praktik vorgenommen werden;

d) eine solche Benutzung muß nicht ausschließlich sein;

e) eine solche Benutzung kann nur zusammen mit dem Teil des Unternehmens oder des Goodwill, dem diese Benutzung zusteht, übertragen werden;

f) eine solche Benutzung ist vorwiegend für die Versorgung des Binnenmarkts des Mitglieds zu gestatten, das diese Benutzung gestattet;

[1)] **Amtl. Anm.:** Mit „sonstiger Benutzung" ist eine andere als die nach Artikel 30 erlaubte Benutzung gemeint.

g) die Gestattung einer solchen Benutzung ist vorbehaltlich eines angemessenen Schutzes der berechtigten Interessen der zu ihr ermächtigten Personen zu beenden, sofern und sobald die Umstände, die zu ihr geführt haben, nicht mehr vorliegen und wahrscheinlich nicht wieder eintreten werden. Die zuständige Stelle muß die Befugnis haben, auf begründeten Antrag hin die Fortdauer dieser Umstände zu überprüfen;

h) dem Rechtsinhaber ist eine nach den Umständen des Falles angemessene Vergütung zu leisten, wobei der wirtschaftliche Wert der Erlaubnis in Betracht zu ziehen ist;

i) die Rechtsgültigkeit einer Entscheidung im Zusammenhang mit der Erlaubnis zu einer solchen Benutzung unterliegt der Nachprüfung durch ein Gericht oder einer sonstigen unabhängigen Nachprüfung durch eine gesonderte übergeordnete Behörde in dem betreffenden Mitglied;

j) jede Entscheidung betreffend die in bezug auf eine solche Benutzung vorgesehene Vergütung unterliegt der Nachprüfung durch ein Gericht oder einer sonstigen unabhängigen Nachprüfung durch eine gesonderte übergeordnete Behörde in dem betreffenden Mitglied;

k) die Mitglieder sind nicht verpflichtet, die unter den Buchstaben b und f festgelegten Bedingungen anzuwenden, wenn eine solche Benutzung gestattet ist, um eine in einem Gerichts- oder Verwaltungsverfahren festgestellte wettbewerbswidrige Praktik abzustellen. Die Notwendigkeit, eine wettbewerbswidrige Praktik abzustellen, kann in solchen Fällen bei der Festsetzung des Betrags der Vergütung berücksichtigt werden. Die zuständigen Stellen sind befugt, eine Beendigung der Erlaubnis abzulehnen, sofern und sobald die Umstände, die zur Gewährung der Erlaubnis geführt haben, wahrscheinlich wieder eintreten werden;

l) wenn eine solche Benutzung gestattet ist, um die Verwertung eines Patents („zweites Patent") zu ermöglichen, das nicht verwertet werden kann, ohne ein anderes Patent („erstes Patent") zu verletzen, kommen die folgenden zusätzlichen Bedingungen zur Anwendung:
   i) die im zweiten Patent beanspruchte Erfindung muß gegenüber der im ersten Patent beanspruchten Erfindung einen wichtigen technischen Fortschritt von erheblicher wirtschaftlicher Bedeutung aufweisen;
   ii) der Inhaber des ersten Patents muß das Recht auf eine Gegenlizenz zu angemessenen Bedingungen für die Benutzung der im zweiten Patent beanspruchten Erfindung haben, und
   iii) die Benutzungserlaubnis in bezug auf das erste Patent kann nur zusammen mit dem zweiten Patent übertragen werden.

Art. 32 Widerruf/Verfall. Es ist eine Möglichkeit zur gerichtlichen Überprüfung von Entscheidungen, mit denen Patente widerrufen oder für verfallen erklärt werden, vorzusehen.

Art. 33 Schutzdauer. Die erhältliche Schutzdauer endet nicht vor dem Ablauf einer Frist von 20 Jahren, gerechnet ab dem Anmeldetag.[1)]

Art. 34 Verfahrenspatente: Beweislast. (1) [1] Ist Gegenstand des Patentes ein Verfahren zur Herstellung eines Erzeugnisses, so sind in zivilrechtlichen Verfahren wegen einer Verletzung der in Artikel 28 Absatz 1 Buchstabe b genannten Rechte des Inhabers die Gerichte befugt, dem Beklagten den Nachweis aufzuerlegen, daß sich das Verfahren zur Herstellung eines identischen Erzeugnisses von dem patentierten Verfahren unterscheidet. [2] Daher sehen die Mitglieder, wenn zumindest einer der nachstehend aufgeführten Umstände gegeben ist, vor, daß ein identisches Erzeugnis, das ohne die Zustimmung des Patentinhabers hergestellt wurde, mangels Beweises des Gegenteils als nach dem patentierten Verfahren hergestellt gilt,

a) wenn das nach dem patentierten Verfahren hergestellte Erzeugnis neu ist;
b) wenn mit erheblicher Wahrscheinlichkeit das identische Erzeugnis nach dem Verfahren hergestellt wurde und es dem Inhaber des Patents bei Aufwendung angemessener Bemühungen nicht gelungen ist, das tatsächlich angewendete Verfahren festzustellen.

(2) Den Mitgliedern steht es frei, vorzusehen, daß die in Absatz 1 angegebene Beweislast dem angeblichen Verletzer auferlegt wird, wenn nur die unter Buchstabe a genannte Bedingung oder wenn nur die unter Buchstabe b genannte Bedingung erfüllt ist.

(3) Bei der Führung des Beweises des Gegenteils sind die berechtigten Interessen des Beklagten am Schutz seiner Herstellungs- und Geschäftsgeheimnisse zu berücksichtigen.

Abschnitt 6: Layout-Designs (Topographien) integrierter Schaltkreise

Art. 35 Verhältnis zum IPIC-Vertrag. Die Mitglieder vereinbaren, nach den Artikeln 2 bis 7 (mit Ausnahme des Artikels 6 Absatz 3), Artikel 12 und Artikel 16 Absatz 3 des Vertrags über den Schutz des geistigen Eigentums im Hinblick auf integrierte Schaltkreise den Layout-Designs (Topographien) integrierter Schaltkreise (in diesem Übereinkommen als „Layout-Designs" bezeichnet) Schutz zu gewähren und darüber hinaus die nachstehenden Bestimmungen zu befolgen.

Art. 36 Schutzumfang. Vorbehaltlich des Artikels 37 Absatz 1 erachten die Mitglieder folgende Handlungen, wenn sie ohne Erlaubnis des Rechtsinhabers[2)] vorgenommen werden, für rechtswidrig: Einfuhr, Verkauf oder sonstiger Vertrieb zu kommerziellen Zwecken in bezug auf ein geschütztes Layout-Design oder einen integrierten Schaltkreis, in den ein geschütztes Layout-Design aufgenommen ist, oder einen Gegenstand, in den ein derartiger integrierter Schaltkreis aufgenommen ist, nur insoweit, als er weiterhin ein rechtswidrig nachgebildetes Layout-Design enthält.

[1)] **Amtl. Anm.:** Es besteht Einigkeit darüber, daß Mitglieder, die kein System der eigenständigen Erteilung kennen, festlegen können, daß die Schutzdauer ab dem Anmeldetag im System der ursprünglichen Erteilung gerechnet wird.

[2)] **Amtl. Anm.:** Der Begriff „Rechtsinhaber" ist als bedeutungsgleich mit dem im IPIC-Vertrag verwendeten Begriff „Inhaber des Rechts" zu verstehen.

Art. 37 Handlungen, die keiner Erlaubnis durch den Rechtsinhaber bedürfen. (1) [1]Ungeachtet des Artikels 36 betrachtet kein Mitglied die Vornahme einer der in jenem Artikel genannten Handlungen in bezug auf einen integrierten Schaltkreis, in den ein rechtswidrig nachgebildetes Layout-Design aufgenommen ist, oder einen Gegenstand, in den ein derartiger integrierter Schaltkreis aufgenommen ist, als rechtswidrig, wenn die Person, die diese Handlungen vorgenommen oder veranlaßt hat, beim Erwerb des integrierten Schaltkreises oder des Gegenstands, in den ein derartiger integrierter Schaltkreis aufgenommen ist, nicht wußte und keinen hinreichenden Grund zu der Annahme hatte, daß darin ein rechtswidrig nachgebildetes Layout-Design aufgenommen war. [2]Die Mitglieder sehen vor, daß diese Person nach dem Zeitpunkt, zu dem sie ausreichende Kenntnis davon erlangt hat, daß das Layout-Design rechtswidrig nachgebildet wurde, zwar alle genannten Handlungen in bezug auf die vorhandenen oder vor diesem Zeitpunkt bestellten Bestände vornehmen darf, aber an den Rechtsinhaber einen Betrag zu entrichten hat, der einer angemessenen Lizenzgebühr, wie sie aufgrund eines frei ausgehandelten Lizenzvertrags über ein solches Layout-Design zu zahlen wäre, entspricht.

(2) Die in Artikel 31 Buchstaben a bis k aufgeführten Bedingungen sind auf Zwangslizenzen an einem Layout-Design oder seiner Benutzung durch oder für die Regierung ohne Erlaubnis des Rechtsinhabers sinngemäß anzuwenden.

Art. 38 Schutzdauer. (1) In Mitgliedern, welche die Eintragung als Voraussetzung des Schutzes verlangen, endet die Schutzdauer für Layout-Designs nicht vor Ablauf eines Zeitraums von zehn Jahren, gerechnet ab dem Anmeldetag oder ab der ersten geschäftlichen Verwertung, gleichviel, an welchem Ort der Welt sie stattfindet.

(2) In Mitgliedern, welche die Eintragung als Voraussetzung des Schutzes nicht verlangen, werden Layout-Designs während eines Zeitraums von nicht weniger als zehn Jahren geschützt, gerechnet ab dem Tag der ersten geschäftlichen Verwertung, gleichviel, an welchem Ort der Welt sie stattfindet.

(3) Ungeachtet der Absätze 1 und 2 können die Mitglieder vorsehen, daß der Schutz fünfzehn Jahre nach der Schaffung des Layout-Designs erlischt.

Abschnitt 7: Schutz nicht offenbarter Informationen

Art. 39 [Schutz nicht offenbarter Informationen] (1) Bei der Sicherung eines wirksamen Schutzes gegen unlauteren Wettbewerb, wie er in Artikel 10 bis der Pariser Verbandsübereinkunft[1)] (1967) vorgesehen ist, schützen die Mitglieder nicht offenbarte Informationen nach Maßgabe des Absatzes 2 und Regierungen oder Regierungsstellen vorgelegte Daten nach Maßgabe des Absatzes 3.

(2) Natürliche und juristische Personen haben die Möglichkeit, zu verhindern, daß Informationen, die rechtmäßig unter ihrer Kontrolle stehen, ohne ihre Zustimmung auf eine Weise, die den anständigen Gepflogenheiten in

[1)] **dtv 5563 Patent- und Musterrecht Nr. 60.**

Gewerbe und Handel zuwiderläuft,[1] Dritten offenbart, von diesen erworben oder benutzt werden, solange diese Informationen

a) in dem Sinne geheim sind, daß sie entweder in ihrer Gesamtheit oder in der genauen Anordnung und Zusammenstellung ihrer Bestandteile Personen in den Kreisen, die üblicherweise mit den fraglichen Informationen zu tun haben, nicht allgemein bekannt oder leicht zugänglich sind,

b) wirtschaftlichen Wert haben, weil sie geheim sind, und

c) Gegenstand von den Umständen nach angemessenen Geheimhaltungsmaßnahmen seitens der Person waren, unter deren Kontrolle sie rechtmäßig stehen.

(3) [1] Mitglieder, in denen die Vorlage nicht offenbarter Test- oder sonstiger Daten, deren Erstellung beträchtlichen Aufwand verursacht, Voraussetzung für die Marktzulassung pharmazeutischer oder agrochemischer Erzeugnisse ist, in denen neue chemische Stoffe verwendet werden, schützen diese Daten vor unlauterem gewerblichen Gebrauch. [2] Darüber hinaus schützen die Mitglieder solche Daten vor Offenbarung, es sei denn, daß diese zum Schutz der Öffentlichkeit notwendig ist oder daß Maßnahmen ergriffen werden, um sicherzustellen, daß die Daten vor unlauterem gewerblichen Gebrauch geschützt werden.

Abschnitt 8: Kontrolle wettbewerbswidriger Praktiken in vertraglichen Lizenzen

Art. 40 [Kontrolle wettbewerbswidriger Praktiken in vertraglichen Lizenzen] (1) Die Mitglieder sind sich darin einig, daß gewisse Praktiken oder Bestimmungen bei der Vergabe von Lizenzen an Rechten des geistigen Eigentums, die den Wettbewerb beschränken, nachteilige Auswirkungen auf den Handel haben können und die Weitergabe und Verbreitung von Technologie behindern können.

(2) [1] Dieses Übereinkommen hindert die Mitglieder nicht daran, in ihren Rechtsvorschriften Lizenzierungspraktiken und Lizenzbedingungen aufzuführen, die in bestimmten Fällen einen Mißbrauch von Rechten des geistigen Eigentums mit nachteiligen Auswirkungen auf den Wettbewerb auf dem entsprechenden Markt bilden können. [2] Wie vorstehend vorgesehen, kann ein Mitglied im Einklang mit den sonstigen Bestimmungen dieses Übereinkommens geeignete Maßnahmen ergreifen, um solche Praktiken, zu denen zum Beispiel Bestimmungen über exklusive Rücklizenzen, über die Verhinderung von Angriffen auf die Gültigkeit sowie erzwungene Paketlizenzen gehören können, unter Berücksichtigung seiner einschlägigen Gesetze und sonstigen Vorschriften zu verhindern oder zu kontrollieren.

(3) [1] Auf Ersuchen tritt ein Mitglied mit einem anderen Mitglied, das Grund zur Annahme hat, daß der Inhaber eines Rechts des geistigen Eigentums, der Angehöriger des Mitgliedes ist, an welches das Ersuchen um Konsultationen gerichtet wurde, oder der dort seinen Wohnsitz hat, Praktiken betreibt, mit

---

[1] **Amtl. Anm.:** Im Sinne dieser Bestimmung bedeutet „eine Weise, die den anständigen Gepflogenheiten in Gewerbe und Handel zuwiderläuft" zumindest Handlungen wie Vertragsbruch, Vertrauensbruch und Verleitung dazu und schließt den Erwerb nicht offenbarter Informationen durch Dritte ein, die wußten oder grob fahrlässig nicht wußten, daß solche Handlungen beim Erwerb eine Rolle spielten.

denen die den Gegenstand dieses Abschnitts betreffenden Gesetze und sonstigen Vorschriften des ersuchenden Mitglieds verletzt werden, und das die Einhaltung dieser Rechtsvorschriften wünscht, in Konsultationen ein unbeschadet jeder Maßnahme nach dem Recht des jeweiligen Mitglieds und der völligen Freiheit einer abschließenden Entscheidung des jeweiligen Mitglieds. [2]Das Mitglied, an welches das Ersuchen gerichtet wurde, prüft die Frage von Konsultationen mit dem ersuchenden Mitglied umfassend und wohlwollend, bietet angemessene Gelegenheit für solche Konsultationen und wirkt dadurch mit, daß es öffentlich verfügbare nicht vertrauliche Informationen, die für die fragliche Angelegenheit von Bedeutung sind, sowie andere ihm zugängliche Informationen zur Verfügung stellt, vorbehaltlich innerstaatlicher Rechtsvorschriften und des Abschlusses beide Seiten zufriedenstellender Vereinbarungen über die Wahrung ihrer Vertraulichkeit durch das ersuchende Mitglied.

(4) Einem Mitglied, dessen Angehörige oder Gebietsansässige in Verfahren in einem anderen Mitglied wegen einer angeblichen Verletzung der Gesetze und sonstigen Vorschriften dieses anderen Mitglieds in bezug auf den Gegenstand dieses Abschnitts verwickelt sind, ist auf Ersuchen durch das andere Mitglied Gelegenheit zu Konsultationen unter den in Absatz 3 aufgeführten Bedingungen zu geben.

Teil III. Durchsetzung der Rechte des geistigen Eigentums

Abschnitt 1: Allgemeine Pflichten

Art. 41 [Allgemeine Pflichten] (1) [1]Die Mitglieder stellen sicher, daß die in diesem Teil aufgeführten Durchsetzungsverfahren in ihrem Recht vorgesehen werden, um ein wirksames Vorgehen gegen jede Verletzung von unter dieses Übereinkommen fallenden Rechten des geistigen Eigentums einschließlich Eilverfahren zur Verhinderung von Verletzungshandlungen und Rechtsbehelfe zur Abschreckung von weiteren Verletzungshandlungen zu ermöglichen. [2]Diese Verfahren sind so anzuwenden, daß die Errichtung von Schranken für den rechtmäßigen Handel vermieden wird und die Gewähr gegen ihren Mißbrauch gegeben ist.

(2) [1]Die Verfahren zur Durchsetzung von Rechten des geistigen Eigentums müssen fair und gerecht sein. [2]Sie dürfen nicht unnötig kompliziert oder kostspielig sein und keine unangemessenen Fristen oder ungerechtfertigten Verzögerungen mit sich bringen.

(3) [1]Sachentscheidungen sind vorzugsweise schriftlich abzufassen und mit Gründen zu versehen. [2]Sie müssen zumindest den Verfahrensparteien ohne ungebührliche Verzögerung zur Verfügung gestellt werden. [3]Sachentscheidungen dürfen sich nur auf Beweise stützen, zu denen die Parteien Gelegenheit zur Stellungnahme hatten.

(4) [1]Die Parteien eines Verfahrens erhalten Gelegenheit zur Nachprüfung von Endentscheidungen der Verwaltungsbehörden durch ein Gericht und, vorbehaltlich der Bestimmungen über die gerichtliche Zuständigkeit im innerstaatlichen Recht des Mitglieds in bezug auf die Bedeutung einer Rechtssache, zumindest auch der Rechtsfragen erstinstanzlicher Sachentscheidungen der Gerichte. [2]Es besteht jedoch keine Verpflichtung, eine Gelegenheit zur Nachprüfung von Freisprüchen in Strafverfahren vorzusehen.

(5) [1] Es besteht Einvernehmen darüber, daß dieser Teil weder eine Verpflichtung begründet, ein gerichtliches System für die Durchsetzung von Rechten des geistigen Eigentums getrennt von dem für die Durchsetzung des Rechts im allgemeinen zu errichten, noch die Fähigkeit der Mitglieder berührt, ihr Recht allgemein durchzusetzen. [2] Dieser Teil schafft keine Verpflichtung hinsichtlich der Aufteilung von Mitteln für Zwecke der Durchsetzung von Rechten des geistigen Eigentums und für Zwecke der Durchsetzung des Rechts im allgemeinen.

Abschnitt 3: Einstweilige Maßnahmen

Art. 50 [Einstweilige Maßnahmen] (1) Die Gerichte sind befugt, schnelle und wirksame einstweilige Maßnahmen anzuordnen,

a) um die Verletzung eines Rechts des geistigen Eigentums zu verhindern, und insbesondere, um zu verhindern, daß Waren, einschließlich eingeführter Waren unmittelbar nach der Zollfreigabe, in die innerhalb ihres Zuständigkeitsbereichs liegenden Vertriebswege gelangen;

b) um einschlägige Beweise hinsichtlich der behaupteten Rechtsverletzung zu sichern.

(2) Die Gerichte sind befugt, gegebenenfalls einstweilige Maßnahmen ohne Anhörung der anderen Partei zu treffen, insbesondere dann, wenn durch eine Verzögerung dem Rechtsinhaber wahrscheinlich ein nicht wiedergutzumachender Schaden entstünde oder wenn nachweislich die Gefahr besteht, daß Beweise vernichtet werden.

(3) Die Gerichte sind befugt, dem Antragsteller aufzuerlegen, alle vernünftigerweise verfügbaren Beweise vorzulegen, um sich mit ausreichender Sicherheit davon überzeugen zu können, daß der Antragsteller der Rechtsinhaber ist und daß das Recht des Antragstellers verletzt wird oder daß eine solche Verletzung droht, und anzuordnen, daß der Antragsteller eine Kaution zu stellen oder eine entsprechende Sicherheit zu leisten hat, die ausreicht, um den Antragsgegner zu schützen und einem Mißbrauch vorzubeugen.

(4) [1] Wenn einstweilige Maßnahmen ohne Anhörung der anderen Partei getroffen wurden, sind die betroffenen Parteien spätestens unverzüglich nach der Vollziehung der Maßnahmen davon in Kenntnis zu setzen. [2] Auf Antrag des Antragsgegners findet eine Prüfung, die das Recht zur Stellungnahme einschließt, mit dem Ziel statt, innerhalb einer angemessenen Frist nach der Mitteilung der Maßnahmen zu entscheiden, ob diese abgeändert, aufgehoben oder bestätigt werden sollen.

(5) Der Antragsteller kann aufgefordert werden, weitere Informationen vorzulegen, die für die Identifizierung der betreffenden Waren durch die Behörde, welche die einstweiligen Maßnahmen vollzieht, notwendig sind.

(6) Unbeschadet des Absatzes 4 werden aufgrund der Absätze 1 und 2 ergriffene einstweilige Maßnahmen auf Antrag des Antragsgegners aufgehoben oder auf andere Weise außer Kraft gesetzt, wenn das Verfahren, das zu einer Sachentscheidung führt, nicht innerhalb einer angemessenen Frist eingeleitet wird, die entweder von dem die Maßnahmen anordnenden Gericht festgelegt wird, sofern dies nach dem Recht des Mitglieds zulässig ist, oder, wenn es nicht zu einer solchen Festlegung kommt, 20 Arbeitstage oder 31 Kalendertage, wobei der längere der beiden Zeiträume gilt, nicht überschreitet.

(7) Werden einstweilige Maßnahmen aufgehoben oder werden sie aufgrund einer Handlung oder Unterlassung des Antragstellers hinfällig oder wird in der Folge festgestellt, daß keine Verletzung oder drohende Verletzung eines Rechts des geistigen Eigentums vorlag, so sind die Gerichte befugt, auf Antrag des Antragsgegners anzuordnen, daß der Antragsteller dem Antragsgegner angemessenen Ersatz für durch diese Maßnahmen entstandenen Schaden zu leisten hat.

(8) Soweit einstweilige Maßnahmen aufgrund von Verwaltungsverfahren angeordnet werden können, müssen diese Verfahren Grundsätzen entsprechen, die im wesentlichen den in diesem Abschnitt dargelegten gleichwertig sind.

34. WIPO-Urheberrechtsvertrag (WCT)

Vom 20. Dezember 1996[1)]
(BGBl. 2003 II S. 755)

Inhalt

Präambel

Die Vertragsparteien –

in dem Wunsch, den Schutz der Rechte der Urheber an ihren Werken der Literatur und Kunst in möglichst wirksamer und gleichmäßiger Weise fortzuentwickeln und aufrechtzuerhalten,

in Erkenntnis der Notwendigkeit, neue internationale Vorschriften einzuführen und die Auslegung bestehender Vorschriften zu präzisieren, damit für die durch wirtschaftliche, soziale, kulturelle und technische Entwicklungen entstehenden Fragen angemessene Lösungen gefunden werden können,

im Hinblick auf die tiefgreifenden Auswirkungen der Entwicklung und Annäherung der Informations- und Kommunikationstechnologien auf die Erschaffung und Nutzung von Werken der Literatur und Kunst,

unter Betonung der herausragenden Bedeutung des Urheberrechtsschutzes als Anreiz für das literarische und künstlerische Schaffen,

---

[1)] Für die Bundesrepublik Deutschland ratifiziert durch G v. 10.8.2003 (BGBl. II S. 754); in Kraft getreten am 14.3.2010 gem. Bek. v. 9.8.2011 (BGBl. II S. 856).

in Erkenntnis der Notwendigkeit, ein Gleichgewicht zwischen den Rechten der Urheber und dem umfassenderen öffentlichen Interesse, insbesondere Bildung, Forschung und Zugang zu Informationen, zu wahren, wie dies in der Berner Übereinkunft zum Ausdruck kommt –

sind wie folgt übereingekommen:

Art. 1 Verhältnis zur Berner Übereinkunft. (1) [1]Dieser Vertrag ist ein Sonderabkommen im Sinne des Artikels 20 der Berner Übereinkunft zum Schutz von Werken der Literatur und Kunst in Bezug auf Vertragsparteien, die Länder des durch diese Übereinkunft geschaffenen Verbands sind. [2]Dieser Vertrag steht weder in Verbindung mit anderen Verträgen als der Berner Übereinkunft, noch berührt er Rechte oder Pflichten aus anderen Verträgen.

(2) Die zwischen den Vertragsparteien bestehenden Pflichten aus der Berner Übereinkunft zum Schutz von Werken der Literatur und Kunst werden durch diesen Vertrag nicht beeinträchtigt.

(3) Berner Übereinkunft bezeichnet im Folgenden die Pariser Fassung der Berner Übereinkunft zum Schutz von Werken der Literatur und Kunst vom 24. Juli 1971.

(4) Die Vertragsparteien kommen den Artikeln 1 bis 21 und dem Anhang der Berner Übereinkunft nach.

Art. 2 Umfang des Urheberrechtsschutzes. Der Urheberrechtsschutz erstreckt sich auf Ausdrucksformen und nicht auf Gedanken, Verfahren, Methoden oder mathematische Konzepte als solche.

Art. 3 Anwendung der Artikel 2 bis 6 der Berner Übereinkunft[1)].
Die Vertragsparteien wenden die Bestimmungen der Artikel 2 bis 6 der Berner Übereinkunft in Bezug auf den nach diesem Vertrag gewährten Schutz entsprechend an.

Art. 4 Computerprogramme. [1]Computerprogramme sind als Werke der Literatur im Sinne von Artikel 2 der Berner Übereinkunft[1)] geschützt. [2]Dieser Schutz gilt für Computerprogramme unabhängig von der Art und Form ihres Ausdrucks.

Art. 5 Datensammlungen (Datenbanken) [1]Sammlungen von Daten oder anderem Material in jeder Form, die aufgrund der Auswahl oder Anordnung ihres Inhalts geistige Schöpfungen darstellen, sind als solche geschützt. [2]Dieser Schutz erstreckt sich nicht auf die Daten oder das Material selbst und gilt unbeschadet eines an den Daten oder dem Material der Sammlung bestehenden Urheberrechts.

Art. 6 Verbreitungsrecht. (1) Die Urheber von Werken der Literatur und Kunst haben das ausschließliche Recht zu erlauben, dass das Original und Vervielfältigungsstücke ihrer Werke durch Verkauf oder sonstige Eigentumsübertragung der Öffentlichkeit zugänglich gemacht werden.

[1)] Nr. **31**.

(2) Dieser Vertrag berührt nicht die Freiheit der Vertragsparteien, gegebenenfalls zu bestimmen, unter welchen Voraussetzungen sich das Recht nach Absatz 1 nach dem ersten mit Erlaubnis des Urhebers erfolgten Verkauf des Originals oder eines Vervielfältigungsstücks oder der ersten sonstigen Eigentumsübertragung erschöpft.

Art. 7 Vermietrecht. (1) Die Urheber von
i) Computerprogrammen,
ii) Filmwerken und
iii) auf Tonträgern aufgenommenen Werken, wie sie im Recht der Vertragsparteien definiert sind,

haben das ausschließliche Recht, die gewerbsmäßige Vermietung der Originale oder Vervielfältigungsstücke ihrer Werke an die Öffentlichkeit zu erlauben.

(2) Absatz 1 findet keine Anwendung
i) bei Computerprogrammen, wenn das Programm selbst nicht der wesentliche Gegenstand der Vermietung ist, und
ii) bei Filmwerken, sofern die gewerbsmäßige Vermietung nicht zu einer weitverbreiteten Vervielfältigung dieser Werke geführt hat, die das ausschließliche Vervielfältigungsrecht erheblich beeinträchtigt.

(3) Eine Vertragspartei, in deren Gebiet seit dem 15. April 1994 eine Regelung in Kraft ist, die für Urheber eine angemessene Vergütung für die Vermietung von Vervielfältigungsstücken ihrer auf Tonträgern aufgenommenen Werke vorsieht, kann diese Regelung unbeschadet der Bestimmungen von Absatz 1 beibehalten, sofern die gewerbsmäßige Vermietung der auf Tonträgern aufgenommenen Werke das ausschließliche Vervielfältigungsrecht der Urheber nicht erheblich beeinträchtigt.

Art. 8 Recht der öffentlichen Wiedergabe. Unbeschadet der Bestimmungen von Artikel 11 Absatz 1 Ziffer 2, Artikel 11bis Absatz 1 Ziffern 1 und 2, Artikel 11ter Absatz 1 Ziffer 2, Artikel 14 Absatz 1 Ziffer 2 und Artikel 14bis Absatz 1 der Berner Übereinkunft haben die Urheber von Werken der Literatur und Kunst das ausschließliche Recht, die öffentliche drahtlose oder drahtgebundene Wiedergabe ihrer Werke zu erlauben, einschließlich der Zugänglichmachung ihrer Werke in der Weise, dass sie Mitgliedern der Öffentlichkeit an Orten und zu Zeiten ihrer Wahl zugänglich sind.

Art. 9 Schutzdauer für Werke der Fotografie. Die Vertragsparteien wenden die Bestimmungen von Artikel 7 Absatz 4 der Berner Übereinkunft[1] nicht auf Werke der Fotografie an.

Art. 10 Beschränkungen und Ausnahmen. (1) Die Vertragsparteien können in ihren Rechtsvorschriften in Bezug auf die den Urhebern von Werken der Literatur und Kunst nach diesem Vertrag gewährten Rechte Beschränkungen oder Ausnahmen in bestimmten Sonderfällen vorsehen, die weder die normale Verwertung der Werke beeinträchtigen, noch die berechtigten Interessen der Urheber unzumutbar verletzen.

---

[1] Nr. **31**.

(2) Bei der Anwendung der Berner Übereinkunft begrenzen die Vertragsparteien in Bezug auf die darin vorgesehenen Rechte Beschränkungen oder Ausnahmen auf bestimmte Sonderfälle, die weder die normale Verwertung der Werke beeinträchtigen, noch die berechtigten Interessen der Urheber unzumutbar verletzen.

Art. 11 Pflichten in Bezug auf technische Vorkehrungen. Die Vertragsparteien sehen einen hinreichenden Rechtsschutz und wirksame Rechtsbehelfe gegen die Umgehung wirksamer technischer Vorkehrungen vor, von denen Urheber im Zusammenhang mit der Ausübung ihrer Rechte nach diesem Vertrag oder der Berner Übereinkunft Gebrauch machen und die Handlungen in Bezug auf ihre Werke einschränken, die die betreffenden Urheber nicht erlaubt haben oder die gesetzlich nicht zulässig sind.

Art. 12 Pflichten in Bezug auf Informationen für die Wahrnehmung der Rechte. (1) Die Vertragsparteien sehen hinreichende und wirksame Rechtsbehelfe gegen Personen vor, die wissentlich eine der nachstehenden Handlungen vornehmen, obwohl ihnen bekannt ist oder in Bezug auf zivilrechtliche Rechtsbehelfe den Umständen nach bekannt sein muss, dass diese Handlung die Verletzung eines unter diesen Vertrag oder die Berner Übereinkunft fallenden Rechts herbeiführen, ermöglichen, erleichtern oder verbergen wird:

i) unbefugte Entfernung oder Änderung elektronischer Informationen für die Wahrnehmung der Rechte;

ii) unbefugte Verbreitung, Einfuhr zur Verbreitung, Sendung, öffentliche Wiedergabe von Werken oder Vervielfältigungsstücken von Werken in Kenntnis des Umstands, dass elektronische Informationen für die Wahrnehmung der Rechte unbefugt entfernt oder geändert wurden.

(2) Im Sinne dieses Artikels sind „Informationen für die Wahrnehmung der Rechte“ Informationen, die das Werk, den Urheber des Werks, den Inhaber eines Rechts an diesem Werk identifizieren, oder Informationen über die Nutzungsbedingungen des Werks sowie Zahlen oder Codes, die derartige Informationen darstellen, wenn irgendeines dieser Informationselemente an einem Vervielfältigungsstück eines Werks angebracht ist oder im Zusammenhang mit der öffentlichen Wiedergabe eines Werks erscheint.

Art. 13 Anwendung in zeitlicher Hinsicht. Die Vertragsparteien wenden Artikel 18 der Berner Übereinkunft auf alle in diesem Vertrag vorgesehenen Schutzgüter an.

Art. 14 Rechtsdurchsetzung. (1) Die Vertragsparteien verpflichten sich, in Übereinstimmung mit ihren Rechtsordnungen die notwendigen Maßnahmen zu ergreifen, um die Anwendung dieses Vertrags sicherzustellen.

(2) Die Vertragsparteien stellen sicher, dass in ihren Rechtsordnungen Verfahren zur Rechtsdurchsetzung verfügbar sind, um ein wirksames Vorgehen gegen jede Verletzung von unter diesen Vertrag fallenden Rechten zu ermöglichen, einschließlich Eilverfahren zur Verhinderung von Verletzungshandlungen und Rechtsbehelfen zur Abschreckung von weiteren Verletzungshandlungen.

Art. 15 Die Versammlung. (1)

a) Die Vertragsparteien haben eine Versammlung.

b) Jede Vertragspartei wird durch einen Delegierten vertreten, der von Stellvertretern, Beratern und Sachverständigen unterstützt werden kann.

c) Die Kosten jeder Delegation werden von der Vertragspartei getragen, die sie entsandt hat. Die Versammlung kann die Weltorganisation für geistiges Eigentum (im Folgenden als „WIPO" bezeichnet) um finanzielle Unterstützung bitten, um die Teilnahme von Delegationen von Vertragsparteien zu erleichtern, die nach der bestehenden Übung der Generalversammlung der Vereinten Nationen als Entwicklungsländer angesehen werden oder die Länder im Übergang zur Marktwirtschaft sind.

(2)

a) Die Versammlung behandelt Fragen, die die Erhaltung und Entwicklung sowie die Anwendung und Durchführung dieses Vertrags betreffen.

b) Die Versammlung nimmt in Bezug auf die Zulassung bestimmter zwischenstaatlicher Organisationen als Vertragspartei die ihr nach Artikel 17 Absatz 2 übertragene Aufgabe wahr.

c) Die Versammlung beschließt die Einberufung einer diplomatischen Konferenz zur Revision dieses Vertrags und erteilt dem Generaldirektor der WIPO die notwendigen Weisungen für die Vorbereitung einer solchen Konferenz.

(3)

a) Jede Vertragspartei, die ein Staat ist, verfügt über eine Stimme und stimmt nur in ihrem Namen ab.

b) Eine Vertragspartei, die eine zwischenstaatliche Organisation ist, kann anstelle ihrer Mitgliedstaaten an der Abstimmung teilnehmen und verfügt hierzu über eine Anzahl von Stimmen, die der Anzahl ihrer Mitgliedstaaten entspricht, die Vertragspartei dieses Vertrags sind. Eine zwischenstaatliche Organisation kann nicht an der Abstimmung teilnehmen, wenn einer ihrer Mitgliedstaaten sein Stimmrecht ausübt und umgekehrt.

(4) Die Versammlung tritt nach Einberufung durch den Generaldirektor der WIPO alle zwei Jahre einmal zu einer ordentlichen Tagung zusammen.

(5) Die Versammlung gibt sich eine Geschäftsordnung, in der unter anderem die Einberufung außerordentlicher Tagungen, die Voraussetzungen für die Beschlussfähigkeit und vorbehaltlich der Bestimmungen dieses Vertrags die Mehrheitserfordernisse für die verschiedenen Arten von Beschlüssen geregelt sind.

Art. 16 Das Internationale Büro. Das Internationale Büro der WIPO nimmt die Verwaltungsaufgaben im Rahmen dieses Vertrags wahr.

Art. 17 Qualifikation als Vertragspartei. (1) Jeder Mitgliedstaat der WIPO kann Vertragspartei dieses Vertrags werden.

(2) Die Versammlung kann beschließen, jede zwischenstaatliche Organisation als Vertragspartei zuzulassen, die erklärt, für die durch diesen Vertrag geregelten Bereiche zuständig zu sein, über diesbezügliche Vorschriften, die für alle ihre Mitgliedstaaten bindend sind, zu verfügen und in Übereinstimmung

mit ihrer Geschäftsordnung ordnungsgemäß ermächtigt worden zu sein, Vertragspartei zu werden.

(3) Die Europäische Gemeinschaft, die auf der Diplomatischen Konferenz, auf der dieser Vertrag angenommen wurde, die in Absatz 2 bezeichnete Erklärung abgegeben hat, kann Vertragspartei dieses Vertrags werden.

Art. 18 Rechte und Pflichten nach dem Vertrag. Sofern dieser Vertrag nicht ausdrücklich etwas anderes bestimmt, gelten für jede Vertragspartei alle Rechte und Pflichten nach diesem Vertrag.

Art. 19 Unterzeichnung des Vertrags. Dieser Vertrag liegt bis zum 31. Dezember 1997 zur Unterzeichnung[1] durch jeden Mitgliedstaat der WIPO und durch die Europäische Gemeinschaft auf.

Art. 20 Inkrafttreten des Vertrags. Dieser Vertrag tritt drei Monate nach Hinterlegung der dreißigsten Ratifikations- oder Beitrittsurkunde beim Generaldirektor der WIPO in Kraft[2].

Art. 21 Inkrafttreten des Vertrags für eine Vertragspartei. Dieser Vertrag bindet

i) die dreißig Staaten im Sinne von Artikel 20 ab dem Tag, an dem dieser Vertrag in Kraft getreten ist;
ii) jeden anderen Staat nach Ablauf von drei Monaten nach Hinterlegung seiner Urkunde beim Generaldirektor der WIPO;
iii) die Europäische Gemeinschaft nach Ablauf von drei Monaten nach Hinterlegung ihrer Ratifikations- oder Beitrittsurkunde, wenn diese Urkunde nach Inkrafttreten dieses Vertrags nach Artikel 20 hinterlegt worden ist, oder drei Monate nach Inkrafttreten dieses Vertrags, wenn die Urkunde vor Inkrafttreten des Vertrags hinterlegt worden ist;
iv) jede andere zwischenstaatliche Organisation, die als Vertragspartei dieses Vertrags zugelassen wird, nach Ablauf von drei Monaten nach Hinterlegung ihrer Beitrittsurkunde.

Art. 22 Vorbehalte. Vorbehalte zu diesem Vertrag sind nicht zulässig.

Art. 23 Kündigung des Vertrags. [1] Dieser Vertrag kann von jeder Vertragspartei durch eine an den Generaldirektor der WIPO gerichtete Notifikation gekündigt werden. [2] Die Kündigung wird ein Jahr nach dem Tag wirksam, an dem die Notifikation beim Generaldirektor der WIPO eingegangen ist.

---

[1] Vgl. hierzu Beschluss [2000/278/EG] des Rates vom 16.3.2000 über die Zustimmung im Namen der Europäischen Gemeinschaft zum WIPO-Urheberrechtsvertrag und zum WIPO-Vertrag über Darbietungen und Tonträger (ABl. Nr. L 89 S. 6) und G v. 10.8.2003 (BGBl. II S. 754). Der hier abgedruckte Wortlaut folgt der amtlichen Übersetzung im Bundesgesetzblatt Teil II.

[2] Der Vertrag ist am 6.3.2002 in Kraft getreten, jedoch noch nicht für Bundesrepublik Deutschland und die Europäische Union; Inkraftgetreten für die Bundesrepublik Deutschland und die Europäische Union am 14.3.2010 gem. Bekanntmachung v. 4.2.2010 (ABl. Nr. L 32 S. 1).

Art. 24 Vertragssprachen. (1) Dieser Vertrag wird in einer Urschrift in englischer, arabischer, chinesischer, französischer, russischer und spanischer Sprache unterzeichnet, wobei jede Fassung gleichermaßen verbindlich ist.

(2) [1] Ein amtlicher Wortlaut in einer anderen als der in Absatz 1 genannten Sprachen wird durch den Generaldirektor der WIPO auf Ersuchen einer interessierten Vertragspartei nach Konsultation mit allen interessierten Vertragsparteien erstellt. [2] „Interessierte Vertragspartei" im Sinne dieses Absatzes bedeutet einen Mitgliedstaat der WIPO, dessen Amtssprache oder eine von dessen Amtssprachen betroffen ist, sowie die Europäische Gemeinschaft und jede andere zwischenstaatliche Organisation, die Vertragspartei dieses Vertrags werden kann, wenn eine ihrer Amtssprachen betroffen ist.

Art. 25 Verwahrer. Verwahrer dieses Vertrags ist der Generaldirektor der WIPO.

Vereinbarte Erklärungen

Zu Artikel 1 Absatz 4

[1] Das Vervielfältigungsrecht nach Artikel 9 der Berner Übereinkunft und die darunter fallenden Ausnahmen finden in vollem Umfang im digitalen Bereich Anwendung, insbesondere auf die Verwendung von Werken in digitaler Form. [2] Die elektronische Speicherung eines geschützten Werks in digitaler Form gilt als Vervielfältigung im Sinne von Artikel 9 der Berner Übereinkunft.

Zu Artikel 3

[1] Zur Anwendung von Artikel 3 dieses Vertrags ist der Ausdruck „Verbandsland" in den Artikeln 2 bis 6 der Berner Übereinkunft[1)] so zu verstehen, als bezeichne er eine Vertragspartei dieses Vertrags, wenn diese Artikel der Berner Übereinkunft im Zusammenhang mit dem durch den vorliegenden Vertrag gewährten Schutz angewandt werden. [2] In gleicher Weise ist der Ausdruck „verbandsfremdes Land" in den betreffenden Artikeln der Berner Übereinkunft so zu verstehen, als bezeichne er ein Land, das nicht Vertragspartei dieses Vertrags ist. [3] Der Ausdruck „diese Übereinkunft" in Artikel 2 Absatz 8, Artikel 2bis Absatz 2, Artikel 3, 4 und 5 der Berner Übereinkunft ist sowohl als Verweis auf die Berner Übereinkunft als auch als Verweis auf diesen Vertrag zu verstehen. [4] Der Verweis in den Artikel 3 bis 6 der Berner Übereinkunft auf die „einem Verbandsland angehörenden" Personen bezeichnet, wenn diese Artikel im Zusammenhang mit diesem Vertrag angewandt werden, in Bezug auf eine zwischenstaatliche Organisation, die Vertragspartei dieses Vertrags ist, einen Angehörigen einer der Länder, die Mitglieder dieser Organisation sind.

Zu Artikel 4

Der Schutzumfang für Computerprogramme nach Artikel 4 im Artikel 2 dieses Vertrags steht im Einklang mit Artikel 2 der Berner Übereinkunft[1)] und entspricht den einschlägigen Bestimmungen des TRIPS-Übereinkommens.

Zu Artikel 5

Der Schutzumfang für Datensammlungen (Datenbanken) nach Artikel 5 im Artikel 2 dieses Vertrags steht im Einklang mit Artikel 2 der Berner Übereinkunft[1)] und entspricht den einschlägigen Bestimmungen des TRIPS-Übereinkommens.

Zu den Artikeln 6 und 7

Die in diesen Artikeln im Zusammenhang mit dem Verbreitungs- und Vermietrecht verwendeten Ausdrücke „Vervielfältigungsstücke" und „Original und Vervielfältigungsstücke" beziehen sich aus-

---

[1)] Nr. **31**.

schließlich auf Vervielfältigungsstücke, die als körperliche Gegenstände in Verkehr gebracht werden können.

Zu Artikel 7

[1] Artikel 7 Absatz 1 verpflichtet die Vertragsparteien nicht, Urhebern, denen nach dem Recht der Vertragsparteien keine Rechte in Bezug auf Tonträgern gewährt werden, ein ausschließliches Recht auf gewerbsmäßige Vermietung einzuräumen. [2] Die Verpflichtung des Artikels 7 Absatz 1 steht im Einklang mit Artikel 14 Absatz 4 des TRIPS-Übereinkommens[1].

Zu Artikel 8

[1] Die Bereitstellung der materiellen Voraussetzungen, die eine Wiedergabe ermöglichen oder bewirken, stellt für sich genommen keine Wiedergabe im Sinne dieses Vertrags oder der Berner Übereinkunft dar. [2] Artikel 10 steht einer Anwendung von Artikel 11bis Absatz 2 der Berner Übereinkunft durch die Vertragsparteien nicht entgegen.

Zu Artikel 10

[1] Die Bestimmungen des Artikels 10 erlauben den Vertragsparteien, die in ihren Rechtsvorschriften bestehenden Ausnahmen und Beschränkungen, die nach der Berner Übereinkunft als zulässig angesehen werden, auf digitale Technologien anzuwenden und in angemessener Form auszudehnen. [2] Diese Bestimmungen sind gleichermaßen dahin auszulegen, daß sie den Vertragsparteien erlauben, neue Ausnahmen und Beschränkungen zu konzipieren, die für Digitalnetze angemessen sind. Der Anwendungsbereich der nach der Berner Übereinkunft zulässigen Ausnahmen und Beschränkungen wird durch Artikel 10 Absatz 2 weder reduziert noch erweitert.

Zu Artikel 12

[1] Der Verweis auf die „Verletzung eines durch diesen Vertrag oder die Berner Übereinkunft geschützten Rechts" schließt sowohl ausschließliche Rechte als auch Vergütungsrechte ein. [2] Die Vertragsparteien können sich nicht auf diesen Artikel berufen, um Verwertungssysteme zu entwerfen oder einzuführen, die Förmlichkeiten vorschreiben, die nach der Berner Übereinkunft oder diesem Vertrag nicht zulässig sind und den freien Warenverkehr unterbinden oder den Genuß von Rechten verhindern, die dieser Vertrag gewährleistet.

---

[1] Nr. **33**.

35. Richtlinie 2001/29/EG des Europäischen Parlaments und des Rates vom 22. Mai 2001 zur Harmonisierung bestimmter Aspekte des Urheberrechts und der verwandten Schutzrechte in der Informationsgesellschaft

(ABl. Nr. L 167 S. 10, ber. 2002 Nr. L 6 S. 71)

Celex-Nr. 3 2001 L 0029

zuletzt geänd. durch Art. 24 Abs. 2 ÄndRL (EU) 2019/790[1] v. 17.4.2019 (ABl. Nr. L 130 S. 92)

Kapitel I. Ziel und Anwendungsbereich

Art. 1 Anwendungsbereich. (1) Gegenstand dieser Richtlinie ist der rechtliche Schutz des Urheberrechts und der verwandten Schutzrechte im Rahmen des Binnenmarkts, insbesondere in Bezug auf die Informationsgesellschaft.

(2) Außer in den in Artikel 11 genannten Fällen lässt diese Richtlinie die bestehenden gemeinschaftsrechtlichen Bestimmungen über folgende Bereiche unberührt und beeinträchtigt sie in keiner Weise:

a) über den rechtlichen Schutz von Computerprogrammen;
b) über das Vermietrecht, das Verleihrecht und bestimmte dem Urheberrecht verwandte Schutzrechte im Bereich des geistigen Eigentums;
c) über das Urheberrecht und die verwandten Schutzrechte im Bereich des Satellitenrundfunks und der Kabelweiterverbreitung;
d) über die Dauer des Schutzes des Urheberrechts und bestimmter verwandter Schutzrechte;
e) über den rechtlichen Schutz von Datenbanken.

Kapitel II. Rechte und Ausnahmen

Art. 2 Vervielfältigungsrecht. Die Mitgliedstaaten sehen für folgende Personen das ausschließliche Recht vor, die unmittelbare oder mittelbare, vorübergehende oder dauerhafte Vervielfältigung auf jede Art und Weise und in jeder Form ganz oder teilweise zu erlauben oder zu verbieten:

a) für die Urheber in Bezug auf ihre Werke,
b) für die ausübenden Künstler in Bezug auf die Aufzeichnungen ihrer Darbietungen,
c) für die Tonträgerhersteller in Bezug auf ihre Tonträger,
d) für die Hersteller der erstmaligen Aufzeichnungen von Filmen in Bezug auf das Original und die Vervielfältigungsstücke ihrer Filme,

---

[1] Nr. **36**.

e) für die Sendeunternehmen in Bezug auf die Aufzeichnungen ihrer Sendungen, unabhängig davon, ob diese Sendungen drahtgebunden oder drahtlos, über Kabel oder Satellit übertragen werden.

Art. 3 Recht der öffentlichen Wiedergabe von Werken und Recht der öffentlichen Zugänglichmachung sonstiger Schutzgegenstände.

(1) Die Mitgliedstaaten sehen vor, dass den Urhebern das ausschließliche Recht zusteht, die drahtgebundene oder drahtlose öffentliche Wiedergabe ihrer Werke einschließlich der öffentlichen Zugänglichmachung der Werke in der Weise, dass sie Mitgliedern der Öffentlichkeit von Orten und zu Zeiten ihrer Wahl zugänglich sind, zu erlauben oder zu verbieten.

(2) Die Mitgliedstaaten sehen für folgende Personen das ausschließliche Recht vor, zu erlauben oder zu verbieten, dass die nachstehend genannten Schutzgegenstände drahtgebunden oder drahtlos in einer Weise der Öffentlichkeit zugänglich gemacht werden, dass sie Mitgliedern der Öffentlichkeit von Orten und zu Zeiten ihrer Wahl zugänglich sind:

a) für die ausübenden Künstler in Bezug auf die Aufzeichnungen ihrer Darbietungen;

b) für die Tonträgerhersteller in Bezug auf ihre Tonträger;

c) für die Hersteller der erstmaligen Aufzeichnungen von Filmen in Bezug auf das Original und auf Vervielfältigungsstücke ihrer Filme;

d) für die Sendeunternehmen in Bezug auf die Aufzeichnungen ihrer Sendungen, unabhängig davon, ob diese Sendungen drahtgebunden oder drahtlos, über Kabel oder Satellit übertragen werden.

(3) Die in den Absätzen 1 und 2 bezeichneten Rechte erschöpfen sich nicht mit den in diesem Artikel genannten Handlungen der öffentlichen Wiedergabe oder der Zugänglichmachung für die Öffentlichkeit.

Art. 4 Verbreitungsrecht. (1) Die Mitgliedstaaten sehen vor, dass den Urhebern in Bezug auf das Original ihrer Werke oder auf Vervielfältigungsstücke davon das ausschließliche Recht zusteht, die Verbreitung an die Öffentlichkeit in beliebiger Form durch Verkauf oder auf sonstige Weise zu erlauben oder zu verbieten.

(2) Das Verbreitungsrecht erschöpft sich in der Gemeinschaft in Bezug auf das Original oder auf Vervielfältigungsstücke eines Werks nur, wenn der Erstverkauf dieses Gegenstands oder eine andere erstmalige Eigentumsübertragung in der Gemeinschaft durch den Rechtsinhaber oder mit dessen Zustimmung erfolgt.

Art. 5 Ausnahmen und Beschränkungen. (1) Die in Artikel 2 bezeichneten vorübergehenden Vervielfältigungshandlungen, die flüchtig oder begleitend sind und einen integralen und wesentlichen Teil eines technischen Verfahrens darstellen und deren alleiniger Zweck es ist,

a) eine Übertragung in einem Netz zwischen Dritten durch einen Vermittler oder

b) eine rechtmäßige Nutzung eines Werks oder sonstigen Schutzgegenstands zu ermöglichen, und die keine eigenständige wirtschaftliche Bedeutung haben, werden von dem in Artikel 2 vorgesehenen Vervielfältigungsrecht ausgenommen.

(2) Die Mitgliedstaaten können in den folgenden Fällen Ausnahmen oder Beschränkungen in Bezug auf das in Artikel 2 vorgesehene Vervielfältigungsrecht vorsehen:

a) in Bezug auf Vervielfältigungen auf Papier oder einem ähnlichen Träger mittels beliebiger fotomechanischer Verfahren oder anderer Verfahren mit ähnlicher Wirkung, mit Ausnahme von Notenblättern und unter der Bedingung, dass die Rechtsinhaber einen gerechten Ausgleich erhalten;

b) in Bezug auf Vervielfältigungen auf beliebigen Trägern durch eine natürliche Person zum privaten Gebrauch und weder für direkte noch indirekte kommerzielle Zwecke unter der Bedingung, dass die Rechtsinhaber einen gerechten Ausgleich erhalten, wobei berücksichtigt wird, ob technische Maßnahmen gemäß Artikel 6 auf das betreffende Werk oder den betreffenden Schutzgegenstand angewendet wurden;

c) in Bezug auf bestimmte Vervielfältigungshandlungen von öffentlich zugänglichen Bibliotheken, Bildungseinrichtungen oder Museen oder von Archiven, die keinen unmittelbaren oder mittelbaren wirtschaftlichen oder kommerziellen Zweck verfolgen, und unbeschadet der in der Richtlinie (EU) 2019/790 [1)] des Europäischen Parlaments und des Rates[2)] festgelegten Ausnahmen und Beschränkungen;

d) in Bezug auf ephemere Aufzeichnungen von Werken, die von Sendeunternehmen mit eigenen Mitteln und für eigene Sendungen vorgenommen worden sind; aufgrund ihres außergewöhnlichen Dokumentationscharakters kann die Aufbewahrung dieser Aufzeichnungen in amtlichen Archiven erlaubt werden;

e) in Bezug auf Vervielfältigungen von Sendungen, die von nicht kommerziellen sozialen Einrichtungen wie Krankenhäusern oder Haftanstalten angefertigt wurden, unter der Bedingung, dass die Rechtsinhaber einen gerechten Ausgleich erhalten.

(3) Die Mitgliedstaaten können in den folgenden Fällen Ausnahmen oder Beschränkungen in Bezug auf die in den Artikeln 2 und 3 vorgesehenen Rechte vorsehen:

a) für die Nutzung ausschließlich zur Veranschaulichung des Unterrichts oder für Zwecke der wissenschaftlichen Forschung, sofern – außer in Fällen, in denen sich das als unmöglich erweist – die Quelle, einschließlich des Namens des Urhebers, wann immer das möglich ist, angegeben wird und soweit das zur Verfolgung nicht kommerzieller Zwecke gerechtfertigt ist, und unbeschadet der in der Richtlinie (EU) 2019/790 festgelegten Ausnahmen und Beschränkungen;

b) für die Nutzung zugunsten behinderter Personen, wenn die Nutzung mit der Behinderung unmittelbar in Zusammenhang steht und nicht kommerzieller Art ist, soweit es die betreffende Behinderung erfordert und unbe-

---

[1)] Nr. **36**.

[2)] **Amtl. Anm.:** Richtlinie (EU) 2019/790 des Europäischen Parlaments und des Rates vom 17. April 2019 über das Urheberrecht und die verwandten Schutzrechte im digitalen Binnenmarkt und zur Änderung der Richtlinien 96/9/EG und 2001/29/EG (ABl. L 130 vom 17.5.2019, S. 92).

schadet der Pflichten der Mitgliedstaaten aus der Richtlinie (EU) 2017/1564 des Europäischen Parlaments und des Rates[1];

c) für die Vervielfältigung durch die Presse, die öffentliche Wiedergabe oder die Zugänglichmachung von veröffentlichten Artikeln zu Tagesfragen wirtschaftlicher, politischer oder religiöser Natur oder von gesendeten Werken oder sonstigen Schutzgegenständen dieser Art, sofern eine solche Nutzung nicht ausdrücklich vorbehalten ist und sofern die Quelle, einschließlich des Namens des Urhebers, angegeben wird, oder die Nutzung von Werken oder sonstigen Schutzgegenständen in Verbindung mit der Berichterstattung über Tagesereignisse, soweit es der Informationszweck rechtfertigt und sofern – außer in Fällen, in denen sich dies als unmöglich erweist – die Quelle, einschließlich des Namens des Urhebers, angegeben wird;

d) für Zitate zu Zwecken wie Kritik oder Rezensionen, sofern sie ein Werk oder einen sonstigen Schutzgegenstand betreffen, das bzw. der der Öffentlichkeit bereits rechtmäßig zugänglich gemacht wurde, sofern – außer in Fällen, in denen sich dies als unmöglich erweist – die Quelle, einschließlich des Namens des Urhebers, angegeben wird und sofern die Nutzung den anständigen Gepflogenheiten entspricht und in ihrem Umfang durch den besonderen Zweck gerechtfertigt ist;

e) für die Nutzung zu Zwecken der öffentlichen Sicherheit oder zur Sicherstellung des ordnungsgemäßen Ablaufs von Verwaltungsverfahren, parlamentarischen Verfahren oder Gerichtsverfahren oder der Berichterstattung darüber;

f) für die Nutzung von politischen Reden oder von Auszügen aus öffentlichen Vorträgen oder ähnlichen Werken oder Schutzgegenständen, soweit der Informationszweck dies rechtfertigt und sofern – außer in Fällen, in denen sich dies als unmöglich erweist – die Quelle, einschließlich des Namens des Urhebers, angegeben wird;

g) für die Nutzung bei religiösen Veranstaltungen oder offiziellen, von einer Behörde durchgeführten Veranstaltungen;

h) für die Nutzung von Werken wie Werken der Baukunst oder Plastiken, die dazu angefertigt wurden, sich bleibend an öffentlichen Orten zu befinden;

i) für die beiläufige Einbeziehung eines Werks oder sonstigen Schutzgegenstands in anderes Material;

j) für die Nutzung zum Zwecke der Werbung für die öffentliche Ausstellung oder den öffentlichen Verkauf von künstlerischen Werken in dem zur Förderung der betreffenden Veranstaltung erforderlichen Ausmaß unter Ausschluss jeglicher anderer kommerzieller Nutzung;

k) für die Nutzung zum Zwecke von Karikaturen, Parodien oder Pastiches;

l) für die Nutzung im Zusammenhang mit der Vorführung oder Reparatur von Geräten;

---

[1] **Amtl. Anm.:** Richtlinie (EU) 2017/1564 des Europäischen Parlaments und des Rates vom 13. September 2017 über bestimmte zulässige Formen der Nutzung bestimmter urheberrechtlich oder durch verwandte Schutzrechte geschützter Werke und sonstiger Schutzgegenstände zugunsten blinder, sehbehinderter oder anderweitig lesebehinderter Personen und zur Änderung der Richtlinie 2001/29/EG zur Harmonisierung bestimmter Aspekte des Urheberrechts und der verwandten Schutzrechte in der Informationsgesellschaft (ABl. L 242 vom 20.9.2017, S. 6).

m) für die Nutzung eines künstlerischen Werks in Form eines Gebäudes bzw. einer Zeichnung oder eines Plans eines Gebäudes zum Zwecke des Wiederaufbaus des Gebäudes;

n) für die Nutzung von Werken und sonstigen Schutzgegenständen, für die keine Regelungen über Verkauf und Lizenzen gelten und die sich in den Sammlungen der Einrichtungen gemäß Absatz 2 Buchstabe c) befinden, durch ihre Wiedergabe oder Zugänglichmachung für einzelne Mitglieder der Öffentlichkeit zu Zwecken der Forschung und privater Studien auf eigens hierfür eingerichteten Terminals in den Räumlichkeiten der genannten Einrichtungen;

o) für die Nutzung in bestimmten anderen Fällen von geringer Bedeutung, soweit solche Ausnahmen oder Beschränkungen bereits in einzelstaatlichen Rechtsvorschriften vorgesehen sind und sofern sie nur analoge Nutzungen betreffen und den freien Waren- und Dienstleistungsverkehr in der Gemeinschaft nicht berühren; dies gilt unbeschadet der anderen in diesem Artikel enthaltenen Ausnahmen und Beschränkungen.

(4) Wenn die Mitgliedstaaten gemäß Absatz 2 oder 3 eine Ausnahme oder Beschränkung in Bezug auf das Vervielfältigungsrecht vorsehen können, können sie entsprechend auch eine Ausnahme oder Beschränkung in Bezug auf das Verbreitungsrecht im Sinne von Artikel 4 zulassen, soweit diese Ausnahme durch den Zweck der erlaubten Vervielfältigung gerechtfertigt ist.

(5) Die in den Absätzen 1, 2, 3 und 4 genannten Ausnahmen und Beschränkungen dürfen nur in bestimmten Sonderfällen angewandt werden, in denen die normale Verwertung des Werks oder des sonstigen Schutzgegenstands nicht beeinträchtigt wird und die berechtigten Interessen des Rechtsinhabers nicht ungebührlich verletzt werden.

Kapitel III. Schutz von technischen Maßnahmen und von Informationen für die Wahrnehmung der Rechte

Art. 6 Pflichten in Bezug auf technische Maßnahmen. (1) Die Mitgliedstaaten sehen einen angemessenen Rechtsschutz gegen die Umgehung wirksamer technischer Maßnahmen durch eine Person vor, der bekannt ist oder den Umständen nach bekannt sein muss, dass sie dieses Ziel verfolgt.

(2) Die Mitgliedstaaten sehen einen angemessenen Rechtsschutz gegen die Herstellung, die Einfuhr, die Verbreitung, den Verkauf, die Vermietung, die Werbung im Hinblick auf Verkauf oder Vermietung und den Besitz zu kommerziellen Zwecken von Vorrichtungen, Erzeugnissen oder Bestandteilen sowie die Erbringung von Dienstleistungen vor,

a) die Gegenstand einer Verkaufsförderung, Werbung oder Vermarktung mit dem Ziel der Umgehung wirksamer technischer Maßnahmen sind oder

b) die, abgesehen von der Umgehung wirksamer technischer Maßnahmen, nur einen begrenzten wirtschaftlichen Zweck oder Nutzen haben oder

c) die hauptsächlich entworfen, hergestellt, angepasst oder erbracht werden, um die Umgehung wirksamer technischer Maßnahmen zu ermöglichen oder zu erleichtern.

(3) [1] Im Sinne dieser Richtlinie bezeichnet der Ausdruck „technische Maßnahmen“ alle Technologien, Vorrichtungen oder Bestandteile, die im normalen Betrieb dazu bestimmt sind, Werke oder sonstige Schutzgegenstände betreffende Handlungen zu verhindern oder einzuschränken, die nicht von der Person genehmigt worden sind, die Inhaber der Urheberrechte oder der dem Urheberrecht verwandten gesetzlich geschützten Schutzrechte oder des in Kapitel III der Richtlinie 96/9/EG verankerten Sui-generis-Rechts ist. [2] Technische Maßnahmen sind als „wirksam“ anzusehen, soweit die Nutzung eines geschützten Werks oder eines sonstigen Schutzgegenstands von den Rechtsinhabern durch eine Zugangskontrolle oder einen Schutzmechanismus wie Verschlüsselung, Verzerrung oder sonstige Umwandlung des Werks oder sonstigen Schutzgegenstands oder einen Mechanismus zur Kontrolle der Vervielfältigung, die die Erreichung des Schutzziels sicherstellen, unter Kontrolle gehalten wird.

(4) Werden von Seiten der Rechtsinhaber freiwillige Maßnahmen, einschließlich Vereinbarungen zwischen den Rechtsinhabern und anderen betroffenen Parteien, nicht ergriffen, so treffen die Mitgliedstaaten ungeachtet des Rechtsschutzes nach Absatz 1 geeignete Maßnahmen, um sicherzustellen, dass die Rechtsinhaber dem Begünstigten einer im nationalen Recht gemäß Artikel 5 Absatz 2 Buchstaben a), c), d), oder e) oder Absatz 3 Buchstaben a), b) oder e) vorgesehenen Ausnahme oder Beschränkung die Mittel zur Nutzung der betreffenden Ausnahme oder Beschränkung in dem für die Nutzung der betreffenden Ausnahme oder Beschränkung erforderlichen Maße zur Verfügung stellen, soweit der betreffende Begünstigte rechtmäßig Zugang zu dem geschützten Werk oder Schutzgegenstand hat.

Ein Mitgliedstaat kann derartige Maßnahmen auch in Bezug auf den Begünstigten einer Ausnahme oder Beschränkung gemäß Artikel 5 Absatz 2 Buchstabe b) treffen, sofern die Vervielfältigung zum privaten Gebrauch nicht bereits durch die Rechtsinhaber in dem für die Nutzung der betreffenden Ausnahme oder Beschränkung erforderlichen Maße gemäß Artikel 5 Absatz 2 Buchstabe b) und Absatz 5 ermöglicht worden ist; der Rechtsinhaber kann dadurch nicht gehindert werden, geeignete Maßnahmen in Bezug auf die Zahl der Vervielfältigungen gemäß diesen Bestimmungen zu ergreifen.

Die von den Rechtsinhabern freiwillig angewandten technischen Maßnahmen, einschließlich der zur Umsetzung freiwilliger Vereinbarungen angewandten Maßnahmen, und die technischen Maßnahmen, die zur Umsetzung der von den Mitgliedstaaten getroffenen Maßnahmen angewandt werden, genießen den Rechtsschutz nach Absatz 1.

Die Unterabsätze 1 und 2 gelten nicht für Werke und sonstige Schutzgegenstände, die der Öffentlichkeit aufgrund einer vertraglichen Vereinbarung in einer Weise zugänglich gemacht werden, dass sie Mitgliedern der Öffentlichkeit von Orten und zu Zeiten ihrer Wahl zugänglich sind.

Wenn dieser Artikel im Zusammenhang mit der Richtlinie 92/100/EWG und 96/9/EG angewandt wird, so findet dieser Absatz entsprechende Anwendung.

Art. 7 Pflichten in Bezug auf Informationen für die Rechtewahrnehmung. (1) Die Mitgliedstaaten sehen einen angemessenen rechtlichen Schutz gegen Personen vor, die wissentlich unbefugt eine der nachstehenden Handlungen vornehmen, wobei ihnen bekannt ist oder den Umständen nach bekannt sein muss, dass sie dadurch die Verletzung von Urheberrechten oder dem Urheberrecht verwandten gesetzlich geschützten Schutzrechten oder die Verletzung des in Kapitel III der Richtlinie 96/9/EG vorgesehenen Sui-generis-Rechts veranlassen, ermöglichen, erleichtern oder verschleiern:

a) die Entfernung oder Änderung elektronischer Informationen für die Wahrnehmung der Rechte,

b) die Verbreitung, Einfuhr zur Verbreitung, Sendung, öffentliche Wiedergabe oder öffentliche Zugänglichmachung von Werken oder sonstigen unter diese Richtlinie oder unter Kapitel III der Richtlinie 96/9/EG fallenden Schutzgegenständen, bei denen elektronische Informationen für die Wahrnehmung der Rechte unbefugt entfernt oder geändert wurden.

(2) Im Sinne dieser Richtlinie bezeichnet der Ausdruck „Informationen für die Rechtewahrnehmung" die von Rechtsinhabern stammenden Informationen, die die in dieser Richtlinie bezeichneten Werke oder Schutzgegenstände oder die durch das in Kapitel III der Richtlinie 96/9/EG vorgesehene Sui-generis-Recht geschützten Werke oder Schutzgegenstände, den Urheber oder jeden anderen Rechtsinhaber identifizieren, oder Informationen über die Modalitäten und Bedingungen für die Nutzung der Werke oder Schutzgegenstände sowie die Zahlen oder Codes, durch die derartige Informationen ausgedrückt werden.

Unterabsatz 1 gilt, wenn irgendeine der betreffenden Informationen an einem Vervielfältigungsstück eines Werks oder eines sonstigen Schutzgegenstands, der in dieser Richtlinie genannt wird oder unter das in Kapitel III der Richtlinie 96/9/EG vorgesehene Sui-generis-Recht fällt, angebracht wird oder im Zusammenhang mit der öffentlichen Wiedergabe eines solchen Werks oder Schutzgegenstands erscheint.

Kapitel IV. Allgemeine Bestimmungen

Art. 8 Sanktionen und Rechtsbehelfe. (1) [1] Die Mitgliedstaaten sehen bei Verletzungen der in dieser Richtlinie festgelegten Rechte und Pflichten angemessene Sanktionen und Rechtsbehelfe vor und treffen alle notwendigen Maßnahmen, um deren Anwendung sicherzustellen. [2] Die betreffenden Sanktionen müssen wirksam, verhältnismäßig und abschreckend sein.

(2) Jeder Mitgliedstaat trifft die erforderlichen Maßnahmen, um sicherzustellen, dass Rechtsinhaber, deren Interessen durch eine in seinem Hoheitsgebiet begangene Rechtsverletzung beeinträchtigt werden, Klage auf Schadenersatz erheben und/oder eine gerichtliche Anordnung sowie gegebenenfalls die Beschlagnahme von rechtswidrigem Material sowie von Vorrichtungen, Erzeugnissen oder Bestandteilen im Sinne des Artikels 6 Absatz 2 beantragen können.

(3) Die Mitgliedstaaten stellen sicher, dass die Rechtsinhaber gerichtliche Anordnungen gegen Vermittler beantragen können, deren Dienste von einem Dritten zur Verletzung eines Urheberrechts oder verwandter Schutzrechte genutzt werden.

Art. 9 Weitere Anwendung anderer Rechtsvorschriften. Diese Richtlinie lässt andere Rechtsvorschriften insbesondere in folgenden Bereichen unberührt: Patentrechte, Marken, Musterrechte, Gebrauchsmuster, Topographien von Halbleitererzeugnissen, typographische Schriftzeichen, Zugangskontrolle, Zugang zum Kabel von Sendediensten, Schutz nationalen Kulturguts, Anforderungen im Bereich gesetzlicher Hinterlegungspflichten, Rechtsvorschriften über Wettbewerbsbeschränkungen und unlauteren Wettbewerb, Betriebsgeheimnisse, Sicherheit, Vertraulichkeit, Datenschutz und Schutz der Privatsphäre, Zugang zu öffentlichen Dokumenten sowie Vertragsrecht.

Art. 10 Zeitliche Anwendbarkeit. (1) Die Vorschriften dieser Richtlinie finden auf alle von ihr erfassten Werke und Schutzgegenstände Anwendung, die am 22. Dezember 2002 durch die Rechtsvorschriften der Mitgliedstaaten auf dem Gebiet des Urheberrechts und der verwandten Schutzrechte geschützt sind oder die die Schutzkriterien im Sinne dieser Richtlinie oder der in Artikel 1 Absatz 2 genannten Bestimmungen erfüllen.

(2) Die Richtlinie berührt Handlungen und Rechte nicht, die vor dem 22. Dezember 2002 abgeschlossen bzw. erworben wurden.

Art. 11 *(nicht wiedergegebene Änderungsvorschrift)*

Art. 12 Schlussbestimmungen. (1) [1] Spätestens am 22. Dezember 2004 und danach alle drei Jahre unterbreitet die Kommission dem Europäischen Parlament, dem Rat und dem Wirtschafts- und Sozialausschuss einen Bericht über die Anwendung dieser Richtlinie, in dem sie unter anderem auf der Grundlage der von den Mitgliedstaaten mitgeteilten Informationen insbesondere die Anwendung der Artikel 5, 6 und 8 anhand der Entwicklung des digitalen Marktes prüft. [2] Im Falle des Artikels 6 prüft sie insbesondere, ob dieser ein ausreichendes Schutzniveau sicherstellt und ob sich der Einsatz wirksamer technischer Maßnahmen nachteilig auf gesetzlich erlaubte Handlungen auswirkt. [3] Erforderlichenfalls legt sie – insbesondere um das Funktionieren des Binnenmarkts im Sinne von Artikel 14 des Vertrags sicherzustellen – entsprechende Änderungsvorschläge zu dieser Richtlinie vor.

(2) Der Schutz der dem Urheberrecht verwandten Schutzrechte im Sinne dieser Richtlinie lässt den Schutz des Urheberrechts unberührt und beeinträchtigt ihn in keiner Weise.

(3) [1] Es wird ein Kontaktausschuss eingesetzt. [2] Dieser Ausschuss setzt sich aus Vertretern der zuständigen Behörden der Mitgliedstaaten zusammen. [3] In ihm führt ein Vertreter der Kommission den Vorsitz, und er tritt entweder auf Initiative des Vorsitzenden oder auf Antrag der Delegation eines Mitgliedstaats zusammen.

(4) Der Ausschuss hat folgende Aufgaben:

a) Prüfung der Auswirkungen dieser Richtlinie auf den Binnenmarkt und Benennung etwaiger Schwierigkeiten;

b) Durchführung von Konsultationen zu allen mit der Anwendung dieser Richtlinie zusammenhängenden Fragen;

c) Erleichterung des Informationsaustauschs über einschlägige Entwicklungen in der Gesetzgebung und Rechtsprechung sowie über die einschlägigen wirtschaftlichen, sozialen, kulturellen und technischen Entwicklungen;

d) Wahrnehmung der Funktion eines Forums zur Bewertung des digitalen Markts für Werke und andere Gegenstände, einschließlich Privatkopien und der Verwendung technischer Maßnahmen;

e) Prüfung der Auswirkungen der Umsetzung der Richtlinie (EU) 2019/790[1] auf den Binnenmarkt und Benennung etwaiger Schwierigkeiten bei der Umsetzung;

f) Erleichterung des Informationsaustauschs über einschlägige Entwicklungen in der Gesetzgebung und Rechtsprechung sowie über die praktische Anwendung der von den Mitgliedstaaten zur Umsetzung der Richtlinie (EU) 2019/790 ergriffenen Maßnahmen;

g) Behandlung von sonstigen Fragen aus der Anwendung der Richtlinie (EU) 2019/790.

Art. 13 Umsetzung. (1) *[1]* [1]Die Mitgliedstaaten erlassen die erforderlichen Rechts- und Verwaltungsvorschriften, um dieser Richtlinie vor dem 22. Dezember 2002 nachzukommen. [2]Sie setzen die Kommission hiervon unverzüglich in Kenntnis.

[2] [1]Wenn die Mitgliedstaaten diese Vorschriften erlassen, nehmen sie in den Vorschriften selbst oder durch einen Hinweis bei der amtlichen Veröffentlichung auf diese Richtlinie Bezug. [2]Die Mitgliedstaaten regeln die Einzelheiten dieser Bezugnahme.

(2) Die Mitgliedstaaten teilen der Kommission den Wortlaut der innerstaatlichen Rechtsvorschriften mit, die sie auf dem unter diese Richtlinie fallenden Gebiet erlassen.

Art. 14 Inkrafttreten. Diese Richtlinie tritt am Tag ihrer Veröffentlichung[2] im *Amtsblatt der Europäischen Gemeinschaften* in Kraft.

Art. 15 Adressaten. Diese Richtlinie ist an die Mitgliedstaaten gerichtet.

---

[1] Nr. **36**.

[2] Veröffentlicht am 22.6.2001.

36. Richtlinie (EU) 2019/790 des Europäischen Parlaments und des Rates vom 17. April 2019 über das Urheberrecht und die verwandten Schutzrechte im digitalen Binnenmarkt und zur Änderung der Richtlinien 96/9/EG und 2001/29/EG

(Text von Bedeutung für den EWR)

(ABl. Nr. L 130 S. 92)[1)]

CELEX 3 2019 L 0790

Titel I. Allgemeine Bestimmungen

Art. 1 Gegenstand und Anwendungsbereich. (1) [1] Mit dieser Richtlinie werden Vorschriften mit dem Ziel der weiteren Harmonisierung des Unionsrechts auf dem Gebiet des Urheberrechts und der verwandten Schutzrechte im Rahmen des Binnenmarkts unter besonderer Berücksichtigung der digitalen und grenzüberschreitenden Nutzung geschützter Inhalte festgelegt. [2] Außerdem enthält sie Vorschriften zu Ausnahmen und Beschränkungen des Urheberrechts und verwandter Schutzrechte und zur Erleichterung der Lizenzvergabe sowie Vorschriften, mit denen das Ziel verfolgt wird, das ordnungsgemäße Funktionieren des Marktes für die Verwertung von Werken und sonstigen Schutzgegenständen sicherzustellen.

(2) Mit Ausnahme der in Artikel 24 genannten Fälle lässt diese Richtlinie die bereits bestehenden Vorschriften, die in den einschlägigen geltenden Richtlinien, insbesondere in den Richtlinien 96/9/EG, 2000/31/EG[2)], 2001/29/EG[3)], 2006/115/EG, 2009/24/EG[4)], 2012/28/EU und 2014/26/EU, festgelegt sind, unberührt und beeinträchtigt sie in keiner Weise.

Art. 2 Begriffsbestimmungen. Für die Zwecke dieser Richtlinie gelten folgende Begriffsbestimmungen:

1. "Forschungsorganisation" bezeichnet eine Hochschule einschließlich ihrer Bibliotheken, ein Forschungsinstitut oder eine sonstige Einrichtung, deren vorrangiges Ziel die wissenschaftliche Forschung oder die Lehrtätigkeit – auch in Verbindung mit wissenschaftlicher Forschung – ist, die
   a) in ihrer Tätigkeit nicht gewinnorientiert ist oder alle Gewinne in ihre wissenschaftliche Forschung reinvestiert, oder
   b) im Rahmen eines von einem Mitgliedstaat anerkannten Auftrags im öffentlichen Interesse tätig ist,

---

[1)] Veröffentlicht am 17.5.2019.
[2)] Nr. **17**.
[3)] Nr. **35**.
[4)] Nr. **37**.

wobei kein Unternehmen, das einen bestimmenden Einfluss auf diese Organisation hat, bevorzugten Zugang zu den Ergebnissen der wissenschaftlichen Forschung erhält.

2. "Text und Data Mining" bezeichnet eine Technik für die automatisierte Analyse von Texten und Daten in digitaler Form, mit deren Hilfe Informationen unter anderem – aber nicht ausschließlich – über Muster, Trends und Korrelationen gewonnen werden können.
3. "Einrichtung des Kulturerbes" bezeichnet eine öffentlich zugängliche Bibliothek oder Museum, Archiv oder eine im Bereich des Film- oder Tonerbes tätige Einrichtung.
4. "Presseveröffentlichung" bezeichnet eine Sammlung, die hauptsächlich aus literarischen Werken journalistischer Art besteht, aber auch sonstige Werke oder sonstige Schutzgegenstände enthalten kann, und die
   a) in einer unter einem einheitlichen Titel periodisch erscheinenden oder regelmäßig aktualisierten Veröffentlichung, etwa Zeitungen oder Magazinen von allgemeinem oder besonderem Interesse, eine Einzelausgabe darstellt;
   b) dem Zweck dient, die Öffentlichkeit über Nachrichten oder andere Themen zu informieren und
   c) unabhängig vom Medium auf Initiative eines Diensteanbieters unter seiner redaktionellen Verantwortung und Aufsicht veröffentlicht wird.

   Periodika, die für wissenschaftliche oder akademische Zwecke verlegt werden, etwa Wissenschaftsjournale, sind keine Presseveröffentlichungen im Sinne dieser Richtlinie.
5. "Dienst der Informationsgesellschaft" bezeichnet eine Dienstleistung im Sinne des Artikels 1 Absatz 1 Buchstabe b der Richtlinie (EU) 2015/1535.
6. "Diensteanbieter für das Teilen von Online-Inhalten" bezeichnet den Anbieter eines Dienstes der Informationsgesellschaft, bei dem der Hauptzweck bzw. einer der Hauptzwecke darin besteht, eine große Menge an von seinen Nutzern hochgeladenen, urheberrechtlich geschützten Werken oder sonstigen Schutzgegenständen zu speichern und der Öffentlichkeit Zugang hierzu zu verschaffen, wobei dieser Anbieter diese Inhalte organisiert und zum Zwecke der Gewinnerzielung bewirbt.

   Anbieter von Diensten, etwa nicht gewinnorientierte Online-Enzyklopädien, nicht gewinnorientierte bildungsbezogene und wissenschaftliche Repositorien, Entwicklungs- und Weitergabeplattformen für quelloffene Software, Anbieter elektronischer Kommunikationsdienste im Sinne der Richtlinie (EU) 2018/1972, Online-Marktplätze, zwischen Unternehmen erbrachte Cloud-Dienste sowie Cloud-Dienste, die ihren Nutzern das Hochladen von Inhalten für den Eigengebrauch ermöglichen, sind keine Diensteanbieter für das Teilen von Online-Inhalten im Sinne dieser Richtlinie.

Titel II. Maßnahmen zur Anpassung von Ausnahmen und Beschränkungen an das digitale und grenzüberschreitende Umfeld

Art. 3 Text und Data Mining zum Zwecke der wissenschaftlichen Forschung. (1) Die Mitgliedstaaten sehen eine Ausnahme von den in Artikel 5 Buchstabe a und Artikel 7 Absatz 1 der Richtlinie 96/9/EG, Artikel 2 der Richtlinie 2001/29/EG[1)], und Artikel 15 Absatz 1 der vorliegenden Richtlinie festgelegten Rechten für Vervielfältigungen und Entnahmen vor, die durch Forschungsorganisationen und Einrichtungen des Kulturerbes von Werken oder sonstigen Schutzgegenständen, zu denen sie rechtmäßig Zugang haben, zum Zwecke der wissenschaftlichen Forschung für die Text und Data Mining vorgenommen werden.

(2) Vervielfältigungen und Entnahmen von Werken oder sonstigen Schutzgegenständen, die gemäß Absatz 1 angefertigt wurden, sind mit angemessenen Sicherheitsvorkehrungen zu speichern und dürfen zum Zwecke der wissenschaftlichen Forschung, auch zur Überprüfung wissenschaftlicher Erkenntnisse, aufbewahrt werden.

(3) [1]Die Rechteinhaber müssen Maßnahmen durchführen können, um die Sicherheit und Integrität der Netze und Datenbanken zu wahren, in denen die Werke oder sonstigen Schutzgegenstände gespeichert sind. [2]Diese Maßnahmen dürfen über das für die Verwirklichung dieses Ziels Notwendige nicht hinausgehen.

(4) Die Mitgliedstaaten wirken darauf hin, dass Rechteinhaber, Forschungsorganisationen und Einrichtungen des Kulturerbes einvernehmlich bewährte Vorgehensweisen bei der die Umsetzung der in Absatz 2 genannten Verpflichtung bzw. die Durchführung der in Absatz 3 genannten Maßnahmen definieren.

Art. 4 Ausnahmen und Beschränkungen für das Text und Data Mining. (1) Für zum Zwecke des Text und Data Mining vorgenommene Vervielfältigungen und Entnahmen von rechtmäßig zugänglichen Werken und sonstigen Schutzgegenständen sehen die Mitgliedstaaten eine Ausnahme oder Beschränkung von den Rechten vor, die in Artikel 5 Buchstabe a und Artikel 7 Absatz 1 der Richtlinie 96/9/EG, Artikel 2 der Richtlinie 2001/29/EG[1)], Artikel 4 Absatz 1 Buchstaben a und b der Richtlinie 2009/24/EG[2)] und Artikel 15 Absatz 1 der vorliegenden Richtlinie niedergelegt sind.

(2) Vervielfältigungen und Entnahmen nach Absatz 1 dürfen so lange aufbewahrt werden, wie es für die Zwecke des Text und Data Mining notwendig ist.

(3) Die Ausnahmen und Beschränkungen nach Absatz 1 finden Anwendung, sofern die jeweiligen Rechteinhaber die in Absatz 1 genannten Werke und sonstigen Schutzgegenstände nicht ausdrücklich in angemessener Weise, etwa mit maschinenlesbaren Mitteln im Fall von online veröffentlichten Inhalten, mit einem Nutzungsvorbehalt versehen haben.

(4) Dieser Artikel lässt die Anwendung von Artikel 3 unberührt.

[1)] Nr. **35**.
[2)] Nr. **37**.

Art. 5 Nutzung von Werken und sonstigen Schutzgegenständen für digitale und grenzüberschreitende Unterrichts- und Lehrtätigkeiten.

(1) Die Mitgliedstaaten sehen eine Ausnahme oder Beschränkung für die in Artikel 5 Buchstabe a, b, d und e und Artikel 7 Absatz 1 der Richtlinie 96/9/EG, Artikel 2 und 3 der Richtlinie 2001/29/EG[1)], Artikel 4 Absatz 1 der Richtlinie 2009/24/EG[2)] und Artikel 15 Absatz 1 der vorliegenden Richtlinie festgelegten Rechte vor, damit Werke und sonstige Schutzgegenstände für den alleinigen Zweck der Veranschaulichung des Unterrichts digital und in dem Maße genutzt werden dürfen, soweit das zur Verfolgung nicht-kommerzieller Zwecke gerechtfertigt ist, sofern diese Nutzung

a) unter der Verantwortung einer Bildungseinrichtung in ihren Räumlichkeiten oder an anderen Orten oder in einer gesicherten elektronischen Umgebung stattfindet, zu denen bzw. zu der nur die Schüler, die Studierenden und das Lehrpersonal der Bildungseinrichtung Zugang haben, und

b) mit Quellenangaben erfolgt, indem unter anderem der Name des Urhebers angegeben wird, außer in Fällen, in denen sich das als unmöglich erweist.

(2) *[1]* Unbeschadet des Artikels 7 Absatz 1 können die Mitgliedstaaten festlegen, dass die Ausnahme oder Beschränkung nach Absatz 1 insoweit nicht oder nicht für bestimmte Nutzungen oder nicht für bestimmte Arten von Werken oder sonstigen Schutzgegenständen – etwa vor allem für den Bildungsmarkt vorgesehenes Material oder Notenblätter – gilt, als auf dem Markt geeignete und den Bedürfnissen und Besonderheiten von Bildungseinrichtungen entsprechende Lizenzen, die die in Absatz 1 des vorliegenden Artikels genannten Handlungen erlauben, leicht verfügbar sind.

[2] Mitgliedstaaten, die sich entscheiden, von Unterabsatz 1 des vorliegenden Absatzes Gebrauch zu machen, ergreifen die notwendigen Maßnahmen, damit die Lizenzen, die die in Absatz 1 des vorliegenden Artikels genannten Handlungen erlauben, in angemessener Weise für die Bildungseinrichtungen verfügbar und auffindbar sind.

(3) Die Nutzung von Werken und sonstigen Schutzgegenständen über gesicherte elektronische Umgebungen für den alleinigen Zweck der Veranschaulichung des Unterrichts gemäß nationalem Recht, das auf der Grundlage dieses Artikels erlassen wurde, gilt allein als in dem Mitgliedstaat erfolgt, in dem die Bildungseinrichtung ihren Sitz hat.

(4) Werden Werke oder sonstige Schutzgegenstände nach Absatz 1 genutzt, so können die Mitgliedstaaten hierfür einen gerechten Ausgleich für die jeweiligen Rechteinhaber vorsehen.

Art. 6 Erhaltung des Kulturerbes. Die Mitgliedstaaten sehen eine Ausnahme für die in Artikel 5 Buchstabe a und Artikel 7 Absatz 1 der Richtlinie 96/9/EG, Artikel 2 der Richtlinie 2001/29/EG[1)], Artikel 4 Absatz 1 Buchstabe a der Richtlinie 2009/24/EG[2)] und Artikel 15 Absatz 1 der vorliegenden Richtlinie festgelegten Rechte vor, um es Einrichtungen des Kulturerbes zu gestatten, Werke und sonstige Schutzgegenstände, die sich dauerhaft in ihren Sammlungen befinden, unabhängig vom Format oder Medium für die Zwecke der

---

[1)] Nr. **35**.
[2)] Nr. **37**.

Erhaltung dieser Werke oder sonstigen Schutzgegenstände in dem für diese Erhaltung notwendigen Umfang zu vervielfältigen.

Art. 7 Gemeinsame Bestimmungen. (1) Vertragsbestimmungen, die den in den Artikeln 3, 5 und 6 festgelegten Ausnahmen zuwiderlaufen, sind nicht durchsetzbar.

(2) [1] Artikel 5 Absatz 5 der Richtlinie 2001/29/EG[1)] findet auf die unter diesem Titel genannten Ausnahmen und Beschränkungen Anwendung. [2] Artikel 6 Absatz 4 Unterabsatz 1, 3 und 5 der Richtlinie 2001/29/EG finden auf die Artikel 3 bis 6 der vorliegenden Richtlinie Anwendung.

Titel III. Maßnahmen zur Verbesserung der Lizenzierungspraxis und zur Gewährleistung eines breiteren Zugangs zu Inhalten

Kapitel 1. Vergriffene Werke und sonstige Schutzgegenstände

Art. 8 Nutzung von vergriffenen Werken und sonstigen Schutzgegenständen durch Einrichtungen des Kulturerbes. (1) Die Mitgliedstaaten legen fest, dass eine Verwertungsgesellschaft entsprechend den ihr von den Rechteinhabern erteilten Mandaten mit einer Einrichtung des Kulturerbes eine nicht ausschließliche Lizenzvereinbarung für nicht-kommerzielle Zwecke abschließen darf, die sich auf die Vervielfältigung, die Verbreitung, die öffentliche Wiedergabe oder die öffentliche Zugänglichmachung vergriffener Werke oder sonstiger Schutzgegenstände erstreckt, die sich dauerhaft in der Sammlung dieser Einrichtung befinden, unabhängig davon, ob alle Rechteinhaber, die unter die Lizenzvereinbarung fallen, der Verwertungsgesellschaft ein Mandat erteilt haben, sofern

a) die Verwertungsgesellschaft aufgrund ihrer Mandate ausreichend repräsentativ für die Rechteinhaber der einschlägigen Art von Werken oder sonstigen Schutzgegenständen sowie für die Rechte ist, die Gegenstand der Lizenz sind und

b) die Gleichbehandlung aller Rechteinhaber in Bezug auf die Lizenzbedingungen gewährleistet wird.

(2) Die Mitgliedstaaten sehen eine Ausnahme oder Beschränkung für die in Artikel 5 Buchstabe a, b, d und e und Artikel 7 Absatz 1 der Richtlinie 96/9/EG, den Artikeln 2 und 3 der Richtlinie 2001/29/EG[1)], Artikel 4 Absatz 1 der Richtlinie 2009/24/EG[2)] und Artikel 15 Absatz 1 der vorliegenden Richtlinie festgelegten Rechte zu dem Zweck vor, Einrichtungen des Kulturerbes zu gestatten, vergriffene Werke oder sonstige Schutzgegenstände, die sich dauerhaft in ihren Sammlungen befinden, für nicht-kommerzielle Zwecke zugänglich zu machen, sofern

a) der Name des Urhebers oder eines anderen identifizierbaren Rechteinhabers angegeben wird, außer in Fällen, in denen sich das als unmöglich erweist; und

---

[1)] Nr. **35**.
[2)] Nr. **37**.

b) die Werke oder sonstigen Schutzgegenstände auf nicht-kommerziellen Internetseiten zugänglich gemacht werden.

(3) Die Mitgliedstaaten sehen vor, dass die in Absatz 2 vorgesehene Ausnahme oder Beschränkung nur für Arten von Werken oder sonstigen Schutzgegenständen gilt, für die keine Verwertungsgesellschaft vorhanden ist, die die Bedingungen nach Absatz 1 Buchstabe a erfüllt.

(4) Die Mitgliedstaaten sehen vor, dass alle Rechteinhaber ihre Werke oder sonstigen Schutzgegenstände auch nach dem Abschluss einer Lizenzvereinbarung oder nach dem Beginn der jeweiligen Nutzung entweder generell oder in bestimmten Fällen jederzeit einfach und wirksam von dem Lizenzvergabeverfahren nach Absatz 1 oder von der Anwendung der in Absatz 2 vorgesehenen Ausnahme oder Beschränkung ausschließen können.

(5) *[1]* Ein Werk oder sonstiger Schutzgegenstand gilt als vergriffen, wenn nach Treu und Glauben davon ausgegangen werden kann, dass das gesamte Werk oder der gesamte sonstige Schutzgegenstand auf den üblichen Vertriebswegen für die Öffentlichkeit nicht erhältlich ist, nachdem ein vertretbarer Aufwand betrieben wurde, um festzustellen, ob es bzw. er für die Öffentlichkeit erhältlich ist.

[2] [1] Die Mitgliedstaaten können besondere Anforderungen wie einen Stichtag vorsehen, um zu bestimmen, ob für ein Werk oder einen sonstigen Schutzgegenstand eine Lizenz nach Absatz 1 erteilt oder ob es bzw. er im Rahmen einer in Absatz 2 vorgesehenen Ausnahme oder Beschränkung verwendet werden kann. [2] Diese Anforderungen dürfen weder über das Notwendige und Vertretbare hinausgehen noch die Möglichkeit ausschließen, eine Reihe von Werken oder sonstigen Schutzgegenständen insgesamt als vergriffen einzustufen, wenn nach billigem Ermessen davon auszugehen ist, dass all diese Werke oder sonstigen Schutzgegenstände vergriffen sind.

(6) Die Mitgliedstaaten sehen vor, dass die in Absatz 1 genannten Lizenzen bei einer Verwertungsgesellschaft anzufordern sind, die in dem Mitgliedstaat repräsentativ ist, in dem die Einrichtung des Kulturerbes ihren Sitz hat.

(7) *[1]* Dieser Artikel gilt nicht für Reihen vergriffener Werke oder sonstiger Schutzgegenstände, wenn nach Prüfung mit vertretbarem Aufwand gemäß Absatz 5 nachweislich festgestellt wurde, dass derartige Reihen überwiegend aus Folgendem bestehen:

a) aus Werken oder sonstigen Schutzgegenständen, mit Ausnahme von Kinofilmen oder sonstigen audiovisuellen Werken, die zuerst in einem Drittland veröffentlicht wurden oder, sofern sie nicht veröffentlicht wurden, zuerst in einem Drittland gesendet wurden;

b) aus Kinofilmen oder sonstigen audiovisuellen Werken, deren Produzenten ihren Hauptsitz oder ihren gewöhnlichen Wohnsitz in einem Drittland haben; oder

c) aus Werken oder sonstigen Schutzgegenständen von Drittstaatsangehörigen, sofern sich gemäß den Buchstaben a und b und nach vertretbarem Aufwand kein Mitgliedstaat oder Drittland bestimmen lässt;

[2] Abweichend von Unterabsatz 1 gilt dieser Artikel, wenn die Verwertungsgesellschaft im Sinne von Absatz 1 Buchstabe a ausreichend repräsentativ für Rechteinhaber des jeweiligen Drittlandes ist.

Art. 9 Grenzüberschreitende Nutzung. (1) Die Mitgliedstaaten stellen sicher, dass nach Artikel 8 erteilte Lizenzen die Nutzung von vergriffenen Werken oder sonstigen Schutzgegenständen durch Einrichtungen des Kulturerbes in jedem Mitgliedstaat erlauben dürfen.

(2) Die Nutzung von Werken und sonstigen Schutzgegenständen im Rahmen einer in Artikel 8 Absatz 2 vorgesehenen Ausnahme oder Beschränkung gilt allein als in dem Mitgliedstaat erfolgt, in dem die Einrichtung des Kulturerbes ihren Sitz hat.

Art. 10 Informationsmaßnahmen. (1) *[1]* Die Mitgliedstaaten stellen sicher, dass Informationen von Einrichtungen des Kulturerbes, Verwertungsgesellschaften oder einschlägigen öffentlichen Stellen zum Zwecke der Identifizierung vergriffener Werke oder sonstiger Schutzgegenstände, für die eine Lizenz nach Artikel 8 Absatz 1 erteilt wurde oder die im Rahmen einer in Artikel 8 Absatz 2 vorgesehenen Ausnahme oder Beschränkung genutzt werden, sowie Informationen über die den Rechteinhabern nach Artikel 8 Absatz 4 zur Verfügung stehenden Möglichkeiten und – sobald vorhanden und sofern relevant – Informationen über die Parteien der Lizenz, die abgedeckten Gebiete und die Nutzungen dauerhaft, einfach und tatsächlich über ein öffentliches zentrales Online-Portal zugänglich gemacht werden, und zwar mindestens sechs Monate, bevor die Werke oder sonstigen Schutzgegenstände gemäß der Lizenz oder im Rahmen der Ausnahme oder Beschränkung verbreitet, öffentlich wiedergegeben oder der Öffentlichkeit zugänglich gemacht werden.

[2] Das Portal wird vom Amt der Europäischen Union für geistiges Eigentum entsprechend der Verordnung (EU) Nr. 386/2012 eingerichtet und verwaltet.

(2) *[1]* Sofern es der allgemeine Informationsbedarf der Rechteinhaber erfordert, sehen die Mitgliedstaaten vor, dass zusätzliche angemessene Informationsmaßnahmen ergriffen werden, und zwar im Hinblick auf die Fähigkeit von Verwertungsgesellschaften, Lizenzen für Werke und sonstige Schutzgegenstände nach Artikel 8 zu erteilen, auf erteilte Lizenzen, auf die Nutzungen im Rahmen einer in Artikel 8 Absatz 2 vorgesehenen Ausnahme oder Beschränkung und auf die den Rechteinhabern zur Verfügung stehenden Möglichkeiten nach Artikel 8 Absatz 4.

[2] [1] Die angemessenen Informationsmaßnahmen gemäß Unterabsatz 1 des vorliegenden Absatzes werden in dem Mitgliedstaat ergriffen, in dem um die Lizenz nach Artikel 8 Absatz 1 ersucht wird, oder – bei Nutzungen im Rahmen einer in Artikel 8 Absatz 2 vorgesehenen Ausnahme oder Beschränkung – in dem Mitgliedstaat, in dem die Einrichtung des Kulturerbes ihren Sitz hat. [2] Gibt es Anzeichen, etwa den Ursprung der Werke oder sonstigen Schutzgegenstände, die darauf hindeuten, dass die Rechteinhaber in anderen Mitgliedstaaten oder Drittländern effizienter informiert werden könnten, so erstrecken sich die Informationsmaßnahmen auch auf diese Mitgliedstaaten und Drittländer.

Art. 11 Dialog der Interessenträger. Die Mitgliedstaaten konsultieren die Rechteinhaber, Verwertungsgesellschaften und Einrichtungen des Kulturerbes in den einzelnen Branchen, bevor sie besondere Anforderungen nach Artikel 8 Absatz 5 festlegen, und fördern den regelmäßigen Dialog zwischen den Interessenvertretungen der Nutzer und Rechteinhaber einschließlich der Verwertungsgesellschaften sowie anderen einschlägigen Organisationen der Interessenträger, um für die einzelnen Branchen die Bedeutung und den Nutzwert des Lizenzvergabeverfahrens nach Artikel 8 Absatz 1 zu fördern und sicherzustellen, dass die in diesem Kapitel genannten Schutzbestimmungen für die Rechteinhaber wirksam sind.

Kapitel 2. Maßnahmen zur Erleichterung der kollektiven Lizenzvergabe

Art. 12 Kollektive Lizenzvergabe mit erweiterter Wirkung. (1) Die Mitgliedstaaten können vorsehen, dass – sofern es die Nutzung in ihrem Hoheitsgebiet betrifft und vorbehaltlich der in diesem Artikel genannten Schutzbestimmungen – für den Fall, dass eine Verwertungsgesellschaft, die den nationalen Vorschriften zur Umsetzung der Richtlinie 2014/26/EU unterliegt, gemäß ihren von den Rechteinhabern erteilten Mandaten eine Lizenzvereinbarung über die Nutzung von Werken oder sonstigen Schutzgegenständen abschließt:

a) die Geltung einer solchen Vereinbarung auch auf die Rechte von Rechteinhabern ausgeweitet werden kann, die dieser Verwertungsgesellschaft weder auf der Grundlage einer Abtretungs-, Lizenz- noch einer sonstigen vertraglichen Vereinbarung zur Wahrnehmung eingeräumt wurden; oder

b) im Hinblick auf eine solche Lizenzvereinbarung die Verwertungsgesellschaft eine gesetzliche Berechtigung hat oder die Vermutung gilt, dass sie Rechteinhaber vertritt, die der Verwertungsgesellschaft kein entsprechendes Mandat erteilt haben.

(2) Die Mitgliedstaaten stellen sicher, dass das in Absatz 1 genannte Lizenzvergabeverfahren nur in genau bestimmten Bereichen der Nutzung Anwendung findet, in denen die Einholung der Erlaubnis der Rechteinhaber in jedem Einzelfall normalerweise beschwerlich und in einem Maße praxisfern ist, dass die erforderliche Erteilung der Lizenz aufgrund der Art der Nutzung oder des Typs der jeweiligen Werke oder sonstigen Schutzgegenstände unwahrscheinlich wird, und sie stellen sicher, dass mit diesem Lizenzvergabeverfahren die berechtigten Interessen der Rechteinhaber geschützt werden.

(3) Für die Zwecke von Absatz 1 sehen die Mitgliedstaaten die folgenden Schutzbestimmungen vor:

a) die Verwertungsgesellschaft ist aufgrund ihrer Mandate ausreichend repräsentativ für die Rechteinhaber der einschlägigen Art von Werken oder sonstigen Schutzgegenständen sowie für die Rechte, die Gegenstand der Lizenz für den jeweiligen Mitgliedstaat sind;

b) die Gleichbehandlung aller Rechteinhaber, auch in Bezug auf die Lizenzbedingungen, wird gewährleistet;

c) Rechteinhaber, die der Verwertungsgesellschaft, die die Lizenz gewährt, kein Mandat erteilt haben, können jederzeit einfach und wirksam ihre Werke und sonstigen Schutzgegenstände von dem gemäß diesem Artikel eingeführten Lizenzvergabeverfahren ausschließen; und

d) es werden eine angemessene Zeitspanne vor Beginn der lizenzierten Nutzung der Werke oder sonstigen Schutzgegenstände angemessene Informationsmaßnahmen ergriffen, um Rechteinhaber darüber zu informieren, dass die Verwertungsgesellschaft in der Lage ist, Lizenzen für Werke und sonstige

Schutzgegenstände zu erteilen, dass die Lizenzvergabe gemäß diesem Artikel erfolgt und dass den Rechteinhabern die Möglichkeiten nach Buchstabe c zur Verfügung stehen. Informationsmaßnahmen sind wirksam, ohne dass jeder Rechteinhaber einzeln informiert werden muss.

(4) *[1]* Dieser Artikel lässt die Anwendung von Verfahren für die kollektive Lizenzvergabe mit erweiterter Wirkung gemäß anderen Bestimmungen des Unionsrechts einschließlich Bestimmungen über die Zulässigkeit von Ausnahmen oder Beschränkungen unberührt.

[2] Dieser Artikel findet keine Anwendung auf die zwingende kollektive Rechtewahrnehmung.

[3] Artikel 7 der Richtlinie 2014/26/EU findet auf die in dem vorliegenden Artikel vorgesehenen Lizenzvergabeverfahren Anwendung.

(5) [1] Sieht ein Mitgliedstaat in seinem nationalen Recht ein Lizenzvergabeverfahren gemäß dem vorliegenden Artikel vor, so informiert dieser Mitgliedstaat die Kommission über den Geltungsbereich der entsprechenden nationalen Rechtsvorschriften, über die Zwecke und die Arten der möglicherweise nach dieser Vorschriften eingeführten Lizenzen sowie über die Kontaktangaben für Organisationen, die Lizenzen nach diesem Lizenzvergabeverfahren erteilen, und über welche Mittel und Wege Informationen über die Lizenzvergabe und die den Rechteinhabern gemäß Absatz 3 Buchstabe c zur Verfügung stehenden Möglichkeiten bezogen werden können. [2] Diese Informationen werden von der Kommission veröffentlicht.

(6) [1] Auf der Grundlage der nach Absatz 5 des vorliegenden Artikels eingegangenen Informationen und der Konsultationen in dem gemäß Artikel 12 Absatz 3 der Richtlinie 2001/29/EG[1)] eingerichteten Kontaktausschuss übermittelt die Kommission dem Europäischen Parlament und dem Rat bis zum 10. April 2021 einen Bericht über die Nutzung der in Absatz 1 des vorliegenden Artikels genannten Lizenzvergabeverfahren in der Union, ihre Auswirkungen auf die Lizenzvergabe und die Rechteinhaber, einschließlich der Rechteinhaber, die keine Mitglieder der Gesellschaft, die die Lizenzen vergibt, sind oder Staatsangehörige eines anderen Mitgliedstaats sind bzw. in einem anderen Mitgliedstaat wohnhaft sind, über ihre Wirksamkeit für die Vereinfachung der Verbreitung kultureller Inhalte und über ihre Auswirkungen auf den Binnenmarkt einschließlich der grenzüberschreitenden Erbringung von Dienstleistungen und des Wettbewerbs. [2] Diesem Bericht wird erforderlichenfalls ein Gesetzgebungsvorschlag beigefügt, auch über die grenzüberschreitenden Auswirkungen derartiger nationaler Verfahren.

Kapitel 3. Zugänglichkeit und Verfügbarkeit audiovisueller Werke über Videoabrufdienste

Art. 13 Verhandlungsmechanismus. *[1]* [1] Die Mitgliedstaaten gewährleisten, dass Parteien, die mit Schwierigkeiten im Zusammenhang mit der Lizenzierung von Rechten konfrontiert sind, wenn sie den Abschluss einer Vereinbarung für die Zwecke der Zugänglichmachung audiovisueller Werke über Videoabrufdienste beabsichtigen, sich an eine unparteiische Instanz oder Mediatoren wenden können. [2] Die von einem Mitgliedstaat zum Zwecke dieses

[1)] Nr. **35**.

Artikels eingerichtete oder benannte unparteiische Instanz leistet und die Mediatoren leisten den Parteien Unterstützung bei ihren Verhandlungen und hilft bzw. helfen ihnen bei der Erzielung von Vereinbarungen, was bei Bedarf auch die Übermittlung von Vorschlägen an die Parteien einschließt.

[2] [1]Die Mitgliedstaaten teilen der Kommission spätestens bis zum 7. Juni 2021 den Namen der in Absatz 1 genannten Instanz bzw. die Namen der in Absatz 1 genannten Mediatoren mit. [2]In den Fällen, in denen die Mitgliedstaaten beschlossen haben, sich auf Mediationsverfahren zu stützen, muss die Mitteilung an die Kommission mindestens die Quelle enthalten, wo einschlägige Informationen über die mit dieser Aufgabe betrauten Mediatoren zu finden sind.

Kapitel 4. Gemeinfreie Werke der bildenden Kunst

Art. 14 Gemeinfreie Werke der bildenden Kunst. Die Mitgliedstaaten sehen vor, dass nach Ablauf der Dauer des Schutzes eines Werkes der bildenden Kunst Material, das im Zuge einer Handlung der Vervielfältigung dieses Werkes entstanden ist, weder urheberrechtlich noch durch verwandte Schutzrechte geschützt ist, es sei denn, dieses Material stellt eine eigene geistige Schöpfung dar.

Titel IV. Maßnahmen zur Schaffung eines funktionsfähigen Marktes für den Urheberrechtsschutz

Kapitel 1. Rechte an Veröffentlichungen

Art. 15 Schutz von Presseveröffentlichungen im Hinblick auf die Online-Nutzung. (1) *[1]* Die Mitgliedstaaten legen Bestimmungen fest, mit denen Presseverlage mit Sitz in einem Mitgliedstaat die in Artikel 2 und Artikel 3 Absatz 2 der Richtlinie 2001/29/EG[1)] genannten Rechte für die Online-Nutzung ihrer Presseveröffentlichungen durch Anbieter von Diensten der Informationsgesellschaft erhalten.

[2] Die in Unterabsatz 1 vorgesehenen Rechte gelten nicht für die private oder nicht-kommerzielle Nutzung von Presseveröffentlichungen durch einzelne Nutzer.

[4] Der nach Unterabsatz 1 gewährte Schutz gilt nicht für das Setzen von Hyperlinks.

[5] Die in Unterabsatz 1 vorgesehenen Rechte gelten nicht für die Nutzung einzelner Wörter oder sehr kurzer Auszüge aus einer Presseveröffentlichung.

(2) *[1]* [1]Die in Absatz 1 vorgesehenen Rechte lassen die im Unionsrecht festgelegten Rechte von Urhebern und sonstigen Rechteinhabern an den in einer Presseveröffentlichung enthaltenen Werken und sonstigen Schutzgegenständen unberührt und beeinträchtigen diese Rechte in keiner Weise. [2]Die in Absatz 1 vorgesehenen Rechte dürfen nicht zum Nachteil dieser Urheber und sonstigen Rechteinhaber geltend gemacht werden und dürfen diesen insbesondere nicht das Recht nehmen, ihre Werke und sonstigen Schutzgegenstände

---

[1)] Nr. **35**.

unabhängig von der Presseveröffentlichung zu verwerten, in der sie enthalten sind.

[2] [1] Ist ein Werk oder ein sonstiger Schutzgegenstand auf der Grundlage einer nicht ausschließlichen Lizenz in einer Presseveröffentlichung enthalten, so dürfen die in Absatz 1 vorgesehenen Rechte nicht zu dem Zweck geltend gemacht werden, die Nutzung durch andere berechtigte Nutzer zu untersagen. [2] Die in Absatz 1 vorgesehenen Rechte dürfen nicht zu dem Zweck geltend gemacht werden, die Nutzung von Werken oder sonstigen Schutzgegenständen, deren Schutzdauer abgelaufen ist, zu untersagen.

(3) Die Artikel 5 bis 8 der Richtlinie 2001/29/EG, die Richtlinie 2012/28/EU und die Richtlinie (EU) 2017/1564 des Europäischen Parlaments und des Rates[1)] finden sinngemäß auf die in Absatz 1 des vorliegenden Artikels vorgesehenen Rechte Anwendung.

(4) *[1]* [1] Die in Absatz 1 vorgesehenen Rechte erlöschen zwei Jahre nach der Veröffentlichung der Presseveröffentlichung. [2] Die Berechnung dieser Zeitspanne erfolgt ab dem 1. Januar des auf den Tag der Veröffentlichung der Presseveröffentlichung folgenden Jahres.

[2] Absatz 1 findet keine Anwendung auf Presseveröffentlichungen, deren erstmalige Veröffentlichung vor dem 6. Juni 2019 erfolgt.

(5) Die Mitgliedstaaten sehen vor, dass Urheber der in einer Presseveröffentlichung enthaltenen Werke einen angemessenen Anteil der Einnahmen erhalten, die die Presseverlage aus der Nutzung ihrer Presseveröffentlichungen durch Anbieter von Diensten der Informationsgesellschaft erhalten.

Art. 16 Ansprüche auf einen gerechten Ausgleich. *[1]* Die Mitgliedstaaten können festlegen, dass für den Fall, dass ein Urheber einem Verleger ein Recht übertragen oder ihm eine Lizenz erteilt hat, diese Übertragung oder Lizenzierung eine hinreichende Rechtsgrundlage für den Anspruch des Verlegers auf einen Anteil am Ausgleich für die jeweilige Nutzung des Werkes im Rahmen einer Ausnahme oder Beschränkung für das übertragene oder lizenzierte Recht darstellt.

[2] Satz 1 lässt die in den Mitgliedstaaten derzeit und künftig geltenden Regelungen über das öffentliche Verleihrecht unberührt.

Kapitel 2. Bestimmte Nutzungen geschützter Inhalte durch Online-Dienste

Art. 17 Nutzung geschützter Inhalte durch Diensteanbieter für das Teilen von Online-Inhalten. (1) *[1]* Die Mitgliedstaaten sehen vor, dass ein Diensteanbieter für das Teilen von Online-Inhalten eine Handlung der öffentlichen Wiedergabe oder eine Handlung der öffentlichen Zugänglichmachung für die Zwecke dieser Richtlinie vornimmt, wenn er der Öffentlichkeit Zugang

---

[1)] **Amtl. Anm.:** Richtlinie (EU) 2017/1564 des Europäischen Parlaments und des Rates vom 13. September 2017 über bestimmte zulässige Formen der Nutzung bestimmter urheberrechtlich oder durch verwandte Schutzrechte geschützter Werke und sonstiger Schutzgegenstände zugunsten blinder, sehbehinderter oder anderweitig lesebehinderter Personen und zur Änderung der Richtlinie 2001/29/EG zur Harmonisierung bestimmter Aspekte des Urheberrechts und der verwandten Schutzrechte in der Informationsgesellschaft (ABl. L 242 vom 20.9.2017, S. 6).

zu von seinen Nutzern hochgeladenen urheberrechtlich geschützten Werken oder sonstigen Schutzgegenständen verschafft.

[2] Ein Diensteanbieter für das Teilen von Online-Inhalten muss deshalb die Erlaubnis von den in Artikel 3 Absatz 1 und 2 der Richtlinie 2001/29/EG[1] genannten Rechteinhabern einholen, etwa durch den Abschluss einer Lizenzvereinbarung, damit er Werke oder sonstige Schutzgegenstände öffentlich wiedergeben oder öffentlich zugänglich machen darf.

(2) Die Mitgliedstaaten sehen vor, dass eine von einem Diensteanbieter für das Teilen von Online-Inhalten – zum Beispiel durch Abschluss einer Lizenzvereinbarung – eingeholte Erlaubnis auch für Handlungen gilt, die von Nutzern von Diensten ausgeführt werden und die in den Geltungsbereich des Artikels 3 der Richtlinie 2001/29/EG fallen, sofern diese Nutzer nicht auf der Grundlage einer gewerblichen Tätigkeit handeln oder mit ihrer Tätigkeit keine erheblichen Einnahmen erzielen.

(3) *[1]* Nimmt ein Diensteanbieter für das Teilen von Online-Inhalten eine Handlung der öffentlichen Wiedergabe oder der öffentlichen Zugänglichmachung unter den in diesem Artikel festgelegten Bedingungen vor, so findet die Beschränkung der Verantwortlichkeit nach Artikel 14 Absatz 1 der Richtlinie 2000/31/EG[2] auf die in diesem Artikel beschriebenen Situationen keine Anwendung.

[2] Unterabsatz 1 des vorliegenden Absatzes lässt die mögliche Anwendung von Artikel 14 Absatz 1 der Richtlinie 2000/31/EG auf die Anbieter derartiger Dienste für Zwecke außerhalb des Geltungsbereichs dieser Richtlinie unberührt.

(4) Wird die Erlaubnis nicht erteilt, so ist der Diensteanbieter für das Teilen von Online-Inhalten für nicht erlaubte Handlungen der öffentlichen Wiedergabe, einschließlich der öffentlichen Zugänglichmachung, urheberrechtlich geschützter Werke oder sonstiger Schutzgegenstände verantwortlich, es sei denn, der Anbieter dieser Dienste erbringt den Nachweis, dass er

a) alle Anstrengungen unternommen hat, um die Erlaubnis einzuholen; und

b) nach Maßgabe hoher branchenüblicher Standards für die berufliche Sorgfalt alle Anstrengungen unternommen hat, um sicherzustellen, dass bestimmte Werke und sonstige Schutzgegenstände, zu denen die Rechteinhaber den Anbietern dieser Dienste einschlägige und notwendige Informationen bereitgestellt haben, nicht verfügbar sind; und in jedem Fall

c) nach Erhalt eines hinreichend begründeten Hinweises von den Rechteinhabern unverzüglich gehandelt hat, um den Zugang zu den entsprechenden Werken oder sonstigen Schutzgegenständen zu sperren bzw. die entsprechenden Werke oder sonstigen Schutzgegenstände von seinen Internetseiten zu entfernen, und alle Anstrengungen unternommen hat, um gemäß Buchstabe b das künftige Hochladen dieser Werke oder sonstigen Schutzgegenstände zu verhindern.

(5) Bei der Feststellung, ob der Diensteanbieter den in Absatz 4 festgelegten Verpflichtungen nachgekommen ist, wird im Lichte des Grundsatzes der Verhältnismäßigkeit unter anderem Folgendes berücksichtigt:

---

[1] Nr. **35**.
[2] Nr. **17**.

a) die Art, das Publikum und der Umfang der Dienste sowie die Art der von den Nutzern des Dienstes hochgeladenen Werke oder sonstigen Schutzgegenstände; und

b) die Verfügbarkeit geeigneter und wirksamer Mittel und die Kosten, die den Anbietern dieser Dienste hierfür entstehen.

(6) *[1]* Die Mitgliedstaaten sehen vor, dass die Geltung der in Absatz 4 festgelegten Verantwortung für neue Diensteanbieter für das Teilen von Online-Inhalten, deren Dienste der Öffentlichkeit in der Union seit weniger als drei Jahren zur Verfügung stehen und deren Jahresumsatz, berechnet nach der Empfehlung der Kommission 2003/361/EG[1)], 10 Mio. EUR nicht übersteigt, darauf beschränkt ist, Absatz 4 Buchstabe a einzuhalten und nach Erhalt eines hinreichend begründeten Hinweises von den Rechteinhabern unverzüglich zu handeln, um den Zugang zu den entsprechenden Werken und sonstigen Schutzgegenständen zu sperren bzw. die entsprechenden Werke und sonstigen Schutzgegenstände von ihren Internetseiten zu entfernen.

[2] Übersteigt – berechnet auf der Grundlage des vorausgegangenen Kalenderjahrs – die durchschnittliche monatliche Anzahl unterschiedlicher Besucher der Internetseiten derartiger Diensteanbieter 5 Mio., so müssen die Anbieter derartiger Dienste außerdem den Nachweis erbringen, dass sie alle Anstrengungen unternommen haben, um das künftige Hochladen der gemeldeten Werke und sonstigen Schutzgegenstände, zu denen die Rechteinhaber einschlägige und notwendige Informationen bereitgestellt haben, zu verhindern.

(7) *[1]* Die Zusammenarbeit zwischen den Diensteanbietern für das Teilen von Online-Inhalten und den Rechteinhabern darf nicht bewirken, dass von Nutzern hochgeladene Werke oder sonstige Schutzgegenstände, bei denen kein Verstoß gegen das Urheberrecht oder verwandte Schutzrechte vorliegt, nicht verfügbar sind, und zwar auch dann, wenn die Nutzung eines Werkes oder sonstigen Schutzgegenstandes im Rahmen einer Ausnahme oder Beschränkung erlaubt ist.

[2] Die Mitgliedstaaten stellen sicher, dass sich alle Nutzer, die nutzergenerierte Inhalte auf Diensten für das Teilen von Online-Inhalten hochladen oder auf Diensten für das Teilen von Online-Inhalten zugänglich machen, in jedem Mitgliedstaat auf jede der folgenden Ausnahmen oder Beschränkungen stützen können:

a) Zitate, Kritik und Rezensionen;

b) Nutzung zum Zwecke von Karikaturen, Parodien oder Pastiches.

(8) *[1]* Die Anwendung dieses Artikels darf nicht zu einer Pflicht zur allgemeinen Überwachung führen.

[2] Die Mitgliedstaaten sehen vor, dass Diensteanbieter für das Teilen von Online-Inhalten den Rechteinhabern auf deren Ersuchen angemessene Informationen über die Funktionsweise ihrer Verfahren im Hinblick auf die Zusammenarbeit nach Absatz 4 und – im Fall von Lizenzvereinbarungen zwischen den Anbietern dieser Dienste und den Rechteinhabern – Informationen über die Nutzung der unter diese Vereinbarungen fallenden Inhalte bereitstellen.

[1)] **Amtl. Anm.:** Empfehlung der Kommission vom 6. Mai 2003 betreffend die Definition der Kleinstunternehmen sowie der kleinen und mittleren Unternehmen (ABl. L 124 vom 20.5.2003, S. 36).

(9) *[1]* Die Mitgliedstaaten sehen vor, dass Diensteanbieter für das Teilen von Online-Inhalten den Nutzern ihrer Dienste im Fall von Streitigkeiten über die Sperrung des Zugangs zu den von diesen hochgeladenen Werken oder sonstigen Schutzgegenständen bzw. über die Entfernung der von diesen hochgeladenen Werke oder sonstigen Schutzgegenstände wirksame und zügige Beschwerde- und Rechtsbehelfsverfahren zur Verfügung stellen.

[2] [1] Verlangen Rechteinhaber die Sperrung des Zugangs zu ihren Werken oder sonstigen Schutzgegenständen oder die Entfernung dieser Werke oder sonstigen Schutzgegenstände, so begründen sie ihr Ersuchen in angemessener Weise. [2] Im Rahmen des in Unterabsatz 1 vorgesehenen Verfahrens eingereichte Beschwerden sind unverzüglich zu bearbeiten, und Entscheidungen über die Sperrung des Zugangs zu hochgeladenen Inhalten bzw. über die Entfernung hochgeladener Inhalte sind einer von Menschen durchgeführten Überprüfung zu unterziehen. [3] Die Mitgliedstaaten gewährleisten zudem, dass zur Beilegung von Streitigkeiten außergerichtliche Rechtsbehelfsverfahren zur Verfügung stehen. [4] Unbeschadet der Rechte der Nutzer auf wirksamen gerichtlichen Rechtsbehelf müssen derartige Verfahren die unparteiische Beilegung von Streitigkeiten ermöglichen und dürfen den Nutzern den Rechtsschutz nach nationalem Recht nicht vorenthalten. [5] Insbesondere müssen die Mitgliedstaaten gewährleisten, dass die Nutzer Zugang zu einem Gericht oder einem anderen einschlägigen Organ der Rechtspflege haben, um die Inanspruchnahme einer Ausnahme oder Beschränkung für das Urheberrecht und verwandte Schutzrechte geltend machen zu können.

[3] Diese Richtlinie beeinträchtigt in keiner Weise die berechtigte Nutzung, etwa die Nutzung im Rahmen der im Unionsrecht festgelegten Ausnahmen oder Beschränkungen, und darf weder zur Identifizierung einzelner Nutzer führen noch als Rechtsgrundlage für die Verarbeitung personenbezogener Daten dienen, außer dies erfolgt im Einklang mit der Richtlinie 2002/58/EG[1)] und der Verordnung (EU) 2016/679[2)].

[4] Die Diensteanbieter für das Teilen von Online-Inhalten informieren ihre Nutzer in ihren Geschäftsbedingungen, dass sie Werke und sonstige Schutzgegenstände im Rahmen der im Unionsrecht festgelegten Ausnahmen und Beschränkungen für das Urheberrecht und verwandte Schutzrechte nutzen können.

(10) [1] Ab dem 6. Juni 2019 veranstaltet die Kommission in Zusammenarbeit mit den Mitgliedstaaten Dialoge zwischen den Interessenträgern, in deren Rahmen bewährte Verfahren für die Zusammenarbeit zwischen den Diensteanbietern für das Teilen von Online-Inhalten und Rechteinhabern erörtert werden. [2] Die Kommission gibt in Absprache mit den Diensteanbietern für das Teilen von Online-Inhalten, Rechteinhabern, Nutzerorganisationen und anderen einschlägigen Interessenträgern und unter Berücksichtigung der Ergebnisse der Dialoge zwischen den Interessenträgern Leitlinien zur Anwendung dieses Artikels heraus, insbesondere im Hinblick auf die Zusammenarbeit nach Absatz 4. [3] Bei der Erörterung bewährter Verfahren wird unter anderem die notwendige Ausgewogenheit zwischen den Grundrechten und die Inanspruchnahme von Ausnahmen und Beschränkungen besonders berücksichtigt. [4] Für die Zwecke des Dialogs zwischen den Interessenträgern haben die Nutzer-

---

1) Nr. **57**.
2) Nr. **54**.

organisationen Zugang zu angemessenen, von den Diensteanbietern für das Teilen von Online-Inhalten bereitgestellten Informationen über die Funktionsweise ihrer Verfahren im Hinblick auf Absatz 4.

Kapitel 3. Faire Vergütung in Verwertungsverträgen mit Urhebern und ausübenden Künstlern

Art. 18 Grundsatz der angemessenen und verhältnismäßigen Vergütung. (1) Die Mitgliedstaaten stellen sicher, dass Urheber und ausübende Künstler, die eine Lizenz- oder Übertragungsvereinbarung für ihre ausschließlichen Rechte an der Verwertung ihrer Werke oder sonstigen Schutzgegenstände abschließen, das Recht auf eine angemessene und verhältnismäßige Vergütung haben.

(2) Bei der Umsetzung des in Absatz 1 festgelegten Grundsatzes in nationales Recht steht es den Mitgliedstaaten frei, auf verschiedene Mechanismen zurückzugreifen und sie tragen dem Grundsatz der Vertragsfreiheit und dem fairen Ausgleich der Rechte und Interessen Rechnung.

Art. 19 Transparenzpflicht. (1) Die Mitgliedstaaten stellen sicher, dass die Urheber und ausübenden Künstler regelmäßig – mindestens einmal jährlich – und unter Berücksichtigung der branchenspezifischen Besonderheiten aktuelle, einschlägige und umfassende Informationen über die Verwertung ihrer Werke und Darbietungen, vor allem über die Art der Verwertung, sämtliche erzielten Einnahmen von und die fälligen Forderungen gegenüber denjenigen, denen sie Lizenzrechte erteilt oder an die sie Rechte übertragen haben, sowie von deren Rechtsnachfolgern erhalten.

(2) *[1]* Die Mitgliedstaaten stellen sicher, dass in den Fällen, in denen für die in Absatz 1 genannten Rechte später Unterlizenzen erteilt wurden, die Urheber und ausübenden Künstler oder ihre Vertreter auf Verlangen von den Unterlizenznehmern zusätzliche Informationen erhalten, falls die erste Vertragspartei nicht über alle Informationen verfügt, die für die Zwecke von Absatz 1 notwendig wären.

[2] Werden diese zusätzlichen Informationen angefordert, so stellt der erste Vertragspartner der Urheber und ausübenden Künstler Informationen über die Identität der Unterlizenznehmer bereit.

[3] Die Mitgliedstaaten können vorsehen, dass sämtliche an Unterlizenznehmer gerichteten Verlangen gemäß Unterabsatz 1 direkt oder indirekt über den Vertragspartner des Urhebers oder ausübenden Künstlers gestellt werden.

(3) [1] Die in Absatz 1 genannte Pflicht muss verhältnismäßig und im Hinblick auf die Sicherstellung eines hohen Maßes an Transparenz in jeder Branche effektiv sein. [2] Die Mitgliedstaaten können vorsehen, dass in hinreichend begründeten Fällen, in denen der Verwaltungsaufwand aufgrund der in Absatz 1 genannten Pflicht im Verhältnis zu den durch die Verwertung des Werks oder der Darbietung erzielten Einnahmen unverhältnismäßig hoch wäre, die Pflicht auf die Arten und den Umfang der Informationen beschränkt ist, deren Bereitstellung in derartigen Fällen nach billigem Ermessen erwartet werden kann.

(4) Die Mitgliedstaaten können festlegen, dass die in Absatz 1 des vorliegenden Artikels genannte Pflicht keine Anwendung findet, wenn der Beitrag des Urhebers oder ausübenden Künstlers vor dem Hintergrund des Gesamtwerks

oder der Gesamtdarbietung nicht erheblich ist, es sei denn, der Urheber oder ausübende Künstler legt dar, dass er die Informationen zur Ausübung seiner Rechte nach Artikel 20 Absatz 1 benötigt und zu diesem Zweck anfordert.

(5) Die Mitgliedstaaten können vorsehen, dass bei Vereinbarungen, die Gegenstand von Kollektivvereinbarungen sind oder auf Kollektivvereinbarungen beruhen, die Transparenzvorschriften der einschlägigen Kollektivvereinbarung gelten, sofern diese Vorschriften die in den Absätzen 1 bis 4 vorgesehenen Kriterien erfüllen.

(6) Ist Artikel 18 der Richtlinie 2014/26/EU anwendbar, so findet die in Absatz 1 des vorliegenden Artikels genannte Pflicht keine Anwendung auf Vereinbarungen, die von Organisationen im Sinne von Artikel 3 Buchstabe a und b jener Richtlinie oder sonstigen Einrichtungen, die den nationalen Vorschriften zur Umsetzung jener Richtlinie unterliegen, geschlossen wurden.

Art. 20 Vertragsanpassungsmechanismus. (1) Bestehen keine anwendbaren Kollektivvereinbarungen, die einen Mechanismus vorsehen, der dem in diesem Artikel festgelegten vergleichbar ist, so gewährleisten die Mitgliedstaaten, dass Urheber und ausübende Künstler oder ihre Vertreter das Recht haben, eine zusätzliche, angemessene und faire Vergütung von der Partei, mit der sie einen Vertrag über die Verwertung ihrer Rechte geschlossen haben, oder von den Rechtsnachfolgern einer solchen Partei zu verlangen, wenn sich die ursprünglich vereinbarte Vergütung im Vergleich zu sämtlichen späteren einschlägigen Einnahmen aus der Verwertung der Werke oder Darbietungen als unverhältnismäßig niedrig erweist.

(2) Absatz 1 des vorliegenden Artikels findet keine Anwendung auf Vereinbarungen, die von Organisationen im Sinne von Artikel 3 Buchstabe a und b der Richtlinie 2014/26/EU oder sonstigen Einrichtungen, die bereits den nationalen Vorschriften zur Umsetzung jener Richtlinie unterliegen, geschlossen wurden.

Art. 21 Alternative Streitbeilegungsverfahren. [1]Die Mitgliedstaaten tragen dafür Sorge, dass Streitigkeiten über die Transparenzpflicht nach Artikel 19 und den Vertragsanpassungsmechanismus nach Artikel 20 zum Gegenstand eines freiwilligen, alternativen Streitbeilegungsverfahrens gemacht werden können. [2]Die Mitgliedstaaten stellen sicher, dass Vertretungsorganisationen von Urhebern und ausübenden Künstlern derartige Verfahren auf besonderen Antrag eines oder mehrerer Urheber oder ausübender Künstler einleiten können.

Art. 22 Widerrufsrecht. (1) Hat ein Urheber oder ein ausübender Künstler eine ausschließliche Lizenz für seine Rechte an einem Werk oder sonstigen Schutzgegenstand erteilt oder eine ausschließliche Übertragung seiner Rechte daran vorgenommen, so gewährleisten die Mitgliedstaaten, dass der Urheber oder ausübende Künstler diese Lizenz oder Übertragung ganz oder teilweise widerrufen kann, wenn dieses Werk oder dieser sonstige Schutzgegenstand nicht verwertet wird.

(2) *[1]* Für das in Absatz 1 vorgesehene Widerrufsverfahren können im nationalen Recht besondere Bestimmungen vorgesehen werden, mit denen Folgendem Rechnung getragen wird:

a) den Besonderheiten der unterschiedlichen Branchen und den unterschiedlichen Arten von Werken und Darbietungen sowie
b) der jeweiligen Bedeutung der einzelnen Beiträge und den berechtigten Interessen aller Urheber und ausübenden Künstler, die von der Anwendung des Widerrufsverfahrens durch einen einzelnen Urheber oder ausübenden Künstler betroffen sind, sofern an einem Werk oder sonstigen Schutzgegenstand mehr als ein Urheber oder ausübender Künstler beteiligt ist.

[2] Die Mitgliedstaaten können Werke oder sonstige Schutzgegenstände von der Anwendung des Widerrufsverfahrens ausnehmen, wenn diese Werke oder sonstigen Schutzgegenstände in der Regel Beiträge mehrerer Urheber oder ausübender Künstler enthalten.

[3] Die Mitgliedstaaten können vorsehen, dass die Anwendung des Widerrufsverfahrens nur innerhalb eines bestimmten Zeitraums zulässig ist, sofern das eine derartige Beschränkung aufgrund der Besonderheiten der Branche oder der Art des Werkes oder sonstigen Schutzgegenstands hinreichend gerechtfertigt ist.

[4] Die Mitgliedstaaten können vorsehen, dass Urheber oder ausübende Künstler die Ausschließlichkeit eines Vertrags kündigen können, anstatt die Lizensierung oder die Übertragung der Rechte zu widerrufen.

(3) [1] Die Mitgliedstaaten sehen vor, dass der in Absatz 1 vorgesehene Widerruf nur nach Ablauf eines angemessenen Zeitraums nach Abschluss der Lizenz- oder Übertragung der Rechte erfolgen darf. [2] Der Urheber oder ausübende Künstler benachrichtigt die Person, der die Lizenz für die Rechte erteilt wurde bzw. der die Rechte übertragen wurden, und setzt ihr eine angemessene Frist, bis zu deren Ablauf die Verwertung der lizenzierten oder übertragenen Rechte erfolgen muss. [3] Nach Ablauf dieser Frist kann der Urheber oder ausübende Künstler die Ausschließlichkeit des Vertrags kündigen, anstatt die Lizenz für die Rechte bzw. die Übertragung der Rechte zu widerrufen.

(4) Absatz 1 findet keine Anwendung, wenn die nicht erfolgte Nutzung vorwiegend auf Umstände zurückzuführen ist, deren Behebung nach billigem Ermessen von dem Urheber oder ausübenden Künstler erwartet werden kann.

(5) Die Mitgliedstaaten können vorsehen, dass Vertragsbestimmungen, die vom Widerrufsverfahren des Absatzes 1 abweichen, nur durchsetzbar sind, wenn sie auf einer Kollektivvereinbarung beruhen.

Art. 23 Gemeinsame Bestimmungen. (1) Die Mitgliedstaaten gewährleisten, dass Vertragsbestimmungen, durch die die Einhaltung der Artikel 19, 20 und 21 verhindert wird, gegenüber den Urhebern und ausübenden Künstlern nicht durchsetzbar sind.

(2) Die Mitgliedstaaten sehen vor, dass die Artikel 18 bis 22 der vorliegenden Richtlinie keine Anwendung auf Urheber eines Computerprogramms im Sinne von Artikel 2 der Richtlinie 2009/24/EG[1] finden.

---

[1] Nr. **37**.

Titel V. Schlussbestimmungen

Art. 24 Änderungen der Richtlinien 96/9/EG und 2001/29/EG.
(hier nicht wiedergegeben)

Art. 25 Verhältnis zu Ausnahmen und Beschränkungen gemäß anderen Richtlinien. Die Mitgliedstaaten können für Arten oder Bereiche der Nutzung, für die die Ausnahmen oder Beschränkungen der vorliegenden Richtlinie gelten, umfassendere Bestimmungen erlassen oder aufrechterhalten, die mit den in den Richtlinien 96/9/EG und 2001/29/EG vorgesehenen Ausnahmen und Beschränkungen vereinbar sind.

Art. 26 Zeitliche Anwendung. (1) Diese Richtlinie findet auf alle Werke und sonstigen Schutzgegenstände Anwendung, die ab dem 7. Juni 2021 oder danach durch das Recht der Mitgliedstaaten auf dem Gebiet des Urheberrechts geschützt sind.

(2) Diese Richtlinie berührt nicht Handlungen und Rechte, die vor dem 7. Juni 2021 abgeschlossen bzw. erworben wurden.

Art. 27 Übergangsbestimmung. Vereinbarungen über die Lizenzvergabe oder die Übertragung von Rechten von Urhebern und ausübenden Künstlern unterliegen ab dem 7. Juni 2022 der Transparenzpflicht nach Artikel 19.

Art. 28 Schutz personenbezogener Daten. Die Verarbeitung personenbezogener Daten im Zusammenhang mit dieser Richtlinie muss nach Maßgabe der Richtlinie 2002/58/EG[1)] und der Verordnung (EU) 2016/679[2)] erfolgen.

Art. 29 Umsetzung. (1) *[1]* [1]Die Mitgliedstaaten setzen die Rechts- und Verwaltungsvorschriften in Kraft, die erforderlich sind, um dieser Richtlinie bis zum 7. Juni 2021 nachzukommen. [2]Sie setzen die Kommission unverzüglich davon in Kenntnis.

[2] [1]Bei Erlass dieser Vorschriften nehmen die Mitgliedstaaten in den Vorschriften selbst oder durch einen Hinweis bei der amtlichen Veröffentlichung auf die vorliegende Richtlinie Bezug. [2]Die Mitgliedstaaten regeln die Einzelheiten dieser Bezugnahme.

(2) Die Mitgliedstaaten teilen der Kommission den Wortlaut der wichtigsten nationalen Rechtsvorschriften mit, die sie auf dem unter diese Richtlinie fallenden Gebiet erlassen.

Art. 30 Überprüfung. (1) *[1]* Frühestens am 7. Juni 2026 führt die Kommission eine Bewertung dieser Richtlinie durch und legt dem Europäischen Parlament, dem Rat und dem Europäischen Wirtschafts- und Sozialausschuss die wichtigsten Ergebnisse der Bewertung dieser Richtlinie vor.

[2] Die Kommission bewertet bis zum 7. Juni 2024 die Auswirkungen der besonderen Verantwortlichkeit nach Artikel 17, die nach Maßgabe von Arti-

---

[1)] Nr. **57**.
[2)] Nr. **54**.

kel 17 Absatz 6 für Diensteanbieter für das Teilen von Online-Inhalten gilt, deren Jahresumsatz 10 Mio. EUR nicht übersteigt und deren Dienste der Öffentlichkeit in der Union seit weniger als drei Jahren zur Verfügung stehen, und ergreift anhand der Ergebnisse ihrer Bewertung erforderlichenfalls entsprechende Maßnahmen.

(2) Die Mitgliedstaaten übermitteln der Kommission alle Angaben, die für die Ausarbeitung des in Absatz 1 genannten Berichts erforderlich sind.

Art. 31 Inkrafttreten. Diese Richtlinie tritt am zwanzigsten Tag nach ihrer Veröffentlichung im *Amtsblatt der Europäischen Union* in Kraft.

Art. 32 Adressaten. Diese Richtlinie ist an die Mitgliedstaaten gerichtet.

Geschehen zu Straßburg am 17. April 2019.

37. Richtlinie 2009/24/EG des Europäischen Parlaments und des Rates vom 23. April 2009 über den Rechtsschutz von Computerprogrammen

(kodifizierte Fassung)
(Text von Bedeutung für den EWR)

(ABl. Nr. L 111 S. 16)

Celex-Nr. 3 2009 L 0024

Art. 1 Gegenstand des Schutzes. (1) [1] Gemäß den Bestimmungen dieser Richtlinie schützen die Mitgliedstaaten Computerprogramme urheberrechtlich als literarische Werke im Sinne der Berner Übereinkunft zum Schutze von Werken der Literatur und der Kunst. [2] Im Sinne dieser Richtlinie umfasst der Begriff „Computerprogramm" auch das Entwurfsmaterial zu ihrer Vorbereitung.

(2) [1] Der gemäß dieser Richtlinie gewährte Schutz gilt für alle Ausdrucksformen von Computerprogrammen. [2] Ideen und Grundsätze, die irgendeinem Element eines Computerprogramms zugrunde liegen, einschließlich der den Schnittstellen zugrunde liegenden Ideen und Grundsätze, sind nicht im Sinne dieser Richtlinie urheberrechtlich geschützt.

(3) [1] Computerprogramme werden geschützt, wenn sie individuelle Werke in dem Sinne darstellen, dass sie das Ergebnis der eigenen geistigen Schöpfung ihres Urhebers sind. [2] Zur Bestimmung ihrer Schutzfähigkeit sind keine anderen Kriterien anzuwenden.

(4) Die Bestimmungen dieser Richtlinie finden unbeschadet etwaiger vor dem 1. Januar 1993 getroffener Vereinbarungen und erworbener Rechte auch auf vor diesem Zeitpunkt geschaffene Programme Anwendung.

Art. 2 Urheberschaft am Programm. (1) *[1]* Der Urheber eines Computerprogramms ist die natürliche Person, die Gruppe natürlicher Personen, die das Programm geschaffen hat, oder, soweit nach den Rechtsvorschriften der Mitgliedstaaten zulässig, die juristische Person, die nach diesen Rechtsvorschriften als Rechtsinhaber gilt.

[2] Soweit kollektive Werke durch die Rechtsvorschriften eines Mitgliedstaats anerkannt sind, gilt die Person als Urheber, die nach den Rechtsvorschriften des Mitgliedstaats als Person angesehen wird, die das Werk geschaffen hat.

(2) Ist ein Computerprogramm von einer Gruppe natürlicher Personen gemeinsam geschaffen worden, so stehen dieser die ausschließlichen Rechte daran gemeinsam zu.

(3) Wird ein Computerprogramm von einem Arbeitnehmer in Wahrnehmung seiner Aufgaben oder nach den Anweisungen seines Arbeitgebers geschaffen, so ist ausschließlich der Arbeitgeber zur Ausübung aller wirtschaftlichen Rechte an dem so geschaffenen Programm berechtigt, sofern keine andere vertragliche Vereinbarung getroffen wird.

Art. 3 Schutzberechtigte. Schutzberechtigt sind alle natürlichen und juristischen Personen gemäß dem für Werke der Literatur geltenden innerstaatlichen Urheberrecht.

Art. 4 Zustimmungsbedürftige Handlungen. (1) Vorbehaltlich der Bestimmungen der Artikel 5 und 6 umfassen die Ausschließlichkeitsrechte des Rechtsinhabers im Sinne des Artikels 2 das Recht, folgende Handlungen vorzunehmen oder zu gestatten:

a) die dauerhafte oder vorübergehende Vervielfältigung, ganz oder teilweise, eines Computerprogramms mit jedem Mittel und in jeder Form. Soweit das Laden, Anzeigen, Ablaufen, Übertragen oder Speichern des Computerprogramms eine Vervielfältigung erforderlich macht, bedürfen diese Handlungen der Zustimmung des Rechtsinhabers;

b) die Übersetzung, die Bearbeitung, das Arrangement und andere Umarbeitungen eines Computerprogramms sowie die Vervielfältigung der erzielten Ergebnisse, unbeschadet der Rechte der Person, die das Programm umarbeitet;

c) jede Form der öffentlichen Verbreitung des originalen Computerprogramms oder von Kopien davon, einschließlich der Vermietung.

(2) Mit dem Erstverkauf einer Programmkopie in der Gemeinschaft durch den Rechtsinhaber oder mit seiner Zustimmung erschöpft sich in der Gemeinschaft das Recht auf die Verbreitung dieser Kopie; ausgenommen hiervon ist jedoch das Recht auf Kontrolle der Weitervermietung des Programms oder einer Kopie davon.

Art. 5 Ausnahmen von den zustimmungsbedürftigen Handlungen.

(1) In Ermangelung spezifischer vertraglicher Bestimmungen bedürfen die in Artikel 4 Absatz 1 Buchstaben a und b genannten Handlungen nicht der Zustimmung des Rechtsinhabers, wenn sie für eine bestimmungsgemäße Benutzung des Computerprogramms einschließlich der Fehlerberichtigung durch den rechtmäßigen Erwerber notwendig sind.

(2) Die Erstellung einer Sicherungskopie durch eine Person, die zur Benutzung des Programms berechtigt ist, darf nicht vertraglich untersagt werden, wenn sie für die Benutzung erforderlich ist.

(3) Die zur Verwendung einer Programmkopie berechtigte Person kann, ohne die Genehmigung des Rechtsinhabers einholen zu müssen, das Funktionieren dieses Programms beobachten, untersuchen oder testen, um die einem Programmelement zugrundeliegenden Ideen und Grundsätze zu ermitteln, wenn sie dies durch Handlungen zum Laden, Anzeigen, Ablaufen, Übertragen oder Speichern des Programms tut, zu denen sie berechtigt ist.

Art. 6 Dekompilierung. (1) Die Zustimmung des Rechtsinhabers ist nicht erforderlich, wenn die Vervielfältigung des Codes oder die Übersetzung der Codeform im Sinne des Artikels 4 Absatz 1 Buchstaben a und b unerlässlich ist, um die erforderlichen Informationen zur Herstellung der Interoperabilität eines unabhängig geschaffenen Computerprogramms mit anderen Programmen zu erhalten, sofern folgende Bedingungen erfüllt sind:

a) Die Handlungen werden von dem Lizenznehmer oder von einer anderen zur Verwendung einer Programmkopie berechtigten Person oder in deren Namen von einer hierzu ermächtigten Person vorgenommen;

b) die für die Herstellung der Interoperabilität notwendigen Informationen sind für die unter Buchstabe a genannten Personen noch nicht ohne weiteres zugänglich gemacht, und

c) die Handlungen beschränken sich auf die Teile des ursprünglichen Programms, die zur Herstellung der Interoperabilität notwendig sind.

(2) Die Bestimmungen von Absatz 1 erlauben nicht, dass die im Rahmen ihrer Anwendung gewonnenen Informationen

a) zu anderen Zwecken als zur Herstellung der Interoperabilität des unabhängig geschaffenen Programms verwendet werden;

b) an Dritte weitergegeben werden, es sei denn, dass dies für die Interoperabilität des unabhängig geschaffenen Programms notwendig ist;

c) für die Entwicklung, Herstellung oder Vermarktung eines Programms mit im wesentlichen ähnlicher Ausdrucksform oder für irgendwelche anderen, das Urheberrecht verletzenden Handlungen verwendet werden.

(3) Zur Wahrung der Übereinstimmung mit den Bestimmungen der Berner Übereinkunft zum Schutz von Werken der Literatur und der Kunst können die Bestimmungen dieses Artikels nicht dahin gehend ausgelegt werden, dass dieser Artikel in einer Weise angewendet werden kann, die die rechtmäßigen Interessen des Rechtsinhabers in unvertretbarer Weise beeinträchtigt oder im Widerspruch zur normalen Nutzung des Computerprogramms steht.

Art. 7 Besondere Schutzmaßnahmen. (1) Unbeschadet der Artikel 4, 5 und 6 sehen die Mitgliedstaaten gemäß ihren innerstaatlichen Rechtsvorschriften geeignete Maßnahmen gegen Personen vor, die eine der nachstehend aufgeführten Handlungen begehen:

a) Inverkehrbringen einer Kopie eines Computerprogramms, wenn die betreffende Person wusste oder Grund zu der Annahme hatte, dass es sich um eine unerlaubte Kopie handelt;

b) Besitz einer Kopie eines Computerprogramms für Erwerbszwecke, wenn diese betreffende Person wusste oder Grund zu der Annahme hatte, dass es sich um eine unerlaubte Kopie handelt;

c) das Inverkehrbringen oder der Erwerbszwecken dienende Besitz von Mitteln, die allein dazu bestimmt sind, die unerlaubte Beseitigung oder Umgehung technischer Programmschutzmechanismen zu erleichtern.

(2) Jede unerlaubte Kopie eines Computerprogramms kann gemäß den Rechtsvorschriften des betreffenden Mitgliedstaats beschlagnahmt werden.

(3) Die Mitgliedstaaten können die Beschlagnahme der in Absatz 1 Buchstabe c genannten Mittel vorsehen.

Art. 8 Weitere Anwendung anderer Rechtsvorschriften. *[1]* Die Bestimmungen dieser Richtlinie stehen sonstigen Rechtsvorschriften, so für Patentrechte, Warenzeichen, unlauteres Wettbewerbsverhalten, Geschäftsgeheimnisse und den Schutz von Halbleiterprodukten, sowie dem Vertragsrecht nicht entgegen.

[2] Vertragliche Bestimmungen, die im Widerspruch zu Artikel 6 oder zu den Ausnahmen nach Artikel 5 Absätze 2 und 3 stehen, sind unwirksam.

Art. 9 Mitteilung. Die Mitgliedstaaten übermitteln der Kommission die innerstaatlichen Rechtsvorschriften, die sie auf dem unter diese Richtlinie fallenden Gebiet erlassen haben.

Art. 10 Aufhebung. *[1]* Die Richtlinie 91/250/EWG, in der Fassung der in Anhang I Teil A aufgeführten Richtlinien, wird unbeschadet der Verpflichtungen der Mitgliedstaaten hinsichtlich der in Anhang I Teil B genannten Fristen für die Umsetzung der dort genannten Richtlinien in innerstaatliches Recht aufgehoben.

[2] Verweisungen auf die aufgehobene Richtlinie gelten als Verweisungen auf die vorliegende Richtlinie und sind nach Maßgabe der Entsprechungstabelle in Anhang II zu lesen.

Art. 11 Inkrafttreten. Diese Richtlinie tritt am zwanzigsten Tag nach ihrer Veröffentlichung[1] im *Amtsblatt der Europäischen Union* in Kraft.

Art. 12 Adressaten. Diese Richtlinie ist an die Mitgliedstaaten gerichtet.

Anhang I.
[Aufhebungen; Fristen]

Teil A.
Aufgehobene Richtlinie mit ihrer Änderung
(gemäß Artikel 10)

Richtlinie 91/250/EWG des Rates (ABl. L 122 vom 17.5.1991, S. 42)	
Richtlinie 93/98/EWG des Rates (ABl. L 290 vom 24.11.1993, S. 9)	Nur Artikel 11 Absatz 1

Teil B.
Fristen für die Umsetzung in innerstaatliches Recht
(gemäß Artikel 10)

Richtlinie	Umsetzungsfrist
91/250/EWG	31. Dezember 1992
93/98/EWG	30. Juni 1995

[1] Veröffentlicht am 5.5.2009.

Anhang II.
Entsprechungstabelle

Richtlinie 91/250/EWG	Vorliegende Richtlinie
Artikel 1 Absätze 1, 2 und 3	Artikel 1 Absätze 1, 2 und 3
Artikel 2 Absatz 1 Satz 1	Artikel 2 Absatz 1 Unterabsatz 1
Artikel 2 Absatz 1 Satz 2	Artikel 2 Absatz 1 Unterabsatz 2
Artikel 2 Absätze 2 und 3	Artikel 2 Absätze 2 und 3
Artikel 3	Artikel 3
Artikel 4 einleitende Worte	Artikel 4 Absatz 1 einleitende Worte
Artikel 4 Buchstabe a	Artikel 4 Absatz 1 Buchstabe a
Artikel 4 Buchstabe b	Artikel 4 Absatz 1 Buchstabe b
Artikel 4 Buchstabe c Satz 1	Artikel 4 Absatz 1 Buchstabe c
Artikel 4 Buchstabe c Satz 2	Artikel 4 Absatz 2
Artikel 5, 6 und 7	Artikel 5, 6 und 7
Artikel 9 Absatz 1 Satz 1	Artikel 8 Absatz 1
Artikel 9 Absatz 1 Satz 2	Artikel 8 Absatz 2
Artikel 9 Absatz 2	Artikel 1 Absatz 4
Artikel 10 Absatz 1	–
Artikel 10 Absatz 2	Artikel 9
–	Artikel 10
–	Artikel 11
Artikel 11	Artikel 12
–	Anhang I
–	Anhang II

38. Gesetz über den Schutz von Marken und sonstigen Kennzeichen (Markengesetz – MarkenG)[1)]

Vom 25. Oktober 1994

(BGBl. I S. 3082, ber. 1995 I S. 156)

FNA 423-5-2

zuletzt geänd. durch Art. 1 G zur Umsetzung der Richtlinie (EU) 2015/2436 des Europäischen Parlaments und des Rates zur Angleichung der Rechtsvorschriften der Mitgliedstaaten über die Marke[2)] v. 11.12.2018 (BGBl. I S. 2357)

– Auszug –

Teil 1. Anwendungsbereich

§ 1 Geschützte Marken und sonstige Kennzeichen. Nach diesem Gesetz werden geschützt:

1. Marken,
2. geschäftliche Bezeichnungen,
3. geographische Herkunftsangaben.

§ 2 Anwendung anderer Vorschriften. Der Schutz von Marken, geschäftlichen Bezeichnungen und geographischen Herkunftsangaben nach diesem Gesetz schließt die Anwendung anderer Vorschriften zum Schutz dieser Kennzeichen nicht aus.

Teil 2. Voraussetzungen, Inhalt und Schranken des Schutzes von Marken und geschäftlichen Bezeichnungen; Übertragung und Lizenz

Abschnitt 1. Marken und geschäftliche Bezeichnungen; Vorrang und Zeitrang

§ 3 Als Marke schutzfähige Zeichen. (1) Als Marke können alle Zeichen, insbesondere Wörter einschließlich Personennamen, Abbildungen, Buchstaben, Zahlen, Klänge, dreidimensionale Gestaltungen einschließlich der Form einer Ware oder ihrer Verpackung sowie sonstige Aufmachungen einschließlich Farben und Farbzusammenstellungen geschützt werden, die geeignet sind,

---

1) Verkündet als Art. 1 MarkenrechtsreformG v. 25.10.1994 (BGBl. I S. 3082); Inkrafttreten gem. Art. 50 dieses G am 1.1.1995 mit Ausnahme der §§ 65, 130–139, 140 Abs. 2, § 144 Abs. 6 und § 145 Abs. 2 und 3, die am 1.11.1994 in Kraft getreten sind.
Die §§ 119–125 traten gem. Bek. v. 24.4.1996 (BGBl. I S. 682) mit dem Protokoll v. 27.6.1989 zum Abkommen von Madrid über die internationale Registrierung von Marken am 20.3.1996 in Kraft.

2) Das G dient der Umsetzung der Richtlinie (EU) 2015/2436 **(dtv 5009 Wettbewerbsrecht und Kartellrecht Nr. 13)** des Europäischen Parlaments und des Rates vom 16. Dezember 2015 zur Angleichung der Rechtsvorschriften der Mitgliedstaaten über die Marken (ABl. L 336 vom 23.12. 2015, S. 1).

Waren oder Dienstleistungen eines Unternehmens von denjenigen anderer Unternehmen zu unterscheiden.

(2) Dem Markenschutz nicht zugänglich sind Zeichen, die ausschließlich aus Formen oder anderen charakteristischen Merkmalen bestehen,

1. die durch die Art der Ware selbst bedingt sind,
2. die zur Erreichung einer technischen Wirkung erforderlich sind oder
3. die der Ware einen wesentlichen Wert verleihen.

§ 4 Entstehung des Markenschutzes. Der Markenschutz entsteht

1. durch die Eintragung eines Zeichens als Marke in das vom Deutschen Patent- und Markenamt geführte Register,
2. durch die Benutzung eines Zeichens im geschäftlichen Verkehr, soweit das Zeichen innerhalb beteiligter Verkehrskreise als Marke Verkehrsgeltung erworben hat, oder
3. durch die im Sinne des Artikels 6bis der Pariser Verbandsübereinkunft zum Schutz des gewerblichen Eigentums (Pariser Verbandsübereinkunft) notorische Bekanntheit einer Marke.

§ 5 Geschäftliche Bezeichnungen. (1) Als geschäftliche Bezeichnungen werden Unternehmenskennzeichen und Werktitel geschützt.

(2) [1] Unternehmenskennzeichen sind Zeichen, die im geschäftlichen Verkehr als Name, als Firma oder als besondere Bezeichnung eines Geschäftsbetriebs oder eines Unternehmens benutzt werden. [2] Der besonderen Bezeichnung eines Geschäftsbetriebs stehen solche Geschäftsabzeichen und sonstige zur Unterscheidung des Geschäftsbetriebs von anderen Geschäftsbetrieben bestimmte Zeichen gleich, die innerhalb beteiligter Verkehrskreise als Kennzeichen des Geschäftsbetriebs gelten.

(3) Werktitel sind die Namen oder besonderen Bezeichnungen von Druckschriften, Filmwerken, Tonwerken, Bühnenwerken oder sonstigen vergleichbaren Werken.

§ 6 Vorrang und Zeitrang. (1) Ist im Falle des Zusammentreffens von Rechten im Sinne der §§ 4, 5 und 13 nach diesem Gesetz für die Bestimmung des Vorrangs der Rechte ihr Zeitrang maßgeblich, wird der Zeitrang nach den Absätzen 2 und 3 bestimmt.

(2) Für die Bestimmung des Zeitrangs von angemeldeten oder eingetragenen Marken ist der Anmeldetag (§ 33 Abs. 1) oder, falls eine Priorität nach § 34 oder nach § 35 in Anspruch genommen wird, der Prioritätstag maßgeblich.

(3) Für die Bestimmung des Zeitrangs von Rechten im Sinne des § 4 Nr. 2 und 3 und der §§ 5 und 13 ist der Zeitpunkt maßgeblich, zu dem das Recht erworben wurde.

(4) Kommt Rechten nach den Absätzen 2 und 3 derselbe Tag als ihr Zeitrang zu, so sind die Rechte gleichrangig und begründen gegeneinander keine Ansprüche.

Abschnitt 2. Voraussetzungen für den Schutz von Marken durch Eintragung

§ 7 Inhaberschaft. Inhaber von eingetragenen und angemeldeten Marken können sein:

1. natürliche Personen,
2. juristische Personen oder
3. Personengesellschaften, sofern sie mit der Fähigkeit ausgestattet sind, Rechte zu erwerben und Verbindlichkeiten einzugehen.

§ 8 Absolute Schutzhindernisse. (1) Von der Eintragung sind als Marke schutzfähige Zeichen im Sinne des § 3 ausgeschlossen, die nicht geeignet sind, in dem Register so dargestellt zu werden, dass die zuständigen Behörden und das Publikum den Gegenstand des Schutzes klar und eindeutig bestimmen können.

(2) Von der Eintragung ausgeschlossen sind Marken,

1. denen für die Waren oder Dienstleistungen jegliche Unterscheidungskraft fehlt,
2. die ausschließlich aus Zeichen oder Angaben bestehen, die im Verkehr zur Bezeichnung der Art, der Beschaffenheit, der Menge, der Bestimmung, des Wertes, der geographischen Herkunft, der Zeit der Herstellung der Waren oder der Erbringung der Dienstleistungen oder zur Bezeichnung sonstiger Merkmale der Waren oder Dienstleistungen dienen können,
3. die ausschließlich aus Zeichen oder Angaben bestehen, die im allgemeinen Sprachgebrauch oder in den redlichen und ständigen Verkehrsgepflogenheiten zur Bezeichnung der Waren oder Dienstleistungen üblich geworden sind,
4. die geeignet sind, das Publikum insbesondere über die Art, die Beschaffenheit oder die geographische Herkunft der Waren oder Dienstleistungen zu täuschen,
5. die gegen die öffentliche Ordnung oder die gegen die guten Sitten verstoßen,
6. die Staatswappen, Staatsflaggen oder andere staatliche Hoheitszeichen oder Wappen eines inländischen Ortes oder eines inländischen Gemeinde- oder weiteren Kommunalverbandes enthalten,
7. die amtliche Prüf- oder Gewährzeichen enthalten,
8. die Wappen, Flaggen oder andere Kennzeichen, Siegel oder Bezeichnungen internationaler zwischenstaatlicher Organisationen enthalten,
9. die nach deutschem Recht, nach Rechtsvorschriften der Europäischen Union oder nach internationalen Übereinkünften, denen die Europäische Union oder die Bundesrepublik Deutschland angehört, und die Ursprungsbezeichnungen und geografische Angaben schützen, von der Eintragung ausgeschlossen sind,
10. die nach Rechtsvorschriften der Europäischen Union oder von internationalen Übereinkünften, denen die Europäische Union angehört, und die dem Schutz von traditionellen Bezeichnungen für Weine dienen, von der Eintragung ausgeschlossen sind,

11. die nach Rechtsvorschriften der Europäischen Union oder nach internationalen Übereinkünften, denen die Europäische Union angehört, und die dem Schutz von traditionellen Spezialitäten dienen, von der Eintragung ausgeschlossen sind,
12. die aus einer im Einklang mit deutschem Recht, mit den Rechtsvorschriften der Europäischen Union oder mit internationalen Übereinkünften, denen die Europäische Union oder die Bundesrepublik Deutschland angehört, zu Sortenschutzrechten eingetragenen früheren Sortenbezeichnung bestehen oder diese in ihren wesentlichen Elementen wiedergeben und die sich auf Pflanzensorten derselben Art oder eng verwandter Arten beziehen,
13. deren Benutzung ersichtlich nach sonstigen Vorschriften im öffentlichen Interesse untersagt werden kann, oder
14. die bösgläubig angemeldet worden sind.

(3) Absatz 2 Nr. 1, 2 und 3 findet keine Anwendung, wenn die Marke sich vor dem Zeitpunkt der Entscheidung über die Eintragung infolge ihrer Benutzung für die Waren oder Dienstleistungen, für die sie angemeldet worden ist, in den beteiligten Verkehrskreisen durchgesetzt hat.

(4) [1] Absatz 2 Nr. 6, 7 und 8 ist auch anzuwenden, wenn die Marke die Nachahmung eines dort aufgeführten Zeichens enthält. [2] Absatz 2 Nr. 6, 7 und 8 ist nicht anzuwenden, wenn der Anmelder befugt ist, in der Marke eines der dort aufgeführten Zeichen zu führen, selbst wenn es mit einem anderen der dort aufgeführten Zeichen verwechselt werden kann. [3] Absatz 2 Nr. 7 ist ferner nicht anzuwenden, wenn die Waren oder Dienstleistungen, für die die Marke angemeldet worden ist, mit denen, für die das Prüf- oder Gewährzeichen eingeführt ist, weder identisch noch diesen ähnlich sind. [4] Absatz 2 Nr. 8 ist ferner nicht anzuwenden, wenn die angemeldete Marke nicht geeignet ist, beim Publikum den unzutreffenden Eindruck einer Verbindung mit der internationalen zwischenstaatlichen Organisation hervorzurufen.

§ 9 Angemeldete oder eingetragene Marken als relative Schutzhindernisse. (1) Die Eintragung einer Marke kann gelöscht werden,
1. wenn sie mit einer angemeldeten oder eingetragenen Marke mit älterem Zeitrang identisch ist und die Waren oder Dienstleistungen, für die sie eingetragen worden ist, mit den Waren oder Dienstleistungen identisch sind, für die die Marke mit älterem Zeitrang angemeldet oder eingetragen worden ist,
2. wenn wegen ihrer Identität oder Ähnlichkeit mit einer angemeldeten oder eingetragenen Marke mit älterem Zeitrang und der Identität oder der Ähnlichkeit der durch die beiden Marken erfaßten Waren oder Dienstleistungen für das Publikum die Gefahr von Verwechslungen besteht, einschließlich der Gefahr, daß die Marken gedanklich miteinander in Verbindung gebracht werden, oder
3. wenn sie mit einer angemeldeten oder eingetragenen Marke mit älterem Zeitrang identisch ist oder dieser ähnlich ist, falls es sich bei der Marke mit älterem Zeitrang um eine im Inland bekannte Marke handelt und die Benutzung der eingetragenen Marke die Unterscheidungskraft oder die Wertschätzung der bekannten Marke ohne rechtfertigenden Grund in unlauterer Weise ausnutzen oder beeinträchtigen würde.

(2) Anmeldungen von Marken stellen ein Schutzhindernis im Sinne des Absatzes 1 nur dar, wenn sie eingetragen werden.

(3) [1] Waren und Dienstleistungen werden nicht schon deswegen als ähnlich angesehen, weil sie in derselben Klasse gemäß dem in der Genfer Fassung vom 13. Mai 1977 des Abkommens vom 15. Juni 1957 von Nizza über die internationale Klassifikation von Waren und Dienstleistungen für die Eintragung von Marken (BGBl. 1981 II S. 358, 359) festgelegten Klassifikationssystem (Nizza-Klassifikation) erscheinen. [2] Waren und Dienstleistungen werden nicht schon deswegen als unähnlich angesehen, weil sie in verschiedenen Klassen der Nizza-Klassifikation erscheinen.

§ 10 Notorisch bekannte Marken. (1) Von der Eintragung ausgeschlossen ist eine Marke, wenn sie mit einer im Inland im Sinne des Artikels 6bis der Pariser Verbandsübereinkunft notorisch bekannten Marke mit älterem Zeitrang identisch oder dieser ähnlich ist und die weiteren Voraussetzungen des § 9 Abs. 1 Nr. 1, 2 oder 3 gegeben sind.

(2) Absatz 1 findet keine Anwendung, wenn der Anmelder von dem Inhaber der notorisch bekannten Marke zur Anmeldung ermächtigt worden ist.

§ 11 Agentenmarken. Die Eintragung einer Marke kann gelöscht werden, wenn die Marke ohne die Zustimmung des Inhabers der Marke für dessen Agenten oder Vertreter eingetragen worden ist, es sei denn, es liegt ein Rechtfertigungsgrund für die Handlungsweise des Agenten oder des Vertreters vor.

§ 12 Durch Benutzung erworbene Marken und geschäftliche Bezeichnungen mit älterem Zeitrang. Die Eintragung einer Marke kann gelöscht werden, wenn ein anderer vor dem für den Zeitrang der eingetragenen Marke maßgeblichen Tag Rechte an einer Marke im Sinne des § 4 Nr. 2 oder an einer geschäftlichen Bezeichnung im Sinne des § 5 erworben hat und diese ihn berechtigen, die Benutzung der eingetragenen Marke im gesamten Gebiet der Bundesrepublik Deutschland zu untersagen.

§ 13 Sonstige ältere Rechte. (1) Die Eintragung einer Marke kann gelöscht werden, wenn ein anderer vor dem für den Zeitrang der eingetragenen Marke maßgeblichen Tag ein sonstiges, nicht in den §§ 9 bis 12 aufgeführtes Recht erworben hat und dieses ihn berechtigt, die Benutzung der eingetragenen Marke im gesamten Gebiet der Bundesrepublik Deutschland zu untersagen.

(2) Zu den sonstigen Rechten im Sinne des Absatzes 1 gehören insbesondere:

1. Namensrechte,
2. das Recht an der eigenen Abbildung,
3. Urheberrechte,
4. Sortenbezeichnungen,
5. geographische Herkunftsangaben,
6. sonstige gewerbliche Schutzrechte.

Abschnitt 3. Schutzinhalt; Rechtsverletzungen

§ 14 Ausschließliches Recht des Inhabers einer Marke; Unterlassungsanspruch; Schadensersatzanspruch. (1) Der Erwerb des Markenschutzes nach § 4 gewährt dem Inhaber der Marke ein ausschließliches Recht.

(2) [1] Dritten ist es untersagt, ohne Zustimmung des Inhabers der Marke im geschäftlichen Verkehr in Bezug auf Waren oder Dienstleistungen

1. ein mit der Marke identisches Zeichen für Waren oder Dienstleistungen zu benutzen, die mit denjenigen identisch sind, für die sie Schutz genießt,
2. ein Zeichen zu benutzen, wenn das Zeichen mit einer Marke identisch oder ihr ähnlich ist und für Waren oder Dienstleistungen benutzt wird, die mit denjenigen identisch oder ihnen ähnlich sind, die von der Marke erfasst werden, und für das Publikum die Gefahr einer Verwechslung besteht, die die Gefahr einschließt, dass das Zeichen mit der Marke gedanklich in Verbindung gebracht wird, oder
3. ein mit der Marke identisches oder ein ähnliches Zeichen für Waren oder Dienstleistungen zu benutzen, wenn es sich bei der Marke um eine im Inland bekannte Marke handelt und die Benutzung des Zeichens die Unterscheidungskraft oder die Wertschätzung der bekannten Marke ohne rechtfertigenden Grund in unlauterer Weise ausnutzt oder beeinträchtigt.

[2] Waren und Dienstleistungen werden nicht schon deswegen als ähnlich angesehen, weil sie in derselben Klasse gemäß dem in der Nizza-Klassifikation festgelegten Klassifikationssystem erscheinen. [3] Waren und Dienstleistungen werden nicht schon deswegen als unähnlich angesehen, weil sie in verschiedenen Klassen der Nizza-Klassifikation erscheinen.

(3) Sind die Voraussetzungen des Absatzes 2 erfüllt, so ist es insbesondere untersagt,

1. das Zeichen auf Waren oder ihrer Aufmachung oder Verpackung anzubringen,
2. unter dem Zeichen Waren anzubieten, in den Verkehr zu bringen oder zu den genannten Zwecken zu besitzen,
3. unter dem Zeichen Dienstleistungen anzubieten oder zu erbringen,
4. unter dem Zeichen Waren einzuführen oder auszuführen,
5. das Zeichen als Handelsnamen oder geschäftliche Bezeichnung oder als Teil eines Handelsnamens oder einer geschäftlichen Bezeichnung zu benutzen,
6. das Zeichen in Geschäftspapieren oder in der Werbung zu benutzen,
7. das Zeichen in der vergleichenden Werbung in einer der Richtlinie 2006/114/EG[1)] des Europäischen Parlaments und des Rates vom 12. Dezember 2006 über irreführende und vergleichende Werbung (ABl. L 376 vom 27.12.2006, S. 21) zuwiderlaufenden Weise zu benutzen.

(4) Dritten ist es ferner untersagt, ohne Zustimmung des Inhabers der Marke im geschäftlichen Verkehr

1. ein mit der Marke identisches Zeichen oder ein ähnliches Zeichen auf Aufmachungen oder Verpackungen oder auf Kennzeichnungsmitteln wie Etiketten, Anhängern, Aufnähern oder dergleichen anzubringen,

---

[1)] **dtv 5009 Wettbewerbsrecht und Kartellrecht Nr. 6.**

2. Aufmachungen, Verpackungen oder Kennzeichnungsmittel, die mit einem mit der Marke identischen Zeichen oder einem ähnlichen Zeichen versehen sind, anzubieten, in den Verkehr zu bringen oder zu den genannten Zwecken zu besitzen oder
3. Aufmachungen, Verpackungen oder Kennzeichnungsmittel, die mit einem mit der Marke identischen Zeichen oder einem ähnlichen Zeichen versehen sind, einzuführen oder auszuführen,

wenn die Gefahr besteht, daß die Aufmachungen oder Verpackungen zur Aufmachung oder Verpackung oder die Kennzeichnungsmittel zur Kennzeichnung von Waren oder Dienstleistungen benutzt werden, hinsichtlich deren Dritten die Benutzung des Zeichens nach den Absätzen 2 und 3 untersagt wäre.

(5) [1] Wer ein Zeichen entgegen den Absätzen 2 bis 4 benutzt, kann von dem Inhaber der Marke bei Wiederholungsgefahr auf Unterlassung in Anspruch genommen werden. [2] Der Anspruch besteht auch dann, wenn eine Zuwiderhandlung erstmalig droht.

(6) [1] Wer die Verletzungshandlung vorsätzlich oder fahrlässig begeht, ist dem Inhaber der Marke zum Ersatz des durch die Verletzungshandlung entstandenen Schadens verpflichtet. [2] Bei der Bemessung des Schadensersatzes kann auch der Gewinn, den der Verletzer durch die Verletzung des Rechts erzielt hat, berücksichtigt werden. [3] Der Schadensersatzanspruch kann auch auf der Grundlage des Betrages berechnet werden, den der Verletzer als angemessene Vergütung hätte entrichten müssen, wenn er die Erlaubnis zur Nutzung der Marke eingeholt hätte.

(7) Wird die Verletzungshandlung in einem geschäftlichen Betrieb von einem Angestellten oder Beauftragten begangen, so kann der Unterlassungsanspruch und, soweit der Angestellte oder Beauftragte vorsätzlich oder fahrlässig gehandelt hat, der Schadensersatzanspruch auch gegen den Inhaber des Betriebs geltend gemacht werden.

§ 14a Waren unter zollamtlicher Überwachung. (1) Der Inhaber einer Marke oder einer geschäftlichen Bezeichnung ist berechtigt, Dritten zu untersagen, im geschäftlichen Verkehr Waren in das Gebiet der Bundesrepublik Deutschland zu verbringen, ohne die Waren dort in den zollrechtlich freien Verkehr zu überführen, wenn die Waren, einschließlich ihrer Verpackung, aus Drittstaaten stammen und ohne Zustimmung eine Marke oder eine geschäftliche Bezeichnung aufweisen, die mit der für derartige Waren eingetragenen Marke oder geschäftlichen Bezeichnung identisch ist oder in ihren wesentlichen Aspekten nicht von dieser Marke oder dieser geschäftlichen Bezeichnung zu unterscheiden ist.

(2) Die Berechtigung des Inhabers der Marke oder der geschäftlichen Bezeichnung nach Absatz 1 erlischt, wenn während eines Verfahrens, das der Feststellung dient, ob eine eingetragene Marke oder eine geschäftliche Bezeichnung verletzt wurde, und das gemäß der Verordnung (EU) Nr. 608/2013 des Europäischen Parlaments und des Rates vom 12. Juni 2013 zur Durchsetzung der Rechte geistigen Eigentums durch die Zollbehörden und zur Aufhebung der Verordnung (EG) Nr. 1383/2003 des Rates (ABl. L 181 vom 29.6.2013, S. 15) eingeleitet wurde, der zollrechtliche Anmelder oder der Besitzer der Waren nachweist, dass der Inhaber der eingetragenen Marke oder der geschäft-

lichen Bezeichnung nicht berechtigt ist, das Inverkehrbringen der Waren im endgültigen Bestimmungsland zu untersagen.

§ 15 Ausschließliches Recht des Inhabers einer geschäftlichen Bezeichnung; Unterlassungsanspruch; Schadensersatzanspruch.

(1) Der Erwerb des Schutzes einer geschäftlichen Bezeichnung gewährt ihrem Inhaber ein ausschließliches Recht.

(2) Dritten ist es untersagt, die geschäftliche Bezeichnung oder ein ähnliches Zeichen im geschäftlichen Verkehr unbefugt in einer Weise zu benutzen, die geeignet ist, Verwechslungen mit der geschützten Bezeichnung hervorzurufen.

(3) Handelt es sich bei der geschäftlichen Bezeichnung um eine im Inland bekannte geschäftliche Bezeichnung, so ist es Dritten ferner untersagt, die geschäftliche Bezeichnung oder ein ähnliches Zeichen im geschäftlichen Verkehr zu benutzen, wenn keine Gefahr von Verwechslungen im Sinne des Absatzes 2 besteht, soweit die Benutzung des Zeichens die Unterscheidungskraft oder die Wertschätzung der geschäftlichen Bezeichnung ohne rechtfertigenden Grund in unlauterer Weise ausnutzt oder beeinträchtigt.

(4) [1] Wer eine geschäftliche Bezeichnung oder ein ähnliches Zeichen entgegen Absatz 2 oder Absatz 3 benutzt, kann von dem Inhaber der geschäftlichen Bezeichnung bei Wiederholungsgefahr auf Unterlassung in Anspruch genommen werden. [2] Der Anspruch besteht auch dann, wenn eine Zuwiderhandlung droht.

(5) [1] Wer die Verletzungshandlung vorsätzlich oder fahrlässig begeht, ist dem Inhaber der geschäftlichen Bezeichnung zum Ersatz des daraus entstandenen Schadens verpflichtet. [2] § 14 Abs. 6 Satz 2 und 3 gilt entsprechend.

(6) § 14 Abs. 7 ist entsprechend anzuwenden.

§ 16 Wiedergabe einer eingetragenen Marke in Nachschlagewerken.

(1) Erweckt die Wiedergabe einer eingetragenen Marke in einem Wörterbuch, einem Lexikon oder einem ähnlichen Nachschlagewerk den Eindruck, daß es sich bei der Marke um eine Gattungsbezeichnung für die Waren oder Dienstleistungen handelt, für die die Marke eingetragen ist, kann der Inhaber der Marke vom Verleger des Werkes verlangen, daß der Wiedergabe der Marke ein Hinweis beigefügt wird, daß es sich um eine eingetragene Marke handelt.

(2) Ist das Werk bereits erschienen, so beschränkt sich der Anspruch darauf, daß der Hinweis nach Absatz 1 bei einer neuen Auflage des Werkes aufgenommen wird.

(3) Die Absätze 1 und 2 sind entsprechend anzuwenden, wenn das Nachschlagewerk in der Form einer elektronischen Datenbank vertrieben wird oder wenn zu einer elektronischen Datenbank, die ein Nachschlagewerk enthält, Zugang gewährt wird.

§ 17 Ansprüche gegen Agenten oder Vertreter. (1) Ist eine Marke entgegen § 11 für den Agenten oder Vertreter des Inhabers der Marke ohne dessen Zustimmung angemeldet oder eingetragen worden, so ist der Inhaber der Marke berechtigt, von dem Agenten oder Vertreter die Übertragung des durch die Anmeldung oder Eintragung der Marke begründeten Rechts zu verlangen.

(2) [1]Ist eine Marke entgegen § 11 für einen Agenten oder Vertreter des Inhabers der Marke eingetragen worden, so kann der Inhaber die Benutzung der Marke im Sinne des § 14 durch den Agenten oder Vertreter untersagen, wenn er der Benutzung nicht zugestimmt hat. [2]Handelt der Agent oder Vertreter vorsätzlich oder fahrlässig, so ist er dem Inhaber der Marke zum Ersatz des durch die Verletzungshandlung entstandenen Schadens verpflichtet. [3]§ 14 Abs. 7 ist entsprechend anzuwenden.

(3) Die Absätze 1 und 2 finden keine Anwendung, wenn Rechtfertigungsgründe für die Handlungsweise des Agenten oder des Vertreters vorliegen.

§ 18 Vernichtungs- und Rückrufansprüche. (1) [1]Der Inhaber einer Marke oder einer geschäftlichen Bezeichnung kann den Verletzer in den Fällen der §§ 14, 15 und 17 auf Vernichtung der im Besitz oder Eigentum des Verletzers befindlichen widerrechtlich gekennzeichneten Waren in Anspruch nehmen. [2]Satz 1 ist entsprechend auf die im Eigentum des Verletzers stehenden Materialien und Geräte anzuwenden, die vorwiegend zur widerrechtlichen Kennzeichnung der Waren gedient haben.

(2) Der Inhaber einer Marke oder einer geschäftlichen Bezeichnung kann den Verletzer in den Fällen der §§ 14, 15 und 17 auf Rückruf von widerrechtlich gekennzeichneten Waren oder auf deren endgültiges Entfernen aus den Vertriebswegen in Anspruch nehmen.

(3) [1]Die Ansprüche nach den Absätzen 1 und 2 sind ausgeschlossen, wenn die Inanspruchnahme im Einzelfall unverhältnismäßig ist. [2]Bei der Prüfung der Verhältnismäßigkeit sind auch die berechtigten Interessen Dritter zu berücksichtigen.

§ 19 Auskunftsanspruch. (1) Der Inhaber einer Marke oder einer geschäftlichen Bezeichnung kann den Verletzer in den Fällen der §§ 14, 15 und 17 auf unverzügliche Auskunft über die Herkunft und den Vertriebsweg von widerrechtlich gekennzeichneten Waren oder Dienstleistungen in Anspruch nehmen.

(2) [1]In Fällen offensichtlicher Rechtsverletzung oder in Fällen, in denen der Inhaber einer Marke oder einer geschäftlichen Bezeichnung gegen den Verletzer Klage erhoben hat, besteht der Anspruch unbeschadet von Absatz 1 auch gegen eine Person, die in gewerblichem Ausmaß

1. rechtsverletzende Ware in ihrem Besitz hatte,
2. rechtsverletzende Dienstleistungen in Anspruch nahm,
3. für rechtsverletzende Tätigkeiten genutzte Dienstleistungen erbrachte oder
4. nach den Angaben einer in Nummer 1, 2 oder Nummer 3 genannten Person an der Herstellung, Erzeugung oder am Vertrieb solcher Waren oder an der Erbringung solcher Dienstleistungen beteiligt war,

es sei denn, die Person wäre nach den §§ 383 bis 385 der Zivilprozessordnung im Prozess gegen den Verletzer zur Zeugnisverweigerung berechtigt. [2]Im Fall der gerichtlichen Geltendmachung des Anspruchs nach Satz 1 kann das Gericht den gegen den Verletzer anhängigen Rechtsstreit auf Antrag bis zur Erledigung des wegen des Auskunftsanspruchs geführten Rechtsstreits aussetzen. [3]Der zur Auskunft Verpflichtete kann von dem Verletzten den Ersatz der für die Auskunftserteilung erforderlichen Aufwendungen verlangen.

(3) Der zur Auskunft Verpflichtete hat Angaben zu machen über

1. Namen und Anschrift der Hersteller, Lieferanten und anderer Vorbesitzer der Waren oder Dienstleistungen sowie der gewerblichen Abnehmer und Verkaufsstellen, für die sie bestimmt waren, und
2. die Menge der hergestellten, ausgelieferten, erhaltenen oder bestellten Waren sowie über die Preise, die für die betreffenden Waren oder Dienstleistungen bezahlt wurden.

(4) Die Ansprüche nach den Absätzen 1 und 2 sind ausgeschlossen, wenn die Inanspruchnahme im Einzelfall unverhältnismäßig ist.

(5) Erteilt der zur Auskunft Verpflichtete die Auskunft vorsätzlich oder grob fahrlässig falsch oder unvollständig, ist er dem Inhaber einer Marke oder einer geschäftlichen Bezeichnung zum Ersatz des daraus entstehenden Schadens verpflichtet.

(6) Wer eine wahre Auskunft erteilt hat, ohne dazu nach Absatz 1 oder Absatz 2 verpflichtet gewesen zu sein, haftet Dritten gegenüber nur, wenn er wusste, dass er zur Auskunftserteilung nicht verpflichtet war.

(7) In Fällen offensichtlicher Rechtsverletzung kann die Verpflichtung zur Erteilung der Auskunft im Wege der einstweiligen Verfügung nach den §§ 935 bis 945 der Zivilprozessordnung angeordnet werden.

(8) Die Erkenntnisse dürfen in einem Strafverfahren oder in einem Verfahren nach dem Gesetz über Ordnungswidrigkeiten wegen einer vor der Erteilung der Auskunft begangenen Tat gegen den Verpflichteten oder gegen einen in § 52 Abs. 1 der Strafprozessordnung bezeichneten Angehörigen nur mit Zustimmung des Verpflichteten verwertet werden.

(9) [1]Kann die Auskunft nur unter Verwendung von Verkehrsdaten (§ 3 Nr. 30 des Telekommunikationsgesetzes[1)]) erteilt werden, ist für ihre Erteilung eine vorherige richterliche Anordnung über die Zulässigkeit der Verwendung der Verkehrsdaten erforderlich, die von dem Verletzten zu beantragen ist. [2]Für den Erlass dieser Anordnung ist das Landgericht, in dessen Bezirk der zur Auskunft Verpflichtete seinen Wohnsitz, seinen Sitz oder eine Niederlassung hat, ohne Rücksicht auf den Streitwert ausschließlich zuständig. [3]Die Entscheidung trifft die Zivilkammer. [4]Für das Verfahren gelten die Vorschriften des Gesetzes über das Verfahren in Familiensachen und in den Angelegenheiten der freiwilligen Gerichtsbarkeit entsprechend. [5]Die Kosten der richterlichen Anordnung trägt der Verletzte. [6]Gegen die Entscheidung des Landgerichts ist die Beschwerde statthaft. [7]Die Beschwerde ist binnen einer Frist von zwei Wochen einzulegen. [8]Die Vorschriften zum Schutz personenbezogener Daten bleiben im Übrigen unberührt.

(10) Durch Absatz 2 in Verbindung mit Absatz 9 wird das Grundrecht des Fernmeldegeheimnisses (Artikel 10 des Grundgesetzes[2)]) eingeschränkt.

§ 19a Vorlage- und Besichtigungsansprüche. (1) [1]Bei hinreichender Wahrscheinlichkeit einer Rechtsverletzung nach den §§ 14, 15 und 17 kann der Inhaber einer Marke oder einer geschäftlichen Bezeichnung den vermeintlichen Verletzer auf Vorlage einer Urkunde oder Besichtigung einer Sache in

---

[1)] Nr. **55**.
[2)] Nr. **3**.

Anspruch nehmen, die sich in dessen Verfügungsgewalt befindet, wenn dies zur Begründung seiner Ansprüche erforderlich ist. [2]Besteht die hinreichende Wahrscheinlichkeit einer in gewerblichem Ausmaß begangenen Rechtsverletzung, erstreckt sich der Anspruch auch auf die Vorlage von Bank-, Finanz- oder Handelsunterlagen. [3]Soweit der vermeintliche Verletzer geltend macht, dass es sich um vertrauliche Informationen handelt, trifft das Gericht die erforderlichen Maßnahmen, um den im Einzelfall gebotenen Schutz zu gewährleisten.

(2) Der Anspruch nach Absatz 1 ist ausgeschlossen, wenn die Inanspruchnahme im Einzelfall unverhältnismäßig ist.

(3) [1]Die Verpflichtung zur Vorlage einer Urkunde oder zur Duldung der Besichtigung einer Sache kann im Wege der einstweiligen Verfügung nach den §§ 935 bis 945 der Zivilprozessordnung angeordnet werden. [2]Das Gericht trifft die erforderlichen Maßnahmen, um den Schutz vertraulicher Informationen zu gewährleisten. [3]Dies gilt insbesondere in den Fällen, in denen die einstweilige Verfügung ohne vorherige Anhörung des Gegners erlassen wird.

(4) § 811 des Bürgerlichen Gesetzbuchs sowie § 19 Abs. 8 gelten entsprechend.

(5) Wenn keine Verletzung vorlag oder drohte, kann der vermeintliche Verletzer von demjenigen, der die Vorlage oder Besichtigung nach Absatz 1 begehrt hat, den Ersatz des ihm durch das Begehren entstandenen Schadens verlangen.

§ 19b Sicherung von Schadensersatzansprüchen. (1) [1]Der Inhaber einer Marke oder einer geschäftlichen Bezeichnung kann den Verletzer bei einer in gewerblichem Ausmaß begangenen Rechtsverletzung in den Fällen des § 14 Abs. 6, § 15 Abs. 5 sowie § 17 Abs. 2 Satz 2 auch auf Vorlage von Bank-, Finanz- oder Handelsunterlagen oder einen geeigneten Zugang zu den entsprechenden Unterlagen in Anspruch nehmen, die sich in der Verfügungsgewalt des Verletzers befinden und die für die Durchsetzung des Schadensersatzanspruchs erforderlich sind, wenn ohne die Vorlage die Erfüllung des Schadensersatzanspruchs fraglich ist. [2]Soweit der Verletzer geltend macht, dass es sich um vertrauliche Informationen handelt, trifft das Gericht die erforderlichen Maßnahmen, um den im Einzelfall gebotenen Schutz zu gewährleisten.

(2) Der Anspruch nach Absatz 1 ist ausgeschlossen, wenn die Inanspruchnahme im Einzelfall unverhältnismäßig ist.

(3) [1]Die Verpflichtung zur Vorlage der in Absatz 1 bezeichneten Urkunden kann im Wege der einstweiligen Verfügung nach den §§ 935 bis 945 der Zivilprozessordnung angeordnet werden, wenn der Schadensersatzanspruch offensichtlich besteht. [2]Das Gericht trifft die erforderlichen Maßnahmen, um den Schutz vertraulicher Informationen zu gewährleisten. [3]Dies gilt insbesondere in den Fällen, in denen die einstweilige Verfügung ohne vorherige Anhörung des Gegners erlassen wird.

(4) § 811 des Bürgerlichen Gesetzbuchs sowie § 19 Abs. 8 gelten entsprechend.

§ 19c Urteilsbekanntmachung. [1]Ist eine Klage auf Grund dieses Gesetzes erhoben worden, kann der obsiegenden Partei im Urteil die Befugnis zugesprochen werden, das Urteil auf Kosten der unterliegenden Partei öffentlich bekannt zu machen, wenn sie ein berechtigtes Interesse darlegt. [2]Art und Umfang der Bekanntmachung werden im Urteil bestimmt. [3]Die Befugnis erlischt, wenn von ihr nicht innerhalb von drei Monaten nach Eintritt der Rechtskraft des Urteils Gebrauch gemacht wird. [4]Der Ausspruch nach Satz 1 ist nicht vorläufig vollstreckbar.

§ 19d Ansprüche aus anderen gesetzlichen Vorschriften. Ansprüche aus anderen gesetzlichen Vorschriften bleiben unberührt.

Abschnitt 4. Schranken des Schutzes

§ 20 Verjährung. [1]Auf die Verjährung der in den §§ 14 bis 19c genannten Ansprüche finden die Vorschriften des Abschnitts 5 des Buches 1 des Bürgerlichen Gesetzbuchs entsprechende Anwendung. [2]Hat der Verpflichtete durch die Verletzung auf Kosten des Berechtigten etwas erlangt, findet § 852 des Bürgerlichen Gesetzbuchs entsprechende Anwendung.

§ 21 Verwirkung von Ansprüchen. (1) Der Inhaber einer Marke oder einer geschäftlichen Bezeichnung hat nicht das Recht, die Benutzung einer eingetragenen Marke mit jüngerem Zeitrang für die Waren oder Dienstleistungen, für die sie eingetragen ist, zu untersagen, soweit er die Benutzung der Marke während eines Zeitraums von fünf aufeinanderfolgenden Jahren in Kenntnis dieser Benutzung geduldet hat, es sei denn, daß die Anmeldung der Marke mit jüngerem Zeitrang bösgläubig vorgenommen worden ist.

(2) Der Inhaber einer Marke oder einer geschäftlichen Bezeichnung hat nicht das Recht, die Benutzung einer Marke im Sinne des § 4 Nr. 2 oder 3, einer geschäftlichen Bezeichnung oder eines sonstigen Rechts im Sinne des § 13 mit jüngerem Zeitrang zu untersagen, soweit er die Benutzung dieses Rechts während eines Zeitraums von fünf aufeinanderfolgenden Jahren in Kenntnis dieser Benutzung geduldet hat, es sei denn, daß der Inhaber dieses Rechts im Zeitpunkt des Rechtserwerbs bösgläubig war.

(3) In den Fällen der Absätze 1 und 2 kann der Inhaber des Rechts mit jüngerem Zeitrang die Benutzung des Rechts mit älterem Zeitrang nicht untersagen.

(4) Die Absätze 1 bis 3 lassen die Anwendung allgemeiner Grundsätze über die Verwirkung von Ansprüchen unberührt.

§ 22 Ausschluß von Ansprüchen bei Bestandskraft der Eintragung einer Marke mit jüngerem Zeitrang. (1) Der Inhaber einer Marke oder einer geschäftlichen Bezeichnung hat nicht das Recht, die Benutzung einer eingetragenen Marke mit jüngerem Zeitrang für die Waren oder Dienstleistungen, für die sie eingetragen ist, zu untersagen, wenn ein Antrag auf Erklärung der Nichtigkeit der Marke mit jüngerem Zeitrang zurückgewiesen worden ist oder zurückzuweisen wäre,

1. weil die Marke oder geschäftliche Bezeichnung mit älterem Zeitrang an dem für den Zeitrang der Eintragung der Marke mit jüngerem Zeitrang maßgeblichen Tag noch nicht im Sinne des § 9 Abs. 1 Nr. 3, des § 14 Absatz 2 Satz 1 Nummer 3 oder des § 15 Abs. 3 bekannt war (§ 51 Abs. 3),
2. weil die Eintragung der Marke mit älterem Zeitrang am Tag der Veröffentlichung der Eintragung der Marke mit jüngerem Zeitrang wegen Verfalls

oder wegen absoluter Schutzhindernisse hätte für verfallen oder für nichtig erklärt und gelöscht werden können (§ 51 Abs. 4),

3. weil an dem für den Zeitrang der Eintragung der jüngeren Marke maßgeblichen Tag noch keine Verwechslungsgefahr im Sinne des § 9 Absatz 1 Nummer 2, des § 14 Absatz 2 Satz 1 Nummer 2 oder des § 15 Absatz 2 bestand.

(2) In den Fällen des Absatzes 1 kann der Inhaber der eingetragenen Marke mit jüngerem Zeitrang die Benutzung der Marke oder der geschäftlichen Bezeichnung mit älterem Zeitrang nicht untersagen.

§ 23 Benutzung von Namen und beschreibenden Angaben; Ersatzteilgeschäft. (1) Der Inhaber einer Marke oder einer geschäftlichen Bezeichnung darf einem Dritten nicht untersagen, im geschäftlichen Verkehr Folgendes zu benutzen:

1. den Namen oder die Anschrift des Dritten, wenn dieser eine natürliche Person ist,
2. ein mit der Marke oder der geschäftlichen Bezeichnung identisches Zeichen oder ähnliches Zeichen, dem jegliche Unterscheidungskraft fehlt, oder ein identisches Zeichen oder ein ähnliches Zeichen als Angabe über Merkmale oder Eigenschaften von Waren oder Dienstleistungen, wie insbesondere deren Art, Beschaffenheit, Bestimmung, Wert, geografische Herkunft oder die Zeit ihrer Herstellung oder ihrer Erbringung, oder
3. die Marke oder die geschäftliche Bezeichnung zu Zwecken der Identifizierung oder zum Verweis auf Waren oder Dienstleistungen als die des Inhabers der Marke, insbesondere wenn die Benutzung der Marke als Hinweis auf die Bestimmung einer Ware insbesondere als Zubehör oder Ersatzteil oder einer Dienstleistung erforderlich ist.

(2) Absatz 1 findet nur dann Anwendung, wenn die Benutzung durch den Dritten den anständigen Gepflogenheiten in Gewerbe oder Handel entspricht.

§ 24 Erschöpfung. (1) Der Inhaber einer Marke oder einer geschäftlichen Bezeichnung hat nicht das Recht, einem Dritten zu untersagen, die Marke oder die geschäftliche Bezeichnung für Waren zu benutzen, die unter dieser Marke oder dieser geschäftlichen Bezeichnung von ihm oder mit seiner Zustimmung im Inland, in einem der übrigen Mitgliedstaaten der Europäischen Union oder in einem anderen Vertragsstaat des Abkommens über den Europäischen Wirtschaftsraum in den Verkehr gebracht worden sind.

(2) Absatz 1 findet keine Anwendung, wenn sich der Inhaber der Marke oder der geschäftlichen Bezeichnung der Benutzung der Marke oder der geschäftlichen Bezeichnung im Zusammenhang mit dem weiteren Vertrieb der Waren aus berechtigten Gründen widersetzt, insbesondere wenn der Zustand der Waren nach ihrem Inverkehrbringen verändert oder verschlechtert ist.

§ 25 Ausschluss von Ansprüchen bei mangelnder Benutzung.

(1) Der Inhaber einer eingetragenen Marke kann gegen Dritte Ansprüche im Sinne der §§ 14 und 18 bis 19c nicht geltend machen, wenn die Marke innerhalb der letzten fünf Jahre vor der Geltendmachung des Anspruchs für die Waren oder Dienstleistungen, auf die er sich zur Begründung seines Anspruchs

beruft, nicht gemäß § 26 benutzt worden ist, sofern zu diesem Zeitpunkt seit mindestens fünf Jahren kein Widerspruch mehr gegen die Marke möglich war.

(2) [1] Werden Ansprüche im Sinne der §§ 14 und 18 bis 19c wegen Verletzung einer eingetragenen Marke im Wege der Klage geltend gemacht, so hat der Kläger auf Einrede des Beklagten nachzuweisen, dass die Marke innerhalb der letzten fünf Jahre vor Erhebung der Klage für die Waren oder Dienstleistungen, auf die er sich zur Begründung seines Anspruchs beruft, gemäß § 26 benutzt worden ist oder dass berechtigte Gründe für die Nichtbenutzung vorliegen, sofern zum Zeitpunkt der Klageerhebung seit mindestens fünf Jahren kein Widerspruch mehr gegen die Marke möglich war. [2] Endet der Zeitraum von fünf Jahren der Nichtbenutzung nach Erhebung der Klage, so hat der Kläger auf Einrede des Beklagten nachzuweisen, dass die Marke innerhalb der letzten fünf Jahre vor dem Schluss der mündlichen Verhandlung gemäß § 26 benutzt worden ist oder dass berechtigte Gründe für die Nichtbenutzung vorlagen. [3] Bei der Entscheidung werden nur die Waren oder Dienstleistungen berücksichtigt, für die die Benutzung nachgewiesen worden ist.

§ 26 Benutzung der Marke. (1) Soweit die Geltendmachung von Ansprüchen aus einer eingetragenen Marke oder die Aufrechterhaltung der Eintragung davon abhängig ist, daß die Marke benutzt worden ist, muß sie von ihrem Inhaber für die Waren oder Dienstleistungen, für die sie eingetragen ist, im Inland ernsthaft benutzt worden sein, es sei denn, daß berechtigte Gründe für die Nichtbenutzung vorliegen.

(2) Die Benutzung der Marke mit Zustimmung des Inhabers gilt als Benutzung durch den Inhaber.

(3) Als Benutzung einer eingetragenen Marke gilt, unabhängig davon, ob die Marke in der benutzten Form auch auf den Namen des Inhabers eingetragen ist, auch die Benutzung der Marke in einer Form, die von der Eintragung abweicht, soweit die Abweichung den kennzeichnenden Charakter der Marke nicht verändert.

(4) Als Benutzung im Inland gilt auch das Anbringen der Marke auf Waren oder deren Aufmachung oder Verpackung im Inland, wenn die Waren ausschließlich für die Ausfuhr bestimmt sind.

(5) Soweit die Benutzung innerhalb von fünf Jahren ab dem Zeitpunkt, ab dem kein Widerspruch mehr gegen die Marke möglich ist, erforderlich ist, tritt in den Fällen, in denen gegen die Eintragung Widerspruch erhoben worden ist, an die Stelle des Ablaufs der Widerspruchsfrist der Zeitpunkt, ab dem die das Widerspruchsverfahren beendende Entscheidung Rechtskraft erlangt hat oder der Widerspruch zurückgenommen wurde.

Abschnitt 5. Marken als Gegenstand des Vermögens

§ 27 Rechtsübergang. (1) Das durch die Eintragung, die Benutzung oder die notorische Bekanntheit einer Marke begründete Recht kann für alle oder für einen Teil der Waren oder Dienstleistungen, für die die Marke Schutz genießt, auf andere übertragen werden oder übergehen.

(2) [1] Gehört die Marke zu einem Geschäftsbetrieb oder zu einem Teil eines Geschäftsbetriebs, so wird das durch die Eintragung, die Benutzung oder die notorische Bekanntheit der Marke begründete Recht im Zweifel von der

Übertragung oder dem Übergang des Geschäftsbetriebs oder des Teils des Geschäftsbetriebs, zu dem die Marke gehört, erfaßt. [2] Dies gilt entsprechend für die rechtsgeschäftliche Verpflichtung zur Übertragung eines Geschäftsbetriebs oder eines Teils eines Geschäftsbetriebs.

(3) Der Übergang des durch die Eintragung einer Marke begründeten Rechts wird auf Antrag eines Beteiligten in das Register eingetragen, wenn er dem Deutschen Patent- und Markenamt nachgewiesen wird.

(4) Betrifft der Rechtsübergang nur einen Teil der Waren oder Dienstleistungen, für die die Marke eingetragen ist, so sind die Vorschriften über die Teilung der Eintragung mit Ausnahme von § 46 Abs. 2 und 3 Satz 1 entsprechend anzuwenden.

§ 28 Vermutung der Rechtsinhaberschaft; Zustellungen an den Inhaber. (1) Es wird vermutet, daß das durch die Eintragung einer Marke begründete Recht dem im Register als Inhaber Eingetragenen zusteht.

(2) [1] Ist das durch die Eintragung einer Marke begründete Recht auf einen anderen übertragen worden oder übergegangen, so kann der Rechtsnachfolger in einem Verfahren vor dem Deutschen Patent- und Markenamt, einem Beschwerdeverfahren vor dem Bundespatentgericht oder einem Rechtsbeschwerdeverfahren vor dem Bundesgerichtshof den Anspruch auf Schutz dieser Marke und das durch die Eintragung begründete Recht erst von dem Zeitpunkt an geltend machen, in dem dem Deutschen Patent- und Markenamt der Antrag auf Eintragung des Rechtsübergangs zugegangen ist. [2] Satz 1 gilt entsprechend für sonstige Verfahren vor dem Deutschen Patent- und Markenamt, Beschwerdeverfahren vor dem Bundespatentgericht oder Rechtsbeschwerdeverfahren vor dem Bundesgerichtshof, an denen der Inhaber einer Marke beteiligt ist. [3] Übernimmt der Rechtsnachfolger ein Verfahren nach Satz 1 oder 2, so ist die Zustimmung der übrigen Verfahrensbeteiligten nicht erforderlich.

(3) [1] Verfügungen und Beschlüsse des Deutschen Patent- und Markenamts, die der Zustellung an den Inhaber der Marke bedürfen, sind dem als Inhaber Eingetragenen zuzustellen. [2] Ist dem Deutschen Patent- und Markenamt ein Antrag auf Eintragung eines Rechtsübergangs zugegangen, so sind die in Satz 1 genannten Verfügungen und Beschlüsse auch dem Rechtsnachfolger zuzustellen.

§ 29 Dingliche Rechte; Zwangsvollstreckung; Insolvenzverfahren.

(1) Das durch die Eintragung, die Benutzung oder die notorische Bekanntheit einer Marke begründete Recht kann

1. verpfändet werden oder Gegenstand eines sonstigen dinglichen Rechts sein oder
2. Gegenstand von Maßnahmen der Zwangsvollstreckung sein.

(2) Betreffen die in Absatz 1 Nr. 1 genannten Rechte oder die in Absatz 1 Nr. 2 genannten Maßnahmen das durch die Eintragung einer Marke begründete Recht, so werden sie auf Antrag eines Beteiligten in das Register eingetragen, wenn sie dem Deutschen Patent- und Markenamt nachgewiesen werden.

(3) [1] Wird das durch die Eintragung einer Marke begründete Recht durch ein Insolvenzverfahren erfaßt, so wird dies auf Antrag des Insolvenzverwalters

oder auf Ersuchen des Insolvenzgerichts in das Register eingetragen. [2] Im Falle der Eigenverwaltung (§ 270 der Insolvenzordnung) tritt der Sachwalter an die Stelle des Insolvenzverwalters.

§ 30 Lizenzen. (1) Das durch die Eintragung, die Benutzung oder die notorische Bekanntheit einer Marke begründete Recht kann für alle oder für einen Teil der Waren oder Dienstleistungen, für die die Marke Schutz genießt, Gegenstand von ausschließlichen oder nicht ausschließlichen Lizenzen für das Gebiet der Bundesrepublik Deutschland insgesamt oder einen Teil dieses Gebiets sein.

(2) Der Inhaber einer Marke kann die Rechte aus der Marke gegen einen Linzenznehmer geltend machen, der hinsichtlich

1. der Dauer der Lizenz,
2. der von der Eintragung erfaßten Form, in der die Marke benutzt werden darf,
3. der Art der Waren oder Dienstleistungen, für die die Lizenz erteilt wurde,
4. des Gebiets, in dem die Marke angebracht werden darf, oder
5. der Qualität der von ihm hergestellten Waren oder der von ihm erbrachten Dienstleistungen

gegen eine Bestimmung des Lizenzvertrages verstößt.

(3) [1] Der Lizenznehmer kann Klage wegen Verletzung einer Marke nur mit Zustimmung ihres Inhabers erheben. [2] Abweichend von Satz 1 kann der Inhaber einer ausschließlichen Lizenz Klage wegen Verletzung einer Marke erheben, wenn der Inhaber der Marke nach förmlicher Aufforderung nicht selbst innerhalb einer angemessenen Frist Klage wegen Verletzung einer Marke erhoben hat.

(4) Jeder Lizenznehmer kann einer vom Inhaber der Marke erhobenen Verletzungsklage beitreten, um den Ersatz seines Schadens geltend zu machen.

(5) Ein Rechtsübergang nach § 27 oder die Erteilung einer Lizenz nach Absatz 1 berührt nicht die Lizenzen, die Dritten vorher erteilt worden sind.

(6) [1] Das Deutsche Patent- und Markenamt trägt auf Antrag des Inhabers der Marke oder des Lizenznehmers die Erteilung einer Lizenz in das Register ein, wenn ihm die Zustimmung des anderen Teils nachgewiesen wird. [2] Für die Änderung einer eingetragenen Lizenz gilt Entsprechendes. [3] Die Eintragung wird auf Antrag des Inhabers der Marke oder des Lizenznehmers gelöscht. [4] Der Löschungsantrag des Inhabers der Marke bedarf des Nachweises der Zustimmung des bei der Eintragung benannten Lizenznehmers oder seines Rechtsnachfolgers.

§ 31 Angemeldete Marken. Die §§ 27 bis 30 gelten entsprechend für durch Anmeldung von Marken begründete Rechte.

Teil 3. Verfahren in Markenangelegenheiten

Abschnitt 1. Eintragungsverfahren

§ 32 Erfordernisse der Anmeldung. (1) [1]Die Anmeldung zur Eintragung einer Marke in das Register ist beim Deutschen Patent- und Markenamt einzureichen. [2]Die Anmeldung kann auch über ein Patentinformationszentrum eingereicht werden, wenn diese Stelle durch Bekanntmachung[1)] des Bundesministeriums der Justiz und für Verbraucherschutz im Bundesgesetzblatt dazu bestimmt ist, Markenanmeldungen entgegenzunehmen.

(2) Die Anmeldung muß enthalten:

1. einen Antrag auf Eintragung,
2. Angaben, die es erlauben, die Identität des Anmelders festzustellen,
3. eine Darstellung der Marke, die nicht dem Schutzhindernis nach § 8 Absatz 1 unterfällt, und
4. ein Verzeichnis der Waren oder Dienstleistungen, für die die Eintragung beantragt wird.

(3) Die Anmeldung muß den weiteren Anmeldungserfordernissen entsprechen, die in einer Rechtsverordnung nach § 65 Abs. 1 Nr. 2 bestimmt worden sind.

[1)] Siehe hierzu Bek. der zur Entgegennahme von Patent-, Gebrauchsmuster-, Marken- und Geschmacksmusteranmeldungen befugten Patentinformationszentren idF der Bek. v. 5.10.2004 (BGBl. I S. 2599), zuletzt geänd. durch Bek. v. 23.10.2018 (BGBl. I S. 1843) und Patentinformationszentren-Bekanntmachung 2018 v. 23.10.2018 (BGBl. I S. 1843).

39. Gesetz gegen den unlauteren Wettbewerb (UWG)[1]

in der Fassung der Bekanntmachung vom 3. März 2010[2]

(BGBl. I S. 254)

FNA 43-7

zuletzt geänd. durch Art. 5 G zur Umsetzung der RL (EU) 2016/943 zum Schutz von Geschäftsgeheimnissen vor rechtswidrigem Erwerb sowie rechtswidriger Nutzung und Offenlegung v. 18.4. 2019 (BGBl. I S. 466)

Kapitel 1. Allgemeine Bestimmungen

§ 1 Zweck des Gesetzes. [1] Dieses Gesetz dient dem Schutz der Mitbewerber, der Verbraucherinnen und Verbraucher sowie der sonstigen Marktteilnehmer vor unlauteren geschäftlichen Handlungen. [2] Es schützt zugleich das Interesse der Allgemeinheit an einem unverfälschten Wettbewerb.

§ 2 Definitionen. (1) Im Sinne dieses Gesetzes bedeutet

1. „geschäftliche Handlung" jedes Verhalten einer Person zugunsten des eigenen oder eines fremden Unternehmens vor, bei oder nach einem Geschäftsabschluss, das mit der Förderung des Absatzes oder des Bezugs von Waren oder Dienstleistungen oder mit dem Abschluss oder der Durchführung eines Vertrags über Waren oder Dienstleistungen objektiv zusammenhängt; als Waren gelten auch Grundstücke, als Dienstleistungen auch Rechte und Verpflichtungen;
2. „Marktteilnehmer" neben Mitbewerbern und Verbrauchern alle Personen, die als Anbieter oder Nachfrager von Waren oder Dienstleistungen tätig sind;

---

[1] **Amtl. Anm.:** Dieses Gesetz dient der Umsetzung der Richtlinie 2005/29/EG **[dtv 5009 Wettbewerbsrecht und Kartellrecht Nr. 9]** des Europäischen Parlaments und des Rates vom 11. Mai 2005 über unlautere Geschäftspraktiken von Unternehmen gegenüber Verbrauchern im Binnenmarkt und zur Änderung der Richtlinie 84/450/EWG des Rates, der Richtlinien 97/7/EG, 98/27/EG und 2002/65/EG des Europäischen Parlaments und des Rates sowie der Verordnung (EG) Nr. 2006/2004 des Europäischen Parlaments und des Rates (ABl. L 149 vom 11.6.2005, S. 22; berichtigt im ABl. L 253 vom 25.9.2009, S. 18) sowie der Richtlinie 2006/114/EG **[dtv 5009 Wettbewerbsrecht und Kartellrecht Nr. 6]** des Europäischen Parlaments und des Rates vom 12. Dezember 2006 über irreführende und vergleichende Werbung (kodifizierte Fassung) (ABl. L 376 vom 27.12.2006, S. 21). Es dient ferner der Umsetzung von Artikel 13 der Richtlinie 2002/58/EG [Nr. **57**] des Europäischen Parlaments und des Rates vom 12. Juli 2002 über die Verarbeitung personenbezogener Daten und den Schutz der Privatsphäre in der elektronischen Kommunikation (ABl. L 201 vom 31.7.2002, S. 37), der zuletzt durch Artikel 2 Nummer 7 der Richtlinie 2009/136/EG (ABl. L 337 vom 18.12.2009, S. 11) geändert worden ist.

Die Verpflichtungen aus der Richtlinie 98/34/EG des Europäischen Parlaments und des Rates vom 22. Juni 1998 über ein Informationsverfahren auf dem Gebiet der Normen und technischen Vorschriften und der Vorschriften für die Dienste der Informationsgesellschaft (ABl. L 204 vom 21.7. 1998, S. 37), die zuletzt durch die Richtlinie 2006/96/EG (ABl. L 363 vom 20.12.2006, S. 81) geändert worden ist, sind beachtet worden.

[2] Neubekanntmachung des UWG v. 3.7.2004 (BGBl. I S. 1414) in der ab 4.8.2009 geltenden Fassung.

3. „Mitbewerber" jeder Unternehmer, der mit einem oder mehreren Unternehmern als Anbieter oder Nachfrager von Waren oder Dienstleistungen in einem konkreten Wettbewerbsverhältnis steht;
4. „Nachricht" jede Information, die zwischen einer endlichen Zahl von Beteiligten über einen öffentlich zugänglichen elektronischen Kommunikationsdienst ausgetauscht oder weitergeleitet wird; dies schließt nicht Informationen ein, die als Teil eines Rundfunkdienstes über ein elektronisches Kommunikationsnetz an die Öffentlichkeit weitergeleitet werden, soweit die Informationen nicht mit dem identifizierbaren Teilnehmer oder Nutzer, der sie erhält, in Verbindung gebracht werden können;
5. „Verhaltenskodex" Vereinbarungen oder Vorschriften über das Verhalten von Unternehmern, zu welchem diese sich in Bezug auf Wirtschaftszweige oder einzelne geschäftliche Handlungen verpflichtet haben, ohne dass sich solche Verpflichtungen aus Gesetzes- oder Verwaltungsvorschriften ergeben;
6. „Unternehmer" jede natürliche oder juristische Person, die geschäftliche Handlungen im Rahmen ihrer gewerblichen, handwerklichen oder beruflichen Tätigkeit vornimmt, und jede Person, die im Namen oder Auftrag einer solchen Person handelt;
7. „unternehmerische Sorgfalt" der Standard an Fachkenntnissen und Sorgfalt, von dem billigerweise angenommen werden kann, dass ein Unternehmer ihn in seinem Tätigkeitsbereich gegenüber Verbrauchern nach Treu und Glauben unter Berücksichtigung der anständigen Marktgepflogenheiten einhält;
8. „wesentliche Beeinflussung des wirtschaftlichen Verhaltens des Verbrauchers" die Vornahme einer geschäftlichen Handlung, um die Fähigkeit des Verbrauchers, eine informierte Entscheidung zu treffen, spürbar zu beeinträchtigen und damit den Verbraucher zu einer geschäftlichen Entscheidung zu veranlassen, die er andernfalls nicht getroffen hätte;
9. „geschäftliche Entscheidung" jede Entscheidung eines Verbrauchers oder sonstigen Marktteilnehmers darüber, ob, wie und unter welchen Bedingungen er ein Geschäft abschließen, eine Zahlung leisten, eine Ware oder Dienstleistung behalten oder abgeben oder ein vertragliches Recht im Zusammenhang mit einer Ware oder Dienstleistung ausüben will, unabhängig davon, ob der Verbraucher oder sonstige Marktteilnehmer sich entschließt, tätig zu werden.

(2) Für den Verbraucherbegriff gilt § 13 des Bürgerlichen Gesetzbuchs[1] entsprechend.

§ 3 Verbot unlauterer geschäftlicher Handlungen. (1) Unlautere geschäftliche Handlungen sind unzulässig.

(2) Geschäftliche Handlungen, die sich an Verbraucher richten oder diese erreichen, sind unlauter, wenn sie nicht der unternehmerischen Sorgfalt entsprechen und dazu geeignet sind, das wirtschaftliche Verhalten des Verbrauchers wesentlich zu beeinflussen.

---

[1] Nr. **15**.

(3) Die im Anhang dieses Gesetzes aufgeführten geschäftlichen Handlungen gegenüber Verbrauchern sind stets unzulässig.

(4) [1] Bei der Beurteilung von geschäftlichen Handlungen gegenüber Verbrauchern ist auf den durchschnittlichen Verbraucher oder, wenn sich die geschäftliche Handlung an eine bestimmte Gruppe von Verbrauchern wendet, auf ein durchschnittliches Mitglied dieser Gruppe abzustellen. [2] Geschäftliche Handlungen, die für den Unternehmer vorhersehbar das wirtschaftliche Verhalten nur einer eindeutig identifizierbaren Gruppe von Verbrauchern wesentlich beeinflussen, die auf Grund von geistigen oder körperlichen Beeinträchtigungen, Alter oder Leichtgläubigkeit im Hinblick auf diese geschäftlichen Handlungen oder die diesen zugrunde liegenden Waren oder Dienstleistungen besonders schutzbedürftig sind, sind aus der Sicht eines durchschnittlichen Mitglieds dieser Gruppe zu beurteilen.

§ 3a Rechtsbruch. Unlauter handelt, wer einer gesetzlichen Vorschrift zuwiderhandelt, die auch dazu bestimmt ist, im Interesse der Marktteilnehmer das Marktverhalten zu regeln, und der Verstoß geeignet ist, die Interessen von Verbrauchern, sonstigen Marktteilnehmern oder Mitbewerbern spürbar zu beeinträchtigen.

§ 4 Mitbewerberschutz. Unlauter handelt, wer

1. die Kennzeichen, Waren, Dienstleistungen, Tätigkeiten oder persönlichen oder geschäftlichen Verhältnisse eines Mitbewerbers herabsetzt oder verunglimpft;
2. über die Waren, Dienstleistungen oder das Unternehmen eines Mitbewerbers oder über den Unternehmer oder ein Mitglied der Unternehmensleitung Tatsachen behauptet oder verbreitet, die geeignet sind, den Betrieb des Unternehmens oder den Kredit des Unternehmers zu schädigen, sofern die Tatsachen nicht erweislich wahr sind; handelt es sich um vertrauliche Mitteilungen und hat der Mitteilende oder der Empfänger der Mitteilung an ihr ein berechtigtes Interesse, so ist die Handlung nur dann unlauter, wenn die Tatsachen der Wahrheit zuwider behauptet oder verbreitet wurden;
3. Waren oder Dienstleistungen anbietet, die eine Nachahmung der Waren oder Dienstleistungen eines Mitbewerbers sind, wenn er
   a) eine vermeidbare Täuschung der Abnehmer über die betriebliche Herkunft herbeiführt,
   b) die Wertschätzung der nachgeahmten Ware oder Dienstleistung unangemessen ausnutzt oder beeinträchtigt oder
   c) die für die Nachahmung erforderlichen Kenntnisse oder Unterlagen unredlich erlangt hat;
4. Mitbewerber gezielt behindert.

§ 4a Aggressive geschäftliche Handlungen. (1) [1] Unlauter handelt, wer eine aggressive geschäftliche Handlung vornimmt, die geeignet ist, den Verbraucher oder sonstigen Marktteilnehmer zu einer geschäftlichen Entscheidung zu veranlassen, die dieser andernfalls nicht getroffen hätte. [2] Eine geschäftliche Handlung ist aggressiv, wenn sie im konkreten Fall unter Berücksichtigung aller

Umstände geeignet ist, die Entscheidungsfreiheit des Verbrauchers oder sonstigen Marktteilnehmers erheblich zu beeinträchtigen durch

1. Belästigung,
2. Nötigung einschließlich der Anwendung körperlicher Gewalt oder
3. unzulässige Beeinflussung.

[3] Eine unzulässige Beeinflussung liegt vor, wenn der Unternehmer eine Machtposition gegenüber dem Verbraucher oder sonstigen Marktteilnehmer zur Ausübung von Druck, auch ohne Anwendung oder Androhung von körperlicher Gewalt, in einer Weise ausnutzt, die die Fähigkeit des Verbrauchers oder sonstigen Marktteilnehmers zu einer informierten Entscheidung wesentlich einschränkt.

(2) [1] Bei der Feststellung, ob eine geschäftliche Handlung aggressiv im Sinne des Absatzes 1 Satz 2 ist, ist abzustellen auf

1. Zeitpunkt, Ort, Art oder Dauer der Handlung;
2. die Verwendung drohender oder beleidigender Formulierungen oder Verhaltensweisen;
3. die bewusste Ausnutzung von konkreten Unglückssituationen oder Umständen von solcher Schwere, dass sie das Urteilsvermögen des Verbrauchers oder sonstigen Marktteilnehmers beeinträchtigen, um dessen Entscheidung zu beeinflussen;
4. belastende oder unverhältnismäßige Hindernisse nichtvertraglicher Art, mit denen der Unternehmer den Verbraucher oder sonstigen Marktteilnehmer an der Ausübung seiner vertraglichen Rechte zu hindern versucht, wozu auch das Recht gehört, den Vertrag zu kündigen oder zu einer anderen Ware oder Dienstleistung oder einem anderen Unternehmer zu wechseln;
5. Drohungen mit rechtlich unzulässigen Handlungen.

[2] Zu den Umständen, die nach Nummer 3 zu berücksichtigen sind, zählen insbesondere geistige und körperliche Beeinträchtigungen, das Alter, die geschäftliche Unerfahrenheit, die Leichtgläubigkeit, die Angst und die Zwangslage von Verbrauchern.

§ 5 Irreführende geschäftliche Handlungen. (1) [1] Unlauter handelt, wer eine irreführende geschäftliche Handlung vornimmt, die geeignet ist, den Verbraucher oder sonstigen Marktteilnehmer zu einer geschäftlichen Entscheidung zu veranlassen, die er andernfalls nicht getroffen hätte. [2] Eine geschäftliche Handlung ist irreführend, wenn sie unwahre Angaben enthält oder sonstige zur Täuschung geeignete Angaben über folgende Umstände enthält:

1. die wesentlichen Merkmale der Ware oder Dienstleistung wie Verfügbarkeit, Art, Ausführung, Vorteile, Risiken, Zusammensetzung, Zubehör, Verfahren oder Zeitpunkt der Herstellung, Lieferung oder Erbringung, Zwecktauglichkeit, Verwendungsmöglichkeit, Menge, Beschaffenheit, Kundendienst und Beschwerdeverfahren, geographische oder betriebliche Herkunft, von der Verwendung zu erwartende Ergebnisse oder die Ergebnisse oder wesentlichen Bestandteile von Tests der Waren oder Dienstleistungen;
2. den Anlass des Verkaufs wie das Vorhandensein eines besonderen Preisvorteils, den Preis oder die Art und Weise, in der er berechnet wird, oder die

Bedingungen, unter denen die Ware geliefert oder die Dienstleistung erbracht wird;

3. die Person, Eigenschaften oder Rechte des Unternehmers wie Identität, Vermögen einschließlich der Rechte des geistigen Eigentums, den Umfang von Verpflichtungen, Befähigung, Status, Zulassung, Mitgliedschaften oder Beziehungen, Auszeichnungen oder Ehrungen, Beweggründe für die geschäftliche Handlung oder die Art des Vertriebs;
4. Aussagen oder Symbole, die im Zusammenhang mit direktem oder indirektem Sponsoring stehen oder sich auf eine Zulassung des Unternehmers oder der Waren oder Dienstleistungen beziehen;
5. die Notwendigkeit einer Leistung, eines Ersatzteils, eines Austauschs oder einer Reparatur;
6. die Einhaltung eines Verhaltenskodexes, auf den sich der Unternehmer verbindlich verpflichtet hat, wenn er auf diese Bindung hinweist, oder
7. Rechte des Verbrauchers, insbesondere solche auf Grund von Garantieversprechen oder Gewährleistungsrechte bei Leistungsstörungen.

(2) Eine geschäftliche Handlung ist auch irreführend, wenn sie im Zusammenhang mit der Vermarktung von Waren oder Dienstleistungen einschließlich vergleichender Werbung eine Verwechslungsgefahr mit einer anderen Ware oder Dienstleistung oder mit der Marke oder einem anderen Kennzeichen eines Mitbewerbers hervorruft.

(3) Angaben im Sinne von Absatz 1 Satz 2 sind auch Angaben im Rahmen vergleichender Werbung sowie bildliche Darstellungen und sonstige Veranstaltungen, die darauf zielen und geeignet sind, solche Angaben zu ersetzen.

(4) [1] Es wird vermutet, dass es irreführend ist, mit der Herabsetzung eines Preises zu werben, sofern der Preis nur für eine unangemessen kurze Zeit gefordert worden ist. [2] Ist streitig, ob und in welchem Zeitraum der Preis gefordert worden ist, so trifft die Beweislast denjenigen, der mit der Preisherabsetzung geworben hat.

§ 5a Irreführung durch Unterlassen. (1) Bei der Beurteilung, ob das Verschweigen einer Tatsache irreführend ist, sind insbesondere deren Bedeutung für die geschäftliche Entscheidung nach der Verkehrsauffassung sowie die Eignung des Verschweigens zur Beeinflussung der Entscheidung zu berücksichtigen.

(2) [1] Unlauter handelt, wer im konkreten Fall unter Berücksichtigung aller Umstände dem Verbraucher eine wesentliche Information vorenthält,

1. die der Verbraucher je nach den Umständen benötigt, um eine informierte geschäftliche Entscheidung zu treffen, und
2. deren Vorenthalten geeignet ist, den Verbraucher zu einer geschäftlichen Entscheidung zu veranlassen, die er andernfalls nicht getroffen hätte.

[2] Als Vorenthalten gilt auch

1. das Verheimlichen wesentlicher Informationen,
2. die Bereitstellung wesentlicher Informationen in unklarer, unverständlicher oder zweideutiger Weise,
3. die nicht rechtzeitige Bereitstellung wesentlicher Informationen.

(3) Werden Waren oder Dienstleistungen unter Hinweis auf deren Merkmale und Preis in einer dem verwendeten Kommunikationsmittel angemessenen Weise so angeboten, dass ein durchschnittlicher Verbraucher das Geschäft abschließen kann, gelten folgende Informationen als wesentlich im Sinne des Absatzes 2, sofern sie sich nicht unmittelbar aus den Umständen ergeben:

1. alle wesentlichen Merkmale der Ware oder Dienstleistung in dem dieser und dem verwendeten Kommunikationsmittel angemessenen Umfang;
2. die Identität und Anschrift des Unternehmers, gegebenenfalls die Identität und Anschrift des Unternehmers, für den er handelt;
3. der Gesamtpreis oder in Fällen, in denen ein solcher Preis auf Grund der Beschaffenheit der Ware oder Dienstleistung nicht im Voraus berechnet werden kann, die Art der Preisberechnung sowie gegebenenfalls alle zusätzlichen Fracht-, Liefer- und Zustellkosten oder in Fällen, in denen diese Kosten nicht im Voraus berechnet werden können, die Tatsache, dass solche zusätzlichen Kosten anfallen können;
4. Zahlungs-, Liefer- und Leistungsbedingungen sowie Verfahren zum Umgang mit Beschwerden, soweit sie von Erfordernissen der unternehmerischen Sorgfalt abweichen, und
5. das Bestehen eines Rechts zum Rücktritt oder Widerruf.

(4) Als wesentlich im Sinne des Absatzes 2 gelten auch Informationen, die dem Verbraucher auf Grund unionsrechtlicher Verordnungen oder nach Rechtsvorschriften zur Umsetzung unionsrechtlicher Richtlinien für kommerzielle Kommunikation einschließlich Werbung und Marketing nicht vorenthalten werden dürfen.

(5) Bei der Beurteilung, ob Informationen vorenthalten wurden, sind zu berücksichtigen:

1. räumliche oder zeitliche Beschränkungen durch das für die geschäftliche Handlung gewählte Kommunikationsmittel sowie
2. alle Maßnahmen des Unternehmers, um dem Verbraucher die Informationen auf andere Weise als durch das Kommunikationsmittel nach Nummer 1 zur Verfügung zu stellen.

(6) Unlauter handelt auch, wer den kommerziellen Zweck einer geschäftlichen Handlung nicht kenntlich macht, sofern sich dieser nicht unmittelbar aus den Umständen ergibt, und das Nichtkenntlichmachen geeignet ist, den Verbraucher zu einer geschäftlichen Entscheidung zu veranlassen, die er andernfalls nicht getroffen hätte.

§ 6 Vergleichende Werbung. (1) Vergleichende Werbung ist jede Werbung, die unmittelbar oder mittelbar einen Mitbewerber oder die von einem Mitbewerber angebotenen Waren oder Dienstleistungen erkennbar macht.

(2) Unlauter handelt, wer vergleichend wirbt, wenn der Vergleich

1. sich nicht auf Waren oder Dienstleistungen für den gleichen Bedarf oder dieselbe Zweckbestimmung bezieht,
2. nicht objektiv auf eine oder mehrere wesentliche, relevante, nachprüfbare und typische Eigenschaften oder den Preis dieser Waren oder Dienstleistungen bezogen ist,

3. im geschäftlichen Verkehr zu einer Gefahr von Verwechslungen zwischen dem Werbenden und einem Mitbewerber oder zwischen den von diesen angebotenen Waren oder Dienstleistungen oder den von ihnen verwendeten Kennzeichen führt,
4. den Ruf des von einem Mitbewerber verwendeten Kennzeichens in unlauterer Weise ausnutzt oder beeinträchtigt,
5. die Waren, Dienstleistungen, Tätigkeiten oder persönlichen oder geschäftlichen Verhältnisse eines Mitbewerbers herabsetzt oder verunglimpft oder
6. eine Ware oder Dienstleistung als Imitation oder Nachahmung einer unter einem geschützten Kennzeichen vertriebenen Ware oder Dienstleistung darstellt.

§ 7 Unzumutbare Belästigungen. (1) [1] Eine geschäftliche Handlung, durch die ein Marktteilnehmer in unzumutbarer Weise belästigt wird, ist unzulässig. [2] Dies gilt insbesondere für Werbung, obwohl erkennbar ist, dass der angesprochene Marktteilnehmer diese Werbung nicht wünscht.

(2) Eine unzumutbare Belästigung ist stets anzunehmen

1. bei Werbung unter Verwendung eines in den Nummern 2 und 3 nicht aufgeführten, für den Fernabsatz geeigneten Mittels der kommerziellen Kommunikation, durch die ein Verbraucher hartnäckig angesprochen wird, obwohl er dies erkennbar nicht wünscht;
2. bei Werbung mit einem Telefonanruf gegenüber einem Verbraucher ohne dessen vorherige ausdrückliche Einwilligung oder gegenüber einem sonstigen Marktteilnehmer ohne dessen zumindest mutmaßliche Einwilligung,
3. bei Werbung unter Verwendung einer automatischen Anrufmaschine, eines Faxgerätes oder elektronischer Post, ohne dass eine vorherige ausdrückliche Einwilligung des Adressaten vorliegt, oder
4. bei Werbung mit einer Nachricht,
   a) bei der die Identität des Absenders, in dessen Auftrag die Nachricht übermittelt wird, verschleiert oder verheimlicht wird oder
   b) bei der gegen § 6 Absatz 1 des Telemediengesetzes[1)] verstoßen wird oder in der der Empfänger aufgefordert wird, eine Website aufzurufen, die gegen diese Vorschrift verstößt, oder
   c) bei der keine gültige Adresse vorhanden ist, an die der Empfänger eine Aufforderung zur Einstellung solcher Nachrichten richten kann, ohne dass hierfür andere als die Übermittlungskosten nach den Basistarifen entstehen.

(3) Abweichend von Absatz 2 Nummer 3 ist eine unzumutbare Belästigung bei einer Werbung unter Verwendung elektronischer Post nicht anzunehmen, wenn

1. ein Unternehmer im Zusammenhang mit dem Verkauf einer Ware oder Dienstleistung von dem Kunden dessen elektronische Postadresse erhalten hat,

---

[1)] Nr. **21**.

2. der Unternehmer die Adresse zur Direktwerbung für eigene ähnliche Waren oder Dienstleistungen verwendet,
3. der Kunde der Verwendung nicht widersprochen hat und
4. der Kunde bei Erhebung der Adresse und bei jeder Verwendung klar und deutlich darauf hingewiesen wird, dass er der Verwendung jederzeit widersprechen kann, ohne dass hierfür andere als die Übermittlungskosten nach den Basistarifen entstehen.

Kapitel 2. Rechtsfolgen

§ 8 Beseitigung und Unterlassung. (1) [1] Wer eine nach § 3 oder § 7 unzulässige geschäftliche Handlung vornimmt, kann auf Beseitigung und bei Wiederholungsgefahr auf Unterlassung in Anspruch genommen werden. [2] Der Anspruch auf Unterlassung besteht bereits dann, wenn eine derartige Zuwiderhandlung gegen § 3 oder § 7 droht.

(2) Werden die Zuwiderhandlungen in einem Unternehmen von einem Mitarbeiter oder Beauftragten begangen, so sind der Unterlassungsanspruch und der Beseitigungsanspruch auch gegen den Inhaber des Unternehmens begründet.

(3) Die Ansprüche aus Absatz 1 stehen zu:
1. jedem Mitbewerber;
2. rechtsfähigen Verbänden zur Förderung gewerblicher oder selbständiger beruflicher Interessen, soweit ihnen eine erhebliche Zahl von Unternehmern angehört, die Waren oder Dienstleistungen gleicher oder verwandter Art auf demselben Markt vertreiben, wenn sie insbesondere nach ihrer personellen, sachlichen und finanziellen Ausstattung imstande sind, ihre satzungsmäßigen Aufgaben der Verfolgung gewerblicher oder selbständiger beruflicher Interessen tatsächlich wahrzunehmen und soweit die Zuwiderhandlung die Interessen ihrer Mitglieder berührt;
3. qualifizierten Einrichtungen, die nachweisen, dass sie in der Liste der qualifizierten Einrichtungen nach § 4 des Unterlassungsklagengesetzes[1)] oder in dem Verzeichnis der Europäischen Kommission nach Artikel 4 Absatz 3 der Richtlinie 2009/22/EG des Europäischen Parlaments und des Rates vom 23. April 2009 über Unterlassungsklagen zum Schutz der Verbraucherinteressen (ABl. L 110 vom 1.5.2009, S. 30) eingetragen sind;
4. den Industrie- und Handelskammern oder den Handwerkskammern.

(4) [1] Die Geltendmachung der in Absatz 1 bezeichneten Ansprüche ist unzulässig, wenn sie unter Berücksichtigung der gesamten Umstände missbräuchlich ist, insbesondere wenn sie vorwiegend dazu dient, gegen den Zuwiderhandelnden einen Anspruch auf Ersatz von Aufwendungen oder Kosten der Rechtsverfolgung entstehen zu lassen. [2] In diesen Fällen kann der Anspruchsgegner Ersatz der für seine Rechtsverteidigung erforderlichen Aufwendungen verlangen. [3] Weiter gehende Ersatzansprüche bleiben unberührt.

[1)] **dtv 5009 Wettbewerbsrecht und Kartellrecht Nr. 4.**

(5) [1] § 13 des Unterlassungsklagengesetzes ist entsprechend anzuwenden; in § 13 Absatz 1 und 3 Satz 2 des Unterlassungsklagengesetzes treten an die Stelle der dort aufgeführten Ansprüche nach dem Unterlassungsklagengesetz die Ansprüche nach dieser Vorschrift. [2] Im Übrigen findet das Unterlassungsklagengesetz keine Anwendung, es sei denn, es liegt ein Fall des § 4a des Unterlassungsklagengesetzes vor.

§ 9 Schadensersatz. [1] Wer vorsätzlich oder fahrlässig eine nach § 3 oder § 7 unzulässige geschäftliche Handlung vornimmt, ist den Mitbewerbern zum Ersatz des daraus entstehenden Schadens verpflichtet. [2] Gegen verantwortliche Personen von periodischen Druckschriften kann der Anspruch auf Schadensersatz nur bei einer vorsätzlichen Zuwiderhandlung geltend gemacht werden.

§ 10 Gewinnabschöpfung. (1) Wer vorsätzlich eine nach § 3 oder § 7 unzulässige geschäftliche Handlung vornimmt und hierdurch zu Lasten einer Vielzahl von Abnehmern einen Gewinn erzielt, kann von den gemäß § 8 Absatz 3 Nummer 2 bis 4 zur Geltendmachung eines Unterlassungsanspruchs Berechtigten auf Herausgabe dieses Gewinns an den Bundeshaushalt in Anspruch genommen werden.

(2) [1] Auf den Gewinn sind die Leistungen anzurechnen, die der Schuldner auf Grund der Zuwiderhandlung an Dritte oder an den Staat erbracht hat. [2] Soweit der Schuldner solche Leistungen erst nach Erfüllung des Anspruchs nach Absatz 1 erbracht hat, erstattet die zuständige Stelle des Bundes dem Schuldner den abgeführten Gewinn in Höhe der nachgewiesenen Zahlungen zurück.

(3) Beanspruchen mehrere Gläubiger den Gewinn, so gelten die §§ 428 bis 430 des Bürgerlichen Gesetzbuchs entsprechend.

(4) [1] Die Gläubiger haben der zuständigen Stelle des Bundes über die Geltendmachung von Ansprüchen nach Absatz 1 Auskunft zu erteilen. [2] Sie können von der zuständigen Stelle des Bundes Erstattung der für die Geltendmachung des Anspruchs erforderlichen Aufwendungen verlangen, soweit sie vom Schuldner keinen Ausgleich erlangen können. [3] Der Erstattungsanspruch ist auf die Höhe des an den Bundeshaushalt abgeführten Gewinns beschränkt.

(5) Zuständige Stelle im Sinn der Absätze 2 und 4 ist das Bundesamt für Justiz.

§ 11 Verjährung. (1) Die Ansprüche aus §§ 8, 9 und 12 Absatz 1 Satz 2 verjähren in sechs Monaten.

(2) Die Verjährungsfrist beginnt, wenn

1. der Anspruch entstanden ist und
2. der Gläubiger von den den Anspruch begründenden Umständen und der Person des Schuldners Kenntnis erlangt oder ohne grobe Fahrlässigkeit erlangen müsste.

(3) Schadensersatzansprüche verjähren ohne Rücksicht auf die Kenntnis oder grob fahrlässige Unkenntnis in zehn Jahren von ihrer Entstehung, spätestens in 30 Jahren von der den Schaden auslösenden Handlung an.

(4) Andere Ansprüche verjähren ohne Rücksicht auf die Kenntnis oder grob fahrlässige Unkenntnis in drei Jahren von der Entstehung an.

Kapitel 3. Verfahrensvorschriften

§ 12 Anspruchsdurchsetzung, Veröffentlichungsbefugnis, Streitwertminderung. (1) [1]Die zur Geltendmachung eines Unterlassungsanspruchs Berechtigten sollen den Schuldner vor der Einleitung eines gerichtlichen Verfahrens abmahnen und ihm Gelegenheit geben, den Streit durch Abgabe einer mit einer angemessenen Vertragsstrafe bewehrten Unterlassungsverpflichtung beizulegen. [2]Soweit die Abmahnung berechtigt ist, kann der Ersatz der erforderlichen Aufwendungen verlangt werden.

(2) Zur Sicherung der in diesem Gesetz bezeichneten Ansprüche auf Unterlassung können einstweilige Verfügungen auch ohne die Darlegung und Glaubhaftmachung der in den §§ 935 und 940 der Zivilprozessordnung bezeichneten Voraussetzungen erlassen werden.

(3) [1]Ist auf Grund dieses Gesetzes Klage auf Unterlassung erhoben worden, so kann das Gericht der obsiegenden Partei die Befugnis zusprechen, das Urteil auf Kosten der unterliegenden Partei öffentlich bekannt zu machen, wenn sie ein berechtigtes Interesse dartut. [2]Art und Umfang der Bekanntmachung werden im Urteil bestimmt. [3]Die Befugnis erlischt, wenn von ihr nicht innerhalb von drei Monaten nach Eintritt der Rechtskraft Gebrauch gemacht worden ist. [4]Der Ausspruch nach Satz 1 ist nicht vorläufig vollstreckbar.

(4) [1]Macht eine Partei in Rechtsstreitigkeiten, in denen durch Klage ein Anspruch aus einem der in diesem Gesetz geregelten Rechtsverhältnisse geltend gemacht wird, glaubhaft, dass die Belastung mit den Prozesskosten nach dem vollen Streitwert ihre wirtschaftliche Lage erheblich gefährden würde, so kann das Gericht auf ihren Antrag anordnen, dass die Verpflichtung dieser Partei zur Zahlung von Gerichtskosten sich nach einem ihrer Wirtschaftslage angepassten Teil des Streitwerts bemisst. [2]Die Anordnung hat zur Folge, dass

1. die begünstigte Partei die Gebühren ihres Rechtsanwalts ebenfalls nur nach diesem Teil des Streitwerts zu entrichten hat,
2. die begünstigte Partei, soweit ihr Kosten des Rechtsstreits auferlegt werden oder soweit sie diese übernimmt, die von dem Gegner entrichteten Gerichtsgebühren und die Gebühren seines Rechtsanwalts nur nach dem Teil des Streitwerts zu erstatten hat und
3. der Rechtsanwalt der begünstigten Partei, soweit die außergerichtlichen Kosten dem Gegner auferlegt oder von ihm übernommen werden, seine Gebühren von dem Gegner nach dem für diesen geltenden Streitwert beitreiben kann.

(5) [1]Der Antrag nach Absatz 4 kann vor der Geschäftsstelle des Gerichts zur Niederschrift erklärt werden. [2]Er ist vor der Verhandlung zur Hauptsache anzubringen. [3]Danach ist er nur zulässig, wenn der angenommene oder festgesetzte Streitwert später durch das Gericht heraufgesetzt wird. [4]Vor der Entscheidung über den Antrag ist der Gegner zu hören.

§ 13 Sachliche Zuständigkeit. (1) [1]Für alle bürgerlichen Rechtsstreitigkeiten, mit denen ein Anspruch auf Grund dieses Gesetzes geltend gemacht wird, sind die Landgerichte ausschließlich zuständig. [2]Es gilt § 95 Absatz 1 Nummer 5 des Gerichtsverfassungsgesetzes.

(2) [1] Die Landesregierungen werden ermächtigt, durch Rechtsverordnung für die Bezirke mehrerer Landgerichte eines von ihnen als Gericht für Wettbewerbsstreitsachen zu bestimmen, wenn dies der Rechtspflege in Wettbewerbsstreitsachen, insbesondere der Sicherung einer einheitlichen Rechtsprechung, dienlich ist. [2] Die Landesregierungen können die Ermächtigung auf die Landesjustizverwaltungen übertragen.

§ 14 Örtliche Zuständigkeit. (1) [1] Für Klagen auf Grund dieses Gesetzes ist das Gericht zuständig, in dessen Bezirk der Beklagte seine gewerbliche oder selbständige berufliche Niederlassung oder in Ermangelung einer solchen seinen Wohnsitz hat. [2] Hat der Beklagte auch keinen Wohnsitz, so ist sein inländischer Aufenthaltsort maßgeblich.

(2) [1] Für Klagen auf Grund dieses Gesetzes ist außerdem nur das Gericht zuständig, in dessen Bezirk die Handlung begangen ist. [2] Satz 1 gilt für Klagen, die von den nach § 8 Absatz 3 Nummer 2 bis 4 zur Geltendmachung eines Unterlassungsanspruchs Berechtigten erhoben werden, nur dann, wenn der Beklagte im Inland weder eine gewerbliche oder selbständige berufliche Niederlassung noch einen Wohnsitz hat.

§ 15 Einigungsstellen. (1) Die Landesregierungen errichten bei Industrie- und Handelskammern Einigungsstellen zur Beilegung von bürgerlichen Rechtsstreitigkeiten, in denen ein Anspruch auf Grund dieses Gesetzes geltend gemacht wird (Einigungsstellen).

(2) [1] Die Einigungsstellen sind mit einer vorsitzenden Person, die die Befähigung zum Richteramt nach dem Deutschen Richtergesetz hat, und beisitzenden Personen zu besetzen. [2] Als beisitzende Personen werden im Falle einer Anrufung durch eine nach § 8 Absatz 3 Nummer 3 zur Geltendmachung eines Unterlassungsanspruchs berechtigte qualifizierte Einrichtung Unternehmer und Verbraucher in gleicher Anzahl tätig, sonst mindestens zwei sachverständige Unternehmer. [3] Die vorsitzende Person soll auf dem Gebiet des Wettbewerbsrechts erfahren sein. [4] Die beisitzenden Personen werden von der vorsitzenden Person für den jeweiligen Streitfall aus einer alljährlich für das Kalenderjahr aufzustellenden Liste berufen. [5] Die Berufung soll im Einvernehmen mit den Parteien erfolgen. [6] Für die Ausschließung und Ablehnung von Mitgliedern der Einigungsstelle sind die § 41 bis 43 und § 44 Absatz 2 bis 4 der Zivilprozessordnung entsprechend anzuwenden. [7] Über das Ablehnungsgesuch entscheidet das für den Sitz der Einigungsstelle zuständige Landgericht (Kammer für Handelssachen oder, falls es an einer solchen fehlt, Zivilkammer).

(3) [1] Die Einigungsstellen können bei bürgerlichen Rechtsstreitigkeiten, in denen ein Anspruch auf Grund dieses Gesetzes geltend gemacht wird, angerufen werden, wenn der Gegner zustimmt. [2] Soweit die Wettbewerbshandlungen Verbraucher betreffen, können die Einigungsstellen von jeder Partei zu einer Aussprache mit dem Gegner über den Streitfall angerufen werden; einer Zustimmung des Gegners bedarf es nicht.

(4) Für die Zuständigkeit der Einigungsstellen ist § 14 entsprechend anzuwenden.

(5) [1] Die der Einigungsstelle vorsitzende Person kann das persönliche Erscheinen der Parteien anordnen. [2] Gegen eine unentschuldigt ausbleibende Partei kann die Einigungsstelle ein Ordnungsgeld festsetzen. [3] Gegen die An-

ordnung des persönlichen Erscheinens und gegen die Festsetzung des Ordnungsgeldes findet die sofortige Beschwerde nach den Vorschriften der Zivilprozessordnung an das für den Sitz der Einigungsstelle zuständige Landgericht (Kammer für Handelssachen oder, falls es an einer solchen fehlt, Zivilkammer) statt.

(6) [1] Die Einigungsstelle hat einen gütlichen Ausgleich anzustreben. [2] Sie kann den Parteien einen schriftlichen, mit Gründen versehenen Einigungsvorschlag machen. [3] Der Einigungsvorschlag und seine Begründung dürfen nur mit Zustimmung der Parteien veröffentlicht werden.

(7) [1] Kommt ein Vergleich zustande, so muss er in einem besonderen Schriftstück niedergelegt und unter Angabe des Tages seines Zustandekommens von den Mitgliedern der Einigungsstelle, welche in der Verhandlung mitgewirkt haben, sowie von den Parteien unterschrieben werden. [2] Aus einem vor der Einigungsstelle geschlossenen Vergleich findet die Zwangsvollstreckung statt; § 797a der Zivilprozessordnung ist entsprechend anzuwenden.

(8) Die Einigungsstelle kann, wenn sie den geltend gemachten Anspruch von vornherein für unbegründet oder sich selbst für unzuständig erachtet, die Einleitung von Einigungsverhandlungen ablehnen.

(9) [1] Durch die Anrufung der Einigungsstelle wird die Verjährung in gleicher Weise wie durch Klageerhebung gehemmt. [2] Kommt ein Vergleich nicht zustande, so ist der Zeitpunkt, zu dem das Verfahren beendet ist, von der Einigungsstelle festzustellen. [3] Die vorsitzende Person hat dies den Parteien mitzuteilen.

(10) [1] Ist ein Rechtsstreit der in Absatz 3 Satz 2 bezeichneten Art ohne vorherige Anrufung der Einigungsstelle anhängig gemacht worden, so kann das Gericht auf Antrag den Parteien unter Anberaumung eines neuen Termins aufgeben, vor diesem Termin die Einigungsstelle zur Herbeiführung eines gütlichen Ausgleichs anzurufen. [2] In dem Verfahren über den Antrag auf Erlass einer einstweiligen Verfügung ist diese Anordnung nur zulässig, wenn der Gegner zustimmt. [3] Absatz 8 ist nicht anzuwenden. [4] Ist ein Verfahren vor der Einigungsstelle anhängig, so ist eine erst nach Anrufung der Einigungsstelle erhobene Klage des Antragsgegners auf Feststellung, dass der geltend gemachte Anspruch nicht bestehe, nicht zulässig.

(11) [1] Die Landesregierungen werden ermächtigt, durch Rechtsverordnung die zur Durchführung der vorstehenden Bestimmungen und zur Regelung des Verfahrens vor den Einigungsstellen erforderlichen Vorschriften zu erlassen, insbesondere über die Aufsicht über die Einigungsstellen, über ihre Besetzung unter angemessener Beteiligung der nicht den Industrie- und Handelskammern angehörenden *Unternehmern*[1)] (§ 2 Abs. 2 bis 6 des Gesetzes zur vorläufigen Regelung des Rechts der Industrie- und Handelskammern in der im Bundesgesetzblatt Teil III, Gliederungsnummer 701-1, veröffentlichten bereinigten Fassung), und über die Vollstreckung von Ordnungsgeldern, sowie Bestimmungen über die Erhebung von Auslagen durch die Einigungsstelle zu treffen. [2] Bei der Besetzung der Einigungsstellen sind die Vorschläge der für ein Bundesland errichteten, mit öffentlichen Mitteln geförderten Verbraucherzentralen zur Bestimmung der in Absatz 2 Satz 2 genannten Verbraucher zu berücksichtigen.

[1)] Richtig wohl: „Unternehmer".

(12) Abweichend von Absatz 2 Satz 1 kann in den Ländern Brandenburg, Mecklenburg-Vorpommern, Sachsen, Sachsen-Anhalt und Thüringen die Einigungsstelle auch mit einem Rechtskundigen als Vorsitzendem besetzt werden, der die Befähigung zum Berufsrichter nach dem Recht der Deutschen Demokratischen Republik erworben hat.

Kapitel 4. Straf- und Bußgeldvorschriften

§ 16 Strafbare Werbung. (1) Wer in der Absicht, den Anschein eines besonders günstigen Angebots hervorzurufen, in öffentlichen Bekanntmachungen oder in Mitteilungen, die für einen größeren Kreis von Personen bestimmt sind, durch unwahre Angaben irreführend wirbt, wird mit Freiheitsstrafe bis zu zwei Jahren oder mit Geldstrafe bestraft.

(2) Wer es im geschäftlichen Verkehr unternimmt, Verbraucher zur Abnahme von Waren, Dienstleistungen oder Rechten durch das Versprechen zu veranlassen, sie würden entweder vom Veranstalter selbst oder von einem Dritten besondere Vorteile erlangen, wenn sie andere zum Abschluss gleichartiger Geschäfte veranlassen, die ihrerseits nach der Art dieser Werbung derartige Vorteile für eine entsprechende Werbung weiterer Abnehmer erlangen sollen, wird mit Freiheitsstrafe bis zu zwei Jahren oder mit Geldstrafe bestraft.

§§ 17–19 *(aufgehoben)*

§ 20 Bußgeldvorschriften. (1) Ordnungswidrig handelt, wer vorsätzlich oder fahrlässig entgegen § 7 Absatz 1

1. in Verbindung mit § 7 Absatz 2 Nummer 2 mit einem Telefonanruf oder
2. in Verbindung mit § 7 Absatz 2 Nummer 3 unter Verwendung einer automatischen Anrufmaschine

gegenüber einem Verbraucher ohne dessen vorherige ausdrückliche Einwilligung wirbt.

(2) Die Ordnungswidrigkeit kann mit einer Geldbuße bis zu dreihunderttausend Euro geahndet werden.

(3) Verwaltungsbehörde im Sinne des § 36 Absatz 1 Nummer 1 des Gesetzes über Ordnungswidrigkeiten ist die Bundesnetzagentur für Elektrizität, Gas, Telekommunikation, Post und Eisenbahnen.

Anhang
(zu § 3 Absatz 3)

Unzulässige geschäftliche Handlungen im Sinne des § 3 Absatz 3 sind

1. die unwahre Angabe eines Unternehmers, zu den Unterzeichnern eines Verhaltenskodexes zu gehören;
2. die Verwendung von Gütezeichen, Qualitätskennzeichen oder Ähnlichem ohne die erforderliche Genehmigung;
3. die unwahre Angabe, ein Verhaltenskodex sei von einer öffentlichen oder anderen Stelle gebilligt;
4. die unwahre Angabe, ein Unternehmer, eine von ihm vorgenommene geschäftliche Handlung oder eine Ware oder Dienstleistung sei von einer öffentlichen oder privaten Stelle bestätigt, gebilligt oder genehmigt worden, oder die unwahre Angabe, den Bedingungen für die Bestätigung, Billigung oder Genehmigung werde entsprochen;
5. Waren- oder Dienstleistungsangebote im Sinne des § 5a Abs. 3 zu einem bestimmten Preis, wenn der Unternehmer nicht darüber aufklärt, dass er hinreichende Gründe für die Annahme hat, er werde nicht in der Lage sein, diese oder gleichartige Waren oder Dienstleistungen für einen angemessenen Zeitraum in angemessener Menge zum genannten Preis bereitzustellen oder bereitstellen zu lassen (Lockangebote). Ist die Bevorratung kürzer als zwei Tage, obliegt es dem Unternehmer, die Angemessenheit nachzuweisen;
6. Waren- oder Dienstleistungsangebote im Sinne des § 5a Abs. 3 zu einem bestimmten Preis, wenn der Unternehmer sodann in der Absicht, stattdessen eine andere Ware oder Dienstleistung abzusetzen, eine fehlerhafte Ausführung der Ware oder Dienstleistung vorführt oder sich weigert zu zeigen, was er beworben hat, oder sich weigert, Bestellungen dafür anzunehmen oder die beworbene Leistung innerhalb einer vertretbaren Zeit zu erbringen;
7. die unwahre Angabe, bestimmte Waren oder Dienstleistungen seien allgemein oder zu bestimmten Bedingungen nur für einen sehr begrenzten Zeitraum verfügbar, um den Verbraucher zu einer sofortigen geschäftlichen Entscheidung zu veranlassen, ohne dass dieser Zeit und Gelegenheit hat, sich auf Grund von Informationen zu entscheiden;
8. Kundendienstleistungen in einer anderen Sprache als derjenigen, in der die Verhandlungen vor dem Abschluss des Geschäfts geführt worden sind, wenn die ursprünglich verwendete Sprache nicht Amtssprache des Mitgliedstaats ist, in dem der Unternehmer niedergelassen ist; dies gilt nicht, soweit Verbraucher vor dem Abschluss des Geschäfts darüber aufgeklärt werden, dass diese Leistungen in einer anderen als der ursprünglich verwendeten Sprache erbracht werden;
9. die unwahre Angabe oder das Erwecken des unzutreffenden Eindrucks, eine Ware oder Dienstleistung sei verkehrsfähig;
10. die unwahre Angabe oder das Erwecken des unzutreffenden Eindrucks, gesetzlich bestehende Rechte stellten eine Besonderheit des Angebots dar;
11. der vom Unternehmer finanzierte Einsatz redaktioneller Inhalte zu Zwecken der Verkaufsförderung, ohne dass sich dieser Zusammenhang aus dem Inhalt oder aus der Art der optischen oder akustischen Darstellung eindeutig ergibt (als Information getarnte Werbung);
12. unwahre Angaben über Art und Ausmaß einer Gefahr für die persönliche Sicherheit des Verbrauchers oder seiner Familie für den Fall, dass er die angebotene Ware nicht erwirbt oder die angebotene Dienstleistung nicht in Anspruch nimmt;
13. Werbung für eine Ware oder Dienstleistung, die der Ware oder Dienstleistung eines bestimmten Herstellers ähnlich ist, wenn dies in der Absicht geschieht, über die betriebliche Herkunft der beworbenen Ware oder Dienstleistung zu täuschen;
14. die Einführung, der Betrieb oder die Förderung eines Systems zur Verkaufsförderung, bei dem vom Verbraucher ein finanzieller Beitrag für die Möglichkeit verlangt wird, allein oder hauptsächlich durch die Einführung weiterer Teilnehmer in das System eine Vergütung zu erlangen (Schneeball- oder Pyramidensystem);
15. die unwahre Angabe, der Unternehmer werde demnächst sein Geschäft aufgeben oder seine Geschäftsräume verlegen;
16. die Angabe, durch eine bestimmte Ware oder Dienstleistung ließen sich die Gewinnchancen bei einem Glücksspiel erhöhen;
17. die unwahre Angabe oder das Erwecken des unzutreffenden Eindrucks, der Verbraucher habe bereits einen Preis gewonnen oder werde ihn gewinnen oder werde durch eine bestimmte Hand-

lung einen Preis gewinnen oder einen sonstigen Vorteil erlangen, wenn es einen solchen Preis oder Vorteil tatsächlich nicht gibt, oder wenn jedenfalls die Möglichkeit, einen Preis oder sonstigen Vorteil zu erlangen, von der Zahlung eines Geldbetrags oder der Übernahme von Kosten abhängig gemacht wird;

18. die unwahre Angabe, eine Ware oder Dienstleistung könne Krankheiten, Funktionsstörungen oder Missbildungen heilen;
19. eine unwahre Angabe über die Marktbedingungen oder Bezugsquellen, um den Verbraucher dazu zu bewegen, eine Ware oder Dienstleistung zu weniger günstigen Bedingungen als den allgemeinen Marktbedingungen abzunehmen oder in Anspruch zu nehmen;
20. das Angebot eines Wettbewerbs oder Preisausschreibens, wenn weder die in Aussicht gestellten Preise noch ein angemessenes Äquivalent vergeben werden;
21. das Angebot einer Ware oder Dienstleistung als „gratis", „umsonst", „kostenfrei" oder dergleichen, wenn hierfür gleichwohl Kosten zu tragen sind; dies gilt nicht für Kosten, die im Zusammenhang mit dem Eingehen auf das Waren- oder Dienstleistungsangebot oder für die Abholung oder Lieferung der Ware oder die Inanspruchnahme der Dienstleistung unvermeidbar sind;
22. die Übermittlung von Werbematerial unter Beifügung einer Zahlungsaufforderung, wenn damit der unzutreffende Eindruck vermittelt wird, die beworbene Ware oder Dienstleistung sei bereits bestellt;
23. die unwahre Angabe oder das Erwecken des unzutreffenden Eindrucks, der Unternehmer sei Verbraucher oder nicht für Zwecke seines Geschäfts, Handels, Gewerbes oder Berufs tätig;
24. die unwahre Angabe oder das Erwecken des unzutreffenden Eindrucks, es sei im Zusammenhang mit Waren oder Dienstleistungen in einem anderen Mitgliedstaat der Europäischen Union als dem des Warenverkaufs oder der Dienstleistung ein Kundendienst verfügbar;
25. das Erwecken des Eindrucks, der Verbraucher könne bestimmte Räumlichkeiten nicht ohne vorherigen Vertragsabschluss verlassen;
26. bei persönlichem Aufsuchen in der Wohnung die Nichtbeachtung einer Aufforderung des Besuchten, diese zu verlassen oder nicht zu ihr zurückzukehren, es sein denn, der Besuch ist zur rechtmäßigen Durchsetzung einer vertraglichen Verpflichtung gerechtfertigt;
27. Maßnahmen, durch die der Verbraucher von der Durchsetzung seiner vertraglichen Rechte aus einem Versicherungsverhältnis dadurch abgehalten werden soll, dass von ihm bei der Geltendmachung seines Anspruchs die Vorlage von Unterlagen verlangt wird, die zum Nachweis dieses Anspruchs nicht erforderlich sind, oder dass Schreiben zur Geltendmachung eines solchen Anspruchs systematisch nicht beantwortet werden;
28. die in eine Werbung einbezogene unmittelbare Aufforderung an Kinder, selbst die beworbene Ware zu erwerben oder die beworbene Dienstleistung in Anspruch zu nehmen oder ihre Eltern oder andere Erwachsene dazu zu veranlassen;
29. die Aufforderung zur Bezahlung nicht bestellter, aber gelieferter Waren oder erbrachter Dienstleistungen oder eine Aufforderung zur Rücksendung oder Aufbewahrung nicht bestellter Sachen und
30. die ausdrückliche Angabe, dass der Arbeitsplatz oder Lebensunterhalt des Unternehmers gefährdet sei, wenn der Verbraucher die Ware oder Dienstleistung nicht abnehme.

40. Gesetz gegen Wettbewerbsbeschränkungen (GWB)[1]

In der Fassung der Bekanntmachung vom 26. Juni 2013[2]
(BGBl. I S. 1750, ber. S. 3245)

FNA 703-5

zuletzt geänd. durch Art. 10 G zur Einführung einer zivilprozessualen Musterfeststellungsklage v. 12.7.2018 (BGBl. I S. 1151)

– Auszug –

Teil 1. Wettbewerbsbeschränkungen

Kapitel 1. Wettbewerbsbeschränkende Vereinbarungen, Beschlüsse und abgestimmte Verhaltensweisen

§ 1 Verbot wettbewerbsbeschränkender Vereinbarungen. Vereinbarungen zwischen Unternehmen, Beschlüsse von Unternehmensvereinigungen und aufeinander abgestimmte Verhaltensweisen, die eine Verhinderung, Einschränkung oder Verfälschung des Wettbewerbs bezwecken oder bewirken, sind verboten.

§ 2 Freigestellte Vereinbarungen. (1) Vom Verbot des § 1 freigestellt sind Vereinbarungen zwischen Unternehmen, Beschlüsse von Unternehmensvereinigungen oder aufeinander abgestimmte Verhaltensweisen, die unter angemessener Beteiligung der Verbraucher an dem entstehenden Gewinn zur Verbesserung der Warenerzeugung oder -verteilung oder zur Förderung des technischen oder wirtschaftlichen Fortschritts beitragen, ohne dass den beteiligten Unternehmen

1. Beschränkungen auferlegt werden, die für die Verwirklichung dieser Ziele nicht unerlässlich sind, oder
2. Möglichkeiten eröffnet werden, für einen wesentlichen Teil der betreffenden Waren den Wettbewerb auszuschalten.

(2) [1] Bei der Anwendung von Absatz 1 gelten die Verordnungen des Rates oder der Europäischen Kommission über die Anwendung von Artikel 101 Absatz 3 des Vertrages über die Arbeitsweise der Europäischen Union auf bestimmte Gruppen von Vereinbarungen, Beschlüsse von Unternehmensvereinigungen und aufeinander abgestimmte Verhaltensweisen (Gruppenfreistellungsverordnungen) entsprechend. [2] Dies gilt auch, soweit die dort genannten Vereinbarungen, Beschlüsse und Verhaltensweisen nicht geeignet sind, den

---

[1] Siehe hierzu ua:
Bek. gemäß § 106 Abs. 3 GWB v. 18.4.2016 (BAnz AT 27.04.2016 B1),
Bek. gemäß § 106 Abs. 3 GWB ab 1.1.2018 v. 20.12.2017 (BAnz AT 29.12.2017 B1),
Bek. der Liste der obersten und oberen Bundesbehörden sowie der vergleichbaren Einrichtungen gemäß § 106 Abs. 2 Nr. 1 GWB nach Geschäftsbereich, die den niedrigeren Schwellenwert anwenden v. 18.6.2019 (BAnz AT 01.07.2019 B1).

[2] Neubekanntmachung des GWB idF der Bek. v. 15.7.2005 (BGBl. I S. 2114, ber. 2009 S. 3850) in der ab 30.6.2013 geltenden Fassung.

Handel zwischen den Mitgliedstaaten der Europäischen Union zu beeinträchtigen.

§ 3 Mittelstandskartelle. Vereinbarungen zwischen miteinander im Wettbewerb stehenden Unternehmen und Beschlüsse von Unternehmensvereinigungen, die die Rationalisierung wirtschaftlicher Vorgänge durch zwischenbetriebliche Zusammenarbeit zum Gegenstand haben, erfüllen die Voraussetzungen des § 2 Absatz 1, wenn

1. dadurch der Wettbewerb auf dem Markt nicht wesentlich beeinträchtigt wird und
2. die Vereinbarung oder der Beschluss dazu dient, die Wettbewerbsfähigkeit kleiner oder mittlerer Unternehmen zu verbessern.

§§ 4 bis 17 (weggefallen)

Kapitel 2. Marktbeherrschung, sonstiges wettbewerbsbeschränkendes Verhalten

§ 18 Marktbeherrschung. (1) Ein Unternehmen ist marktbeherrschend, soweit es als Anbieter oder Nachfrager einer bestimmten Art von Waren oder gewerblichen Leistungen auf dem sachlich und räumlich relevanten Markt

1. ohne Wettbewerber ist,
2. keinem wesentlichen Wettbewerb ausgesetzt ist oder
3. eine im Verhältnis zu seinen Wettbewerbern überragende Marktstellung hat.

(2) Der räumlich relevante Markt kann weiter sein als der Geltungsbereich dieses Gesetzes.

(2a) Der Annahme eines Marktes steht nicht entgegen, dass eine Leistung unentgeltlich erbracht wird.

(3) Bei der Bewertung der Marktstellung eines Unternehmens im Verhältnis zu seinen Wettbewerbern ist insbesondere Folgendes zu berücksichtigen:

1. sein Marktanteil,
2. seine Finanzkraft,
3. sein Zugang zu den Beschaffungs- oder Absatzmärkten,
4. Verflechtungen mit anderen Unternehmen,
5. rechtliche oder tatsächliche Schranken für den Marktzutritt anderer Unternehmen,
6. der tatsächliche oder potenzielle Wettbewerb durch Unternehmen, die innerhalb oder außerhalb des Geltungsbereichs dieses Gesetzes ansässig sind,
7. die Fähigkeit, sein Angebot oder seine Nachfrage auf andere Waren oder gewerbliche Leistungen umzustellen, sowie
8. die Möglichkeit der Marktgegenseite, auf andere Unternehmen auszuweichen.

(3a) Insbesondere bei mehrseitigen Märkten und Netzwerken sind bei der Bewertung der Marktstellung eines Unternehmens auch zu berücksichtigen:

1. direkte und indirekte Netzwerkeffekte,

2. die parallele Nutzung mehrerer Dienste und der Wechselaufwand für die Nutzer,
3. seine Größenvorteile im Zusammenhang mit Netzwerkeffekten,
4. sein Zugang zu wettbewerbsrelevanten Daten,
5. innovationsgetriebener Wettbewerbsdruck.

(4) Es wird vermutet, dass ein Unternehmen marktbeherrschend ist, wenn es einen Marktanteil von mindestens 40 Prozent hat.

(5) Zwei oder mehr Unternehmen sind marktbeherrschend, soweit
1. zwischen ihnen für eine bestimmte Art von Waren oder gewerblichen Leistungen ein wesentlicher Wettbewerb nicht besteht und
2. sie in ihrer Gesamtheit die Voraussetzungen des Absatzes 1 erfüllen.

(6) Eine Gesamtheit von Unternehmen gilt als marktbeherrschend, wenn sie
1. aus drei oder weniger Unternehmen besteht, die zusammen einen Marktanteil von 50 Prozent erreichen, oder
2. aus fünf oder weniger Unternehmen besteht, die zusammen einen Marktanteil von zwei Dritteln erreichen.

(7) Die Vermutung des Absatzes 6 kann widerlegt werden, wenn die Unternehmen nachweisen, dass
1. die Wettbewerbsbedingungen zwischen ihnen wesentlichen Wettbewerb erwarten lassen oder
2. die Gesamtheit der Unternehmen im Verhältnis zu den übrigen Wettbewerbern keine überragende Marktstellung hat.

(8) Das Bundesministerium für Wirtschaft und Energie berichtet den gesetzgebenden Körperschaften nach Ablauf von drei Jahren nach Inkrafttreten der Regelungen in den Absätzen 2a und 3a über die Erfahrungen mit den Vorschriften.

§ 19 Verbotenes Verhalten von marktbeherrschenden Unternehmen.

(1) Die missbräuchliche Ausnutzung einer marktbeherrschenden Stellung durch ein oder mehrere Unternehmen ist verboten.

(2) Ein Missbrauch liegt insbesondere vor, wenn ein marktbeherrschendes Unternehmen als Anbieter oder Nachfrager einer bestimmten Art von Waren oder gewerblichen Leistungen
1. ein anderes Unternehmen unmittelbar oder mittelbar unbillig behindert oder ohne sachlich gerechtfertigten Grund unmittelbar oder mittelbar anders behandelt als gleichartige Unternehmen;
2. Entgelte oder sonstige Geschäftsbedingungen fordert, die von denjenigen abweichen, die sich bei wirksamem Wettbewerb mit hoher Wahrscheinlichkeit ergeben würden; hierbei sind insbesondere die Verhaltensweisen von Unternehmen auf vergleichbaren Märkten mit wirksamem Wettbewerb zu berücksichtigen;
3. ungünstigere Entgelte oder sonstige Geschäftsbedingungen fordert, als sie das marktbeherrschende Unternehmen selbst auf vergleichbaren Märkten von gleichartigen Abnehmern fordert, es sei denn, dass der Unterschied sachlich gerechtfertigt ist;

4. sich weigert, einem anderen Unternehmen gegen angemessenes Entgelt Zugang zu den eigenen Netzen oder anderen Infrastruktureinrichtungen zu gewähren, wenn es dem anderen Unternehmen aus rechtlichen oder tatsächlichen Gründen ohne die Mitbenutzung nicht möglich ist, auf dem vor- oder nachgelagerten Markt als Wettbewerber des marktbeherrschenden Unternehmens tätig zu werden; dies gilt nicht, wenn das marktbeherrschende Unternehmen nachweist, dass die Mitbenutzung aus betriebsbedingten oder sonstigen Gründen nicht möglich oder nicht zumutbar ist;
5. andere Unternehmen dazu auffordert, ihm ohne sachlich gerechtfertigten Grund Vorteile zu gewähren; hierbei ist insbesondere zu berücksichtigen, ob die Aufforderung für das andere Unternehmen nachvollziehbar begründet ist und ob der geforderte Vorteil in einem angemessenen Verhältnis zum Grund der Forderung steht.

(3) [1] Absatz 1 in Verbindung mit Absatz 2 Nummer 1 und Nummer 5 gilt auch für Vereinigungen von miteinander im Wettbewerb stehenden Unternehmen im Sinne der §§ 2, 3 und 28 Absatz 1, § 30 Absatz 2a, 2b und § 31 Absatz 1 Nummer 1, 2 und 4. [2] Absatz 1 in Verbindung mit Absatz 2 Nummer 1 gilt auch für Unternehmen, die Preise nach § 28 Absatz 2 oder § 30 Absatz 1 Satz 1 oder § 31 Absatz 1 Nummer 3 binden.

§ 20 Verbotenes Verhalten von Unternehmen mit relativer oder überlegener Marktmacht. (1) [1] § 19 Absatz 1 in Verbindung mit Absatz 2 Nummer 1 gilt auch für Unternehmen und Vereinigungen von Unternehmen, soweit von ihnen kleine oder mittlere Unternehmen als Anbieter oder Nachfrager einer bestimmten Art von Waren oder gewerblichen Leistungen in der Weise abhängig sind, dass ausreichende und zumutbare Möglichkeiten, auf andere Unternehmen auszuweichen, nicht bestehen (relative Marktmacht). [2] Es wird vermutet, dass ein Anbieter einer bestimmten Art von Waren oder gewerblichen Leistungen von einem Nachfrager abhängig im Sinne des Satzes 1 ist, wenn dieser Nachfrager bei ihm zusätzlich zu den verkehrsüblichen Preisnachlässen oder sonstigen Leistungsentgelten regelmäßig besondere Vergünstigungen erlangt, die gleichartigen Nachfragern nicht gewährt werden.

(2) § 19 Absatz 1 in Verbindung mit Absatz 2 Nummer 5 gilt auch für Unternehmen und Vereinigungen von Unternehmen im Verhältnis zu den von ihnen abhängigen Unternehmen.

(3) [1] Unternehmen mit gegenüber kleinen und mittleren Wettbewerbern überlegener Marktmacht dürfen ihre Marktmacht nicht dazu ausnutzen, solche Wettbewerber unmittelbar oder mittelbar unbillig zu behindern. [2] Eine unbillige Behinderung im Sinne des Satzes 1 liegt insbesondere vor, wenn ein Unternehmen

1. Lebensmittel im Sinne des § 2 Absatz 2 des Lebensmittel- und Futtermittelgesetzbuches unter Einstandspreis oder
2. andere Waren oder gewerbliche Leistungen nicht nur gelegentlich unter Einstandspreis oder
3. von kleinen oder mittleren Unternehmen, mit denen es auf dem nachgelagerten Markt beim Vertrieb von Waren oder gewerblichen Leistungen im Wettbewerb steht, für deren Lieferung einen höheren Preis fordert, als es selbst auf diesem Markt

anbietet, es sei denn, dies ist jeweils sachlich gerechtfertigt. [3] Einstandspreis im Sinne des Satzes 2 ist der zwischen dem Unternehmen mit überlegener Marktmacht und seinem Lieferanten vereinbarte Preis für die Beschaffung der Ware oder Leistung, auf den allgemein gewährte und im Zeitpunkt des Angebots bereits mit hinreichender Sicherheit feststehende Bezugsvergünstigungen anteilig angerechnet werden, soweit nicht für bestimmte Waren oder Leistungen ausdrücklich etwas anderes vereinbart ist. [4] Das Anbieten von Lebensmitteln unter Einstandspreis ist sachlich gerechtfertigt, wenn es geeignet ist, den Verderb oder die drohende Unverkäuflichkeit der Waren beim Händler durch rechtzeitigen Verkauf zu verhindern sowie in vergleichbar schwerwiegenden Fällen. [5] Werden Lebensmittel an gemeinnützige Einrichtungen zur Verwendung im Rahmen ihrer Aufgaben abgegeben, liegt keine unbillige Behinderung vor.

(4) Ergibt sich auf Grund bestimmter Tatsachen nach allgemeiner Erfahrung der Anschein, dass ein Unternehmen seine Marktmacht im Sinne des Absatzes 3 ausgenutzt hat, so obliegt es diesem Unternehmen, den Anschein zu widerlegen und solche anspruchsbegründenden Umstände aus seinem Geschäftsbereich aufzuklären, deren Aufklärung dem betroffenen Wettbewerber oder einem Verband nach § 33 Absatz 4 nicht möglich, dem in Anspruch genommenen Unternehmen aber leicht möglich und zumutbar ist.

(5) Wirtschafts- und Berufsvereinigungen sowie Gütezeichengemeinschaften dürfen die Aufnahme eines Unternehmens nicht ablehnen, wenn die Ablehnung eine sachlich nicht gerechtfertigte ungleiche Behandlung darstellen und zu einer unbilligen Benachteiligung des Unternehmens im Wettbewerb führen würde.

§ 21 Boykottverbot, Verbot sonstigen wettbewerbsbeschränkenden Verhaltens. (1) Unternehmen und Vereinigungen von Unternehmen dürfen nicht ein anderes Unternehmen oder Vereinigungen von Unternehmen in der Absicht, bestimmte Unternehmen unbillig zu beeinträchtigen, zu Liefersperren oder Bezugssperren auffordern.

(2) Unternehmen und Vereinigungen von Unternehmen dürfen anderen Unternehmen keine Nachteile androhen oder zufügen und keine Vorteile versprechen oder gewähren, um sie zu einem Verhalten zu veranlassen, das nach folgenden Vorschriften nicht zum Gegenstand einer vertraglichen Bindung gemacht werden darf:

1. nach diesem Gesetz,
2. nach Artikel 101 oder 102 des Vertrages über die Arbeitsweise der Europäischen Union oder
3. nach einer Verfügung der Europäischen Kommission oder der Kartellbehörde, die auf Grund dieses Gesetzes oder auf Grund der Artikel 101 oder 102 des Vertrages über die Arbeitsweise der Europäischen Union ergangen ist.

(3) Unternehmen und Vereinigungen von Unternehmen dürfen andere Unternehmen nicht zwingen,

1. einer Vereinbarung oder einem Beschluss im Sinne der §§ 2, 3, 28 Absatz 1 oder § 30 Absatz 2a oder Absatz 2b beizutreten oder
2. sich mit anderen Unternehmen im Sinne des § 37 zusammenzuschließen oder

3. in der Absicht, den Wettbewerb zu beschränken, sich im Markt gleichförmig zu verhalten.

(4) Es ist verboten, einem anderen wirtschaftlichen Nachteil zuzufügen, weil dieser ein Einschreiten der Kartellbehörde beantragt oder angeregt hat.

Kapitel 3. Anwendung des europäischen Wettbewerbsrechts

§ 22 Verhältnis dieses Gesetzes zu den Artikeln 101 und 102 des Vertrages über die Arbeitsweise der Europäischen Union. (1) [1] Auf Vereinbarungen zwischen Unternehmen, Beschlüsse von Unternehmensvereinigungen und aufeinander abgestimmte Verhaltensweisen im Sinne des Artikels 101 Absatz 1 des Vertrages über die Arbeitsweise der Europäischen Union, die den Handel zwischen den Mitgliedstaaten der Europäischen Union im Sinne dieser Bestimmung beeinträchtigen können, können auch die Vorschriften dieses Gesetzes angewandt werden. [2] Ist dies der Fall, ist daneben gemäß Artikel 3 Absatz 1 Satz 1 der Verordnung (EG) Nr. 1/2003[1)] des Rates vom 16. Dezember 2002 zur Durchführung der in den Artikeln 81 und 82 des Vertrages niedergelegten Wettbewerbsregeln (ABl. EG 2003 Nr. L 1 S. 1) auch Artikels 101 des Vertrages über die Arbeitsweise der Europäischen Union anzuwenden.

(2) [1] Die Anwendung der Vorschriften dieses Gesetzes darf gemäß Artikel 3 Absatz 2 Satz 1 der Verordnung (EG) Nr. 1/2003 nicht zum Verbot von Vereinbarungen zwischen Unternehmen, Beschlüssen von Unternehmensvereinigungen und aufeinander abgestimmten Verhaltensweisen führen, welche zwar den Handel zwischen den Mitgliedstaaten der Europäischen Union zu beeinträchtigen geeignet sind, aber

1. den Wettbewerb im Sinne des Artikels 101 Absatz 1 des Vertrages über die Arbeitsweise der Europäischen Union nicht beschränken oder
2. die Bedingungen des Artikels 101 Absatz 3 des Vertrages über die Arbeitsweise der Europäischen Union erfüllen oder
3. durch eine Verordnung zur Anwendung des Artikels 101 Absatz 3 des Vertrages über die Arbeitsweise der Europäischen Union erfasst sind.

[2] Die Vorschriften des Kapitels 2 bleiben unberührt. [3] In anderen Fällen richtet sich der Vorrang von Artikel 101 des Vertrages über die Arbeitsweise der Europäischen Union nach dem insoweit maßgeblichen Recht der Europäischen Union.

(3) [1] Auf Handlungen, die einen nach Artikel 102 des Vertrages über die Arbeitsweise der Europäischen Union verbotenen Missbrauch darstellen, können auch die Vorschriften dieses Gesetzes angewandt werden. [2] Ist dies der Fall, ist daneben gemäß Artikel 3 Absatz 1 Satz 2 der Verordnung (EG) Nr. 1/2003 auch Artikel 102 des Vertrages über die Arbeitsweise der Europäischen Union anzuwenden. [3] Die Anwendung weitergehender Vorschriften dieses Gesetzes bleibt unberührt.

(4) [1] Die Absätze 1 bis 3 gelten unbeschadet des Rechts der Europäischen Union nicht, soweit die Vorschriften über die Zusammenschlusskontrolle ange-

---

[1)] **dtv 5009 Wettbewerbsrecht und Kartellrecht Nr. 16.**

wandt werden. [2]Vorschriften, die überwiegend ein von den Artikeln 101 und 102 des Vertrages über die Arbeitsweise der Europäischen Union abweichendes Ziel verfolgen, bleiben von den Vorschriften dieses Abschnitts unberührt.

§ 23 (weggefallen)

Kapitel 4. Wettbewerbsregeln

§ 24 Begriff, Antrag auf Anerkennung. (1) Wirtschafts- und Berufsvereinigungen können für ihren Bereich Wettbewerbsregeln aufstellen.

(2) Wettbewerbsregeln sind Bestimmungen, die das Verhalten von Unternehmen im Wettbewerb regeln zu dem Zweck, einem den Grundsätzen des lauteren oder der Wirksamkeit eines leistungsgerechten Wettbewerbs zuwiderlaufenden Verhalten im Wettbewerb entgegenzuwirken und ein diesen Grundsätzen entsprechendes Verhalten im Wettbewerb anzuregen.

(3) Wirtschafts- und Berufsvereinigungen können bei der Kartellbehörde die Anerkennung von Wettbewerbsregeln beantragen.

(4) [1]Der Antrag auf Anerkennung von Wettbewerbsregeln hat zu enthalten:

1. Name, Rechtsform und Anschrift der Wirtschafts- oder Berufsvereinigung;
2. Name und Anschrift der Person, die sie vertritt;
3. die Angabe des sachlichen und örtlichen Anwendungsbereichs der Wettbewerbsregeln;
4. den Wortlaut der Wettbewerbsregeln.

[2]Dem Antrag sind beizufügen:

1. die Satzung der Wirtschafts- oder Berufsvereinigung;
2. der Nachweis, dass die Wettbewerbsregeln satzungsmäßig aufgestellt sind;
3. eine Aufstellung von außenstehenden Wirtschafts- oder Berufsvereinigungen und Unternehmen der gleichen Wirtschaftsstufe sowie der Lieferanten- und Abnehmervereinigungen und der Bundesorganisationen der beteiligten Wirtschaftsstufen des betreffenden Wirtschaftszweiges.

[3]In dem Antrag dürfen keine unrichtigen oder unvollständigen Angaben gemacht oder benutzt werden, um für den Antragsteller oder einen anderen die Anerkennung einer Wettbewerbsregel zu erschleichen.

(5) Änderungen und Ergänzungen anerkannter Wettbewerbsregeln sind der Kartellbehörde mitzuteilen.

§ 25 Stellungnahme Dritter. [1]Die Kartellbehörde hat nichtbeteiligten Unternehmen der gleichen Wirtschaftsstufe, Wirtschafts- und Berufsvereinigungen der durch die Wettbewerbsregeln betroffenen Lieferanten und Abnehmer sowie den Bundesorganisationen der beteiligten Wirtschaftsstufen Gelegenheit zur Stellungnahme zu geben. [2]Gleiches gilt für Verbraucherzentralen und andere Verbraucherverbände, die mit öffentlichen Mitteln gefördert werden, wenn die Interessen der Verbraucher erheblich berührt sind. [3]Die Kartellbehörde kann eine öffentliche mündliche Verhandlung über den Antrag auf Anerkennung durchführen, in der es jedermann freisteht, Einwendungen gegen die Anerkennung zu erheben.

§ 26 Anerkennung. (1) [1]Die Anerkennung erfolgt durch Verfügung der Kartellbehörde. [2]Sie hat zum Inhalt, dass die Kartellbehörde von den ihr nach Kapitel 6 zustehenden Befugnissen keinen Gebrauch machen wird.

(2) Soweit eine Wettbewerbsregel gegen das Verbot des § 1 verstößt und nicht nach den §§ 2 und 3 freigestellt ist oder andere Bestimmungen dieses Gesetzes, des Gesetzes gegen den unlauteren Wettbewerb[1)] oder eine andere Rechtsvorschrift verletzt, hat die Kartellbehörde den Antrag auf Anerkennung abzulehnen.

(3) Wirtschafts- und Berufsvereinigungen haben die Außerkraftsetzung von ihnen aufgestellter, anerkannter Wettbewerbsregeln der Kartellbehörde mitzuteilen.

(4) Die Kartellbehörde hat die Anerkennung zurückzunehmen oder zu widerrufen, wenn sie nachträglich feststellt, dass die Voraussetzungen für die Ablehnung der Anerkennung nach Absatz 2 vorliegen.

§ 27 Veröffentlichung von Wettbewerbsregeln, Bekanntmachungen.

(1) Anerkannte Wettbewerbsregeln sind im Bundesanzeiger zu veröffentlichen.

(2) Im Bundesanzeiger sind bekannt zu machen
1. die Anträge nach § 24 Absatz 3;
2. die Anberaumung von Terminen zur mündlichen Verhandlung nach § 25 Satz 3;
3. die Anerkennung von Wettbewerbsregeln, ihrer Änderungen und Ergänzungen;
4. die Ablehnung der Anerkennung nach § 26 Absatz 2, die Rücknahme oder der Widerruf der Anerkennung von Wettbewerbsregeln nach § 26 Absatz 4.

(3) Mit der Bekanntmachung der Anträge nach Absatz 2 Nummer 1 ist darauf hinzuweisen, dass die Wettbewerbsregeln, deren Anerkennung beantragt ist, bei der Kartellbehörde zur öffentlichen Einsichtnahme ausgelegt sind.

(4) Soweit die Anträge nach Absatz 2 Nummer 1 zur Anerkennung führen, genügt für die Bekanntmachung der Anerkennung eine Bezugnahme auf die Bekanntmachung der Anträge.

(5) Die Kartellbehörde erteilt zu anerkannten Wettbewerbsregeln, die nicht nach Absatz 1 veröffentlicht worden sind, auf Anfrage Auskunft über die Angaben nach § 24 Absatz 4 Satz 1.

Kapitel 5. Sonderregeln für bestimmte Wirtschaftsbereiche

§ 28 Landwirtschaft. (1) [1]§ 1 gilt nicht für Vereinbarungen von landwirtschaftlichen Erzeugerbetrieben sowie für Vereinbarungen und Beschlüsse von Vereinigungen von landwirtschaftlichen Erzeugerbetrieben und Vereinigungen von solchen Erzeugervereinigungen über
1. die Erzeugung oder den Absatz landwirtschaftlicher Erzeugnisse oder
2. die Benutzung gemeinschaftlicher Einrichtungen für die Lagerung, Be- oder Verarbeitung landwirtschaftlicher Erzeugnisse,

---

1) Nr. **39**.

sofern sie keine Preisbindung enthalten und den Wettbewerb nicht ausschließen. [2] Als landwirtschaftliche Erzeugerbetriebe gelten auch Pflanzen- und Tierzuchtbetriebe und die auf der Stufe dieser Betriebe tätigen Unternehmen.

(2) Für vertikale Preisbindungen, die die Sortierung, Kennzeichnung oder Verpackung von landwirtschaftlichen Erzeugnissen betreffen, gilt § 1 nicht.

(3) Landwirtschaftliche Erzeugnisse sind die in Anhang I des Vertrages über die Arbeitsweise der Europäischen Union aufgeführten Erzeugnisse sowie die durch Be- oder Verarbeitung dieser Erzeugnisse gewonnenen Waren, deren Be- oder Verarbeitung durch landwirtschaftliche Erzeugerbetriebe oder ihre Vereinigungen durchgeführt zu werden pflegt.

§ 29 Energiewirtschaft. [1] Einem Unternehmen ist es verboten, als Anbieter von Elektrizität oder leitungsgebundenem Gas (Versorgungsunternehmen) auf einem Markt, auf dem es allein oder zusammen mit anderen Versorgungsunternehmen eine marktbeherrschende Stellung hat, diese Stellung missbräuchlich auszunutzen, indem es

1. Entgelte oder sonstige Geschäftsbedingungen fordert, die ungünstiger sind als diejenigen anderer Versorgungsunternehmen oder von Unternehmen auf vergleichbaren Märkten, es sei denn, das Versorgungsunternehmen weist nach, dass die Abweichung sachlich gerechtfertigt ist, wobei die Umkehr der Darlegungs- und Beweislast nur in Verfahren vor den Kartellbehörden gilt, oder
2. Entgelte fordert, die die Kosten in unangemessener Weise überschreiten.

[2] Kosten, die sich ihrem Umfang nach im Wettbewerb nicht einstellen würden, dürfen bei der Feststellung eines Missbrauchs im Sinne des Satzes 1 nicht berücksichtigt werden. [3] Die §§ 19 und 20 bleiben unberührt.

§ 30 Presse[1)]. (1) [1] § 1 gilt nicht für vertikale Preisbindungen, durch die ein Unternehmen, das Zeitungen oder Zeitschriften herstellt, die Abnehmer dieser Erzeugnisse rechtlich oder wirtschaftlich bindet, bei der Weiterveräußerung bestimmte Preise zu vereinbaren oder ihren Abnehmern die gleiche Bindung bis zur Weiterveräußerung an den letzten Verbraucher aufzuerlegen. [2] Zu Zeitungen und Zeitschriften zählen auch Produkte, die Zeitungen oder Zeitschriften reproduzieren oder substituieren und bei Würdigung der Gesamtumstände als überwiegend verlagstypisch anzusehen sind, sowie kombinierte Produkte, bei denen eine Zeitung oder eine Zeitschrift im Vordergrund steht.

(2) [1] Vereinbarungen der in Absatz 1 bezeichneten Art sind, soweit sie Preise und Preisbestandteile betreffen, schriftlich abzufassen. [2] Es genügt, wenn die Beteiligten Urkunden unterzeichnen, die auf eine Preisliste oder auf Preismitteilungen Bezug nehmen. [3] § 126 Absatz 2 des Bürgerlichen Gesetzbuchs[2)] findet keine Anwendung.

(2a) [1] § 1 gilt nicht für Branchenvereinbarungen zwischen Vereinigungen von Unternehmen, die nach Absatz 1 Preise für Zeitungen oder Zeitschriften binden (Presseverlage), einerseits und Vereinigungen von deren Abnehmern, die im Preis gebundene Zeitungen und Zeitschriften mit Remissionsrecht

---

[1)] Beachte hierzu auch G über die Preisbindung für Bücher (Buchpreisbindungsgesetz) v. 2.9.2002 (BGBl. I S. 3448), zuletzt geänd. durch G v. 31.7.2016 (BGBl. I S. 1937).

[2)] Nr. **15**.

beziehen und mit Remissionsrecht an Letztveräußerer verkaufen (Presse-Grossisten), andererseits für die von diesen Vereinigungen jeweils vertretenen Unternehmen, soweit in diesen Branchenvereinbarungen der flächendeckende und diskriminierungsfreie Vertrieb von Zeitungs- und Zeitschriftensortimenten durch die Presse-Grossisten, insbesondere dessen Voraussetzungen und dessen Vergütungen sowie die dadurch abgegoltenen Leistungen geregelt sind. [2] Insoweit sind die in Satz 1 genannten Vereinigungen und die von ihnen jeweils vertretenen Presseverlage und Presse-Grossisten zur Sicherstellung eines flächendeckenden und diskriminierungsfreien Vertriebs von Zeitungen und Zeitschriften im stationären Einzelhandel im Sinne von Artikel 106 Absatz 2 des Vertrages über die Arbeitsweise der Europäischen Union mit Dienstleistungen von allgemeinem wirtschaftlichem Interesse betraut. [3] Die §§ 19 und 20 bleiben unberührt.

(2b) [1] § 1 gilt nicht für Vereinbarungen zwischen Zeitungs- oder Zeitschriftenverlagen über eine verlagswirtschaftliche Zusammenarbeit, soweit die Vereinbarung den Beteiligten ermöglicht, ihre wirtschaftliche Basis für den intermedialen Wettbewerb zu stärken. [2] Satz 1 gilt nicht für eine Zusammenarbeit im redaktionellen Bereich. [3] Die Unternehmen haben auf Antrag einen Anspruch auf eine Entscheidung der Kartellbehörde nach § 32c, wenn

1. bei einer Vereinbarung nach Satz 1 die Voraussetzungen für ein Verbot nach Artikel 101 Absatz 1 des Vertrages über die Arbeitsweise der Europäischen Union nach den der Kartellbehörde vorliegenden Erkenntnissen nicht gegeben sind und
2. die Antragsteller ein erhebliches rechtliches und wirtschaftliches Interesse an dieser Entscheidung haben.

[4] Die §§ 19 und 20 bleiben unberührt.

(3) [1] Das Bundeskartellamt kann von Amts wegen oder auf Antrag eines gebundenen Abnehmers die Preisbindung für unwirksam erklären und die Anwendung einer neuen gleichartigen Preisbindung verbieten, wenn

1. die Preisbindung missbräuchlich gehandhabt wird oder
2. die Preisbindung oder ihre Verbindung mit anderen Wettbewerbsbeschränkungen geeignet ist, die gebundenen Waren zu verteuern oder ein Sinken ihrer Preise zu verhindern oder ihre Erzeugung oder ihren Absatz zu beschränken.

[2] Soweit eine Branchenvereinbarung nach Absatz 2a oder eine Vereinbarung nach Absatz 2b einen Missbrauch der Freistellung darstellt, kann das Bundeskartellamt diese ganz oder teilweise für unwirksam erklären.

(4) Das Bundesministerium für Wirtschaft und Energie berichtet den gesetzgebenden Körperschaften nach Ablauf von fünf Jahren nach Inkrafttreten der Regelung in den Absätzen 2b und 3 Satz 2 über die Erfahrungen mit der Vorschrift.

§ 31 Verträge der Wasserwirtschaft. (1) Das Verbot wettbewerbsbeschränkender Vereinbarungen nach § 1 gilt nicht für Verträge von Unternehmen der öffentlichen Versorgung mit Wasser (Wasserversorgungsunternehmen) mit

1. anderen Wasserversorgungsunternehmen oder mit Gebietskörperschaften, soweit sich damit ein Vertragsbeteiligter verpflichtet, in einem bestimmten

Gebiet eine öffentliche Wasserversorgung über feste Leitungswege zu unterlassen;

2. Gebietskörperschaften, soweit sich damit eine Gebietskörperschaft verpflichtet, die Verlegung und den Betrieb von Leitungen auf oder unter öffentlichen Wegen für eine bestehende oder beabsichtigte unmittelbare öffentliche Wasserversorgung von Letztverbrauchern im Gebiet der Gebietskörperschaft ausschließlich einem Versorgungsunternehmen zu gestatten;
3. Wasserversorgungsunternehmen der Verteilungsstufe, soweit sich damit ein Wasserversorgungsunternehmen der Verteilungsstufe verpflichtet, seine Abnehmer mit Wasser über feste Leitungswege nicht zu ungünstigeren Preisen oder Bedingungen zu versorgen, als sie das zuliefernde Wasserversorgungsunternehmen seinen vergleichbaren Abnehmern gewährt;
4. anderen Wasserversorgungsunternehmen, soweit sie zu dem Zweck abgeschlossen sind, bestimmte Versorgungsleistungen über feste Leitungswege einem oder mehreren Versorgungsunternehmen ausschließlich zur Durchführung der öffentlichen Versorgung zur Verfügung zu stellen.

(2) Verträge nach Absatz 1 sowie ihre Änderungen und Ergänzungen bedürfen der Schriftform.

(3) Durch Verträge nach Absatz 1 oder die Art ihrer Durchführung darf die durch die Freistellung von den Vorschriften dieses Gesetzes erlangte Stellung im Markt nicht missbraucht werden.

(4) Ein Missbrauch liegt insbesondere vor, wenn

1. das Marktverhalten eines Wasserversorgungsunternehmens den Grundsätzen zuwiderläuft, die für das Marktverhalten von Unternehmen bei wirksamem Wettbewerb bestimmend sind, oder
2. ein Wasserversorgungsunternehmen von seinen Abnehmern ungünstigere Preise oder Geschäftsbedingungen fordert als gleichartige Wasserversorgungsunternehmen, es sei denn, das Wasserversorgungsunternehmen weist nach, dass der Unterschied auf abweichenden Umständen beruht, die ihm nicht zurechenbar sind, oder
3. ein Wasserversorgungsunternehmen Entgelte fordert, die die Kosten in unangemessener Weise überschreiten; anzuerkennen sind die Kosten, die bei einer rationellen Betriebsführung anfallen.

(5) Ein Missbrauch liegt nicht vor, wenn ein Wasserversorgungsunternehmen sich insbesondere aus technischen oder hygienischen Gründen weigert, mit einem anderen Unternehmen Verträge über die Einspeisung von Wasser in sein Versorgungsnetz abzuschließen, und eine damit verbundene Entnahme (Durchleitung) verweigert.

§ 31a Wasserwirtschaft, Meldepflicht. (1) [1] Verträge nach § 31 Absatz 1 Nummer 1, 2 und 4 sowie ihre Änderungen und Ergänzungen bedürfen zu ihrer Wirksamkeit der vollständigen Anmeldung bei der Kartellbehörde. [2] Bei der Anmeldung sind für jedes beteiligte Unternehmen anzugeben:

1. Firma oder sonstige Bezeichnung,
2. Ort der Niederlassung oder Sitz,
3. Rechtsform und Anschrift sowie

4. Name und Anschrift des bestellten Vertreters oder des sonstigen Bevollmächtigten, bei juristischen Personen des gesetzlichen Vertreters.

(2) Die Beendigung oder Aufhebung der in § 31 Absatz 1 Nummer 1, 2 und 4 genannten Verträge ist der Kartellbehörde mitzuteilen.

§ 31b Wasserwirtschaft, Aufgaben und Befugnisse der Kartellbehörde, Sanktionen. (1) Die Kartellbehörde erteilt zu den nach § 31 Absatz 1 Nummer 1, 2 und 4 freigestellten Verträgen auf Anfrage Auskunft über

1. Angaben nach § 31a und
2. den wesentlichen Inhalt der Verträge und Beschlüsse, insbesondere Angaben über den Zweck, über die beabsichtigten Maßnahmen und über Geltungsdauer, Kündigung, Rücktritt und Austritt.

(2) Die Kartellbehörde erlässt Verfügungen nach diesem Gesetz, die die öffentliche Versorgung mit Wasser über feste Leitungswege betreffen, im Benehmen mit der Fachaufsichtsbehörde.

(3) Die Kartellbehörde kann in Fällen des Missbrauchs nach § 31 Absatz 3

1. die beteiligten Unternehmen verpflichten, einen beanstandeten Missbrauch abzustellen,
2. die beteiligten Unternehmen verpflichten, die Verträge oder Beschlüsse zu ändern, oder
3. die Verträge und Beschlüsse für unwirksam erklären.

(4) Bei einer Entscheidung über eine Maßnahme nach Absatz 3 berücksichtigt die Kartellbehörde Sinn und Zweck der Freistellung und insbesondere das Ziel einer möglichst sicheren und preisgünstigen Versorgung.

(5) Absatz 3 gilt entsprechend, soweit ein Wasserversorgungsunternehmen eine marktbeherrschende Stellung innehat.

(6) § 19 bleibt unberührt.

Kapitel 6. Befugnisse der Kartellbehörden, Schadensersatz und Vorteilsabschöpfung

Abschnitt 1. Befugnisse der Kartellbehörden

§ 32 Abstellung und nachträgliche Feststellung von Zuwiderhandlungen. (1) Die Kartellbehörde kann Unternehmen oder Vereinigungen von Unternehmen verpflichten, eine Zuwiderhandlung gegen eine Vorschrift dieses Teils oder gegen Artikel 101 oder 102 des Vertrages über die Arbeitsweise der Europäischen Union abzustellen.

(2) [1] Sie kann ihnen hierzu alle erforderlichen Abhilfemaßnahmen verhaltensorientierter oder struktureller Art vorschreiben, die gegenüber der festgestellten Zuwiderhandlung verhältnismäßig und für eine wirksame Abstellung der Zuwiderhandlung erforderlich sind. [2] Abhilfemaßnahmen struktureller Art können nur in Ermangelung einer verhaltensorientierten Abhilfemaßnahme von gleicher Wirksamkeit festgelegt werden, oder wenn letztere im Vergleich zu Abhilfemaßnahmen struktureller Art mit einer größeren Belastung für die beteiligten Unternehmen verbunden wäre.

(2a) [1] In der Abstellungsverfügung kann die Kartellbehörde eine Rückerstattung der aus dem kartellrechtswidrigen Verhalten erwirtschafteten Vorteile anordnen. [2] Die in den erwirtschafteten Vorteilen enthaltenen Zinsvorteile können geschätzt werden. [3] Nach Ablauf der in der Abstellungsverfügung bestimmten Frist für die Rückerstattung sind die bis zu diesem Zeitpunkt erwirtschafteten Vorteile entsprechend § 288 Absatz 1 Satz 2 und § 289 Satz 1 des Bürgerlichen Gesetzbuchs[1)] zu verzinsen.

(3) Soweit ein berechtigtes Interesse besteht, kann die Kartellbehörde auch eine Zuwiderhandlung feststellen, nachdem diese beendet ist.

§ 32a Einstweilige Maßnahmen. (1) Die Kartellbehörde kann in dringenden Fällen, wenn die Gefahr eines ernsten, nicht wieder gutzumachenden Schadens für den Wettbewerb besteht, von Amts wegen einstweilige Maßnahmen anordnen.

(2) [1] Die Anordnung gemäß Absatz 1 ist zu befristen. [2] Die Frist kann verlängert werden. [3] Sie soll insgesamt ein Jahr nicht überschreiten.

§ 32b Verpflichtungszusagen. (1) [1] Bieten Unternehmen im Rahmen eines Verfahrens nach § 30 Absatz 3, § 31b Absatz 3 oder § 32 an, Verpflichtungen einzugehen, die geeignet sind, die ihnen von der Kartellbehörde nach vorläufiger Beurteilung mitgeteilten Bedenken auszuräumen, so kann die Kartellbehörde für diese Unternehmen die Verpflichtungszusagen durch Verfügung für bindend erklären. [2] Die Verfügung hat zum Inhalt, dass die Kartellbehörde vorbehaltlich des Absatzes 2 von ihren Befugnissen nach den § 30 Absatz 3, § 31b Absatz 3, §§ 32 und 32a keinen Gebrauch machen wird. [3] Sie kann befristet werden.

(2) Die Kartellbehörde kann die Verfügung nach Absatz 1 aufheben und das Verfahren wieder aufnehmen, wenn

1. sich die tatsächlichen Verhältnisse in einem für die Verfügung wesentlichen Punkt nachträglich geändert haben,
2. die beteiligten Unternehmen ihre Verpflichtungen nicht einhalten oder
3. die Verfügung auf unvollständigen, unrichtigen oder irreführenden Angaben der Parteien beruht.

§ 32c Kein Anlass zum Tätigwerden. [1] Sind die Voraussetzungen für ein Verbot nach den §§ 1, 19 bis 21 und 29, nach Artikel 101 Absatz 1 oder Artikel 102 des Vertrages über die Arbeitsweise der Europäischen Union nach den der Kartellbehörde vorliegenden Erkenntnissen nicht gegeben, so kann sie entscheiden, dass für sie kein Anlass besteht, tätig zu werden. [2] Die Entscheidung hat zum Inhalt, dass die Kartellbehörde vorbehaltlich neuer Erkenntnisse von ihren Befugnissen nach den §§ 32 und 32a keinen Gebrauch machen wird. [3] Sie hat keine Freistellung von einem Verbot im Sinne des Satzes 1 zum Inhalt.

§ 32d Entzug der Freistellung. Haben Vereinbarungen, Beschlüsse von Unternehmensvereinigungen oder aufeinander abgestimmte Verhaltensweisen, die unter eine Gruppenfreistellungsverordnung fallen, in einem Einzelfall Wirkungen, die mit § 2 Absatz 1 oder mit Artikel 101 Absatz 3 des Vertrages über

---

[1)] Nr. **15**.

die Arbeitsweise der Europäischen Union unvereinbar sind und auf einem Gebiet im Inland auftreten, das alle Merkmale eines gesonderten räumlichen Marktes aufweist, so kann die Kartellbehörde den Rechtsvorteil der Gruppenfreistellung in diesem Gebiet entziehen.

§ 32e Untersuchungen einzelner Wirtschaftszweige und einzelner Arten von Vereinbarungen. (1) Lassen starre Preise oder andere Umstände vermuten, dass der Wettbewerb im Inland möglicherweise eingeschränkt oder verfälscht ist, können das Bundeskartellamt und die obersten Landesbehörden die Untersuchung eines bestimmten Wirtschaftszweiges oder – Sektor übergreifend – einer bestimmten Art von Vereinbarungen durchführen.

(2) [1] Im Rahmen dieser Untersuchung können das Bundeskartellamt und die obersten Landesbehörden die zur Anwendung der Vorschriften dieses Teils oder des Artikels 101 oder 102 des Vertrages über die Arbeitsweise der Europäischen Union erforderlichen Ermittlungen durchführen. [2] Sie können dabei von den betreffenden Unternehmen und Vereinigungen Auskünfte verlangen, insbesondere die Unterrichtung über sämtliche Vereinbarungen, Beschlüsse und aufeinander abgestimmte Verhaltensweisen.

(3) Das Bundeskartellamt und die obersten Landesbehörden können einen Bericht über die Ergebnisse der Untersuchung nach Absatz 1 veröffentlichen und Dritte um Stellungnahme bitten.

(4) § 49 Absatz 1 sowie die §§ 57, 59 und 61 gelten entsprechend.

(5) [1] Die Absätze 1 bis 3 gelten entsprechend bei begründetem Verdacht des Bundeskartellamts auf erhebliche, dauerhafte oder wiederholte Verstöße gegen verbraucherrechtliche Vorschriften, die nach ihrer Art oder ihrem Umfang die Interessen einer Vielzahl von Verbraucherinnen und Verbrauchern beeinträchtigen. [2] Dies gilt nicht, wenn die Durchsetzung der Vorschriften nach Satz 1 in die Zuständigkeit anderer Bundesbehörden fällt. [3] Absatz 4 gilt mit der Maßgabe, dass die Regelungen zum Betreten von Räumlichkeiten der Betroffenen zum Zweck der Einsichtnahme und Prüfung von Unterlagen gemäß § 59 Absatz 1 Satz 1 Nummer 3, den Absätzen 2 und 3 sowie die Regelungen zu Durchsuchungen nach § 59 Absatz 4 keine Anwendung finden.

(6) Der Anspruch auf Ersatz der Aufwendungen einer Abmahnung nach § 12 Absatz 1 Satz 2 des Gesetzes gegen den unlauteren Wettbewerb[1)] ist ab der Veröffentlichung eines Abschlussberichts über eine Sektoruntersuchung nach Absatz 5 für vier Monate ausgeschlossen.

Abschnitt 2. Schadensersatz und Vorteilsabschöpfung

§ 33 Beseitigungs- und Unterlassungsanspruch. (1) Wer gegen eine Vorschrift dieses Teils oder gegen Artikel 101 oder 102 des Vertrages über die Arbeitsweise der Europäischen Union verstößt (Rechtsverletzer) oder wer gegen eine Verfügung der Kartellbehörde verstößt, ist gegenüber dem Betroffenen zur Beseitigung der Beeinträchtigung und bei Wiederholungsgefahr zur Unterlassung verpflichtet.

(2) Der Unterlassungsanspruch besteht bereits dann, wenn eine Zuwiderhandlung droht.

[1)] Nr. **39**.

(3) Betroffen ist, wer als Mitbewerber oder sonstiger Marktbeteiligter durch den Verstoß beeinträchtigt ist.

(4) Die Ansprüche aus Absatz 1 können auch geltend gemacht werden von

1. rechtsfähigen Verbänden zur Förderung gewerblicher oder selbstständiger beruflicher Interessen, wenn
   a) ihnen eine erhebliche Anzahl betroffener Unternehmen im Sinne des Absatzes 3 angehört und
   b) sie insbesondere nach ihrer personellen, sachlichen und finanziellen Ausstattung imstande sind, ihre satzungsmäßigen Aufgaben der Verfolgung gewerblicher oder selbstständiger beruflicher Interessen tatsächlich wahrzunehmen;
2. Einrichtungen, die nachweisen, dass sie eingetragen sind in
   a) die Liste qualifizierter Einrichtungen nach § 4 des Unterlassungsklagengesetzes[1] oder
   b) das Verzeichnis der Europäischen Kommission nach Artikel 4 Absatz 3 der Richtlinie 2009/22/EG des Europäischen Parlaments und des Rates vom 23. April 2009 über Unterlassungsklagen zum Schutz der Verbraucherinteressen (ABl. L 110 vom 1.5.2009, S. 30) in der jeweils geltenden Fassung.

§ 33a Schadensersatzpflicht. (1) Wer einen Verstoß nach § 33 Absatz 1 vorsätzlich oder fahrlässig begeht, ist zum Ersatz des daraus entstehenden Schadens verpflichtet.

(2) [1] Es wird widerleglich vermutet, dass ein Kartell einen Schaden verursacht. [2] Ein Kartell im Sinne dieses Abschnitts ist eine Absprache oder abgestimmte Verhaltensweise zwischen zwei oder mehr Wettbewerbern zwecks Abstimmung ihres Wettbewerbsverhaltens auf dem Markt oder Beeinflussung der relevanten Wettbewerbsparameter. [3] Zu solchen Absprachen oder Verhaltensweisen gehören unter anderem

1. die Festsetzung oder Koordinierung der An- oder Verkaufspreise oder sonstiger Geschäftsbedingungen,
2. die Aufteilung von Produktions- oder Absatzquoten,
3. die Aufteilung von Märkten und Kunden einschließlich Angebotsabsprachen, Einfuhr- und Ausfuhrbeschränkungen oder
4. gegen andere Wettbewerber gerichtete wettbewerbsschädigende Maßnahmen.

(3) [1] Für die Bemessung des Schadens gilt § 287 der Zivilprozessordnung. [2] Dabei kann insbesondere der anteilige Gewinn, den der Rechtsverletzer durch den Verstoß gegen Absatz 1 erlangt hat, berücksichtigt werden.

(4) [1] Geldschulden nach Absatz 1 hat der Schuldner ab Eintritt des Schadens zu verzinsen. [2] Die §§ 288 und 289 Satz 1 des Bürgerlichen Gesetzbuchs[2] finden entsprechende Anwendung.

---

[1] **dtv 5009 Wettbewerbsrecht und Kartellrecht Nr. 4.**
[2] Nr. **15**.

§ 33b Bindungswirkung von Entscheidungen einer Wettbewerbsbehörde. [1] Wird wegen eines Verstoßes gegen eine Vorschrift dieses Teils oder gegen Artikel 101 oder 102 des Vertrages über die Arbeitsweise der Europäischen Union Schadensersatz gefordert, so ist das Gericht an die Feststellung des Verstoßes gebunden, wie sie in einer bestandskräftigen Entscheidung der Kartellbehörde, der Europäischen Kommission oder der Wettbewerbsbehörde oder des als solche handelnden Gerichts in einem anderen Mitgliedstaat der Europäischen Union getroffen wurde. [2] Das Gleiche gilt für entsprechende Feststellungen in rechtskräftigen Gerichtsentscheidungen, die infolge der Anfechtung von Entscheidungen nach Satz 1 ergangen sind. [3] Diese Verpflichtung gilt unbeschadet der Rechte und Pflichten nach Artikel 267 des Vertrages über die Arbeitsweise der Europäischen Union.

§ 33c Schadensabwälzung. (1) [1] Wird eine Ware oder Dienstleistung zu einem überteuerten Preis bezogen (Preisaufschlag), so ist der Schaden nicht deshalb ausgeschlossen, weil die Ware oder Dienstleistung weiterveräußert wurde. [2] Der Schaden des Abnehmers ist ausgeglichen, soweit der Abnehmer einen Preisaufschlag, der durch einen Verstoß nach § 33a Absatz 1 verursacht worden ist, an seine Abnehmer (mittelbare Abnehmer) weitergegeben hat (Schadensabwälzung). [3] Davon unberührt bleibt der Anspruch des Geschädigten auf Ersatz seines entgangenen Gewinns nach § 252 des Bürgerlichen Gesetzbuchs, soweit der entgangene Gewinn durch die Weitergabe des Preisaufschlags verursacht worden ist.

(2) Dem Grunde nach wird zugunsten eines mittelbaren Abnehmers vermutet, dass der Preisaufschlag auf ihn abgewälzt wurde, wenn

1. der Rechtsverletzer einen Verstoß gegen § 1 oder 19 oder Artikel 101 oder 102 des Vertrages über die Arbeitsweise der Europäischen Union begangen hat,
2. der Verstoß einen Preisaufschlag für den unmittelbaren Abnehmer des Rechtsverletzers zur Folge hatte und
3. der mittelbare Abnehmer Waren oder Dienstleistungen erworben hat, die
   a) Gegenstand des Verstoßes waren,
   b) aus Waren oder Dienstleistungen hervorgegangen sind, die Gegenstand des Verstoßes waren, oder
   c) Waren oder Dienstleistungen enthalten haben, die Gegenstand des Verstoßes waren.

(3) Die Vermutung einer Schadensabwälzung nach Absatz 2 findet keine Anwendung, wenn glaubhaft gemacht wird, dass der Preisaufschlag nicht oder nicht vollständig an den mittelbaren Abnehmer weitergegeben wurde.

(4) Die Absätze 1 bis 3 finden entsprechende Anwendung für den Fall, dass der Verstoß gegen § 1 oder 19 oder Artikel 101 oder 102 des Vertrages über die Arbeitsweise der Europäischen Union die Belieferung des Rechtsverletzers betrifft.

(5) Bei der Entscheidung über den Umfang der Schadensabwälzung findet § 287 der Zivilprozessordnung entsprechende Anwendung.

§ 33d Gesamtschuldnerische Haftung. (1) [1]Begehen mehrere gemeinschaftlich einen Verstoß im Sinne des § 33a Absatz 1, sind sie als Gesamtschuldner zum Ersatz des daraus entstehenden Schadens verpflichtet. [2]Im Übrigen finden die §§ 830 und 840 Absatz 1 des Bürgerlichen Gesetzbuchs Anwendung.

(2) [1]Das Verhältnis, in dem die Gesamtschuldner untereinander für die Verpflichtung zum Ersatz und den Umfang des zu leistenden Ersatzes haften, hängt von den Umständen ab, insbesondere davon, in welchem Maß sie den Schaden verursacht haben. [2]Im Übrigen finden die §§ 421 bis 425 sowie 426 Absatz 1 Satz 2 und Absatz 2 des Bürgerlichen Gesetzbuchs Anwendung.

(3) [1]Verstoßen mehrere Unternehmen gegen § 1 oder 19 oder gegen Artikel 101 oder 102 des Vertrages über die Arbeitsweise der Europäischen Union, so ist die Verpflichtung eines kleinen oder mittleren Unternehmens im Sinne der Empfehlung 2003/361/EG der Kommission vom 6. Mai 2003 betreffend die Definition der Kleinstunternehmen sowie der kleinen und mittleren Unternehmen (ABl. L 124 vom 20.5.2003, S. 36) zum Schadensersatz nach § 33a Absatz 1 auf den Ersatz des Schadens beschränkt, der seinen unmittelbaren und mittelbaren Abnehmern oder Lieferanten aus dem Verstoß entsteht, wenn

1. sein Anteil an dem relevanten Markt während des Zeitraums, in dem der Verstoß begangen wurde, stets weniger als 5 Prozent betrug und
2. die regelmäßige Ersatzpflicht nach Absatz 1 seine wirtschaftliche Lebensfähigkeit unwiederbringlich gefährden und seine Aktiva jeden Werts berauben würde.

[2]Anderen Geschädigten ist das kleine oder mittlere Unternehmen nur zum Ersatz des aus dem Verstoß gemäß § 33a Absatz 1 entstehenden Schadens verpflichtet, wenn sie von den übrigen Rechtsverletzern mit Ausnahme des Kronzeugen keinen vollständigen Ersatz erlangen konnten. [3]§ 33e Absatz 2 findet entsprechende Anwendung.

(4) [1]Die übrigen Rechtsverletzer können von dem kleinen oder mittleren Unternehmen im Sinne von Absatz 3 Satz 1 Ausgleichung nach Absatz 2 nur bis zur Höhe des Schadens verlangen, den dieses seinen unmittelbaren und mittelbaren Abnehmern oder Lieferanten verursacht hat. [2]Satz 1 gilt nicht für die Ausgleichung von Schäden, die anderen als den unmittelbaren oder mittelbaren Abnehmern oder Lieferanten der beteiligten Rechtsverletzer aus dem Verstoß entstehen.

(5) Die Beschränkung der Haftung nach den Absätzen 3 und 4 ist ausgeschlossen, wenn

1. das kleine oder mittlere Unternehmen den Verstoß organisiert oder
2. das kleine oder mittlere Unternehmen die anderen Rechtsverletzer zur Teilnahme an dem Verstoß gezwungen hat oder
3. in der Vergangenheit bereits die Beteiligung des kleinen oder mittleren Unternehmens an einem sonstigen Verstoß gegen § 1 oder 19 oder Artikel 101 oder 102 des Vertrages über die Arbeitsweise der Europäischen Union oder gegen Wettbewerbsrecht im Sinne des § 89e Absatz 2 behördlich oder gerichtlich festgestellt worden ist.

§ 33e Kronzeuge. (1) [1]Abweichend von § 33a Absatz 1 ist ein an einem Kartell beteiligtes Unternehmen oder eine an dem Kartell beteiligte natürliche

Person, dem oder der im Rahmen eines Kronzeugenprogramms der vollständige Erlass der Geldbuße gewährt wurde (Kronzeuge), nur zum Ersatz des Schadens verpflichtet, der seinen oder ihren unmittelbaren und mittelbaren Abnehmern oder Lieferanten aus dem Verstoß entsteht. [2] Anderen Geschädigten ist der Kronzeuge nur zum Ersatz des aus dem Verstoß gemäß § 33a Absatz 1 entstehenden Schadens verpflichtet, wenn sie von den übrigen Rechtsverletzern keinen vollständigen Ersatz erlangen konnten.

(2) In Fällen nach Absatz 1 Satz 2 ist der Kronzeuge nicht zum Ersatz des Schadens verpflichtet, soweit die Schadensersatzansprüche gegen die übrigen Rechtsverletzer bereits verjährt sind.

(3) [1] Die übrigen Rechtsverletzer können von dem Kronzeugen Ausgleichung nach § 33d Absatz 2 nur bis zur Höhe des Schadens verlangen, den dieser seinen unmittelbaren und mittelbaren Abnehmern oder Lieferanten verursacht hat. [2] Diese Beschränkung gilt nicht für die Ausgleichung von Schäden, die anderen als den unmittelbaren oder mittelbaren Abnehmern oder Lieferanten der an dem Kartell beteiligten Unternehmen aus dem Verstoß entstehen.

§ 33f Wirkungen des Vergleichs. (1) [1] Wenn nicht anders vereinbart, wird im Falle einer durch einvernehmliche Streitbeilegung erzielten Einigung (Vergleich) über einen Schadensersatzanspruch nach § 33a Absatz 1 der sich vergleichende Gesamtschuldner in Höhe seines Anteils an dem Schaden von seiner Haftung gegenüber dem sich vergleichenden Geschädigten befreit. [2] Die übrigen Gesamtschuldner sind nur zum Ersatz des Schadens verpflichtet, der nach Abzug des Anteils des sich vergleichenden Gesamtschuldners verbleibt. [3] Den Ersatz des verbliebenen Schadens kann der sich vergleichende Geschädigte von dem sich vergleichenden Gesamtschuldner nur verlangen, wenn der sich vergleichende Geschädigte von den übrigen Gesamtschuldnern insoweit keinen vollständigen Ersatz erlangen konnte. [4] Satz 3 findet keine Anwendung, wenn die Vergleichsparteien dies in dem Vergleich ausgeschlossen haben.

(2) Gesamtschuldner, die nicht an dem Vergleich nach Absatz 1 beteiligt sind, können von dem sich vergleichenden Gesamtschuldner keine Ausgleichung nach § 33d Absatz 2 für den Ersatz des Schadens des sich vergleichenden Geschädigten verlangen, der nach Abzug des Anteils des sich vergleichenden Gesamtschuldners verblieben ist.

§ 33g Anspruch auf Herausgabe von Beweismitteln und Erteilung von Auskünften. (1) Wer im Besitz von Beweismitteln ist, die für die Erhebung eines auf Schadensersatz gerichteten Anspruchs nach § 33a Absatz 1 erforderlich sind, ist verpflichtet, sie demjenigen herauszugeben, der glaubhaft macht, einen solchen Schadensersatzanspruch zu haben, wenn dieser die Beweismittel so genau bezeichnet, wie dies auf Grundlage der mit zumutbarem Aufwand zugänglichen Tatsachen möglich ist.

(2) [1] Wer im Besitz von Beweismitteln ist, die für die Verteidigung gegen einen auf Schadensersatz gerichteten Anspruch nach § 33a Absatz 1 erforderlich sind, ist verpflichtet, sie demjenigen herauszugeben, gegen den ein Rechtsstreit über den Anspruch nach Absatz 1 oder den Anspruch auf Schadensersatz nach § 33a Absatz 1 rechtshängig ist, wenn dieser die Beweismittel so genau bezeichnet, wie dies auf Grundlage der mit zumutbarem Aufwand zugänglichen Tatsachen möglich ist. [2] Der Anspruch nach Satz 1 besteht auch, wenn jemand

Klage auf Feststellung erhoben hat, dass ein anderer keinen Anspruch nach § 33a Absatz 1 gegen ihn hat, und er den der Klage zugrunde liegenden Verstoß im Sinne des § 33a Absatz 1 nicht bestreitet.

(3) [1]Die Herausgabe von Beweismitteln nach den Absätzen 1 und 2 ist ausgeschlossen, soweit sie unter Berücksichtigung der berechtigten Interessen der Beteiligten unverhältnismäßig ist. [2]Bei der Abwägung sind insbesondere zu berücksichtigen:

1. in welchem Umfang der Antrag auf zugängliche Informationen und Beweismittel gestützt wird,
2. der Umfang der Beweismittel und die Kosten der Herausgabe, insbesondere, wenn die Beweismittel von einem Dritten verlangt werden,
3. der Ausschluss der Ausforschung von Tatsachen, die für den Anspruch nach § 33a Absatz 1 oder für die Verteidigung gegen diesen Anspruch nicht erheblich sind,
4. die Bindungswirkung von Entscheidungen nach § 33b,
5. die Wirksamkeit der öffentlichen Durchsetzung des Kartellrechts und
6. der Schutz von Betriebs- und Geschäftsgeheimnissen und sonstiger vertraulicher Informationen und welche Vorkehrungen zu deren Schutz bestehen.

[3]Das Interesse desjenigen, gegen den der Anspruch nach § 33a Absatz 1 geltend gemacht wird, die Durchsetzung des Anspruchs zu vermeiden, ist nicht zu berücksichtigen.

(4) [1]Ausgeschlossen ist die Herausgabe eines Dokuments oder einer Aufzeichnung, auch über den Inhalt einer Vernehmung im wettbewerbsbehördlichen Verfahren, wenn und soweit darin eine freiwillige Erklärung seitens oder im Namen eines Unternehmens oder einer natürlichen Person gegenüber einer Wettbewerbshörde enthalten ist,

1. in der das Unternehmen oder die natürliche Person die Kenntnis von einem Kartell und seine beziehungsweise ihre Beteiligung daran darlegt und die eigens zu dem Zweck formuliert wurde, im Rahmen eines Kronzeugenprogramms bei der Wettbewerbsbehörde den Erlass oder die Ermäßigung der Geldbuße zu erwirken (Kronzeugenerklärung) oder
2. die ein Anerkenntnis oder den Verzicht auf das Bestreiten seiner Beteiligung an einer Zuwiderhandlung gegen das Kartellrecht und seiner Verantwortung für diese Zuwiderhandlung enthält und die eigens für den Zweck formuliert wurde, der Wettbewerbsbehörde die Anwendung eines vereinfachten oder beschleunigten Verfahrens zu ermöglichen (Vergleichsausführungen).

[2]Nicht von der Kronzeugenerklärung umfasst sind Beweismittel, die unabhängig von einem wettbewerbsbehördlichen Verfahren vorliegen, unabhängig davon, ob diese Informationen in den Akten einer Wettbewerbsbehörde enthalten sind oder nicht. [3]Behauptet ein Verpflichteter, ein Beweismittel oder Teile davon seien nach Satz 1 von der Herausgabe ausgeschlossen, kann der Anspruchsteller insoweit die Herausgabe an das zuständige Gericht nach § 89b Absatz 8 allein zum Zweck der Prüfung verlangen.

(5) Bis zum vollständigen Abschluss des wettbewerbsbehördlichen Verfahrens gegen alle Beteiligten ist die Herausgabe von Beweismitteln ausgeschlossen, soweit sie Folgendes enthalten:

1. Informationen, die von einer natürlichen oder juristischen Person oder Personenvereinigung eigens für das wettbewerbsbehördliche Verfahren erstellt wurden,
2. Mitteilungen der Wettbewerbsbehörde an die Beteiligten in dem Verfahren oder
3. Vergleichsausführungen, die zurückgezogen wurden.

(6) [1]Die Herausgabe von Beweismitteln nach den Absätzen 1 und 2 kann verweigert werden, soweit der Besitzer in einem Rechtsstreit über einen Anspruch nach § 33a Absatz 1 dieses Gesetzes gemäß § 383 Absatz 1 Nummer 4 bis 6 oder gemäß § 384 Nummer 3 der Zivilprozessordnung zur Zeugnisverweigerung berechtigt wäre. [2]In diesem Fall kann der Anspruchsteller die Herausgabe der Beweismittel an das zuständige Gericht zur Entscheidung nach § 89b Absatz 6 verlangen. [3]Satz 2 ist nicht anzuwenden auf
1. Personen im Sinne des § 383 Absatz 1 Nummer 4 und 5 der Zivilprozessordnung, soweit sie nach dieser Vorschrift zur Zeugnisverweigerung berechtigt wären, und
2. Personen im Sinne des § 203 Absatz 1 Nummer 1 bis 5, Absatz 2 und 3 des Strafgesetzbuchs, soweit sie nach § 383 Absatz 1 Nummer 6 der Zivilprozessordnung zur Zeugnisverweigerung berechtigt wären.

[4]Geistlichen stehen ihre berufsmäßig tätigen Gehilfen und die Personen gleich, die bei ihnen zur Vorbereitung auf den Beruf tätig sind.

(7) Macht der nach Absatz 1 oder Absatz 2 Verpflichtete zu der Herausgabe der Beweismittel Aufwendungen, die er den Umständen nach für erforderlich halten darf, kann er von dem anderen Teil den Ersatz dieser Aufwendungen verlangen.

(8) Erteilt der Verpflichtete nach Absatz 1 oder 2 die Auskunft vorsätzlich oder grob fahrlässig falsch, unvollständig oder gar nicht oder gibt er Beweismittel vorsätzlich oder grob fahrlässig fehlerhaft, unvollständig oder gar nicht heraus, ist er dem Anspruchsteller zum Ersatz des daraus entstehenden Schadens verpflichtet.

(9) [1]Die von dem Verpflichteten nach den Absätzen 1 und 2 erteilten Auskünfte oder herausgegebenen Beweismittel dürfen in einem Strafverfahren oder in einem Verfahren nach dem Gesetz über Ordnungswidrigkeiten wegen einer vor der Erteilung der Auskunft oder der Herausgabe eines Beweismittels begangenen Tat gegen den Verpflichteten oder gegen einen in § 52 Absatz 1 der Strafprozessordnung bezeichneten Angehörigen nur mit Zustimmung des Verpflichteten verwertet werden. [2]Dies gilt auch, wenn die Auskunft im Rahmen einer Zeugen- oder Parteivernehmung erteilt oder wiederholt wird. [3]Die Sätze 1 und 2 finden keine Anwendung in Verfahren gegen Unternehmen.

(10) Die Absätze 1 bis 9 sowie die §§ 89b bis 89d über die Herausgabe von Beweismitteln gelten für die Erteilung von Auskünften entsprechend.

§ 33h Verjährung. (1) Ansprüche aus § 33 Absatz 1 und § 33a Absatz 1 verjähren in fünf Jahren.

(2) Die Verjährungsfrist beginnt mit dem Schluss des Jahres, in dem
1. der Anspruch entstanden ist,

2. der Anspruchsberechtigte Kenntnis erlangt hat oder ohne grobe Fahrlässigkeit hätte erlangen müssen
   a) von den Umständen, die den Anspruch begründen, und davon, dass sich daraus ein Verstoß nach § 33 Absatz 1 ergibt, sowie
   b) von der Identität des Rechtsverletzers und
3. der den Anspruch begründende Verstoß nach § 33 Absatz 1 beendet worden ist.

(3) Ansprüche aus § 33 Absatz 1 und § 33a Absatz 1 verjähren ohne Rücksicht auf die Kenntnis oder grob fahrlässige Unkenntnis von den Umständen nach Absatz 2 Nummer 2 in zehn Jahren von dem Zeitpunkt an, in dem

1. der Anspruch entstanden ist und
2. der Verstoß nach § 33 Absatz 1 beendet wurde.

(4) Im Übrigen verjähren die Ansprüche in 30 Jahren nach dem Verstoß nach § 33 Absatz 1, der den Schaden ausgelöst hat.

(5) Verjährung tritt ein, wenn eine der Fristen nach den Absätzen 1, 3 oder 4 abgelaufen ist.

(6) [1] Die Verjährung eines Anspruchs nach § 33 Absatz 1 oder nach § 33a Absatz 1 wird gehemmt, wenn

1. eine Kartellbehörde Maßnahmen im Hinblick auf eine Untersuchung oder auf ihr Verfahren wegen eines Verstoßes im Sinne des § 33 Absatz 1 trifft;
2. die Europäische Kommission oder eine Wettbewerbsbehörde eines anderen Mitgliedstaates der Europäischen Union oder das als solche handelnde Gericht Maßnahmen im Hinblick auf eine Untersuchung oder auf ihr Verfahren wegen eines Verstoßes gegen Artikel 101 oder 102 des Vertrages über die Arbeitsweise der Europäischen Union oder gegen eine Bestimmung des nationalen Wettbewerbsrechts eines anderen Mitgliedstaates der Europäischen Union im Sinne des § 89e Absatz 2 trifft oder
3. der Anspruchsberechtigte gegen den Rechtsverletzer Klage auf Auskunft oder Herausgabe von Beweismitteln nach § 33g erhoben hat.

[2] Die Hemmung endet ein Jahr nach der bestands- und rechtskräftigen Entscheidung oder der anderweitigen Erledigung des Verfahrens. [3] § 204 Absatz 2 Satz 3 und 4 des Bürgerlichen Gesetzbuchs findet entsprechende Anwendung.

(7) Die Verjährungsfrist eines Anspruchs auf Ausgleichung nach § 33d Absatz 2 wegen der Befriedigung eines Schadensersatzanspruchs nach § 33a Absatz 1 beginnt mit der Befriedigung dieses Schadensersatzanspruchs.

(8) [1] Abweichend von Absatz 2 beginnt die Verjährungsfrist des Schadensersatzanspruchs nach § 33a Absatz 1 von Geschädigten,

1. die nicht unmittelbare oder mittelbare Abnehmer oder Lieferanten des Kronzeugen sind, gegen den Kronzeugen mit dem Schluss des Jahres, in dem der Geschädigte von den übrigen Rechtsverletzern keinen vollständigen Ersatz seines aus dem Verstoß entstehenden Schadens erlangen konnte;
2. die nicht unmittelbare oder mittelbare Abnehmer oder Lieferanten eines kleinen oder mittleren Unternehmens nach § 33d Absatz 3 Satz 1 sind, gegen dieses Unternehmen mit dem Schluss des Jahres, in dem der Geschädigte nach § 33d Absatz 3 Satz 2 von den übrigen Rechtsverletzern mit Ausnahme

des Kronzeugen keinen vollständigen Ersatz seines aus dem Verstoß entstehenden Schadens erlangen konnte.

[2]Absatz 3 findet keine Anwendung auf Schadensersatzansprüche, deren Verjährungsfrist nach Maßgabe dieses Absatzes beginnt.

§ 34 Vorteilsabschöpfung durch die Kartellbehörde. (1) Hat ein Unternehmen vorsätzlich oder fahrlässig gegen eine Vorschrift dieses Teils, gegen Artikel 101 oder 102 des Vertrages über die Arbeitsweise der Europäischen Union oder eine Verfügung der Kartellbehörde verstoßen und dadurch einen wirtschaftlichen Vorteil erlangt, kann die Kartellbehörde die Abschöpfung des wirtschaftlichen Vorteils anordnen und dem Unternehmen die Zahlung eines entsprechenden Geldbetrags auferlegen.

(2) [1]Absatz 1 gilt nicht, soweit der wirtschaftliche Vorteil abgeschöpft ist durch

1. Schadensersatzleistungen,
2. Festsetzung der Geldbuße,
3. Anordnung der Einziehung von Taterträgen oder
4. Rückerstattung.

[2]Soweit das Unternehmen Leistungen nach Satz 1 erst nach der Vorteilsabschöpfung erbringt, ist der abgeführte Geldbetrag in Höhe der nachgewiesenen Zahlungen an das Unternehmen zurückzuerstatten.

(3) [1]Wäre die Durchführung der Vorteilsabschöpfung eine unbillige Härte, soll die Anordnung auf einen angemessenen Geldbetrag beschränkt werden oder ganz unterbleiben. [2]Sie soll auch unterbleiben, wenn der wirtschaftliche Vorteil gering ist.

(4) [1]Die Höhe des wirtschaftlichen Vorteils kann geschätzt werden. [2]Der abzuführende Geldbetrag ist zahlenmäßig zu bestimmen.

(5) [1]Die Vorteilsabschöpfung kann nur innerhalb einer Frist von bis zu sieben Jahren seit Beendigung der Zuwiderhandlung und längstens für einen Zeitraum von fünf Jahren angeordnet werden. [2]§ 33h Absatz 6 gilt entsprechend. [3]Im Falle einer bestandskräftigen Entscheidung im Sinne des § 33b Satz 1 oder einer rechtskräftigen Gerichtsentscheidung im Sinne des § 33b Satz 2 beginnt die Frist nach Satz 1 erneut.

§ 34a Vorteilsabschöpfung durch Verbände. (1) Wer einen Verstoß im Sinne des § 34 Absatz 1 vorsätzlich begeht und hierdurch zu Lasten einer Vielzahl von Abnehmern oder Anbietern einen wirtschaftlichen Vorteil erlangt, kann von den gemäß § 33 Absatz 2 zur Geltendmachung eines Unterlassungsanspruchs Berechtigten auf Herausgabe dieses wirtschaftlichen Vorteils an den Bundeshaushalt in Anspruch genommen werden, soweit nicht die Kartellbehörde die Abschöpfung des wirtschaftlichen Vorteils durch Verhängung einer Geldbuße, durch Einziehung von Taterträgen, durch Rückerstattung oder nach § 34 Absatz 1 anordnet.

(2) [1]Auf den Anspruch sind Leistungen anzurechnen, die das Unternehmen auf Grund des Verstoßes erbracht hat. [2]§ 34 Absatz 2 Satz 2 gilt entsprechend.

(3) Beanspruchen mehrere Gläubiger die Vorteilsabschöpfung, gelten die §§ 428 bis 430 des Bürgerlichen Gesetzbuchs entsprechend.

(4) [1]Die Gläubiger haben dem Bundeskartellamt über die Geltendmachung von Ansprüchen nach Absatz 1 Auskunft zu erteilen. [2]Sie können vom Bundeskartellamt Erstattung der für die Geltendmachung des Anspruchs erforderlichen Aufwendungen verlangen, soweit sie vom Schuldner keinen Ausgleich erlangen können. [3]Der Erstattungsanspruch ist auf die Höhe des an den Bundeshaushalt abgeführten wirtschaftlichen Vorteils beschränkt.

(5) [1]Ansprüche nach Absatz 1 verjähren in fünf Jahren. [2]Die §§ 33b und 33h Absatz 6 gelten entsprechend.

41. Verordnung (EU) Nr. 316/2014 der Kommission vom 21. März 2014 über die Anwendung von Artikel 101 Absatz 3 des Vertrags über die Arbeitsweise der Europäischen Union auf Gruppen von Technologietransfer-Vereinbarungen

(Text von Bedeutung für den EWR)

(ABl. Nr. L 93 S. 17)
Celex-Nr. 3 2014 R 0316

Art. 1 Begriffsbestimmungen. (1) Für diese Verordnung gelten folgende Begriffsbestimmungen:

a) „Vereinbarung“: eine Vereinbarung, ein Beschluss einer Unternehmensvereinigung oder eine abgestimmte Verhaltensweise;
b) „Technologierechte“: Know-how und die folgenden Rechte oder eine Kombination daraus einschließlich Anträgen auf Gewährung bzw. auf Registrierung dieser Rechte:
   i) Patente,
   ii) Gebrauchsmuster,
   iii) Geschmacksmuster,
   iv) Topografien von Halbleiterprodukten,
   v) ergänzende Schutzzertifikate für Arzneimittel oder andere Produkte, für die solche ergänzenden Schutzzertifikate vergeben werden können,
   vi) Sortenschutzrechte,
   vii) Software-Urheberrechte;
c) „Technologietransfer-Vereinbarung“:
   i) eine von zwei Unternehmen geschlossene Vereinbarung über die Lizenzierung von Technologierechten mit dem Ziel der Produktion von Vertragsprodukten durch den Lizenznehmer und/oder seine Zulieferer,
   ii) eine Übertragung von Technologierechten zwischen zwei Unternehmen mit dem Ziel der Produktion von Vertragsprodukten, bei der das mit der Verwertung der Technologierechte verbundene Risiko zum Teil beim Veräußerer verbleibt;
d) „wechselseitige Vereinbarung“: eine Technologietransfer-Vereinbarung, bei der zwei Unternehmen einander in demselben oder in getrennten Verträgen eine Technologierechtslizenz erteilen, die konkurrierende Technologien zum Gegenstand hat oder für die Produktion konkurrierender Produkte genutzt werden kann;
e) „nicht wechselseitige Vereinbarung“: eine Technologietransfer-Vereinbarung, bei der ein Unternehmen einem anderen Unternehmen eine Technologierechtslizenz erteilt oder mit der zwei Unternehmen einander eine solche Lizenz erteilen, wobei diese Lizenzen jedoch keine konkurrierenden

Technologien zum Gegenstand haben und auch nicht für die Produktion konkurrierender Produkte genutzt werden können;

f) „Produkt“: eine Ware oder eine Dienstleistung in Form eines Zwischen- oder Endprodukts;

g) „Vertragsprodukt“: ein Produkt, das unmittelbar oder mittelbar auf der Grundlage der lizenzierten Technologierechte produziert wird;

h) „Rechte des geistigen Eigentums“: gewerbliche Schutzrechte, vor allem Patente und Markenzeichen, sowie Urheberrechte und verwandte Schutzrechte;

i) „Know-how“: eine Gesamtheit praktischer Kenntnisse, die durch Erfahrungen und Versuche gewonnen werden und die

   i) geheim, das heißt nicht allgemein bekannt und nicht leicht zugänglich sind,

   ii) wesentlich, das heißt für die Produktion der Vertragsprodukte von Bedeutung und nützlich sind, und

   iii) identifiziert sind, das heißt umfassend genug beschrieben sind, so dass überprüft werden kann, ob die Merkmale „geheim“ und „wesentlich“ erfüllt sind;

j) „relevanter Produktmarkt“: der Markt für die Vertragsprodukte und ihre Substitute, das heißt alle Produkte, die aufgrund ihrer Eigenschaften, ihrer Preise und ihres Verwendungszwecks vom Käufer als austauschbar oder substituierbar angesehen werden;

k) „relevanter Technologiemarkt“: der Markt für die lizenzierten Technologierechte und ihre Substitute, das heißt alle Technologierechte, die aufgrund ihrer Eigenschaften, der für sie zu entrichtenden Lizenzgebühren und ihres Verwendungszwecks vom Lizenznehmer als austauschbar oder substituierbar angesehen werden;

l) „räumlich relevanter Markt“: das Gebiet, in dem die beteiligten Unternehmen die relevanten Produkte anbieten bzw. nachfragen oder Technologierechte lizenzieren, in dem die Wettbewerbsbedingungen hinreichend homogen sind und das sich von benachbarten Gebieten durch spürbar unterschiedliche Wettbewerbsbedingungen unterscheidet;

m) „relevanter Markt“: die Kombination des relevanten Produkt- oder Technologiemarktes mit dem räumlich relevanten Markt;

n) „konkurrierende Unternehmen“: Unternehmen, die auf dem relevanten Markt miteinander im Wettbewerb stehen, das heißt

   i) konkurrierende Unternehmen auf dem relevanten Markt, auf dem die Technologierechte lizenziert werden, das heißt Unternehmen, die Lizenzen für konkurrierende Technologierechte vergeben (tatsächliche Wettbewerber auf dem relevanten Markt),

   ii) konkurrierende Unternehmen auf dem relevanten Markt, auf dem die Vertragsprodukte verkauft werden, das heißt Unternehmen, die ohne die Technologietransfer-Vereinbarung auf dem relevanten Markt bzw. den relevanten Märkten, auf denen die Vertragsprodukte angeboten werden, beide tätig sein würden (tatsächliche Wettbewerber auf dem relevanten Markt), oder die unter realistischen Annahmen und nicht nur rein theoretisch im Falle einer geringfügigen, aber dauerhaften Erhöhung der relevanten Preise auch ohne die Technologietransfer-Vereinbarung wahrscheinlich umgehend die notwendigen zusätzlichen Investitionen oder sonstigen Umstellungskosten auf sich nehmen würden, um in den relevanten Markt bzw. in die relevanten Märkte eintreten zu können (potenzielle Wettbewerber auf dem relevanten Markt);

o) „selektive Vertriebssysteme": Vertriebssysteme, bei denen sich der Lizenzgeber verpflichtet, Lizenzen für die Produktion der Vertragsprodukte unmittelbar oder mittelbar nur Lizenznehmern zu erteilen, die anhand festgelegter Kriterien ausgewählt werden, und bei denen sich diese Lizenznehmer verpflichten, die Vertragsprodukte nicht an Händler zu verkaufen, die in dem vom Lizenzgeber in Bezug auf dieses System vorbehaltenen Gebiet nicht zum Vertrieb zugelassen sind;

p) „Exklusivlizenz": eine Lizenz, bei der der Lizenzgeber selber mit den lizenzierten Technologierechten weder im Allgemeinen noch im Hinblick auf eine bestimmte Nutzung oder in einem bestimmten Gebiet produzieren darf und diese Technologierechte auch nicht an Dritte vergeben darf;

q) „Exklusivgebiet": ein bestimmtes Gebiet, in dem nur ein Unternehmen die Vertragsprodukte produzieren darf, wobei die Möglichkeit nicht ausgeschlossen ist, dass es einem anderen Lizenznehmer erlaubt ist, die Vertragsprodukte in diesem Gebiet nur für einen bestimmten Kunden zu produzieren, wenn die zweite Lizenz erteilt worden ist, um diesem Kunden eine alternative Bezugsquelle zu verschaffen;

r) „Exklusivkundengruppe": eine Gruppe von Kunden, an die nur ein an der Technologietransfer-Vereinbarung beteiligtes Unternehmen die mit der lizenzierten Technologie produzierten Vertragsprodukte aktiv verkaufen darf.

(2) *[1]* Für die Zwecke dieser Verordnung schließen die Begriffe „Unternehmen", „Lizenzgeber" und „Lizenznehmer" verbundene Unternehmen ein.

[2] „Verbundene Unternehmen" sind

a) Unternehmen, bei denen ein an der Technologietransfer-Vereinbarung beteiligtes Unternehmen unmittelbar oder mittelbar
   i) über mehr als die Hälfte der Stimmrechte verfügt oder
   ii) mehr als die Hälfte der Mitglieder des Leitungs- oder Aufsichtsorgans oder der zur gesetzlichen Vertretung berufenen Organe bestellen kann oder
   iii) das Recht hat, die Geschäfte zu führen;

b) Unternehmen, die in einem an der Technologietransfer-Vereinbarung beteiligten Unternehmen unmittelbar oder mittelbar die unter Buchstabe a bezeichneten Rechte oder Einflussmöglichkeiten haben;

c) Unternehmen, in denen ein unter Buchstabe b genanntes Unternehmen unmittelbar oder mittelbar die unter Buchstabe a bezeichneten Rechte oder Einflussmöglichkeiten hat;

d) Unternehmen, in denen ein an der Technologietransfer-Vereinbarung beteiligtes Unternehmen gemeinsam mit einem oder mehreren der unter den Buchstaben a, b und c genannten Unternehmen oder in denen zwei oder mehr der zuletzt genannten Unternehmen gemeinsam die unter Buchstabe a bezeichneten Rechte oder Einflussmöglichkeiten haben;

e) Unternehmen, in denen die unter Buchstabe a bezeichneten Rechte und Einflussmöglichkeiten gemeinsam ausgeübt werden durch
   i) an der Technologietransfer-Vereinbarung beteiligte Unternehmen oder mit ihnen jeweils verbundene Unternehmen im Sinne der Buchstaben a bis d oder
   ii) eines oder mehrere der an der Technologietransfer-Vereinbarung beteiligten Unternehmen oder eines oder mehrere der mit ihnen im Sinne der Buchstaben a bis d verbundenen Unternehmen und ein oder mehrere dritte Unternehmen.

Art. 2 Freistellung. (1) Nach Artikel 101 Absatz 3 AEUV und nach Maßgabe dieser Verordnung gilt Artikel 101 Absatz 1 AEUV nicht für Technologietransfer-Vereinbarungen.

(2) Die Freistellung nach Absatz 1 gilt, soweit diese Technologietransfer-Vereinbarungen Wettbewerbsbeschränkungen enthalten, die unter Artikel 101 Absatz 1 AEUV fallen. Die Freistellung gilt, solange die lizenzierten Technologierechte nicht abgelaufen, erloschen oder für ungültig erklärt worden sind oder – im Falle von lizenziertem Know-how – solange das Know-how geheim bleibt. Wenn das Know-how jedoch infolge des Verhaltens des Lizenznehmers offenkundig wird, gilt die Freistellung für die Dauer der Vereinbarung.

(3) Die Freistellung nach Absatz 1 gilt auch für Bestimmungen in Technologietransfer-Vereinbarungen, die sich auf den Erwerb von Produkten durch den Lizenznehmer oder aber auf die Lizenzierung oder die Übertragung von Rechten des geistigen Eigentums oder von Know-how auf den Lizenznehmer beziehen, soweit diese Bestimmungen unmittelbar mit der Produktion oder dem Verkauf von Vertragsprodukten verbunden sind.

Art. 3 Marktanteilsschwellen. (1) Handelt es sich bei den Vertragsparteien um konkurrierende Unternehmen, so gilt die Freistellung nach Artikel 2 unter der Voraussetzung, dass der gemeinsame Marktanteil der Parteien auf dem relevanten Markt bzw. den relevanten Märkten 20 % nicht überschreitet.

(2) Handelt es sich bei den Vertragsparteien nicht um konkurrierende Unternehmen, so gilt die Freistellung nach Artikel 2 unter der Voraussetzung, dass der individuelle Marktanteil der Parteien auf dem relevanten Markt bzw. den relevanten Märkten 30 % nicht überschreitet.

Art. 4 Kernbeschränkungen. (1) Handelt es sich bei den Vertragsparteien um konkurrierende Unternehmen, so gilt die Freistellung nach Artikel 2 nicht für Vereinbarungen, die unmittelbar oder mittelbar, für sich allein oder in Verbindung mit anderen Umständen, die der Kontrolle der Parteien unterliegen, Folgendes bezwecken:

a) die Beschränkung der Möglichkeit einer Partei, den Preis, zu dem sie ihre Produkte an Dritte verkauft, selbst festzusetzen;
b) die Beschränkung des Outputs mit Ausnahme von Output-Beschränkungen, die dem Lizenznehmer in einer nicht wechselseitigen Vereinbarung oder nur einem Lizenznehmer in einer wechselseitigen Vereinbarung in Bezug auf die Vertragsprodukte auferlegt werden;
c) die Zuweisung von Märkten oder Kunden mit Ausnahme

i) der dem Lizenzgeber und/oder dem Lizenznehmer in einer nicht wechselseitigen Vereinbarung auferlegten Verpflichtung, mit den lizenzierten Technologierechten in dem Exklusivgebiet, das der anderen Partei vorbehalten ist, nicht zu produzieren und/oder in das Exklusivgebiet oder an die der anderen Partei vorbehaltene Exklusivkundengruppe nicht aktiv und/oder passiv zu verkaufen,

ii) der in einer nicht wechselseitigen Vereinbarung dem Lizenznehmer auferlegten Beschränkung des aktiven Verkaufs in das Exklusivgebiet oder an die Exklusivkundengruppe, das bzw. die vom Lizenzgeber einem anderen Lizenznehmer zugewiesen worden ist, sofern es sich bei Letzterem nicht um ein Unternehmen handelt, das zum Zeitpunkt seiner eigenen Lizenzerteilung in Konkurrenz zum Lizenzgeber stand,

iii) der dem Lizenznehmer auferlegten Verpflichtung, die Vertragsprodukte nur für den Eigenbedarf zu produzieren, sofern er keiner Beschränkung in Bezug auf den aktiven und passiven Verkauf der Vertragsprodukte als Ersatzteile für seine eigenen Produkte unterliegt,

iv) der dem Lizenznehmer in einer nicht wechselseitigen Vereinbarung auferlegten Verpflichtung, die Vertragsprodukte nur für einen bestimmten Kunden zu produzieren, wenn die Lizenz erteilt worden ist, um diesem Kunden eine alternative Bezugsquelle zu verschaffen;

d) die Beschränkung der Möglichkeit des Lizenznehmers, seine eigenen Technologierechte zu verwerten, oder die Beschränkung der Möglichkeit der Vertragsparteien, Forschungs- und Entwicklungsarbeiten durchzuführen, es sei denn, letztere Beschränkungen sind unerlässlich, um die Preisgabe des lizenzierten Know-hows an Dritte zu verhindern.

(2) Handelt es sich bei den Vertragsparteien nicht um konkurrierende Unternehmen, so gilt die Freistellung nach Artikel 2 nicht für Vereinbarungen, die unmittelbar oder mittelbar, für sich allein oder in Verbindung mit anderen Umständen, die der Kontrolle der Parteien unterliegen, Folgendes bezwecken:

a) die Beschränkung der Möglichkeit einer Partei, den Preis, zu dem sie ihre Produkte an Dritte verkauft, selbst festzusetzen; dies gilt unbeschadet der Möglichkeit, Höchstverkaufspreise festzusetzen oder Preisempfehlungen auszusprechen, sofern sich diese nicht infolge der Ausübung von Druck oder der Gewährung von Anreizen durch eine der Vertragsparteien tatsächlich wie Fest- oder Mindestverkaufspreise auswirken;

b) die Beschränkung des Gebiets oder des Kundenkreises, in das bzw. an den der Lizenznehmer Vertragsprodukte passiv verkaufen darf, mit Ausnahme

i) der Beschränkung des passiven Verkaufs in ein Exklusivgebiet oder an eine Exklusivkundengruppe, das bzw. die dem Lizenzgeber vorbehalten ist,

ii) der dem Lizenznehmer auferlegten Verpflichtung, die Vertragsprodukte nur für den Eigenbedarf zu produzieren, sofern er keiner Beschränkung in Bezug auf den aktiven und passiven Verkauf der Vertragsprodukte als Ersatzteile für seine eigenen Produkte unterliegt,

iii) der Verpflichtung, die Vertragsprodukte nur für einen bestimmten Kunden zu produzieren, wenn die Lizenz erteilt worden ist, um diesem Kunden eine alternative Bezugsquelle zu verschaffen,

iv) der Beschränkung des Verkaufs an Endverbraucher durch Lizenznehmer, die auf der Großhandelsebene tätig sind,

v) der Beschränkung des Verkaufs an nichtzugelassene Händler, die Mitgliedern eines selektiven Vertriebssystems auferlegt wird;

c) die Beschränkung des aktiven oder passiven Verkaufs an Endverbraucher, sofern diese Beschränkung einem Lizenznehmer auferlegt wird, der einem selektiven Vertriebssystem angehört und auf der Einzelhandelsebene tätig ist; dies gilt unbeschadet der Möglichkeit, Mitgliedern des Systems zu verbieten, Geschäfte von nichtzugelassenen Niederlassungen aus zu betreiben.

(3) Sind die Vertragsparteien zum Zeitpunkt des Abschlusses der Vereinbarung keine konkurrierenden Unternehmen, sondern treten sie erst später miteinander in Wettbewerb, so ist Absatz 2 anstelle von Absatz 1 während der gesamten Geltungsdauer der Vereinbarung anwendbar, sofern die Vereinbarung nicht später wesentlich geändert wird. Eine solche Änderung liegt beispielsweise vor, wenn die Parteien eine neue Technologietransfer-Vereinbarung in Bezug auf konkurrierende Technologierechte schließen.

Art. 5 Nichtfreigestellte Beschränkungen. (1) Die Freistellung nach Artikel 2 gilt nicht für die folgenden in Technologietransfer-Vereinbarungen enthaltenen Verpflichtungen:

a) alle unmittelbaren oder mittelbaren Verpflichtungen des Lizenznehmers, dem Lizenzgeber oder einem vom Lizenzgeber benannten Dritten für eigene Verbesserungen an der lizenzierten Technologie oder eigene neue Anwendungen dieser Technologie eine Exklusivlizenz oder Gesamt- bzw. Teilrechte zu gewähren;

b) alle einer Partei auferlegten unmittelbaren oder mittelbaren Verpflichtungen, die Gültigkeit der Rechte des geistigen Eigentums, über die die andere Partei in der Union verfügt, nicht anzufechten, unbeschadet der Möglichkeit, bei einer Exklusivlizenz die Beendigung der Technologietransfer-Vereinbarung für den Fall vorzusehen, dass der Lizenznehmer die Gültigkeit eines oder mehrerer der lizenzierten Technologierechte anficht.

(2) Handelt es sich bei den Vertragsparteien nicht um konkurrierende Unternehmen, so gilt die Freistellung nach Artikel 2 nicht für unmittelbare oder mittelbare Verpflichtungen, die die Möglichkeit des Lizenznehmers, seine eigenen Technologierechte zu verwerten, oder die Möglichkeit einer der Vertragsparteien, Forschungs- und Entwicklungsarbeiten durchzuführen, beschränken, es sei denn, letztere Beschränkung ist unerlässlich, um die Preisgabe des lizenzierten Know-hows an Dritte zu verhindern.

Art. 6 Entzug des Rechtsvorteils im Einzelfall. (1) Nach Artikel 29 Absatz 1 der Verordnung (EG) Nr. 1/2003[1] kann die Kommission den mit dieser Verordnung verbundenen Rechtsvorteil entziehen, wenn sie in einem bestimmten Fall feststellt, dass eine nach Artikel 2 freigestellte Technologietransfer-Vereinbarung gleichwohl Wirkungen hat, die mit Artikel 101 Absatz 3 AEUV unvereinbar sind; dies gilt insbesondere, wenn

---

[1] **dtv 5009 Wettbewerbsrecht und Kartellrecht Nr. 16.**

a) der Zugang von Technologien Dritter zum Markt beschränkt wird, beispielsweise durch die kumulative Wirkung paralleler Netze gleichartiger beschränkender Vereinbarungen, die den Lizenznehmern die Nutzung von Technologien Dritter untersagen;

b) der Zugang potenzieller Lizenznehmer zum Markt beschränkt wird, beispielsweise durch die kumulative Wirkung paralleler Netze gleichartiger beschränkender Vereinbarungen, die den Lizenzgebern die Erteilung von Lizenzen an andere Lizenznehmer untersagen, oder weil der einzige Eigentümer einer Technologie, der für relevante Technologierechte eine Lizenz vergibt, einem Lizenznehmer eine Exklusivlizenz erteilt, der bereits mit substituierbaren Technologierechten auf dem betreffenden Produktmarkt tätig ist.

(2) Wenn eine unter die Freistellung nach Artikel 2 dieser Verordnung fallende Technologietransfer-Vereinbarung im Gebiet eines Mitgliedstaats oder in einem Teilgebiet desselben, das alle Merkmale eines gesonderten räumlichen Marktes aufweist, im Einzelfall Wirkungen hat, die mit Artikel 101 Absatz 3 AEUV unvereinbar sind, kann die Wettbewerbsbehörde dieses Mitgliedstaats unter den gleichen Umständen wie in Absatz 1 des vorliegenden Artikels den Rechtsvorteil dieser Verordnung gemäß Artikel 29 Absatz 2 der Verordnung (EG) Nr. 1/2003 in Bezug auf das betroffene Gebiet entziehen.

Art. 7 Nichtanwendung dieser Verordnung. (1) Gemäß Artikel 1a der Verordnung Nr. 19/65/EWG kann die Kommission durch Verordnung erklären, dass in Fällen, in denen parallele Netze gleichartiger Technologietransfer-Vereinbarungen mehr als 50 % eines relevanten Marktes erfassen, die vorliegende Verordnung auf Technologietransfer-Vereinbarungen, die bestimmte Beschränkungen des Wettbewerbs auf diesem Markt vorsehen, keine Anwendung findet.

(2) Eine Verordnung nach Absatz 1 wird frühestens sechs Monate nach ihrem Erlass anwendbar.

Art. 8 Anwendung der Marktanteilsschwellen. Für die Anwendung der Marktanteilsschwellen nach Artikel 3 gelten folgende Vorschriften:

a) Der Marktanteil wird anhand des Absatzwerts berechnet; liegen keine Angaben über den Absatzwert vor, so können zur Ermittlung des Marktanteils des betreffenden Unternehmens Schätzungen vorgenommen werden, die auf anderen verlässlichen Marktdaten unter Einschluss der Absatzmengen beruhen.

b) Der Marktanteil wird anhand der Angaben aus dem vorhergehenden Kalenderjahr ermittelt.

c) Der Marktanteil der in Artikel 1 Absatz 2 Unterabsatz 2 Buchstabe e genannten Unternehmen wird zu gleichen Teilen jedem Unternehmen zugerechnet, das die in Artikel 1 Absatz 2 Unterabsatz 2 Buchstabe a aufgeführten Rechte oder Einflussmöglichkeiten hat.

d) Der Anteil eines Lizenzgebers an einem relevanten Markt für die lizenzierten Technologierechte wird auf der Grundlage der Präsenz der lizenzierten Technologierechte auf dem relevanten Markt bzw. den relevanten Märkten (das heißt sowohl für den sachlich relevanten als auch für den räumlich relevanten Markt), auf dem/denen die Vertragsprodukte verkauft werden, berechnet, das heißt auf der Grundlage der Verkaufsdaten betreffend die vom Lizenzgeber und seinen Lizenznehmern insgesamt hergestellten Vertragsprodukte.

e) Wird die in Artikel 3 Absatz 1 oder Absatz 2 genannte Marktanteilsschwelle von 20 % bzw. 30 % erst zu einem späteren Zeitpunkt überschritten, so gilt die Freistellung nach Artikel 2 im Anschluss an das Jahr, in dem die Schwelle von 20 % bzw. 30 % erstmals überschritten wird, noch für zwei aufeinander folgende Kalenderjahre weiter.

Art. 9 Verhältnis zu anderen Gruppenfreistellungsverordnungen. Diese Verordnung gilt nicht für Lizenzabsprachen in Vereinbarungen über Forschung und Entwicklung, die unter die Verordnung (EU) Nr. 1217/2010 fallen oder in Spezialisierungsvereinbarungen, die unter die Verordnung (EU) Nr. 1218/2010 fallen.

Art. 10 Übergangszeit. Das Verbot nach Artikel 101 Absatz 1 AEUV gilt vom 1. Mai 2014 bis zum 30. April 2015 nicht für Vereinbarungen, die am 30. April 2014 bereits in Kraft waren und die am 30. April 2014 die Voraussetzungen für eine Freistellung zwar nach der Verordnung (EG) Nr. 772/2004, nicht aber nach dieser Verordnung erfüllen.

Art. 11 Geltungsdauer. *[1]* Diese Verordnung tritt am 1. Mai 2014 in Kraft.

[2] Sie gilt bis zum 30. April 2026.

Diese Verordnung ist in allen ihren Teilen verbindlich und gilt unmittelbar in jedem Mitgliedstaat.

42. Verordnung (EU) Nr. 330/2010 der Kommission vom 20. April 2010 über die Anwendung von Artikel 101 Absatz 3 des Vertrags über die Arbeitsweise der Europäischen Union auf Gruppen von vertikalen Vereinbarungen und abgestimmten Verhaltensweisen

(Text von Bedeutung für den EWR)

(ABl. Nr. L 102 S. 1)

Celex-Nr. 3 2010 R 0330

Art. 1 Begriffsbestimmungen. (1) Für die Zwecke dieser Verordnung gelten folgende Begriffsbestimmungen:

a) „vertikale Vereinbarung" ist eine Vereinbarung oder abgestimmte Verhaltensweise, die zwischen zwei oder mehr Unternehmen, von denen jedes für die Zwecke der Vereinbarung oder der abgestimmten Verhaltensweise auf einer anderen Ebene der Produktions- oder Vertriebskette tätig ist, geschlossen wird und die die Bedingungen betrifft, zu denen die beteiligten Unternehmen Waren oder Dienstleistungen beziehen, verkaufen oder weiterverkaufen dürfen;

b) „vertikale Beschränkung" ist eine Wettbewerbsbeschränkung in einer vertikalen Vereinbarung, die unter Artikel 101 Absatz 1 AEUV fällt;

c) „Wettbewerber" ist ein tatsächlicher oder potenzieller Wettbewerber; ein „tatsächlicher Wettbewerber" ist ein Unternehmen, das auf demselben relevanten Markt tätig ist; ein „potenzieller Wettbewerber" ist ein Unternehmen, bei dem realistisch und nicht nur hypothetisch davon ausgegangen werden kann, dass es ohne die vertikale Vereinbarung als Reaktion auf einen geringen, aber anhaltenden Anstieg der relativen Preise wahrscheinlich innerhalb kurzer Zeit die zusätzlichen Investitionen tätigen oder sonstigen Umstellungskosten auf sich nehmen würde, die erforderlich wären, um in den relevanten Markt einzutreten;

d) „Wettbewerbsverbot" ist eine unmittelbare oder mittelbare Verpflichtung, die den Abnehmer veranlasst, keine Waren oder Dienstleistungen herzustellen, zu beziehen, zu verkaufen oder weiterzuverkaufen, die mit den Vertragswaren oder -dienstleistungen im Wettbewerb stehen, oder eine unmittelbare oder mittelbare Verpflichtung des Abnehmers, auf dem relevanten Markt mehr als 80 % seines Gesamtbezugs an Vertragswaren oder -dienstleistungen und ihren Substituten, der anhand des Werts des Bezugs oder, falls in der Branche üblich, anhand des bezogenen Volumens im vorangehenden Kalenderjahr berechnet wird, vom Anbieter oder von einem anderen vom Anbieter benannten Unternehmen zu beziehen;

e) „selektive Vertriebssysteme" sind Vertriebssysteme, in denen sich der Anbieter verpflichtet, die Vertragswaren oder -dienstleistungen unmittelbar oder mittelbar nur an Händler zu verkaufen, die anhand festgelegter Merkmale ausgewählt werden, und in denen sich diese Händler verpflichten, die betreffenden Waren oder Dienstleistungen nicht an Händler zu verkaufen, die innerhalb des vom Anbieter für den Betrieb dieses Systems festgelegten Gebiets nicht zum Vertrieb zugelassen sind;

f) „Rechte des geistigen Eigentums" umfassen unter anderem gewerbliche Schutzrechte, Know-how, Urheberrechte und verwandte Schutzrechte;

g) „Know-how" ist eine Gesamtheit nicht patentgeschützter praktischer Kenntnisse, die der Anbieter durch Erfahrung und Erprobung gewonnen hat und die geheim, wesentlich und identifiziert sind; in diesem Zusammenhang bedeutet „geheim", dass das Know-how nicht allgemein bekannt oder leicht zugänglich ist; „wesentlich" bedeutet, dass das Know-how für den Abnehmer bei der Verwendung, dem Verkauf oder dem Weiterverkauf der Vertragswaren oder -dienstleistungen bedeutsam und nützlich ist; „identifiziert" bedeutet, dass das Know-how so umfassend beschrieben ist, dass überprüft werden kann, ob es die Merkmale „geheim" und „wesentlich" erfüllt;

h) „Abnehmer" ist auch ein Unternehmen, das auf der Grundlage einer unter Artikel 101 Absatz 1 AEUV fallenden Vereinbarung Waren oder Dienstleistungen für Rechnung eines anderen Unternehmens verkauft;

i) „Kunde des Abnehmers" ist ein nicht an der Vereinbarung beteiligtes Unternehmen, das die Vertragswaren oder -dienstleistungen von einem an der Vereinbarung beteiligten Abnehmer bezieht.

(2) *[1]* Für die Zwecke dieser Verordnung schließen die Begriffe „Unternehmen", „Anbieter" und „Abnehmer" die jeweils mit diesen verbundenen Unternehmen ein.

[2] „Verbundene Unternehmen" sind:

a) Unternehmen, in denen ein an der Vereinbarung beteiligtes Unternehmen unmittelbar oder mittelbar
   i) die Befugnis hat, mehr als die Hälfte der Stimmrechte auszuüben, oder
   ii) die Befugnis hat, mehr als die Hälfte der Mitglieder des Leitungs- oder Aufsichtsorgans oder der zur gesetzlichen Vertretung berufenen Organe zu bestellen, oder
   iii) das Recht hat, die Geschäfte des Unternehmens zu führen;

b) Unternehmen, die in einem an der Vereinbarung beteiligten Unternehmen unmittelbar oder mittelbar die unter Buchstabe a aufgeführten Rechte oder Befugnisse haben;

c) Unternehmen, in denen ein unter Buchstabe b genanntes Unternehmen unmittelbar oder mittelbar die unter Buchstabe a aufgeführten Rechte oder Befugnisse hat;

d) Unternehmen, in denen ein an der Vereinbarung beteiligtes Unternehmen gemeinsam mit einem oder mehreren der unter den Buchstaben a, b und c genannten Unternehmen oder in denen zwei oder mehr der zuletzt genannten Unternehmen gemeinsam die unter Buchstabe a aufgeführten Rechte oder Befugnisse haben;

e) Unternehmen, in denen die folgenden Unternehmen gemeinsam die unter Buchstabe a aufgeführten Rechte oder Befugnisse haben:
   i) an der Vereinbarung beteiligte Unternehmen oder mit ihnen jeweils verbundene Unternehmen im Sinne der Buchstaben a bis d, oder

ii) eines oder mehrere der an der Vereinbarung beteiligten Unternehmen oder eines oder mehrere der mit ihnen verbundenen Unternehmen im Sinne der Buchstaben a bis d und ein oder mehrere dritte Unternehmen.

Art. 2 Freistellung. (1) *[1]* Nach Artikel 101 Absatz 3 AEUV und nach Maßgabe dieser Verordnung gilt Artikel 101 Absatz 1 AEUV nicht für vertikale Vereinbarungen.

[2] Diese Freistellung gilt, soweit solche Vereinbarungen vertikale Beschränkungen enthalten.

(2) [1] Die Freistellung nach Absatz 1 gilt nur dann für vertikale Vereinbarungen zwischen einer Unternehmensvereinigung und ihren Mitgliedern oder zwischen einer solchen Vereinigung und ihren Anbietern, wenn alle Mitglieder der Vereinigung Wareneinzelhändler sind und wenn keines ihrer Mitglieder zusammen mit seinen verbundenen Unternehmen einen jährlichen Gesamtumsatz von mehr als 50 Mio. EUR erwirtschaftet. [2] Vertikale Vereinbarungen solcher Vereinigungen werden von dieser Verordnung unbeschadet der Anwendbarkeit von Artikel 101 AEUV auf horizontale Vereinbarungen zwischen den Mitgliedern einer solchen Vereinigung sowie auf Beschlüsse der Vereinigung erfasst.

(3) [1] Die Freistellung nach Absatz 1 gilt für vertikale Vereinbarungen, die Bestimmungen enthalten, die die Übertragung von Rechten des geistigen Eigentums auf den Abnehmer oder die Nutzung solcher Rechte durch den Abnehmer betreffen, sofern diese Bestimmungen nicht Hauptgegenstand der Vereinbarung sind und sofern sie sich unmittelbar auf die Nutzung, den Verkauf oder den Weiterverkauf von Waren oder Dienstleistungen durch den Abnehmer oder seine Kunden beziehen. [2] Die Freistellung gilt unter der Voraussetzung, dass diese Bestimmungen für die Vertragswaren oder -dienstleistungen keine Wettbewerbsbeschränkungen enthalten, die denselben Zweck verfolgen wie vertikale Beschränkungen, die durch diese Verordnung nicht freigestellt sind.

(4) [1] Die Freistellung nach Absatz 1 gilt nicht für vertikale Vereinbarungen zwischen Wettbewerbern. [2] Sie findet jedoch Anwendung, wenn Wettbewerber eine nicht gegenseitige vertikale Vereinbarung treffen und

a) der Anbieter zugleich Hersteller und Händler von Waren ist, der Abnehmer dagegen Händler, jedoch kein Wettbewerber auf der Herstellungsebene; oder

b) der Anbieter ein auf mehreren Handelsstufen tätiger Dienstleister ist, der Abnehmer dagegen Waren oder Dienstleistungen auf der Einzelhandelsstufe anbietet und auf der Handelsstufe, auf der er die Vertragsdienstleistungen bezieht, kein Wettbewerber ist.

(5) Diese Verordnung gilt nicht für vertikale Vereinbarungen, deren Gegenstand in den Geltungsbereich einer anderen Gruppenfreistellungsverordnung fällt, es sei denn, dies ist in einer solchen Verordnung vorgesehen.

Art. 3 Marktanteilsschwelle. (1) Die Freistellung nach Artikel 2 gilt nur, wenn der Anteil des Anbieters an dem relevanten Markt, auf dem er die Vertragswaren oder -dienstleistungen anbietet, und der Anteil des Abnehmers an dem relevanten Markt, auf dem er die Vertragswaren oder -dienstleistungen bezieht, jeweils nicht mehr als 30 % beträgt.

(2) Bezieht ein Unternehmen im Rahmen einer Mehrparteienvereinbarung die Vertragswaren oder -dienstleistungen von einer Vertragspartei und verkauft es sie anschließend an eine andere Vertragspartei, so gilt die Freistellung nach Artikel 2 nur, wenn es die Voraussetzungen des Absatzes 1 als Abnehmer wie auch als Anbieter erfüllt.

Art. 4 Beschränkungen, die zum Ausschluss des Rechtsvorteils der Gruppenfreistellung führen – Kernbeschränkungen. Die Freistellung nach Artikel 2 gilt nicht für vertikale Vereinbarungen, die unmittelbar oder mittelbar, für sich allein oder in Verbindung mit anderen Umständen unter der Kontrolle der Vertragsparteien Folgendes bezwecken:

a) Die Beschränkung der Möglichkeit des Abnehmers, seinen Verkaufspreis selbst festzusetzen; dies gilt unbeschadet der Möglichkeit des Anbieters, Höchstverkaufspreise festzusetzen oder Preisempfehlungen auszusprechen, sofern sich diese nicht infolge der Ausübung von Druck oder der Gewährung von Anreizen durch eines der beteiligten Unternehmen tatsächlich wie Fest- oder Mindestverkaufspreise auswirken;

b) die Beschränkung des Gebiets oder der Kundengruppe, in das oder an die ein an der Vereinbarung beteiligter Abnehmer, vorbehaltlich einer etwaigen Beschränkung in Bezug auf den Ort seiner Niederlassung, Vertragswaren oder -dienstleistungen verkaufen darf, mit Ausnahme

   i) der Beschränkung des aktiven Verkaufs in Gebiete oder an Kundengruppen, die der Anbieter sich selbst vorbehalten oder ausschließlich einem anderen Abnehmer zugewiesen hat, sofern dadurch der Verkauf durch die Kunden des Abnehmers nicht beschränkt wird,

   ii) der Beschränkung des Verkaufs an Endverbraucher durch Abnehmer, die auf der Großhandelsstufe tätig sind,

   iii) der Beschränkung des Verkaufs an nicht zugelassene Händler durch die Mitglieder eines selektiven Vertriebssystems innerhalb des vom Anbieter für den Betrieb dieses Systems festgelegten Gebiets,

   iv) der Beschränkung der Möglichkeit des Abnehmers, Teile, die zur Weiterverwendung geliefert werden, an Kunden zu verkaufen, die diese Teile für die Herstellung derselben Art von Waren verwenden würden, wie sie der Anbieter herstellt;

c) die Beschränkung des aktiven oder passiven Verkaufs an Endverbraucher durch auf der Einzelhandelsstufe tätige Mitglieder eines selektiven Vertriebssystems; dies gilt unbeschadet der Möglichkeit, Mitgliedern des Systems zu untersagen, Geschäfte von nicht zugelassenen Niederlassungen aus zu betreiben;

d) die Beschränkung von Querlieferungen zwischen Händlern innerhalb eines selektiven Vertriebssystems, auch wenn diese auf verschiedenen Handelsstufen tätig sind;

e) die zwischen einem Anbieter von Teilen und einem Abnehmer, der diese Teile weiterverwendet, vereinbarte Beschränkung der Möglichkeit des Anbieters, die Teile als Ersatzteile an Endverbraucher oder an Reparaturbetriebe oder andere Dienstleister zu verkaufen, die der Abnehmer nicht mit der Reparatur oder Wartung seiner Waren betraut hat.

Art. 5 Nicht freigestellte Beschränkungen. (1) *[1]* Die Freistellung nach Artikel 2 gilt nicht für die folgenden, in vertikalen Vereinbarungen enthaltenen Verpflichtungen:

a) unmittelbare oder mittelbare Wettbewerbsverbote, die für eine unbestimmte Dauer oder für eine Dauer von mehr als fünf Jahren vereinbart werden;

b) unmittelbare oder mittelbare Verpflichtungen, die den Abnehmer veranlassen, Waren oder Dienstleistungen nach Beendigung der Vereinbarung nicht herzustellen, zu beziehen, zu verkaufen oder weiterzuverkaufen;

c) unmittelbare oder mittelbare Verpflichtungen, die die Mitglieder eines selektiven Vertriebsystems veranlassen, Marken bestimmter konkurrierender Anbieter nicht zu verkaufen.

[2] Für die Zwecke des Unterabsatz 1 Buchstabe a gelten Wettbewerbsverbote, deren Dauer sich über den Zeitraum von fünf Jahren hinaus stillschweigend verlängert, als für eine unbestimmte Dauer vereinbart.

(2) Abweichend von Absatz 1 Buchstabe a gilt die Begrenzung auf fünf Jahre nicht, wenn die Vertragswaren oder -dienstleistungen vom Abnehmer in Räumlichkeiten und auf Grundstücken verkauft werden, die im Eigentum des Anbieters stehen oder von diesem von nicht mit dem Abnehmer verbundenen Dritten gemietet oder gepachtet worden sind und das Wettbewerbsverbot nicht über den Zeitraum hinausreicht, in dem der Abnehmer diese Räumlichkeiten und Grundstücke nutzt.

(3) *[1]* In Abweichung von Absatz 1 Buchstabe b gilt die Freistellung nach Artikel 2 für unmittelbare oder mittelbare Verpflichtungen, die den Abnehmer veranlassen, Waren oder Dienstleistungen nach Beendigung der Vereinbarung nicht herzustellen, zu beziehen, zu verkaufen oder weiterzuverkaufen, wenn die folgenden Bedingungen erfüllt sind:

a) die Verpflichtungen beziehen sich auf Waren oder Dienstleistungen, die mit den Vertragswaren oder -dienstleistungen im Wettbewerb stehen;

b) die Verpflichtungen beschränken sich auf Räumlichkeiten und Grundstücke, von denen aus der Abnehmer während der Vertragslaufzeit seine Geschäfte betrieben hat;

c) die Verpflichtungen sind unerlässlich, um dem Abnehmer vom Anbieter übertragenes Know-how zu schützen;

d) die Dauer der Verpflichtungen ist auf höchstens ein Jahr nach Beendigung der Vereinbarung begrenzt.

[2] Absatz 1 Buchstabe b gilt unbeschadet der Möglichkeit, Nutzung und Offenlegung von nicht allgemein zugänglichem Know-how unbefristeten Beschränkungen zu unterwerfen.

Art. 6 Nichtanwendung dieser Verordnung. Nach Artikel 1a der Verordnung Nr. 19/65/EWG kann die Kommission durch Verordnung erklären, dass in Fällen, in denen mehr als 50 % des relevanten Marktes von parallelen Netzen gleichartiger vertikaler Beschränkungen abgedeckt werden, die vorliegende

Verordnung auf vertikale Vereinbarungen, die bestimmte Beschränkungen des Wettbewerbs auf diesem Markt enthalten, keine Anwendung findet.

Art. 7 Anwendung der Marktanteilsschwelle. Für die Anwendung der Marktanteilsschwellen im Sinne des Artikels 3 gelten folgende Vorschriften:

a) Der Marktanteil des Anbieters wird anhand des Absatzwerts und der Marktanteil des Abnehmers anhand des Bezugswerts berechnet. Liegen keine Angaben über den Absatz- bzw. Bezugswert vor, so können zur Ermittlung des Marktanteils des betreffenden Unternehmens Schätzungen vorgenommen werden, die auf anderen verlässlichen Marktdaten unter Einschluss der Absatz- und Bezugsmengen beruhen;

b) Die Marktanteile werden anhand der Angaben für das vorangegangene Kalenderjahr ermittelt;

c) Der Marktanteil des Anbieters schließt Waren oder Dienstleistungen ein, die zum Zweck des Verkaufs an vertikal integrierte Händler geliefert werden;

d) Beträgt ein Marktanteil ursprünglich nicht mehr als 30 % und überschreitet er anschließend diese Schwelle, jedoch nicht 35 %, so gilt die Freistellung nach Artikel 2 im Anschluss an das Jahr, in dem die Schwelle von 30 % erstmals überschritten wurde, noch für zwei weitere Kalenderjahre;

e) Beträgt ein Marktanteil ursprünglich nicht mehr als 30 % und überschreitet er anschließend 35 %, so gilt die Freistellung nach Artikel 2 im Anschluss an das Jahr, in dem die Schwelle von 35 % erstmals überschritten wurde, noch für ein weiteres Kalenderjahr;

f) Die unter den Buchstaben d und e genannten Rechtsvorteile dürfen nicht in der Weise miteinander verbunden werden, dass ein Zeitraum von zwei Kalenderjahren überschritten wird;

g) Der Marktanteil der in Artikel 1 Absatz 2 Unterabsatz 2 Buchstabe e genannten Unternehmen wird zu gleichen Teilen jedem Unternehmen zugerechnet, das die in Artikel 1 Absatz 2 Unterabsatz 2 Buchstabe a aufgeführten Rechte oder Befugnisse hat.

Art. 8 Anwendung der Umsatzschwelle. (1) [1] Für die Berechnung des jährlichen Gesamtumsatzes im Sinne des Artikels 2 Absatz 2 sind die Umsätze zu addieren, die das jeweilige an der vertikalen Vereinbarung beteiligte Unternehmen und die mit ihm verbundenen Unternehmen im letzten Geschäftsjahr mit allen Waren und Dienstleistungen ohne Steuern und sonstige Abgaben erzielt haben. [2] Dabei werden Umsätze zwischen dem an der vertikalen Vereinbarung beteiligten Unternehmen und den mit ihm verbundenen Unternehmen oder zwischen den mit ihm verbundenen Unternehmen nicht mitgerechnet.

(2) Die Freistellung nach Artikel 2 bleibt bestehen, wenn der jährliche Gesamtumsatz im Zeitraum von zwei aufeinanderfolgenden Geschäftsjahren die Schwelle um nicht mehr als 10 % überschreitet.

Art. 9 Übergangszeitraum. Das Verbot nach Artikel 101 Absatz 1 AEUV gilt in der Zeit vom 1. Juni 2010 bis zum 31. Mai 2011 nicht für bereits am 31. Mai 2010 in Kraft befindliche Vereinbarungen, die zwar die Freistellungskriterien dieser Verordnung nicht erfüllen, aber am 31. Mai 2010 die Freistellungskriterien der Verordnung (EG) Nr. 2790/1999 erfüllt haben.

Art. 10 Geltungsdauer. *[1]* Diese Verordnung tritt am 1. Juni 2010 in Kraft.
[2] Sie gilt bis zum 31. Mai 2022.

Diese Verordnung ist in allen ihren Teilen verbindlich und gilt unmittelbar in jedem Mitgliedstaat.

43. Patentgesetz

In der Fassung der Bekanntmachung vom 16. Dezember 1980[1)]
(BGBl. 1981 I S. 1)

FNA 420-1

zuletzt geänd. durch Art. 4 G über die Erweiterung der Medienöffentlichkeit in Gerichtsverfahren v. 8.10.2017 (BGBl. I S. 3546)

– Auszug –

Erster Abschnitt. Das Patent

§ 1 [Voraussetzungen der Erteilung] (1) Patente werden für Erfindungen auf allen Gebieten der Technik erteilt, sofern sie neu sind, auf einer erfinderischen Tätigkeit beruhen und gewerblich anwendbar sind.

(2) [1] Patente werden für Erfindungen im Sinne von Absatz 1 auch dann erteilt, wenn sie ein Erzeugnis, das aus biologischem Material besteht oder dieses enthält, oder wenn sie ein Verfahren, mit dem biologisches Material hergestellt oder bearbeitet wird oder bei dem es verwendet wird, zum Gegenstand haben. [2] Biologisches Material, das mit Hilfe eines technischen Verfahrens aus seiner natürlichen Umgebung isoliert oder hergestellt wird, kann auch dann Gegenstand einer Erfindung sein, wenn es in der Natur schon vorhanden war.

(3) Als Erfindungen im Sinne des Absatzes 1 werden insbesondere nicht angesehen:

1. Entdeckungen sowie wissenschaftliche Theorien und mathematische Methoden;
2. ästhetische Formschöpfungen;
3. Pläne, Regeln und Verfahren für gedankliche Tätigkeiten, für Spiele oder für geschäftliche Tätigkeiten sowie Programme für Datenverarbeitungsanlagen;
4. die Wiedergabe von Informationen.

(4) Absatz 3 steht der Patentfähigkeit nur insoweit entgegen, als für die genannten Gegenstände oder Tätigkeiten als solche Schutz begehrt wird.

§ 3 [Begriff der Neuheit] (1) [1] Eine Erfindung gilt als neu, wenn sie nicht zum Stand der Technik gehört. [2] Der Stand der Technik umfaßt alle Kenntnisse, die vor dem für den Zeitrang der Anmeldung maßgeblichen Tag durch schriftliche oder mündliche Beschreibung, durch Benutzung oder in sonstiger Weise der Öffentlichkeit zugänglich gemacht worden sind.

(2) [1] Als Stand der Technik gilt auch der Inhalt folgender Patentanmeldungen mit älterem Zeitrang, die erst an oder nach dem für den Zeitrang der jüngeren Anmeldung maßgeblichen Tag der Öffentlichkeit zugänglich gemacht worden sind:

[1)] Neubekanntmachung des PatentG v. 26.7.1979 (BGBl. I S. 1269) in der ab 1.1.1981 geltenden Fassung.

1. der nationalen Anmeldungen in der beim Deutschen Patentamt ursprünglich eingereichten Fassung;
2. der europäischen Anmeldungen in der bei der zuständigen Behörde ursprünglich eingereichten Fassung, wenn mit der Anmeldung für die Bundesrepublik Deutschland Schutz begehrt wird und die Benennungsgebühr für die Bundesrepublik Deutschland nach Artikel 79 Abs. 2 des Europäischen Patentübereinkommens[1)] gezahlt ist und, wenn es sich um eine Euro-PCT-Anmeldung (Artikel 153 Abs. 2 des Europäischen Patentübereinkommens) handelt, die in Artikel 153 Abs. 5 des Europäischen Patentübereinkommens genannten Voraussetzungen erfüllt sind;
3. der internationalen Anmeldungen nach dem Patentzusammenarbeitsvertrag in der beim Anmeldeamt ursprünglich eingereichten Fassung, wenn für die Anmeldung das Deutsche Patentamt Bestimmungsamt ist.

[2] Beruht der ältere Zeitrang einer Anmeldung auf der Inanspruchnahme der Priorität einer Voranmeldung, so ist Satz 1 nur insoweit anzuwenden, als die danach maßgebliche Fassung nicht über die Fassung der Voranmeldung hinausgeht. [3] Patentanmeldungen nach Satz 1 Nr. 1, für die eine Anordnung nach § 50 Abs. 1 oder Abs. 4 erlassen worden ist, gelten vom Ablauf des achtzehnten Monats nach ihrer Einreichung an als der Öffentlichkeit zugänglich gemacht.

(3) Gehören Stoffe oder Stoffgemische zum Stand der Technik, so wird ihre Patentfähigkeit durch die Absätze 1 und 2 nicht ausgeschlossen, sofern sie zur Anwendung in einem der in § 2a Abs. 1 Nr. 2 genannten Verfahren bestimmt sind und ihre Anwendung zu einem dieser Verfahren nicht zum Stand der Technik gehört.

(4) Ebenso wenig wird die Patentfähigkeit der in Absatz 3 genannten Stoffe oder Stoffgemische zur spezifischen Anwendung in einem der in § 2a Abs. 1 Nr. 2 genannten Verfahren durch die Absätze 1 und 2 ausgeschlossen, wenn diese Anwendung nicht zum Stand der Technik gehört.

(5) [1] Für die Anwendung der Absätze 1 und 2 bleibt eine Offenbarung der Erfindung außer Betracht, wenn sie nicht früher als sechs Monate vor Einreichung der Anmeldung erfolgt ist und unmittelbar oder mittelbar zurückgeht

1. auf einen offensichtlichen Mißbrauch zum Nachteil des Anmelders oder seines Rechtsvorgängers oder
2. auf die Tatsache, daß der Anmelder oder sein Rechtsvorgänger die Erfindung auf amtlichen oder amtlich anerkannten Ausstellungen im Sinne des am 22. November 1928 in Paris unterzeichneten Abkommens über internationale Ausstellungen zur Schau gestellt hat.

[2] Satz 1 Nr. 2 ist nur anzuwenden, wenn der Anmelder bei Einreichung der Anmeldung angibt, daß die Erfindung tatsächlich zur Schau gestellt worden ist und er innerhalb von vier Monaten nach der Einreichung hierüber eine Bescheinigung einreicht. [3] Die in Satz 1 Nr. 2 bezeichneten Ausstellungen werden vom Bundesminister der Justiz und für Verbraucherschutz im Bundesanzeiger bekanntgemacht.

[1)] **dtv 5563 Patent- und Musterrecht Nr. 50.**

§ 4 [Erfindung auf Grund erfinderischer Tätigkeit] [1]Eine Erfindung gilt als auf einer erfinderischen Tätigkeit beruhend, wenn sie sich für den Fachmann nicht in naheliegender Weise aus dem Stand der Technik ergibt. [2]Gehören zum Stand der Technik auch Unterlagen im Sinne des § 3 Abs. 2, so werden diese bei der Beurteilung der erfinderischen Tätigkeit nicht in Betracht gezogen.

§ 5 [Gewerblich anwendbare Erfindung] Eine Erfindung gilt als gewerblich anwendbar, wenn ihr Gegenstand auf irgendeinem gewerblichen Gebiet einschließlich der Landwirtschaft hergestellt oder benutzt werden kann.

§ 6 [Recht des Erfinders] [1]Das Recht auf das Patent hat der Erfinder[1)] oder sein Rechtsnachfolger. [2]Haben mehrere gemeinsam eine Erfindung gemacht, so steht ihnen das Recht auf das Patent gemeinschaftlich zu. [3]Haben mehrere die Erfindung unabhängig voneinander gemacht, so steht das Recht dem zu, der die Erfindung zuerst beim Patentamt angemeldet hat.

§ 7 [Recht des Anmelders; älteres Recht] (1) Damit die sachliche Prüfung der Patentanmeldung durch die Feststellung des Erfinders nicht verzögert wird, gilt im Verfahren vor dem Patentamt der Anmelder als berechtigt, die Erteilung des Patents zu verlangen.

(2) Wird ein Patent auf Grund eines auf widerrechtliche Entnahme (§ 21 Abs. 1 Nr. 3) gestützten Einspruchs widerrufen oder führt der Einspruch zum Verzicht auf das Patent, so kann der Einsprechende innerhalb eines Monats nach der amtlichen Mitteilung hierüber die Erfindung selbst anmelden und die Priorität des früheren Patents in Anspruch nehmen.

§ 8 [Patentvindikation] [1]Der Berechtigte, dessen Erfindung von einem Nichtberechtigten angemeldet ist, oder der durch widerrechtliche Entnahme Verletzte kann vom Patentsucher verlangen, daß ihm der Anspruch auf Erteilung des Patents abgetreten wird. [2]Hat die Anmeldung bereits zum Patent geführt, so kann er vom Patentinhaber die Übertragung des Patents verlangen. [3]Der Anspruch kann vorbehaltlich der Sätze 4 und 5 nur innerhalb einer Frist von zwei Jahren nach der Veröffentlichung der Erteilung des Patents (§ 58 Abs. 1) durch Klage geltend gemacht werden. [4]Hat der Verletzte Einspruch wegen widerrechtlicher Entnahme (§ 21 Abs. 1 Nr. 3) erhoben, so kann er die Klage noch innerhalb eines Jahres nach rechtskräftigem Abschluß des Einspruchsverfahrens erheben. [5]Die Sätze 3 und 4 sind nicht anzuwenden, wenn der Patentinhaber beim Erwerb des Patents nicht in gutem Glauben war.

§ 9 [Wirkung des Patents] [1]Das Patent hat die Wirkung, dass allein der Patentinhaber befugt ist, die patentierte Erfindung im Rahmen des geltenden Rechts zu benutzen. [2]Jedem Dritten ist es verboten, ohne seine Zustimmung

1. ein Erzeugnis, das Gegenstand des Patents ist, herzustellen, anzubieten, in Verkehr zu bringen oder zu gebrauchen oder zu den genannten Zwecken entweder einzuführen oder zu besitzen;
2. ein Verfahren, das Gegenstand des Patents ist, anzuwenden oder, wenn der Dritte weiß oder es auf Grund der Umstände offensichtlich ist, daß die

---

[1)] Siehe dazu G über Arbeitnehmererfindungen, auszugsweise abgedruckt unter **Nr. 44**.

Anwendung des Verfahrens ohne Zustimmung des Patentinhabers verboten ist, zur Anwendung im Geltungsbereich dieses Gesetzes anzubieten;

3. das durch ein Verfahren, das Gegenstand des Patents ist, unmittelbar hergestellte Erzeugnis anzubieten, in Verkehr zu bringen oder zu gebrauchen oder zu den genannten Zwecken entweder einzuführen oder zu besitzen.

§ 10 [Verbotene Verwendung von Mitteln zur Benutzung der Erfindung] (1) Das Patent hat ferner die Wirkung, daß es jedem Dritten verboten ist, ohne Zustimmung des Patentinhabers im Geltungsbereich dieses Gesetzes anderen als zur Benutzung der patentierten Erfindung berechtigten Personen Mittel, die sich auf ein wesentliches Element der Erfindung beziehen, zur Benutzung der Erfindung im Geltungsbereich dieses Gesetzes anzubieten oder zu liefern, wenn der Dritte weiß oder es auf Grund der Umstände offensichtlich ist, daß diese Mittel dazu geeignet und bestimmt sind, für die Benutzung der Erfindung verwendet zu werden.

(2) Absatz 1 ist nicht anzuwenden, wenn es sich bei den Mitteln um allgemein im Handel erhältliche Erzeugnisse handelt, es sei denn, daß der Dritte den Belieferten bewußt veranlaßt, in einer nach § 9 Satz 2 verbotenen Weise zu handeln.

(3) Personen, die die in § 11 Nr. 1 bis 3 genannten Handlungen vornehmen, gelten im Sinne des Absatzes 1 nicht als Personen, die zur Benutzung der Erfindung berechtigt sind.

§ 11 [Erlaubte Handlungen] Die Wirkung des Patents erstreckt sich nicht auf

1. Handlungen, die im privaten Bereich zu nicht gewerblichen Zwecken vorgenommen werden;
2. Handlungen zu Versuchszwecken, die sich auf den Gegenstand der patentierten Erfindung beziehen;

2a. die Nutzung biologischen Materials zum Zweck der Züchtung, Entdeckung und Entwicklung einer neuen Pflanzensorte;

2b. Studien und Versuche und die sich daraus ergebenden praktischen Anforderungen, die für die Erlangung einer arzneimittelrechtlichen Genehmigung für das Inverkehrbringen in der Europäischen Union oder einer arzneimittelrechtlichen Zulassung in den Mitgliedstaaten der Europäischen Union oder in Drittstaaten erforderlich sind;

3. die unmittelbare Einzelzubereitung von Arzneimitteln in Apotheken auf Grund ärztlicher Verordnung sowie auf Handlungen, welche die auf diese Weise zubereiteten Arzneimittel betreffen;
4. den an Bord von Schiffen eines anderen Mitgliedstaates der Pariser Verbandsübereinkunft zum Schutz des gewerblichen Eigentums stattfindenden Gebrauch des Gegenstands der patentierten Erfindung im Schiffskörper, in den Maschinen, im Takelwerk, an den Geräten und sonstigem Zubehör, wenn die Schiffe vorübergehend oder zufällig in die Gewässer gelangen, auf die sich der Geltungsbereich dieses Gesetzes erstreckt, vorausgesetzt, daß dieser Gegenstand dort ausschließlich für die Bedürfnisse des Schiffes verwendet wird;

5. den Gebrauch des Gegenstandes der patentierten Erfindung in der Bauausführung oder für den Betrieb der Luft- oder Landfahrzeuge eines anderen Mitgliedstaates der Pariser Verbandsübereinkunft zum Schutz des gewerblichen Eigentums oder des Zubehörs solcher Fahrzeuge, wenn diese vorübergehend oder zufällig in den Geltungsbereich dieses Gesetzes gelangen;
6. die in Artikel 27 des Abkommens vom 7. Dezember 1944 über die internationale Zivilluftfahrt (BGBl. 1956 II S. 411) vorgesehenen Handlungen, wenn diese Handlungen ein Luftfahrzeug eines anderen Staates betreffen, auf den dieser Artikel anzuwenden ist.

§ 12 [Beschränkung der Wirkung gegenüber Benutzer] (1) [1]Die Wirkung des Patents tritt gegen den nicht ein, der zur Zeit der Anmeldung bereits im Inland die Erfindung in Benutzung genommen oder die dazu erforderlichen Veranstaltungen getroffen hatte. [2]Dieser ist befugt, die Erfindung für die Bedürfnisse seines eigenen Betriebs in eigenen oder fremden Werkstätten auszunutzen. [3]Die Befugnis kann nur zusammen mit dem Betrieb vererbt oder veräußert werden. [4]Hat der Anmelder oder sein Rechtsvorgänger die Erfindung vor der Anmeldung anderen mitgeteilt und sich dabei seine Rechte für den Fall der Patenterteilung vorbehalten, so kann sich der, welcher die Erfindung infolge der Mitteilung erfahren hat, nicht auf Maßnahmen nach Satz 1 berufen, die er innerhalb von sechs Monaten nach der Mitteilung getroffen hat.

(2) [1]Steht dem Patentinhaber ein Prioritätsrecht zu, so ist an Stelle der in Absatz 1 bezeichneten Anmeldung die frühere Anmeldung maßgebend. [2]Dies gilt jedoch nicht für Angehörige eines ausländischen Staates, der hierin keine Gegenseitigkeit verbürgt, soweit sie die Priorität einer ausländischen Anmeldung in Anspruch nehmen.

§ 13 [Beschränkung der Wirkung für öffentliche Wohlfahrt und Staatssicherheit] (1) [1]Die Wirkung des Patents tritt insoweit nicht ein, als die Bundesregierung anordnet, daß die Erfindung im Interesse der öffentlichen Wohlfahrt benutzt werden soll. [2]Sie erstreckt sich ferner nicht auf eine Benutzung der Erfindung, die im Interesse der Sicherheit des Bundes von der zuständigen obersten Bundesbehörde oder in deren Auftrag von einer nachgeordneten Stelle angeordnet wird.

(2) Für die Anfechtung einer Anordnung nach Absatz 1 ist das Bundesverwaltungsgericht zuständig, wenn sie von der Bundesregierung oder der zuständigen obersten Bundesbehörde getroffen ist.

(3) [1]Der Patentinhaber hat in den Fällen des Absatzes 1 gegen den Bund Anspruch auf angemessene Vergütung. [2]Wegen deren Höhe steht im Streitfall der Rechtsweg vor den ordentlichen Gerichten offen. [3]Eine Anordnung der Bundesregierung nach Absatz 1 Satz 1 ist dem im Register (§ 30 Abs. 1) als Patentinhaber Eingetragenen vor Benutzung der Erfindung mitzuteilen. [4]Erlangt die oberste Bundesbehörde, von der eine Anordnung oder ein Auftrag nach Absatz 1 Satz 2 ausgeht, Kenntnis von der Entstehung eines Vergütungsanspruchs nach Satz 1, so hat sie dem als Patentinhaber Eingetragenen davon Mitteilung zu machen.

§ 14 [Schutzbereich] [1]Der Schutzbereich des Patents und der Patentanmeldung wird durch die Patentansprüche bestimmt. [2]Die Beschreibung und die Zeichnungen sind jedoch zur Auslegung[1)] der Patentansprüche heranzuziehen.

§ 15 [Übertragbarkeit des Rechts; Lizenzen] (1) [1]Das Recht auf das Patent, der Anspruch auf Erteilung des Patents und das Recht aus dem Patent gehen auf die Erben über. [2]Sie können beschränkt oder unbeschränkt auf andere übertragen werden.

(2) [1]Die Rechte nach Absatz 1 können ganz oder teilweise Gegenstand von ausschließlichen oder nicht ausschließlichen Lizenzen für den Geltungsbereich dieses Gesetzes oder einen Teil desselben sein. [2]Soweit ein Lizenznehmer gegen eine Beschränkung seiner Lizenz nach Satz 1 verstößt, kann das Recht aus dem Patent gegen ihn geltend gemacht werden.

(3) Ein Rechtsübergang oder die Erteilung einer Lizenz berührt nicht Lizenzen, die Dritten vorher erteilt worden sind.

§ 16 [Schutzdauer] Das Patent dauert zwanzig Jahre, die mit dem Tag beginnen, der auf die Anmeldung der Erfindung folgt.

§ 16a[2)] [Ergänzende Schutzzertifikate] (1) [1]Für das Patent kann nach Maßgabe von Verordnungen der Europäischen Gemeinschaften über die Schaffung von ergänzenden Schutzzertifikaten, auf die im Bundesgesetzblatt hinzuweisen ist, ein ergänzender Schutz beantragt werden, der sich an den Ablauf des Patents nach § 16 unmittelbar anschließt. [2]Für den ergänzenden Schutz sind Jahresgebühren zu zahlen.

(2) Soweit das Recht der Europäischen Gemeinschaften nichts anderes bestimmt, gelten die Vorschriften dieses Gesetzes über die Berechtigung des Anmelders (§§ 6 bis 8), über die Wirkungen des Patents und die Ausnahmen davon (§§ 9 bis 12), über die Benutzungsanordnung und die Zwangslizenz (§§ 13, 24), über den Schutzbereich (§ 14), über Lizenzen und deren Eintragung (§§ 15, 30), über das Erlöschen des Patents (§ 20), über die Nichtigkeit (§ 22), über die Lizenzbereitschaft (§ 23), über den Inlandsvertreter (§ 25), über das Patentgericht und das Verfahren vor dem Patentgericht (§§ 65 bis 99), über das Verfahren vor dem Bundesgerichtshof (§§ 100 bis 122a), über die Wiedereinsetzung (§ 123), über die Wahrheitspflicht (§ 124), über das elektronische Dokument (§ 125a), über die Amtssprache, die Zustellungen und die Rechtshilfe (§§ 126 bis 128), über die Rechtsverletzungen (§§ 139 bis 141a, 142a und 142b), über die Klagenkonzentration und über die Patentberühmung (§§ 145 und 146) für den ergänzenden Schutz entsprechend.

(3) Lizenzen und Erklärungen nach § 23, die für ein Patent wirksam sind, gelten auch für den ergänzenden Schutz.

[1)] Siehe Protokoll über die Auslegung des Artikels 69 des Europäischen Patentübereinkommens **(dtv 5563 Patent- und Musterrecht Nr. 50)**.

[2)] Siehe die VO (EG) 1610/96 v. 23.7.1996 (ABl. Nr. L 198 S. 30), zuletzt geänd. durch Akte v. 9.12.2011 (ABl. 2012 Nr. L 112 S. 21) vom 23. Juli 1996 über die Schaffung eines ergänzenden Schutzzertifikats für Pflanzenschutzmittel.

Dritter Abschnitt. Verfahren vor dem Patentamt

§ 34 [Patentanmeldung] (1) Eine Erfindung ist zur Erteilung eines Patents beim Patentamt anzumelden.

(2) [1]Die Anmeldung kann auch über ein Patentinformationszentrum eingereicht werden, wenn diese Stelle durch Bekanntmachung[1)] des Bundesministeriums der Justiz und für Verbraucherschutz im Bundesgesetzblatt dazu bestimmt ist, Patentanmeldungen entgegenzunehmen. [2]Eine Anmeldung, die ein Staatsgeheimnis (§ 93 Strafgesetzbuch) enthalten kann, darf bei einem Patentinformationszentrum nicht eingereicht werden.

(3) Die Anmeldung muß enthalten:

1. den Namen des Anmelders;
2. einen Antrag auf Erteilung des Patents, in dem die Erfindung kurz und genau bezeichnet ist;
3. einen oder mehrere Patentansprüche, in denen angegeben ist, was als patentfähig unter Schutz gestellt werden soll;
4. eine Beschreibung der Erfindung;
5. die Zeichnungen, auf die sich die Patentansprüche oder die Beschreibung beziehen.

(4) Die Erfindung ist in der Anmeldung so deutlich und vollständig zu offenbaren, daß ein Fachmann sie ausführen kann.

(5) Die Anmeldung darf nur eine einzige Erfindung enthalten oder eine Gruppe von Erfindungen, die untereinander in der Weise verbunden sind, daß sie eine einzige allgemeine erfinderische Idee verwirklichen.

(6) [1]Das Bundesministerium der Justiz und für Verbraucherschutz wird ermächtigt, durch Rechtsverordnung Bestimmungen über die Form und die sonstigen Erfordernisse der Anmeldung zu erlassen. [2]Es kann diese Ermächtigung durch Rechtsverordnung auf das Deutsche Patent- und Markenamt übertragen.

(7) Auf Verlangen des Patentamts hat der Anmelder den Stand der Technik nach seinem besten Wissen vollständig und wahrheitsgemäß anzugeben und in die Beschreibung (Absatz 3) aufzunehmen.

(8) [1]Das Bundesministerium der Justiz und für Verbraucherschutz wird ermächtigt, durch Rechtsverordnung Bestimmungen über die Hinterlegung von biologischem Material, den Zugang hierzu einschließlich des zum Zugang berechtigten Personenkreises und die erneute Hinterlegung von biologischem Material zu erlassen, sofern die Erfindung die Verwendung biologischen Materials beinhaltet oder sie solches Material betrifft, das der Öffentlichkeit nicht zugänglich ist und das in der Anmeldung nicht so beschrieben werden kann, daß ein Fachmann die Erfindung danach ausführen kann (Absatz 4). [2]Es kann diese Ermächtigung durch Rechtsverordnung auf das Deutsche Patent- und Markenamt übertragen.

[1)] Siehe Bek. der zur Entgegennahme von Patent-, Gebrauchsmuster-, Marken- und Geschmacksmusteranmeldungen befugten Patentinformationszentren idF der Bek. v. 5.10.2004 (BGBl. I S. 2599), zuletzt geänd. durch Bek. v. 23.10.2018 (BGBl. I S. 1843).

§ 58 [Veröffentlichung der Patenterteilung] (1) [1]Die Erteilung des Patents wird im Patentblatt veröffentlicht. [2]Gleichzeitig wird die Patentschrift veröffentlicht. [3]Mit der Veröffentlichung im Patentblatt treten die gesetzlichen Wirkungen des Patents ein.

(2) Wird die Anmeldung nach der Veröffentlichung des Hinweises auf die Möglichkeit der Einsicht in die Akten (§ 32 Abs. 5) zurückgenommen oder zurückgewiesen oder gilt sie als zurückgenommen, so gilt die Wirkung nach § 33 Abs. 1 als nicht eingetreten.

(3) Wird bis zum Ablauf der in § 44 Abs. 2 bezeichneten Frist ein Antrag auf Prüfung nicht gestellt oder wird eine für die Anmeldung zu entrichtende Jahresgebühr nicht rechtzeitig entrichtet (§ 7 Abs. 1 des Patentkostengesetzes[1)]), so gilt die Anmeldung als zurückgenommen.

Neunter Abschnitt. Rechtsverletzungen

§ 139 [Unterlassungs- und Schadensersatzanspruch] (1) [1]Wer entgegen den §§ 9 bis 13 eine patentierte Erfindung benutzt, kann von dem Verletzten bei Wiederholungsgefahr auf Unterlassung in Anspruch genommen werden. [2]Der Anspruch besteht auch dann, wenn eine Zuwiderhandlung erstmalig droht.

(2) [1]Wer die Handlung vorsätzlich oder fahrlässig vornimmt, ist dem Verletzten zum Ersatz des daraus entstehenden Schadens verpflichtet. [2]Bei der Bemessung des Schadensersatzes kann auch der Gewinn, den der Verletzer durch die Verletzung des Rechts erzielt hat, berücksichtigt werden. [3]Der Schadensersatzanspruch kann auch auf der Grundlage des Betrages berechnet werden, den der Verletzer als angemessene Vergütung hätte entrichten müssen, wenn er die Erlaubnis zur Benutzung der Erfindung eingeholt hätte.

(3) [1]Ist Gegenstand des Patents ein Verfahren zur Herstellung eines neuen Erzeugnisses, so gilt bis zum Beweis des Gegenteils das gleiche Erzeugnis, das von einem anderen hergestellt worden ist, als nach dem patentierten Verfahren hergestellt. [2]Bei der Erhebung des Beweises des Gegenteils sind die berechtigten Interessen des Beklagten an der Wahrung seiner Herstellungs- und Betriebsgeheimnisse zu berücksichtigen.

§ 140 [Verletzung des einstweiligen Schutzes] [1]Werden vor der Erteilung des Patents Rechte aus einer Anmeldung, in deren Akten die Einsicht jedermann freisteht (§ 31 Abs. 1 Satz 2 Halbsatz 2 und Abs. 2), gerichtlich geltend gemacht und kommt es für die Entscheidung des Rechtsstreits darauf an, daß ein Anspruch nach § 33 Abs. 1 besteht, so kann das Gericht anordnen, daß die Verhandlung bis zur Entscheidung über die Erteilung des Patents auszusetzen ist. [2]Ist ein Antrag auf Prüfung gemäß § 44 nicht gestellt worden, so hat das Gericht der Partei, die Rechte aus der Anmeldung geltend macht, auf Antrag des Gegners eine Frist zur Stellung des Antrags auf Prüfung zu setzen. [3]Wird der Antrag auf Prüfung nicht innerhalb der Frist gestellt, so können in dem Rechtsstreit Rechte aus der Anmeldung nicht geltend gemacht werden.

[1)] **dtv 5563 Patent- und Musterrecht Nr. 13.**

§ 140a [Vernichtungs- und Rückrufansprüche] (1) 1 Wer entgegen den §§ 9 bis 13 eine patentierte Erfindung benutzt, kann von dem Verletzten auf Vernichtung der im Besitz oder Eigentum des Verletzers befindlichen Erzeugnisse, die Gegenstand des Patents sind, in Anspruch genommen werden. 2 Satz 1 ist auch anzuwenden, wenn es sich um Erzeugnisse handelt, die durch ein Verfahren, das Gegenstand des Patents ist, unmittelbar hergestellt worden sind.

(2) Absatz 1 ist entsprechend auf die im Eigentum des Verletzers stehenden Materialien und Geräte anzuwenden, die vorwiegend zur Herstellung dieser Erzeugnisse gedient haben.

(3) 1 Wer entgegen den §§ 9 bis 13 eine patentierte Erfindung benutzt, kann von dem Verletzten auf Rückruf der Erzeugnisse, die Gegenstand des Patents sind, oder auf deren endgültiges Entfernen aus den Vertriebswegen in Anspruch genommen werden. 2 Satz 1 ist auch anzuwenden, wenn es sich um Erzeugnisse handelt, die durch ein Verfahren, das Gegenstand des Patents ist, unmittelbar hergestellt worden sind.

(4) 1 Die Ansprüche nach den Absätzen 1 bis 3 sind ausgeschlossen, wenn die Inanspruchnahme im Einzelfall unverhältnismäßig ist. 2 Bei der Prüfung der Verhältnismäßigkeit sind auch die berechtigten Interessen Dritter zu berücksichtigen.

§ 140b [Auskunftsanspruch] (1) Wer entgegen den §§ 9 bis 13 eine patentierte Erfindung benutzt, kann von dem Verletzten auf unverzügliche Auskunft über die Herkunft und den Vertriebsweg der benutzten Erzeugnisse in Anspruch genommen werden.

(2) 1 In Fällen offensichtlicher Rechtsverletzung oder in Fällen, in denen der Verletzte gegen den Verletzer Klage erhoben hat, besteht der Anspruch unbeschadet von Absatz 1 auch gegen eine Person, die in gewerblichem Ausmaß

1. rechtsverletzende Erzeugnisse in ihrem Besitz hatte,
2. rechtsverletzende Dienstleistungen in Anspruch nahm,
3. für rechtsverletzende Tätigkeiten genutzte Dienstleistungen erbrachte oder
4. nach den Angaben einer in Nummer 1, 2 oder Nummer 3 genannten Person an der Herstellung, Erzeugung oder am Vertrieb solcher Erzeugnisse oder an der Erbringung solcher Dienstleistungen beteiligt war,

es sei denn, die Person wäre nach den §§ 383 bis 385 der Zivilprozessordnung im Prozess gegen den Verletzer zur Zeugnisverweigerung berechtigt. 2 Im Fall der gerichtlichen Geltendmachung des Anspruchs nach Satz 1 kann das Gericht den gegen den Verletzer anhängigen Rechtsstreit auf Antrag bis zur Erledigung des wegen des Auskunftsanspruchs geführten Rechtsstreits aussetzen. 3 Der zur Auskunft Verpflichtete kann von dem Verletzten den Ersatz der für die Auskunftserteilung erforderlichen Aufwendungen verlangen.

(3) Der zur Auskunft Verpflichtete hat Angaben zu machen über

1. Namen und Anschrift der Hersteller, Lieferanten und anderer Vorbesitzer der Erzeugnisse oder der Nutzer der Dienstleistungen sowie der gewerblichen Abnehmer und Verkaufsstellen, für die sie bestimmt waren, und
2. die Menge der hergestellten, ausgelieferten, erhaltenen oder bestellten Erzeugnisse sowie über die Preise, die für die betreffenden Erzeugnisse oder Dienstleistungen bezahlt wurden.

(4) Die Ansprüche nach den Absätzen 1 und 2 sind ausgeschlossen, wenn die Inanspruchnahme im Einzelfall unverhältnismäßig ist.

(5) Erteilt der zur Auskunft Verpflichtete die Auskunft vorsätzlich oder grob fahrlässig falsch oder unvollständig, so ist er dem Verletzten zum Ersatz des daraus entstehenden Schadens verpflichtet.

(6) Wer eine wahre Auskunft erteilt hat, ohne dazu nach Absatz 1 oder Absatz 2 verpflichtet gewesen zu sein, haftet Dritten gegenüber nur, wenn er wusste, dass er zur Auskunftserteilung nicht verpflichtet war.

(7) In Fällen offensichtlicher Rechtsverletzung kann die Verpflichtung zur Erteilung der Auskunft im Wege der einstweiligen Verfügung nach den §§ 935 bis 945 der Zivilprozessordnung angeordnet werden.

(8) Die Erkenntnisse dürfen in einem Strafverfahren oder in einem Verfahren nach dem Gesetz über Ordnungswidrigkeiten wegen einer vor der Erteilung der Auskunft begangenen Tat gegen den Verpflichteten oder gegen einen in § 52 Abs. 1 der Strafprozessordnung bezeichneten Angehörigen nur mit Zustimmung des Verpflichteten verwertet werden.

(9) [1] Kann die Auskunft nur unter Verwendung von Verkehrsdaten (§ 3 Nr. 30 des Telekommunikationsgesetzes[1)]) erteilt werden, ist für ihre Erteilung eine vorherige richterliche Anordnung über die Zulässigkeit der Verwendung der Verkehrsdaten erforderlich, die von dem Verletzten zu beantragen ist. [2] Für den Erlass dieser Anordnung ist das Landgericht, in dessen Bezirk der zur Auskunft Verpflichtete seinen Wohnsitz, seinen Sitz oder eine Niederlassung hat, ohne Rücksicht auf den Streitwert ausschließlich zuständig. [3] Die Entscheidung trifft die Zivilkammer. [4] Für das Verfahren gelten die Vorschriften des Gesetzes über das Verfahren in Familiensachen und in den Angelegenheiten der freiwilligen Gerichtsbarkeit entsprechend. [5] Die Kosten der richterlichen Anordnung trägt der Verletzte. [6] Gegen die Entscheidung des Landgerichts ist die Beschwerde statthaft. [7] Die Beschwerde ist binnen einer Frist von zwei Wochen einzulegen. [8] Die Vorschriften zum Schutz personenbezogener Daten bleiben im Übrigen unberührt.

(10) Durch Absatz 2 in Verbindung mit Absatz 9 wird das Grundrecht des Fernmeldegeheimnisses (Artikel 10 des Grundgesetzes[2)]) eingeschränkt.

§ 140c [Vorlage und Besichtigungsansprüche] (1) [1] Wer mit hinreichender Wahrscheinlichkeit entgegen den §§ 9 bis 13 eine patentierte Erfindung benutzt, kann von dem Rechtsinhaber oder einem anderen Berechtigten auf Vorlage einer Urkunde oder Besichtigung einer Sache, die sich in seiner Verfügungsgewalt befindet, oder eines Verfahrens, das Gegenstand des Patents ist, in Anspruch genommen werden, wenn dies zur Begründung von dessen Ansprüchen erforderlich ist. [2] Besteht die hinreichende Wahrscheinlichkeit einer in gewerblichem Ausmaß begangenen Rechtsverletzung, erstreckt sich der Anspruch auch auf die Vorlage von Bank-, Finanz- oder Handelsunterlagen. [3] Soweit der vermeintliche Verletzer geltend macht, dass es sich um vertrauliche Informationen handelt, trifft das Gericht die erforderlichen Maßnahmen, um den im Einzelfall gebotenen Schutz zu gewährleisten.

---

1) Nr. **55**.
2) Nr. **3**.

(2) Der Anspruch nach Absatz 1 ist ausgeschlossen, wenn die Inanspruchnahme im Einzelfall unverhältnismäßig ist.

(3) [1]Die Verpflichtung zur Vorlage einer Urkunde oder zur Duldung der Besichtigung einer Sache kann im Wege der einstweiligen Verfügung nach den §§ 935 bis 945 der Zivilprozessordnung angeordnet werden. [2]Das Gericht trifft die erforderlichen Maßnahmen, um den Schutz vertraulicher Informationen zu gewährleisten. [3]Dies gilt insbesondere in den Fällen, in denen die einstweilige Verfügung ohne vorherige Anhörung des Gegners erlassen wird.

(4) § 811 des Bürgerlichen Gesetzbuchs sowie § 140b Abs. 8 gelten entsprechend.

(5) Wenn keine Verletzung vorlag oder drohte, kann der vermeintliche Verletzer von demjenigen, der die Vorlage oder Besichtigung nach Absatz 1 begehrt hat, den Ersatz des ihm durch das Begehren entstandenen Schadens verlangen.

§ 140d [Sicherung von Schadenersatzansprüchen] (1) [1]Der Verletzte kann den Verletzer bei einer in gewerblichem Ausmaß begangenen Rechtsverletzung in den Fällen des § 139 Abs. 2 auch auf Vorlage von Bank-, Finanz- oder Handelsunterlagen oder einen geeigneten Zugang zu den entsprechenden Unterlagen in Anspruch nehmen, die sich in der Verfügungsgewalt des Verletzers befinden und die für die Durchsetzung des Schadensersatzanspruchs erforderlich sind, wenn ohne die Vorlage die Erfüllung des Schadensersatzanspruchs fraglich ist. [2]Soweit der Verletzer geltend macht, dass es sich um vertrauliche Informationen handelt, trifft das Gericht die erforderlichen Maßnahmen, um den im Einzelfall gebotenen Schutz zu gewährleisten.

(2) Der Anspruch nach Absatz 1 ist ausgeschlossen, wenn die Inanspruchnahme im Einzelfall unverhältnismäßig ist.

(3) [1]Die Verpflichtung zur Vorlage der in Absatz 1 bezeichneten Urkunden kann im Wege der einstweiligen Verfügung nach den §§ 935 bis 945 der Zivilprozessordnung angeordnet werden, wenn der Schadensersatzanspruch offensichtlich besteht. [2]Das Gericht trifft die erforderlichen Maßnahmen, um den Schutz vertraulicher Informationen zu gewährleisten. [3]Dies gilt insbesondere in den Fällen, in denen die einstweilige Verfügung ohne vorherige Anhörung des Gegners erlassen wird.

(4) § 811 des Bürgerlichen Gesetzbuchs sowie § 140b Abs. 8 gelten entsprechend.

§ 140e [Urteilsbekanntmachung] [1]Ist eine Klage auf Grund dieses Gesetzes erhoben worden, so kann der obsiegenden Partei im Urteil die Befugnis zugesprochen werden, das Urteil auf Kosten der unterliegenden Partei öffentlich bekannt zu machen, wenn sie ein berechtigtes Interesse darlegt. [2]Art und Umfang der Bekanntmachung werden im Urteil bestimmt. [3]Die Befugnis erlischt, wenn von ihr nicht innerhalb von drei Monaten nach Eintritt der Rechtskraft des Urteils Gebrauch gemacht wird. [4]Der Ausspruch nach Satz 1 ist nicht vorläufig vollstreckbar.

§ 141 [Verjährung] [1]Auf die Verjährung der Ansprüche wegen Verletzung des Patentrechts finden die Vorschriften des Abschnitts 5 des Buches 1 des Bürgerlichen Gesetzbuchs entsprechende Anwendung. [2]Hat der Verpflichtete durch die Verletzung auf Kosten des Berechtigten etwas erlangt, findet § 852 des Bürgerlichen Gesetzbuchs entsprechende Anwendung.

§ 141a [Ansprüche aus anderen gesetzlichen Vorschriften] Ansprüche aus anderen gesetzlichen Vorschriften bleiben unberührt.

§ 142 [Strafvorschriften] (1) [1] Mit Freiheitsstrafe bis zu drei Jahren oder mit Geldstrafe wird bestraft, wer ohne die erforderliche Zustimmung des Patentinhabers oder des Inhabers eines ergänzenden Schutzzertifikats (§§ 16a, 49a)

1. ein Erzeugnis, das Gegenstand des Patents oder des ergänzenden Schutzzertifikats ist (§ 9 Satz 2 Nr. 1), herstellt oder anbietet, in Verkehr bringt, gebraucht oder zu einem der genannten Zwecke entweder einführt oder besitzt oder
2. ein Verfahren, das Gegenstand des Patents oder des ergänzenden Schutzzertifikats ist (§ 9 Satz 2 Nr. 2), anwendet oder zur Anwendung im Geltungsbereich dieses Gesetzes anbietet.

[2] Satz 1 Nr. 1 ist auch anzuwenden, wenn es sich um ein Erzeugnis handelt, das durch ein Verfahren, das Gegenstand des Patents oder des ergänzenden Schutzzertifikats ist, unmittelbar hergestellt worden ist (§ 9 Satz 2 Nr. 3).

(2) Handelt der Täter gewerbsmäßig, so ist die Strafe Freiheitsstrafe bis zu fünf Jahren oder Geldstrafe.

(3) Der Versuch ist strafbar.

(4) In den Fällen des Absatzes 1 wird die Tat nur auf Antrag verfolgt, es sei denn, daß die Strafverfolgungsbehörde wegen des besonderen öffentlichen Interesses an der Strafverfolgung ein Einschreiten von Amts wegen für geboten hält.

(5) [1] Gegenstände, auf die sich die Straftat bezieht, können eingezogen werden. [2] § 74a des Strafgesetzbuches ist anzuwenden. [3] Soweit den in § 140a bezeichneten Ansprüchen im Verfahren nach den Vorschriften der Strafprozeßordnung über die Entschädigung des Verletzten (§§ 403 bis 406c) stattgegeben wird, sind die Vorschriften über die Einziehung nicht anzuwenden.

(6) [1] Wird auf Strafe erkannt, so ist, wenn der Verletzte es beantragt und ein berechtigtes Interesse daran dartut, anzuordnen, daß die Verurteilung auf Verlangen öffentlich bekanntgemacht wird. [2] Die Art der Bekanntmachung ist im Urteil zu bestimmen.

Elfter Abschnitt. Patentberühmung

§ 146 [Patentberühmung] Wer Gegenstände oder ihre Verpackung mit einer Bezeichnung versieht, die geeignet ist, den Eindruck zu erwecken, daß die Gegenstände durch ein Patent oder eine Patentanmeldung nach diesem Gesetz geschützt seien, oder wer in öffentlichen Anzeigen, auf Aushängeschildern, auf Empfehlungskarten oder in ähnlichen Kundgebungen eine Bezeichnung solcher Art verwendet, ist verpflichtet, jedem, der ein berechtigtes Interesse an der Kenntnis der Rechtslage hat, auf Verlangen Auskunft darüber zu geben, auf welches Patent oder auf welche Patentanmeldung sich die Verwendung der Bezeichnung stützt.

44. Gesetz über Arbeitnehmererfindungen

Vom 25. Juli 1957
(BGBl. I S. 756)

BGBl. III/FNA 422-1

zuletzt geänd. durch Art. 7 G zur Vereinfachung und Modernisierung des Patentrechts v. 31.7.2009 (BGBl. I S. 2521)

– Auszug –

Erster Abschnitt. Anwendungsbereich und Begriffsbestimmungen

§ 1[1)] Anwendungsbereich. Diesem Gesetz unterliegen die Erfindungen und technischen Verbesserungsvorschläge von Arbeitnehmern im privaten und im öffentlichen Dienst, von Beamten und Soldaten.

§ 2 Erfindungen. Erfindungen im Sinne dieses Gesetzes sind nur Erfindungen, die patent- oder gebrauchsmusterfähig sind.

§ 3 Technische Verbesserungsvorschläge. Technische Verbesserungsvorschläge im Sinne dieses Gesetzes sind Vorschläge für sonstige technische Neuerungen, die nicht patent- oder gebrauchsmusterfähig sind.

§ 4 Diensterfindungen und freie Erfindungen. (1) Erfindungen von Arbeitnehmern im Sinne dieses Gesetzes können gebundene oder freie Erfindungen sein.

(2) Gebundene Erfindungen (Diensterfindungen) sind während der Dauer des Arbeitsverhältnisses gemachte Erfindungen, die entweder

1. aus der dem Arbeitnehmer im Betrieb oder in der öffentlichen Verwaltung obliegenden Tätigkeit entstanden sind oder
2. maßgeblich auf Erfahrungen oder Arbeiten des Betriebes oder der öffentlichen Verwaltung beruhen.

(3) [1] Sonstige Erfindungen von Arbeitnehmern sind freie Erfindungen. [2] Sie unterliegen jedoch den Beschränkungen der §§ 18 und 19.

(4) Die Absätze 1 bis 3 gelten entsprechend für Erfindungen von Beamten und Soldaten.

[1)] Hinsichtlich eines urheberrechtlich geschützten Werkes, dessen Urheber das Werk in Erfüllung seiner Verpflichtung aus einem Arbeits- oder Dienstverhältnis geschaffen hat, vgl. § 43 Urheberrechtsgesetz.

Zweiter Abschnitt. Erfindungen und technische Verbesserungsvorschläge von Arbeitnehmern im privaten Dienst

1. Diensterfindungen

§ 5 Meldepflicht. (1) [1]Der Arbeitnehmer, der eine Diensterfindung gemacht hat, ist verpflichtet, sie unverzüglich dem Arbeitgeber gesondert in Textform zu melden und hierbei kenntlich zu machen, daß es sich um die Meldung einer Erfindung handelt. [2]Sind mehrere Arbeitnehmer an dem Zustandekommen der Erfindung beteiligt, so können sie die Meldung gemeinsam abgeben. [3]Der Arbeitgeber hat den Zeitpunkt des Eingangs der Meldung dem Arbeitnehmer unverzüglich in Textform zu bestätigen.

(2) [1]In der Meldung hat der Arbeitnehmer die technische Aufgabe, ihre Lösung und das Zustandekommen der Diensterfindung zu beschreiben. [2]Vorhandene Aufzeichnungen sollen beigefügt werden, soweit sie zum Verständnis der Erfindung erforderlich sind. [3]Die Meldung soll dem Arbeitnehmer dienstlich erteilte Weisungen oder Richtlinien, die benutzten Erfahrungen oder Arbeiten des Betriebes, die Mitarbeiter sowie Art und Umfang ihrer Mitarbeit angeben und soll hervorheben, was der meldende Arbeitnehmer als seinen eigenen Anteil ansieht.

(3) [1]Eine Meldung, die den Anforderungen des Absatzes 2 nicht entspricht, gilt als ordnungsgemäß, wenn der Arbeitgeber nicht innerhalb von zwei Monaten erklärt, daß und in welcher Hinsicht die Meldung einer Ergänzung bedarf. [2]Er hat den Arbeitnehmer, soweit erforderlich, bei der Ergänzung der Meldung zu unterstützen.

§ 6 Inanspruchnahme. (1) Der Arbeitgeber kann eine Diensterfindung durch Erklärung gegenüber dem Arbeitnehmer in Anspruch nehmen.

(2) Die Inanspruchnahme gilt als erklärt, wenn der Arbeitgeber die Dienserfindung nicht bis zum Ablauf von vier Monaten nach Eingang der ordnungsgemäßen Meldung (§ 5 Abs. 2 Satz 1 und 3) gegenüber dem Arbeitnehmer durch Erklärung in Textform freigibt.

§ 7 Wirkung der Inanspruchnahme. (1) Mit der Inanspruchnahme gehen alle vermögenswerten Rechte an der Diensterfindung auf den Arbeitgeber über.

(2) Verfügungen, die der Arbeitnehmer über eine Diensterfindung vor der Inanspruchnahme getroffen hat, sind dem Arbeitgeber gegenüber unwirksam, soweit seine Rechte beeinträchtigt werden.

§ 8 Frei gewordene Diensterfindungen. [1]Eine Diensterfindung wird frei, wenn der Arbeitgeber sie durch Erklärung in Textform freigibt. [2]Über eine frei gewordene Diensterfindung kann der Arbeitnehmer ohne die Beschränkungen der §§ 18 und 19 verfügen.

§ 9 Vergütung bei Inanspruchnahme. (1) Der Arbeitnehmer hat gegen den Arbeitgeber einen Anspruch auf angemessene Vergütung, sobald der Arbeitgeber die Diensterfindung in Anspruch genommen hat.

(2) Für die Bemessung der Vergütung sind insbesondere die wirtschaftliche Verwertbarkeit der Diensterfindung, die Aufgaben und die Stellung des Arbeitnehmers im Betrieb sowie der Anteil des Betriebes an dem Zustandekommen der Diensterfindung maßgebend.

§ 10 *(aufgehoben)*

§ 11 Vergütungsrichtlinien[1]**.** Der Bundesminister für Arbeit erläßt nach Anhörung der Spitzenorganisationen der Arbeitgeber und der Arbeitnehmer (§ 12 des Tarifvertragsgesetzes) Richtlinien über die Bemessung der Vergütung.

§ 12 Feststellung oder Festsetzung der Vergütung. (1) Die Art und Höhe der Vergütung soll in angemessener Frist nach Inanspruchnahme der Diensterfindung durch Vereinbarung zwischen dem Arbeitgeber und dem Arbeitnehmer festgestellt werden.

(2) [1]Wenn mehrere Arbeitnehmer an der Diensterfindung beteiligt sind, ist die Vergütung für jeden gesondert festzustellen. [2]Die Gesamthöhe der Vergütung und die Anteile der einzelnen Erfinder an der Diensterfindung hat der Arbeitgeber den Beteiligten bekanntzugeben.

(3) [1]Kommt eine Vereinbarung über die Vergütung in angemessener Frist nach Inanspruchnahme der Diensterfindung nicht zustande, so hat der Arbeitgeber die Vergütung durch eine begründete Erklärung in Textform an den Arbeitnehmer festzusetzen und entsprechend der Festsetzung zu zahlen. [2]Die Vergütung ist spätestens bis zum Ablauf von drei Monaten nach Erteilung des Schutzrechts festzusetzen.

(4) [1]Der Arbeitnehmer kann der Festsetzung innerhalb von zwei Monaten durch Erklärung in Textform widersprechen, wenn er mit der Festsetzung nicht einverstanden ist. [2]Widerspricht er nicht, so wird die Festsetzung für beide Teile verbindlich.

(5) [1]Sind mehrere Arbeitnehmer an der Diensterfindung beteiligt, so wird die Festsetzung für alle Beteiligten nicht verbindlich, wenn einer von ihnen der Festsetzung mit der Begründung widerspricht, daß sein Anteil an der Diensterfindung unrichtig festgesetzt sei. [2]Der Arbeitgeber ist in diesem Falle berechtigt, die Vergütung für alle Beteiligten neu festzusetzen.

(6) [1]Arbeitgeber und Arbeitnehmer können voneinander die Einwilligung in eine andere Regelung der Vergütung verlangen, wenn sich Umstände wesentlich ändern, die für die Feststellung oder Festsetzung der Vergütung maßgebend waren. [2]Rückzahlung einer bereits geleisteten Vergütung kann nicht verlangt werden. [3]Die Absätze 1 bis 5 sind nicht anzuwenden.

§ 13 Schutzrechtsanmeldung im Inland. (1) [1]Der Arbeitgeber ist verpflichtet und allein berechtigt, eine gemeldete Diensterfindung im Inland zur Erteilung eines Schutzrechts anzumelden. [2]Eine patentfähige Diensterfindung hat er zur Erteilung eines Patents anzumelden, sofern nicht bei verständiger Würdigung der Verwertbarkeit der Erfindung der Gebrauchsmusterschutz zweckdienlicher erscheint. [3]Die Anmeldung hat unverzüglich zu geschehen.

---

[1] Siehe dazu die Richtlinien für die Vergütung von Arbeitnehmererfindungen im öffentlichen Dienst v. 1.12.1960 (BAnz. Nr. 237 S. 2).

(2) Die Verpflichtung des Arbeitgebers zur Anmeldung entfällt,
1. wenn die Diensterfindung frei geworden ist (§ 8);
2. wenn der Arbeitnehmer der Nichtanmeldung zustimmt;
3. wenn die Voraussetzungen des § 17 vorliegen.

(3) Genügt der Arbeitgeber nach Inanspruchnahme der Diensterfindung seiner Anmeldepflicht nicht und bewirkt er die Anmeldung auch nicht innerhalb einer ihm vom Arbeitnehmer gesetzten angemessenen Nachfrist, so kann der Arbeitnehmer die Anmeldung der Diensterfindung für den Arbeitgeber auf dessen Namen und Kosten bewirken.

(4) [1] Ist die Diensterfindung frei geworden, so ist nur der Arbeitnehmer berechtigt, sie zur Erteilung eines Schutzrechts anzumelden. [2] Hatte der Arbeitgeber die Diensterfindung bereits zur Erteilung eines Schutzrechts angemeldet, so gehen die Rechte aus der Anmeldung auf den Arbeitnehmer über.

§ 14 Schutzrechtsanmeldung im Ausland. (1) Nach Inanspruchnahme der Diensterfindung ist der Arbeitgeber berechtigt, diese auch im Ausland zur Erteilung von Schutzrechten anzumelden.

(2) [1] Für ausländische Staaten, in denen der Arbeitgeber Schutzrechte nicht erwerben will, hat er dem Arbeitnehmer die Diensterfindung freizugeben und ihm auf Verlangen den Erwerb von Auslandsschutzrechten zu ermöglichen. [2] Die Freigabe soll so rechtzeitig vorgenommen werden, daß der Arbeitnehmer die Prioritätsfristen der zwischenstaatlichen Verträge auf dem Gebiet des gewerblichen Rechtsschutzes ausnutzen kann.

(3) Der Arbeitgeber kann sich gleichzeitig mit der Freigabe nach Absatz 2 ein nicht ausschließliches Recht zur Benutzung der Diensterfindung in den betreffenden ausländischen Staaten gegen angemessene Vergütung vorbehalten und verlangen, daß der Arbeitnehmer bei der Verwertung der freigegebenen Erfindung in den betreffenden ausländischen Staaten die Verpflichtungen des Arbeitgebers aus den im Zeitpunkt der Freigabe bestehenden Verträgen über die Diensterfindung gegen angemessene Vergütung berücksichtigt.

§ 15 Gegenseitige Rechte und Pflichten beim Erwerb von Schutzrechten. (1) [1] Der Arbeitgeber hat dem Arbeitnehmer zugleich mit der Anmeldung der Diensterfindung zur Erteilung eines Schutzrechts Abschriften der Anmeldeunterlagen zu geben. [2] Er hat ihn von dem Fortgang des Verfahrens zu unterrichten und ihm auf Verlangen Einsicht in den Schriftwechsel zu gewähren.

(2) Der Arbeitnehmer hat den Arbeitgeber auf Verlangen beim Erwerb von Schutzrechten zu unterstützen und die erforderlichen Erklärungen abzugeben.

§ 16 Aufgabe der Schutzrechtsanmeldung oder des Schutzrechts.

(1) Wenn der Arbeitgeber vor Erfüllung des Anspruchs des Arbeitnehmers auf angemessene Vergütung die Anmeldung der Diensterfindung zur Erteilung eines Schutzrechts nicht weiterverfolgen oder das auf die Diensterfindung erteilte Schutzrecht nicht aufrechterhalten will, hat er dies dem Arbeitnehmer mitzuteilen und ihm auf dessen Verlangen und Kosten das Recht zu übertragen sowie die zur Wahrung des Rechts erforderlichen Unterlagen auszuhändigen.

(2) Der Arbeitgeber ist berechtigt, das Recht aufzugeben, sofern der Arbeitnehmer nicht innerhalb von drei Monaten nach Zugang der Mitteilung die Übertragung des Rechts verlangt.

(3) Gleichzeitig mit der Mitteilung nach Absatz 1 kann sich der Arbeitgeber ein nichtausschließliches Recht zur Benutzung der Diensterfindung gegen angemessene Vergütung vorbehalten.

§ 17 Betriebsgeheimnisse. (1) Wenn berechtigte Belange des Betriebes es erfordern, eine gemeldete Diensterfindung nicht bekanntwerden zu lassen, kann der Arbeitgeber von der Erwirkung eines Schutzrechts absehen, sofern er die Schutzfähigkeit der Diensterfindung gegenüber dem Arbeitnehmer anerkennt.

(2) Erkennt der Arbeitgeber die Schutzfähigkeit der Diensterfindung nicht an, so kann er von der Erwirkung eines Schutzrechts absehen, wenn er zur Herbeiführung einer Einigung über die Schutzfähigkeit der Diensterfindung die Schiedsstelle (§ 29) anruft.

(3) Bei der Bemessung der Vergütung für eine Erfindung nach Absatz 1 sind auch die wirtschaftlichen Nachteile zu berücksichtigen, die sich für den Arbeitnehmer daraus ergeben, daß auf die Diensterfindung kein Schutzrecht erteilt worden ist.

2. Freie Erfindungen

§ 18 Mitteilungspflicht. (1) [1]Der Arbeitnehmer, der während der Dauer des Arbeitsverhältnisses eine freie Erfindung gemacht hat, hat dies dem Arbeitgeber unverzüglich durch Erklärung in Textform mitzuteilen. [2]Dabei muß über die Erfindung und, wenn dies erforderlich ist, auch über ihre Entstehung soviel mitgeteilt werden, daß der Arbeitgeber beurteilen kann, ob die Erfindung frei ist.

(2) Bestreitet der Arbeitgeber nicht innerhalb von drei Monaten nach Zugang der Mitteilung durch Erklärung in Textform an den Arbeitnehmer, daß die ihm mitgeteilte Erfindung frei sei, so kann die Erfindung nicht mehr als Diensterfindung in Anspruch genommen werden (§ 6).

(3) Eine Verpflichtung zur Mitteilung freier Erfindungen besteht nicht, wenn die Erfindung offensichtlich im Arbeitsbereich des Betriebes des Arbeitgebers nicht verwendbar ist.

§ 19 Anbietungspflicht. (1) [1]Bevor der Arbeitnehmer eine freie Erfindung während der Dauer des Arbeitsverhältnisses anderweitig verwertet, hat er zunächst dem Arbeitgeber mindestens ein nichtausschließliches Recht zur Benutzung der Erfindung zu angemessenen Bedingungen anzubieten, wenn die Erfindung im Zeitpunkt des Angebots in den vorhandenen oder vorbereiteten Arbeitsbereich des Betriebes des Arbeitgebers fällt. [2]Das Angebot kann gleichzeitig mit der Mitteilung nach § 18 abgegeben werden.

(2) Nimmt der Arbeitgeber das Angebot innerhalb von drei Monaten nicht an, so erlischt das Vorrecht.

(3) Erklärt sich der Arbeitgeber innerhalb der Frist des Absatzes 2 zum Erwerb des ihm angebotenen Rechts bereit, macht er jedoch geltend, daß die

Bedingungen des Angebots nicht angemessen seien, so setzt das Gericht auf Antrag des Arbeitgebers oder des Arbeitnehmers die Bedingungen fest.

(4) Der Arbeitgeber oder der Arbeitnehmer kann eine andere Festsetzung der Bedingungen beantragen, wenn sich Umstände wesentlich ändern, die für die vereinbarten oder festgesetzten Bedingungen maßgebend waren.

3. Technische Verbesserungsvorschläge

§ 20 (1) [1] Für technische Verbesserungsvorschläge, die dem Arbeitgeber eine ähnliche Vorzugsstellung gewähren wie ein gewerbliches Schutzrecht, hat der Arbeitnehmer gegen den Arbeitgeber einen Anspruch auf angemessene Vergütung, sobald dieser sie verwertet. [2] Die Bestimmungen der §§ 9 und 12 sind sinngemäß anzuwenden.

(2) Im übrigen bleibt die Behandlung technischer Verbesserungsvorschläge der Regelung durch Tarifvertrag oder Betriebsvereinbarung überlassen.

4. Gemeinsame Bestimmungen

§ 21 *(aufgehoben)*

§ 22 Unabdingbarkeit. [1] Die Vorschriften dieses Gesetzes können zuungunsten des Arbeitnehmers nicht abgedungen werden. [2] Zulässig sind jedoch Vereinbarungen über Diensterfindungen nach ihrer Meldung, über freie Erfindungen und technische Verbesserungsvorschläge (§ 20 Abs. 1) nach ihrer Mitteilung.

§ 23 Unbilligkeit. (1) [1] Vereinbarungen über Diensterfindungen, freie Erfindungen oder technische Verbesserungsvorschläge (§ 20 Abs. 1), die nach diesem Gesetz zulässig sind, sind unwirksam, soweit sie in erheblichem Maße unbillig sind. [2] Das gleiche gilt für die Festsetzung der Vergütung (§ 12 Abs. 4).

(2) Auf die Unbilligkeit einer Vereinbarung oder einer Festsetzung der Vergütung können sich Arbeitgeber und Arbeitnehmer nur berufen, wenn sie die Unbilligkeit spätestens bis zum Ablauf von sechs Monaten nach Beendigung des Arbeitsverhältnisses durch Erklärung in Textform gegenüber dem anderen Teil geltend machen.

§ 24 Geheimhaltungspflicht. (1) Der Arbeitgeber hat die ihm gemeldete oder mitgeteilte Erfindung eines Arbeitnehmers so lange geheimzuhalten, als dessen berechtigte Belange dies erfordern.

(2) Der Arbeitnehmer hat eine Diensterfindung so lange geheimzuhalten, als sie nicht frei geworden ist (§ 8).

(3) Sonstige Personen, die auf Grund dieses Gesetzes von einer Erfindung Kenntnis erlangt haben, dürfen ihre Kenntnis weder auswerten noch bekanntgeben.

§ 25 Verpflichtungen aus dem Arbeitsverhältnis. Sonstige Verpflichtungen, die sich für den Arbeitgeber und den Arbeitnehmer aus dem Arbeitsverhältnis ergeben, werden durch die Vorschriften dieses Gesetzes nicht berührt, soweit sich nicht daraus, daß die Erfindung frei geworden ist (§ 8), etwas anderes ergibt.

§ 26 Auflösung des Arbeitsverhältnisses. Die Rechte und Pflichten aus diesem Gesetz werden durch die Auflösung des Arbeitsverhältnisses nicht berührt.

§ 27 Insolvenzverfahren. Wird nach Inanspruchnahme der Diensterfindung das Insolvenzverfahren über das Vermögen des Arbeitgebers eröffnet, so gilt folgendes:

1. Veräußert der Insolvenzverwalter die Diensterfindung mit dem Geschäftsbetrieb, so tritt der Erwerber für die Zeit von der Eröffnung des Insolvenzverfahrens an in die Vergütungspflicht des Arbeitgebers ein.
2. Verwertet der Insolvenzverwalter die Diensterfindung im Unternehmen des Schuldners, so hat er dem Arbeitnehmer eine angemessene Vergütung für die Verwertung aus der Insolvenzmasse zu zahlen.
3. In allen anderen Fällen hat der Insolvenzverwalter dem Arbeitnehmer die Diensterfindung sowie darauf bezogene Schutzrechtspositionen spätestens nach Ablauf eines Jahres nach Eröffnung des Insolvenzverfahrens anzubieten; im Übrigen gilt § 16 entsprechend. Nimmt der Arbeitnehmer das Angebot innerhalb von zwei Monaten nach dessen Zugang nicht an, kann der Insolvenzverwalter die Erfindung ohne Geschäftsbetrieb veräußern oder das Recht aufgeben. Im Fall der Veräußerung kann der Insolvenzverwalter mit dem Erwerber vereinbaren, dass sich dieser verpflichtet, dem Arbeitnehmer die Vergütung nach § 9 zu zahlen. Wird eine solche Vereinbarung nicht getroffen, hat der Insolvenzverwalter dem Arbeitnehmer die Vergütung aus dem Veräußerungserlös zu zahlen.
4. Im Übrigen kann der Arbeitnehmer seine Vergütungsansprüche nach den §§ 9 bis 12 nur als Insolvenzgläubiger geltend machen.

Dritter Abschnitt. Erfindungen und technische Verbesserungsvorschläge von Arbeitnehmern im öffentlichen Dienst, von Beamten und Soldaten

§ 40 Arbeitnehmer im öffentlichen Dienst. Auf Erfindungen und technische Verbesserungsvorschläge von Arbeitnehmern, die in Betrieben und Verwaltungen des Bundes, der Länder, der Gemeinden und sonstigen Körperschaften, Anstalten und Stiftungen des öffentlichen Rechts beschäftigt sind, sind die Vorschriften für Arbeitnehmer im privaten Dienst mit folgender Maßgabe anzuwenden:

1. An Stelle der Inanspruchnahme der Diensterfindung kann der Arbeitgeber eine angemessene Beteiligung an dem Ertrage der Diensterfindung in Anspruch nehmen, wenn dies vorher vereinbart worden ist. Über die Höhe der Beteiligung können im voraus bindende Abmachungen getroffen werden. Kommt eine Vereinbarung über die Höhe der Beteiligung nicht zustande, so hat der Arbeitgeber sie festzusetzen. § 12 Abs. 3 bis 6 ist entsprechend anzuwenden.

2. Die Behandlung von technischen Verbesserungsvorschlägen nach § 20 Abs. 2 kann auch durch Dienstvereinbarung geregelt werden; Vorschriften, nach denen die Einigung über die Dienstvereinbarung durch die Entscheidung einer höheren Dienststelle oder einer dritten Stelle ersetzt werden kann, finden keine Anwendung.
3. Dem Arbeitnehmer können im öffentlichen Interesse durch allgemeine Anordnung der zuständigen obersten Dienstbehörde Beschränkungen hinsichtlich der Art der Verwertung der Diensterfindung auferlegt werden.
4. Zur Einreichung von Vorschlagslisten für Arbeitgeberbeisitzer (§ 30 Abs. 4) sind auch die Bundesregierung und die Landesregierungen berechtigt.
5. Soweit öffentliche Verwaltungen eigene Schiedsstellen zur Beilegung von Streitigkeiten auf Grund dieses Gesetzes errichtet haben, finden die Vorschriften der §§ 29 bis 32 keine Anwendung.

§ 41 Beamte, Soldaten. Auf Erfindungen und technische Verbesserungsvorschläge von Beamten und Soldaten sind die Vorschriften für Arbeitnehmer im öffentlichen Dienst entsprechend anzuwenden.

§ 42 Besondere Bestimmungen für Erfindungen an Hochschulen.

Für Erfindungen der an einer Hochschule Beschäftigten gelten folgende besonderen Bestimmungen:

1. Der Erfinder ist berechtigt, die Diensterfindung im Rahmen seiner Lehr- und Forschungstätigkeit zu offenbaren, wenn er dies dem Dienstherrn rechtzeitig, in der Regel zwei Monate zuvor, angezeigt hat. § 24 Abs. 2 findet insoweit keine Anwendung.
2. Lehnt ein Erfinder aufgrund seiner Lehr- und Forschungsfreiheit die Offenbarung seiner Diensterfindung ab, so ist er nicht verpflichtet, die Erfindung dem Dienstherrn zu melden. Will der Erfinder seine Erfindung zu einem späteren Zeitpunkt offenbaren, so hat er dem Dienstherrn die Erfindung unverzüglich zu melden.
3. Dem Erfinder bleibt im Fall der Inanspruchnahme der Diensterfindung ein nichtausschließliches Recht zur Benutzung der Diensterfindung im Rahmen seiner Lehr- und Forschungstätigkeit.
4. Verwertet der Dienstherr die Erfindung, beträgt die Höhe der Vergütung 30 vom Hundert der durch die Verwertung erzielten Einnahmen.
5. § 40 Nr. 1 findet keine Anwendung.

Vierter Abschnitt. Übergangs- und Schlußbestimmungen

§ 43 Übergangsvorschrift. (1) [1] § 42 in der am 7. Februar 2002 (BGBl. I S. 414) geltenden Fassung dieses Gesetzes findet nur Anwendung auf Erfindungen, die nach dem 6. Februar 2002 gemacht worden sind. [2] Abweichend von Satz 1 ist in den Fällen, in denen sich Professoren, Dozenten oder wissenschaftliche Assistenten an einer wissenschaftlichen Hochschule zur Übertragung der Rechte an einer Erfindung gegenüber einem Dritten vor dem 18. Juli 2001 vertraglich verpflichtet haben, § 42 des Gesetzes über Arbeitnehmererfindungen in der bis zum 6. Februar 2002 geltenden Fassung bis zum 7. Februar 2003 weiter anzuwenden.

(2) [1] Für die vor dem 7. Februar 2002 von den an einer Hochschule Beschäftigten gemachten Erfindungen sind die Vorschriften des Gesetzes über Arbeitnehmererfindungen in der bis zum 6. Februar 2002 geltenden Fassung anzuwenden. [2] Das Recht der Professoren, Dozenten und wissenschaftlichen Assistenten an einer wissenschaftlichen Hochschule, dem Dienstherrn ihre vor dem 6. Februar 2002 gemachten Erfindungen anzubieten, bleibt unberührt.

(3) [1] Auf Erfindungen, die vor dem 1. Oktober 2009 gemeldet wurden, sind die Vorschriften dieses Gesetzes in der bis zum 30. September 2009 geltenden Fassung weiter anzuwenden. [2] Für technische Verbesserungsvorschläge gilt Satz 1 entsprechend.

45. Gesetz über den Schutz der Topographien von mikroelektronischen Halbleitererzeugnissen (Halbleiterschutzgesetz – HalblSchG)

Vom 22. Oktober 1987
(BGBl. I S. 2294)

FNA 426-1

zuletzt geänd. durch Art. 12 G zur Änd. des BundesversorgungsG und anderer Vorschriften v. 17.7. 2017 (BGBl. I S. 2541)

– Auszug –

Erster Abschnitt. Der Schutz der Topographien

§ 1 Schutzgegenstand, Eigenart. (1) [1] Dreidimensionale Strukturen von mikroelektronischen Halbleitererzeugnissen[1)] (Topographien) werden nach Maßgabe dieses Gesetzes geschützt, wenn und soweit sie Eigenart aufweisen. [2] Satz 1 ist auch auf selbständig verwertbare Teile sowie Darstellungen zur Herstellung von Topographien anzuwenden.

(2) Eine Topographie weist Eigenart auf, wenn sie als Ergebnis geistiger Arbeit nicht nur durch bloße Nachbildung einer anderen Topographie hergestellt und nicht alltäglich ist.

(3) Besteht eine Topographie aus einer Anordnung alltäglicher Teile, so wird sie insoweit geschützt, als die Anordnung in ihrer Gesamtheit Eigenart aufweist.

(4) Der Schutz nach Absatz 1 erstreckt sich nicht auf die der Topographie zugrundeliegenden Entwürfe, Verfahren, Systeme, Techniken oder auf die in einem mikroelektronischen Halbleitererzeugnis gespeicherten Informationen, sondern nur auf die Topographie als solche.

§ 2 Recht auf den Schutz. (1) [1] Das Recht auf den Schutz der Topographie steht demjenigen zu, der die Topographie geschaffen hat. [2] Haben mehrere gemeinsam eine Topographie geschaffen, steht ihnen das Recht gemeinschaftlich zu.

(2) Ist die Topographie im Rahmen eines Arbeitsverhältnisses oder im Auftrag eines anderen geschaffen worden, so steht das Recht auf den Schutz der Topographie dem Arbeitgeber oder dem Auftraggeber zu, soweit durch Vertrag nichts anderes bestimmt ist.

(3) Inhaber des Rechts auf den Schutz der Topographie nach den Absätzen 1 und 2 kann jeder Staatsangehörige eines Mitgliedstaates der Europäischen Wirtschaftsgemeinschaft sowie jede natürliche oder juristische Person sein, die ihren gewöhnlichen Aufenthalt oder eine Niederlassung in dem Gebiet eines

---

[1)] Siehe auch die Richtlinie (87/54/EWG) v. 16.12.1986 (ABl. 1987 Nr. L 24 S. 36) des Rates v. 16.12.1986 über den Rechtsschutz der Topographien von Halbleitererzeugnissen (ABl. 1987 Nr. L 24 S. 36).

Mitgliedstaates hat, in dem der Vertrag zur Gründung der Europäischen Wirtschaftsgemeinschaft gilt; den juristischen Personen sind Gesellschaften gleichgestellt, die nach dem auf sie anwendbaren Recht Träger von Rechten und Pflichten sein können, ohne juristische Personen zu sein.

(4) [1]Das Recht auf den Schutz der Topographie steht unbeschadet der Absätze 1 und 2 auch demjenigen zu, der die Topographie auf Grund eines ausschließlichen Rechts zur geschäftlichen Verwertung in der Europäischen Wirtschaftsgemeinschaft erstmals in einem ihrer Mitgliedstaaten nicht nur vertraulich geschäftlich verwertet und die Voraussetzungen des Absatzes 3 erfüllt. [2]Die Topographie darf zuvor von einem anderen noch nicht oder nur vertraulich geschäftlich verwertet worden sein.

(5) Die Rechte nach den Absätzen 1 bis 4 stehen auch den jeweiligen Rechtsnachfolgern zu.

(6) Anderen Personen steht ein Recht auf den Schutz der Topographie nur zu, wenn

1. sie auf Grund einer völkerrechtlichen Vereinbarung oder des Rechts der Europäischen Gemeinschaften wie Inländer zu behandeln sind oder
2. der Staat, dem sie angehören oder in dem sich ihr Sitz oder ihre Niederlassung befindet, nach einer Bekanntmachung des Bundesministers der Justiz und für Verbraucherschutz im Bundesgesetzblatt Deutschen im Sinne des Grundgesetzes und Personen mit Sitz oder Niederlassung im Geltungsbereich dieses Gesetzes einen entsprechenden Schutz gewährt.

§ 3 Anmeldung. (1) [1]Eine Topographie, für die Schutz geltend gemacht wird, ist beim Patentamt anzumelden. [2]Für jede Topographie ist eine besondere Anmeldung erforderlich.

(2) Die Anmeldung muß enthalten:

1. einen Antrag auf Eintragung des Schutzes der Topographie, in dem diese kurz und genau bezeichnet ist;
2. Unterlagen zur Identifizierung oder Veranschaulichung der Topographie oder eine Kombination davon und Angaben über den Verwendungszweck, wenn eine Anordnung nach § 4 Abs. 4 in Verbindung mit § 9 des Gebrauchsmustergesetzes[1)] in Betracht kommt;
3. das Datum des Tages der ersten nicht nur vertraulichen geschäftlichen Verwertung der Topographie, wenn dieser Tag vor der Anmeldung liegt;
4. Angaben, aus denen sich die Schutzberechtigung nach § 2 Abs. 3 bis 6 ergibt.

(3) [1]Das Bundesministerium der Justiz und für Verbraucherschutz regelt durch Rechtsverordnung, die nicht der Zustimmung des Bundesrates bedarf,

1. die Einrichtung und den Geschäftsgang des Deutschen Patent- und Markenamts[2)] sowie die Form des Verfahrens in Topografieangelegenheiten, soweit nicht durch Gesetz Bestimmungen darüber getroffen sind,
2. die Form und die sonstigen Erfordernisse der Anmeldung.

[1)] **dtv 5563 Patent- und Musterrecht Nr. 20.**

[2)] Siehe die VO über das Deutsche Patent- und Markenamt v. 1.4.2004 (BGBl. I S. 514), zuletzt geänd. durch VO v. 10.12.2018 (BGBl. I S. 2444).

[2] Es kann diese Ermächtigung durch Rechtsverordnung, die nicht der Zustimmung des Bundesrates bedarf, ganz oder teilweise auf das Deutsche Patent- und Markenamt übertragen.

(4) [1] Sind die Erfordernisse für eine ordnungsgemäße Anmeldung nach Absatz 2 Nr. 1 bis 3 nicht erfüllt, so teilt das Patentamt dem Anmelder die Mängel mit und fordert ihn auf, diese innerhalb einer Frist von zwei Monaten nach Zustellung der Nachricht zu beheben. [2] Wird der Mangel innerhalb der Frist behoben, so gilt der Zeitpunkt des Eingangs des Schriftsatzes beim Patentamt als Zeitpunkt der Anmeldung der Topographie. [3] Das Patentamt stellt diesen Zeitpunkt fest und teilt ihn dem Anmelder mit.

(5) Werden die in Absatz 4 genannten Mängel innerhalb der Frist nach Absatz 4 nicht behoben, so gilt die Anmeldung als zurückgenommen.

§ 4 Eintragung, Bekanntmachung, Änderungen. (1) Entspricht die Anmeldung den Anforderungen des § 3, so verfügt das Patentamt die Eintragung in das Register für Topographien, ohne die Berechtigung des Anmelders zur Anmeldung, die Richtigkeit der in der Anmeldung angegebenen Tatsachen und die Eigenart der Topographie zu prüfen.

(2) Die Vorschriften des Gebrauchsmustergesetzes[1)] über die Eintragung in das Register, die Bekanntmachung im Patentblatt und Änderungen im Register sowie über die Datenübermittlung (§ 8 Absatz 2 bis 4) sind entsprechend anzuwenden.

(3) [1] Die Vorschriften des Gebrauchsmustergesetzes über die Einsicht in das Register sowie in die Akten eingetragener Gebrauchsmuster einschließlich der Akten von Löschungsverfahren (§ 8 Absatz 5 und 7) sind mit der Maßgabe anzuwenden, daß Einsicht in Unterlagen, die Betriebs- oder Geschäftsgeheimnisse enthalten und vom Anmelder als solche gekennzeichnet worden sind, nur in einem Löschungsverfahren vor dem Patentamt auf Anordnung der Topographieabteilung oder in einem Rechtsstreit über die Rechtsgültigkeit oder die Verletzung des Schutzes der Topographie auf Anordnung des Gerichts gegenüber den Personen gewährt wird, die an dem Löschungsverfahren oder an dem Rechtsstreit beteiligt sind. [2] Unterlagen, die zur Identifizierung oder Veranschaulichung der Topographie eingereicht worden sind, können nicht in ihrer Gesamtheit als Betriebs- oder Geschäftsgeheimnisse gekennzeichnet werden. [3] Außer in einem Löschungsverfahren vor dem Patentamt oder in einem Rechtsstreit über die Rechtsgültigkeit oder die Verletzung des Schutzes der Topographie wird Einsicht in Unterlagen nur durch unmittelbare Einsichtnahme gewährt.

(3a) [1] Soweit personenbezogene Daten im Register oder in öffentlich zugänglichen elektronischen Informationsdiensten des Deutschen Patent- und Markenamtes enthalten sind, bestehen nicht

1. das Recht auf Auskunft gemäß Artikel 15 Absatz 1 Buchstabe c der Verordnung (EU) 2016/679[2)] des Europäischen Parlaments und des Rates vom 27. April 2016 zum Schutz natürlicher Personen bei der Verarbeitung personenbezogener Daten, zum freien Datenverkehr und zur Aufhebung der

---

[1)] **dtv 5563 Patent- und Musterrecht Nr. 20.**
[2)] Nr. **54.**

Richtlinie 95/46/EG (Datenschutz-Grundverordnung) (ABl. L 119 vom 4.5.2016, S. 1; L 314 vom 22.11.2016, S. 72),

2. die Mitteilungspflicht gemäß Artikel 19 Satz 2 der Verordnung (EU) 2016/679 und
3. das Recht auf Widerspruch gemäß Artikel 21 Absatz 1 der Verordnung (EU) 2016/679.

[2]Das Recht auf Erhalt einer Kopie nach Artikel 15 Absatz 3 der Verordnung (EU) 2016/679 wird dadurch erfüllt, dass die betroffene Person Einsicht in das Register oder in öffentlich zugängliche elektronische Informationsdienste des Deutschen Patent- und Markenamtes nehmen kann.

(4) [1]Für Anträge in Angelegenheiten des Schutzes der Topographien (Topographieschutzsachen) mit Ausnahme der Löschungsanträge (§ 8) wird im Patentamt eine Topographiestelle gebildet, die von einem vom Präsidenten des Patentamts bestimmten rechtskundigen Mitglied geleitet wird. [2]Über Löschungsanträge (§ 8) beschließt eine im Patentamt zu bildende Topographieabteilung, die mit zwei technischen Mitgliedern und einem rechtskundigen Mitglied zu besetzen ist. [3]Im übrigen sind die Vorschriften des Gebrauchsmustergesetzes über die Gebrauchsmusterstelle und die Gebrauchsmusterabteilungen (§ 10), über die Rechtsmittel und Rechtsmittelverfahren (§ 18) und über die Geheimgebrauchsmuster (§ 9) entsprechend anzuwenden.

§ 5 Entstehung des Schutzes, Schutzdauer. (1) Der Schutz der Topographie entsteht

1. an dem Tag der ersten nicht nur vertraulichen geschäftlichen Verwertung der Topographie, wenn sie innerhalb von zwei Jahren nach dieser Verwertung beim Patentamt angemeldet wird, oder
2. an dem Tag, an dem die Topographie beim Patentamt angemeldet wird, wenn sie zuvor noch nicht oder nur vertraulich geschäftlich verwertet worden ist.

(2) Der Schutz der Topographie endet mit Ablauf des zehnten Kalenderjahres nach dem Jahr des Schutzbeginns.

(3) Der Schutz der Topographie kann nur geltend gemacht werden, wenn die Topographie beim Patentamt angemeldet worden ist.

(4) Der Schutz der Topographie kann nicht mehr in Anspruch genommen werden, wenn die Topographie nicht innerhalb von fünfzehn Jahren nach dem Tag der ersten Aufzeichnung nicht nur vertraulich geschäftlich verwertet oder beim Patentamt angemeldet wird.

§ 6 Wirkung des Schutzes. (1) [1]Der Schutz der Topographie hat die Wirkung, daß allein der Inhaber des Schutzes befugt ist, sie zu verwerten. [2]Jedem Dritten ist es verboten, ohne seine Zustimmung

1. die Topographie nachzubilden;
2. die Topographie oder das die Topographie enthaltende Halbleitererzeugnis anzubieten, in Verkehr zu bringen oder zu verbreiten oder zu den genannten Zwecken einzuführen.

(2) Die Wirkung des Schutzes der Topographie erstreckt sich nicht auf
1. Handlungen, die im privaten Bereich zu nichtgeschäftlichen Zwecken vorgenommen werden;
2. die Nachbildung der Topographie zum Zwecke der Analyse, der Bewertung oder der Ausbildung;
3. die geschäftliche Verwertung einer Topographie, die das Ergebnis einer Analyse oder Bewertung nach Nummer 2 ist und Eigenart im Sinne von § 1 Abs. 2 aufweist.

(3) [1] Wer ein Halbleitererzeugnis erwirbt, ohne zu wissen oder wissen zu müssen, daß es eine geschützte Topographie enthält, kann es ohne Zustimmung des Inhabers des Schutzes weiterverwerten. [2] Sobald er weiß oder wissen muß, daß ein Schutz der Topographie besteht, kann der Inhaber des Schutzes für die weitere geschäftliche Verwertung des Halbleitererzeugnisses eine nach den Umständen angemessene Entschädigung verlangen.

§ 7 Beschränkung der Wirkung des Schutzes. (1) Der Schutz der Topographie wird nicht begründet, soweit gegen den als Inhaber Eingetragenen für jedermann ein Anspruch auf Löschung besteht (§ 8 Abs. 1 und 3).

(2) [1] Wenn der wesentliche Inhalt der Anmeldung der Topographie eines anderen ohne dessen Einwilligung entnommen ist, tritt dem Verletzten gegenüber der Schutz des Gesetzes nicht ein. [2] Die Vorschriften des Patentgesetzes über den Anspruch auf Übertragung (§ 8) sind entsprechend anzuwenden.

§ 8 Löschungsanspruch, Löschungsverfahren. (1) Jedermann hat gegen den als Inhaber Eingetragenen Anspruch auf Löschung der Eintragung der Topographie, wenn
1. die Topographie nach § 1 nicht schutzfähig ist,
2. der Anmelder oder der als Inhaber Eingetragene nicht nach § 2 Abs. 3 bis 6 zum Schutz berechtigt ist oder
3. die Topographie nicht innerhalb der Frist nach § 5 Abs. 1 Nr. 1 oder nach Ablauf der Frist nach § 5 Abs. 4 angemeldet worden ist.

(2) Im Falle des § 7 Abs. 2 steht nur dem Verletzten ein Anspruch auf Löschung zu.

(3) Betreffen die Löschungsgründe nur einen Teil der Topographie, so wird die Eintragung nur in diesem Umfang gelöscht.

(4) [1] Die Löschung der Eintragung der Topographie nach den Absätzen 1 bis 3 ist beim Patentamt schriftlich zu beantragen. [2] Der Antrag muß die Tatsachen angeben, auf die er gestützt wird. [3] Die Vorschriften des § 81 Abs. 6 und des § 125 des Patentgesetzes sind entsprechend anzuwenden.

(5) Die Vorschriften des Gebrauchsmustergesetzes[1)] über das Löschungsverfahren (§ 17) und über die Wirkung des Löschungsverfahrens auf eine Streitsache (§ 19) sind entsprechend anzuwenden.

§ 9 Schutzverletzung. (1) [1] Wer den Vorschriften des § 6 Abs. 1 zuwider den Schutz der Topographie verletzt, kann vom Verletzten auf Unterlassung in

---

[1)] **dtv 5563 Patent- und Musterrecht Nr. 20.**

Anspruch genommen werden. [2] Wer die Handlung vorsätzlich oder fahrlässig vornimmt, ist dem Verletzten zum Ersatz des daraus entstandenen Schadens verpflichtet. [3] § 24 Abs. 2 Satz 2 und 3 des Gebrauchsmustergesetzes[1)] gilt entsprechend.

(2) Die §§ 24a bis 24e, 25a und 25b des Gebrauchsmustergesetzes gelten entsprechend.

(3) [1] Auf die Verjährung der Ansprüche wegen Verletzung des Schutzrechts finden die Vorschriften des Abschnitts 5 des Buches 1 des Bürgerlichen Gesetzbuchs entsprechende Anwendung. [2] Hat der Verpflichtete durch die Verletzung auf Kosten des Berechtigten etwas erlangt, findet § 852 des Bürgerlichen Gesetzbuchs entsprechende Anwendung.

(4) § 24g des Gebrauchsmustergesetzes gilt entsprechend.

§ 10 Strafvorschriften. (1) Mit Freiheitsstrafe bis zu drei Jahren oder mit Geldstrafe wird bestraft, wer

1. entgegen § 6 Abs. 1 Satz 2 Nr. 1 die Topographie nachbildet oder
2. entgegen § 6 Abs. 1 Satz 2 Nr. 2 die Topographie oder das die Topographie enthaltende Halbleitererzeugnis anbietet, in Verkehr bringt, verbreitet oder zu den genannten Zwecken einführt.

(2) Handelt der Täter gewerbsmäßig, so ist die Strafe Freiheitsstrafe bis zu fünf Jahren oder Geldstrafe.

(3) Der Versuch ist strafbar.

(4) In den Fällen des Absatzes 1 wird die Tat nur auf Antrag verfolgt, es sei denn, daß die Strafverfolgungsbehörde wegen des besonderen öffentlichen Interesses an der Strafverfolgung ein Einschreiten von Amts wegen für geboten hält.

(5) Die Vorschrift des Gebrauchsmustergesetzes[1)] über die Einziehung (§ 25 Abs. 5) ist entsprechend anzuwenden.

(6) [1] Wird auf Strafe erkannt, so ist, wenn der Verletzte es beantragt und ein berechtigtes Interesse daran dartut, anzuordnen, daß die Verurteilung auf Verlangen öffentlich bekanntgemacht wird. [2] Die Art der Bekanntmachung ist im Urteil zu bestimmen.

§ 11 Anwendung von Vorschriften des Patentgesetzes und des Gebrauchsmustergesetzes. (1) Die Vorschriften des Patentgesetzes über die Erstattung von Gutachten (§ 29 Abs. 1 und 2), über die Wiedereinsetzung in den vorigen Stand (§ 123) über die Weiterbehandlung der Anmeldung (§ 123a), über die Wahrheitspflicht im Verfahren (§ 124), über die elektronische Verfahrensführung (125a), über die Amtssprache (§ 126), über Zustellungen (§ 127), über die Rechtshilfe der Gerichte (§ 128) und über den Rechtsschutz bei überlangen Gerichtsverfahren (§ 128b) sind auch für Topographieschutzsachen anzuwenden.

(2) Die Vorschriften des Gebrauchsmustergesetzes[1)] über die Bewilligung von Verfahrenskostenhilfe (§ 21 Abs. 2), über die Übertragung und die Lizenz (§ 22), über die Streitwertherabsetzung (§ 26), über die Gebrauchsmuster-

---

[1)] **dtv 5563 Patent- und Musterrecht Nr. 20.**

streitsachen (§ 27), über die Inlandsvertretung (§ 28), über die Ermächtigungen zum Erlaß von Rechtsverordnungen (§ 29) und über die Schutzberühmung (§ 30) sind entsprechend anzuwenden.

Vierter Abschnitt. Übergangs- und Schlußvorschriften

§ 26 Übergangsvorschriften. (1) [1]Der Schutz der Topographie kann nicht für solche Topographien in Anspruch genommen werden, die früher als zwei Jahre vor Inkrafttreten dieses Gesetzes nicht nur vertraulich geschäftlich verwertet worden sind. [2]Rechte aus diesem Gesetz können nur für die Zeit ab Inkrafttreten dieses Gesetzes geltend gemacht werden.

(2) Artikel 229 § 6 des Einführungsgesetzes zum Bürgerlichen Gesetzbuche[1)] findet mit der Maßgabe entsprechende Anwendung, dass § 9 Abs. 1 Satz 4 in der bis zum 1. Januar 2002 geltenden Fassung den Vorschriften des Bürgerlichen Gesetzbuchs über die Verjährung in der bis zum 1. Januar 2002 geltenden Fassung gleichgestellt ist.

§ 27 Berlin-Klausel. *(gegenstandslos)*

§ 28 Inkrafttreten. Dieses Gesetz tritt am 1. November 1987 in Kraft.

[Nrn. 46–53: nicht belegt]

[1)] Nr. **16**.

54. Verordnung (EU) 2016/679 des Europäischen Parlaments und des Rates vom 27. April 2016 zum Schutz natürlicher Personen bei der Verarbeitung personenbezogener Daten, zum freien Datenverkehr und zur Aufhebung der Richtlinie 95/46/EG (Datenschutz-Grundverordnung)

(Text von Bedeutung für den EWR)

(ABl. Nr. L 119 S. 1, ber. ABl. Nr. L 314 S. 72 und ABl. 2018 Nr. L 127 S. 2)

Celex-Nr. 3 2016 R 0679

Kapitel I. Allgemeine Bestimmungen

Art. 1 Gegenstand und Ziele. (1) Diese Verordnung enthält Vorschriften zum Schutz natürlicher Personen bei der Verarbeitung personenbezogener Daten und zum freien Verkehr solcher Daten.

(2) Diese Verordnung schützt die Grundrechte und Grundfreiheiten natürlicher Personen und insbesondere deren Recht auf Schutz personenbezogener Daten.

(3) Der freie Verkehr personenbezogener Daten in der Union darf aus Gründen des Schutzes natürlicher Personen bei der Verarbeitung personenbezogener Daten weder eingeschränkt noch verboten werden.

Art. 2 Sachlicher Anwendungsbereich. (1) Diese Verordnung gilt für die ganz oder teilweise automatisierte Verarbeitung personenbezogener Daten sowie für die nichtautomatisierte Verarbeitung personenbezogener Daten, die in einem Dateisystem gespeichert sind oder gespeichert werden sollen.

(2) Diese Verordnung findet keine Anwendung auf die Verarbeitung personenbezogener Daten

a) im Rahmen einer Tätigkeit, die nicht in den Anwendungsbereich des Unionsrechts fällt,

b) durch die Mitgliedstaaten im Rahmen von Tätigkeiten, die in den Anwendungsbereich von Titel V Kapitel 2 EUV fallen,

c) durch natürliche Personen zur Ausübung ausschließlich persönlicher oder familiärer Tätigkeiten,

d) durch die zuständigen Behörden zum Zwecke der Verhütung, Ermittlung, Aufdeckung oder Verfolgung von Straftaten oder der Strafvollstreckung, einschließlich des Schutzes vor und der Abwehr von Gefahren für die öffentliche Sicherheit.

(3) [1] Für die Verarbeitung personenbezogener Daten durch die Organe, Einrichtungen, Ämter und Agenturen der Union gilt die Verordnung (EG) Nr. 45/2001. [2] Die Verordnung (EG) Nr. 45/2001 und sonstige Rechtsakte der

Union, die diese Verarbeitung personenbezogener Daten regeln, werden im Einklang mit Artikel 98 an die Grundsätze und Vorschriften der vorliegenden Verordnung angepasst.

(4) Die vorliegende Verordnung lässt die Anwendung der Richtlinie 2000/31/EG[1] und speziell die Vorschriften der Artikel 12 bis 15 dieser Richtlinie zur Verantwortlichkeit der Vermittler unberührt.

Art. 3 Räumlicher Anwendungsbereich. (1) Diese Verordnung findet Anwendung auf die Verarbeitung personenbezogener Daten, soweit diese im Rahmen der Tätigkeiten einer Niederlassung eines Verantwortlichen oder eines Auftragsverarbeiters in der Union erfolgt, unabhängig davon, ob die Verarbeitung in der Union stattfindet.

(2) Diese Verordnung findet Anwendung auf die Verarbeitung personenbezogener Daten von betroffenen Personen, die sich in der Union befinden, durch einen nicht in der Union niedergelassenen Verantwortlichen oder Auftragsverarbeiter, wenn die Datenverarbeitung im Zusammenhang damit steht

a) betroffenen Personen in der Union Waren oder Dienstleistungen anzubieten, unabhängig davon, ob von diesen betroffenen Personen eine Zahlung zu leisten ist;
b) das Verhalten betroffener Personen zu beobachten, soweit ihr Verhalten in der Union erfolgt.

(3) Diese Verordnung findet Anwendung auf die Verarbeitung personenbezogener Daten durch einen nicht in der Union niedergelassenen Verantwortlichen an einem Ort, der aufgrund Völkerrechts dem Recht eines Mitgliedstaats unterliegt.

Art. 4 Begriffsbestimmungen. Im Sinne dieser Verordnung bezeichnet der Ausdruck:

1. „personenbezogene Daten" alle Informationen, die sich auf eine identifizierte oder identifizierbare natürliche Person (im Folgenden „betroffene Person") beziehen; als identifizierbar wird eine natürliche Person angesehen, die direkt oder indirekt, insbesondere mittels Zuordnung zu einer Kennung wie einem Namen, zu einer Kennnummer, zu Standortdaten, zu einer Online-Kennung oder zu einem oder mehreren besonderen Merkmalen, die Ausdruck der physischen, physiologischen, genetischen, psychischen, wirtschaftlichen, kulturellen oder sozialen Identität dieser natürlichen Person sind, identifiziert werden kann;
2. „Verarbeitung" jeden mit oder ohne Hilfe automatisierter Verfahren ausgeführten Vorgang oder jede solche Vorgangsreihe im Zusammenhang mit personenbezogenen Daten wie das Erheben, das Erfassen, die Organisation, das Ordnen, die Speicherung, die Anpassung oder Veränderung, das Auslesen, das Abfragen, die Verwendung, die Offenlegung durch Übermittlung, Verbreitung oder eine andere Form der Bereitstellung, den Abgleich oder die Verknüpfung, die Einschränkung, das Löschen oder die Vernichtung;

---

[1] Nr. **17**.

3. „Einschränkung der Verarbeitung" die Markierung gespeicherter personenbezogener Daten mit dem Ziel, ihre künftige Verarbeitung einzuschränken;
4. „Profiling" jede Art der automatisierten Verarbeitung personenbezogener Daten, die darin besteht, dass diese personenbezogenen Daten verwendet werden, um bestimmte persönliche Aspekte, die sich auf eine natürliche Person beziehen, zu bewerten, insbesondere um Aspekte bezüglich Arbeitsleistung, wirtschaftliche Lage, Gesundheit, persönliche Vorlieben, Interessen, Zuverlässigkeit, Verhalten, Aufenthaltsort oder Ortswechsel dieser natürlichen Person zu analysieren oder vorherzusagen;
5. „Pseudonymisierung" die Verarbeitung personenbezogener Daten in einer Weise, dass die personenbezogenen Daten ohne Hinzuziehung zusätzlicher Informationen nicht mehr einer spezifischen betroffenen Person zugeordnet werden können, sofern diese zusätzlichen Informationen gesondert aufbewahrt werden und technischen und organisatorischen Maßnahmen unterliegen, die gewährleisten, dass die personenbezogenen Daten nicht einer identifizierten oder identifizierbaren natürlichen Person zugewiesen werden;
6. „Dateisystem" jede strukturierte Sammlung personenbezogener Daten, die nach bestimmten Kriterien zugänglich sind, unabhängig davon, ob diese Sammlung zentral, dezentral oder nach funktionalen oder geografischen Gesichtspunkten geordnet geführt wird;
7. „Verantwortlicher" die natürliche oder juristische Person, Behörde, Einrichtung oder andere Stelle, die allein oder gemeinsam mit anderen über die Zwecke und Mittel der Verarbeitung von personenbezogenen Daten entscheidet; sind die Zwecke und Mittel dieser Verarbeitung durch das Unionsrecht oder das Recht der Mitgliedstaaten vorgegeben, so kann der Verantwortliche beziehungsweise können die bestimmten Kriterien seiner Benennung nach dem Unionsrecht oder dem Recht der Mitgliedstaaten vorgesehen werden;
8. „Auftragsverarbeiter" eine natürliche oder juristische Person, Behörde, Einrichtung oder andere Stelle, die personenbezogene Daten im Auftrag des Verantwortlichen verarbeitet;
9. „Empfänger" eine natürliche oder juristische Person, Behörde, Einrichtung oder andere Stelle, der personenbezogene Daten offengelegt werden, unabhängig davon, ob es sich bei ihr um einen Dritten handelt oder nicht. Behörden, die im Rahmen eines bestimmten Untersuchungsauftrags nach dem Unionsrecht oder dem Recht der Mitgliedstaaten möglicherweise personenbezogene Daten erhalten, gelten jedoch nicht als Empfänger; die Verarbeitung dieser Daten durch die genannten Behörden erfolgt im Einklang mit den geltenden Datenschutzvorschriften gemäß den Zwecken der Verarbeitung;
10. „Dritter" eine natürliche oder juristische Person, Behörde, Einrichtung oder andere Stelle, außer der betroffenen Person, dem Verantwortlichen, dem Auftragsverarbeiter und den Personen, die unter der unmittelbaren Verantwortung des Verantwortlichen oder des Auftragsverarbeiters befugt sind, die personenbezogenen Daten zu verarbeiten;
11. „Einwilligung" der betroffenen Person jede freiwillig für den bestimmten Fall, in informierter Weise und unmissverständlich abgegebene Willens-

bekundung in Form einer Erklärung oder einer sonstigen eindeutigen bestätigenden Handlung, mit der die betroffene Person zu verstehen gibt, dass sie mit der Verarbeitung der sie betreffenden personenbezogenen Daten einverstanden ist;

12. „Verletzung des Schutzes personenbezogener Daten" eine Verletzung der Sicherheit, die, ob unbeabsichtigt oder unrechtmäßig, zur Vernichtung, zum Verlust, zur Veränderung, oder zur unbefugten Offenlegung von beziehungsweise zum unbefugten Zugang zu personenbezogenen Daten führt, die übermittelt, gespeichert oder auf sonstige Weise verarbeitet wurden;
13. „genetische Daten" personenbezogene Daten zu den ererbten oder erworbenen genetischen Eigenschaften einer natürlichen Person, die eindeutige Informationen über die Physiologie oder die Gesundheit dieser natürlichen Person liefern und insbesondere aus der Analyse einer biologischen Probe der betreffenden natürlichen Person gewonnen wurden;
14. „biometrische Daten" mit speziellen technischen Verfahren gewonnene personenbezogene Daten zu den physischen, physiologischen oder verhaltenstypischen Merkmalen einer natürlichen Person, die die eindeutige Identifizierung dieser natürlichen Person ermöglichen oder bestätigen, wie Gesichtsbilder oder daktyloskopische Daten;
15. „Gesundheitsdaten" personenbezogene Daten, die sich auf die körperliche oder geistige Gesundheit einer natürlichen Person, einschließlich der Erbringung von Gesundheitsdienstleistungen, beziehen und aus denen Informationen über deren Gesundheitszustand hervorgehen;
16. „Hauptniederlassung"
    a) im Falle eines Verantwortlichen mit Niederlassungen in mehr als einem Mitgliedstaat den Ort seiner Hauptverwaltung in der Union, es sei denn, die Entscheidungen hinsichtlich der Zwecke und Mittel der Verarbeitung personenbezogener Daten werden in einer anderen Niederlassung des Verantwortlichen in der Union getroffen und diese Niederlassung ist befugt, diese Entscheidungen umsetzen zu lassen; in diesem Fall gilt die Niederlassung, die derartige Entscheidungen trifft, als Hauptniederlassung;
    b) im Falle eines Auftragsverarbeiters mit Niederlassungen in mehr als einem Mitgliedstaat den Ort seiner Hauptverwaltung in der Union oder, sofern der Auftragsverarbeiter keine Hauptverwaltung in der Union hat, die Niederlassung des Auftragsverarbeiters in der Union, in der die Verarbeitungstätigkeiten im Rahmen der Tätigkeiten einer Niederlassung eines Auftragsverarbeiters hauptsächlich stattfinden, soweit der Auftragsverarbeiter spezifischen Pflichten aus dieser Verordnung unterliegt;
17. „Vertreter" eine in der Union niedergelassene natürliche oder juristische Person, die von dem Verantwortlichen oder Auftragsverarbeiter schriftlich gemäß Artikel 27 bestellt wurde und den Verantwortlichen oder Auftragsverarbeiter in Bezug auf die ihnen jeweils nach dieser Verordnung obliegenden Pflichten vertritt;
18. „Unternehmen" eine natürliche oder juristische Person, die eine wirtschaftliche Tätigkeit ausübt, unabhängig von ihrer Rechtsform, einschließ-

lich Personengesellschaften oder Vereinigungen, die regelmäßig einer wirtschaftlichen Tätigkeit nachgehen;

19. „Unternehmensgruppe" eine Gruppe, die aus einem herrschenden Unternehmen und den von diesem abhängigen Unternehmen besteht;
20. „verbindliche interne Datenschutzvorschriften" Maßnahmen zum Schutz personenbezogener Daten, zu deren Einhaltung sich ein im Hoheitsgebiet eines Mitgliedstaats niedergelassener Verantwortlicher oder Auftragsverarbeiter verpflichtet im Hinblick auf Datenübermittlungen oder eine Kategorie von Datenübermittlungen personenbezogener Daten an einen Verantwortlichen oder Auftragsverarbeiter derselben Unternehmensgruppe oder derselben Gruppe von Unternehmen, die eine gemeinsame Wirtschaftstätigkeit ausüben, in einem oder mehreren Drittländern;
21. „Aufsichtsbehörde" eine von einem Mitgliedstaat gemäß Artikel 51 eingerichtete unabhängige staatliche Stelle;
22. „betroffene Aufsichtsbehörde" eine Aufsichtsbehörde, die von der Verarbeitung personenbezogener Daten betroffen ist, weil
    a) der Verantwortliche oder der Auftragsverarbeiter im Hoheitsgebiet des Mitgliedstaats dieser Aufsichtsbehörde niedergelassen ist,
    b) diese Verarbeitung erhebliche Auswirkungen auf betroffene Personen mit Wohnsitz im Mitgliedstaat dieser Aufsichtsbehörde hat oder haben kann oder
    c) eine Beschwerde bei dieser Aufsichtsbehörde eingereicht wurde;
23. „grenzüberschreitende Verarbeitung" entweder
    a) eine Verarbeitung personenbezogener Daten, die im Rahmen der Tätigkeiten von Niederlassungen eines Verantwortlichen oder eines Auftragsverarbeiters in der Union in mehr als einem Mitgliedstaat erfolgt, wenn der Verantwortliche oder Auftragsverarbeiter in mehr als einem Mitgliedstaat niedergelassen ist, oder
    b) eine Verarbeitung personenbezogener Daten, die im Rahmen der Tätigkeiten einer einzelnen Niederlassung eines Verantwortlichen oder eines Auftragsverarbeiters in der Union erfolgt, die jedoch erhebliche Auswirkungen auf betroffene Personen in mehr als einem Mitgliedstaat hat oder haben kann;
24. „maßgeblicher und begründeter Einspruch" einen Einspruch gegen einen Beschlussentwurf im Hinblick darauf, ob ein Verstoß gegen diese Verordnung vorliegt oder ob beabsichtigte Maßnahmen gegen den Verantwortlichen oder den Auftragsverarbeiter im Einklang mit dieser Verordnung steht, wobei aus diesem Einspruch die Tragweite der Risiken klar hervorgeht, die von dem Beschlussentwurf in Bezug auf die Grundrechte und Grundfreiheiten der betroffenen Personen und gegebenenfalls den freien Verkehr personenbezogener Daten in der Union ausgehen;
25. „Dienst der Informationsgesellschaft" eine Dienstleistung im Sinne des Artikels 1 Nummer 1 Buchstabe b der Richtlinie (EU) 2015/1535 des Europäischen Parlaments und des Rates[1)];

[1)] **Amtl. Anm.:** Richtlinie (EU) 2015/1535 des Europäischen Parlaments und des Rates vom 9. September 2015 über ein Informationsverfahren auf dem Gebiet der technischen Vorschriften und der Vorschriften für die Dienste der Informationsgesellschaft (ABl. L 241 vom 17.9.2015, S. 1).

26. „internationale Organisation" eine völkerrechtliche Organisation und ihre nachgeordneten Stellen oder jede sonstige Einrichtung, die durch eine zwischen zwei oder mehr Ländern geschlossene Übereinkunft oder auf der Grundlage einer solchen Übereinkunft geschaffen wurde.

Kapitel II. Grundsätze

Art. 5 Grundsätze für die Verarbeitung personenbezogener Daten.

(1) Personenbezogene Daten müssen

a) auf rechtmäßige Weise, nach Treu und Glauben und in einer für die betroffene Person nachvollziehbaren Weise verarbeitet werden („Rechtmäßigkeit, Verarbeitung nach Treu und Glauben, Transparenz");

b) für festgelegte, eindeutige und legitime Zwecke erhoben werden und dürfen nicht in einer mit diesen Zwecken nicht zu vereinbarenden Weise weiterverarbeitet werden; eine Weiterverarbeitung für im öffentlichen Interesse liegende Archivzwecke, für wissenschaftliche oder historische Forschungszwecke oder für statistische Zwecke gilt gemäß Artikel 89 Absatz 1 nicht als unvereinbar mit den ursprünglichen Zwecken („Zweckbindung");

c) dem Zweck angemessen und erheblich sowie auf das für die Zwecke der Verarbeitung notwendige Maß beschränkt sein („Datenminimierung");

d) sachlich richtig und erforderlichenfalls auf dem neuesten Stand sein; es sind alle angemessenen Maßnahmen zu treffen, damit personenbezogene Daten, die im Hinblick auf die Zwecke ihrer Verarbeitung unrichtig sind, unverzüglich gelöscht oder berichtigt werden („Richtigkeit");

e) in einer Form gespeichert werden, die die Identifizierung der betroffenen Personen nur so lange ermöglicht, wie es für die Zwecke, für die sie verarbeitet werden, erforderlich ist; personenbezogene Daten dürfen länger gespeichert werden, soweit die personenbezogenen Daten vorbehaltlich der Durchführung geeigneter technischer und organisatorischer Maßnahmen, die von dieser Verordnung zum Schutz der Rechte und Freiheiten der betroffenen Person gefordert werden, ausschließlich für im öffentlichen Interesse liegende Archivzwecke oder für wissenschaftliche und historische Forschungszwecke oder für statistische Zwecke gemäß Artikel 89 Absatz 1 verarbeitet werden („Speicherbegrenzung");

f) in einer Weise verarbeitet werden, die eine angemessene Sicherheit der personenbezogenen Daten gewährleistet, einschließlich Schutz vor unbefugter oder unrechtmäßiger Verarbeitung und vor unbeabsichtigtem Verlust, unbeabsichtigter Zerstörung oder unbeabsichtigter Schädigung durch geeignete technische und organisatorische Maßnahmen („Integrität und Vertraulichkeit");[1)]

(2) Der Verantwortliche ist für die Einhaltung des Absatzes 1 verantwortlich und muss dessen Einhaltung nachweisen können („Rechenschaftspflicht").

[1)] Zeichensetzung amtlich.

Art. 6 Rechtmäßigkeit der Verarbeitung. (1) *[1]* Die Verarbeitung ist nur rechtmäßig, wenn mindestens eine der nachstehenden Bedingungen erfüllt ist:

a) Die betroffene Person hat ihre Einwilligung zu der Verarbeitung der sie betreffenden personenbezogenen Daten für einen oder mehrere bestimmte Zwecke gegeben;

b) die Verarbeitung ist für die Erfüllung eines Vertrags, dessen Vertragspartei die betroffene Person ist, oder zur Durchführung vorvertraglicher Maßnahmen erforderlich, die auf Anfrage der betroffenen Person erfolgen;

c) die Verarbeitung ist zur Erfüllung einer rechtlichen Verpflichtung erforderlich, der der Verantwortliche unterliegt;

d) die Verarbeitung ist erforderlich, um lebenswichtige Interessen der betroffenen Person oder einer anderen natürlichen Person zu schützen;

e) die Verarbeitung ist für die Wahrnehmung einer Aufgabe erforderlich, die im öffentlichen Interesse liegt oder in Ausübung öffentlicher Gewalt erfolgt, die dem Verantwortlichen übertragen wurde;

f) die Verarbeitung ist zur Wahrung der berechtigten Interessen des Verantwortlichen oder eines Dritten erforderlich, sofern nicht die Interessen oder Grundrechte und Grundfreiheiten der betroffenen Person, die den Schutz personenbezogener Daten erfordern, überwiegen, insbesondere dann, wenn es sich bei der betroffenen Person um ein Kind handelt.

[2] Unterabsatz 1 Buchstabe f gilt nicht für die von Behörden in Erfüllung ihrer Aufgaben vorgenommene Verarbeitung.

(2) Die Mitgliedstaaten können spezifischere Bestimmungen zur Anpassung der Anwendung der Vorschriften dieser Verordnung in Bezug auf die Verarbeitung zur Erfüllung von Absatz 1 Buchstaben c und e beibehalten oder einführen, indem sie spezifische Anforderungen für die Verarbeitung sowie sonstige Maßnahmen präziser bestimmen, um eine rechtmäßig und nach Treu und Glauben erfolgende Verarbeitung zu gewährleisten, einschließlich für andere besondere Verarbeitungssituationen gemäß Kapitel IX.

(3) [1]Die Rechtsgrundlage für die Verarbeitungen gemäß Absatz 1 Buchstaben c und e wird festgelegt durch

a) Unionsrecht oder

b) das Recht der Mitgliedstaaten, dem der Verantwortliche unterliegt.

[2]Der Zweck der Verarbeitung muss in dieser Rechtsgrundlage festgelegt oder hinsichtlich der Verarbeitung gemäß Absatz 1 Buchstabe e für die Erfüllung einer Aufgabe erforderlich sein, die im öffentlichen Interesse liegt oder in Ausübung öffentlicher Gewalt erfolgt, die dem Verantwortlichen übertragen wurde. [3]Diese Rechtsgrundlage kann spezifische Bestimmungen zur Anpassung der Anwendung der Vorschriften dieser Verordnung enthalten, unter anderem Bestimmungen darüber, welche allgemeinen Bedingungen für die Regelung der Rechtmäßigkeit der Verarbeitung durch den Verantwortlichen gelten, welche Arten von Daten verarbeitet werden, welche Personen betroffen sind, an welche Einrichtungen und für welche Zwecke die personenbezogenen Daten offengelegt werden dürfen, welcher Zweckbindung sie unterliegen, wie lange sie gespeichert werden dürfen und welche Verarbeitungsvorgänge und -verfahren angewandt werden dürfen, einschließlich Maßnahmen zur Gewährleistung einer rechtmäßig und nach Treu und Glauben erfolgenden Verarbei-

tung, wie solche für sonstige besondere Verarbeitungssituationen gemäß Kapitel IX. [4]Das Unionsrecht oder das Recht der Mitgliedstaaten müssen ein im öffentlichen Interesse liegendes Ziel verfolgen und in einem angemessenen Verhältnis zu dem verfolgten legitimen Zweck stehen.

(4) Beruht die Verarbeitung zu einem anderen Zweck als zu demjenigen, zu dem die personenbezogenen Daten erhoben wurden, nicht auf der Einwilligung der betroffenen Person oder auf einer Rechtsvorschrift der Union oder der Mitgliedstaaten, die in einer demokratischen Gesellschaft eine notwendige und verhältnismäßige Maßnahme zum Schutz der in Artikel 23 Absatz 1 genannten Ziele darstellt, so berücksichtigt der Verantwortliche – um festzustellen, ob die Verarbeitung zu einem anderen Zweck mit demjenigen, zu dem die personenbezogenen Daten ursprünglich erhoben wurden, vereinbar ist – unter anderem

a) jede Verbindung zwischen den Zwecken, für die die personenbezogenen Daten erhoben wurden, und den Zwecken der beabsichtigten Weiterverarbeitung,
b) den Zusammenhang, in dem die personenbezogenen Daten erhoben wurden, insbesondere hinsichtlich des Verhältnisses zwischen den betroffenen Personen und dem Verantwortlichen,
c) die Art der personenbezogenen Daten, insbesondere ob besondere Kategorien personenbezogener Daten gemäß Artikel 9 verarbeitet werden oder ob personenbezogene Daten über strafrechtliche Verurteilungen und Straftaten gemäß Artikel 10 verarbeitet werden,
d) die möglichen Folgen der beabsichtigten Weiterverarbeitung für die betroffenen Personen,
e) das Vorhandensein geeigneter Garantien, wozu Verschlüsselung oder Pseudonymisierung gehören kann.

Art. 7 Bedingungen für die Einwilligung. (1) Beruht die Verarbeitung auf einer Einwilligung, muss der Verantwortliche nachweisen können, dass die betroffene Person in die Verarbeitung ihrer personenbezogenen Daten eingewilligt hat.

(2) [1]Erfolgt die Einwilligung der betroffenen Person durch eine schriftliche Erklärung, die noch andere Sachverhalte betrifft, so muss das Ersuchen um Einwilligung in verständlicher und leicht zugänglicher Form in einer klaren und einfachen Sprache so erfolgen, dass es von den anderen Sachverhalten klar zu unterscheiden ist. [2]Teile der Erklärung sind dann nicht verbindlich, wenn sie einen Verstoß gegen diese Verordnung darstellen.

(3) [1]Die betroffene Person hat das Recht, ihre Einwilligung jederzeit zu widerrufen. [2]Durch den Widerruf der Einwilligung wird die Rechtmäßigkeit der aufgrund der Einwilligung bis zum Widerruf erfolgten Verarbeitung nicht berührt. [3]Die betroffene Person wird vor Abgabe der Einwilligung hiervon in Kenntnis gesetzt. [4]Der Widerruf der Einwilligung muss so einfach wie die Erteilung der Einwilligung sein.

(4) Bei der Beurteilung, ob die Einwilligung freiwillig erteilt wurde, muss dem Umstand in größtmöglichem Umfang Rechnung getragen werden, ob unter anderem die Erfüllung eines Vertrags, einschließlich der Erbringung einer Dienstleistung, von der Einwilligung zu einer Verarbeitung von personenbezo-

genen Daten abhängig ist, die für die Erfüllung des Vertrags nicht erforderlich sind.

Art. 8 Bedingungen für die Einwilligung eines Kindes in Bezug auf Dienste der Informationsgesellschaft. (1) *[1]* [1] Gilt Artikel 6 Absatz 1 Buchstabe a bei einem Angebot von Diensten der Informationsgesellschaft, das einem Kind direkt gemacht wird, so ist die Verarbeitung der personenbezogenen Daten des Kindes rechtmäßig, wenn das Kind das sechzehnte Lebensjahr vollendet hat. [2] Hat das Kind noch nicht das sechzehnte Lebensjahr vollendet, so ist diese Verarbeitung nur rechtmäßig, sofern und soweit diese Einwilligung durch den Träger der elterlichen Verantwortung für das Kind oder mit dessen Zustimmung erteilt wird.

[2] Die Mitgliedstaaten können durch Rechtsvorschriften zu diesen Zwecken eine niedrigere Altersgrenze vorsehen, die jedoch nicht unter dem vollendeten dreizehnten Lebensjahr liegen darf.

(2) Der Verantwortliche unternimmt unter Berücksichtigung der verfügbaren Technik angemessene Anstrengungen, um sich in solchen Fällen zu vergewissern, dass die Einwilligung durch den Träger der elterlichen Verantwortung für das Kind oder mit dessen Zustimmung erteilt wurde.

(3) Absatz 1 lässt das allgemeine Vertragsrecht der Mitgliedstaaten, wie etwa die Vorschriften zur Gültigkeit, zum Zustandekommen oder zu den Rechtsfolgen eines Vertrags in Bezug auf ein Kind, unberührt.

Art. 9 Verarbeitung besonderer Kategorien personenbezogener Daten. (1) Die Verarbeitung personenbezogener Daten, aus denen die rassische und ethnische Herkunft, politische Meinungen, religiöse oder weltanschauliche Überzeugungen oder die Gewerkschaftszugehörigkeit hervorgehen, sowie die Verarbeitung von genetischen Daten, biometrischen Daten zur eindeutigen Identifizierung einer natürlichen Person, Gesundheitsdaten oder Daten zum Sexualleben oder der sexuellen Orientierung einer natürlichen Person ist untersagt.

(2) Absatz 1 gilt nicht in folgenden Fällen:

a) Die betroffene Person hat in die Verarbeitung der genannten personenbezogenen Daten für einen oder mehrere festgelegte Zwecke ausdrücklich eingewilligt, es sei denn, nach Unionsrecht oder dem Recht der Mitgliedstaaten kann das Verbot nach Absatz 1 durch die Einwilligung der betroffenen Person nicht aufgehoben werden,

b) die Verarbeitung ist erforderlich, damit der Verantwortliche oder die betroffene Person die ihm bzw. ihr aus dem Arbeitsrecht und dem Recht der sozialen Sicherheit und des Sozialschutzes erwachsenden Rechte ausüben und seinen bzw. ihren diesbezüglichen Pflichten nachkommen kann, soweit dies nach Unionsrecht oder dem Recht der Mitgliedstaaten oder einer Kollektivvereinbarung nach dem Recht der Mitgliedstaaten, das geeignete Garantien für die Grundrechte und die Interessen der betroffenen Person vorsieht, zulässig ist,

c) die Verarbeitung ist zum Schutz lebenswichtiger Interessen der betroffenen Person oder einer anderen natürlichen Person erforderlich und die betroffene Person ist aus körperlichen oder rechtlichen Gründen außerstande, ihre Einwilligung zu geben,

d) die Verarbeitung erfolgt auf der Grundlage geeigneter Garantien durch eine politisch, weltanschaulich, religiös oder gewerkschaftlich ausgerichtete Stiftung, Vereinigung oder sonstige Organisation ohne Gewinnerzielungsabsicht im Rahmen ihrer rechtmäßigen Tätigkeiten und unter der Voraussetzung, dass sich die Verarbeitung ausschließlich auf die Mitglieder oder ehemalige Mitglieder der Organisation oder auf Personen, die im Zusammenhang mit deren Tätigkeitszweck regelmäßige Kontakte mit ihr unterhalten, bezieht und die personenbezogenen Daten nicht ohne Einwilligung der betroffenen Personen nach außen offengelegt werden,

e) die Verarbeitung bezieht sich auf personenbezogene Daten, die die betroffene Person offensichtlich öffentlich gemacht hat,

f) die Verarbeitung ist zur Geltendmachung, Ausübung oder Verteidigung von Rechtsansprüchen oder bei Handlungen der Gerichte im Rahmen ihrer justiziellen Tätigkeit erforderlich,

g) die Verarbeitung ist auf der Grundlage des Unionsrechts oder des Rechts eines Mitgliedstaats, das in angemessenem Verhältnis zu dem verfolgten Ziel steht, den Wesensgehalt des Rechts auf Datenschutz wahrt und angemessene und spezifische Maßnahmen zur Wahrung der Grundrechte und Interessen der betroffenen Person vorsieht, aus Gründen eines erheblichen öffentlichen Interesses erforderlich,

h) die Verarbeitung ist für Zwecke der Gesundheitsvorsorge oder der Arbeitsmedizin, für die Beurteilung der Arbeitsfähigkeit des Beschäftigten, für die medizinische Diagnostik, die Versorgung oder Behandlung im Gesundheits- oder Sozialbereich oder für die Verwaltung von Systemen und Diensten im Gesundheits- oder Sozialbereich auf der Grundlage des Unionsrechts oder des Rechts eines Mitgliedstaats oder aufgrund eines Vertrags mit einem Angehörigen eines Gesundheitsberufs und vorbehaltlich der in Absatz 3 genannten Bedingungen und Garantien erforderlich,

i) die Verarbeitung ist aus Gründen des öffentlichen Interesses im Bereich der öffentlichen Gesundheit, wie dem Schutz vor schwerwiegenden grenzüberschreitenden Gesundheitsgefahren oder zur Gewährleistung hoher Qualitäts- und Sicherheitsstandards bei der Gesundheitsversorgung und bei Arzneimitteln und Medizinprodukten, auf der Grundlage des Unionsrechts oder des Rechts eines Mitgliedstaats, das angemessene und spezifische Maßnahmen zur Wahrung der Rechte und Freiheiten der betroffenen Person, insbesondere des Berufsgeheimnisses, vorsieht, erforderlich, oder

j) die Verarbeitung ist auf der Grundlage des Unionsrechts oder des Rechts eines Mitgliedstaats, das in angemessenem Verhältnis zu dem verfolgten Ziel steht, den Wesensgehalt des Rechts auf Datenschutz wahrt und angemessene und spezifische Maßnahmen zur Wahrung der Grundrechte und Interessen der betroffenen Person vorsieht, für im öffentlichen Interesse liegende Archivzwecke, für wissenschaftliche oder historische Forschungszwecke oder für statistische Zwecke gemäß Artikel 89 Absatz 1 erforderlich.

(3) Die in Absatz 1 genannten personenbezogenen Daten dürfen zu den in Absatz 2 Buchstabe h genannten Zwecken verarbeitet werden, wenn diese Daten von Fachpersonal oder unter dessen Verantwortung verarbeitet werden und dieses Fachpersonal nach dem Unionsrecht oder dem Recht eines Mitgliedstaats oder den Vorschriften nationaler zuständiger Stellen dem Berufs-

geheimnis unterliegt, oder wenn die Verarbeitung durch eine andere Person erfolgt, die ebenfalls nach dem Unionsrecht oder dem Recht eines Mitgliedstaats oder den Vorschriften nationaler zuständiger Stellen einer Geheimhaltungspflicht unterliegt.

(4) Die Mitgliedstaaten können zusätzliche Bedingungen, einschließlich Beschränkungen, einführen oder aufrechterhalten, soweit die Verarbeitung von genetischen, biometrischen oder Gesundheitsdaten betroffen ist.

Art. 10 Verarbeitung von personenbezogenen Daten über strafrechtliche Verurteilungen und Straftaten. [1] Die Verarbeitung personenbezogener Daten über strafrechtliche Verurteilungen und Straftaten oder damit zusammenhängende Sicherungsmaßregeln aufgrund von Artikel 6 Absatz 1 darf nur unter behördlicher Aufsicht vorgenommen werden oder wenn dies nach dem Unionsrecht oder dem Recht der Mitgliedstaaten, das geeignete Garantien für die Rechte und Freiheiten der betroffenen Personen vorsieht, zulässig ist. [2] Ein umfassendes Register der strafrechtlichen Verurteilungen darf nur unter behördlicher Aufsicht geführt werden.

Art. 11 Verarbeitung, für die eine Identifizierung der betroffenen Person nicht erforderlich ist. (1) Ist für die Zwecke, für die ein Verantwortlicher personenbezogene Daten verarbeitet, die Identifizierung der betroffenen Person durch den Verantwortlichen nicht oder nicht mehr erforderlich, so ist dieser nicht verpflichtet, zur bloßen Einhaltung dieser Verordnung zusätzliche Informationen aufzubewahren, einzuholen oder zu verarbeiten, um die betroffene Person zu identifizieren.

(2) [1] Kann der Verantwortliche in Fällen gemäß Absatz 1 des vorliegenden Artikels nachweisen, dass er nicht in der Lage ist, die betroffene Person zu identifizieren, so unterrichtet er die betroffene Person hierüber, sofern möglich. [2] In diesen Fällen finden die Artikel 15 bis 20 keine Anwendung, es sei denn, die betroffene Person stellt zur Ausübung ihrer in diesen Artikeln niedergelegten Rechte zusätzliche Informationen bereit, die ihre Identifizierung ermöglichen.

Kapitel III. Rechte der betroffenen Person

Abschnitt 1. Transparenz und Modalitäten

Art. 12 Transparente Information, Kommunikation und Modalitäten für die Ausübung der Rechte der betroffenen Person. (1) [1] Der Verantwortliche trifft geeignete Maßnahmen, um der betroffenen Person alle Informationen gemäß den Artikeln 13 und 14 und alle Mitteilungen gemäß den Artikeln 15 bis 22 und Artikel 34, die sich auf die Verarbeitung beziehen, in präziser, transparenter, verständlicher und leicht zugänglicher Form in einer klaren und einfachen Sprache zu übermitteln; dies gilt insbesondere für Informationen, die sich speziell an Kinder richten. [2] Die Übermittlung der Informationen erfolgt schriftlich oder in anderer Form, gegebenenfalls auch elektronisch. [3] Falls von der betroffenen Person verlangt, kann die Information mündlich erteilt werden, sofern die Identität der betroffenen Person in anderer Form nachgewiesen wurde.

(2) [1] Der Verantwortliche erleichtert der betroffenen Person die Ausübung ihrer Rechte gemäß den Artikeln 15 bis 22. [2] In den in Artikel 11 Absatz 2 genannten Fällen darf sich der Verantwortliche nur dann weigern, aufgrund des Antrags der betroffenen Person auf Wahrnehmung ihrer Rechte gemäß den Artikeln 15 bis 22 tätig zu werden, wenn er glaubhaft macht, dass er nicht in der Lage ist, die betroffene Person zu identifizieren.

(3) [1] Der Verantwortliche stellt der betroffenen Person Informationen über die auf Antrag gemäß den Artikeln 15 bis 22 ergriffenen Maßnahmen unverzüglich, in jedem Fall aber innerhalb eines Monats nach Eingang des Antrags zur Verfügung. [2] Diese Frist kann um weitere zwei Monate verlängert werden, wenn dies unter Berücksichtigung der Komplexität und der Anzahl von Anträgen erforderlich ist. [3] Der Verantwortliche unterrichtet die betroffene Person innerhalb eines Monats nach Eingang des Antrags über eine Fristverlängerung, zusammen mit den Gründen für die Verzögerung. [4] Stellt die betroffene Person den Antrag elektronisch, so ist sie nach Möglichkeit auf elektronischem Weg zu unterrichten, sofern sie nichts anderes angibt.

(4) Wird der Verantwortliche auf den Antrag der betroffenen Person hin nicht tätig, so unterrichtet er die betroffene Person ohne Verzögerung, spätestens aber innerhalb eines Monats nach Eingang des Antrags über die Gründe hierfür und über die Möglichkeit, bei einer Aufsichtsbehörde Beschwerde einzulegen oder einen gerichtlichen Rechtsbehelf einzulegen.

(5) [1] Informationen gemäß den Artikeln 13 und 14 sowie alle Mitteilungen und Maßnahmen gemäß den Artikeln 15 bis 22 und Artikel 34 werden unentgeltlich zur Verfügung gestellt. [2] Bei offenkundig unbegründeten oder – insbesondere im Fall von häufiger Wiederholung – exzessiven Anträgen einer betroffenen Person kann der Verantwortliche entweder

a) ein angemessenes Entgelt verlangen, bei dem die Verwaltungskosten für die Unterrichtung oder die Mitteilung oder die Durchführung der beantragten Maßnahme berücksichtigt werden, oder

b) sich weigern, aufgrund des Antrags tätig zu werden.

[3] Der Verantwortliche hat den Nachweis für den offenkundig unbegründeten oder exzessiven Charakter des Antrags zu erbringen.

(6) Hat der Verantwortliche begründete Zweifel an der Identität der natürlichen Person, die den Antrag gemäß den Artikeln 15 bis 21 stellt, so kann er unbeschadet des Artikels 11 zusätzliche Informationen anfordern, die zur Bestätigung der Identität der betroffenen Person erforderlich sind.

(7) [1] Die Informationen, die den betroffenen Personen gemäß den Artikeln 13 und 14 bereitzustellen sind, können in Kombination mit standardisierten Bildsymbolen bereitgestellt werden, um in leicht wahrnehmbarer, verständlicher und klar nachvollziehbarer Form einen aussagekräftigen Überblick über die beabsichtigte Verarbeitung zu vermitteln. [2] Werden die Bildsymbole in elektronischer Form dargestellt, müssen sie maschinenlesbar sein.

(8) Der Kommission wird die Befugnis übertragen, gemäß Artikel 92 delegierte Rechtsakte zur Bestimmung der Informationen, die durch Bildsymbole darzustellen sind, und der Verfahren für die Bereitstellung standardisierter Bildsymbole zu erlassen.

Abschnitt 2. Informationspflicht und Recht auf Auskunft zu personenbezogenen Daten

Art. 13 Informationspflicht bei Erhebung von personenbezogenen Daten bei der betroffenen Person. (1) Werden personenbezogene Daten bei der betroffenen Person erhoben, so teilt der Verantwortliche der betroffenen Person zum Zeitpunkt der Erhebung dieser Daten Folgendes mit:

a) den Namen und die Kontaktdaten des Verantwortlichen sowie gegebenenfalls seines Vertreters;
b) gegebenenfalls die Kontaktdaten des Datenschutzbeauftragten;
c) die Zwecke, für die die personenbezogenen Daten verarbeitet werden sollen, sowie die Rechtsgrundlage für die Verarbeitung;
d) wenn die Verarbeitung auf Artikel 6 Absatz 1 Buchstabe f beruht, die berechtigten Interessen, die von dem Verantwortlichen oder einem Dritten verfolgt werden;
e) gegebenenfalls die Empfänger oder Kategorien von Empfängern der personenbezogenen Daten und
f) gegebenenfalls die Absicht des Verantwortlichen, die personenbezogenen Daten an ein Drittland oder eine internationale Organisation zu übermitteln, sowie das Vorhandensein oder das Fehlen eines Angemessenheitsbeschlusses der Kommission oder im Falle von Übermittlungen gemäß Artikel 46 oder Artikel 47 oder Artikel 49 Absatz 1 Unterabsatz 2 einen Verweis auf die geeigneten oder angemessenen Garantien und die Möglichkeit, wie eine Kopie von ihnen zu erhalten ist, oder wo sie verfügbar sind.

(2) Zusätzlich zu den Informationen gemäß Absatz 1 stellt der Verantwortliche der betroffenen Person zum Zeitpunkt der Erhebung dieser Daten folgende weitere Informationen zur Verfügung, die notwendig sind, um eine faire und transparente Verarbeitung zu gewährleisten:

a) die Dauer, für die die personenbezogenen Daten gespeichert werden oder, falls dies nicht möglich ist, die Kriterien für die Festlegung dieser Dauer;
b) das Bestehen eines Rechts auf Auskunft seitens des Verantwortlichen über die betreffenden personenbezogenen Daten sowie auf Berichtigung oder Löschung oder auf Einschränkung der Verarbeitung oder eines Widerspruchsrechts gegen die Verarbeitung sowie des Rechts auf Datenübertragbarkeit;
c) wenn die Verarbeitung auf Artikel 6 Absatz 1 Buchstabe a oder Artikel 9 Absatz 2 Buchstabe a beruht, das Bestehen eines Rechts, die Einwilligung jederzeit zu widerrufen, ohne dass die Rechtmäßigkeit der aufgrund der Einwilligung bis zum Widerruf erfolgten Verarbeitung berührt wird;
d) das Bestehen eines Beschwerderechts bei einer Aufsichtsbehörde;
e) ob die Bereitstellung der personenbezogenen Daten gesetzlich oder vertraglich vorgeschrieben oder für einen Vertragsabschluss erforderlich ist, ob die betroffene Person verpflichtet ist, die personenbezogenen Daten bereitzustellen, und welche *mögliche*[1] Folgen die Nichtbereitstellung hätte und

---

[1] Richtig wohl: „möglichen".

f) das Bestehen einer automatisierten Entscheidungsfindung einschließlich Profiling gemäß Artikel 22 Absätze 1 und 4 und – zumindest in diesen Fällen – aussagekräftige Informationen über die involvierte Logik sowie die Tragweite und die angestrebten Auswirkungen einer derartigen Verarbeitung für die betroffene Person.

(3) Beabsichtigt der Verantwortliche, die personenbezogenen Daten für einen anderen Zweck weiterzuverarbeiten als den, für den die personenbezogenen Daten erhoben wurden, so stellt er der betroffenen Person vor dieser Weiterverarbeitung Informationen über diesen anderen Zweck und alle anderen maßgeblichen Informationen gemäß Absatz 2 zur Verfügung.

(4) Die Absätze 1, 2 und 3 finden keine Anwendung, wenn und soweit die betroffene Person bereits über die Informationen verfügt.

Art. 14 Informationspflicht, wenn die personenbezogenen Daten nicht bei der betroffenen Person erhoben wurden. (1) Werden personenbezogene Daten nicht bei der betroffenen Person erhoben, so teilt der Verantwortliche der betroffenen Person Folgendes mit:

a) den Namen und die Kontaktdaten des Verantwortlichen sowie gegebenenfalls seines Vertreters;
b) zusätzlich die Kontaktdaten des Datenschutzbeauftragten;
c) die Zwecke, für die die personenbezogenen Daten verarbeitet werden sollen, sowie die Rechtsgrundlage für die Verarbeitung;
d) die Kategorien personenbezogener Daten, die verarbeitet werden;
e) gegebenenfalls die Empfänger oder Kategorien von Empfängern der personenbezogenen Daten;
f) gegebenenfalls die Absicht des Verantwortlichen, die personenbezogenen Daten an einen Empfänger in einem Drittland oder einer internationalen Organisation zu übermitteln, sowie das Vorhandensein oder das Fehlen eines Angemessenheitsbeschlusses der Kommission oder im Falle von Übermittlungen gemäß Artikel 46 oder Artikel 47 oder Artikel 49 Absatz 1 Unterabsatz 2 einen Verweis auf die geeigneten oder angemessenen Garantien und die Möglichkeit, eine Kopie von ihnen zu erhalten, oder wo sie verfügbar sind.

(2) Zusätzlich zu den Informationen gemäß Absatz 1 stellt der Verantwortliche der betroffenen Person die folgenden Informationen zur Verfügung, die erforderlich sind, um der betroffenen Person gegenüber eine faire und transparente Verarbeitung zu gewährleisten:

a) die Dauer, für die die personenbezogenen Daten gespeichert werden oder, falls dies nicht möglich ist, die Kriterien für die Festlegung dieser Dauer;
b) wenn die Verarbeitung auf Artikel 6 Absatz 1 Buchstabe f beruht, die berechtigten Interessen, die von dem Verantwortlichen oder einem Dritten verfolgt werden;
c) das Bestehen eines Rechts auf Auskunft seitens des Verantwortlichen über die betreffenden personenbezogenen Daten sowie auf Berichtigung oder Löschung oder auf Einschränkung der Verarbeitung und eines Widerspruchsrechts gegen die Verarbeitung sowie des Rechts auf Datenübertragbarkeit;

d) wenn die Verarbeitung auf Artikel 6 Absatz 1 Buchstabe a oder Artikel 9 Absatz 2 Buchstabe a beruht, das Bestehen eines Rechts, die Einwilligung jederzeit zu widerrufen, ohne dass die Rechtmäßigkeit der aufgrund der Einwilligung bis zum Widerruf erfolgten Verarbeitung berührt wird;

e) das Bestehen eines Beschwerderechts bei einer Aufsichtsbehörde;

f) aus welcher Quelle die personenbezogenen Daten stammen und gegebenenfalls ob sie aus öffentlich zugänglichen Quellen stammen;

g) das Bestehen einer automatisierten Entscheidungsfindung einschließlich Profiling gemäß Artikel 22 Absätze 1 und 4 und – zumindest in diesen Fällen – aussagekräftige Informationen über die involvierte Logik sowie die Tragweite und die angestrebten Auswirkungen einer derartigen Verarbeitung für die betroffene Person.

(3) Der Verantwortliche erteilt die Informationen gemäß den Absätzen 1 und 2

a) unter Berücksichtigung der spezifischen Umstände der Verarbeitung der personenbezogenen Daten innerhalb einer angemessenen Frist nach Erlangung der personenbezogenen Daten, längstens jedoch innerhalb eines Monats,

b) falls die personenbezogenen Daten zur Kommunikation mit der betroffenen Person verwendet werden sollen, spätestens zum Zeitpunkt der ersten Mitteilung an sie, oder,

c) falls die Offenlegung an einen anderen Empfänger beabsichtigt ist, spätestens zum Zeitpunkt der ersten Offenlegung.

(4) Beabsichtigt der Verantwortliche, die personenbezogenen Daten für einen anderen Zweck weiterzuverarbeiten als den, für den die personenbezogenen Daten erlangt wurden, so stellt er der betroffenen Person vor dieser Weiterverarbeitung Informationen über diesen anderen Zweck und alle anderen maßgeblichen Informationen gemäß Absatz 2 zur Verfügung.

(5) Die Absätze 1 bis 4 finden keine Anwendung, wenn und soweit

a) die betroffene Person bereits über die Informationen verfügt,

b) die Erteilung dieser Informationen sich als unmöglich erweist oder einen unverhältnismäßigen Aufwand erfordern würde; dies gilt insbesondere für die Verarbeitung für im öffentlichen Interesse liegende Archivzwecke, für wissenschaftliche oder historische Forschungszwecke oder für statistische Zwecke vorbehaltlich der in Artikel 89 Absatz 1 genannten Bedingungen und Garantien oder soweit die in Absatz 1 des vorliegenden Artikels genannte Pflicht voraussichtlich die Verwirklichung der Ziele dieser Verarbeitung unmöglich macht oder ernsthaft beeinträchtigt. In diesen Fällen ergreift der Verantwortliche geeignete Maßnahmen zum Schutz der Rechte und Freiheiten sowie der berechtigten Interessen der betroffenen Person, einschließlich der Bereitstellung dieser Informationen für die Öffentlichkeit,

c) die Erlangung oder Offenlegung durch Rechtsvorschriften der Union oder der Mitgliedstaaten, denen der Verantwortliche unterliegt und die geeignete Maßnahmen zum Schutz der berechtigten Interessen der betroffenen Person vorsehen, ausdrücklich geregelt ist oder

d) die personenbezogenen Daten gemäß dem Unionsrecht oder dem Recht der Mitgliedstaaten dem Berufsgeheimnis, einschließlich einer satzungsmäßigen Geheimhaltungspflicht, unterliegen und daher vertraulich behandelt werden müssen.

Art. 15 Auskunftsrecht der betroffenen Person. (1) Die betroffene Person hat das Recht, von dem Verantwortlichen eine Bestätigung darüber zu verlangen, ob sie betreffende personenbezogene Daten verarbeitet werden; ist dies der Fall, so hat sie ein Recht auf Auskunft über diese personenbezogenen Daten und auf folgende Informationen:

a) die Verarbeitungszwecke;

b) die Kategorien personenbezogener Daten, die verarbeitet werden;

c) die Empfänger oder Kategorien von Empfängern, gegenüber denen die personenbezogenen Daten offengelegt worden sind oder noch offengelegt werden, insbesondere bei Empfängern in Drittländern oder bei internationalen Organisationen;

d) falls möglich die geplante Dauer, für die die personenbezogenen Daten gespeichert werden, oder, falls dies nicht möglich ist, die Kriterien für die Festlegung dieser Dauer;

e) das Bestehen eines Rechts auf Berichtigung oder Löschung der sie betreffenden personenbezogenen Daten oder auf Einschränkung der Verarbeitung durch den Verantwortlichen oder eines Widerspruchsrechts gegen diese Verarbeitung;

f) das Bestehen eines Beschwerderechts bei einer Aufsichtsbehörde;

g) wenn die personenbezogenen Daten nicht bei der betroffenen Person erhoben werden, alle verfügbaren Informationen über die Herkunft der Daten;

h) das Bestehen einer automatisierten Entscheidungsfindung einschließlich Profiling gemäß Artikel 22 Absätze 1 und 4 und – zumindest in diesen Fällen – aussagekräftige Informationen über die involvierte Logik sowie die Tragweite und die angestrebten Auswirkungen einer derartigen Verarbeitung für die betroffene Person.

(2) Werden personenbezogene Daten an ein Drittland oder an eine internationale Organisation übermittelt, so hat die betroffene Person das Recht, über die geeigneten Garantien gemäß Artikel 46 im Zusammenhang mit der Übermittlung unterrichtet zu werden.

(3) [1]Der Verantwortliche stellt eine Kopie der personenbezogenen Daten, die Gegenstand der Verarbeitung sind, zur Verfügung. [2]Für alle weiteren Kopien, die die betroffene Person beantragt, kann der Verantwortliche ein angemessenes Entgelt auf der Grundlage der Verwaltungskosten verlangen. [3]Stellt die betroffene Person den Antrag elektronisch, so sind die Informationen in einem gängigen elektronischen Format zur Verfügung zu stellen, sofern sie nichts anderes angibt.

(4) Das Recht auf Erhalt einer Kopie gemäß Absatz 3 darf die Rechte und Freiheiten anderer Personen nicht beeinträchtigen.

Abschnitt 3. Berichtigung und Löschung

Art. 16 Recht auf Berichtigung. [1]Die betroffene Person hat das Recht, von dem Verantwortlichen unverzüglich die Berichtigung sie betreffender unrichtiger personenbezogener Daten zu verlangen. [2]Unter Berücksichtigung der Zwecke der Verarbeitung hat die betroffene Person das Recht, die Vervollständigung unvollständiger personenbezogener Daten – auch mittels einer ergänzenden Erklärung – zu verlangen.

Art. 17 Recht auf Löschung („Recht auf Vergessenwerden")

(1) Die betroffene Person hat das Recht, von dem Verantwortlichen zu verlangen, dass sie betreffende personenbezogene Daten unverzüglich gelöscht werden, und der Verantwortliche ist verpflichtet, personenbezogene Daten unverzüglich zu löschen, sofern einer der folgenden Gründe zutrifft:

a) Die personenbezogenen Daten sind für die Zwecke, für die sie erhoben oder auf sonstige Weise verarbeitet wurden, nicht mehr notwendig.

b) Die betroffene Person widerruft ihre Einwilligung, auf die sich die Verarbeitung gemäß Artikel 6 Absatz 1 Buchstabe a oder Artikel 9 Absatz 2 Buchstabe a stützte, und es fehlt an einer anderweitigen Rechtsgrundlage für die Verarbeitung.

c) Die betroffene Person legt gemäß Artikel 21 Absatz 1 Widerspruch gegen die Verarbeitung ein und es liegen keine vorrangigen berechtigten Gründe für die Verarbeitung vor, oder die betroffene Person legt gemäß Artikel 21 Absatz 2 Widerspruch gegen die Verarbeitung ein.

d) Die personenbezogenen Daten wurden unrechtmäßig verarbeitet.

e) Die Löschung der personenbezogenen Daten ist zur Erfüllung einer rechtlichen Verpflichtung nach dem Unionsrecht oder dem Recht der Mitgliedstaaten erforderlich, dem der Verantwortliche unterliegt.

f) Die personenbezogenen Daten wurden in Bezug auf angebotene Dienste der Informationsgesellschaft gemäß Artikel 8 Absatz 1 erhoben.

(2) Hat der Verantwortliche die personenbezogenen Daten öffentlich gemacht und ist er gemäß Absatz 1 zu deren Löschung verpflichtet, so trifft er unter Berücksichtigung der verfügbaren Technologie und der Implementierungskosten angemessene Maßnahmen, auch technischer Art, um für die Datenverarbeitung Verantwortliche, die die personenbezogenen Daten verarbeiten, darüber zu informieren, dass eine betroffene Person von ihnen die Löschung aller Links zu diesen personenbezogenen Daten oder von Kopien oder Replikationen dieser personenbezogenen Daten verlangt hat.

(3) Die Absätze 1 und 2 gelten nicht, soweit die Verarbeitung erforderlich ist

a) zur Ausübung des Rechts auf freie Meinungsäußerung und Information;

b) zur Erfüllung einer rechtlichen Verpflichtung, die die Verarbeitung nach dem Recht der Union oder der Mitgliedstaaten, dem der Verantwortliche unterliegt, erfordert, oder zur Wahrnehmung einer Aufgabe, die im öffentlichen Interesse liegt oder in Ausübung öffentlicher Gewalt erfolgt, die dem Verantwortlichen übertragen wurde;

c) aus Gründen des öffentlichen Interesses im Bereich der öffentlichen Gesundheit gemäß Artikel 9 Absatz 2 Buchstaben h und i sowie Artikel 9 Absatz 3;

d) für im öffentlichen Interesse liegende Archivzwecke, wissenschaftliche oder historische Forschungszwecke oder für statistische Zwecke gemäß Artikel 89 Absatz 1, soweit das in Absatz 1 genannte Recht voraussichtlich die Verwirklichung der Ziele dieser Verarbeitung unmöglich macht oder ernsthaft beeinträchtigt, oder
e) zur Geltendmachung, Ausübung oder Verteidigung von Rechtsansprüchen.

Art. 18 Recht auf Einschränkung der Verarbeitung. (1) Die betroffene Person hat das Recht, von dem Verantwortlichen die Einschränkung der Verarbeitung zu verlangen, wenn eine der folgenden Voraussetzungen gegeben ist:
a) die Richtigkeit der personenbezogenen Daten von der betroffenen Person bestritten wird, und zwar für eine Dauer, die es dem Verantwortlichen ermöglicht, die Richtigkeit der personenbezogenen Daten zu überprüfen,
b) die Verarbeitung unrechtmäßig ist und die betroffene Person die Löschung der personenbezogenen Daten ablehnt und stattdessen die Einschränkung der Nutzung der personenbezogenen Daten verlangt;[1)]
c) der Verantwortliche die personenbezogenen Daten für die Zwecke der Verarbeitung nicht länger benötigt, die betroffene Person sie jedoch zur Geltendmachung, Ausübung oder Verteidigung von Rechtsansprüchen benötigt, oder
d) die betroffene Person Widerspruch gegen die Verarbeitung gemäß Artikel 21 Absatz 1 eingelegt hat, solange noch nicht feststeht, ob die berechtigten Gründe des Verantwortlichen gegenüber denen der betroffenen Person überwiegen.

(2) Wurde die Verarbeitung gemäß Absatz 1 eingeschränkt, so dürfen diese personenbezogenen Daten – von ihrer Speicherung abgesehen – nur mit Einwilligung der betroffenen Person oder zur Geltendmachung, Ausübung oder Verteidigung von Rechtsansprüchen oder zum Schutz der Rechte einer anderen natürlichen oder juristischen Person oder aus Gründen eines wichtigen öffentlichen Interesses der Union oder eines Mitgliedstaats verarbeitet werden.

(3) Eine betroffene Person, die eine Einschränkung der Verarbeitung gemäß Absatz 1 erwirkt hat, wird von dem Verantwortlichen unterrichtet, bevor die Einschränkung aufgehoben wird.

Art. 19 Mitteilungspflicht im Zusammenhang mit der Berichtigung oder Löschung personenbezogener Daten oder der Einschränkung der Verarbeitung. [1]Der Verantwortliche teilt allen Empfängern, denen personenbezogenen Daten offengelegt wurden, jede Berichtigung oder Löschung der personenbezogenen Daten oder eine Einschränkung der Verarbeitung nach Artikel 16, Artikel 17 Absatz 1 und Artikel 18 mit, es sei denn, dies erweist sich als unmöglich oder ist mit einem unverhältnismäßigen Aufwand verbunden. [2]Der Verantwortliche unterrichtet die betroffene Person über diese Empfänger, wenn die betroffene Person dies verlangt.

[1)] Zeichensetzung amtlich.

Art. 20 Recht auf Datenübertragbarkeit. (1) Die betroffene Person hat das Recht, die sie betreffenden personenbezogenen Daten, die sie einem Verantwortlichen bereitgestellt hat, in einem strukturierten, gängigen und maschinenlesbaren Format zu erhalten, und sie hat das Recht, diese Daten einem anderen Verantwortlichen ohne Behinderung durch den Verantwortlichen, dem die personenbezogenen Daten bereitgestellt wurden, zu übermitteln, sofern

a) die Verarbeitung auf einer Einwilligung gemäß Artikel 6 Absatz 1 Buchstabe a oder Artikel 9 Absatz 2 Buchstabe a oder auf einem Vertrag gemäß Artikel 6 Absatz 1 Buchstabe b beruht und
b) die Verarbeitung mithilfe automatisierter Verfahren erfolgt.

(2) Bei der Ausübung ihres Rechts auf Datenübertragbarkeit gemäß Absatz 1 hat die betroffene Person das Recht, zu erwirken, dass die personenbezogenen Daten direkt von einem Verantwortlichen einem anderen Verantwortlichen übermittelt werden, soweit dies technisch machbar ist.

(3) [1] Die Ausübung des Rechts nach Absatz 1 des vorliegenden Artikels lässt Artikel 17 unberührt. [2] Dieses Recht gilt nicht für eine Verarbeitung, die für die Wahrnehmung einer Aufgabe erforderlich ist, die im öffentlichen Interesse liegt oder in Ausübung öffentlicher Gewalt erfolgt, die dem Verantwortlichen übertragen wurde.

(4) Das Recht gemäß Absatz 1 darf die Rechte und Freiheiten anderer Personen nicht beeinträchtigen.

Abschnitt 4. Widerspruchsrecht und automatisierte Entscheidungsfindung im Einzelfall

Art. 21 Widerspruchsrecht. (1) [1] Die betroffene Person hat das Recht, aus Gründen, die sich aus ihrer besonderen Situation ergeben, jederzeit gegen die Verarbeitung sie betreffender personenbezogener Daten, die aufgrund von Artikel 6 Absatz 1 Buchstaben e oder f erfolgt, Widerspruch einzulegen; dies gilt auch für ein auf diese Bestimmungen gestütztes Profiling. [2] Der Verantwortliche verarbeitet die personenbezogenen Daten nicht mehr, es sei denn, er kann zwingende schutzwürdige Gründe für die Verarbeitung nachweisen, die die Interessen, Rechte und Freiheiten der betroffenen Person überwiegen, oder die Verarbeitung dient der Geltendmachung, Ausübung oder Verteidigung von Rechtsansprüchen.

(2) Werden personenbezogene Daten verarbeitet, um Direktwerbung zu betreiben, so hat die betroffene Person das Recht, jederzeit Widerspruch gegen die Verarbeitung sie betreffender personenbezogener Daten zum Zwecke derartiger Werbung einzulegen; dies gilt auch für das Profiling, soweit es mit solcher Direktwerbung in Verbindung steht.

(3) Widerspricht die betroffene Person der Verarbeitung für Zwecke der Direktwerbung, so werden die personenbezogenen Daten nicht mehr für diese Zwecke verarbeitet.

(4) Die betroffene Person muss spätestens zum Zeitpunkt der ersten Kommunikation mit ihr ausdrücklich auf das in den Absätzen 1 und 2 genannte Recht hingewiesen werden; dieser Hinweis hat in einer verständlichen und von anderen Informationen getrennten Form zu erfolgen.

(5) Im Zusammenhang mit der Nutzung von Diensten der Informationsgesellschaft kann die betroffene Person ungeachtet der Richtlinie 2002/58/EG[1] ihr Widerspruchsrecht mittels automatisierter Verfahren ausüben, bei denen technische Spezifikationen verwendet werden.

(6) Die betroffene Person hat das Recht, aus Gründen, die sich aus ihrer besonderen Situation ergeben, gegen die sie betreffende Verarbeitung sie betreffender personenbezogener Daten, die zu wissenschaftlichen oder historischen Forschungszwecken oder zu statistischen Zwecken gemäß Artikel 89 Absatz 1 erfolgt, Widerspruch einzulegen, es sei denn, die Verarbeitung ist zur Erfüllung einer im öffentlichen Interesse liegenden Aufgabe erforderlich.

Art. 22 Automatisierte Entscheidungen im Einzelfall einschließlich Profiling. (1) Die betroffene Person hat das Recht, nicht einer ausschließlich auf einer automatisierten Verarbeitung – einschließlich Profiling – beruhenden Entscheidung unterworfen zu werden, die ihr gegenüber rechtliche Wirkung entfaltet oder sie in ähnlicher Weise erheblich beeinträchtigt.

(2) Absatz 1 gilt nicht, wenn die Entscheidung

a) für den Abschluss oder die Erfüllung eines Vertrags zwischen der betroffenen Person und dem Verantwortlichen erforderlich ist,

b) aufgrund von Rechtsvorschriften der Union oder der Mitgliedstaaten, denen der Verantwortliche unterliegt, zulässig ist und diese Rechtsvorschriften angemessene Maßnahmen zur Wahrung der Rechte und Freiheiten sowie der berechtigten Interessen der betroffenen Person enthalten oder

c) mit ausdrücklicher Einwilligung der betroffenen Person erfolgt.

(3) In den in Absatz 2 Buchstaben a und c genannten Fällen trifft der Verantwortliche angemessene Maßnahmen, um die Rechte und Freiheiten sowie die berechtigten Interessen der betroffenen Person zu wahren, wozu mindestens das Recht auf Erwirkung des Eingreifens einer Person seitens des Verantwortlichen, auf Darlegung des eigenen Standpunkts und auf Anfechtung der Entscheidung gehört.

(4) Entscheidungen nach Absatz 2 dürfen nicht auf besonderen Kategorien personenbezogener Daten nach Artikel 9 Absatz 1 beruhen, sofern nicht Artikel 9 Absatz 2 Buchstabe a oder g gilt und angemessene Maßnahmen zum Schutz der Rechte und Freiheiten sowie der berechtigten Interessen der betroffenen Person getroffen wurden.

Abschnitt 5. Beschränkungen

Art. 23 Beschränkungen. (1) Durch Rechtsvorschriften der Union oder der Mitgliedstaaten, denen der Verantwortliche oder der Auftragsverarbeiter unterliegt, können die Pflichten und Rechte gemäß den Artikeln 12 bis 22 und Artikel 34 sowie Artikel 5, insofern dessen Bestimmungen den in den Artikeln 12 bis 22 vorgesehenen Rechten und Pflichten entsprechen, im Wege von Gesetzgebungsmaßnahmen beschränkt werden, sofern eine solche Beschränkung den Wesensgehalt der Grundrechte und Grundfreiheiten achtet und in

---

[1] Nr. **57**.

einer demokratischen Gesellschaft eine notwendige und verhältnismäßige Maßnahme darstellt, die Folgendes sicherstellt:

a) die nationale Sicherheit;

b) die Landesverteidigung;

c) die öffentliche Sicherheit;

d) die Verhütung, Ermittlung, Aufdeckung oder Verfolgung von Straftaten oder die Strafvollstreckung, einschließlich des Schutzes vor und der Abwehr von Gefahren für die öffentliche Sicherheit;

e) den Schutz sonstiger wichtiger Ziele des allgemeinen öffentlichen Interesses der Union oder eines Mitgliedstaats, insbesondere eines wichtigen wirtschaftlichen oder finanziellen Interesses der Union oder eines Mitgliedstaats, etwa im Währungs-, Haushalts- und Steuerbereich sowie im Bereich der öffentlichen Gesundheit und der sozialen Sicherheit;

f) den Schutz der Unabhängigkeit der Justiz und den Schutz von Gerichtsverfahren;

g) die Verhütung, Aufdeckung, Ermittlung und Verfolgung von Verstößen gegen die berufsständischen Regeln reglementierter Berufe;

h) Kontroll-, Überwachungs- und Ordnungsfunktionen, die dauernd oder zeitweise mit der Ausübung öffentlicher Gewalt für die unter den Buchstaben a bis e und g genannten Zwecke verbunden sind;

i) den Schutz der betroffenen Person oder der Rechte und Freiheiten anderer Personen;

j) die Durchsetzung zivilrechtlicher Ansprüche.

(2) Jede Gesetzgebungsmaßnahme im Sinne des Absatzes 1 muss insbesondere gegebenenfalls spezifische Vorschriften enthalten zumindest in Bezug auf

a) die Zwecke der Verarbeitung oder die Verarbeitungskategorien,

b) die Kategorien personenbezogener Daten,

c) den Umfang der vorgenommenen Beschränkungen,

d) die Garantien gegen Missbrauch oder unrechtmäßigen Zugang oder unrechtmäßige Übermittlung;

e) die Angaben zu dem Verantwortlichen oder den Kategorien von Verantwortlichen,

f) die jeweiligen Speicherfristen sowie die geltenden Garantien unter Berücksichtigung von Art, Umfang und Zwecken der Verarbeitung oder der Verarbeitungskategorien,

g) die Risiken für die Rechte und Freiheiten der betroffenen Personen und

h) das Recht der betroffenen Personen auf Unterrichtung über die Beschränkung, sofern dies nicht dem Zweck der Beschränkung abträglich ist.

Kapitel IV. Verantwortlicher und Auftragsverarbeiter

Abschnitt 1. Allgemeine Pflichten

Art. 24 Verantwortung des für die Verarbeitung Verantwortlichen.

(1) [1] Der Verantwortliche setzt unter Berücksichtigung der Art, des Umfangs, der Umstände und der Zwecke der Verarbeitung sowie der unterschiedlichen Eintrittswahrscheinlichkeit und Schwere der Risiken für die Rechte und Freiheiten natürlicher Personen geeignete technische und organisatorische Maßnahmen um, um sicherzustellen und den Nachweis dafür erbringen zu können, dass die Verarbeitung gemäß dieser Verordnung erfolgt. [2] Diese Maßnahmen werden erforderlichenfalls überprüft und aktualisiert.

(2) Sofern dies in einem angemessenen Verhältnis zu den Verarbeitungstätigkeiten steht, müssen die Maßnahmen gemäß Absatz 1 die Anwendung geeigneter Datenschutzvorkehrungen durch den Verantwortlichen umfassen.

(3) Die Einhaltung der genehmigten Verhaltensregeln gemäß Artikel 40 oder eines genehmigten Zertifizierungsverfahrens gemäß Artikel 42 kann als Gesichtspunkt herangezogen werden, um die Erfüllung der Pflichten des Verantwortlichen nachzuweisen.

Art. 25 Datenschutz durch Technikgestaltung und durch datenschutzfreundliche Voreinstellungen. (1) Unter Berücksichtigung des Stands der Technik, der Implementierungskosten und der Art, des Umfangs, der Umstände und der Zwecke der Verarbeitung sowie der unterschiedlichen Eintrittswahrscheinlichkeit und Schwere der mit der Verarbeitung verbundenen Risiken für die Rechte und Freiheiten natürlicher Personen trifft der Verantwortliche sowohl zum Zeitpunkt der Festlegung der Mittel für die Verarbeitung als auch zum Zeitpunkt der eigentlichen Verarbeitung geeignete technische und organisatorische Maßnahmen – wie z.B. Pseudonymisierung –, die dafür ausgelegt sind, die Datenschutzgrundsätze wie etwa Datenminimierung wirksam umzusetzen und die notwendigen Garantien in die Verarbeitung aufzunehmen, um den Anforderungen dieser Verordnung zu genügen und die Rechte der betroffenen Personen zu schützen.

(2) [1] Der Verantwortliche trifft geeignete technische und organisatorische Maßnahmen, die sicherstellen, dass durch Voreinstellung nur personenbezogene Daten, deren Verarbeitung für den jeweiligen bestimmten Verarbeitungszweck erforderlich ist, verarbeitet werden. [2] Diese Verpflichtung gilt für die Menge der erhobenen personenbezogenen Daten, den Umfang ihrer Verarbeitung, ihre Speicherfrist und ihre Zugänglichkeit. [3] Solche Maßnahmen müssen insbesondere sicherstellen, dass personenbezogene Daten durch Voreinstellungen nicht ohne Eingreifen der Person einer unbestimmten Zahl von natürlichen Personen zugänglich gemacht werden.

(3) Ein genehmigtes Zertifizierungsverfahren gemäß Artikel 42 kann als Faktor herangezogen werden, um die Erfüllung der in den Absätzen 1 und 2 des vorliegenden Artikels genannten Anforderungen nachzuweisen.

Art. 26 Gemeinsam Verantwortliche. (1) [1] Legen zwei oder mehr Verantwortliche gemeinsam die Zwecke der und die Mittel zur Verarbeitung fest, so sind sie gemeinsam Verantwortliche. [2] Sie legen in einer Vereinbarung in transparenter Form fest, wer von ihnen welche Verpflichtung gemäß dieser Verordnung erfüllt, insbesondere was die Wahrnehmung der Rechte der betroffenen Person angeht, und wer welchen Informationspflichten gemäß den Artikeln 13 und 14 nachkommt, sofern und soweit die jeweiligen Aufgaben der Verantwortlichen nicht durch Rechtsvorschriften der Union oder der Mitgliedstaaten, denen die Verantwortlichen unterliegen, festgelegt sind. [3]In der Vereinbarung kann eine Anlaufstelle für die betroffenen Personen angegeben werden.

(2) [1]Die Vereinbarung gemäß Absatz 1 muss die jeweiligen tatsächlichen Funktionen und Beziehungen der gemeinsam Verantwortlichen gegenüber betroffenen Personen gebührend widerspiegeln. [2]Das wesentliche der Vereinbarung wird der betroffenen Person zur Verfügung gestellt.

(3) Ungeachtet der Einzelheiten der Vereinbarung gemäß Absatz 1 kann die betroffene Person ihre Rechte im Rahmen dieser Verordnung bei und gegenüber jedem einzelnen der Verantwortlichen geltend machen.

Art. 27 Vertreter von nicht in der Union niedergelassenen Verantwortlichen oder Auftragsverarbeitern. (1) In den Fällen gemäß Artikel 3 Absatz 2 benennt der Verantwortliche oder der Auftragsverarbeiter schriftlich einen Vertreter in der Union.

(2) Die Pflicht gemäß Absatz 1 des vorliegenden Artikels gilt nicht für

a) eine Verarbeitung, die gelegentlich erfolgt, nicht die umfangreiche Verarbeitung besonderer Datenkategorien im Sinne des Artikels 9 Absatz 1 oder die umfangreiche Verarbeitung von personenbezogenen Daten über strafrechtliche Verurteilungen und Straftaten im Sinne des Artikels 10 einschließt und unter Berücksichtigung der Art, der Umstände, des Umfangs und der Zwecke der Verarbeitung voraussichtlich nicht zu einem Risiko für die Rechte und Freiheiten natürlicher Personen führt, oder

b) Behörden oder öffentliche Stellen.

(3) Der Vertreter muss in einem der Mitgliedstaaten niedergelassen sein, in denen die betroffenen Personen, deren personenbezogene Daten im Zusammenhang mit den ihnen angebotenen Waren oder Dienstleistungen verarbeitet werden oder deren Verhalten beobachtet wird, sich befinden.

(4) Der Vertreter wird durch den Verantwortlichen oder den Auftragsverarbeiter beauftragt, zusätzlich zu diesem oder an seiner Stelle insbesondere für Aufsichtsbehörden und betroffene Personen bei sämtlichen Fragen im Zusammenhang mit der Verarbeitung zur Gewährleistung der Einhaltung dieser Verordnung als Anlaufstelle zu dienen.

(5) Die Benennung eines Vertreters durch den Verantwortlichen oder den Auftragsverarbeiter erfolgt unbeschadet etwaiger rechtlicher Schritte gegen den Verantwortlichen oder den Auftragsverarbeiter selbst.

Art. 28 Auftragsverarbeiter. (1) Erfolgt eine Verarbeitung im Auftrag eines Verantwortlichen, so arbeitet dieser nur mit Auftragsverarbeitern, die hinreichend Garantien dafür bieten, dass geeignete technische und organisatorische Maßnahmen so durchgeführt werden, dass die Verarbeitung im Einklang mit den Anforderungen dieser Verordnung erfolgt und den Schutz der Rechte der betroffenen Person gewährleistet.

(2) [1] Der Auftragsverarbeiter nimmt keinen weiteren Auftragsverarbeiter ohne vorherige gesonderte oder allgemeine schriftliche Genehmigung des Verantwortlichen in Anspruch. [2] Im Fall einer allgemeinen schriftlichen Genehmigung informiert der Auftragsverarbeiter den Verantwortlichen immer über jede beabsichtigte Änderung in Bezug auf die Hinzuziehung oder die Ersetzung anderer Auftragsverarbeiter, wodurch der Verantwortliche die Möglichkeit erhält, gegen derartige Änderungen Einspruch zu erheben.

(3) *[1]* [1] Die Verarbeitung durch einen Auftragsverarbeiter erfolgt auf der Grundlage eines Vertrags oder eines anderen Rechtsinstruments nach dem Unionsrecht oder dem Recht der Mitgliedstaaten, der bzw. das den Auftragsverarbeiter in Bezug auf den Verantwortlichen bindet und in dem Gegenstand und Dauer der Verarbeitung, Art und Zweck der Verarbeitung, die Art der personenbezogenen Daten, die Kategorien betroffener Personen und die Pflichten und Rechte des Verantwortlichen festgelegt sind. [2] Dieser Vertrag bzw. dieses andere Rechtsinstrument sieht insbesondere vor, dass der Auftragsverarbeiter

a) die personenbezogenen Daten nur auf dokumentierte Weisung des Verantwortlichen – auch in Bezug auf die Übermittlung personenbezogener Daten an ein Drittland oder eine internationale Organisation – verarbeitet, sofern er nicht durch das Recht der Union oder der Mitgliedstaaten, dem der Auftragsverarbeiter unterliegt, hierzu verpflichtet ist; in einem solchen Fall teilt der Auftragsverarbeiter dem Verantwortlichen diese rechtlichen Anforderungen vor der Verarbeitung mit, sofern das betreffende Recht eine solche Mitteilung nicht wegen eines wichtigen öffentlichen Interesses verbietet;

b) gewährleistet, dass sich die zur Verarbeitung der personenbezogenen Daten befugten Personen zur Vertraulichkeit verpflichtet haben oder einer angemessenen gesetzlichen Verschwiegenheitspflicht unterliegen;

c) alle gemäß Artikel 32 erforderlichen Maßnahmen ergreift;

d) die in den Absätzen 2 und 4 genannten Bedingungen für die Inanspruchnahme der Dienste eines weiteren Auftragsverarbeiters einhält;

e) angesichts der Art der Verarbeitung den Verantwortlichen nach Möglichkeit mit geeigneten technischen und organisatorischen Maßnahmen dabei unterstützt, seiner Pflicht zur Beantwortung von Anträgen auf Wahrnehmung der in Kapitel III genannten Rechte der betroffenen Person nachzukommen;

f) unter Berücksichtigung der Art der Verarbeitung und der ihm zur Verfügung stehenden Informationen den Verantwortlichen bei der Einhaltung der in den Artikeln 32 bis 36 genannten Pflichten unterstützt;

g) nach Abschluss der Erbringung der Verarbeitungsleistungen alle personenbezogenen Daten nach Wahl des Verantwortlichen entweder löscht oder zurückgibt und die vorhandenen Kopien löscht, sofern nicht nach dem Unionsrecht oder dem Recht der Mitgliedstaaten eine Verpflichtung zur Speicherung der personenbezogenen Daten besteht;

h) dem Verantwortlichen alle erforderlichen Informationen zum Nachweis der Einhaltung der in diesem Artikel niedergelegten Pflichten zur Verfügung stellt und Überprüfungen – einschließlich Inspektionen –, die vom Verantwortlichen oder einem anderen von diesem beauftragten Prüfer durchgeführt werden, ermöglicht und dazu beiträgt.

[2] Mit Blick auf Unterabsatz 1 Buchstabe h informiert der Auftragsverarbeiter den Verantwortlichen unverzüglich, falls er der Auffassung ist, dass eine Weisung gegen diese Verordnung oder gegen andere Datenschutzbestimmungen der Union oder der Mitgliedstaaten verstößt.

(4) [1] Nimmt der Auftragsverarbeiter die Dienste eines weiteren Auftragsverarbeiters in Anspruch, um bestimmte Verarbeitungstätigkeiten im Namen des Verantwortlichen auszuführen, so werden diesem weiteren Auftragsverarbeiter im Wege eines Vertrags oder eines anderen Rechtsinstruments nach dem Unionsrecht oder dem Recht des betreffenden Mitgliedstaats dieselben Datenschutzpflichten auferlegt, die in dem Vertrag oder anderen Rechtsinstrument zwischen dem Verantwortlichen und dem Auftragsverarbeiter gemäß Absatz 3 festgelegt sind, wobei insbesondere hinreichende Garantien dafür geboten werden muss, dass die geeigneten technischen und organisatorischen Maßnahmen so durchgeführt werden, dass die Verarbeitung entsprechend den Anforderungen dieser Verordnung erfolgt. [2] Kommt der weitere Auftragsverarbeiter seinen Datenschutzpflichten nicht nach, so haftet der erste Auftragsverarbeiter gegenüber dem Verantwortlichen für die Einhaltung der Pflichten jenes anderen Auftragsverarbeiters.

(5) Die Einhaltung genehmigter Verhaltensregeln gemäß Artikel 40 oder eines genehmigten Zertifizierungsverfahrens gemäß Artikel 42 durch einen Auftragsverarbeiter kann als Faktor herangezogen werden, um hinreichende Garantien im Sinne der Absätze 1 und 4 des vorliegenden Artikels nachzuweisen.

(6) Unbeschadet eines individuellen Vertrags zwischen dem Verantwortlichen und dem Auftragsverarbeiter kann der Vertrag oder das andere Rechtsinstrument im Sinne der Absätze 3 und 4 des vorliegenden Artikels ganz oder teilweise auf den in den Absätzen 7 und 8 des vorliegenden Artikels genannten Standardvertragsklauseln beruhen, auch wenn diese Bestandteil einer dem Verantwortlichen oder dem Auftragsverarbeiter gemäß den Artikeln 42 und 43 erteilten Zertifizierung sind.

(7) Die Kommission kann im Einklang mit dem Prüfverfahren gemäß Artikel 93 Absatz 2 Standardvertragsklauseln zur Regelung der in den Absätzen 3 und 4 des vorliegenden Artikels genannten Fragen festlegen.

(8) Eine Aufsichtsbehörde kann im Einklang mit dem Kohärenzverfahren gemäß Artikel 63 Standardvertragsklauseln zur Regelung der in den Absätzen 3 und 4 des vorliegenden Artikels genannten Fragen festlegen.

(9) Der Vertrag oder das andere Rechtsinstrument im Sinne der Absätze 3 und 4 ist schriftlich abzufassen, was auch in einem elektronischen Format erfolgen kann.

(10) Unbeschadet der Artikel 82, 83 und 84 gilt ein Auftragsverarbeiter, der unter Verstoß gegen diese Verordnung die Zwecke und Mittel der Verarbeitung bestimmt, in Bezug auf diese Verarbeitung als Verantwortlicher.

Art. 29 Verarbeitung unter der Aufsicht des Verantwortlichen oder des Auftragsverarbeiters. Der Auftragsverarbeiter und jede dem Verantwortlichen oder dem Auftragsverarbeiter unterstellte Person, die Zugang zu personenbezogenen Daten hat, dürfen diese Daten ausschließlich auf Weisung des Verantwortlichen verarbeiten, es sei denn, dass sie nach dem Unionsrecht oder dem Recht der Mitgliedstaaten zur Verarbeitung verpflichtet sind.

Art. 30 Verzeichnis von Verarbeitungstätigkeiten. (1) [1]Jeder Verantwortliche und gegebenenfalls sein Vertreter führen ein Verzeichnis aller Verarbeitungstätigkeiten, die ihrer Zuständigkeit unterliegen. [2]Dieses Verzeichnis enthält sämtliche folgenden Angaben:

a) den Namen und die Kontaktdaten des Verantwortlichen und gegebenenfalls des gemeinsam mit ihm Verantwortlichen, des Vertreters des Verantwortlichen sowie eines etwaigen Datenschutzbeauftragten;
b) die Zwecke der Verarbeitung;
c) eine Beschreibung der Kategorien betroffener Personen und der Kategorien personenbezogener Daten;
d) die Kategorien von Empfängern, gegenüber denen die personenbezogenen Daten offengelegt worden sind oder noch offengelegt werden, einschließlich Empfänger in Drittländern oder internationalen Organisationen;
e) gegebenenfalls Übermittlungen von personenbezogenen Daten an ein Drittland oder an eine internationale Organisation, einschließlich der Angabe des betreffenden Drittlands oder der betreffenden internationalen Organisation, sowie bei den in Artikel 49 Absatz 1 Unterabsatz 2 genannten Datenübermittlungen die Dokumentierung geeigneter Garantien;
f) wenn möglich, die vorgesehenen Fristen für die Löschung der verschiedenen Datenkategorien;
g) wenn möglich, eine allgemeine Beschreibung der technischen und organisatorischen Maßnahmen gemäß Artikel 32 Absatz 1.

(2) Jeder Auftragsverarbeiter und gegebenenfalls sein Vertreter führen ein Verzeichnis zu allen Kategorien von im Auftrag eines Verantwortlichen durchgeführten Tätigkeiten der Verarbeitung, die Folgendes enthält:

a) den Namen und die Kontaktdaten des Auftragsverarbeiters oder der Auftragsverarbeiter und jedes Verantwortlichen, in dessen Auftrag der Auftragsverarbeiter tätig ist, sowie gegebenenfalls des Vertreters des Verantwortlichen oder des Auftragsverarbeiters und eines etwaigen Datenschutzbeauftragten;
b) die Kategorien von Verarbeitungen, die im Auftrag jedes Verantwortlichen durchgeführt werden;
c) gegebenenfalls Übermittlungen von personenbezogenen Daten an ein Drittland oder an eine internationale Organisation, einschließlich der Angabe des betreffenden Drittlands oder der betreffenden internationalen Organisation, sowie bei den in Artikel 49 Absatz 1 Unterabsatz 2 genannten Datenübermittlungen die Dokumentierung geeigneter Garantien;
d) wenn möglich, eine allgemeine Beschreibung der technischen und organisatorischen Maßnahmen gemäß Artikel 32 Absatz 1.

(3) Das in den Absätzen 1 und 2 genannte Verzeichnis ist schriftlich zu führen, was auch in einem elektronischen Format erfolgen kann.

(4) Der Verantwortliche oder der Auftragsverarbeiter sowie gegebenenfalls der Vertreter des Verantwortlichen oder des Auftragsverarbeiters stellen der Aufsichtsbehörde das Verzeichnis auf Anfrage zur Verfügung.

(5) Die in den Absätzen 1 und 2 genannten Pflichten gelten nicht für Unternehmen oder Einrichtungen, die weniger als 250 Mitarbeiter beschäftigen, es sei denn, die von ihnen vorgenommene Verarbeitung birgt ein Risiko

für die Rechte und Freiheiten der betroffenen Personen, die Verarbeitung erfolgt nicht nur gelegentlich oder es erfolgt eine Verarbeitung besonderer Datenkategorien gemäß Artikel 9 Absatz 1 bzw. die Verarbeitung von personenbezogenen Daten über strafrechtliche Verurteilungen und Straftaten im Sinne des Artikels 10.

Art. 31 Zusammenarbeit mit der Aufsichtsbehörde. Der Verantwortliche und der Auftragsverarbeiter und gegebenenfalls deren Vertreter arbeiten auf Anfrage mit der Aufsichtsbehörde bei der Erfüllung ihrer Aufgaben zusammen.

Abschnitt 2. Sicherheit personenbezogener Daten

Art. 32 Sicherheit der Verarbeitung. (1) Unter Berücksichtigung des Stands der Technik, der Implementierungskosten und der Art, des Umfangs, der Umstände und der Zwecke der Verarbeitung sowie der unterschiedlichen Eintrittswahrscheinlichkeit und Schwere des Risikos für die Rechte und Freiheiten natürlicher Personen treffen der Verantwortliche und der Auftragsverarbeiter geeignete technische und organisatorische Maßnahmen, um ein dem Risiko angemessenes Schutzniveau zu gewährleisten; diese Maßnahmen schließen gegebenenfalls unter anderem Folgendes ein:

a) die Pseudonymisierung und Verschlüsselung personenbezogener Daten;

b) die Fähigkeit, die Vertraulichkeit, Integrität, Verfügbarkeit und Belastbarkeit der Systeme und Dienste im Zusammenhang mit der Verarbeitung auf Dauer sicherzustellen;

c) die Fähigkeit, die Verfügbarkeit der personenbezogenen Daten und den Zugang zu ihnen bei einem physischen oder technischen Zwischenfall rasch wiederherzustellen;

d) ein Verfahren zur regelmäßigen Überprüfung, Bewertung und Evaluierung der Wirksamkeit der technischen und organisatorischen Maßnahmen zur Gewährleistung der Sicherheit der Verarbeitung.

(2) Bei der Beurteilung des angemessenen Schutzniveaus sind insbesondere die Risiken zu berücksichtigen, die mit der Verarbeitung verbunden sind, insbesondere durch – ob unbeabsichtigt oder unrechtmäßig – Vernichtung, Verlust, Veränderung oder unbefugte Offenlegung von beziehungsweise unbefugten Zugang zu personenbezogenen Daten, die übermittelt, gespeichert oder auf andere Weise verarbeitet wurden.

(3) Die Einhaltung genehmigter Verhaltensregeln gemäß Artikel 40 oder eines genehmigten Zertifizierungsverfahrens gemäß Artikel 42 kann als Faktor herangezogen werden, um die Erfüllung der in Absatz 1 des vorliegenden Artikels genannten Anforderungen nachzuweisen.

(4) Der Verantwortliche und der Auftragsverarbeiter unternehmen Schritte, um sicherzustellen, dass ihnen unterstellte natürliche Personen, die Zugang zu personenbezogenen Daten haben, diese nur auf Anweisung des Verantwortlichen verarbeiten, es sei denn, sie sind nach dem Recht der Union oder der Mitgliedstaaten zur Verarbeitung verpflichtet.

Art. 33 Meldung von Verletzungen des Schutzes personenbezogener Daten an die Aufsichtsbehörde. (1) [1] Im Falle einer Verletzung des Schutzes personenbezogener Daten meldet der Verantwortliche unverzüglich und möglichst binnen 72 Stunden, nachdem ihm die Verletzung bekannt wurde, diese der gemäß Artikel 55 zuständigen Aufsichtsbehörde, es sei denn, dass die Verletzung des Schutzes personenbezogener Daten voraussichtlich nicht zu einem Risiko für die Rechte und Freiheiten natürlicher Personen führt. [2] Erfolgt die Meldung an die Aufsichtsbehörde nicht binnen 72 Stunden, so ist ihr eine Begründung für die Verzögerung beizufügen.

(2) Wenn dem Auftragsverarbeiter eine Verletzung des Schutzes personenbezogener Daten bekannt wird, meldet er diese dem Verantwortlichen unverzüglich.

(3) Die Meldung gemäß Absatz 1 enthält zumindest folgende Informationen:

a) eine Beschreibung der Art der Verletzung des Schutzes personenbezogener Daten, soweit möglich mit Angabe der Kategorien und der ungefähren Zahl der betroffenen Personen, der betroffenen Kategorien und der ungefähren Zahl der betroffenen personenbezogenen Datensätze;
b) den Namen und die Kontaktdaten des Datenschutzbeauftragten oder einer sonstigen Anlaufstelle für weitere Informationen;
c) eine Beschreibung der wahrscheinlichen Folgen der Verletzung des Schutzes personenbezogener Daten;
d) eine Beschreibung der von dem Verantwortlichen ergriffenen oder vorgeschlagenen Maßnahmen zur Behebung der Verletzung des Schutzes personenbezogener Daten und gegebenenfalls Maßnahmen zur Abmilderung ihrer möglichen nachteiligen Auswirkungen.

(4) Wenn und soweit die Informationen nicht zur gleichen Zeit bereitgestellt werden können, kann der Verantwortliche diese Informationen ohne unangemessene weitere Verzögerung schrittweise zur Verfügung stellen.

(5) [1] Der Verantwortliche dokumentiert Verletzungen des Schutzes personenbezogener Daten einschließlich aller im Zusammenhang mit der Verletzung des Schutzes personenbezogener Daten stehenden Fakten, von deren Auswirkungen und der ergriffenen Abhilfemaßnahmen. [2] Diese Dokumentation muss der Aufsichtsbehörde die Überprüfung der Einhaltung der Bestimmungen dieses Artikels ermöglichen.

Art. 34 Benachrichtigung der von einer Verletzung des Schutzes personenbezogener Daten betroffenen Person. (1) Hat die Verletzung des Schutzes personenbezogener Daten voraussichtlich ein hohes Risiko für die persönlichen Rechte und Freiheiten natürlicher Personen zur Folge, so benachrichtigt der Verantwortliche die betroffene Person unverzüglich von der Verletzung.

(2) Die in Absatz 1 genannte Benachrichtigung der betroffenen Person beschreibt in klarer und einfacher Sprache die Art der Verletzung des Schutzes personenbezogener Daten und enthält zumindest die in Artikel 33 Absatz 3 Buchstaben b, c und d genannten Informationen und Maßnahmen.

(3) Die Benachrichtigung der betroffenen Person gemäß Absatz 1 ist nicht erforderlich, wenn eine der folgenden Bedingungen erfüllt ist:

a) der Verantwortliche geeignete technische und organisatorische Sicherheitsvorkehrungen getroffen hat und diese Vorkehrungen auf die von der Verletzung betroffenen personenbezogenen Daten angewandt wurden, insbesondere solche, durch die die personenbezogenen Daten für alle Personen, die nicht zum Zugang zu den personenbezogenen Daten befugt sind, unzugänglich gemacht werden, etwa durch Verschlüsselung;

b) der Verantwortliche durch nachfolgende Maßnahmen sichergestellt hat, dass das hohe Risiko für die Rechte und Freiheiten der betroffenen Personen gemäß Absatz 1 aller Wahrscheinlichkeit nach nicht mehr besteht;

c) dies mit einem unverhältnismäßigen Aufwand verbunden wäre. In diesem Fall hat stattdessen eine öffentliche Bekanntmachung oder eine ähnliche Maßnahme zu erfolgen, durch die die betroffenen Personen vergleichbar wirksam informiert werden.

(4) Wenn der Verantwortliche die betroffene Person nicht bereits über die Verletzung des Schutzes personenbezogener Daten benachrichtigt hat, kann die Aufsichtsbehörde unter Berücksichtigung der Wahrscheinlichkeit, mit der die Verletzung des Schutzes personenbezogener Daten zu einem hohen Risiko führt, von dem Verantwortlichen verlangen, dies nachzuholen, oder sie kann mit einem Beschluss feststellen, dass bestimmte der in Absatz 3 genannten Voraussetzungen erfüllt sind.

Abschnitt 3. Datenschutz-Folgenabschätzung und vorherige Konsultation

Art. 35 Datenschutz-Folgenabschätzung. (1) [1]Hat eine Form der Verarbeitung, insbesondere bei Verwendung neuer Technologien, aufgrund der Art, des Umfangs, der Umstände und der Zwecke der Verarbeitung voraussichtlich ein hohes Risiko für die Rechte und Freiheiten natürlicher Personen zur Folge, so führt der Verantwortliche vorab eine Abschätzung der Folgen der vorgesehenen Verarbeitungsvorgänge für den Schutz personenbezogener Daten durch. [2]Für die Untersuchung mehrerer ähnlicher Verarbeitungsvorgänge mit ähnlich hohen Risiken kann eine einzige Abschätzung vorgenommen werden.

(2) Der Verantwortliche holt bei der Durchführung einer Datenschutz-Folgenabschätzung den Rat des Datenschutzbeauftragten, sofern ein solcher benannt wurde, ein.

(3) Eine Datenschutz-Folgenabschätzung gemäß Absatz 1 ist insbesondere in folgenden Fällen erforderlich:

a) systematische und umfassende Bewertung persönlicher Aspekte natürlicher Personen, die sich auf automatisierte Verarbeitung einschließlich Profiling gründet und die ihrerseits als Grundlage für Entscheidungen dient, die Rechtswirkung gegenüber natürlichen Personen entfalten oder diese in ähnlich erheblicher Weise beeinträchtigen;

b) umfangreiche Verarbeitung besonderer Kategorien von personenbezogenen Daten gemäß Artikel 9 Absatz 1 oder von personenbezogenen Daten über strafrechtliche Verurteilungen und Straftaten gemäß Artikel 10 oder

c) systematische umfangreiche Überwachung öffentlich zugänglicher Bereiche.

(4) [1]Die Aufsichtsbehörde erstellt eine Liste der Verarbeitungsvorgänge, für die gemäß Absatz 1 eine Datenschutz-Folgenabschätzung durchzuführen ist,

und veröffentlicht diese. [2] Die Aufsichtsbehörde übermittelt diese Listen dem in Artikel 68 genannten Ausschuss.

(5) [1] Die Aufsichtsbehörde kann des Weiteren eine Liste der Arten von Verarbeitungsvorgängen erstellen und veröffentlichen, für die keine Datenschutz-Folgenabschätzung erforderlich ist. [2] Die Aufsichtsbehörde übermittelt diese Listen dem Ausschuss.

(6) Vor Festlegung der in den Absätzen 4 und 5 genannten Listen wendet die zuständige Aufsichtsbehörde das Kohärenzverfahren gemäß Artikel 63 an, wenn solche Listen Verarbeitungstätigkeiten umfassen, die mit dem Angebot von Waren oder Dienstleistungen für betroffene Personen oder der Beobachtung des Verhaltens dieser Personen in mehreren Mitgliedstaaten im Zusammenhang stehen oder die den freien Verkehr personenbezogener Daten innerhalb der Union erheblich beeinträchtigen könnten.

(7) Die Folgenabschätzung enthält zumindest Folgendes:

a) eine systematische Beschreibung der geplanten Verarbeitungsvorgänge und der Zwecke der Verarbeitung, gegebenenfalls einschließlich der von dem Verantwortlichen verfolgten berechtigten Interessen;
b) eine Bewertung der Notwendigkeit und Verhältnismäßigkeit der Verarbeitungsvorgänge in Bezug auf den Zweck;
c) eine Bewertung der Risiken für die Rechte und Freiheiten der betroffenen Personen gemäß Absatz 1 und
d) die zur Bewältigung der Risiken geplanten Abhilfemaßnahmen, einschließlich Garantien, Sicherheitsvorkehrungen und Verfahren, durch die der Schutz personenbezogener Daten sichergestellt und der Nachweis dafür erbracht wird, dass diese Verordnung eingehalten wird, wobei den Rechten und berechtigten Interessen der betroffenen Personen und sonstiger Betroffener Rechnung getragen wird.

(8) Die Einhaltung genehmigter Verhaltensregeln gemäß Artikel 40 durch die zuständigen Verantwortlichen oder die zuständigen Auftragsverarbeiter ist bei der Beurteilung der Auswirkungen der von diesen durchgeführten Verarbeitungsvorgänge, insbesondere für die Zwecke einer Datenschutz-Folgenabschätzung, gebührend zu berücksichtigen.

(9) Der Verantwortliche holt gegebenenfalls den Standpunkt der betroffenen Personen oder ihrer Vertreter zu der beabsichtigten Verarbeitung unbeschadet des Schutzes gewerblicher oder öffentlicher Interessen oder der Sicherheit der Verarbeitungsvorgänge ein.

(10) Falls die Verarbeitung gemäß Artikel 6 Absatz 1 Buchstabe c oder e auf einer Rechtsgrundlage im Unionsrecht oder im Recht des Mitgliedstaats, dem der Verantwortliche unterliegt, beruht und falls diese Rechtsvorschriften den konkreten Verarbeitungsvorgang oder die konkreten Verarbeitungsvorgänge regeln und bereits im Rahmen der allgemeinen Folgenabschätzung im Zusammenhang mit dem Erlass dieser Rechtsgrundlage eine Datenschutz-Folgenabschätzung erfolgte, gelten die Absätze 1 bis 7 nur, wenn es nach dem Ermessen der Mitgliedstaaten erforderlich ist, vor den betreffenden Verarbeitungstätigkeiten eine solche Folgenabschätzung durchzuführen.

(11) Erforderlichenfalls führt der Verantwortliche eine Überprüfung durch, um zu bewerten, ob die Verarbeitung gemäß der Datenschutz-Folgenabschät-

zung durchgeführt wird; dies gilt zumindest, wenn hinsichtlich des mit den Verarbeitungsvorgängen verbundenen Risikos Änderungen eingetreten sind.

Art. 36 Vorherige Konsultation. (1) Der Verantwortliche konsultiert vor der Verarbeitung die Aufsichtsbehörde, wenn aus einer Datenschutz-Folgenabschätzung gemäß Artikel 35 hervorgeht, dass die Verarbeitung ein hohes Risiko zur Folge hätte, sofern der Verantwortliche keine Maßnahmen zur Eindämmung des Risikos trifft.

(2) [1] Falls die Aufsichtsbehörde der Auffassung ist, dass die geplante Verarbeitung gemäß Absatz 1 nicht im Einklang mit dieser Verordnung stünde, insbesondere weil der Verantwortliche das Risiko nicht ausreichend ermittelt oder nicht ausreichend eingedämmt hat, unterbreitet sie dem Verantwortlichen und gegebenenfalls dem Auftragsverarbeiter innerhalb eines Zeitraums von bis zu acht Wochen nach Erhalt des Ersuchens um Konsultation entsprechende schriftliche Empfehlungen und kann ihre in Artikel 58 genannten Befugnisse ausüben. [2] Diese Frist kann unter Berücksichtigung der Komplexität der geplanten Verarbeitung um sechs Wochen verlängert werden. [3] Die Aufsichtsbehörde unterrichtet den Verantwortlichen oder gegebenenfalls den Auftragsverarbeiter über eine solche Fristverlängerung innerhalb eines Monats nach Eingang des Antrags auf Konsultation zusammen mit den Gründen für die Verzögerung. [4] Diese Fristen können ausgesetzt werden, bis die Aufsichtsbehörde die für die Zwecke der Konsultation angeforderten Informationen erhalten hat.

(3) Der Verantwortliche stellt der Aufsichtsbehörde bei einer Konsultation gemäß Absatz 1 folgende Informationen zur Verfügung:

a) gegebenenfalls Angaben zu den jeweiligen Zuständigkeiten des Verantwortlichen, der gemeinsam Verantwortlichen und der an der Verarbeitung beteiligten Auftragsverarbeiter, insbesondere bei einer Verarbeitung innerhalb einer Gruppe von Unternehmen;
b) die Zwecke und die Mittel der beabsichtigten Verarbeitung;
c) die zum Schutz der Rechte und Freiheiten der betroffenen Personen gemäß dieser Verordnung vorgesehenen Maßnahmen und Garantien;
d) gegebenenfalls die Kontaktdaten des Datenschutzbeauftragten;
e) die Datenschutz-Folgenabschätzung gemäß Artikel 35 und
f) alle sonstigen von der Aufsichtsbehörde angeforderten Informationen.

(4) Die Mitgliedstaaten konsultieren die Aufsichtsbehörde bei der Ausarbeitung eines Vorschlags für von einem nationalen Parlament zu erlassende Gesetzgebungsmaßnahmen oder von auf solchen Gesetzgebungsmaßnahmen basierenden Regelungsmaßnahmen, die die Verarbeitung betreffen.

(5) Ungeachtet des Absatzes 1 können Verantwortliche durch das Recht der Mitgliedstaaten verpflichtet werden, bei der Verarbeitung zur Erfüllung einer im öffentlichen Interesse liegenden Aufgabe, einschließlich der Verarbeitung zu Zwecken der sozialen Sicherheit und der öffentlichen Gesundheit, die Aufsichtsbehörde zu konsultieren und deren vorherige Genehmigung einzuholen.

Abschnitt 4. Datenschutzbeauftragter

Art. 37 Benennung eines Datenschutzbeauftragten. (1) Der Verantwortliche und der Auftragsverarbeiter benennen auf jeden Fall einen Datenschutzbeauftragten, wenn

a) die Verarbeitung von einer Behörde oder öffentlichen Stelle durchgeführt wird, mit Ausnahme von Gerichten, soweit sie im Rahmen ihrer justiziellen Tätigkeit handeln,

b) die Kerntätigkeit des Verantwortlichen oder des Auftragsverarbeiters in der Durchführung von Verarbeitungsvorgängen besteht, welche aufgrund ihrer Art, ihres Umfangs und/oder ihrer Zwecke eine umfangreiche regelmäßige und systematische Überwachung von betroffenen Personen erforderlich machen, oder

c) die Kerntätigkeit des Verantwortlichen oder des Auftragsverarbeiters in der umfangreichen Verarbeitung besonderer Kategorien von Daten gemäß Artikel 9 oder von personenbezogenen Daten über strafrechtliche Verurteilungen und Straftaten gemäß Artikel 10 besteht.

(2) Eine Unternehmensgruppe darf einen gemeinsamen Datenschutzbeauftragten ernennen, sofern von jeder Niederlassung aus der Datenschutzbeauftragte leicht erreicht werden kann.

(3) Falls es sich bei dem Verantwortlichen oder dem Auftragsverarbeiter um eine Behörde oder öffentliche Stelle handelt, kann für mehrere solcher Behörden oder Stellen unter Berücksichtigung ihrer Organisationsstruktur und ihrer Größe ein gemeinsamer Datenschutzbeauftragter benannt werden.

(4) [1] In anderen als den in Absatz 1 genannten Fällen können der Verantwortliche oder der Auftragsverarbeiter oder Verbände und andere Vereinigungen, die Kategorien von Verantwortlichen oder Auftragsverarbeitern vertreten, einen Datenschutzbeauftragten benennen; falls dies nach dem Recht der Union oder der Mitgliedstaaten vorgeschrieben ist, müssen sie einen solchen benennen. [2] Der Datenschutzbeauftragte kann für derartige Verbände und andere Vereinigungen, die Verantwortliche oder Auftragsverarbeiter vertreten, handeln.

(5) Der Datenschutzbeauftragte wird auf der Grundlage seiner beruflichen Qualifikation und insbesondere des Fachwissens benannt, das er auf dem Gebiet des Datenschutzrechts und der Datenschutzpraxis besitzt, sowie auf der Grundlage seiner Fähigkeit zur Erfüllung der in Artikel 39 genannten Aufgaben.

(6) Der Datenschutzbeauftragte kann Beschäftigter des Verantwortlichen oder des Auftragsverarbeiters sein oder seine Aufgaben auf der Grundlage eines Dienstleistungsvertrags erfüllen.

(7) Der Verantwortliche oder der Auftragsverarbeiter veröffentlicht die Kontaktdaten des Datenschutzbeauftragten und teilt diese Daten der Aufsichtsbehörde mit.

Art. 38 Stellung des Datenschutzbeauftragten. (1) Der Verantwortliche und der Auftragsverarbeiter stellen sicher, dass der Datenschutzbeauftragte ordnungsgemäß und frühzeitig in alle mit dem Schutz personenbezogener Daten zusammenhängenden Fragen eingebunden wird.

(2) Der Verantwortliche und der Auftragsverarbeiter unterstützen den Datenschutzbeauftragten bei der Erfüllung seiner Aufgaben gemäß Artikel 39, indem sie die für die Erfüllung dieser Aufgaben erforderlichen Ressourcen und den Zugang zu personenbezogenen Daten und Verarbeitungsvorgängen sowie die zur Erhaltung seines Fachwissens erforderlichen Ressourcen zur Verfügung stellen.

(3) [1] Der Verantwortliche und der Auftragsverarbeiter stellen sicher, dass der Datenschutzbeauftragte bei der Erfüllung seiner Aufgaben keine Anweisungen bezüglich der Ausübung dieser Aufgaben erhält. [2] Der Datenschutzbeauftragte darf von dem Verantwortlichen oder dem Auftragsverarbeiter wegen der Erfüllung seiner Aufgaben nicht abberufen oder benachteiligt werden. [3] Der Datenschutzbeauftragte berichtet unmittelbar der höchsten Managementebene des Verantwortlichen oder des Auftragsverarbeiters.

(4) Betroffene Personen können den Datenschutzbeauftragten zu allen mit der Verarbeitung ihrer personenbezogenen Daten und mit der Wahrnehmung ihrer Rechte gemäß dieser Verordnung im Zusammenhang stehenden Fragen zu Rate ziehen.

(5) Der Datenschutzbeauftragte ist nach dem Recht der Union oder der Mitgliedstaaten bei der Erfüllung seiner Aufgaben an die Wahrung der Geheimhaltung oder der Vertraulichkeit gebunden.

(6) [1] Der Datenschutzbeauftragte kann andere Aufgaben und Pflichten wahrnehmen. [2] Der Verantwortliche oder der Auftragsverarbeiter stellt sicher, dass derartige Aufgaben und Pflichten nicht zu einem Interessenkonflikt führen.

Art. 39 Aufgaben des Datenschutzbeauftragten. (1) Dem Datenschutzbeauftragten obliegen zumindest folgende Aufgaben:

a) Unterrichtung und Beratung des Verantwortlichen oder des Auftragsverarbeiters und der Beschäftigten, die Verarbeitungen durchführen, hinsichtlich ihrer Pflichten nach dieser Verordnung sowie nach sonstigen Datenschutzvorschriften der Union bzw. der Mitgliedstaaten;

b) Überwachung der Einhaltung dieser Verordnung, anderer Datenschutzvorschriften der Union bzw. der Mitgliedstaaten sowie der Strategien des Verantwortlichen oder des Auftragsverarbeiters für den Schutz personenbezogener Daten einschließlich der Zuweisung von Zuständigkeiten, der Sensibilisierung und Schulung der an den Verarbeitungsvorgängen beteiligten Mitarbeiter und der diesbezüglichen Überprüfungen;

c) Beratung – auf Anfrage – im Zusammenhang mit der Datenschutz-Folgenabschätzung und Überwachung ihrer Durchführung gemäß Artikel 35;

d) Zusammenarbeit mit der Aufsichtsbehörde;

e) Tätigkeit als Anlaufstelle für die Aufsichtsbehörde in mit der Verarbeitung zusammenhängenden Fragen, einschließlich der vorherigen Konsultation gemäß Artikel 36, und gegebenenfalls Beratung zu allen sonstigen Fragen.

(2) Der Datenschutzbeauftragte trägt bei der Erfüllung seiner Aufgaben dem mit den Verarbeitungsvorgängen verbundenen Risiko gebührend Rechnung, wobei er die Art, den Umfang, die Umstände und die Zwecke der Verarbeitung berücksichtigt.

Abschnitt 5. Verhaltensregeln und Zertifizierung

Art. 40 Verhaltensregeln. (1) Die Mitgliedstaaten, die Aufsichtsbehörden, der Ausschuss und die Kommission fördern die Ausarbeitung von Verhaltensregeln, die nach Maßgabe der Besonderheiten der einzelnen Verarbeitungsbereiche und der besonderen Bedürfnisse von Kleinstunternehmen sowie kleinen und mittleren Unternehmen zur ordnungsgemäßen Anwendung dieser Verordnung beitragen sollen.

(2) Verbände und andere Vereinigungen, die Kategorien von Verantwortlichen oder Auftragsverarbeitern vertreten, können Verhaltensregeln ausarbeiten oder ändern oder erweitern, mit denen die Anwendung dieser Verordnung beispielsweise zu dem Folgenden präzisiert wird:

a) faire und transparente Verarbeitung;

b) die berechtigten Interessen des Verantwortlichen in bestimmten Zusammenhängen;

c) Erhebung personenbezogener Daten;

d) Pseudonymisierung personenbezogener Daten;

e) Unterrichtung der Öffentlichkeit und der betroffenen Personen;

f) Ausübung der Rechte betroffener Personen;

g) Unterrichtung und Schutz von Kindern und Art und Weise, in der die Einwilligung des Trägers der elterlichen Verantwortung für das Kind einzuholen ist;

h) die Maßnahmen und Verfahren gemäß den Artikeln 24 und 25 und die Maßnahmen für die Sicherheit der Verarbeitung gemäß Artikel 32;

i) die Meldung von Verletzungen des Schutzes personenbezogener Daten an Aufsichtsbehörden und die Benachrichtigung der betroffenen Person von solchen Verletzungen des Schutzes personenbezogener Daten;

j) die Übermittlung personenbezogener Daten an Drittländer oder an internationale Organisationen oder

k) außergerichtliche Verfahren und sonstige Streitbeilegungsverfahren zur Beilegung von Streitigkeiten zwischen Verantwortlichen und betroffenen Personen im Zusammenhang mit der Verarbeitung, unbeschadet der Rechte betroffener Personen gemäß den Artikeln 77 und 79.

(3) [1] Zusätzlich zur Einhaltung durch die unter diese Verordnung fallenden Verantwortlichen oder Auftragsverarbeiter können Verhaltensregeln, die gemäß Absatz 5 des vorliegenden Artikels genehmigt wurden und gemäß Absatz 9 des vorliegenden Artikels allgemeine Gültigkeit besitzen, auch von Verantwortlichen oder Auftragsverarbeitern, die gemäß Artikel 3 nicht unter diese Verordnung fallen, eingehalten werden, um geeignete Garantien im Rahmen der Übermittlung personenbezogener Daten an Drittländer oder internationale Organisationen nach Maßgabe des Artikels 46 Absatz 2 Buchstabe e zu bieten. [2] Diese Verantwortlichen oder Auftragsverarbeiter gehen mittels vertraglicher oder sonstiger rechtlich bindender Instrumente die verbindliche und durchsetzbare Verpflichtung ein, die geeigneten Garantien anzuwenden, auch im Hinblick auf die Rechte der betroffenen Personen.

(4) Die Verhaltensregeln gemäß Absatz 2 des vorliegenden Artikels müssen Verfahren vorsehen, die es der in Artikel 41 Absatz 1 genannten Stelle ermög-

lichen, die obligatorische Überwachung der Einhaltung ihrer Bestimmungen durch die Verantwortlichen oder die Auftragsverarbeiter, die sich zur Anwendung der Verhaltensregeln verpflichten, vorzunehmen, unbeschadet der Aufgaben und Befugnisse der Aufsichtsbehörde, die nach Artikel 55 oder 56 zuständig ist.

(5) [1] Verbände und andere Vereinigungen gemäß Absatz 2 des vorliegenden Artikels, die beabsichtigen, Verhaltensregeln auszuarbeiten oder bestehende Verhaltensregeln zu ändern oder zu erweitern, legen den Entwurf der Verhaltensregeln bzw. den Entwurf zu deren Änderung oder Erweiterung der Aufsichtsbehörde vor, die nach Artikel 55 zuständig ist. [2] Die Aufsichtsbehörde gibt eine Stellungnahme darüber ab, ob der Entwurf der Verhaltensregeln bzw. der Entwurf zu deren Änderung oder Erweiterung mit dieser Verordnung vereinbar ist und genehmigt diesen Entwurf der Verhaltensregeln bzw. den Entwurf zu deren Änderung oder Erweiterung, wenn sie der Auffassung ist, dass er ausreichende geeignete Garantien bietet.

(6) Wird durch die Stellungnahme nach Absatz 5 der Entwurf der Verhaltensregeln bzw. der Entwurf zu deren Änderung oder Erweiterung genehmigt und beziehen sich die betreffenden Verhaltensregeln nicht auf Verarbeitungstätigkeiten in mehreren Mitgliedstaaten, so nimmt die Aufsichtsbehörde die Verhaltensregeln in ein Verzeichnis auf und veröffentlicht sie.

(7) Bezieht sich der Entwurf der Verhaltensregeln auf Verarbeitungstätigkeiten in mehreren Mitgliedstaaten, so legt die nach Artikel 55 zuständige Aufsichtsbehörde – bevor sie den Entwurf der Verhaltensregeln bzw. den Entwurf zu deren Änderung oder Erweiterung genehmigt – ihn nach dem Verfahren gemäß Artikel 63 dem Ausschuss vor, der zu der Frage Stellung nimmt, ob der Entwurf der Verhaltensregeln bzw. der Entwurf zu deren Änderung oder Erweiterung mit dieser Verordnung vereinbar ist oder – im Fall nach Absatz 3 dieses Artikels – geeignete Garantien vorsieht.

(8) Wird durch die Stellungnahme nach Absatz 7 bestätigt, dass der Entwurf der Verhaltensregeln bzw. der Entwurf zu deren Änderung oder Erweiterung mit dieser Verordnung vereinbar ist oder – im Fall nach Absatz 3 – geeignete Garantien vorsieht, so übermittelt der Ausschuss seine Stellungnahme der Kommission.

(9) [1] Die Kommission kann im Wege von Durchführungsrechtsakten beschließen, dass die ihr gemäß Absatz 8 übermittelten genehmigten Verhaltensregeln bzw. deren genehmigte Änderung oder Erweiterung allgemeine Gültigkeit in der Union besitzen. [2] Diese Durchführungsrechtsakte werden gemäß dem Prüfverfahren nach Artikel 93 Absatz 2 erlassen.

(10) Die Kommission trägt dafür Sorge, dass die genehmigten Verhaltensregeln, denen gemäß Absatz 9 allgemeine Gültigkeit zuerkannt wurde, in geeigneter Weise veröffentlicht werden.

(11) Der Ausschuss nimmt alle genehmigten Verhaltensregeln bzw. deren genehmigte Änderungen oder Erweiterungen in ein Register auf und veröffentlicht sie in geeigneter Weise.

Art. 41 Überwachung der genehmigten Verhaltensregeln. (1) Unbeschadet der Aufgaben und Befugnisse der zuständigen Aufsichtsbehörde gemäß den Artikeln 57 und 58 kann die Überwachung der Einhaltung von Verhaltensregeln gemäß Artikel 40 von einer Stelle durchgeführt werden, die über das geeignete Fachwissen hinsichtlich des Gegenstands der Verhaltensregeln verfügt und die von der zuständigen Aufsichtsbehörde zu diesem Zweck akkreditiert wurde.

(2) Eine Stelle gemäß Absatz 1 kann zum Zwecke der Überwachung der Einhaltung von Verhaltensregeln akkreditiert werden, wenn sie

a) ihre Unabhängigkeit und ihr Fachwissen hinsichtlich des Gegenstands der Verhaltensregeln zur Zufriedenheit der zuständigen Aufsichtsbehörde nachgewiesen hat;
b) Verfahren festgelegt hat, die es ihr ermöglichen, zu bewerten, ob Verantwortliche und Auftragsverarbeiter die Verhaltensregeln anwenden können, die Einhaltung der Verhaltensregeln durch die Verantwortlichen und Auftragsverarbeiter zu überwachen und die Anwendung der Verhaltensregeln regelmäßig zu überprüfen;
c) Verfahren und Strukturen festgelegt hat, mit denen sie Beschwerden über Verletzungen der Verhaltensregeln oder über die Art und Weise, in der die Verhaltensregeln von dem Verantwortlichen oder dem Auftragsverarbeiter angewendet werden oder wurden, nachgeht und diese Verfahren und Strukturen für betroffene Personen und die Öffentlichkeit transparent macht, und
d) zur Zufriedenheit der zuständigen Aufsichtsbehörde nachgewiesen hat, dass ihre Aufgaben und Pflichten nicht zu einem Interessenkonflikt führen.

(3) Die zuständige Aufsichtsbehörde übermittelt den Entwurf der Anforderungen an die Akkreditierung einer Stelle nach Absatz 1 gemäß dem Kohärenzverfahren nach Artikel 63 an den Ausschuss.

(4) [1] Unbeschadet der Aufgaben und Befugnisse der zuständigen Aufsichtsbehörde und der Bestimmungen des Kapitels VIII ergreift eine Stelle gemäß Absatz 1 vorbehaltlich geeigneter Garantien im Falle einer Verletzung der Verhaltensregeln durch einen Verantwortlichen oder einen Auftragsverarbeiter geeignete Maßnahmen, einschließlich eines vorläufigen oder endgültigen Ausschlusses des Verantwortlichen oder Auftragsverarbeiters von den Verhaltensregeln. [2] Sie unterrichtet die zuständige Aufsichtsbehörde über solche Maßnahmen und deren Begründung.

(5) Die zuständige Aufsichtsbehörde widerruft die Akkreditierung einer Stelle gemäß Absatz 1, wenn die Anforderungen an ihre Akkreditierung nicht oder nicht mehr erfüllt sind oder wenn die Stelle Maßnahmen ergreift, die nicht mit dieser Verordnung vereinbar sind.

(6) Dieser Artikel gilt nicht für die Verarbeitung durch Behörden oder öffentliche Stellen.

Art. 42 Zertifizierung. (1) [1] Die Mitgliedstaaten, die Aufsichtsbehörden, der Ausschuss und die Kommission fördern insbesondere auf Unionsebene die Einführung von datenschutzspezifischen Zertifizierungsverfahren sowie von Datenschutzsiegeln und -prüfzeichen, die dazu dienen, nachzuweisen, dass diese Verordnung bei Verarbeitungsvorgängen von Verantwortlichen oder Auftragsverarbeitern eingehalten wird. [2] Den besonderen Bedürfnissen von Kleinstunternehmen sowie kleinen und mittleren Unternehmen wird Rechnung getragen.

(2) [1] Zusätzlich zur Einhaltung durch die unter diese Verordnung fallenden Verantwortlichen oder Auftragsverarbeiter können auch datenschutzspezifische

Zertifizierungsverfahren, Siegel oder Prüfzeichen, die gemäß Absatz 5 des vorliegenden Artikels genehmigt worden sind, vorgesehen werden, um nachzuweisen, dass die Verantwortlichen oder Auftragsverarbeiter, die gemäß Artikel 3 nicht unter diese Verordnung fallen, im Rahmen der Übermittlung personenbezogener Daten an Drittländer oder internationale Organisationen nach Maßgabe von Artikel 46 Absatz 2 Buchstabe f geeignete Garantien bieten. [2]Diese Verantwortlichen oder Auftragsverarbeiter gehen mittels vertraglicher oder sonstiger rechtlich bindender Instrumente die verbindliche und durchsetzbare Verpflichtung ein, diese geeigneten Garantien anzuwenden, auch im Hinblick auf die Rechte der betroffenen Personen.

(3) Die Zertifizierung muss freiwillig und über ein transparentes Verfahren zugänglich sein.

(4) Eine Zertifizierung gemäß diesem Artikel mindert nicht die Verantwortung des Verantwortlichen oder des Auftragsverarbeiters für die Einhaltung dieser Verordnung und berührt nicht die Aufgaben und Befugnisse der Aufsichtsbehörden, die gemäß Artikel 55 oder 56 zuständig sind.

(5) [1]Eine Zertifizierung nach diesem Artikel wird durch die Zertifizierungsstellen nach Artikel 43 oder durch die zuständige Aufsichtsbehörde anhand der von dieser zuständigen Aufsichtsbehörde gemäß Artikel 58 Absatz 3 oder – gemäß Artikel 63 – durch den Ausschuss genehmigten Kriterien erteilt. [2]Werden die Kriterien vom Ausschuss genehmigt, kann dies zu einer gemeinsamen Zertifizierung, dem Europäischen Datenschutzsiegel, führen.

(6) Der Verantwortliche oder der Auftragsverarbeiter, der die von ihm durchgeführte Verarbeitung dem Zertifizierungsverfahren unterwirft, stellt der Zertifizierungsstelle nach Artikel 43 oder gegebenenfalls der zuständigen Aufsichtsbehörde alle für die Durchführung des Zertifizierungsverfahrens erforderlichen Informationen zur Verfügung und gewährt ihr den in diesem Zusammenhang erforderlichen Zugang zu seinen Verarbeitungstätigkeiten.

(7) [1]Die Zertifizierung wird einem Verantwortlichen oder einem Auftragsverarbeiter für eine Höchstdauer von drei Jahren erteilt und kann unter denselben Bedingungen verlängert werden, sofern die einschlägigen Kriterien weiterhin erfüllt werden. [2]Die Zertifizierung wird gegebenenfalls durch die Zertifizierungsstellen nach Artikel 43 oder durch die zuständige Aufsichtsbehörde widerrufen, wenn die Kriterien für die Zertifizierung nicht oder nicht mehr erfüllt werden.

(8) Der Ausschuss nimmt alle Zertifizierungsverfahren und Datenschutzsiegel und -prüfzeichen in ein Register auf und veröffentlicht sie in geeigneter Weise.

Art. 43 Zertifizierungsstellen. (1) [1]Unbeschadet der Aufgaben und Befugnisse der zuständigen Aufsichtsbehörde gemäß den Artikeln 57 und 58 erteilen oder verlängern Zertifizierungsstellen, die über das geeignete Fachwissen hinsichtlich des Datenschutzes verfügen, nach Unterrichtung der Aufsichtsbehörde – damit diese erforderlichenfalls von ihren Befugnissen gemäß Artikel 58 Absatz 2 Buchstabe h Gebrauch machen kann – die Zertifizierung. [2]Die Mitgliedstaaten stellen sicher, dass diese Zertifizierungsstellen von einer oder beiden der folgenden Stellen akkreditiert werden:

a) der gemäß Artikel 55 oder 56 zuständigen Aufsichtsbehörde;

b) der nationalen Akkreditierungsstelle, die gemäß der Verordnung (EG) Nr. 765/2008 des Europäischen Parlaments und des Rates[1] im Einklang mit EN-ISO/IEC 17065/2012 und mit den zusätzlichen von der gemäß Artikel 55 oder 56 zuständigen Aufsichtsbehörde festgelegten Anforderungen benannt wurde.

(2) Zertifizierungsstellen nach Absatz 1 dürfen nur dann gemäß dem genannten Absatz akkreditiert werden, wenn sie

a) ihre Unabhängigkeit und ihr Fachwissen hinsichtlich des Gegenstands der Zertifizierung zur Zufriedenheit der zuständigen Aufsichtsbehörde nachgewiesen haben;
b) sich verpflichtet haben, die Kriterien nach Artikel 42 Absatz 5, die von der gemäß Artikel 55 oder 56 zuständigen Aufsichtsbehörde oder – gemäß Artikel 63 – von dem Ausschuss genehmigt wurden, einzuhalten;
c) Verfahren für die Erteilung, die regelmäßige Überprüfung und den Widerruf der Datenschutzzertifizierung sowie der Datenschutzsiegel und -prüfzeichen festgelegt haben;
d) Verfahren und Strukturen festgelegt haben, mit denen sie Beschwerden über Verletzungen der Zertifizierung oder die Art und Weise, in der die Zertifizierung von dem Verantwortlichen oder dem Auftragsverarbeiter umgesetzt wird oder wurde, nachgehen und diese Verfahren und Strukturen für betroffene Personen und die Öffentlichkeit transparent machen, und
e) zur Zufriedenheit der zuständigen Aufsichtsbehörde nachgewiesen haben, dass ihre Aufgaben und Pflichten nicht zu einem Interessenkonflikt führen.

(3) [1] Die Akkreditierung von Zertifizierungsstellen nach den Absätzen 1 und 2 erfolgt anhand der Anforderungen, die von der gemäß Artikel 55 oder 56 zuständigen Aufsichtsbehörde oder – gemäß Artikel 63 – von dem Ausschuss genehmigt wurden. [2] Im Fall einer Akkreditierung nach Absatz 1 Buchstabe b des vorliegenden Artikels ergänzen diese Anforderungen diejenigen, die in der Verordnung (EG) Nr. 765/2008 und in den technischen Vorschriften, in denen die Methoden und Verfahren der Zertifizierungsstellen beschrieben werden, vorgesehen sind.

(4) [1] Die Zertifizierungsstellen nach Absatz 1 sind unbeschadet der Verantwortung, die der Verantwortliche oder der Auftragsverarbeiter für die Einhaltung dieser Verordnung hat, für die angemessene Bewertung, die der Zertifizierung oder dem Widerruf einer Zertifizierung zugrunde liegt, verantwortlich. [2] Die Akkreditierung wird für eine Höchstdauer von fünf Jahren erteilt und kann unter denselben Bedingungen verlängert werden, sofern die Zertifizierungsstelle die Anforderungen dieses Artikels erfüllt.

(5) Die Zertifizierungsstellen nach Absatz 1 teilen den zuständigen Aufsichtsbehörden die Gründe für die Erteilung oder den Widerruf der beantragten Zertifizierung mit.

---

[1] **Amtl. Anm.:** Verordnung (EG) Nr. 765/2008 des Europäischen Parlaments und des Rates vom 9. Juli 2008 über die Vorschriften für die Akkreditierung und Marktüberwachung im Zusammenhang mit der Vermarktung von Produkten und zur Aufhebung der Verordnung (EWG) Nr. 339/93 des Rates (ABl. L 218 vom 13.8.2008, S. 30).

(6) [1] Die Anforderungen nach Absatz 3 des vorliegenden Artikels und die Kriterien nach Artikel 42 Absatz 5 werden von der Aufsichtsbehörde in leicht zugänglicher Form veröffentlicht. [2] Die Aufsichtsbehörden übermitteln diese Anforderungen und Kriterien auch dem Ausschuss.

(7) Unbeschadet des Kapitels VIII widerruft die zuständige Aufsichtsbehörde oder die nationale Akkreditierungsstelle die Akkreditierung einer Zertifizierungsstelle nach Absatz 1, wenn die Voraussetzungen für die Akkreditierung nicht oder nicht mehr erfüllt sind oder wenn eine Zertifizierungsstelle Maßnahmen ergreift, die nicht mit dieser Verordnung vereinbar sind.

(8) Der Kommission wird die Befugnis übertragen, gemäß Artikel 92 delegierte Rechtsakte zu erlassen, um die Anforderungen festzulegen, die für die in Artikel 42 Absatz 1 genannten datenschutzspezifischen Zertifizierungsverfahren zu berücksichtigen sind.

(9) [1] Die Kommission kann Durchführungsrechtsakte erlassen, mit denen technische Standards für Zertifizierungsverfahren und Datenschutzsiegel und -prüfzeichen sowie Mechanismen zur Förderung und Anerkennung dieser Zertifizierungsverfahren und Datenschutzsiegel und -prüfzeichen festgelegt werden. [2] Diese Durchführungsrechtsakte werden gemäß dem in Artikel 93 Absatz 2 genannten Prüfverfahren erlassen.

Kapitel V. Übermittlungen personenbezogener Daten an Drittländer oder an internationale Organisationen

Art. 44 Allgemeine Grundsätze der Datenübermittlung. [1] Jedwede Übermittlung personenbezogener Daten, die bereits verarbeitet werden oder nach ihrer Übermittlung an ein Drittland oder eine internationale Organisation verarbeitet werden sollen, ist nur zulässig, wenn der Verantwortliche und der Auftragsverarbeiter die in diesem Kapitel niedergelegten Bedingungen einhalten und auch die sonstigen Bestimmungen dieser Verordnung eingehalten werden; dies gilt auch für die etwaige Weiterübermittlung personenbezogener Daten aus dem betreffenden Drittland oder der betreffenden internationalen Organisation an ein anderes Drittland oder eine andere internationale Organisation. [2] Alle Bestimmungen dieses Kapitels sind anzuwenden, um sicherzustellen, dass das durch diese Verordnung gewährleistete Schutzniveau für natürliche Personen nicht untergraben wird.

Art. 45 Datenübermittlung auf der Grundlage eines Angemessenheitsbeschlusses. (1) [1] Eine Übermittlung personenbezogener Daten an ein Drittland oder eine internationale Organisation darf vorgenommen werden, wenn die Kommission beschlossen hat, dass das betreffende Drittland, ein Gebiet oder ein oder mehrere spezifische Sektoren in diesem Drittland oder die betreffende internationale Organisation ein angemessenes Schutzniveau bietet. [2] Eine solche Datenübermittlung bedarf keiner besonderen Genehmigung.

(2) Bei der Prüfung der Angemessenheit des gebotenen Schutzniveaus berücksichtigt die Kommission insbesondere das Folgende:

a) die Rechtsstaatlichkeit, die Achtung der Menschenrechte und Grundfreiheiten, die in dem betreffenden Land bzw. bei der betreffenden internationalen

Organisation geltenden einschlägigen Rechtsvorschriften sowohl allgemeiner als auch sektoraler Art – auch in Bezug auf öffentliche Sicherheit, Verteidigung, nationale Sicherheit und Strafrecht sowie Zugang der Behörden zu personenbezogenen Daten – sowie die Anwendung dieser Rechtsvorschriften, Datenschutzvorschriften, Berufsregeln und Sicherheitsvorschriften einschließlich der Vorschriften für die Weiterübermittlung personenbezogener Daten an ein anderes Drittland bzw. eine andere internationale Organisation, die Rechtsprechung sowie wirksame und durchsetzbare Rechte der betroffenen Person und wirksame verwaltungsrechtliche und gerichtliche Rechtsbehelfe für betroffene Personen, deren personenbezogene Daten übermittelt werden,

b) die Existenz und die wirksame Funktionsweise einer oder mehrerer unabhängiger Aufsichtsbehörden in dem betreffenden Drittland oder denen eine internationale Organisation untersteht und die für die Einhaltung und Durchsetzung der Datenschutzvorschriften, einschließlich angemessener Durchsetzungsbefugnisse, für die Unterstützung und Beratung der betroffenen Personen bei der Ausübung ihrer Rechte und für die Zusammenarbeit mit den Aufsichtsbehörden der Mitgliedstaaten zuständig sind, und

c) die von dem betreffenden Drittland bzw. der betreffenden internationalen Organisation eingegangenen internationalen Verpflichtungen oder andere Verpflichtungen, die sich aus rechtsverbindlichen Übereinkünften oder Instrumenten sowie aus der Teilnahme des Drittlands oder der internationalen Organisation an multilateralen oder regionalen Systemen insbesondere in Bezug auf den Schutz personenbezogener Daten ergeben.

(3) [1] Nach der Beurteilung der Angemessenheit des Schutzniveaus kann die Kommission im Wege eines Durchführungsrechtsaktes beschließen, dass ein Drittland, ein Gebiet oder ein oder mehrere spezifische Sektoren in einem Drittland oder eine internationale Organisation ein angemessenes Schutzniveau im Sinne des Absatzes 2 des vorliegenden Artikels bieten. [2] In dem Durchführungsrechtsakt ist ein Mechanismus für eine regelmäßige Überprüfung, die mindestens alle vier Jahre erfolgt, vorzusehen, bei der allen maßgeblichen Entwicklungen in dem Drittland oder bei der internationalen Organisation Rechnung getragen wird. [3] Im Durchführungsrechtsakt werden der territoriale und der sektorale Anwendungsbereich sowie gegebenenfalls die in Absatz 2 Buchstabe b des vorliegenden Artikels genannte Aufsichtsbehörde bzw. genannten Aufsichtsbehörden angegeben. [4] Der Durchführungsrechtsakt wird gemäß dem in Artikel 93 Absatz 2 genannten Prüfverfahren erlassen.

(4) Die Kommission überwacht fortlaufend die Entwicklungen in Drittländern und bei internationalen Organisationen, die die Wirkungsweise der nach Absatz 3 des vorliegenden Artikels erlassenen Beschlüsse und der nach Artikel 25 Absatz 6 der Richtlinie 95/46/EG erlassenen Feststellungen beeinträchtigen könnten.

(5) *[1]* [1] Die Kommission widerruft, ändert oder setzt die in Absatz 3 des vorliegenden Artikels genannten Beschlüsse im Wege von Durchführungsrechtsakten aus, soweit dies nötig ist und ohne rückwirkende Kraft, soweit entsprechende Informationen – insbesondere im Anschluss an die in Absatz 3 des vorliegenden Artikels genannte Überprüfung – dahingehend vorliegen, dass ein Drittland, ein Gebiet oder ein oder mehrere spezifischer Sektor in einem Drittland oder eine internationale Organisation kein angemessenes Schutz-

niveau im Sinne des Absatzes 2 des vorliegenden Artikels mehr gewährleistet. [2] Diese Durchführungsrechtsakte werden gemäß dem Prüfverfahren nach Artikel 93 Absatz 2 erlassen.

[2] In hinreichend begründeten Fällen äußerster Dringlichkeit erlässt die Kommission gemäß dem in Artikel 93 Absatz 3 genannten Verfahren sofort geltende Durchführungsrechtsakte.

(6) Die Kommission nimmt Beratungen mit dem betreffenden Drittland bzw. der betreffenden internationalen Organisation auf, um Abhilfe für die Situation zu schaffen, die zu dem gemäß Absatz 5 erlassenen Beschluss geführt hat.

(7) Übermittlungen personenbezogener Daten an das betreffende Drittland, das Gebiet oder einen oder mehrere spezifische Sektoren in diesem Drittland oder an die betreffende internationale Organisation gemäß den Artikeln 46 bis 49 werden durch einen Beschluss nach Absatz 5 des vorliegenden Artikels nicht berührt.

(8) Die Kommission veröffentlicht im *Amtsblatt der Europäischen Union* und auf ihrer Website eine Liste aller Drittländer beziehungsweise Gebiete und spezifischen Sektoren in einem Drittland und aller internationalen Organisationen, für die sie durch Beschluss festgestellt hat, dass sie ein angemessenes Schutzniveau gewährleisten bzw. nicht mehr gewährleisten.

(9) Von der Kommission auf der Grundlage von Artikel 25 Absatz 6 der Richtlinie 95/46/EG erlassene Feststellungen bleiben so lange in Kraft, bis sie durch einen nach dem Prüfverfahren gemäß den Absätzen 3 oder 5 des vorliegenden Artikels erlassenen Beschluss der Kommission geändert, ersetzt oder aufgehoben werden.

Art. 46 Datenübermittlung vorbehaltlich geeigneter Garantien.

(1) Falls kein Beschluss nach Artikel 45 Absatz 3 vorliegt, darf ein Verantwortlicher oder ein Auftragsverarbeiter personenbezogene Daten an ein Drittland oder eine internationale Organisation nur übermitteln, sofern der Verantwortliche oder der Auftragsverarbeiter geeignete Garantien vorgesehen hat und sofern den betroffenen Personen durchsetzbare Rechte und wirksame Rechtsbehelfe zur Verfügung stehen.

(2) Die in Absatz 1 genannten geeigneten Garantien können, ohne dass hierzu eine besondere Genehmigung einer Aufsichtsbehörde erforderlich wäre, bestehen in

a) einem rechtlich bindenden und durchsetzbaren Dokument zwischen den Behörden oder öffentlichen Stellen,
b) verbindlichen internen Datenschutzvorschriften gemäß Artikel 47,
c) Standarddatenschutzklauseln, die von der Kommission gemäß dem Prüfverfahren nach Artikel 93 Absatz 2 erlassen werden,
d) von einer Aufsichtsbehörde angenommenen Standarddatenschutzklauseln, die von der Kommission gemäß dem Prüfverfahren nach Artikel 93 Absatz 2 genehmigt wurden,
e) genehmigten Verhaltensregeln gemäß Artikel 40 zusammen mit rechtsverbindlichen und durchsetzbaren Verpflichtungen des Verantwortlichen oder des Auftragsverarbeiters in dem Drittland zur Anwendung der geeigneten

Garantien, einschließlich in Bezug auf die Rechte der betroffenen Personen, oder

f) einem genehmigten Zertifizierungsmechanismus gemäß Artikel 42 zusammen mit rechtsverbindlichen und durchsetzbaren Verpflichtungen des Verantwortlichen oder des Auftragsverarbeiters in dem Drittland zur Anwendung der geeigneten Garantien, einschließlich in Bezug auf die Rechte der betroffenen Personen.

(3) Vorbehaltlich der Genehmigung durch die zuständige Aufsichtsbehörde können die geeigneten Garantien gemäß Absatz 1 auch insbesondere bestehen in

a) Vertragsklauseln, die zwischen dem Verantwortlichen oder dem Auftragsverarbeiter und dem Verantwortlichen, dem Auftragsverarbeiter oder dem Empfänger der personenbezogenen Daten im Drittland oder der internationalen Organisation vereinbart wurden, oder

b) Bestimmungen, die in Verwaltungsvereinbarungen zwischen Behörden oder öffentlichen Stellen aufzunehmen sind und durchsetzbare und wirksame Rechte für die betroffenen Personen einschließen.

(4) Die Aufsichtsbehörde wendet das Kohärenzverfahren nach Artikel 63 an, wenn ein Fall gemäß Absatz 3 des vorliegenden Artikels vorliegt.

(5) [1] Von einem Mitgliedstaat oder einer Aufsichtsbehörde auf der Grundlage von Artikel 26 Absatz 2 der Richtlinie 95/46/EG erteilte Genehmigungen bleiben so lange gültig, bis sie erforderlichenfalls von dieser Aufsichtsbehörde geändert, ersetzt oder aufgehoben werden. [2] Von der Kommission auf der Grundlage von Artikel 26 Absatz 4 der Richtlinie 95/46/EG erlassene Feststellungen bleiben so lange in Kraft, bis sie erforderlichenfalls mit einem nach Absatz 2 des vorliegenden Artikels erlassenen Beschluss der Kommission geändert, ersetzt oder aufgehoben werden.

Art. 47 Verbindliche interne Datenschutzvorschriften. (1) Die zuständige Aufsichtsbehörde genehmigt gemäß dem Kohärenzverfahren nach Artikel 63 verbindliche interne Datenschutzvorschriften, sofern diese

a) rechtlich bindend sind, für alle betreffenden Mitglieder der Unternehmensgruppe oder einer Gruppe von Unternehmen, die eine gemeinsame Wirtschaftstätigkeit ausüben, gelten und von diesen Mitgliedern durchgesetzt werden, und dies auch für ihre Beschäftigten gilt,

b) den betroffenen Personen ausdrücklich durchsetzbare Rechte in Bezug auf die Verarbeitung ihrer personenbezogenen Daten übertragen und

c) die in Absatz 2 festgelegten Anforderungen erfüllen.

(2) Die verbindlichen internen Datenschutzvorschriften nach Absatz 1 enthalten mindestens folgende Angaben:

a) Struktur und Kontaktdaten der Unternehmensgruppe oder Gruppe von Unternehmen, die eine gemeinsame Wirtschaftstätigkeit ausüben, und jedes ihrer Mitglieder;

b) die betreffenden Datenübermittlungen oder Reihen von Datenübermittlungen einschließlich der betreffenden Arten personenbezogener Daten, Art und Zweck der Datenverarbeitung, Art der betroffenen Personen und das betreffende Drittland beziehungsweise die betreffenden Drittländer;

c) interne und externe Rechtsverbindlichkeit der betreffenden internen Datenschutzvorschriften;

d) die Anwendung der allgemeinen Datenschutzgrundsätze, insbesondere Zweckbindung, Datenminimierung, begrenzte Speicherfristen, Datenqualität, Datenschutz durch Technikgestaltung und durch datenschutzfreundliche Voreinstellungen, Rechtsgrundlage für die Verarbeitung, Verarbeitung besonderer Kategorien von personenbezogenen Daten, Maßnahmen zur Sicherstellung der Datensicherheit und Anforderungen für die Weiterübermittlung an nicht an diese internen Datenschutzvorschriften gebundene Stellen;

e) die Rechte der betroffenen Personen in Bezug auf die Verarbeitung und die diesen offenstehenden Mittel zur Wahrnehmung dieser Rechte einschließlich des Rechts, nicht einer ausschließlich auf einer automatisierten Verarbeitung – einschließlich Profiling – beruhenden Entscheidung nach Artikel 22 unterworfen zu werden sowie des in Artikel 79 niedergelegten Rechts auf Beschwerde bei der zuständigen Aufsichtsbehörde beziehungsweise auf Einlegung eines Rechtsbehelfs bei den zuständigen Gerichten der Mitgliedstaaten und im Falle einer Verletzung der verbindlichen internen Datenschutzvorschriften Wiedergutmachung und gegebenenfalls Schadenersatz zu erhalten;

f) die von dem in einem Mitgliedstaat niedergelassenen Verantwortlichen oder Auftragsverarbeiter übernommene Haftung für etwaige Verstöße eines nicht in der Union niedergelassenen betreffenden Mitglieds der Unternehmensgruppe gegen die verbindlichen internen Datenschutzvorschriften; der Verantwortliche oder der Auftragsverarbeiter ist nur dann teilweise oder vollständig von dieser Haftung befreit, wenn er nachweist, dass der Umstand, durch den der Schaden eingetreten ist, dem betreffenden Mitglied nicht zur Last gelegt werden kann;

g) die Art und Weise, wie die betroffenen Personen über die Bestimmungen der Artikel 13 und 14 hinaus über die verbindlichen internen Datenschutzvorschriften und insbesondere über die unter den Buchstaben d, e und f dieses Absatzes genannten Aspekte informiert werden;

h) die Aufgaben jedes gemäß Artikel 37 benannten Datenschutzbeauftragten oder jeder anderen Person oder Einrichtung, die mit der Überwachung der Einhaltung der verbindlichen internen Datenschutzvorschriften in der Unternehmensgruppe oder Gruppe von Unternehmen, die eine gemeinsame Wirtschaftstätigkeit ausüben, sowie mit der Überwachung der Schulungsmaßnahmen und dem Umgang mit Beschwerden befasst ist;

i) die Beschwerdeverfahren;

j) die innerhalb der Unternehmensgruppe oder Gruppe von Unternehmen, die eine gemeinsame Wirtschaftstätigkeit ausüben, bestehenden Verfahren zur Überprüfung der Einhaltung der verbindlichen internen Datenschutzvorschriften. Derartige Verfahren beinhalten Datenschutzüberprüfungen und Verfahren zur Gewährleistung von Abhilfemaßnahmen zum Schutz der Rechte der betroffenen Person. Die Ergebnisse derartiger Überprüfungen sollten der in Buchstabe h genannten Person oder Einrichtung sowie dem Verwaltungsrat des herrschenden Unternehmens einer Unternehmensgruppe oder der Gruppe von Unternehmen, die eine gemeinsame Wirtschaftstätigkeit ausüben, mitgeteilt werden und sollten der zuständigen Aufsichtsbehörde auf Anfrage zur Verfügung gestellt werden;

k) die Verfahren für die Meldung und Erfassung von Änderungen der Vorschriften und ihre Meldung an die Aufsichtsbehörde;

l) die Verfahren für die Zusammenarbeit mit der Aufsichtsbehörde, die die Befolgung der Vorschriften durch sämtliche Mitglieder der Unternehmensgruppe oder Gruppe von Unternehmen, die eine gemeinsame Wirtschaftstätigkeit ausüben, gewährleisten, insbesondere durch Offenlegung der Ergebnisse von Überprüfungen der unter Buchstabe j genannten Maßnahmen gegenüber der Aufsichtsbehörde;

m) die Meldeverfahren zur Unterrichtung der zuständigen Aufsichtsbehörde über jegliche für ein Mitglied der Unternehmensgruppe oder Gruppe von Unternehmen, die eine gemeinsame Wirtschaftstätigkeit ausüben, in einem Drittland geltenden rechtlichen Bestimmungen, die sich nachteilig auf die Garantien auswirken könnten, die die verbindlichen internen Datenschutzvorschriften bieten, und

n) geeignete Datenschutzschulungen für Personal mit ständigem oder regelmäßigem Zugang zu personenbezogenen Daten.

(3) [1] Die Kommission kann das Format und die Verfahren für den Informationsaustausch über verbindliche interne Datenschutzvorschriften im Sinne des vorliegenden Artikels zwischen Verantwortlichen, Auftragsverarbeitern und Aufsichtsbehörden festlegen. [2] Diese Durchführungsrechtsakte werden gemäß dem Prüfverfahren nach Artikel 93 Absatz 2 erlassen.

Art. 48 Nach dem Unionsrecht nicht zulässige Übermittlung oder Offenlegung. Jegliches Urteil eines Gerichts eines Drittlands und jegliche Entscheidung einer Verwaltungsbehörde eines Drittlands, mit denen von einem Verantwortlichen oder einem Auftragsverarbeiter die Übermittlung oder Offenlegung personenbezogener Daten verlangt wird, dürfen unbeschadet anderer Gründe für die Übermittlung gemäß diesem Kapitel jedenfalls nur dann anerkannt oder vollstreckbar werden, wenn sie auf eine in Kraft befindliche internationale Übereinkunft wie etwa ein Rechtshilfeabkommen zwischen dem ersuchenden Drittland und der Union oder einem Mitgliedstaat gestützt sind.

Art. 49 Ausnahmen für bestimmte Fälle. (1) *[1]* Falls weder ein Angemessenheitsbeschluss nach Artikel 45 Absatz 3 vorliegt noch geeignete Garantien nach Artikel 46, einschließlich verbindlicher interner Datenschutzvorschriften, bestehen, ist eine Übermittlung oder eine Reihe von Übermittlungen personenbezogener Daten an ein Drittland oder an eine internationale Organisation nur unter einer der folgenden Bedingungen zulässig:

a) die betroffene Person hat in die vorgeschlagene Datenübermittlung ausdrücklich eingewilligt, nachdem sie über die für sie bestehenden möglichen Risiken derartiger Datenübermittlungen ohne Vorliegen eines Angemessenheitsbeschlusses und ohne geeignete Garantien unterrichtet wurde,

b) die Übermittlung ist für die Erfüllung eines Vertrags zwischen der betroffenen Person und dem Verantwortlichen oder zur Durchführung von vorvertraglichen Maßnahmen auf Antrag der betroffenen Person erforderlich,

c) die Übermittlung ist zum Abschluss oder zur Erfüllung eines im Interesse der betroffenen Person von dem Verantwortlichen mit einer anderen natürlichen oder juristischen Person geschlossenen Vertrags erforderlich,

d) die Übermittlung ist aus wichtigen Gründen des öffentlichen Interesses notwendig,

e) die Übermittlung ist zur Geltendmachung, Ausübung oder Verteidigung von Rechtsansprüchen erforderlich,

f) die Übermittlung ist zum Schutz lebenswichtiger Interessen der betroffenen Person oder anderer Personen erforderlich, sofern die betroffene Person aus physischen oder rechtlichen Gründen außerstande ist, ihre Einwilligung zu geben,

g) die Übermittlung erfolgt aus einem Register, das gemäß dem Recht der Union oder der Mitgliedstaaten zur Information der Öffentlichkeit bestimmt ist und entweder der gesamten Öffentlichkeit oder allen Personen, die ein berechtigtes Interesse nachweisen können, zur Einsichtnahme offensteht, aber nur soweit die im Recht der Union oder der Mitgliedstaaten festgelegten Voraussetzungen für die Einsichtnahme im Einzelfall gegeben sind.

[2] [1] Falls die Übermittlung nicht auf eine Bestimmung der Artikel 45 oder 46 – einschließlich der verbindlichen internen Datenschutzvorschriften – gestützt werden könnte und keine der Ausnahmen für einen bestimmten Fall gemäß dem ersten Unterabsatz anwendbar ist, darf eine Übermittlung an ein Drittland oder eine internationale Organisation nur dann erfolgen, wenn die Übermittlung nicht wiederholt erfolgt, nur eine begrenzte Zahl von betroffenen Personen betrifft, für die Wahrung der zwingenden berechtigten Interessen des Verantwortlichen erforderlich ist, sofern die Interessen oder die Rechte und Freiheiten der betroffenen Person nicht überwiegen, und der Verantwortliche alle Umstände der Datenübermittlung beurteilt und auf der Grundlage dieser Beurteilung geeignete Garantien in Bezug auf den Schutz personenbezogener Daten vorgesehen hat. [2] Der Verantwortliche setzt die Aufsichtsbehörde von der Übermittlung in Kenntnis. [3] Der Verantwortliche unterrichtet die betroffene Person über die Übermittlung und seine zwingenden berechtigten Interessen; dies erfolgt zusätzlich zu den der betroffenen Person nach den Artikeln 13 und 14 mitgeteilten Informationen.

(2) [1] Datenübermittlungen gemäß Absatz 1 Unterabsatz 1 Buchstabe g dürfen nicht die Gesamtheit oder ganze Kategorien der im Register enthaltenen personenbezogenen Daten umfassen. [2] Wenn das Register der Einsichtnahme durch Personen mit berechtigtem Interesse dient, darf die Übermittlung nur auf Anfrage dieser Personen oder nur dann erfolgen, wenn diese Personen die Adressaten der Übermittlung sind.

(3) Absatz 1 Unterabsatz 1 Buchstaben a, b und c und sowie Absatz 1 Unterabsatz 2 gelten nicht für Tätigkeiten, die Behörden in Ausübung ihrer hoheitlichen Befugnisse durchführen.

(4) Das öffentliche Interesse im Sinne des Absatzes 1 Unterabsatz 1 Buchstabe d muss im Unionsrecht oder im Recht des Mitgliedstaats, dem der Verantwortliche unterliegt, anerkannt sein.

(5) [1] Liegt kein Angemessenheitsbeschluss vor, so können im Unionsrecht oder im Recht der Mitgliedstaaten aus wichtigen Gründen des öffentlichen Interesses ausdrücklich Beschränkungen der Übermittlung bestimmter Katego-

rien von personenbezogenen Daten an Drittländer oder internationale Organisationen vorgesehen werden. [2]Die Mitgliedstaaten teilen der Kommission derartige Bestimmungen mit.

(6) Der Verantwortliche oder der Auftragsverarbeiter erfasst die von ihm vorgenommene Beurteilung sowie die angemessenen Garantien im Sinne des Absatzes 1 Unterabsatz 2 des vorliegenden Artikels in der Dokumentation gemäß Artikel 30.

Art. 50 Internationale Zusammenarbeit zum Schutz personenbezogener Daten. In Bezug auf Drittländer und internationale Organisationen treffen die Kommission und die Aufsichtsbehörden geeignete Maßnahmen zur

a) Entwicklung von Mechanismen der internationalen Zusammenarbeit, durch die die wirksame Durchsetzung von Rechtsvorschriften zum Schutz personenbezogener Daten erleichtert wird,
b) gegenseitigen Leistung internationaler Amtshilfe bei der Durchsetzung von Rechtsvorschriften zum Schutz personenbezogener Daten, unter anderem durch Meldungen, Beschwerdeverweisungen, Amtshilfe bei Untersuchungen und Informationsaustausch, sofern geeignete Garantien für den Schutz personenbezogener Daten und anderer Grundrechte und Grundfreiheiten bestehen,
c) Einbindung maßgeblicher Interessenträger in Diskussionen und Tätigkeiten, die zum Ausbau der internationalen Zusammenarbeit bei der Durchsetzung von Rechtsvorschriften zum Schutz personenbezogener Daten dienen,
d) Förderung des Austauschs und der Dokumentation von Rechtsvorschriften und Praktiken zum Schutz personenbezogener Daten einschließlich Zuständigkeitskonflikten mit Drittländern.

Kapitel VI. Unabhängige Aufsichtsbehörden

Abschnitt 1. Unabhängigkeit

Art. 51 Aufsichtsbehörde. (1) Jeder Mitgliedstaat sieht vor, dass eine oder mehrere unabhängige Behörden für die Überwachung der Anwendung dieser Verordnung zuständig sind, damit die Grundrechte und Grundfreiheiten natürlicher Personen bei der Verarbeitung geschützt werden und der freie Verkehr personenbezogener Daten in der Union erleichtert wird (im Folgenden „Aufsichtsbehörde“).

(2) [1]Jede Aufsichtsbehörde leistet einen Beitrag zur einheitlichen Anwendung dieser Verordnung in der gesamten Union. [2]Zu diesem Zweck arbeiten die Aufsichtsbehörden untereinander sowie mit der Kommission gemäß Kapitel VII zusammen.

(3) Gibt es in einem Mitgliedstaat mehr als eine Aufsichtsbehörde, so bestimmt dieser Mitgliedstaat die Aufsichtsbehörde, die diese Behörden im Ausschuss vertritt, und führt ein Verfahren ein, mit dem sichergestellt wird, dass die anderen Behörden die Regeln für das Kohärenzverfahren nach Artikel 63 einhalten.

(4) Jeder Mitgliedstaat teilt der Kommission bis spätestens 25. Mai 2018 die Rechtsvorschriften, die er aufgrund dieses Kapitels erlässt, sowie unverzüglich alle folgenden Änderungen dieser Vorschriften mit.

Art. 52 Unabhängigkeit. (1) Jede Aufsichtsbehörde handelt bei der Erfüllung ihrer Aufgaben und bei der Ausübung ihrer Befugnisse gemäß dieser Verordnung völlig unabhängig.

(2) Das Mitglied oder die Mitglieder jeder Aufsichtsbehörde unterliegen bei der Erfüllung ihrer Aufgaben und der Ausübung ihrer Befugnisse gemäß dieser Verordnung weder direkter noch indirekter Beeinflussung von außen und ersuchen weder um Weisung noch nehmen sie Weisungen entgegen.

(3) Das Mitglied oder die Mitglieder der Aufsichtsbehörde sehen von allen mit den Aufgaben ihres Amtes nicht zu vereinbarenden Handlungen ab und üben während ihrer Amtszeit keine andere mit ihrem Amt nicht zu vereinbarende entgeltliche oder unentgeltliche Tätigkeit aus.

(4) Jeder Mitgliedstaat stellt sicher, dass jede Aufsichtsbehörde mit den personellen, technischen und finanziellen Ressourcen, Räumlichkeiten und Infrastrukturen ausgestattet wird, die sie benötigt, um ihre Aufgaben und Befugnisse auch im Rahmen der Amtshilfe, Zusammenarbeit und Mitwirkung im Ausschuss effektiv wahrnehmen zu können.

(5) Jeder Mitgliedstaat stellt sicher, dass jede Aufsichtsbehörde ihr eigenes Personal auswählt und hat, das ausschließlich der Leitung des Mitglieds oder der Mitglieder der betreffenden Aufsichtsbehörde untersteht.

(6) Jeder Mitgliedstaat stellt sicher, dass jede Aufsichtsbehörde einer Finanzkontrolle unterliegt, die ihre Unabhängigkeit nicht beeinträchtigt und dass sie über eigene, öffentliche, jährliche Haushaltspläne verfügt, die Teil des gesamten Staatshaushalts oder nationalen Haushalts sein können.

Art. 53 Allgemeine Bedingungen für die Mitglieder der Aufsichtsbehörde. (1) Die Mitgliedstaaten sehen vor, dass jedes Mitglied ihrer Aufsichtsbehörden im Wege eines transparenten Verfahrens ernannt wird, und zwar

– vom Parlament,
– von der Regierung,
– vom Staatsoberhaupt oder
– von einer unabhängigen Stelle, die nach dem Recht des Mitgliedstaats mit der Ernennung betraut wird.

(2) Jedes Mitglied muss über die für die Erfüllung seiner Aufgaben und Ausübung seiner Befugnisse erforderliche Qualifikation, Erfahrung und Sachkunde insbesondere im Bereich des Schutzes personenbezogener Daten verfügen.

(3) Das Amt eines Mitglieds endet mit Ablauf der Amtszeit, mit seinem Rücktritt oder verpflichtender Versetzung in den Ruhestand gemäß dem Recht des betroffenen Mitgliedstaats.

(4) Ein Mitglied wird seines Amtes nur enthoben, wenn es eine schwere Verfehlung begangen hat oder die Voraussetzungen für die Wahrnehmung seiner Aufgaben nicht mehr erfüllt.

Art. 54 Errichtung der Aufsichtsbehörde. (1) Jeder Mitgliedstaat sieht durch Rechtsvorschriften Folgendes vor:

a) die Errichtung jeder Aufsichtsbehörde;

b) die erforderlichen Qualifikationen und sonstigen Voraussetzungen für die Ernennung zum Mitglied jeder Aufsichtsbehörde;

c) die Vorschriften und Verfahren für die Ernennung des Mitglieds oder der Mitglieder jeder Aufsichtsbehörde;

d) die Amtszeit des Mitglieds oder der Mitglieder jeder Aufsichtsbehörde von mindestens vier Jahren; dies gilt nicht für die erste Amtszeit *nach*[1] 24. Mai 2016, die für einen Teil der Mitglieder kürzer sein kann, wenn eine zeitlich versetzte Ernennung zur Wahrung der Unabhängigkeit der Aufsichtsbehörde notwendig ist;

e) die Frage, ob und – wenn ja – wie oft das Mitglied oder die Mitglieder jeder Aufsichtsbehörde wiederernannt werden können;

f) die Bedingungen im Hinblick auf die Pflichten des Mitglieds oder der Mitglieder und der Bediensteten jeder Aufsichtsbehörde, die Verbote von Handlungen, beruflichen Tätigkeiten und Vergütungen während und nach der Amtszeit, die mit diesen Pflichten unvereinbar sind, und die Regeln für die Beendigung des Beschäftigungsverhältnisses.

(2) [1] Das Mitglied oder die Mitglieder und die Bediensteten jeder Aufsichtsbehörde sind gemäß dem Unionsrecht oder dem Recht der Mitgliedstaaten sowohl während ihrer Amts- beziehungsweise Dienstzeit als auch nach deren Beendigung verpflichtet, über alle vertraulichen Informationen, die ihnen bei der Wahrnehmung ihrer Aufgaben oder der Ausübung ihrer Befugnisse bekannt geworden sind, Verschwiegenheit zu wahren. [2] Während dieser Amts- beziehungsweise Dienstzeit gilt diese Verschwiegenheitspflicht insbesondere für die von natürlichen Personen gemeldeten Verstößen gegen diese Verordnung.

Abschnitt 2. Zuständigkeit, Aufgaben und Befugnisse

Art. 55 Zuständigkeit. (1) Jede Aufsichtsbehörde ist für die Erfüllung der Aufgaben und die Ausübung der Befugnisse, die ihr mit dieser Verordnung übertragen wurden, im Hoheitsgebiet ihres eigenen Mitgliedstaats zuständig.

(2) [1] Erfolgt die Verarbeitung durch Behörden oder private Stellen auf der Grundlage von Artikel 6 Absatz 1 Buchstabe c oder e, so ist die Aufsichtsbehörde des betroffenen Mitgliedstaats zuständig. [2] In diesem Fall findet Artikel 56 keine Anwendung.

(3) Die Aufsichtsbehörden sind nicht zuständig für die Aufsicht über die von Gerichten im Rahmen ihrer justiziellen Tätigkeit vorgenommenen Verarbeitungen.

Art. 56 Zuständigkeit der federführenden Aufsichtsbehörde.

(1) Unbeschadet des Artikels 55 ist die Aufsichtsbehörde der Hauptniederlassung oder der einzigen Niederlassung des Verantwortlichen oder des Auftragsverarbeiters gemäß dem Verfahren nach Artikel 60 die zuständige federfüh-

---

[1] Richtig wohl: „nach dem".

rende Aufsichtsbehörde für die von diesem Verantwortlichen oder diesem Auftragsverarbeiter durchgeführte grenzüberschreitende Verarbeitung.

(2) Abweichend von Absatz 1 ist jede Aufsichtsbehörde dafür zuständig, sich mit einer bei ihr eingereichten Beschwerde oder einem etwaigen Verstoß gegen diese Verordnung zu befassen, wenn der Gegenstand nur mit einer Niederlassung in ihrem Mitgliedstaat zusammenhängt oder betroffene Personen nur ihres Mitgliedstaats erheblich beeinträchtigt.

(3) [1] In den in Absatz 2 des vorliegenden Artikels genannten Fällen unterrichtet die Aufsichtsbehörde unverzüglich die federführende Aufsichtsbehörde über diese Angelegenheit. [2] Innerhalb einer Frist von drei Wochen nach der Unterrichtung entscheidet die federführende Aufsichtsbehörde, ob sie sich mit dem Fall gemäß dem Verfahren nach Artikel 60 befasst oder nicht, wobei sie berücksichtigt, ob der Verantwortliche oder der Auftragsverarbeiter in dem Mitgliedstaat, dessen Aufsichtsbehörde sie unterrichtet hat, eine Niederlassung hat oder nicht.

(4) [1] Entscheidet die federführende Aufsichtsbehörde, sich mit dem Fall zu befassen, so findet das Verfahren nach Artikel 60 Anwendung. [2] Die Aufsichtsbehörde, die die federführende Aufsichtsbehörde unterrichtet hat, kann dieser einen Beschlussentwurf vorlegen. [3] Die federführende Aufsichtsbehörde trägt diesem Entwurf bei der Ausarbeitung des Beschlussentwurfs nach Artikel 60 Absatz 3 weitestgehend Rechnung.

(5) Entscheidet die federführende Aufsichtsbehörde, sich mit dem Fall nicht selbst zu befassen, so befasst die Aufsichtsbehörde, die die federführende Aufsichtsbehörde unterrichtet hat, sich mit dem Fall gemäß den Artikeln 61 und 62.

(6) Die federführende Aufsichtsbehörde ist der einzige Ansprechpartner der Verantwortlichen oder der Auftragsverarbeiter für Fragen der von diesem Verantwortlichen oder diesem Auftragsverarbeiter durchgeführten grenzüberschreitenden Verarbeitung.

Art. 57 Aufgaben. (1) Unbeschadet anderer in dieser Verordnung dargelegter Aufgaben muss jede Aufsichtsbehörde in ihrem Hoheitsgebiet

a) die Anwendung dieser Verordnung überwachen und durchsetzen;
b) die Öffentlichkeit für die Risiken, Vorschriften, Garantien und Rechte im Zusammenhang mit der Verarbeitung sensibilisieren und sie darüber aufklären. Besondere Beachtung finden dabei spezifische Maßnahmen für Kinder;
c) im Einklang mit dem Recht des Mitgliedsstaats das nationale Parlament, die Regierung und andere Einrichtungen und Gremien über legislative und administrative Maßnahmen zum Schutz der Rechte und Freiheiten natürlicher Personen in Bezug auf die Verarbeitung beraten;
d) die Verantwortlichen und die Auftragsverarbeiter für die ihnen aus dieser Verordnung entstehenden Pflichten sensibilisieren;
e) auf Anfrage jeder betroffenen Person Informationen über die Ausübung ihrer Rechte aufgrund dieser Verordnung zur Verfügung stellen und gegebenenfalls zu diesem Zweck mit den Aufsichtsbehörden in anderen Mitgliedstaaten zusammenarbeiten;
f) sich mit Beschwerden einer betroffenen Person oder Beschwerden einer Stelle, einer Organisation oder eines Verbandes gemäß Artikel 80 befassen,

den Gegenstand der Beschwerde in angemessenem Umfang untersuchen und den Beschwerdeführer innerhalb einer angemessenen Frist über den Fortgang und das Ergebnis der Untersuchung unterrichten, insbesondere, wenn eine weitere Untersuchung oder Koordinierung mit einer anderen Aufsichtsbehörde notwendig ist;

g) mit anderen Aufsichtsbehörden zusammenarbeiten, auch durch Informationsaustausch, und ihnen Amtshilfe leisten, um die einheitliche Anwendung und Durchsetzung dieser Verordnung zu gewährleisten;

h) Untersuchungen über die Anwendung dieser Verordnung durchführen, auch auf der Grundlage von Informationen einer anderen Aufsichtsbehörde oder einer anderen Behörde;

i) maßgebliche Entwicklungen verfolgen, soweit sie sich auf den Schutz personenbezogener Daten auswirken, insbesondere die Entwicklung der Informations- und Kommunikationstechnologie und der Geschäftspraktiken;

j) Standardvertragsklauseln im Sinne des Artikels 28 Absatz 8 und des Artikels 46 Absatz 2 Buchstabe d festlegen;

k) eine Liste der Verarbeitungsarten erstellen und führen, für die gemäß Artikel 35 Absatz 4 eine Datenschutz-Folgenabschätzung durchzuführen ist;

l) Beratung in Bezug auf die in Artikel 36 Absatz 2 genannten Verarbeitungsvorgänge leisten;

m) die Ausarbeitung von Verhaltensregeln gemäß Artikel 40 Absatz 1 fördern und zu diesen Verhaltensregeln, die ausreichende Garantien im Sinne des Artikels 40 Absatz 5 bieten müssen, Stellungnahmen abgeben und sie billigen;

n) die Einführung von Datenschutzzertifizierungsmechanismen und von Datenschutzsiegeln und -prüfzeichen nach Artikel 42 Absatz 1 anregen und Zertifizierungskriterien nach Artikel 42 Absatz 5 billigen;

o) gegebenenfalls die nach Artikel 42 Absatz 7 erteilten Zertifizierungen regelmäßig überprüfen;

p) die Anforderungen an die Akkreditierung einer Stelle für die Überwachung der Einhaltung der Verhaltensregeln gemäß Artikel 41 und einer Zertifizierungsstelle gemäß Artikel 43 abfassen und veröffentlichen;

q) die Akkreditierung einer Stelle für die Überwachung der Einhaltung der Verhaltensregeln gemäß Artikel 41 und einer Zertifizierungsstelle gemäß Artikel 43 vornehmen;

r) Vertragsklauseln und Bestimmungen im Sinne des Artikels 46 Absatz 3 genehmigen;

s) verbindliche interne Vorschriften gemäß Artikel 47 genehmigen;

t) Beiträge zur Tätigkeit des Ausschusses leisten;

u) interne Verzeichnisse über Verstöße gegen diese Verordnung und gemäß Artikel 58 Absatz 2 ergriffene Maßnahmen und

v) jede sonstige Aufgabe im Zusammenhang mit dem Schutz personenbezogener Daten erfüllen.

(2) Jede Aufsichtsbehörde erleichtert das Einreichen von in Absatz 1 Buchstabe f genannten Beschwerden durch Maßnahmen wie etwa die Bereitstellung

eines Beschwerdeformulars, das auch elektronisch ausgefüllt werden kann, ohne dass andere Kommunikationsmittel ausgeschlossen werden.

(3) Die Erfüllung der Aufgaben jeder Aufsichtsbehörde ist für die betroffene Person und gegebenenfalls für den Datenschutzbeauftragten unentgeltlich.

(4) [1] Bei offenkundig unbegründeten oder – insbesondere im Fall von häufiger Wiederholung – exzessiven Anfragen kann die Aufsichtsbehörde eine angemessene Gebühr auf der Grundlage der Verwaltungskosten verlangen oder sich weigern, aufgrund der Anfrage tätig zu werden. [2] In diesem Fall trägt die Aufsichtsbehörde die Beweislast für den offenkundig unbegründeten oder exzessiven Charakter der Anfrage.

Art. 58 Befugnisse. (1) Jede Aufsichtsbehörde verfügt über sämtliche folgenden Untersuchungsbefugnisse, die es ihr gestatten,

a) den Verantwortlichen, den Auftragsverarbeiter und gegebenenfalls den Vertreter des Verantwortlichen oder des Auftragsverarbeiters anzuweisen, alle Informationen bereitzustellen, die für die Erfüllung ihrer Aufgaben erforderlich sind,
b) Untersuchungen in Form von Datenschutzüberprüfungen durchzuführen,
c) eine Überprüfung der nach Artikel 42 Absatz 7 erteilten Zertifizierungen durchzuführen,
d) den Verantwortlichen oder den Auftragsverarbeiter auf einen vermeintlichen Verstoß gegen diese Verordnung hinzuweisen,
e) von dem Verantwortlichen und dem Auftragsverarbeiter Zugang zu allen personenbezogenen Daten und Informationen, die zur Erfüllung ihrer Aufgaben notwendig sind, zu erhalten,
f) gemäß dem Verfahrensrecht der Union oder dem Verfahrensrecht des Mitgliedstaats Zugang zu den Räumlichkeiten, einschließlich aller Datenverarbeitungsanlagen und -geräte, des Verantwortlichen und des Auftragsverarbeiters zu erhalten.

(2) Jede Aufsichtsbehörde verfügt über sämtliche folgenden Abhilfebefugnisse, die es ihr gestatten,

a) einen Verantwortlichen oder einen Auftragsverarbeiter zu warnen, dass beabsichtigte Verarbeitungsvorgänge voraussichtlich gegen diese Verordnung verstoßen,
b) einen Verantwortlichen oder einen Auftragsverarbeiter zu verwarnen, wenn er mit Verarbeitungsvorgängen gegen diese Verordnung verstoßen hat,
c) den Verantwortlichen oder den Auftragsverarbeiter anzuweisen, den Anträgen der betroffenen Person auf Ausübung der ihr nach dieser Verordnung zustehenden Rechte zu entsprechen,
d) den Verantwortlichen oder den Auftragsverarbeiter anzuweisen, Verarbeitungsvorgänge gegebenenfalls auf bestimmte Weise und innerhalb eines bestimmten Zeitraums in Einklang mit dieser Verordnung zu bringen,
e) den Verantwortlichen anzuweisen, die von einer Verletzung des Schutzes personenbezogener Daten betroffene Person entsprechend zu benachrichtigen,
f) eine vorübergehende oder endgültige Beschränkung der Verarbeitung, einschließlich eines Verbots, zu verhängen,

g) die Berichtigung oder Löschung von personenbezogenen Daten oder die Einschränkung der Verarbeitung gemäß den Artikeln 16, 17 und 18 und die Unterrichtung der Empfänger, an die diese personenbezogenen Daten gemäß Artikel 17 Absatz 2 und Artikel 19 offengelegt wurden, über solche Maßnahmen anzuordnen,

h) eine Zertifizierung zu widerrufen oder die Zertifizierungsstelle anzuweisen, eine gemäß den *Artikel*[1] 42 und 43 erteilte Zertifizierung zu widerrufen, oder die Zertifizierungsstelle anzuweisen, keine Zertifizierung zu erteilen, wenn die Voraussetzungen für die Zertifizierung nicht oder nicht mehr erfüllt werden,

i) eine Geldbuße gemäß Artikel 83 zu verhängen, zusätzlich zu oder anstelle von in diesem Absatz genannten Maßnahmen, je nach den Umständen des Einzelfalls,

j) die Aussetzung der Übermittlung von Daten an einen Empfänger in einem Drittland oder an eine internationale Organisation anzuordnen.

(3) Jede Aufsichtsbehörde verfügt über sämtliche folgenden Genehmigungsbefugnisse und beratenden Befugnisse, die es ihr gestatten,

a) gemäß dem Verfahren der vorherigen Konsultation nach Artikel 36 den Verantwortlichen zu beraten,

b) zu allen Fragen, die im Zusammenhang mit dem Schutz personenbezogener Daten stehen, von sich aus oder auf Anfrage Stellungnahmen an das nationale Parlament, die Regierung des Mitgliedstaats oder im Einklang mit dem Recht des Mitgliedstaats an sonstige Einrichtungen und Stellen sowie an die Öffentlichkeit zu richten,

c) die Verarbeitung gemäß Artikel 36 Absatz 5 zu genehmigen, falls im Recht des Mitgliedstaats eine derartige vorherige Genehmigung verlangt wird,

d) eine Stellungnahme abzugeben und Entwürfe von Verhaltensregeln gemäß Artikel 40 Absatz 5 zu billigen,

e) Zertifizierungsstellen gemäß Artikel 43 zu akkreditieren,

f) im Einklang mit Artikel 42 Absatz 5 Zertifizierungen zu erteilen und Kriterien für die Zertifizierung zu billigen,

g) Standarddatenschutzklauseln nach Artikel 28 Absatz 8 und Artikel 46 Absatz 2 Buchstabe d festzulegen,

h) Vertragsklauseln gemäß Artikel 46 Absatz 3 Buchstabe a zu genehmigen,

i) Verwaltungsvereinbarungen gemäß Artikel 46 Absatz 3 Buchstabe b zu genehmigen[2]

j) verbindliche interne Vorschriften gemäß Artikel 47 zu genehmigen.

(4) Die Ausübung der der Aufsichtsbehörde gemäß diesem Artikel übertragenen Befugnisse erfolgt vorbehaltlich geeigneter Garantien einschließlich wirksamer gerichtlicher Rechtsbehelfe und ordnungsgemäßer Verfahren gemäß dem Unionsrecht und dem Recht des Mitgliedstaats im Einklang mit der Charta.

---

[1] Richtig wohl: „Artikeln".
[2] Fehlende Zeichensetzung amtlich.

(5) Jeder Mitgliedstaat sieht durch Rechtsvorschriften vor, dass seine Aufsichtsbehörde befugt ist, Verstöße gegen diese Verordnung den Justizbehörden zur Kenntnis zu bringen und gegebenenfalls die Einleitung eines gerichtlichen Verfahrens zu betreiben oder sich sonst daran zu beteiligen, um die Bestimmungen dieser Verordnung durchzusetzen.

(6) [1] Jeder Mitgliedstaat kann durch Rechtsvorschriften vorsehen, dass seine Aufsichtsbehörde neben den in den Absätzen 1, 2 und 3 aufgeführten Befugnissen über zusätzliche Befugnisse verfügt. [2] Die Ausübung dieser Befugnisse darf nicht die effektive Durchführung des Kapitels VII beeinträchtigen.

Art. 59 Tätigkeitsbericht. [1] Jede Aufsichtsbehörde erstellt einen Jahresbericht über ihre Tätigkeit, der eine Liste der Arten der gemeldeten Verstöße und der Arten der getroffenen Maßnahmen nach Artikel 58 Absatz 2 enthalten kann. [2] Diese Berichte werden dem nationalen Parlament, der Regierung und anderen nach dem Recht der Mitgliedstaaten bestimmten Behörden übermittelt. [3] Sie werden der Öffentlichkeit, der Kommission und dem Ausschuss zugänglich gemacht.

Kapitel VII. Zusammenarbeit und Kohärenz

Abschnitt 1. Zusammenarbeit

Art. 60 Zusammenarbeit zwischen der federführenden Aufsichtsbehörde und den anderen betroffenen Aufsichtsbehörden. (1) [1] Die federführende Aufsichtsbehörde arbeitet mit den anderen betroffenen Aufsichtsbehörden im Einklang mit diesem Artikel zusammen und bemüht sich dabei, einen Konsens zu erzielen. [2] Die federführende Aufsichtsbehörde und die betroffenen Aufsichtsbehörden tauschen untereinander alle zweckdienlichen Informationen aus.

(2) Die federführende Aufsichtsbehörde kann jederzeit andere betroffene Aufsichtsbehörden um Amtshilfe gemäß Artikel 61 ersuchen und gemeinsame Maßnahmen gemäß Artikel 62 durchführen, insbesondere zur Durchführung von Untersuchungen oder zur Überwachung der Umsetzung einer Maßnahme in Bezug auf einen Verantwortlichen oder einen Auftragsverarbeiter, der in einem anderen Mitgliedstaat niedergelassen ist.

(3) [1] Die federführende Aufsichtsbehörde übermittelt den anderen betroffenen Aufsichtsbehörden unverzüglich die zweckdienlichen Informationen zu der Angelegenheit. [2] Sie legt den anderen betroffenen Aufsichtsbehörden unverzüglich einen Beschlussentwurf zur Stellungnahme vor und trägt deren Standpunkten gebührend Rechnung.

(4) Legt eine der anderen betroffenen Aufsichtsbehörden innerhalb von vier Wochen, nachdem sie gemäß Absatz 3 des vorliegenden Artikels konsultiert wurde, gegen diesen Beschlussentwurf einen maßgeblichen und begründeten Einspruch ein und schließt sich die federführende Aufsichtsbehörde dem maßgeblichen und begründeten Einspruch nicht an oder ist der Ansicht, dass der Einspruch nicht maßgeblich oder nicht begründet ist, so leitet die federführende Aufsichtsbehörde das Kohärenzverfahren gemäß Artikel 63 für die Angelegenheit ein.

(5) [1] Beabsichtigt die federführende Aufsichtsbehörde, sich dem maßgeblichen und begründeten Einspruch anzuschließen, so legt sie den anderen betroffenen Aufsichtsbehörden einen überarbeiteten Beschlussentwurf zur Stellungnahme vor. [2] Der überarbeitete Beschlussentwurf wird innerhalb von zwei Wochen dem Verfahren nach Absatz 4 unterzogen.

(6) Legt keine der anderen betroffenen Aufsichtsbehörden Einspruch gegen den Beschlussentwurf ein, der von der federführenden Aufsichtsbehörde innerhalb der in den Absätzen 4 und 5 festgelegten Frist vorgelegt wurde, so gelten die federführende Aufsichtsbehörde und die betroffenen Aufsichtsbehörden als mit dem Beschlussentwurf einverstanden und sind an ihn gebunden.

(7) [1] Die federführende Aufsichtsbehörde erlässt den Beschluss und teilt ihn der Hauptniederlassung oder der einzigen Niederlassung des Verantwortlichen oder gegebenenfalls des Auftragsverarbeiters mit und setzt die anderen betroffenen Aufsichtsbehörden und den Ausschuss von dem betreffenden Beschluss einschließlich einer Zusammenfassung der maßgeblichen Fakten und Gründe in Kenntnis. [2] Die Aufsichtsbehörde, bei der eine Beschwerde eingereicht worden ist, unterrichtet den Beschwerdeführer über den Beschluss.

(8) Wird eine Beschwerde abgelehnt oder abgewiesen, so erlässt die Aufsichtsbehörde, bei der die Beschwerde eingereicht wurde, abweichend von Absatz 7 den Beschluss, teilt ihn dem Beschwerdeführer mit und setzt den Verantwortlichen in Kenntnis.

(9) [1] Sind sich die federführende Aufsichtsbehörde und die betreffenden Aufsichtsbehörden darüber einig, Teile der Beschwerde abzulehnen oder abzuweisen und bezüglich anderer Teile dieser Beschwerde tätig zu werden, so wird in dieser Angelegenheit für jeden dieser Teile ein eigener Beschluss erlassen. [2] Die federführende Aufsichtsbehörde erlässt den Beschluss für den Teil, der das Tätigwerden in Bezug auf den Verantwortlichen betrifft, teilt ihn der Hauptniederlassung oder einzigen Niederlassung des Verantwortlichen oder des Auftragsverarbeiters im Hoheitsgebiet ihres Mitgliedstaats mit und setzt den Beschwerdeführer hiervon in Kenntnis, während die für den Beschwerdeführer zuständige Aufsichtsbehörde den Beschluss für den Teil erlässt, der die Ablehnung oder Abweisung dieser Beschwerde betrifft, und ihn diesem Beschwerdeführer mitteilt und den Verantwortlichen oder den Auftragsverarbeiter hiervon in Kenntnis setzt.

(10) [1] Nach der Unterrichtung über den Beschluss der federführenden Aufsichtsbehörde gemäß den Absätzen 7 und 9 ergreift der Verantwortliche oder der Auftragsverarbeiter die erforderlichen Maßnahmen, um die Verarbeitungstätigkeiten all seiner Niederlassungen in der Union mit dem Beschluss in Einklang zu bringen. [2] Der Verantwortliche oder der Auftragsverarbeiter teilt der federführenden Aufsichtsbehörde die Maßnahmen mit, die zur Einhaltung des Beschlusses ergriffen wurden; diese wiederum unterrichtet die anderen betroffenen Aufsichtsbehörden.

(11) Hat – in Ausnahmefällen – eine betroffene Aufsichtsbehörde Grund zu der Annahme, dass zum Schutz der Interessen betroffener Personen dringender Handlungsbedarf besteht, so kommt das Dringlichkeitsverfahren nach Artikel 66 zur Anwendung.

(12) Die federführende Aufsichtsbehörde und die anderen betroffenen Aufsichtsbehörden übermitteln einander die nach diesem Artikel geforderten In-

formationen auf elektronischem Wege unter Verwendung eines standardisierten Formats.

Art. 61 Gegenseitige Amtshilfe. (1) [1]Die Aufsichtsbehörden übermitteln einander maßgebliche Informationen und gewähren einander Amtshilfe, um diese Verordnung einheitlich durchzuführen und anzuwenden, und treffen Vorkehrungen für eine wirksame Zusammenarbeit. [2]Die Amtshilfe bezieht sich insbesondere auf Auskunftsersuchen und aufsichtsbezogene Maßnahmen, beispielsweise Ersuchen um vorherige Genehmigungen und eine vorherige Konsultation, um Vornahme von Nachprüfungen und Untersuchungen.

(2) [1]Jede Aufsichtsbehörde ergreift alle geeigneten Maßnahmen, um einem Ersuchen einer anderen Aufsichtsbehörde unverzüglich und spätestens innerhalb eines Monats nach Eingang des Ersuchens nachzukommen. [2]Dazu kann insbesondere auch die Übermittlung maßgeblicher Informationen über die Durchführung einer Untersuchung gehören.

(3) [1]Amtshilfeersuchen enthalten alle erforderlichen Informationen, einschließlich Zweck und Begründung des Ersuchens. [2]Die übermittelten Informationen werden ausschließlich für den Zweck verwendet, für den sie angefordert wurden.

(4) Die ersuchte Aufsichtsbehörde lehnt das Ersuchen nur ab, wenn

a) sie für den Gegenstand des Ersuchens oder für die Maßnahmen, die sie durchführen soll, nicht zuständig ist oder

b) ein Eingehen auf das Ersuchen gegen diese Verordnung verstoßen würde oder gegen das Unionsrecht oder das Recht der Mitgliedstaaten, dem die Aufsichtsbehörde, bei der das Ersuchen eingeht, unterliegt.

(5) [1]Die ersuchte Aufsichtsbehörde informiert die ersuchende Aufsichtsbehörde über die Ergebnisse oder gegebenenfalls über den Fortgang der Maßnahmen, die getroffen wurden, um dem Ersuchen nachzukommen. [2]Die ersuchte Aufsichtsbehörde erläutert gemäß Absatz 4 die Gründe für die Ablehnung des Ersuchens.

(6) Die ersuchten Aufsichtsbehörden übermitteln die Informationen, um die von einer anderen Aufsichtsbehörde ersucht wurde, in der Regel auf elektronischem Wege unter Verwendung eines standardisierten Formats.

(7) [1]Ersuchte Aufsichtsbehörden verlangen für Maßnahmen, die sie aufgrund eines Amtshilfeersuchens getroffen haben, keine Gebühren. [2]Die Aufsichtsbehörden können untereinander Regeln vereinbaren, um einander in Ausnahmefällen besondere aufgrund der Amtshilfe entstandene Ausgaben zu erstatten.

(8) [1]Erteilt eine ersuchte Aufsichtsbehörde nicht binnen eines Monats nach Eingang des Ersuchens einer anderen Aufsichtsbehörde die Informationen gemäß Absatz 5, so kann die ersuchende Aufsichtsbehörde eine einstweilige Maßnahme im Hoheitsgebiet ihres Mitgliedstaats gemäß Artikel 55 Absatz 1 ergreifen. [2]In diesem Fall wird von einem dringenden Handlungsbedarf gemäß Artikel 66 Absatz 1 ausgegangen, der einen im Dringlichkeitsverfahren angenommenen verbindlichen Beschluss des Ausschuss gemäß Artikel 66 Absatz 2 erforderlich macht.

(9) [1]Die Kommission kann im Wege von Durchführungsrechtsakten Form und Verfahren der Amtshilfe nach diesem Artikel und die Ausgestaltung des

elektronischen Informationsaustauschs zwischen den Aufsichtsbehörden sowie zwischen den Aufsichtsbehörden und dem Ausschuss, insbesondere das in Absatz 6 des vorliegenden Artikels genannte standardisierte Format, festlegen. [2]Diese Durchführungsrechtsakte werden gemäß dem in Artikel 93 Absatz 2 genannten Prüfverfahren erlassen.

Art. 62 Gemeinsame Maßnahmen der Aufsichtsbehörden. (1) Die Aufsichtsbehörden führen gegebenenfalls gemeinsame Maßnahmen einschließlich gemeinsamer Untersuchungen und gemeinsamer Durchsetzungsmaßnahmen durch, an denen Mitglieder oder Bedienstete der Aufsichtsbehörden anderer Mitgliedstaaten teilnehmen.

(2) [1]Verfügt der Verantwortliche oder der Auftragsverarbeiter über Niederlassungen in mehreren Mitgliedstaaten oder werden die Verarbeitungsvorgänge voraussichtlich auf eine bedeutende Zahl betroffener Personen in mehr als einem Mitgliedstaat erhebliche Auswirkungen haben, ist die Aufsichtsbehörde jedes dieser Mitgliedstaaten berechtigt, an den gemeinsamen Maßnahmen teilzunehmen. [2]Die gemäß Artikel 56 Absatz 1 oder Absatz 4 zuständige Aufsichtsbehörde lädt die Aufsichtsbehörde jedes dieser Mitgliedstaaten zur Teilnahme an den gemeinsamen Maßnahmen ein und antwortet unverzüglich auf das Ersuchen einer Aufsichtsbehörde um Teilnahme.

(3) [1]Eine Aufsichtsbehörde kann gemäß dem Recht des Mitgliedstaats und mit Genehmigung der unterstützenden Aufsichtsbehörde den an den gemeinsamen Maßnahmen beteiligten Mitgliedern oder Bediensteten der unterstützenden Aufsichtsbehörde Befugnisse einschließlich Untersuchungsbefugnisse übertragen oder, soweit dies nach dem Recht des Mitgliedstaats der einladenden Aufsichtsbehörde zulässig ist, den Mitgliedern oder Bediensteten der unterstützenden Aufsichtsbehörde gestatten, ihre Untersuchungsbefugnisse nach dem Recht des Mitgliedstaats der unterstützenden Aufsichtsbehörde auszuüben. [2]Diese Untersuchungsbefugnisse können nur unter der Leitung und in Gegenwart der Mitglieder oder Bediensteten der einladenden Aufsichtsbehörde ausgeübt werden. [3]Die Mitglieder oder Bediensteten der unterstützenden Aufsichtsbehörde unterliegen dem Recht des Mitgliedstaats der einladenden Aufsichtsbehörde.

(4) Sind gemäß Absatz 1 Bedienstete einer unterstützenden Aufsichtsbehörde in einem anderen Mitgliedstaat im Einsatz, so übernimmt der Mitgliedstaat der einladenden Aufsichtsbehörde nach Maßgabe des Rechts des Mitgliedstaats, in dessen Hoheitsgebiet der Einsatz erfolgt, die Verantwortung für ihr Handeln, einschließlich der Haftung für alle von ihnen bei ihrem Einsatz verursachten Schäden.

(5) [1]Der Mitgliedstaat, in dessen Hoheitsgebiet der Schaden verursacht wurde, ersetzt diesen Schaden so, wie er ihn ersetzen müsste, wenn seine eigenen Bediensteten ihn verursacht hätten. [2]Der Mitgliedstaat der unterstützenden Aufsichtsbehörde, deren Bedienstete im Hoheitsgebiet eines anderen Mitgliedstaats einer Person Schaden zugefügt haben, erstattet diesem anderen Mitgliedstaat den Gesamtbetrag des Schadenersatzes, den dieser an die Berechtigten geleistet hat.

(6) Unbeschadet der Ausübung seiner Rechte gegenüber Dritten und mit Ausnahme des Absatzes 5 verzichtet jeder Mitgliedstaat in dem Fall des Ab-

satzes 1 darauf, den in Absatz 4 genannten Betrag des erlittenen Schadens anderen Mitgliedstaaten gegenüber geltend zu machen.

(7) [1] Ist eine gemeinsame Maßnahme geplant und kommt eine Aufsichtsbehörde binnen eines Monats nicht der Verpflichtung nach Absatz 2 Satz 2 des vorliegenden Artikels nach, so können die anderen Aufsichtsbehörden eine einstweilige Maßnahme im Hoheitsgebiet ihres Mitgliedstaats gemäß Artikel 55 ergreifen. [2] In diesem Fall wird von einem dringenden Handlungsbedarf gemäß Artikel 66 Absatz 1 ausgegangen, der eine im Dringlichkeitsverfahren angenommene Stellungnahme oder einen im Dringlichkeitsverfahren angenommenen verbindlichen Beschluss des Ausschusses gemäß Artikel 66 Absatz 2 erforderlich macht.

Abschnitt 2. Kohärenz

Art. 63 Kohärenzverfahren. Um zur einheitlichen Anwendung dieser Verordnung in der gesamten Union beizutragen, arbeiten die Aufsichtsbehörden im Rahmen des in diesem Abschnitt beschriebenen Kohärenzverfahrens untereinander und gegebenenfalls mit der Kommission zusammen.

Art. 64 Stellungnahme des Ausschusses. (1) [1] Der Ausschuss gibt eine Stellungnahme ab, wenn die zuständige Aufsichtsbehörde beabsichtigt, eine der nachstehenden Maßnahmen zu erlassen. [2] Zu diesem Zweck übermittelt die zuständige Aufsichtsbehörde dem Ausschuss den Entwurf des Beschlusses, wenn dieser

a) der Annahme einer Liste der Verarbeitungsvorgänge dient, die der Anforderung einer Datenschutz-Folgenabschätzung gemäß Artikel 35 Absatz 4 unterliegen,
b) eine Angelegenheit gemäß Artikel 40 Absatz 7 und damit die Frage betrifft, ob ein Entwurf von Verhaltensregeln oder eine Änderung oder Ergänzung von Verhaltensregeln mit dieser Verordnung in Einklang steht,
c) der Billigung der Anforderungen an die Akkreditierung einer Stelle nach Artikel 41 Absatz 3, einer Zertifizierungsstelle nach Artikel 43 Absatz 3 oder der Kriterien für die Zertifizierung gemäß Artikel 42 Absatz 5 dient,
d) der Festlegung von Standard-Datenschutzklauseln gemäß Artikel 46 Absatz 2 Buchstabe d und Artikel 28 Absatz 8 dient,
e) der Genehmigung von Vertragsklauseln gemäß Artikels 46 Absatz 3 Buchstabe a dient, oder
f) der Annahme verbindlicher interner Vorschriften im Sinne von Artikel 47 dient.

(2) Jede Aufsichtsbehörde, der Vorsitz des Ausschuss oder die Kommission können beantragen, dass eine Angelegenheit mit allgemeiner Geltung oder mit Auswirkungen in mehr als einem Mitgliedstaat vom Ausschuss geprüft wird, um eine Stellungnahme zu erhalten, insbesondere wenn eine zuständige Aufsichtsbehörde den Verpflichtungen zur Amtshilfe gemäß Artikel 61 oder zu gemeinsamen Maßnahmen gemäß Artikel 62 nicht nachkommt.

(3) [1] In den in den Absätzen 1 und 2 genannten Fällen gibt der Ausschuss eine Stellungnahme zu der Angelegenheit ab, die ihm vorgelegt wurde, sofern er nicht bereits eine Stellungnahme zu derselben Angelegenheit abgegeben hat.

[2]Diese Stellungnahme wird binnen acht Wochen mit der einfachen Mehrheit der Mitglieder des Ausschusses angenommen. [3]Diese Frist kann unter Berücksichtigung der Komplexität der Angelegenheit um weitere sechs Wochen verlängert werden. [4]Was den in Absatz 1 genannten Beschlussentwurf angeht, der gemäß Absatz 5 den Mitgliedern des Ausschusses übermittelt wird, so wird angenommen, dass ein Mitglied, das innerhalb einer vom Vorsitz angegebenen angemessenen Frist keine Einwände erhoben hat, dem Beschlussentwurf zustimmt.

(4) Die Aufsichtsbehörden und die Kommission übermitteln unverzüglich dem Ausschuss auf elektronischem Wege unter Verwendung eines standardisierten Formats alle zweckdienlichen Informationen, einschließlich – je nach Fall – einer kurzen Darstellung des Sachverhalts, des Beschlussentwurfs, der Gründe, warum eine solche Maßnahme ergriffen werden muss, und der Standpunkte anderer betroffener Aufsichtsbehörden.

(5) Der Vorsitz des Ausschusses unterrichtet unverzüglich auf elektronischem Wege

a) unter Verwendung eines standardisierten Formats die Mitglieder des Ausschusses und die Kommission über alle zweckdienlichen Informationen, die ihm zugegangen sind. Soweit erforderlich stellt das Sekretariat des Ausschusses Übersetzungen der zweckdienlichen Informationen zur Verfügung und

b) je nach Fall die in den Absätzen 1 und 2 genannte Aufsichtsbehörde und die Kommission über die Stellungnahme und veröffentlicht sie.

(6) Die in Absatz 1 genannte zuständige Aufsichtsbehörde nimmt den in Absatz 1 genannten Beschlussentwurf nicht vor Ablauf der in Absatz 3 genannten Frist an.

(7) Die in Absatz 1 genannte zuständige Aufsichtsbehörde trägt der Stellungnahme des Ausschusses weitestgehend Rechnung und teilt dessen Vorsitz binnen zwei Wochen nach Eingang der Stellungnahme auf elektronischem Wege unter Verwendung eines standardisierten Formats mit, ob sie den Beschlussentwurf beibehalten oder ändern wird; gegebenenfalls übermittelt sie den geänderten Beschlussentwurf.

(8) Teilt die in Absatz 1 genannte zuständige Aufsichtsbehörde dem Vorsitz des Ausschusses innerhalb der Frist nach Absatz 7 des vorliegenden Artikels unter Angabe der maßgeblichen Gründe mit, dass sie beabsichtigt, der Stellungnahme des Ausschusses insgesamt oder teilweise nicht zu folgen, so gilt Artikel 65 Absatz 1.

Art. 65 Streitbeilegung durch den Ausschuss. (1) Um die ordnungsgemäße und einheitliche Anwendung dieser Verordnung in Einzelfällen sicherzustellen, erlässt der Ausschuss in den folgenden Fällen einen verbindlichen Beschluss:

a) wenn eine betroffene Aufsichtsbehörde in einem Fall nach Artikel 60 Absatz 4 einen maßgeblichen und begründeten Einspruch gegen einen Beschlussentwurf der federführenden Aufsichtsbehörde eingelegt hat und sich die federführende Aufsichtsbehörde dem Einspruch nicht angeschlossen hat oder den Einspruch als nicht maßgeblich oder nicht begründet abgelehnt hat. Der verbindliche Beschluss betrifft alle Angelegenheiten, die Gegenstand des maßgeblichen und begründeten Einspruchs sind, insbesondere die Frage, ob ein Verstoß gegen diese Verordnung vorliegt;

b) wenn es widersprüchliche Standpunkte dazu gibt, welche der betroffenen Aufsichtsbehörden für die Hauptniederlassung zuständig ist,

c) wenn eine zuständige Aufsichtsbehörde in den in Artikel 64 Absatz 1 genannten Fällen keine Stellungnahme des Ausschusses einholt oder der Stellungnahme des Ausschusses gemäß Artikel 64 nicht folgt. In diesem Fall kann jede betroffene Aufsichtsbehörde oder die Kommission die Angelegenheit dem Ausschuss vorlegen.

(2) [1] Der in Absatz 1 genannte Beschluss wird innerhalb eines Monats nach der Befassung mit der Angelegenheit mit einer Mehrheit von zwei Dritteln der Mitglieder des Ausschusses angenommen. [2] Diese Frist kann wegen der Komplexität der Angelegenheit um einen weiteren Monat verlängert werden. [3] Der in Absatz 1 genannte Beschluss wird begründet und an die federführende Aufsichtsbehörde und alle betroffenen Aufsichtsbehörden übermittelt und ist für diese verbindlich.

(3) [1] War der Ausschuss nicht in der Lage, innerhalb der in Absatz 2 genannten Fristen einen Beschluss anzunehmen, so nimmt er seinen Beschluss innerhalb von zwei Wochen nach Ablauf des in Absatz 2 genannten zweiten Monats mit einfacher Mehrheit der Mitglieder des Ausschusses an. [2] Bei Stimmengleichheit zwischen den Mitgliedern des Ausschusses gibt die Stimme des Vorsitzes den Ausschlag.

(4) Die betroffenen Aufsichtsbehörden nehmen vor Ablauf der in den Absätzen 2 und 3 genannten Fristen keinen Beschluss über die dem Ausschuss vorgelegte Angelegenheit an.

(5) [1] Der Vorsitz des Ausschusses unterrichtet die betroffenen Aufsichtsbehörden unverzüglich über den in Absatz 1 genannten Beschluss. [2] Er setzt die Kommission hiervon in Kenntnis. [3] Der Beschluss wird unverzüglich auf der Website des Ausschusses veröffentlicht, nachdem die Aufsichtsbehörde den in Absatz 6 genannten endgültigen Beschluss mitgeteilt hat.

(6) [1] Die federführende Aufsichtsbehörde oder gegebenenfalls die Aufsichtsbehörde, bei der die Beschwerde eingereicht wurde, trifft den endgültigen Beschluss auf der Grundlage des in Absatz 1 des vorliegenden Artikels genannten Beschlusses unverzüglich und spätestens einen Monat, nachdem der Europäische Datenschutzausschuss seinen Beschluss mitgeteilt hat. [2] Die federführende Aufsichtsbehörde oder gegebenenfalls die Aufsichtsbehörde, bei der die Beschwerde eingereicht wurde, setzt den Ausschuss von dem Zeitpunkt, zu dem ihr endgültiger Beschluss dem Verantwortlichen oder dem Auftragsverarbeiter bzw. der betroffenen Person mitgeteilt wird, in Kenntnis. [3] Der endgültige Beschluss der betroffenen Aufsichtsbehörden wird gemäß Artikel 60 Absätze 7, 8 und 9 angenommen. [4] Im endgültigen Beschluss wird auf den in Absatz 1 genannten Beschluss verwiesen und festgelegt, dass der in Absatz 1 des vorliegenden Artikels genannte Beschluss gemäß Absatz 5 auf der Website des Ausschusses veröffentlicht wird. [5] Dem endgültigen Beschluss wird der in Absatz 1 des vorliegenden Artikels genannte Beschluss beigefügt.

Art. 66 Dringlichkeitsverfahren. (1) [1] Unter außergewöhnlichen Umständen kann eine betroffene Aufsichtsbehörde abweichend vom Kohärenzverfahren nach Artikel 63, 64 und 65 oder dem Verfahren nach Artikel 60 sofort einstweilige Maßnahmen mit festgelegter Geltungsdauer von höchstens drei Monaten treffen, die in ihrem Hoheitsgebiet rechtliche Wirkung entfalten sollen, wenn sie zu der Auffassung gelangt, dass dringender Handlungsbedarf besteht, um Rechte und Freiheiten von betroffenen Personen zu schützen. [2]Die Aufsichtsbehörde setzt die anderen betroffenen Aufsichtsbehörden, den Ausschuss und die Kommission unverzüglich von diesen Maßnahmen und den Gründen für deren Erlass in Kenntnis.

(2) Hat eine Aufsichtsbehörde eine Maßnahme nach Absatz 1 ergriffen und ist sie der Auffassung, dass dringend endgültige Maßnahmen erlassen werden müssen, kann sie unter Angabe von Gründen im Dringlichkeitsverfahren um eine Stellungnahme oder einen verbindlichen Beschluss des Ausschusses ersuchen.

(3) Jede Aufsichtsbehörde kann unter Angabe von Gründen, auch für den dringenden Handlungsbedarf, im Dringlichkeitsverfahren um eine Stellungnahme oder gegebenenfalls einen verbindlichen Beschluss des Ausschusses ersuchen, wenn eine zuständige Aufsichtsbehörde trotz dringenden Handlungsbedarfs keine geeignete Maßnahme getroffen hat, um die Rechte und Freiheiten von betroffenen Personen zu schützen.

(4) Abweichend von Artikel 64 Absatz 3 und Artikel 65 Absatz 2 wird eine Stellungnahme oder ein verbindlicher Beschluss im Dringlichkeitsverfahren nach den Absätzen 2 und 3 binnen zwei Wochen mit einfacher Mehrheit der Mitglieder des Ausschusses angenommen.

Art. 67 Informationsaustausch. *[1]* Die Kommission kann Durchführungsrechtsakte von allgemeiner Tragweite zur Festlegung der Ausgestaltung des elektronischen Informationsaustauschs zwischen den Aufsichtsbehörden sowie zwischen den Aufsichtsbehörden und dem Ausschuss, insbesondere des standardisierten Formats nach Artikel 64, erlassen.

[2] Diese Durchführungsrechtsakte werden gemäß dem Prüfverfahren nach Artikel 93 Absatz 2 erlassen.

Abschnitt 3. Europäischer Datenschutzausschuss

Art. 68 Europäischer Datenschutzausschuss. (1) Der Europäische Datenschutzausschuss (im Folgenden „Ausschuss") wird als Einrichtung der Union mit eigener Rechtspersönlichkeit eingerichtet.

(2) Der Ausschuss wird von seinem Vorsitz vertreten.

(3) Der Ausschuss besteht aus dem Leiter einer Aufsichtsbehörde jedes Mitgliedstaats und dem Europäischen Datenschutzbeauftragten oder ihren jeweiligen Vertretern.

(4) Ist in einem Mitgliedstaat mehr als eine Aufsichtsbehörde für die Überwachung der Anwendung der nach Maßgabe dieser Verordnung erlassenen Vorschriften zuständig, so wird im Einklang mit den Rechtsvorschriften dieses Mitgliedstaats ein gemeinsamer Vertreter benannt.

(5) [1]Die Kommission ist berechtigt, ohne Stimmrecht an den Tätigkeiten und Sitzungen des Ausschusses teilzunehmen. [2]Die Kommission benennt einen

Vertreter. [3]Der Vorsitz des Ausschusses unterrichtet die Kommission über die Tätigkeiten des Ausschusses.

(6) In den in Artikel 65 genannten Fällen ist der Europäische Datenschutzbeauftragte nur bei Beschlüssen stimmberechtigt, die Grundsätze und Vorschriften betreffen, die für die Organe, Einrichtungen, Ämter und Agenturen der Union gelten und inhaltlich den Grundsätzen und Vorschriften dieser Verordnung entsprechen.

Art. 69 Unabhängigkeit. (1) Der Ausschuss handelt bei der Erfüllung seiner Aufgaben oder in Ausübung seiner Befugnisse gemäß den Artikeln 70 und 71 unabhängig.

(2) Unbeschadet der Ersuchen der Kommission gemäß Artikel 70 Absätze 1 und 2 ersucht der Ausschuss bei der Erfüllung seiner Aufgaben oder in Ausübung seiner Befugnisse weder um Weisung noch nimmt er Weisungen entgegen.

Art. 70 Aufgaben des Ausschusses. (1) [1]Der Ausschuss stellt die einheitliche Anwendung dieser Verordnung sicher. [2]Hierzu nimmt der Ausschuss von sich aus oder gegebenenfalls auf Ersuchen der Kommission insbesondere folgende Tätigkeiten wahr:

a) Überwachung und Sicherstellung der ordnungsgemäßen Anwendung dieser Verordnung in den in den Artikeln 64 und 65 genannten Fällen unbeschadet der Aufgaben der nationalen Aufsichtsbehörden;

b) Beratung der Kommission in allen Fragen, die im Zusammenhang mit dem Schutz personenbezogener Daten in der Union stehen, einschließlich etwaiger Vorschläge zur Änderung dieser Verordnung;

c) Beratung der Kommission über das Format und die Verfahren für den Austausch von Informationen zwischen den Verantwortlichen, den Auftragsverarbeitern und den Aufsichtsbehörden in Bezug auf verbindliche interne Datenschutzvorschriften;

d) Bereitstellung von Leitlinien, Empfehlungen und bewährten Verfahren zu Verfahren für die Löschung gemäß Artikel 17 Absatz 2 von Links zu personenbezogenen Daten oder Kopien oder Replikationen dieser Daten aus öffentlich zugänglichen Kommunikationsdiensten;

e) Prüfung – von sich aus, auf Antrag eines seiner Mitglieder oder auf Ersuchen der Kommission – von die Anwendung dieser Verordnung betreffenden Fragen und Bereitstellung von Leitlinien, Empfehlungen und bewährten Verfahren zwecks Sicherstellung einer einheitlichen Anwendung dieser Verordnung;

f) Bereitstellung von Leitlinien, Empfehlungen und bewährten Verfahren gemäß Buchstabe e des vorliegenden Absatzes zur näheren Bestimmung der Kriterien und Bedingungen für die auf Profiling beruhenden Entscheidungen gemäß Artikel 22 Absatz 2;

g) Bereitstellung von Leitlinien, Empfehlungen und bewährten Verfahren gemäß Buchstabe e des vorliegenden Absatzes für die Feststellung von Verletzungen des Schutzes personenbezogener Daten und die Festlegung der Unverzüglichkeit im Sinne des Artikels 33 Absätze 1 und 2, und zu den spezifischen Umständen, unter denen der Verantwortliche oder der Auftragsverarbeiter die Verletzung des Schutzes personenbezogener Daten zu melden hat;

h) Bereitstellung von Leitlinien, Empfehlungen und bewährten Verfahren gemäß Buchstabe e des vorliegenden Absatzes zu den Umständen, unter denen eine Verletzung des Schutzes personenbezogener Daten voraussichtlich ein hohes Risiko für die Rechte und Freiheiten natürlicher Personen im Sinne des Artikels 34 Absatz 1 zur Folge hat;

i) Bereitstellung von Leitlinien, Empfehlungen und bewährten Verfahren gemäß Buchstabe e des vorliegenden Absatzes zur näheren Bestimmung der in Artikel 47 aufgeführten Kriterien und Anforderungen für die Übermittlungen personenbezogener Daten, die auf verbindlichen internen Datenschutzvorschriften von Verantwortlichen oder Auftragsverarbeitern beruhen, und der dort aufgeführten weiteren erforderlichen Anforderungen zum Schutz personenbezogener Daten der betroffenen Personen;

j) Bereitstellung von Leitlinien, Empfehlungen und bewährten Verfahren gemäß Buchstabe e des vorliegenden Absatzes zur näheren Bestimmung der Kriterien und Bedingungen für die Übermittlungen personenbezogener Daten gemäß Artikel 49 Absatz 1;

k) Ausarbeitung von Leitlinien für die Aufsichtsbehörden in Bezug auf die Anwendung von Maßnahmen nach Artikel 58 Absätze 1, 2 und 3 und die Festsetzung von Geldbußen gemäß Artikel 83;

l) Überprüfung der praktischen Anwendung der Leitlinien, Empfehlungen und bewährten Verfahren;

m) Bereitstellung von Leitlinien, Empfehlungen und bewährten Verfahren gemäß Buchstabe e des vorliegenden Absatzes zur Festlegung gemeinsamer Verfahren für die von natürlichen Personen vorgenommene Meldung von Verstößen gegen diese Verordnung gemäß Artikel 54 Absatz 2;

n) Förderung der Ausarbeitung von Verhaltensregeln und der Einrichtung von datenschutzspezifischen Zertifizierungsverfahren sowie Datenschutzsiegeln und -prüfzeichen gemäß den Artikeln 40 und 42;

o) Genehmigung der Zertifizierungskriterien gemäß Artikel 42 Absatz 5 und Führung eines öffentlichen Registers der Zertifizierungsverfahren sowie von Datenschutzsiegeln und -prüfzeichen gemäß Artikel 42 Absatz 8 und der in Drittländern niedergelassenen zertifizierten Verantwortlichen oder Auftragsverarbeiter gemäß Artikel 42 Absatz 7;

p) Genehmigung der in Artikel 43 Absatz 3 genannten Anforderungen im Hinblick auf die Akkreditierung von Zertifizierungsstellen gemäß Artikel 43;

q) Abgabe einer Stellungnahme für die Kommission zu den Zertifizierungsanforderungen gemäß Artikel 43 Absatz 8;

r) Abgabe einer Stellungnahme für die Kommission zu den Bildsymbolen gemäß Artikel 12 Absatz 7;

s) Abgabe einer Stellungnahme für die Kommission zur Beurteilung der Angemessenheit des in einem Drittland oder einer internationalen Organisation gebotenen Schutzniveaus einschließlich zur Beurteilung der Frage, ob das Drittland, das Gebiet, ein oder mehrere spezifische Sektoren in diesem Drittland oder eine internationale Organisation kein angemessenes Schutzniveau mehr gewährleistet. Zu diesem Zweck gibt die Kommission dem Ausschuss alle erforderlichen Unterlagen, darunter den Schriftwechsel mit der Regierung des Drittlands, dem Gebiet oder spezifischen Sektor oder der internationalen Organisation;

t) Abgabe von Stellungnahmen im Kohärenzverfahren gemäß Artikel 64 Absatz 1 zu Beschlussentwürfen von Aufsichtsbehörden, zu Angelegenheiten, die nach Artikel 64 Absatz 2 vorgelegt wurden und um Erlass verbindlicher Beschlüsse gemäß Artikel 65, einschließlich der in Artikel 66 genannten Fälle;

u) Förderung der Zusammenarbeit und eines wirksamen bilateralen und multilateralen Austauschs von Informationen und bewährten Verfahren zwischen den Aufsichtsbehörden;

v) Förderung von Schulungsprogrammen und Erleichterung des Personalaustausches zwischen Aufsichtsbehörden sowie gegebenenfalls mit Aufsichtsbehörden von Drittländern oder mit internationalen Organisationen;

w) Förderung des Austausches von Fachwissen und von Dokumentationen über Datenschutzvorschriften und -praxis mit Datenschutzaufsichtsbehörden in aller Welt;

x) Abgabe von Stellungnahmen zu den auf Unionsebene erarbeiteten Verhaltensregeln gemäß Artikel 40 Absatz 9 und

y) Führung eines öffentlich zugänglichen elektronischen Registers der Beschlüsse der Aufsichtsbehörden und Gerichte in Bezug auf Fragen, die im Rahmen des Kohärenzverfahrens behandelt wurden.

(2) Die Kommission kann, wenn sie den Ausschuss um Rat ersucht, unter Berücksichtigung der Dringlichkeit des Sachverhalts eine Frist angeben.

(3) Der Ausschuss leitet seine Stellungnahmen, Leitlinien, Empfehlungen und bewährten Verfahren an die Kommission und an den in Artikel 93 genannten Ausschuss weiter und veröffentlicht sie.

(4) [1]Der Ausschuss konsultiert gegebenenfalls interessierte Kreise und gibt ihnen Gelegenheit, innerhalb einer angemessenen Frist Stellung zu nehmen. [2]Unbeschadet des Artikels 76 macht der Ausschuss die Ergebnisse der Konsultation der Öffentlichkeit zugänglich.

Art. 71 Berichterstattung. (1) [1]Der Ausschuss erstellt einen Jahresbericht über den Schutz natürlicher Personen bei der Verarbeitung in der Union und gegebenenfalls in Drittländern und internationalen Organisationen. [2]Der Bericht wird veröffentlicht und dem Europäischen Parlament, dem Rat und der Kommission übermittelt.

(2) Der Jahresbericht enthält eine Überprüfung der praktischen Anwendung der in Artikel 70 Absatz 1 Buchstabe 1 genannten Leitlinien, Empfehlungen und bewährten Verfahren sowie der in Artikel 65 genannten verbindlichen Beschlüsse.

Art. 72 Verfahrensweise. (1) Sofern in dieser Verordnung nichts anderes bestimmt ist, fasst der Ausschuss seine Beschlüsse mit einfacher Mehrheit seiner Mitglieder.

(2) Der Ausschuss gibt sich mit einer Mehrheit von zwei Dritteln seiner Mitglieder eine Geschäftsordnung und legt seine Arbeitsweise fest.

Art. 73 Vorsitz. (1) Der Ausschuss wählt aus dem Kreis seiner Mitglieder mit einfacher Mehrheit einen Vorsitzenden und zwei stellvertretende Vorsitzende.

(2) Die Amtszeit des Vorsitzenden und seiner beiden Stellvertreter beträgt fünf Jahre; ihre einmalige Wiederwahl ist zulässig.

Art. 74 Aufgaben des Vorsitzes. (1) Der Vorsitz hat folgende Aufgaben:

a) Einberufung der Sitzungen des Ausschusses und Erstellung der Tagesordnungen,

b) Übermittlung der Beschlüsse des Ausschusses nach Artikel 65 an die federführende Aufsichtsbehörde und die betroffenen Aufsichtsbehörden,

c) Sicherstellung einer rechtzeitigen Ausführung der Aufgaben des Ausschusses, insbesondere der Aufgaben im Zusammenhang mit dem Kohärenzverfahren nach Artikel 63.

(2) Der Ausschuss legt die Aufteilung der Aufgaben zwischen dem Vorsitzenden und dessen Stellvertretern in seiner Geschäftsordnung fest.

Art. 75 Sekretariat. (1) Der Ausschuss wird von einem Sekretariat unterstützt, das von dem Europäischen Datenschutzbeauftragten bereitgestellt wird.

(2) Das Sekretariat führt seine Aufgaben ausschließlich auf Anweisung des Vorsitzes des Ausschusses aus.

(3) Das Personal des Europäischen Datenschutzbeauftragten, das an der Wahrnehmung der dem Ausschuss gemäß dieser Verordnung übertragenen Aufgaben beteiligt ist, unterliegt anderen Berichtspflichten als das Personal, das an der Wahrnehmung der dem Europäischen Datenschutzbeauftragten übertragenen Aufgaben beteiligt ist.

(4) Soweit angebracht, erstellen und veröffentlichen der Ausschuss und der Europäische Datenschutzbeauftragte eine Vereinbarung zur Anwendung des vorliegenden Artikels, in der die Bedingungen ihrer Zusammenarbeit festgelegt sind und die für das Personal des Europäischen Datenschutzbeauftragten gilt, das an der Wahrnehmung der dem Ausschuss gemäß dieser Verordnung übertragenen Aufgaben beteiligt ist.

(5) Das Sekretariat leistet dem Ausschuss analytische, administrative und logistische Unterstützung.

(6) Das Sekretariat ist insbesondere verantwortlich für

a) das Tagesgeschäft des Ausschusses,

b) die Kommunikation zwischen den Mitgliedern des Ausschusses, seinem Vorsitz und der Kommission,

c) die Kommunikation mit anderen Organen und mit der Öffentlichkeit,

d) den Rückgriff auf elektronische Mittel für die interne und die externe Kommunikation,

e) die Übersetzung sachdienlicher Informationen,

f) die Vor- und Nachbereitung der Sitzungen des Ausschusses,

g) die Vorbereitung, Abfassung und Veröffentlichung von Stellungnahmen, von Beschlüssen über die Beilegung von Streitigkeiten zwischen Aufsichtsbehörden und von sonstigen vom Ausschuss angenommenen Dokumenten.

Art. 76 Vertraulichkeit. (1) Die Beratungen des Ausschusses sind gemäß seiner Geschäftsordnung vertraulich, wenn der Ausschuss dies für erforderlich hält.

(2) Der Zugang zu Dokumenten, die Mitgliedern des Ausschusses, Sachverständigen und Vertretern von Dritten vorgelegt werden, wird durch die Verordnung (EG) Nr. 1049/2001 des Europäischen Parlaments und des Rates[1)] geregelt.

Kapitel VIII. Rechtsbehelfe, Haftung und Sanktionen

Art. 77 Recht auf Beschwerde bei einer Aufsichtsbehörde. (1) Jede betroffene Person hat unbeschadet eines anderweitigen verwaltungsrechtlichen oder gerichtlichen Rechtsbehelfs das Recht auf Beschwerde bei einer Aufsichtsbehörde, insbesondere in dem Mitgliedstaat ihres gewöhnlichen Aufenthaltsorts, ihres Arbeitsplatzes oder des Orts des mutmaßlichen Verstoßes, wenn die betroffene Person der Ansicht ist, dass die Verarbeitung der sie betreffenden personenbezogenen Daten gegen diese Verordnung verstößt.

(2) Die Aufsichtsbehörde, bei der die Beschwerde eingereicht wurde, unterrichtet den Beschwerdeführer über den Stand und die Ergebnisse der Beschwerde einschließlich der Möglichkeit eines gerichtlichen Rechtsbehelfs nach Artikel 78.

Art. 78 Recht auf wirksamen gerichtlichen Rechtsbehelf gegen eine Aufsichtsbehörde. (1) Jede natürliche oder juristische Person hat unbeschadet eines anderweitigen verwaltungsrechtlichen oder außergerichtlichen Rechtsbehelfs das Recht auf einen wirksamen gerichtlichen Rechtsbehelf gegen einen sie betreffenden rechtsverbindlichen Beschluss einer Aufsichtsbehörde.

(2) Jede betroffene Person hat unbeschadet eines anderweitigen verwaltungsrechtlichen oder außergerichtlichen Rechtbehelfs das Recht auf einen wirksamen gerichtlichen Rechtsbehelf, wenn die nach den Artikeln 55 und 56 zuständige Aufsichtsbehörde sich nicht mit einer Beschwerde befasst oder die betroffene Person nicht innerhalb von drei Monaten über den Stand oder das Ergebnis der gemäß Artikel 77 erhobenen Beschwerde in Kenntnis gesetzt hat.

(3) Für Verfahren gegen eine Aufsichtsbehörde sind die Gerichte des Mitgliedstaats zuständig, in dem die Aufsichtsbehörde ihren Sitz hat.

(4) Kommt es zu einem Verfahren gegen den Beschluss einer Aufsichtsbehörde, dem eine Stellungnahme oder ein Beschluss des Ausschusses im Rahmen des Kohärenzverfahrens vorangegangen ist, so leitet die Aufsichtsbehörde diese Stellungnahme oder diesen Beschluss dem Gericht zu.

[1)] **Amtl. Anm.:** Verordnung (EG) Nr. 1049/2001 des Europäischen Parlaments und des Rates vom 30. Mai 2001 über den Zugang der Öffentlichkeit zu Dokumenten des Europäischen Parlaments, des Rates und der Kommission (ABl. L 145 vom 31.5.2001, S. 43).

Art. 79 Recht auf wirksamen gerichtlichen Rechtsbehelf gegen Verantwortliche oder Auftragsverarbeiter. (1) Jede betroffene Person hat unbeschadet eines verfügbaren verwaltungsrechtlichen oder außergerichtlichen Rechtsbehelfs einschließlich des Rechts auf Beschwerde bei einer Aufsichtsbehörde gemäß Artikel 77 das Recht auf einen wirksamen gerichtlichen Rechtsbehelf, wenn sie der Ansicht ist, dass die ihr aufgrund dieser Verordnung zustehenden Rechte infolge einer nicht im Einklang mit dieser Verordnung stehenden Verarbeitung ihrer personenbezogenen Daten verletzt wurden.

(2) [1] Für Klagen gegen einen Verantwortlichen oder gegen einen Auftragsverarbeiter sind die Gerichte des Mitgliedstaats zuständig, in dem der Verantwortliche oder der Auftragsverarbeiter eine Niederlassung hat. [2] Wahlweise können solche Klagen auch bei den Gerichten des Mitgliedstaats erhoben werden, in dem die betroffene Person ihren gewöhnlichen Aufenthaltsort hat, es sei denn, es handelt sich bei dem Verantwortlichen oder dem Auftragsverarbeiter um eine Behörde eines Mitgliedstaats, die in Ausübung ihrer hoheitlichen Befugnisse tätig geworden ist.

Art. 80 Vertretung von betroffenen Personen. (1) Die betroffene Person hat das Recht, eine Einrichtung, Organisationen oder Vereinigung ohne Gewinnerzielungsabsicht, die ordnungsgemäß nach dem Recht eines Mitgliedstaats gegründet ist, deren satzungsmäßige Ziele im öffentlichem Interesse liegen und die im Bereich des Schutzes der Rechte und Freiheiten von betroffenen Personen in Bezug auf den Schutz ihrer personenbezogenen Daten tätig ist, zu beauftragen, in ihrem Namen eine Beschwerde einzureichen, in ihrem Namen die in den Artikeln 77, 78 und 79 genannten Rechte wahrzunehmen und das Recht auf Schadensersatz gemäß Artikel 82 in Anspruch zu nehmen, sofern dieses im Recht der Mitgliedstaaten vorgesehen ist.

(2) Die Mitgliedstaaten können vorsehen, dass jede der in Absatz 1 des vorliegenden Artikels genannten Einrichtungen, Organisationen oder Vereinigungen unabhängig von einem Auftrag der betroffenen Person in diesem Mitgliedstaat das Recht hat, bei der gemäß Artikel 77 zuständigen Aufsichtsbehörde eine Beschwerde einzulegen und die in den Artikeln 78 und 79 aufgeführten Rechte in Anspruch zu nehmen, wenn ihres Erachtens die Rechte einer betroffenen Person gemäß dieser Verordnung infolge einer Verarbeitung verletzt worden sind.

Art. 81 Aussetzung des Verfahrens. (1) Erhält ein zuständiges Gericht in einem Mitgliedstaat Kenntnis von einem Verfahren zu demselben Gegenstand in Bezug auf die Verarbeitung durch denselben Verantwortlichen oder Auftragsverarbeiter, das vor einem Gericht in einem anderen Mitgliedstaat anhängig ist, so nimmt es mit diesem Gericht Kontakt auf, um sich zu vergewissern, dass ein solches Verfahren existiert.

(2) Ist ein Verfahren zu demselben Gegenstand in Bezug auf die Verarbeitung durch denselben Verantwortlichen oder Auftragsverarbeiter vor einem Gericht in einem anderen Mitgliedstaat anhängig, so kann jedes später angerufene zuständige Gericht das bei ihm anhängige Verfahren aussetzen.

(3) Sind diese Verfahren in erster Instanz anhängig, so kann sich jedes später angerufene Gericht auf Antrag einer Partei auch für unzuständig erklären, wenn das zuerst angerufene Gericht für die betreffenden Klagen zuständig ist und die Verbindung der Klagen nach seinem Recht zulässig ist.

Art. 82 Haftung und Recht auf Schadenersatz. (1) Jede Person, der wegen eines Verstoßes gegen diese Verordnung ein materieller oder immaterieller Schaden entstanden ist, hat Anspruch auf Schadenersatz gegen den Verantwortlichen oder gegen den Auftragsverarbeiter.

(2) [1] Jeder an einer Verarbeitung beteiligte Verantwortliche haftet für den Schaden, der durch eine nicht dieser Verordnung entsprechende Verarbeitung verursacht wurde. [2] Ein Auftragsverarbeiter haftet für den durch eine Verarbeitung verursachten Schaden nur dann, wenn er seinen speziell den Auftragsverarbeitern auferlegten Pflichten aus dieser Verordnung nicht nachgekommen ist oder unter Nichtbeachtung der rechtmäßig erteilten Anweisungen des für die Datenverarbeitung Verantwortlichen oder gegen diese Anweisungen gehandelt hat.

(3) Der Verantwortliche oder der Auftragsverarbeiter wird von der Haftung gemäß Absatz 2 befreit, wenn er nachweist, dass er in keinerlei Hinsicht für den Umstand, durch den der Schaden eingetreten ist, verantwortlich ist.

(4) Ist mehr als ein Verantwortlicher oder mehr als ein Auftragsverarbeiter bzw. sowohl ein Verantwortlicher als auch ein Auftragsverarbeiter an derselben Verarbeitung beteiligt und sind sie gemäß den Absätzen 2 und 3 für einen durch die Verarbeitung verursachten Schaden verantwortlich, so haftet jeder Verantwortliche oder jeder Auftragsverarbeiter für den gesamten Schaden, damit ein wirksamer Schadensersatz für die betroffene Person sichergestellt ist.

(5) Hat ein Verantwortlicher oder Auftragsverarbeiter gemäß Absatz 4 vollständigen Schadenersatz für den erlittenen Schaden gezahlt, so ist dieser Verantwortliche oder Auftragsverarbeiter berechtigt, von den übrigen an derselben Verarbeitung beteiligten für die Datenverarbeitung Verantwortlichen oder Auftragsverarbeitern den Teil des Schadenersatzes zurückzufordern, der unter den in Absatz 2 festgelegten Bedingungen ihrem Anteil an der Verantwortung für den Schaden entspricht.

(6) Mit Gerichtsverfahren zur Inanspruchnahme des Rechts auf Schadenersatz sind die Gerichte zu befassen, die nach den in Artikel 79 Absatz 2 genannten Rechtsvorschriften des Mitgliedstaats zuständig sind.

Art. 83 Allgemeine Bedingungen für die Verhängung von Geldbußen.

(1) Jede Aufsichtsbehörde stellt sicher, dass die Verhängung von Geldbußen gemäß diesem Artikel für Verstöße gegen diese Verordnung gemäß den Absätzen 4, 5 und 6 in jedem Einzelfall wirksam, verhältnismäßig und abschreckend ist.

(2) [1] Geldbußen werden je nach den Umständen des Einzelfalls zusätzlich zu oder anstelle von Maßnahmen nach Artikel 58 Absatz 2 Buchstaben a bis h und j verhängt. [2] Bei der Entscheidung über die Verhängung einer Geldbuße und über deren Betrag wird in jedem Einzelfall Folgendes gebührend berücksichtigt:

a) Art, Schwere und Dauer des Verstoßes unter Berücksichtigung der Art, des Umfangs oder des Zwecks der betreffenden Verarbeitung sowie der Zahl der von der Verarbeitung betroffenen Personen und des Ausmaßes des von ihnen erlittenen Schadens;

b) Vorsätzlichkeit oder Fahrlässigkeit des Verstoßes;

c) jegliche von dem Verantwortlichen oder dem Auftragsverarbeiter getroffenen Maßnahmen zur Minderung des den betroffenen Personen entstandenen Schadens;
d) Grad der Verantwortung des Verantwortlichen oder des Auftragsverarbeiters unter Berücksichtigung der von ihnen gemäß den Artikeln 25 und 32 getroffenen technischen und organisatorischen Maßnahmen;
e) etwaige einschlägige frühere Verstöße des Verantwortlichen oder des Auftragsverarbeiters;
f) Umfang der Zusammenarbeit mit der Aufsichtsbehörde, um dem Verstoß abzuhelfen und seine möglichen nachteiligen Auswirkungen zu mindern;
g) Kategorien personenbezogener Daten, die von dem Verstoß betroffen sind;
h) Art und Weise, wie der Verstoß der Aufsichtsbehörde bekannt wurde, insbesondere ob und gegebenenfalls in welchem Umfang der Verantwortliche oder der Auftragsverarbeiter den Verstoß mitgeteilt hat;
i) Einhaltung der nach Artikel 58 Absatz 2 früher gegen den für den betreffenden Verantwortlichen oder Auftragsverarbeiter in Bezug auf denselben Gegenstand angeordneten Maßnahmen, wenn solche Maßnahmen angeordnet wurden;
j) Einhaltung von genehmigten Verhaltensregeln nach Artikel 40 oder genehmigten Zertifizierungsverfahren nach Artikel 42 und
k) jegliche anderen erschwerenden oder mildernden Umstände im jeweiligen Fall, wie unmittelbar oder mittelbar durch den Verstoß erlangte finanzielle Vorteile oder vermiedene Verluste.

(3) Verstößt ein Verantwortlicher oder ein Auftragsverarbeiter bei gleichen oder miteinander verbundenen Verarbeitungsvorgängen vorsätzlich oder fahrlässig gegen mehrere Bestimmungen dieser Verordnung, so übersteigt der Gesamtbetrag der Geldbuße nicht den Betrag für den schwerwiegendsten Verstoß.

(4) Bei Verstößen gegen die folgenden Bestimmungen werden im Einklang mit Absatz 2 Geldbußen von bis zu 10 000 000 EUR oder im Fall eines Unternehmens von bis zu 2 % seines gesamten weltweit erzielten Jahresumsatzes des vorangegangenen Geschäftsjahrs verhängt, je nachdem, welcher der Beträge höher ist:
a) die Pflichten der Verantwortlichen und der Auftragsverarbeiter gemäß den Artikeln 8, 11, 25 bis 39, 42 und 43;
b) die Pflichten der Zertifizierungsstelle gemäß den Artikeln 42 und 43;
c) die Pflichten der Überwachungsstelle gemäß Artikel 41 Absatz 4.

(5) Bei Verstößen gegen die folgenden Bestimmungen werden im Einklang mit Absatz 2 Geldbußen von bis zu 20 000 000 EUR oder im Fall eines Unternehmens von bis zu 4 % seines gesamten weltweit erzielten Jahresumsatzes des vorangegangenen Geschäftsjahrs verhängt, je nachdem, welcher der Beträge höher ist:
a) die Grundsätze für die Verarbeitung, einschließlich der Bedingungen für die Einwilligung, gemäß den Artikeln 5, 6, 7 und 9;
b) die Rechte der betroffenen Person gemäß den Artikeln 12 bis 22;

c) die Übermittlung personenbezogener Daten an einen Empfänger in einem Drittland oder an eine internationale Organisation gemäß den Artikeln 44 bis 49;

d) alle Pflichten gemäß den Rechtsvorschriften der Mitgliedstaaten, die im Rahmen des Kapitels IX erlassen wurden;

e) Nichtbefolgung einer Anweisung oder einer vorübergehenden oder endgültigen Beschränkung oder Aussetzung der Datenübermittlung durch die Aufsichtsbehörde gemäß Artikel 58 Absatz 2 oder Nichtgewährung des Zugangs unter Verstoß gegen Artikel 58 Absatz 1.

(6) Bei Nichtbefolgung einer Anweisung der Aufsichtsbehörde gemäß Artikel 58 Absatz 2 werden im Einklang mit Absatz 2 des vorliegenden Artikels Geldbußen von bis zu 20 000 000 EUR oder im Fall eines Unternehmens von bis zu 4 % seines gesamten weltweit erzielten Jahresumsatzes des vorangegangenen Geschäftsjahrs verhängt, je nachdem, welcher der Beträge höher ist.

(7) Unbeschadet der Abhilfebefugnisse der Aufsichtsbehörden gemäß Artikel 58 Absatz 2 kann jeder Mitgliedstaat Vorschriften dafür festlegen, ob und in welchem Umfang gegen Behörden und öffentliche Stellen, die in dem betreffenden Mitgliedstaat niedergelassen sind, Geldbußen verhängt werden können.

(8) Die Ausübung der eigenen Befugnisse durch eine Aufsichtsbehörde gemäß diesem Artikel muss angemessenen Verfahrensgarantien gemäß dem Unionsrecht und dem Recht der Mitgliedstaaten, einschließlich wirksamer gerichtlicher Rechtsbehelfe und ordnungsgemäßer Verfahren, unterliegen.

(9) [1] Sieht die Rechtsordnung eines Mitgliedstaats keine Geldbußen vor, kann dieser Artikel so angewandt werden, dass die Geldbuße von der zuständigen Aufsichtsbehörde in die Wege geleitet und von den zuständigen nationalen Gerichten verhängt wird, wobei sicherzustellen ist, dass diese Rechtsbehelfe wirksam sind und die gleiche Wirkung wie die von Aufsichtsbehörden verhängten Geldbußen haben. [2] In jeden Fall müssen die verhängten Geldbußen wirksam, verhältnismäßig und abschreckend sein. [3] Die betreffenden Mitgliedstaaten teilen der Kommission bis zum 25. Mai 2018 die Rechtsvorschriften mit, die sie aufgrund dieses Absatzes erlassen, sowie unverzüglich alle späteren Änderungsgesetze oder Änderungen dieser Vorschriften.

Art. 84 Sanktionen. (1) [1] Die Mitgliedstaaten legen die Vorschriften über andere Sanktionen für Verstöße gegen diese Verordnung – insbesondere für Verstöße, die keiner Geldbuße gemäß Artikel 83 unterliegen – fest und treffen alle zu deren Anwendung erforderlichen Maßnahmen. [2] Diese Sanktionen müssen wirksam, verhältnismäßig und abschreckend sein.

(2) Jeder Mitgliedstaat teilt der Kommission bis zum 25. Mai 2018 die Rechtsvorschriften, die er aufgrund von Absatz 1 erlässt, sowie unverzüglich alle späteren Änderungen dieser Vorschriften mit.

Kapitel IX. Vorschriften für besondere Verarbeitungssituationen

Art. 85 Verarbeitung und Freiheit der Meinungsäußerung und Informationsfreiheit. (1) Die Mitgliedstaaten bringen durch Rechtsvorschriften das Recht auf den Schutz personenbezogener Daten gemäß dieser Verordnung mit dem Recht auf freie Meinungsäußerung und Informationsfreiheit, einschließlich der Verarbeitung zu journalistischen Zwecken und zu wissenschaftlichen, künstlerischen oder literarischen Zwecken, in Einklang.

(2) Für die Verarbeitung, die zu journalistischen Zwecken oder zu wissenschaftlichen, künstlerischen oder literarischen Zwecken erfolgt, sehen die Mitgliedstaaten Abweichungen oder Ausnahmen von Kapitel II (Grundsätze), Kapitel III (Rechte der betroffenen Person), Kapitel IV (Verantwortlicher und Auftragsverarbeiter), Kapitel V (Übermittlung personenbezogener Daten an Drittländer oder an internationale Organisationen), Kapitel VI (Unabhängige Aufsichtsbehörden), Kapitel VII (Zusammenarbeit und Kohärenz) und Kapitel IX (Vorschriften für besondere Verarbeitungssituationen) vor, wenn dies erforderlich ist, um das Recht auf Schutz der personenbezogenen Daten mit der Freiheit der Meinungsäußerung und der Informationsfreiheit in Einklang zu bringen.

(3) Jeder Mitgliedstaat teilt der Kommission die Rechtsvorschriften, die er aufgrund von Absatz 2 erlassen hat, sowie unverzüglich alle späteren Änderungsgesetze oder Änderungen dieser Vorschriften mit.

Art. 86 Verarbeitung und Zugang der Öffentlichkeit zu amtlichen Dokumenten. Personenbezogene Daten in amtlichen Dokumenten, die sich im Besitz einer Behörde oder einer öffentlichen Einrichtung oder einer privaten Einrichtung zur Erfüllung einer im öffentlichen Interesse liegenden Aufgabe befinden, können von der Behörde oder der Einrichtung gemäß dem Unionsrecht oder dem Recht des Mitgliedstaats, dem die Behörde oder Einrichtung unterliegt, offengelegt werden, um den Zugang der Öffentlichkeit zu amtlichen Dokumenten mit dem Recht auf Schutz personenbezogener Daten gemäß dieser Verordnung in Einklang zu bringen.

Art. 87 Verarbeitung der nationalen Kennziffer. [1] Die Mitgliedstaaten können näher bestimmen, unter welchen spezifischen Bedingungen eine nationale Kennziffer oder andere Kennzeichen von allgemeiner Bedeutung Gegenstand einer Verarbeitung sein dürfen. [2] In diesem Fall darf die nationale Kennziffer oder das andere Kennzeichen von allgemeiner Bedeutung nur unter Wahrung geeigneter Garantien für die Rechte und Freiheiten der betroffenen Person gemäß dieser Verordnung verwendet werden.

Art. 88 Datenverarbeitung im Beschäftigungskontext. (1) Die Mitgliedstaaten können durch Rechtsvorschriften oder durch Kollektivvereinbarungen spezifischere Vorschriften zur Gewährleistung des Schutzes der Rechte und Freiheiten hinsichtlich der Verarbeitung personenbezogener Beschäftigtendaten im Beschäftigungskontext, insbesondere für Zwecke der Einstellung, der Erfüllung des Arbeitsvertrags einschließlich der Erfüllung von durch Rechtsvorschriften oder durch Kollektivvereinbarungen festgelegten Pflichten, des Managements, der Planung und der Organisation der Arbeit, der Gleichheit und Diversität am Arbeitsplatz, der Gesundheit und Sicherheit am Arbeitsplatz, des Schutzes des Eigentums der Arbeitgeber oder der Kunden sowie für Zwecke der Inanspruchnahme der mit der Beschäftigung zusammenhängenden individuellen oder kollektiven Rechte und Leistungen und für Zwecke der Beendigung des Beschäftigungsverhältnisses vorsehen.

(2) Diese Vorschriften umfassen geeignete und besondere Maßnahmen zur Wahrung der menschlichen Würde, der berechtigten Interessen und der Grundrechte der betroffenen Person, insbesondere im Hinblick auf die Transparenz der Verarbeitung, die Übermittlung personenbezogener Daten innerhalb einer Unternehmensgruppe oder einer Gruppe von Unternehmen, die eine gemeinsame Wirtschaftstätigkeit ausüben, und die Überwachungssysteme am Arbeitsplatz.

(3) Jeder Mitgliedstaat teilt der Kommission bis zum 25. Mai 2018 die Rechtsvorschriften, die er aufgrund von Absatz 1 erlässt, sowie unverzüglich alle späteren Änderungen dieser Vorschriften mit.

Art. 89 Garantien und Ausnahmen in Bezug auf die Verarbeitung zu im öffentlichen Interesse liegenden Archivzwecken, zu wissenschaftlichen oder historischen Forschungszwecken und zu statistischen Zwecken. (1) [1]Die Verarbeitung zu im öffentlichen Interesse liegenden Archivzwecken, zu wissenschaftlichen oder historischen Forschungszwecken oder zu statistischen Zwecken unterliegt geeigneten Garantien für die Rechte und Freiheiten der betroffenen Person gemäß dieser Verordnung. [2]Mit diesen Garantien wird sichergestellt, dass technische und organisatorische Maßnahmen bestehen, mit denen insbesondere die Achtung des Grundsatzes der Datenminimierung gewährleistet wird. [3]Zu diesen Maßnahmen kann die Pseudonymisierung gehören, sofern es möglich ist, diese Zwecke auf diese Weise zu erfüllen. [4]In allen Fällen, in denen diese Zwecke durch die Weiterverarbeitung, bei der die Identifizierung von betroffenen Personen nicht oder nicht mehr möglich ist, erfüllt werden können, werden diese Zwecke auf diese Weise erfüllt.

(2) Werden personenbezogene Daten zu wissenschaftlichen oder historischen Forschungszwecken oder zu statistischen Zwecken verarbeitet, können vorbehaltlich der Bedingungen und Garantien gemäß Absatz 1 des vorliegenden Artikels im Unionsrecht oder im Recht der Mitgliedstaaten insoweit Ausnahmen von den Rechten gemäß der Artikel 15, 16, 18 und 21 vorgesehen werden, als diese Rechte voraussichtlich die Verwirklichung der spezifischen Zwecke unmöglich machen oder ernsthaft beeinträchtigen und solche Ausnahmen für die Erfüllung dieser Zwecke notwendig sind.

(3) Werden personenbezogene Daten für im öffentlichen Interesse liegende Archivzwecke verarbeitet, können vorbehaltlich der Bedingungen und Garantien gemäß Absatz 1 des vorliegenden Artikels im Unionsrecht oder im Recht der Mitgliedstaaten insoweit Ausnahmen von den Rechten gemäß der Artikel 15, 16, 18, 19, 20 und 21 vorgesehen werden, als diese Rechte voraussichtlich die Verwirklichung der spezifischen Zwecke unmöglich machen oder ernsthaft beeinträchtigen und solche Ausnahmen für die Erfüllung dieser Zwecke notwendig sind.

(4) Dient die in den Absätzen 2 und 3 genannte Verarbeitung gleichzeitig einem anderen Zweck, gelten die Ausnahmen nur für die Verarbeitung zu den in diesen Absätzen genannten Zwecken.

Art. 90 Geheimhaltungspflichten. (1) [1]Die Mitgliedstaaten können die Befugnisse der Aufsichtsbehörden im Sinne des Artikels 58 Absatz 1 Buchstaben e und f gegenüber den Verantwortlichen oder den Auftragsverarbeitern, die nach Unionsrecht oder dem Recht der Mitgliedstaaten oder nach einer von den zuständigen nationalen Stellen erlassenen Verpflichtung dem Berufsgeheimnis oder einer gleichwertigen Geheimhaltungspflicht unterliegen, regeln, soweit dies notwendig und verhältnismäßig ist, um das Recht auf Schutz der personenbezogenen Daten mit der Pflicht zur Geheimhaltung in Einklang zu bringen. [2]Diese Vorschriften gelten nur in Bezug auf personenbezogene Daten, die der Verantwortliche oder der Auftragsverarbeiter bei einer Tätigkeit erlangt oder erhoben hat, die einer solchen Geheimhaltungspflicht unterliegt.

(2) Jeder Mitgliedstaat teilt der Kommission bis zum 25. Mai 2018 die Vorschriften mit, die er aufgrund von Absatz 1 erlässt, und setzt sie unverzüglich von allen weiteren Änderungen dieser Vorschriften in Kenntnis.

Art. 91 Bestehende Datenschutzvorschriften von Kirchen und religiösen Vereinigungen oder Gemeinschaften. (1) Wendet eine Kirche oder eine religiöse Vereinigung oder Gemeinschaft in einem Mitgliedstaat zum Zeitpunkt des Inkrafttretens dieser Verordnung umfassende Regeln zum Schutz natürlicher Personen bei der Verarbeitung an, so dürfen diese Regeln weiter angewandt werden, sofern sie mit dieser Verordnung in Einklang gebracht werden.

(2) Kirchen und religiöse Vereinigungen oder Gemeinschaften, die gemäß Absatz 1 umfassende Datenschutzregeln anwenden, unterliegen der Aufsicht durch eine unabhängige Aufsichtsbehörde, die spezifischer Art sein kann, sofern sie die in Kapitel VI niedergelegten Bedingungen erfüllt.

Kapitel X. Delegierte Rechtsakte und Durchführungsrechtsakte

Art. 92 Ausübung der Befugnisübertragung. (1) Die Befugnis zum Erlass delegierter Rechtsakte wird der Kommission unter den in diesem Artikel festgelegten Bedingungen übertragen.

(2) Die Befugnis zum Erlass delegierter Rechtsakte gemäß Artikel 12 Absatz 8 und Artikel 43 Absatz 8 wird der Kommission auf unbestimmte Zeit ab dem 24. Mai 2016 übertragen.

(3) [1]Die Befugnisübertragung gemäß Artikel 12 Absatz 8 und Artikel 43 Absatz 8 kann vom Europäischen Parlament oder vom Rat jederzeit widerrufen werden. [2]Der Beschluss über den Widerruf beendet die Übertragung der in diesem Beschluss angegebenen Befugnis. [3]Er wird am Tag nach seiner Veröffentlichung im Amtsblatt der Europäischen Union oder zu einem im Beschluss über den Widerruf angegebenen späteren Zeitpunkt wirksam. [4]Die Gültigkeit von delegierten Rechtsakten, die bereits in Kraft sind, wird von dem Beschluss über den Widerruf nicht berührt.

(4) Sobald die Kommission einen delegierten Rechtsakt erlässt, übermittelt sie ihn gleichzeitig dem Europäischen Parlament und dem Rat.

(5) [1]Ein delegierter Rechtsakt, der gemäß Artikel 12 Absatz 8 und Artikel 43 Absatz 8 erlassen wurde, tritt nur in Kraft, wenn weder das Europäische Parlament noch der Rat innerhalb einer Frist von drei Monaten nach Übermittlung dieses Rechtsakts an das Europäische Parlament und den Rat Einwände erhoben haben oder wenn vor Ablauf dieser Frist das Europäische Parlament und der Rat beide der Kommission mitgeteilt haben, dass sie keine

Einwände erheben werden. [2]Auf Veranlassung des Europäischen Parlaments oder des Rates wird diese Frist um drei Monate verlängert.

Art. 93 Ausschussverfahren. (1) [1]Die Kommission wird von einem Ausschuss unterstützt. [2]Dieser Ausschuss ist ein Ausschuss im Sinne der Verordnung (EU) Nr. 182/2011.

(2) Wird auf diesen Absatz Bezug genommen, so gilt Artikel 5 der Verordnung (EU) Nr. 182/2011.

(3) Wird auf diesen Absatz Bezug genommen, so gilt Artikel 8 der Verordnung (EU) Nr. 182/2011 in Verbindung mit deren Artikel 5.

Kapitel XI. Schlussbestimmungen

Art. 94 Aufhebung der Richtlinie 95/46/EG. (1) Die Richtlinie 95/46/EG wird mit Wirkung vom 25. Mai 2018 aufgehoben.

(2) [1]Verweise auf die aufgehobene Richtlinie gelten als Verweise auf die vorliegende Verordnung. [2]Verweise auf die durch Artikel 29 der Richtlinie 95/46/EG eingesetzte Gruppe für den Schutz von Personen bei der Verarbeitung personenbezogener Daten gelten als Verweise auf den kraft dieser Verordnung errichteten Europäischen Datenschutzausschuss.

Art. 95 Verhältnis zur Richtlinie 2002/58/EG. Diese Verordnung erlegt natürlichen oder juristischen Personen in Bezug auf die Verarbeitung in Verbindung mit der Bereitstellung öffentlich zugänglicher elektronischer Kommunikationsdienste in öffentlichen Kommunikationsnetzen in der Union keine zusätzlichen Pflichten auf, soweit sie besonderen in der Richtlinie 2002/58/EG[1)] festgelegten Pflichten unterliegen, die dasselbe Ziel verfolgen.

Art. 96 Verhältnis zu bereits geschlossenen Übereinkünften. Internationale Übereinkünfte, die die Übermittlung personenbezogener Daten an Drittländer oder internationale Organisationen mit sich bringen, die von den Mitgliedstaaten vor dem 24. Mai 2016 abgeschlossen wurden und die im Einklang mit dem vor diesem Tag geltenden Unionsrecht stehen, bleiben in Kraft, bis sie geändert, ersetzt oder gekündigt werden.

Art. 97 Berichte der Kommission. (1) [1]Bis zum 25. Mai 2020 und danach alle vier Jahre legt die Kommission dem Europäischen Parlament und dem Rat einen Bericht über die Bewertung und Überprüfung dieser Verordnung vor. [2]Die Berichte werden öffentlich gemacht.

(2) Im Rahmen der Bewertungen und Überprüfungen nach Absatz 1 prüft die Kommission insbesondere die Anwendung und die Wirkungsweise

a) des Kapitels V über die Übermittlung personenbezogener Daten an Drittländer oder an internationale Organisationen insbesondere im Hinblick auf die gemäß Artikel 45 Absatz 3 der vorliegenden Verordnung erlassenen Beschlüsse sowie die gemäß Artikel 25 Absatz 6 der Richtlinie 95/46/EG erlassenen Feststellungen,

---

[1)] Nr. **57**.

b) des Kapitels VII über Zusammenarbeit und Kohärenz.

(3) Für den in Absatz 1 genannten Zweck kann die Kommission Informationen von den Mitgliedstaaten und den Aufsichtsbehörden anfordern.

(4) Bei den in den Absätzen 1 und 2 genannten Bewertungen und Überprüfungen berücksichtigt die Kommission die Standpunkte und Feststellungen des Europäischen Parlaments, des Rates und anderer einschlägiger Stellen oder Quellen.

(5) Die Kommission legt erforderlichenfalls geeignete Vorschläge zur Änderung dieser Verordnung vor und berücksichtigt dabei insbesondere die Entwicklungen in der Informationstechnologie und die Fortschritte in der Informationsgesellschaft.

Art. 98 Überprüfung anderer Rechtsakte der Union zum Datenschutz. [1]Die Kommission legt gegebenenfalls Gesetzgebungsvorschläge zur Änderung anderer Rechtsakte der Union zum Schutz personenbezogener Daten vor, damit ein einheitlicher und kohärenter Schutz natürlicher Personen bei der Verarbeitung sichergestellt wird. [2]Dies betrifft insbesondere die Vorschriften zum Schutz natürlicher Personen bei der Verarbeitung solcher Daten durch die Organe, Einrichtungen, Ämter und Agenturen der Union und zum freien Verkehr solcher Daten.

Art. 99 Inkrafttreten und Anwendung. (1) Diese Verordnung tritt am zwanzigsten Tag nach ihrer Veröffentlichung[1)] im Amtsblatt der Europäischen Union in Kraft.

(2) Sie gilt ab dem 25. Mai 2018.

Diese Verordnung ist in allen ihren Teilen verbindlich und gilt unmittelbar in jedem Mitgliedstaat.

Geschehen zu Brüssel am 27. April 2016.

Im Namen des Europäischen Parlaments	*Im Namen des Rates*
Der Präsident	*Die Präsidentin*
M. SCHULZ	J.A. HENNIS-PLASSCHAERT

[1)] Veröffentlicht am 4.5.2016.

55. Telekommunikationsgesetz (TKG)[1)]

Vom 22. Juni 2004
(BGBl. I S. 1190)

FNA 900-15

zuletzt geänd. durch Art. 12 G gegen illegale Beschäftigung und Sozialleistungsmissbrauch v. 11.7. 2019 (BGBl. I S. 1066)

– Auszug –

Teil 1. Allgemeine Vorschriften

§ 3 Begriffsbestimmungen. Im Sinne dieses Gesetzes ist oder sind

1. „Anruf" eine über einen öffentlich zugänglichen Telekommunikationsdienst aufgebaute Verbindung, die eine zweiseitige Sprachkommunikation ermöglicht;
2. „Anwendungs-Programmierschnittstelle" die Software-Schnittstelle zwischen Anwendungen, die von Sendeanstalten oder Diensteanbietern zur Verfügung gestellt werden, und den Anschlüssen in den erweiterten digitalen Fernsehempfangsgeräten für digitale Fernseh- und Rundfunkdienste;

2a. „Auskunftsdienste" bundesweit jederzeit telefonisch erreichbare Dienste, insbesondere des Rufnummernbereichs 118, die ausschließlich der neutralen Weitergabe von Rufnummer, Name, Anschrift sowie zusätzlichen Angaben von Telekommunikationsnutzern dienen. Die Weitervermittlung zu einem erfragten Teilnehmer oder Dienst kann Bestandteil des Auskunftsdienstes sein;

2b. „Baudenkmäler" nach Landesrecht geschützte Gebäude oder Gebäudemehrheiten;

3. „Bestandsdaten" Daten eines Teilnehmers, die für die Begründung, inhaltliche Ausgestaltung, Änderung oder Beendigung eines Vertragsverhältnisses über Telekommunikationsdienste erhoben werden;
4. „beträchtliche Marktmacht" eines oder mehrerer Unternehmen gegeben, wenn die Voraussetzungen nach § 11 Absatz 1 Satz 3 und 4 vorliegen;

[1)] **Amtl. Anm.:** Das Gesetz dient der Umsetzung folgender Richtlinien:
Richtlinie 2002/21/EG des Europäischen Parlaments und des Rates vom 7. März 2002 über einen gemeinsamen Rechtsrahmen für elektronische Kommunikationsnetze und -dienste (Rahmenrichtlinie) (ABl. EG Nr. L 108 S. 33); Richtlinie 2002/20/EG des Europäischen Parlaments und des Rates vom 7. März 2002 über die Genehmigung elektronischer Kommunikationsnetze und -dienste (Genehmigungsrichtlinie) (ABl. EG Nr. L 108 S. 21); Richtlinie 2002/19/EG des Europäischen Parlaments und des Rates vom 7. März 2002 über den Zugang zu elektronischen Kommunikationsnetzen und zugehörigen Einrichtungen sowie deren Zusammenschaltung (Zugangsrichtlinie) (ABl. EG Nr. L 108 S. 7); Richtlinie 2002/22/EG des Europäischen Parlaments und des Rates vom 7. März 2002 über den Universaldienst und Nutzerrechte bei elektronischen Kommunikationsnetzen und -diensten (Universaldienstrichtlinie) (ABl. EG Nr. L 108 S. 51) sowie Richtlinie 2002/58/EG [Nr. **57**] des Europäischen Parlaments und des Rates vom 12. Juli 2002 über die Verarbeitung personenbezogener Daten und den Schutz der Privatsphäre in der elektronischen Kommunikation (Datenschutzrichtlinie) (ABl. EG Nr. L 201 S. 37).

4a. „Betreiberauswahl“ der Zugang eines Teilnehmers zu den Diensten aller unmittelbar zusammengeschalteten Anbieter von öffentlich zugänglichen Telekommunikationsdiensten im Einzelwahlverfahren durch Wählen einer Kennzahl;

4b. „Betreibervorauswahl“ der Zugang eines Teilnehmers zu den Diensten aller unmittelbar zusammengeschalteten Anbieter von öffentlich zugänglichen Telekommunikationsdiensten durch festgelegte Vorauswahl, wobei der Teilnehmer unterschiedliche Voreinstellungen für Orts- und Fernverbindungen vornehmen kann und bei jedem Anruf die festgelegte Vorauswahl durch Wählen einer Betreiberkennzahl übergehen kann;

5. „Dienst mit Zusatznutzen“ jeder Dienst, der die Erhebung und Verwendung von Verkehrsdaten oder Standortdaten in einem Maße erfordert, das über das für die Übermittlung einer Nachricht oder die Entgeltabrechnung dieses Vorganges erforderliche Maß hinausgeht;

6. „Diensteanbieter“ jeder, der ganz oder teilweise geschäftsmäßig
   a) Telekommunikationsdienste erbringt oder
   b) an der Erbringung solcher Dienste mitwirkt;

7. „digitales Fernsehempfangsgerät“ ein Fernsehgerät mit integriertem digitalem Decoder oder ein an ein Fernsehgerät anschließbarer digitaler Decoder zur Nutzung digital übertragener Fernsehsignale, die mit Zusatzsignalen, einschließlich einer Zugangsberechtigung, angereichert sein können;

7a. „digitales Hochgeschwindigkeitsnetz“ ein Telekommunikationsnetz, das die Möglichkeit bietet, Datendienste mit Geschwindigkeiten von mindestens 50 Megabit pro Sekunde bereitzustellen;

7b. „Einzelrichtlinien“
   a) die Richtlinie 2002/20/EG des Europäischen Parlaments und des Rates vom 7. März 2002 über die Genehmigung elektronischer Kommunikationsnetze und -dienste (Genehmigungsrichtlinie) (ABl. L 108 vom 24.4.2002, S. 21), die zuletzt durch die Richtlinie 2009/140/EG (ABl. L 337 vom 18.12.2009, S. 37) geändert worden ist;
   b) die Richtlinie 2002/19/EG des Europäischen Parlaments und des Rates vom 7. März 2002 über den Zugang zu elektronischen Kommunikationsnetzen und zugehörigen Einrichtungen sowie deren Zusammenschaltung (Zugangsrichtlinie) (ABl. L 108 vom 24.4.2002, S. 7), die zuletzt durch die Richtlinie 2009/140/EG (ABl. L 337 vom 18.12. 2009, S. 37) geändert worden ist;
   c) die Richtlinie 2002/22/EG des Europäischen Parlaments und des Rates vom 7. März 2002 über den Universaldienst und Nutzerrechte bei elektronischen Kommunikationsnetzen und -diensten (Universaldienstrichtlinie) (ABl. L 108 vom 24.4.2002, S. 51), die zuletzt durch die Richtlinie 2009/136/EG (ABl. L 337 vom 18.12.2009, S. 11) geändert worden ist;
   d) die Richtlinie 2002/58/EG[1] des Europäischen Parlaments und des Rates vom 12. Juli 2002 über die Verarbeitung personenbezogener

[1] Nr. **57**.

Daten und den Schutz der Privatsphäre in der elektronischen Kommunikation (Datenschutzrichtlinie für elektronische Kommunikation) (ABl. L 201 vom 31.7.2002, S. 37), die zuletzt durch die Richtlinie 2009/136/EG (ABl. L 337 vom 18.12.2009, S. 11) geändert worden ist, und

e) die Richtlinie 2014/61/EU des Europäischen Parlaments und des Rates vom 15. Mai 2014 über Maßnahmen zur Reduzierung der Kosten des Ausbaus von Hochgeschwindigkeitsnetzen für die elektronische Kommunikation (Kostensenkungsrichtlinie) (ABl. L 155 vom 23.5.2014, S. 1);

8. „Endnutzer" ein Nutzer, der weder öffentliche Telekommunikationsnetze betreibt noch öffentlich zugängliche Telekommunikationsdienste erbringt;

8a. „entgeltfreie Telefondienste" Dienste, insbesondere des Rufnummernbereichs (0)800, bei deren Inanspruchnahme der Anrufende kein Entgelt zu entrichten hat;

8b. „Service-Dienste" Dienste, insbesondere des Rufnummernbereichs (0) 180, die bundesweit zu einem einheitlichen Entgelt zu erreichen sind;

9. „Frequenznutzung" jede gewollte Aussendung oder Abstrahlung elektromagnetischer Wellen zwischen 9 kHz und 3 000 GHz zur Nutzung durch Funkdienste und andere Anwendungen elektromagnetischer Wellen;

9a. „Frequenzzuweisung" die Benennung eines bestimmten Frequenzbereichs für die Nutzung durch einen oder mehrere Funkdienste oder durch andere Anwendungen elektromagnetischer Wellen, falls erforderlich mit weiteren Festlegungen;

9b. „gemeinsamer Zugang zum Teilnehmeranschluss" die Bereitstellung des Zugangs zum Teilnehmeranschluss oder zum Teilabschnitt in der Weise, dass die Nutzung eines bestimmten Teils der Kapazität der Netzinfrastruktur, wie etwa eines Teils der Frequenz oder Gleichwertiges, ermöglicht wird;

9c. „GEREK" das Gremium Europäischer Regulierungsstellen für elektronische Kommunikation;

9d. „Gerät" eine Funkanlage, eine Telekommunikationsendeinrichtung oder eine Kombination von beiden;

10. „geschäftsmäßiges Erbringen von Telekommunikationsdiensten" das nachhaltige Angebot von Telekommunikation für Dritte mit oder ohne Gewinnerzielungsabsicht;

10a. *(aufgehoben)*

11. „Kundenkarten" Karten, mit deren Hilfe Telekommunikationsverbindungen hergestellt und personenbezogene Daten erhoben werden können;

11a. „Kurzwahl-Datendienste" Kurzwahldienste, die der Übermittlung von nichtsprachgestützten Inhalten mittels Telekommunikation dienen und die keine Telemedien sind;

11b. „Kurzwahldienste" Dienste, die die Merkmale eines Premium-Dienstes haben, jedoch eine spezielle Nummernart mit kurzen Nummern nutzen;

11c. „Kurzwahl-Sprachdienste" Kurzwahldienste, bei denen die Kommunikation sprachgestützt erfolgt;

11d. „Massenverkehrs-Dienste“ Dienste, insbesondere des Rufnummernbereichs (0)137, die charakterisiert sind durch ein hohes Verkehrsaufkommen in einem oder mehreren kurzen Zeitintervallen mit kurzer Belegungsdauer zu einem Ziel mit begrenzter Abfragekapazität;

12. „nachhaltig wettbewerbsorientierter Markt“ ein Markt, auf dem der Wettbewerb so abgesichert ist, dass er ohne sektorspezifische Regulierung besteht;

12a. „Netzabschlusspunkt“ der physische Punkt, an dem einem Teilnehmer der Zugang zu einem Telekommunikationsnetz bereitgestellt wird; in Netzen, in denen eine Vermittlung oder Leitwegebestimmung erfolgt, wird der Netzabschlusspunkt anhand einer bestimmten Netzadresse bezeichnet, die mit der Nummer oder dem Namen eines Teilnehmers verknüpft sein kann;

12b. „Neuartige Dienste“ Dienste, insbesondere des Rufnummernbereichs (0) 12, bei denen Nummern für einen Zweck verwendet werden, für den kein anderer Rufnummernraum zur Verfügung steht;

13. „Nummern“ Zeichenfolgen, die in Telekommunikationsnetzen Zwecken der Adressierung dienen;

13a. „Nummernart“ die Gesamtheit aller Nummern eines Nummernraums für einen bestimmten Dienst oder eine bestimmte technische Adressierung;

13b. „Nummernbereich“ eine für eine Nummernart bereitgestellte Teilmenge des Nummernraums;

13c. „Nummernraum“ die Gesamtheit aller Nummern, die für eine bestimmte Art der Adressierung verwendet werden;

13d. „Nummernteilbereich“ eine Teilmenge eines Nummernbereichs;

14. „Nutzer“ jede natürliche oder juristische Person, die einen öffentlich zugänglichen Telekommunikationsdienst für private oder geschäftliche Zwecke in Anspruch nimmt oder beantragt, ohne notwendigerweise Teilnehmer zu sein;

15. „öffentliches Münz- und Kartentelefon“ ein der Allgemeinheit zur Verfügung stehendes Telefon, für dessen Nutzung als Zahlungsmittel unter anderem Münzen, Kredit- und Abbuchungskarten oder Guthabenkarten, auch solche mit Einwahlcode, verwendet werden können;

16. „öffentliches Telefonnetz“ ein Telekommunikationsnetz, das zur Bereitstellung des öffentlich zugänglichen Telefondienstes genutzt wird und darüber hinaus weitere Dienste wie Telefax- oder Datenfernübertragung und einen funktionalen Internetzugang ermöglicht;

16a. „öffentliches Telekommunikationsnetz“ ein Telekommunikationsnetz, das ganz oder überwiegend der Bereitstellung öffentlich zugänglicher Telekommunikationsdienste dient, die die Übertragung von Informationen zwischen Netzabschlusspunkten ermöglichen;

16b. „öffentliche Versorgungsnetze“ entstehende, betriebene oder stillgelegte physische Infrastrukturen für die öffentliche Bereitstellung von

a) Erzeugungs-, Leitungs- oder Verteilungsdiensten für

aa) Telekommunikation,

bb) Gas,

cc) Elektrizität, einschließlich der Elektrizität für die öffentliche Straßenbeleuchtung,

dd) Fernwärme oder

ee) Wasser, ausgenommen Trinkwasser im Sinne des § 3 Nummer 1 der Trinkwasserverordnung in der Fassung der Bekanntmachung vom 10. März 2016 (BGBl. I S. 459), die durch Artikel 4 Absatz 21 des Gesetzes vom 18. Juli 2016 (BGBl. I S. 1666) geändert worden ist; zu den öffentlichen Versorgungsnetzen zählen auch physische Infrastrukturen zur Abwasserbehandlung und -entsorgung sowie die Kanalisationssysteme;

b) Verkehrsdiensten; zu diesen Infrastrukturen gehören insbesondere Schienenwege, Straßen, Wasserstraßen, Brücken, Häfen und Flugplätze;

17. „öffentlich zugänglicher Telefondienst" ein der Öffentlichkeit zur Verfügung stehender Dienst, der direkt oder indirekt über eine oder mehrere Nummern eines nationalen oder internationalen Telefonnummernplans oder eines anderen Adressierungsschemas das Führen folgender Gespräche ermöglicht:

a) aus- und eingehende Inlandsgespräche oder

b) aus- und eingehende Inlands- und Auslandsgespräche;

17a. „öffentlich zugängliche Telekommunikationsdienste" der Öffentlichkeit zur Verfügung stehende Telekommunikationsdienste;

17b. „passive Netzinfrastrukturen" Komponenten eines Netzes, die andere Netzkomponenten aufnehmen sollen, selbst jedoch nicht zu aktiven Netzkomponenten werden; hierzu zählen zum Beispiel Fernleitungen, Leer- und Leitungsrohre, Kabelkanäle, Kontrollkammern, Einstiegsschächte, Verteilerkästen, Gebäude und Gebäudeeingänge, Antennenanlagen und Trägerstrukturen wie Türme, Ampeln und Straßenlaternen, Masten und Pfähle; Kabel, einschließlich unbeschalteter Glasfaserkabel, sind keine passiven Netzinfrastrukturen;

17c. „Premium-Dienste" Dienste, insbesondere der Rufnummernbereiche (0) 190 und (0)900, bei denen über die Telekommunikationsdienstleistung hinaus eine weitere Dienstleistung erbracht wird, die gegenüber dem Anrufer gemeinsam mit der Telekommunikationsdienstleistung abgerechnet wird und die nicht einer anderen Nummernart zuzurechnen ist;

18. „Rufnummer" eine Nummer, durch deren Wahl im öffentlich zugänglichen Telefondienst eine Verbindung zu einem bestimmten Ziel aufgebaut werden kann;

18a. „Rufnummernbereich" eine für eine Nummernart bereitgestellte Teilmenge des Nummernraums für das öffentliche Telefonnetz;

18b. „Schnittstelle" ein Netzabschlusspunkt, das heißt, der physische Anschlusspunkt, über den der Benutzer Zugang zu öffentlichen Telekommunikationsnetzen erhält;

19. „Standortdaten" Daten, die in einem Telekommunikationsnetz oder von einem Telekommunikationsdienst erhoben oder verwendet werden und die den Standort des Endgeräts eines Endnutzers eines öffentlich zugänglichen Telekommunikationsdienstes angeben;

19a. „Teilabschnitt“ eine Teilkomponente des Teilnehmeranschlusses, die den Netzabschlusspunkt am Standort des Teilnehmers mit einem Konzentrationspunkt oder einem festgelegten zwischengeschalteten Zugangspunkt des öffentlichen Festnetzes verbindet;

20. „Teilnehmer“ jede natürliche oder juristische Person, die mit einem Anbieter von öffentlich zugänglichen Telekommunikationsdiensten einen Vertrag über die Erbringung derartiger Dienste geschlossen hat;

21. „Teilnehmeranschluss“ die physische Verbindung, mit dem der Netzabschlusspunkt in den Räumlichkeiten des Teilnehmers mit den Hauptverteilerknoten oder mit einer gleichwertigen Einrichtung in festen öffentlichen Telefonnetzen verbunden wird;

22. „Telekommunikation“ der technische Vorgang des Aussendens, Übermittelns und Empfangens von Signalen mittels Telekommunikationsanlagen;

23. „Telekommunikationsanlagen“ technische Einrichtungen oder Systeme, die als Nachrichten identifizierbare elektromagnetische oder optische Signale senden, übertragen, vermitteln, empfangen, steuern oder kontrollieren können;

24. „Telekommunikationsdienste“ in der Regel gegen Entgelt erbrachte Dienste, die ganz oder überwiegend in der Übertragung von Signalen über Telekommunikationsnetze bestehen, einschließlich Übertragungsdienste in Rundfunknetzen;

24a. „Telekommunikationsendeinrichtung“ eine direkt oder indirekt an die Schnittstelle eines öffentlichen Telekommunikationsnetzes angeschlossene Einrichtung zum Aussenden, Verarbeiten oder Empfangen von Nachrichten; sowohl bei direkten als auch bei indirekten Anschlüssen kann die Verbindung über elektrisch leitenden Draht, über optische Faser oder elektromagnetisch hergestellt werden; bei einem indirekten Anschluss ist zwischen der Telekommunikationsendeinrichtung und der Schnittstelle des öffentlichen Netzes ein Gerät geschaltet;

25. „telekommunikationsgestützte Dienste“ Dienste, die keinen räumlich und zeitlich trennbaren Leistungsfluss auslösen, sondern bei denen die Inhaltsleistung noch während der Telekommunikationsverbindung erfüllt wird;

26. „Telekommunikationslinien“ unter- oder oberirdisch geführte Telekommunikationskabelanlagen, einschließlich ihrer zugehörigen Schalt- und Verzweigungseinrichtungen, Masten und Unterstützungen, Kabelschächte und Kabelkanalrohre, sowie weitere technische Einrichtungen, die für das Erbringen von öffentlich zugänglichen Telekommunikationsdiensten erforderlich sind;

27. „Telekommunikationsnetz“ die Gesamtheit von Übertragungssystemen und gegebenenfalls Vermittlungs- und Leitwegeinrichtungen sowie anderweitigen Ressourcen, einschließlich der nicht aktiven Netzbestandteile, die die Übertragung von Signalen über Kabel, Funk, optische und andere elektromagnetische Einrichtungen ermöglichen, einschließlich Satellitennetzen, festen, leitungs- und paketvermittelten Netzen, einschließlich des Internets, und mobilen terrestrischen Netzen, Stromleitungssystemen, soweit sie zur Signalübertragung genutzt werden, Netzen für Hör- und Fernsehfunk sowie Kabelfernsehnetzen, unabhängig von der Art der übertragenen Information;

27a. „Überbau" die nachträgliche Dopplung von Telekommunikationsinfrastrukturen durch parallele Errichtung, soweit damit dasselbe Versorgungsgebiet erschlossen werden soll;

28. „Übertragungsweg" Telekommunikationsanlagen in Form von Kabel- oder Funkverbindungen mit ihren übertragungstechnischen Einrichtungen als Punkt-zu-Punkt- oder Punkt-zu-Mehrpunktverbindungen mit einem bestimmten Informationsdurchsatzvermögen (Bandbreite oder Bitrate) einschließlich ihrer Abschlusseinrichtungen;

28a. „umfangreiche Renovierungen" Tief- oder Hochbauarbeiten am Standort des Endnutzers, die strukturelle Veränderungen an den gesamten gebäudeinternen passiven Netzinfrastrukturen oder einem wesentlichen Teil davon umfassen;

29. „Unternehmen" das Unternehmen selbst oder mit ihm im Sinne des § 36 Abs. 2 und § 37 Abs. 1 und 2 des Gesetzes gegen Wettbewerbsbeschränkungen verbundene Unternehmen;

30. „Verkehrsdaten" Daten, die bei der Erbringung eines Telekommunikationsdienstes erhoben, verarbeitet oder genutzt werden;

30a. „Verletzung des Schutzes personenbezogener Daten" eine Verletzung der Datensicherheit, die zum Verlust, zur unrechtmäßigen Löschung, Veränderung, Speicherung, Weitergabe oder sonstigen unrechtmäßigen Verwendung personenbezogener Daten führt, die übertragen, gespeichert oder auf andere Weise im Zusammenhang mit der Bereitstellung öffentlich zugänglicher Telekommunikationsdienste verarbeitet werden sowie der unrechtmäßige Zugang zu diesen;

30b. „vollständig entbündelter Zugang zum Teilnehmeranschluss" die Bereitstellung des Zugangs zum Teilnehmeranschluss oder zum Teilabschnitt in der Weise, dass die Nutzung der gesamten Kapazität der Netzinfrastruktur ermöglicht wird;

30c. „Warteschleife" jede vom Nutzer eines Telekommunikationsdienstes eingesetzte Vorrichtung oder Geschäftspraxis, über die Anrufe entgegengenommen oder aufrechterhalten werden, ohne dass das Anliegen des Anrufers bearbeitet wird. Dies umfasst die Zeitspanne ab Rufaufbau vom Anschluss des Anrufers bis zu dem Zeitpunkt, an dem mit der Bearbeitung des Anliegens des Anrufers begonnen wird, gleichgültig ob dies über einen automatisierten Dialog oder durch eine persönliche Bearbeitung erfolgt. Ein automatisierter Dialog beginnt, sobald automatisiert Informationen abgefragt werden, die für die Bearbeitung des Anliegens erforderlich sind. Eine persönliche Bearbeitung des Anliegens beginnt, sobald eine natürliche Person den Anruf entgegennimmt und bearbeitet. Hierzu zählt auch die Abfrage von Informationen, die für die Bearbeitung des Anliegens erforderlich sind. Als Warteschleife ist ferner die Zeitspanne anzusehen, die anlässlich einer Weiterleitung zwischen Beendigung der vorhergehenden Bearbeitung des Anliegens und der weiteren Bearbeitung vergeht, ohne dass der Anruf technisch unterbrochen wird. Keine Warteschleife sind automatische Bandansagen, wenn die Dienstleistung für den Anrufer vor Herstellung der Verbindung erkennbar ausschließlich in einer Bandansage besteht;

31. „wirksamer Wettbewerb" die Abwesenheit von beträchtlicher Marktmacht im Sinne des § 11 Absatz 1 Satz 3 und 4;

32. „Zugang" die Bereitstellung von Einrichtungen oder Diensten für ein anderes Unternehmen unter bestimmten Bedingungen zum Zwecke der Erbringung von Telekommunikationsdiensten, auch bei deren Verwendung zur Erbringung von Diensten der Informationsgesellschaft oder Rundfunkinhaltediensten. Dies umfasst unter anderem Folgendes:
    a) Zugang zu Netzkomponenten, einschließlich nicht aktiver Netzkomponenten, und zugehörigen Einrichtungen, wozu auch der feste oder nicht feste Anschluss von Geräten gehören kann. Dies beinhaltet insbesondere den Zugang zum Teilnehmeranschluss sowie zu Einrichtungen und Diensten, die erforderlich sind, um Dienste über den Teilnehmeranschluss zu erbringen, einschließlich des Zugangs zur Anschaltung und Ermöglichung des Anbieterwechsels des Teilnehmers und zu hierfür notwendigen Informationen und Daten und zur Entstörung;
    b) Zugang zu physischen Infrastrukturen wie Gebäuden, Leitungsrohren und Masten;
    c) Zugang zu einschlägigen Softwaresystemen, einschließlich Systemen für die Betriebsunterstützung;
    d) Zugang zu informationstechnischen Systemen oder Datenbanken für Vorbestellung, Bereitstellung, Auftragserteilung, Anforderung von Wartungs- und Instandsetzungsarbeiten sowie Abrechnung;
    e) Zugang zur Nummernumsetzung oder zu Systemen, die eine gleichwertige Funktion bieten;
    f) Zugang zu Fest- und Mobilfunknetzen, insbesondere, um Roaming zu ermöglichen;
    g) Zugang zu Zugangsberechtigungssystemen für Digitalfernsehdienste und
    h) Zugang zu Diensten für virtuelle Netze;

33. „Zugangsberechtigungssysteme" technische Verfahren oder Vorrichtungen, welche die erlaubte Nutzung geschützter Rundfunkprogramme von einem Abonnement oder einer individuellen Erlaubnis abhängig machen;

33a. „Zugangspunkt zu passiven gebäudeinternen Netzkomponenten" ein physischer Punkt innerhalb oder außerhalb des Gebäudes, der für Eigentümer und Betreiber öffentlicher Telekommunikationsnetze zugänglich ist und den Anschluss an die hochgeschwindigkeitsfähigen gebäudeinternen passiven Netzinfrastrukturen ermöglicht;

33b. „zugehörige Dienste" diejenigen mit einem Telekommunikationsnetz oder einem Telekommunikationsdienst verbundenen Dienste, welche die Bereitstellung von Diensten über dieses Netz oder diesen Dienst ermöglichen, unterstützen oder dazu in der Lage sind. Darunter fallen unter anderem Systeme zur Nummernumsetzung oder Systeme, die eine gleichwertige Funktion bieten, Zugangsberechtigungssysteme und elektronische Programmführer sowie andere Dienste wie Dienste im Zusammenhang mit Identität, Standort und Präsenz des Nutzers;

33c. „zugehörige Einrichtungen" diejenigen mit einem Telekommunikationsnetz oder einem Telekommunikationsdienst verbundenen zugehörigen

Dienste, physischen Infrastrukturen und sonstigen Einrichtungen und Komponenten, welche die Bereitstellung von Diensten über dieses Netz oder diesen Dienst ermöglichen, unterstützen oder dazu in der Lage sind. Darunter fallen unter anderem Gebäude, Gebäudezugänge, Verkabelungen in Gebäuden, Antennen, Türme und andere Trägerstrukturen, Leitungsrohre, Leerrohre, Masten, Einstiegsschächte und Verteilerkästen;

34. „Zusammenschaltung" derjenige Zugang, der die physische und logische Verbindung öffentlicher Telekommunikationsnetze herstellt, um Nutzern eines Unternehmens die Kommunikation mit Nutzern desselben oder eines anderen Unternehmens oder die Inanspruchnahme von Diensten eines anderen Unternehmens zu ermöglichen; Dienste können von den beteiligten Parteien erbracht werden oder von anderen Parteien, die Zugang zum Netz haben. Zusammenschaltung ist ein Sonderfall des Zugangs und wird zwischen Betreibern öffentlicher Telekommunikationsnetze hergestellt.

Teil 3. Kundenschutz

§ 43a Verträge. (1) [1] Anbieter von öffentlich zugänglichen Telekommunikationsdiensten müssen dem Verbraucher und auf Verlangen anderen Endnutzern im Vertrag in klarer, umfassender und leicht zugänglicher Form folgende Informationen zur Verfügung stellen:

1. den Namen und die ladungsfähige Anschrift; ist der Anbieter eine juristische Person auch die Rechtsform, den Sitz und das zuständige Registergericht,
2. die Art und die wichtigsten technischen Leistungsdaten der angebotenen Telekommunikationsdienste, insbesondere diejenigen gemäß Absatz 2 und Absatz 3 Satz 1,
3. die voraussichtliche Dauer bis zur Bereitstellung eines Anschlusses,
4. die angebotenen Wartungs- und Kundendienste sowie die Möglichkeiten zur Kontaktaufnahme mit diesen Diensten,
5. Einzelheiten zu den Preisen der angebotenen Telekommunikationsdienste,
6. die Fundstelle eines allgemein zugänglichen, vollständigen und gültigen Preisverzeichnisses des Anbieters von öffentlich zugänglichen Telekommunikationsdiensten,
7. die Vertragslaufzeit, einschließlich des Mindestumfangs und der Mindestdauer der Nutzung, die gegebenenfalls erforderlich sind, um Angebote im Rahmen von Werbemaßnahmen nutzen zu können,
8. die Voraussetzungen für die Verlängerung und Beendigung des Bezuges einzelner Dienste und des gesamten Vertragsverhältnisses, einschließlich der Voraussetzungen für einen Anbieterwechsel nach § 46, die Entgelte für die Übertragung von Nummern und anderen Teilnehmerkennungen sowie die bei Beendigung des Vertragsverhältnisses fälligen Entgelte einschließlich einer Kostenanlastung für Endeinrichtungen,

9. etwaige Entschädigungs- und Erstattungsregelungen für den Fall, dass der Anbieter die wichtigsten technischen Leistungsdaten der zu erbringenden Dienste nicht eingehalten hat,
10. die erforderlichen Schritte zur Einleitung eines außergerichtlichen Streitbeilegungsverfahrens nach § 47a,
11. den Anspruch des Teilnehmers auf Aufnahme seiner Daten in ein öffentliches Teilnehmerverzeichnis nach § 45m,
12. die Arten von Maßnahmen, mit denen das Unternehmen auf Sicherheits- oder Integritätsverletzungen oder auf Bedrohungen und Schwachstellen reagieren kann,
13. den Anspruch auf Sperrung bestimmter Rufnummernbereiche nach § 45d Absatz 2 Satz 1 und
14. den Anspruch auf Sperrung der Inanspruchnahme und Abrechnung von neben der Verbindung erbrachten Leistungen über den Mobilfunkanschluss nach § 45d Absatz 3.

[2] Anbieter öffentlicher Telekommunikationsnetze sind dazu verpflichtet, Anbietern öffentlich zugänglicher Telekommunikationsdienste die für die Sicherstellung der in Satz 1 genannten Informationspflichten benötigten Informationen zur Verfügung zu stellen, wenn ausschließlich die Anbieter von öffentlichen Telekommunikationsnetzen darüber verfügen.

(2) Zu den Informationen nach Absatz 1 Nummer 2 gehören

1. Informationen darüber, ob der Zugang zu Notdiensten mit Angaben zum Anruferstandort besteht oder nicht, und über alle Beschränkungen von Notdiensten,
2. Informationen über alle Einschränkungen im Hinblick auf den Zugang zu und die Nutzung von Diensten und Anwendungen,
3. das angebotene Mindestniveau der Dienstqualität und gegebenenfalls anderer nach § 41a festgelegter Parameter für die Dienstqualität,
4. Informationen über alle vom Unternehmen zur Messung und Kontrolle des Datenverkehrs eingerichteten Verfahren, um eine Kapazitätsauslastung oder Überlastung einer Netzverbindung zu vermeiden, und Informationen über die möglichen Auswirkungen dieser Verfahren auf die Dienstqualität und
5. alle vom Anbieter auferlegten Beschränkungen für die Nutzung der von ihm zur Verfügung gestellten Endeinrichtungen.

(3) [1] Die Einzelheiten darüber, welche Angaben in der Regel mindestens nach Absatz 2 erforderlich sind, kann die Bundesnetzagentur nach Beteiligung der betroffenen Verbände und der Unternehmen durch Verfügung im Amtsblatt festlegen. [2] Hierzu kann die Bundesnetzagentur die Anbieter öffentlich zugänglicher Telekommunikationsdienste oder die Anbieter öffentlicher Telekommunikationsnetze verpflichten, Erhebungen zum tatsächlichen Mindestniveau der Dienstqualität anzustellen, eigene Messungen anstellen oder Hilfsmittel entwickeln, die es dem Teilnehmer ermöglichen, eigenständige Messungen anzustellen. [3] Die Bundesnetzagentur veröffentlicht jährlich einen Bericht über ihre Erhebungen und Erkenntnisse, in dem insbesondere dargestellt wird,

1. inwiefern die Anbieter von öffentlich zugänglichen Telekommunikationsdiensten die Informationen zur Verfügung stellen, die nach Absatz 2 und

nach Artikel 4 Absatz 1 der Verordnung (EU) 2015/2120[1)] des Europäischen Parlaments und des Rates vom 25. November 2015 über Maßnahmen zum Zugang zum offenen Internet und zur Änderung der Richtlinie 2002/22/EG über den Universaldienst und Nutzerrechte bei elektronischen Kommunikationsnetzen und -diensten sowie der Verordnung (EU) Nr. 531/2012 über das Roaming in öffentlichen Mobilfunknetzen in der Union (ABl. L 310 vom 26.11.2015, S. 1) erforderlich sind,

2. inwiefern erhebliche, kontinuierliche oder regelmäßig wiederkehrende Abweichungen zwischen der nach Satz 2 gemessenen Dienstqualität und den nach Artikel 4 Absatz 1 Unterabsatz 1 Buchstabe d der Verordnung (EU) 2015/2120 im Vertrag enthaltenen Angaben festgestellt wurden und
3. inwiefern Anforderungen und Maßnahmen nach Artikel 5 Absatz 1 Unterabsatz 1 Satz 2 der Verordnung (EU) 2015/2120 notwendig und wirksam sind.

[4] Ferner kann die Bundesnetzagentur das Format der Mitteilung über Vertragsänderungen und die anzugebende Information über das Widerrufsrecht festlegen, soweit nicht bereits vergleichbare Regelungen bestehen.

§ 43b Vertragslaufzeit. [1] Die anfängliche Mindestlaufzeit eines Vertrages zwischen einem Verbraucher und einem Anbieter von öffentlich zugänglichen Telekommunikationsdiensten darf 24 Monate nicht überschreiten. [2] Anbieter von öffentlich zugänglichen Telekommunikationsdiensten sind verpflichtet, einem Teilnehmer zu ermöglichen, einen Vertrag mit einer Höchstlaufzeit von zwölf Monaten abzuschließen.

§ 44a Haftung. [1] Soweit eine Verpflichtung des Anbieters von öffentlich zugänglichen Telekommunikationsdiensten zum Ersatz eines Vermögensschadens gegenüber einem Endnutzer besteht und nicht auf Vorsatz beruht, ist die Haftung auf höchstens 12 500 Euro je Endnutzer begrenzt. [2] Entsteht die Schadenersatzpflicht durch eine einheitliche Handlung oder ein einheitliches Schaden verursachendes Ereignis gegenüber mehreren Endnutzern und beruht dies nicht auf Vorsatz, so ist die Schadenersatzpflicht unbeschadet der Begrenzung in Satz 1 in der Summe auf höchstens 10 Millionen Euro begrenzt. [3] Übersteigen die Entschädigungen, die mehreren Geschädigten auf Grund desselben Ereignisses zu leisten sind, die Höchstgrenze, so wird der Schadenersatz in dem Verhältnis gekürzt, in dem die Summe aller Schadenersatzansprüche zur Höchstgrenze steht. [4] Die Haftungsbegrenzung nach den Sätzen 1 bis 3 gilt nicht für Ansprüche auf Ersatz des Schadens, der durch den Verzug der Zahlung von Schadenersatz entsteht. [5] Abweichend von den Sätzen 1 bis 3 kann die Höhe der Haftung gegenüber Endnutzern, die keine Verbraucher sind, durch einzelvertragliche Vereinbarung geregelt werden.

§ 45a Nutzung von Grundstücken. (1) Ein Anbieter von öffentlich zugänglichen Telekommunikationsdiensten, der einen Zugang zu einem öffentlichen Telekommunikationsnetz anbietet, darf den Vertrag mit dem Teilnehmer ohne Einhaltung einer Frist kündigen, wenn der Teilnehmer auf Verlangen des Anbieters nicht innerhalb eines Monats den Antrag des dinglich Berechtigten

[1)] Nr. **9**.

auf Abschluss eines Vertrags zu einer Nutzung des Grundstücks nach der Anlage zu diesem Gesetz (Nutzungsvertrag) vorlegt oder der dinglich Berechtigte den Nutzungsvertrag kündigt.

(2) Sind der Antrag fristgerecht vorgelegt und ein früherer Nutzungsvertrag nicht gekündigt worden, darf der Teilnehmer den Vertrag ohne Einhaltung einer Frist kündigen, wenn der Anbieter von öffentlich zugänglichen Telekommunikationsdiensten den Antrag des Eigentümers auf Abschluss eines Nutzungsvertrags diesem gegenüber nicht innerhalb eines Monats durch Übersendung des von ihm unterschriebenen Vertrags annimmt.

(3) [1] Sofern der Eigentümer keinen weiteren Nutzungsvertrag geschlossen hat und eine Mitbenutzung vorhandener Leitungen und Vorrichtungen des Anbieters von öffentlich zugänglichen Telekommunikationsdiensten durch einen weiteren Anbieter nicht die vertragsgemäße Erfüllung der Verpflichtungen des Anbieters gefährdet oder beeinträchtigt, hat der aus dem Nutzungsvertrag berechtigte Anbieter einem anderen Anbieter auf Verlangen die Mitbenutzung der auf dem Grundstück und in den darauf befindlichen Gebäuden verlegten Leitungen und angebrachten Vorrichtungen des Anbieters zu gewähren. [2] Der Anbieter darf für die Mitbenutzung ein Entgelt erheben, das sich an den Kosten der effizienten Leistungsbereitstellung orientiert.

(4) Geht das Eigentum des Grundstücks auf einen Dritten über, gilt § 566 des Bürgerlichen Gesetzbuchs[1)] entsprechend.

§ 45b Entstörungsdienst. Der Teilnehmer kann von einem Anbieter eines öffentlich zugänglichen Telefondienstes verlangen, dass dieser einer Störung unverzüglich, auch nachts und an Sonn- und Feiertagen, nachgeht, wenn der Anbieter von öffentlich zugänglichen Telekommunikationsdiensten über beträchtliche Marktmacht verfügt.

§ 45c Normgerechte technische Dienstleistung. (1) Der Anbieter von öffentlich zugänglichen Telekommunikationsdiensten ist gegenüber dem Teilnehmer verpflichtet, die nach Artikel 17 Absatz 4 der Richtlinie 2002/21/EG verbindlich geltenden Normen für und die technischen Anforderungen an die Bereitstellung von Telekommunikation für Endnutzer einzuhalten.

(2) Die Bundesnetzagentur soll auf die verbindlichen Normen und technischen Anforderungen in Veröffentlichungen hinweisen.

§ 45d Netzzugang. (1) [1] Der Zugang zu öffentlichen Telekommunikationsnetzen an festen Standorten ist an einer mit dem Teilnehmer zu vereinbarenden, geeigneten Stelle zu installieren. [2] Dieser Zugang ist ein passiver Netzabschlusspunkt; das öffentliche Telekommunikationsnetz endet am passiven Netzabschlusspunkt.

(2) [1] Der Teilnehmer kann von dem Anbieter öffentlich zugänglicher Telefondienste und von dem Anbieter des Anschlusses an das öffentliche Telekommunikationsnetz verlangen, dass die Nutzung seines Netzzugangs für bestimmte Rufnummernbereiche im Sinne von § 3 Nummer 18a unentgeltlich netzseitig gesperrt wird, soweit dies technisch möglich ist. [2] Die Freischaltung der gesperrten Rufnummernbereiche kann kostenpflichtig sein.

[1)] Nr. **15**.

(3) Der Teilnehmer kann von dem Anbieter öffentlich zugänglicher Mobilfunkdienste und von dem Anbieter des Anschlusses an das öffentliche Mobilfunknetz verlangen, dass die Identifizierung seines Mobilfunkanschlusses zur Inanspruchnahme und Abrechnung einer neben der Verbindung erbrachten Leistung unentgeltlich netzseitig gesperrt wird.

(4) [1] Die Bundesnetzagentur legt nach Anhörung der betroffenen Unternehmen, Fachkreise und Verbraucherverbände Verfahren fest, die die Anbieter öffentlich zugänglicher Mobilfunkdienste und die Anbieter des Anschlusses an das öffentliche Mobilfunknetz anwenden müssen, um die Identifizierung eines Mobilfunkanschlusses zur Inanspruchnahme und Abrechnung einer neben der Verbindung erbrachten Leistung zu nutzen. [2] Diese Verfahren sollen den Teilnehmer wirksam davor schützen, dass eine neben der Verbindung erbrachte Leistung gegen seinen Willen in Anspruch genommen und abgerechnet wird. [3] Die Bundesnetzagentur veröffentlicht die Verfahren und überprüft sie in regelmäßigen Abständen auf ihre Wirksamkeit.

§ 45e Anspruch auf Einzelverbindungsnachweis. (1) [1] Der Teilnehmer kann von dem Anbieter von öffentlich zugänglichen Telekommunikationsdiensten jederzeit mit Wirkung für die Zukunft eine nach Einzelverbindungen aufgeschlüsselte Rechnung (Einzelverbindungsnachweis) verlangen, die zumindest die Angaben enthält, die für eine Nachprüfung der Teilbeträge der Rechnung erforderlich sind. [2] Dies gilt nicht, soweit technische Hindernisse der Erteilung von Einzelverbindungsnachweisen entgegenstehen oder wegen der Art der Leistung eine Rechnung grundsätzlich nicht erteilt wird. [3] Die Rechtsvorschriften zum Schutz personenbezogener Daten bleiben unberührt.

(2) [1] Die Einzelheiten darüber, welche Angaben in der Regel mindestens für einen Einzelverbindungsnachweis nach Absatz 1 Satz 1 erforderlich und in welcher Form diese Angaben jeweils mindestens zu erteilen sind, kann die Bundesnetzagentur durch Verfügung im Amtsblatt festlegen. [2] Der Teilnehmer kann einen auf diese Festlegungen beschränkten Einzelverbindungsnachweis verlangen, für den kein Entgelt erhoben werden darf.

§ 45f Vorausbezahlte Leistung. [1] Der Teilnehmer muss die Möglichkeit haben, auf Vorauszahlungsbasis Zugang zum öffentlichen Telekommunikationsnetz zu erhalten oder öffentlich zugängliche Telefondienste in Anspruch nehmen zu können. [2] Die Einzelheiten kann die Bundesnetzagentur durch Verfügung im Amtsblatt festlegen. [3] Für den Fall, dass eine entsprechende Leistung nicht angeboten wird, schreibt die Bundesnetzagentur die Leistung aus. [4] Für das Verfahren gilt § 81 Abs. 2, 4 und 5 entsprechend.

§ 45g Verbindungspreisberechnung. (1) Bei der Abrechnung ist der Anbieter von öffentlich zugänglichen Telekommunikationsdiensten verpflichtet,

1. die Dauer und den Zeitpunkt zeitabhängig tarifierter Verbindungen von öffentlich zugänglichen Telekommunikationsdiensten unter regelmäßiger Abgleichung mit einem amtlichen Zeitnormal zu ermitteln,
2. die für die Tarifierung relevanten Entfernungszonen zu ermitteln,
3. die übertragene Datenmenge bei volumenabhängig tarifierten Verbindungen von öffentlich zugänglichen Telekommunikationsdiensten nach einem nach Absatz 3 vorgegebenen Verfahren zu ermitteln und

4. die Systeme, Verfahren und technischen Einrichtungen, mit denen auf der Grundlage der ermittelten Verbindungsdaten die Entgeltforderungen berechnet werden, einer regelmäßigen Kontrolle auf Abrechnungsgenauigkeit und Übereinstimmung mit den vertraglich vereinbarten Entgelten zu unterziehen.

(2) [1] Die Voraussetzungen nach Absatz 1 Nr. 1, 2 und 3 sowie Abrechnungsgenauigkeit und Entgeltrichtigkeit der Datenverarbeitungseinrichtungen nach Absatz 1 Nr. 4 sind durch ein Qualitätssicherungssystem sicherzustellen oder einmal jährlich durch öffentlich bestellte und vereidigte Sachverständige oder vergleichbare Stellen überprüfen zu lassen. [2] Zum Nachweis der Einhaltung dieser Bestimmung ist der Bundesnetzagentur die Prüfbescheinigung einer akkreditierten Zertifizierungsstelle für Qualitätssicherungssysteme oder das Prüfergebnis eines öffentlich bestellten und vereidigten Sachverständigen vorzulegen.

(3) Die Bundesnetzagentur legt im Benehmen mit dem Bundesamt für Sicherheit in der Informationstechnik Anforderungen an die Systeme und Verfahren zur Ermittlung des Entgelts volumenabhängig tarifierter Verbindungen nach Absatz 1 Nr. 2, 3 und 4 nach Anhörung der betroffenen Unternehmen, Fachkreise und Verbraucherverbände durch Verfügung im Amtsblatt fest.

§ 45h Rechnungsinhalt, Teilzahlungen. (1) [1] Soweit ein Anbieter von öffentlich zugänglichen Telekommunikationsdiensten dem Teilnehmer eine Rechnung stellt, die auch Entgelte für Leistungen Dritter ausweist, muss die Rechnung des Anbieters in einer hervorgehobenen und deutlich gestalteten Form Folgendes enthalten:

1. die konkrete Bezeichnung der in Rechnung gestellten Leistungen,
2. die Namen und ladungsfähigen Anschriften beteiligter Anbieter von Netzdienstleistungen,
3. einen Hinweis auf den Informationsanspruch des Teilnehmers nach § 45p,
4. die kostenfreien Kundendiensttelefonnummern der Anbieter von Netzdienstleistungen und des rechnungsstellenden Anbieters, unter denen der Teilnehmer die Informationen nach § 45p erlangen kann,
5. die Gesamthöhe der auf jeden Anbieter entfallenden Entgelte.

[2] § 45e bleibt unberührt. [3] Zahlt der Teilnehmer den Gesamtbetrag der Rechnung an den rechnungsstellenden Anbieter, so befreit ihn diese Zahlung von der Zahlungsverpflichtung auch gegenüber den anderen auf der Rechnung aufgeführten Anbietern.

(2) Hat der Teilnehmer vor oder bei der Zahlung nichts Anderes bestimmt, so sind Teilzahlungen des Teilnehmers an den rechnungsstellenden Anbieter auf die in der Rechnung ausgewiesenen Forderungen nach ihrem Anteil an der Gesamtforderung der Rechnung zu verrechnen.

(3) Das rechnungsstellende Unternehmen muss den Rechnungsempfänger in der Rechnung darauf hinweisen, dass dieser berechtigt ist, begründete Einwendungen gegen einzelne in der Rechnung gestellte Forderungen zu erheben.

(4) *(aufgehoben)*

(5) Die Einzelheiten darüber, welche Angaben nach Absatz 1 Satz 1 Nummer 3 auf der Rechnung mindestens für einen transparenten und nachvollziehbaren Hinweis auf den Informationsanspruch des Teilnehmers nach § 45p erforderlich sind, kann die Bundesnetzagentur durch Verfügung im Amtsblatt festlegen.

§ 45i Beanstandungen. (1) [1]Der Teilnehmer kann eine ihm von dem Anbieter von Telekommunikationsdiensten erteilte Abrechnung innerhalb einer Frist von mindestens acht Wochen nach Zugang der Rechnung beanstanden. [2]Im Falle der Beanstandung hat der Anbieter das in Rechnung gestellte Verbindungsaufkommen unter Wahrung der datenschutzrechtlichen Belange etwaiger weiterer Nutzer des Anschlusses als Entgeltnachweis nach den einzelnen Verbindungsdaten aufzuschlüsseln und eine technische Prüfung durchzuführen, es sei denn, die Beanstandung ist nachweislich nicht auf einen technischen Mangel zurückzuführen. [3]Der Teilnehmer kann innerhalb der Beanstandungsfrist verlangen, dass ihm der Entgeltnachweis und die Ergebnisse der technischen Prüfung vorgelegt werden. [4]Erfolgt eine nach Satz 3 verlangte Vorlage nicht binnen acht Wochen nach einer Beanstandung, erlöschen bis dahin entstandene Ansprüche aus Verzug; die mit der Abrechnung geltend gemachte Forderung wird mit der nach Satz 3 verlangten Vorlage fällig. [5]Die Bundesnetzagentur veröffentlicht, welche Verfahren zur Durchführung der technischen Prüfung geeignet sind.

(2) [1]Soweit aus technischen Gründen keine Verkehrsdaten gespeichert oder für den Fall, dass keine Beanstandungen erhoben wurden, gespeicherte Daten nach Verstreichen der in Absatz 1 Satz 1 geregelten oder mit dem Anbieter vereinbarten Frist oder auf Grund rechtlicher Verpflichtungen gelöscht worden sind, trifft den Anbieter weder eine Nachweispflicht für die erbrachten Verbindungsleistungen noch die Auskunftspflicht nach Absatz 1 für die Einzelverbindungen. [2]Satz 1 gilt entsprechend, soweit der Teilnehmer nach einem deutlich erkennbaren Hinweis auf die Folgen nach Satz 1 verlangt hat, dass Verkehrsdaten gelöscht oder nicht gespeichert werden.

(3) [1]Dem Anbieter von öffentlich zugänglichen Telekommunikationsdiensten obliegt der Nachweis, dass er den Telekommunikationsdienst oder den Zugang zum Telekommunikationsnetz bis zu dem Übergabepunkt, an dem dem Teilnehmer der Netzzugang bereitgestellt wird, technisch fehlerfrei erbracht hat. [2]Ergibt die technische Prüfung nach Absatz 1 Mängel, die sich auf die Berechnung des beanstandeten Entgelts zu Lasten des Teilnehmers ausgewirkt haben können, oder wird die technische Prüfung später als zwei Monate nach der Beanstandung durch den Teilnehmer abgeschlossen, wird widerleglich vermutet, dass das in Rechnung gestellte Verbindungsaufkommen des jeweiligen Anbieters von öffentlich zugänglichen Telekommunikationsdiensten unrichtig ermittelt ist.

(4) [1]Soweit der Teilnehmer nachweist, dass ihm die Inanspruchnahme von Leistungen des Anbieters nicht zugerechnet werden kann, hat der Anbieter keinen Anspruch auf Entgelt gegen den Teilnehmer. [2]Der Anspruch entfällt auch, soweit Tatsachen die Annahme rechtfertigen, dass Dritte durch unbefugte Veränderungen an öffentlichen Telekommunikationsnetzen das in Rechnung gestellte Verbindungsentgelt beeinflusst haben.

§ 45j Entgeltpflicht bei unrichtiger Ermittlung des Verbindungsaufkommens. (1) [1]Kann im Falle des § 45i Abs. 3 Satz 2 das tatsächliche Verbindungsaufkommen nicht festgestellt werden, hat der Anbieter von öffentlich zugänglichen Telekommunikationsdiensten gegen den Teilnehmer Anspruch auf den Betrag, den der Teilnehmer in den vorangegangenen sechs Abrechnungszeiträumen durchschnittlich als Entgelt für einen entsprechenden Zeitraum zu entrichten hatte. [2]Dies gilt nicht, wenn der Teilnehmer nachweist, dass er in dem Abrechnungszeitraum den Netzzugang nicht oder in geringerem Umfang als nach der Durchschnittsberechnung genutzt hat. [3]Die Sätze 1 und 2 gelten entsprechend, wenn nach den Umständen erhebliche Zweifel bleiben, ob dem Teilnehmer die Inanspruchnahme von Leistungen des Anbieters zugerechnet werden kann.

(2) [1]Soweit in der Geschäftsbeziehung zwischen Anbieter und Teilnehmer weniger als sechs Abrechnungszeiträume unbeanstandet geblieben sind, wird die Durchschnittsberechnung nach Absatz 1 auf die verbleibenden Abrechnungszeiträume gestützt. [2]Bestand in den entsprechenden Abrechnungszeiträumen eines Vorjahres bei vergleichbaren Umständen durchschnittlich eine niedrigere Entgeltforderung, tritt dieser Betrag an die Stelle des nach Satz 1 berechneten Durchschnittsbetrags.

(3) Fordert der Anbieter ein Entgelt auf der Grundlage einer Durchschnittsberechnung, so gilt das von dem Teilnehmer auf die beanstandete Forderung zu viel gezahlte Entgelt spätestens zwei Monate nach der Beanstandung als fällig.

§ 45k Sperre. (1) [1]Der Anbieter öffentlich zugänglicher Telefondienste darf zu erbringende Leistungen an einen Teilnehmer unbeschadet anderer gesetzlicher Vorschriften nur nach Maßgabe der Absätze 2 bis 5 und nach § 45o Satz 3 ganz oder teilweise verweigern (Sperre). [2]§ 108 Abs. 1 bleibt unberührt.

(2) [1]Wegen Zahlungsverzugs darf der Anbieter eine Sperre durchführen, wenn der Teilnehmer nach Abzug etwaiger Anzahlungen mit Zahlungsverpflichtungen von mindestens 75 Euro in Verzug ist und der Anbieter die Sperre mindestens zwei Wochen zuvor schriftlich angedroht und dabei auf die Möglichkeit des Teilnehmers, Rechtsschutz vor den Gerichten zu suchen, hingewiesen hat. [2]Bei der Berechnung der Höhe des Betrags nach Satz 1 bleiben nicht titulierte Forderungen, die der Teilnehmer form- und fristgerecht und schlüssig begründet beanstandet hat, außer Betracht. [3]Ebenso bleiben nicht titulierte bestrittene Forderungen Dritter im Sinne des § 45h Absatz 1 Satz 1 außer Betracht. [4]Dies gilt auch dann, wenn diese Forderungen abgetreten worden sind. [5]Die Bestimmungen der Sätze 2 bis 4 gelten nicht, wenn der Anbieter den Teilnehmer zuvor zur vorläufigen Zahlung eines Durchschnittsbetrags nach § 45j aufgefordert und der Teilnehmer diesen nicht binnen zwei Wochen gezahlt hat.

(3) Der Anbieter darf seine Leistung einstellen, sobald die Kündigung des Vertragsverhältnisses wirksam wird.

(4) Der Anbieter darf eine Sperre durchführen, wenn wegen einer im Vergleich zu den vorangegangenen sechs Abrechnungszeiträumen besonderen Steigerung des Verbindungsaufkommens auch die Höhe der Entgeltforderung des Anbieters in besonderem Maße ansteigt und Tatsachen die Annahme rechtfertigen, dass der Teilnehmer diese Entgeltforderung beanstanden wird.

(5) [1] Die Sperre ist, soweit technisch möglich und dem Anlass nach sinnvoll, auf bestimmte Leistungen zu beschränken. [2] Sie darf nur aufrechterhalten werden, solange der Grund für die Sperre fortbesteht. [3] Eine auch ankommende Telekommunikationsverbindung erfassende Vollsperrung des Netzzugangs darf frühestens eine Woche nach Sperrung abgehender Telekommunikationsverbindungen erfolgen.

§ 45l Dauerschuldverhältnisse bei Kurzwahldiensten. (1) [1] Der Teilnehmer kann von dem Anbieter einer Dienstleistung, die zusätzlich zu einem öffentlich zugänglichen Telekommunikationsdienst erbracht wird, einen kostenlosen Hinweis verlangen, sobald dessen Entgeltansprüche aus Dauerschuldverhältnissen für Kurzwahldienste im jeweiligen Kalendermonat eine Summe von 20 Euro überschreiten. [2] Der Anbieter ist nur zur unverzüglichen Absendung des Hinweises verpflichtet. [3] Für Kalendermonate, vor deren Beginn der Teilnehmer einen Hinweis nach Satz 1 verlangt hat und in denen der Hinweis unterblieben ist, kann der Anbieter nach Satz 1 den 20 Euro überschreitenden Betrag nicht verlangen.

(2) [1] Der Teilnehmer kann ein Dauerschuldverhältnis für Kurzwahldienste zum Ende eines Abrechungszeitraumes mit einer Frist von einer Woche gegenüber dem Anbieter kündigen. [2] Der Abrechnungszeitraum darf die Dauer eines Monats nicht überschreiten. [3] Abweichend von Satz 1 kann der Teilnehmer ein Dauerschuldverhältnis für Kurzwahldienste, das ereignisbasiert ist, jederzeit und ohne Einhaltung einer Frist gegenüber dem Anbieter kündigen.

(3) [1] Vor dem Abschluss von Dauerschuldverhältnissen für Kurzwahldienste, bei denen für die Entgeltansprüche des Anbieters jeweils der Eingang elektronischer Nachrichten beim Teilnehmer maßgeblich ist, hat der Anbieter dem Teilnehmer eine deutliche Information über die wesentlichen Vertragsbestandteile anzubieten. [2] Zu den wesentlichen Vertragsbestandteilen gehören insbesondere der zu zahlende Preis einschließlich Steuern und Abgaben je eingehender Kurzwahlsendung, der Abrechnungszeitraum, die Höchstzahl der eingehenden Kurzwahlsendungen im Abrechnungszeitraum, sofern diese Angaben nach Art der Leistung möglich sind, das jederzeitige Kündigungsrecht sowie die notwendigen praktischen Schritte für eine Kündigung. [3] Ein Dauerschuldverhältnis für Kurzwahldienste entsteht nicht, wenn der Teilnehmer den Erhalt der Informationen nach Satz 1 nicht bestätigt; dennoch geleistete Zahlungen des Teilnehmers an den Anbieter sind zurückzuzahlen.

§ 45m Aufnahme in öffentliche Teilnehmerverzeichnisse. (1) [1] Der Teilnehmer kann von seinem Anbieter eines öffentlichen Telefondienstes jederzeit verlangen, mit seiner Rufnummer, seinem Namen, seinem Vornamen und seiner Anschrift in ein allgemein zugängliches, nicht notwendig anbietereigenes Teilnehmerverzeichnis unentgeltlich eingetragen zu werden oder seinen Eintrag wieder löschen zu lassen. [2] Einen unrichtigen Eintrag hat der Anbieter zu berichtigen. [3] Der Teilnehmer kann weiterhin jederzeit verlangen, dass Mitbenutzer seines Zugangs mit Namen und Vornamen eingetragen werden, soweit Rechtsvorschriften zum Schutz personenbezogener Daten nicht entgegenstehen; für diesen Eintrag darf ein Entgelt erhoben werden.

(2) Die Ansprüche nach Absatz 1 stehen auch Wiederverkäufern von Sprachkommunikationsdienstleistungen für deren Teilnehmer zu.

(3) Die Absätze 1 und 2 gelten entsprechend für die Aufnahme in Verzeichnisse für Auskunftsdienste.

§ 45n Transparenz, Veröffentlichung von Informationen und zusätzliche Dienstemerkmale zur Kostenkontrolle. (1) Das Bundesministerium für Wirtschaft und Energie wird ermächtigt, im Einvernehmen mit dem Bundesministerium des Innern, dem Bundesministerium der Justiz und für Verbraucherschutz sowie dem Bundesministerium für Verkehr und digitale Infrastruktur durch Rechtsverordnung mit Zustimmung des Bundestages Rahmenvorschriften zur Förderung der Transparenz sowie zur Veröffentlichung von Informationen und zusätzlichen Dienstemerkmalen zur Kostenkontrolle auf dem Telekommunikationsmarkt zu erlassen.

(2) In der Rechtsverordnung nach Absatz 1 können Anbieter von öffentlichen Telekommunikationsnetzen und Anbieter öffentlich zugänglicher Telekommunikationsdienste verpflichtet werden, dem Verbraucher und auf Verlangen anderen Endnutzern transparente, vergleichbare, ausreichende und aktuelle Informationen bereitzustellen:

1. über geltende Preise und Tarife,
2. über den Vertragsbeginn, die noch verbleibende Vertragslaufzeit und die bei Vertragskündigung anfallenden Gebühren,
3. über Standardbedingungen für den Zugang zu den von ihnen für Endnutzer und Verbraucher bereitgestellten Diensten und deren Nutzung,
4. über die Dienstqualität einschließlich eines Angebotes zur Überprüfbarkeit der Datenübertragungsrate und
5. über die Maßnahmen, die zur Gewährleistung der Gleichwertigkeit beim Zugang für behinderte Endnutzer getroffen worden sind.

(3) Im Rahmen des Absatzes 2 Nummer 3 können Anbieter von öffentlichen Telekommunikationsnetzen und Anbieter öffentlich zugänglicher Telekommunikationsdienste verpflichtet werden, dem Verbraucher und auf Verlangen anderen Endnutzern Folgendes bereitzustellen:

1. den Namen und die ladungsfähige Anschrift, bei juristischen Personen auch die Rechtsform, den Sitz und das zuständige Registergericht,
2. den Umfang der angebotenen Dienste einschließlich der Bedingungen für Datenvolumenbeschränkungen,
3. Einzelheiten zu den Preisen der angebotenen Dienste, Dienstemerkmalen und Wartungsdiensten einschließlich etwaiger besonderer Preise für bestimmte Endnutzergruppen sowie Kosten für Endeinrichtungen,
4. Einzelheiten zu ihren Entschädigungs- und Erstattungsregelungen und deren Handhabung,
5. ihre Allgemeinen Geschäftsbedingungen und die von ihnen angebotenen Mindestvertragslaufzeiten, die Voraussetzungen für einen Anbieterwechsel nach § 46, Kündigungsbedingungen sowie Verfahren und direkte Entgelte im Zusammenhang mit der Übertragung von Rufnummern oder anderen Kennungen,
6. allgemeine und anbieterbezogene Informationen über die Verfahren zur Streitbeilegung und

7. Informationen über grundlegende Rechte der Endnutzer von Telekommunikationsdiensten, insbesondere
   a) zu Einzelverbindungsnachweisen,
   b) zu beschränkten und für den Endnutzer kostenlosen Sperren abgehender Verbindungen oder von Kurzwahl-Datendiensten oder, soweit technisch möglich, anderer Arten ähnlicher Anwendungen,
   c) zur Nutzung öffentlicher Telekommunikationsnetze gegen Vorauszahlung,
   d) zur Verteilung der Kosten für einen Netzanschluss auf einen längeren Zeitraum,
   e) zu den Folgen von Zahlungsverzug für mögliche Sperren und
   f) zu den Dienstemerkmalen Tonwahl- und Mehrfrequenzwahlverfahren und Anzeige der Rufnummer des Anrufers.

(4) [1] In der Rechtsverordnung nach Absatz 1 können Anbieter von öffentlichen Telekommunikationsnetzen und Anbieter öffentlich zugänglicher Telekommunikationsdienste unter anderem verpflichtet werden,

1. bei Nummern oder Diensten, für die eine besondere Preisgestaltung gilt, den Teilnehmern die dafür geltenden Tarife anzugeben; für einzelne Kategorien von Diensten kann verlangt werden, diese Informationen unmittelbar vor Herstellung der Verbindung bereitzustellen,
2. die Teilnehmer über jede Änderung des Zugangs zu Notdiensten oder der Angaben zum Anruferstandort bei dem Dienst, bei dem sie angemeldet sind, zu informieren,
3. die Teilnehmer über jede Änderung der Einschränkungen im Hinblick auf den Zugang zu und die Nutzung von Diensten und Anwendungen zu informieren,
4. Informationen bereitzustellen über alle vom Betreiber zur Messung und Kontrolle des Datenverkehrs eingerichteten Verfahren, um eine Kapazitätsauslastung oder Überlastung einer Netzverbindung zu vermeiden, und über die möglichen Auswirkungen dieser Verfahren auf die Dienstqualität,
5. nach Artikel 12 der Richtlinie 2002/58/EG[1)] die Teilnehmer über ihr Recht auf eine Entscheidung über Aufnahme oder Nichtaufnahme ihrer personenbezogenen Daten in ein Teilnehmerverzeichnis und über die Art der betreffenden Daten zu informieren sowie
6. behinderte Teilnehmer regelmäßig über Einzelheiten der für sie bestimmten Produkte und Dienste zu informieren.

[2] Falls dies als zweckdienlich erachtet wird, können in der Verordnung auch Verfahren zur Selbst- oder Koregulierung vorgesehen werden.

(5) [1] Die Informationen sind in klarer, verständlicher und leicht zugänglicher Form dem Verbraucher und auf Verlangen anderen Endnutzern bereitzustellen. [2] In der Rechtsverordnung nach Absatz 1 können hinsichtlich Ort und Form der Bereitstellung weitere Anforderungen festgelegt werden.

(6) [1] In der Rechtsverordnung nach Absatz 1 können Anbieter öffentlich zugänglicher Telefondienste und Anbieter öffentlicher Telekommunikationsnetze verpflichtet werden,

---

[1)] Nr. **57**.

1. eine Einrichtung anzubieten, mit der der Teilnehmer auf Antrag bei den Anbietern abgehende Verbindungen oder Kurzwahl-Datendienste oder andere Arten ähnlicher Anwendungen oder bestimmte Arten von Nummern kostenlos sperren lassen kann,
2. eine Einrichtung anzubieten, mit der der Teilnehmer bei seinem Anbieter die Identifizierung eines Mobilfunkanschlusses zur Inanspruchnahme und Abrechnung einer neben der Verbindung erbrachten Leistung unentgeltlich netzseitig sperren lassen kann,
3. Verbrauchern einen Anschluss an das öffentliche Telekommunikationsnetz auf der Grundlage zeitlich gestreckter Zahlungen zu gewähren,
4. eine Einrichtung anzubieten, mit der der Teilnehmer vom Anbieter Informationen über etwaige preisgünstigere alternative Tarife des jeweiligen Unternehmens anfordern kann, oder
5. eine geeignete Einrichtung anzubieten, um die Kosten öffentlich zugänglicher Telekommunikationsdienste zu kontrollieren, einschließlich unentgeltlicher Warnhinweise für die Verbraucher bei anormalem oder übermäßigem Verbraucherverhalten, die sich an Artikel 6a Absatz 1 bis 3 der Verordnung (EG) Nr. 717/2007 des Europäischen Parlaments und des Rates vom 27. Juni 2007 über das Roaming in öffentlichen Mobilfunknetzen in der Gemeinschaft und zur Änderung der Richtlinie 2002/21/EG (ABl. L 171 vom 29.6. 2007, S. 32), die zuletzt durch die Verordnung (EG) Nr. 544/2009 (ABl. L 167 vom 29.6.2009, S. 12) geändert worden ist, orientiert.

[2] Eine Verpflichtung zum Angebot der zusätzlichen Dienstemerkmale nach Satz 1 kommt nach Berücksichtigung der Ansichten der Betroffenen nicht in Betracht, wenn bereits in ausreichendem Umfang Zugang zu diesen Dienstemerkmalen besteht.

(7) [1] Das Bundesministerium für Wirtschaft und Energie kann im Einvernehmen mit dem Bundesministerium für Verkehr und digitale Infrastruktur die Ermächtigung nach Absatz 1 durch Rechtsverordnung an die Bundesnetzagentur übertragen. [2] Eine Rechtsverordnung der Bundesnetzagentur bedarf des Einvernehmens mit dem Bundesministerium für Wirtschaft und Energie, dem Bundesministerium des Innern, dem Bundesministerium der Justiz und für Verbraucherschutz, dem Bundesministerium für Verkehr und digitale Infrastruktur und dem Bundestag.

(8) [1] Die Bundesnetzagentur kann in ihrem Amtsblatt oder auf ihrer Internetseite jegliche Information veröffentlichen, die für Endnutzer Bedeutung haben kann. [2] Sonstige Rechtsvorschriften, namentlich zum Schutz personenbezogener Daten und zum Presserecht, bleiben unberührt. [3] Die Bundesnetzagentur kann zur Bereitstellung von vergleichbaren Informationen nach Absatz 1 interaktive Führer oder ähnliche Techniken selbst oder über Dritte bereitstellen, wenn diese auf dem Markt nicht kostenlos oder zu einem angemessenen Preis zur Verfügung stehen. [4] Zur Bereitstellung nach Satz 3 ist die Nutzung der von Anbietern von Telekommunikationsnetzen und von Anbietern öffentlich zugänglicher Telekommunikationsdienste veröffentlichten Informationen für die Bundesnetzagentur oder für Dritte kostenlos.

§ 45o Rufnummernmissbrauch. [1] Wer Rufnummern in seinem Telekommunikationsnetz einrichtet, hat den Zuteilungsnehmer schriftlich darauf hinzuweisen, dass die Übersendung und Übermittlung von Informationen, Sachen oder sonstige Leistungen unter bestimmten Umständen gesetzlich verboten ist. [2]Hat er gesicherte Kenntnis davon, dass eine in seinem Telekommunikationsnetz eingerichtete Rufnummer unter Verstoß gegen Satz 1 genutzt wird, ist er verpflichtet, unverzüglich Maßnahmen zu ergreifen, die geeignet sind, eine Wiederholung zu verhindern. [3]Bei wiederholten oder schwerwiegenden Verstößen gegen gesetzliche Verbote ist der Anbieter nach erfolgloser Abmahnung unter kurzer Fristsetzung verpflichtet, die Rufnummer zu sperren.

§ 45p Auskunftsanspruch über zusätzliche Leistungen. (1) [1]Stellt der Anbieter von öffentlich zugänglichen Telekommunikationsdiensten dem Teilnehmer eine Rechnung, die auch Entgelte für Leistungen Dritter ausweist, so muss er dem Teilnehmer auf Verlangen unverzüglich kostenfrei folgende Informationen zur Verfügung stellen:

1. die Namen und ladungsfähigen Anschriften der Dritten,
2. bei Diensteanbietern mit Sitz im Ausland zusätzlich die ladungsfähige Anschrift eines allgemeinen Zustellungsbevollmächtigten im Inland.

[2]Die gleiche Verpflichtung trifft auch den beteiligten Anbieter von Netzdienstleistungen.

(2) Der verantwortliche Anbieter einer neben der Verbindung erbrachten Leistung muss auf Verlangen des Teilnehmers diesen über den Grund und Gegenstand des Entgeltanspruchs, der nicht ausschließlich Gegenleistung einer Verbindungsleistung ist, insbesondere über die Art der erbrachten Leistung, unterrichten.

§ 47 Bereitstellen von Teilnehmerdaten. (1) [1]Jedes Unternehmen, das öffentlich zugängliche Telekommunikationsdienste erbringt und Rufnummern an Endnutzer vergibt, ist verpflichtet, unter Beachtung der anzuwendenden datenschutzrechtlichen Regelungen, jedem Unternehmen auf Antrag Teilnehmerdaten nach Absatz 2 Satz 4 zum Zwecke der Bereitstellung von öffentlich zugänglichen Auskunftsdiensten, Diensten zur Unterrichtung über einen individuellen Gesprächswunsch eines anderen Nutzers nach § 95 Absatz 2 Satz 1 und Teilnehmerverzeichnissen zur Verfügung zu stellen. [2]Die Überlassung der Daten hat unverzüglich und in nichtdiskriminierender Weise zu erfolgen.

(2) [1]Teilnehmerdaten sind die nach Maßgabe des § 104 in Teilnehmerverzeichnissen veröffentlichten Daten. [2]Hierzu gehören neben der Nummer sowohl die zu veröffentlichenden Daten selbst wie Name, Anschrift und zusätzliche Angaben wie Beruf, Branche, Art des Anschlusses und Mitbenutzer, soweit sie dem Unternehmen vorliegen. [3]Dazu gehören auch alle nach dem jeweiligen Stand der Technik unter Beachtung der anzuwendenden datenschutzrechtlichen Regelungen in kundengerechter Form aufbereiteten Informationen, Verknüpfungen, Zuordnungen und Klassifizierungen, die zur Veröffentlichung dieser Daten in öffentlich zugänglichen Auskunftsdiensten und Teilnehmerverzeichnissen nach Satz 1 notwendig sind. [4]Die Daten müssen vollständig und inhaltlich sowie technisch so aufbereitet sein, dass sie nach dem jeweiligen Stand der Technik ohne Schwierigkeiten in ein kundenfreundlich gestaltetes Teilnehmerverzeichnis oder eine entsprechende Auskunftsdienstedatenbank aufgenommen werden können.

(3) Ergeben sich Streitigkeiten zwischen Unternehmen über die Rechte und Verpflichtungen aus den Absätzen 1 und 2, gilt § 133 entsprechend.

(4) [1] Für die Überlassung der Teilnehmerdaten kann ein Entgelt erhoben werden; dieses unterliegt in der Regel einer nachträglichen Regulierung nach Maßgabe des § 38 Abs. 2 bis 4. [2] Ein solches Entgelt soll nur dann einer Genehmigungspflicht nach § 31 unterworfen werden, wenn das Unternehmen auf dem Markt für Endnutzerleistungen über eine beträchtliche Marktmacht verfügt.

Teil 7. Fernmeldegeheimnis, Datenschutz, Öffentliche Sicherheit

Abschnitt 1. Fernmeldegeheimnis

§ 88 Fernmeldegeheimnis. (1) [1] Dem Fernmeldegeheimnis unterliegen der Inhalt der Telekommunikation und ihre näheren Umstände, insbesondere die Tatsache, ob jemand an einem Telekommunikationsvorgang beteiligt ist oder war. [2] Das Fernmeldegeheimnis erstreckt sich auch auf die näheren Umstände erfolgloser Verbindungsversuche.

(2) [1] Zur Wahrung des Fernmeldegeheimnisses ist jeder Diensteanbieter verpflichtet. [2] Die Pflicht zur Geheimhaltung besteht auch nach dem Ende der Tätigkeit fort, durch die sie begründet worden ist.

(3) [1] Den nach Absatz 2 Verpflichteten ist es untersagt, sich oder anderen über das für die geschäftsmäßige Erbringung der Telekommunikationsdienste einschließlich des Schutzes ihrer technischen Systeme erforderliche Maß hinaus Kenntnis vom Inhalt oder den näheren Umständen der Telekommunikation zu verschaffen. [2] Sie dürfen Kenntnisse über Tatsachen, die dem Fernmeldegeheimnis unterliegen, nur für den in Satz 1 genannten Zweck verwenden. [3] Eine Verwendung dieser Kenntnisse für andere Zwecke, insbesondere die Weitergabe an andere, ist nur zulässig, soweit dieses Gesetz oder eine andere gesetzliche Vorschrift dies vorsieht und sich dabei ausdrücklich auf Telekommunikationsvorgänge bezieht. [4] Die Anzeigepflicht nach § 138 des Strafgesetzbuches[1)] hat Vorrang.

(4) Befindet sich die Telekommunikationsanlage an Bord eines Wasser- oder Luftfahrzeugs, so besteht die Pflicht zur Wahrung des Geheimnisses nicht gegenüber der Person, die das Fahrzeug führt oder gegenüber ihrer Stellvertretung.

§ 89 Abhörverbot, Geheimhaltungspflicht der Betreiber von Empfangsanlagen. [1] Mit einer Funkanlage dürfen nur Nachrichten, die für den Betreiber der Funkanlage, Funkamateure im Sinne des Gesetzes über den Amateurfunk vom 23. Juni 1997 (BGBl. I S. 1494), die Allgemeinheit oder einen unbestimmten Personenkreis bestimmt sind, abgehört oder in vergleichbarer Weise zur Kenntnis genommen werden. [2] Der Inhalt anderer als in Satz 1 genannter Nachrichten sowie die Tatsache ihres Empfangs dürfen, auch wenn der Empfang unbeabsichtigt geschieht, auch von Personen, für die eine Pflicht zur Geheimhaltung nicht schon nach § 88 besteht, anderen nicht mitgeteilt werden. [3] § 88 Abs. 4 gilt entsprechend. [4] Das Abhören oder die in vergleich-

---

1) Nr. **10**.

barer Weise erfolgende Kenntnisnahme und die Weitergabe von Nachrichten auf Grund besonderer gesetzlicher Ermächtigung bleiben unberührt.

§ 90 Missbrauch von Sende- oder sonstigen Telekommunikationsanlagen. (1) [1]Es ist verboten, Sendeanlagen oder sonstige Telekommunikationsanlagen zu besitzen, herzustellen, zu vertreiben, einzuführen oder sonst in den Geltungsbereich dieses Gesetzes zu verbringen, die ihrer Form nach einen anderen Gegenstand vortäuschen oder die mit Gegenständen des täglichen Gebrauchs verkleidet sind und auf Grund dieser Umstände oder auf Grund ihrer Funktionsweise in besonderer Weise geeignet und dazu bestimmt sind, das nicht öffentlich gesprochene Wort eines anderen von diesem unbemerkt abzuhören oder das Bild eines anderen von diesem unbemerkt aufzunehmen. [2]Das Verbot, solche Anlagen zu besitzen, gilt nicht für denjenigen, der die tatsächliche Gewalt über eine solche Anlage

1. als Organ, als Mitglied eines Organs, als gesetzlicher Vertreter oder als vertretungsberechtigter Gesellschafter eines Berechtigten nach Absatz 2 erlangt,
2. von einem anderen oder für einen anderen Berechtigten nach Absatz 2 erlangt, sofern und solange er die Weisungen des anderen über die Ausübung der tatsächlichen Gewalt über die Anlage auf Grund eines Dienst- oder Arbeitsverhältnisses zu befolgen hat oder die tatsächliche Gewalt auf Grund gerichtlichen oder behördlichen Auftrags ausübt,
3. als Gerichtsvollzieher oder Vollzugsbeamter in einem Vollstreckungsverfahren erwirbt,
4. von einem Berechtigten nach Absatz 2 vorübergehend zum Zwecke der sicheren Verwahrung oder der nicht gewerbsmäßigen Beförderung zu einem Berechtigten erlangt,
5. lediglich zur gewerbsmäßigen Beförderung oder gewerbsmäßigen Lagerung erlangt,
6. durch Fund erlangt, sofern er die Anlage unverzüglich dem Verlierer, dem Eigentümer, einem sonstigen Erwerbsberechtigten oder der für die Entgegennahme der Fundanzeige zuständigen Stelle abliefert,
7. von Todes wegen erwirbt, sofern er die Anlage unverzüglich einem Berechtigten überlässt oder sie für dauernd unbrauchbar macht,
8. erlangt, die durch Entfernen eines wesentlichen Bauteils dauernd unbrauchbar gemacht worden ist, sofern er den Erwerb unverzüglich der Bundesnetzagentur schriftlich anzeigt, dabei seine Personalien, die Art der Anlage, deren Hersteller- oder Warenzeichen und, wenn die Anlage eine Herstellungsnummer hat, auch diese angibt sowie glaubhaft macht, dass er die Anlage ausschließlich zu Sammlerzwecken erworben hat.

(2) [1]Die zuständigen obersten Bundes- oder Landesbehörden lassen Ausnahmen zu, wenn es im öffentlichen Interesse, insbesondere aus Gründen der öffentlichen Sicherheit, erforderlich ist. [2]Absatz 1 Satz 1 gilt nicht, soweit das Bundesamt für Wirtschaft und Ausfuhrkontrolle (BAFA) die Ausfuhr der Sendeanlagen oder sonstigen Telekommunikationsanlagen genehmigt hat.

(3) Es ist verboten, öffentlich oder in Mitteilungen, die für einen größeren Personenkreis bestimmt sind, für Sendeanlagen oder sonstige Telekommunikationsanlagen mit dem Hinweis zu werben, dass sie geeignet sind, das nicht

öffentlich gesprochene Wort eines anderen von diesem unbemerkt abzuhören oder dessen Bild von diesem unbemerkt aufzunehmen.

Abschnitt 2. Datenschutz

§ 91 Anwendungsbereich. (1) [1]Dieser Abschnitt regelt den Schutz personenbezogener Daten der Teilnehmer und Nutzer von Telekommunikation bei der Erhebung und Verwendung dieser Daten durch Unternehmen und Personen, die geschäftsmäßig Telekommunikationsdienste in Telekommunikationsnetzen, einschließlich Telekommunikationsnetzen, die Datenerfassungs- und Identifizierungsgeräte unterstützen, erbringen oder an deren Erbringung mitwirken. [2]Dem Fernmeldegeheimnis unterliegende Einzelangaben über Verhältnisse einer bestimmten oder bestimmbaren juristischen Person oder Personengesellschaft, sofern sie mit der Fähigkeit ausgestattet ist, Rechte zu erwerben oder Verbindlichkeiten einzugehen, stehen den personenbezogenen Daten gleich.

(2) Für geschlossene Benutzergruppen öffentlicher Stellen der Länder gilt dieser Abschnitt mit der Maßgabe, dass an die Stelle des Bundesdatenschutzgesetzes[1)] die jeweiligen Landesdatenschutzgesetze treten.

§ 92 *(aufgehoben)*

§ 93 Informationspflichten. (1) [1]Diensteanbieter haben ihre Teilnehmer bei Vertragsabschluss über Art, Umfang, Ort und Zweck der Erhebung und Verwendung personenbezogener Daten so zu unterrichten, dass die Teilnehmer in allgemein verständlicher Form Kenntnis von den grundlegenden Verarbeitungstatbeständen der Daten erhalten. [2]Dabei sind die Teilnehmer auch auf die zulässigen Wahl- und Gestaltungsmöglichkeiten hinzuweisen. [3]Die Nutzer sind vom Diensteanbieter durch allgemein zugängliche Informationen über die Erhebung und Verwendung personenbezogener Daten zu unterrichten. [4]Das Auskunftsrecht nach dem Bundesdatenschutzgesetz[1)] bleibt davon unberührt.

(2) Unbeschadet des Absatzes 1 hat der Diensteanbieter in den Fällen, in denen ein besonderes Risiko der Verletzung der Netzsicherheit besteht, die Teilnehmer über dieses Risiko und, wenn das Risiko außerhalb des Anwendungsbereichs der vom Diensteanbieter zu treffenden Maßnahme liegt, über mögliche Abhilfen, einschließlich der für sie voraussichtlich entstehenden Kosten, zu unterrichten.

(3) Im Fall einer Verletzung des Schutzes personenbezogener Daten haben die betroffenen Teilnehmer oder Personen die Rechte aus § 109a Absatz 1 Satz 2 in Verbindung mit Absatz 2.

§ 94 Einwilligung im elektronischen Verfahren. Die Einwilligung kann auch elektronisch erklärt werden, wenn der Diensteanbieter sicherstellt, dass

1. der Teilnehmer oder Nutzer seine Einwilligung bewusst und eindeutig erteilt hat,
2. die Einwilligung protokolliert wird,

[1)] Nr. **56**.

3. der Teilnehmer oder Nutzer den Inhalt der Einwilligung jederzeit abrufen kann und
4. der Teilnehmer oder Nutzer die Einwilligung jederzeit mit Wirkung für die Zukunft widerrufen kann.

§ 95 Vertragsverhältnisse. (1) [1]Der Diensteanbieter darf Bestandsdaten erheben und verwenden, soweit dieses zur Erreichung des in § 3 Nr. 3 genannten Zweckes erforderlich ist. [2]Im Rahmen eines Vertragsverhältnisses mit einem anderen Diensteanbieter darf der Diensteanbieter Bestandsdaten seiner Teilnehmer und der Teilnehmer des anderen Diensteanbieters erheben und verwenden, soweit dies zur Erfüllung des Vertrages zwischen den Diensteanbietern erforderlich ist. [3]Eine Übermittlung der Bestandsdaten an Dritte erfolgt, soweit nicht dieser Teil oder ein anderes Gesetz sie zulässt, nur mit Einwilligung des Teilnehmers.

(2) [1]Der Diensteanbieter darf die Bestandsdaten der in Absatz 1 Satz 2 genannten Teilnehmer zur Beratung der Teilnehmer, zur Werbung für eigene Angebote, zur Marktforschung und zur Unterrichtung über einen individuellen Gesprächswunsch eines anderen Nutzers nur verwenden, soweit dies für diese Zwecke erforderlich ist und der Teilnehmer eingewilligt hat. [2]Ein Diensteanbieter, der im Rahmen einer bestehenden Kundenbeziehung rechtmäßig Kenntnis von der Rufnummer oder der Postadresse, auch der elektronischen, eines Teilnehmers erhalten hat, darf diese für die Versendung von Text- oder Bildmitteilungen an ein Telefon oder an eine Postadresse zu den in Satz 1 genannten Zwecken verwenden, es sei denn, dass der Teilnehmer einer solchen Verwendung widersprochen hat. [3]Die Verwendung der Rufnummer oder Adresse nach Satz 2 ist nur zulässig, wenn der Teilnehmer bei der Erhebung oder der erstmaligen Speicherung der Rufnummer oder Adresse und bei jeder Versendung einer Nachricht an diese Rufnummer oder Adresse zu einem der in Satz 1 genannten Zwecke deutlich sichtbar und gut lesbar darauf hingewiesen wird, dass er der Versendung weiterer Nachrichten jederzeit schriftlich oder elektronisch widersprechen kann.

(3) [1]Endet das Vetragsverhältnis, sind die Bestandsdaten vom Diensteanbieter mit Ablauf des auf die Beendigung folgenden Kalenderjahres zu löschen. [2]§ 35 Abs. 3 des Bundesdatenschutzgesetzes[1)] gilt entsprechend.

(4) [1]Der Diensteanbieter kann im Zusammenhang mit dem Begründen und dem Ändern des Vertragsverhältnisses sowie dem Erbringen von Telekommunikationsdiensten die Vorlage eines amtlichen Ausweises verlangen, wenn dies zur Überprüfung der Angaben des Teilnehmers erforderlich ist. [2]Die Pflicht nach § 111 Absatz 1 Satz 3 bleibt unberührt. [3]Er kann von dem Ausweis eine Kopie erstellen. [4]Die Kopie ist vom Diensteanbieter unverzüglich nach Feststellung der für den Vertragsabschluss erforderlichen Angaben des Teilnehmers zu vernichten. [5]Andere als die nach Absatz 1 zulässigen Daten darf der Diensteanbieter dabei nicht verwenden.

(5) [1]Die Erbringung von Telekommunikationsdiensten darf nicht von einer Einwilligung des Teilnehmers in eine Verwendung seiner Daten für andere Zwecke abhängig gemacht werden, wenn dem Teilnehmer ein anderer Zugang

---

[1)] Nr. **56**.

zu diesen Telekommunikationsdiensten ohne die Einwilligung nicht oder in nicht zumutbarer Weise möglich ist. [2] Eine unter solchen Umständen erteilte Einwilligung ist unwirksam.

§ 96 Verkehrsdaten. (1) [1] Der Diensteanbieter darf folgende Verkehrsdaten erheben, soweit dies für die in diesem Abschnitt genannten Zwecke erforderlich ist:

1. die Nummer oder Kennung der beteiligten Anschlüsse oder der Endeinrichtung, personenbezogene Berechtigungskennungen, bei Verwendung von Kundenkarten auch die Kartennummer, bei mobilen Anschlüssen auch die Standortdaten,
2. den Beginn und das Ende der jeweiligen Verbindung nach Datum und Uhrzeit und, soweit die Entgelte davon abhängen, die übermittelten Datenmengen,
3. den vom Nutzer in Anspruch genommenen Telekommunikationsdienst,
4. die Endpunkte von festgeschalteten Verbindungen, ihren Beginn und ihr Ende nach Datum und Uhrzeit und, soweit die Entgelte davon abhängen, die übermittelten Datenmengen,
5. sonstige zum Aufbau und zur Aufrechterhaltung der Telekommunikation sowie zur Entgeltabrechnung notwendige Verkehrsdaten.

[2] Diese Verkehrsdaten dürfen nur verwendet werden, soweit dies für die in Satz 1 genannten oder durch andere gesetzliche Vorschriften begründeten Zwecke oder zum Aufbau weiterer Verbindungen erforderlich ist. [3] Im Übrigen sind Verkehrsdaten vom Diensteanbieter nach Beendigung der Verbindung unverzüglich zu löschen.

(2) Eine über Absatz 1 hinausgehende Erhebung oder Verwendung der Verkehrsdaten ist unzulässig.

(3) [1] Der Diensteanbieter darf teilnehmerbezogene Verkehrsdaten, die vom Anbieter eines öffentlich zugänglichen Telekommunikationsdienstes verwendet werden, zum Zwecke der Vermarktung von Telekommunikationsdiensten, zur bedarfsgerechten Gestaltung von Telekommunikationsdiensten oder zur Bereitstellung von Diensten mit Zusatznutzen im dazu erforderlichen Maß und im dazu erforderlichen Zeitraum nur verwenden, sofern der Betroffene in diese Verwendung eingewilligt hat. [2] Die Daten der Angerufenen sind unverzüglich zu anonymisieren. [3] Eine zielnummernbezogene Verwendung der Verkehrsdaten durch den Diensteanbieter zu den in Satz 1 genannten Zwecken ist nur mit Einwilligung der Angerufenen zulässig. [4] Hierbei sind die Daten der Anrufenden unverzüglich zu anonymisieren.

(4) [1] Bei der Einholung der Einwilligung ist dem Teilnehmer mitzuteilen, welche Datenarten für die in Absatz 3 Satz 1 genannten Zwecke verarbeitet werden sollen und wie lange sie gespeichert werden sollen. [2] Außerdem ist der Teilnehmer darauf hinzuweisen, dass er die Einwilligung jederzeit widerrufen kann.

§ 97 Entgeltermittlung und Entgeltabrechnung. (1) [1] Diensteanbieter dürfen die in § 96 Abs. 1 aufgeführten Verkehrsdaten verwenden, soweit die Daten zur Ermittlung des Entgelts und zur Abrechnung mit ihren Teilnehmern benötigt werden. [2] Erbringt ein Diensteanbieter seine Dienste über ein öffentliches Telekommunikationsnetz eines fremden Betreibers, darf der Betreiber des öffentlichen Telekommunikationsnetzes dem Diensteanbieter die für die Erbringung von dessen Diensten erhobenen Verkehrsdaten übermitteln. [3] Hat der Diensteanbieter mit einem Dritten einen Vertrag über den Einzug des Entgelts geschlossen, so darf er dem Dritten die in Absatz 2 genannten Daten übermitteln, soweit es zum Einzug des Entgelts und der Erstellung einer detaillierten Rechnung erforderlich ist. [4] Der Dritte ist vertraglich zur Wahrung des Fernmeldegeheimnisses nach § 88 und des Datenschutzes nach den §§ 93 und 95 bis 97, 99 und 100 zu verpflichten. [5] § 11 des Bundesdatenschutzgesetzes[1)] bleibt unberührt.

(2) Der Diensteanbieter darf zur ordnungsgemäßen Ermittlung und Abrechnung der Entgelte für Telekommunikationsdienste und zum Nachweis der Richtigkeit derselben folgende personenbezogene Daten nach Maßgabe der Absätze 3 bis 6 erheben und verwenden:

1. die Verkehrsdaten nach § 96 Abs. 1,
2. die Anschrift des Teilnehmers oder Rechnungsempfängers, die Art des Anschlusses, die Zahl der im Abrechnungszeitraum einer planmäßigen Entgeltabrechnung insgesamt aufgekommenen Entgelteinheiten, die übermittelten Datenmengen, das insgesamt zu entrichtende Entgelt,
3. sonstige für die Entgeltabrechnung erhebliche Umstände wie Vorschusszahlungen, Zahlungen mit Buchungsdatum, Zahlungsrückstände, Mahnungen, durchgeführte und aufgehobene Anschlusssperren, eingereichte und bearbeitete Reklamationen, beantragte und genehmigte Stundungen, Ratenzahlungen und Sicherheitsleistungen.

(3) [1] Der Diensteanbieter hat nach Beendigung der Verbindung aus den Verkehrsdaten nach § 96 Abs. 1 Nr. 1 bis 3 und 5 unverzüglich die für die Berechnung des Entgelts erforderlichen Daten zu ermitteln. [2] Diese Daten dürfen bis zu sechs Monate nach Versendung der Rechnung gespeichert werden. [3] Für die Abrechnung nicht erforderliche Daten sind unverzüglich zu löschen. [4] Hat der Teilnehmer gegen die Höhe der in Rechnung gestellten Verbindungsentgelte vor Ablauf der Frist nach Satz 2 Einwendungen erhoben, dürfen die Daten gespeichert werden, bis die Einwendungen abschließend geklärt sind.

(4) Soweit es für die Abrechnung des Diensteanbieters mit anderen Diensteanbietern oder mit deren Teilnehmern sowie anderer Diensteanbieter mit ihren Teilnehmern erforderlich ist, darf der Diensteanbieter Verkehrsdaten verwenden.

(5) Zieht der Diensteanbieter mit der Rechnung Entgelte für Leistungen eines Dritten ein, die dieser im Zusammenhang mit der Erbringung von Telekommunikationsdiensten erbracht hat, so darf er dem Dritten Bestands- und Verkehrsdaten übermitteln, soweit diese im Einzelfall für die Durchsetzung der Forderungen des Dritten gegenüber seinem Teilnehmer erforderlich sind.

§ 98 Standortdaten. (1) [1] Standortdaten, die in Bezug auf die Nutzer von öffentlichen Telekommunikationsnetzen oder öffentlich zugänglichen Telekommunikationsdiensten verwendet werden, dürfen nur im zur Bereitstellung

---

[1)] Nr. **56**.

von Diensten mit Zusatznutzen erforderlichen Umfang und innerhalb des dafür erforderlichen Zeitraums verarbeitet werden, wenn sie anonymisiert wurden oder wenn der Teilnehmer dem Anbieter des Dienstes mit Zusatznutzen seine Einwilligung erteilt hat. [2]In diesen Fällen hat der Anbieter des Dienstes mit Zusatznutzen bei jeder Feststellung des Standortes des Mobilfunkendgerätes den Nutzer durch eine Textmitteilung an das Endgerät, dessen Standortdaten ermittelt wurden, zu informieren. [3]Dies gilt nicht, wenn der Standort nur auf dem Endgerät angezeigt wird, dessen Standortdaten ermittelt wurden. [4]Werden die Standortdaten für einen Dienst mit Zusatznutzen verarbeitet, der die Übermittlung von Standortdaten eines Mobilfunkendgerätes an einen anderen Teilnehmer oder Dritte, die nicht Anbieter des Dienstes mit Zusatznutzen sind, zum Gegenstand hat, muss der Teilnehmer abweichend von § 94 seine Einwilligung ausdrücklich, gesondert und schriftlich gegenüber dem Anbieter des Dienstes mit Zusatznutzen erteilen. [5]In diesem Fall gilt die Verpflichtung nach Satz 2 entsprechend für den Anbieter des Dienstes mit Zusatznutzen. [6]Der Anbieter des Dienstes mit Zusatznutzen darf die erforderlichen Bestandsdaten zur Erfüllung seiner Verpflichtung aus Satz 2 nutzen. [7]Der Teilnehmer muss Mitbenutzer über eine erteilte Einwilligung unterrichten. [8]Eine Einwilligung kann jederzeit widerrufen werden.

(2) Haben die Teilnehmer ihre Einwilligung zur Verarbeitung von Standortdaten gegeben, müssen sie auch weiterhin die Möglichkeit haben, die Verarbeitung solcher Daten für jede Verbindung zum Netz oder für jede Übertragung einer Nachricht auf einfache Weise und unentgeltlich zeitweise zu untersagen.

(3) Bei Verbindungen zu Anschlüssen, die unter den Notrufnummern 112 oder 110 oder der Rufnummer 124 124 oder 116 117 erreicht werden, hat der Diensteanbieter sicherzustellen, dass nicht im Einzelfall oder dauernd die Übermittlung von Standortdaten ausgeschlossen wird.

(4) Die Verarbeitung von Standortdaten nach den Absätzen 1 und 2 muss auf das für die Bereitstellung des Dienstes mit Zusatznutzen erforderliche Maß sowie auf Personen beschränkt werden, die im Auftrag des Betreibers des öffentlichen Telekommunikationsnetzes oder öffentlich zugänglichen Telekommunikationsdienstes oder des Dritten, der den Dienst mit Zusatznutzen anbietet, handeln.

§ 99 Einzelverbindungsnachweis. (1) [1]Dem Teilnehmer sind die gespeicherten Daten derjenigen Verbindungen, für die er entgeltpflichtig ist, nur dann mitzuteilen, wenn er vor dem maßgeblichen Abrechnungszeitraum in Textform einen Einzelverbindungsnachweis verlangt hat; auf Wunsch dürfen ihm auch die Daten pauschal abgegoltener Verbindungen mitgeteilt werden. [2]Dabei entscheidet der Teilnehmer, ob ihm die von ihm gewählten Rufnummern ungekürzt oder unter Kürzung um die letzten drei Ziffern mitgeteilt werden. [3]Bei Anschlüssen im Haushalt ist die Mitteilung nur zulässig, wenn der Teilnehmer in Textform erklärt hat, dass er alle zum Haushalt gehörenden Mitbenutzer des Anschlusses darüber informiert hat und künftige Mitbenutzer unverzüglich darüber informieren wird, dass ihm die Verkehrsdaten zur Erteilung des Nachweises bekannt gegeben werden. [4]Bei Anschlüssen in Betrieben und Behörden ist die Mitteilung nur zulässig, wenn der Teilnehmer in Textform erklärt hat, dass die Mitarbeiter informiert worden sind und künftige Mitarbeiter unverzüglich informiert werden und dass der Betriebsrat oder die Personalvertretung entsprechend den gesetzlichen Vorschriften beteiligt worden ist oder eine solche Beteiligung nicht erforderlich ist. [5]Soweit die öffentlich-rechtlichen Religionsgesellschaften für ihren Bereich eigene Mitarbeitervertreterregelungen erlassen haben, findet Satz 4 mit der Maßgabe Anwendung, dass an die Stelle des Betriebsrates oder der Personalvertretung die jeweilige Mitarbeitervertretung tritt. [6]Dem Teilnehmer dürfen darüber hinaus die gespeicherten Daten mitgeteilt werden, wenn er Einwendungen gegen die Höhe der Verbindungsentgelte erhoben hat. [7]Soweit ein Teilnehmer zur vollständigen oder teilweisen Übernahme der Entgelte für Verbindungen verpflichtet ist, die bei seinem Anschluss ankommen, dürfen ihm in dem für ihn bestimmten Einzelverbindungsnachweis die Nummern der Anschlüsse, von denen die Anrufe ausgehen, nur unter Kürzung um die letzten drei Ziffern mitgeteilt werden. [8]Die Sätze 2 und 7 gelten nicht für Diensteanbieter, die als Anbieter für geschlossene Benutzergruppen ihre Dienste nur ihren Teilnehmern anbieten.

(2) [1]Der Einzelverbindungsnachweis nach Absatz 1 Satz 1 darf nicht Verbindungen zu Anschlüssen von Personen, Behörden und Organisationen in sozialen oder kirchlichen Bereichen erkennen lassen, die grundsätzlich anonym bleibenden Anrufern ganz oder überwiegend telefonische Beratung in seelischen oder sozialen Notlagen anbieten und die selbst oder deren Mitarbeiter insoweit besonderen Verschwiegenheitsverpflichtungen unterliegen. [2]Dies gilt nur, soweit die Bundesnetzagentur die angerufenen Anschlüsse in eine Liste aufgenommen hat. [3]Der Beratung im Sinne des Satzes 1 dienen neben den in § 203 Absatz 1 Nummer 4 und 5 des Strafgesetzbuches[1)] genannten Personengruppen insbesondere die Telefonseelsorge und die Gesundheitsberatung. [4]Die Bundesnetzagentur nimmt die Inhaber der Anschlüsse auf Antrag in die Liste auf, wenn sie ihre Aufgabenbestimmung nach Satz 1 durch Bescheinigung einer Behörde oder Körperschaft, Anstalt oder Stiftung des öffentlichen Rechts nachgewiesen haben. [5]Die Liste wird zum Abruf im automatisierten Verfahren bereitgestellt. [6]Der Diensteanbieter hat die Liste quartalsweise abzufragen und Änderungen unverzüglich in seinen Abrechnungsverfahren anzuwenden. [7]Die Sätze 1 bis 6 gelten nicht für Diensteanbieter, die als Anbieter für geschlossene Benutzergruppen ihre Dienste nur ihren Teilnehmern anbieten.

(3) [1]Bei Verwendung einer Kundenkarte muss auch auf der Karte ein deutlicher Hinweis auf die mögliche Mitteilung der gespeicherten Verkehrsdaten ersichtlich sein. [2]Sofern ein solcher Hinweis auf der Karte aus technischen Gründen nicht möglich oder für den Kartenemittenten unzumutbar ist, muss der Teilnehmer eine Erklärung nach Absatz 1 Satz 3 oder Satz 4 abgegeben haben.

§ 100 Störungen von Telekommunikationsanlagen und Missbrauch von Telekommunikationsdiensten. (1) [1]Soweit erforderlich, darf der Diensteanbieter die Bestandsdaten und Verkehrsdaten der Teilnehmer und Nutzer sowie die Steuerdaten eines informationstechnischen Protokolls zur Datenübertragung, die unabhängig vom Inhalt eines Kommunikationsvorgangs übertragen oder auf den am Kommunikationsvorgang beteiligten Servern gespeichert werden und zur Gewährleistung der Kommunikation zwischen Empfänger und Sender notwendig sind, erheben und verwenden, um Störungen

---

1) Nr. **10**.

oder Fehler an Telekommunikationsanlagen zu erkennen, einzugrenzen oder zu beseitigen. [2]Die Kommunikationsinhalte sind nicht Bestandteil der Steuerdaten eines informationstechnischen Protokolls zur Datenübertragung. [3]Dies gilt auch für Störungen, die zu einer Einschränkung der Verfügbarkeit von Informations- und Kommunikationsdiensten oder zu einem unerlaubten Zugriff auf Telekommunikations- und Datenverarbeitungssysteme der Nutzer führen können. [4]Die Daten sind unverzüglich zu löschen, sobald sie für die Beseitigung der Störung nicht mehr erforderlich sind. [5]Eine Nutzung der Daten zu anderen Zwecken ist unzulässig. [6]Soweit die Daten nicht automatisiert erhoben und verwendet werden, muss der betriebliche Datenschutzbeauftragte unverzüglich über die Verfahren und Umstände der Maßnahme informiert werden. [7]Der Diensteanbieter muss dem betrieblichen Datenschutzbeauftragten, der Bundesnetzagentur und der Bundesbeauftragten für den Datenschutz und die Informationsfreiheit am Ende eines Quartals detailliert über die Verfahren und Umstände von Maßnahmen nach Satz 6 in diesem Zeitraum schriftlich berichten. [8]Die Bundesnetzagentur leitet diese Informationen unverzüglich an das Bundesamt für Sicherheit in der Informationstechnik weiter. [9]Der Betroffene ist von dem Diensteanbieter zu benachrichtigen, sofern dieser ermittelt werden kann. [10]Wurden im Rahmen einer Maßnahme nach Satz 1 auch Steuerdaten eines informationstechnischen Protokolls zur Datenübertragung erhoben und verwendet, müssen die Berichte mindestens auch Angaben zum Umfang und zur Erforderlichkeit der Erhebung und Verwendung der Steuerdaten eines informationstechnischen Protokolls zur Datenübertragung enthalten.

(2) [1]Zur Durchführung von Umschaltungen sowie zum Erkennen und Eingrenzen von Störungen im Netz ist dem Betreiber der Telekommunikationsanlage oder seinem Beauftragten das Aufschalten auf bestehende Verbindungen erlaubt, soweit dies betrieblich erforderlich ist. [2]Eventuelle bei der Aufschaltung erstellte Aufzeichnungen sind unverzüglich zu löschen. [3]Das Aufschalten muss den betroffenen Kommunikationsteilnehmern durch ein akustisches oder sonstiges Signal zeitgleich angezeigt und ausdrücklich mitgeteilt werden. [4]Sofern dies technisch nicht möglich ist, muss der betriebliche Datenschutzbeauftragte unverzüglich detailliert über die Verfahren und Umstände jeder einzelnen Maßnahme informiert werden. [5]Diese Informationen sind beim betrieblichen Datenschutzbeauftragten für zwei Jahre aufzubewahren.

(3) [1]Wenn zu dokumentierende tatsächliche Anhaltspunkte für die rechtswidrige Inanspruchnahme eines Telekommunikationsnetzes oder -dienstes vorliegen, insbesondere für eine Leistungserschleichung oder einen Betrug, darf der Diensteanbieter zur Sicherung seines Entgeltanspruchs die Bestandsdaten und Verkehrsdaten verwenden, die erforderlich sind, um die rechtswidrige Inanspruchnahme des Telekommunikationsnetzes oder -dienstes aufzudecken und zu unterbinden. [2]Der Diensteanbieter darf die nach § 96 erhobenen Verkehrsdaten in der Weise verwenden, dass aus dem Gesamtbestand aller Verkehrsdaten, die nicht älter als sechs Monate sind, die Daten derjenigen Verbindungen des Netzes ermittelt werden, für die tatsächliche Anhaltspunkte den Verdacht der rechtswidrigen Inanspruchnahme von Telekommunikationsnetzen und -diensten begründen. [3]Der Diensteanbieter darf aus den Verkehrsdaten und Bestandsdaten nach Satz 1 einen pseudonymisierten Gesamtdatenbestand bilden, der Aufschluss über die von einzelnen Teilnehmern erzielten Umsätze gibt und unter Zugrundelegung geeigneter Kriterien das Auffinden

solcher Verbindungen des Netzes ermöglicht, bei denen der Verdacht einer rechtswidrigen Inanspruchnahme besteht. [4]Die Daten anderer Verbindungen sind unverzüglich zu löschen. [5]Die Bundesnetzagentur und der Bundesbeauftragte für den Datenschutz sind über Einführung und Änderung eines Verfahrens nach Satz 1 unverzüglich in Kenntnis zu setzen.

(4) [1]Unter den Voraussetzungen des Absatzes 3 Satz 1 darf der Diensteanbieter im Einzelfall Steuersignale erheben und verwenden, soweit dies zum Aufklären und Unterbinden der dort genannten Handlungen unerlässlich ist. [2]Die Erhebung und Verwendung von anderen Nachrichteninhalten ist unzulässig. [3]Über Einzelmaßnahmen nach Satz 1 ist die Bundesnetzagentur in Kenntnis zu setzen. [4]Die Betroffenen sind zu benachrichtigen, sobald dies ohne Gefährdung des Zwecks der Maßnahmen möglich ist.

§ 101 Mitteilen ankommender Verbindungen. (1) [1]Trägt ein Teilnehmer in einem zu dokumentierenden Verfahren schlüssig vor, dass bei seinem Anschluss bedrohende oder belästigende Anrufe ankommen, hat der Diensteanbieter auf schriftlichen Antrag auch netzübergreifend Auskunft über die Inhaber der Anschlüsse zu erteilen, von denen die Anrufe ausgehen. [2]Die Auskunft darf sich nur auf Anrufe beziehen, die nach Stellung des Antrags durchgeführt werden. [3]Der Diensteanbieter darf die Rufnummern, Namen und Anschriften der Inhaber dieser Anschlüsse sowie Datum und Uhrzeit des Beginns der Verbindungen und der Verbindungsversuche erheben und verwenden sowie diese Daten seinem Teilnehmer mitteilen. [4]Die Sätze 1 bis 3 gelten nicht für Diensteanbieter, die ihre Dienste nur den Teilnehmern geschlossener Benutzergruppen anbieten.

(2) Die Bekanntgabe nach Absatz 1 Satz 3 darf nur erfolgen, wenn der Teilnehmer zuvor die Verbindungen nach Datum, Uhrzeit oder anderen geeigneten Kriterien eingrenzt, soweit ein Missbrauch dieses Verfahrens nicht auf andere Weise ausgeschlossen werden kann.

(3) Im Falle einer netzübergreifenden Auskunft sind die an der Verbindung mitwirkenden anderen Diensteanbieter verpflichtet, dem Diensteanbieter des bedrohten oder belästigten Teilnehmers die erforderlichen Auskünfte zu erteilen, sofern sie über diese Daten verfügen.

(4) [1]Der Inhaber des Anschlusses, von dem die festgestellten Verbindungen ausgegangen sind, ist zu unterrichten, dass über diese Auskunft erteilt wurde. [2]Davon kann abgesehen werden, wenn der Antragsteller schriftlich schlüssig vorgetragen hat, dass ihm aus dieser Mitteilung wesentliche Nachteile entstehen können, und diese Nachteile bei Abwägung mit den schutzwürdigen Interessen der Anrufenden als wesentlich schwerwiegender erscheinen. [3]Erhält der Teilnehmer, von dessen Anschluss die als bedrohend oder belästigend bezeichneten Anrufe ausgegangen sind, auf andere Weise Kenntnis von der Auskunftserteilung, so ist er auf Verlangen über die Auskunftserteilung zu unterrichten.

(5) Die Bundesnetzagentur sowie der oder die Bundesbeauftragte für den Datenschutz sind über die Einführung und Änderung des Verfahrens zur Sicherstellung der Absätze 1 bis 4 unverzüglich in Kenntnis zu setzen.

§ 102 Rufnummernanzeige und -unterdrückung. (1) [1]Bietet der Diensteanbieter die Anzeige der Rufnummer der Anrufenden an, so müssen Anrufende und Angerufene die Möglichkeit haben, die Rufnummernanzeige dauernd oder für jeden Anruf einzeln auf einfache Weise und unentgeltlich zu unterdrücken. [2] Angerufene müssen die Möglichkeit haben, eingehende Anrufe, bei denen die Rufnummernanzeige durch den Anrufenden unterdrückt wurde, auf einfache Weise und unentgeltlich abzuweisen.

(2) Abweichend von Absatz 1 Satz 1 dürfen Anrufende bei Werbung mit einem Telefonanruf ihre Rufnummernanzeige nicht unterdrücken oder bei dem Diensteanbieter veranlassen, dass diese unterdrückt wird; der Anrufer hat sicherzustellen, dass dem Angerufenen die dem Anrufer zugeteilte Rufnummer übermittelt wird.

(3) Die Absätze 1 und 2 gelten nicht für Diensteanbieter, die ihre Dienste nur den Teilnehmern geschlossener Benutzergruppen anbieten.

(4) [1] Auf Antrag des Teilnehmers muss der Diensteanbieter Anschlüsse bereitstellen, bei denen die Übermittlung der Rufnummer des Anschlusses, von dem der Anruf ausgeht, an den angerufenen Anschluss unentgeltlich ausgeschlossen ist. [2] Die Anschlüsse sind auf Antrag des Teilnehmers in dem öffentlichen Teilnehmerverzeichnis (§ 104) seines Diensteanbieters zu kennzeichnen. [3] Ist eine Kennzeichnung nach Satz 2 erfolgt, so darf an den so gekennzeichneten Anschluss eine Übermittlung der Rufnummer des Anschlusses, von dem der Anruf ausgeht, erst dann erfolgen, wenn zuvor die Kennzeichnung in der aktualisierten Fassung des Teilnehmerverzeichnisses nicht mehr enthalten ist.

(5) Hat der Teilnehmer die Eintragung in das Teilnehmerverzeichnis nicht nach § 104 beantragt, unterbleibt die Anzeige seiner Rufnummer bei dem angerufenen Anschluss, es sei denn, dass der Teilnehmer die Übermittlung seiner Rufnummer ausdrücklich wünscht.

(6) [1] Wird die Anzeige der Rufnummer von Angerufenen angeboten, so müssen Angerufene die Möglichkeit haben, die Anzeige ihrer Rufnummer beim Anrufenden auf einfache Weise und unentgeltlich zu unterdrücken. [2] Absatz 3 gilt entsprechend.

(7) Die Absätze 1 bis 3 und 6 gelten auch für Anrufe in das Ausland und für aus dem Ausland kommende Anrufe, soweit sie Anrufende oder Angerufene im Inland betreffen.

(8) Bei Verbindungen zu Anschlüssen, die unter den Notrufnummern 112 oder 110 oder der Rufnummer 124 124 oder 116 117 erreicht werden, hat der Diensteanbieter sicherzustellen, dass nicht im Einzelfall oder dauernd die Anzeige von Nummern der Anrufenden ausgeschlossen wird.

§ 103 Automatische Anrufweiterschaltung. [1] Der Diensteanbieter ist verpflichtet, seinen Teilnehmern die Möglichkeit einzuräumen, eine von einem Dritten veranlasste automatische Weiterschaltung auf sein Endgerät auf einfache Weise und unentgeltlich abzustellen, soweit dies technisch möglich ist. [2] Satz 1 gilt nicht für Diensteanbieter, die als Anbieter für geschlossene Benutzergruppen ihre Dienste nur ihren Teilnehmern anbieten.

§ 104 Teilnehmerverzeichnisse. [1] Teilnehmer können mit ihrem Namen, ihrer Anschrift und zusätzlichen Angaben wie Beruf, Branche und Art des Anschlusses in öffentliche gedruckte oder elektronische Verzeichnisse eingetragen werden, soweit sie dies beantragen. [2] Dabei können die Teilnehmer bestimmen, welche Angaben in den Verzeichnissen veröffentlicht werden sollen. [3] Auf Verlangen des Teilnehmers dürfen Mitbenutzer eingetragen werden, soweit diese damit einverstanden sind.

§ 105 Auskunftserteilung. (1) Über die in Teilnehmerverzeichnissen enthaltenen Rufnummern dürfen Auskünfte unter Beachtung der Beschränkungen des § 104 und der Absätze 2 und 3 erteilt werden.

(2) [1] Die Telefonauskunft über Rufnummern von Teilnehmern darf nur erteilt werden, wenn diese in angemessener Weise darüber informiert worden sind, dass sie der Weitergabe ihrer Rufnummer widersprechen können und von ihrem Widerspruchsrecht keinen Gebrauch gemacht haben. [2] Über Rufnummern hinausgehende Auskünfte über nach § 104 veröffentlichte Daten dürfen nur erteilt werden, wenn der Teilnehmer in eine weitergehende Auskunftserteilung eingewilligt hat.

(3) Die Telefonauskunft von Namen oder Namen und Anschrift eines Teilnehmers, von dem nur die Rufnummer bekannt ist, ist zulässig, wenn der Teilnehmer, der in ein Teilnehmerverzeichnis eingetragen ist, nach einem Hinweis seines Diensteanbieters auf seine Widerspruchsmöglichkeit nicht widersprochen hat.

(4) [1] Ein Widerspruch nach Absatz 2 Satz 1 oder Absatz 3 oder eine Einwilligung nach Absatz 2 Satz 2 sind in den Kundendateien des Diensteanbieters und des Anbieters nach Absatz 1, die den Verzeichnissen zugrunde liegen, unverzüglich zu vermerken. [2] Sie sind auch von den anderen Diensteanbietern zu beachten, sobald diese in zumutbarer Weise Kenntnis darüber erlangen konnten, dass der Widerspruch oder die Einwilligung in den Verzeichnissen des Diensteanbieters und des Anbieters nach Absatz 1 vermerkt ist.

§ 106 Telegrammdienst. (1) [1] Daten und Belege über die betriebliche Bearbeitung und Zustellung von Telegrammen dürfen gespeichert werden, soweit es zum Nachweis einer ordnungsgemäßen Erbringung der Telegrammdienstleistung nach Maßgabe des mit dem Teilnehmer geschlossenen Vertrags erforderlich ist. [2] Die Daten und Belege sind spätestens nach sechs Monaten vom Diensteanbieter zu löschen.

(2) [1] Daten und Belege über den Inhalt von Telegrammen dürfen über den Zeitpunkt der Zustellung hinaus nur gespeichert werden, soweit der Diensteanbieter nach Maßgabe des mit dem Teilnehmer geschlossenen Vertrags für Übermittlungsfehler einzustehen hat. [2] Bei Inlandstelegrammen sind die Daten und Belege spätestens nach drei Monaten, bei Auslandstelegrammen spätestens nach sechs Monaten vom Diensteanbieter zu löschen.

(3) [1] Die Löschungsfristen beginnen mit dem ersten Tag des Monats, der auf den Monat der Telegrammaufgabe folgt. [2] Die Löschung darf unterbleiben, solange die Verfolgung von Ansprüchen oder eine internationale Vereinbarung eine längere Speicherung erfordert.

§ 107 Nachrichtenübermittlungssysteme mit Zwischenspeicherung.

(1) Der Diensteanbieter darf bei Diensten, für deren Durchführung eine Zwischenspeicherung erforderlich ist, Nachrichteninhalte, insbesondere Sprach-, Ton-, Text- und Grafikmitteilungen von Teilnehmern, im Rahmen eines hierauf gerichteten Diensteangebots unter folgenden Voraussetzungen verarbeiten:

1. Die Verarbeitung erfolgt ausschließlich in Telekommunikationsanlagen des zwischenspeichernden Diensteanbieters, es sei denn, die Nachrichteninhalte werden im Auftrag des Teilnehmers oder durch Eingabe des Teilnehmers in Telekommunikationsanlagen anderer Diensteanbieter weitergeleitet.
2. Ausschließlich der Teilnehmer bestimmt durch seine Eingabe Inhalt, Umfang und Art der Verarbeitung.
3. Ausschließlich der Teilnehmer bestimmt, wer Nachrichteninhalte eingeben und darauf zugreifen darf (Zugriffsberechtigter).
4. Der Diensteanbieter darf dem Teilnehmer mitteilen, dass der Empfänger auf die Nachricht zugegriffen hat.
5. Der Diensteanbieter darf Nachrichteninhalte nur entsprechend dem mit dem Teilnehmer geschlossenen Vertrag löschen.

(2) [1] Der Diensteanbieter hat die erforderlichen technischen und organisatorischen Maßnahmen zu treffen, um Fehlübermittlungen und das unbefugte Offenbaren von Nachrichteninhalten innerhalb seines Unternehmens oder an Dritte auszuschließen. [2] Erforderlich sind Maßnahmen nur, wenn ihr Aufwand in einem angemessenen Verhältnis zu dem angestrebten Schutzzweck steht. [3] Soweit es im Hinblick auf den angestrebten Schutzzweck erforderlich ist, sind die Maßnahmen dem jeweiligen Stand der Technik anzupassen.

Abschnitt 3. Öffentliche Sicherheit

§ 108 Notruf. (1) [1] Wer öffentlich zugängliche Telekommunikationsdienste für das Führen von ausgehenden Inlandsgesprächen zu einer oder mehreren Nummern des nationalen Telefonnummernplanes bereitstellt, hat Vorkehrungen zu treffen, damit Endnutzern unentgeltliche Verbindungen möglich sind, die entweder durch die Wahl der europaeinheitlichen Notrufnummer 112 oder der zusätzlichen nationalen Notrufnummer 110 oder durch das Aussenden entsprechender Signalisierungen eingeleitet werden (Notrufverbindungen). [2] Wer derartige öffentlich zugängliche Telekommunikationsdienste erbringt, den Zugang zu solchen Diensten ermöglicht oder Telekommunikationsnetze betreibt, die für diese Dienste einschließlich der Durchleitung von Anrufen genutzt werden, hat gemäß Satz 4 sicherzustellen oder im notwendigen Umfang daran mitzuwirken, dass Notrufverbindungen unverzüglich zu der örtlich zuständigen Notrufabfragestelle hergestellt werden, und er hat alle erforderlichen Maßnahmen zu treffen, damit Notrufverbindungen jederzeit möglich sind. [3] Die Diensteanbieter nach den Sätzen 1 und 2 haben gemäß Satz 6 sicherzustellen, dass der Notrufabfragestelle auch Folgendes mit der Notrufverbindung übermittelt wird:

1. die Rufnummer des Anschlusses, von dem die Notrufverbindung ausgeht, und
2. die Daten, die zur Ermittlung des Standortes erforderlich sind, von dem die Notrufverbindung ausgeht.

[4] Notrufverbindungen sind vorrangig vor anderen Verbindungen herzustellen, sie stehen vorrangigen Verbindungen nach dem Post- und Telekommunikationssicherstellungsgesetz gleich. [5] Daten, die nach Maßgabe der Rechtsverordnung nach Absatz 3 zur Verfolgung von Missbrauch des Notrufs erforderlich sind, dürfen auch verzögert an die Notrufabfragestelle übermittelt werden.

[6] Die Übermittlung der Daten nach den Sätzen 3 und 5 erfolgt unentgeltlich. [7] Die für Notrufverbindungen entstehenden Kosten trägt jeder Diensteanbieter selbst; die Entgeltlichkeit von Vorleistungen bleibt unberührt.

(2) Im Hinblick auf Notrufverbindungen, die durch sprach- oder hörbehinderte Endnutzer unter Verwendung eines Telefaxgerätes eingeleitet werden, gilt Absatz 1 entsprechend.

(3) [1] Das Bundesministerium für Wirtschaft und Energie wird ermächtigt, im Einvernehmen mit dem Bundesministerium des Innern, dem Bundesministerium für Verkehr und digitale Infrastruktur und dem Bundesministerium für Arbeit und Soziales durch Rechtsverordnung mit Zustimmung des Bundesrates Regelungen zu treffen

1. zu den Grundsätzen der Festlegung von Einzugsgebieten von Notrufabfragestellen und deren Unterteilungen durch die für den Notruf zuständigen Landes- und Kommunalbehörden sowie zu den Grundsätzen des Abstimmungsverfahrens zwischen diesen Behörden und den betroffenen Teilnehmernetzbetreibern und Mobilfunknetzbetreibern, soweit diese Grundsätze für die Herstellung von Notrufverbindungen erforderlich sind,
2. zur Herstellung von Notrufverbindungen zur jeweils örtlich zuständigen Notrufabfragestelle oder Ersatznotrufabfragestelle,
3. zum Umfang der für Notrufverbindungen zu erbringenden Leistungsmerkmale, einschließlich
   a) der Übermittlung der Daten nach Absatz 1 Satz 3 und
   b) zulässiger Abweichungen hinsichtlich der nach Absatz 1 Satz 3 Nummer 1 zu übermittelnden Daten in unausweichlichen technisch bedingten Sonderfällen,
4. zur Bereitstellung und Übermittlung von Daten, die geeignet sind, der Notrufabfragestelle die Verfolgung von Missbrauch des Notrufs zu ermöglichen,
5. zum Herstellen von Notrufverbindungen mittels automatischer Wählgeräte und
6. zu den Aufgaben der Bundesnetzagentur auf den in den Nummern 1 bis 5 aufgeführten Gebieten, insbesondere im Hinblick auf die Festlegung von Kriterien für die Genauigkeit und Zuverlässigkeit der Daten, die zur Ermittlung des Standortes erforderlich sind, von dem die Notrufverbindung ausgeht.

[2] Landesrechtliche Regelungen über Notrufabfragestellen bleiben von den Vorschriften dieses Absatzes insofern unberührt, als sie nicht Verpflichtungen im Sinne von Absatz 1 betreffen.

(4) [1] Die technischen Einzelheiten zu den in Absatz 3 Satz 1 Nummer 1 bis 5 aufgeführten Gegenständen, insbesondere die Kriterien für die Genauigkeit und Zuverlässigkeit der Angaben zu dem Standort, von dem die Notrufverbindung ausgeht, legt die Bundesnetzagentur in einer Technischen Richtlinie fest; dabei berücksichtigt sie die Vorschriften der Verordnung nach Absatz 3. [2] Die Bundesnetzagentur erstellt die Richtlinie unter Beteiligung

1. der Verbände der durch Absatz 1 Satz 1 und 2 und Absatz 2 betroffenen Diensteanbieter und Betreiber von Telekommunikationsnetzen,

2. der vom Bundesministerium des Innern benannten Vertreter der Betreiber von Notrufabfragestellen und
3. der Hersteller der in den Telekommunikationsnetzen und Notrufabfragestellen eingesetzten technischen Einrichtungen.

[3]Bei den Festlegungen in der Technischen Richtlinie sind internationale Standards zu berücksichtigen; Abweichungen von den Standards sind zu begründen. [4]Die Technische Richtlinie ist von der Bundesnetzagentur auf ihrer Internetseite zu veröffentlichen; die Veröffentlichung hat die Bundesnetzagentur in ihrem Amtsblatt bekannt zu machen. [5]Die Verpflichteten nach Absatz 1 Satz 1 bis 3 und Absatz 2 haben die Anforderungen der Technischen Richtlinie spätestens ein Jahr nach deren Bekanntmachung zu erfüllen, sofern dort für bestimmte Verpflichtungen kein längerer Übergangszeitraum festgelegt ist. [6]Nach dieser Richtlinie gestaltete mängelfreie technische Einrichtungen müssen im Falle einer Änderung der Richtlinie spätestens drei Jahre nach deren Inkrafttreten die geänderten Anforderungen erfüllen.

§ 109 Technische Schutzmaßnahmen. (1) [1]Jeder Diensteanbieter hat erforderliche technische Vorkehrungen und sonstige Maßnahmen zu treffen
1. zum Schutz des Fernmeldegeheimnisses und
2. gegen die Verletzung des Schutzes personenbezogener Daten.

[2]Dabei ist der Stand der Technik zu berücksichtigen.

(2) [1]Wer ein öffentliches Telekommunikationsnetz betreibt oder öffentlich zugängliche Telekommunikationsdienste erbringt, hat bei den hierfür betriebenen Telekommunikations- und Datenverarbeitungssystemen angemessene technische Vorkehrungen und sonstige Maßnahmen zu treffen
1. zum Schutz gegen Störungen, die zu erheblichen Beeinträchtigungen von Telekommunikationsnetzen und -diensten führen, auch soweit sie durch äußere Angriffe und Einwirkungen von Katastrophen bedingt sein können, und
2. zur Beherrschung der Risiken für die Sicherheit von Telekommunikationsnetzen und -diensten.

[2]Insbesondere sind Maßnahmen zu treffen, um Telekommunikations- und Datenverarbeitungssysteme gegen unerlaubte Zugriffe zu sichern und Auswirkungen von Sicherheitsverletzungen für Nutzer oder für zusammengeschaltete Netze so gering wie möglich zu halten. [3]Bei Maßnahmen nach Satz 2 ist der Stand der Technik zu berücksichtigen. [4]Wer ein öffentliches Telekommunikationsnetz betreibt, hat Maßnahmen zu treffen, um den ordnungsgemäßen Betrieb seiner Netze zu gewährleisten und dadurch die fortlaufende Verfügbarkeit der über diese Netze erbrachten Dienste sicherzustellen. [5]Technische Vorkehrungen und sonstige Schutzmaßnahmen sind angemessen, wenn der dafür erforderliche technische und wirtschaftliche Aufwand nicht außer Verhältnis zur Bedeutung der zu schützenden Telekommunikationsnetze oder -dienste steht. [6]§ 11 Absatz 1 des Bundesdatenschutzgesetzes[1)] gilt entsprechend.

(3) Bei gemeinsamer Nutzung eines Standortes oder technischer Einrichtungen hat jeder Beteiligte die Verpflichtungen nach den Absätzen 1 und 2 zu

---

[1)] Nr. **56**.

erfüllen, soweit bestimmte Verpflichtungen nicht einem bestimmten Beteiligten zugeordnet werden können.

(4) [1] Wer ein öffentliches Telekommunikationsnetz betreibt oder öffentlich zugängliche Telekommunikationsdienste erbringt, hat einen Sicherheitsbeauftragten zu benennen und ein Sicherheitskonzept zu erstellen, aus dem hervorgeht,

1. welches öffentliche Telekommunikationsnetz betrieben und welche öffentlich zugänglichen Telekommunikationsdienste erbracht werden,
2. von welchen Gefährdungen auszugehen ist und
3. welche technischen Vorkehrungen oder sonstigen Schutzmaßnahmen zur Erfüllung der Verpflichtungen aus den Absätzen 1 und 2 getroffen oder geplant sind.

[2] Wer ein öffentliches Telekommunikationsnetz betreibt, hat der Bundesnetzagentur das Sicherheitskonzept unverzüglich nach der Aufnahme des Netzbetriebs vorzulegen. [3] Wer öffentlich zugängliche Telekommunikationsdienste erbringt, kann nach der Bereitstellung des Telekommunikationsdienstes von der Bundesnetzagentur verpflichtet werden, das Sicherheitskonzept vorzulegen. [4] Mit dem Sicherheitskonzept ist eine Erklärung vorzulegen, dass die darin aufgezeigten technischen Vorkehrungen und sonstigen Schutzmaßnahmen umgesetzt sind oder unverzüglich umgesetzt werden. [5] Stellt die Bundesnetzagentur im Sicherheitskonzept oder bei dessen Umsetzung Sicherheitsmängel fest, so kann sie deren unverzügliche Beseitigung verlangen. [6] Sofern sich die dem Sicherheitskonzept zugrunde liegenden Gegebenheiten ändern, hat der nach Satz 2 oder 3 Verpflichtete das Konzept anzupassen und der Bundesnetzagentur unter Hinweis auf die Änderungen erneut vorzulegen. [7] Die Bundesnetzagentur überprüft regelmäßig die Umsetzung des Sicherheitskonzepts. [8] Die Überprüfung soll mindestens alle zwei Jahre erfolgen.

(5) [1] Wer ein öffentliches Telekommunikationsnetz betreibt oder öffentlich zugängliche Telekommunikationsdienste erbringt, hat der Bundesnetzagentur und dem Bundesamt für Sicherheit in der Informationstechnik unverzüglich Beeinträchtigungen von Telekommunikationsnetzen und -diensten mitzuteilen, die

1. zu beträchtlichen Sicherheitsverletzungen führen oder
2. zu beträchtlichen Sicherheitsverletzungen führen können.

[2] Dies schließt Störungen ein, die zu einer Einschränkung der Verfügbarkeit der über diese Netze erbrachten Dienste oder einem unerlaubten Zugriff auf Telekommunikations- und Datenverarbeitungssysteme der Nutzer führen können. [3] Die Meldung muss Angaben zu der Störung sowie zu den technischen Rahmenbedingungen, insbesondere der vermuteten oder tatsächlichen Ursache und zu der betroffenen Informationstechnik enthalten. [4] Kommt es zu einer beträchtlichen Sicherheitsverletzung, kann die Bundesnetzagentur einen detaillierten Bericht über die Sicherheitsverletzung und die ergriffenen Abhilfemaßnahmen verlangen. [5] Erforderlichenfalls unterrichtet die Bundesnetzagentur die nationalen Regulierungsbehörden der anderen Mitgliedstaaten der Europäischen Union und die Europäische Agentur für Netz- und Informationssicherheit über die Sicherheitsverletzungen. [6] Die Bundesnetzagentur kann die Öffentlichkeit unterrichten oder die nach Satz 1 Verpflichteten zu dieser Unterrichtung auffordern, wenn sie zu dem Schluss gelangt, dass die Bekanntgabe

der Sicherheitsverletzung im öffentlichen Interesse liegt. [7] § 8e des BSI-Gesetzes[1)] gilt entsprechend. [8] Die Bundesnetzagentur legt der Europäischen Kommission, der Europäischen Agentur für Netz- und Informationssicherheit und dem Bundesamt für Sicherheit in der Informationstechnik einmal pro Jahr einen zusammenfassenden Bericht über die eingegangenen Meldungen und die ergriffenen Abhilfemaßnahmen vor.

(6) [1] Die Bundesnetzagentur erstellt im Einvernehmen mit dem Bundesamt für Sicherheit in der Informationstechnik und dem Bundesbeauftragten für den Datenschutz und die Informationsfreiheit einen Katalog von Sicherheitsanforderungen für das Betreiben von Telekommunikations- und Datenverarbeitungssystemen sowie für die Verarbeitung personenbezogener Daten als Grundlage für das Sicherheitskonzept nach Absatz 4 und für die zu treffenden technischen Vorkehrungen und sonstigen Maßnahmen nach den Absätzen 1 und 2. [2] Sie gibt den Herstellern, den Verbänden der Betreiber öffentlicher Telekommunikationsnetze und den Verbänden der Anbieter öffentlich zugänglicher Telekommunikationsdienste Gelegenheit zur Stellungnahme. [3] Der Katalog wird von der Bundesnetzagentur veröffentlicht.

(7) [1] Die Bundesnetzagentur kann anordnen, dass sich die Betreiber öffentlicher Telekommunikationsnetze oder die Anbieter öffentlich zugänglicher Telekommunikationsdienste einer Überprüfung durch eine qualifizierte unabhängige Stelle oder eine zuständige nationale Behörde unterziehen, in der festgestellt wird, ob die Anforderungen nach den Absätzen 1 bis 3 erfüllt sind. [2] Der nach Satz 1 Verpflichtete hat eine Kopie des Überprüfungsberichts unverzüglich an die Bundesnetzagentur zu übermitteln. [3] Er trägt die Kosten dieser Überprüfung.

(8) Über aufgedeckte Mängel bei der Erfüllung der Sicherheitsanforderungen in der Informationstechnik sowie die in diesem Zusammenhang von der Bundesnetzagentur geforderten Abhilfemaßnahmen unterrichtet die Bundesnetzagentur unverzüglich das Bundesamt für Sicherheit in der Informationstechnik.

§ 109a Daten- und Informationssicherheit. (1) [1] Wer öffentlich zugängliche Telekommunikationsdienste erbringt, hat im Fall einer Verletzung des Schutzes personenbezogener Daten unverzüglich die Bundesnetzagentur und den Bundesbeauftragten für den Datenschutz und die Informationsfreiheit von der Verletzung zu benachrichtigen. [2] Ist anzunehmen, dass durch die Verletzung des Schutzes personenbezogener Daten Teilnehmer oder andere Personen schwerwiegend in ihren Rechten oder schutzwürdigen Interessen beeinträchtigt werden, hat der Anbieter des Telekommunikationsdienstes zusätzlich die Betroffenen unverzüglich von dieser Verletzung zu benachrichtigen. [3] In Fällen, in denen in dem Sicherheitskonzept nachgewiesen wurde, dass die von der Verletzung betroffenen personenbezogenen Daten durch geeignete technische Vorkehrungen gesichert, insbesondere unter Anwendung eines als sicher anerkannten Verschlüsselungsverfahrens gespeichert wurden, ist eine Benachrichtigung nicht erforderlich. [4] Unabhängig von Satz 3 kann die Bundesnetzagentur den Anbieter des Telekommunikationsdienstes unter Berücksichtigung der wahrscheinlichen nachteiligen Auswirkungen der Verletzung des Schutzes personenbezogener Daten zu einer Benachrichtigung der Betroffenen verpflich-

[1)] Nr. 8.

ten. [5] Im Übrigen gilt § 42a Satz 6 des Bundesdatenschutzgesetzes[1)] entsprechend.

(2) [1] Die Benachrichtigung an die Betroffenen muss mindestens enthalten:

1. die Art der Verletzung des Schutzes personenbezogener Daten,
2. Angaben zu den Kontaktstellen, bei denen weitere Informationen erhältlich sind, und
3. Empfehlungen zu Maßnahmen, die mögliche nachteilige Auswirkungen der Verletzung des Schutzes personenbezogener Daten begrenzen.

[2] In der Benachrichtigung an die Bundesnetzagentur und den Bundesbeauftragten für den Datenschutz und die Informationsfreiheit hat der Anbieter des Telekommunikationsdienstes zusätzlich zu den Angaben nach Satz 1 die Folgen der Verletzung des Schutzes personenbezogener Daten und die beabsichtigten oder ergriffenen Maßnahmen darzulegen.

(3) [1] Die Anbieter der Telekommunikationsdienste haben ein Verzeichnis der Verletzungen des Schutzes personenbezogener Daten zu führen, das Angaben zu Folgendem enthält:

1. zu den Umständen der Verletzungen,
2. zu den Auswirkungen der Verletzungen und
3. zu den ergriffenen Abhilfemaßnahmen.

[2] Diese Angaben müssen ausreichend sein, um der Bundesnetzagentur und dem Bundesbeauftragten für den Datenschutz und die Informationsfreiheit die Prüfung zu ermöglichen, ob die Bestimmungen der Absätze 1 und 2 eingehalten wurden. [3] Das Verzeichnis enthält nur die zu diesem Zweck erforderlichen Informationen und muss nicht Verletzungen berücksichtigen, die mehr als fünf Jahre zurückliegen.

(4) [1] Werden dem Diensteanbieter nach Absatz 1 Störungen bekannt, die von Datenverarbeitungssystemen der Nutzer ausgehen, so hat er die Nutzer, soweit ihm diese bereits bekannt sind, unverzüglich darüber zu benachrichtigen. [2] Soweit technisch möglich und zumutbar, hat er die Nutzer auf angemessene, wirksame und zugängliche technische Mittel hinzuweisen, mit denen sie diese Störungen erkennen und beseitigen können. [3] Der Diensteanbieter darf die Teile des Datenverkehrs von und zu einem Nutzer, von denen eine Störung ausgeht, umleiten, soweit dies erforderlich ist, um den Nutzer über die Störungen benachrichtigen zu können.

(5) Der Diensteanbieter darf im Falle einer Störung die Nutzung des Telekommunikationsdienstes bis zur Beendigung der Störung einschränken, umleiten oder unterbinden, soweit dies erforderlich ist, um die Beeinträchtigung der Telekommunikations- und Datenverarbeitungssysteme des Diensteanbieters, eines Nutzers im Sinne des Absatzes 4 oder anderer Nutzer zu beseitigen oder zu verhindern und der Nutzer die Störung nicht unverzüglich selbst beseitigt oder zu erwarten ist, dass der Nutzer die Störung selbst nicht unverzüglich beseitigt.

(6) Der Diensteanbieter darf den Datenverkehr zu Störungsquellen einschränken oder unterbinden, soweit dies zur Vermeidung von Störungen in

---

[1)] Nr. **56**.

den Telekommunikations- und Datenverarbeitungssystemen der Nutzer erforderlich ist.

(7) Vorbehaltlich technischer Durchführungsmaßnahmen der Europäischen Kommission nach Artikel 4 Absatz 5 der Richtlinie 2002/58/EG[1)] kann die Bundesnetzagentur Leitlinien vorgeben bezüglich des Formats, der Verfahrensweise und der Umstände, unter denen eine Benachrichtigung über eine Verletzung des Schutzes personenbezogener Daten erforderlich ist.

§ 110 Umsetzung von Überwachungsmaßnahmen, Erteilung von Auskünften. (1) [1] Wer eine Telekommunikationsanlage betreibt, mit der öffentlich zugängliche Telekommunikationsdienste erbracht werden, hat

1. ab dem Zeitpunkt der Betriebsaufnahme auf eigene Kosten technische Einrichtungen zur Umsetzung gesetzlich vorgesehener Maßnahmen zur Überwachung der Telekommunikation vorzuhalten und organisatorische Vorkehrungen für deren unverzügliche Umsetzung zu treffen,

1a. in Fällen, in denen die Überwachbarkeit nur durch das Zusammenwirken von zwei oder mehreren Telekommunikationsanlagen sichergestellt werden kann, die dazu erforderlichen automatischen Steuerungsmöglichkeiten zur Erfassung und Ausleitung der zu überwachenden Telekommunikation in seiner Telekommunikationsanlage bereitzustellen sowie eine derartige Steuerung zu ermöglichen,

2. der Bundesnetzagentur unverzüglich nach der Betriebsaufnahme
   a) zu erklären, dass er die Vorkehrungen nach Nummer 1 getroffen hat sowie
   b) eine im Inland gelegene Stelle zu benennen, die für ihn bestimmte Anordnungen zur Überwachung der Telekommunikation entgegennimmt,

3. der Bundesnetzagentur den unentgeltlichen Nachweis zu erbringen, dass seine technischen Einrichtungen und organisatorischen Vorkehrungen nach Nummer 1 mit den Vorschriften der Rechtsverordnung nach Absatz 2 und der Technischen Richtlinie nach Absatz 3 übereinstimmen; dazu hat er unverzüglich, spätestens nach einem Monat nach Betriebsaufnahme,
   a) der Bundesnetzagentur die Unterlagen zu übersenden, die dort für die Vorbereitung der im Rahmen des Nachweises von der Bundesnetzagentur durchzuführenden Prüfungen erforderlich sind, und
   b) mit der Bundesnetzagentur einen Prüftermin für die Erbringung dieses Nachweises zu vereinbaren;

   bei den für den Nachweis erforderlichen Prüfungen hat er die Bundesnetzagentur zu unterstützen,

4. der Bundesnetzagentur auf deren besondere Aufforderung im begründeten Einzelfall eine erneute unentgeltliche Prüfung seiner technischen und organisatorischen Vorkehrungen zu gestatten sowie

5. die Aufstellung und den Betrieb von Geräten für die Durchführung von Maßnahmen nach den §§ 5 und 8 des Artikel 10-Gesetzes oder nach den §§ 6, 12 und 14 des BND-Gesetzes in seinen Räumen zu dulden und

---

[1)] Nr. **57**.

Bediensteten der für diese Maßnahmen zuständigen Stelle sowie bei Maßnahmen nach den §§ 5 und 8 des Artikel 10-Gesetzes den Mitgliedern und Mitarbeitern der G 10-Kommission (§ 1 Abs. 2 des Artikel 10-Gesetzes) Zugang zu diesen Geräten zur Erfüllung ihrer gesetzlichen Aufgaben zu gewähren.

[2] Wer öffentlich zugängliche Telekommunikationsdienste erbringt, ohne hierfür eine Telekommunikationsanlage zu betreiben, hat sich bei der Auswahl des Betreibers der dafür genutzten Telekommunikationsanlage zu vergewissern, dass dieser Anordnungen zur Überwachung der Telekommunikation unverzüglich nach Maßgabe der Rechtsverordnung nach Absatz 2 und der Technischen Richtlinie nach Absatz 3 umsetzen kann und der Bundesnetzagentur unverzüglich nach Aufnahme seines Dienstes mitzuteilen, welche Telekommunikationsdienste er erbringt, durch wen Überwachungsanordnungen, die seine Teilnehmer betreffen, umgesetzt werden und an welche im Inland gelegene Stelle Anordnungen zur Überwachung der Telekommunikation zu richten sind. [3] Änderungen der den Mitteilungen nach Satz 1 Nr. 2 Buchstabe b und Satz 2 zugrunde liegenden Daten sind der Bundesnetzagentur unverzüglich mitzuteilen. [4] In Fällen, in denen noch keine Vorschriften nach Absatz 3 vorhanden sind, hat der Verpflichtete die technischen Einrichtungen nach Satz 1 Nr. 1 und 1a in Absprache mit der Bundesnetzagentur zu gestalten, die entsprechende Festlegungen im Benehmen mit den berechtigten Stellen trifft. [5] Die Sätze 1 bis 4 gelten nicht, soweit die Rechtsverordnung nach Absatz 2 Ausnahmen für die Telekommunikationsanlage vorsieht. [6] § 100b Abs. 3 Satz 1 der Strafprozessordnung, § 2 Abs. 1 Satz 3 des Artikel 10-Gesetzes, § 51 Absatz 6 Satz 1 des Bundeskriminalamtgesetzes, § 8 Absatz 1 Satz 1 des BND-Gesetzes sowie entsprechende landesgesetzliche Regelungen zur polizeilich-präventiven Telekommunikationsüberwachung bleiben unberührt.

(2) Die Bundesregierung wird ermächtigt, durch Rechtsverordnung mit Zustimmung des Bundesrates

1. Regelungen zu treffen
   a) über die grundlegenden technischen Anforderungen und die organisatorischen Eckpunkte für die Umsetzung von Überwachungsmaßnahmen und die Erteilung von Auskünften einschließlich der Umsetzung von Überwachungsmaßnahmen und der Erteilung von Auskünften durch einen von dem Verpflichteten beauftragten Erfüllungsgehilfen,
   b) über den Regelungsrahmen für die Technische Richtlinie nach Absatz 3,
   c) für den Nachweis nach Absatz 1 Satz 1 Nr. 3 und 4 und
   d) für die nähere Ausgestaltung der Duldungsverpflichtung nach Absatz 1 Satz 1 Nr. 5 sowie
2. zu bestimmen,
   a) in welchen Fällen und unter welchen Bedingungen vorübergehend auf die Einhaltung bestimmter technischer Vorgaben verzichtet werden kann,
   b) dass die Bundesnetzagentur aus technischen Gründen Ausnahmen von der Erfüllung einzelner technischer Anforderungen zulassen kann und
   c) bei welchen Telekommunikationsanlagen und damit erbrachten Diensteangeboten aus grundlegenden technischen Erwägungen oder aus Gründen der Verhältnismäßigkeit abweichend von Absatz 1 Satz 1 Nr. 1 keine

technischen Einrichtungen vorgehalten und keine organisatorischen Vorkehrungen getroffen werden müssen.

(3) [1]Die Bundesnetzagentur legt technische Einzelheiten, die zur Sicherstellung einer vollständigen Erfassung der zu überwachenden Telekommunikation und zur Auskunftserteilung sowie zur Gestaltung des Übergabepunktes zu den berechtigten Stellen erforderlich sind, in einer im Benehmen mit den berechtigten Stellen und unter Beteiligung der Verbände und der Hersteller zu erstellenden Technischen Richtlinie fest. [2]Dabei sind internationale technische Standards zu berücksichtigen; Abweichungen von den Standards sind zu begründen. [3]Die Technische Richtlinie ist von der Bundesnetzagentur auf ihrer Internetseite zu veröffentlichen; die Veröffentlichung hat die Bundesnetzagentur in ihrem Amtsblatt bekannt zu machen.

(4) [1]Wer technische Einrichtungen zur Umsetzung von Überwachungsmaßnahmen herstellt oder vertreibt, kann von der Bundesnetzagentur verlangen, dass sie diese Einrichtungen im Rahmen einer Typmusterprüfung im Zusammenwirken mit bestimmten Telekommunikationsanlagen daraufhin prüft, ob die rechtlichen und technischen Vorschriften der Rechtsverordnung nach Absatz 2 und der Technischen Richtlinie nach Absatz 3 erfüllt werden. [2]Die Bundesnetzagentur kann nach pflichtgemäßem Ermessen vorübergehend Abweichungen von den technischen Vorgaben zulassen, sofern die Umsetzung von Überwachungsmaßnahmen grundsätzlich sichergestellt ist und sich ein nur unwesentlicher Anpassungsbedarf bei den Einrichtungen der berechtigten Stellen ergibt. [3]Die Bundesnetzagentur hat dem Hersteller oder Vertreiber das Prüfergebnis schriftlich mitzuteilen. [4]Die Prüfergebnisse werden von der Bundesnetzagentur bei dem Nachweis der Übereinstimmung der technischen Einrichtungen mit den anzuwendenden technischen Vorschriften beachtet, den der Verpflichtete nach Absatz 1 Satz 1 Nr. 3 oder 4 zu erbringen hat. [5]Die vom Bundesministerium für Wirtschaft und Technologie vor Inkrafttreten dieser Vorschrift ausgesprochenen Zustimmungen zu den von Herstellern vorgestellten Rahmenkonzepten gelten als Mitteilungen im Sinne des Satzes 3.

(5) [1]Wer nach Absatz 1 in Verbindung mit der Rechtsverordnung nach Absatz 2 verpflichtet ist, Vorkehrungen zu treffen, hat die Anforderungen der Rechtsverordnung und der Technischen Richtlinie nach Absatz 3 spätestens ein Jahr nach deren Bekanntmachung zu erfüllen, sofern dort für bestimmte Verpflichtungen kein längerer Zeitraum festgelegt ist. [2]Nach dieser Richtlinie gestaltete mängelfreie technische Einrichtungen für bereits vom Verpflichteten angebotene Telekommunikationsdienste müssen im Falle einer Änderung der Richtlinie spätestens drei Jahren nach deren Inkrafttreten die geänderten Anforderungen erfüllen. [3]Stellt sich bei dem Nachweis nach Absatz 1 Satz 1 Nr. 3 oder einer erneuten Prüfung nach Absatz 1 Satz 1 Nr. 4 ein Mangel bei den von dem Verpflichteten getroffenen technischen oder organisatorischen Vorkehrungen heraus, hat er diesen Mangel nach Vorgaben der Bundesnetzagentur in angemessener Frist zu beseitigen; stellt sich im Betrieb, insbesondere anlässlich durchzuführender Überwachungsmaßnahmen, ein Mangel heraus, hat er diesen unverzüglich zu beseitigen. [4]Sofern für die technische Einrichtung eine Typmusterprüfung nach Absatz 4 durchgeführt worden ist und dabei Fristen für die Beseitigung von Mängeln festgelegt worden sind, hat die Bundesnetzagentur diese Fristen bei ihren Vorgaben zur Mängelbeseitigung nach Satz 3 zu berücksichtigen.

(6) [1]Jeder Betreiber einer Telekommunikationsanlage, der anderen im Rahmen seines Angebotes für die Öffentlichkeit Netzabschlusspunkte seiner Telekommunikationsanlage überlässt, ist verpflichtet, den gesetzlich zur Überwachung der Telekommunikation berechtigten Stellen auf deren Anforderung Netzabschlusspunkte für die Übertragung der im Rahmen einer Überwachungsmaßnahme anfallenden Informationen unverzüglich und vorrangig bereitzustellen. [2]Die technische Ausgestaltung derartiger Netzabschlusspunkte kann in einer Rechtsverordnung nach Absatz 2 geregelt werden. [3]Für die Bereitstellung und Nutzung gelten mit Ausnahme besonderer Tarife oder Zuschläge für vorrangige oder vorzeitige Bereitstellung oder Entstörung die jeweils für die Allgemeinheit anzuwendenden Tarife. [4]Besondere vertraglich vereinbarte Rabatte bleiben von Satz 3 unberührt.

(7) [1]Telekommunikationsanlagen, die von den gesetzlich berechtigten Stellen betrieben werden und mittels derer in das Fernmeldegeheimnis oder in den Netzbetrieb eingegriffen werden soll, sind im Einvernehmen mit der Bundesnetzagentur technisch zu gestalten. [2]Die Bundesnetzagentur hat sich zu der technischen Gestaltung innerhalb angemessener Frist zu äußern.

§ 111 Daten für Auskunftsersuchen der Sicherheitsbehörden.

(1) [1]Wer geschäftsmäßig Telekommunikationsdienste erbringt oder daran mitwirkt und dabei Rufnummern oder andere Anschlusskennungen vergibt oder Telekommunikationsanschlüsse für von anderen vergebene Rufnummern oder andere Anschlusskennungen bereitstellt, hat für die Auskunftsverfahren nach den §§ 112 und 113

1. die Rufnummern und anderen Anschlusskennungen,
2. den Namen und die Anschrift des Anschlussinhabers,
3. bei natürlichen Personen deren Geburtsdatum,
4. bei Festnetzanschlüssen auch die Anschrift des Anschlusses,
5. in Fällen, in denen neben einem Mobilfunkanschluss auch ein Mobilfunkendgerät überlassen wird, die Gerätenummer dieses Gerätes sowie
6. das Datum des Vertragsbeginns

vor der Freischaltung zu erheben und unverzüglich zu speichern, auch soweit diese Daten für betriebliche Zwecke nicht erforderlich sind; das Datum des Vertragsendes ist bei Bekanntwerden ebenfalls zu speichern. [2]Satz 1 gilt auch, soweit die Daten nicht in Teilnehmerverzeichnisse (§ 104) eingetragen werden. [3]Bei im Voraus bezahlten Mobilfunkdiensten ist die Richtigkeit der nach Satz 1 erhobenen Daten vor der Freischaltung zu überprüfen durch

1. Vorlage eines Ausweises im Sinne des § 2 Absatz 1 des Personalausweisgesetzes,
2. Vorlage eines Passes im Sinne des § 1 Absatz 2 des Passgesetzes,
3. Vorlage eines sonstigen gültigen amtlichen Ausweises, der ein Lichtbild des Inhabers enthält und mit dem die Pass- und Ausweispflicht im Inland erfüllt wird, wozu insbesondere auch ein nach ausländerrechtlichen Bestimmungen anerkannter oder zugelassener Pass, Personalausweis oder Pass- oder Ausweisersatz zählt,
4. Vorlage eines Aufenthaltstitels,

5. Vorlage eines Ankunftsnachweises nach § 63a Absatz 1 des Asylgesetzes oder einer Bescheinigung über die Aufenthaltsgestattung nach § 63 Absatz 1 des Asylgesetzes,
6. Vorlage einer Bescheinigung über die Aussetzung der Abschiebung nach § 60a Absatz 4 des Aufenthaltsgesetzes oder
7. Vorlage eines Auszugs aus dem Handels- oder Genossenschaftsregister oder einem vergleichbaren amtlichen Register oder Verzeichnis, der Gründungsdokumente oder gleichwertiger beweiskräftiger Dokumente oder durch Einsichtnahme in diese Register oder Verzeichnisse und Abgleich mit den darin enthaltenen Daten, sofern es sich bei dem Anschlussinhaber um eine juristische Person oder Personengesellschaft handelt,

soweit die Daten in den vorgelegten Dokumenten oder eingesehenen Registern oder Verzeichnissen enthalten sind. [4]Die Überprüfung kann auch durch andere geeignete Verfahren erfolgen; die Bundesnetzagentur legt nach Anhörung der betroffenen Kreise durch Verfügung im Amtsblatt fest, welche anderen Verfahren zur Überprüfung geeignet sind, wobei jeweils zum Zwecke der Identifikation vor Freischaltung der vertraglich vereinbarten Mobilfunkdienstleistung ein Dokument im Sinne des Satzes 3 genutzt werden muss. [5]Bei der Überprüfung ist die Art des eingesetzten Verfahrens zu speichern; bei Überprüfung mittels eines Dokumentes im Sinne des Satzes 3 Nummer 1 bis 6 sind ferner Angaben zu Art, Nummer und ausstellender Stelle zu speichern. [6]Für die Identifizierung anhand eines elektronischen Identitätsnachweises nach § 18 des Personalausweisgesetzes, nach § 12 des eID-Karte-Gesetzes oder nach § 78 Absatz 5 des Aufenthaltsgesetzes gilt § 8 Absatz 2 Satz 4 des Geldwäschegesetzes[1)] entsprechend. [7]Für das Auskunftsverfahren nach § 113 ist die Form der Datenspeicherung freigestellt.

(2) Die Verpflichtung zur unverzüglichen Speicherung nach Absatz 1 Satz 1 gilt hinsichtlich der Daten nach Absatz 1 Satz 1 Nummer 1 und 2 entsprechend für denjenigen, der geschäftsmäßig einen öffentlich zugänglichen Dienst der elektronischen Post erbringt und dabei Daten nach Absatz 1 Satz 1 Nummer 1 und 2 erhebt, wobei an die Stelle der Daten nach Absatz 1 Satz 1 Nummer 1 die Kennungen der elektronischen Postfächer und an die Stelle des Anschlussinhabers nach Absatz 1 Satz 1 Nummer 2 der Inhaber des elektronischen Postfachs tritt.

(3) [1]Wird dem Verpflichteten nach Absatz 1 Satz 1 oder Absatz 2 eine Änderung bekannt, hat er die Daten unverzüglich zu berichtigen. [2]In diesem Zusammenhang hat der nach Absatz 1 Satz 1 Verpflichtete bisher noch nicht erhobene Daten zu erheben und zu speichern, sofern ihm eine Erhebung der Daten ohne besonderen Aufwand möglich ist.

(4) [1]Bedient sich ein Diensteanbieter zur Erhebung der Daten nach Absatz 1 Satz 1 und Absatz 2 eines Dritten, bleibt er für die Erfüllung der Pflichten nach Absatz 1 Satz 1 und Absatz 2 verantwortlich. [2]Werden dem Dritten im Rahmen des üblichen Geschäftsablaufes Änderungen der Daten nach Absatz 1 Satz 1 und Absatz 2 bekannt, hat er diese dem Diensteanbieter unverzüglich zu übermitteln.

[1)] **dtv 5021 Bankrecht Nr. 15.**

(5) Die Daten nach den Absätzen 1 und 2 sind mit Ablauf des auf die Beendigung des Vertragsverhältnisses folgenden Kalenderjahres zu löschen.

(6) Eine Entschädigung für die Datenerhebung und -speicherung wird nicht gewährt.

§ 112[1]) Automatisiertes Auskunftsverfahren. (1) [1] Wer öffentlich zugängliche Telekommunikationsdienste erbringt, hat die nach § 111 Absatz 1 Satz 1, Absatz 2, 3 und 4 erhobenen Daten unverzüglich in Kundendateien zu speichern, in die auch Rufnummern und Rufnummernkontingente, die zur weiteren Vermarktung oder sonstigen Nutzung an andere Anbieter von Telekommunikationsdiensten vergeben werden, sowie bei portierten Rufnummern die aktuelle Portierungskennung aufzunehmen sind. [2] Der Verpflichtete kann auch eine andere Stelle nach Maßgabe des § 11 des Bundesdatenschutzgesetzes[2]) beauftragen, die Kundendateien zu führen. [3] Für die Berichtigung und Löschung der in den Kundendateien gespeicherten Daten gilt § 111 Absatz 3 und 5 entsprechend. [4] In Fällen portierter Rufnummern sind die Rufnummer und die zugehörige Portierungskennung erst nach Ablauf des Jahres zu löschen, das dem Zeitpunkt folgt, zu dem die Rufnummer wieder an den Netzbetreiber zurückgegeben wurde, dem sie ursprünglich zugeteilt worden war. [5] Der Verpflichtete hat zu gewährleisten, dass

1. die Bundesnetzagentur jederzeit Daten aus den Kundendateien automatisiert im Inland abrufen kann,
2. der Abruf von Daten unter Verwendung unvollständiger Abfragedaten oder die Suche mittels einer Ähnlichenfunktion erfolgen kann.

[6] Der Verpflichtete und sein Beauftragter haben durch technische und organisatorische Maßnahmen sicherzustellen, dass ihnen Abrufe nicht zur Kenntnis gelangen können. [7] Die Bundesnetzagentur darf Daten aus den Kundendateien nur abrufen, soweit die Kenntnis der Daten erforderlich ist

1. für die Verfolgung von Ordnungswidrigkeiten nach diesem Gesetz oder nach dem Gesetz gegen den unlauteren Wettbewerb,
2. für die Erledigung von Auskunftsersuchen der in Absatz 2 genannten Stellen.

[8] Die ersuchende Stelle prüft unverzüglich, inwieweit sie die als Antwort übermittelten Daten benötigt, nicht benötigte Daten löscht sie unverzüglich; dies gilt auch für die Bundesnetzagentur für den Abruf von Daten nach Satz 7 Nummer 1.

(2) Auskünfte aus den Kundendateien nach Absatz 1 werden

1. den Gerichten und Strafverfolgungsbehörden,
2. den Polizeivollzugsbehörden des Bundes und der Länder für Zwecke der Gefahrenabwehr,
3. dem Zollkriminalamt und den Zollfahndungsämtern für Zwecke eines Strafverfahrens sowie dem Zollkriminalamt zur Vorbereitung und Durchführung von Maßnahmen nach § 23a des Zollfahndungsdienstgesetzes,
4. den Verfassungsschutzbehörden des Bundes und der Länder, dem Militärischen Abschirmdienst, dem Bundesnachrichtendienst,

---

[1]) Beachte die Übergangsregelung in § 150 Abs. 12.
[2]) Nr. **56**.

5. den Notrufabfragestellen nach § 108 sowie der Abfragestelle für die Rufnummer 124 124,
6. der Bundesanstalt für Finanzdienstleistungsaufsicht,
7. den Behörden der Zollverwaltung für die in § 2 Abs. 1 des Schwarzarbeitsbekämpfungsgesetzes genannten Zwecke über zentrale Abfragestellen sowie
8. den nach Landesrecht für die Verfolgung und Ahndung von Ordnungswidrigkeiten zuständigen Behörden für die in § 2 Absatz 3 des Schwarzarbeitsbekämpfungsgesetzes genannten Zwecke über zentrale Abfragestellen

nach Absatz 4 jederzeit erteilt, soweit die Auskünfte zur Erfüllung ihrer gesetzlichen Aufgaben erforderlich sind und die Ersuchen an die Bundesnetzagentur im automatisierten Verfahren vorgelegt werden.

(3)[1)] [1]Das Bundesministerium für Wirtschaft und Energie wird ermächtigt, im Einvernehmen mit dem Bundeskanzleramt, dem Bundesministerium des Innern, dem Bundesministerium der Justiz und für Verbraucherschutz, dem Bundesministerium der Finanzen, dem Bundesministerium für Verkehr und digitale Infrastruktur sowie dem Bundesministerium der Verteidigung eine Rechtsverordnung mit Zustimmung des Bundesrates zu erlassen, in der geregelt werden

1. die wesentlichen Anforderungen an die technischen Verfahren
   a) zur Übermittlung der Ersuchen an die Bundesnetzagentur,
   b) zum Abruf der Daten durch die Bundesnetzagentur von den Verpflichteten einschließlich der für die Abfrage zu verwendenden Datenarten und
   c) zur Übermittlung der Ergebnisse des Abrufs von der Bundesnetzagentur an die ersuchenden Stellen,
2. die zu beachtenden Sicherheitsanforderungen,
3. für Abrufe mit unvollständigen Abfragedaten und für die Suche mittels einer Ähnlichenfunktion
   a) die Mindestanforderungen an den Umfang der einzugebenden Daten zur möglichst genauen Bestimmung der gesuchten Person,
   b) die Zeichen, die in der Abfrage verwendet werden dürfen,
   c) Anforderungen an den Einsatz sprachwissenschaftlicher Verfahren, die gewährleisten, dass unterschiedliche Schreibweisen eines Personen-, Straßen- oder Ortsnamens sowie Abweichungen, die sich aus der Vertauschung, Auslassung oder Hinzufügung von Namensbestandteilen ergeben, in die Suche und das Suchergebnis einbezogen werden,
   d) die zulässige Menge der an die Bundesnetzagentur zu übermittelnden Antwortdatensätze sowie
4. wer abweichend von Absatz 1 Satz 1 aus Gründen der Verhältnismäßigkeit keine Kundendateien für das automatisierte Auskunftsverfahren vorhalten muss; in diesen Fällen gilt § 111 Absatz 1 Satz 7 entsprechend.

[2]Im Übrigen können in der Verordnung auch Einschränkungen der Abfragemöglichkeit für die in Absatz 2 Nr. 5 bis 8 genannten Stellen auf den für diese Stellen erforderlichen Umfang geregelt werden. [3]Die technischen Einzelheiten

---

1) Siehe hierzu u.a. die Kundendatenauskunftsverordnung v. 14.6.2017 (BGBl. I S. 1667, ber. S. 3343).

des automatisierten Abrufverfahrens gibt die Bundesnetzagentur in einer unter Beteiligung der betroffenen Verbände und der berechtigten Stellen zu erarbeitenden Technischen Richtlinie vor, die bei Bedarf an den Stand der Technik anzupassen und von der Bundesnetzagentur in ihrem Amtsblatt bekannt zu machen ist. [4]Der Verpflichtete nach Absatz 1 und die berechtigten Stellen haben die Anforderungen der Technischen Richtlinie spätestens ein Jahr nach deren Bekanntmachung zu erfüllen. [5]Nach dieser Richtlinie gestaltete mängelfreie technische Einrichtungen müssen im Falle einer Änderung der Richtlinie spätestens drei Jahre nach deren Inkrafttreten die geänderten Anforderungen erfüllen.

(4) [1]Auf Ersuchen der in Absatz 2 genannten Stellen hat die Bundesnetzagentur die entsprechenden Datensätze aus den Kundendateien nach Absatz 1 abzurufen und an die ersuchende Stelle zu übermitteln. [2]Sie prüft die Zulässigkeit der Übermittlung nur, soweit hierzu ein besonderer Anlass besteht. [3]Die Verantwortung für die Zulässigkeit der Übermittlung tragen

1. in den Fällen des Absatzes 1 Satz 7 Nummer 1 die Bundesnetzagentur und
2. in den Fällen des Absatzes 1 Satz 7 Nummer 2 die in Absatz 2 genannten Stellen.

[4]Die Bundesnetzagentur protokolliert für Zwecke der Datenschutzkontrolle durch die jeweils zuständige Stelle bei jedem Abruf den Zeitpunkt, die bei der Durchführung des Abrufs verwendeten Daten, die abgerufenen Daten, ein die abrufende Person eindeutig bezeichnendes Datum sowie die ersuchende Stelle, deren Aktenzeichen und ein die ersuchende Person eindeutig bezeichnendes Datum. [5]Eine Verwendung der Protokolldaten für andere Zwecke ist unzulässig. [6]Die Protokolldaten sind nach einem Jahr zu löschen.

(5) [1]Der Verpflichtete nach Absatz 1 hat alle technischen Vorkehrungen in seinem Verantwortungsbereich auf seine Kosten zu treffen, die für die Erteilung der Auskünfte nach dieser Vorschrift erforderlich sind. [2]Dazu gehören auch die Anschaffung der zur Sicherstellung der Vertraulichkeit und des Schutzes vor unberechtigten Zugriffen erforderlichen Geräte, die Einrichtung eines geeigneten Telekommunikationsanschlusses und die Teilnahme an dem geschlossenen Benutzersystem sowie die laufende Bereitstellung dieser Vorkehrungen nach Maßgaben der Rechtsverordnung und der Technischen Richtlinie nach Absatz 3. [3]Eine Entschädigung für im automatisierten Verfahren erteilte Auskünfte wird den Verpflichteten nicht gewährt.

§ 113 Manuelles Auskunftsverfahren. (1) [1]Wer geschäftsmäßig Telekommunikationsdienste erbringt oder daran mitwirkt, darf nach Maßgabe des Absatzes 2 die nach den §§ 95 und 111 erhobenen Daten nach Maßgabe dieser Vorschrift zur Erfüllung von Auskunftspflichten gegenüber den in Absatz 3 genannten Stellen verwenden. [2]Dies gilt auch für Daten, mittels derer der Zugriff auf Endgeräte oder auf Speichereinrichtungen, die in diesen Endgeräten oder hiervon räumlich getrennt eingesetzt werden, geschützt wird. [3]Die in eine Auskunft aufzunehmenden Daten dürfen auch anhand einer zu einem bestimmten Zeitpunkt zugewiesenen Internetprotokoll-Adresse bestimmt werden; hierfür dürfen Verkehrsdaten auch automatisiert ausgewertet werden. [4]Für die Auskunftserteilung nach Satz 3 sind sämtliche unternehmensinternen Datenquellen zu berücksichtigen.

(2) [1]Die Auskunft darf nur erteilt werden, soweit eine in Absatz 3 genannte Stelle dies in Textform im Einzelfall zum Zweck der Verfolgung von Straftaten oder Ordnungswidrigkeiten, zur Abwehr von Gefahren für die öffentliche Sicherheit oder Ordnung oder für die Erfüllung der gesetzlichen Aufgaben der in Absatz 3 Nummer 3 genannten Stellen unter Angabe einer gesetzlichen Bestimmung verlangt, die ihr eine Erhebung der in Absatz 1 in Bezug genommenen Daten erlaubt; an andere öffentliche und nichtöffentliche Stellen dürfen Daten nach Absatz 1 nicht übermittelt werden. [2]Bei Gefahr im Verzug darf die Auskunft auch erteilt werden, wenn das Verlangen in anderer Form gestellt wird. [3]In diesem Fall ist das Verlangen unverzüglich nachträglich in Textform zu bestätigen. [4]Die Verantwortung für die Zulässigkeit des Auskunftsverlangens tragen die in Absatz 3 genannten Stellen.

(3) Stellen im Sinne des Absatzes 1 sind

1. die für die Verfolgung von Straftaten oder Ordnungswidrigkeiten zuständigen Behörden;
2. die für die Abwehr von Gefahren für die öffentliche Sicherheit oder Ordnung zuständigen Behörden;
3. die Verfassungsschutzbehörden des Bundes und der Länder, der Militärische Abschirmdienst und der Bundesnachrichtendienst.

(4) [1]Derjenige, der geschäftsmäßig Telekommunikationsdienste erbringt oder daran mitwirkt, hat die zu beauskunftenden Daten unverzüglich und vollständig zu übermitteln. [2]Über das Auskunftsersuchen und die Auskunftserteilung haben die Verpflichteten gegenüber den Betroffenen sowie Dritten Stillschweigen zu wahren.

(5) [1]Wer geschäftsmäßig Telekommunikationsdienste erbringt oder daran mitwirkt, hat die in seinem Verantwortungsbereich für die Auskunftserteilung erforderlichen Vorkehrungen auf seine Kosten zu treffen. [2]Wer mehr als 100 000 Kunden hat, hat für die Entgegennahme der Auskunftsverlangen sowie für die Erteilung der zugehörigen Auskünfte eine gesicherte elektronische Schnittstelle nach Maßgabe der Technischen Richtlinie nach § 110 Absatz 3 bereitzuhalten, durch die auch die gegen die Kenntnisnahme der Daten durch Unbefugte gesicherte Übertragung gewährleistet ist. [3]Dabei ist dafür Sorge zu tragen, dass jedes Auskunftsverlangen durch eine verantwortliche Fachkraft auf Einhaltung der in Absatz 2 genannten formalen Voraussetzungen geprüft und die weitere Bearbeitung des Verlangens erst nach einem positiven Prüfergebnis freigegeben wird.

§ 113a Verpflichtete; Entschädigung. (1) [1]Die Verpflichtungen zur Speicherung von Verkehrsdaten, zur Verwendung der Daten und zur Datensicherheit nach den §§ 113b bis 113g beziehen sich auf Erbringer öffentlich zugänglicher Telekommunikationsdienste für Endnutzer. [2]Wer öffentlich zugängliche Telekommunikationsdienste für Endnutzer erbringt, aber nicht alle der nach Maßgabe der §§ 113b bis 113g zu speichernden Daten selbst erzeugt oder verarbeitet, hat

1. sicherzustellen, dass die nicht von ihm selbst bei der Erbringung seines Dienstes erzeugten oder verarbeiteten Daten gemäß § 113b Absatz 1 gespeichert werden, und

2. der Bundesnetzagentur auf deren Verlangen unverzüglich mitzuteilen, wer diese Daten speichert.

(2) [1] Für notwendige Aufwendungen, die den Verpflichteten durch die Umsetzung der Vorgaben aus den §§ 113b, 113d bis 113g entstehen, ist eine angemessene Entschädigung zu zahlen, soweit dies zur Abwendung oder zum Ausgleich unbilliger Härten geboten erscheint. [2] Für die Bemessung der Entschädigung sind die tatsächlich entstandenen Kosten maßgebend. [3] Über Anträge auf Entschädigung entscheidet die Bundesnetzagentur.

§ 113b Pflichten zur Speicherung von Verkehrsdaten. (1) Die in § 113a Absatz 1 Genannten sind verpflichtet, Daten wie folgt im Inland zu speichern:
1. Daten nach den Absätzen 2 und 3 für zehn Wochen,
2. Standortdaten nach Absatz 4 für vier Wochen.

(2) [1] Die Erbringer öffentlich zugänglicher Telefondienste speichern
1. die Rufnummer oder eine andere Kennung des anrufenden und des angerufenen Anschlusses sowie bei Um- oder Weiterschaltungen jedes weiteren beteiligten Anschlusses,
2. Datum und Uhrzeit von Beginn und Ende der Verbindung unter Angabe der zugrunde liegenden Zeitzone,
3. Angaben zu dem genutzten Dienst, wenn im Rahmen des Telefondienstes unterschiedliche Dienste genutzt werden können,
4. im Fall mobiler Telefondienste ferner
   a) die internationale Kennung mobiler Teilnehmer für den anrufenden und den angerufenen Anschluss,
   b) die internationale Kennung des anrufenden und des angerufenen Endgerätes,
   c) Datum und Uhrzeit der ersten Aktivierung des Dienstes unter Angabe der zugrunde liegenden Zeitzone, wenn Dienste im Voraus bezahlt wurden,
5. im Fall von Internet-Telefondiensten auch die Internetprotokoll-Adressen des anrufenden und des angerufenen Anschlusses und zugewiesene Benutzerkennungen.

[2] Satz 1 gilt entsprechend
1. bei der Übermittlung einer Kurz-, Multimedia- oder ähnlichen Nachricht; hierbei treten an die Stelle der Angaben nach Satz 1 Nummer 2 die Zeitpunkte der Versendung und des Empfangs der Nachricht;
2. für unbeantwortete oder wegen eines Eingriffs des Netzwerkmanagements erfolglose Anrufe, soweit der Erbringer öffentlich zugänglicher Telefondienste die in Satz 1 genannten Verkehrsdaten für die in § 96 Absatz 1 Satz 2 genannten Zwecke speichert oder protokolliert.

(3) Die Erbringer öffentlich zugänglicher Internetzugangsdienste speichern
1. die dem Teilnehmer für eine Internetnutzung zugewiesene Internetprotokoll-Adresse,
2. eine eindeutige Kennung des Anschlusses, über den die Internetnutzung erfolgt, sowie eine zugewiesene Benutzerkennung,

3. Datum und Uhrzeit von Beginn und Ende der Internetnutzung unter der zugewiesenen Internetprotokoll-Adresse unter Angabe der zugrunde liegenden Zeitzone.

(4) [1] Im Fall der Nutzung mobiler Telefondienste sind die Bezeichnungen der Funkzellen zu speichern, die durch den anrufenden und den angerufenen Anschluss bei Beginn der Verbindung genutzt wurden. [2] Bei öffentlich zugänglichen Internetzugangsdiensten ist im Fall der mobilen Nutzung die Bezeichnung der bei Beginn der Internetverbindung genutzten Funkzelle zu speichern. [3] Zusätzlich sind die Daten vorzuhalten, aus denen sich die geografische Lage und die Hauptstrahlrichtungen der die jeweilige Funkzelle versorgenden Funkantennen ergeben.

(5) Der Inhalt der Kommunikation, Daten über aufgerufene Internetseiten und Daten von Diensten der elektronischen Post dürfen auf Grund dieser Vorschrift nicht gespeichert werden.

(6) [1] Daten, die den in § 99 Absatz 2 genannten Verbindungen zugrunde liegen, dürfen auf Grund dieser Vorschrift nicht gespeichert werden. [2] Dies gilt entsprechend für Telefonverbindungen, die von den in § 99 Absatz 2 genannten Stellen ausgehen. [3] § 99 Absatz 2 Satz 2 bis 7 gilt entsprechend.

(7) Die Speicherung der Daten hat so zu erfolgen, dass Auskunftsersuchen der berechtigten Stellen unverzüglich beantwortet werden können.

(8) Der nach § 113a Absatz 1 Verpflichtete hat die auf Grund des Absatzes 1 gespeicherten Daten unverzüglich, spätestens jedoch binnen einer Woche nach Ablauf der Speicherfristen nach Absatz 1, irreversibel zu löschen oder die irreversible Löschung sicherzustellen.

§ 113c Verwendung der Daten. (1) Die auf Grund des § 113b gespeicherten Daten dürfen

1. an eine Strafverfolgungsbehörde übermittelt werden, soweit diese die Übermittlung unter Berufung auf eine gesetzliche Bestimmung, die ihr eine Erhebung der in § 113b genannten Daten zur Verfolgung besonders schwerer Straftaten erlaubt, verlangt;
2. an eine Gefahrenabwehrbehörde der Länder übermittelt werden, soweit diese die Übermittlung unter Berufung auf eine gesetzliche Bestimmung, die ihr eine Erhebung der in § 113b genannten Daten zur Abwehr einer konkreten Gefahr für Leib, Leben oder Freiheit einer Person oder für den Bestand des Bundes oder eines Landes erlaubt, verlangt;
3. durch den Erbringer öffentlich zugänglicher Telekommunikationsdienste für eine Auskunft nach § 113 Absatz 1 Satz 3 verwendet werden.

(2) Für andere Zwecke als die in Absatz 1 genannten dürfen die auf Grund des § 113b gespeicherten Daten von den nach § 113a Absatz 1 Verpflichteten nicht verwendet werden.

(3) [1] Die Übermittlung der Daten erfolgt nach Maßgabe der Rechtsverordnung nach § 110 Absatz 2 und der Technischen Richtlinie nach § 110 Absatz 3. [2] Die Daten sind so zu kennzeichnen, dass erkennbar ist, dass es sich um Daten handelt, die nach § 113b gespeichert waren. [3] Nach Übermittlung an eine andere Stelle ist die Kennzeichnung durch diese aufrechtzuerhalten.

§ 113d Gewährleistung der Sicherheit der Daten. [1]Der nach § 113a Absatz 1 Verpflichtete hat sicherzustellen, dass die auf Grund der Speicherpflicht nach § 113b Absatz 1 gespeicherten Daten durch technische und organisatorische Maßnahmen nach dem Stand der Technik gegen unbefugte Kenntnisnahme und Verwendung geschützt werden. [2]Die Maßnahmen umfassen insbesondere

1. den Einsatz eines besonders sicheren Verschlüsselungsverfahrens,
2. die Speicherung in gesonderten, von den für die üblichen betrieblichen Aufgaben getrennten Speichereinrichtungen,
3. die Speicherung mit einem hohen Schutz vor dem Zugriff aus dem Internet auf vom Internet entkoppelten Datenverarbeitungssystemen,
4. die Beschränkung des Zutritts zu den Datenverarbeitungsanlagen auf Personen, die durch den Verpflichteten besonders ermächtigt sind, und
5. die notwendige Mitwirkung von mindestens zwei Personen beim Zugriff auf die Daten, die dazu durch den Verpflichteten besonders ermächtigt worden sind.

§ 113e Protokollierung. (1) [1]Der nach § 113a Absatz 1 Verpflichtete hat sicherzustellen, dass für Zwecke der Datenschutzkontrolle jeder Zugriff, insbesondere das Lesen, Kopieren, Ändern, Löschen und Sperren der auf Grund der Speicherpflicht nach § 113b Absatz 1 gespeicherten Daten protokolliert wird. [2]Zu protokollieren sind

1. der Zeitpunkt des Zugriffs,
2. die auf die Daten zugreifenden Personen,
3. Zweck und Art des Zugriffs.

(2) Für andere Zwecke als die der Datenschutzkontrolle dürfen die Protokolldaten nicht verwendet werden.

(3) Der nach § 113a Absatz 1 Verpflichtete hat sicherzustellen, dass die Protokolldaten nach einem Jahr gelöscht werden.

§ 113f Anforderungskatalog. (1) [1]Bei der Umsetzung der Verpflichtungen gemäß den §§ 113b bis 113e ist ein besonders hoher Standard der Datensicherheit und Datenqualität zu gewährleisten. [2]Die Einhaltung dieses Standards wird vermutet, wenn alle Anforderungen des Katalogs der technischen Vorkehrungen und sonstigen Maßnahmen erfüllt werden, den die Bundesnetzagentur im Benehmen mit dem Bundesamt für Sicherheit in der Informationstechnik und der oder dem Bundesbeauftragten für den Datenschutz und die Informationsfreiheit erstellt.

(2) [1]Die Bundesnetzagentur überprüft fortlaufend die im Katalog nach Absatz 1 Satz 2 enthaltenen Anforderungen; hierbei berücksichtigt sie den Stand der Technik und der Fachdiskussion. [2]Stellt die Bundesnetzagentur Änderungsbedarf fest, ist der Katalog im Benehmen mit dem Bundesamt für Sicherheit in der Informationstechnik und der oder dem Bundesbeauftragten für den Datenschutz und die Informationsfreiheit unverzüglich anzupassen.

(3) [1]§ 109 Absatz 6 Satz 2 und 3 gilt entsprechend. [2]§ 109 Absatz 7 gilt mit der Maßgabe, dass an die Stelle der Anforderungen nach § 109 Absatz 1 bis 3

die Anforderungen nach Absatz 1 Satz 1, § 113b Absatz 7 und 8, § 113d und nach § 113e Absatz 1 und 3 treten.

§ 113g Sicherheitskonzept. [1]Der nach § 113a Absatz 1 Verpflichtete hat in das Sicherheitskonzept nach § 109 Absatz 4 zusätzlich aufzunehmen,

1. welche Systeme zur Erfüllung der Verpflichtungen aus den §§ 113b bis 113e betrieben werden,
2. von welchen Gefährdungen für diese Systeme auszugehen ist und
3. welche technischen Vorkehrungen oder sonstigen Maßnahmen getroffen oder geplant sind, um diesen Gefährdungen entgegenzuwirken und die Verpflichtungen aus den §§ 113b bis 113e zu erfüllen.

[2]Der nach § 113a Absatz 1 Verpflichtete hat der Bundesnetzagentur das Sicherheitskonzept unverzüglich nach dem Beginn der Speicherung nach § 113b und unverzüglich bei jeder Änderung des Konzepts vorzulegen. [3]Bleibt das Sicherheitskonzept unverändert, hat der nach § 113a Absatz 1 Verpflichtete dies gegenüber der Bundesnetzagentur im Abstand von jeweils zwei Jahren schriftlich zu erklären.

§ 114 Auskunftsersuchen des Bundesnachrichtendienstes. (1) [1]Wer öffentlich zugängliche Telekommunikationsdienste erbringt oder Übertragungswege betreibt, die für Telekommunikationsdienste für die Öffentlichkeit genutzt werden, hat dem Bundesministerium für Wirtschaft und Technologie auf Anfrage entgeltfrei Auskünfte über die Strukturen der Telekommunikationsdienste und -netze sowie bevorstehende Änderungen zu erteilen. [2]Einzelne Telekommunikationsvorgänge und Bestandsdaten von Teilnehmern dürfen nicht Gegenstand einer Auskunft nach dieser Vorschrift sein.

(2) [1]Anfragen nach Absatz 1 sind nur zulässig, wenn ein entsprechendes Ersuchen des Bundesnachrichtendienstes vorliegt und soweit die Auskunft zur Erfüllung der Aufgaben nach den §§ 5 und 8 des Artikel 10-Gesetzes oder den §§ 6, 12 und 14 des BND-Gesetzes erforderlich ist. [2]Die Verwendung einer nach dieser Vorschrift erlangten Auskunft zu anderen Zwecken ist ausgeschlossen.

§ 115 Kontrolle und Durchsetzung von Verpflichtungen. (1) [1]Die Bundesnetzagentur kann Anordnungen und andere Maßnahmen treffen, um die Einhaltung der Vorschriften des Teils 7 und der auf Grund dieses Teils ergangenen Rechtsverordnungen sowie der jeweils anzuwendenden Technischen Richtlinien sicherzustellen. [2]Der Verpflichtete muss auf Anforderung der Bundesnetzagentur die hierzu erforderlichen Auskünfte erteilen. [3]Die Bundesnetzagentur ist zur Überprüfung der Einhaltung der Verpflichtungen befugt, die Geschäfts- und Betriebsräume während der üblichen Betriebs- oder Geschäftszeiten zu betreten und zu besichtigen.

(2) [1]Die Bundesnetzagentur kann nach Maßgabe des Verwaltungsvollstreckungsgesetzes Zwangsgelder wie folgt festsetzen:

1. bis zu 500 000 Euro zur Durchsetzung der Verpflichtungen nach § 108 Abs. 1, § 110 Abs. 1, 5 oder Abs. 6, einer Rechtsverordnung nach § 108 Absatz 3, einer Rechtsverordnung nach § 110 Abs. 2, einer Rechtsverordnung nach § 112 Abs. 3 Satz 1, der Technischen Richtlinie nach § 108

Absatz 4, der Technischen Richtlinie nach § 110 Abs. 3 oder der Technischen Richtlinie nach § 112 Abs. 3 Satz 3,

2. bis zu 100 000 Euro zur Durchsetzung der Verpflichtungen nach den §§ 109, 109a, 112 Absatz 1, 3 Satz 4, Absatz 5 Satz 1 und 2, § 113 Absatz 5 Satz 2 und 3 oder § 114 Absatz 1 und
3. bis zu 20 000 Euro zur Durchsetzung der Verpflichtungen nach § 111 Absatz 1, 4 und 5 oder § 113 Absatz 4 und 5 Satz 1.

[2] Bei wiederholten Verstößen gegen § 111 Absatz 1 bis 5, § 112 Abs. 1, 3 Satz 4, Abs. 5 Satz 1 und 2 oder § 113 Absatz 4 und 5 Satz 1 kann die Tätigkeit des Verpflichteten durch Anordnung der Bundesnetzagentur dahin gehend eingeschränkt werden, dass der Kundenstamm bis zur Erfüllung der sich aus diesen Vorschriften ergebenden Verpflichtungen außer durch Vertragsablauf oder Kündigung nicht verändert werden darf.

(3) Darüber hinaus kann die Bundesnetzagentur bei Nichterfüllung von Verpflichtungen des Teils 7 den Betrieb der betreffenden Telekommunikationsanlage oder das geschäftsmäßige Erbringen des betreffenden Telekommunikationsdienstes ganz oder teilweise untersagen, wenn mildere Eingriffe zur Durchsetzung rechtmäßigen Verhaltens nicht ausreichen.

(4) [1] Soweit für die geschäftsmäßige Erbringung von Telekommunikationsdiensten Daten von natürlichen oder juristischen Personen erhoben, verarbeitet oder genutzt werden, tritt bei den Unternehmen an die Stelle der Kontrolle nach § 38 des Bundesdatenschutzgesetzes[1)] eine Kontrolle durch den Bundesbeauftragten für den Datenschutz entsprechend den §§ 21 und 24 bis 26 Abs. 1 bis 4 des Bundesdatenschutzgesetzes. [2] Der Bundesbeauftragte für den Datenschutz richtet seine Beanstandungen an die Bundesnetzagentur und übermittelt dieser nach pflichtgemäßem Ermessen weitere Ergebnisse seiner Kontrolle.

(5) Das Fernmeldegeheimnis des Artikels 10 des Grundgesetzes[2)] wird eingeschränkt, soweit dies die Kontrollen nach Absatz 1 oder 4 erfordern.

Teil 8. Bundesnetzagentur

Abschnitt 3. Verfahren

Unterabschnitt 1. Beschlusskammern

§ 134a Verfahren der nationalen Streitbeilegung. (1) Die nationale Streitbeilegungsstelle leitet ein Verfahren auf Antrag ein.

(2) An Verfahren vor der nationalen Streitbeilegungsstelle sind beteiligt:

1. bei einem Verfahren nach § 77n Absatz 1 bis 5 der Antragsteller und die Eigentümer oder Betreiber öffentlicher Versorgungsnetze, gegen die sich das Verfahren richtet,
2. bei einem Verfahren nach § 77n Absatz 6 der Antragsteller und der Verfügungsberechtigte über Netzinfrastrukturen in Gebäuden oder bis zum ersten Konzentrations- oder Verteilerpunkt eines öffentlichen Telekommunikationsnetzes, gegen den sich das Verfahren richtet,

---

1) Nr. **56**.
2) Nr. **3**.

3. die Personen und Personenvereinigungen, deren Interessen durch die Entscheidung berührt werden und die die Bundesnetzagentur auf ihren Antrag zu dem Verfahren beigeladen hat,
4. bei einer Inanspruchnahme von Eisenbahninfrastrukturunternehmen die zuständige Eisenbahnaufsichtsbehörde.

(3) Sind bei Streitigkeiten über das Vorliegen eines Ablehnungsgrundes nach § 77b Absatz 4 Nummer 3, § 77c Absatz 3 Nummer 3, § 77g Absatz 2 Nummer 4, § 77h Absatz 4 Nummer 4 oder § 77i Absatz 5 kritische Infrastrukturen im Sinne des § 2 Absatz 10 des Gesetzes über das Bundesamt für Sicherheit in der Informationstechnik[1] betroffen, so entscheidet die Bundesnetzagentur im Benehmen mit dem Bundesamt für Sicherheit in der Informationstechnik.

---

[1] Nr. 8.

56. Bundesdatenschutzgesetz (BDSG)[1)]

Vom 30. Juni 2017
(BGBl. I S. 2097)

FNA 204-4

Inhaltsübersicht

[1)] Verkündet als Art. 1 des G v. 30.6.2017 (BGBl. I S. 2097); Inkrafttreten gem. Art. 8 Abs. 1 dieses Gesetzes am 25.5.2018.

Teil 1. Gemeinsame Bestimmungen

Kapitel 1. Anwendungsbereich und Begriffsbestimmungen

§ 1 Anwendungsbereich des Gesetzes. (1) [1]Dieses Gesetz gilt für die Verarbeitung personenbezogener Daten durch

1. öffentliche Stellen des Bundes,
2. öffentliche Stellen der Länder, soweit der Datenschutz nicht durch Landesgesetz geregelt ist und soweit sie
   a) Bundesrecht ausführen oder
   b) als Organe der Rechtspflege tätig werden und es sich nicht um Verwaltungsangelegenheiten handelt.

[2]Für nichtöffentliche Stellen gilt dieses Gesetz für die ganz oder teilweise automatisierte Verarbeitung personenbezogener Daten sowie die nicht automatisierte Verarbeitung personenbezogener Daten, die in einem Dateisystem

gespeichert sind oder gespeichert werden sollen, es sei denn, die Verarbeitung durch natürliche Personen erfolgt zur Ausübung ausschließlich persönlicher oder familiärer Tätigkeiten.

(2) [1] Andere Rechtsvorschriften des Bundes über den Datenschutz gehen den Vorschriften dieses Gesetzes vor. [2] Regeln sie einen Sachverhalt, für den dieses Gesetz gilt, nicht oder nicht abschließend, finden die Vorschriften dieses Gesetzes Anwendung. [3] Die Verpflichtung zur Wahrung gesetzlicher Geheimhaltungspflichten oder von Berufs- oder besonderen Amtsgeheimnissen, die nicht auf gesetzlichen Vorschriften beruhen, bleibt unberührt.

(3) Die Vorschriften dieses Gesetzes gehen denen des Verwaltungsverfahrensgesetzes vor, soweit bei der Ermittlung des Sachverhalts personenbezogene Daten verarbeitet werden.

(4) [1] Dieses Gesetz findet Anwendung auf öffentliche Stellen. [2] Auf nichtöffentliche Stellen findet es Anwendung, sofern

1. der Verantwortliche oder Auftragsverarbeiter personenbezogene Daten im Inland verarbeitet,
2. die Verarbeitung personenbezogener Daten im Rahmen der Tätigkeiten einer inländischen Niederlassung des Verantwortlichen oder Auftragsverarbeiters erfolgt oder
3. der Verantwortliche oder Auftragsverarbeiter zwar keine Niederlassung in einem Mitgliedstaat der Europäischen Union oder in einem anderen Vertragsstaat des Abkommens über den Europäischen Wirtschaftsraum hat, er aber in den Anwendungsbereich der Verordnung (EU) 2016/679[1)] des Europäischen Parlaments und des Rates vom 27. April 2016 zum Schutz natürlicher Personen bei der Verarbeitung personenbezogener Daten, zum freien Datenverkehr und zur Aufhebung der Richtlinie 95/46/EG (Datenschutz-Grundverordnung) (ABl. L 119 vom 4.5.2016, S. 1; L 314 vom 22.11.2016, S. 72) fällt.

[3] Sofern dieses Gesetz nicht gemäß Satz 2 Anwendung findet, gelten für den Verantwortlichen oder Auftragsverarbeiter nur die §§ 8 bis 21, 39 bis 44.

(5) Die Vorschriften dieses Gesetzes finden keine Anwendung, soweit das Recht der Europäischen Union, im Besonderen die Verordnung (EU) 2016/679 in der jeweils geltenden Fassung, unmittelbar gilt.

(6) [1] Bei Verarbeitungen zu Zwecken gemäß Artikel 2 der Verordnung (EU) 2016/679 stehen die Vertragsstaaten des Abkommens über den Europäischen Wirtschaftsraum und die Schweiz den Mitgliedstaaten der Europäischen Union gleich. [2] Andere Staaten gelten insoweit als Drittstaaten.

(7) [1] Bei Verarbeitungen zu Zwecken gemäß Artikel 1 Absatz 1 der Richtlinie (EU) 2016/680 des Europäischen Parlaments und des Rates vom 27. April 2016 zum Schutz natürlicher Personen bei der Verarbeitung personenbezogener Daten durch die zuständigen Behörden zum Zwecke der Verhütung, Ermittlung, Aufdeckung oder Verfolgung von Straftaten oder der Strafvollstreckung sowie zum freien Datenverkehr und zur Aufhebung des Rahmenbeschlusses 2008/977/JI des Rates (ABl. L 119 vom 4.5.2016, S. 89) stehen die bei der Umsetzung, Anwendung und Entwicklung des Schengen-Besitzstands

---

1) Nr. **54**.

assoziierten Staaten den Mitgliedstaaten der Europäischen Union gleich. [2]Andere Staaten gelten insoweit als Drittstaaten.

(8) Für Verarbeitungen personenbezogener Daten durch öffentliche Stellen im Rahmen von nicht in die Anwendungsbereiche der Verordnung (EU) 2016/679 und der Richtlinie (EU) 2016/680 fallenden Tätigkeiten finden die Verordnung (EU) 2016/679 und die Teile 1 und 2 dieses Gesetzes entsprechend Anwendung, soweit nicht in diesem Gesetz oder einem anderen Gesetz Abweichendes geregelt ist.

§ 2 Begriffsbestimmungen. (1) Öffentliche Stellen des Bundes sind die Behörden, die Organe der Rechtspflege und andere öffentlich-rechtlich organisierte Einrichtungen des Bundes, der bundesunmittelbaren Körperschaften, der Anstalten und Stiftungen des öffentlichen Rechts sowie deren Vereinigungen ungeachtet ihrer Rechtsform.

(2) Öffentliche Stellen der Länder sind die Behörden, die Organe der Rechtspflege und andere öffentlich-rechtlich organisierte Einrichtungen eines Landes, einer Gemeinde, eines Gemeindeverbandes oder sonstiger der Aufsicht des Landes unterstehender juristischer Personen des öffentlichen Rechts sowie deren Vereinigungen ungeachtet ihrer Rechtsform.

(3) [1]Vereinigungen des privaten Rechts von öffentlichen Stellen des Bundes und der Länder, die Aufgaben der öffentlichen Verwaltung wahrnehmen, gelten ungeachtet der Beteiligung nichtöffentlicher Stellen als öffentliche Stellen des Bundes, wenn

1. sie über den Bereich eines Landes hinaus tätig werden oder
2. dem Bund die absolute Mehrheit der Anteile gehört oder die absolute Mehrheit der Stimmen zusteht.

[2]Andernfalls gelten sie als öffentliche Stellen der Länder.

(4) [1]Nichtöffentliche Stellen sind natürliche und juristische Personen, Gesellschaften und andere Personenvereinigungen des privaten Rechts, soweit sie nicht unter die Absätze 1 bis 3 fallen. [2]Nimmt eine nichtöffentliche Stelle hoheitliche Aufgaben der öffentlichen Verwaltung wahr, ist sie insoweit öffentliche Stelle im Sinne dieses Gesetzes.

(5) [1]Öffentliche Stellen des Bundes gelten als nichtöffentliche Stellen im Sinne dieses Gesetzes, soweit sie als öffentlich-rechtliche Unternehmen am Wettbewerb teilnehmen. [2]Als nichtöffentliche Stellen im Sinne dieses Gesetzes gelten auch öffentliche Stellen der Länder, soweit sie als öffentlich-rechtliche Unternehmen am Wettbewerb teilnehmen, Bundesrecht ausführen und der Datenschutz nicht durch Landesgesetz geregelt ist.

Kapitel 2. Rechtsgrundlagen der Verarbeitung personenbezogener Daten

§ 3 Verarbeitung personenbezogener Daten durch öffentliche Stellen.

Die Verarbeitung personenbezogener Daten durch eine öffentliche Stelle ist zulässig, wenn sie zur Erfüllung der in der Zuständigkeit des Verantwortlichen liegenden Aufgabe oder in Ausübung öffentlicher Gewalt, die dem Verantwortlichen übertragen wurde, erforderlich ist.

§ 4 Videoüberwachung öffentlich zugänglicher Räume. (1) [1]Die Beobachtung öffentlich zugänglicher Räume mit optisch-elektronischen Einrichtungen (Videoüberwachung) ist nur zulässig, soweit sie

1. zur Aufgabenerfüllung öffentlicher Stellen,
2. zur Wahrnehmung des Hausrechts oder
3. zur Wahrnehmung berechtigter Interessen für konkret festgelegte Zwecke

erforderlich ist und keine Anhaltspunkte bestehen, dass schutzwürdige Interessen der Betroffenen überwiegen. [2]Bei der Videoüberwachung von

1. öffentlich zugänglichen großflächigen Anlagen, wie insbesondere Sport-, Versammlungs- und Vergnügungsstätten, Einkaufszentren oder Parkplätzen, oder
2. Fahrzeugen und öffentlich zugänglichen großflächigen Einrichtungen des öffentlichen Schienen-, Schiffs- und Busverkehrs

gilt der Schutz von Leben, Gesundheit oder Freiheit von dort aufhältigen Personen als ein besonders wichtiges Interesse.

(2) Der Umstand der Beobachtung und der Name und die Kontaktdaten des Verantwortlichen sind durch geeignete Maßnahmen zum frühestmöglichen Zeitpunkt erkennbar zu machen.

(3) [1]Die Speicherung oder Verwendung von nach Absatz 1 erhobenen Daten ist zulässig, wenn sie zum Erreichen des verfolgten Zwecks erforderlich ist und keine Anhaltspunkte bestehen, dass schutzwürdige Interessen der Betroffenen überwiegen. [2]Absatz 1 Satz 2 gilt entsprechend. [3]Für einen anderen Zweck dürfen sie nur weiterverarbeitet werden, soweit dies zur Abwehr von Gefahren für die staatliche und öffentliche Sicherheit sowie zur Verfolgung von Straftaten erforderlich ist.

(4) [1]Werden durch Videoüberwachung erhobene Daten einer bestimmten Person zugeordnet, so besteht die Pflicht zur Information der betroffenen Person über die Verarbeitung gemäß den Artikeln 13 und 14 der Verordnung (EU) 2016/679[1)]. [2]§ 32 gilt entsprechend.

(5) Die Daten sind unverzüglich zu löschen, wenn sie zur Erreichung des Zwecks nicht mehr erforderlich sind oder schutzwürdige Interessen der Betroffenen einer weiteren Speicherung entgegenstehen.

Kapitel 3. Datenschutzbeauftragte öffentlicher Stellen

§ 5 Benennung. (1) [1]Öffentliche Stellen benennen eine Datenschutzbeauftragte oder einen Datenschutzbeauftragten. [2]Dies gilt auch für öffentliche Stellen nach § 2 Absatz 5, die am Wettbewerb teilnehmen.

(2) Für mehrere öffentliche Stellen kann unter Berücksichtigung ihrer Organisationsstruktur und ihrer Größe eine gemeinsame Datenschutzbeauftragte oder ein gemeinsamer Datenschutzbeauftragter benannt werden.

(3) Die oder der Datenschutzbeauftragte wird auf der Grundlage ihrer oder seiner beruflichen Qualifikation und insbesondere ihres oder seines Fachwissens benannt, das sie oder er auf dem Gebiet des Datenschutzrechts und der Daten-

---

[1)] Nr. **54**.

schutzpraxis besitzt, sowie auf der Grundlage ihrer oder seiner Fähigkeit zur Erfüllung der in § 7 genannten Aufgaben.

(4) Die oder der Datenschutzbeauftragte kann Beschäftigte oder Beschäftigter der öffentlichen Stelle sein oder ihre oder seine Aufgaben auf der Grundlage eines Dienstleistungsvertrags erfüllen.

(5) Die öffentliche Stelle veröffentlicht die Kontaktdaten der oder des Datenschutzbeauftragten und teilt diese Daten der oder dem Bundesbeauftragten für den Datenschutz und die Informationsfreiheit mit.

§ 6 Stellung. (1) Die öffentliche Stelle stellt sicher, dass die oder der Datenschutzbeauftragte ordnungsgemäß und frühzeitig in alle mit dem Schutz personenbezogener Daten zusammenhängenden Fragen eingebunden wird.

(2) Die öffentliche Stelle unterstützt die Datenschutzbeauftragte oder den Datenschutzbeauftragten bei der Erfüllung ihrer oder seiner Aufgaben gemäß § 7, indem sie die für die Erfüllung dieser Aufgaben erforderlichen Ressourcen und den Zugang zu personenbezogenen Daten und Verarbeitungsvorgängen sowie die zur Erhaltung ihres oder seines Fachwissens erforderlichen Ressourcen zur Verfügung stellt.

(3) [1] Die öffentliche Stelle stellt sicher, dass die oder der Datenschutzbeauftragte bei der Erfüllung ihrer oder seiner Aufgaben keine Anweisungen bezüglich der Ausübung dieser Aufgaben erhält. [2] Die oder der Datenschutzbeauftragte berichtet unmittelbar der höchsten Leitungsebene der öffentlichen Stelle. [3] Die oder der Datenschutzbeauftragte darf von der öffentlichen Stelle wegen der Erfüllung ihrer oder seiner Aufgaben nicht abberufen oder benachteiligt werden.

(4) [1] Die Abberufung der oder des Datenschutzbeauftragten ist nur in entsprechender Anwendung des § 626 des Bürgerlichen Gesetzbuchs[1)] zulässig. [2] Die Kündigung des Arbeitsverhältnisses ist unzulässig, es sei denn, dass Tatsachen vorliegen, welche die öffentliche Stelle zur Kündigung aus wichtigem Grund ohne Einhaltung einer Kündigungsfrist berechtigen. [3] Nach dem Ende der Tätigkeit als Datenschutzbeauftragte oder als Datenschutzbeauftragter ist die Kündigung des Arbeitsverhältnisses innerhalb eines Jahres unzulässig, es sei denn, dass die öffentliche Stelle zur Kündigung aus wichtigem Grund ohne Einhaltung einer Kündigungsfrist berechtigt ist.

(5) [1] Betroffene Personen können die Datenschutzbeauftragte oder den Datenschutzbeauftragten zu allen mit der Verarbeitung ihrer personenbezogenen Daten und mit der Wahrnehmung ihrer Rechte gemäß der Verordnung (EU) 2016/679[2)], diesem Gesetz sowie anderen Rechtsvorschriften über den Datenschutz im Zusammenhang stehenden Fragen zu Rate ziehen. [2] Die oder der Datenschutzbeauftragte ist zur Verschwiegenheit über die Identität der betroffenen Person sowie über Umstände, die Rückschlüsse auf die betroffene Person zulassen, verpflichtet, soweit sie oder er nicht davon durch die betroffene Person befreit wird.

(6) [1] Wenn die oder der Datenschutzbeauftragte bei ihrer oder seiner Tätigkeit Kenntnis von Daten erhält, für die der Leitung oder einer bei der öffentlichen Stelle beschäftigten Person aus beruflichen Gründen ein Zeugnisverwei-

---

1) Nr. **15**.
2) Nr. **54**.

gerungsrecht zusteht, steht dieses Recht auch der oder dem Datenschutzbeauftragten und den ihr oder ihm unterstellten Beschäftigten zu. [2] Über die Ausübung dieses Rechts entscheidet die Person, der das Zeugnisverweigerungsrecht aus beruflichen Gründen zusteht, es sei denn, dass diese Entscheidung in absehbarer Zeit nicht herbeigeführt werden kann. [3] Soweit das Zeugnisverweigerungsrecht der oder des Datenschutzbeauftragten reicht, unterliegen ihre oder seine Akten und andere Dokumente einem Beschlagnahmeverbot.

§ 7 Aufgaben. (1) [1] Der oder dem Datenschutzbeauftragten obliegen neben den in der Verordnung (EU) 2016/679[1)] genannten Aufgaben zumindest folgende Aufgaben:

1. Unterrichtung und Beratung der öffentlichen Stelle und der Beschäftigten, die Verarbeitungen durchführen, hinsichtlich ihrer Pflichten nach diesem Gesetz und sonstigen Vorschriften über den Datenschutz, einschließlich der zur Umsetzung der Richtlinie (EU) 2016/680 erlassenen Rechtsvorschriften;
2. Überwachung der Einhaltung dieses Gesetzes und sonstiger Vorschriften über den Datenschutz, einschließlich der zur Umsetzung der Richtlinie (EU) 2016/680 erlassenen Rechtsvorschriften, sowie der Strategien der öffentlichen Stelle für den Schutz personenbezogener Daten, einschließlich der Zuweisung von Zuständigkeiten, der Sensibilisierung und der Schulung der an den Verarbeitungsvorgängen beteiligten Beschäftigten und der diesbezüglichen Überprüfungen;
3. Beratung im Zusammenhang mit der Datenschutz-Folgenabschätzung und Überwachung ihrer Durchführung gemäß § 67 dieses Gesetzes;
4. Zusammenarbeit mit der Aufsichtsbehörde;
5. Tätigkeit als Anlaufstelle für die Aufsichtsbehörde in mit der Verarbeitung zusammenhängenden Fragen, einschließlich der vorherigen Konsultation gemäß § 69 dieses Gesetzes, und gegebenenfalls Beratung zu allen sonstigen Fragen.

[2] Im Fall einer oder eines bei einem Gericht bestellten Datenschutzbeauftragten beziehen sich diese Aufgaben nicht auf das Handeln des Gerichts im Rahmen seiner justiziellen Tätigkeit.

(2) [1] Die oder der Datenschutzbeauftragte kann andere Aufgaben und Pflichten wahrnehmen. [2] Die öffentliche Stelle stellt sicher, dass derartige Aufgaben und Pflichten nicht zu einem Interessenkonflikt führen.

(3) Die oder der Datenschutzbeauftragte trägt bei der Erfüllung ihrer oder seiner Aufgaben dem mit den Verarbeitungsvorgängen verbundenen Risiko gebührend Rechnung, wobei sie oder er die Art, den Umfang, die Umstände und die Zwecke der Verarbeitung berücksichtigt.

---

1) Nr. **54**.

Kapitel 4. Die oder der Bundesbeauftragte für den Datenschutz und die Informationsfreiheit

§ 8 Errichtung. (1) [1] Die oder der Bundesbeauftragte für den Datenschutz und die Informationsfreiheit (Bundesbeauftragte) ist eine oberste Bundesbehörde. [2] Der Dienstsitz ist Bonn.

(2) Die Beamtinnen und Beamten der oder des Bundesbeauftragten sind Beamtinnen und Beamte des Bundes.

(3) [1] Die oder der Bundesbeauftragte kann Aufgaben der Personalverwaltung und Personalwirtschaft auf andere Stellen des Bundes übertragen, soweit hierdurch die Unabhängigkeit der oder des Bundesbeauftragten nicht beeinträchtigt wird. [2] Diesen Stellen dürfen personenbezogene Daten der Beschäftigten übermittelt werden, soweit deren Kenntnis zur Erfüllung der übertragenen Aufgaben erforderlich ist.

§ 9 Zuständigkeit. (1) [1] Die oder der Bundesbeauftragte ist zuständig für die Aufsicht über die öffentlichen Stellen des Bundes, auch soweit sie als öffentlich-rechtliche Unternehmen am Wettbewerb teilnehmen. [2] Die Vorschriften dieses Kapitels gelten auch für Auftragsverarbeiter, soweit sie nichtöffentliche Stellen sind, bei denen dem Bund die Mehrheit der Anteile gehört oder die Mehrheit der Stimmen zusteht und der Auftraggeber eine öffentliche Stelle des Bundes ist.

(2) Die oder der Bundesbeauftragte ist nicht zuständig für die Aufsicht über die von den Bundesgerichten im Rahmen ihrer justiziellen Tätigkeit vorgenommenen Verarbeitungen.

§ 10 Unabhängigkeit. (1) [1] Die oder der Bundesbeauftragte handelt bei der Erfüllung ihrer oder seiner Aufgaben und bei der Ausübung ihrer oder seiner Befugnisse völlig unabhängig. [2] Sie oder er unterliegt weder direkter noch indirekter Beeinflussung von außen und ersucht weder um Weisung noch nimmt sie oder er Weisungen entgegen.

(2) Die oder der Bundesbeauftragte unterliegt der Rechnungsprüfung durch den Bundesrechnungshof, soweit hierdurch ihre oder seine Unabhängigkeit nicht beeinträchtigt wird.

§ 11 Ernennung und Amtszeit. (1) [1] Der Deutsche Bundestag wählt ohne Aussprache auf Vorschlag der Bundesregierung die Bundesbeauftragte oder den Bundesbeauftragten mit mehr als der Hälfte der gesetzlichen Zahl seiner Mitglieder. [2] Die oder der Gewählte ist von der Bundespräsidentin oder dem Bundespräsidenten zu ernennen. [3] Die oder der Bundesbeauftragte muss bei ihrer oder seiner Wahl das 35. Lebensjahr vollendet haben. [4] Sie oder er muss über die für die Erfüllung ihrer oder seiner Aufgaben und Ausübung ihrer oder seiner Befugnisse erforderliche Qualifikation, Erfahrung und Sachkunde insbesondere im Bereich des Schutzes personenbezogener Daten verfügen. [5] Insbesondere muss die oder der Bundesbeauftragte über durch einschlägige Berufserfahrung erworbene Kenntnisse des Datenschutzrechts verfügen und die Befähigung zum Richteramt oder höheren Verwaltungsdienst haben.

(2) [1] Die oder der Bundesbeauftragte leistet vor der Bundespräsidentin oder dem Bundespräsidenten folgenden Eid: „Ich schwöre, dass ich meine Kraft dem Wohle des deutschen Volkes widmen, seinen Nutzen mehren, Schaden

von ihm wenden, das Grundgesetz und die Gesetze des Bundes wahren und verteidigen, meine Pflichten gewissenhaft erfüllen und Gerechtigkeit gegen jedermann üben werde. So wahr mir Gott helfe.“ [2] Der Eid kann auch ohne religiöse Beteuerung geleistet werden.

(3) [1] Die Amtszeit der oder des Bundesbeauftragten beträgt fünf Jahre. [2] Einmalige Wiederwahl ist zulässig.

§ 12 Amtsverhältnis. (1) Die oder der Bundesbeauftragte steht nach Maßgabe dieses Gesetzes zum Bund in einem öffentlich-rechtlichen Amtsverhältnis.

(2) [1] Das Amtsverhältnis beginnt mit der Aushändigung der Ernennungsurkunde. [2] Es endet mit dem Ablauf der Amtszeit oder mit dem Rücktritt. [3] Die Bundespräsidentin oder der Bundespräsident enthebt auf Vorschlag der Präsidentin oder des Präsidenten des Bundestages die Bundesbeauftragte ihres oder den Bundesbeauftragten seines Amtes, wenn die oder der Bundesbeauftragte eine schwere Verfehlung begangen hat oder die Voraussetzungen für die Wahrnehmung ihrer oder seiner Aufgaben nicht mehr erfüllt. [4] Im Fall der Beendigung des Amtsverhältnisses oder der Amtsenthebung erhält die oder der Bundesbeauftragte eine von der Bundespräsidentin oder dem Bundespräsidenten vollzogene Urkunde. [5] Eine Amtsenthebung wird mit der Aushändigung der Urkunde wirksam. [6] Endet das Amtsverhältnis mit Ablauf der Amtszeit, ist die oder der Bundesbeauftragte verpflichtet, auf Ersuchen der Präsidentin oder des Präsidenten des Bundestages die Geschäfte bis zur Ernennung einer Nachfolgerin oder eines Nachfolgers für die Dauer von höchstens sechs Monaten weiterzuführen.

(3) [1] Die Leitende Beamtin oder der Leitende Beamte nimmt die Rechte der oder des Bundesbeauftragten wahr, wenn die oder der Bundesbeauftragte an der Ausübung ihres oder seines Amtes verhindert ist oder wenn ihr oder sein Amtsverhältnis endet und sie oder er nicht zur Weiterführung der Geschäfte verpflichtet ist. [2] § 10 Absatz 1 ist entsprechend anzuwenden.

(4) [1] Die oder der Bundesbeauftragte erhält vom Beginn des Kalendermonats an, in dem das Amtsverhältnis beginnt, bis zum Schluss des Kalendermonats, in dem das Amtsverhältnis endet, im Fall des Absatzes 2 Satz 6 bis zum Ende des Monats, in dem die Geschäftsführung endet, Amtsbezüge in Höhe der Besoldungsgruppe B 11 sowie den Familienzuschlag entsprechend Anlage V des Bundesbesoldungsgesetzes. [2] Das Bundesreisekostengesetz und das Bundesumzugskostengesetz sind entsprechend anzuwenden. [3] Im Übrigen sind § 12 Absatz 6 sowie die §§ 13 bis 20 und 21a Absatz 5 des Bundesministergesetzes mit den Maßgaben anzuwenden, dass an die Stelle der vierjährigen Amtszeit in § 15 Absatz 1 des Bundesministergesetzes eine Amtszeit von fünf Jahren tritt. [4] Abweichend von Satz 3 in Verbindung mit den §§ 15 bis 17 und 21a Absatz 5 des Bundesministergesetzes berechnet sich das Ruhegehalt der oder des Bundesbeauftragten unter Hinzurechnung der Amtszeit als ruhegehaltsfähige Dienstzeit in entsprechender Anwendung des Beamtenversorgungsgesetzes, wenn dies günstiger ist und die oder der Bundesbeauftragte sich unmittelbar vor ihrer oder seiner Wahl zur oder zum Bundesbeauftragten als Beamtin oder Beamter oder als Richterin oder Richter mindestens in dem letzten gewöhnlich vor Erreichen der Besoldungsgruppe B 11 zu durchlaufenden Amt befunden hat.

§ 13 Rechte und Pflichten. (1) [1]Die oder der Bundesbeauftragte sieht von allen mit den Aufgaben ihres oder seines Amtes nicht zu vereinbarenden Handlungen ab und übt während ihrer oder seiner Amtszeit keine andere mit ihrem oder seinem Amt nicht zu vereinbarende entgeltliche oder unentgeltliche Tätigkeit aus. [2]Insbesondere darf die oder der Bundesbeauftragte neben ihrem oder seinem Amt kein anderes besoldetes Amt, kein Gewerbe und keinen Beruf ausüben und weder der Leitung oder dem Aufsichtsrat oder Verwaltungsrat eines auf Erwerb gerichteten Unternehmens noch einer Regierung oder einer gesetzgebenden Körperschaft des Bundes oder eines Landes angehören. [3]Sie oder er darf nicht gegen Entgelt außergerichtliche Gutachten abgeben.

(2) [1]Die oder der Bundesbeauftragte hat der Präsidentin oder dem Präsidenten des Bundestages Mitteilung über Geschenke zu machen, die sie oder er in Bezug auf das Amt erhält. [2]Die Präsidentin oder der Präsident des Bundestages entscheidet über die Verwendung der Geschenke. [3]Sie oder er kann Verfahrensvorschriften erlassen.

(3) [1]Die oder der Bundesbeauftragte ist berechtigt, über Personen, die ihr oder ihm in ihrer oder seiner Eigenschaft als Bundesbeauftragte oder Bundesbeauftragter Tatsachen anvertraut haben, sowie über diese Tatsachen selbst das Zeugnis zu verweigern. [2]Dies gilt auch für die Mitarbeiterinnen und Mitarbeiter der oder des Bundesbeauftragten mit der Maßgabe, dass über die Ausübung dieses Rechts die oder der Bundesbeauftragte entscheidet. [3]Soweit das Zeugnisverweigerungsrecht der oder des Bundesbeauftragten reicht, darf die Vorlegung oder Auslieferung von Akten oder anderen Dokumenten von ihr oder ihm nicht gefordert werden.

(4) [1]Die oder der Bundesbeauftragte ist, auch nach Beendigung ihres oder seines Amtsverhältnisses, verpflichtet, über die ihr oder ihm amtlich bekanntgewordenen Angelegenheiten Verschwiegenheit zu bewahren. [2]Dies gilt nicht für Mitteilungen im dienstlichen Verkehr oder über Tatsachen, die offenkundig sind oder ihrer Bedeutung nach keiner Geheimhaltung bedürfen. [3]Die oder der Bundesbeauftragte entscheidet nach pflichtgemäßem Ermessen, ob und inwieweit sie oder er über solche Angelegenheiten vor Gericht oder außergerichtlich aussagt oder Erklärungen abgibt; wenn sie oder er nicht mehr im Amt ist, ist die Genehmigung der oder des amtierenden Bundesbeauftragten erforderlich. [4]Unberührt bleibt die gesetzlich begründete Pflicht, Straftaten anzuzeigen und bei einer Gefährdung der freiheitlichen demokratischen Grundordnung für deren Erhaltung einzutreten. [5]Für die Bundesbeauftragte oder den Bundesbeauftragten und ihre oder seine Mitarbeiterinnen und Mitarbeiter gelten die §§ 93, 97 und 105 Absatz 1, § 111 Absatz 5 in Verbindung mit § 105 Absatz 1 sowie § 116 Absatz 1 der Abgabenordnung nicht. [6]Satz 5 findet keine Anwendung, soweit die Finanzbehörden die Kenntnis für die Durchführung eines Verfahrens wegen einer Steuerstraftat sowie eines damit zusammenhängenden Steuerverfahrens benötigen, an deren Verfolgung ein zwingendes öffentliches Interesse besteht, oder soweit es sich um vorsätzlich falsche Angaben der oder des Auskunftspflichtigen oder der für sie oder ihn tätigen Personen handelt. [7]Stellt die oder der Bundesbeauftragte einen Datenschutzverstoß fest, ist sie oder er befugt, diesen anzuzeigen und die betroffene Person hierüber zu informieren.

(5) [1]Die oder der Bundesbeauftragte darf als Zeugin oder Zeuge aussagen, es sei denn, die Aussage würde

1. dem Wohl des Bundes oder eines Landes Nachteile bereiten, insbesondere Nachteile für die Sicherheit der Bundesrepublik Deutschland oder ihre Beziehungen zu anderen Staaten, oder
2. Grundrechte verletzen.

[2] Betrifft die Aussage laufende oder abgeschlossene Vorgänge, die dem Kernbereich exekutiver Eigenverantwortung der Bundesregierung zuzurechnen sind oder sein könnten, darf die oder der Bundesbeauftragte nur im Benehmen mit der Bundesregierung aussagen. [3] § 28 des Bundesverfassungsgerichtsgesetzes bleibt unberührt.

(6) Die Absätze 3 und 4 Satz 5 bis 7 gelten entsprechend für die öffentlichen Stellen, die für die Kontrolle der Einhaltung der Vorschriften über den Datenschutz in den Ländern zuständig sind.

§ 14 Aufgaben. (1) [1] Die oder der Bundesbeauftragte hat neben den in der Verordnung (EU) 2016/679[1)] genannten Aufgaben die Aufgaben,

1. die Anwendung dieses Gesetzes und sonstiger Vorschriften über den Datenschutz, einschließlich der zur Umsetzung der Richtlinie (EU) 2016/680 erlassenen Rechtsvorschriften, zu überwachen und durchzusetzen,
2. die Öffentlichkeit für die Risiken, Vorschriften, Garantien und Rechte im Zusammenhang mit der Verarbeitung personenbezogener Daten zu sensibilisieren und sie darüber aufzuklären, wobei spezifische Maßnahmen für Kinder besondere Beachtung finden,
3. den Deutschen Bundestag und den Bundesrat, die Bundesregierung und andere Einrichtungen und Gremien über legislative und administrative Maßnahmen zum Schutz der Rechte und Freiheiten natürlicher Personen in Bezug auf die Verarbeitung personenbezogener Daten zu beraten,
4. die Verantwortlichen und die Auftragsverarbeiter für die ihnen aus diesem Gesetz und sonstigen Vorschriften über den Datenschutz, einschließlich den zur Umsetzung der Richtlinie (EU) 2016/680 erlassenen Rechtsvorschriften, entstehenden Pflichten zu sensibilisieren,
5. auf Anfrage jeder betroffenen Person Informationen über die Ausübung ihrer Rechte aufgrund dieses Gesetzes und sonstiger Vorschriften über den Datenschutz, einschließlich der zur Umsetzung der Richtlinie (EU) 2016/680 erlassenen Rechtsvorschriften, zur Verfügung zu stellen und gegebenenfalls zu diesem Zweck mit den Aufsichtsbehörden in anderen Mitgliedstaaten zusammenzuarbeiten,
6. sich mit Beschwerden einer betroffenen Person oder Beschwerden einer Stelle, einer Organisation oder eines Verbandes gemäß Artikel 55 der Richtlinie (EU) 2016/680 zu befassen, den Gegenstand der Beschwerde in angemessenem Umfang zu untersuchen und den Beschwerdeführer innerhalb einer angemessenen Frist über den Fortgang und das Ergebnis der Untersuchung zu unterrichten, insbesondere, wenn eine weitere Untersuchung oder Koordinierung mit einer anderen Aufsichtsbehörde notwendig ist,

---

1) Nr. **54**.

7. mit anderen Aufsichtsbehörden zusammenzuarbeiten, auch durch Informationsaustausch, und ihnen Amtshilfe zu leisten, um die einheitliche Anwendung und Durchsetzung dieses Gesetzes und sonstiger Vorschriften über den Datenschutz, einschließlich der zur Umsetzung der Richtlinie (EU) 2016/680 erlassenen Rechtsvorschriften, zu gewährleisten,
8. Untersuchungen über die Anwendung dieses Gesetzes und sonstiger Vorschriften über den Datenschutz, einschließlich der zur Umsetzung der Richtlinie (EU) 2016/680 erlassenen Rechtsvorschriften, durchzuführen, auch auf der Grundlage von Informationen einer anderen Aufsichtsbehörde oder einer anderen Behörde,
9. maßgebliche Entwicklungen zu verfolgen, soweit sie sich auf den Schutz personenbezogener Daten auswirken, insbesondere die Entwicklung der Informations- und Kommunikationstechnologie und der Geschäftspraktiken,
10. Beratung in Bezug auf die in § 69 genannten Verarbeitungsvorgänge zu leisten und
11. Beiträge zur Tätigkeit des Europäischen Datenschutzausschusses zu leisten.

[2] Im Anwendungsbereich der Richtlinie (EU) 2016/680 nimmt die oder der Bundesbeauftragte zudem die Aufgabe nach § 60 wahr.

(2) [1] Zur Erfüllung der in Absatz 1 Satz 1 Nummer 3 genannten Aufgabe kann die oder der Bundesbeauftragte zu allen Fragen, die im Zusammenhang mit dem Schutz personenbezogener Daten stehen, von sich aus oder auf Anfrage Stellungnahmen an den Deutschen Bundestag oder einen seiner Ausschüsse, den Bundesrat, die Bundesregierung, sonstige Einrichtungen und Stellen sowie an die Öffentlichkeit richten. [2] Auf Ersuchen des Deutschen Bundestages, eines seiner Ausschüsse oder der Bundesregierung geht die oder der Bundesbeauftragte ferner Hinweisen auf Angelegenheiten und Vorgänge des Datenschutzes bei den öffentlichen Stellen des Bundes nach.

(3) Die oder der Bundesbeauftragte erleichtert das Einreichen der in Absatz 1 Satz 1 Nummer 6 genannten Beschwerden durch Maßnahmen wie etwa die Bereitstellung eines Beschwerdeformulars, das auch elektronisch ausgefüllt werden kann, ohne dass andere Kommunikationsmittel ausgeschlossen werden.

(4) [1] Die Erfüllung der Aufgaben der oder des Bundesbeauftragten ist für die betroffene Person unentgeltlich. [2] Bei offenkundig unbegründeten oder, insbesondere im Fall von häufiger Wiederholung, exzessiven Anfragen kann die oder der Bundesbeauftragte eine angemessene Gebühr auf der Grundlage der Verwaltungskosten verlangen oder sich weigern, aufgrund der Anfrage tätig zu werden. [3] In diesem Fall trägt die oder der Bundesbeauftragte die Beweislast für den offenkundig unbegründeten oder exzessiven Charakter der Anfrage.

§ 15 Tätigkeitsbericht. [1] Die oder der Bundesbeauftragte erstellt einen Jahresbericht über ihre oder seine Tätigkeit, der eine Liste der Arten der gemeldeten Verstöße und der Arten der getroffenen Maßnahmen, einschließlich der verhängten Sanktionen und der Maßnahmen nach Artikel 58 Absatz 2 der Verordnung (EU) 2016/679[1)], enthalten kann. [2] Die oder der Bundesbeauftragte übermittelt den Bericht dem Deutschen Bundestag, dem Bundesrat und der

---

[1)] Nr. **54**.

Bundesregierung und macht ihn der Öffentlichkeit, der Europäischen Kommission und dem Europäischen Datenschutzausschuss zugänglich.

§ 16 Befugnisse. (1) [1]Die oder der Bundesbeauftragte nimmt im Anwendungsbereich der Verordnung (EU) 2016/679[1)] die Befugnisse gemäß Artikel 58 der Verordnung (EU) 2016/679 wahr. [2]Kommt die oder der Bundesbeauftragte zu dem Ergebnis, dass Verstöße gegen die Vorschriften über den Datenschutz oder sonstige Mängel bei der Verarbeitung personenbezogener Daten vorliegen, teilt sie oder er dies der zuständigen Rechts- oder Fachaufsichtsbehörde mit und gibt dieser vor der Ausübung der Befugnisse des Artikels 58 Absatz 2 Buchstabe b bis g, i und j der Verordnung (EU) 2016/679 gegenüber dem Verantwortlichen Gelegenheit zur Stellungnahme innerhalb einer angemessenen Frist. [3]Von der Einräumung der Gelegenheit zur Stellungnahme kann abgesehen werden, wenn eine sofortige Entscheidung wegen Gefahr im Verzug oder im öffentlichen Interesse notwendig erscheint oder ihr ein zwingendes öffentliches Interesse entgegensteht. [4]Die Stellungnahme soll auch eine Darstellung der Maßnahmen enthalten, die aufgrund der Mitteilung der oder des Bundesbeauftragten getroffen worden sind.

(2) [1]Stellt die oder der Bundesbeauftragte bei Datenverarbeitungen durch öffentliche Stellen des Bundes zu Zwecken außerhalb des Anwendungsbereichs der Verordnung (EU) 2016/679 Verstöße gegen die Vorschriften dieses Gesetzes oder gegen andere Vorschriften über den Datenschutz oder sonstige Mängel bei der Verarbeitung oder Nutzung personenbezogener Daten fest, so beanstandet sie oder er dies gegenüber der zuständigen obersten Bundesbehörde und fordert diese zur Stellungnahme innerhalb einer von ihr oder ihm zu bestimmenden Frist auf. [2]Die oder der Bundesbeauftragte kann von einer Beanstandung absehen oder auf eine Stellungnahme verzichten, insbesondere wenn es sich um unerhebliche oder inzwischen beseitigte Mängel handelt. [3]Die Stellungnahme soll auch eine Darstellung der Maßnahmen enthalten, die aufgrund der Beanstandung der oder des Bundesbeauftragten getroffen worden sind. [4]Die oder der Bundesbeauftragte kann den Verantwortlichen auch davor warnen, dass beabsichtigte Verarbeitungsvorgänge voraussichtlich gegen in diesem Gesetz enthaltene und andere auf die jeweilige Datenverarbeitung anzuwendende Vorschriften über den Datenschutz verstoßen.

(3) [1]Die Befugnisse der oder des Bundesbeauftragten erstrecken sich auch auf

1. von öffentlichen Stellen des Bundes erlangte personenbezogene Daten über den Inhalt und die näheren Umstände des Brief-, Post- und Fernmeldeverkehrs und
2. personenbezogene Daten, die einem besonderen Amtsgeheimnis, insbesondere dem Steuergeheimnis nach § 30 der Abgabenordnung, unterliegen.

[2]Das Grundrecht des Brief-, Post- und Fernmeldegeheimnisses des Artikels 10 des Grundgesetzes[2)] wird insoweit eingeschränkt.

(4) Die öffentlichen Stellen des Bundes sind verpflichtet, der oder dem Bundesbeauftragten und ihren oder seinen Beauftragten

---

1) Nr. **54**.
2) Nr. **3**.

1. jederzeit Zugang zu den Grundstücken und Diensträumen, einschließlich aller Datenverarbeitungsanlagen und -geräte, sowie zu allen personenbezogenen Daten und Informationen, die zur Erfüllung ihrer oder seiner Aufgaben notwendig sind, zu gewähren und
2. alle Informationen, die für die Erfüllung ihrer oder seiner Aufgaben erforderlich sind, bereitzustellen.

(5) [1] Die oder der Bundesbeauftragte wirkt auf die Zusammenarbeit mit den öffentlichen Stellen, die für die Kontrolle der Einhaltung der Vorschriften über den Datenschutz in den Ländern zuständig sind, sowie mit den Aufsichtsbehörden nach § 40 hin. [2] § 40 Absatz 3 Satz 1 zweiter Halbsatz gilt entsprechend.

Kapitel 5. Vertretung im Europäischen Datenschutzausschuss, zentrale Anlaufstelle, Zusammenarbeit der Aufsichtsbehörden des Bundes und der Länder in Angelegenheiten der Europäischen Union

§ 17 Vertretung im Europäischen Datenschutzausschuss, zentrale Anlaufstelle. (1) [1] Gemeinsamer Vertreter im Europäischen Datenschutzausschuss und zentrale Anlaufstelle ist die oder der Bundesbeauftragte (gemeinsamer Vertreter). [2] Als Stellvertreterin oder Stellvertreter des gemeinsamen Vertreters wählt der Bundesrat eine Leiterin oder einen Leiter der Aufsichtsbehörde eines Landes (Stellvertreter). [3] Die Wahl erfolgt für fünf Jahre. [4] Mit dem Ausscheiden aus dem Amt als Leiterin oder Leiter der Aufsichtsbehörde eines Landes endet zugleich die Funktion als Stellvertreter. [5] Wiederwahl ist zulässig.

(2) Der gemeinsame Vertreter überträgt in Angelegenheiten, die die Wahrnehmung einer Aufgabe betreffen, für welche die Länder allein das Recht zur Gesetzgebung haben, oder welche die Einrichtung oder das Verfahren von Landesbehörden betreffen, dem Stellvertreter auf dessen Verlangen die Verhandlungsführung und das Stimmrecht im Europäischen Datenschutzausschuss.

§ 18 Verfahren der Zusammenarbeit der Aufsichtsbehörden des Bundes und der Länder. (1) [1] Die oder der Bundesbeauftragte und die Aufsichtsbehörden der Länder (Aufsichtsbehörden des Bundes und der Länder) arbeiten in Angelegenheiten der Europäischen Union mit dem Ziel einer einheitlichen Anwendung der Verordnung (EU) 2016/679[1)] und der Richtlinie (EU) 2016/680 zusammen. [2] Vor der Übermittlung eines gemeinsamen Standpunktes an die Aufsichtsbehörden der anderen Mitgliedstaaten, die Europäische Kommission oder den Europäischen Datenschutzausschuss geben sich die Aufsichtsbehörden des Bundes und der Länder frühzeitig Gelegenheit zur Stellungnahme. [3] Zu diesem Zweck tauschen sie untereinander alle zweckdienlichen Informationen aus. [4] Die Aufsichtsbehörden des Bundes und der Länder beteiligen die nach den Artikeln 85 und 91 der Verordnung (EU) 2016/679 eingerichteten spezifischen Aufsichtsbehörden, sofern diese von der Angelegenheit betroffen sind.

(2) [1] Soweit die Aufsichtsbehörden des Bundes und der Länder kein Einvernehmen über den gemeinsamen Standpunkt erzielen, legen die federführende Behörde oder in Ermangelung einer solchen der gemeinsame Vertreter und sein Stellvertreter einen Vorschlag für einen gemeinsamen Standpunkt vor. [2] Ei-

---

1) Nr. **54**.

nigen sich der gemeinsame Vertreter und sein Stellvertreter nicht auf einen Vorschlag für einen gemeinsamen Standpunkt, legt in Angelegenheiten, die die Wahrnehmung von Aufgaben betreffen, für welche die Länder allein das Recht der Gesetzgebung haben, oder welche die Einrichtung oder das Verfahren von Landesbehörden betreffen, der Stellvertreter den Vorschlag für einen gemeinsamen Standpunkt fest. [3] In den übrigen Fällen fehlenden Einvernehmens nach Satz 2 legt der gemeinsame Vertreter den Standpunkt fest. [4] Der nach den Sätzen 1 bis 3 vorgeschlagene Standpunkt ist den Verhandlungen zu Grunde zu legen, wenn nicht die Aufsichtsbehörden von Bund und Ländern einen anderen Standpunkt mit einfacher Mehrheit beschließen. [5] Der Bund und jedes Land haben jeweils eine Stimme. [6] Enthaltungen werden nicht gezählt.

(3) [1] Der gemeinsame Vertreter und dessen Stellvertreter sind an den gemeinsamen Standpunkt nach den Absätzen 1 und 2 gebunden und legen unter Beachtung dieses Standpunktes einvernehmlich die jeweilige Verhandlungsführung fest. [2] Sollte ein Einvernehmen nicht erreicht werden, entscheidet in den in § 18 Absatz 2 Satz 2 genannten Angelegenheiten der Stellvertreter über die weitere Verhandlungsführung. [3] In den übrigen Fällen gibt die Stimme des gemeinsamen Vertreters den Ausschlag.

§ 19 Zuständigkeiten. (1) [1] Federführende Aufsichtsbehörde eines Landes im Verfahren der Zusammenarbeit und Kohärenz nach Kapitel VII der Verordnung (EU) 2016/679[1)] ist die Aufsichtsbehörde des Landes, in dem der Verantwortliche oder der Auftragsverarbeiter seine Hauptniederlassung im Sinne des Artikels 4 Nummer 16 der Verordnung (EU) 2016/679 oder seine einzige Niederlassung in der Europäischen Union im Sinne des Artikels 56 Absatz 1 der Verordnung (EU) 2016/679 hat. [2] Im Zuständigkeitsbereich der oder des Bundesbeauftragten gilt Artikel 56 Absatz 1 in Verbindung mit Artikel 4 Nummer 16 der Verordnung (EU) 2016/679 entsprechend. [3] Besteht über die Federführung kein Einvernehmen, findet für die Festlegung der federführenden Aufsichtsbehörde das Verfahren des § 18 Absatz 2 entsprechende Anwendung.

(2) [1] Die Aufsichtsbehörde, bei der eine betroffene Person Beschwerde eingereicht hat, gibt die Beschwerde an die federführende Aufsichtsbehörde nach Absatz 1, in Ermangelung einer solchen an die Aufsichtsbehörde eines Landes ab, in dem der Verantwortliche oder der Auftragsverarbeiter eine Niederlassung hat. [2] Wird eine Beschwerde bei einer sachlich unzuständigen Aufsichtsbehörde eingereicht, gibt diese, sofern eine Abgabe nach Satz 1 nicht in Betracht kommt, die Beschwerde an die Aufsichtsbehörde am Wohnsitz des Beschwerdeführers ab. [3] Die empfangende Aufsichtsbehörde gilt als die Aufsichtsbehörde nach Maßgabe des Kapitels VII der Verordnung (EU) 2016/679, bei der die Beschwerde eingereicht worden ist, und kommt den Verpflichtungen aus Artikel 60 Absatz 7 bis 9 und Artikel 65 Absatz 6 der Verordnung (EU) 2016/679 nach.

Kapitel 6. Rechtsbehelfe

§ 20 Gerichtlicher Rechtsschutz. (1) [1] Für Streitigkeiten zwischen einer natürlichen oder einer juristischen Person und einer Aufsichtsbehörde des

---

[1)] Nr. **54**.

Bundes oder eines Landes über Rechte gemäß Artikel 78 Absatz 1 und 2 der Verordnung (EU) 2016/679[1)] sowie § 61 ist der Verwaltungsrechtsweg gegeben. [2] Satz 1 gilt nicht für Bußgeldverfahren.

(2) Die Verwaltungsgerichtsordnung ist nach Maßgabe der Absätze 3 bis 7 anzuwenden.

(3) Für Verfahren nach Absatz 1 Satz 1 ist das Verwaltungsgericht örtlich zuständig, in dessen Bezirk die Aufsichtsbehörde ihren Sitz hat.

(4) In Verfahren nach Absatz 1 Satz 1 ist die Aufsichtsbehörde beteiligungsfähig.

(5) [1] Beteiligte eines Verfahrens nach Absatz 1 Satz 1 sind

1. die natürliche oder juristische Person als Klägerin oder Antragstellerin und
2. die Aufsichtsbehörde als Beklagte oder Antragsgegnerin.

[2] § 63 Nummer 3 und 4 der Verwaltungsgerichtsordnung bleibt unberührt.

(6) Ein Vorverfahren findet nicht statt.

(7) Die Aufsichtsbehörde darf gegenüber einer Behörde oder deren Rechtsträger nicht die sofortige Vollziehung gemäß § 80 Absatz 2 Satz 1 Nummer 4 der Verwaltungsgerichtsordnung anordnen.

§ 21 Antrag der Aufsichtsbehörde auf gerichtliche Entscheidung bei angenommener Rechtswidrigkeit eines Beschlusses der Europäischen Kommission. (1) Hält eine Aufsichtsbehörde einen Angemessenheitsbeschluss der Europäischen Kommission, einen Beschluss über die Anerkennung von Standardschutzklauseln oder über die Allgemeingültigkeit von genehmigten Verhaltensregeln, auf dessen Gültigkeit es für eine Entscheidung der Aufsichtsbehörde ankommt, für rechtswidrig, so hat die Aufsichtsbehörde ihr Verfahren auszusetzen und einen Antrag auf gerichtliche Entscheidung zu stellen.

(2) [1] Für Verfahren nach Absatz 1 ist der Verwaltungsrechtsweg gegeben. [2] Die Verwaltungsgerichtsordnung ist nach Maßgabe der Absätze 3 bis 6 anzuwenden.

(3) Über einen Antrag der Aufsichtsbehörde nach Absatz 1 entscheidet im ersten und letzten Rechtszug das Bundesverwaltungsgericht.

(4) [1] In Verfahren nach Absatz 1 ist die Aufsichtsbehörde beteiligungsfähig. [2] An einem Verfahren nach Absatz 1 ist die Aufsichtsbehörde als Antragstellerin beteiligt; § 63 Nummer 3 und 4 der Verwaltungsgerichtsordnung bleibt unberührt. [3] Das Bundesverwaltungsgericht kann der Europäischen Kommission Gelegenheit zur Äußerung binnen einer zu bestimmenden Frist geben.

(5) Ist ein Verfahren zur Überprüfung der Gültigkeit eines Beschlusses der Europäischen Kommission nach Absatz 1 bei dem Gerichtshof der Europäischen Union anhängig, so kann das Bundesverwaltungsgericht anordnen, dass die Verhandlung bis zur Erledigung des Verfahrens vor dem Gerichtshof der Europäischen Union auszusetzen sei.

(6) [1] In Verfahren nach Absatz 1 ist § 47 Absatz 5 Satz 1 und Absatz 6 der Verwaltungsgerichtsordnung entsprechend anzuwenden. [2] Kommt das Bundesverwaltungsgericht zu der Überzeugung, dass der Beschluss der Europäischen

---

[1)] Nr. **54**.

Kommission nach Absatz 1 gültig ist, so stellt es dies in seiner Entscheidung fest. [3] Andernfalls legt es die Frage nach der Gültigkeit des Beschlusses gemäß Artikel 267 des Vertrags über die Arbeitsweise der Europäischen Union dem Gerichtshof der Europäischen Union zur Entscheidung vor.

Teil 2. Durchführungsbestimmungen für Verarbeitungen zu Zwecken gemäß Artikel 2 der Verordnung (EU) 2016/679

Kapitel 1. Rechtsgrundlagen der Verarbeitung personenbezogener Daten

Abschnitt 1. Verarbeitung besonderer Kategorien personenbezogener Daten und Verarbeitung zu anderen Zwecken

§ 22 Verarbeitung besonderer Kategorien personenbezogener Daten. (1) Abweichend von Artikel 9 Absatz 1 der Verordnung (EU) 2016/679[1)] ist die Verarbeitung besonderer Kategorien personenbezogener Daten im Sinne des Artikels 9 Absatz 1 der Verordnung (EU) 2016/679 zulässig

1. durch öffentliche und nichtöffentliche Stellen, wenn sie
   a) erforderlich ist, um die aus dem Recht der sozialen Sicherheit und des Sozialschutzes erwachsenden Rechte auszuüben und den diesbezüglichen Pflichten nachzukommen,
   b) zum Zweck der Gesundheitsvorsorge, für die Beurteilung der Arbeitsfähigkeit des Beschäftigten, für die medizinische Diagnostik, die Versorgung oder Behandlung im Gesundheits- oder Sozialbereich oder für die Verwaltung von Systemen und Diensten im Gesundheits- und Sozialbereich oder aufgrund eines Vertrags der betroffenen Person mit einem Angehörigen eines Gesundheitsberufs erforderlich ist und diese Daten von ärztlichem Personal oder durch sonstige Personen, die einer entsprechenden Geheimhaltungspflicht unterliegen, oder unter deren Verantwortung verarbeitet werden, oder
   c) aus Gründen des öffentlichen Interesses im Bereich der öffentlichen Gesundheit, wie des Schutzes vor schwerwiegenden grenzüberschreitenden Gesundheitsgefahren oder zur Gewährleistung hoher Qualitäts- und Sicherheitsstandards bei der Gesundheitsversorgung und bei Arzneimitteln und Medizinprodukten erforderlich ist; ergänzend zu den in Absatz 2 genannten Maßnahmen sind insbesondere die berufsrechtlichen und strafrechtlichen Vorgaben zur Wahrung des Berufsgeheimnisses einzuhalten,
2. durch öffentliche Stellen, wenn sie
   a) aus Gründen eines erheblichen öffentlichen Interesses zwingend erforderlich ist,
   b) zur Abwehr einer erheblichen Gefahr für die öffentliche Sicherheit erforderlich ist,
   c) zur Abwehr erheblicher Nachteile für das Gemeinwohl oder zur Wahrung erheblicher Belange des Gemeinwohls zwingend erforderlich ist oder

---

[1)] Nr. **54**.

d) aus zwingenden Gründen der Verteidigung oder der Erfüllung über- oder zwischenstaatlicher Verpflichtungen einer öffentlichen Stelle des Bundes auf dem Gebiet der Krisenbewältigung oder Konfliktverhinderung oder für humanitäre Maßnahmen erforderlich ist

und soweit die Interessen des Verantwortlichen an der Datenverarbeitung in den Fällen der Nummer 2 die Interessen der betroffenen Person überwiegen.

(2) [1] In den Fällen des Absatzes 1 sind angemessene und spezifische Maßnahmen zur Wahrung der Interessen der betroffenen Person vorzusehen. [2] Unter Berücksichtigung des Stands der Technik, der Implementierungskosten und der Art, des Umfangs, der Umstände und der Zwecke der Verarbeitung sowie der unterschiedlichen Eintrittswahrscheinlichkeit und Schwere der mit der Verarbeitung verbundenen Risiken für die Rechte und Freiheiten natürlicher Personen können dazu insbesondere gehören:

1. technisch organisatorische Maßnahmen, um sicherzustellen, dass die Verarbeitung gemäß der Verordnung (EU) 2016/679 erfolgt,
2. Maßnahmen, die gewährleisten, dass nachträglich überprüft und festgestellt werden kann, ob und von wem personenbezogene Daten eingegeben, verändert oder entfernt worden sind,
3. Sensibilisierung der an Verarbeitungsvorgängen Beteiligten,
4. Benennung einer oder eines Datenschutzbeauftragten,
5. Beschränkung des Zugangs zu den personenbezogenen Daten innerhalb der verantwortlichen Stelle und von Auftragsverarbeitern,
6. Pseudonymisierung personenbezogener Daten,
7. Verschlüsselung personenbezogener Daten,
8. Sicherstellung der Fähigkeit, Vertraulichkeit, Integrität, Verfügbarkeit und Belastbarkeit der Systeme und Dienste im Zusammenhang mit der Verarbeitung personenbezogener Daten, einschließlich der Fähigkeit, die Verfügbarkeit und den Zugang bei einem physischen oder technischen Zwischenfall rasch wiederherzustellen,
9. zur Gewährleistung der Sicherheit der Verarbeitung die Einrichtung eines Verfahrens zur regelmäßigen Überprüfung, Bewertung und Evaluierung der Wirksamkeit der technischen und organisatorischen Maßnahmen oder
10. spezifische Verfahrensregelungen, die im Fall einer Übermittlung oder Verarbeitung für andere Zwecke die Einhaltung der Vorgaben dieses Gesetzes sowie der Verordnung (EU) 2016/679 sicherstellen.

§ 23 Verarbeitung zu anderen Zwecken durch öffentliche Stellen.

(1) Die Verarbeitung personenbezogener Daten zu einem anderen Zweck als zu demjenigen, zu dem die Daten erhoben wurden, durch öffentliche Stellen im Rahmen ihrer Aufgabenerfüllung ist zulässig, wenn

1. offensichtlich ist, dass sie im Interesse der betroffenen Person liegt und kein Grund zu der Annahme besteht, dass sie in Kenntnis des anderen Zwecks ihre Einwilligung verweigern würde,
2. Angaben der betroffenen Person überprüft werden müssen, weil tatsächliche Anhaltspunkte für deren Unrichtigkeit bestehen,

3. sie zur Abwehr erheblicher Nachteile für das Gemeinwohl oder einer Gefahr für die öffentliche Sicherheit, die Verteidigung oder die nationale Sicherheit, zur Wahrung erheblicher Belange des Gemeinwohls oder zur Sicherung des Steuer- und Zollaufkommens erforderlich ist,
4. sie zur Verfolgung von Straftaten oder Ordnungswidrigkeiten, zur Vollstreckung oder zum Vollzug von Strafen oder Maßnahmen im Sinne des § 11 Absatz 1 Nummer 8 des Strafgesetzbuchs[1] oder von Erziehungsmaßregeln oder Zuchtmitteln im Sinne des Jugendgerichtsgesetzes oder zur Vollstreckung von Geldbußen erforderlich ist,
5. sie zur Abwehr einer schwerwiegenden Beeinträchtigung der Rechte einer anderen Person erforderlich ist oder
6. sie der Wahrnehmung von Aufsichts- und Kontrollbefugnissen, der Rechnungsprüfung oder der Durchführung von Organisationsuntersuchungen des Verantwortlichen dient; dies gilt auch für die Verarbeitung zu Ausbildungs- und Prüfungszwecken durch den Verantwortlichen, soweit schutzwürdige Interessen der betroffenen Person dem nicht entgegenstehen.

(2) Die Verarbeitung besonderer Kategorien personenbezogener Daten im Sinne des Artikels 9 Absatz 1 der Verordnung (EU) 2016/679[2] zu einem anderen Zweck als zu demjenigen, zu dem die Daten erhoben wurden, ist zulässig, wenn die Voraussetzungen des Absatzes 1 und ein Ausnahmetatbestand nach Artikel 9 Absatz 2 der Verordnung (EU) 2016/679 oder nach § 22 vorliegen.

§ 24 Verarbeitung zu anderen Zwecken durch nichtöffentliche Stellen. (1) Die Verarbeitung personenbezogener Daten zu einem anderen Zweck als zu demjenigen, zu dem die Daten erhoben wurden, durch nichtöffentliche Stellen ist zulässig, wenn

1. sie zur Abwehr von Gefahren für die staatliche oder öffentliche Sicherheit oder zur Verfolgung von Straftaten erforderlich ist oder
2. sie zur Geltendmachung, Ausübung oder Verteidigung zivilrechtlicher Ansprüche erforderlich ist,

sofern nicht die Interessen der betroffenen Person an dem Ausschluss der Verarbeitung überwiegen.

(2) Die Verarbeitung besonderer Kategorien personenbezogener Daten im Sinne des Artikels 9 Absatz 1 der Verordnung (EU) 2016/679[2] zu einem anderen Zweck als zu demjenigen, zu dem die Daten erhoben wurden, ist zulässig, wenn die Voraussetzungen des Absatzes 1 und ein Ausnahmetatbestand nach Artikel 9 Absatz 2 der Verordnung (EU) 2016/679 oder nach § 22 vorliegen.

§ 25 Datenübermittlungen durch öffentliche Stellen. (1) [1]Die Übermittlung personenbezogener Daten durch öffentliche Stellen an öffentliche Stellen ist zulässig, wenn sie zur Erfüllung der in der Zuständigkeit der übermittelnden Stelle oder des Dritten, an den die Daten übermittelt werden, liegenden Aufgaben erforderlich ist und die Voraussetzungen vorliegen, die eine

---

[1] Nr. **10**.
[2] Nr. **54**.

Verarbeitung nach § 23 zulassen würden. [2]Der Dritte, an den die Daten übermittelt werden, darf diese nur für den Zweck verarbeiten, zu dessen Erfüllung sie ihm übermittelt werden. [3]Eine Verarbeitung für andere Zwecke ist unter den Voraussetzungen des § 23 zulässig.

(2) [1]Die Übermittlung personenbezogener Daten durch öffentliche Stellen an nichtöffentliche Stellen ist zulässig, wenn

1. sie zur Erfüllung der in der Zuständigkeit der übermittelnden Stelle liegenden Aufgaben erforderlich ist und die Voraussetzungen vorliegen, die eine Verarbeitung nach § 23 zulassen würden,
2. der Dritte, an den die Daten übermittelt werden, ein berechtigtes Interesse an der Kenntnis der zu übermittelnden Daten glaubhaft darlegt und die betroffene Person kein schutzwürdiges Interesse an dem Ausschluss der Übermittlung hat oder
3. es zur Geltendmachung, Ausübung oder Verteidigung rechtlicher Ansprüche erforderlich ist

und der Dritte sich gegenüber der übermittelnden öffentlichen Stelle verpflichtet hat, die Daten nur für den Zweck zu verarbeiten, zu dessen Erfüllung sie ihm übermittelt werden. [2]Eine Verarbeitung für andere Zwecke ist zulässig, wenn eine Übermittlung nach Satz 1 zulässig wäre und die übermittelnde Stelle zugestimmt hat.

(3) Die Übermittlung besonderer Kategorien personenbezogener Daten im Sinne des Artikels 9 Absatz 1 der Verordnung (EU) 2016/679[1)] ist zulässig, wenn die Voraussetzungen des Absatzes 1 oder 2 und ein Ausnahmetatbestand nach Artikel 9 Absatz 2 der Verordnung (EU) 2016/679 oder nach § 22 vorliegen.

Abschnitt 2. Besondere Verarbeitungssituationen

§ 26 Datenverarbeitung für Zwecke des Beschäftigungsverhältnisses.

(1) [1]Personenbezogene Daten von Beschäftigten dürfen für Zwecke des Beschäftigungsverhältnisses verarbeitet werden, wenn dies für die Entscheidung über die Begründung eines Beschäftigungsverhältnisses oder nach Begründung des Beschäftigungsverhältnisses für dessen Durchführung oder Beendigung oder zur Ausübung oder Erfüllung der sich aus einem Gesetz oder einem Tarifvertrag, einer Betriebs- oder Dienstvereinbarung (Kollektivvereinbarung) ergebenden Rechte und Pflichten der Interessenvertretung der Beschäftigten erforderlich ist. [2]Zur Aufdeckung von Straftaten dürfen personenbezogene Daten von Beschäftigten nur dann verarbeitet werden, wenn zu dokumentierende tatsächliche Anhaltspunkte den Verdacht begründen, dass die betroffene Person im Beschäftigungsverhältnis eine Straftat begangen hat, die Verarbeitung zur Aufdeckung erforderlich ist und das schutzwürdige Interesse der oder des Beschäftigten an dem Ausschluss der Verarbeitung nicht überwiegt, insbesondere Art und Ausmaß im Hinblick auf den Anlass nicht unverhältnismäßig sind.

(2) [1]Erfolgt die Verarbeitung personenbezogener Daten von Beschäftigten auf der Grundlage einer Einwilligung, so sind für die Beurteilung der Freiwilligkeit der Einwilligung insbesondere die im Beschäftigungsverhältnis bestehende Abhängigkeit der beschäftigten Person sowie die Umstände, unter denen die

---

[1)] Nr. **54**.

Einwilligung erteilt worden ist, zu berücksichtigen. [2]Freiwilligkeit kann insbesondere vorliegen, wenn für die beschäftigte Person ein rechtlicher oder wirtschaftlicher Vorteil erreicht wird oder Arbeitgeber und beschäftigte Person gleichgelagerte Interessen verfolgen. [3]Die Einwilligung bedarf der Schriftform, soweit nicht wegen besonderer Umstände eine andere Form angemessen ist. [4]Der Arbeitgeber hat die beschäftigte Person über den Zweck der Datenverarbeitung und über ihr Widerrufsrecht nach Artikel 7 Absatz 3 der Verordnung (EU) 2016/679[1)] in Textform aufzuklären.

(3) [1]Abweichend von Artikel 9 Absatz 1 der Verordnung (EU) 2016/679 ist die Verarbeitung besonderer Kategorien personenbezogener Daten im Sinne des Artikels 9 Absatz 1 der Verordnung (EU) 2016/679 für Zwecke des Beschäftigungsverhältnisses zulässig, wenn sie zur Ausübung von Rechten oder zur Erfüllung rechtlicher Pflichten aus dem Arbeitsrecht, dem Recht der sozialen Sicherheit und des Sozialschutzes erforderlich ist und kein Grund zu der Annahme besteht, dass das schutzwürdige Interesse der betroffenen Person an dem Ausschluss der Verarbeitung überwiegt. [2]Absatz 2 gilt auch für die Einwilligung in die Verarbeitung besonderer Kategorien personenbezogener Daten; die Einwilligung muss sich dabei ausdrücklich auf diese Daten beziehen. [3]§ 22 Absatz 2 gilt entsprechend.

(4) [1]Die Verarbeitung personenbezogener Daten, einschließlich besonderer Kategorien personenbezogener Daten von Beschäftigten für Zwecke des Beschäftigungsverhältnisses, ist auf der Grundlage von Kollektivvereinbarungen zulässig. [2]Dabei haben die Verhandlungspartner Artikel 88 Absatz 2 der Verordnung (EU) 2016/679 zu beachten.

(5) Der Verantwortliche muss geeignete Maßnahmen ergreifen, um sicherzustellen, dass insbesondere die in Artikel 5 der Verordnung (EU) 2016/679 dargelegten Grundsätze für die Verarbeitung personenbezogener Daten eingehalten werden.

(6) Die Beteiligungsrechte der Interessenvertretungen der Beschäftigten bleiben unberührt.

(7) Die Absätze 1 bis 6 sind auch anzuwenden, wenn personenbezogene Daten, einschließlich besonderer Kategorien personenbezogener Daten, von Beschäftigten verarbeitet werden, ohne dass sie in einem Dateisystem gespeichert sind oder gespeichert werden sollen.

(8) [1]Beschäftigte im Sinne dieses Gesetzes sind:

1. Arbeitnehmerinnen und Arbeitnehmer, einschließlich der Leiharbeitnehmerinnen und Leiharbeitnehmer im Verhältnis zum Entleiher,
2. zu ihrer Berufsbildung Beschäftigte,
3. Teilnehmerinnen und Teilnehmer an Leistungen zur Teilhabe am Arbeitsleben sowie an Abklärungen der beruflichen Eignung oder Arbeitserprobung (Rehabilitandinnen und Rehabilitanden),
4. in anerkannten Werkstätten für behinderte Menschen Beschäftigte,
5. Freiwillige, die einen Dienst nach dem Jugendfreiwilligendienstegesetz oder dem Bundesfreiwilligendienstgesetz leisten,

---

1) Nr. **54**.

6. Personen, die wegen ihrer wirtschaftlichen Unselbständigkeit als arbeitnehmerähnliche Personen anzusehen sind; zu diesen gehören auch die in Heimarbeit Beschäftigten und die ihnen Gleichgestellten,
7. Beamtinnen und Beamte des Bundes, Richterinnen und Richter des Bundes, Soldatinnen und Soldaten sowie Zivildienstleistende.

[2] Bewerberinnen und Bewerber für ein Beschäftigungsverhältnis sowie Personen, deren Beschäftigungsverhältnis beendet ist, gelten als Beschäftigte.

§ 27 Datenverarbeitung zu wissenschaftlichen oder historischen Forschungszwecken und zu statistischen Zwecken. (1) [1] Abweichend von Artikel 9 Absatz 1 der Verordnung (EU) 2016/679[1)] ist die Verarbeitung besonderer Kategorien personenbezogener Daten im Sinne des Artikels 9 Absatz 1 der Verordnung (EU) 2016/679 auch ohne Einwilligung für wissenschaftliche oder historische Forschungszwecke oder für statistische Zwecke zulässig, wenn die Verarbeitung zu diesen Zwecken erforderlich ist und die Interessen des Verantwortlichen an der Verarbeitung die Interessen der betroffenen Person an einem Ausschluss der Verarbeitung erheblich überwiegen. [2] Der Verantwortliche sieht angemessene und spezifische Maßnahmen zur Wahrung der Interessen der betroffenen Person gemäß § 22 Absatz 2 Satz 2 vor.

(2) [1] Die in den Artikeln 15, 16, 18 und 21 der Verordnung (EU) 2016/679 vorgesehenen Rechte der betroffenen Person sind insoweit beschränkt, als diese Rechte voraussichtlich die Verwirklichung der Forschungs- oder Statistikzwecke unmöglich machen oder ernsthaft *beinträchtigen*[2)] und die Beschränkung für die Erfüllung der Forschungs- oder Statistikzwecke notwendig ist. [2] Das Recht auf Auskunft gemäß Artikel 15 der Verordnung (EU) 2016/679 besteht darüber hinaus nicht, wenn die Daten für Zwecke der wissenschaftlichen Forschung erforderlich sind und die Auskunftserteilung einen unverhältnismäßigen Aufwand erfordern würde.

(3) [1] Ergänzend zu den in § 22 Absatz 2 genannten Maßnahmen sind zu wissenschaftlichen oder historischen Forschungszwecken oder zu statistischen Zwecken verarbeitete besondere Kategorien personenbezogener Daten im Sinne des Artikels 9 Absatz 1 der Verordnung (EU) 2016/679 zu anonymisieren, sobald dies nach dem Forschungs- oder Statistikzweck möglich ist, es sei denn, berechtigte Interessen der betroffenen Person stehen dem entgegen. [2] Bis dahin sind die Merkmale gesondert zu speichern, mit denen Einzelangaben über persönliche oder sachliche Verhältnisse einer bestimmten oder bestimmbaren Person zugeordnet werden können. [3] Sie dürfen mit den Einzelangaben nur zusammengeführt werden, soweit der Forschungs- oder Statistikzweck dies erfordert.

(4) Der Verantwortliche darf personenbezogene Daten nur veröffentlichen, wenn die betroffene Person eingewilligt hat oder dies für die Darstellung von Forschungsergebnissen über Ereignisse der Zeitgeschichte unerlässlich ist.

§ 28 Datenverarbeitung zu im öffentlichen Interesse liegenden Archivzwecken. (1) [1] Abweichend von Artikel 9 Absatz 1 der Verordnung (EU) 2016/679[1)] ist die Verarbeitung besonderer Kategorien personenbezogener

---

1) Nr. **54**.
2) Richtig wohl: „beeinträchtigen".

Daten im Sinne des Artikels 9 Absatz 1 der Verordnung (EU) 2016/679 zulässig, wenn sie für im öffentlichen Interesse liegende Archivzwecke erforderlich ist. [2]Der Verantwortliche sieht angemessene und spezifische Maßnahmen zur Wahrung der Interessen der betroffenen Person gemäß § 22 Absatz 2 Satz 2 vor.

(2) Das Recht auf Auskunft der betroffenen Person gemäß Artikel 15 der Verordnung (EU) 2016/679 besteht nicht, wenn das Archivgut nicht durch den Namen der Person erschlossen ist oder keine Angaben gemacht werden, die das Auffinden des betreffenden Archivguts mit vertretbarem Verwaltungsaufwand ermöglichen.

(3) [1]Das Recht auf Berichtigung der betroffenen Person gemäß Artikel 16 der Verordnung (EU) 2016/679 besteht nicht, wenn die personenbezogenen Daten zu Archivzwecken im öffentlichen Interesse verarbeitet werden. [2]Bestreitet die betroffene Person die Richtigkeit der personenbezogenen Daten, ist ihr die Möglichkeit einer Gegendarstellung einzuräumen. [3]Das zuständige Archiv ist verpflichtet, die Gegendarstellung den Unterlagen hinzuzufügen.

(4) Die in Artikel 18 Absatz 1 Buchstabe a, b und d, den Artikeln 20 und 21 der Verordnung (EU) 2016/679 vorgesehenen Rechte bestehen nicht, soweit diese Rechte voraussichtlich die Verwirklichung der im öffentlichen Interesse liegenden Archivzwecke unmöglich machen oder ernsthaft beeinträchtigen und die Ausnahmen für die Erfüllung dieser Zwecke erforderlich sind.

§ 29 Rechte der betroffenen Person und aufsichtsbehördliche Befugnisse im Fall von Geheimhaltungspflichten. (1) [1]Die Pflicht zur Information der betroffenen Person gemäß Artikel 14 Absatz 1 bis 4 der Verordnung (EU) 2016/679[1)] besteht ergänzend zu den in Artikel 14 Absatz 5 der Verordnung (EU) 2016/679 genannten Ausnahmen nicht, soweit durch ihre Erfüllung Informationen offenbart würden, die ihrem Wesen nach, insbesondere wegen der überwiegenden berechtigten Interessen eines Dritten, geheim gehalten werden müssen. [2]Das Recht auf Auskunft der betroffenen Person gemäß Artikel 15 der Verordnung (EU) 2016/679 besteht nicht, soweit durch die Auskunft Informationen offenbart würden, die nach einer Rechtsvorschrift oder ihrem Wesen nach, insbesondere wegen der überwiegenden berechtigten Interessen eines Dritten, geheim gehalten werden müssen. [3]Die Pflicht zur Benachrichtigung gemäß Artikel 34 der Verordnung (EU) 2016/679 besteht ergänzend zu der in Artikel 34 Absatz 3 der Verordnung (EU) 2016/679 genannten Ausnahme nicht, soweit durch die Benachrichtigung Informationen offenbart würden, die nach einer Rechtsvorschrift oder ihrem Wesen nach, insbesondere wegen der überwiegenden berechtigten Interessen eines Dritten, geheim gehalten werden müssen. [4]Abweichend von der Ausnahme nach Satz 3 ist die betroffene Person nach Artikel 34 der Verordnung (EU) 2016/679 zu benachrichtigen, wenn die Interessen der betroffenen Person, insbesondere unter Berücksichtigung drohender Schäden, gegenüber dem Geheimhaltungsinteresse überwiegen.

(2) Werden Daten Dritter im Zuge der Aufnahme oder im Rahmen eines Mandatsverhältnisses an einen Berufsgeheimnisträger übermittelt, so besteht die Pflicht der übermittelnden Stelle zur Information der betroffenen Person

---

[1)] Nr. **54**.

gemäß Artikel 13 Absatz 3 der Verordnung (EU) 2016/679 nicht, sofern nicht das Interesse der betroffenen Person an der Informationserteilung überwiegt.

(3) [1] Gegenüber den in § 203 Absatz 1, 2a und 3 des Strafgesetzbuchs[1)] genannten Personen oder deren Auftragsverarbeitern bestehen die Untersuchungsbefugnisse der Aufsichtsbehörden gemäß Artikel 58 Absatz 1 Buchstabe e und f der Verordnung (EU) 2016/679 nicht, soweit die Inanspruchnahme der Befugnisse zu einem Verstoß gegen die Geheimhaltungspflichten dieser Personen führen würde. [2] Erlangt eine Aufsichtsbehörde im Rahmen einer Untersuchung Kenntnis von Daten, die einer Geheimhaltungspflicht im Sinne des Satzes 1 unterliegen, gilt die Geheimhaltungspflicht auch für die Aufsichtsbehörde.

§ 30 Verbraucherkredite. (1) Eine Stelle, die geschäftsmäßig personenbezogene Daten, die zur Bewertung der Kreditwürdigkeit von Verbrauchern genutzt werden dürfen, zum Zweck der Übermittlung erhebt, speichert oder verändert, hat Auskunftsverlangen von Darlehensgebern aus anderen Mitgliedstaaten der Europäischen Union genauso zu behandeln wie Auskunftsverlangen inländischer Darlehensgeber.

(2) [1] Wer den Abschluss eines Verbraucherdarlehensvertrags oder eines Vertrags über eine entgeltliche Finanzierungshilfe mit einem Verbraucher infolge einer Auskunft einer Stelle im Sinne des Absatzes 1 ablehnt, hat den Verbraucher unverzüglich hierüber sowie über die erhaltene Auskunft zu unterrichten. [2] Die Unterrichtung unterbleibt, soweit hierdurch die öffentliche Sicherheit oder Ordnung gefährdet würde. [3] § 37 bleibt unberührt.

§ 31 Schutz des Wirtschaftsverkehrs bei Scoring und Bonitätsauskünften. (1) Die Verwendung eines Wahrscheinlichkeitswerts über ein bestimmtes zukünftiges Verhalten einer natürlichen Person zum Zweck der Entscheidung über die Begründung, Durchführung oder Beendigung eines Vertragsverhältnisses mit dieser Person (Scoring) ist nur zulässig, wenn

1. die Vorschriften des Datenschutzrechts eingehalten wurden,
2. die zur Berechnung des Wahrscheinlichkeitswerts genutzten Daten unter Zugrundelegung eines wissenschaftlich anerkannten mathematisch-statistischen Verfahrens nachweisbar für die Berechnung der Wahrscheinlichkeit des bestimmten Verhaltens erheblich sind,
3. für die Berechnung des Wahrscheinlichkeitswerts nicht ausschließlich Anschriftendaten genutzt wurden und
4. im Fall der Nutzung von Anschriftendaten die betroffene Person vor Berechnung des Wahrscheinlichkeitswerts über die vorgesehene Nutzung dieser Daten unterrichtet worden ist; die Unterrichtung ist zu dokumentieren.

(2) [1] Die Verwendung eines von Auskunfteien ermittelten Wahrscheinlichkeitswerts über die Zahlungsfähig- und Zahlungswilligkeit einer natürlichen Person ist im Fall der Einbeziehung von Informationen über Forderungen nur zulässig, soweit die Voraussetzungen nach Absatz 1 vorliegen und nur solche Forderungen über eine geschuldete Leistung, die trotz Fälligkeit nicht erbracht worden ist, berücksichtigt werden,

---

[1)] Nr. **10**.

1. die durch ein rechtskräftiges oder für vorläufig vollstreckbar erklärtes Urteil festgestellt worden sind oder für die ein Schuldtitel nach § 794 der Zivilprozessordnung vorliegt,
2. die nach § 178 der Insolvenzordnung festgestellt und nicht vom Schuldner im Prüfungstermin bestritten worden sind,
3. die der Schuldner ausdrücklich anerkannt hat,
4. bei denen
   a) der Schuldner nach Eintritt der Fälligkeit der Forderung mindestens zweimal schriftlich gemahnt worden ist,
   b) die erste Mahnung mindestens vier Wochen zurückliegt,
   c) der Schuldner zuvor, jedoch frühestens bei der ersten Mahnung, über eine mögliche Berücksichtigung durch eine Auskunftei unterrichtet worden ist und
   d) der Schuldner die Forderung nicht bestritten hat oder
5. deren zugrunde liegendes Vertragsverhältnis aufgrund von Zahlungsrückständen fristlos gekündigt werden kann und bei denen der Schuldner zuvor über eine mögliche Berücksichtigung durch eine Auskunftei unterrichtet worden ist.

[2]Die Zulässigkeit der Verarbeitung, einschließlich der Ermittlung von Wahrscheinlichkeitswerten, von anderen bonitätsrelevanten Daten nach allgemeinem Datenschutzrecht bleibt unberührt.

Kapitel 2. Rechte der betroffenen Person

§ 32 Informationspflicht bei Erhebung von personenbezogenen Daten bei der betroffenen Person. (1) Die Pflicht zur Information der betroffenen Person gemäß Artikel 13 Absatz 3 der Verordnung (EU) 2016/679[1] besteht ergänzend zu der in Artikel 13 Absatz 4 der Verordnung (EU) 2016/679 genannten Ausnahme dann nicht, wenn die Erteilung der Information über die beabsichtigte Weiterverarbeitung

1. eine Weiterverarbeitung analog gespeicherter Daten betrifft, bei der sich der Verantwortliche durch die Weiterverarbeitung unmittelbar an die betroffene Person wendet, der Zweck mit dem ursprünglichen Erhebungszweck gemäß der Verordnung (EU) 2016/679 vereinbar ist, die Kommunikation mit der betroffenen Person nicht in digitaler Form erfolgt und das Interesse der betroffenen Person an der Informationserteilung nach den Umständen des Einzelfalls, insbesondere mit Blick auf den Zusammenhang, in dem die Daten erhoben wurden, als gering anzusehen ist,
2. im Fall einer öffentlichen Stelle die ordnungsgemäße Erfüllung der in der Zuständigkeit des Verantwortlichen liegenden Aufgaben im Sinne des Artikels 23 Absatz 1 Buchstabe a bis e der Verordnung (EU) 2016/679 gefährden würde und die Interessen des Verantwortlichen an der Nichterteilung der Information die Interessen der betroffenen Person überwiegen,
3. die öffentliche Sicherheit oder Ordnung gefährden oder sonst dem Wohl des Bundes oder eines Landes Nachteile bereiten würde und die Interessen des

[1] Nr. **54**.

Verantwortlichen an der Nichterteilung der Information die Interessen der betroffenen Person überwiegen,

4. die Geltendmachung, Ausübung oder Verteidigung rechtlicher Ansprüche beeinträchtigen würde und die Interessen des Verantwortlichen an der Nichterteilung der Information die Interessen der betroffenen Person überwiegen oder
5. eine vertrauliche Übermittlung von Daten an öffentliche Stellen gefährden würde.

(2) [1] Unterbleibt eine Information der betroffenen Person nach Maßgabe des Absatzes 1, ergreift der Verantwortliche geeignete Maßnahmen zum Schutz der berechtigten Interessen der betroffenen Person, einschließlich der Bereitstellung der in Artikel 13 Absatz 1 und 2 der Verordnung (EU) 2016/679 genannten Informationen für die Öffentlichkeit in präziser, transparenter, verständlicher und leicht zugänglicher Form in einer klaren und einfachen Sprache. [2] Der Verantwortliche hält schriftlich fest, aus welchen Gründen er von einer Information abgesehen hat. [3] Die Sätze 1 und 2 finden in den Fällen des Absatzes 1 Nummer 4 und 5 keine Anwendung.

(3) Unterbleibt die Benachrichtigung in den Fällen des Absatzes 1 wegen eines vorübergehenden Hinderungsgrundes, kommt der Verantwortliche der Informationspflicht unter Berücksichtigung der spezifischen Umstände der Verarbeitung innerhalb einer angemessenen Frist nach Fortfall des Hinderungsgrundes, spätestens jedoch innerhalb von zwei Wochen, nach.

§ 33 Informationspflicht, wenn die personenbezogenen Daten nicht bei der betroffenen Person erhoben wurden. (1) Die Pflicht zur Information der betroffenen Person gemäß Artikel 14 Absatz 1, 2 und 4 der Verordnung (EU) 2016/679[1)] besteht ergänzend zu den in Artikel 14 Absatz 5 der Verordnung (EU) 2016/679 und der in § 29 Absatz 1 Satz 1 genannten Ausnahme nicht, wenn die Erteilung der Information

1. im Fall einer öffentlichen Stelle
   a) die ordnungsgemäße Erfüllung der in der Zuständigkeit des Verantwortlichen liegenden Aufgaben im Sinne des Artikels 23 Absatz 1 Buchstabe a bis e der Verordnung (EU) 2016/679 gefährden würde oder
   b) die öffentliche Sicherheit oder Ordnung gefährden oder sonst dem Wohl des Bundes oder eines Landes Nachteile bereiten würde

und deswegen das Interesse der betroffenen Person an der Informationserteilung zurücktreten muss,

2. im Fall einer nichtöffentlichen Stelle
   a) die Geltendmachung, Ausübung oder Verteidigung zivilrechtlicher Ansprüche beeinträchtigen würde oder die Verarbeitung Daten aus zivilrechtlichen Verträgen beinhaltet und der Verhütung von Schäden durch Straftaten dient, sofern nicht das berechtigte Interesse der betroffenen Person an der Informationserteilung überwiegt, oder
   b) die zuständige öffentliche Stelle gegenüber dem Verantwortlichen festgestellt hat, dass das Bekanntwerden der Daten die öffentliche Sicherheit

---

[1)] Nr. **54**.

oder Ordnung gefährden oder sonst dem Wohl des Bundes oder eines Landes Nachteile bereiten würde; im Fall der Datenverarbeitung für Zwecke der Strafverfolgung bedarf es keiner Feststellung nach dem ersten Halbsatz.

(2) [1] Unterbleibt eine Information der betroffenen Person nach Maßgabe des Absatzes 1, ergreift der Verantwortliche geeignete Maßnahmen zum Schutz der berechtigten Interessen der betroffenen Person, einschließlich der Bereitstellung der in Artikel 14 Absatz 1 und 2 der Verordnung (EU) 2016/679 genannten Informationen für die Öffentlichkeit in präziser, transparenter, verständlicher und leicht zugänglicher Form in einer klaren und einfachen Sprache. [2] Der Verantwortliche hält schriftlich fest, aus welchen Gründen er von einer Information abgesehen hat.

(3) Bezieht sich die Informationserteilung auf die Übermittlung personenbezogener Daten durch öffentliche Stellen an Verfassungsschutzbehörden, den Bundesnachrichtendienst, den Militärischen Abschirmdienst und, soweit die Sicherheit des Bundes berührt wird, andere Behörden des Bundesministeriums der Verteidigung, ist sie nur mit Zustimmung dieser Stellen zulässig.

§ 34 Auskunftsrecht der betroffenen Person. (1) Das Recht auf Auskunft der betroffenen Person gemäß Artikel 15 der Verordnung (EU) 2016/679[1)] besteht ergänzend zu den in § 27 Absatz 2, § 28 Absatz 2 und § 29 Absatz 1 Satz 2 genannten Ausnahmen nicht, wenn

1. die betroffene Person nach § 33 Absatz 1 Nummer 1, 2 Buchstabe b oder Absatz 3 nicht zu informieren ist, oder
2. die Daten
   a) nur deshalb gespeichert sind, weil sie aufgrund gesetzlicher oder satzungsmäßiger Aufbewahrungsvorschriften nicht gelöscht werden dürfen, oder
   b) ausschließlich Zwecken der Datensicherung oder der Datenschutzkontrolle dienen

und die Auskunftserteilung einen unverhältnismäßigen Aufwand erfordern würde sowie eine Verarbeitung zu anderen Zwecken durch geeignete technische und organisatorische Maßnahmen ausgeschlossen ist.

(2) [1] Die Gründe der Auskunftsverweigerung sind zu dokumentieren. [2] Die Ablehnung der Auskunftserteilung ist gegenüber der betroffenen Person zu begründen, soweit nicht durch die Mitteilung der tatsächlichen und rechtlichen Gründe, auf die die Entscheidung gestützt wird, der mit der Auskunftsverweigerung verfolgte Zweck gefährdet würde. [3] Die zum Zweck der Auskunftserteilung an die betroffene Person und zu deren Vorbereitung gespeicherten Daten dürfen nur für diesen Zweck sowie für Zwecke der Datenschutzkontrolle verarbeitet werden; für andere Zwecke ist die Verarbeitung nach Maßgabe des Artikels 18 der Verordnung (EU) 2016/679 einzuschränken.

(3) [1] Wird der betroffenen Person durch eine öffentliche Stelle des Bundes keine Auskunft erteilt, so ist sie auf ihr Verlangen der oder dem Bundesbeauftragten zu erteilen, soweit nicht die jeweils zuständige oberste Bundesbehörde im Einzelfall feststellt, dass dadurch die Sicherheit des Bundes oder eines Landes

---

[1)] Nr. **54**.

gefährdet würde. [2]Die Mitteilung der oder des Bundesbeauftragten an die betroffene Person über das Ergebnis der datenschutzrechtlichen Prüfung darf keine Rückschlüsse auf den Erkenntnisstand des Verantwortlichen zulassen, sofern dieser nicht einer weitergehenden Auskunft zustimmt.

(4) Das Recht der betroffenen Person auf Auskunft über personenbezogene Daten, die durch eine öffentliche Stelle weder automatisiert verarbeitet noch nicht automatisiert verarbeitet und in einem Dateisystem gespeichert werden, besteht nur, soweit die betroffene Person Angaben macht, die das Auffinden der Daten ermöglichen, und der für die Erteilung der Auskunft erforderliche Aufwand nicht außer Verhältnis zu dem von der betroffenen Person geltend gemachten Informationsinteresse steht.

§ 35 Recht auf Löschung. (1) [1]Ist eine Löschung im Fall nicht automatisierter Datenverarbeitung wegen der besonderen Art der Speicherung nicht oder nur mit unverhältnismäßig hohem Aufwand möglich und ist das Interesse der betroffenen Person an der Löschung als gering anzusehen, besteht das Recht der betroffenen Person auf und die Pflicht des Verantwortlichen zur Löschung personenbezogener Daten gemäß Artikel 17 Absatz 1 der Verordnung (EU) 2016/679[1)] ergänzend zu den in Artikel 17 Absatz 3 der Verordnung (EU) 2016/679 genannten Ausnahmen nicht. [2]In diesem Fall tritt an die Stelle einer Löschung die Einschränkung der Verarbeitung gemäß Artikel 18 der Verordnung (EU) 2016/679. [3]Die Sätze 1 und 2 finden keine Anwendung, wenn die personenbezogenen Daten unrechtmäßig verarbeitet wurden.

(2) [1]Ergänzend zu Artikel 18 Absatz 1 Buchstabe b und c der Verordnung (EU) 2016/679 gilt Absatz 1 Satz 1 und 2 entsprechend im Fall des Artikels 17 Absatz 1 Buchstabe a und d der Verordnung (EU) 2016/679, solange und soweit der Verantwortliche Grund zu der Annahme hat, dass durch eine Löschung schutzwürdige Interessen der betroffenen Person beeinträchtigt würden. [2]Der Verantwortliche unterrichtet die betroffene Person über die Einschränkung der Verarbeitung, sofern sich die Unterrichtung nicht als unmöglich erweist oder einen unverhältnismäßigen Aufwand erfordern würde.

(3) Ergänzend zu Artikel 17 Absatz 3 Buchstabe b der Verordnung (EU) 2016/679 gilt Absatz 1 entsprechend im Fall des Artikels 17 Absatz 1 Buchstabe a der Verordnung (EU) 2016/679, wenn einer Löschung satzungsgemäße oder vertragliche Aufbewahrungsfristen entgegenstehen.

§ 36 Widerspruchsrecht. Das Recht auf Widerspruch gemäß Artikel 21 Absatz 1 der Verordnung (EU) 2016/679[1)] gegenüber einer öffentlichen Stelle besteht nicht, soweit an der Verarbeitung ein zwingendes öffentliches Interesse besteht, das die Interessen der betroffenen Person überwiegt, oder eine Rechtsvorschrift zur Verarbeitung verpflichtet.

§ 37 Automatisierte Entscheidungen im Einzelfall einschließlich Profiling. (1) Das Recht gemäß Artikel 22 Absatz 1 der Verordnung (EU) 2016/679[1)], keiner ausschließlich auf einer automatisierten Verarbeitung beruhenden Entscheidung unterworfen zu werden, besteht über die in Artikel 22 Absatz 2 Buchstabe a und c der Verordnung (EU) 2016/679 genannten Ausnahmen

---

[1)] Nr. **54**.

hinaus nicht, wenn die Entscheidung im Rahmen der Leistungserbringung nach einem Versicherungsvertrag ergeht und

1. dem Begehren der betroffenen Person stattgegeben wurde oder
2. die Entscheidung auf der Anwendung verbindlicher Entgeltregelungen für Heilbehandlungen beruht und der Verantwortliche für den Fall, dass dem Antrag nicht vollumfänglich stattgegeben wird, angemessene Maßnahmen zur Wahrung der berechtigten Interessen der betroffenen Person trifft, wozu mindestens das Recht auf Erwirkung des Eingreifens einer Person seitens des Verantwortlichen, auf Darlegung des eigenen Standpunktes und auf Anfechtung der Entscheidung zählt; der Verantwortliche informiert die betroffene Person über diese Rechte spätestens zum Zeitpunkt der Mitteilung, aus der sich ergibt, dass dem Antrag der betroffenen Person nicht vollumfänglich stattgegeben wird.

(2) [1] Entscheidungen nach Absatz 1 dürfen auf der Verarbeitung von Gesundheitsdaten im Sinne des Artikels 4 Nummer 15 der Verordnung (EU) 2016/679 beruhen. [2] Der Verantwortliche sieht angemessene und spezifische Maßnahmen zur Wahrung der Interessen der betroffenen Person gemäß § 22 Absatz 2 Satz 2 vor.

Kapitel 3. Pflichten der Verantwortlichen und Auftragsverarbeiter

§ 38 Datenschutzbeauftragte nichtöffentlicher Stellen. (1) [1] Ergänzend zu Artikel 37 Absatz 1 Buchstabe b und c der Verordnung (EU) 2016/679[1)] benennen der Verantwortliche und der Auftragsverarbeiter eine Datenschutzbeauftragte oder einen Datenschutzbeauftragten, soweit sie in der Regel mindestens zehn Personen ständig mit der automatisierten Verarbeitung personenbezogener Daten beschäftigen. [2] Nehmen der Verantwortliche oder der Auftragsverarbeiter Verarbeitungen vor, die einer Datenschutz-Folgenabschätzung nach Artikel 35 der Verordnung (EU) 2016/679 unterliegen, oder verarbeiten sie personenbezogene Daten geschäftsmäßig zum Zweck der Übermittlung, der anonymisierten Übermittlung oder für Zwecke der Markt- oder Meinungsforschung, haben sie unabhängig von der Anzahl der mit der Verarbeitung beschäftigten Personen eine Datenschutzbeauftragte oder einen Datenschutzbeauftragten zu benennen.

(2) § 6 Absatz 4, 5 Satz 2 und Absatz 6 finden Anwendung, § 6 Absatz 4 jedoch nur, wenn die Benennung einer oder eines Datenschutzbeauftragten verpflichtend ist.

§ 39 Akkreditierung. [1] Die Erteilung der Befugnis, als Zertifizierungsstelle gemäß Artikel 43 Absatz 1 Satz 1 der Verordnung (EU) 2016/679[1)] tätig zu werden, erfolgt durch die für die datenschutzrechtliche Aufsicht über die Zertifizierungsstelle zuständige Aufsichtsbehörde des Bundes oder der Länder auf der Grundlage einer Akkreditierung durch die Deutsche Akkreditierungsstelle. [2] § 2 Absatz 3 Satz 2, § 4 Absatz 3 und § 10 Absatz 1 Satz 1 Nummer 3 des Akkreditierungsstellengesetzes finden mit der Maßgabe Anwendung, dass der Datenschutz als ein dem Anwendungsbereich des § 1 Absatz 2 Satz 2 unterfallender Bereich gilt.

---

1) Nr. **54**.

Kapitel 4. Aufsichtsbehörde für die Datenverarbeitung durch nichtöffentliche Stellen

§ 40 Aufsichtsbehörden der Länder. (1) Die nach Landesrecht zuständigen Behörden überwachen im Anwendungsbereich der Verordnung (EU) 2016/679[1)] bei den nichtöffentlichen Stellen die Anwendung der Vorschriften über den Datenschutz.

(2) [1] Hat der Verantwortliche oder Auftragsverarbeiter mehrere inländische Niederlassungen, findet für die Bestimmung der zuständigen Aufsichtsbehörde Artikel 4 Nummer 16 der Verordnung (EU) 2016/679 entsprechende Anwendung. [2] Wenn sich mehrere Behörden für zuständig oder für unzuständig halten oder wenn die Zuständigkeit aus anderen Gründen zweifelhaft ist, treffen die Aufsichtsbehörden die Entscheidung gemeinsam nach Maßgabe des § 18 Absatz 2. [3] § 3 Absatz 3 und 4 des Verwaltungsverfahrensgesetzes findet entsprechende Anwendung.

(3) [1] Die Aufsichtsbehörde darf die von ihr gespeicherten Daten nur für Zwecke der Aufsicht verarbeiten; hierbei darf sie Daten an andere Aufsichtsbehörden übermitteln. [2] Eine Verarbeitung zu einem anderen Zweck ist über Artikel 6 Absatz 4 der Verordnung (EU) 2016/679 hinaus zulässig, wenn

1. offensichtlich ist, dass sie im Interesse der betroffenen Person liegt und kein Grund zu der Annahme besteht, dass sie in Kenntnis des anderen Zwecks ihre Einwilligung verweigern würde,
2. sie zur Abwehr erheblicher Nachteile für das Gemeinwohl oder einer Gefahr für die öffentliche Sicherheit oder zur Wahrung erheblicher Belange des Gemeinwohls erforderlich ist oder
3. sie zur Verfolgung von Straftaten oder Ordnungswidrigkeiten, zur Vollstreckung oder zum Vollzug von Strafen oder Maßnahmen im Sinne des § 11 Absatz 1 Nummer 8 des Strafgesetzbuchs[2)] oder von Erziehungsmaßregeln oder Zuchtmitteln im Sinne des Jugendgerichtsgesetzes oder zur Vollstreckung von Geldbußen erforderlich ist.

[3] Stellt die Aufsichtsbehörde einen Verstoß gegen die Vorschriften über den Datenschutz fest, so ist sie befugt, die betroffenen Personen hierüber zu unterrichten, den Verstoß anderen für die Verfolgung oder Ahndung zuständigen Stellen anzuzeigen sowie bei schwerwiegenden Verstößen die Gewerbeaufsichtsbehörde zur Durchführung gewerberechtlicher Maßnahmen zu unterrichten. [4] § 13 Absatz 4 Satz 4 bis 7 gilt entsprechend.

(4) [1] Die der Aufsicht unterliegenden Stellen sowie die mit deren Leitung beauftragten Personen haben einer Aufsichtsbehörde auf Verlangen die für die Erfüllung ihrer Aufgaben erforderlichen Auskünfte zu erteilen. [2] Der Auskunftspflichtige kann die Auskunft auf solche Fragen verweigern, deren Beantwortung ihn selbst oder einen der in § 383 Absatz 1 Nummer 1 bis 3 der Zivilprozessordnung bezeichneten Angehörigen der Gefahr strafgerichtlicher Verfolgung oder eines Verfahrens nach dem Gesetz über Ordnungswidrigkeiten aussetzen würde. [3] Der Auskunftspflichtige ist darauf hinzuweisen.

(5) [1] Die von einer Aufsichtsbehörde mit der Überwachung der Einhaltung der Vorschriften über den Datenschutz beauftragten Personen sind befugt, zur

---

[1)] Nr. **54**.
[2)] Nr. **10**.

Erfüllung ihrer Aufgaben Grundstücke und Geschäftsräume der Stelle zu betreten und Zugang zu allen Datenverarbeitungsanlagen und -geräten zu erhalten. [2]Die Stelle ist insoweit zur Duldung verpflichtet. [3]§ 16 Absatz 4 gilt entsprechend.

(6) [1]Die Aufsichtsbehörden beraten und unterstützen die Datenschutzbeauftragten mit Rücksicht auf deren typische Bedürfnisse. [2]Sie können die Abberufung der oder des Datenschutzbeauftragten verlangen, wenn sie oder er die zur Erfüllung ihrer oder seiner Aufgaben erforderliche Fachkunde nicht besitzt oder im Fall des Artikels 38 Absatz 6 der Verordnung (EU) 2016/679 ein schwerwiegender Interessenkonflikt vorliegt.

(7) Die Anwendung der Gewerbeordnung bleibt unberührt.

Kapitel 5. Sanktionen

§ 41 Anwendung der Vorschriften über das Bußgeld- und Strafverfahren. (1) [1]Für Verstöße nach Artikel 83 Absatz 4 bis 6 der Verordnung (EU) 2016/679[1)] gelten, soweit dieses Gesetz nichts anderes bestimmt, die Vorschriften des Gesetzes über Ordnungswidrigkeiten sinngemäß. [2]Die §§ 17, 35 und 36 des Gesetzes über Ordnungswidrigkeiten finden keine Anwendung. [3]§ 68 des Gesetzes über Ordnungswidrigkeiten findet mit der Maßgabe Anwendung, dass das Landgericht entscheidet, wenn die festgesetzte Geldbuße den Betrag von einhunderttausend Euro übersteigt.

(2) [1]Für Verfahren wegen eines Verstoßes nach Artikel 83 Absatz 4 bis 6 der Verordnung (EU) 2016/679 gelten, soweit dieses Gesetz nichts anderes bestimmt, die Vorschriften des Gesetzes über Ordnungswidrigkeiten und der allgemeinen Gesetze über das Strafverfahren, namentlich der Strafprozessordnung und des Gerichtsverfassungsgesetzes, entsprechend. [2]Die §§ 56 bis 58, 87, 88, 99 und 100 des Gesetzes über Ordnungswidrigkeiten finden keine Anwendung. [3]§ 69 Absatz 4 Satz 2 des Gesetzes über Ordnungswidrigkeiten findet mit der Maßgabe Anwendung, dass die Staatsanwaltschaft das Verfahren nur mit Zustimmung der Aufsichtsbehörde, die den Bußgeldbescheid erlassen hat, einstellen kann.

§ 42 Strafvorschriften. (1) Mit Freiheitsstrafe bis zu drei Jahren oder mit Geldstrafe wird bestraft, wer wissentlich nicht allgemein zugängliche personenbezogene Daten einer großen Zahl von Personen, ohne hierzu berechtigt zu sein,

1. einem Dritten übermittelt oder
2. auf andere Art und Weise zugänglich macht

und hierbei gewerbsmäßig handelt.

(2) Mit Freiheitsstrafe bis zu zwei Jahren oder mit Geldstrafe wird bestraft, wer personenbezogene Daten, die nicht allgemein zugänglich sind,

1. ohne hierzu berechtigt zu sein, verarbeitet oder
2. durch unrichtige Angaben erschleicht

und hierbei gegen Entgelt oder in der Absicht handelt, sich oder einen anderen zu bereichern oder einen anderen zu schädigen.

[1)] Nr. **54**.

(3) [1]Die Tat wird nur auf Antrag verfolgt. [2]Antragsberechtigt sind die betroffene Person, der Verantwortliche, die oder der Bundesbeauftragte und die Aufsichtsbehörde.

(4) Eine Meldung nach Artikel 33 der Verordnung (EU) 2016/679[1)] oder eine Benachrichtigung nach Artikel 34 Absatz 1 der Verordnung (EU) 2016/679 darf in einem Strafverfahren gegen den Meldepflichtigen oder Benachrichtigenden oder seine in § 52 Absatz 1 der Strafprozessordnung bezeichneten Angehörigen nur mit Zustimmung des Meldepflichtigen oder Benachrichtigenden verwendet werden.

§ 43 Bußgeldvorschriften. (1) Ordnungswidrig handelt, wer vorsätzlich oder fahrlässig

1. entgegen § 30 Absatz 1 ein Auskunftsverlangen nicht richtig behandelt oder
2. entgegen § 30 Absatz 2 Satz 1 einen Verbraucher nicht, nicht richtig, nicht vollständig oder nicht rechtzeitig unterrichtet.

(2) Die Ordnungswidrigkeit kann mit einer Geldbuße bis zu fünfzigtausend Euro geahndet werden.

(3) Gegen Behörden und sonstige öffentliche Stellen im Sinne des § 2 Absatz 1 werden keine Geldbußen verhängt.

(4) Eine Meldung nach Artikel 33 der Verordnung (EU) 2016/679[1)] oder eine Benachrichtigung nach Artikel 34 Absatz 1 der Verordnung (EU) 2016/679 darf in einem Verfahren nach dem Gesetz über Ordnungswidrigkeiten gegen den Meldepflichtigen oder Benachrichtigenden oder seine in § 52 Absatz 1 der Strafprozessordnung bezeichneten Angehörigen nur mit Zustimmung des Meldepflichtigen oder Benachrichtigenden verwendet werden.

Kapitel 6. Rechtsbehelfe

§ 44 Klagen gegen den Verantwortlichen oder Auftragsverarbeiter.

(1) [1]Klagen der betroffenen Person gegen einen Verantwortlichen oder einen Auftragsverarbeiter wegen eines Verstoßes gegen datenschutzrechtliche Bestimmungen im Anwendungsbereich der Verordnung (EU) 2016/679[1)] oder der darin enthaltenen Rechte der betroffenen Person können bei dem Gericht des Ortes erhoben werden, an dem sich eine Niederlassung des Verantwortlichen oder Auftragsverarbeiters befindet. [2]Klagen nach Satz 1 können auch bei dem Gericht des Ortes erhoben werden, an dem die betroffene Person ihren gewöhnlichen Aufenthaltsort hat.

(2) Absatz 1 gilt nicht für Klagen gegen Behörden, die in Ausübung ihrer hoheitlichen Befugnisse tätig geworden sind.

(3) [1]Hat der Verantwortliche oder Auftragsverarbeiter einen Vertreter nach Artikel 27 Absatz 1 der Verordnung (EU) 2016/679 benannt, gilt dieser auch als bevollmächtigt, Zustellungen in zivilgerichtlichen Verfahren nach Absatz 1 entgegenzunehmen. [2]§ 184 der Zivilprozessordnung bleibt unberührt.

---

1) Nr. **54**.

Teil 3. Bestimmungen für Verarbeitungen zu Zwecken gemäß Artikel 1 Absatz 1 der Richtlinie (EU) 2016/680

Kapitel 1. Anwendungsbereich, Begriffsbestimmungen und allgemeine Grundsätze für die Verarbeitung personenbezogener Daten

§ 45 Anwendungsbereich. [1] Die Vorschriften dieses Teils gelten für die Verarbeitung personenbezogener Daten durch die für die Verhütung, Ermittlung, Aufdeckung, Verfolgung oder Ahndung von Straftaten oder Ordnungswidrigkeiten zuständigen öffentlichen Stellen, soweit sie Daten zum Zweck der Erfüllung dieser Aufgaben verarbeiten. [2] Die öffentlichen Stellen gelten dabei als Verantwortliche. [3] Die Verhütung von Straftaten im Sinne des Satzes 1 umfasst den Schutz vor und die Abwehr von Gefahren für die öffentliche Sicherheit. [4] Die Sätze 1 und 2 finden zudem Anwendung auf diejenigen öffentlichen Stellen, die für die Vollstreckung von Strafen, von Maßnahmen im Sinne des § 11 Absatz 1 Nummer 8 des Strafgesetzbuchs[1)], von Erziehungsmaßregeln oder Zuchtmitteln im Sinne des Jugendgerichtsgesetzes und von Geldbußen zuständig sind. [5] Soweit dieser Teil Vorschriften für Auftragsverarbeiter enthält, gilt er auch für diese.

§ 46 Begriffsbestimmungen. Es bezeichnen die Begriffe:

1. „personenbezogene Daten" alle Informationen, die sich auf eine identifizierte oder identifizierbare natürliche Person (betroffene Person) beziehen; als identifizierbar wird eine natürliche Person angesehen, die direkt oder indirekt, insbesondere mittels Zuordnung zu einer Kennung wie einem Namen, zu einer Kennnummer, zu Standortdaten, zu einer Online-Kennung oder zu einem oder mehreren besonderen Merkmalen, die Ausdruck der physischen, physiologischen, genetischen, psychischen, wirtschaftlichen, kulturellen oder sozialen Identität dieser Person sind, identifiziert werden kann;
2. „Verarbeitung" jeden mit oder ohne Hilfe automatisierter Verfahren ausgeführten Vorgang oder jede solche Vorgangsreihe im Zusammenhang mit personenbezogenen Daten wie das Erheben, das Erfassen, die Organisation, das Ordnen, die Speicherung, die Anpassung, die Veränderung, das Auslesen, das Abfragen, die Verwendung, die Offenlegung durch Übermittlung, Verbreitung oder eine andere Form der Bereitstellung, den Abgleich, die Verknüpfung, die Einschränkung, das Löschen oder die Vernichtung;
3. „Einschränkung der Verarbeitung" die Markierung gespeicherter personenbezogener Daten mit dem Ziel, ihre künftige Verarbeitung einzuschränken;
4. „Profiling" jede Art der automatisierten Verarbeitung personenbezogener Daten, bei der diese Daten verwendet werden, um bestimmte persönliche Aspekte, die sich auf eine natürliche Person beziehen, zu bewerten, insbesondere um Aspekte der Arbeitsleistung, der wirtschaftlichen Lage, der Gesundheit, der persönlichen Vorlieben, der Interessen, der Zuverlässigkeit, des Verhaltens, der Aufenthaltsorte oder der Ortswechsel dieser natürlichen Person zu analysieren oder vorherzusagen;

[1)] Nr. **10**.

5. „Pseudonymisierung" die Verarbeitung personenbezogener Daten in einer Weise, in der die Daten ohne Hinzuziehung zusätzlicher Informationen nicht mehr einer spezifischen betroffenen Person zugeordnet werden können, sofern diese zusätzlichen Informationen gesondert aufbewahrt werden und technischen und organisatorischen Maßnahmen unterliegen, die gewährleisten, dass die Daten keiner betroffenen Person zugewiesen werden können;
6. „Dateisystem" jede strukturierte Sammlung personenbezogener Daten, die nach bestimmten Kriterien zugänglich sind, unabhängig davon, ob diese Sammlung zentral, dezentral oder nach funktionalen oder geografischen Gesichtspunkten geordnet geführt wird;
7. „Verantwortlicher" die natürliche oder juristische Person, Behörde, Einrichtung oder andere Stelle, die allein oder gemeinsam mit anderen über die Zwecke und Mittel der Verarbeitung von personenbezogenen Daten entscheidet;
8. „Auftragsverarbeiter" eine natürliche oder juristische Person, Behörde, Einrichtung oder andere Stelle, die personenbezogene Daten im Auftrag des Verantwortlichen verarbeitet;
9. „Empfänger" eine natürliche oder juristische Person, Behörde, Einrichtung oder andere Stelle, der personenbezogene Daten offengelegt werden, unabhängig davon, ob es sich bei ihr um einen Dritten handelt oder nicht; Behörden, die im Rahmen eines bestimmten Untersuchungsauftrags nach dem Unionsrecht oder anderen Rechtsvorschriften personenbezogene Daten erhalten, gelten jedoch nicht als Empfänger; die Verarbeitung dieser Daten durch die genannten Behörden erfolgt im Einklang mit den geltenden Datenschutzvorschriften gemäß den Zwecken der Verarbeitung;
10. „Verletzung des Schutzes personenbezogener Daten" eine Verletzung der Sicherheit, die zur unbeabsichtigten oder unrechtmäßigen Vernichtung, zum Verlust, zur Veränderung oder zur unbefugten Offenlegung von oder zum unbefugten Zugang zu personenbezogenen Daten geführt hat, die verarbeitet wurden;
11. „genetische Daten" personenbezogene Daten zu den ererbten oder erworbenen genetischen Eigenschaften einer natürlichen Person, die eindeutige Informationen über die Physiologie oder die Gesundheit dieser Person liefern, insbesondere solche, die aus der Analyse einer biologischen Probe der Person gewonnen wurden;
12. „biometrische Daten" mit speziellen technischen Verfahren gewonnene personenbezogene Daten zu den physischen, physiologischen oder verhaltenstypischen Merkmalen einer natürlichen Person, die die eindeutige Identifizierung dieser natürlichen Person ermöglichen oder bestätigen, insbesondere Gesichtsbilder oder daktyloskopische Daten;
13. „Gesundheitsdaten" personenbezogene Daten, die sich auf die körperliche oder geistige Gesundheit einer natürlichen Person, einschließlich der Erbringung von Gesundheitsdienstleistungen, beziehen und aus denen Informationen über deren Gesundheitszustand hervorgehen;
14. „besondere Kategorien personenbezogener Daten"

a) Daten, aus denen die rassische oder ethnische Herkunft, politische Meinungen, religiöse oder weltanschauliche Überzeugungen oder die Gewerkschaftszugehörigkeit hervorgehen,

b) genetische Daten,

c) biometrische Daten zur eindeutigen Identifizierung einer natürlichen Person,

d) Gesundheitsdaten und

e) Daten zum Sexualleben oder zur sexuellen Orientierung;

15. „Aufsichtsbehörde" eine von einem Mitgliedstaat gemäß Artikel 41 der Richtlinie (EU) 2016/680 eingerichtete unabhängige staatliche Stelle;

16. „internationale Organisation" eine völkerrechtliche Organisation und ihre nachgeordneten Stellen sowie jede sonstige Einrichtung, die durch eine von zwei oder mehr Staaten geschlossene Übereinkunft oder auf der Grundlage einer solchen Übereinkunft geschaffen wurde;

17. „Einwilligung" jede freiwillig für den bestimmten Fall, in informierter Weise und unmissverständlich abgegebene Willensbekundung in Form einer Erklärung oder einer sonstigen eindeutigen bestätigenden Handlung, mit der die betroffene Person zu verstehen gibt, dass sie mit der Verarbeitung der sie betreffenden personenbezogenen Daten einverstanden ist.

§ 47 Allgemeine Grundsätze für die Verarbeitung personenbezogener Daten. Personenbezogene Daten müssen

1. auf rechtmäßige Weise und nach Treu und Glauben verarbeitet werden,
2. für festgelegte, eindeutige und rechtmäßige Zwecke erhoben und nicht in einer mit diesen Zwecken nicht zu vereinbarenden Weise verarbeitet werden,
3. dem Verarbeitungszweck entsprechen, für das Erreichen des Verarbeitungszwecks erforderlich sein und ihre Verarbeitung nicht außer Verhältnis zu diesem Zweck stehen,
4. sachlich richtig und erforderlichenfalls auf dem neuesten Stand sein; dabei sind alle angemessenen Maßnahmen zu treffen, damit personenbezogene Daten, die im Hinblick auf die Zwecke ihrer Verarbeitung unrichtig sind, unverzüglich gelöscht oder berichtigt werden,
5. nicht länger als es für die Zwecke, für die sie verarbeitet werden, erforderlich ist, in einer Form gespeichert werden, die die Identifizierung der betroffenen Personen ermöglicht, und
6. in einer Weise verarbeitet werden, die eine angemessene Sicherheit der personenbezogenen Daten gewährleistet; hierzu gehört auch ein durch geeignete technische und organisatorische Maßnahmen zu gewährleistender Schutz vor unbefugter oder unrechtmäßiger Verarbeitung, unbeabsichtigtem Verlust, unbeabsichtigter Zerstörung oder unbeabsichtigter Schädigung.

Kapitel 2. Rechtsgrundlagen der Verarbeitung personenbezogener Daten

§ 48 Verarbeitung besonderer Kategorien personenbezogener Daten.

(1) Die Verarbeitung besonderer Kategorien personenbezogener Daten ist nur zulässig, wenn sie zur Aufgabenerfüllung unbedingt erforderlich ist.

(2) [1] Werden besondere Kategorien personenbezogener Daten verarbeitet, sind geeignete Garantien für die Rechtsgüter der betroffenen Personen vorzusehen. [2] Geeignete Garantien können insbesondere sein

1. spezifische Anforderungen an die Datensicherheit oder die Datenschutzkontrolle,
2. die Festlegung von besonderen Aussonderungsprüffristen,
3. die Sensibilisierung der an Verarbeitungsvorgängen Beteiligten,
4. die Beschränkung des Zugangs zu den personenbezogenen Daten innerhalb der verantwortlichen Stelle,
5. die von anderen Daten getrennte Verarbeitung,
6. die Pseudonymisierung personenbezogener Daten,
7. die Verschlüsselung personenbezogener Daten oder
8. spezifische Verfahrensregelungen, die im Fall einer Übermittlung oder Verarbeitung für andere Zwecke die Rechtmäßigkeit der Verarbeitung sicherstellen.

§ 49 Verarbeitung zu anderen Zwecken. [1] Eine Verarbeitung personenbezogener Daten zu einem anderen Zweck als zu demjenigen, zu dem sie erhoben wurden, ist zulässig, wenn es sich bei dem anderen Zweck um einen der in § 45 genannten Zwecke handelt, der Verantwortliche befugt ist, Daten zu diesem Zweck zu verarbeiten, und die Verarbeitung zu diesem Zweck erforderlich und verhältnismäßig ist. [2] Die Verarbeitung personenbezogener Daten zu einem anderen, in § 45 nicht genannten Zweck ist zulässig, wenn sie in einer Rechtsvorschrift vorgesehen ist.

§ 50 Verarbeitung zu archivarischen, wissenschaftlichen und statistischen Zwecken. [1] Personenbezogene Daten dürfen im Rahmen der in § 45 genannten Zwecke in archivarischer, wissenschaftlicher oder statistischer Form verarbeitet werden, wenn hieran ein öffentliches Interesse besteht und geeignete Garantien für die Rechtsgüter der betroffenen Personen vorgesehen werden. [2] Solche Garantien können in einer so zeitnah wie möglich erfolgenden Anonymisierung der personenbezogenen Daten, in Vorkehrungen gegen ihre unbefugte Kenntnisnahme durch Dritte oder in ihrer räumlich und organisatorisch von den sonstigen Fachaufgaben getrennten Verarbeitung bestehen.

§ 51 Einwilligung. (1) Soweit die Verarbeitung personenbezogener Daten nach einer Rechtsvorschrift auf der Grundlage einer Einwilligung erfolgen kann, muss der Verantwortliche die Einwilligung der betroffenen Person nachweisen können.

(2) Erfolgt die Einwilligung der betroffenen Person durch eine schriftliche Erklärung, die noch andere Sachverhalte betrifft, muss das Ersuchen um Einwilligung in verständlicher und leicht zugänglicher Form in einer klaren und

einfachen Sprache so erfolgen, dass es von den anderen Sachverhalten klar zu unterscheiden ist.

(3) [1]Die betroffene Person hat das Recht, ihre Einwilligung jederzeit zu widerrufen. [2]Durch den Widerruf der Einwilligung wird die Rechtmäßigkeit der aufgrund der Einwilligung bis zum Widerruf erfolgten Verarbeitung nicht berührt. [3]Die betroffene Person ist vor Abgabe der Einwilligung hiervon in Kenntnis zu setzen.

(4) [1]Die Einwilligung ist nur wirksam, wenn sie auf der freien Entscheidung der betroffenen Person beruht. [2]Bei der Beurteilung, ob die Einwilligung freiwillig erteilt wurde, müssen die Umstände der Erteilung berücksichtigt werden. [3]Die betroffene Person ist auf den vorgesehenen Zweck der Verarbeitung hinzuweisen. [4]Ist dies nach den Umständen des Einzelfalles erforderlich oder verlangt die betroffene Person dies, ist sie auch über die Folgen der Verweigerung der Einwilligung zu belehren.

(5) Soweit besondere Kategorien personenbezogener Daten verarbeitet werden, muss sich die Einwilligung ausdrücklich auf diese Daten beziehen.

§ 52 Verarbeitung auf Weisung des Verantwortlichen. Jede einem Verantwortlichen oder einem Auftragsverarbeiter unterstellte Person, die Zugang zu personenbezogenen Daten hat, darf diese Daten ausschließlich auf Weisung des Verantwortlichen verarbeiten, es sei denn, dass sie nach einer Rechtsvorschrift zur Verarbeitung verpflichtet ist.

§ 53 Datengeheimnis. [1]Mit Datenverarbeitung befasste Personen dürfen personenbezogene Daten nicht unbefugt verarbeiten (Datengeheimnis). [2]Sie sind bei der Aufnahme ihrer Tätigkeit auf das Datengeheimnis zu verpflichten. [3]Das Datengeheimnis besteht auch nach der Beendigung ihrer Tätigkeit fort.

§ 54 Automatisierte Einzelentscheidung. (1) Eine ausschließlich auf einer automatischen Verarbeitung beruhende Entscheidung, die mit einer nachteiligen Rechtsfolge für die betroffene Person verbunden ist oder sie erheblich beeinträchtigt, ist nur zulässig, wenn sie in einer Rechtsvorschrift vorgesehen ist.

(2) Entscheidungen nach Absatz 1 dürfen nicht auf besonderen Kategorien personenbezogener Daten beruhen, sofern nicht geeignete Maßnahmen zum Schutz der Rechtsgüter sowie der berechtigten Interessen der betroffenen Personen getroffen wurden.

(3) Profiling, das zur Folge hat, dass betroffene Personen auf der Grundlage von besonderen Kategorien personenbezogener Daten diskriminiert werden, ist verboten.

Kapitel 3. Rechte der betroffenen Person

§ 55 Allgemeine Informationen zu Datenverarbeitungen. Der Verantwortliche hat in allgemeiner Form und für jedermann zugänglich Informationen zur Verfügung zu stellen über

1. die Zwecke der von ihm vorgenommenen Verarbeitungen,

2. die im Hinblick auf die Verarbeitung ihrer personenbezogenen Daten bestehenden Rechte der betroffenen Personen auf Auskunft, Berichtigung, Löschung und Einschränkung der Verarbeitung,
3. den Namen und die Kontaktdaten des Verantwortlichen und der oder des Datenschutzbeauftragten,
4. das Recht, die Bundesbeauftragte oder den Bundesbeauftragten anzurufen, und
5. die Erreichbarkeit der oder des Bundesbeauftragten.

§ 56 Benachrichtigung betroffener Personen. (1) Ist die Benachrichtigung betroffener Personen über die Verarbeitung sie betreffender personenbezogener Daten in speziellen Rechtsvorschriften, insbesondere bei verdeckten Maßnahmen, vorgesehen oder angeordnet, so hat diese Benachrichtigung zumindest die folgenden Angaben zu enthalten:

1. die in § 55 genannten Angaben,
2. die Rechtsgrundlage der Verarbeitung,
3. die für die Daten geltende Speicherdauer oder, falls dies nicht möglich ist, die Kriterien für die Festlegung dieser Dauer,
4. gegebenenfalls die Kategorien von Empfängern der personenbezogenen Daten sowie
5. erforderlichenfalls weitere Informationen, insbesondere, wenn die personenbezogenen Daten ohne Wissen der betroffenen Person erhoben wurden.

(2) In den Fällen des Absatzes 1 kann der Verantwortliche die Benachrichtigung insoweit und solange aufschieben, einschränken oder unterlassen, wie andernfalls

1. die Erfüllung der in § 45 genannten Aufgaben,
2. die öffentliche Sicherheit oder
3. Rechtsgüter Dritter

gefährdet würden, wenn das Interesse an der Vermeidung dieser Gefahren das Informationsinteresse der betroffenen Person überwiegt.

(3) Bezieht sich die Benachrichtigung auf die Übermittlung personenbezogener Daten an Verfassungsschutzbehörden, den Bundesnachrichtendienst, den Militärischen Abschirmdienst und, soweit die Sicherheit des Bundes berührt wird, andere Behörden des Bundesministeriums der Verteidigung, ist sie nur mit Zustimmung dieser Stellen zulässig.

(4) Im Fall der Einschränkung nach Absatz 2 gilt § 57 Absatz 7 entsprechend.

§ 57 Auskunftsrecht. (1) [1] Der Verantwortliche hat betroffenen Personen auf Antrag Auskunft darüber zu erteilen, ob er sie betreffende Daten verarbeitet. [2] Betroffene Personen haben darüber hinaus das Recht, Informationen zu erhalten über

1. die personenbezogenen Daten, die Gegenstand der Verarbeitung sind, und die Kategorie, zu der sie gehören,
2. die verfügbaren Informationen über die Herkunft der Daten,

3. die Zwecke der Verarbeitung und deren Rechtsgrundlage,
4. die Empfänger oder die Kategorien von Empfängern, gegenüber denen die Daten offengelegt worden sind, insbesondere bei Empfängern in Drittstaaten oder bei internationalen Organisationen,
5. die für die Daten geltende Speicherdauer oder, falls dies nicht möglich ist, die Kriterien für die Festlegung dieser Dauer,
6. das Bestehen eines Rechts auf Berichtigung, Löschung oder Einschränkung der Verarbeitung der Daten durch den Verantwortlichen,
7. das Recht nach § 60, die Bundesbeauftragte oder den Bundesbeauftragten anzurufen, sowie
8. Angaben zur Erreichbarkeit der oder des Bundesbeauftragten.

(2) Absatz 1 gilt nicht für personenbezogene Daten, die nur deshalb verarbeitet werden, weil sie aufgrund gesetzlicher Aufbewahrungsvorschriften nicht gelöscht werden dürfen oder die ausschließlich Zwecken der Datensicherung oder der Datenschutzkontrolle dienen, wenn die Auskunftserteilung einen unverhältnismäßigen Aufwand erfordern würde und eine Verarbeitung zu anderen Zwecken durch geeignete technische und organisatorische Maßnahmen ausgeschlossen ist.

(3) Von der Auskunftserteilung ist abzusehen, wenn die betroffene Person keine Angaben macht, die das Auffinden der Daten ermöglichen, und deshalb der für die Erteilung der Auskunft erforderliche Aufwand außer Verhältnis zu dem von der betroffenen Person geltend gemachten Informationsinteresse steht.

(4) Der Verantwortliche kann unter den Voraussetzungen des § 56 Absatz 2 von der Auskunft nach Absatz 1 Satz 1 absehen oder die Auskunftserteilung nach Absatz 1 Satz 2 teilweise oder vollständig einschränken.

(5) Bezieht sich die Auskunftserteilung auf die Übermittlung personenbezogener Daten an Verfassungsschutzbehörden, den Bundesnachrichtendienst, den Militärischen Abschirmdienst und, soweit die Sicherheit des Bundes berührt wird, andere Behörden des Bundesministeriums der Verteidigung, ist sie nur mit Zustimmung dieser Stellen zulässig.

(6) [1] Der Verantwortliche hat die betroffene Person über das Absehen von oder die Einschränkung einer Auskunft unverzüglich schriftlich zu unterrichten. [2] Dies gilt nicht, wenn bereits die Erteilung dieser Informationen eine Gefährdung im Sinne des § 56 Absatz 2 mit sich bringen würde. [3] Die Unterrichtung nach Satz 1 ist zu begründen, es sei denn, dass die Mitteilung der Gründe den mit dem Absehen von oder der Einschränkung der Auskunft verfolgten Zweck gefährden würde.

(7) [1] Wird die betroffene Person nach Absatz 6 über das Absehen von oder die Einschränkung der Auskunft unterrichtet, kann sie ihr Auskunftsrecht auch über die Bundesbeauftragte oder den Bundesbeauftragten ausüben. [2] Der Verantwortliche hat die betroffene Person über diese Möglichkeit sowie darüber zu unterrichten, dass sie gemäß § 60 die Bundesbeauftragte oder den Bundesbeauftragten anrufen oder gerichtlichen Rechtsschutz suchen kann. [3] Macht die betroffene Person von ihrem Recht nach Satz 1 Gebrauch, ist die Auskunft auf ihr Verlangen der oder dem Bundesbeauftragten zu erteilen, soweit nicht die zuständige oberste Bundesbehörde im Einzelfall feststellt, dass dadurch die

Sicherheit des Bundes oder eines Landes gefährdet würde. [4]Die oder der Bundesbeauftragte hat die betroffene Person zumindest darüber zu unterrichten, dass alle erforderlichen Prüfungen erfolgt sind oder eine Überprüfung durch sie stattgefunden hat. [5]Diese Mitteilung kann die Information enthalten, ob datenschutzrechtliche Verstöße festgestellt wurden. [6]Die Mitteilung der oder des Bundesbeauftragten an die betroffene Person darf keine Rückschlüsse auf den Erkenntnisstand des Verantwortlichen zulassen, sofern dieser keiner weitergehenden Auskunft zustimmt. [7]Der Verantwortliche darf die Zustimmung nur insoweit und solange verweigern, wie er nach Absatz 4 von einer Auskunft absehen oder sie einschränken könnte. [8]Die oder der Bundesbeauftragte hat zudem die betroffene Person über ihr Recht auf gerichtlichen Rechtsschutz zu unterrichten.

(8) Der Verantwortliche hat die sachlichen oder rechtlichen Gründe für die Entscheidung zu dokumentieren.

§ 58 Rechte auf Berichtigung und Löschung sowie Einschränkung der Verarbeitung. (1) [1]Die betroffene Person hat das Recht, von dem Verantwortlichen unverzüglich die Berichtigung sie betreffender unrichtiger Daten zu verlangen. [2]Insbesondere im Fall von Aussagen oder Beurteilungen betrifft die Frage der Richtigkeit nicht den Inhalt der Aussage oder Beurteilung. [3]Wenn die Richtigkeit oder Unrichtigkeit der Daten nicht festgestellt werden kann, tritt an die Stelle der Berichtigung eine Einschränkung der Verarbeitung. [4]In diesem Fall hat der Verantwortliche die betroffene Person zu unterrichten, bevor er die Einschränkung wieder aufhebt. [5]Die betroffene Person kann zudem die Vervollständigung unvollständiger personenbezogener Daten verlangen, wenn dies unter Berücksichtigung der Verarbeitungszwecke angemessen ist.

(2) Die betroffene Person hat das Recht, von dem Verantwortlichen unverzüglich die Löschung sie betreffender Daten zu verlangen, wenn deren Verarbeitung unzulässig ist, deren Kenntnis für die Aufgabenerfüllung nicht mehr erforderlich ist oder diese zur Erfüllung einer rechtlichen Verpflichtung gelöscht werden müssen.

(3) [1]Anstatt die personenbezogenen Daten zu löschen, kann der Verantwortliche deren Verarbeitung einschränken, wenn

1. Grund zu der Annahme besteht, dass eine Löschung schutzwürdige Interessen einer betroffenen Person beeinträchtigen würde,
2. die Daten zu Beweiszwecken in Verfahren, die Zwecken des § 45 dienen, weiter aufbewahrt werden müssen oder
3. eine Löschung wegen der besonderen Art der Speicherung nicht oder nur mit unverhältnismäßigem Aufwand möglich ist.

[2]In ihrer Verarbeitung nach Satz 1 eingeschränkte Daten dürfen nur zu dem Zweck verarbeitet werden, der ihrer Löschung entgegenstand.

(4) Bei automatisierten Dateisystemen ist technisch sicherzustellen, dass eine Einschränkung der Verarbeitung eindeutig erkennbar ist und eine Verarbeitung für andere Zwecke nicht ohne weitere Prüfung möglich ist.

(5) [1]Hat der Verantwortliche eine Berichtigung vorgenommen, hat er einer Stelle, die ihm die personenbezogenen Daten zuvor übermittelt hat, die Berichtigung mitzuteilen. [2]In Fällen der Berichtigung, Löschung oder Einschrän-

kung der Verarbeitung nach den Absätzen 1 bis 3 hat der Verantwortliche Empfängern, denen die Daten übermittelt wurden, diese Maßnahmen mitzuteilen. [3]Der Empfänger hat die Daten zu berichtigen, zu löschen oder ihre Verarbeitung einzuschränken.

(6) [1]Der Verantwortliche hat die betroffene Person über ein Absehen von der Berichtigung oder Löschung personenbezogener Daten oder über die an deren Stelle tretende Einschränkung der Verarbeitung schriftlich zu unterrichten. [2]Dies gilt nicht, wenn bereits die Erteilung dieser Informationen eine Gefährdung im Sinne des § 56 Absatz 2 mit sich bringen würde. [3]Die Unterrichtung nach Satz 1 ist zu begründen, es sei denn, dass die Mitteilung der Gründe den mit dem Absehen von der Unterrichtung verfolgten Zweck gefährden würde.

(7) § 57 Absatz 7 und 8 findet entsprechende Anwendung.

§ 59 Verfahren für die Ausübung der Rechte der betroffenen Person.

(1) [1]Der Verantwortliche hat mit betroffenen Personen unter Verwendung einer klaren und einfachen Sprache in präziser, verständlicher und leicht zugänglicher Form zu kommunizieren. [2]Unbeschadet besonderer Formvorschriften soll er bei der Beantwortung von Anträgen grundsätzlich die für den Antrag gewählte Form verwenden.

(2) Bei Anträgen hat der Verantwortliche die betroffene Person unbeschadet des § 57 Absatz 6 und des § 58 Absatz 6 unverzüglich schriftlich darüber in Kenntnis zu setzen, wie verfahren wurde.

(3) [1]Die Erteilung von Informationen nach § 55, die Benachrichtigungen nach den §§ 56 und 66 und die Bearbeitung von Anträgen nach den §§ 57 und 58 erfolgen unentgeltlich. [2]Bei offenkundig unbegründeten oder exzessiven Anträgen nach den §§ 57 und 58 kann der Verantwortliche entweder eine angemessene Gebühr auf der Grundlage der Verwaltungskosten verlangen oder sich weigern, aufgrund des Antrags tätig zu werden. [3]In diesem Fall muss der Verantwortliche den offenkundig unbegründeten oder exzessiven Charakter des Antrags belegen können.

(4) Hat der Verantwortliche begründete Zweifel an der Identität einer betroffenen Person, die einen Antrag nach den §§ 57 oder 58 gestellt hat, kann er von ihr zusätzliche Informationen anfordern, die zur Bestätigung ihrer Identität erforderlich sind.

§ 60 Anrufung der oder des Bundesbeauftragten. (1) [1]Jede betroffene Person kann sich unbeschadet anderweitiger Rechtsbehelfe mit einer Beschwerde an die Bundesbeauftragte oder den Bundesbeauftragten wenden, wenn sie der Auffassung ist, bei der Verarbeitung ihrer personenbezogenen Daten durch öffentliche Stellen zu den in § 45 genannten Zwecken in ihren Rechten verletzt worden zu sein. [2]Dies gilt nicht für die Verarbeitung von personenbezogenen Daten durch Gerichte, soweit diese die Daten im Rahmen ihrer justiziellen Tätigkeit verarbeitet haben. [3]Die oder der Bundesbeauftragte hat die betroffene Person über den Stand und das Ergebnis der Beschwerde zu unterrichten und sie hierbei auf die Möglichkeit gerichtlichen Rechtsschutzes nach § 61 hinzuweisen.

(2) [1]Die oder der Bundesbeauftragte hat eine bei ihr oder ihm eingelegte Beschwerde über eine Verarbeitung, die in die Zuständigkeit einer Aufsichts-

behörde in einem anderen Mitgliedstaat der Europäischen Union fällt, unverzüglich an die zuständige Aufsichtsbehörde des anderen Staates weiterzuleiten. [2]Sie oder er hat in diesem Fall die betroffene Person über die Weiterleitung zu unterrichten und ihr auf deren Ersuchen weitere Unterstützung zu leisten.

§ 61 Rechtsschutz gegen Entscheidungen der oder des Bundesbeauftragten oder bei deren oder dessen Untätigkeit. (1) Jede natürliche oder juristische Person kann unbeschadet anderer Rechtsbehelfe gerichtlich gegen eine verbindliche Entscheidung der oder des Bundesbeauftragten vorgehen.

(2) Absatz 1 gilt entsprechend zugunsten betroffener Personen, wenn sich die oder der Bundesbeauftragte mit einer Beschwerde nach § 60 nicht befasst oder die betroffene Person nicht innerhalb von drei Monaten nach Einlegung der Beschwerde über den Stand oder das Ergebnis der Beschwerde in Kenntnis gesetzt hat.

Kapitel 4. Pflichten der Verantwortlichen und Auftragsverarbeiter

§ 62 Auftragsverarbeitung. (1) [1]Werden personenbezogene Daten im Auftrag eines Verantwortlichen durch andere Personen oder Stellen verarbeitet, hat der Verantwortliche für die Einhaltung der Vorschriften dieses Gesetzes und anderer Vorschriften über den Datenschutz zu sorgen. [2]Die Rechte der betroffenen Personen auf Auskunft, Berichtigung, Löschung, Einschränkung der Verarbeitung und Schadensersatz sind in diesem Fall gegenüber dem Verantwortlichen geltend zu machen.

(2) Ein Verantwortlicher darf nur solche Auftragsverarbeiter mit der Verarbeitung personenbezogener Daten beauftragen, die mit geeigneten technischen und organisatorischen Maßnahmen sicherstellen, dass die Verarbeitung im Einklang mit den gesetzlichen Anforderungen erfolgt und der Schutz der Rechte der betroffenen Personen gewährleistet wird.

(3) [1]Auftragsverarbeiter dürfen ohne vorherige schriftliche Genehmigung des Verantwortlichen keine weiteren Auftragsverarbeiter hinzuziehen. [2]Hat der Verantwortliche dem Auftragsverarbeiter eine allgemeine Genehmigung zur Hinzuziehung weiterer Auftragsverarbeiter erteilt, hat der Auftragsverarbeiter den Verantwortlichen über jede beabsichtigte Hinzuziehung oder Ersetzung zu informieren. [3]Der Verantwortliche kann in diesem Fall die Hinzuziehung oder Ersetzung untersagen.

(4) [1]Zieht ein Auftragsverarbeiter einen weiteren Auftragsverarbeiter hinzu, so hat er diesem dieselben Verpflichtungen aus seinem Vertrag mit dem Verantwortlichen nach Absatz 5 aufzuerlegen, die auch für ihn gelten, soweit diese Pflichten für den weiteren Auftragsverarbeiter nicht schon aufgrund anderer Vorschriften verbindlich sind. [2]Erfüllt ein weiterer Auftragsverarbeiter diese Verpflichtungen nicht, so haftet der ihn beauftragende Auftragsverarbeiter gegenüber dem Verantwortlichen für die Einhaltung der Pflichten des weiteren Auftragsverarbeiters.

(5) [1]Die Verarbeitung durch einen Auftragsverarbeiter hat auf der Grundlage eines Vertrags oder eines anderen Rechtsinstruments zu erfolgen, der oder das den Auftragsverarbeiter an den Verantwortlichen bindet und der oder das den Gegenstand, die Dauer, die Art und den Zweck der Verarbeitung, die Art der personenbezogenen Daten, die Kategorien betroffener Personen und die Rech-

te und Pflichten des Verantwortlichen festlegt. [2]Der Vertrag oder das andere Rechtsinstrument haben insbesondere vorzusehen, dass der Auftragsverarbeiter

1. nur auf dokumentierte Weisung des Verantwortlichen handelt; ist der Auftragsverarbeiter der Auffassung, dass eine Weisung rechtswidrig ist, hat er den Verantwortlichen unverzüglich zu informieren;
2. gewährleistet, dass die zur Verarbeitung der personenbezogenen Daten befugten Personen zur Vertraulichkeit verpflichtet werden, soweit sie keiner angemessenen gesetzlichen Verschwiegenheitspflicht unterliegen;
3. den Verantwortlichen mit geeigneten Mitteln dabei unterstützt, die Einhaltung der Bestimmungen über die Rechte der betroffenen Person zu gewährleisten;
4. alle personenbezogenen Daten nach Abschluss der Erbringung der Verarbeitungsleistungen nach Wahl des Verantwortlichen zurückgibt oder löscht und bestehende Kopien vernichtet, wenn nicht nach einer Rechtsvorschrift eine Verpflichtung zur Speicherung der Daten besteht;
5. dem Verantwortlichen alle erforderlichen Informationen, insbesondere die gemäß § 76 erstellten Protokolle, zum Nachweis der Einhaltung seiner Pflichten zur Verfügung stellt;
6. Überprüfungen, die von dem Verantwortlichen oder einem von diesem beauftragten Prüfer durchgeführt werden, ermöglicht und dazu beiträgt;
7. die in den Absätzen 3 und 4 aufgeführten Bedingungen für die Inanspruchnahme der Dienste eines weiteren Auftragsverarbeiters einhält;
8. alle gemäß § 64 erforderlichen Maßnahmen ergreift und
9. unter Berücksichtigung der Art der Verarbeitung und der ihm zur Verfügung stehenden Informationen den Verantwortlichen bei der Einhaltung der in den §§ 64 bis 67 und § 69 genannten Pflichten unterstützt.

(6) Der Vertrag im Sinne des Absatzes 5 ist schriftlich oder elektronisch abzufassen.

(7) Ein Auftragsverarbeiter, der die Zwecke und Mittel der Verarbeitung unter Verstoß gegen diese Vorschrift bestimmt, gilt in Bezug auf diese Verarbeitung als Verantwortlicher.

§ 63 Gemeinsam Verantwortliche. [1]Legen zwei oder mehr Verantwortliche gemeinsam die Zwecke und die Mittel der Verarbeitung fest, gelten sie als gemeinsam Verantwortliche. [2]Gemeinsam Verantwortliche haben ihre jeweiligen Aufgaben und datenschutzrechtlichen Verantwortlichkeiten in transparenter Form in einer Vereinbarung festzulegen, soweit diese nicht bereits in Rechtsvorschriften festgelegt sind. [3]Aus der Vereinbarung muss insbesondere hervorgehen, wer welchen Informationspflichten nachzukommen hat und wie und gegenüber wem betroffene Personen ihre Rechte wahrnehmen können. [4]Eine entsprechende Vereinbarung hindert die betroffene Person nicht, ihre Rechte gegenüber jedem der gemeinsam Verantwortlichen geltend zu machen.

§ 64 Anforderungen an die Sicherheit der Datenverarbeitung.

(1) [1]Der Verantwortliche und der Auftragsverarbeiter haben unter Berücksichtigung des Stands der Technik, der Implementierungskosten, der Art, des Umfangs, der Umstände und der Zwecke der Verarbeitung sowie der Eintritts-

wahrscheinlichkeit und der Schwere der mit der Verarbeitung verbundenen Gefahren für die Rechtsgüter der betroffenen Personen die erforderlichen technischen und organisatorischen Maßnahmen zu treffen, um bei der Verarbeitung personenbezogener Daten ein dem Risiko angemessenes Schutzniveau zu gewährleisten, insbesondere im Hinblick auf die Verarbeitung besonderer Kategorien personenbezogener Daten. [2] Der Verantwortliche hat hierbei die einschlägigen Technischen Richtlinien und Empfehlungen des Bundesamtes für Sicherheit in der Informationstechnik zu berücksichtigen.

(2) [1] Die in Absatz 1 genannten Maßnahmen können unter anderem die Pseudonymisierung und Verschlüsselung personenbezogener Daten umfassen, soweit solche Mittel in Anbetracht der Verarbeitungszwecke möglich sind. [2] Die Maßnahmen nach Absatz 1 sollen dazu führen, dass

1. die Vertraulichkeit, Integrität, Verfügbarkeit und Belastbarkeit der Systeme und Dienste im Zusammenhang mit der Verarbeitung auf Dauer sichergestellt werden und
2. die Verfügbarkeit der personenbezogenen Daten und der Zugang zu ihnen bei einem physischen oder technischen Zwischenfall rasch wiederhergestellt werden können.

(3) [1] Im Fall einer automatisierten Verarbeitung haben der Verantwortliche und der Auftragsverarbeiter nach einer Risikobewertung Maßnahmen zu ergreifen, die Folgendes bezwecken:

1. Verwehrung des Zugangs zu Verarbeitungsanlagen, mit denen die Verarbeitung durchgeführt wird, für Unbefugte (Zugangskontrolle),
2. Verhinderung des unbefugten Lesens, Kopierens, Veränderns oder Löschens von Datenträgern (Datenträgerkontrolle),
3. Verhinderung der unbefugten Eingabe von personenbezogenen Daten sowie der unbefugten Kenntnisnahme, Veränderung und Löschung von gespeicherten personenbezogenen Daten (Speicherkontrolle),
4. Verhinderung der Nutzung automatisierter Verarbeitungssysteme mit Hilfe von Einrichtungen zur Datenübertragung durch Unbefugte (Benutzerkontrolle),
5. Gewährleistung, dass die zur Benutzung eines automatisierten Verarbeitungssystems Berechtigten ausschließlich zu den von ihrer Zugangsberechtigung umfassten personenbezogenen Daten Zugang haben (Zugriffskontrolle),
6. Gewährleistung, dass überprüft und festgestellt werden kann, an welche Stellen personenbezogene Daten mit Hilfe von Einrichtungen zur Datenübertragung übermittelt oder zur Verfügung gestellt wurden oder werden können (Übertragungskontrolle),
7. Gewährleistung, dass nachträglich überprüft und festgestellt werden kann, welche personenbezogenen Daten zu welcher Zeit und von wem in automatisierte Verarbeitungssysteme eingegeben oder verändert worden sind (Eingabekontrolle),
8. Gewährleistung, dass bei der Übermittlung personenbezogener Daten sowie beim Transport von Datenträgern die Vertraulichkeit und Integrität der Daten geschützt werden (Transportkontrolle),

9. Gewährleistung, dass eingesetzte Systeme im Störungsfall wiederhergestellt werden können (Wiederherstellbarkeit),
10. Gewährleistung, dass alle Funktionen des Systems zur Verfügung stehen und auftretende Fehlfunktionen gemeldet werden (Zuverlässigkeit),
11. Gewährleistung, dass gespeicherte personenbezogene Daten nicht durch Fehlfunktionen des Systems beschädigt werden können (Datenintegrität),
12. Gewährleistung, dass personenbezogene Daten, die im Auftrag verarbeitet werden, nur entsprechend den Weisungen des Auftraggebers verarbeitet werden können (Auftragskontrolle),
13. Gewährleistung, dass personenbezogene Daten gegen Zerstörung oder Verlust geschützt sind (Verfügbarkeitskontrolle),
14. Gewährleistung, dass zu unterschiedlichen Zwecken erhobene personenbezogene Daten getrennt verarbeitet werden können (Trennbarkeit).

[2] Ein Zweck nach Satz 1 Nummer 2 bis 5 kann insbesondere durch die Verwendung von dem Stand der Technik entsprechenden Verschlüsselungsverfahren erreicht werden.

§ 65 Meldung von Verletzungen des Schutzes personenbezogener Daten an die oder den Bundesbeauftragten. (1) [1] Der Verantwortliche hat eine Verletzung des Schutzes personenbezogener Daten unverzüglich und möglichst innerhalb von 72 Stunden, nachdem sie ihm bekannt geworden ist, der oder dem Bundesbeauftragten zu melden, es sei denn, dass die Verletzung voraussichtlich keine Gefahr für die Rechtsgüter natürlicher Personen mit sich gebracht hat. [2] Erfolgt die Meldung an die Bundesbeauftragte oder den Bundesbeauftragten nicht innerhalb von 72 Stunden, so ist die Verzögerung zu begründen.

(2) Ein Auftragsverarbeiter hat eine Verletzung des Schutzes personenbezogener Daten unverzüglich dem Verantwortlichen zu melden.

(3) Die Meldung nach Absatz 1 hat zumindest folgende Informationen zu enthalten:

1. eine Beschreibung der Art der Verletzung des Schutzes personenbezogener Daten, die, soweit möglich, Angaben zu den Kategorien und der ungefähren Anzahl der betroffenen Personen, zu den betroffenen Kategorien personenbezogener Daten und zu der ungefähren Anzahl der betroffenen personenbezogenen Datensätze zu enthalten hat,
2. den Namen und die Kontaktdaten der oder des Datenschutzbeauftragten oder einer sonstigen Person oder Stelle, die weitere Informationen erteilen kann,
3. eine Beschreibung der wahrscheinlichen Folgen der Verletzung und
4. eine Beschreibung der von dem Verantwortlichen ergriffenen oder vorgeschlagenen Maßnahmen zur Behandlung der Verletzung und der getroffenen Maßnahmen zur Abmilderung ihrer möglichen nachteiligen Auswirkungen.

(4) Wenn die Informationen nach Absatz 3 nicht zusammen mit der Meldung übermittelt werden können, hat der Verantwortliche sie unverzüglich nachzureichen, sobald sie ihm vorliegen.

(5) [1] Der Verantwortliche hat Verletzungen des Schutzes personenbezogener Daten zu dokumentieren. [2] Die Dokumentation hat alle mit den Vorfällen zusammenhängenden Tatsachen, deren Auswirkungen und die ergriffenen Abhilfemaßnahmen zu umfassen.

(6) Soweit von einer Verletzung des Schutzes personenbezogener Daten personenbezogene Daten betroffen sind, die von einem oder an einen Verantwortlichen in einem anderen Mitgliedstaat der Europäischen Union übermittelt wurden, sind die in Absatz 3 genannten Informationen dem dortigen Verantwortlichen unverzüglich zu übermitteln.

(7) § 42 Absatz 4 findet entsprechende Anwendung.

(8) Weitere Pflichten des Verantwortlichen zu Benachrichtigungen über Verletzungen des Schutzes personenbezogener Daten bleiben unberührt.

§ 66 Benachrichtigung betroffener Personen bei Verletzungen des Schutzes personenbezogener Daten. (1) Hat eine Verletzung des Schutzes personenbezogener Daten voraussichtlich eine erhebliche Gefahr für Rechtsgüter betroffener Personen zur Folge, so hat der Verantwortliche die betroffenen Personen unverzüglich über den Vorfall zu benachrichtigen.

(2) Die Benachrichtigung nach Absatz 1 hat in klarer und einfacher Sprache die Art der Verletzung des Schutzes personenbezogener Daten zu beschreiben und zumindest die in § 65 Absatz 3 Nummer 2 bis 4 genannten Informationen und Maßnahmen zu enthalten.

(3) Von der Benachrichtigung nach Absatz 1 kann abgesehen werden, wenn

1. der Verantwortliche geeignete technische und organisatorische Sicherheitsvorkehrungen getroffen hat und diese Vorkehrungen auf die von der Verletzung des Schutzes personenbezogener Daten betroffenen Daten angewandt wurden; dies gilt insbesondere für Vorkehrungen wie Verschlüsselungen, durch die die Daten für unbefugte Personen unzugänglich gemacht wurden;
2. der Verantwortliche durch im Anschluss an die Verletzung getroffene Maßnahmen sichergestellt hat, dass aller Wahrscheinlichkeit nach keine erhebliche Gefahr im Sinne des Absatzes 1 mehr besteht, oder
3. dies mit einem unverhältnismäßigen Aufwand verbunden wäre; in diesem Fall hat stattdessen eine öffentliche Bekanntmachung oder eine ähnliche Maßnahme zu erfolgen, durch die die betroffenen Personen vergleichbar wirksam informiert werden.

(4) [1] Wenn der Verantwortliche die betroffenen Personen über eine Verletzung des Schutzes personenbezogener Daten nicht benachrichtigt hat, kann die oder der Bundesbeauftragte förmlich feststellen, dass ihrer oder seiner Auffassung nach die in Absatz 3 genannten Voraussetzungen nicht erfüllt sind. [2] Hierbei hat sie oder er die Wahrscheinlichkeit zu berücksichtigen, dass die Verletzung eine erhebliche Gefahr im Sinne des Absatzes 1 zur Folge hat.

(5) Die Benachrichtigung der betroffenen Personen nach Absatz 1 kann unter den in § 56 Absatz 2 genannten Voraussetzungen aufgeschoben, eingeschränkt oder unterlassen werden, soweit nicht die Interessen der betroffenen Person aufgrund der von der Verletzung ausgehenden erheblichen Gefahr im Sinne des Absatzes 1 überwiegen.

(6) § 42 Absatz 4 findet entsprechende Anwendung.

§ 67 Durchführung einer Datenschutz-Folgenabschätzung. (1) Hat eine Form der Verarbeitung, insbesondere bei Verwendung neuer Technologien, aufgrund der Art, des Umfangs, der Umstände und der Zwecke der Verarbeitung voraussichtlich eine erhebliche Gefahr für die Rechtsgüter betroffener Personen zur Folge, so hat der Verantwortliche vorab eine Abschätzung der Folgen der vorgesehenen Verarbeitungsvorgänge für die betroffenen Personen durchzuführen.

(2) Für die Untersuchung mehrerer ähnlicher Verarbeitungsvorgänge mit ähnlich hohem Gefahrenpotential kann eine gemeinsame Datenschutz-Folgenabschätzung vorgenommen werden.

(3) Der Verantwortliche hat die Datenschutzbeauftragte oder den Datenschutzbeauftragten an der Durchführung der Folgenabschätzung zu beteiligen.

(4) Die Folgenabschätzung hat den Rechten der von der Verarbeitung betroffenen Personen Rechnung zu tragen und zumindest Folgendes zu enthalten:

1. eine systematische Beschreibung der geplanten Verarbeitungsvorgänge und der Zwecke der Verarbeitung,
2. eine Bewertung der Notwendigkeit und Verhältnismäßigkeit der Verarbeitungsvorgänge in Bezug auf deren Zweck,
3. eine Bewertung der Gefahren für die Rechtsgüter der betroffenen Personen und
4. die Maßnahmen, mit denen bestehenden Gefahren abgeholfen werden soll, einschließlich der Garantien, der Sicherheitsvorkehrungen und der Verfahren, durch die der Schutz personenbezogener Daten sichergestellt und die Einhaltung der gesetzlichen Vorgaben nachgewiesen werden sollen.

(5) Soweit erforderlich, hat der Verantwortliche eine Überprüfung durchzuführen, ob die Verarbeitung den Maßgaben folgt, die sich aus der Folgenabschätzung ergeben haben.

§ 68 Zusammenarbeit mit der oder dem Bundesbeauftragten. Der Verantwortliche hat mit der oder dem Bundesbeauftragten bei der Erfüllung ihrer oder seiner Aufgaben zusammenzuarbeiten.

§ 69 Anhörung der oder des Bundesbeauftragten. (1) [1] Der Verantwortliche hat vor der Inbetriebnahme von neu anzulegenden Dateisystemen die Bundesbeauftragte oder den Bundesbeauftragten anzuhören, wenn

1. aus einer Datenschutz-Folgenabschätzung nach § 67 hervorgeht, dass die Verarbeitung eine erhebliche Gefahr für die Rechtsgüter der betroffenen Personen zur Folge hätte, wenn der Verantwortliche keine Abhilfemaßnahmen treffen würde, oder
2. die Form der Verarbeitung, insbesondere bei der Verwendung neuer Technologien, Mechanismen oder Verfahren, eine erhebliche Gefahr für die Rechtsgüter der betroffenen Personen zur Folge hat.

[2] Die oder der Bundesbeauftragte kann eine Liste der Verarbeitungsvorgänge erstellen, die der Pflicht zur Anhörung nach Satz 1 unterliegen.

(2) [1] Der oder dem Bundesbeauftragten sind im Fall des Absatzes 1 vorzulegen:

1. die nach § 67 durchgeführte Datenschutz-Folgenabschätzung,
2. gegebenenfalls Angaben zu den jeweiligen Zuständigkeiten des Verantwortlichen, der gemeinsam Verantwortlichen und der an der Verarbeitung beteiligten Auftragsverarbeiter,
3. Angaben zu den Zwecken und Mitteln der beabsichtigten Verarbeitung,
4. Angaben zu den zum Schutz der Rechtsgüter der betroffenen Personen vorgesehenen Maßnahmen und Garantien und
5. Name und Kontaktdaten der oder des Datenschutzbeauftragten.

[2] Auf Anforderung sind ihr oder ihm zudem alle sonstigen Informationen zu übermitteln, die sie oder er benötigt, um die Rechtmäßigkeit der Verarbeitung sowie insbesondere die in Bezug auf den Schutz der personenbezogenen Daten der betroffenen Personen bestehenden Gefahren und die diesbezüglichen Garantien bewerten zu können.

(3) [1] Falls die oder der Bundesbeauftragte der Auffassung ist, dass die geplante Verarbeitung gegen gesetzliche Vorgaben verstoßen würde, insbesondere weil der Verantwortliche das Risiko nicht ausreichend ermittelt oder keine ausreichenden Abhilfemaßnahmen getroffen hat, kann sie oder er dem Verantwortlichen und gegebenenfalls dem Auftragsverarbeiter innerhalb eines Zeitraums von sechs Wochen nach Einleitung der Anhörung schriftliche Empfehlungen unterbreiten, welche Maßnahmen noch ergriffen werden sollten. [2] Die oder der Bundesbeauftragte kann diese Frist um einen Monat verlängern, wenn die geplante Verarbeitung besonders komplex ist. [3] Sie oder er hat in diesem Fall innerhalb eines Monats nach Einleitung der Anhörung den Verantwortlichen und gegebenenfalls den Auftragsverarbeiter über die Fristverlängerung zu informieren.

(4) [1] Hat die beabsichtigte Verarbeitung erhebliche Bedeutung für die Aufgabenerfüllung des Verantwortlichen und ist sie daher besonders dringlich, kann er mit der Verarbeitung nach Beginn der Anhörung, aber vor Ablauf der in Absatz 3 Satz 1 genannten Frist beginnen. [2] In diesem Fall sind die Empfehlungen der oder des Bundesbeauftragten im Nachhinein zu berücksichtigen und sind die Art und Weise der Verarbeitung daraufhin gegebenenfalls anzupassen.

§ 70 Verzeichnis von Verarbeitungstätigkeiten. (1) [1] Der Verantwortliche hat ein Verzeichnis aller Kategorien von Verarbeitungstätigkeiten zu führen, die in seine Zuständigkeit fallen. [2] Dieses Verzeichnis hat die folgenden Angaben zu enthalten:

1. den Namen und die Kontaktdaten des Verantwortlichen und gegebenenfalls des gemeinsam mit ihm Verantwortlichen sowie den Namen und die Kontaktdaten der oder des Datenschutzbeauftragten,
2. die Zwecke der Verarbeitung,
3. die Kategorien von Empfängern, gegenüber denen die personenbezogenen Daten offengelegt worden sind oder noch offengelegt werden sollen,
4. eine Beschreibung der Kategorien betroffener Personen und der Kategorien personenbezogener Daten,
5. gegebenenfalls die Verwendung von Profiling,

6. gegebenenfalls die Kategorien von Übermittlungen personenbezogener Daten an Stellen in einem Drittstaat oder an eine internationale Organisation,
7. Angaben über die Rechtsgrundlage der Verarbeitung,
8. die vorgesehenen Fristen für die Löschung oder die Überprüfung der Erforderlichkeit der Speicherung der verschiedenen Kategorien personenbezogener Daten und
9. eine allgemeine Beschreibung der technischen und organisatorischen Maßnahmen gemäß § 64.

(2) Der Auftragsverarbeiter hat ein Verzeichnis aller Kategorien von Verarbeitungen zu führen, die er im Auftrag eines Verantwortlichen durchführt, das Folgendes zu enthalten hat:
1. den Namen und die Kontaktdaten des Auftragsverarbeiters, jedes Verantwortlichen, in dessen Auftrag der Auftragsverarbeiter tätig ist, sowie gegebenenfalls der oder des Datenschutzbeauftragten,
2. gegebenenfalls Übermittlungen von personenbezogenen Daten an Stellen in einem Drittstaat oder an eine internationale Organisation unter Angabe des Staates oder der Organisation und
3. eine allgemeine Beschreibung der technischen und organisatorischen Maßnahmen gemäß § 64.

(3) Die in den Absätzen 1 und 2 genannten Verzeichnisse sind schriftlich oder elektronisch zu führen.

(4) Verantwortliche und Auftragsverarbeiter haben auf Anforderung ihre Verzeichnisse der oder dem Bundesbeauftragten zur Verfügung zu stellen.

§ 71 Datenschutz durch Technikgestaltung und datenschutzfreundliche Voreinstellungen. (1) [1]Der Verantwortliche hat sowohl zum Zeitpunkt der Festlegung der Mittel für die Verarbeitung als auch zum Zeitpunkt der Verarbeitung selbst angemessene Vorkehrungen zu treffen, die geeignet sind, die Datenschutzgrundsätze wie etwa die Datensparsamkeit wirksam umzusetzen, und die sicherstellen, dass die gesetzlichen Anforderungen eingehalten und die Rechte der betroffenen Personen geschützt werden. [2]Er hat hierbei den Stand der Technik, die Implementierungskosten und die Art, den Umfang, die Umstände und die Zwecke der Verarbeitung sowie die unterschiedliche Eintrittswahrscheinlichkeit und Schwere der mit der Verarbeitung verbundenen Gefahren für die Rechtsgüter der betroffenen Personen zu berücksichtigen. [3]Insbesondere sind die Verarbeitung personenbezogener Daten und die Auswahl und Gestaltung von Datenverarbeitungssystemen an dem Ziel auszurichten, so wenig personenbezogene Daten wie möglich zu verarbeiten. [4]Personenbezogene Daten sind zum frühestmöglichen Zeitpunkt zu anonymisieren oder zu pseudonymisieren, soweit dies nach dem Verarbeitungszweck möglich ist.

(2) [1]Der Verantwortliche hat geeignete technische und organisatorische Maßnahmen zu treffen, die sicherstellen, dass durch Voreinstellungen grundsätzlich nur solche personenbezogenen Daten verarbeitet werden können, deren Verarbeitung für den jeweiligen bestimmten Verarbeitungszweck erforderlich ist. [2]Dies betrifft die Menge der erhobenen Daten, den Umfang ihrer Verarbeitung, ihre Speicherfrist und ihre Zugänglichkeit. [3]Die Maßnahmen

müssen insbesondere gewährleisten, dass die Daten durch Voreinstellungen nicht automatisiert einer unbestimmten Anzahl von Personen zugänglich gemacht werden können.

§ 72 Unterscheidung zwischen verschiedenen Kategorien betroffener Personen. [1] Der Verantwortliche hat bei der Verarbeitung personenbezogener Daten so weit wie möglich zwischen den verschiedenen Kategorien betroffener Personen zu unterscheiden. [2] Dies betrifft insbesondere folgende Kategorien:

1. Personen, gegen die ein begründeter Verdacht besteht, dass sie eine Straftat begangen haben,
2. Personen, gegen die ein begründeter Verdacht besteht, dass sie in naher Zukunft eine Straftat begehen werden,
3. verurteilte Straftäter,
4. Opfer einer Straftat oder Personen, bei denen bestimmte Tatsachen darauf hindeuten, dass sie Opfer einer Straftat sein könnten, und
5. andere Personen wie insbesondere Zeugen, Hinweisgeber oder Personen, die mit den in den Nummern 1 bis 4 genannten Personen in Kontakt oder Verbindung stehen.

§ 73 Unterscheidung zwischen Tatsachen und persönlichen Einschätzungen. [1] Der Verantwortliche hat bei der Verarbeitung so weit wie möglich danach zu unterscheiden, ob personenbezogene Daten auf Tatsachen oder auf persönlichen Einschätzungen beruhen. [2] Zu diesem Zweck soll er, soweit dies im Rahmen der jeweiligen Verarbeitung möglich und angemessen ist, Beurteilungen, die auf persönlichen Einschätzungen beruhen, als solche kenntlich machen. [3] Es muss außerdem feststellbar sein, welche Stelle die Unterlagen führt, die der auf einer persönlichen Einschätzung beruhenden Beurteilung zugrunde liegen.

§ 74 Verfahren bei Übermittlungen. (1) [1] Der Verantwortliche hat angemessene Maßnahmen zu ergreifen, um zu gewährleisten, dass personenbezogene Daten, die unrichtig oder nicht mehr aktuell sind, nicht übermittelt oder sonst zur Verfügung gestellt werden. [2] Zu diesem Zweck hat er, soweit dies mit angemessenem Aufwand möglich ist, die Qualität der Daten vor ihrer Übermittlung oder Bereitstellung zu überprüfen. [3] Bei jeder Übermittlung personenbezogener Daten hat er zudem, soweit dies möglich und angemessen ist, Informationen beizufügen, die es dem Empfänger gestatten, die Richtigkeit, die Vollständigkeit und die Zuverlässigkeit der Daten sowie deren Aktualität zu beurteilen.

(2) [1] Gelten für die Verarbeitung von personenbezogenen Daten besondere Bedingungen, so hat bei Datenübermittlungen die übermittelnde Stelle den Empfänger auf diese Bedingungen und die Pflicht zu ihrer Beachtung hinzuweisen. [2] Die Hinweispflicht kann dadurch erfüllt werden, dass die Daten entsprechend markiert werden.

(3) Die übermittelnde Stelle darf auf Empfänger in anderen Mitgliedstaaten der Europäischen Union und auf Einrichtungen und sonstige Stellen, die nach den Kapiteln 4 und 5 des Titels V des Dritten Teils des Vertrags über die Arbeitsweise der Europäischen Union errichtet wurden, keine Bedingungen

anwenden, die nicht auch für entsprechende innerstaatliche Datenübermittlungen gelten.

§ 75 Berichtigung und Löschung personenbezogener Daten sowie Einschränkung der Verarbeitung. (1) Der Verantwortliche hat personenbezogene Daten zu berichtigen, wenn sie unrichtig sind.

(2) Der Verantwortliche hat personenbezogene Daten unverzüglich zu löschen, wenn ihre Verarbeitung unzulässig ist, sie zur Erfüllung einer rechtlichen Verpflichtung gelöscht werden müssen oder ihre Kenntnis für seine Aufgabenerfüllung nicht mehr erforderlich ist.

(3) [1] § 58 Absatz 3 bis 5 ist entsprechend anzuwenden. [2] Sind unrichtige personenbezogene Daten oder personenbezogene Daten unrechtmäßig übermittelt worden, ist auch dies dem Empfänger mitzuteilen.

(4) Unbeschadet in Rechtsvorschriften festgesetzter Höchstspeicher- oder Löschfristen hat der Verantwortliche für die Löschung von personenbezogenen Daten oder eine regelmäßige Überprüfung der Notwendigkeit ihrer Speicherung angemessene Fristen vorzusehen und durch verfahrensrechtliche Vorkehrungen sicherzustellen, dass diese Fristen eingehalten werden.

§ 76 Protokollierung. (1) In automatisierten Verarbeitungssystemen haben Verantwortliche und Auftragsverarbeiter mindestens die folgenden Verarbeitungsvorgänge zu protokollieren:

1. Erhebung,
2. Veränderung,
3. Abfrage,
4. Offenlegung einschließlich Übermittlung,
5. Kombination und
6. Löschung.

(2) Die Protokolle über Abfragen und Offenlegungen müssen es ermöglichen, die Begründung, das Datum und die Uhrzeit dieser Vorgänge und so weit wie möglich die Identität der Person, die die personenbezogenen Daten abgefragt oder offengelegt hat, und die Identität des Empfängers der Daten festzustellen.

(3) Die Protokolle dürfen ausschließlich für die Überprüfung der Rechtmäßigkeit der Datenverarbeitung durch die Datenschutzbeauftragte oder den Datenschutzbeauftragten, die Bundesbeauftragte oder den Bundesbeauftragten und die betroffene Person sowie für die Eigenüberwachung, für die Gewährleistung der Integrität und Sicherheit der personenbezogenen Daten und für Strafverfahren verwendet werden.

(4) Die Protokolldaten sind am Ende des auf deren Generierung folgenden Jahres zu löschen.

(5) Der Verantwortliche und der Auftragsverarbeiter haben die Protokolle der oder dem Bundesbeauftragten auf Anforderung zur Verfügung zu stellen.

§ 77 Vertrauliche Meldung von Verstößen. Der Verantwortliche hat zu ermöglichen, dass ihm vertrauliche Meldungen über in seinem Verantwortungsbereich erfolgende Verstöße gegen Datenschutzvorschriften zugeleitet werden können.

Kapitel 5. Datenübermittlungen an Drittstaaten und an internationale Organisationen

§ 78 Allgemeine Voraussetzungen. (1) Die Übermittlung personenbezogener Daten an Stellen in Drittstaaten oder an internationale Organisationen ist bei Vorliegen der übrigen für Datenübermittlungen geltenden Voraussetzungen zulässig, wenn

1. die Stelle oder internationale Organisation für die in § 45 genannten Zwecke zuständig ist und
2. die Europäische Kommission gemäß Artikel 36 Absatz 3 der Richtlinie (EU) 2016/680 einen Angemessenheitsbeschluss gefasst hat.

(2) [1] Die Übermittlung personenbezogener Daten hat trotz des Vorliegens eines Angemessenheitsbeschlusses im Sinne des Absatzes 1 Nummer 2 und des zu berücksichtigenden öffentlichen Interesses an der Datenübermittlung zu unterbleiben, wenn im Einzelfall ein datenschutzrechtlich angemessener und die elementaren Menschenrechte wahrender Umgang mit den Daten beim Empfänger nicht hinreichend gesichert ist oder sonst überwiegende schutzwürdige Interessen einer betroffenen Person entgegenstehen. [2] Bei seiner Beurteilung hat der Verantwortliche maßgeblich zu berücksichtigen, ob der Empfänger im Einzelfall einen angemessenen Schutz der übermittelten Daten garantiert.

(3) [1] Wenn personenbezogene Daten, die aus einem anderen Mitgliedstaat der Europäischen Union übermittelt oder zur Verfügung gestellt wurden, nach Absatz 1 übermittelt werden sollen, muss diese Übermittlung zuvor von der zuständigen Stelle des anderen Mitgliedstaats genehmigt werden. [2] Übermittlungen ohne vorherige Genehmigung sind nur dann zulässig, wenn die Übermittlung erforderlich ist, um eine unmittelbare und ernsthafte Gefahr für die öffentliche Sicherheit eines Staates oder für die wesentlichen Interessen eines Mitgliedstaats abzuwehren, und die vorherige Genehmigung nicht rechtzeitig eingeholt werden kann. [3] Im Fall des Satzes 2 ist die Stelle des anderen Mitgliedstaats, die für die Erteilung der Genehmigung zuständig gewesen wäre, unverzüglich über die Übermittlung zu unterrichten.

(4) [1] Der Verantwortliche, der Daten nach Absatz 1 übermittelt, hat durch geeignete Maßnahmen sicherzustellen, dass der Empfänger die übermittelten Daten nur dann an andere Drittstaaten oder andere internationale Organisationen weiterübermittelt, wenn der Verantwortliche diese Übermittlung zuvor genehmigt hat. [2] Bei der Entscheidung über die Erteilung der Genehmigung hat der Verantwortliche alle maßgeblichen Faktoren zu berücksichtigen, insbesondere die Schwere der Straftat, den Zweck der ursprünglichen Übermittlung und das in dem Drittstaat oder der internationalen Organisation, an das oder an die die Daten weiterübermittelt werden sollen, bestehende Schutzniveau für personenbezogene Daten. [3] Eine Genehmigung darf nur dann erfolgen, wenn auch eine direkte Übermittlung an den anderen Drittstaat oder die andere internationale Organisation zulässig wäre. [4] Die Zuständigkeit für die Erteilung der Genehmigung kann auch abweichend geregelt werden.

§ 79 Datenübermittlung bei geeigneten Garantien. (1) Liegt entgegen § 78 Absatz 1 Nummer 2 kein Beschluss nach Artikel 36 Absatz 3 der Richtlinie (EU) 2016/680 vor, ist eine Übermittlung bei Vorliegen der übrigen Voraussetzungen des § 78 auch dann zulässig, wenn

1. in einem rechtsverbindlichen Instrument geeignete Garantien für den Schutz personenbezogener Daten vorgesehen sind oder
2. der Verantwortliche nach Beurteilung aller Umstände, die bei der Übermittlung eine Rolle spielen, zu der Auffassung gelangt ist, dass geeignete Garantien für den Schutz personenbezogener Daten bestehen.

(2) [1] Der Verantwortliche hat Übermittlungen nach Absatz 1 Nummer 2 zu dokumentieren. [2] Die Dokumentation hat den Zeitpunkt der Übermittlung, die Identität des Empfängers, den Grund der Übermittlung und die übermittelten personenbezogenen Daten zu enthalten. [3] Sie ist der oder dem Bundesbeauftragten auf Anforderung zur Verfügung zu stellen.

(3) [1] Der Verantwortliche hat die Bundesbeauftragte oder den Bundesbeauftragten zumindest jährlich über Übermittlungen zu unterrichten, die aufgrund einer Beurteilung nach Absatz 1 Nummer 2 erfolgt sind. [2] In der Unterrichtung kann er die Empfänger und die Übermittlungszwecke angemessen kategorisieren.

§ 80 Datenübermittlung ohne geeignete Garantien. (1) Liegt entgegen § 78 Absatz 1 Nummer 2 kein Beschluss nach Artikel 36 Absatz 3 der Richtlinie (EU) 2016/680 vor und liegen auch keine geeigneten Garantien im Sinne des § 79 Absatz 1 vor, ist eine Übermittlung bei Vorliegen der übrigen Voraussetzungen des § 78 auch dann zulässig, wenn die Übermittlung erforderlich ist

1. zum Schutz lebenswichtiger Interessen einer natürlichen Person,
2. zur Wahrung berechtigter Interessen der betroffenen Person,
3. zur Abwehr einer gegenwärtigen und erheblichen Gefahr für die öffentliche Sicherheit eines Staates,
4. im Einzelfall für die in § 45 genannten Zwecke oder
5. im Einzelfall zur Geltendmachung, Ausübung oder Verteidigung von Rechtsansprüchen im Zusammenhang mit den in § 45 genannten Zwecken.

(2) Der Verantwortliche hat von einer Übermittlung nach Absatz 1 abzusehen, wenn die Grundrechte der betroffenen Person das öffentliche Interesse an der Übermittlung überwiegen.

(3) Für Übermittlungen nach Absatz 1 gilt § 79 Absatz 2 entsprechend.

§ 81 Sonstige Datenübermittlung an Empfänger in Drittstaaten.

(1) Verantwortliche können bei Vorliegen der übrigen für die Datenübermittlung in Drittstaaten geltenden Voraussetzungen im besonderen Einzelfall personenbezogene Daten unmittelbar an nicht in § 78 Absatz 1 Nummer 1 genannte Stellen in Drittstaaten übermitteln, wenn die Übermittlung für die Erfüllung ihrer Aufgaben unbedingt erforderlich ist und

1. im konkreten Fall keine Grundrechte der betroffenen Person das öffentliche Interesse an einer Übermittlung überwiegen,

2. die Übermittlung an die in § 78 Absatz 1 Nummer 1 genannten Stellen wirkungslos oder ungeeignet wäre, insbesondere weil sie nicht rechtzeitig durchgeführt werden kann, und
3. der Verantwortliche dem Empfänger die Zwecke der Verarbeitung mitteilt und ihn darauf hinweist, dass die übermittelten Daten nur in dem Umfang verarbeitet werden dürfen, in dem ihre Verarbeitung für diese Zwecke erforderlich ist.

(2) Im Fall des Absatzes 1 hat der Verantwortliche die in § 78 Absatz 1 Nummer 1 genannten Stellen unverzüglich über die Übermittlung zu unterrichten, sofern dies nicht wirkungslos oder ungeeignet ist.

(3) Für Übermittlungen nach Absatz 1 gilt § 79 Absatz 2 und 3 entsprechend.

(4) Bei Übermittlungen nach Absatz 1 hat der Verantwortliche den Empfänger zu verpflichten, die übermittelten personenbezogenen Daten ohne seine Zustimmung nur für den Zweck zu verarbeiten, für den sie übermittelt worden sind.

(5) Abkommen im Bereich der justiziellen Zusammenarbeit in Strafsachen und der polizeilichen Zusammenarbeit bleiben unberührt.

Kapitel 6. Zusammenarbeit der Aufsichtsbehörden

§ 82 Gegenseitige Amtshilfe. (1) [1] Die oder der Bundesbeauftragte hat den Datenschutzaufsichtsbehörden in anderen Mitgliedstaaten der Europäischen Union Informationen zu übermitteln und Amtshilfe zu leisten, soweit dies für eine einheitliche Umsetzung und Anwendung der Richtlinie (EU) 2016/680 erforderlich ist. [2] Die Amtshilfe betrifft insbesondere Auskunftsersuchen und aufsichtsbezogene Maßnahmen, beispielsweise Ersuchen um Konsultation oder um Vornahme von Nachprüfungen und Untersuchungen.

(2) Die oder der Bundesbeauftragte hat alle geeigneten Maßnahmen zu ergreifen, um Amtshilfeersuchen unverzüglich und spätestens innerhalb eines Monats nach deren Eingang nachzukommen.

(3) Die oder der Bundesbeauftragte darf Amtshilfeersuchen nur ablehnen, wenn

1. sie oder er für den Gegenstand des Ersuchens oder für die Maßnahmen, die sie oder er durchführen soll, nicht zuständig ist oder
2. ein Eingehen auf das Ersuchen gegen Rechtsvorschriften verstoßen würde.

(4) [1] Die oder der Bundesbeauftragte hat die ersuchende Aufsichtsbehörde des anderen Staates über die Ergebnisse oder gegebenenfalls über den Fortgang der Maßnahmen zu informieren, die getroffen wurden, um dem Amtshilfeersuchen nachzukommen. [2] Sie oder er hat im Fall des Absatzes 3 die Gründe für die Ablehnung des Ersuchens zu erläutern.

(5) Die oder der Bundesbeauftragte hat die Informationen, um die sie oder er von der Aufsichtsbehörde des anderen Staates ersucht wurde, in der Regel elektronisch und in einem standardisierten Format zu übermitteln.

(6) Die oder der Bundesbeauftragte hat Amtshilfeersuchen kostenfrei zu erledigen, soweit sie oder er nicht im Einzelfall mit der Aufsichtsbehörde des anderen Staates die Erstattung entstandener Ausgaben vereinbart hat.

(7) [1]Ein Amtshilfeersuchen der oder des Bundesbeauftragten hat alle erforderlichen Informationen zu enthalten; hierzu gehören insbesondere der Zweck und die Begründung des Ersuchens. [2]Die auf das Ersuchen übermittelten Informationen dürfen ausschließlich zu dem Zweck verwendet werden, zu dem sie angefordert wurden.

Kapitel 7. Haftung und Sanktionen

§ 83 Schadensersatz und Entschädigung. (1) [1]Hat ein Verantwortlicher einer betroffenen Person durch eine Verarbeitung personenbezogener Daten, die nach diesem Gesetz oder nach anderen auf ihre Verarbeitung anwendbaren Vorschriften rechtswidrig war, einen Schaden zugefügt, ist er oder sein Rechtsträger der betroffenen Person zum Schadensersatz verpflichtet. [2]Die Ersatzpflicht entfällt, soweit bei einer nicht automatisierten Verarbeitung der Schaden nicht auf ein Verschulden des Verantwortlichen zurückzuführen ist.

(2) Wegen eines Schadens, der nicht Vermögensschaden ist, kann die betroffene Person eine angemessene Entschädigung in Geld verlangen.

(3) Lässt sich bei einer automatisierten Verarbeitung personenbezogener Daten nicht ermitteln, welche von mehreren beteiligten Verantwortlichen den Schaden verursacht hat, so haftet jeder Verantwortliche beziehungsweise sein Rechtsträger.

(4) Hat bei der Entstehung des Schadens ein Verschulden der betroffenen Person mitgewirkt, ist § 254 des Bürgerlichen Gesetzbuchs entsprechend anzuwenden.

(5) Auf die Verjährung finden die für unerlaubte Handlungen geltenden Verjährungsvorschriften des Bürgerlichen Gesetzbuchs entsprechende Anwendung.

§ 84 Strafvorschriften. Für Verarbeitungen personenbezogener Daten durch öffentliche Stellen im Rahmen von Tätigkeiten nach § 45 Satz 1, 3 oder 4 findet § 42 entsprechende Anwendung.

Teil 4. Besondere Bestimmungen für Verarbeitungen im Rahmen von nicht in die Anwendungsbereiche der Verordnung (EU) 2016/679 und der Richtlinie (EU) 2016/680 fallenden Tätigkeiten

§ 85 Verarbeitung personenbezogener Daten im Rahmen von nicht in die Anwendungsbereiche der Verordnung (EU) 2016/679 und der Richtlinie (EU) 2016/680 fallenden Tätigkeiten. (1) [1]Die Übermittlung personenbezogener Daten an einen Drittstaat oder an über- oder zwischenstaatliche Stellen oder internationale Organisationen im Rahmen von nicht in die Anwendungsbereiche der Verordnung (EU) 2016/679[1)] und der Richtlinie (EU) 2016/680 fallenden Tätigkeiten ist über die bereits gemäß der Verordnung (EU) 2016/679 zulässigen Fälle hinaus auch dann zulässig, wenn sie zur Erfüllung eigener Aufgaben aus zwingenden Gründen der Verteidigung oder zur Erfüllung über- oder zwischenstaatlicher Verpflichtungen einer öffentlichen

---

1) Nr. **54**.

Stelle des Bundes auf dem Gebiet der Krisenbewältigung oder Konfliktverhinderung oder für humanitäre Maßnahmen erforderlich ist. [2] Der Empfänger ist darauf hinzuweisen, dass die übermittelten Daten nur zu dem Zweck verwendet werden dürfen, zu dem sie übermittelt wurden.

(2) Für Verarbeitungen im Rahmen von nicht in die Anwendungsbereiche der Verordnung (EU) 2016/679 und der Richtlinie (EU) 2016/680 fallenden Tätigkeiten durch Dienststellen im Geschäftsbereich des Bundesministeriums der Verteidigung gilt § 16 Absatz 4 nicht, soweit das Bundesministerium der Verteidigung im Einzelfall feststellt, dass die Erfüllung der dort genannten Pflichten die Sicherheit des Bundes gefährden würde.

(3) [1] Für Verarbeitungen im Rahmen von nicht in die Anwendungsbereiche der Verordnung (EU) 2016/679 und der Richtlinie (EU) 2016/680 fallenden Tätigkeiten durch öffentliche Stellen des Bundes besteht keine Informationspflicht gemäß Artikel 13 Absatz 1 und 2 der Verordnung (EU) 2016/679, wenn

1. es sich um Fälle des § 32 Absatz 1 Nummer 1 bis 3 handelt oder
2. durch ihre Erfüllung Informationen offenbart würden, die nach einer Rechtsvorschrift oder ihrem Wesen nach, insbesondere wegen der überwiegenden berechtigten Interessen eines Dritten, geheim gehalten werden müssen, und deswegen das Interesse der betroffenen Person an der Erteilung der Information zurücktreten muss.

[2] Ist die betroffene Person in den Fällen des Satzes 1 nicht zu informieren, besteht auch kein Recht auf Auskunft. [3] § 32 Absatz 2 und § 33 Absatz 2 finden keine Anwendung.

57. Richtlinie 2002/58/EG des Europäischen Parlaments und des Rates vom 12. Juli 2002 über die Verarbeitung personenbezogener Daten und den Schutz der Privatsphäre in der elektronischen Kommunikation (Datenschutzrichtlinie für elektronische Kommunikation)

(ABl. Nr. L 201 S. 37)

Celex-Nr. 3 2002 L 0058

zuletzt geänd. durch Art. 2 ÄndRL 2009/136/EG v. 25.11.2009 (ABl. Nr. L 337 S. 11, ber. 2013 ABl. Nr. L 241 S. 9, ber. 2017 ABl. Nr. L 162 S. 56)

Art. 1 Geltungsbereich und Zielsetzung. (1) Diese Richtlinie sieht die Harmonisierung der Vorschriften der Mitgliedstaaten vor, die erforderlich sind, um einen gleichwertigen Schutz der Grundrechte und Grundfreiheiten, insbesondere des Rechts auf Privatsphäre und Vertraulichkeit, in Bezug auf die Verarbeitung personenbezogener Daten im Bereich der elektronischen Kommunikation sowie den freien Verkehr dieser Daten und von elektronischen Kommunikationsgeräten und -diensten in der Gemeinschaft zu gewährleisten.

(2) [1] Die Bestimmungen dieser Richtlinie stellen eine Detaillierung und Ergänzung der Richtlinie 95/46/EG im Hinblick auf die in Absatz 1 genannten Zwecke dar. [2] Darüber hinaus regeln sie den Schutz der berechtigten Interessen von Teilnehmern, bei denen es sich um juristische Personen handelt.

(3) Diese Richtlinie gilt nicht für Tätigkeiten, die nicht in den Anwendungsbereich des Vertrags zur Gründung der Europäischen Gemeinschaft fallen, beispielsweise Tätigkeiten gemäß den Titeln V und VI des Vertrags über die Europäische Union, und auf keinen Fall für Tätigkeiten betreffend die öffentliche Sicherheit, die Landesverteidigung, die Sicherheit des Staates (einschließlich seines wirtschaftlichen Wohls, wenn die Tätigkeit die Sicherheit des Staates berührt) und die Tätigkeiten des Staates im strafrechtlichen Bereich.

Art. 2 Begriffsbestimmungen. *[1]* Sofern nicht anders angegeben, gelten die Begriffsbestimmungen der Richtlinie 95/46/EG und der Richtlinie 2002/21/EG des Europäischen Parlaments und des Rates vom 7. März 2002 über einen gemeinsamen Rechtsrahmen für elektronische Kommunikationsnetze und -dienste („Rahmenrichtlinie")[1)] auch für diese Richtlinie.

[2] Weiterhin bezeichnet im Sinne dieser Richtlinie der Ausdruck

a) „Nutzer" eine natürliche Person, die einen öffentlich zugänglichen elektronischen Kommunikationsdienst für private oder geschäftliche Zwecke nutzt, ohne diesen Dienst notwendigerweise abonniert zu haben;
b) „Verkehrsdaten" Daten, die zum Zwecke der Weiterleitung einer Nachricht an ein elektronisches Kommunikationsnetz oder zum Zwecke der Fakturierung dieses Vorgangs verarbeitet werden;
c) „Standortdaten" Daten, die in einem elektronischen Kommunikationsnetz oder von einem elektronischen Kommunikationsdienst verarbeitet werden

---

[1)] **Amtl. Anm.:** ABl. L 108 vom 24.4.2002, S. 33.

und die den geografischen Standort des Endgeräts eines Nutzers eines öffentlich zugänglichen elektronischen Kommunikationsdienstes angeben;

d) „Nachricht" jede Information, die zwischen einer endlichen Zahl von Beteiligten über einen öffentlich zugänglichen elektronischen Kommunikationsdienst ausgetauscht oder weitergeleitet wird. Dies schließt nicht Informationen ein, die als Teil eines Rundfunkdienstes über ein elektronisches Kommunikationsnetz an die Öffentlichkeit weitergeleitet werden, soweit die Informationen nicht mit dem identifizierbaren Teilnehmer oder Nutzer, der sie erhält, in Verbindung gebracht werden können;

e) *(aufgehoben)*

f) „Einwilligung" eines Nutzers oder Teilnehmers die Einwilligung der betroffenen Person im Sinne von Richtlinie 95/46/EG;

g) „Dienst mit Zusatznutzen" jeden Dienst, der die Bearbeitung von Verkehrsdaten oder anderen Standortdaten als Verkehrsdaten in einem Maße erfordert, das über das für die Übermittlung einer Nachricht oder die Fakturierung dieses Vorgangs erforderliche Maß hinausgeht;

h) „elektronische Post" jede über ein öffentliches Kommunikationsnetz verschickte Text-, Sprach-, Ton- oder Bildnachricht, die im Netz oder im Endgerät des Empfängers gespeichert werden kann, bis sie von diesem abgerufen wird;

i) „Verletzung des Schutzes personenbezogener Daten" eine Verletzung der Sicherheit, die auf unbeabsichtigte oder unrechtmäßige Weise zur Vernichtung, zum Verlust, zur Veränderung und zur unbefugten Weitergabe von bzw. zum unbefugten Zugang zu personenbezogenen Daten führt, die übertragen, gespeichert oder auf andere Weise im Zusammenhang mit der Bereitstellung öffentlich zugänglicher elektronischer Kommunikationsdienste in der Gemeinschaft verarbeitet werden.

Art. 3 Betroffene Dienste. Diese Richtlinie gilt für die Verarbeitung personenbezogener Daten in Verbindung mit der Bereitstellung öffentlich zugänglicher elektronischer Kommunikationsdienste in öffentlichen Kommunikationsnetzen in der Gemeinschaft, einschließlich öffentlicher Kommunikationsnetze, die Datenerfassungs- und Identifizierungsgeräte unterstützen.

Art. 4 Sicherheit der Verarbeitung. (1) [1]Der Betreiber eines öffentlich zugänglichen elektronischen Kommunikationsdienstes muss geeignete technische und organisatorische Maßnahmen ergreifen, um die Sicherheit seiner Dienste zu gewährleisten; die Netzsicherheit ist hierbei erforderlichenfalls zusammen mit dem Betreiber des öffentlichen Kommunikationsnetzes zu gewährleisten. [2]Diese Maßnahmen müssen unter Berücksichtigung des Standes der Technik und der Kosten ihrer Durchführung ein Sicherheitsniveau gewährleisten, das angesichts des bestehenden Risikos angemessen ist.

(1a) *[1]* Unbeschadet der Richtlinie 95/46/EG ist durch die in Absatz 1 genannten Maßnahmen zumindest Folgendes zu erreichen:

- Sicherstellung, dass nur ermächtigte Personen für rechtlich zulässige Zwecke Zugang zu personenbezogenen Daten erhalten,
- Schutz gespeicherter oder übermittelter personenbezogener Daten vor unbeabsichtigter oder unrechtmäßiger Zerstörung, unbeabsichtigtem Verlust oder

unbeabsichtigter Veränderung und unbefugter oder unrechtmäßiger Speicherung oder Verarbeitung, unbefugtem oder unberechtigtem Zugang oder unbefugter oder unrechtmäßiger Weitergabe und
– Sicherstellung der Umsetzung eines Sicherheitskonzepts für die Verarbeitung personenbezogener Daten.

[2] Die zuständigen nationalen Behörden haben die Möglichkeit, die von den Betreibern öffentlich zugänglicher elektronischer Kommunikationsdienste getroffenen Maßnahmen zu prüfen und Empfehlungen zu bewährten Verfahren im Zusammenhang mit dem mit Hilfe dieser Maßnahmen zu erreichenden Sicherheitsniveau zu abzugeben.

(2) Besteht ein besonderes Risiko der Verletzung der Netzsicherheit, muss der Betreiber eines öffentlich zugänglichen elektronischen Kommunikationsdienstes die Teilnehmer über dieses Risiko und – wenn das Risiko außerhalb des Anwendungsbereichs der vom Diensteanbieter zu treffenden Maßnahmen liegt – über mögliche Abhilfen, einschließlich der voraussichtlich entstehenden Kosten, unterrichten.

(3) *[1]* Im Fall einer Verletzung des Schutzes personenbezogener Daten benachrichtigt der Betreiber der öffentlich zugänglichen elektronischen Kommunikationsdienste unverzüglich die zuständige nationale Behörde von der Verletzung.

[2] Ist anzunehmen, dass durch die Verletzung personenbezogener Daten die personenbezogenen Daten, oder Teilnehmer oder Personen in ihrer Privatsphäre, beeinträchtigt werden, so benachrichtigt der Betreiber auch den Teilnehmer bzw. die Person unverzüglich von der Verletzung.

[3] [1] Der Anbieter braucht die betroffenen Teilnehmer oder Personen nicht von einer Verletzung des Schutzes personenbezogener Daten zu benachrichtigen, wenn er zur Zufriedenheit der zuständigen Behörde nachgewiesen hat, dass er geeignete technische Schutzmaßnahmen getroffen hat und dass diese Maßnahmen auf die von der Sicherheitsverletzung betroffenen Daten angewendet wurden. [2] Diese technischen Schutzmaßnahmen verschlüsseln die Daten für alle Personen, die nicht befugt sind, Zugang zu den Daten zu haben.

[4] Unbeschadet der Pflicht des Betreibers, den betroffenen Teilnehmer und die Person zu benachrichtigen, kann die zuständige nationale Behörde, wenn der Betreiber den Teilnehmer bzw. die Person noch nicht über die Verletzung des Schutzes personenbezogener Daten benachrichtigt hat, diesen nach Berücksichtigung der wahrscheinlichen nachteiligen Auswirkungen der Verletzung zur Benachrichtigung auffordern.

[5] [1] In der Benachrichtigung des Teilnehmers bzw. der Person werden mindestens die Art der Verletzung des Schutzes personenbezogener Daten und die Kontaktstellen, bei denen weitere Informationen erhältlich sind, genannt und Maßnahmen zur Begrenzung der möglichen nachteiligen Auswirkungen der Verletzung des Schutzes personenbezogener Daten empfohlen. [2] In der Benachrichtigung der zuständigen nationalen Behörde werden zusätzlich die Folgen der Verletzung des Schutzes personenbezogener Daten und die vom Betreiber nach der Verletzung vorgeschlagenen oder ergriffenen Maßnahmen dargelegt.

(4) *[1]* [1] Vorbehaltlich technischer Durchführungsmaßnahmen nach Absatz 5 können die zuständigen nationalen Behörden Leitlinien annehmen und gegebenenfalls Anweisungen erteilen bezüglich der Umstände, unter denen die

Benachrichtigung seitens der Betreiber über eine Verletzung des Schutzes personenbezogener Daten erforderlich ist, sowie bezüglich des Formates und der Verfahrensweise für die Benachrichtigung. 2 Sie müssen auch in der Lage sein zu überwachen, ob die Betreiber ihre Pflichten zur Benachrichtigung nach diesem Absatz erfüllt haben, und verhängen, falls dies nicht der Fall ist, geeignete Sanktionen.

[2] 1 Die Betreiber führen ein Verzeichnis der Verletzungen des Schutzes personenbezogener Daten, das Angaben zu den Umständen der Verletzungen, zu deren Auswirkungen und zu den ergriffenen Abhilfemaßnahmen enthält, wobei diese Angaben ausreichend sein müssen, um den zuständigen nationalen Behörden die Prüfung der Einhaltung der Bestimmungen des Absatzes 3 zu ermöglichen. 2 Das Verzeichnis enthält nur die zu diesem Zweck erforderlichen Informationen.

(5) *[1]* 1 Zur Gewährleistung einer einheitlichen Anwendung der in den Absätzen 2, 3 und 4 vorgesehenen Maßnahmen kann die Kommission nach Anhörung der Europäischen Agentur für Netz- und Informationssicherheit (ENISA), der gemäß Artikel 29 der Richtlinie 95/46/EG eingesetzten Gruppe für den Schutz von Personen bei der Verarbeitung personenbezogener Daten und des Europäischen Datenschutzbeauftragten technische Durchführungsmaßnahmen in Bezug auf Umstände, Form und Verfahren der in diesem Artikel vorgeschriebenen Informationen und Benachrichtigungen erlassen. 2 Beim Erlass dieser Maßnahmen bezieht die Kommission alle relevanten Interessengruppen mit ein, um sich insbesondere über die besten verfügbaren technischen und wirtschaftlichen Mittel zur Durchführung dieses Artikels zu informieren.

[2] Diese Maßnahmen zur Änderung nicht wesentlicher Bestimmungen dieser Richtlinie durch Ergänzung werden nach dem in Artikel 14a Absatz 2 genannten Regelungsverfahren mit Kontrolle erlassen.

Art. 5 Vertraulichkeit der Kommunikation. (1) 1 Die Mitgliedstaaten stellen die Vertraulichkeit der mit öffentlichen Kommunikationsnetzen und öffentlich zugänglichen Kommunikationsdiensten übertragenen Nachrichten und der damit verbundenen Verkehrsdaten durch innerstaatliche Vorschriften sicher. 2 Insbesondere untersagen sie das Mithören, Abhören und Speichern sowie andere Arten des Abfangens oder Überwachens von Nachrichten und der damit verbundenen Verkehrsdaten durch andere Personen als die Nutzer, wenn keine Einwilligung der betroffenen Nutzer vorliegt, es sei denn, dass diese Personen gemäß Artikel 15 Absatz 1 gesetzlich dazu ermächtigt sind. 3 Diese Bestimmung steht – unbeschadet des Grundsatzes der Vertraulichkeit – der für die Weiterleitung einer Nachricht erforderlichen technischen Speicherung nicht entgegen.

(2) Absatz 1 betrifft nicht das rechtlich zulässige Aufzeichnen von Nachrichten und der damit verbundenen Verkehrsdaten, wenn dies im Rahmen einer rechtmäßigen Geschäftspraxis zum Nachweis einer kommerziellen Transaktion oder einer sonstigen geschäftlichen Nachricht geschieht.

(3) 1 Die Mitgliedstaaten stellen sicher, dass die Speicherung von Informationen oder der Zugriff auf Informationen, die bereits im Endgerät eines Teilnehmers oder Nutzers gespeichert sind, nur gestattet ist, wenn der betreffende Teilnehmer oder Nutzer auf der Grundlage von klaren und umfassenden

Informationen, die er gemäß der Richtlinie 95/46/EG u.a. über die Zwecke der Verarbeitung erhält, seine Einwilligung gegeben hat. [2] Dies steht einer technischen Speicherung oder dem Zugang nicht entgegen, wenn der alleinige Zweck die Durchführung der Übertragung einer Nachricht über ein elektronisches Kommunikationsnetz ist oder wenn dies unbedingt erforderlich ist, damit der Anbieter eines Dienstes der Informationsgesellschaft, der vom Teilnehmer oder Nutzer ausdrücklich gewünscht wurde, diesen Dienst zur Verfügung stellen kann.

Art. 6 Verkehrsdaten. (1) Verkehrsdaten, die sich auf Teilnehmer und Nutzer beziehen und vom Betreiber eines öffentlichen Kommunikationsnetzes oder eines öffentlich zugänglichen Kommunikationsdienstes verarbeitet und gespeichert werden, sind unbeschadet der Absätze 2, 3 und 5 des vorliegenden Artikels und des Artikels 15 Absatz 1 zu löschen oder zu anonymisieren, sobald sie für die Übertragung einer Nachricht nicht mehr benötigt werden.

(2) [1] Verkehrsdaten, die zum Zwecke der Gebührenabrechnung und der Bezahlung von Zusammenschaltungen erforderlich sind, dürfen verarbeitet werden. [2] Diese Verarbeitung ist nur bis zum Ablauf der Frist zulässig, innerhalb deren die Rechnung rechtlich angefochten oder der Anspruch auf Zahlung geltend gemacht werden kann.

(3) [1] Der Betreiber eines öffentlich zugänglichen elektronischen Kommunikationsdienstes kann die in Absatz 1 genannten Daten zum Zwecke der Vermarktung elektronischer Kommunikationsdienste oder zur Bereitstellung von Diensten mit Zusatznutzen im dazu erforderlichen Maß und innerhalb des dazu oder zur Vermarktung erforderlichen Zeitraums verarbeiten, sofern der Teilnehmer oder der Nutzer, auf den sich die Daten beziehen, zuvor seine Einwilligung gegeben hat. [2] Der Nutzer oder der Teilnehmer hat die Möglichkeit, seine Einwilligung zur Verarbeitung der Verkehrsdaten jederzeit zu widerrufen.

(4) Der Diensteanbieter muss dem Teilnehmer oder Nutzer mitteilen, welche Arten von Verkehrsdaten für die in Absatz 2 genannten Zwecke verarbeitet werden und wie lange das geschieht; bei einer Verarbeitung für die in Absatz 3 genannten Zwecke muss diese Mitteilung erfolgen, bevor um Einwilligung ersucht wird.

(5) Die Verarbeitung von Verkehrsdaten gemäß den Absätzen 1, 2, 3 und 4 darf nur durch Personen erfolgen, die auf Weisung der Betreiber öffentlicher Kommunikationsnetze und öffentlich zugänglicher Kommunikationsdienste handeln und die für Gebührenabrechnungen oder Verkehrsabwicklung, Kundenanfragen, Betrugsermittlung, die Vermarktung der elektronischen Kommunikationsdienste oder für die Bereitstellung eines Dienstes mit Zusatznutzen zuständig sind; ferner ist sie auf das für diese Tätigkeiten erforderliche Maß zu beschränken.

(6) Die Absätze 1, 2, 3 und 5 gelten unbeschadet der Möglichkeit der zuständigen Gremien, in Einklang mit den geltenden Rechtsvorschriften für die Beilegung von Streitigkeiten, insbesondere Zusammenschaltungs- oder Abrechnungsstreitigkeiten, von Verkehrsdaten Kenntnis zu erhalten.

Art. 7 Einzelgebührennachweis. (1) Die Teilnehmer haben das Recht, Rechnungen ohne Einzelgebührennachweis zu erhalten.

(2) Die Mitgliedstaaten wenden innerstaatliche Vorschriften an, um das Recht der Teilnehmer, Einzelgebührennachweise zu erhalten, und das Recht anrufender Nutzer und angerufener Teilnehmer auf Vertraulichkeit miteinander in Einklang zu bringen, indem sie beispielsweise sicherstellen, dass diesen Nutzern und Teilnehmern genügend andere, den Schutz der Privatsphäre fördernde Methoden für die Kommunikation oder Zahlungen zur Verfügung stehen.

Art. 8 Anzeige der Rufnummer des Anrufers und des Angerufenen und deren Unterdrückung. (1) [1]Wird die Anzeige der Rufnummer des Anrufers angeboten, so muss der Diensteanbieter dem anrufenden Nutzer die Möglichkeit geben, die Rufnummernanzeige für jeden Anruf einzeln auf einfache Weise und gebührenfrei zu verhindern. [2]Dem anrufenden Teilnehmer muss diese Möglichkeit anschlussbezogen zur Verfügung stehen.

(2) Wird die Anzeige der Rufnummer des Anrufers angeboten, so muss der Diensteanbieter dem angerufenen Teilnehmer die Möglichkeit geben, die Anzeige der Rufnummer eingehender Anrufe auf einfache Weise und für jede vertretbare Nutzung dieser Funktion gebührenfrei zu verhindern.

(3) Wird die Anzeige der Rufnummer des Anrufers angeboten und wird die Rufnummer vor der Herstellung der Verbindung angezeigt, so muss der Diensteanbieter dem angerufenen Teilnehmer die Möglichkeit geben, eingehende Anrufe, bei denen die Rufnummernanzeige durch den anrufenden Nutzer oder Teilnehmer verhindert wurde, auf einfache Weise und gebührenfrei abzuweisen.

(4) Wird die Anzeige der Rufnummer des Angerufenen angeboten, so muss der Diensteanbieter dem angerufenen Teilnehmer die Möglichkeit geben, die Anzeige seiner Rufnummer beim anrufenden Nutzer auf einfache Weise und gebührenfrei zu verhindern.

(5) [1]Absatz 1 gilt auch für aus der Gemeinschaft kommende Anrufe in Drittländern. [2]Die Absätze 2, 3 und 4 gelten auch für aus Drittländern kommende Anrufe.

(6) Wird die Anzeige der Rufnummer des Anrufers und/oder des Angerufenen angeboten, so stellen die Mitgliedstaaten sicher, dass die Betreiber öffentlich zugänglicher elektronischer Kommunikationsdienste die Öffentlichkeit hierüber und über die in den Absätzen 1, 2, 3 und 4 beschriebenen Möglichkeiten unterrichten.

Art. 9 Andere Standortdaten als Verkehrsdaten. (1) [1]Können andere Standortdaten als Verkehrsdaten in Bezug auf die Nutzer oder Teilnehmer von öffentlichen Kommunikationsnetzen oder öffentlich zugänglichen Kommunikationsdiensten verarbeitet werden, so dürfen diese Daten nur im zur Bereitstellung von Diensten mit Zusatznutzen erforderlichen Maß und innerhalb des dafür erforderlichen Zeitraums verarbeitet werden, wenn sie anonymisiert wurden oder wenn die Nutzer oder Teilnehmer ihre Einwilligung gegeben haben. [2]Der Diensteanbieter muss den Nutzern oder Teilnehmern vor Einholung ihrer Einwilligung mitteilen, welche Arten anderer Standortdaten als Verkehrsdaten verarbeitet werden, für welche Zwecke und wie lange das geschieht, und ob die Daten zum Zwecke der Bereitstellung des Dienstes mit Zusatznutzen an einen Dritten weitergegeben werden. [3]Die Nutzer oder Teilnehmer können ihre Einwilligung zur Verarbeitung anderer Standortdaten als Verkehrsdaten jederzeit zurückziehen.

(2) Haben die Nutzer oder Teilnehmer ihre Einwilligung zur Verarbeitung von anderen Standortdaten als Verkehrsdaten gegeben, dann müssen sie auch weiterhin die Möglichkeit haben, die Verarbeitung solcher Daten für jede Verbindung zum Netz oder für jede Übertragung einer Nachricht auf einfache Weise und gebührenfrei zeitweise zu untersagen.

(3) Die Verarbeitung anderer Standortdaten als Verkehrsdaten gemäß den Absätzen 1 und 2 muss auf das für die Bereitstellung des Dienstes mit Zusatznutzen erforderliche Maß sowie auf Personen beschränkt werden, die im Auftrag des Betreibers des öffentlichen Kommunikationsnetzes oder öffentlich zugänglichen Kommunikationsdienstes oder des Dritten, der den Dienst mit Zusatznutzen anbietet, handeln.

Art. 10 Ausnahmen. Die Mitgliedstaaten stellen sicher, dass es transparente Verfahren gibt, nach denen der Betreiber eines öffentlichen Kommunikationsnetzes und/oder eines öffentlich zugänglichen elektronischen Kommunikationsdienstes

a) die Unterdrückung der Anzeige der Rufnummer des Anrufers vorübergehend aufheben kann, wenn ein Teilnehmer beantragt hat, dass böswillige oder belästigende Anrufe zurückverfolgt werden; in diesem Fall werden nach innerstaatlichem Recht die Daten mit der Rufnummer des anrufenden Teilnehmers vom Betreiber des öffentlichen Kommunikationsnetzes und/oder des öffentlich zugänglichen elektronischen Kommunikationsdienstes gespeichert und zur Verfügung gestellt;

b) die Unterdrückung der Anzeige der Rufnummer des Anrufers aufheben und Standortdaten trotz der vorübergehenden Untersagung oder fehlenden Einwilligung durch den Teilnehmer oder Nutzer verarbeiten kann, und zwar anschlussbezogen für Einrichtungen, die Notrufe bearbeiten und dafür von einem Mitgliedstaat anerkannt sind, einschließlich Strafverfolgungsbehörden, Ambulanzdiensten und Feuerwehren, zum Zwecke der Beantwortung dieser Anrufe.

Art. 11 Automatische Anrufweiterschaltung. Die Mitgliedstaaten stellen sicher, dass jeder Teilnehmer die Möglichkeit hat, auf einfache Weise und gebührenfrei die von einer dritten Partei veranlasste automatische Anrufweiterschaltung zum Endgerät des Teilnehmers abzustellen.

Art. 12 Teilnehmerverzeichnisse. (1) Die Mitgliedstaaten stellen sicher, dass die Teilnehmer gebührenfrei und vor Aufnahme in das Teilnehmerverzeichnis über den Zweck bzw. die Zwecke von gedruckten oder elektronischen, der Öffentlichkeit unmittelbar oder über Auskunftsdienste zugänglichen Teilnehmerverzeichnissen, in die ihre personenbezogenen Daten aufgenommen werden können, sowie über weitere Nutzungsmöglichkeiten aufgrund der in elektronischen Fassungen der Verzeichnisse eingebetteten Suchfunktionen informiert werden.

(2) [1] Die Mitgliedstaaten stellen sicher, dass die Teilnehmer Gelegenheit erhalten festzulegen, ob ihre personenbezogenen Daten – und ggf. welche – in ein öffentliches Verzeichnis aufgenommen werden, sofern diese Daten für den

vom Anbieter des Verzeichnisses angegebenen Zweck relevant sind, und diese Daten prüfen, korrigieren oder löschen dürfen. [2] Für die Nicht-Aufnahme in ein der Öffentlichkeit zugängliches Teilnehmerverzeichnis oder die Prüfung, Berichtigung oder Streichung personenbezogener Daten aus einem solchen Verzeichnis werden keine Gebühren erhoben.

(3) Die Mitgliedstaaten können verlangen, dass eine zusätzliche Einwilligung der Teilnehmer eingeholt wird, wenn ein öffentliches Verzeichnis anderen Zwecken als der Suche nach Einzelheiten betreffend die Kommunikation mit Personen anhand ihres Namens und gegebenenfalls eines Mindestbestands an anderen Kennzeichen dient.

(4) [1] Die Absätze 1 und 2 gelten für Teilnehmer, die natürliche Personen sind. [2] Die Mitgliedstaaten tragen im Rahmen des Gemeinschaftsrechts und der geltenden einzelstaatlichen Rechtsvorschriften außerdem dafür Sorge, dass die berechtigten Interessen anderer Teilnehmer als natürlicher Personen in Bezug auf ihre Aufnahme in öffentliche Verzeichnisse ausreichend geschützt werden.

Art. 13 Unerbetene Nachrichten. (1) Die Verwendung von automatischen Anruf- und Kommunikationssystemen ohne menschlichen Eingriff (automatische Anrufmaschinen), Faxgeräten oder elektronischer Post für die Zwecke der Direktwerbung darf nur bei vorheriger Einwilligung der Teilnehmer oder Nutzer gestattet werden.

(2) Ungeachtet des Absatzes 1 kann eine natürliche oder juristische Person, wenn sie von ihren Kunden im Zusammenhang mit dem Verkauf eines Produkts oder einer Dienstleistung gemäß der Richtlinie 95/46/EG deren elektronische Kontaktinformationen für elektronische Post erhalten hat, diese zur Direktwerbung für eigene ähnliche Produkte oder Dienstleistungen verwenden, sofern die Kunden klar und deutlich die Möglichkeit erhalten, eine solche Nutzung ihrer elektronischen Kontaktinformationen zum Zeitpunkt ihrer Erhebung und bei jeder Übertragung gebührenfrei und problemlos abzulehnen, wenn der Kunde diese Nutzung nicht von vornherein abgelehnt hat.

(3) Die Mitgliedstaaten ergreifen geeignete Maßnahmen, um sicherzustellen, dass außer in den in den Absätzen 1 und 2 genannten Fällen unerbetene Nachrichten zum Zwecke der Direktwerbung, die entweder ohne die Einwilligung der betreffenden Teilnehmer oder Nutzer erfolgen oder an Teilnehmer oder Nutzer gerichtet sind, die keine solchen Nachrichten erhalten möchten, nicht gestattet sind; welche dieser Optionen gewählt wird, wird im innerstaatlichen Recht geregelt, wobei berücksichtigt wird, dass beide Optionen für den Teilnehmer oder Nutzer gebührenfrei sein müssen.

(4) Auf jeden Fall verboten ist die Praxis des Versendens elektronischer Nachrichten zu Zwecken der Direktwerbung, bei der die Identität des Absenders, in dessen Auftrag die Nachricht übermittelt wird, verschleiert oder verheimlicht wird, bei der gegen Artikel 6 der Richtlinie 2000/31/EG[1)] verstoßen wird oder bei der keine gültige Adresse vorhanden ist, an die der Empfänger eine Aufforderung zur Einstellung solcher Nachrichten richten kann, oder in denen der Empfänger aufgefordert wird, Websites zu besuchen, die gegen den genannten Artikel verstoßen.

[1)] Nr. **17**.

(5) [1]Die Absätze 1 und 3 gelten für Teilnehmer, die natürliche Personen sind. [2]Die Mitgliedstaaten stellen im Rahmen des Gemeinschaftsrechts und der geltenden nationalen Rechtsvorschriften außerdem sicher, dass die berechtigten Interessen anderer Teilnehmer als natürlicher Personen in Bezug auf unerbetene Nachrichten ausreichend geschützt werden.

(6) [1]Unbeschadet etwaiger Verwaltungsvorschriften, die unter anderem gemäß Artikel 15a Absatz 2 erlassen werden können, stellen die Mitgliedstaaten sicher, dass natürliche oder juristische Personen, die durch Verstöße gegen die aufgrund dieses Artikels erlassenen nationalen Vorschriften beeinträchtigt werden und somit ein berechtigtes Interesse an der Einstellung oder dem Verbot solcher Verstöße haben, einschließlich der Anbieter elektronischer Kommunikationsdienste, die ihre berechtigten Geschäftsinteressen schützen wollen, gegen solche Verstöße gerichtlich vorgehen können. [2]Die Mitgliedstaaten können auch spezifische Vorschriften über Sanktionen festlegen, die gegen Betreiber elektronischer Kommunikationsdienste zu verhängen sind, die durch Fahrlässigkeit zu Verstößen gegen die aufgrund dieses Artikels erlassenen nationalen Vorschriften beitragen.

Art. 14 Technische Merkmale und Normung. (1) Bei der Durchführung der Bestimmungen dieser Richtlinie stellen die Mitgliedstaaten vorbehaltlich der Absätze 2 und 3 sicher, dass keine zwingenden Anforderungen in Bezug auf spezifische technische Merkmale für Endgeräte oder sonstige elektronische Kommunikationsgeräte gestellt werden, die deren Inverkehrbringen und freien Vertrieb in und zwischen den Mitgliedstaaten behindern können.

(2) Soweit die Bestimmungen dieser Richtlinie nur mit Hilfe spezifischer technischer Merkmale elektronischer Kommunikationsnetze durchgeführt werden können, unterrichten die Mitgliedstaaten die Kommission darüber gemäß der Richtlinie 98/34/EG des Europäischen Parlaments und des Rates vom 22. Juni 1998 über ein Informationsverfahren auf dem Gebiet der Normen und technischen Vorschriften und der Vorschriften für die Dienste der Informationsgesellschaft[1)].

(3) Erforderlichenfalls können gemäß der Richtlinie 1999/5/EG und dem Beschluss 87/95/EWG des Rates vom 22. Dezember 1986 über die Normung auf dem Gebiet der Informationstechnik und der Telekommunikation[2)] Maßnahmen getroffen werden, um sicherzustellen, dass Endgeräte in einer Weise gebaut sind, die mit dem Recht der Nutzer auf Schutz und Kontrolle der Verwendung ihrer personenbezogenen Daten vereinbar ist.

Art. 14a Ausschussverfahren. (1) Die Kommission wird von dem durch Artikel 22 der Richtlinie 2002/21/EG (Rahmenrichtlinie) eingesetzten Kommunikationsausschuss unterstützt.

(2) Wird auf diesen Absatz Bezug genommen, so gelten Artikel 5a Absätze 1 bis 4 und Artikel 7 des Beschlusses 1999/468/EG unter Beachtung von dessen Artikel 8.

---

1) **Amtl. Anm.:** ABl. L 204 vom 21.7.1998, S. 37. Richtlinie geändert durch die Richtlinie 98/48/EG (ABl. L 217 vom 5.8.1998, S. 18).

2) **Amtl. Anm.:** ABl. L 36 vom 7.2.1987. Beschluss zuletzt geändert durch die Beitrittsakte von 1994.

(3) Wird auf diesen Absatz Bezug genommen, so gelten Artikel 5a Absätze 1, 2, 4 und 6 und Artikel 7 des Beschlusses 1999/468/EG unter Beachtung von dessen Artikel 8.

Art. 15 Anwendung einzelner Bestimmungen der Richtlinie 95/46/EG. (1) [1]Die Mitgliedstaaten können Rechtsvorschriften erlassen, die die Rechte und Pflichten gemäß Artikel 5, Artikel 6, Artikel 8 Absätze 1, 2, 3 und 4 sowie Artikel 9 dieser Richtlinie beschränken, sofern eine solche Beschränkung gemäß Artikel 13 Absatz 1 der Richtlinie 95/46/EG für die nationale Sicherheit, (d.h. die Sicherheit des Staates), die Landesverteidigung, die öffentliche Sicherheit sowie die Verhütung, Ermittlung, Feststellung und Verfolgung von Straftaten oder des unzulässigen Gebrauchs von elektronischen Kommunikationssystemen in einer demokratischen Gesellschaft notwendig, angemessen und verhältnismäßig ist. [2]Zu diesem Zweck können die Mitgliedstaaten unter anderem durch Rechtsvorschriften vorsehen, dass Daten aus den in diesem Absatz aufgeführten Gründen während einer begrenzten Zeit aufbewahrt werden. [3]Alle in diesem Absatz genannten Maßnahmen müssen den allgemeinen Grundsätzen des Gemeinschaftsrechts einschließlich den in Artikel 6 Absätze 1 und 2 des Vertrags über die Europäische Union niedergelegten Grundsätzen entsprechen.

(1a) Absatz 1 gilt nicht für Daten, für die in der Richtlinie 2006/24/EG[1)] des Europäischen Parlaments und des Rates vom 15. März 2006 über die Vorratsspeicherung von Daten, die bei der Bereitstellung öffentlich zugänglicher elektronischer Kommunikationsdienste oder öffentlicher Kommunikationsnetze erzeugt oder verarbeitet werden[2)], eine Vorratsspeicherung zu den in Artikel 1 Absatz 1 der genannten Richtlinie aufgeführten Zwecken ausdrücklich vorgeschrieben ist.

(1b) [1]Die Anbieter richten nach den gemäß Absatz 1 eingeführten nationalen Vorschriften interne Verfahren zur Beantwortung von Anfragen über den Zugang zu den personenbezogenen Daten der Nutzer ein. [2]Sie stellen den zuständigen nationalen Behörden auf Anfrage Informationen über diese Verfahren, die Zahl der eingegangenen Anfragen, die vorgebrachten rechtlichen Begründungen und ihrer Antworten zur Verfügung.

(2) Die Bestimmungen des Kapitels III der Richtlinie 95/46/EG über Rechtsbehelfe, Haftung und Sanktionen gelten im Hinblick auf innerstaatliche Vorschriften, die nach der vorliegenden Richtlinie erlassen werden, und im Hinblick auf die aus dieser Richtlinie resultierenden individuellen Rechte.

(3) Die gemäß Artikel 29 der Richtlinie 95/46/EG eingesetzte Datenschutzgruppe nimmt auch die in Artikel 30 jener Richtlinie festgelegten Aufgaben im Hinblick auf die von der vorliegenden Richtlinie abgedeckten Aspekte, nämlich den Schutz der Grundrechte und der Grundfreiheiten und der berechtigten Interessen im Bereich der elektronischen Kommunikation wahr.

Art. 15a Umsetzung und Durchsetzung. (1) [1]Die Mitgliedstaaten legen fest, welche Sanktionen, gegebenenfalls einschließlich strafrechtlicher Sanktionen, bei einem Verstoß gegen die innerstaatlichen Vorschriften zur Umsetzung dieser Richtlinie zu verhängen sind, und treffen die zu deren Durchsetzung

---

[1)] Nr. **58**.
[2)] **Amtl. Anm.:** ABl. L 105 vom 13.4.2006, S. 54.

erforderlichen Maßnahmen. [2]Die vorgesehenen Sanktionen müssen wirksam, verhältnismäßig und abschreckend sein und können für den gesamten Zeitraum einer Verletzung angewendet werden, auch wenn die Verletzung in der Folge abgestellt wurde. [3]Die Mitgliedstaaten teilen der Kommission diese Vorschriften bis zum 25. Mai 2011 mit und melden ihr unverzüglich etwaige spätere Änderungen, die diese Vorschriften betreffen.

(2) Unbeschadet etwaiger gerichtlicher Rechtsbehelfe stellen die Mitgliedstaaten sicher, dass die zuständige nationale Behörde und gegebenenfalls andere nationale Stellen befugt sind, die Einstellung der in Absatz 1 genannten Verstöße anzuordnen.

(3) Die Mitgliedstaaten stellen sicher, dass die zuständigen nationalen Regulierungsbehörden und gegebenenfalls andere nationale Stellen über die erforderlichen Untersuchungsbefugnisse und Mittel verfügen, einschließlich der Befugnis, sämtliche zweckdienliche Informationen zu erlangen, die sie benötigen, um die Einhaltung der gemäß dieser Richtlinie erlassenen innerstaatlichen Rechtsvorschriften zu überwachen und durchzusetzen.

(4) *[1]* Zur Gewährleistung einer wirksamen grenzübergreifenden Koordinierung der Durchsetzung der gemäß dieser Richtlinie erlassenen innerstaatlichen Rechtsvorschriften und zur Schaffung harmonisierter Bedingungen für die Erbringung von Diensten, mit denen ein grenzüberschreitender Datenfluss verbunden ist, können die zuständigen nationalen Regulierungsbehörden Maßnahmen erlassen.

[2] [1]Die nationalen Regulierungsbehörden übermitteln der Kommission rechtzeitig vor dem Erlass solcher Maßnahmen eine Zusammenfassung der Gründe für ein Tätigwerden, der geplanten Maßnahmen und der vorgeschlagenen Vorgehensweise. [2]Die Kommission kann hierzu nach Anhörung der ENISA und der gemäß Artikel 29 der Richtlinie 95/46/EG eingesetzten Gruppe für den Schutz von Personen bei der Verarbeitung personenbezogener Daten Kommentare oder Empfehlungen abgeben, insbesondere um sicherzustellen, dass die vorgesehenen Maßnahmen ein ordnungsmäßiges Funktionieren des Binnenmarktes nicht beeinträchtigen. [3]Die nationalen Regulierungsbehörden tragen den Kommentaren oder Empfehlungen der Kommission weitestgehend Rechnung, wenn sie die Maßnahmen beschließen.

Art. 16 Übergangsbestimmungen. (1) Artikel 12 gilt nicht für Ausgaben von Teilnehmerverzeichnissen, die vor dem Inkrafttreten der nach dieser Richtlinie erlassenen innerstaatlichen Vorschriften bereits in gedruckter oder in netzunabhängiger elektronischer Form produziert oder in Verkehr gebracht wurden.

(2) Sind die personenbezogenen Daten von Teilnehmern von Festnetz- oder Mobil-Sprachtelefondiensten in ein öffentliches Teilnehmerverzeichnis gemäß der Richtlinie 95/46/EG und gemäß Artikel 11 der Richtlinie 97/66/EG aufgenommen worden, bevor die nach der vorliegenden Richtlinie erlassenen innerstaatlichen Rechtsvorschriften in Kraft treten, so können die personenbezogenen Daten dieser Teilnehmer in der gedruckten oder elektronischen Fassung, einschließlich Fassungen mit Umkehrsuchfunktionen, in diesem öffentlichen Verzeichnis verbleiben, sofern die Teilnehmer nach Erhalt vollständiger Informationen über die Zwecke und Möglichkeiten gemäß Artikel 12 nicht etwas anderes wünschen.

Art. 17 Umsetzung. (1) *[1]* [1]Die Mitgliedstaaten setzen vor dem 31. Oktober 2003 die Rechtsvorschriften in Kraft, die erforderlich sind, um dieser Richtlinie nachzukommen. [2]Sie setzen die Kommission unverzüglich davon in Kenntnis.

[2] [1]Wenn die Mitgliedstaaten diese Vorschriften erlassen, nehmen sie in den Vorschriften selbst oder durch einen Hinweis bei der amtlichen Veröffentlichung auf diese Richtlinie Bezug. [2]Die Mitgliedstaaten regeln die Einzelheiten der Bezugnahme.

(2) Die Mitgliedstaaten teilen der Kommission den Wortlaut der innerstaatlichen Rechts-Vorschriften mit, die sie auf dem unter diese Richtlinie fallenden Gebiet erlassen, sowie aller späteren Änderungen dieser Vorschriften.

Art. 18 Überprüfung. [1]Die Kommission unterbreitet dem Europäischen Parlament und dem Rat spätestens drei Jahre nach dem in Artikel 17 Absatz 1 genannten Zeitpunkt einen Bericht über die Durchführung dieser Richtlinie und ihre Auswirkungen auf die Wirtschaftsteilnehmer und Verbraucher, insbesondere in Bezug auf die Bestimmungen über unerbetene Nachrichten, unter Berücksichtigung des internationalen Umfelds. [2]Hierzu kann die Kommission von den Mitgliedstaaten Informationen einholen, die ohne unangemessene Verzögerung zu liefern sind. [3]Gegebenenfalls unterbreitet die Kommission unter Berücksichtigung der Ergebnisse des genannten Berichts, etwaiger Änderungen in dem betreffenden Sektor sowie etwaiger weiterer Vorschläge, die sie zur Verbesserung der Wirksamkeit dieser Richtlinie für erforderlich hält, Vorschläge zur Änderung dieser Richtlinie.

Art. 19 Aufhebung. *[1]* Die Richtlinie 97/66/EG wird mit Wirkung ab dem in Artikel 17 Absatz 1 genannten Zeitpunkt aufgehoben.

[2] Verweisungen auf die aufgehobene Richtlinie gelten als Verweisungen auf die vorliegende Richtlinie.

Art. 20 Inkrafttreten. Diese Richtlinie tritt am Tag ihrer Veröffentlichung[1)] im *Amtsblatt der Europäischen Gemeinschaften* in Kraft.

Art. 21 Adressaten. Diese Richtlinie ist an alle Mitgliedstaaten gerichtet.

[1)] Veröffentlicht am 31.7.2002.

58. Richtlinie 2006/24/EG des Europäischen Parlaments und des Rates vom 15. März 2006 über die Vorratsspeicherung von Daten, die bei der Bereitstellung öffentlich zugänglicher elektronischer Kommunikationsdienste oder öffentlicher Kommunikationsnetze erzeugt oder verarbeitet werden, und zur Änderung der Richtlinie 2002/58/EG

Vom 15. März 2006

(ABl. Nr. L 105 S. 54)

Celex-Nr. 3 2006 L 0024

Art. 1 Gegenstand und Anwendungsbereich. (1) Mit dieser Richtlinie sollen die Vorschriften der Mitgliedstaaten über die Pflichten von Anbietern öffentlich zugänglicher elektronischer Kommunikationsdienste oder Betreibern eines öffentlichen Kommunikationsnetzes im Zusammenhang mit der Vorratsspeicherung bestimmter Daten, die von ihnen erzeugt oder verarbeitet werden, harmonisiert werden, um sicherzustellen, dass die Daten zum Zwecke der Ermittlung, Feststellung und Verfolgung von schweren Straftaten, wie sie von jedem Mitgliedstaat in seinem nationalen Recht bestimmt werden, zur Verfügung stehen

(2) [1] Diese Richtlinie gilt für Verkehrs- und Standortdaten sowohl von juristischen als auch von natürlichen Personen sowie für alle damit in Zusammenhang stehende Daten, die zur Feststellung des Teilnehmers oder registrierten Benutzers erforderlich sind. [2] Sie gilt nicht für den Inhalt elektronischer Nachrichtenübermittlungen einschließlich solcher Informationen, die mit Hilfe eines elektronischen Kommunikationsnetzes abgerufen werden.

Art. 2 Begriffsbestimmungen. (1) Für die Zwecke dieser Richtlinie finden die Begriffsbestimmungen der Richtlinie 95/46/EG, der Richtlinie 2002/21/EG des Europäischen Parlaments und des Rates vom 7. März 2002 über einen gemeinsamen Rechtsrahmen für elektronische Kommunikationsnetze und -dienste (Rahmenrichtlinie) [1)] und der Richtlinie 2002/58/EG[2)] Anwendung.

(2) Im Sinne dieser Richtlinie bezeichnet der Ausdruck

a) „Daten" Verkehrsdaten und Standortdaten sowie alle damit in Zusammenhang stehende Daten, die zur Feststellung des Teilnehmers oder Benutzers erforderlich sind;

b) „Benutzer" jede juristische oder natürliche Person, die einen öffentlich zugänglichen elektronischen Kommunikationsdienst für private oder geschäftliche Zwecke nutzt, ohne diesen Dienst notwendigerweise abonniert zu haben;

[1)] **Amtl. Anm.:** ABl. L 108 vom 24.4.2002, S. 33.

[2)] Nr. **57**.

c) „Telefondienst" Anrufe (einschließlich Sprachtelefonie, Sprachspeicherdienst, Konferenzschaltungen und Datenabrufungen), Zusatzdienste (einschließlich Rufweiterleitung und Rufumleitung) und Mitteilungsdienste und Multimediadienste (einschließlich Kurznachrichtendienste (SMS), erweiterte Nachrichtendienste (EMS) und Multimediadienste (MMS));

d) „Benutzerkennung" eine eindeutige Kennung, die Personen zugewiesen wird, wenn diese sich bei einem Internetanbieter oder einem Internet-Kommunikationsdienst registrieren lassen oder ein Abonnement abschließen;

e) „Standortkennung" die Kennung der Funkzelle, von der aus eine Mobilfunkverbindung hergestellt wird bzw. in der sie endet;

f) „erfolgloser Anrufversuch" einen Telefonanruf, bei dem die Verbindung erfolgreich aufgebaut wurde, der aber unbeantwortet bleibt oder bei dem das Netzwerkmanagement eingegriffen hat.

Art. 3 Vorratsspeicherungspflicht. (1) Abweichend von den Artikeln 5, 6 und 9 der Richtlinie 2002/58/EG[1)] tragen die Mitgliedstaaten durch entsprechende Maßnahmen dafür Sorge, dass die in Artikel 5 der vorliegenden Richtlinie genannten Daten, soweit sie im Rahmen ihrer Zuständigkeit im Zuge der Bereitstellung der betreffenden Kommunikationsdienste von Anbietern öffentlich zugänglicher elektronischer Kommunikationsdienste oder Betreibern eines öffentlichen Kommunikationsnetzes erzeugt oder verarbeitet werden, gemäß den Bestimmungen der vorliegenden Richtlinie auf Vorrat gespeichert werden.

(2) [1] Die Verpflichtung zur Vorratsspeicherung nach Absatz 1 schließt die Vorratsspeicherung von in Artikel 5 genannten Daten im Zusammenhang mit erfolglosen Anrufversuchen ein, wenn diese Daten von den Anbietern öffentlich zugänglicher elektronischer Kommunikationsdienste oder den Betreibern eines öffentlichen Kommunikationsnetzes im Rahmen der Zuständigkeit des betreffenden Mitgliedstaats im Zuge der Bereitstellung der betreffenden Kommunikationsdienste erzeugt oder verarbeitet und gespeichert (bei Telefoniedaten) oder protokolliert (bei Internetdaten) werden. [2] Nach dieser Richtlinie ist die Vorratsspeicherung von Daten im Zusammenhang mit Anrufen, bei denen keine Verbindung zustande kommt, nicht erforderlich.

Art. 4 Zugang zu Daten. [1] Die Mitgliedstaaten erlassen Maßnahmen, um sicherzustellen, dass die gemäß dieser Richtlinie auf Vorrat gespeicherten Daten nur in bestimmten Fällen und in Übereinstimmung mit dem innerstaatlichen Recht an die zuständigen nationalen Behörden weitergegeben werden. [2] Jeder Mitgliedstaat legt in seinem innerstaatlichen Recht unter Berücksichtigung der einschlägigen Bestimmungen des Rechts der Europäischen Union oder des Völkerrechts, insbesondere der EMRK in der Auslegung durch den Europäischen Gerichtshof für Menschenrechte, das Verfahren und die Bedingungen fest, die für den Zugang zu auf Vorrat gespeicherten Daten gemäß den Anforderungen der Notwendigkeit und der Verhältnismäßigkeit einzuhalten sind.

---

1) Nr. **57**.

Art. 5 Kategorien von auf Vorrat zu speichernden Daten. (1) Die Mitgliedstaaten stellen sicher, dass gemäß dieser Richtlinie die folgenden Datenkategorien auf Vorrat gespeichert werden:

a) zur Rückverfolgung und Identifizierung der Quelle einer Nachricht benötigte Daten:
   1. betreffend Telefonfestnetz und Mobilfunk:
      i) die Rufnummer des anrufenden Anschlusses,
      ii) der Name und die Anschrift des Teilnehmers oder registrierten Benutzers;
   2. betreffend Internetzugang, Internet-E-Mail und Internet-Telefonie:
      i) die zugewiesene(n) Benutzerkennung(en),
      ii) die Benutzerkennung und die Rufnummer, die jeder Nachricht im öffentlichen Telefonnetz zugewiesen werden,
      iii) der Name und die Anschrift des Teilnehmers bzw. registrierten Benutzers, dem eine Internetprotokoll-Adresse (IP-Adresse), Benutzerkennung oder Rufnummer zum Zeitpunkt der Nachricht zugewiesen war;

b) zur Identifizierung des Adressaten einer Nachricht benötigte Daten:
   1. betreffend Telefonfestnetz und Mobilfunk:
      i) die angewählte(n) Nummer(n) (die Rufnummer(n) des angerufenen Anschlusses) und bei Zusatzdiensten wie Rufweiterleitung oder Rufumleitung die Nummer(n), an die der Anruf geleitet wird,
      ii) die Namen und Anschriften der Teilnehmer oder registrierten Benutzer;
   2. betreffend Internet-E-Mail und Internet-Telefonie:
      i) die Benutzerkennung oder Rufnummer des vorgesehenen Empfängers eines Anrufs mittels Internet-Telefonie,
      ii) die Namen und Anschriften der Teilnehmer oder registrierten Benutzer und die Benutzerkennung des vorgesehenen Empfängers einer Nachricht;

c) zur Bestimmung von Datum, Uhrzeit und Dauer einer Nachrichtenübermittlung benötigte Daten:
   1. betreffend Telefonfestnetz und Mobilfunk: Datum und Uhrzeit des Beginns und Endes eines Kommunikationsvorgangs;
   2. betreffend Internetzugang, Internet-E-Mail und Internet-Telefonie:
      i) Datum und Uhrzeit der An- und Abmeldung beim Internetzugangsdienst auf der Grundlage einer bestimmten Zeitzone, zusammen mit der vom Internetzugangsanbieter einer Verbindung zugewiesenen dynamischen oder statischen IP-Adresse und die Benutzerkennung des Teilnehmers oder des registrierten Benutzers,
      ii) Datum und Uhrzeit der An- und Abmeldung beim Internet-E-Mail-Dienst oder Internet-Telefonie-Dienst auf der Grundlage einer bestimmten Zeitzone;

d) zur Bestimmung der Art einer Nachrichtenübermittlung benötigte Daten:
   1. betreffend Telefonfestnetz und Mobilfunk: der in Anspruch genommene Telefondienst;

2. betreffend Internet-E-Mail und Internet-Telefonie: der in Anspruch genommene Internetdienst;

e) zur Bestimmung der Endeinrichtung oder der vorgeblichen Endeinrichtung von Benutzern benötigte Daten:

1. betreffend Telefonfestnetz: die Rufnummern des anrufenden und des angerufenen Anschlusses;
2. betreffend Mobilfunk:
   i) die Rufnummern des anrufenden und des angerufenen Anschlusses,
   ii) die internationale Mobilteilnehmerkennung (IMSI) des anrufenden Anschlusses,
   iii) die internationale Mobilfunkgerätekennung (IMEI) des anrufenden Anschlusses,
   iv) die IMSI des angerufenen Anschlusses,
   v) die IMEI des angerufenen Anschlusses,
   vi) im Falle vorbezahlter anonymer Dienste: Datum und Uhrzeit der ersten Aktivierung des Dienstes und die Kennung des Standorts (Cell-ID), an dem der Dienst aktiviert wurde;
3. betreffend Internetzugang, Internet-E-Mail und Internet-Telefonie:
   i) die Rufnummer des anrufenden Anschlusses für den Zugang über Wählanschluss,
   ii) der digitale Teilnehmeranschluss (DSL) oder ein anderer Endpunkt des Urhebers des Kommunikationsvorgangs;

f) zur Bestimmung des Standorts mobiler Geräte benötigte Daten:

1. die Standortkennung (Cell-ID) bei Beginn der Verbindung,
2. Daten zur geografischen Ortung von Funkzellen durch Bezugnahme auf ihre Standortkennung (Cell-ID) während des Zeitraums, in dem die Vorratsspeicherung der Kommunikationsdaten erfolgt.

(2) Nach dieser Richtlinie dürfen keinerlei Daten, die Aufschluss über den Inhalt einer Kommunikation geben, auf Vorrat gespeichert werden.

Art. 6 Speicherungsfristen. Die Mitgliedstaaten sorgen dafür, dass die in Artikel 5 angegebenen Datenkategorien für einen Zeitraum von mindestens sechs Monaten und höchstens zwei Jahren ab dem Zeitpunkt der Kommunikation auf Vorrat gespeichert werden.

Art. 7 Datenschutz und Datensicherheit. Unbeschadet der zur Umsetzung der Richtlinien 95/46/EG und 2002/58/EG[1] erlassenen Vorschriften stellt jeder Mitgliedstaat sicher, dass Anbieter von öffentlich zugänglichen elektronischen Kommunikationsdiensten bzw. Betreiber eines öffentlichen Kommunikationsnetzes in Bezug auf die nach Maßgabe der vorliegenden Richtlinie auf Vorrat gespeicherten Daten zumindest die folgenden Grundsätze der Datensicherheit einhalten:

---

[1] Nr. **57**.

a) Die auf Vorrat gespeicherten Daten sind von der gleichen Qualität und unterliegen der gleichen Sicherheit und dem gleichen Schutz wie die im Netz vorhandenen Daten,
b) in Bezug auf die Daten werden geeignete technische und organisatorische Maßnahmen getroffen, um die Daten gegen zufällige oder unrechtmäßige Zerstörung, zufälligen Verlust oder zufällige Änderung, unberechtigte oder unrechtmäßige Speicherung, Verarbeitung, Zugänglichmachung oder Verbreitung zu schützen,
c) in Bezug auf die Daten werden geeignete technische und organisatorische Maßnahmen getroffen, um sicherzustellen, dass der Zugang zu den Daten ausschließlich besonders ermächtigten Personen vorbehalten ist, und
d) die Daten werden am Ende der Vorratsspeicherungsfrist vernichtet, mit Ausnahme jener Daten, die abgerufen und gesichert worden sind.

Art. 8 Anforderungen an die Vorratsdatenspeicherung. Die Mitgliedstaaten stellen sicher, dass die in Artikel 5 genannten Daten gemäß den Bestimmungen dieser Richtlinie so gespeichert werden, dass sie und alle sonstigen damit zusammenhängenden erforderlichen Informationen unverzüglich an die zuständigen Behörden auf deren Anfrage hin weitergeleitet werden können.

Art. 9 Kontrollstelle. (1) [1]Jeder Mitgliedstaat benennt eine oder mehrere öffentliche Stellen, die für die Kontrolle der Anwendung der von den Mitgliedstaaten zur Umsetzung von Artikel 7 erlassenen Vorschriften bezüglich der Sicherheit der auf Vorrat gespeicherten Daten in seinem Hoheitsgebiet zuständig ist/sind. [2]Diese Stellen können dieselben Stellen sein, auf die in Artikel 28 der Richtlinie 95/46/EG Bezug genommen wird.

(2) Die in Absatz 1 genannten Stellen nehmen die dort genannte Kontrolle in völliger Unabhängigkeit wahr.

Art. 10 Statistik. (1) [1]Die Mitgliedstaaten sorgen dafür, dass der Kommission jährlich eine Statistik über die Vorratsspeicherung von in Verbindung mit der Bereitstellung öffentlich zugänglicher elektronischer Kommunikationsdienste oder eines öffentlichen Kommunikationsnetzes erzeugten oder verarbeiteten Daten übermittelt wird. [2]Aus dieser Statistik muss hervorgehen:
– in welchen Fällen im Einklang mit dem innerstaatlichen Recht Daten an die zuständigen Behörden weitergegeben worden sind;
– wie viel Zeit zwischen dem Zeitpunkt der Vorratsspeicherung der Daten und dem Zeitpunkt, zu dem sie von der zuständigen Behörde angefordert wurden, vergangen ist und
– in welchen Fällen die Anfragen nach Daten ergebnislos geblieben sind.

(2) Die Statistik darf keine personenbezogenen Daten enthalten.

Art. 11 Änderung der Richtlinie 2002/58/EG[1]. *(hier nicht wiedergegeben)*

[1] Nr. 57.

Art. 12 Zukünftige Maßnahmen. (1) [1]Ein Mitgliedstaat, in dem besondere Umstände die Verlängerung der maximalen Speicherungsfrist nach Artikel 6 für einen begrenzten Zeitraum rechtfertigen, kann die notwendigen Maßnahmen ergreifen. [2]Der Mitgliedstaat setzt die Kommission hiervon unverzüglich in Kenntnis und unterrichtet die anderen Mitgliedstaaten über die gemäß dem vorliegenden Artikel ergriffenen Maßnahmen und gibt die Gründe für ihre Einführung an.

(2) [1]Binnen eines Zeitraums von sechs Monaten nach der Mitteilung nach Absatz 1 billigt die Kommission die betreffenden einzelstaatlichen Maßnahmen oder lehnt diese ab, nachdem sie geprüft hat, ob sie ein Mittel zur willkürlichen Diskriminierung oder eine verschleierte Beschränkung des Handels zwischen den Mitgliedstaaten darstellen und ob sie das Funktionieren des Binnenmarktes behindern. [2]Trifft die Kommission innerhalb dieses Zeitraums keine Entscheidung, so gelten die einzelstaatlichen Maßnahmen als gebilligt.

(3) Werden die von den Bestimmungen dieser Richtlinie abweichenden einzelstaatlichen Maßnahmen eines Mitgliedstaats nach Absatz 2 gebilligt, so kann die Kommission prüfen, ob sie eine Änderung dieser Richtlinie vorschlägt.

Art. 13 Rechtsbehelfe, Haftung und Sanktionen. (1) Jeder Mitgliedstaat ergreift die erforderlichen Maßnahmen, um sicherzustellen, dass die einzelstaatlichen Maßnahmen zur Umsetzung von Kapitel III der Richtlinie 95/46/EG über Rechtsbehelfe, Haftung und Sanktionen im Hinblick auf die Datenverarbeitung gemäß der vorliegenden Richtlinie in vollem Umfang umgesetzt werden.

(2) Jeder Mitgliedstaat ergreift insbesondere die erforderlichen Maßnahmen, um sicherzustellen, dass der vorsätzliche Zugang zu oder die vorsätzliche Übermittlung von gemäß dieser Richtlinie auf Vorrat gespeicherten Daten, der bzw. die nach den zur Umsetzung dieser Richtlinie erlassenen nationalen Rechtsvorschriften nicht zulässig ist, mit Sanktionen, einschließlich verwaltungsrechtlicher und strafrechtlicher Sanktionen, belegt wird, die wirksam, verhältnismäßig und abschreckend sind.

Art. 14 Bewertung. (1) [1]Die Kommission legt dem Europäischen Parlament und dem Rat spätestens am 15. September 2010 eine Bewertung der Anwendung dieser Richtlinie sowie ihrer Auswirkungen auf die Wirtschaftsbeteiligten und die Verbraucher vor, um festzustellen, ob die Bestimmungen dieser Richtlinie, insbesondere die Liste von Daten in Artikel 5 und die in Artikel 6 vorgesehenen Speicherungsfristen, gegebenenfalls geändert werden müssen; hierbei berücksichtigt sie die Weiterentwicklung der Technologie der elektronischen Kommunikation und die ihr gemäß Artikel 10 zur Verfügung gestellte Statistik. [2]Die Ergebnisse dieser Bewertung werden öffentlich gemacht.

(2) Die Kommission prüft zu diesem Zweck sämtliche Kommentare, die ihr von den Mitgliedstaaten oder der gemäß Artikel 29 der Richtlinie 95/46/EG eingesetzten Datenschutzgruppe übermittelt werden.

Art. 15 Umsetzung. (1) *[1]* [1]Die Mitgliedstaaten setzen die Rechts- und Verwaltungsvorschriften in Kraft, die erforderlich sind, um dieser Richtlinie bis spätestens 15. September 2007 nachzukommen. [2]Sie setzen die Kommission unverzüglich davon in Kenntnis.

[2] [1] Wenn die Mitgliedstaaten diese Vorschriften erlassen, nehmen sie in den Vorschriften selbst oder durch einen Hinweis bei der amtlichen Veröffentlichung auf diese Richtlinie Bezug. [2] Die Mitgliedstaaten regeln die Einzelheiten der Bezugnahme.

(2) Die Mitgliedstaaten teilen der Kommission den Wortlaut der wichtigsten innerstaatlichen Rechtsvorschriften mit, die sie auf dem unter diese Richtlinie fallenden Gebiet erlassen.

(3) [1] Bis 15. März 2009 kann jeder Mitgliedstaat die Anwendung dieser Richtlinie auf die Speicherung von Kommunikationsdaten betreffend Internetzugang, Internet-Telefonie und Internet-E-Mail aufschieben. [2] Beabsichtigt ein Mitgliedstaat, den vorliegenden Absatz in Anspruch zu nehmen, so unterrichtet er den Rat und die Kommission hiervon mittels einer Erklärung bei der Annahme dieser Richtlinie. [3] Die Erklärung wird im *Amtsblatt der Europäischen Union* veröffentlicht.

Art. 16 Inkrafttreten. Diese Richtlinie tritt am zwanzigsten Tag nach ihrer Veröffentlichung[1)] im *Amtsblatt der Europäischen Union* in Kraft.

Art. 17 Adressaten. Diese Richtlinie ist an die Mitgliedstaaten gerichtet.

[Erklärungen]

Erklärung der Niederlande gemäß Artikel 15 Absatz 3 der Richtlinie 2006/24/EG[2)]

Bezüglich der Richtlinie des Europäischen Parlaments und des Rates über die Vorratsspeicherung von Daten, die bei der Bereitstellung öffentlicher elektronischer Kommunikationsdienste verarbeitet werden, und zur Änderung der Richtlinie 2002/58/EG[3)] nehmen die Niederlande die Möglichkeit in Anspruch, die Anwendung der Richtlinie auf die Speicherung von Kommunikationsdaten betreffend Internetzugang, Internet-Telefonie und Internet-E-Mail für einen Zeitraum von höchstens 18 Monaten nach dem Inkrafttreten der Richtlinie aufzuschieben.

Erklärung Österreichs gemäß Artikel 15 Absatz 3 der Richtlinie 2006/24/EG[2)]

Österreich erklärt, die Anwendung dieser Richtlinie auf die Speicherung von Kommunikationsdaten betreffend Internetzugang, Internet-Telefonie und Internet-E-Mail für einen Zeitraum von 18 Monaten ab dem in Artikel 15 Absatz 1 genannten Zeitpunkt zurückzustellen.

Erklärung Estlands gemäß Artikel 15 Absatz 3 der Richtlinie 2006/24/EG[2)]

Gemäß Artikel 15 Absatz 3 der Richtlinie des Europäischen Parlaments und des Rates über die Vorratsspeicherung von Daten, die bei der Bereitstellung öffentlich zugänglicher elektronischer Kommunikationsdienste oder öffentlicher Kommunikationsnetze erzeugt und verarbeitet werden, und zur Änderung der Richtlinie 2002/58/EG[3)] kündigt Estland hiermit seine Absicht an, von diesem Absatz Gebrauch zu machen und die Anwendung der Richtlinie auf die Speicherung von Kommunikationsdaten betreffend Internetzugang, Internet-Telefonie und Internet-E-Mail um 36 Monate nach Annahme der Richtlinie aufzuschieben.

Erklärung des Vereinigten Königreichs gemäß Artikel 15 Absatz 3 der Richtlinie 2006/24/EG[2)]

Das Vereinigte Königreich erklärt gemäß Artikel 15 Absatz 3 der Richtlinie des Europäischen Parlaments und des Rates über die Vorratsspeicherung von Daten, die bei der Bereitstellung öffentlich

---

[1)] Veröffentlicht am 13.4.2006.
[2)] Nr. **58**.
[3)] Nr. **57**.

zugänglicher elektronischer Kommunikationsdienste oder öffentlicher Kommunikationsnetze erzeugt und verarbeitet werden, und zur Änderung der Richtlinie 2002/58/EG[1], die Anwendung dieser Richtlinie auf die Speicherung von Kommunikationsdaten betreffend Internetzugang, Internet-Telefonie und Internet-E-Mail aufzuschieben.

Erklärung der Republik Zypern gemäß Artikel 15 Absatz 3 der Richtlinie 2006/24/EG[2]

Die Republik Zypern erklärt, dass sie die Anwendung der Richtlinie auf die Speicherung von Kommunikationsdaten betreffend Internetzugang, Internet-Telefonie und Internet-E-Mail bis zu dem in Artikel 15 Absatz 3 genannten Zeitpunkt aufschiebt.

Erklärung der Hellenischen Republik gemäß Artikel 15 Absatz 3 der Richtlinie 2006/24/EG[2]

Griechenland erklärt, dass es die Anwendung der vorliegenden Richtlinie auf die Speicherung von Kommunikationsdaten betreffend Internetzugang, Internet-Telefonie und Internet-E-Mail gemäß Artikel 15 Absatz 3 für einen Zeitraum von 18 Monaten nach Ablauf der in Artikel 15 Absatz 1 genannten Frist aufschiebt.

Erklärung des Großherzogtums Luxemburg gemäß Artikel 15 Absatz 3 der Richtlinie 2006/24/EG[2]

Die Regierung des Großherzogtums Luxemburg erklärt gemäß Artikel 15 Absatz 3 der Richtlinie des Europäischen Parlaments und des Rates über die Vorratsspeicherung von Daten, die bei der Bereitstellung öffentlich zugänglicher elektronischer Kommunikationsdienste oder öffentlicher Kommunikationsnetze erzeugt oder verarbeitet werden, und zur Änderung der Richtlinie 2002/58/EG[1], dass sie beabsichtigt, die Möglichkeit nach Artikel 15 Absatz 3 der vorgenannten Richtlinie in Anspruch zu nehmen, die Anwendung der Richtlinie auf die Speicherung von Kommunikationsdaten betreffend Internetzugang, Internet-Telefonie und Internet-E-Mail aufzuschieben.

Erklärung Sloweniens gemäß Artikel 15 Absatz 3 der Richtlinie 2006/24/EG[2]

Slowenien schließt sich der Gruppe der Mitgliedstaaten an, die gemäß Artikel 15 Absatz 3 der Richtlinie des Europäischen Parlaments und des Rates über die Vorratsspeicherung von Daten, die bei der Bereitstellung öffentlich zugänglicher elektronischer Kommunikationsdienste oder öffentlicher Kommunikationsnetze erzeugt oder verarbeitet werden, und zur Änderung der Richtlinie 2002/58/EG[1] erklärt haben, dass sie die Anwendung der Richtlinie auf die Speicherung von Kommunikationsdaten betreffend Internetzugang, Internet-Telefonie und Internet- E-Mail für einen Zeitraum von 18 Monaten aufschieben werden.

Erklärung Schwedens gemäß Artikel 15 Absatz 3 der Richtlinie 2006/24/EG[2]

Schweden möchte gemäß Artikel 15 Absatz 3 die Möglichkeit haben, die Anwendung dieser Richtlinie auf die Speicherung von Kommunikationsdaten betreffend Internetzugang, Internet-Telefonie und Internet-E-Mail aufzuschieben.

Erklärung der Republik Litauen gemäß Artikel 15 Absatz 3 der Richtlinie 2006/24/EG[2]

Gemäß Artikel 15 Absatz 3 der Richtlinie des Europäischen Parlaments und des Rates über die Vorratsspeicherung von Daten, die bei der Bereitstellung öffentlich zugänglicher elektronischer Kommunikationsdienste oder öffentlicher Kommunikationsnetze erzeugt oder verarbeitet werden, und zur Änderung der Richtlinie 2002/58/EG[1] (im Folgenden: die Richtlinie) erklärt die Republik Litauen, dass sie, sobald die Richtlinie angenommen ist, ihre Anwendung auf die Speicherung von Kommunikationsdaten betreffend Internetzugang, Internet- Telefonie und Internet-E-Mail für den in Artikel 15 Absatz 3 vorgesehenen Zeitraum aufschieben wird.

---

[1] Nr. **57**.
[2] Nr. **58**.

Erklärung der Republik Lettland gemäß Artikel 15 Absatz 3 der Richtlinie 2006/24/EG[1]

Lettland erklärt gemäß Artikel 15 Absatz 3 der Richtlinie 2006/24/EG vom 15. März 2006 über die Vorratsspeicherung von Daten, die bei der Bereitstellung öffentlich zugänglicher elektronischer Kommunikationsdienste oder öffentlicher Kommunikationsnetze erzeugt oder verarbeitet werden, und zur Änderung der Richtlinie 2002/58/EG[2], dass es die Anwendung der Richtlinie auf die Speicherung von Kommunikationsdaten betreffend Internetzugang, Internet-Telefonie und Internet-E-Mail bis zum 15. März 2009 aufschiebt.

Erklärung der Tschechischen Republik gemäß Artikel 15 Absatz 3 der Richtlinie 2006/24/EG[1]

Die Tschechische Republik erklärt gemäß Artikel 15 Absatz 3 der Richtlinie, dass sie die Anwendung dieser Richtlinie auf die Speicherung von Kommunikationsdaten betreffend Internetzugang, Internet-Telefonie und Internet-E-Mail um 36 Monate ab dem Tag des Inkrafttretens der Richtlinie aufschieben wird.

Erklärung Belgiens gemäß Artikel 15 Absatz 3 der Richtlinie 2006/24/EG[1]

Belgien erklärt, dass es von der durch Artikel 15 Absatz 3 gebotenen Möglichkeit Gebrauch machen und die Anwendung dieser Richtlinie auf die Speicherung von Kommuniktionsdaten betreffend Internetzugang, Internet-Telefonie und Internet-E-Mail um 36 Monate nach Annahme der Richtlinie aufschieben wird.

Erklärung der Republik Polen gemäß Artikel 15 Absatz 3 der Richtlinie 2006/24/EG[1]

Polen erklärt, dass es gemäß Artikel 15 Absatz 3 der Richtlinie des Europäischen Parlaments und des Rates über die Vorratsspeicherung von Daten, die bei der Bereitstellung öffentlich zugänglicher elektronischer Kommunikationsdienste oder öffentlicher Kommunikationsnetze erzeugt oder verarbeitet werden, und zur Änderung der Richtlinie 2002/58/EG[2] die Möglichkeit in Anspruch nimmt, die Anwendung der Richtlinie auf die Speicherung von Kommunikationsdaten betreffend Internetzugang, Internet-Telefonie und Internet-E-Mail für einen Zeitraum von 18 Monaten ab dem in Artikel 15 Absatz 1 genannten Zeitpunkt zurückzustellen.

Erklärung Finnlands gemäß Artikel 15 Absatz 3 der Richtlinie 2006/24/EG[1]

Gemäß Artikel 15 Absatz 3 der Richtlinie über die Vorratsspeicherung von Daten, die bei der Bereitstellung öffentlich zugänglicher elektronischer Kommunikationsdienste oder öffentlicher Kommunikationsnetze erzeugt und verarbeitet werden, und zur Änderung der Richtlinie 2002/58/EG[2] erklärt Finnland, dass es die Anwendung dieser Richtlinie auf die Speicherung von Kommunikationsdaten betreffend Internetzugang, Internet-Telefonie und Internet-E-Mail aufschieben wird.

Erklärung Deutschlands gemäß Artikel 15 Absatz 3 der Richtlinie 2006/24/EG[1]

Deutschland behält sich das Recht vor, die Anwendung dieser Richtlinie auf die Speicherung von Kommunikationsdaten betreffend Internetzugang, Internet-Telefonie und Internet-E-Mail für einen Zeitraum von 18 Monaten ab dem in Artikel 15 Absatz 1 Satz 1 genannten Zeitpunkt zurückzustellen.

---

[1] Nr. **58**.
[2] Nr. **57**.

59. Verordnung über die technische und organisatorische Umsetzung von Maßnahmen zur Überwachung der Telekommunikation (Telekommunikations-Überwachungsverordnung – TKÜV)[1)]

In der Fassung der Bekanntmachung vom 11. Juli 2017[2)]
(BGBl. I S. 2316)

FNA 900-15-3

geänd. durch Art. 16 G zur effektiveren und praxistauglicheren Ausgestaltung des Strafverfahrens v. 17.8.2017 (BGBl. I S. 3202)

Teil 1. Allgemeine Vorschriften

§ 1 Gegenstand der Verordnung. Diese Verordnung regelt

1. die grundlegenden Anforderungen an die Gestaltung der technischen Einrichtungen, die für die Umsetzung der
   a) in den §§ 100a und 100e der Strafprozessordnung,
   b) in den §§ 3, 5 und 8 des Artikel 10-Gesetzes,
   c) in den §§ 23a bis 23c und 23e des Zollfahndungsdienstgesetzes,
   d) in § 51 des Bundeskriminalamtgesetzes,
   e) in den §§ 6, 12 und 14 des BND-Gesetzes sowie
   f) im Landesrecht

   vorgesehenen Maßnahmen zur Überwachung der Telekommunikation erforderlich sind, sowie organisatorische Eckpunkte für die Umsetzung derartiger Maßnahmen mittels dieser Einrichtungen,
2. den Rahmen für die Technische Richtlinie nach § 110 Absatz 3 des Telekommunikationsgesetzes[3)],
3. das Verfahren für den Nachweis nach § 110 Absatz 1 Satz 1 Nummer 3 und 4 des Telekommunikationsgesetzes,
4. die Ausgestaltung der Verpflichtungen zur Duldung der Aufstellung von technischen Einrichtungen für Maßnahmen der strategischen Kontrolle nach § 5 oder § 8 des Artikel 10-Gesetzes oder nach den §§ 6, 12 oder 14 des BND-Gesetzes sowie des Zugangs zu diesen Einrichtungen,
5. bei welchen Telekommunikationsanlagen dauerhaft oder vorübergehend keine technischen Einrichtungen zur Umsetzung von Anordnungen zur Über-

---

[1)] **Amtl. Anm.:** Notifiziert gemäß der Richtlinie (EU) 2015/1535 des Europäischen Parlaments und des Rates vom 9. September 2015 über ein Informationsverfahren auf dem Gebiet der technischen Vorschriften und der Vorschriften für die Dienste der Informationsgesellschaft (ABl. L 241 vom 17.9.2015, S. 1).

[2)] Neubekanntmachung der TKÜV v. 3.11.2005 (BGBl. I S. 3136) in der ab 21.7.2017 geltenden Fassung. Die VO wurde in ihrer ursprünglichen Fassung von der Bundesregierung auf Grund von § 110 Abs. 2, 6 Satz 2 und Abs. 8 Satz 2 TKG (Nr. **55**) v. 22.6.2004 (BGBl. I S. 1190) erlassen.

[3)] Nr. **55**.

wachung der Telekommunikation vorgehalten oder keine organisatorischen Vorkehrungen getroffen werden müssen,
6. welche Ausnahmen von der Erfüllung einzelner technischer Anforderungen die Bundesnetzagentur zulassen kann,
7. die Anforderungen an die Aufzeichnungsanschlüsse, an die die Aufzeichnungs- und Auswertungseinrichtungen angeschlossen werden, sowie
8. die Anforderungen an das Übermittlungsverfahren und das Datenformat für Auskunftsersuchen über Verkehrsdaten und der zugehörigen Ergebnisse.

§ 2 Begriffsbestimmungen. Im Sinne dieser Verordnung ist

1. Anordnung
   a) im Sinne der Teile 2 und 3 die Anordnung zur Überwachung der Telekommunikation nach § 100e der Strafprozessordnung, § 10 des Artikel 10-Gesetzes, § 23b des Zollfahndungsdienstgesetzes, § 20l des Bundeskriminalamtgesetzes, § 9 des BND-Gesetzes oder nach Landesrecht und
   b) im Sinne des Teils 4 die Anordnung zur Erteilung von Auskünften über Verkehrsdaten nach § 100g in Verbindung mit § 101a Absatz 1 der Strafprozessordnung, § 8a Absatz 2 Satz 1 Nummer 4 des Bundesverfassungsschutzgesetzes, auch in Verbindung mit § 4a des MAD-Gesetzes oder § 3 des BND-Gesetzes, § 20m des Bundeskriminalamtgesetzes, § 23g des Zollfahndungsdienstgesetzes oder nach Landesrecht;
2. Aufzeichnungsanschluss
   der Telekommunikationsanschluss einer berechtigten Stelle, an den deren Aufzeichnungs- und Auswertungseinrichtungen angeschlossen werden (Netzabschlusspunkt im Sinne von § 110 Absatz 6 des Telekommunikationsgesetzes[1]);

2a. Aufzeichnungs- und Auswertungseinrichtung
   die technische Einrichtung einer berechtigten Stelle, die an Aufzeichnungsanschlüsse angeschlossen wird und der Aufzeichnung, technischen Aufbereitung und Auswertung der Überwachungskopie dient;

3. berechtigte Stelle
   a) im Sinne der Teile 2 und 3 die nach § 100a Absatz 4 Satz 1 der Strafprozessordnung, § 1 Absatz 1 Nummer 1 des Artikel 10-Gesetzes, § 23a Absatz 1 Satz 1 des Zollfahndungsdienstgesetzes, § 20l Absatz 5 Satz 1 des Bundeskriminalamtgesetzes, den §§ 6, 12 oder 14 des BND-Gesetzes oder nach Landesrecht auf Grund der jeweiligen Anordnung zur Überwachung und Aufzeichnung der Telekommunikation berechtigte Stelle und
   b) im Sinne des Teils 4 die Stelle,
      aa) die nach § 101a Absatz 1 in Verbindung mit § 100b der Strafprozessordnung, § 8a Absatz 2 Satz 1 Nummer 4 des Bundesverfassungsschutzgesetzes, auch in Verbindung mit § 4a des MAD-Gesetzes oder § 3 des BND-Gesetzes, § 20m des Bundeskriminalamtgesetzes, § 23g des Zollfahndungsdienstgesetzes oder nach Landesrecht auf Grund

[1] Nr. **55**.

der jeweiligen Anordnung berechtigt ist, Auskunftsverlangen über nach § 96 des Telekommunikationsgesetzes erhobene Verkehrsdaten zu stellen, oder

bb) der nach § 113c Absatz 1 Nummer 1 oder 2 des Telekommunikationsgesetzes Auskünfte über nach § 113b des Telekommunikationsgesetzes gespeicherte Verkehrsdaten erteilt werden dürfen;

4. Betreiber einer Telekommunikationsanlage
das Unternehmen, das die tatsächliche Kontrolle über die Funktionen einer Telekommunikationsanlage ausübt;

5. (weggefallen)

6. Endgerät
die technische Einrichtung, mittels derer ein Nutzer einen Telekommunikationsanschluss zur Abwicklung seiner Telekommunikation nutzt;

7. Pufferung
die kurzzeitige Zwischenspeicherung von Informationen zur Vermeidung von Informationsverlusten während systembedingter Wartezeiten;

8. Referenznummer
die von der berechtigten Stelle vorgegebene eindeutige, auch nichtnumerische Bezeichnung der Überwachungsmaßnahme oder des Auskunftsverlangens, die auch die Bezeichnung der berechtigten Stelle enthält;

9. Speichereinrichtung
eine netzseitige Einrichtung zur Speicherung von Telekommunikation, die einem Teilnehmer oder sonstigen Nutzer zugeordnet ist;

10. Telekommunikationsanschluss
der durch eine Rufnummer oder andere Adressierungsangabe eindeutig bezeichnete Zugang zu einer Telekommunikationsanlage, der es einem Nutzer ermöglicht, Telekommunikationsdienste zu nutzen;

11. Übergabepunkt
der Punkt der technischen Einrichtungen des Verpflichteten, an dem er die Überwachungskopie bereitstellt; der Übergabepunkt kann als systeminterner Übergabepunkt gestaltet sein, der am Ort der Telekommunikationsanlage nicht physikalisch dargestellt ist;

12. Übertragungsweg, der dem unmittelbaren teilnehmerbezogenen Zugang zum Internet dient
die Verbindung zwischen dem Endgerät eines Internet-Nutzers und dem Netzknoten, der den Koppelpunkt zum Internet enthält, soweit nicht die Vermittlungsfunktion eines Netzknotens genutzt wird, der dem Zugang zum Telefonnetz dient;

13. Überwachungseinrichtung
die für die technische Umsetzung von Anordnungen erforderlichen technischen Einrichtungen des Betreibers einer Telekommunikationsanlage einschließlich der zugehörigen Programme und Daten;

14. Überwachungskopie
das vom Verpflichteten auf Grund einer Anordnung auszuleitende und an die Aufzeichnungs- und Auswertungseinrichtung zu übermittelnde Doppel der zu überwachenden Telekommunikation;

15. Überwachungsmaßnahme

eine Maßnahme zur Überwachung der Telekommunikation nach den §§ 100a, 100e der Strafprozessordnung, den §§ 3, 5 oder 8 des Artikel 10-Gesetzes, den §§ 23a bis 23c des Zollfahndungsdienstgesetzes, § 20l des Bundeskriminalamtgesetzes, den §§ 6, 12 oder 14 des BND-Gesetzes oder nach Landesrecht;

16. Verpflichteter
wer nach dieser Verordnung technische oder organisatorische Vorkehrungen zur Umsetzung von Anordnungen zu treffen hat;

17. zu überwachende Kennung
   a) das technische Merkmal, durch das die zu überwachende Telekommunikation in der Telekommunikationsanlage des Verpflichteten gekennzeichnet ist,
   b) im Falle von Übertragungswegen, die dem unmittelbaren teilnehmerbezogenen Zugang zum Internet dienen, oder im Falle des § 5 oder des § 8 des Artikel 10-Gesetzes die Bezeichnung des Übertragungswegs, oder
   c) im Falle der §§ 6, 12 oder 14 des BND-Gesetzes die Bezeichnung des Telekommunikationsnetzes einschließlich der für die Umsetzung der Anordnung erforderlichen, in der Technischen Richtlinie nach § 110 Absatz 3 des Telekommunikationsgesetzes festgelegten technischen Parameter;

18. Zuordnungsnummer
das vom Verpflichteten zu vergebende eindeutige, auch nichtnumerische Zuordnungsmerkmal, auf Grund dessen Teile der Überwachungskopie und die zugehörigen Daten einander zweifelsfrei zugeordnet werden können.

Teil 2. Maßnahmen nach den §§ 100a, 100e der Strafprozessordnung, § 3 des Artikel 10-Gesetzes, den §§ 23a bis 23c und 23e des Zollfahndungsdienstgesetzes, § 20l des Bundeskriminalamtgesetzes oder nach Landesrecht

Abschnitt 1. Kreis der Verpflichteten, Grundsätze

§ 3 Kreis der Verpflichteten. (1) [1]Die Vorschriften dieses Teils gelten für die Betreiber von Telekommunikationsanlagen, mit denen öffentlich zugängliche Telekommunikationsdienste erbracht werden. [2]Werden mit einer Telekommunikationsanlage sowohl öffentlich zugängliche Telekommunikationsdienste als auch andere Telekommunikationsdienste erbracht, gelten die Vorschriften nur für den Teil der Telekommunikationsanlage, der der Erbringung von öffentlich zugänglichen Telekommunikationsdiensten dient.

(2) [1]Für Telekommunikationsanlagen im Sinne von Absatz 1 müssen keine Vorkehrungen getroffen werden, soweit

1. es sich um ein Telekommunikationsnetz handelt, das Teilnehmernetze miteinander verbindet und keine Telekommunikationsanschlüsse aufweist,
2. sie Netzknoten sind, die der Zusammenschaltung mit dem Internet dienen,
3. sie aus Übertragungswegen gebildet werden, es sei denn, dass diese dem unmittelbaren teilnehmerbezogenen Zugang zum Internet dienen,

4. sie ausschließlich der Verteilung von Rundfunk oder anderen für die Öffentlichkeit bestimmten Diensten, dem Abruf von allgemein zugänglichen Informationen oder der Übermittlung von Messwerten, nicht individualisierten Daten, Notrufen oder Informationen für die Sicherheit und Leichtigkeit des See- oder Luftverkehrs dienen,
5. an sie nicht mehr als 10 000 Teilnehmer oder sonstige Endnutzer angeschlossen sind oder
6. mit ihnen ausschließlich Dienste der elektronischen Post oder ausschließlich nichtkennungsbezogene Internetzugangsdienste über ein drahtloses lokales Netzwerk erbracht werden und an sie nicht mehr als 100 000 Teilnehmer oder sonstige Endnutzer angeschlossen sind.

[2] Satz 1 Nummer 1 und 5 gilt nicht für Netzknoten, die der Vermittlung eines öffentlich zugänglichen Telefondienstes ins Ausland dienen. [3] Satz 1 Nummer 1 und 2 gilt nicht im Hinblick auf Vorkehrungen zur Erfüllung der Verpflichtung aus § 110 Absatz 1 Satz 1 Nummer 1a des Telekommunikationsgesetzes[1)].

(3) § 100a Absatz 4 Satz 1 der Strafprozessordnung, § 2 Absatz 1 Satz 3 des Artikel 10-Gesetzes, § 23a Absatz 8 des Zollfahndungsdienstgesetzes, § 20l Absatz 5 Satz 1 des Bundeskriminalamtgesetzes sowie die Vorschriften des Landesrechts über Maßnahmen zur Überwachung der Telekommunikation bleiben von den Absätzen 1 und 2 unberührt.

§ 4 Grenzen des Anwendungsbereichs. (1) Telekommunikation, bei der die Telekommunikationsanlage im Rahmen der üblichen Betriebsverfahren erkennt, dass sich das Endgerät, das die zu überwachende Kennung nutzt, im Ausland befindet, ist nicht zu erfassen, es sei denn, die zu überwachende Telekommunikation

1. wird an einen im Inland gelegenen Telekommunikationsanschluss gerichtet,
2. geht von einem im Inland gelegenen Telekommunikationsanschluss aus oder
3. wird an eine im Inland befindliche Speichereinrichtung um- oder weitergeleitet.

(2) [1] Die Telekommunikation ist jedoch in den Fällen zu erfassen, in denen sie

1. von einem den berechtigten Stellen nicht bekannten Telekommunikationsanschluss im Inland herrührt und für eine in der Anordnung angegebene ausländische Rufnummer bestimmt ist oder
2. von einem in der Anordnung angegebenen Telekommunikationsanschluss im Ausland herrührt und für eine den berechtigten Stellen nicht bekannte Rufnummer im Inland bestimmt ist.

[2] Die technische Umsetzung derartiger Anordnungen ist vom Verpflichteten in Abstimmung mit der Bundesnetzagentur zu regeln, wobei hinsichtlich der Gestaltung der Überwachungseinrichtung, des Übergabepunktes und der zu treffenden organisatorischen Vorkehrungen von § 5 Absatz 1 Nummer 1, § 6 Absatz 3 und 4, § 7 Absatz 1 Satz 1 Nummer 2, 4 und 7 und Absatz 2 bis 4

---

1) Nr. **55**.

abgewichen werden kann. [3] § 22 ist im Rahmen von Überwachungsmaßnahmen nach Satz 1 nicht anzuwenden.

§ 5 Grundsätze. (1) Die zu überwachende Telekommunikation umfasst bei Überwachungsmaßnahmen nach den §§ 100a, 100e der Strafprozessordnung, dem § 3 des Artikel 10-Gesetzes, den §§ 23a bis 23c des Zollfahndungsdienstgesetzes, § 20l des Bundeskriminalamtgesetzes oder nach Landesrecht die Telekommunikation, die

1. von der zu überwachenden Kennung ausgeht,
2. für die zu überwachende Kennung bestimmt ist,
3. in eine Speichereinrichtung, die der zu überwachenden Kennung zugeordnet ist, eingestellt oder aus dieser abgerufen wird oder
4. (weggefallen)
5. zu einer der zu überwachenden Kennung aktuell zugeordneten anderen Zieladresse um- oder weitergeleitet wird,

und besteht aus dem Inhalt und den Daten über die näheren Umstände der Telekommunikation.

(2) [1] Zur technischen Umsetzung einer Anordnung hat der Verpflichtete der berechtigten Stelle am Übergabepunkt eine vollständige Kopie der durch die zu überwachende Kennung bezeichneten Telekommunikation bereitzustellen, die über seine Telekommunikationsanlage abgewickelt wird. [2] Dabei hat er sicherzustellen, dass die bereitgestellten Daten ausschließlich die durch die Anordnung bezeichnete Telekommunikation enthalten. [3] Bei Zusammenschaltungen mit Telekommunikationsnetzen anderer Betreiber hat er sicherzustellen, dass die Daten nach § 7 Absatz 1 Satz 1 Nummer 3 im Rahmen der technischen Möglichkeiten übergeben werden. [4] Satz 1 gilt nicht für Telekommunikation, die in rundfunkähnlicher Weise für alle Nutzer gleichermaßen und unverändert übermittelt und vom Verpflichteten selbst eingespeist wird.

(3) [1] Der Verpflichtete hat sicherzustellen, dass er die Umsetzung einer Anordnung eigenverantwortlich vornehmen kann. [2] In diesem Rahmen ist die Wahrnehmung der im Überwachungsfall erforderlichen Tätigkeiten durch einen Erfüllungsgehilfen zulässig, der jedoch nicht der berechtigten Stelle angehören darf.

(4) [1] Der Verpflichtete hat sicherzustellen, dass die technische Umsetzung einer Anordnung weder von den an der Telekommunikation Beteiligten noch von Dritten feststellbar ist. [2] Insbesondere dürfen die Betriebsmöglichkeiten des Telekommunikationsanschlusses, der durch die zu überwachende Kennung genutzt wird, durch die technische Umsetzung einer Anordnung nicht verändert werden.

(5) [1] Der Verpflichtete hat der berechtigten Stelle unmittelbar nach Abschluss der für die technische Umsetzung einer Anordnung erforderlichen Tätigkeiten den tatsächlichen Einrichtungszeitpunkt sowie die tatsächlich betroffene Kennung mitzuteilen. [2] Dies gilt entsprechend für die Übermittlung einer Information zum Zeitpunkt der Beendigung einer Überwachungsmaßnahme.

(6) Der Verpflichtete hat Engpässe, die bei gleichzeitiger Durchführung mehrerer Überwachungsmaßnahmen auftreten, unverzüglich zu beseitigen.

Abschnitt 2. Technische Anforderungen

§ 6 Grundlegende Anforderungen an die technischen Einrichtungen.

(1) Der Verpflichtete hat seine Überwachungseinrichtungen so zu gestalten, dass er eine Anordnung unverzüglich umsetzen kann; dies gilt für eine von der berechtigten Stelle verlangte vorfristige Abschaltung einer Überwachungsmaßnahme entsprechend.

(2) Der Verpflichtete hat sicherzustellen, dass die Verfügbarkeit seiner Überwachungseinrichtungen der Verfügbarkeit seiner Telekommunikationsanlage entspricht, soweit dies mit vertretbarem Aufwand realisierbar ist.

(3) [1]Der Verpflichtete hat seine Überwachungseinrichtungen so zu gestalten, dass er die Überwachung neben der in seiner Telekommunikationsanlage verwendeten Ursprungs- oder Zieladresse auf Grund jeder in der Technischen Richtlinie nach § 36 bereichsspezifisch festgelegten Kennungsart ermöglichen kann, die er für die technische Abwicklung der Telekommunikation in seiner Telekommunikationsanlage erhebt. [2]Soweit die zu überwachende Kennung des Telekommunikationsanschlusses in Fällen abgehender Telekommunikation durch die Telekommunikationsanlage des Verpflichteten nicht ausgewertet wird, hat der Verpflichtete die Überwachungskopie nach Maßgabe der Technischen Richtlinie auf der Basis der zugehörigen Benutzerkennung bereitzustellen.

(4) Der Verpflichtete muss sicherstellen, dass er die Überwachung derselben zu überwachenden Kennung gleichzeitig für mehr als eine berechtigte Stelle ermöglichen kann.

§ 7 Bereitzustellende Daten. (1) [1]Der Verpflichtete hat der berechtigten Stelle als Teil der Überwachungskopie auch die folgenden bei ihm vorhandenen Daten bereitzustellen, auch wenn die Übermittlung von Telekommunikationsinhalten nicht zustande kommt:

1. die zu überwachende Kennung;
2. in Fällen, in denen die Telekommunikation von der zu überwachenden Kennung ausgeht,
   a) die jeweils gewählte Rufnummer oder andere Adressierungsangabe, auch wenn diese bei vorzeitiger Beendigung eines im Telekommunikationsnetz begonnenen Telekommunikationsversuches unvollständig bleibt und
   b) sofern die zu überwachende Telekommunikation an ein anderes als das von dem Nutzer der zu überwachenden Kennung gewählte Ziel um- oder weitergeleitet wird, auch die Rufnummer oder andere Adressierungsangabe des Um- oder Weiterleitungsziels, bei mehrfach gestaffelten Um- oder Weiterleitungen die Rufnummern oder anderen Adressierungsangaben der einzelnen Um- oder Weiterleitungsziele;
3. in Fällen, in denen die zu überwachende Kennung Ziel der Telekommunikation ist, die Rufnummer oder andere Adressierungsangabe, von der die zu überwachende Telekommunikation ausgeht, auch wenn die Telekommunikation an eine andere, der zu überwachenden Kennung aktuell zugeordnete Zieladresse um- oder weitergeleitet wird oder das Ziel eine der zu überwachenden Kennung zugeordnete Speichereinrichtung ist;

4. in Fällen, in denen die zu überwachende Kennung zeitweise einem beliebigen Telekommunikationsanschluss zugeordnet ist, auch die diesem Anschluss fest zugeordnete Rufnummer oder andere Adressierungsangabe;
5. in Fällen, in denen der Nutzer für eine bestimmte Telekommunikation ein Dienstmerkmal in Anspruch nimmt, die Angabe dieses Dienstmerkmals einschließlich dessen Kenngrößen, soweit diese Angaben in dem Netzknoten vorhanden sind, in dem die Anordnung umgesetzt wird;
6. Angaben über die technische Ursache für die Beendigung der zu überwachenden Telekommunikation oder für das Nichtzustandekommen einer von der zu überwachenden Kennung veranlassten Telekommunikation, soweit diese Angaben in dem Netzknoten vorhanden sind, in dem die Anordnung umgesetzt wird;
7. bei einer zu überwachenden Kennung, deren Nutzung nicht ortsgebunden ist, Angaben zum Standort des Endgerätes mit der größtmöglichen Genauigkeit, die in dem das Endgerät versorgenden Netz für diesen Standort üblicherweise zur Verfügung steht; zur Umsetzung von Anordnungen, durch die Angaben zum Standort des empfangsbereiten, der zu überwachenden Kennung zugeordneten Endgerätes verlangt werden, hat der Verpflichtete seine Überwachungseinrichtungen so zu gestalten, dass sie diese Angaben automatisch erfassen und an die berechtigte Stelle weiterleiten;
8. Angaben zur Zeit (auf der Grundlage der amtlichen Zeit), zu der die zu überwachende Telekommunikation stattgefunden hat,
   a) in Fällen, in denen die zu überwachende Telekommunikation über physikalische oder logische Kanäle übermittelt wird (verbindungsorientierte Telekommunikation), mindestens zwei der folgenden Angaben:
      aa) Datum und Uhrzeit des Beginns der Telekommunikation oder des Telekommunikationsversuchs,
      bb) Datum und Uhrzeit des Endes der Telekommunikation,
      cc) Dauer der Telekommunikation,
   b) in Fällen, in denen die zu überwachende Telekommunikation nicht über physikalische oder logische Kanäle übermittelt wird (verbindungslose Telekommunikation), die Zeitpunkte mit Datum und Uhrzeit, zu denen die einzelnen Bestandteile der zu überwachenden Telekommunikation an die zu überwachende Kennung oder von der zu überwachenden Kennung gesendet werden;
9. die der Telekommunikationsanlage des Verpflichteten bekannten öffentlichen Internetprotokoll-Adressen der beteiligten Nutzer;
10. die der Telekommunikationsanlage des Verpflichteten bekannten Kodierungen, die bei der Übermittlung der überwachten Telekommunikation verwendet werden.

[2] Daten zur Anzeige des Entgelts, das für die von der zu überwachenden Kennung geführte Telekommunikation anfällt, sind nicht an die berechtigte Stelle zu übermitteln, auch wenn diese Daten an das von der zu überwachenden Kennung genutzte Endgerät übermittelt werden. [3] Auf die wiederholte Übermittlung von Ansagen oder vergleichbaren Daten kann verzichtet werden, solange diese Daten unverändert bleiben.

(2) [1]Der Verpflichtete hat jede bereitgestellte Überwachungskopie und die Daten nach Absatz 1 Satz 1 durch die von der berechtigten Stelle vorgegebene Referenznummer der jeweiligen Überwachungsmaßnahme zu bezeichnen. [2]Der Verpflichtete hat jeden Teil der Überwachungskopie und die zugehörigen Daten nach Absatz 1 Satz 1 zusätzlich durch eine Zuordnungsnummer zu kennzeichnen.

(3) In Fällen, in denen die Überwachungseinrichtungen so gestaltet sind, dass die Kopie des Inhalts der zu überwachenden Telekommunikation getrennt von den durch die Referenznummer gekennzeichneten Daten nach Absatz 1 Satz 1 bereitgestellt werden, sind der berechtigten Stelle ausschließlich diese Daten zu übermitteln, sofern dies im Einzelfall in der Anordnung ausdrücklich bestimmt wird.

(4) Die Absätze 1 bis 3 gelten auch für die Überwachung der Telekommunikation,

1. solange die zu überwachende Kennung an einer Telekommunikation mit mehr als einer Gegenstelle beteiligt ist,
2. wenn unter der zu überwachenden Kennung gleichzeitig mehrere Telekommunikationen stattfinden.

(5) [1]Die Anforderungen nach den Absätzen 1 bis 4 gelten unabhängig von der der jeweiligen Telekommunikationsanlage zu Grunde liegenden Technologie. [2]Die Gestaltung hat der Verpflichtete entsprechend seiner Telekommunikationsanlage festzulegen.

§ 8 Übergabepunkt. (1) Der Verpflichtete hat seine Überwachungseinrichtungen so zu gestalten, dass die Überwachungskopie an einem Übergabepunkt bereitgestellt wird, der den Vorschriften dieser Verordnung und den Vorgaben der Technischen Richtlinie nach § 36 entspricht.

(2) [1]Der Verpflichtete hat den Übergabepunkt so zu gestalten, dass

1. dieser ausschließlich von dem Verpflichteten oder seinem Erfüllungsgehilfen gesteuert werden kann; in Fällen, in denen der Übergabepunkt mittels Fernzugriffs gesteuert werden soll, muss sichergestellt sein, dass der Fernzugriff ausschließlich über die Überwachungseinrichtungen des Verpflichteten erfolgen kann;
2. an diesem ausschließlich die Überwachungskopie bereitgestellt wird;
3. der berechtigten Stelle die Überwachungskopie grundsätzlich in dem Format bereitgestellt wird, in dem dem Verpflichteten die zu überwachende Telekommunikation vorliegt; Absatz 3 Satz 1 und 2 bleibt unberührt;
4. die Qualität der an dem Übergabepunkt bereitgestellten Überwachungskopie grundsätzlich nicht schlechter ist als die der zu überwachenden Telekommunikation;
5. die Überwachungskopie so bereitgestellt wird, dass der Telekommunikationsinhalt grundsätzlich getrennt nach Sende- und Empfangsrichtung des Endgerätes, das für die durch die zu überwachende Kennung bezeichnete Telekommunikation genutzt wird, an die Aufzeichnungsanschlüsse übermittelt wird; dies gilt auch, wenn die zu überwachende Kennung an einer Telekommunikation mit mehr als einer Gegenstelle beteiligt ist;

6. die Zugänge zu dem Telekommunikationsnetz, das für die Übermittlung der Überwachungskopie benutzt wird, Bestandteile des Übergabepunktes sind und
7. hinsichtlich der Fähigkeit zur Übermittlung der Überwachungskopie folgende Anforderungen erfüllt werden:
   a) die Übermittlung der Überwachungskopie an die Aufzeichnungsanschlüsse erfolgt grundsätzlich über geeignete öffentliche Telekommunikationsnetze oder über genormte, allgemein verfügbare Übertragungswege und Übertragungsprotokolle,
   b) die Übermittlung der Überwachungskopie an die Aufzeichnungsanschlüsse wird ausschließlich von den Überwachungseinrichtungen jeweils unmittelbar nach dem Erkennen einer zu überwachenden Telekommunikation eingeleitet und
   c) die Schutzanforderungen gemäß § 14 Absatz 2 werden unterstützt.

[2] Wird in begründeten Ausnahmefällen bei bestimmten Telekommunikationsanlagen von dem Grundsatz nach Satz 1 Nummer 3 abgewichen, hat der Verpflichtete dies in den der Bundesnetzagentur nach § 19 Absatz 2 einzureichenden Unterlagen darzulegen; die Bundesnetzagentur entscheidet abschließend, ob und für welchen Zeitraum Abweichungen geduldet werden. [3] Auf die Richtungstrennung nach Satz 1 Nummer 5 kann in Fällen verzichtet werden, in denen es sich bei der zu überwachenden Telekommunikation um einseitig gerichtete Telekommunikation oder um nicht vollduplexfähige Telekommunikation handelt.

(3) [1] Wenn der Verpflichtete die ihm zur Übermittlung anvertraute Telekommunikation netzseitig durch technische Maßnahmen gegen unbefugte Kenntnisnahme schützt oder er bei der Erzeugung oder dem Austausch von Schlüsseln mitwirkt und ihm dadurch die Entschlüsselung der Telekommunikation möglich ist, hat er die für diese Telekommunikation angewendeten Schutzvorkehrungen bei der an dem Übergabepunkt bereitzustellenden Überwachungskopie aufzuheben. [2] Satz 1 gilt entsprechend bei der Anwendung von Komprimierungsverfahren. [3] § 14 Absatz 2 bleibt unberührt.

§ 9 Übermittlung der Überwachungskopie. (1) [1] Die Übermittlung der Überwachungskopie einschließlich der Daten nach § 7 Absatz 1 Satz 1 sowie der Referenznummern und Zuordnungsnummern nach § 7 Absatz 2 vom Übergabepunkt an die berechtigte Stelle soll über öffentliche Telekommunikationsnetze erfolgen. [2] Dem Verpflichteten werden hierzu von der berechtigten Stelle für jede zu überwachende Kennung die Aufzeichnungsanschlüsse benannt, an die die Überwachungskopie zu übermitteln ist und die so gestaltet sind, dass sie Überwachungskopien mehrerer gleichzeitig stattfindender zu überwachender Telekommunikationen einer zu überwachenden Kennung entgegennehmen können. [3] Die Rufnummern oder anderen Adressierungsangaben der Aufzeichnungsanschlüsse können voneinander abweichen, wenn die Kopie der zu überwachenden Telekommunikationsinhalte und die zugehörigen Daten nach § 7 Absatz 1 Satz 1 einschließlich der Referenznummern und Zuordnungsnummern nach § 7 Absatz 2 über voneinander getrennte Wege oder über Netze mit unterschiedlicher Technologie übermittelt werden. [4] Die Inanspruchnahme der öffentlichen Telekommunikationsnetze für die Übermittlung der Überwachungskopie ist auf die hierfür erforderliche Zeitdauer zu begrenzen.

(2) (weggefallen)

(3) Maßnahmen zum Schutz der zu übermittelnden Überwachungskopie richten sich nach § 14.

§ 10 Zeitweilige Übermittlungshindernisse. [1] Der Verpflichtete hat seine Überwachungseinrichtungen so zu gestalten, dass die Daten nach § 7 Absatz 1 Satz 1 einschließlich der Referenznummern und Zuordnungsnummern nach § 7 Absatz 2 in Fällen, in denen die Übermittlung der Überwachungskopie an den Aufzeichnungsanschluss ausnahmsweise nicht möglich ist, unverzüglich nachträglich übermittelt werden. [2] Eine Verhinderung oder Verzögerung der zu überwachenden Telekommunikation oder eine Speicherung des Inhalts der Überwachungskopie aus diesen Gründen ist nicht zulässig. [3] Eine für den ungestörten Funktionsablauf aus technischen, insbesondere übermittlungstechnischen Gründen erforderliche Pufferung der Überwachungskopie bleibt von Satz 2 unberührt.

§ 11 (weggefallen)

Abschnitt 3. Organisatorische Anforderungen, Schutzanforderungen

§ 12 Entgegennahme der Anordnung, Rückfragen. (1) [1] Der Verpflichtete hat sicherzustellen, dass er jederzeit telefonisch über das Vorliegen einer Anordnung und die Dringlichkeit ihrer Umsetzung benachrichtigt werden kann. [2] Der Verpflichtete hat sicherzustellen, dass er eine Anordnung innerhalb seiner üblichen Geschäftszeiten jederzeit entgegennehmen kann. [3] Außerhalb seiner üblichen Geschäftszeiten muss er eine unverzügliche Entgegennahme der Anordnung sicherstellen, spätestens jedoch nach sechs Stunden nach der Benachrichtigung. [4] Soweit in der Anordnung eine kürzere Zeitspanne festgelegt ist, sind die dazu erforderlichen Schritte mit der berechtigten Stelle im Einzelfall abzustimmen. [5] Für die Benachrichtigung und für die Entgegennahme der Anordnung hat der Verpflichtete der Bundesnetzagentur eine im Inland gelegene Stelle sowie deren übliche Geschäftszeiten anzugeben; Änderungen sind unverzüglich mitzuteilen. [6] Die Stelle des Verpflichteten muss für die berechtigten Stellen zu dem gewöhnlichen Entgelt für eine einfache Telekommunikationsverbindung erreichbar sein.

(2) [1] Der Verpflichtete hat die zur Umsetzung einer Anordnung erforderlichen Schritte auch auf Grund einer ihm auf gesichertem elektronischem Weg oder vorab per Telefax übermittelten Kopie der Anordnung einzuleiten. [2] Eine auf Grund eines Telefax eingeleitete Überwachungsmaßnahme hat der Verpflichtete wieder abzuschalten, sofern ihm das Original oder eine beglaubigte Abschrift der Anordnung nicht binnen einer Woche nach Übermittlung der Kopie vorgelegt wird. [3] Bei Übermittlung der Anordnung auf gesichertem elektronischen Weg hat der Verpflichtete sicherzustellen, dass

1. die Anordnung und die zugehörigen Daten in seinem Verantwortungsbereich nicht verändert und
2. die für die technische Umsetzung erforderlichen Arbeitsschritte in keinem Fall ohne Mitwirkung seines Personals eingeleitet

werden können.

(3) [1]Der Verpflichtete hat sicherzustellen, dass er telefonische Rückfragen der berechtigten Stellen zur technischen Umsetzung einzelner noch nicht abgeschlossener Überwachungsmaßnahmen jederzeit durch sachkundiges Personal entgegennehmen kann. [2]Ist eine sofortige Klärung nicht möglich, hat der Verpflichtete den Sachverhalt während der üblichen Geschäftszeiten unverzüglich, außerhalb der üblichen Geschäftszeiten innerhalb von sechs Stunden, einer Klärung zuzuführen und die anfragende Stelle über den Sachstand der Klärung zu benachrichtigen. [3]Andere Rechtsvorschriften, nach denen die berechtigten Stellen im Einzelfall eine frühere Beantwortung ihrer Rückfragen fordern können, bleiben unberührt. [4]Für die Angabe und Erreichbarkeit der die Rückfragen entgegennehmenden Stelle des Verpflichteten gilt Absatz 1 Satz 5 entsprechend.

§ 13 Störung und Unterbrechung. [1]Während einer Überwachungsmaßnahme hat der Verpflichtete die betroffenen berechtigten Stellen unverzüglich über Störungen seiner Überwachungseinrichtungen und Unterbrechungen einer Überwachungsmaßnahme zu verständigen. [2]Dabei sind anzugeben:

1. die Art der Störung oder der Grund der Unterbrechung und deren Auswirkungen auf die laufenden Überwachungsmaßnahmen sowie
2. der Beginn und die voraussichtliche Dauer der Störung oder Unterbrechung.

[3]Nach Behebung der Störung oder Beendigung der Unterbrechung sind die betroffenen berechtigten Stellen unverzüglich über den Zeitpunkt zu verständigen, ab dem die Überwachungseinrichtungen wieder ordnungsgemäß zur Verfügung stehen. [4]Der Verpflichtete hat seine Überwachungseinrichtungen unverzüglich und vorrangig vor Telekommunikationsanschlüssen anderer Teilnehmer zu entstören. [5]In Mobilfunknetzen sind die Angaben über Störungen, die sich nur in regional begrenzten Bereichen des Netzes auswirken, nur auf Nachfrage der berechtigten Stelle zu machen.

§ 14 Schutzanforderungen. (1) Der Verpflichtete hat die von ihm zu treffenden Vorkehrungen zur technischen und organisatorischen Umsetzung von Anordnungen, insbesondere die technischen Einrichtungen zur Steuerung der Überwachungsfunktionen und des Übergabepunktes nach § 8 einschließlich der zwischen diesen befindlichen Übertragungsstrecken, nach dem Stand der Technik gegen unbefugte Inanspruchnahme zu schützen; die technischen Einrichtungen zur Steuerung der Überwachungsfunktionen und des Übergabepunktes nach § 8 sind im Inland zu betreiben.

(2) [1]Die Überwachungskopie ist durch angemessene Verfahren gegen eine Kenntnisnahme durch unbefugte Dritte zu schützen. [2]Für die Übermittlung der Überwachungskopie an die Aufzeichnungsanschlüsse, die durch angemessene technische Maßnahmen vor einer unbefugten Belegung geschützt sind, sind Verfahren anzuwenden, die einen angemessenen Schutz vor einer Übermittlung an Nichtberechtigte gewährleisten. [3]Die zur Erreichung der Ziele nach den Sätzen 1 und 2 erforderlichen Verfahren sind in der Technischen Richtlinie nach § 36 festzulegen. [4]Sollen die Schutzziele nach Satz 2 im Rahmen einer Geschlossenen Benutzergruppe erreicht werden, darf hierfür ausschließlich eine eigens für diesen Zweck eingerichtete Geschlossene Benutzergruppe genutzt werden, die durch die Bundesnetzagentur verwaltet wird. [5]Die Schutz-

anforderung nach Satz 1 gilt bei der Übermittlung der Überwachungskopie an die Aufzeichnungsanschlüsse über festgeschaltete Übertragungswege oder über Telekommunikationsnetze mit leitungsvermittelnder Technik auf Grund der diesen Übertragungsmedien zu Grunde liegenden Gestaltungsgrundsätze als erfüllt. [6] In den übrigen Fällen sind die zur Erfüllung dieser Schutzanforderung erforderlichen technischen Schutzvorkehrungen auf der Seite der Telekommunikationsanlage des Verpflichteten Bestandteil der Überwachungseinrichtungen und auf der Seite der berechtigten Stelle Bestandteil der Aufzeichnungs- und Auswertungseinrichtungen.

(3) [1] Im Übrigen erfolgt die Umsetzung von Anordnungen unter Beachtung der beim Betreiben von Telekommunikationsanlagen oder Erbringen von Telekommunikationsdiensten üblichen Sorgfalt. [2] Dies gilt insbesondere hinsichtlich der Sicherheit und Verfügbarkeit zentralisierter oder teilzentralisierter Einrichtungen, sofern Überwachungsmaßnahmen mittels solcher Einrichtungen eingerichtet und verwaltet werden. [3] Die Verpflichteten haben dafür zu sorgen, dass die mit der Umsetzung von Überwachungsmaßnahmen betrauten Personen die damit zusammenhängenden Tätigkeiten nur in sich beim Verpflichteten oder dessen Erfüllungsgehilfen befindlichen Räumen ausführen, in denen Unbefugte keine Kenntnis von der Anordnung oder den darauf beruhenden Tätigkeiten erhalten können. [4] Satz 3 gilt nicht für die Entgegennahme der Benachrichtigung über das Vorliegen einer Anordnung gemäß § 12 Absatz 1 Satz 1.

§ 15 Verschwiegenheit. (1) Der Verpflichtete darf Informationen über die Art und Weise, wie Anordnungen in seiner Telekommunikationsanlage umgesetzt werden, Unbefugten nicht zugänglich machen.

(2) [1] Der Verpflichtete hat den Schutz der im Zusammenhang mit Überwachungsmaßnahmen stehenden Informationen sicherzustellen. [2] Dies gilt insbesondere hinsichtlich unbefugter Kenntnisnahme von Informationen über zu überwachende Kennungen und die Anzahl gegenwärtig oder in der Vergangenheit überwachter Kennungen sowie die Zeiträume, in denen Überwachungsmaßnahmen durchgeführt worden sind. [3] Für unternehmensinterne Prüfungen, die in keinem unmittelbaren Zusammenhang mit der Umsetzung von Anordnungen stehen, darf jedoch die Anzahl der in einem zurückliegenden Zeitraum betroffenen zu überwachenden Kennungen mitgeteilt werden, sofern sichergestellt ist, dass keine Rückschlüsse auf die betroffenen Kennungen oder auf die die Überwachung durchführenden Stellen möglich sind.

(3) In Fällen, in denen dem Verpflichteten bekannt wird oder er einen begründeten Verdacht hat, dass ein Unbefugter entgegen Absatz 2 Kenntnis von einer Überwachungsmaßnahme erlangt hat, hat der Verpflichtete die betroffene berechtigte Stelle und die Bundesnetzagentur unverzüglich und umfassend über das Vorkommnis zu informieren.

§ 16 Protokollierung. (1) [1] Der Verpflichtete hat sicherzustellen, dass jede Anwendung seiner Überwachungseinrichtungen, die als integraler Bestandteil der Telekommunikationsanlage gestaltet sind, bei der Eingabe der für die technische Umsetzung erforderlichen Daten automatisch lückenlos protokolliert wird. [2] Unter Satz 1 fallen auch Anwendungen für unternehmensinterne Testzwecke, für Zwecke des Nachweises (§ 19 Absatz 5), für Prüfungen im Falle von Änderungen der Telekommunikationsanlage oder nachträglich festgestellten Mängeln (§ 20) und für probeweise Anwendungen der Überwachungsfunktionen (§ 23) sowie solche Anwendungen, die durch fehlerhafte oder missbräuchliche Eingabe, Bedienung oder Schaltung verursacht wurden. [3]Es sind zu protokollieren:

1. die Referenznummer oder eine unternehmensinterne Bezeichnung der Überwachungsmaßnahme,
2. die tatsächlich eingegebene Kennung, auf Grund derer die Überwachungseinrichtungen die Überwachungskopie bereitstellen,
3. die Zeitpunkte (Datum und Uhrzeit auf der Grundlage der amtlichen Zeit), zwischen denen die Überwachungseinrichtungen die Telekommunikation in Bezug auf die Kennung nach Nummer 2 erfassen,
4. die Rufnummer oder andere Adressierungsangabe des Anschlusses, an den die Überwachungskopie übermittelt wird,
5. ein Merkmal zur Erkennbarkeit der Person, die die Daten nach den Nummern 1 bis 4 eingibt,
6. Datum und Uhrzeit der Eingabe.

[4]Die Angaben nach Satz 3 Nummer 5 dürfen ausschließlich bei auf tatsächlichen Anhaltspunkten beruhenden Untersuchungen zur Aufklärung von Missbrauchs- oder Fehlerfällen verwendet werden.

(2) Der Verpflichtete hat sicherzustellen, dass durch die technische Gestaltung der Zugriffsrechte und Löschfunktionen folgende Anforderungen eingehalten werden:

1. das Personal, das mit der technischen Umsetzung von Anordnungen betraut ist, darf keinen Zugriff auf die Protokolldaten, die Löschfunktionen und die Funktionen zur Erteilung von Zugriffsrechten haben;
2. die Funktionen zur Löschung von Protokolldaten dürfen ausschließlich dem für die Prüfung dieser Daten verantwortlichen Personal des Verpflichteten verfügbar sein;
3. jede Nutzung der Löschfunktionen nach Nummer 2 ist unter Angabe des Zeitpunktes und eines Merkmals zur Erkennbarkeit der die Funktion jeweils nutzenden Person in einem Datensatz zu protokollieren, der frühestens nach zwei Jahren gelöscht oder überschrieben werden darf;
4. die Berechtigungen zum Zugriff auf die Funktionen von Datenverarbeitungsanlagen oder auf die Datenbestände, die für die Prüfung der Protokolldaten oder die Erteilung von Zugriffsrechten erforderlich sind, dürfen nicht ohne Nachweis eingerichtet, geändert oder gelöscht werden können; jede Erteilung, Änderung oder Aufhebung einer Berechtigung ist einschließlich ihres Zeitpunktes bis zum Ende des zweiten auf die Erteilung, Änderung oder Aufhebung folgenden Kalenderjahres so zu dokumentieren, dass die Daten, einschließlich aller bestehenden Berechtigungen, im Rahmen der üblichen Geschäftszeiten jederzeit für Prüfungen abrufbar sind.

§ 17 Prüfung und Löschung der Protokolldaten, Vernichtung von Unterlagen. (1) [1]Der Verpflichtete hat einen angemessenen Anteil der für die Aktivierung, Änderung oder Abschaltung der Überwachungsfunktionalität nach § 16 protokollierten Eingaben auf Übereinstimmung mit den ihm vorliegenden Unterlagen zu prüfen. [2]Die Prüfung hat mindestens quartalsweise zu erfolgen, die unternehmensinterne Festlegung kürzerer Prüfzeiträume ist zulässig. [3]Die Überprüfung muss sich auf mindestens 20 vom Hundert der im Prüfzeitraum angeordneten Überwachungsmaßnahmen beziehen, jedoch nicht mehr als 200 Maßnahmen je Kalendervierteljahr umfassen. [4]Darüber hinaus sind die Protokolldaten in allen Fällen zu prüfen,

1. die in § 23 genannt sind, oder
2. in denen Tatsachen den Verdacht einer Unregelmäßigkeit begründen.

[5]In den geheimschutzbetreuten Unternehmen obliegen die Aufgaben nach den Sätzen 1 und 4 dem Sicherheitsbevollmächtigten. [6]Das mit der Prüfung betraute Personal kann zur Klärung von Zweifelsfällen das mit der technischen Umsetzung der Anordnungen betraute Personal hinzuziehen. [7]Der Verpflichtete hat die Ergebnisse der Prüfungen schriftlich festzuhalten. [8]Sind keine Beanstandungen aufgetreten, darf in den Prüfergebnissen die nach § 16 Absatz 1 Satz 3 Nummer 2 protokollierte Kennung nicht mehr vermerkt sein und kann auf die übrigen Angaben gemäß § 16 Absatz 1 Satz 3 verzichtet werden. [9]Der Verpflichtete hat der Bundesnetzagentur spätestens zum Ende eines jeden Kalendervierteljahres eine Kopie der Prüfergebnisse zu übersenden. [10]Die Bundesnetzagentur bewahrt diese Unterlagen bis zum Ende des folgenden Kalenderjahres auf; sie kann sie bei der Einsichtnahme nach Absatz 4 verwenden.

(2) [1]Der Verpflichtete hat die Protokolldaten vorbehaltlich Satz 2 und Absatz 3 Satz 6 nach Ablauf von zwölf Monaten nach Versendung der Prüfergebnisse an die Bundesnetzagentur unverzüglich zu löschen und die entsprechenden Anordnungen und alle zugehörigen Unterlagen einschließlich der für die jeweilige Überwachungsmaßnahme angefertigten unternehmensinternen Hilfsmittel zu vernichten, es sei denn, dass die Überwachungsmaßnahme zu diesem Zeitpunkt noch nicht beendet ist. [2]Andere Rechtsvorschriften, die eine über Satz 1 hinausgehende Aufbewahrungszeit für Unterlagen vorschreiben, bleiben unberührt; dies gilt entsprechend auch für unternehmensinterne Vorgaben zur Aufbewahrung von Abrechnungsunterlagen.

(3) [1]Bei Beanstandungen, insbesondere auf Grund unzulässiger Eingaben oder unzureichender Angaben, hat der Verpflichtete unverzüglich eine Untersuchung der Angelegenheit einzuleiten und die Bundesnetzagentur unter Angabe der wesentlichen Einzelheiten schriftlich darüber zu unterrichten. [2]Steht die Beanstandung im Zusammenhang mit einer Überwachungsmaßnahme, hat der Verpflichtete zusätzlich unverzüglich die betroffene berechtigte Stelle zu informieren. [3]Die Pflicht zur Untersuchung und Unterrichtung nach den Sätzen 1 und 2 besteht auch für Fälle, in denen der Verpflichtete unabhängig von der Prüfung der Protokolldaten Kenntnis über einen zu beanstandenden Sachverhalt erhält. [4]Das Ergebnis der Untersuchung ist schriftlich festzuhalten. [5]Der Verpflichtete hat eine Kopie des Untersuchungsergebnisses an die Bundesnetzagentur zu übersenden, die sie bis zum Ende des folgenden Kalenderjahres aufbewahrt. [6]Für die Löschung der beanstandeten Protokolldaten und die Vernichtung der zugehörigen Unterlagen nach Abschluss der gemäß Satz 1 oder Satz 3 durchzuführenden Untersuchungen gilt Absatz 2 vorbehaltlich anderer Rechtsvorschriften entsprechend mit der Maßgabe, dass an die Stelle des dort genannten Zeitpunktes der Dezember des Kalenderjahres tritt, das auf den Abschluss der Untersuchung folgt.

(4) [1] Die Bundesnetzagentur ist befugt, Einsicht in die Protokolldaten, Anordnungen und die zugehörigen Unterlagen sowie in die Datensätze nach § 16 Absatz 2 Nummer 3 und 4 zu nehmen. [2] Die Befugnisse der für die Kontrolle der Einhaltung der Vorschriften über den Schutz personenbezogener Daten zuständigen Behörden werden durch die Absätze 1 bis 3 nicht berührt. [3] Für die gemäß § 16 erstellten Protokolldaten muss für die Kontrollen nach den Sätzen 1 und 2 die Möglichkeit bestehen, diese sowohl nach ihrer Entstehungszeit als auch nach den betroffenen Kennungen sortiert auszugeben.

Abschnitt 4. Verfahren zum Nachweis nach § 110 Absatz 1 Satz 1 Nummer 3 des Telekommunikationsgesetzes[1)]

§ 18 (weggefallen)

§ 19 Nachweis. (1) [1] Für den nach § 110 Absatz 1 Satz 1 Nummer 3 des Telekommunikationsgesetzes[1)] zu erbringenden Nachweis der Übereinstimmung der von dem Verpflichteten getroffenen Vorkehrungen mit den Vorschriften dieser Verordnung und der Technischen Richtlinie (§ 36) hat der Verpflichtete der Bundesnetzagentur die zur Prüfung erforderlichen Unterlagen einzureichen und ihr die erforderlichen Prüfungen der Überwachungseinrichtungen und der organisatorischen Vorkehrungen vor Ort zu ermöglichen. [2] Den Nachweis für baugleiche Einrichtungen hat der Verpflichtete nur einmal zu erbringen; die Bundesnetzagentur kann jedoch in begründeten Fällen einen weiteren Nachweis an einer baugleichen Einrichtung verlangen.

(2) [1] Die von dem Verpflichteten vorzulegenden Unterlagen, zu deren Form die Bundesnetzagentur Vorgaben machen kann, müssen die zur Beurteilung des Sachverhalts erforderlichen Angaben enthalten. [2] Dazu gehören insbesondere Angaben zu Name und Sitz des Verpflichteten sowie die Namen der Personen, die für die Vorhaltung der Überwachungseinrichtungen verantwortlich sind, sowie Beschreibungen über:

1. die technische Gestaltung der Telekommunikationsanlage einschließlich der mit ihr erbrachten oder geplanten Telekommunikationsdienste und der zugehörigen Dienstmerkmale,
2. die Arten der Kennungen, die bei den erbrachten oder geplanten Telekommunikationsdiensten ausgewertet werden können,
3. die Überwachungseinrichtungen, insbesondere hinsichtlich der Anforderungen nach § 7 Absatz 1 bis 4 sowie § 10,
4. den Übergabepunkt gemäß § 8 und die Bereitstellung der Überwachungskopie gemäß § 9 sowie
5. die technischen Einrichtungen und die organisatorischen Vorkehrungen zur Umsetzung der §§ 4, 5, 6, 12 und 13 Satz 4, des § 14 Absatz 1, 2 Satz 1 bis 4 und Absatz 3 sowie der §§ 16 und 17 Absatz 1 Satz 1 bis 4 sowie
6. die technische Gestaltung des Zusammenwirkens der Überwachungseinrichtungen mit den Telekommunikationsanlagen anderer Betreiber.

[3] Unterlagen, die Geschäfts- oder Betriebsgeheimnisse enthalten, sind entsprechend zu kennzeichnen. [4] Soweit für die Überwachungseinrichtungen auf

---

1) Nr. **55**.

Antrag des Herstellers oder Vertreibers dieser Einrichtungen eine Typmusterprüfung nach § 110 Absatz 4 des Telekommunikationsgesetzes durchgeführt wurde, kann der Verpflichtete zur Vereinfachung auf die Ergebnisse dieser Typmusterprüfung verweisen.

(3) [1] Die Bundesnetzagentur bestätigt dem Verpflichteten den Eingang der Unterlagen. [2] Sie prüft die Unterlagen darauf, ob die Überwachungseinrichtungen und die organisatorischen Vorkehrungen den Anforderungen der §§ 4, 5, 6 und 7 Absatz 1 bis 4, der §§ 8 bis 10, 12 und 13 Satz 4, des § 14 Absatz 1, 2 Satz 1 bis 4 und Absatz 3, der §§ 16 und 17 Absatz 1 Satz 1 bis 4 sowie den Anforderungen der Technischen Richtlinie nach § 36 entsprechen; dabei berücksichtigt sie die Zulässigkeit von älteren technischen Vorschriften nach § 36 Satz 4 und von Abweichungen gemäß § 22. [3] Nach Prüfung der schriftlichen Unterlagen vereinbart die Bundesnetzagentur mit dem Verpflichteten einen Termin für eine technische Prüfung der Überwachungseinrichtungen und eine Prüfung der organisatorischen Vorkehrungen.

(4) [1] Die Bundesnetzagentur stellt die prüffähigen Unterlagen unverzüglich dem Generalbundesanwalt beim Bundesgerichtshof, dem Zollkriminalamt, dem Bundesamt für Verfassungsschutz als Koordinierungsstelle für die Nachrichtendienste und dem Bundeskriminalamt als Zentralstelle zur Stellungnahme innerhalb einer gesetzten angemessenen Frist zur Verfügung. [2] Die rechtzeitig eingegangenen Stellungnahmen hat die Bundesnetzagentur bei ihrer Entscheidung über die vorübergehende Duldung von Abweichungen mit zu berücksichtigen.

(5) [1] Die Bundesnetzagentur kann von dem Verpflichteten verlangen, dass er unentgeltlich

1. ihren Bediensteten die Durchführung der erforderlichen Prüfungen bezüglich der Einhaltung der in Absatz 3 genannten Anforderungen ermöglicht,
2. bei Prüfungen nach Nummer 1 im erforderlichen Umfang mitwirkt und
3. die für die Prüfungen nach Nummer 1 erforderlichen Telekommunikationsanschlüsse seiner Telekommunikationsanlage sowie die notwendigen Endgeräte bereitstellt und die für die Prüfung notwendige Telekommunikation an geeignete Testanschlüsse übermittelt.

[2] Für die Zwecke der Prüfung der Protokolldaten nach § 17 bestätigt die Bundesnetzagentur dem Verpflichteten den Zeitraum der Prüfung, die Kennungen der für die Prüfung verwendeten Telekommunikationsanschlüsse sowie die Rufnummern oder anderen Adressierungsangaben der Anschlüsse, an die die Kopie der Telekommunikation übermittelt wurde. [3] Die Bundesnetzagentur kann zu den Prüfungen nach Satz 1 auch Vertreter der in Absatz 4 genannten Stellen hinzuziehen. [4] Für Prüfungen, die die Bundesnetzagentur nach § 110 Absatz 1 Satz 1 Nummer 4 des Telekommunikationsgesetzes im Falle von nachträglich aufgetretenen Mängeln durchführt, gelten die Sätze 1 bis 3 entsprechend.

(6) [1] Entsprechen die von dem Verpflichteten vorgehaltenen Überwachungseinrichtungen und die von ihm getroffenen organisatorischen Vorkehrungen den Vorschriften dieser Verordnung und der Technischen Richtlinie nach § 36, erteilt die Bundesnetzagentur dem Verpflichteten innerhalb von vier Wochen nach Abschluss der Prüfungen nach Absatz 5 einen entsprechenden Nachweisbescheid. [2] Weichen die vorgehaltenen Überwachungseinrichtungen oder die

getroffenen organisatorischen Vorkehrungen von den Vorschriften ab, hat die Bundesnetzagentur dem Verpflichteten aufzuerlegen, die Abweichung innerhalb einer angemessenen Frist zu beseitigen. [3]Eine dauerhafte Abweichung kann nur geduldet werden, wenn zu erwarten ist, dass die Durchführung von Überwachungsmaßnahmen nicht beeinträchtigt wird und keine Änderungen bei den Aufzeichnungs- und Auswertungseinrichtungen erforderlich sind; in diesem Fall sind die geduldeten Abweichungen im Nachweisbescheid zu bezeichnen. [4]Bei Abweichungen, die eine Verletzung des Fernmeldegeheimnisses oder wesentliche Mängel bei der Überwachung zur Folge haben, hat die Bundesnetzagentur in dem Nachweisbescheid darzustellen, dass der Nachweis für diejenigen Dienste oder Dienstmerkmale nicht erbracht ist, bei denen sich diese Abweichungen auswirken.

(7) Gehen die Unterlagen nach Absatz 2 erst so spät bei der Bundesnetzagentur ein, dass von ihr angeforderte Ergänzungen nicht mehr fristgerecht erfolgen können, soll sie vor Einleiten von Zwangsmitteln nach § 115 Absatz 2 oder 3 des Telekommunikationsgesetzes eine Nachbesserungsfrist einräumen, die einen Monat nicht übersteigen darf.

(8) Im Falle der Fortschreibung der Unterlagen, insbesondere im Zusammenhang mit Änderungen wie nach § 20, hat der Verpflichtete der Bundesnetzagentur entsprechend geänderte Unterlagen zusammen mit einer Liste der jeweils insgesamt gültigen Dokumente vorzulegen; die Absätze 1 bis 7 gelten entsprechend.

§ 20 Änderungen der Telekommunikationsanlage oder der Überwachungseinrichtung. [1]§ 19 gilt entsprechend bei jeder Änderung der Telekommunikationsanlage, eines mittels dieser Telekommunikationsanlage angebotenen Telekommunikationsdienstes oder der Überwachungseinrichtung, sofern diese Änderung Einfluss auf die Überwachungsfunktionen hat. [2]Änderungen, die Auswirkungen auf die Aufzeichnungs- oder Auswertungseinrichtungen haben, dürfen erst nach Abstimmung mit der Bundesnetzagentur vorgenommen werden.

Abschnitt 5. Abweichungen

§ 21 (weggefallen)

§ 22 Abweichungen, Feldversuche, Probebetriebe. (1) [1]Die Bundesnetzagentur kann im Rahmen des Nachweises nach § 19 im Benehmen mit den in § 19 Absatz 4 genannten Stellen auf Antrag des Verpflichteten bei einzelnen Telekommunikationsanlagen hinsichtlich der Gestaltung der Überwachungseinrichtungen Abweichungen von einzelnen Anforderungen der Technischen Richtlinie nach § 36 dulden, sofern

1. die Überwachbarkeit sichergestellt ist und die Durchführung von Überwachungsmaßnahmen nicht grundlegend beeinträchtigt wird und
2. ein hierdurch bedingter Änderungsbedarf bei den Aufzeichnungs- und Auswertungseinrichtungen nicht unverhältnismäßig hoch ist.

[2]Der Verpflichtete hat der Bundesnetzagentur die Gründe für Abweichungen nach Satz 1, die genaue Beschreibung des Übergabepunktes mit Hinweisen auf die Abweichungen von den Vorschriften sowie die Folgen dieser Abweichun-

gen mitzuteilen. [3]Die Bundesnetzagentur ist unbeschadet möglicher Schutzrechtsvermerke des Verpflichteten befugt, Mitteilungen nach Satz 2 an die in § 19 Absatz 4 genannten Stellen zu übermitteln, damit die vorhandenen Aufzeichnungs- und Auswertungseinrichtungen gegebenenfalls angepasst werden können. [4]Der Nachweisbescheid kann mit Auflagen verbunden werden. [5]In der Technischen Richtlinie nach § 36 können für bestimmte Telekommunikationsanlagen oder Telekommunikationsdienste technische Voraussetzungen festgelegt werden, bei deren Einhaltung Abweichungen allgemein zulässig sind.

(2) [1]Die Bundesnetzagentur kann für die Überwachungseinrichtungen in Teilen von Telekommunikationsanlagen, die Versuchs- oder Probezwecken oder im Rahmen von Feldversuchen der Ermittlung der Funktionsfähigkeit der Telekommunikationsanlage unter tatsächlichen Betriebsbedingungen oder der bedarfsgerechten Ausgestaltung von am Telekommunikationsmarkt nachgefragten Telekommunikationsdiensten dienen, den Nachweis im Hinblick auf den befristet betriebenen Teil der Telekommunikationsanlage oder den befristet oder einem begrenzten Teilnehmerkreis angebotenen Telekommunikationsdienst nach einem vereinfachten Verfahren annehmen; Wiederholungen sind zulässig. [2]Sie kann dabei nach pflichtgemäßem Ermessen im Einzelfall vorübergehend auf die Einhaltung einzelner technischer Vorschriften dieser Verordnung oder einzelner Anforderungen der Technischen Richtlinie nach § 36 verzichten, sofern

1. der Versuchs- oder Probebetrieb oder der Feldversuch des Teils der Telekommunikationsanlage für nicht länger als zwölf Monate vorgesehen ist,
2. nicht mehr als 10 000 Teilnehmer oder sonstige Nutzungsberechtigte, die nicht zu dem Personal des Verpflichteten zählen, in den Versuchs- oder Probebetrieb oder in den Feldversuch einbezogen werden und
3. sichergestellt ist, dass eine Überwachung der Telekommunikation möglich ist.

[3]Absatz 1 Satz 2 bis 4 gilt entsprechend.

Abschnitt 6. Sonstige Vorschriften

§ 23 Probeweise Anwendung der Überwachungsfunktionen.

(1) [1]Die probeweise Anwendung der Überwachungsfunktionen ist auf das unabdingbare Maß zu begrenzen und nur zulässig

1. zur Durchführung des Nachweises nach § 19 oder einer im Einzelfall von der Bundesnetzagentur verlangten Prüfung nach § 110 Absatz 1 Satz 1 Nummer 4 des Telekommunikationsgesetzes[1)],
2. zur Funktionsprüfung der Überwachungseinrichtungen durch den Betreiber oder zur Schulung von Personal des Verpflichteten unter Verwendung von ausschließlich zu diesem Zweck eingerichteten Anschlüssen oder
3. zur Funktionsprüfung der Aufzeichnungs- und Auswertungseinrichtungen; Aus- oder Fortbildungsmaßnahmen der berechtigten Stellen stehen solchen Funktionsprüfungen gleich.

[1)] Nr. 55.

[2] Für eine im Einzelfall von der Bundesnetzagentur verlangte Prüfung nach § 110 Absatz 1 Satz 1 Nummer 4 des Telekommunikationsgesetzes kann sie vom Verpflichteten auch verlangen, dass für automatisch durchzuführende Prüfungen gleichzeitig mehrere Testanschlüsse und Endgeräte bereitgestellt werden sowie eine von der Bundesnetzagentur bereitgestellte Anwendung auf diesen Endgeräten installiert wird. [3] Bei der probeweisen Anwendung ist sicherzustellen, dass die Anschlüsse, auf die die Überwachungsfunktionen angewendet werden, ausschließlich zu Prüfzwecken genutzt werden und die Personen, die für die probeweise erzeugte Telekommunikation verantwortlich sind, diese ohne Beteiligung Dritter durchführen. [4] Der Zeitraum der probeweisen Anwendung nach Satz 1 Nummer 3 darf sechs Monate nicht überschreiten; Verlängerungen sind zulässig. [5] Der Verpflichtete hat der Bundesnetzagentur die von ihm für die Fälle nach Satz 1 Nummer 2 vorgesehenen Anschlüsse vor der erstmaligen Durchführung von Funktionsprüfungen seiner Überwachungseinrichtungen schriftlich anzuzeigen. [6] Die Bundesnetzagentur führt über diese Anschlüsse eine Liste und bestätigt dem Verpflichteten den Eintrag der von ihm benannten Anschlüsse. [7] Nach Eingang dieser Bestätigung kann der Verpflichtete Funktionsprüfungen unter ausschließlicher Einbeziehung dieser Anschlüsse jederzeit eigenverantwortlich nach Bedarf durchführen. [8] In den Fällen des Satzes 1 Nummer 3 bedarf die probeweise Anwendung der vorherigen Anmeldung durch die berechtigte Stelle bei der Bundesnetzagentur. [9] In der Anmeldung sind der Grund für die probeweise Anwendung, der Zeitraum der Erprobung, die Kennungen, die bei der Erprobung an Stelle einer zu überwachenden Kennung verwendet werden, sowie die Rufnummern oder anderen Adressierungsangaben der Anschlüsse anzugeben, an die die Kopie der Telekommunikation übermittelt wird. [10] Die Bundesnetzagentur bestätigt die Anmeldung mit den in Satz 8 genannten Angaben schriftlich oder durch eine gesicherte elektronische Übermittlung sowohl der berechtigten Stelle als auch dem Verpflichteten. [11] In Fällen einer dringenden Störungsbeseitigung ist eine nachträgliche Anzeige oder Anmeldung zulässig. [12] Für die Behandlung der Bestätigung beim Verpflichteten gilt § 17 entsprechend. [13] Form und Übermittlungsverfahren für die Anzeige, die Anmeldung und die Bestätigung sowie Vorgaben für die in diesen Fällen zu verwendende Referenznummer können in der Technischen Richtlinie nach § 36 festgelegt werden.

(2) Zur Durchführung der in Absatz 1 Satz 1 Nummer 3 genannten Aufgaben hat der Verpflichtete der berechtigten Stelle auf Verlangen Telekommunikationsanschlüsse seiner Telekommunikationsanlage zu den üblichen Geschäftsbedingungen an den von dieser benannten Orten einzurichten und zu überlassen und Telekommunikationsdienste bereitzustellen sowie die Überwachungsfunktion bei diesen Anschlüssen nach den zeitlichen Vorgaben der berechtigten Stelle einzurichten.

§ 24 Anforderungen an Aufzeichnungsanschlüsse. (1) [1] Der nach § 110 Absatz 6 des Telekommunikationsgesetzes[1)] verpflichtete Betreiber hat der berechtigten Stelle auf Antrag die von ihr benötigten Aufzeichnungsanschlüsse unverzüglich und in dringenden Fällen vorrangig bereitzustellen. [2] Zur Sicherstellung der Erreichbarkeit dieser Anschlüsse und zum Schutz vor falschen

---

1) Nr. **55**.

Übermittlungen sind geeignete technische Maßnahmen gemäß § 14 Absatz 2 vorzusehen.

(2) Der nach § 110 Absatz 6 des Telekommunikationsgesetzes verpflichtete Betreiber hat im Störungsfall die unverzügliche und vorrangige Entstörung der Anschlüsse nach Absatz 1 sicherzustellen.

§ 25 (weggefallen)

Teil 3. Maßnahmen nach den §§ 5 und 8 des Artikel 10-Gesetzes und den §§ 6, 12 und 14 des BND-Gesetzes

§ 26 Kreis der Verpflichteten. (1) Die Vorschriften dieses Teils gelten für Betreiber von Telekommunikationsanlagen, die

1. der Bereitstellung von internationalen leitungsgebundenen Telekommunikationsbeziehungen dienen, soweit eine gebündelte Übertragung erfolgt oder
2. der Bereitstellung von internationalen Telekommunikationsbeziehungen dienen, über die Telekommunikation von Ausländern im Ausland erfolgt und

für öffentlich zugängliche Telekommunikationsdienste genutzt werden.

(2) [1] Die Bundesnetzagentur kann im Einvernehmen mit dem Bundesnachrichtendienst Betreiber nach Absatz 1 auf deren Antrag für einen bestimmten Zeitraum, der drei Jahre nicht übersteigen darf, von den Verpflichtungen befreien, die sich aus den §§ 27 und 28 ergeben; wiederholte Befreiungen sind zulässig. [2] Für die rechtzeitige Antragstellung gilt die in § 110 Absatz 1 Satz 1 Nummer 3 Halbsatz 2 des Telekommunikationsgesetzes[1)] genannte Frist entsprechend. [3] Anträge auf eine wiederholte Befreiung kann der Verpflichtete frühestens drei Monate und spätestens sechs Wochen vor Ablauf der laufenden Frist stellen. [4] Die Bundesnetzagentur soll über die Anträge innerhalb von sechs Wochen entscheiden. [5] Im Falle einer Beendigung der Befreiung hat der Verpflichtete die nach den §§ 27 und 28 erforderlichen technischen und organisatorischen Vorkehrungen innerhalb von sechs Monaten nach Ablauf der bisherigen Befreiungsfrist zu treffen.

§ 27 Grundsätze, technische und organisatorische Umsetzung von Anordnungen, Verschwiegenheit. (1) [1] Die zu überwachende Telekommunikation umfasst bei Überwachungsmaßnahmen nach § 5 oder § 8 des Artikel 10-Gesetzes die Telekommunikation, die auf dem in der Anordnung bezeichneten Übertragungsweg übertragen wird, einschließlich der auf diesem Übertragungsweg übermittelten, für den Auf- oder Abbau von Telekommunikationsverbindungen notwendigen vermittlungstechnischen Steuerzeichen und bei Überwachungsmaßnahmen nach den §§ 6, 12 oder 14 des BND-Gesetzes die Telekommunikation, die in dem in der Anordnung bezeichneten Telekommunikationsnetz übermittelt wird, einschließlich der in diesem Telekommunikationsnetz übermittelten, für den Auf- oder Abbau von Telekommunikationsverbindungen notwendigen vermittlungstechnischen Steuerzeichen. [2] § 5 gilt mit Ausnahme von seinem Absatz 1, 2 Satz 3 und Absatz 4 Satz 2 entsprechend.

[1)] Nr. **55**.

(2) Der Verpflichtete hat dem Bundesnachrichtendienst an einem Übergabepunkt im Inland eine vollständige Kopie der Telekommunikation bereitzustellen, die über die in der Anordnung bezeichneten Übertragungswege oder Telekommunikationsnetze übertragen wird.

(3) Der Verpflichtete hat in seinen Räumen die Aufstellung und den Betrieb von Geräten des Bundesnachrichtendienstes zu dulden, die nur von hierzu besonders ermächtigten Bediensteten des Bundesnachrichtendienstes eingestellt und gewartet werden dürfen und die folgende Anforderungen erfüllen:

1. die nach Absatz 2 bereitgestellte Kopie wird bei Überwachungsmaßnahmen nach den §§ 5 oder 8 des Artikel 10-Gesetzes in der Weise bearbeitet, dass die Festlegung nach § 10 Absatz 4 Satz 3 des Artikel 10-Gesetzes eingehalten und die danach verbleibende Kopie an den Bundesnachrichtendienst nur insoweit übermittelt wird, als sie Telekommunikation mit dem in der Anordnung nach § 10 Absatz 4 Satz 2 des Artikel 10-Gesetzes bezeichneten Gebiet enthält; im Übrigen wird die Kopie gelöscht;
2. ein unbefugter Fernzugriff auf die Geräte ist ausgeschlossen;
3. die Geräte verfügen über eine dem Stand der Technik entsprechende Zugriffskontrolle und über eine automatische lückenlose Protokollierung aller Zugriffe;
4. die Einhaltung der Anforderungen nach den Nummern 1 bis 3 ist durch das Bundesamt für Sicherheit in der Informationstechnik zertifiziert.

(4) [1] Der Verpflichtete hat während seiner üblichen Geschäftszeiten folgenden Personen nach Anmeldung Zutritt zu den in Absatz 3 bezeichneten Geräten zu gewähren:

1. den Bediensteten des Bundesnachrichtendienstes zur Einstellung und Wartung der Geräte,
2. bei Überwachungsmaßnahmen nach den §§ 5 oder 8 des Artikel 10-Gesetzes zusätzlich den Mitgliedern und Mitarbeitern der G 10-Kommission (§ 1 Absatz 2 des Artikel 10-Gesetzes) zur Kontrolle der Geräte und ihrer Datenverarbeitungsprogramme sowie der Protokolle nach Absatz 3 Nummer 3.

[2] Der Verpflichtete hat sicherzustellen, dass eine unbeaufsichtigte Tätigkeit der nach Satz 1 Zutrittsberechtigten auf die in Absatz 3 bezeichneten Geräte begrenzt bleibt.

(5) Im Einzelfall erforderlich werdende ergänzende Einzelheiten hinsichtlich der Aufstellung der in Absatz 3 bezeichneten Geräte und des Zugangs zu diesen Geräten sind in einer Vereinbarung zwischen dem Verpflichteten und dem Bundesnachrichtendienst zu regeln.

(6) Der Verpflichtete hat seine Überwachungseinrichtungen so zu gestalten und die organisatorischen Vorkehrungen so zu treffen, dass er eine Anordnung unverzüglich umsetzen kann.

(7) [1] Für die Gestaltung des Übergabepunktes gilt § 8 Absatz 2 Satz 1 Nummer 1 bis 4 entsprechend. [2] Technische Einzelheiten zum Übergabepunkt können in der Technischen Richtlinie nach § 36 festgelegt werden, sie können jedoch auch in Abstimmung mit der Bundesnetzagentur und den betroffenen Interessenvertretern festgelegt werden.

(8) [1] Für die Entstörung und Störungsmeldung, für die Schutzanforderungen, für die Pflicht zur Verschwiegenheit, für die Entgegennahme der Information

über das Vorliegen einer Anordnung und die Entgegennahme einer Anordnung sowie für Rückfragen gelten § 12 Absatz 1 Satz 5 und Absatz 3, §§ 13, 14 Absatz 1 und 3 sowie § 15 entsprechend mit der von § 12 Absatz 1 Satz 1 bis 3 und Absatz 3 Satz 1 abweichenden Maßgabe, dass der Verpflichtete innerhalb seiner üblichen Geschäftszeiten jederzeit über das Vorliegen einer Anordnung und die Dringlichkeit ihrer Umsetzung benachrichtigt werden kann, er eine Anordnung entgegennehmen und Rückfragen zu einzelnen noch nicht abgeschlossenen Überwachungsmaßnahmen entgegennehmen kann. [2] Für Funktionsprüfungen der Aufzeichnungs- und Auswertungseinrichtungen des Bundesnachrichtendienstes gilt § 23 Absatz 1 Satz 1 Nummer 3 entsprechend; für derartige Funktionsprüfungen ist abweichend von § 23 Absatz 1 Satz 8 bis 13 für Maßnahmen nach den §§ 5 oder 8 des Artikel 10-Gesetzes eine Anordnung nach den §§ 5 oder 8 des Artikel 10-Gesetzes und für Maßnahmen nach den §§ 6, 12 oder 14 des BND-Gesetzes eine Anordnung nach § 6 Absatz 1 Satz 2 des BND-Gesetzes erforderlich.

§ 28 Verfahren. (1) Sofern der Verpflichtete für die technische Umsetzung von Anordnungen nach § 5 oder § 8 des Artikel 10-Gesetzes oder Anordnungen für Maßnahmen nach den §§ 6, 12 oder 14 des BND-Gesetzes technische Einrichtungen oder Funktionen verwendet, die durch Eingaben in Steuerungssysteme bedient werden, die von diesen Einrichtungen abgesetzt sind, gelten die §§ 16 und 17 entsprechend.

(2) (weggefallen)

(3) Für den Nachweis der Übereinstimmung der getroffenen Vorkehrungen mit den Bestimmungen dieser Verordnung und der Technischen Richtlinie gilt § 19 entsprechend mit folgenden Maßgaben:

1. An die Stelle der in § 19 Absatz 4 genannten Stellen tritt der Bundesnachrichtendienst.
2. An die Stelle der in § 19 Absatz 5 geforderten Prüfungen tritt eine Prüfung entsprechend § 27 Absatz 2 und 6 bis 8.

(4) Für nachträgliche Änderungen an der Telekommunikationsanlage des Verpflichteten oder an den Überwachungseinrichtungen gilt § 20 entsprechend.

§ 29 Bereitstellung von Übertragungswegen zum Bundesnachrichtendienst. Für die Bereitstellung der Übertragungswege, die zur Übermittlung der gemäß § 27 Absatz 3 Nummer 1 aufbereiteten Kopie an den Bundesnachrichtendienst erforderlich sind, gilt § 24 Absatz 1 Satz 1 und Absatz 2 entsprechend.

Teil 4. Vorkehrungen für die Erteilung von Auskünften über Verkehrsdaten

§ 30 Kreis der Verpflichteten. [1] Die Vorschriften dieses Teils gelten für

1. die Betreiber von Telekommunikationsanlagen, mit denen öffentlich zugängliche Telekommunikationsdienste erbracht werden, sowie
2. die Anbieter von öffentlich zugänglichen Telekommunikationsdiensten

in dem Umfang, in dem diese ihre Dienste für Endnutzer erbringen. [2] § 110 Absatz 1 Satz 2 des Telekommunikationsgesetzes[1)] gilt entsprechend für die nach Satz 1 Verpflichteten, die nur Teile von Telekommunikationsanlagen nach Satz 1 Nummer 1 betreiben oder die öffentlich zugängliche Telekommunikationsdienste erbringen, ohne hierfür Telekommunikationsanlagen zu betreiben.

§ 31 Grundsätze. (1) [1] Die nach § 30 Verpflichteten haben Auskunftsverlangen in einem digitalen Format zu beantworten. [2] Die Anforderungen nach § 14 Absatz 1 und 3 gelten entsprechend.

(2) [1] Die nach § 30 Verpflichteten haben sicherzustellen, dass sie Anordnungen zur Auskunftserteilung jederzeit elektronisch entgegennehmen sowie die zugehörigen Auskünfte auf gleichem Weg erteilen können; dabei haben diejenigen Verpflichteten, die zur Bereithaltung der Schnittstelle nach § 113 Absatz 5 des Telekommunikationsgesetzes[1)] verpflichtet sind, diese Schnittstelle auch für die Entgegennahme der Anordnungen zur Auskunftserteilung und für die Übermittlung der zugehörigen Auskünfte zu verwenden und Verpflichtete, die nicht zur Bereithaltung dieser Schnittstelle verpflichtet sind, ein E-Mail-basiertes Übermittlungsverfahren nach Vorgaben der Bundesnetzagentur zu verwenden. [2] Die nach § 30 Verpflichteten haben technisch sicherzustellen, dass sowohl die Anordnung als auch die Auskünfte bei der Übermittlung gegen Veränderungen und unbefugte Kenntnisnahme durch Dritte geschützt sind. [3] Die dafür zu beachtenden technischen Einzelheiten einschließlich der zugehörigen Formate und der zu verwendenden Verschlüsselungsverfahren für die Übermittlung der Anordnung und der Auskünfte legt die Bundesnetzagentur in der Technischen Richtlinie nach § 110 Absatz 3 des Telekommunikationsgesetzes fest. [4] Eine Übermittlung der Anordnung oder der Auskünfte per Telefax ist unzulässig. [5] Für die Benachrichtigung über das Vorliegen einer Anordnung und die Dringlichkeit ihrer Umsetzung, für die Entgegennahme der Anordnung, für den sicheren Umgang mit der Anordnung und deren Umsetzung, für den Schutz der für die Erteilung von Auskünften erforderlichen Funktionen und der dafür vorzuhaltenden technischen Einrichtungen sowie für Rückfragen zu erteilten Auskünften gilt im Übrigen § 12 Absatz 1 Satz 2 und 5, Absatz 2 sowie Absatz 3 entsprechend. [6] Für Rückfragen zu erteilten Auskünften gilt dies mit der Maßgabe, dass der Verpflichtete Rückfragen nur innerhalb seiner üblichen Geschäftszeiten durch sachkundiges Personal zu beantworten braucht.

(3) [1] Die nach § 30 Verpflichteten haben die technischen und organisatorischen Vorkehrungen so zu treffen, dass sie Auskunftsverlangen zu ihnen vorliegenden Verkehrsdaten unverzüglich beantworten können (§ 100b Absatz 3 Satz 1 der Strafprozessordnung); dies gilt auch, wenn für die Auskünfte über gespeicherte Verkehrsdaten zu Verbindungen, die zu einer bestimmten Zieladresse oder von einer bekannten Rufnummer zu unbekannten Zieladressen hergestellt wurden, die Suche in allen Datensätzen der abgehenden oder ankommenden Verbindungen eines Betreibers erforderlich ist (Zielwahlsuche). [2] Für Fälle der Zielwahlsuche gilt abweichend von Absatz 2 Satz 5 auch § 12 Absatz 1 Satz 1 und 3 entsprechend. [3] In der Technischen Richtlinie nach § 110 Absatz 3 des Telekommunikationsgesetzes können in Abhängigkeit von der jeweiligen Netzstruktur und der in dem Netz eingesetzten Technologie angemessene Zeitspannen festgelegt werden, die zwischen der Erhebung der

---

[1)] Nr. **55**.

Verkehrsdaten in den Netzelementen und deren Verfügbarkeit für den Abruf höchstens vergehen dürfen.

(4) Die nach § 30 Verpflichteten haben sicherzustellen, dass die Verfügbarkeit ihrer für die Auskunftserteilung erforderlichen technischen Einrichtungen der Verfügbarkeit ihrer Telekommunikationsanlagen entspricht.

(5) [1] Betreiber nach § 30 Satz 1 Nummer 1, mit deren Telekommunikationsanlagen Telekommunikationsdienste für nicht mehr als 100 000 Endnutzer erbracht werden und Anbieter nach § 30 Satz 1 Nummer 2, die ihre Dienste für nicht mehr als 100 000 Endnutzer erbringen, brauchen die Vorkehrungen nach den Absätzen 3 und 4 nicht zu treffen; sie dürfen der Verpflichtung nach Absatz 2 Satz 1 in der Weise nachkommen, dass sie erst nach Benachrichtigung durch die berechtigte Stelle über das Vorliegen einer Anordnung innerhalb ihrer üblichen Geschäftszeiten unverzüglich die Anordnung entgegennehmen und die zugehörigen Auskünfte erteilen. [2] Verpflichtungen nach § 101a Absatz 1 der Strafprozessordnung oder nach den anderen in § 2 Nummer 1 Buchstabe b genannten Vorschriften zur Erteilung von Auskünften über Verkehrsdaten bleiben unberührt.

(6) Für das Treffen der Vorkehrungen nach diesem Teil, die Umsetzung einer Anordnung zur Erteilung von Auskünften über Verkehrsdaten sowie für die Wahrnehmung dieser Aufgaben durch einen Erfüllungsgehilfen gilt § 5 Absatz 3 entsprechend.

(7) Das Übermittlungsverfahren nach Absatz 2 und die dafür vorgehaltenen technischen Einrichtungen dürfen auch genutzt werden für die Übermittlung von:

1. Anordnungen zur Überwachung der Telekommunikation,
2. Auskunftsverlangen zu Bestandsdaten nach § 113 des Telekommunikationsgesetzes,
3. Auskunftsverlangen zu Standortangaben sowie
4. Antworten zu den Auskunftsverlangen nach den Nummern 2 und 3.

§ 32 Auskünfte über zurückliegende Verkehrsdaten, zukünftige Verkehrsdaten, Verkehrsdaten in Echtzeit. (1) [1] Die nach § 30 Verpflichteten haben Auskünfte auf Grundlage der nach den Vorschriften des Telekommunikationsgesetzes gespeicherten und zum Zeitpunkt der Auskunftserteilung vorhandenen Daten zu erteilen. [2] Dabei haben sie stets alle dem Auskunftsverlangen zuzuordnenden Datensätze bereitzustellen, die ihnen zum Zeitpunkt der Auskunftserteilung vorliegen. [3] Datensätze, die erst nach einer technisch bedingten Wartezeit zur Verfügung stehen und einem bereits beauskunfteten Auskunftsverlangen zuzuordnen sind, sind unverzüglich nachträglich zu übermitteln. [4] Die berechtigte Stelle kann bereits bei der erstmaligen Übermittlung des Auskunftsverlangens Anforderungen zur nachträglichen Übermittlung von Datensätzen nach Satz 3 festlegen. [5] Macht sie von dieser Möglichkeit Gebrauch, sind diese Anforderungen maßgeblich für die nachträgliche Übermittlung nach Satz 3. [6] Die berechtigte Stelle kann im Einzelfall auch auf die nachträgliche Übermittlung verzichten.

(2) [1] In Fällen von Anordnungen zur Erteilung von Auskünften über Verkehrsdaten, die erst nach dem Zeitpunkt der Ausstellung der Anordnung anfallen (zukünftige Verkehrsdaten), haben die nach § 30 Verpflichteten der

jeweiligen berechtigten Stelle zu jeder sich auf diese Anordnung stützenden Anforderung Auskünfte über die der Anordnung zuzuordnenden Datensätze zu erteilen, die ihnen zum Zeitpunkt der Auskunftserteilung vorliegen; dabei können sich in jeder aktuellen Auskunftserteilung auch Datensätze befinden, die zu vorhergehenden Anforderungen bereits mitgeteilt wurden. [2]Die Häufigkeit und der Zeitabstand der jeweiligen Anforderungen liegt im ausschließlichen Ermessen der berechtigten Stelle. [3]Im Rahmen von Anordnungen zur Erteilung von Auskünften über zukünftige Verkehrsdaten können auch Auskünfte über Verkehrsdaten verlangt werden, die nach den Vorschriften des Telekommunikationsgesetzes nicht gespeichert, aber im Rahmen des Telekommunikationsvorganges erhoben werden; besondere Vorkehrungen zur Erteilung von derartigen Auskünften müssen jedoch nicht getroffen werden.

(3) [1]Für die Umsetzung von Auskunftsverlangen über Verkehrsdaten in Echtzeit brauchen nur diejenigen Verpflichteten nach § 30 Vorkehrungen zu treffen, die auch nach § 3 verpflichtet sind, technische Vorkehrungen für die Umsetzung von Überwachungsmaßnahmen vorzuhalten. [2]Für die Umsetzung derartiger Auskunftsverlangen gilt abweichend von § 31 Absatz 2 Satz 5 auch § 12 Absatz 1 Satz 1 und 3 entsprechend. [3]Die nach Satz 1 Verpflichteten können zur Umsetzung derartiger Auskunftsverlangen ihre technischen Einrichtungen zur Umsetzung von Überwachungsmaßnahmen oder Einrichtungen, die in Bezug auf die bereitzustellenden Daten nach § 7 gleichwertig sind, mit der Maßgabe nutzen, dass

1. die an die auskunftsberechtigte Stelle übermittelten Daten keine Nachrichteninhalte enthalten,
2. Standortdaten auch für lediglich empfangsbereite Endgeräte erhoben und an die auskunftsberechtigte Stelle übermittelt werden und
3. die Übermittlung von Standortdaten nach Nummer 2 derart eingeschränkt werden kann, dass sie für die Strafverfolgungsbehörden nur nach Maßgabe des § 100g Absatz 1 der Strafprozessordnung oder für eine andere auskunftsberechtigte Stelle nur nach Maßgabe der für diese Stelle geltenden gesetzlichen Vorschriften erfolgt.

(4) § 6 Absatz 4 gilt entsprechend; in Fällen von zeitweiligen Übermittlungshindernissen, Störungen und Unterbrechungen gelten die §§ 10 und 13 entsprechend.

§ 33 Verschwiegenheit. Für die im Zusammenhang mit Auskunftsverlangen und den dazu erteilten Auskünften zu wahrende Verschwiegenheit gilt § 15 entsprechend.

§ 34 Nachweis, probeweise Anwendungen. (1) [1]Für den Nachweis der Übereinstimmung der getroffenen Vorkehrungen mit den Bestimmungen dieser Verordnung und der Technischen Richtlinie nach § 110 Absatz 3 des Telekommunikationsgesetzes[1)] gilt § 19 entsprechend. [2]Außerdem sind in den Unterlagen nach § 19 Absatz 2 auch die gespeicherten Datenarten, die jeweilige Speicherungsdauer und der voraussichtliche Zeitverzug zwischen Erhebung und Verfügbarkeit für deren Abruf zu nennen. [3]Bei nachträglichen Änderun-

[1)] Nr. **55**.

gen an den für die Auskunftserteilung vorgehaltenen technischen Einrichtungen gilt § 20 entsprechend.

(2) Für probeweise Anwendungen der technischen Einrichtungen der Verpflichteten nach den §§ 30, 31 und 32 gilt § 23 entsprechend.

§ 35 Protokollierung. [1]Der Verpflichtete hat sicherzustellen, dass die Zugriffe auf seine für die Erteilung von Auskünften vorgehaltenen technischen Einrichtungen automatisch lückenlos protokolliert werden. [2]Dies gilt unabhängig davon, ob die Zugriffe darauf abzielen, Verkehrsdaten zugänglich zu machen, die nach den Vorschriften des Telekommunikationsgesetzes gespeichert wurden, oder Verkehrsdatenübermittlungen in Echtzeit einzurichten. [3]Zu protokollieren sind:

1. die Referenznummer des Auskunftsverlangens, der probeweisen Anwendung nach § 34 Absatz 2 oder einer sonstigen Nutzung der technischen Einrichtungen,
2. die tatsächlich eingegebene Kennung, auf Grund derer die Verkehrsdatensätze ermittelt werden,
3. die weiteren für die Suche verwendeten Daten einschließlich der Zeitpunkte (Datum und Uhrzeit auf der Grundlage der amtlichen Zeit), zwischen denen die Verkehrsdatensätze in Bezug auf die Kennung nach Nummer 2 erfasst werden,
4. die Angabe der Rechtsvorschrift (§ 96 oder § 113b des Telekommunikationsgesetzes[1)]), auf deren Grundlage die beauskunfteten Verkehrsdaten gespeichert wurden,
5. die Adressierungsangabe des Anschlusses, an den die ermittelten Verkehrsdatensätze übermittelt werden,
6. ein Merkmal zur Erkennbarkeit der Personen, die die Daten nach den Nummern 1 bis 5 auf Seiten des Verpflichteten eingeben,
7. Datum und Uhrzeit der Eingabe.

[4]Die ermittelten Verkehrsdaten dürfen nicht protokolliert werden. [5]Satz 1 gilt nicht für betrieblich erforderliche Zugriffe auf Daten, die nach § 96 des Telekommunikationsgesetzes gespeichert werden. [6]Die Angaben nach Satz 3 Nummer 6 dürfen ausschließlich bei auf tatsächlichen Anhaltspunkten beruhenden Untersuchungen zur Aufklärung von Missbrauchs- oder Fehlerfällen verwendet werden. [7]Im Übrigen gelten für die Protokollierung sowie für die Prüfung und Löschung der dafür erzeugten Protokolldaten § 16 Absatz 2 und § 17 entsprechend mit der Maßgabe, dass abweichend von § 17 Absatz 1 Satz 3 fünf vom Hundert der gestellten Auskunftsverlangen einer Prüfung zu unterziehen sind.

[1)] Nr. **55**.

Teil 5. Ergänzende technische Festlegungen, Übergangsvorschriften, Schlussbestimmungen

§ 36 Technische Richtlinie. [1]Die technischen Einzelheiten zu § 2 Nummer 8 und 17 Buchstabe c, § 4 Absatz 1 und 2, § 5 Absatz 1, 2, 4 Satz 1, Absatz 5 und 6, § 6 Absatz 3, § 7 Absatz 1, 2 und 4, § 8 Absatz 2, § 9 Absatz 1, § 10 Satz 1 und 3, § 12 Absatz 2 Satz 1 und 3, § 14 Absatz 1 und 2 Satz 1, 2, 4 und 5 sowie Absatz 3 Satz 2, § 22 Absatz 1 Satz 5, § 23 Absatz 1 Satz 9 und 12, die erforderlichen technischen Eigenschaften der Aufzeichnungsanschlüsse nach § 24 Absatz 1 Satz 2 sowie die Einzelheiten zur Übermittlung von Auskunftsverlangen und zugehörigen Auskünften nach den §§ 31, 32 und 34 und deren technischen Formate werden von der Bundesnetzagentur unter Beteiligung der Verbände der Verpflichteten, der berechtigten Stellen sowie der Hersteller der Überwachungseinrichtungen und der Aufzeichnungs- und Auswertungseinrichtungen in einer Technischen Richtlinie festgelegt. [2]Sofern erforderlich, können in der Technischen Richtlinie auch Einzelheiten nach § 27 Absatz 7 Satz 2 und zu § 110 Absatz 1 Satz 1 Nummer 1a des Telekommunikationsgesetzes[1)], soweit sie für das Zusammenwirken von Telekommunikationsanlagen, die von verschiedenen Verpflichteten betrieben werden, notwendig sind, unter Beteiligung der betroffenen Interessenvertreter festgelegt werden. [3]Die Technische Richtlinie wird im gleichen Verfahren an den jeweiligen Stand der Technik angepasst. [4]In der Technischen Richtlinie ist zudem festzulegen, bis zu welchem Zeitpunkt bisherige technische Vorschriften noch angewendet werden dürfen. [5]Die Bundesnetzagentur informiert auf ihrer Internetseite über die anwendbaren Ausgabestände der internationalen technischen Standards, auf die in der Technischen Richtlinie Bezug genommen wird. [6]In der Technischen Richtlinie sind auch die Arten der Kennungen festzulegen, für die bei bestimmten Arten von Telekommunikationsanlagen neben den dort verwendeten Ziel- und Ursprungsadressen auf Grund der die Überwachung der Telekommunikation regelnden Gesetze zusätzliche Vorkehrungen für die technische Umsetzung von Anordnungen zu treffen sind. [7]In Fällen, in denen neue technische Entwicklungen nicht in der Technischen Richtlinie berücksichtigt sind, hat der Verpflichtete die Gestaltung seiner Überwachungseinrichtungen mit der Bundesnetzagentur abzustimmen.

§ 37 Übergangsvorschrift. Für Überwachungseinrichtungen, für die bereits eine Genehmigung nach § 19 der Telekommunikations-Überwachungsverordnung vom 22. Januar 2002 (BGBl. I S. 458), zuletzt geändert durch Artikel 3 Absatz 18 des Gesetzes vom 7. Juli 2005 (BGBl. I S. 1970), oder das Einvernehmen nach § 16 der Fernmeldeverkehr-Überwachungs-Verordnung vom 18. Mai 1995 (BGBl. I S. 722), geändert durch Artikel 4 des Gesetzes vom 26. Juni 2001 (BGBl. I S. 1254), erteilt wurde, ist kein Nachweis nach § 19 erforderlich, sofern die Auflagen aus der Genehmigung erfüllt werden; § 110 Absatz 5 des Telekommunikationsgesetzes[1)] bleibt unberührt.

[1)] Nr. **55**.

60. Betriebsverfassungsgesetz

In der Fassung der Bekanntmachung vom 25. September 2001[1]

(BGBl. I S. 2518)

FNA 801-7

zuletzt geänd. durch Art. 4e QualifizierungschancenG v. 18.12.2018 (BGBl. I S. 2651)

– Auszug –

Vierter Teil. Mitwirkung und Mitbestimmung der Arbeitnehmer

Dritter Abschnitt. Soziale Angelegenheiten

§ 87 Mitbestimmungsrechte. (1) Der Betriebsrat hat, soweit eine gesetzliche oder tarifliche Regelung nicht besteht, in folgenden Angelegenheiten mitzubestimmen:

1.–5. *(hier nicht wiedergegeben)*

6. Einführung und Anwendung von technischen Einrichtungen, die dazu bestimmt sind, das Verhalten oder die Leistung der Arbeitnehmer zu überwachen;

7.–13. *(hier nicht wiedergegeben)*

(2) [1] Kommt eine Einigung über eine Angelegenheit nach Absatz 1 nicht zustande, so entscheidet die Einigungsstelle. [2] Der Spruch der Einigungsstelle ersetzt die Einigung zwischen Arbeitgeber und Betriebsrat.

[Nrn. 61–68: nicht belegt]

---

[1] Neubekanntmachung des BetrVG idF der Bek. v. 23.12.1988 (BGBl. 1989 I S. 1, ber. S. 902) in der ab 28. Juli 2001 geltenden Fassung.

69. Gesetz über das Inverkehrbringen, die Rücknahme und die umweltverträgliche Entsorgung von Elektro- und Elektronikgeräten (Elektro- und Elektronikgerätegesetz – ElektroG) [1] [2)3)]

Vom 20. Oktober 2015

(BGBl. I S. 1739)

FNA 2129-59

zuletzt geänd. durch Art. 16 G zur Neuordnung des Rechts zum Schutz vor der schädlichen Wirkung ionisierender Strahlung v. 27.6.2017 (BGBl. I S. 1966)

Inhaltsübersicht

---

[1] Verkündet als Art. 1 G v. 20.10.2015 (BGBl. I S. 1739); Inkrafttreten gem. Art. 7 Abs. 1 Satz 1 dieses G am 24.10.2015.

[2] **Amtl. Anm. zum MantelG:** Dieses Gesetz dient der Umsetzung der Richtlinie 2012/19/EU v. 4.7.2012 (ABl. L Nr. 197 S. 38), geänd. durch RL v. 30.5.2018 (ABl. Nr. L 150 S. 93) des Europäischen Parlaments und des Rates vom 4. Juli 2012 über Elektro- und Elektronik-Altgeräte (ABl. L 197 vom 24.7.2012, S. 38).

[3] **Weitere amtl. Anm. zum MantelG:** Notifiziert gemäß der Richtlinie 98/34/EG v. 22.6.1998 (ABl. Nr. L 204 S. 37), aufgeh. durch RL v. 9.9.2015 (ABl. Nr. L 241 S. 1) des Europäischen Parlaments und des Rates vom 22. Juni 1998 über ein Informationsverfahren auf dem Gebiet der Normen und technischen Vorschriften und der Vorschriften für die Dienste der Informationsgesellschaft (ABl. L 204 vom 21.7.1998, S. 37), zuletzt geändert durch Artikel 26 Absatz 2 der Verordnung (EU) Nr. 1025/2012 des Europäischen Parlaments und des Rates vom 25. Oktober 2012 (ABl. L 316 vom 14.11.2012, S. 12).

Abschnitt 1. Allgemeine Vorschriften

§ 1 Abfallwirtschaftliche Ziele. [1]Dieses Gesetz legt Anforderungen an die Produktverantwortung nach § 23 des Kreislaufwirtschaftsgesetzes für Elektro- und Elektronikgeräte fest. [2]Es bezweckt vorrangig die Vermeidung von Abfällen von Elektro- und Elektronikgeräten und darüber hinaus die Vorbereitung zur Wiederverwendung, das Recycling und andere Formen der Verwertung solcher Abfälle, um die zu beseitigende Abfallmenge zu reduzieren und dadurch die Effizienz der Ressourcennutzung zu verbessern. [3] Um diese abfallwirtschaftlichen Ziele zu erreichen, soll das Gesetz das Marktverhalten der Verpflichteten regeln.

§ 2 Anwendungsbereich. (1) [1] Dieses Gesetz gilt für sämtliche Elektro- und Elektronikgeräte. [2] Sie sind in die folgenden Kategorien unterteilt:

1. Wärmeüberträger,
2. Bildschirme, Monitore und Geräte, die Bildschirme mit einer Oberfläche von mehr als 100 Quadratzentimetern enthalten,
3. Lampen,
4. Geräte, bei denen mindestens eine der äußeren Abmessungen mehr als 50 Zentimeter beträgt (Großgeräte),
5. Geräte, bei denen keine der äußeren Abmessungen mehr als 50 Zentimeter beträgt (Kleingeräte), und
6. kleine Geräte der Informations- und Telekommunikationstechnik, bei denen keine der äußeren Abmessungen mehr als 50 Zentimeter beträgt.

[3] Elektro- und Elektronikgeräte im Sinne des Satzes 1 sind insbesondere die in Anlage 1 aufgeführten Geräte.

(2) Dieses Gesetz gilt nicht für folgende Elektro- und Elektronikgeräte:

1. Geräte, die der Wahrung der wesentlichen Sicherheitsinteressen der Bundesrepublik Deutschland dienen, einschließlich Waffen, Munition und Wehrmaterial, die nur für militärische Zwecke bestimmt sind,
2. Geräte, die
   a) als Teil eines anderen Gerätes, das vom Geltungsbereich dieses Gesetzes ausgenommen ist oder nicht in den Geltungsbereich dieses Gesetzes fällt, in dieses eingebaut sind und
   b) ihre Funktion nur speziell als Teil dieses anderen Gerätes erfüllen können,
3. Glühlampen,
4. Ausrüstungsgegenstände für einen Einsatz im Weltraum,
5. ortsfeste industrielle Großwerkzeuge,
6. ortsfeste Großanlagen; dieses Gesetz gilt jedoch für Geräte, die nicht speziell als Teil dieser Anlagen konzipiert und darin eingebaut sind,
7. Verkehrsmittel zur Personen- und Güterbeförderung; dieses Gesetz gilt jedoch für elektrische Zweiradfahrzeuge, für die eine Typgenehmigung nicht erforderlich ist,
8. bewegliche Maschinen,
9. Geräte, die ausschließlich zu Zwecken der Forschung und Entwicklung speziell entworfen wurden und nur auf zwischenbetrieblicher Ebene bereitgestellt werden, und
10. medizinische Geräte und In-vitro-Diagnostika, bei denen jeweils zu erwarten ist, dass sie vor Ablauf ihrer Lebensdauer infektiös werden, und aktive implantierbare medizinische Geräte.

(3) [1] Soweit dieses Gesetz keine abweichenden Vorschriften enthält, sind das Kreislaufwirtschaftsgesetz, mit Ausnahme von § 17 Absatz 4 und § 54, und

diejenigen Rechtsverordnungen in der jeweils geltenden Fassung anzuwenden, die auf der Grundlage des Kreislaufwirtschaftsgesetzes oder des bis zum 31. Mai 2012 geltenden Kreislaufwirtschafts- und Abfallgesetzes erlassen wurden. [2] Die §§ 27, 47 Absatz 1 bis 6, § 50 Absatz 3, § 59 Absatz 1 Satz 1 und Absatz 2 sowie die §§ 60, 62 und 66 des Kreislaufwirtschaftsgesetzes gelten entsprechend. [3] Rechtsvorschriften, die besondere Anforderungen an die Bewirtschaftung von Altgeräten oder an die Produktkonzeption enthalten, sowie solche, die aus Gründen der Sicherheit im Zusammenhang mit der Beförderung gefährlicher Güter erlassen sind, bleiben unberührt. [4] Die Nachweispflichten nach § 50 Absatz 1 des Kreislaufwirtschaftsgesetzes gelten nicht für die Überlassung von Altgeräten an Einrichtungen zur Erfassung und Erstbehandlung von Altgeräten. [5] Abweichend von Satz 1 gelten § 17 Absatz 4 Satz 1 und § 54 des Kreislaufwirtschaftsgesetzes für aus Altgeräten ausgebaute Bauteile, Unterbaugruppen und Verbrauchsmaterialien.

§ 3 Begriffsbestimmungen. Im Sinne dieses Gesetzes sind

1. Elektro- und Elektronikgeräte:
   Geräte, die für den Betrieb mit Wechselspannung von höchstens 1 000 Volt oder Gleichspannung von höchstens 1 500 Volt ausgelegt sind und
   a) zu ihrem ordnungsgemäßen Betrieb von elektrischen Strömen oder elektromagnetischen Feldern abhängig sind oder
   b) der Erzeugung, Übertragung und Messung von elektrischen Strömen und elektromagnetischen Feldern dienen;
2. Geräteart:
   Zusammenfassung von Geräten innerhalb einer Kategorie, die hinsichtlich der Art ihrer Nutzung oder ihrer Funktionen vergleichbare Merkmale aufweisen;
3. Altgeräte:
   Elektro- und Elektronikgeräte, die Abfall im Sinne des § 3 Absatz 1 Satz 1 des Kreislaufwirtschaftsgesetzes sind, einschließlich aller Bauteile, Unterbaugruppen und Verbrauchsmaterialien, die zum Zeitpunkt des Eintritts der Abfalleigenschaft Teil des Altgerätes sind;
4. historische Altgeräte:
   a) Altgeräte, die vor dem 13. August 2005 in Verkehr gebracht wurden,
   b) Leuchten aus privaten Haushalten und Photovoltaikmodule, die Altgeräte sind und vor dem 24. Oktober 2015 in Verkehr gebracht wurden, oder
   c) Altgeräte, die vor dem 15. August 2018 in Verkehr gebracht wurden, soweit sie vom Anwendungsbereich dieses Gesetzes in der Fassung vom 20. Oktober 2015 nicht erfasst waren;
5. Altgeräte aus privaten Haushalten:
   Altgeräte aus privaten Haushaltungen im Sinne des Kreislaufwirtschaftsgesetzes sowie Altgeräte aus sonstigen Herkunftsbereichen, soweit die Beschaffenheit und Menge der dort anfallenden Altgeräte mit der Beschaffenheit und Menge von üblicherweise in privaten Haushaltungen anfallenden Altgeräten vergleichbar ist; Elektro- und Elektronikgeräte, die sowohl von privaten Haushalten als auch von anderen Nutzern als privaten Haushalten genutzt werden, gelten, wenn sie Abfall werden, als Altgeräte aus privaten Haushalten;

6. Anbieten:
das im Rahmen einer gewerbsmäßigen Tätigkeit auf den Abschluss eines Kaufvertrages gerichtete Präsentieren oder öffentliche Zugänglichmachen von Elektro- oder Elektronikgeräten im Geltungsbereich dieses Gesetzes; dies umfasst auch die Aufforderung, ein Angebot abzugeben;
7. Bereitstellung auf dem Markt:
jede entgeltliche oder unentgeltliche Abgabe eines Elektro- oder Elektronikgerätes zum Vertrieb, Verbrauch oder zur Verwendung im Geltungsbereich dieses Gesetzes im Rahmen einer Geschäftstätigkeit;
8. Inverkehrbringen:
die erstmalige Bereitstellung eines Elektro- oder Elektronikgerätes auf dem Markt im Geltungsbereich dieses Gesetzes;
9. Hersteller:
jede natürliche oder juristische Person oder Personengesellschaft, die unabhängig von der Verkaufsmethode, einschließlich der Fernkommunikationsmittel im Sinne des § 312c Absatz 2 des Bürgerlichen Gesetzbuchs,
   a) Elektro- oder Elektronikgeräte
      aa) unter ihrem Namen oder ihrer Marke herstellt und innerhalb des Geltungsbereiches dieses Gesetzes anbietet oder
      bb) konzipieren oder herstellen lässt und sie unter ihrem Namen oder ihrer Marke innerhalb des Geltungsbereiches dieses Gesetzes anbietet,
   b) Elektro- oder Elektronikgeräte anderer Hersteller unter ihrem eigenen Namen oder ihrer Marke im Geltungsbereich dieses Gesetzes anbietet oder gewerbsmäßig weiterverkauft, wobei der Anbieter oder Weiterverkäufer dann nicht als Hersteller anzusehen ist, wenn der Name oder die Marke des Herstellers gemäß Buchstabe a auf dem Gerät erscheint,
   c) erstmals aus einem anderen Mitgliedstaat der Europäischen Union oder aus einem Drittland stammende Elektro- oder Elektronikgeräte auf dem Markt im Geltungsbereich dieses Gesetzes anbietet oder
   d) Elektro- oder Elektronikgeräte unter Verwendung von Fernkommunikationsmitteln direkt Endnutzern im Geltungsbereich dieses Gesetzes anbietet und in einem anderen Mitgliedstaat der Europäischen Union oder einem Drittland niedergelassen ist;

   als Hersteller gilt zugleich auch jeder Vertreiber nach Nummer 11, der entgegen § 6 Absatz 2 Satz 2 vorsätzlich oder fahrlässig neue Elektro- oder Elektronikgeräte nicht oder nicht ordnungsgemäß registrierter Hersteller oder von Herstellern, deren Bevollmächtigte nicht oder nicht ordnungsgemäß registriert sind, zum Verkauf anbietet; in diesem Fall gilt abweichend von Nummer 8 die Bereitstellung als Inverkehrbringen; Nummer 11 bleibt unberührt;
10. Bevollmächtigter:
jede im Geltungsbereich dieses Gesetzes niedergelassene natürliche oder juristische Person oder Personengesellschaft, die ein Hersteller ohne Niederlassung im Geltungsbereich dieses Gesetzes beauftragt hat, in eigenem Namen sämtliche Aufgaben wahrzunehmen, um die Herstellerpflichten nach diesem Gesetz zu erfüllen; Bevollmächtigter kann auch ein Hersteller nach Nummer 9 Buchstabe c oder ein Vertreiber nach Nummer 11 sein;

11. Vertreiber:
jede natürliche oder juristische Person oder Personengesellschaft, die Elektro- oder Elektronikgeräte anbietet oder auf dem Markt bereitstellt;
12. öffentlich-rechtlicher Entsorgungsträger:
die nach Landesrecht zur Entsorgung verpflichtete juristische Person;
13. Photovoltaikmodule:
elektrische Vorrichtungen, die zur Verwendung in einem System bestimmt sind und zur Erzeugung von Strom aus solarer Strahlungsenergie entworfen, zusammengesetzt und installiert werden;
14. Lampen:
Einrichtungen zur Erzeugung von Licht;
15. Leuchten:
Geräte zur Verteilung, Filterung oder Umwandlung des von einer oder mehreren Lampen übertragenen Lichts, die alle zur Aufnahme, zur Fixierung und zum Schutz der Lampen notwendigen Teile und erforderlichenfalls Hilfselemente zusammen mit den Vorrichtungen zu ihrem Anschluss an die Stromquelle umfassen; dazu gehören alle Lampen, sofern diese nicht entfernt werden können, ohne dass die Einheit dauerhaft beschädigt wird;
16. ortsfeste industrielle Großwerkzeuge:
eine groß angelegte Anordnung von industriellen Maschinen, Geräten oder Bauteilen mit einer gemeinsamen Funktion für eine bestimmte Anwendung, die
    a) von Fachpersonal dauerhaft an einem bestimmten Ort installiert und abgebaut wird und
    b) von Fachpersonal in einer industriellen Fertigungsanlage oder einer Forschungs- und Entwicklungsanlage eingesetzt und instand gehalten wird;
17. ortsfeste Großanlagen:
eine groß angelegte Kombination von Geräten unterschiedlicher Art und gegebenenfalls weiterer Einrichtungen, die
    a) von Fachpersonal montiert, installiert und abgebaut wird,
    b) dazu bestimmt ist, auf Dauer als Teil eines Gebäudes oder Bauwerks an einem vorbestimmten und eigens dafür vorgesehenen Standort betrieben zu werden, und
    c) nur durch die gleichen, speziell konstruierten Geräte ersetzt werden kann;
18. bewegliche Maschinen:
Maschinen mit eigener Energieversorgung, die
    a) nicht für den Straßenverkehr bestimmt sind,
    b) ausschließlich bei einer beruflichen Tätigkeit genutzt werden und
    c) beim Betrieb entweder beweglich sein müssen oder kontinuierlich oder halbkontinuierlich zu verschiedenen festen Betriebsorten bewegt werden müssen;
19. medizinisches Gerät:
ein Medizinprodukt im Sinne von § 3 Nummer 1 oder ein Zubehör im Sinne von § 3 Nummer 9 Satz 1 des Medizinproduktegesetzes in der Fassung der Bekanntmachung vom 7. August 2002 (BGBl. I S. 3146), das

zuletzt durch Artikel 16 des Gesetzes vom 21. Juli 2014 (BGBl. I S. 1133) geändert worden ist, das ein Elektro- oder Elektronikgerät ist;

20. In-vitro-Diagnostikum:
ein In-vitro-Diagnostikum im Sinne von § 3 Nummer 4 des Medizinproduktegesetzes oder ein Zubehör im Sinne von § 3 Nummer 9 des Medizinproduktegesetzes, das ein Elektro- oder Elektronikgerät ist;
21. aktives implantierbares medizinisches Gerät:
ein aktives implantierbares medizinisches Gerät im Sinne von Artikel 1 Absatz 2 Buchstabe c der Richtlinie 90/385/EWG des Rates vom 20. Juni 1990 zur Angleichung der Rechtsvorschriften der Mitgliedstaaten über aktive implantierbare medizinische Geräte (ABl. L 189 vom 20.7.1990, S. 17), die zuletzt durch die Richtlinie 2007/47/EG (ABl. L 247 vom 21.9. 2007, S. 21) geändert worden ist, das ein Elektro- oder Elektronikgerät ist;
22. Erfassung:
die Sammlung sowie die Rücknahme von Altgeräten;
23. Behandlung:
Tätigkeiten, die nach der Übergabe von Altgeräten an eine Anlage zur Entfrachtung von Schadstoffen, zur Demontage, zum Schreddern, zur Verwertung oder zur Vorbereitung der Beseitigung durchgeführt werden, sowie sonstige Tätigkeiten, die der Verwertung oder Beseitigung der Altgeräte dienen;
24. Erstbehandlung:
die erste Behandlung von Altgeräten, bei der die Altgeräte zur Wiederverwendung vorbereitet oder von Schadstoffen entfrachtet und Wertstoffe aus den Altgeräten separiert werden, einschließlich hierauf bezogener Vorbereitungshandlungen; die Erstbehandlung umfasst auch die Verwertungsverfahren R 12 und R 13 nach Anlage 2 zum Kreislaufwirtschaftsgesetz; die zerstörungsfreie Entnahme von Lampen aus Altgeräten bei der Erfassung gilt nicht als Erstbehandlung; dies gilt auch für die zerstörungsfreie Entnahme von Altbatterien und Altakkumulatoren, die nicht vom Altgerät umschlossen sind;
25. Entfernen:
die manuelle, mechanische, chemische oder metallurgische Bearbeitung von Altgeräten, in deren Folge im Laufe des Behandlungsverfahrens gefährliche Stoffe, Gemische oder Bestandteile einen unterscheidbaren Stoffstrom oder einen unterscheidbaren Teil eines Stoffstromes bilden; Stoffe, Gemische und Bestandteile gelten dann als unterscheidbar, wenn sie überwacht werden können, um ihre umweltgerechte Behandlung oder Entsorgung zu überprüfen;
26. gefährliche Stoffe oder gefährliche Gemische:
Stoffe oder Gemische gemäß Artikel 3 der Verordnung (EG) Nr. 1272/2008 des Europäischen Parlaments und des Rates vom 16. Dezember 2008 über die Einstufung, Kennzeichnung und Verpackung von Stoffen und Gemischen, zur Änderung und Aufhebung der Richtlinien 67/548/EWG und 1999/45/EG und zur Änderung der Verordnung (EG) Nr. 1907/2006 (ABl. L 353 vom 31.12.2008, S. 1), die zuletzt durch die Verordnung (EU) Nr. 286/2011 (ABl. L 83 vom 30.3.2011, S. 1) geändert worden ist, in ihrer jeweils geltenden Fassung.

Abschnitt 2. Pflichten beim Inverkehrbringen von Elektro- und Elektronikgeräten

§ 4 Produktkonzeption. (1) [1] Hersteller haben ihre Elektro- und Elektronikgeräte möglichst so zu gestalten, dass insbesondere die Wiederverwendung, die Demontage und die Verwertung von Altgeräten, ihren Bauteilen und Werkstoffen berücksichtigt und erleichtert werden. [2] Elektro- und Elektronikgeräte, die vollständig oder teilweise mit Batterien oder Akkumulatoren betrieben werden können, sind möglichst so zu gestalten, dass Altbatterien und Altakkumulatoren durch Endnutzer problemlos entnommen werden können. [3] Sind Altbatterien oder Altakkumulatoren nicht problemlos durch den Endnutzer entnehmbar, sind die Elektro- und Elektronikgeräte so zu gestalten, dass die Altbatterien und Altakkumulatoren problemlos durch vom Hersteller unabhängiges Fachpersonal entnommen werden können.

(2) Die Hersteller sollen die Wiederverwendung nicht durch besondere Konstruktionsmerkmale oder Herstellungsprozesse verhindern, es sei denn, dass die Konstruktionsmerkmale rechtlich vorgeschrieben sind oder die Vorteile dieser besonderen Konstruktionsmerkmale oder Herstellungsprozesse überwiegen, beispielsweise im Hinblick auf den Gesundheitsschutz, den Umweltschutz oder auf Sicherheitsvorschriften.

(3) Absatz 1 Satz 2 und 3 gilt nicht für Elektro- und Elektronikgeräte, in denen aus Gründen der Sicherheit, der Leistung, aus medizinischen Gründen oder aus Gründen der Vollständigkeit von Daten eine ununterbrochene Stromversorgung notwendig und eine ständige Verbindung zwischen dem Gerät und der Batterie oder dem Akkumulator erforderlich sind.

§ 5 Einrichten der Gemeinsamen Stelle. (1) Die Hersteller oder im Fall der Bevollmächtigung nach § 8 deren Bevollmächtigte sind verpflichtet, eine Gemeinsame Stelle einzurichten.[1)]

(2) [1] Ist die Gemeinsame Stelle nicht eingerichtet oder nimmt sie ihre Aufgaben nach § 31 Absatz 5 Satz 1 oder Absatz 7 Satz 1 und 3 nicht wahr, ist jeder Hersteller oder im Fall der Bevollmächtigung nach § 8 dessen Bevollmächtigter verpflichtet, den öffentlich-rechtlichen Entsorgungsträgern die Kosten für die Sammlung, Sortierung und Entsorgung seiner Altgeräte zu erstatten. [2] Die nach Landesrecht zuständige Behörde setzt die Kosten durch Verwaltungsakt fest.

§ 6 Registrierung. (1) [1] Bevor ein Hersteller Elektro- oder Elektronikgeräte in Verkehr bringt, ist er oder im Fall der Bevollmächtigung nach § 8 sein Bevollmächtigter verpflichtet, sich bei der zuständigen Behörde mit der Geräteart und Marke registrieren zu lassen. [2] Der Registrierungsantrag muss die Angaben nach Anlage 2 enthalten. [3] Dem Registrierungsantrag ist eine Garantie nach § 7 Absatz 1 Satz 1 oder eine Glaubhaftmachung nach § 7 Absatz 3 Satz 1 beizufügen. [4] Der Hersteller oder im Fall der Bevollmächtigung nach § 8 sein Bevollmächtigter hat der zuständigen Behörde Änderungen von im Registrierungsantrag enthaltenen Daten sowie die dauerhafte Aufgabe des Inverkehrbringens unverzüglich mitzuteilen.

---

1) Gemeinsame Stelle der Hersteller ist die Stiftung Elektro-Altgeräte-Register (EAR); siehe die Anm. zu § 40 Abs. 1.

(2) [1] Hersteller dürfen Elektro- oder Elektronikgeräte nicht in Verkehr bringen, wenn sie oder im Fall der Bevollmächtigung nach § 8 deren Bevollmächtigte nicht oder nicht ordnungsgemäß registriert sind. [2] Vertreiber dürfen Elektro- oder Elektronikgeräte nicht zum Verkauf anbieten, wenn die Hersteller dieser Geräte oder im Fall der Bevollmächtigung nach § 8 deren Bevollmächtigte entgegen Absatz 1 Satz 1 nicht oder nicht ordnungsgemäß registriert sind.

(3) Jeder Hersteller ist verpflichtet, beim Anbieten und auf Rechnungen seine Registrierungsnummer anzugeben.

§ 7 Finanzierungsgarantie. (1) [1] Jeder Hersteller oder im Fall der Bevollmächtigung nach § 8 dessen Bevollmächtigter ist verpflichtet, der zuständigen Behörde kalenderjährlich eine insolvenzsichere Garantie für die Finanzierung der Rücknahme und Entsorgung der Elektro- und Elektronikgeräte nachzuweisen, die der Hersteller nach dem 13. August 2005 im Geltungsbereich dieses Gesetzes in Verkehr bringt oder gebracht hat und die in privaten Haushalten genutzt werden können. [2] Die Garantie hat den Rückgriffsanspruch der Gemeinsamen Stelle gemäß § 34 Absatz 2 zu sichern.

(2) [1] Für die Garantie sind folgende Formen möglich:

1. eine Bürgschaft auf erstes Anfordern eines Kreditinstituts oder Kreditversicherers,
2. eine Garantie auf erstes Anfordern eines Kreditinstituts oder Kreditversicherers,
3. die Hinterlegung von Geld zur Sicherheitsleistung im Sinne von § 232 Absatz 1 des Bürgerlichen Gesetzbuchs nach näherer Maßgabe der Hinterlegungsgesetze der Länder oder
4. die Teilnahme an Systemen, die für die Finanzierung der Entsorgung von Altgeräten geeignet sind; die Eignung eines solches Systems ist durch die zuständige Behörde gemäß § 37 Absatz 6 festzustellen.

[2] Eine Bürgschaft oder Garantie auf erstes Anfordern kann auch formularmäßig übernommen werden, ohne dass dadurch gegen die §§ 305 bis 310 des Bürgerlichen Gesetzbuchs verstoßen wird.

(3) [1] Absatz 1 gilt nicht für Elektro- oder Elektronikgeräte, für die der Hersteller oder im Fall der Bevollmächtigung nach § 8 dessen Bevollmächtigter glaubhaft macht, dass sie ausschließlich in anderen als privaten Haushalten genutzt werden oder dass solche Geräte gewöhnlich nicht in privaten Haushalten genutzt werden. [2] Die Pflicht nach Absatz 1 gilt für Hersteller von Elektro- und Elektronikgeräten, die nicht vom Anwendungsbereich des Elektro- und Elektronikgerätegesetzes vom 16. März 2005 (BGBl. I S. 762), das zuletzt durch Artikel 14 des Gesetzes vom 20. September 2013 (BGBl. I S. 3642) geändert worden ist, erfasst waren, oder im Fall der Bevollmächtigung nach § 8 für ihre Bevollmächtigten nur in Bezug auf Geräte, die nach dem 24. Oktober 2015 in Verkehr gebracht wurden oder werden. [3] Für Hersteller von Elektro- und Elektronikgeräten, die ab dem 15. August 2018 in den Anwendungsbereich dieses Gesetzes fallen, oder im Fall der Bevollmächtigung nach § 8 deren Bevollmächtigte gilt Absatz 1 in Bezug auf Geräte, die nach diesem Zeitpunkt in Verkehr gebracht werden.

(4) Der Hersteller darf die Kosten für die Entsorgung von Elektro- und Elektronikgeräten gegenüber dem Endkunden nicht ausweisen.

§ 8 Niederlassungspflicht, Beauftragung und Benennung eines Bevollmächtigten. (1) [1] Ein Hersteller im Sinne von § 3 Nummer 9 Buchstabe a bis c, der keine Niederlassung im Geltungsbereich dieses Gesetzes hat, muss einen Bevollmächtigten beauftragen. [2] Jeder Hersteller darf nur einen Bevollmächtigten beauftragen. [3] Die Beauftragung hat schriftlich und in deutscher Sprache zu erfolgen.

(2) Ein Hersteller im Sinne von § 3 Nummer 9 Buchstabe d ist verpflichtet, einen Bevollmächtigten entsprechend Absatz 1 Satz 2 und 3 zu beauftragen.

(3) [1] Der Hersteller hat den Bevollmächtigten der zuständigen Behörde unverzüglich zu benennen. [2] Bei der Benennung ist eine Kopie der Beauftragung beizufügen. [3] Die Benennung bedarf der Bestätigung durch die zuständige Behörde. [4] Sie darf nur erteilt werden, wenn die Voraussetzungen nach Absatz 1 vorliegen. [5] Der Hersteller hat der zuständigen Behörde Änderungen der Beauftragung oder Berichtigungen der Angaben unverzüglich mitzuteilen.

(4) [1] Wird die Beauftragung des Bevollmächtigten beendet, hat der Hersteller dies der zuständigen Behörde unverzüglich mitzuteilen. [2] Die Benennung endet, sobald die zuständige Behörde das Ende der Beauftragung bestätigt. [3] Die Pflicht des Bevollmächtigten zur Erfüllung der während der Zeit seiner Benennung entstandenen Herstellerpflichten bleibt unberührt. [4] Ein Hersteller, dem die Beendigung der Benennung durch die zuständige Behörde bestätigt wurde, hat die von ihm belieferten Hersteller nach § 3 Nummer 9 Buchstabe c und Vertreiber unverzüglich über das Ende der Benennung eines Bevollmächtigten zu informieren. [5] Solange die Benennung eines Bevollmächtigten nicht erfolgt, obliegen die Verpflichtungen des Herstellers dem im Inland niedergelassenen Hersteller nach § 3 Nummer 9 Buchstabe c.

(5) Eine natürliche oder juristische Person oder Personengesellschaft, die im Geltungsbereich dieses Gesetzes niedergelassen ist und Geräte gewerbsmäßig unter Verwendung von Fernkommunikationsmitteln in einem anderen Mitgliedstaat der Europäischen Union, in dem sie nicht niedergelassen ist, unmittelbar für Endnutzer bereitstellt, ist verpflichtet, vor der Bereitstellung auf dem Markt dieses Mitgliedstaates eine dort niedergelassene natürliche oder juristische Person oder Personengesellschaft zu bevollmächtigen, die dort für die Erfüllung ihrer Pflichten nach der Richtlinie 2012/19/EU des Europäischen Parlaments und des Rates vom 4. Juli 2012 über Elektro- und Elektronik-Altgeräte (ABl. L 197 vom 24.7.2012, S. 38) verantwortlich ist.

§ 9 Kennzeichnung. (1) Elektro- und Elektronikgeräte, die nach den in § 3 Nummer 4 genannten Zeitpunkten in Verkehr gebracht werden, sind vor dem Inverkehrbringen auf dem europäischen Markt dauerhaft so zu kennzeichnen, dass der Hersteller eindeutig zu identifizieren ist und festgestellt werden kann, dass das Gerät nach dem jeweiligen in § 3 Nummer 4 genannten Zeitpunkt erstmals auf dem europäischen Markt in Verkehr gebracht wurde.

(2) [1] Die Geräte nach Absatz 1 sind außerdem mit dem Symbol nach Anlage 3 dauerhaft zu kennzeichnen, sofern eine Garantie nach § 7 Absatz 1 erforderlich ist. [2] Sofern es in Ausnahmefällen auf Grund der Größe oder der Funktion des Elektro- oder Elektronikgerätes erforderlich ist, ist das Symbol statt auf dem

Gerät auf die Verpackung, die Gebrauchsanweisung oder den Garantieschein für das Elektro- oder Elektronikgerät aufzudrucken. [3] Satz 2 gilt auch für die Kennzeichnung mit Blick auf den Zeitpunkt des Inverkehrbringens nach Absatz 1, sofern die Kennzeichnung gemeinsam mit dem Symbol nach Satz 1 erfolgt.

Abschnitt 3. Sammlung und Rücknahme

§ 10 Getrennte Erfassung. (1) [1] Besitzer von Altgeräten haben diese einer vom unsortierten Siedlungsabfall getrennten Erfassung zuzuführen. [2] Sie haben Altbatterien und Altakkumulatoren, die nicht vom Altgerät umschlossen sind, vor der Abgabe an einer Erfassungsstelle von diesem zu trennen. [3] Satz 2 gilt nicht, soweit nach § 14 Absatz 5 Satz 2 und 3 Altgeräte separiert werden, um sie für die Wiederverwendung vorzubereiten.

(2) Die Erfassung nach Absatz 1 hat so zu erfolgen, dass die spätere Vorbereitung zur Wiederverwendung, die Demontage und das Recycling nicht behindert werden.

(3) [1] Bis zum 31. Dezember 2015 sollen durchschnittlich mindestens vier Kilogramm Altgeräte aus privaten Haushalten pro Einwohner und Jahr getrennt erfasst werden. [2] Wurden in den drei Vorjahren durchschnittlich mehr als vier Kilogramm pro Einwohner und Jahr erfasst, ist dieser Durchschnittswert für die Mindesterfassungsquote maßgeblich. [3] Ab dem 1. Januar 2016 soll jährlich eine Mindesterfassungsquote von 45 Prozent gemessen an dem Gesamtgewicht der erfassten Altgeräte im Verhältnis zum Durchschnittsgewicht der Elektro- und Elektronikgeräte, die in den drei Vorjahren in Verkehr gebracht wurden, erreicht werden. [4] Ab 2019 soll die Mindesterfassungsquote 65 Prozent betragen.

§ 11 Verordnungsermächtigungen. Die Bundesregierung wird ermächtigt, durch Rechtsverordnung mit Zustimmung des Bundesrates

1. weiter gehende Anforderungen an die Durchführung und Organisation der getrennten Erfassung von Altgeräten, die zur Wiederverwendung vorbereitet werden sollen, und
2. Anforderungen an die Zertifizierung von Betrieben, die Altgeräte zur Wiederverwendung vorbereiten,

festzulegen.

Unterabschnitt 1. Sammlung und Rücknahme von Altgeräten aus privaten Haushalten

§ 12 Berechtigte für die Erfassung von Altgeräten aus privaten Haushalten. [1] Die Erfassung von Altgeräten aus privaten Haushalten darf nur von öffentlich-rechtlichen Entsorgungsträgern, Vertreibern sowie Herstellern oder im Fall der Bevollmächtigung nach § 8 deren Bevollmächtigten vorgenommen werden. [2] Die nach Satz 1 zur Erfassung Berechtigten dürfen für die Sammlung und Rücknahme auch Dritte beauftragen.

§ 13 Sammlung durch die öffentlich-rechtlichen Entsorgungsträger.

(1) [1]Die öffentlich-rechtlichen Entsorgungsträger richten im Rahmen ihrer Pflichten nach § 20 des Kreislaufwirtschaftsgesetzes Sammelstellen ein, an denen Altgeräte aus privaten Haushalten ihres Gebietes angeliefert werden können (Bringsystem). [2]Altgeräte aus privaten Haushalten, die von Gewerbetreibenden oder Vertreibern angeliefert werden, gelten als Altgeräte aus privaten Haushalten des Gebietes des öffentlich-rechtlichen Entsorgungsträgers, in dem der Gewerbetreibende oder Vertreiber seine Niederlassung hat.

(2) Die öffentlich-rechtlichen Entsorgungsträger können die Annahme an einzelnen Sammelstellen auf bestimmte Altgerätegruppen nach § 14 Absatz 1 Satz 1 beschränken, wenn dies aus Platzgründen unter Berücksichtigung der sonstigen Wertstofferfassung im Einzelfall notwendig ist und die Erfassung aller Altgerätegruppen nach § 14 Absatz 1 Satz 1 im Entsorgungsgebiet des öffentlich-rechtlichen Entsorgungsträgers sichergestellt ist.

(3) [1]Die öffentlich-rechtlichen Entsorgungsträger können die Altgeräte auch bei den privaten Haushalten abholen (Holsystem). [2]Die Anzahl der Sammelstellen oder die Kombination mit Holsystemen ist unter Berücksichtigung der jeweiligen Bevölkerungsdichte, der sonstigen örtlichen Gegebenheiten und der abfallwirtschaftlichen Ziele nach den §§ 1 und 10 Absatz 3 festzulegen.

(4) Bei der Anlieferung von Altgeräten darf kein Entgelt erhoben werden.

(5) [1]Die öffentlich-rechtlichen Entsorgungsträger können die kostenlose Annahme von Altgeräten ablehnen, die auf Grund einer Verunreinigung eine Gefahr für die Gesundheit und Sicherheit von Menschen darstellen. [2]Satz 1 gilt insbesondere, sofern asbesthaltige Nachtspeicherheizgeräte nicht ordnungsgemäß durch Fachpersonal abgebaut und verpackt wurden oder beschädigt beim öffentlich-rechtlichen Entsorgungsträger angeliefert werden. [3]Bei Anlieferungen von mehr als 20 Geräten der Gruppen 1, 4 und 6 nach § 14 Absatz 1 Satz 1 sind Anlieferungsort und -zeitpunkt vorab mit dem öffentlich-rechtlichen Entsorgungsträger abzustimmen. [4]Die Überlassungspflichten privater Haushaltungen nach § 17 Absatz 1 Satz 1 des Kreislaufwirtschaftsgesetzes und die Entsorgungspflichten der öffentlich-rechtlichen Entsorgungsträger für Abfälle aus privaten Haushaltungen nach § 20 Absatz 1 und 2 des Kreislaufwirtschaftsgesetzes bleiben von den Sätzen 1 und 2 unberührt.

§ 14 Bereitstellen der abzuholenden Altgeräte durch die öffentlich-rechtlichen Entsorgungsträger. (1) [1]Die öffentlich-rechtlichen Entsorgungsträger stellen die von den Herstellern oder im Fall der Bevollmächtigung nach § 8 von deren Bevollmächtigten abzuholenden Altgeräte an von ihnen eingerichteten Übergabestellen in folgenden Gruppen in geeigneten Behältnissen unentgeltlich bereit:

1. Gruppe 1: Wärmeüberträger,
2. Gruppe 2: Bildschirme, Monitore und Geräte, die Bildschirme mit einer Oberfläche von mehr als 100 Quadratzentimetern enthalten,
3. Gruppe 3: Lampen,
4. Gruppe 4: Großgeräte,
5. Gruppe 5: Kleingeräte und kleine Geräte der Informations- und Telekommunikationstechnik,
6. Gruppe 6: Photovoltaikmodule.

[2] In der Gruppe 4 sind Nachtspeicherheizgeräte, die Asbest oder sechswertiges Chrom enthalten, und in den Gruppen 2, 4 und 5 batteriebetriebene Altgeräte getrennt von den anderen Altgeräten in einem eigenen Behältnis zu sammeln.

(2) [1] Die Behältnisse müssen so befüllt werden, dass ein Zerbrechen der Altgeräte möglichst vermieden wird. [2] Die Altgeräte dürfen in den Behältnissen nicht mechanisch verdichtet werden.

(3) [1] Die öffentlich-rechtlichen Entsorgungsträger melden der Gemeinsamen Stelle die zur Abholung bereitgestellten Behältnisse, wenn bei den Gruppen 1, 2, 4 und 5 eine Abholmenge von mindestens 30 Kubikmetern pro Gruppe, bei Nachtspeicherheizgeräten in der Gruppe 4 und bei batteriebetriebenen Altgeräten der Gruppen 2, 4 und 5 eine Abholmenge von mindestens fünf Kubikmetern, bei der Gruppe 3 eine Abholmenge von mindestens drei Kubikmetern und bei der Gruppe 6 eine Abholmenge von mindestens zweieinhalb Kubikmetern erreicht ist. [2] Wenn bei der Gruppe 4 ein Behältnis mit Nachtspeicherheizgeräten zur Abholung bereitgestellt wird, ist dies der Gemeinsamen Stelle bei der Meldung nach Satz 1 mitzuteilen.

(4) [1] An der Sammelstelle sind eine Separierung von Altgeräten, eine nachträgliche Entnahme aus den Behältnissen sowie die Entfernung von Bauteilen aus oder von den Altgeräten unzulässig. [2] Eine Veränderung des Inhalts der Behältnisse bis zum Eintreffen bei der Erstbehandlungsanlage ist unzulässig. [3] Absatz 1 Satz 2 bleibt von dem Verbot nach Satz 1 unberührt.

(5) [1] Ein nach Landesrecht für die Verwertung und Beseitigung von Altgeräten zuständiger öffentlich-rechtlicher Entsorgungsträger kann sämtliche Altgeräte einer Gruppe für jeweils mindestens zwei Jahre von der Bereitstellung zur Abholung ausnehmen (Optierung). [2] Abweichend von Absatz 4 Satz 1 ist im Fall der Optierung eine Separierung von Altgeräten in der optierten Gruppe zulässig. [3] Er hat die Altgeräte nach Satz 1 wiederzuverwenden oder nach § 20 zu behandeln und nach § 22 zu entsorgen.

§ 15 Aufstellen von Behältnissen durch die Hersteller oder deren Bevollmächtigte. (1) [1] Die Hersteller oder im Fall der Bevollmächtigung nach § 8 deren Bevollmächtigte müssen die Behältnisse nach § 14 unentgeltlich aufstellen und abdecken. [2] Satz 1 gilt nicht im Fall des § 14 Absatz 5. [3] Die öffentlich-rechtlichen Entsorgungsträger können das Aufstellen nicht abdeckbarer Behältnisse ablehnen und melden die Ablehnung der zuständigen Behörde. [4] In diesem Fall gilt das Behältnis als nicht aufgestellt.

(2) Die Behältnisse, außer denen für die Gruppen 3 und 6, müssen für die Aufnahme durch herkömmliche Abholfahrzeuge geeignet sein; Absatz 6 bleibt unberührt.

(3) Die Behältnisse müssen so beschaffen sein, dass die dort enthaltenen Altgeräte bruchsicher gesammelt werden können.

(4) [1] Die zuständige Behörde trifft die im Einzelfall erforderlichen Anordnungen, um sicherzustellen, dass den öffentlich-rechtlichen Entsorgungsträgern die erforderliche Menge an Behältnissen zur Verfügung steht; hierbei berücksichtigt sie die von ihr geprüften Berechnungen der Gemeinsamen Stelle nach § 31 Absatz 8. [2] Hierzu melden die öffentlich-rechtlichen Entsorgungsträger der Gemeinsamen Stelle die erforderliche Anzahl der aufzustellenden Behältnisse.

(5) Im Fall des § 14 Absatz 5 gelten Absatz 1 Satz 1 und Absatz 3 für die öffentlich-rechtlichen Entsorgungsträger entsprechend.

(6) Die Bundesregierung wird ermächtigt durch Rechtsverordnung mit Zustimmung des Bundesrates weitergehende Anforderungen an die Behältnisse, in denen die Altgeräte gesammelt und transportiert werden sollen, festzulegen.

§ 16 Rücknahmepflicht der Hersteller. (1) [1] Der Hersteller oder im Fall der Bevollmächtigung nach § 8 dessen Bevollmächtigter ist verpflichtet, die nach § 14 Absatz 1 Satz 1 bereitgestellten Behältnisse entsprechend der Zuweisung der zuständigen Behörde nach § 38 Absatz 3 Satz 1 unverzüglich abzuholen, spätestens jedoch mit Ablauf der Nachfrist nach § 38 Absatz 3 Satz 2. [2] Für die Abholung der zugewiesenen Behältnisse gelten Absatz 5 Satz 1 und § 13 Absatz 5 Satz 1 entsprechend.

(2) Der Hersteller oder im Fall der Bevollmächtigung nach § 8 dessen Bevollmächtigter ist verpflichtet, die nach Absatz 1 abgeholten Altgeräte oder deren Bauteile wiederzuverwenden oder nach § 20 zu behandeln und nach § 22 zu entsorgen.

(3) Der Hersteller oder im Fall der Bevollmächtigung nach § 8 dessen Bevollmächtigter ist verpflichtet, nach Abholung der Behältnisse nach Absatz 1 entsprechend der Anordnung der zuständigen Behörde nach § 15 Absatz 4 Satz 1 unverzüglich leere Behältnisse aufzustellen.

(4) Der Hersteller oder im Fall der Bevollmächtigung nach § 8 dessen Bevollmächtigter ist verpflichtet, die Kosten der Abholung, der Entsorgung und des Aufstellens leerer Behältnisse zu tragen.

(5) [1] Die Hersteller oder im Fall der Bevollmächtigung nach § 8 deren Bevollmächtigte können freiwillig individuelle oder kollektive Rücknahmesysteme für die unentgeltliche Rückgabe von Altgeräten aus privaten Haushalten einrichten und betreiben, sofern diese Systeme im Einklang mit den Zielen nach § 1 stehen. [2] Absatz 2 gilt entsprechend. [3] Rücknahmestellen dieser Rücknahmesysteme dürfen weder an Sammel- noch an Übergabestellen der öffentlich-rechtlichen Entsorgungsträger nach § 13 Absatz 1 eingerichtet und betrieben werden. [4] Bei der Rücknahme nach Satz 1 gilt § 14 Absatz 2 entsprechend.

§ 17 Rücknahmepflicht der Vertreiber. (1) [1] Vertreiber mit einer Verkaufsfläche für Elektro- und Elektronikgeräte von mindestens 400 Quadratmetern sind verpflichtet,

1. bei der Abgabe eines neuen Elektro- oder Elektronikgerätes an einen Endnutzer ein Altgerät des Endnutzers der gleichen Geräteart, das im Wesentlichen die gleichen Funktionen wie das neue Gerät erfüllt, am Ort der Abgabe oder in unmittelbarer Nähe hierzu unentgeltlich zurückzunehmen, und
2. auf Verlangen des Endnutzers Altgeräte, die in keiner äußeren Abmessung größer als 25 Zentimeter sind, im Einzelhandelsgeschäft oder in unmittelbarer Nähe hierzu unentgeltlich zurückzunehmen; die Rücknahme darf nicht an den Kauf eines Elektro- und Elektronikgerätes geknüpft werden und ist auf fünf Altgeräte pro Geräteart beschränkt.

[2] Ort der Abgabe im Sinne von Satz 1 Nummer 1 ist auch der private Haushalt, sofern dort durch Auslieferung die Abgabe erfolgt. [3] Der Endnutzer hat dem Vertreiber beim Abschluss des Kaufvertrages für das neue Elektro- und Elek-

tronikgerät seine Absicht mitzuteilen, bei der Auslieferung des neuen Geräts ein Altgerät zurückzugeben.

(2) [1] Bei einem Vertrieb unter Verwendung von Fernkommunikationsmitteln gelten als Verkaufsfläche im Sinne von Absatz 1 alle Lager- und Versandflächen für Elektro- und Elektronikgeräte. [2] Die Rücknahme im Fall eines solchen Vertriebs ist durch geeignete Rückgabemöglichkeiten in zumutbarer Entfernung zum jeweiligen Endnutzer zu gewährleisten.

(3) Unbeschadet der Pflichten aus den Absätzen 1 und 2 dürfen Vertreiber Altgeräte freiwillig unentgeltlich zurücknehmen.

(4) [1] § 13 Absatz 5 Satz 1 gilt für die Rücknahme nach den Absätzen 1 bis 3 entsprechend. [2] Die Rücknahme durch die Vertreiber darf weder an Sammel- noch an Übergabestellen der öffentlich-rechtlichen Entsorgungsträger nach § 13 Absatz 1 erfolgen. [3] Bei der Rücknahme nach den Absätzen 1 bis 3 gilt § 14 Absatz 2 entsprechend. [4] An der Rücknahmestelle ist die Entfernung von Bauteilen aus oder von den Altgeräten unzulässig; dies gilt nicht für die Entnahme von Altbatterien und Altakkumulatoren. [5] Soweit die Vertreiber im Rahmen einer freiwilligen Rücknahme nach Absatz 3 zusätzlich zur Rücknahme nach den Absätzen 1 und 2 eine Abholleistung beim privaten Haushalt anbieten, können sie für diese ein Entgelt verlangen.

(5) [1] Übergeben die Vertreiber zurückgenommene Altgeräte oder deren Bauteile nicht den Herstellern, im Fall der Bevollmächtigung nach § 8 deren Bevollmächtigten oder den öffentlich-rechtlichen Entsorgungsträgern, sind sie verpflichtet, die Altgeräte wiederzuverwenden oder nach § 20 zu behandeln und nach § 22 zu entsorgen. [2] Für die Übergabe, Behandlung und Entsorgung von Altgeräten nach Satz 1 darf der Vertreiber kein Entgelt von privaten Haushalten verlangen.

§ 18 Informationspflichten gegenüber den privaten Haushalten.

(1) [1] Die öffentlich-rechtlichen Entsorgungsträger informieren die privaten Haushalte über die Pflicht nach § 10 Absatz 1. [2] Sie informieren die privaten Haushalte darüber hinaus über

1. die im Gebiet des öffentlich-rechtlichen Entsorgungsträgers durch diesen eingerichteten und zur Verfügung stehenden Möglichkeiten der Rückgabe oder Sammlung von Altgeräten sowie über die Möglichkeiten der Abgabe von Geräten zum Zwecke der Wiederverwendung,
2. den Beitrag, den die privaten Haushalte zur Wiederverwendung, zum Recycling und zu anderen Formen der Verwertung von Altgeräten dadurch leisten, dass sie ihre Altgeräte einer getrennten Erfassung entsprechend den Gruppen nach § 14 Absatz 1 Satz 1 zuführen,
3. die Notwendigkeit eines ordnungsgemäßen Abbaus sowie einer ordnungsgemäßen Verpackung von asbesthaltigen Nachtspeicherheizgeräten als Voraussetzung für eine kostenlose Abgabe bei den öffentlich-rechtlichen Entsorgungsträgern,
4. die möglichen Auswirkungen, welche die Entsorgung der in den Elektro- und Elektronikgeräten enthaltenen gefährlichen Stoffe auf die Umwelt und die menschliche Gesundheit haben kann; insbesondere die Gefahren, die auf Grund nicht ordnungsgemäß bruchsicherer Erfassung durch Schadstoffe entstehen können,

5. die möglichen Auswirkungen auf die Umwelt und die menschliche Gesundheit einer Erfassung und Entsorgung durch Personen, die nicht nach § 12 zur Erfassung berechtigt sind,
6. die möglichen Auswirkungen von illegalen Verbringungen von Altgeräten im Sinne der Verordnung (EG) Nr. 1013/2006 des Europäischen Parlaments und des Rates vom 14. Juni 2006 über die Verbringung von Abfällen (ABl. L 190 vom 12.7.2006, S. 1, L 318 vom 28.11.2008, S. 15, L 334 vom 13.12. 2013, S. 46), die zuletzt durch die Verordnung (EU) Nr. 1234/2014 (ABl. L 332 vom 19.11.2014, S. 15) geändert worden ist, in der jeweils geltenden Fassung, insbesondere die möglichen Auswirkungen von illegalen Ausfuhren auf die Umwelt und die menschliche Gesundheit,
7. die Eigenverantwortung der Endnutzer im Hinblick auf das Löschen personenbezogener Daten auf den zu entsorgenden Altgeräten und
8. die Bedeutung des Symbols nach Anlage 3.

(2) [1] Absatz 1 Satz 1 und 2 Nummer 1, 7 und 8 gilt für Hersteller, im Fall der Bevollmächtigung nach § 8 für deren Bevollmächtigte und für nach § 17 Absatz 1 rücknahmepflichtige Vertreiber entsprechend. [2] Absatz 1 Satz 2 Nummer 1 gilt mit der Maßgabe, dass Hersteller, im Fall der Bevollmächtigung nach § 8 deren Bevollmächtigte und Vertreiber die privaten Haushalte über die von ihnen geschaffenen Möglichkeiten der Rückgabe von Altgeräten informieren müssen.

Unterabschnitt 2. Rücknahme von Altgeräten anderer Nutzer als privater Haushalte

§ 19 Rücknahme durch den Hersteller. (1) [1] Jeder Hersteller oder im Fall der Bevollmächtigung nach § 8 jeder Bevollmächtigte ist verpflichtet, für Altgeräte anderer Nutzer als privater Haushalte und für Altgeräte, die in Beschaffenheit und Mengen nicht mit den üblicherweise in privaten Haushalten anfallenden Altgeräten vergleichbar sind, ab den in § 3 Nummer 4 genannten Zeitpunkten eine zumutbare Möglichkeit zur Rückgabe zu schaffen und die Altgeräte zu entsorgen. [2] Satz 1 gilt nicht, soweit es sich um historische Altgeräte handelt. [3] Zur Entsorgung von historischen Altgeräten, die nicht aus privaten Haushalten stammen, ist der Besitzer verpflichtet. [4] Hersteller und Erwerber oder Besitzer können von den Sätzen 1 und 3 abweichende Vereinbarungen treffen.

(2) Der Entsorgungspflichtige nach Absatz 1 hat die Altgeräte oder deren Bauteile wiederzuverwenden oder nach § 20 zu behandeln und nach § 22 zu entsorgen sowie die Kosten der Entsorgung zu tragen.

Abschnitt 4. Behandlungs- und Verwertungspflichten, Verbringung

§ 20 Behandlung und Beseitigung. (1) [1] Altgeräte sind vor der Durchführung weiterer Verwertungs- oder Beseitigungsmaßnahmen einer Erstbehandlung zuzuführen. [2] Vor der Erstbehandlung ist zu prüfen, ob das Altgerät oder einzelne Bauteile einer Vorbereitung zur Wiederverwendung zugeführt werden können. [3] Diese Prüfung ist durchzuführen, soweit sie technisch möglich und wirtschaftlich zumutbar ist.

(2) [1] Die Erstbehandlung und weitere Behandlungstätigkeiten haben nach dem Stand der Technik im Sinne des § 3 Absatz 28 des Kreislaufwirtschaftsgesetzes zu erfolgen. [2] Bei der Erstbehandlung sind mindestens alle Flüssigkeiten zu entfernen und die Anforderungen an die selektive Behandlung nach Anlage 4 zu erfüllen. [3] Andere Behandlungstechniken, die mindestens das gleiche Maß an Schutz für die menschliche Gesundheit und die Umwelt sicherstellen, können nach Aufnahme in Anhang VII der Richtlinie 2012/19/EU entsprechend dem Verfahren des Artikels 20 dieser Richtlinie ergänzend zu den Anforderungen nach Anlage 4 angewandt werden. [4] Standorte für die Lagerung und Behandlung von Altgeräten müssen mindestens die technischen Anforderungen nach Anlage 5 erfüllen.

(3) [1] Die Behandlung von Altgeräten kann auch außerhalb Deutschlands oder außerhalb der Europäischen Union durchgeführt werden. [2] Die Voraussetzung hierfür ist eine ordnungsgemäße Ausfuhr, die insbesondere im Einklang steht mit

1. der Verordnung (EG) Nr. 1013/2006 in der jeweils geltenden Fassung,
2. der Verordnung (EG) Nr. 1418/2007 der Kommission vom 29. November 2007 über die Ausfuhr von bestimmten in Anhang III oder IIIA der Verordnung (EG) Nr. 1013/2006 des Europäischen Parlaments und des Rates aufgeführten Abfällen, die zur Verwertung bestimmt sind, in bestimmte Staaten, für die der OECD-Beschluss über die Kontrolle der grenzüberschreitenden Verbringung von Abfällen nicht gilt (ABl. L 316 vom 4.12. 2007, S. 6), die zuletzt durch die Verordnung (EU) Nr. 733/2014 (ABl. L 197 vom 4.7.2014, S. 10) geändert worden ist, in der jeweils geltenden Fassung, und
3. dem Abfallverbringungsgesetz vom 19. Juli 2007 (BGBl. I S. 1462), das zuletzt durch Artikel 4 Absatz 34 des Gesetzes vom 7. August 2013 (BGBl. I S. 3154) geändert worden ist, in der jeweils geltenden Fassung.

(4) Altgeräte, die nicht entsprechend den Anforderungen der Absätze 1 und 2 behandelt wurden, dürfen nicht beseitigt werden.

§ 21 Zertifizierung. (1) Die Erstbehandlung von Altgeräten darf ausschließlich durch zertifizierte Erstbehandlungsanlagen durchgeführt werden.

(2) [1] Der Betreiber einer Erstbehandlungsanlage ist verpflichtet, die Anlage jährlich durch einen geeigneten Sachverständigen zertifizieren zu lassen. [2] Geeignet ist ein Sachverständiger, der

1. nach § 36 der Gewerbeordnung öffentlich bestellt ist,
2. als Umweltgutachter oder Umweltgutachterorganisation auf Grund einer Zulassung nach den §§ 9 und 10 oder nach Maßgabe des § 18 des Umweltauditgesetzes in der Fassung der Bekanntmachung vom 4. September 2002 (BGBl. I S. 3490), das zuletzt durch Artikel 2 Absatz 43 des Gesetzes vom 7. August 2013 (BGBl. I S. 3154) geändert worden ist, in der jeweils geltenden Fassung, in dem Bereich tätig werden darf, der näher bestimmt wird durch Anhang I Abschnitt E Abteilung 38 der Verordnung (EG) Nr. 1893/2006 des Europäischen Parlaments und des Rates vom 20. Dezember 2006 zur Aufstellung der statistischen Systematik der Wirtschaftszweige

NACE Revision 2 und zur Änderung der Verordnung (EWG) Nr. 3037/90 des Rates sowie einiger Verordnungen der EG über bestimmte Bereiche der Statistik (ABl. L 393 vom 30.12.2006, S. 1), die zuletzt durch die Verordnung (EG) Nr. 295/2008 (ABl. L 97 vom 9.4.2008, S. 13) geändert worden ist, in der jeweils geltenden Fassung, oder

3. in einem anderen Mitgliedstaat der Europäischen Union oder in einem anderen Vertragsstaat des Abkommens über den Europäischen Wirtschaftsraum niedergelassen ist, seine Tätigkeit im Inland nur vorübergehend und gelegentlich ausüben will und seine Berufsqualifikation vor Aufnahme der Tätigkeit entsprechend den §§ 13a und 13b der Gewerbeordnung hat nachprüfen lassen; Verfahren nach dieser Nummer können über eine einheitliche Stelle abgewickelt werden.

(3) [1] Der Sachverständige darf das Zertifikat nur dann erteilen, wenn

1. in der Anlage die Durchführung sämtlicher Tätigkeiten einer Erstbehandlung möglich ist,
2. die Anlage technisch geeignet ist, die Behandlungsanforderungen nach § 20 Absatz 2 einzuhalten, und
3. an der Anlage alle Primärdaten nach § 22 Absatz 3 Satz 1, die zur Berechnung und zum Nachweis der Verwertungsquoten erforderlich sind, in nachvollziehbarer Weise dokumentiert werden.

[2] Das Zertifikat gilt längstens 18 Monate. [3] Der Sachverständige hat bei Beanstandungen dem Betreiber zur Erfüllung der Voraussetzungen nach Satz 1 eine dreimonatige Frist zu setzen, die nicht überschritten werden darf. [4] Bei der Überprüfung der Voraussetzungen nach Satz 1 durch den Sachverständigen sind die Ergebnisse von Prüfungen zu berücksichtigen, die durchgeführt wurden

1. von einem unabhängigen Umweltgutachter oder einer Umweltgutachterorganisation im Rahmen einer Prüfung gemäß Artikel 4 Absatz 5 und Artikel 6 Absatz 1 Buchstabe a der Verordnung (EG) Nr. 1221/2009 des Europäischen Parlaments und des Rates vom 25. November 2009 über die freiwillige Teilnahme von Organisationen an einem Gemeinschaftssystem für Umweltmanagement und Umweltbetriebsprüfung (ABl. L 342 vom 22.12. 2009, S. 1),
2. von einer nach DIN EN ISO/IEC 17021 akkreditierten Stelle im Rahmen der Zertifizierung eines Qualitätsmanagements nach DIN EN ISO 9001 oder 9004 oder
3. auf Grund wasserrechtlicher Vorschriften von Sachverständigen im Rahmen der Überprüfung von Anlagen zum Umgang mit wassergefährdenden Stoffen im Sinne des Wasserhaushaltsgesetzes.

(4) Behandlungsanlagen gelten als Erstbehandlungsanlage im Sinne dieses Gesetzes zertifiziert, wenn der Betrieb Entsorgungsfachbetrieb ist und die Einhaltung der Anforderungen dieses Gesetzes geprüft und im Zertifikat nach § 56 Absatz 3 des Kreislaufwirtschaftsgesetzes ausgewiesen ist.

§ 22 Verwertung. (1) Altgeräte sind so zu behandeln, dass

1. bei Altgeräten der Kategorien 1 und 4
   a) der Anteil der Verwertung mindestens 85 Prozent beträgt und

b) der Anteil der Vorbereitung zur Wiederverwendung und des Recyclings mindestens 80 Prozent beträgt,

2. bei Altgeräten der Kategorie 2
   a) der Anteil der Verwertung mindestens 80 Prozent beträgt und
   b) der Anteil der Vorbereitung zur Wiederverwendung und des Recyclings mindestens 70 Prozent beträgt,
3. bei Altgeräten der Kategorien 5 und 6
   a) der Anteil der Verwertung mindestens 75 Prozent beträgt und
   b) der Anteil der Vorbereitung zur Wiederverwendung und des Recyclings mindestens 55 Prozent beträgt und
4. bei Altgeräten der Kategorie 3 der Anteil des Recyclings mindestens 80 Prozent beträgt.

(2) [1] Der nach Absatz 1 jeweils geforderte Anteil wird dadurch berechnet, dass für jede Gerätekategorie das Gewicht der Altgeräte, die nach ordnungsgemäßer Erstbehandlung der Verwertungsanlage zugeführt werden, durch das Gewicht aller getrennt erfassten Altgeräte dieser Gerätekategorie geteilt wird. [2] Vorbereitende Maßnahmen einschließlich Sortierung und Lagerung vor der Verwertung bleiben im Hinblick auf die Berechnung der Anteile nach Absatz 1 unberücksichtigt.

(3) [1] Im Rahmen der Zertifizierung nach § 21 Absatz 2 und 3 muss der Betreiber der Erstbehandlungsanlage nachweisen, dass er alle Aufzeichnungen über das Gewicht der Altgeräte, ihrer Bauteile, Werkstoffe und Stoffe führt, wenn diese

1. der Erstbehandlungsanlage zugeführt werden,
2. die Erstbehandlungsanlage verlassen,
3. der Verwertungsanlage zugeführt werden und
4. die Verwertungsanlage verlassen.

[2] Die Betreiber der weiteren Behandlungs- und Verwertungsanlagen stellen zu diesem Zweck dem Betreiber der Erstbehandlungsanlage die entsprechenden Daten zur Verfügung. [3] Der Betreiber einer Erstbehandlungsanlage ist verpflichtet, die von ihm erfassten Daten den öffentlich-rechtlichen Entsorgungsträgern, Herstellern, im Fall der Bevollmächtigung nach § 8 deren Bevollmächtigten, den Vertreibern und den entsorgungspflichtigen Besitzern nach § 19 mitzuteilen, soweit sie zur Ermittlung von Mengenströmen diese Daten für die Erfüllung ihrer Pflichten nach den §§ 26, 27, 29 und 30 benötigen.

(4) Altgeräte, die aus der Europäischen Union ausgeführt werden, dürfen nur dann bei der Berechnung der in Absatz 1 festgelegten Anteile berücksichtigt werden, wenn

1. die Ausfuhr entsprechend § 20 Absatz 3 erfolgt und
2. der Exporteur im Einklang mit der Verordnung (EG) Nr. 1013/2006 und der Verordnung (EG) Nr. 1418/2007 bewiesen hat, dass die Behandlung unter Bedingungen erfolgt ist, die den Anforderungen nach § 20 gleichwertig sind.

§ 23 Anforderungen an die Verbringung. (1) Gebrauchte Elektro- und Elektronikgeräte, bei denen es sich möglicherweise um Altgeräte handelt, dürfen nur nach Maßgabe der Anlage 6 in den, aus dem und durch den Geltungsbereich dieses Gesetzes verbracht werden.

(2) [1] Die zuständigen Landesbehörden sowie die zuständigen Behörden nach § 14 Absatz 1 und 2 Satz 1 des Abfallverbringungsgesetzes überwachen die Einhaltung der Vorgaben des Absatzes 1. [2] § 11 Absatz 2 Satz 2 und 3 des Abfallverbringungsgesetzes gilt entsprechend.

(3) Die Kosten angemessener Analysen und Kontrollen, einschließlich der Lagerungskosten, von gebrauchten Elektro- und Elektronikgeräten, bei denen es sich vermutlich um Altgeräte handelt, können denjenigen Herstellern oder im Fall der Bevollmächtigung nach § 8 deren Bevollmächtigten, den in ihrem Namen oder Auftrag handelnden Dritten oder anderen Personen auferlegt werden, die die Verbringung von gebrauchten Elektro- und Elektronikgeräten, bei denen es sich vermutlich um Altgeräte handelt, veranlassen.

(4) [1] Es wird widerlegbar vermutet, dass ein Gegenstand ein Altgerät ist und eine illegale Verbringung vorliegt, wenn

1. die entsprechenden Unterlagen gemäß Anlage 6 zum Nachweis, dass es sich bei einem Gegenstand um ein gebrauchtes Elektro- oder Elektronikgerät und nicht um ein Altgerät handelt, fehlen; für diese Unterlagen hat der Besitzer, der die Beförderung veranlasst, zu sorgen,
2. die vorgelegten Unterlagen nicht ausreichend zur Beurteilung sind, oder
3. ein angemessener Schutz vor Beschädigung bei der Beförderung und beim Be- und Entladen, insbesondere durch ausreichende Verpackung und eine geeignete Stapelung der Ladung, fehlt; für den angemessenen Schutz hat der Besitzer, der die Beförderung veranlasst, zu sorgen.

[2] In diesem Fall gelten die Artikel 24 und 25 der Verordnung (EG) Nr. 1013/2006.

(5) [1] Die zuständigen Behörden nach § 14 Absatz 1 und 2 Satz 1 des Abfallverbringungsgesetzes überwachen die Verbringung von Altgeräten, insbesondere Ausfuhren aus der Europäischen Union, gemäß der Verordnung (EG) Nr. 1013/2006, der Verordnung (EG) Nr. 1418/2007 und dem Abfallverbringungsgesetz. [2] § 11 Absatz 2 Satz 2 und 3 des Abfallverbringungsgesetzes gilt entsprechend.

§ 24 Verordnungsermächtigungen. Die Bundesregierung wird ermächtigt, durch Rechtsverordnung mit Zustimmung des Bundesrates

1. die näheren Anforderungen an die Prüfung nach § 20 Absatz 1 durch öffentlich-rechtliche Entsorgungsträger, Vertreiber, Hersteller, deren Bevollmächtigte und Behandlungsanlagen,
2. weiter gehende Anforderungen an die Behandlung von Altgeräten, einschließlich der Verwertung, des Recyclings und der Vorbereitung zur Wiederverwendung, sowie Anforderungen an den Schutz personenbezogener Daten bei der Vorbereitung zur Wiederverwendung,
3. die näheren Anforderungen an den Nachweis nach § 22 Absatz 4 Nummer 2, insbesondere Kriterien zur Beurteilung der Frage, ob die vorgenommene Behandlung den Anforderungen nach § 20 gleichwertig ist, und

4. zusätzliche Inspektions- und Überwachungsvorschriften bezüglich Verbringungen und einheitliche Bedingungen für die Durchführung von Anlage 6 Nummer 2

festzulegen.

Abschnitt 5. Anzeige-, Mitteilungs- und Informationspflichten

§ 25 Anzeigepflichten der öffentlich-rechtlichen Entsorgungsträger, der Hersteller sowie deren Bevollmächtigter, der Vertreiber und der Betreiber von Erstbehandlungsanlagen. (1) [1] Die öffentlich-rechtlichen Entsorgungsträger haben die von ihnen in ihrem Gebiet eingerichteten Sammel- und Übergabestellen der zuständigen Behörde anzuzeigen. [2] Änderungen im Hinblick auf die angezeigten Sammel- und Übergabestellen sind unverzüglich anzuzeigen. [3] Die Absicht der Optierung nach § 14 Absatz 5 Satz 1 hat der nach Landesrecht für die Verwertung und Beseitigung von Altgeräten zuständige öffentlich-rechtliche Entsorgungsträger der zuständigen Behörde sechs Monate vor Beginn der eigenverantwortlichen Entsorgung anzuzeigen. [4] Der Anzeige sind die Anschrift sowie Kontaktinformationen des optierenden öffentlich-rechtlichen Entsorgungsträgers beizufügen.

(2) [1] Die Hersteller oder im Fall der Bevollmächtigung nach § 8 deren Bevollmächtigte haben der zuständigen Behörde die Einrichtung von Rücknahmesystemen nach § 16 Absatz 5 vor Aufnahme des Betriebs anzuzeigen. [2] Die Anzeige muss Folgendes enthalten:

1. ein vollständiges Verzeichnis über die Rücknahmestellen, die in das Rücknahmesystem nach § 16 Absatz 5 einbezogen sind,
2. bei kollektiven Rücknahmesystemen ein vollständiges Verzeichnis über die verantwortlichen Hersteller oder im Fall der Bevollmächtigung nach § 8 deren Bevollmächtigte, bei denen zurückgenommene Mengen gemäß § 31 Absatz 6 Satz 5 angerechnet werden sollen, und
3. bei kollektiven Rücknahmesystemen Angaben zur geplanten anteiligen Aufteilung auf die verantwortlichen Hersteller oder im Fall der Bevollmächtigung nach § 8 deren Bevollmächtigte.

[3] Wirken mehrere Hersteller oder Bevollmächtigte bei Einrichtung und Betrieb ihres Rücknahmesystems durch Beauftragung eines gemeinsamen Dritten zusammen, so ist der Dritte zur Anzeige nach Satz 2 verpflichtet. [4] Änderungen im Hinblick auf seine Angaben nach Satz 2 hat der Hersteller oder Bevollmächtigte, im Fall des Satzes 3 der Dritte der zuständigen Behörde unverzüglich anzuzeigen.

(3) [1] Vertreiber, die Altgeräte nach § 17 Absatz 1 bis 3 zurücknehmen, haben der zuständigen Behörde die eingerichteten Rücknahmestellen vor Aufnahme der Rücknahmetätigkeit anzuzeigen. [2] Die Anzeige muss die Anschrift sowie die Kontaktinformationen des Vertreibers enthalten. [3] Der Anzeige muss ein vollständiges Verzeichnis über die Hersteller oder im Fall der Bevollmächtigung nach § 8 deren Bevollmächtigte und deren Registrierungsnummern oder im Fall des § 16 Absatz 5 über die freiwilligen Rücknahmesysteme beigefügt sein, an die die zurückgenommenen Altgeräte übergeben werden sollen. [4] Satz 3 gilt nicht, soweit der Vertreiber die Altgeräte den öffentlich-rechtlichen Entsor-

gungsträgern zur Verfügung stellt oder sie nach § 17 Absatz 5 selbst wiederverwendet oder behandelt und entsorgt. [5]Änderungen im Hinblick auf die eingerichteten Rücknahmestellen haben die Vertreiber der zuständigen Behörde monatlich anzuzeigen.

(4) [1]Betreiber einer Erstbehandlungsanlage haben der zuständigen Behörde die Behandlungstätigkeit anzuzeigen, bevor sie diese aufnehmen. [2]Die Anzeige muss die Anschrift sowie die Kontaktinformationen des Betreibers und den Nachweis der Zertifizierung nach § 21 und Angaben über die Art der Tätigkeiten enthalten. [3]Nach der Anzeige erfolgte Erneuerungen des Zertifikats sind der zuständigen Behörde unverzüglich zu übermitteln. [4]Die Aufgabe der Behandlungstätigkeit ist der zuständigen Behörde unverzüglich mitzuteilen.

§ 26 Mitteilungspflichten der öffentlich-rechtlichen Entsorgungsträger. (1) [1]Jeder öffentlich-rechtliche Entsorgungsträger hat der Gemeinsamen Stelle im Fall der Optierung nach § 14 Absatz 5 Satz 1 Folgendes mitzuteilen:

1. monatlich die von ihm je Gruppe und Kategorie an die Erstbehandlungsanlage abgegebenen Altgeräte,
2. die von ihm je Kategorie im Kalenderjahr zur Wiederverwendung vorbereiteten und recycelten Altgeräte,
3. die von ihm je Kategorie im Kalenderjahr verwerteten Altgeräte,
4. die von ihm je Kategorie im Kalenderjahr beseitigten Altgeräte und
5. die von ihm je Kategorie im Kalenderjahr in Länder der Europäischen Union oder in Drittstaaten zur Behandlung ausgeführten Altgeräte.

[2]Bei diesen Mitteilungen sind Gasentladungslampen und sonstige Lampen gesondert auszuweisen. [3]Soweit die öffentlich-rechtlichen Entsorgungsträger im jeweiligen Monat keine Altgeräte an die Erstbehandlungsanlage abgeben, ist der Betrag mit null anzugeben (Nullmenge). [4]Die Mitteilungen in den Fällen des Satzes 1 Nummer 1 haben bis zum 15. des Monats, der auf den Monat folgt, für den die jeweiligen Angaben mitzuteilen sind, zu erfolgen. [5]Die Mitteilungen nach Satz 1 Nummer 2 bis 5 müssen der Gemeinsamen Stelle bis zum 30. April des darauf folgenden Kalenderjahres vorliegen. [6]Die Mitteilungen müssen die Formatvorgaben der Gemeinsamen Stelle gemäß § 33 Absatz 1 Satz 4 erfüllen.

(2) [1]Bei den Mitteilungen nach Absatz 1 ist das Gewicht anzugeben. [2]Soweit das nicht möglich ist, genügt eine fundierte Schätzung. [3]Die Gemeinsame Stelle kann verlangen, dass die Angaben nach Absatz 1 Satz 1 durch einen unabhängigen Sachverständigen innerhalb einer angemessenen Frist bestätigt werden. [4]Sie ist berechtigt, für diese Bestätigung die Prüfkriterien festzulegen.

(3) Jeder öffentlich-rechtliche Entsorgungsträger hat darüber hinaus der Gemeinsamen Stelle jährlich bis zum 30. April die im vorangegangenen Kalenderjahr bei den Erstbehandlungsanlagen zusammengefassten Mengen nach § 22 Absatz 3 nach Gewicht zu melden.

(4) Ist die Gemeinsame Stelle nicht eingerichtet, teilt der öffentlich-rechtliche Entsorgungsträger die Daten nach den Absätzen 1 bis 3 der zuständigen Behörde mit.

§ 27 Mitteilungspflichten der Hersteller. (1) [1]Jeder Hersteller oder im Fall der Bevollmächtigung nach § 8 dessen Bevollmächtigter hat der Gemeinsamen Stelle zu den in Absatz 2 genannten Zeitpunkten unter Angabe seiner Registrierungsnummer und des Berichtszeitraumes Folgendes gemäß den Sätzen 2 und 3 mitzuteilen:

1. monatlich die vom Hersteller je Geräteart in Verkehr gebrachten Elektro- und Elektronikgeräte; die Menge der vom Hersteller in Verkehr gebrachten Geräte, für die eine Garantie nach § 7 Absatz 1 Satz 1 erforderlich ist, ist gesondert auszuweisen,
2. monatlich die je Geräteart ins Ausland verbrachten Elektro- und Elektronikgeräte, die zuvor vom Hersteller nach Nummer 1 in Verkehr gebracht worden sind,
3. unverzüglich nach jeder Abholung die von ihm je Gruppe nach § 16 Absatz 1 Satz 1 bei den öffentlich-rechtlichen Entsorgungsträgern abgeholten Altgeräte,
4. monatlich die von ihm je Geräteart nach § 16 Absatz 5 zurückgenommenen Altgeräte,
5. die von ihm je Geräteart und Kategorie im Kalenderjahr zurückgenommenen Altgeräte, für die keine Garantie nach § 7 Absatz 1 Satz 1 erforderlich ist,
6. die von ihm je Kategorie im Kalenderjahr zur Wiederverwendung vorbereiteten und recycelten Altgeräte,
7. die von ihm je Kategorie im Kalenderjahr verwerteten Altgeräte,
8. die von ihm je Kategorie im Kalenderjahr beseitigten Altgeräte und
9. die von ihm je Kategorie im Kalenderjahr in Länder der Europäischen Union oder in Drittstaaten zur Behandlung ausgeführten Altgeräte.

[2] Bei diesen Mitteilungen sind Gasentladungslampen und sonstige Lampen gesondert auszuweisen. [3] Soweit der Hersteller keine Geräte in Verkehr gebracht hat, ist der Betrag mit null anzugeben (Nullmenge). [4] Die Mitteilungen müssen die Formatvorgaben der Gemeinsamen Stelle gemäß § 33 Absatz 1 Satz 4 erfüllen.

(2) [1] Die Mitteilungen in den Fällen des Absatzes 1 Satz 1 Nummer 1, 2 und 4 haben bis zum 15. des Monats, der auf den Monat folgt, für den die jeweiligen Angaben mitzuteilen sind, zu erfolgen. [2] Es können abweichende Mitteilungszeiträume mit der Gemeinsamen Stelle vereinbart werden. [3] Sofern keine Garantie nach § 7 Absatz 1 Satz 1 erforderlich ist, erfolgt die Mitteilung nach Absatz 1 Satz 1 Nummer 1 und 2 jährlich bis zum 30. April des darauf folgenden Kalenderjahres. [4] Die Mitteilungen nach Absatz 1 Satz 1 Nummer 5 bis 9 müssen der Gemeinsamen Stelle bis zum 30. April des darauf folgenden Kalenderjahres vorliegen.

(3) [1] Bei den Mitteilungen nach Absatz 1 ist das Gewicht anzugeben. [2] Soweit das nicht möglich ist, genügt eine fundierte Schätzung. [3] Die Gemeinsame Stelle kann verlangen, dass die Angaben nach Absatz 1 Satz 1 durch einen unabhängigen Sachverständigen innerhalb einer angemessenen Frist bestätigt werden. [4] Sie ist berechtigt, für diese Bestätigung die Prüfkriterien festzulegen.

(4) [1] Jeder Hersteller oder im Fall der Bevollmächtigung nach § 8 dessen Bevollmächtigter hat darüber hinaus der Gemeinsamen Stelle jährlich bis zum 30. April die im vorangegangenen Kalenderjahr bei den Erstbehandlungsanlagen zusammengefassten Mengen nach § 22 Absatz 3 nach Gewicht zu melden.

[2]Die Mitteilung nach Satz 1 sowie nach Absatz 1 Satz 1 Nummer 3 bis 9 hat auch abzugeben, wer zu irgendeinem Zeitpunkt des Zeitraums, auf den sich die Mitteilung bezieht, Hersteller oder Bevollmächtigter war, zum Zeitpunkt der Abgabe an die Gemeinsame Stelle aber nicht mehr als Hersteller oder Bevollmächtigter registriert ist. [3]Die Gemeinsame Stelle eröffnet jedem Hersteller oder im Fall der Bevollmächtigung nach § 8 dessen Bevollmächtigtem die Möglichkeit, die Mitteilungen mindestens bis zum 30. April des Jahres, das auf das Jahr folgt, in dem die Registrierung des Herstellers oder im Fall der Bevollmächtigung nach § 8 dessen Bevollmächtigten weggefallen ist, abzugeben.

(5) Ist die Gemeinsame Stelle nicht eingerichtet, teilt der Hersteller oder im Fall der Bevollmächtigung nach § 8 dessen Bevollmächtigter die Daten nach den Absätzen 1 bis 4 der zuständigen Behörde mit.

§ 28 Informationspflichten der Hersteller. (1) [1]Jeder Hersteller hat den Wiederverwendungseinrichtungen und den Anlagen zur Verwertung Informationen über die Wiederverwendung, die Vorbereitung zur Wiederverwendung und die Behandlung für jeden in Verkehr gebrachten Typ neuer Elektro- und Elektronikgeräte kostenlos zur Verfügung zu stellen. [2]Die Informationen sind innerhalb eines Jahres nach dem Inverkehrbringen des jeweiligen Gerätes in Form von Handbüchern oder elektronisch zur Verfügung zu stellen. [3]Aus den Informationen muss sich ergeben, welche verschiedenen Bauteile und Werkstoffe die Elektro- und Elektronikgeräte enthalten und an welcher Stelle sich in den Elektro- und Elektronikgeräten gefährliche Stoffe und Gemische befinden. [4]Die Pflicht nach Satz 3 besteht nur, soweit dies für die Wiederverwendungseinrichtungen und die Anlagen zur Verwertung erforderlich ist, um den Bestimmungen dieses Gesetzes nachkommen zu können.

(2) [1]Jeder Hersteller hat Elektro- und Elektronikgeräten, die eine Batterie oder einen Akkumulator enthalten, Angaben beizufügen, welche den Endnutzer über den Typ und das chemische System der Batterie oder des Akkumulators und über deren sichere Entnahme informieren. [2]Satz 1 gilt nicht für Elektro- und Elektronikgeräte nach § 4 Absatz 3.

§ 29 Mitteilungspflichten der Vertreiber. (1) [1]Jeder Vertreiber hat der Gemeinsamen Stelle im Fall des § 17 Absatz 5 bis zum 30. April des folgenden Kalenderjahres Folgendes gemäß den Sätzen 2 und 3 mitzuteilen:

1. die von ihm je Kategorie im Kalenderjahr zurückgenommenen Altgeräte,
2. die von ihm je Kategorie im Kalenderjahr zur Wiederverwendung vorbereiteten und recycelten Altgeräte,
3. die von ihm je Kategorie im Kalenderjahr verwerteten Altgeräte,
4. die von ihm je Kategorie im Kalenderjahr beseitigten Altgeräte und
5. die von ihm je Kategorie im Kalenderjahr in Länder der Europäischen Union oder in Drittstaaten zur Behandlung ausgeführten Altgeräte.

[2]Bei diesen Mitteilungen sind Gasentladungslampen und sonstige Lampen gesondert auszuweisen. [3]Die Mitteilungen müssen die Formatvorgaben der Gemeinsamen Stelle gemäß § 33 Absatz 1 Satz 4 erfüllen.

(2) [1]Bei den Mitteilungen nach Absatz 1 ist das Gewicht anzugeben. [2]Soweit das nicht möglich ist, genügt eine fundierte Schätzung. [3]Die Gemeinsame

Stelle kann verlangen, dass die Angaben nach Absatz 1 Satz 1 durch einen unabhängigen Sachverständigen innerhalb einer angemessenen Frist bestätigt werden. [4]Sie ist berechtigt, für diese Bestätigung die Prüfkriterien festzulegen.

(3) Jeder Vertreiber hat im Fall des § 17 Absatz 5 darüber hinaus der Gemeinsamen Stelle jährlich bis zum 30. April die im vorangegangenen Kalenderjahr bei den Erstbehandlungsanlagen zusammengefassten Mengen nach § 22 Absatz 3 nach Gewicht zu melden.

(4) [1]Jeder Vertreiber, der Altgeräte nach § 17 zurücknimmt, hat der Gemeinsamen Stelle die von ihm je Kategorie im Kalenderjahr an die Hersteller oder im Fall der Bevollmächtigung nach § 8 an deren Bevollmächtigte oder an die öffentlich-rechtlichen Entsorgungsträger übergebenen Altgeräte nach Gewicht mitzuteilen. [2]Die Mitteilung muss der Gemeinsamen Stelle bis zum 30. April des darauf folgenden Kalenderjahres vorliegen.

(5) Ist die Gemeinsame Stelle nicht eingerichtet, teilt der Vertreiber die Daten nach den Absätzen 1 bis 5 der zuständigen Behörde mit.

§ 30 Mitteilungspflichten der entsorgungspflichtigen Besitzer nach § 19. (1) [1]Jeder entsorgungspflichtige Besitzer nach § 19 hat der Gemeinsamen Stelle, sofern er die Altgeräte nicht einem Hersteller übergibt, bis zum 30. April des folgenden Kalenderjahres Folgendes gemäß den Sätzen 2 und 3 mitzuteilen:

1. die von ihm je Kategorie im Kalenderjahr zur Wiederverwendung vorbereiteten und recycelten Altgeräte,
2. die von ihm je Kategorie im Kalenderjahr verwerteten Altgeräte,
3. die von ihm je Kategorie im Kalenderjahr beseitigten Altgeräte und
4. die von ihm je Kategorie im Kalenderjahr in Länder der Europäischen Union oder in Drittstaaten zur Behandlung ausgeführten Altgeräte.

[2]Bei diesen Mitteilungen sind Gasentladungslampen und sonstige Lampen gesondert auszuweisen. [3]Die Mitteilungen müssen die Formatvorgaben der Gemeinsamen Stelle gemäß § 33 Absatz 1 Satz 4 erfüllen.

(2) [1]Bei den Mitteilungen nach Absatz 1 ist das Gewicht anzugeben. [2]Soweit das nicht möglich ist, genügt eine fundierte Schätzung. [3]Die Gemeinsame Stelle kann verlangen, dass die Angaben nach Absatz 1 durch einen unabhängigen Sachverständigen innerhalb einer angemessenen Frist bestätigt werden. [4]Sie ist berechtigt, für diese Bestätigung die Prüfkriterien festzulegen.

(3) Jeder entsorgungspflichtige Besitzer nach § 19 hat darüber hinaus der Gemeinsamen Stelle jährlich bis zum 30. April die im vorangegangenen Kalenderjahr bei den Erstbehandlungsanlagen zusammengefassten Mengen nach § 22 Absatz 3 nach Gewicht zu melden.

(4) Ist die Gemeinsame Stelle nicht eingerichtet, teilt der entsorgungspflichtige Besitzer nach § 19 die Daten nach den Absätzen 1 bis 3 der zuständigen Behörde mit.

Abschnitt 6. Gemeinsame Stelle

§ 31 Aufgaben der Gemeinsamen Stelle. (1) [1]Die Gemeinsame Stelle unterstützt die zuständige Behörde bei der Vorbereitung ihrer Entscheidungen nach § 15 Absatz 4 Satz 1 und § 37 Absatz 1, 5 und 6 sowie § 38 Absatz 3 und

4. [2] Sie ist verpflichtet, der zuständigen Behörde Auskunft zu erteilen über die Mitteilungen der öffentlich-rechtlichen Entsorgungsträger nach § 26, der Hersteller oder im Fall der Bevollmächtigung nach § 8 deren Bevollmächtigter nach § 27, der Vertreiber nach § 29 sowie der entsorgungspflichtigen Besitzer nach § 30 und über die Berechnung nach den Absätzen 5 bis 7. [3] Die Gemeinsame Stelle unterrichtet die öffentlich-rechtlichen Entsorgungsträger, Hersteller oder im Fall der Bevollmächtigung nach § 8 deren Bevollmächtigte, Vertreiber, entsorgungspflichtige Besitzer, Betreiber von Erstbehandlungsanlagen und Endnutzer in geeigneter Weise über die Aufgaben und Pflichten aus diesem Gesetz.

(2) [1] Die Gemeinsame Stelle erfasst die Mitteilungen der zuständigen Behörde nach § 38 Absatz 1. [2] Sie veröffentlicht die registrierten Hersteller und die registrierten Bevollmächtigten mit den von diesen vertretenen Herstellern mit der Marke, Geräteart und Registrierungsnummer einschließlich des Registrierungsdatums im Internet. [3] Für Hersteller oder Bevollmächtigte, deren Registrierung bei der zuständigen Behörde beendet ist, ist zusätzlich das Datum des Marktaustritts anzugeben. [4] Die im Internet veröffentlichten Daten nach den Sätzen 2 und 3 sind dort drei Jahre nach dem Ende der Registrierung des Herstellers oder des Bevollmächtigten zu löschen.

(3) [1] Die Gemeinsame Stelle erfasst die Mitteilungen der zuständigen Behörde nach § 38 Absatz 2. [2] Sie veröffentlicht ein Verzeichnis der Betreiber von Erstbehandlungsanlagen und ein Verzeichnis der nach § 25 angezeigten Sammel- und Rücknahmestellen sowie eine Übersicht darüber, welcher Verpflichtete welche Sammel- und Rücknahmestellen eingerichtet hat.

(4) [1] Die Gemeinsame Stelle nimmt die Meldungen der öffentlich-rechtlichen Entsorgungsträger nach § 14 Absatz 3 sowie § 15 Absatz 4 Satz 2 entgegen. [2] Sie erfasst und prüft darüber hinaus die Mitteilungen der öffentlich-rechtlichen Entsorgungsträger nach § 26, der Hersteller nach § 27, der Vertreiber nach § 29 sowie der entsorgungspflichtigen Besitzer nach § 30.

(5) [1] Die Gemeinsame Stelle berechnet den Anteil der Altgeräte, die von jedem registrierten Hersteller oder im Fall der Bevollmächtigung nach § 8 dessen Bevollmächtigtem bei den öffentlich-rechtlichen Entsorgungsträgern abzuholen sind, und meldet die Ergebnisse der Berechnung der zuständigen Behörde. [2] Für historische Altgeräte berechnet sich die Verpflichtung jedes Herstellers oder im Fall der Bevollmächtigung nach § 8 dessen Bevollmächtigten nach seinem Anteil am gesamten im jeweiligen Meldezeitraum in Verkehr gebrachten Gewicht an Elektro- und Elektronikgeräten pro Geräteart. [3] Für die Elektro- und Elektronikgeräte, die keine historischen Altgeräte sind, berechnet sich die Verpflichtung nach Wahl des Herstellers oder im Fall der Bevollmächtigung nach § 8 seines Bevollmächtigten nach

1. dem Anteil seiner eindeutig identifizierbaren Altgeräte an der gesamten Altgerätemenge pro Geräteart; der Anteil ist durch Sortierung oder nach wissenschaftlich anerkannten, statistischen Methoden nachzuweisen, oder
2. seinem Anteil am Gesamtgewicht von Elektro- und Elektronikgeräten pro Geräteart, die von den Herstellern, die diese Berechnungsmethode wählen, im jeweiligen Meldezeitraum in Verkehr gebracht wurden.

(6) [1] Die Grundlage für die Berechnung sind die Mitteilungen der Hersteller oder im Fall der Bevollmächtigung nach § 8 deren Bevollmächtigter nach § 27

Absatz 1 Satz 1 Nummer 1 und Absatz 3 Satz 1 bis 4. [2]Dabei sind die nach § 27 Absatz 1 Satz 1 Nummer 2 mitgeteilten Mengen zu berücksichtigen. [3]Berichtigungen der Mitteilungen nach § 27 Absatz 1 Satz 1 Nummer 1 und 2 werden berücksichtigt. [4]Kommt der Hersteller seiner Meldepflicht nicht nach, kann die Gemeinsame Stelle die Menge seiner in Verkehr gebrachten Elektro- und Elektronikgeräte schätzen. [5]Das Gewicht der von einem Hersteller oder im Fall der Bevollmächtigung nach § 8 dessen Bevollmächtigtem nach § 27 Absatz 1 Satz 1 Nummer 4 zurückgenommenen Altgeräte derjenigen Gerätearten, für die eine Garantie nach § 7 Absatz 1 nachzuweisen ist, wird auf seinen jeweiligen Anteil nach Absatz 5 Satz 2 oder 3 angerechnet. [6]Satz 3 gilt entsprechend. [7]Die Gemeinsame Stelle kann der zuständigen Behörde die von einzelnen Herstellern oder im Fall der Bevollmächtigung nach § 8 deren Bevollmächtigten nach § 27 Absatz 1 Satz 1 Nummer 2 und 4 mitgeteilten Mengen zur Entscheidung über die Berücksichtigung oder Anrechnung im Sinne der Sätze 2 und 5 vorlegen. [8]Für nicht sortier- oder identifizierbare Altgeräte gilt Absatz 5 Satz 2 entsprechend.

(7) [1]Die Gemeinsame Stelle berechnet die zeitlich und örtlich gleichmäßige Verteilung der Abholpflicht auf alle registrierten Hersteller und Bevollmächtigten auf der Basis einer wissenschaftlich anerkannten Berechnungsweise, die durch ein Gutachten eines unabhängigen Sachverständigen bestätigt wurde. [2]Die Berechnungsweise ist im Internet zu veröffentlichen. [3]Die Gemeinsame Stelle meldet der zuständigen Behörde die ermittelte Abholpflicht sowie das in der Gruppe 4 zur Abholung bereitgestellte Behältnis mit Nachtspeicherheizgeräten.

(8) Die Absätze 5 bis 7 gelten für die Berechnung der Verpflichtung zum Aufstellen von neuen Behältnissen nach § 15 Absatz 4 Satz 1 entsprechend.

§ 32 Mitteilungen der Gemeinsamen Stelle an das Umweltbundesamt, Landesbehörden und andere öffentliche Stellen. (1) Die Gemeinsame Stelle erstellt jährlich ein Verzeichnis sämtlicher registrierter Hersteller und Bevollmächtigter und leitet dieses dem Umweltbundesamt zu.

(2) [1]Die Gemeinsame Stelle teilt dem Umweltbundesamt darüber hinaus jährlich jeweils bis zum 1. Juli bezogen auf das vorangegangene Kalenderjahr Folgendes gemäß den Sätzen 3 und 4 mit:

1. die von sämtlichen Herstellern je Geräteart und Kategorie im Geltungsbereich dieses Gesetzes in Verkehr gebrachten Elektro- und Elektronikgeräte,
2. die von sämtlichen Herstellern oder im Fall der Bevollmächtigung nach § 8 deren Bevollmächtigten je Kategorie ins Ausland verbrachten Elektro- und Elektronikgeräte, die zuvor vom Hersteller nach Nummer 1 in Verkehr gebracht wurden,
3. die von sämtlichen öffentlich-rechtlichen Entsorgungsträgern je Gruppe und Kategorie nach § 14 Absatz 5 gesammelten Altgeräte,
4. die von sämtlichen Herstellern oder im Fall der Bevollmächtigung nach § 8 deren Bevollmächtigten je Gruppe und Kategorie bei den öffentlich-rechtlichen Entsorgungsträgern abgeholten Altgeräte,

5. die von sämtlichen Herstellern oder im Fall der Bevollmächtigung nach § 8 deren Bevollmächtigten je Geräteart und Kategorie nach § 16 Absatz 5 zurückgenommenen Altgeräte,
6. die von sämtlichen Herstellern oder im Fall der Bevollmächtigung nach § 8 deren Bevollmächtigten je Geräteart und Kategorie zurückgenommenen Altgeräte, für die keine Garantie nach § 7 Absatz 1 Satz 1 erforderlich ist,
7. die von sämtlichen Vertreibern je Kategorie zurückgenommenen Altgeräte, die nach § 17 Absatz 5 Satz 1 nicht an Hersteller, deren Bevollmächtigte oder öffentlich-rechtliche Entsorgungsträger übergeben werden,
8. die von sämtlichen öffentlich-rechtlichen Entsorgungsträgern, Herstellern, im Fall der Bevollmächtigung nach § 8 deren Bevollmächtigten, Vertreibern und entsorgungspflichtigen Besitzern nach § 19 je Kategorie zur Wiederverwendung vorbereiteten und recycelten Altgeräte,
9. die von sämtlichen öffentlich-rechtlichen Entsorgungsträgern, Herstellern, im Fall der Bevollmächtigung nach § 8 deren Bevollmächtigten, Vertreibern und entsorgungspflichtigen Besitzern nach § 19 je Kategorie verwerteten Altgeräte,
10. die von sämtlichen öffentlich-rechtlichen Entsorgungsträgern, Herstellern, im Fall der Bevollmächtigung nach § 8 deren Bevollmächtigten, Vertreibern und entsorgungspflichtigen Besitzern nach § 19 je Kategorie beseitigten Altgeräte,
11. die von sämtlichen öffentlich-rechtlichen Entsorgungsträgern, Herstellern, im Fall der Bevollmächtigung nach § 8 deren Bevollmächtigten, Vertreibern und entsorgungspflichtigen Besitzern nach § 19 je Kategorie in Länder der Europäischen Union oder in Drittstaaten zur Behandlung ausgeführten Altgeräte,
12. die von Vertreibern nach § 17 zurückgenommenen und an Hersteller, im Fall der Bevollmächtigung nach § 8 deren Bevollmächtigte oder öffentlich-rechtliche Entsorgungsträger je Kategorie übergebenen Altgeräte.

[2]Bei diesen Mitteilungen sind Gasentladungslampen und sonstige Lampen gesondert auszuweisen. [3]Bei den Mitteilungen ist das Gewicht anzugeben. [4]Soweit das nicht möglich ist, genügt eine fundierte Schätzung.

(3) Darüber hinaus meldet die Gemeinsame Stelle dem Umweltbundesamt jährlich bis zum 1. Juli die von den öffentlich-rechtlichen Entsorgungsträgern nach § 26 Absatz 3, den Herstellern oder im Fall der Bevollmächtigung nach § 8 deren Bevollmächtigten nach § 27 Absatz 4, den Vertreibern nach § 29 Absatz 3 und den entsorgungspflichtigen Besitzern nach § 30 Absatz 3 gemeldeten Mengen.

(4) [1]Die Gemeinsame Stelle ist ferner befugt, anderen nach Landesrecht für den Vollzug dieses Gesetzes zuständigen Behörden und öffentlich-rechtlichen Entsorgungsträgern auf deren Verlangen die zur Erfüllung ihrer jeweiligen Aufgabe erforderlichen Auskünfte und Angaben mitzuteilen. [2]Die Kosten für eine solche Mitteilung sind ihr zu erstatten. [3]Für die Mitteilung solcher Auskünfte und Angaben gelten die §§ 4 bis 7 des Verwaltungsverfahrensgesetzes entsprechend.

(5) [1]Für die Zusammenarbeit und den Informationsaustausch mit Behörden und Stellen anderer Mitgliedstaaten der Europäischen Union zum Vollzug der

Richtlinie 2012/19/EU, insbesondere mit Registern anderer Mitgliedstaaten, gelten die §§ 8a bis 8e des Verwaltungsverfahrensgesetzes entsprechend. [2] Zur Zusammenarbeit und zum Informationsaustausch gehört auch die Gewährung des Zugangs zu den einschlägigen Unterlagen und Informationen über die Ergebnisse von Inspektionen. [3] Für die Zusammenarbeit und den Informationsaustausch sind vorrangig elektronische Kommunikationsmittel zu nutzen.

§ 33 Befugnisse der Gemeinsamen Stelle. (1) [1] Die Gemeinsame Stelle ist berechtigt, die Zuordnung der Geräte zu den Gerätearten festzulegen. [2] Sie legt bei einer Neuzuordnung der Geräte zu den Gerätearten fest, welchen Gerätearten der Neuzuordnung die Gerätearten der bisherigen Zuordnung für die Zukunft entsprechen. [3] Diese Entsprechung wirkt auch für die unter der bisherigen Zuordnung gestellten Garantien nach § 7 Absatz 1. [4] Sie kann für die Mitteilungen nach § 26 Absatz 1 bis 3, § 27 Absatz 1 bis 4, § 29 Absatz 1 bis 4 und § 30 Absatz 1 bis 3 die Übermittlungsform, eine bestimmte Verschlüsselung und einheitliche Datenformate vorgeben. [5] Die Vorgaben sind auf den Internetseiten der Gemeinsamen Stelle zu veröffentlichen.

(2) Die Gemeinsame Stelle darf Verträge über die Erbringung von Entsorgungsdienstleistungen mit Entsorgungsunternehmen weder schließen noch vermitteln.

(3) [1] Die Gemeinsame Stelle kann von der zuständigen Behörde Ersatz für Kosten verlangen, die ihr für die

1. Ausübung der Befugnisse nach Absatz 1,
2. Leistungen nach den §§ 31 und 32 Absatz 1, 2, 3 und 5,
3. Abwicklung der Erstattungs- und Rückgriffsansprüche nach § 34,
4. Gewährleistung der Mitwirkung an der Regelsetzung nach § 35 Absatz 1 Satz 1 Nummer 3,
5. Gewährleistung des Schutzes personenbezogener Daten sowie von Betriebs- und Geschäftsgeheimnissen nach § 35 Absatz 1 Satz 1 Nummer 4 und
6. Einrichtung des Beirats nach § 35 Absatz 2

entstehen. [2] Dieser Anspruch richtet sich im Fall der Beleihung gegen die Beliehene. [3] Kosten im Sinne des § 9 Absatz 1 des Bundesgebührengesetzes sind auch die nach Satz 1 zu ersetzenden Kosten.

§ 34 Rückgriffsanspruch der Gemeinsamen Stelle. (1) [1] Sofern in einer bestimmten Geräteart die Registrierung des letzten registrierten Herstellers oder im Fall der Bevollmächtigung nach § 8 dessen Bevollmächtigten, der die Berechnung seiner Verpflichtung gemäß § 31 Absatz 5 Satz 3 Nummer 2 gewählt hat, aufgehoben wird, erstattet die Gemeinsame Stelle den öffentlich-rechtlichen Entsorgungsträgern kalenderjährlich die Kosten für die Entsorgung derjenigen Altgeräte dieser Geräteart, die keine historischen Altgeräte sind. [2] Die Erstattungspflicht nach Satz 1 gilt nicht, soweit der öffentlich-rechtliche Entsorgungsträger nach § 14 Absatz 5 Satz 1 und § 25 Absatz 1 Satz 3 für die Gruppe optiert hat, in der Altgeräte dieser Geräteart erfasst werden.

(2) Der Gemeinsamen Stelle steht im Hinblick auf die Erstattung nach Absatz 1 ein Anspruch auf Ausgleich der Kosten gegen die natürlichen und juristischen Personen und Personengesellschaften zu, die vor der Meldung nach § 14 Absatz 3 als Hersteller oder Bevollmächtigte registriert waren (ehemalige

Hersteller) und die Berechnung nach § 31 Absatz 5 Satz 3 Nummer 2 gewählt hatten.

(3) [1]Die Gemeinsame Stelle ist berechtigt, die von den öffentlich-rechtlichen Entsorgungsträgern geltend gemachten Kosten auf ihre Erforderlichkeit und Angemessenheit zu prüfen. [2]Sofern die insgesamt für eine bestimmte Geräteart geltend gemachten Kosten der öffentlich-rechtlichen Entsorgungsträger die Höhe der gesamten für diese Geräteart für das Kalenderjahr erhaltenen Zahlungen in Erfüllung des Rückgriffsanspruchs nach Absatz 2 oder der verwerteten Garantien im Sinne des § 7 Absatz 1 übersteigen, ist die Gemeinsame Stelle zur entsprechenden Kürzung des Erstattungsanspruchs des jeweiligen öffentlich-rechtlichen Entsorgungsträgers berechtigt. [3]Der Erstattungsanspruch der öffentlich-rechtlichen Entsorgungsträger erlischt, sofern er nicht bis zum 30. April des darauf folgenden Kalenderjahres bei der Gemeinsamen Stelle für eine bestimmte Geräteart und in bestimmter Höhe geltend gemacht ist. [4]Die Sätze 1 bis 3 und die Absätze 1 und 2 gelten für Altgeräte eines Herstellers entsprechend, sofern die Registrierung dieses Herstellers oder im Fall der Bevollmächtigung nach § 8 dessen Bevollmächtigten, der die Berechnung nach § 31 Absatz 5 Satz 3 Nummer 1 gewählt hat, aufgehoben wird.

(4) [1]Der Rückgriffsanspruch der Gemeinsamen Stelle nach Absatz 2 entsteht und ist fällig mit der Geltendmachung des Erstattungsanspruchs der öffentlich-rechtlichen Entsorgungsträger gegenüber der Gemeinsamen Stelle. [2]Für die Berechnung der Höhe des Rückgriffsanspruchs der Gemeinsamen Stelle gilt § 31 Absatz 5 Satz 3 mit der Maßgabe, dass anstatt auf die im jeweiligen Meldezeitraum in Verkehr gebrachte Menge an Elektro- und Elektronikgeräten auf die kumulierte Menge der Elektro- und Elektronikgeräte abzustellen ist, die keine historischen Altgeräte sind und deren mittlere Lebensdauer noch nicht abgelaufen ist.

(5) [1]Die Gemeinsame Stelle kann ihren Rückgriffsanspruch nach Absatz 2 oder den Anspruch gegen den Garantiegeber unter der gewährten Sicherheit im Insolvenzverfahren über das Vermögen eines registrierten oder ehemaligen Herstellers oder Garantiegebers als Insolvenzforderung anmelden, die dazugehörigen Sicherheiten geltend machen und deren weitere Durchsetzung betreiben. [2]Soweit der Erstattungsanspruch des öffentlich-rechtlichen Entsorgungsträgers gegenüber der Gemeinsamen Stelle noch nicht geltend gemacht ist, gelten der Rückgriffsanspruch der Gemeinsamen Stelle und der Anspruch der Gemeinsamen Stelle gegen den Garantiegeber unter der gewährten Sicherheit im Insolvenzverfahren eines registrierten oder ehemaligen Herstellers oder Garantiegebers als auf die Geltendmachung dieses Erstattungsanspruchs aufschiebend bedingte Insolvenzforderungen nach den §§ 38 und 45 der Insolvenzordnung.

(6) [1]Ist die Gemeinsame Stelle nicht eingerichtet oder nimmt sie die Aufgaben nach Absatz 1 nicht wahr, ist im Fall des Absatzes 1 jeder ehemalige Hersteller verpflichtet, den öffentlich-rechtlichen Entsorgungsträgern die Kosten für die Entsorgung der Altgeräte entsprechend dem Rückgriffsanspruch der Gemeinsamen Stelle zu erstatten. [2]Die nach Landesrecht zuständige Behörde setzt die Kosten durch Verwaltungsakt fest.

§ 35 Organisation der Gemeinsamen Stelle. (1) [1]Die Gemeinsame Stelle muss durch Satzung, Gesellschaftsvertrag oder sonstige Regelung

1. ihre in § 31 Absatz 1 Satz 2 und Absatz 2, 5 bis 7 und § 32 Absatz 1, 2 und 3 genannten Aufgaben verbindlich festlegen,
2. ihre Organisation und Ausstattung so ausgestalten, dass eine ordnungsgemäße Erfüllung ihrer Aufgaben sichergestellt ist,
3. gewährleisten, dass sie für alle Hersteller oder im Fall der Bevollmächtigung nach § 8 für deren Bevollmächtigte zu gleichen Bedingungen zugänglich ist und alle Hersteller oder im Fall der Bevollmächtigung nach § 8 deren Bevollmächtigte an der internen Regelsetzung mitwirken können, und
4. gewährleisten, dass die Vorschriften zum Schutz personenbezogener Daten sowie von Betriebs- und Geschäftsgeheimnissen eingehalten werden.

[2] Die Satzung, der Gesellschaftsvertrag oder die sonstige Regelung ist im Internet zu veröffentlichen.

(2) [1] Die Gemeinsame Stelle richtet einen Beirat ein. [2] Dem Beirat müssen Vertreter der Hersteller, im Fall der Bevollmächtigung nach § 8 der Bevollmächtigten, der Vertreiber, der öffentlich-rechtlichen Entsorgungsträger, des Bundes und der Länder sowie der Entsorgungswirtschaft und der Umwelt- und Verbraucherschutzverbände angehören. [3] Der Beirat gibt sich eine Geschäftsordnung.

Abschnitt 7. Zuständige Behörde

§ 36 Zuständige Behörde. Zuständige Behörde ist das Umweltbundesamt.

§ 37 Aufgaben der zuständigen Behörde im Zusammenhang mit der Registrierung. (1) [1] Die zuständige Behörde registriert den Hersteller auf dessen Antrag mit der Marke, der Firma, dem Ort der Niederlassung oder dem Sitz, der Anschrift, dem Namen des Vertretungsberechtigten sowie der Geräteart und erteilt eine Registrierungsnummer. [2] Im Fall des § 8 Absatz 1 und 2 registriert die zuständige Behörde den Bevollmächtigten mit den in Satz 1 genannten Angaben sowie den Kontaktdaten des vertretenen Herstellers und erteilt je vertretenem Hersteller eine Registrierungsnummer. [3] Ist eine Garantie nach § 7 Absatz 1 erforderlich, darf die Registrierung nur erfolgen, wenn sie der Hersteller oder im Fall der Bevollmächtigung nach § 8 dessen Bevollmächtigter nachweist.

(2) [1] Die zuständige Behörde nimmt die Benennung des Bevollmächtigten nach § 8 Absatz 3 Satz 1 und die Beendigung der Beauftragung nach § 8 Absatz 4 Satz 1 entgegen. [2] Sie bestätigt dem Hersteller und dem Bevollmächtigten die Benennung oder Änderung der Beauftragung, soweit die Voraussetzungen nach § 8 Absatz 1 und 2 vorliegen, und die Beendigung der Beauftragung.

(3) [1] Antrag und Übermittlung der Nachweise nach den Absätzen 1, 2 und 4 erfolgen über das auf der Internetseite der zuständigen Behörde zur Verfügung gestellte elektronische Datenverarbeitungssystem nach Maßgabe der jeweils geltenden Verfahrensanweisung für das elektronische Datenverarbeitungssystem. [2] Die zuständige Behörde kann Ausnahmen von Satz 1 zulassen. [3] Sie kann für die sonstige Kommunikation mit den Herstellern oder im Fall der Bevollmächtigung nach § 8 mit deren Bevollmächtigten die elektronische Übermitt-

lung, eine bestimmte Verschlüsselung sowie die Eröffnung eines Zugangs für die Übermittlung elektronischer Dokumente verlangen. [4] Die Verfahrensanweisung nach Satz 1 und die Anforderungen nach Satz 3 sind auf der Internetseite der zuständigen Behörde zu veröffentlichen. [5] Auf dieser Internetseite ist eine Verknüpfung zu den nationalen Registern anderer Mitgliedstaaten vorzusehen.

(4) [1] Die Registrierung gilt auch für und gegen den Gesamtrechtsnachfolger des Herstellers oder im Fall der Bevollmächtigung nach § 8 des Bevollmächtigten. [2] Im Fall einer nur teilweisen Gesamtrechtsnachfolge bedarf der Übergang der Zustimmung der zuständigen Behörde. [3] Für die Zustimmung gelten die Registrierungsvoraussetzungen nach den Absätzen 1 und 3 entsprechend.

(5) [1] Die zuständige Behörde kann unbeschadet des § 49 des Verwaltungsverfahrensgesetzes die Registrierung einschließlich der Registrierungsnummer widerrufen, wenn

1. der Hersteller oder im Fall der Bevollmächtigung nach § 8 dessen Bevollmächtigter keine nach § 7 Absatz 1 erforderliche Garantie vorlegt,
2. der Hersteller im Fall des § 8 Absatz 1 oder 2 der zuständigen Behörde das Ende der Beauftragung nach § 8 Absatz 4 Satz 1 mitgeteilt hat,
3. der Hersteller entgegen § 9 Elektro- und Elektronikgeräte wiederholt nicht oder nicht richtig kennzeichnet,
4. der Hersteller oder im Fall der Bevollmächtigung nach § 8 dessen Bevollmächtigter seine Abholpflichten nach § 16 Absatz 1 Satz 1 oder Aufstellungspflichten nach § 16 Absatz 3 schwerwiegend verletzt,
5. der Hersteller oder im Fall der Bevollmächtigung nach § 8 dessen Bevollmächtigter entgegen § 27 Absatz 3 Satz 3 seine Angaben wiederholt nicht fristgerecht durch einen unabhängigen Sachverständigen bestätigen lässt oder
6. über das Vermögen des Herstellers oder im Fall der Bevollmächtigung nach § 8 des Bevollmächtigten das Insolvenzverfahren eröffnet wird oder dessen Eröffnung mangels Masse abgelehnt wird.

[2] In den Fällen der Nummer 6 sind bei der Eröffnung des Insolvenzverfahrens über das Vermögen des Herstellers die Registrierung und die Registrierungsnummer zu widerrufen, sofern der Insolvenzverwalter oder bei Anordnung der Eigenverwaltung der Hersteller nicht unverzüglich gegenüber der zuständigen Behörde verbindlich erklärt, den Herstellerpflichten nach diesem Gesetz nachzukommen. [3] Satz 2 gilt entsprechend, soweit im Fall der Bevollmächtigung nach § 8 das Insolvenzverfahren über das Vermögen des Bevollmächtigten eröffnet wird. [4] Die zuständige Behörde kann ferner unbeschadet des § 49 des Verwaltungsverfahrensgesetzes die Registrierung im Hinblick auf die registrierte Geräteart mit Wirkung für die Zukunft ändern, soweit dies auf Grund einer Neuzuordnung der Geräte zu den Gerätearten gemäß § 33 Absatz 1 Satz 1 erforderlich ist.

(6) [1] Die zuständige Behörde stellt auf Antrag der natürlichen oder juristischen Person oder Personengesellschaft, die Herstellern oder im Fall der Bevollmächtigung nach § 8 die Bevollmächtigten die Teilnahme an einem System im Sinne des § 7 Absatz 2 Satz 1 Nummer 4 anbieten möchte, fest, dass das System für die Finanzierung der Entsorgung von Altgeräten im Sinne des § 7 Absatz 1 Satz 1 in einem bestimmten Kalenderjahr geeignet ist. [2] Absatz 4 gilt entsprechend. [3] Die Feststellung ist auf der Internetseite der zuständigen Behörde zu veröffentlichen und ab der Veröffentlichung wirksam.

§ 38 Weitere Aufgaben der zuständigen Behörde. (1) [1]Die zuständige Behörde teilt der Gemeinsamen Stelle die von ihr registrierten Hersteller und Bevollmächtigten mit. [2]Sie übermittelt dabei die Angaben nach § 37 Absatz 1 Satz 1 und 2 und teilt die nach § 6 Absatz 1 Satz 4 angezeigten Änderungen mit. [3]Die zuständige Behörde übermittelt der Gemeinsamen Stelle die Garantienachweise nach § 7 Absatz 1. [4]Sie teilt der Gemeinsamen Stelle darüber hinaus mit, welche Registrierungen aufgehoben wurden, sobald die Aufhebung bestandskräftig ist. [5]Die Mitteilungen der zuständigen Behörde an die Gemeinsame Stelle haben den Formatvorgaben nach § 33 Absatz 1 Satz 4 zu entsprechen.

(2) [1]Die zuständige Behörde nimmt folgende Meldungen und Anzeigen entgegen:

1. die Meldungen der öffentlich-rechtlichen Entsorgungsträger nach § 15 Absatz 1 Satz 3,
2. die Anzeigen der öffentlich-rechtlichen Entsorgungsträger nach § 25 Absatz 1,
3. die Anzeigen der Hersteller oder im Fall der Bevollmächtigung nach § 8 deren Bevollmächtigter nach § 25 Absatz 2,
4. die Anzeigen der Vertreiber nach § 25 Absatz 3 und
5. die Anzeigen und Übermittlungen der Betreiber von Erstbehandlungsanlagen nach § 25 Absatz 4.

[2]Für diese Meldungen und Anzeigen gilt § 37 Absatz 3 Satz 1 bis 4 entsprechend. [3]Die zuständige Behörde teilt die Meldungen und Anzeigen der Gemeinsamen Stelle mit. [4]Die Mitteilungen der zuständigen Behörde an die Gemeinsame Stelle sollen den Formatvorgaben nach § 33 Absatz 1 Satz 4 entsprechen. [5]Die zuständige Behörde prüft die Anzeigen nach § 25 Absatz 1 Satz 3 auf Plausibilität, insbesondere im Hinblick auf die Zuständigkeit des öffentlich-rechtlichen Entsorgungsträgers.

(3) [1]Erhält die zuständige Behörde eine Meldung der Gemeinsamen Stelle nach § 31 Absatz 7 Satz 3, trifft sie die im Einzelfall erforderlichen Anordnungen zur Sicherstellung der Erfüllung der Pflichten nach § 16 Absatz 1; hierbei berücksichtigt sie die von ihr geprüften Berechnungen der Gemeinsamen Stelle nach § 31 Absatz 5 bis 7. [2]Erfolgt die Abholung nicht bis zur von der zuständigen Behörde festgesetzten Frist, gilt eine Nachfrist bis zum Ablauf des folgenden Werktages. [3]Bei der Zuweisung informiert sie den jeweiligen verpflichteten Hersteller oder dessen Bevollmächtigten über die Bereitstellung eines Behältnisses für Nachtspeicherheizgeräte in der Gruppe 4.

(4) Die zuständige Behörde entscheidet auf Vorlage der Gemeinsamen Stelle nach § 31 Absatz 6 Satz 7 gegenüber dem Hersteller oder im Fall der Bevollmächtigung nach § 8 dessen Bevollmächtigten über die Berücksichtigung oder Anrechnung mitgeteilter Mengen bei der Berechnung nach § 31 Absatz 5.

§ 39 Zusammenarbeit mit anderen Behörden. (1) [1]Die zuständige Behörde ist befugt, anderen nach Landesrecht für den Vollzug dieses Gesetzes zuständigen Behörden und öffentlich-rechtlichen Entsorgungsträgern auf deren Verlangen die zur Erfüllung ihrer jeweiligen Aufgabe erforderlichen Auskünfte und Angaben mitzuteilen. [2]Die Kosten für eine solche Mitteilung sind ihr zu erstatten, soweit die Auskünfte und Angaben nicht für den Vollzug dieses

Gesetzes erforderlich sind oder diese nur mit unverhältnismäßig großem Aufwand zusammengestellt werden können.

(2) [1] Für die Zusammenarbeit und den Informationsaustausch mit anderen Behörden und Stellen anderer Mitgliedstaaten der Europäischen Union zum Vollzug der Richtlinie 2012/19/EU, insbesondere mit Registern der anderen Mitgliedstaaten, gelten die §§ 8a bis 8e des Verwaltungsverfahrensgesetzes entsprechend. [2] Zur Zusammenarbeit und zum Informationsaustausch gehört auch die Gewährung des Zugangs zu den einschlägigen Unterlagen und Informationen über die Ergebnisse von Inspektionen. [3] Für die Verwaltungszusammenarbeit und den Informationsaustausch sind vorrangig elektronische Kommunikationsmittel zu nutzen.

Abschnitt 8. Beleihung

§ 40 Ermächtigung zur Beleihung. (1) [1] Die zuständige Behörde wird ermächtigt, eine juristische Person des Privatrechts, eine rechtsfähige Personengesellschaft oder eine andere geeignete Stelle, die von Herstellern und Bevollmächtigten als Gemeinsame Stelle errichtet wird, mit den Aufgaben nach § 15 Absatz 4 Satz 1 und den §§ 37 bis 39 zu beleihen.[1)] [2] Die Aufgaben schließen die Vollstreckung, die Rücknahme und den Widerruf der hierzu ergehenden Verwaltungsakte ein. [3] § 33 Absatz 2 gilt nicht, sofern zur Vollstreckung einer Anordnung nach § 15 Absatz 4 Satz 1 oder § 38 Absatz 3 Satz 1 der Abschluss oder die Vermittlung von Verträgen mit Entsorgungsunternehmen erforderlich ist. [4] Die zu Beleihende hat die notwendige Gewähr für die ordnungsgemäße Erfüllung der ihr übertragenen Aufgaben zu bieten. [5] Sie bietet die notwendige Gewähr, wenn

1. die Personen, die nach Gesetz, dem Gesellschaftsvertrag oder der Satzung die Geschäftsführung und Vertretung ausüben, zuverlässig und fachlich geeignet sind,
2. sie die zur Erfüllung ihrer Aufgaben notwendige Ausstattung und Organisation hat und
3. sichergestellt ist, dass die Vorschriften zum Schutz personenbezogener Daten sowie von Betriebs- oder Geschäftsgeheimnissen eingehalten werden.

[6] Die Beliehene darf nur die in diesem Gesetz genannten und durch die Beleihung übertragenen Aufgaben wahrnehmen.

(2) [1] Die zuständige Behörde kann der Beliehenen die Befugnis übertragen, für die Erfüllung der in Absatz 1 genannten Aufgaben Gebühren und Auslagen nach dem Bundesgebührengesetz zu erheben und festzulegen, wie die Gebühren und Auslagen vom Gebührenschuldner zu zahlen sind.[2)] [2] Soweit bei der Beliehenen im Rahmen der Erfüllung der Aufgaben nach Absatz 1 Aufwand für nicht individuell zurechenbare öffentliche Leistungen oder sonstiger Auf-

---

[1)] Der Stiftung Elektro-Altgeräte-Register (EAR), Benno-Strauß-Straße 1, 90763 Fürth, als Gemeinsamer Stelle der Hersteller (www.stiftung-ear.de) wurden gem. § 40 Abs. 1 und 2 die Aufgaben und Befugnisse nach § 15 Abs. 4 Satz 1 und §§ 37 bis 39 sowie die Befugnis übertragen, diesen übertragenen Aufgabenbereich in den Handlungsformen des öffentlichen Rechts wahrzunehmen (Beleihungsbescheid des Umweltbundesamtes v. 24.10.2015).

[2)] Siehe die Elektro- und ElektronikgeräteG-GebührenVO v. 20.10.2015 (BGBl. I S. 1776), zuletzt geänd. durch VO v. 7.12.2018 (BGBl. I S. 2275).

wand entsteht, der nicht durch die Gebühren- und Auslagenerhebung der Beliehenen gedeckt ist, oder die Befugnis nach Satz 1 nicht übertragen wird, ersetzt die zuständige Behörde der Beliehenen die für die Erfüllung der Aufgaben nach Absatz 1 entstehenden Kosten und Auslagen.

(3) Die Beleihung ist durch die zuständige Behörde im Bundesanzeiger bekannt zu machen.

§ 41 Aufsicht. (1) Die Beliehene untersteht der Rechts- und Fachaufsicht der zuständigen Behörde.

(2) Erfüllt die Beliehene die ihr übertragenen Aufgaben nicht oder nicht ausreichend, ist die zuständige Behörde befugt, die Aufgaben selbst durchzuführen oder im Einzelfall durch einen Beauftragten durchführen zu lassen.

(3) [1] Die zuständige Behörde kann von der Beliehenen Ersatz für die Kosten verlangen, die ihr für die Rechts- und Fachaufsicht nach Absatz 1 entstehen. [2] Der Anspruch darf der Höhe nach die im Haushaltsplan des Bundes für die Durchführung der Rechts- und Fachaufsicht veranschlagten Einnahmen nicht übersteigen.

§ 42 Beendigung der Beleihung. (1) Die Beleihung endet, wenn die Beliehene aufgelöst ist.

(2) Die zuständige Behörde kann unbeschadet des § 49 des Verwaltungsverfahrensgesetzes die Beleihung widerrufen, wenn die Beliehene die übertragenen Aufgaben nicht sachgerecht wahrnimmt.

(3) [1] Die Beliehene kann die Beendigung der Beleihung jederzeit schriftlich von der zuständigen Behörde verlangen. [2] Dem Begehren ist innerhalb einer angemessenen Frist zu entsprechen, die zur Übernahme und Fortführung der Aufgabenerfüllung nach § 15 Absatz 4 Satz 1 und den §§ 37 bis 39 durch die zuständige Behörde erforderlich ist.

Abschnitt 9. Schlussbestimmungen

§ 43 Beauftragung Dritter. Soweit sich die nach diesem Gesetz Verpflichteten zur Erfüllung ihrer Pflichten Dritter bedienen, gilt § 22 Satz 2 und 3 des Kreislaufwirtschaftsgesetzes entsprechend.

§ 44 Widerspruch und Klage. (1) Gegen Verwaltungsakte nach § 15 Absatz 4 Satz 1 oder § 38 Absatz 3 ist ein Widerspruchsverfahren ausgeschlossen.

(2) Die Klage gegen eine Anordnung nach § 15 Absatz 4 Satz 1 oder nach § 38 Absatz 3 hat keine aufschiebende Wirkung.

§ 45 Bußgeldvorschriften. (1) Ordnungswidrig handelt, wer vorsätzlich oder fahrlässig

1. entgegen § 6 Absatz 1 Satz 1 sich nicht oder nicht rechtzeitig registrieren lässt,
2. entgegen § 6 Absatz 1 Satz 4 oder § 8 Absatz 3 Satz 4 eine Mitteilung nicht, nicht richtig oder nicht rechtzeitig macht,

3. entgegen § 6 Absatz 2 Satz 1 ein Elektro- oder Elektronikgerät in Verkehr bringt,
4. entgegen § 6 Absatz 2 Satz 2 ein Elektro- oder Elektronikgerät zum Verkauf anbietet,
5. entgegen § 6 Absatz 3 die Registrierungsnummer nicht ausweist,
6. entgegen § 7 Absatz 4 die dort genannten Kosten ausweist,
7. entgegen § 8 Absatz 3 Satz 1 oder Absatz 5 einen Bevollmächtigten nicht benennt,
8. entgegen § 9 Elektro- oder Elektronikgeräte nicht oder nicht richtig kennzeichnet,
9. entgegen § 12 Satz 1 eine Erfassung durchführt,
10. entgegen § 16 Absatz 1 Satz 1 ein dort genanntes Behältnis nicht oder nicht rechtzeitig abholt,
11. entgegen § 16 Absatz 2 oder § 17 Absatz 5 Satz 1 ein Altgerät oder eines seiner Bauteile nicht oder nicht richtig wiederverwendet, nicht, nicht richtig oder nicht in der vorgeschriebenen Weise behandelt oder nicht, nicht richtig oder nicht in der vorgeschriebenen Weise entsorgt,
12. entgegen § 16 Absatz 2 oder § 17 Absatz 5 Satz 1 jeweils in Verbindung mit § 22 Absatz 3 Satz 1 die dort genannten Daten nicht, nicht richtig, nicht vollständig oder nicht rechtzeitig zur Verfügung stellt,
13. entgegen § 16 Absatz 3 ein leeres Behältnis nicht oder nicht rechtzeitig aufstellt,
13a. entgegen § 17 Absatz 1 Satz 1 Nummer 1 oder 2 erster Halbsatz ein Altgerät nicht, nicht richtig, nicht vollständig oder nicht rechtzeitig zurücknimmt,
14. entgegen § 21 Absatz 1 ohne Zertifizierung eine Erstbehandlung durchführt oder
15. entgegen § 27 Absatz 1, § 29 Absatz 1 oder § 30 Absatz 1 eine Mitteilung nicht, nicht richtig, nicht vollständig oder nicht rechtzeitig macht.

(2) Die Ordnungswidrigkeit kann in den Fällen des Absatzes 1 Nummer 1 bis 9, 12 und 13a mit einer Geldbuße bis zu hunderttausend Euro, in den übrigen Fällen mit einer Geldbuße bis zu zehntausend Euro geahndet werden.

(3) [1] Verwaltungsbehörde im Sinne des § 36 Absatz 1 Nummer 1 des Gesetzes über Ordnungswidrigkeiten ist in den Fällen des Absatzes 1 Nummer 1 bis 5, 7, 10, 13 und 15 das Umweltbundesamt. [2] Für die Zusammenarbeit und den Informationsaustausch mit anderen Behörden, die Sanktionen im Sinne von Artikel 22 der Richtlinie 2012/19/EU verhängen oder Inspektionen und Überwachungen im Sinne von Artikel 23 der Richtlinie 2012/19/EU durchführen, gelten die §§ 8a bis 8e des Verwaltungsverfahrensgesetzes. [3] Zur Zusammenarbeit und zum Informationsaustausch gehört auch die Gewährung des Zugangs zu den einschlägigen Unterlagen und Informationen über die Ergebnisse von Inspektionen. [4] Für die Verwaltungszusammenarbeit und den Informationsaustausch sind auch elektronische Kommunikationsmittel zu nutzen.

(4) In den Fällen des Absatzes 3 Satz 1 fließen auch die im gerichtlichen Verfahren angeordneten Geldbußen und die Geldbeträge, deren Einziehung nach § 29a des Gesetzes über Ordnungswidrigkeiten gerichtlich angeordnet

wurde, derjenigen Bundeskasse zu, die auch die der Staatskasse auferlegten Kosten trägt.

§ 46 Übergangsvorschriften. (1) *(aufgehoben)*

(2) [1]Abweichend von § 6 Absatz 2 Satz 1 dürfen Hersteller, die am 15. August 2018 registriert sind, Elektro- und Elektronikgeräte entsprechend dieser Registrierung bis zum 1. Januar 2019 in Verkehr bringen, sofern eine Neuzuordnung der Geräte zu den Gerätearten erfolgt, der Hersteller sich dadurch ab dem 1. Dezember 2018 mit einer weiteren oder anderen Geräteart als zuvor registrieren lassen muss, und bis zum 15. November 2018 bei der zuständigen Behörde einen Antrag auf Registrierung gestellt hat. [2]§ 37 Absatz 5 bleibt unberührt.

(3) Abweichend von § 7 Absatz 1 Satz 2 und Absatz 2 genügen vor dem 24. Oktober 2015 nachgewiesene Garantien für die Finanzierung und Entsorgung solcher Elektro- und Elektronikgeräte, die vor dem 24. Oktober 2015 in Verkehr gebracht wurden oder voraussichtlich bis 31. Dezember 2015 in Verkehr gebracht werden, als Nachweis einer Garantie im Sinne des § 7 Absatz 1 Satz 1.

(4) Hersteller, die nicht im Geltungsbereich dieses Gesetzes niedergelassen sind, aber bereits vor Inkrafttreten dieses Gesetzes bei der zuständigen Behörde registriert sind, müssen innerhalb von sechs Monaten nach Inkrafttreten dieses Gesetzes eine Niederlassung im Geltungsbereich dieses Gesetzes einrichten oder einen Bevollmächtigten nach § 8 benennen.

(5) [1]§ 14 Absatz 1 gilt erst ab dem 1. Dezember 2018. [2]Bis zum Ablauf des 30. November 2018 gilt § 14 Absatz 1 dieses Gesetzes in der Fassung vom 20. Oktober 2015.

(6) [1]Soweit ein öffentlich-rechtlicher Entsorgungsträger am 15. August 2018 der zuständigen Behörde angezeigt hat, die gesamten Altgeräte einer Gruppe nach § 14 Absatz 1 dieses Gesetzes in der Fassung vom 20. Oktober 2015 von der Bereitstellung zur Abholung auszunehmen, gilt dies ab dem 1. Dezember 2018 als Anzeige der Absicht der Optierung nach § 14 Absatz 5 Satz 1

1. für die Gruppe 1, soweit die Absicht der Optierung im Hinblick auf Gruppe 2 nach § 14 Absatz 1 dieses Gesetzes in der Fassung vom 20. Oktober 2015,
2. für die Gruppe 2, soweit die Absicht der Optierung im Hinblick auf Gruppe 3 nach § 14 Absatz 1 dieses Gesetzes in der Fassung vom 20. Oktober 2015,
3. für die Gruppe 3, soweit die Absicht der Optierung im Hinblick auf Gruppe 4 nach § 14 Absatz 1 dieses Gesetzes in der Fassung vom 20. Oktober 2015,
4. für die Gruppe 4, soweit die Absicht der Optierung im Hinblick auf Gruppe 1 nach § 14 Absatz 1 dieses Gesetzes in der Fassung vom 20. Oktober 2015,
5. für die Gruppe 5, soweit die Absicht der Optierung im Hinblick auf Gruppe 5 nach § 14 Absatz 1 dieses Gesetzes in der Fassung vom 20. Oktober 2015 und
6. für die Gruppe 6, soweit die Absicht der Optierung im Hinblick auf Gruppe 6 nach § 14 Absatz 1 dieses Gesetzes in der Fassung vom 20. Oktober 2015

angezeigt ist. [2]Der öffentlich-rechtliche Entsorger kann bis zum Ablauf des 15. November 2018 der zuständigen Behörde anzeigen, im Hinblick auf welche andere Gruppe nach § 14 Absatz 1 die Optierung ab dem 1. Dezember 2018 als angezeigt gelten soll.

(7) [1] Vertreiber oder Hersteller, die bereits nach § 9 Absatz 7 oder 8 des Elektro- und Elektronikgerätegesetzes vom 16. März 2005 Altgeräte freiwillig zurücknehmen, müssen die Anzeige nach § 25 Absatz 2 oder 3 innerhalb von drei Monaten nach Inkrafttreten dieses Gesetzes erstatten. [2] Vertreiber, die nach § 17 Absatz 1 und 2 zur Rücknahme verpflichtet sind, müssen die Rücknahmestellen innerhalb von neun Monaten nach Inkrafttreten dieses Gesetzes einrichten und gemäß § 25 Absatz 3 anzeigen. [3] Betreiber von Erstbehandlungsanlagen, in denen zum Zeitpunkt des Inkrafttretens dieses Gesetzes eine Erstbehandlung bereits durchgeführt wird, müssen die Anzeige nach § 25 Absatz 4 innerhalb von drei Monaten nach Inkrafttreten dieses Gesetzes erstatten.

(8) [1] In den Fällen des Absatzes 1 oder des Absatzes 9 kann die zuständige Behörde bei der Ermittlung der Abhol- und Aufstellungspflicht gemäß § 31 Absatz 5 bis 7 Schätzungen entsprechend § 31 Absatz 6 Satz 4 vornehmen, sofern noch keine entsprechenden Meldepflichten des Herstellers oder im Fall der Bevollmächtigung nach § 8 dessen Bevollmächtigten bestehen. [2] Bei der Ermittlung der Abhol- und Aufstellungspflicht bleiben ab dem 1. Februar 2016 vorangegangene Abhol- und Aufstellungspflichten außer Betracht, soweit sie im Hinblick auf die Gruppen nach § 9 Absatz 4 Satz 1 Nummer 2 bis 5 des Elektro- und Elektronikgerätegesetzes vom 16. März 2005 ermittelt worden sind. [3] Satz 2 gilt für die Gruppen nach § 14 Absatz 1 Nummer 1, 3 und 5 dieses Gesetzes in der Fassung vom 20. Oktober 2015 im Hinblick auf die vor dem 1. Dezember 2018 ermittelten Abhol- und Aufstellungspflichten entsprechend.

(9) [1] Die Vorschriften dieses Gesetzes im Hinblick auf Leuchten aus privaten Haushalten und Photovoltaikmodulen gelten erst ab dem 1. Februar 2016. [2] Unbeschadet der Regelung in Satz 1 registriert die zuständige Behörde Hersteller von Leuchten aus privaten Haushalten oder Photovoltaikmodulen oder die Bevollmächtigten solcher Hersteller auf deren Antrag gemäß § 37 Absatz 1 mit Wirkung zum 1. Februar 2016.

Anlage 1
(zu § 2 Absatz 1)

Nicht abschließende Liste mit Elektro- und Elektronikgeräten, die unter die Gerätekategorien des § 2 Absatz 1 fallen

1. Wärmeüberträger

Kühlschränke

Gefriergeräte

Geräte zur automatischen Abgabe von Kaltprodukten

Klimageräte

Entfeuchter

Wärmepumpen

Wärmepumpentrockner

ölgefüllte Radiatoren

sonstige Wärmeüberträger, bei denen andere Flüssigkeiten als Wasser für die Wärmeübertragung verwendet werden

2. Bildschirme, Monitore und Geräte, die Bildschirme mit einer Oberfläche von mehr als 100 Quadratzentimeter enthalten

Bildschirme

Fernsehgeräte

LCD-Fotorahmen

Monitore

Laptops

Notebooks

3. Lampen

stabförmige Leuchtstofflampen

Kompaktleuchtstofflampen

Leuchtstofflampen

Entladungslampen (einschließlich Hochdruck-Natriumdampflampen und Metalldampflampen)

Niederdruck-Natriumdampflampen

LED-Lampen

4. Großgeräte

Waschmaschinen

Wäschetrockner

Geschirrspüler

Elektroherde und -backöfen

Elektrokochplatten

Leuchten

Ton- oder Bildwiedergabegeräte

Musikausrüstung (mit Ausnahme von Kirchenorgeln)

Geräte zum Stricken und Weben

Großrechner

Großdrucker

Kopiergeräte

Geldspielautomaten

medizinische Großgeräte
große Überwachungs- und Kontrollinstrumente
große Produkt- und Geldausgabeautomaten
Photovoltaikmodule
Nachtspeicherheizgeräte

5. Kleingeräte

Staubsauger
Teppichkehrmaschinen
Nähmaschinen
Leuchten
Mikrowellengeräte
Lüftungsgeräte
Bügeleisen
Toaster
elektrische Messer
Wasserkocher
Uhren
elektrische Rasierapparate
Waagen
Haar- und Körperpflegegeräte
Radiogeräte
Videokameras
Videorekorder
Hi-Fi-Anlagen
Musikinstrumente
Ton- oder Bildwiedergabegeräte
elektrisches und elektronisches Spielzeug
Sportgeräte
Fahrrad-, Tauch-, Lauf-, Rudercomputer usw.
Rauchmelder
Heizregler
Thermostate
elektrische und elektronische Kleinwerkzeuge
medizinische Kleingeräte
kleine Überwachungs- und Kontrollinstrumente
kleine Produktausgabeautomaten
Kleingeräte mit eingebauten Photovoltaikmodulen

6. Kleine IT- und Telekommunikationsgeräte

(keine äußere Abmessung beträgt mehr als 50 cm)

Mobiltelefone
GPS-Geräte
Taschenrechner
Router
PCs
Drucker

Telefone

Anlage 2
(zu § 6 Absatz 1)

Angaben bei der Registrierung

Bei der Registrierung zu machende Angaben:

1. Name und Anschrift des Herstellers oder des gemäß § 8 benannten Bevollmächtigten (Postleitzahl und Ort, Straße und Hausnummer, Land, Telefon- und Faxnummer, E-Mail-Adresse sowie Angabe einer vertretungsberechtigten Person); im Fall eines Bevollmächtigten auch den Namen und die Kontaktdaten des Herstellers, der vertreten wird
2. nationale Kennnummer des Herstellers, einschließlich der europäischen oder nationalen Steuernummer des Herstellers
3. Kategorie des Elektro- oder Elektronikgerätes nach Anlage 1
4. Art des Elektro- oder Elektronikgerätes (Gerät zur Nutzung in privaten Haushalten oder zur Nutzung in anderen als privaten Haushalten)
5. Marke und Geräteart des Elektro- oder Elektronikgerätes
6. für den Nachweis nach § 7 Angaben darüber, ob der Hersteller seine Verpflichtungen durch eine individuelle Garantie oder ein kollektives System erfüllt, einschließlich Informationen über Sicherheitsleistungen
7. verwendete Verkaufsmethode (z.B. Fernabsatz, Tätigkeiten im Sinne des § 3 Nummer 9)
8. Erklärung, dass die Angaben der Wahrheit entsprechen

Anlage 3
(zu § 9 Absatz 2)

Symbol zur Kennzeichnung von Elektro- und Elektronikgeräten

Das Symbol für die getrennte Erfassung von Elektro- und Elektronikgeräten stellt eine durchgestrichene Abfalltonne auf Rädern dar (siehe unten). Dieses Symbol ist sichtbar, erkennbar und dauerhaft anzubringen.

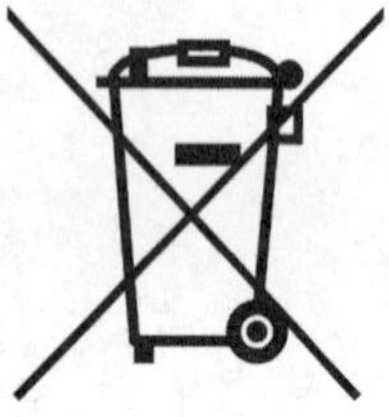

Anlage 4
(zu § 20 Absatz 2)

Selektive Behandlung von Werkstoffen und Bauteilen von Altgeräten

1. Mindestens folgende Stoffe, Gemische und Bauteile müssen aus getrennt erfassten Altgeräten entfernt werden:
   a) quecksilberhaltige Bauteile wie Schalter oder Lampen für Hintergrundbeleuchtung;

b) Batterien und Akkumulatoren;

c) Leiterplatten von Mobiltelefonen generell sowie von sonstigen Geräten, wenn die Oberfläche der Leiterplatte größer ist als 10 Quadratzentimeter;

d) Tonerkartuschen, flüssig und pastös, und Farbtoner;

e) Kunststoffe, die bromierte Flammschutzmittel enthalten;

f) Asbestabfall und Bauteile, die Asbest enthalten;

g) Kathodenstrahlröhren;

h) Fluorchlorkohlenwasserstoffe (FCKW), teilhalogenierte Fluorchlorkohlenwasserstoffe (H-FCKW) oder teilhalogenierte Fluorkohlenwasserstoffe (HFKW), Kohlenwasserstoffe (KW);

i) Gasentladungslampen;

j) Flüssigkristallanzeigen (gegebenenfalls zusammen mit dem Gehäuse) mit einer Oberfläche von mehr als 100 Quadratzentimetern sowie hintergrundbeleuchtete Anzeigen mit Gasentladungslampen;

k) externe elektrische Leitungen;

l) Bauteile, die feuerfeste Keramikfasern gemäß Anhang VI der Verordnung (EG) Nr. 1272/2008 des Europäischen Parlaments und des Rates vom 16. Dezember 2008 über die Einstufung, Kennzeichnung und Verpackung von Stoffen und Gemischen, zur Änderung und Aufhebung der Richtlinien 67/548/EWG und 1999/45/EG und zur Änderung der Verordnung (EG) Nr. 1907/2006 (ABl. L 353 vom 31.12.2008, S. 1), die zuletzt durch die Verordnung (EU) Nr. 286/2011 (ABl. L 83 vom 30.3.2011, S. 1) geändert worden ist, enthalten;

m) Bauteile, die radioaktive Stoffe enthalten, ausgenommen Bauteile, die nicht die Freigrenzen nach Artikel 3 sowie Anhang I der Richtlinie 96/29/Euratom des Rates vom 13. Mai 1996 zur Festlegung der grundlegenden Sicherheitsnormen für den Schutz der Gesundheit der Arbeitskräfte und der Bevölkerung gegen die Gefahren durch ionisierende Strahlungen (ABl. L 159 vom 29.6.1996, S. 1) überschreiten;

n) Elektrolyt-Kondensatoren, die bedenkliche Stoffe enthalten (Höhe größer als 25 Millimeter, Durchmesser größer als 25 Millimeter oder proportional ähnliches Volumen);

o) cadmium- oder selenhaltige Fotoleitertrommeln.

Diese Stoffe, Gemische und Bauteile sind gemäß § 15 Absatz 2 des Kreislaufwirtschaftsgesetzes zu beseitigen oder zu verwerten. Es ist sicherzustellen, dass schadstoffhaltige Bauteile und Stoffe bei der Behandlung nicht zerstört werden und Schadstoffe nicht in die zu verwertenden Materialströme eingetragen werden. Batterien und Akkumulatoren sind so zu entfernen, dass sie nicht beschädigt werden und nach der Entfernung identifizierbar sind.

2. Bauteile, die radioaktive Stoffe enthalten, sind wie folgt zu behandeln:

a) Bauteile aus Konsumgütern, die radioaktive Stoffe enthalten und die unter einer Genehmigung nach § 40 Absatz 1 des Strahlenschutzgesetzes hergestellt oder nach § 42 des Strahlenschutzgesetzes verbracht wurden und für die kein Rücknahmekonzept nach § 41 Absatz 1 Nummer 3 des Strahlenschutzgesetzes und entsprechend § 43 des Strahlenschutzgesetzes erforderlich ist, dürfen ohne weitere selektive Behandlung gemäß § 15 Absatz 2 des Kreislaufwirtschaftsgesetzes beseitigt oder verwertet werden.

b) Bauteile wie unter Buchstabe a, für die aber ein Rücknahmekonzept nach § 41 Absatz 1 Nummer 3 des Strahlenschutzgesetzes und entsprechend § 43 des Strahlenschutzgesetzes gefordert ist, sind vom Letztbesitzer entsprechend § 44 des Strahlenschutzgesetzes an die in der Information nach § 41 Absatz 1 Nummer 5 des Strahlenschutzgesetzes angegebene Stelle zurückzugeben.

c) Alle übrigen Bauteile, die radioaktive Stoffe enthalten, sind unter Berücksichtigung des Strahlenschutzgesetzes und der auf dessen Grundlage erlassenen Rechtsverordnungen zu entsorgen.

3. Für Kondensatoren, die polychlorierte Biphenyle (PCB) enthalten, gilt § 2 Absatz 2 Nummer 2 der PCB/PCT-Abfallverordnung.

4. Die folgenden Bauteile von getrennt erfassten Elektro- und Elektronik-Altgeräten sind wie angegeben zu behandeln:

a) Kathodenstrahlröhren: Die fluoreszierende Beschichtung muss entfernt werden.

b) Geräte, die Gase enthalten, die ozonabbauend sind oder ein Erderwärmungspotenzial (GWP) über 15 haben, z.B. enthalten in Schäumen und Kühlkreisläufen: Die Gase müssen ordnungsgemäß entfernt und behandelt werden. Ozonabbauende Gase werden gemäß Artikel 22 der Verordnung (EG) Nr. 1005/2009 des Europäischen Parlaments und des Rates vom 16. September 2009 über Stoffe, die zum Abbau der Ozonschicht führen (ABl. L 286 vom 31.10.2009, S. 1), behandelt.

c) Gasentladungslampen: Das Quecksilber muss entfernt werden.

5. Unter Berücksichtigung des Umweltschutzes und der Tatsache, dass die Vorbereitung zur Wiederverwendung und das Recycling wünschenswert sind, sind die Nummern 1 bis 4 so anzuwenden, dass die umweltgerechte Vorbereitung zur Wiederverwendung und das umweltgerechte Recycling von Bauteilen oder ganzen Geräten nicht behindert wird.
6. Bei der Aufbereitung von Lampen zur Verwertung ist für Altglas ein Quecksilbergehalt von höchstens 5 Milligramm je Kilogramm Altglas einzuhalten.
7. Bildröhren sind im Rahmen der Behandlung vorrangig in Schirm- und Konusglas zu trennen.
8. Gasentladungslampen sind ausreichend gegen Bruch gesichert zu lagern und zu transportieren.

Anlage 5
(zu § 20 Absatz 2 Satz 4)

Technische Anforderungen an Standorte für die Lagerung und Behandlung von Altgeräten

1. Standorte für die Lagerung (einschließlich der Zwischenlagerung) von Elektro- und Elektronik-Altgeräten vor ihrer Behandlung (unbeschadet der Deponieverordnung):
   a) geeignete Bereiche mit undurchlässiger Oberfläche und Auffangeinrichtungen mit gegebenenfalls Abscheidern für auslaufende Flüssigkeiten und fettlösende Reinigungsmittel,
   b) geeignete Bereiche mit wetterbeständiger Abdeckung.
2. Standorte und Einrichtungen für die Behandlung von Elektro- und Elektronik-Altgeräten:
   a) Waagen zur Bestimmung des Gewichts der behandelten Altgeräte,
   b) geeignete Bereiche mit undurchlässiger Oberfläche und wasserundurchlässiger Abdeckung sowie Auffangeinrichtungen mit gegebenenfalls Abscheidern für auslaufende Flüssigkeiten und fettlösende Reinigungsmittel,
   c) geeigneter Lagerraum für demontierte Einzelteile,
   d) geeignete Behälter für die Lagerung von Batterien, PCB/PCT-haltigen Kondensatoren und anderen gefährlichen Abfällen wie beispielsweise radioaktive Abfälle,
   e) Ausrüstung für die Behandlung von Wasser im Einklang mit Gesundheits- und Umweltvorschriften.

Anlage 6
(zu § 23 Absatz 1)

Mindestanforderungen an die Verbringung von gebrauchten Elektro- und Elektronikgeräten, bei denen es sich möglicherweise um Altgeräte handelt

1. In Fällen, in denen der Besitzer eines Gegenstands behauptet, gebrauchte Elektro- und Elektronikgeräte und nicht Elektro- und Elektronik-Altgeräte verbringen zu wollen oder zu verbringen, hat der Besitzer
   a) zur Unterscheidung zwischen gebrauchten Geräten und Altgeräten folgende Belege zum Nachweis dieser Behauptung zur Verfügung zu halten und auf Verlangen unverzüglich einer nach § 23 Absatz 2 zuständigen Behörde vorzulegen:
      aa) eine Kopie der Rechnung und des Vertrags über den Kauf der Elektro- und Elektronikgeräte oder die Übertragung des Eigentums daran, aus der hervorgeht, dass die Geräte für die direkte Wiederverwendung bestimmt und voll funktionsfähig sind,

bb) den Beleg einer Bewertung oder Prüfung in Form einer Kopie der Aufzeichnungen (Prüfbescheinigung, Nachweis der Funktionalität) zu jedem Packstück innerhalb der Sendung zusammen mit einem Protokoll, das sämtliche Aufzeichnungen gemäß Nummer 3 enthält, und

cc) eine Erklärung des Besitzers, der die Beförderung der Elektro- und Elektronikgeräte veranlasst, aus der hervorgeht, dass es sich bei keinem der Materialien oder Geräte in der Sendung um Abfall im Sinne von Artikel 3 Nummer 1 der Richtlinie 2008/98/EG des Europäischen Parlaments und des Rates vom 19. November 2008 über Abfälle und zur Aufhebung bestimmter Richtlinien (ABl. L 312 vom 22.11.2008, S. 3) handelt,

und

b) für angemessenen Schutz vor Beschädigung bei der Beförderung und beim Be- und Entladen zu sorgen, insbesondere durch ausreichende Verpackung und eine geeignete Stapelung der Ladung.

2. Nummer 1 Buchstabe a Doppelbuchstabe aa und bb sowie Nummer 3 gelten nicht, wenn durch schlüssige Unterlagen belegt wird, dass die Verbringung im Rahmen einer zwischenbetrieblichen Übergabevereinbarung erfolgt und dass

a) Elektro- und Elektronikgeräte als fehlerhaft zur Instandsetzung im Rahmen der Gewährleistung oder Garantie mit der Absicht der Wiederverwendung an den Hersteller oder einen in seinem Namen handelnden Dritten zurückgesendet werden oder

b) gebrauchte Elektro- und Elektronikgeräte für die gewerbliche Nutzung zur Überholung oder Reparatur im Rahmen eines gültigen Vertrags mit der Absicht der Wiederverwendung an den Hersteller oder einen in seinem Namen handelnden Dritten oder eine Einrichtung von Dritten in Staaten versendet werden, für die der OECD-Beschluss im Sinne von Artikel 2 Nummer 17 der Verordnung (EG) Nr. 1013/2006 gilt, oder

c) fehlerhafte gebrauchte Elektro- und Elektronikgeräte für die gewerbliche Nutzung, beispielsweise medizinische Geräte oder Teile davon, im Rahmen eines gültigen Vertrags zur Fehler-Ursachen-Analyse an den Hersteller oder einen in seinem Namen handelnden Dritten versendet werden, sofern eine solche Analyse nur vom Hersteller oder von in seinem Namen handelnden Dritten durchgeführt werden kann.

3. Zum Nachweis dafür, dass es sich bei den in Nummer 1 genannten Gegenständen, die verbracht werden sollen oder verbracht werden, um gebrauchte Elektro- und Elektronikgeräte und nicht um Altgeräte handelt, hat der Besitzer, der die Beförderung veranlasst, dafür zu sorgen, dass gebrauchte Elektro- und Elektronikgeräte vor ihrer Verbringung die folgenden Stufen zur Prüfung und Aufzeichnung der Prüfungsergebnisse durchlaufen:

Stufe 1: Prüfung

a) Die Funktionsfähigkeit ist zu prüfen und das Vorhandensein gefährlicher Stoffe ist zu bewerten, wobei es von der Art des Elektro- bzw. Elektronikgerätes abhängt, welche Prüfungen durchgeführt werden. Die Prüfung und Bewertung ist durch eine Elektrofachkraft oder durch eine zertifizierte Erstbehandlungsanlage durchzuführen. Für die meisten gebrauchten Elektro- und Elektronikgeräte reicht es, die Funktionsfähigkeit der Hauptfunktionen zu prüfen.

b) Die Ergebnisse der Bewertung und Prüfung sind aufzuzeichnen.

Stufe 2: Aufzeichnung des Prüfungsergebnisses

a) Die Aufzeichnung ist sicher, aber nicht dauerhaft entweder auf dem Elektro- bzw. Elektronikgerät selbst (falls ohne Verpackung) oder auf der Verpackung anzubringen, damit sie gelesen werden kann, ohne dass das Gerät ausgepackt werden muss.

b) Die Aufzeichnung muss folgende Angaben enthalten:

aa) Bezeichnung des Gerätes (wenn in Anlage 1 aufgeführt mit Angabe der Kategorie gemäß § 2 Absatz 1 Satz 1);

bb) Identifikationsnummer des Gegenstands (Typennummer) (soweit vorhanden);

cc) Herstellungsjahr (soweit bekannt);

dd) Name und Anschrift des Unternehmens, das für den Nachweis der Funktionsfähigkeit zuständig ist;

ee) Ergebnisse der unter Stufe 1 beschriebenen Prüfung (einschließlich des Datums der Funktionsfähigkeitsprüfung);

ff) Art der durchgeführten Prüfung.

4. Zusätzlich zu den unter den Nummern 1 bis 3 verlangten Unterlagen muss der Besitzer, der die Beförderung veranlasst, dafür sorgen, dass jeder Ladung (z.B. Versandcontainer, Lastwagen) gebrauchter Elektro- und Elektronikgeräte Folgendes beigelegt wird:

   a) ein einschlägiges Beförderungsdokument, beispielsweise CMR-Frachtbrief;

   b) eine Erklärung des Besitzers, der die Beförderung veranlasst, zu seiner Verantwortung für die Verbringung.

Sachverzeichnis

Die **fetten** Zahlen bezeichnen die Ordnungsnummern der Gesetze in dieser Ausgabe, die mageren Zahlen deren Artikel oder Paragrafen.

Informationsrecht und Datenschutz

CompR · IT- und Computerrecht
Elektronischer Geschäftsverkehr, Zivilrecht, Strafrecht, Urheberrecht und gewerblicher Rechtsschutz, Datenschutz und Arbeitsschutz, IT-Beschaffung.
Textausgabe TOPTITEL
14. Aufl. 2019. 955 S. NEU
€ 18,90. dtv 5562
Neu im Dezember 2019
Mit einem ausführlichen Überblick zur Entwicklung des Computerrechts.

TeleMediaR · Telekommunikations- und Multimediarecht
Telemediengesetz, eIDAS-VO, Rundfunkstaatsvertrag, Jugendmedienschutz-Staatsvertrag, Netzwerkdurchsetzungsgesetz u.a.m.
Textausgabe TOPTITEL
11. Aufl. 2017. 970 S.
€ 24,90. dtv 5598

DatSchR · Datenschutzrecht
Datenschutz-Grundverordnung, Datenschutzrichtlinie für Strafjustiz, Bundesdatenschutzgesetz Fluggastdatengesetz, Telemediengesetz, Telekommunikationsgesetz (Auszug).
Textausgabe TOPTITEL
11. Aufl. 2019. 902 S.
€ 20,90. dtv 5772

Aktuell in der 11. Auflage: Neu aufgenommen wurden Auszüge aus dem UWG und dem KUG. Die Einführung enthält eine Synopse der DS-GVO und BDSG-Vorschriften.